JN324959

文化交渉と言語接触研究・資料叢刊 7

官話指南の書誌的研究

A Bibliographical Study of *Kuan Hua Chih nan*

付影印・語彙索引

内田慶市
氷野善寛
編著

関西大学アジア文化研究センター

好文出版

序

江戸のいわゆる「鎖国時代」において中国との文化交渉の最前線にあって活躍したのが，中国から来航する中国帆船，‘唐船’の船主や乗員等と長崎の貿易関係者との間に立って通訳をおこなった唐通事であった。その唐通事の系譜に連なる呉啓太と鄭永邦によってまとめられたものが『官話指南』であり，中国語研究者の間ではあまりにも有名な書籍であるが，意外にも版本などの基本的な問題はこれまで看過されてきた。

そのような状況下において，関西大学アジア文化研究センターの内田慶市研究員と氷野善寛PD研究員の尽力によりまとめられたのが，本書『官話指南の書誌的研究　付影印・語彙索引』である。

本書『官話指南の書誌的研究　付影印・語彙索引』は，『官話指南』の淵源を探るべく，『官話指南』の初版本の探索からはじまり，九江書會版，上海語版，改良版等を探求し，それらテキストの影印を提示し，各テキストの解題を附し，語彙索引を準備するなど，研究者に大いに便宜を提供する形態で上梓された。

これまで『官話指南』の周知のテキストとして，有名な中国関係の書籍を出版していた文求堂が，明治36年（1903）に刊行したものがよく知られているが，今回の本書『官話指南の書誌的研究　付影印・語彙索引』の出版を契機に，『官話指南』の中国語テキストとしての価値をさらに深く探求する契機になれば幸甚である。

識者のご高覧を希求する次第である。

2016年1月

関西大学アジア文化研究センター

松　浦　　　章

目　次

はじめに

『官話指南』(1882) は日本人の手になる最初の中国語テキスト (『官話指南』以前に廣部精の『亜細亜言語集』があるが，それはウェードの『語言自邇集』を元にしたものであり，全くのオリジナルのテキストとしては『官話指南』が最初ということになる) として日本の中国語教育史において極めて重要な資料であるが，それは更に，官話研究，中国語史研究においても欠くことのできない資料であるばかりか，非官話圏の中国人および西洋人への「官話」「正音」教科書としての役割という点でも注目に値すべき資料と言える。

今回，その初版本，双行注のある九江書會版を始め，上海語版，改良版等を影印し，さらに，初版本の全語彙索引，九江書会本の対照語彙索引及び解題を付して上梓することとした。

本書の出版によって，『官話指南』の本格的研究に些かなりとも貢献することになれば編者達の目的は達せられたと言うことになる。

出版に当たっては，関西大学アジア文化研究センター長の松浦章教授の格別のご配慮を賜った。また，今回も研究所事務グループの早川真弓氏には，出版社との連絡等の煩瑣な労をおとりいただいた。それぞれお名前を記して，感謝の意を表するものである。

なお，本書は文部科学省「私立大学戦略的研究基盤形成支援事業」のよって関西大学学術研究所内に設立された「アジア文化研究センター (CSAC)」(平成23年度－27年度) における研究成果の一部である。

2016年1月吉日

編　者

研究篇

第一章 『官話指南』の版本

1.『官話指南』とは

『官話指南』は1882（明治15）年に唐通事の末裔である呉啓太と鄭永邦が執筆し，明治，大正，昭和という3つの時代にわたり北京官話を学習するために利用された「日本人の手になる最初の中国語会話書」[1)]である。同書は序，凡例，目録，巻之一「應對須知」[2)]，巻之二「官商吐屬」，巻之三「使令通話」，巻之四「官話問答」から構成される。最初に清国北京公使館代理公使の田邊太一による序と，黄裕壽と金國璞による序が掲載されている。続く呉啓太と鄭永邦が執筆した凡例では，中国にやって来て中国語を3年間学習した経験から本書を執筆したこと，中国語を学ぶ際の注意点などが記載されているほか，四声・軽重音・軽重念・出入気など発音に関する記述に紙面が割かれている。上海美華書館で印刷され中国，日本に流通した同書は，上海語や広東語など中国の諸方言にも「翻訳」され，中国の方言を学ぶ書としても利用されたほか，さらに英語やフランス語などの外国語に翻訳され，西洋人にも広く使われた。またこれら外国語に翻訳された『官話指南』は外国人が単に北京官話を学ぶ会話書としての側面だけではなく，民国初期には中国人が外国語を学ぶ教材としても利用されるという側面も持ち合わせていた[3)]。このように『官話指南』は北京官話を学ぶ会話書というだけではなく，想像以上に利用されていたことがこれまでの調査で明らかになっている。一方，日本では1903（明治36）年に序文を書いた金國璞により改訂され文求堂から刊行された。そして戦前に実施されていた満鉄の中国語検定試験の中級レベルの参考書として位置付けられたこともあり[4)]，昭和時代まで使われ続けた[5)]。ただこの改訂版は主に日本でのみ使われ，国外では公的機関の所蔵状況から改訂版が刊行された1903年以降も1882年に刊行された版をベース

1）『中国語学新辞典』（光生館，1970年再版）pp.255-256。

2）1903年の『改定官話指南』ではこのうち巻之一「應對須知」が削除され，「酬應瑣談」全20章が巻之一に差し替えられている。

3）北京大学に所蔵されているフランス語訳版の『官話指南』は馬尾海軍製造学校（福州，1913-1946）で使われていたもので，当時の中国人学習者によるフランス語学習時の書き入れがある。

4）幸勉（1934）『語學奬勵模擬試驗問題集 三四等程度』に掲載されている「語學檢定試驗程度及標準」には「四等 急就篇問題程度ノモノヲ標準トセル会話…（中略）…三等 官話指南程度ノモノヲ標準トセル会話ヲ標準トセル會話，書取，聽取，讀方，支文和譯，和文支譯ヲ差支エナク為シ得ル程度。…（後略）」とある。

5）手元にある『官話指南』で最も新しいものは1945（昭和20）年11月10日に印刷された第45刷（龍文書局版）である。

とする美華書館版やフランス語訳版，英語訳版が使われ続けていたと考えられる。そのため『官話指南』の国際的な認知度の高さを考える上でこれら関連本の影響も見過ごすことはできない。

2. 著者と関係者

『官話指南』の著者は鄭永邦，呉啓太である。鄭永邦は1863年生まれ，長崎唐通事の鄭永寧の第二子で東京外国語學校を卒業した。鄭が在学していた当時は，すでに南京官話を中心とした教育から北京官話教育に切り替えられていた時期である。卒業後の1880（明治13）年4月に清国北京公使館附通辨見習を拝命し，1884（明治17）年6月には外務六等属と任じられたが依願免官した。しかしそのまま北京に留まり，翌7月御用係として北京公使館に勤務した。1886（明治19）年3月公使館書記生となり，翌年に外務省属となって帰国する。その後は朝鮮に赴任し，1896（明治39）年3月に再び北京公使館に，1906（明治39）年4月から1909（明治42）年までイギリス大使館に赴任し，1911（明治44）年に再び北京公使館に戻った。1913（大正2）年に一等書記官となり退官し，民国政府で仕事を続けたが1916（大正5）年に東京にて死去した。父の鄭永寧は長崎で呉用蔵の末子に生まれ，鄭幹輔の養子となり代々唐通事の鄭家を継いだ人物である。そして呉用蔵の第4子である呉碩の養子がもう一人の編者である呉啓太である。養父の呉碩は，世襲の唐通事を以って仕官し，1873（明治6）年に外務一等書記生に任じられ清国上海領事館に勤務した。呉啓太は，1878（明治11）年，通弁見習として北京公使館に勤務し，1881（明治14）年に外務省書記生となる。1885（明治18）年に職を辞し，官費留学生としてベルギーブリュッセル大学に学び学位を得ている。1892（明治25）年外務省試補となり，陸奥宗光外務大臣の秘書官となった。1895（明治28）年死去。そして出版人として名前があがる楊龍太郎も鄭永邦の妹の夫という関係である[6)]。

『官話指南』の田邊太一による序文には，北京公使館における3年間の中国語学習をまとめて編集したという記述がある。この記述から『官話指南』はおおよそ1878年12月から1881年12月の間に執筆されたことが分かる。この期間は1878年に呉啓太が通弁見習として北京にやって来て通弁見習から外務省書記生になるまでの期間と重なる。一方，鄭永邦は1880年4月にやって来ていることから『官話指南』完成まで1年ないしは2年という時期にやって来たことになる。このことから主に呉啓太が通弁見習時代

6）東亜同文会1968『対支回顧録』東京：原書房，宮田安1979『唐通事家系論攷』長崎文献社などの記載による。

に学習したものをまとめたものであると考えるのが妥当であろう。

序文を書いた清国人である黄裕壽，金國璞がどのような形で同書の成立に関わっているかは資料が無く断定することはできない。特に黄裕壽についてはこれまでに収集した資料には足跡が見当たらずその人物像は不明である。一方金國璞は後日来日し，明治の中国語教育に深く関わった人物であるため多くの足跡が残っている。金國璞は同文館出身で 1897（明治 30）年に来日し，東京外国語学校などで中国語を教授し[7]，1903（明治 36）年に文求堂から刊行された『改訂 官話指南』の改訂者として名前を連ねる。日本で教鞭をとっている期間中には中国語の読物や，手紙の書き方，会話書，日本語教材など多くの教科書を執筆・監修するなど，戦前の日本における中国語教育に一定の影響を与えた人物である。日本滞在中の金國璞の著作一覧を以下に記す。

『談論新編』金國璞，平岩道知，1898（明治 31）年 12 月
『士商叢談便覧』金國璞，文求堂，1901（明治 34）年 35 月
『東文易解』大矢透著，金國璞，張延彦校，泰東同文局，1902（明治 35）年
『支那交際往来公牘』金國璞，呉泰寿，泰東同文局，1902（明治 35）年 6 月
『虎頭蛇尾』金國璞，諸岡三郎，1903（明治 36）年 4 月
『華言問答』金國璞閲，呉泰寿編，文求堂，1903（明治 36）年 4 月
『日清往来尺牘』呉泰寿，博文館，1904（明治 37）年 4 月
『今古奇観』第 1，2 編 金國璞，文求堂，1904（明治 37）年 44 年
『東語士商叢談便覧』金國璞，田中慶太郎，1904（明治 38）年 6 月

金國璞は 1906（明治 39）年に清国に帰国するが，帰国後も支那語研究舎で教鞭をとる傍ら教科書の執筆を続けている[8]。

『華言分類撮要』金国璞，瀬上恕治，文求堂，1907（明治 40）年 3 月
『郷紳談論新集』金国璞，鎌田弥助，文求堂，1907（明治 40）年 3 月
『虎頭蛇尾』金国璞，北京日本人清語同学会，1907（明治 40）年
『今古奇観』金国璞，文求堂書店，1933（昭和 8）年

7）田中慶太郎（1942）「出版と支那語」『中国文学』第 83 号 p.40 には「金國璞の教へかたは，四聲もすこしは注意したが，この先生のいふには，支那語は，歌でもならふ気でやつてくれといふのです。このひとは日本語はわからず，英語はすこしはいへました。」という当時の金國璞の教え方を述懐する記載がある。

8）黄漢青（2007）「支那語研究舎の変遷及びその実態：支那語研究舎から北京同学会語学校までを中心として」『慶應義塾大学日吉紀要』

実藤文庫に『支那語雑誌雑録』（支那語研究會編，明治41年）という雑録が所蔵されており，この中には金國璞に中国語の学習法と教授方法についてインタビューした記事が掲載されている。「學話的様子和教話的様子」というタイトルが付された記事には金國璞の写真とともに，『官話指南』の凡例の内容と共通する内容が書かれている[9]。

金國璞（『支那語雑誌雑録』（東京都立図書館実藤文庫蔵）より）[10]

この金國璞がどのように『官話指南』の成書過程に関わっているかという問題であるが，1876年に上海に留学していた中田敬義が当時の公使館での中国語学習について「公使館には，外務省から語学修行にやらされたものは三人いたが，みんな別々に教師を雇って勉強した…」と述べていることや[11]，これまで見てきた金國璞の経歴や中国語教育への関わりから北京公使館で学ぶ呉啓太，鄭永邦の中国語教師として雇われていた人物と考えるのが妥当であろう。

3. 版本について

3-1. 凡例

『官話指南』とその関連本について以下の項目に基づき整理する[12]。

9）四声とnとngの音の違いに加え，「輕重念」という概念があることを指摘し，その例として実際に文を掲げ，中国語を読む時に，どこにアクセントを置くかによって意味が具体的にどのように変わるかということについて示している。

10）この写真は東京都立図書館実藤文庫蔵［実1271］『支那語雑誌雑録』支那語研究會編刊のp.50に掲載されている。

11）中田敬義（1942）「明治初期の支那語」『中国文学』83号

12）『官話指南』の基本的な書誌情報については，これまでにも六角恒廣著の『中国語書誌』や鱒沢彰夫(1997)「『官話指南』そして商務印書館の日中合辨解消」『中国文学研究』23号などの成果がある。

①書名
②編著者
③発行者
④刊年
⑤印刷地
⑥形態
⑦封面及び奥付情報
⑧所蔵
⑨備考

「書名」については書籍に記載があるものについてはそのまま記載した。書名の後ろに（ ）として（英訳版）のようにしているのは氷野による注記である。「編著者」，「発行者」，「刊年」，「印刷地」については封面，序，奥付に記載のあるものを採用した。「形態」については近年の調査で実際に入手したものや閲覧したものは可能な限り実寸を計測したが，計測していないものについては所蔵図書館の書誌情報を利用するなどしている。「封面」及び「奥付」については初版から重印本までの各版の関係を確認するためにそのまま書き写したものを掲載している。「所蔵」については全ての図書館の所蔵情報を網羅することはできないので所蔵数が少ないのものについては調べた範囲で記し，複数の図書館に所蔵されているものについては代表的な所蔵場所のみを記載し，それ以外は省略した。また影印が収録されている書籍がある場合にはその書名も記した。「備考」欄には気が付いた点を記したほか，六角恒廣氏の『中国語書誌』で取り上げられているものについてはその番号を記した。さらに整理の便宜上番号を付けた[13]。

3-2.『官話指南』―初版本から重印本

本節では1903年の『改訂 官話指南』以前に出版された呉啓太と鄭永邦が直接編集したオリジナルの『官話指南』の系統に属すものについてまとめる。1882年に初版が刊行されて以来幾度となく印刷されており，印刷場所や印刷年が異なるものを数冊確認することができる。基本的にそれぞれの版に文字の異同はないが，活字，行数，封面，奥付の情報が異なるものもあることが確認できる。

13）氷野善寛（2010）「『官話指南』の多様性-中国語教材から国語教材」『東アジア文化交渉研究』でも同様の紹介を行っているが，その後さらに多くの新しい版本を発見することができたため，今回番号をふり直し，掲載順序も一部変更した。

[1]-1 『官話指南』

明治壬午歳夏月鐫
官話指南
鶴江延陵氏蔵板

官話指南第一卷
應對須知
您納貴姓、賤姓吳、請教台甫、草字資靜、貴昆仲幾
位、我們弟兄三個、貴處是那一省、敝處河南省城、
府上在城裏住麼、是在城裏住、久仰得很、沒會過、
失敬得很、
先生今年高壽、我虛度六十歲了、好福氣、很康健、鬚髮
並不很白、托福、我鬚髮已經也半白了、我今年纔五
十歲、鬚已經白了多一半兒了、
官話指南　應對須知

※書影は内田慶市架蔵本

編著者：呉啓太・鄭永邦

発行者：楊龍太郎

刊　年：1882（明治15）年11月

印刷地：上海美華書館

形　態：線装本，4巻1冊，135葉（本文），外形15.2×24.7cm[14]，半葉版匡12.0×18.0cm，10行23字

封　面：明治壬午歳夏月鐫
官話指南
鶴江延陵氏蔵板

封面裏：光緒壬午孟夏月上海美華書館印

奥　付：在清國北京大日本國公使館
長崎縣士族
呉啓太
東京府士族
鄭永邦　仝編著
長崎縣平民
東京下谷區西黑門町貳番地鄭永甯邸内寄留
楊龍太郎　出版

所　蔵：内田慶市架蔵（資料ID：UC-827-005）

14）横×縦の順で記載，実寸できたもののみmm単位まで計測，それ以外は所蔵機関の情報による。

一橋大学（請求記号：Yfp：676）[15)]

備　考：封面と封面裏に記載されている明治壬午，光緒壬午はそれぞれ光緒 8 年，明治 15 年を示す。孟夏月は陰暦の 4 月のことである。このことから 1882 年の 5 ～ 6 月頃に上海美華書館で印刷されたことが分かる。内田本には欄外に英語による書き込みが多数ある。

［1］-1′『官話指南』

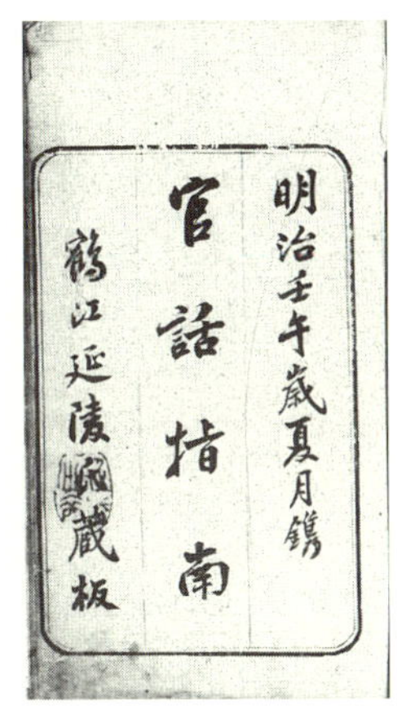
明治壬午歳夏月鐫
官話指南
鶴江延陵氏蔵板

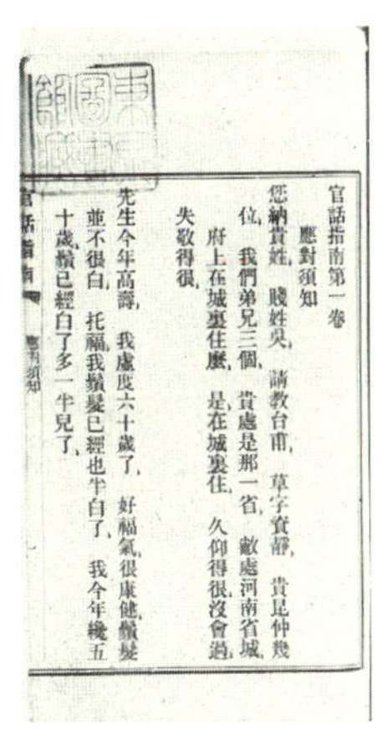
官話指南第一卷
應對須知
您納貴姓、賤姓吳、請教台甫、草字資靜、貴昆仲幾
位、我們弟兄三個、貴處是那一省、敝處河南省城、
府上在城裏住麼、是在城裏住、久仰得很、沒會過、
失敬得很、
先生今年高壽、我虛度六十歲了、好福氣、很康健、鬚髮
並不很白、托福、我鬚髮已經也半白了、我今年纔五
十歲、鬚已經白了多一半兒了、

※書影は国会図書館所蔵本

編著者：呉啓太・鄭永邦

発行者：楊龍太郎

刊　年：1882（明治 15）年 11 月

印刷地：上海美華書館

形　態：線装本，4 巻 1 冊，135 葉（本文），外形 15.2×24.7cm，半葉版匡 12.0×18.0cm，10 行 23 字

封　面：明治壬午歳夏月鐫
官話指南
鶴江延陵氏蔵板

封面裏：光緒壬午孟夏月上海美華書館印

奥　付：在清國北京大日本國公使館
長崎縣士族
呉啓太　長嵜縣下長嵜區爐粕町十九番戸

15）現物を確認できていないが書誌情報から [1]-1 と判断した。

東京府士族

鄭永邦 東京下谷區西黑門町貳番地 仝編著

長崎縣平民

東京下谷區西黑門町貳番地鄭永甯邸内寄留

楊龍太郎 出版

明治15年11月6日出版御届

仝年仝月出版

（※下線は筆者による，以下全て同じ）

所 蔵：国会図書館（請求記号：5-191／マイクロフィッシュ：YDM82300）

国立公文書館内閣文庫（請求記号：278-0140）

備 考：国会図書館と国立公文書館のいずれの奥付にも「明治15年11月6日出版御届仝年仝月出版」と記載がある。国立公文書館所蔵本は表紙や中身は破損個所が多く文字を読み取ることができない箇所が多かったがこの2冊は同じものであると考えて間違いない。実物を確認できた国立公文書館本はレンガ色の表紙をしており，定價八十錢の朱印が押されている。刊年と編著者名の後ろの住所（下線箇所，右図）は明らかに別の字体で，追記されたものである。また長崎の「崎」という字が「﨑」と「嵜」になっている。

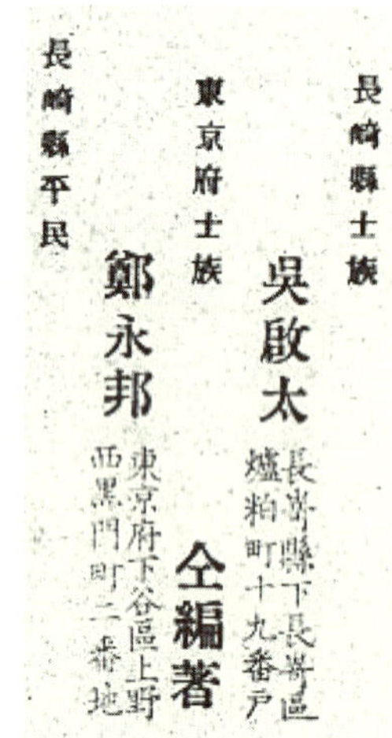
長崎縣士族
呉啟太 長嵜縣下長嵜區 爐粕町十九番戸
東京府士族
鄭永邦 東京府下谷區上野 西黑門町二番地 仝編著
長﨑縣平民

［1］-1と［1］-1'の封面と奥付を並べると，［1］-1'では編者である呉啓太と鄭永邦の名の下に住所，さらにその次のページに「明治15年11月6日出版御届仝年仝月出版」と同系統の字体で追記されていることが分かる。また［1］-1の内田本では，欄外に多数の英語で訳が書き込まれているが，それ以外は文字の大きさや字体など完全に一致する。こういった点から出版年の追記の有無はあるが両者は同じ版本であり，同時期に上海で印刷され，［1］-1が中国で流通し西洋人が使用し，［1］-1'が日本で流通したものと考えることができる。流通経路が異なる点から，便宜上整理番号は［1］-1と［1］-1'のように区別した。

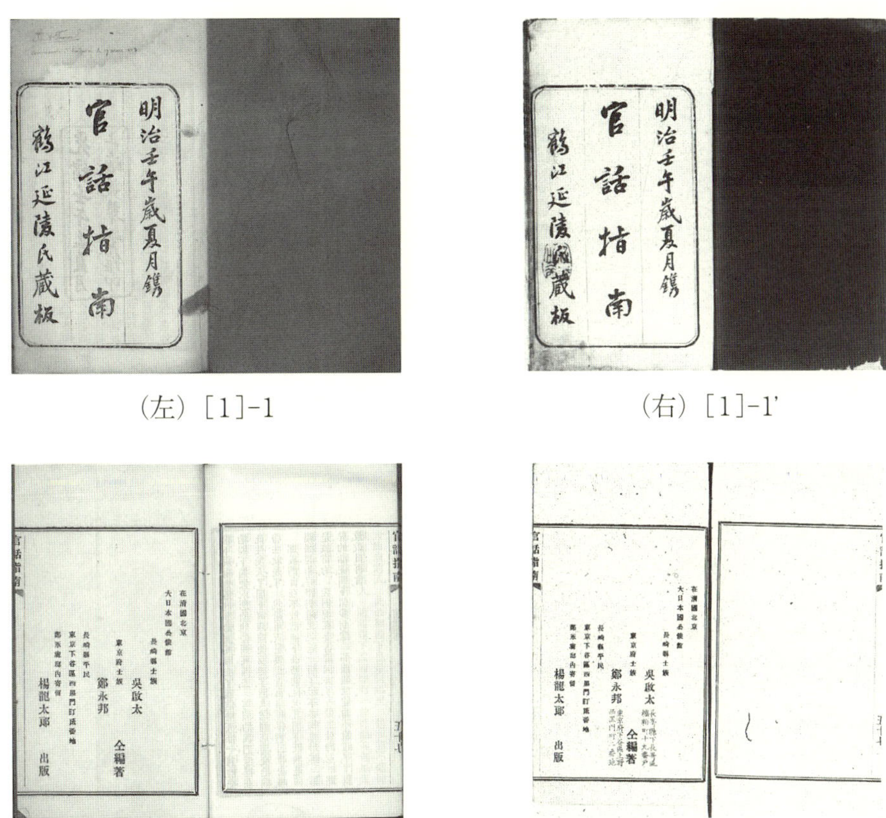

（左）［1］-1　　　　（右）［1］-1'

（右）［1］-1' では編者名の下に住所が朱筆で記入（左）［1］-1 にはない

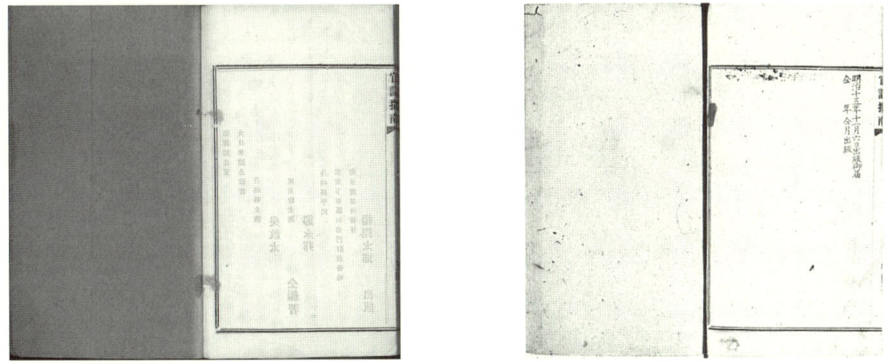

（左）［1］-1 には出版日が和号で追記されているが（右）［1］-1' にはない

［1］-2 『官話指南』

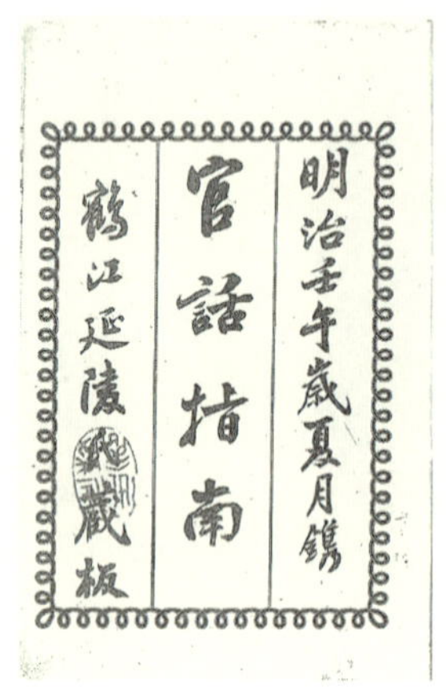
明治壬午歳夏月鐫
官話指南
鶴江延陵氏蔵板

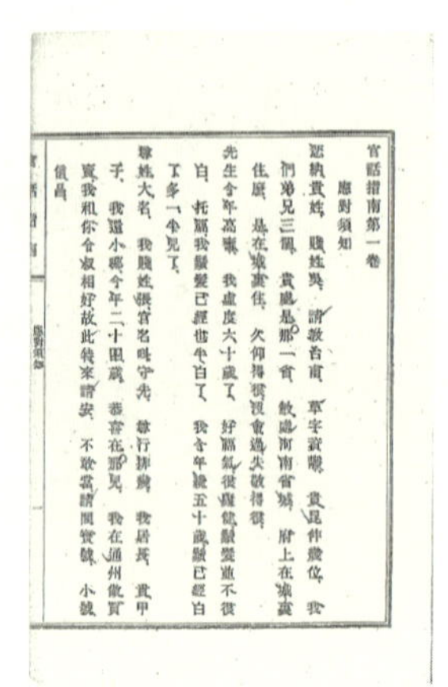

※書影は早稲田大学図書館所蔵本

編著者：呉啓太・鄭永邦

発行者：楊龍太郎

刊　年：1886（明治19）年2月再版

印刷地：上海脩文活版館

形　態：線装本，4巻1冊，99葉（本文），外形14.9×21.3cm，半葉版匡11.6×15.9cm，12行26字

封　面：明治壬午歳夏月鐫
官話指南
鶴江延陵氏蔵板

封面裏：明治十七年上海脩文活版館再印

奥　付：在清國北京大日本國公使館
長崎縣士族
呉啓太
東京府士族
鄭永邦　仝編著
東京下谷區西黒門町貳番地鄭永甯邸内寄留
長縣崎平民
楊龍太郎　出版

所　蔵：早稲田大学（ホ5-2035）

備　考：早稲田本は昭和30年に池田醇一氏から寄贈されたものである。表紙に「明元蔵」

と書き入れがあり，題箋（有損）に「八十老□不明／張熊題」とある[16]。また朱筆で本文の漢字の四隅に声調を示す句点が書き込まれており，ところどころ欄外に注が付されている。

[1]-2′ 『官話指南』

明治壬午歳夏月鐫
官話指南
鶴江延陵氏藏板

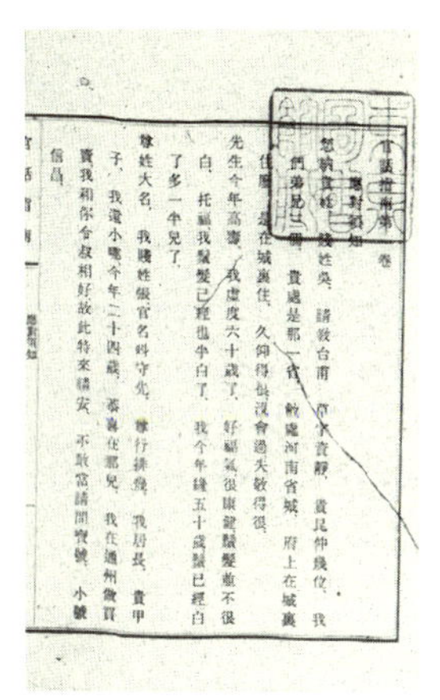

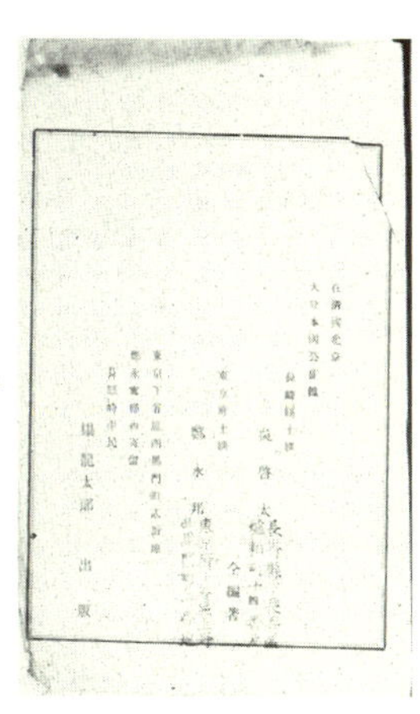

※書影は国会図書館所蔵本

編著者：呉啓太・鄭永邦
発行者：楊龍太郎
刊　年：1886（明治 19）年 2 月再版
印刷地：上海脩文活版館
形　態：線装本，4 巻 1 冊，99 葉（本文），外形 14.9×21.3cm，半葉版匡 11.6×15.9cm，12 行 26 字
封　面：明治壬午歳夏月鐫
　　　　官話指南
　　　　鶴江延陵氏蔵板
封面裏：明治十七年上海脩文活版館再印
奥　付：在清國北京大日本國公使館
　　　　長崎縣士族
　　　　　呉啓太　長嵜縣下長嵜區爐粕町十四番戸
　　　　東京府士族
　　　　　鄭永邦　東京下谷區西黑門町二番地　仝編著

16）張熊（1803-1886）は画家で浙江秀水（現・浙江省嘉興）の人。

東京下谷區西黑門町貳番地鄭永甯邸内寄留
長縣崎平民
楊龍太郎　出版
明治 15 年 11 月 6 日出版御届
全年全月出版
明治 19 年 1 月 7 日再版御届
全年 2 月再版

所　蔵：国会図書館（請求記号：特 56-852 ／マイクロフィッシュ：YDM82301）
国立公文書館内閣文庫（請求記号：278-0139）

備　考：［1］-2 の早稲田本と同じ版と考えられるが，朱筆で執筆者の住所と出版年が追記されているため［1］-1 と［1］-1' と同じ関係にあると判断し番号を分けた。奥付が「長縣崎」となっている点は後述の［1］-6 と同じである。国会図書館本と公文書館本は朱筆で定價八十銭と記入されている。

［1］-3 『官話指南』（重印本）

西歴一千九百年
官話指南
光緒二十六年歳次庚子

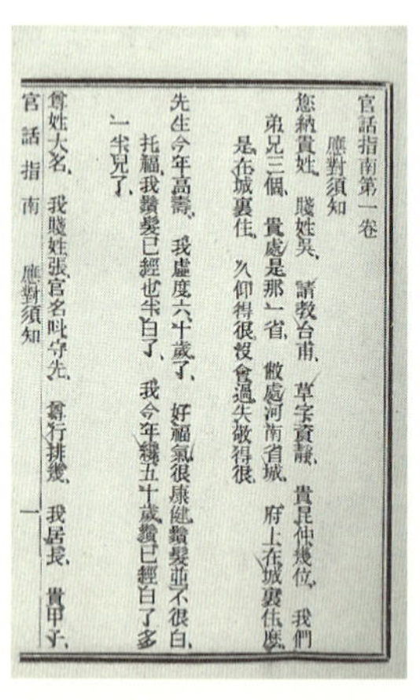
官話指南第一卷
應對須知
您納貴姓、賤姓吳、請教台甫、草字資靜、貴昆仲幾位、我們
弟兄三個、貴處是那一省、敝處河南省城、府上在城裏住麼、
是在城裏住、久仰得很沒會過失敬得很
先生今年高壽、我虛度六十歲了、好福氣很康健鬚髮並不很白、
托福、我鬚髮已經也半白了、我今年纔五十歲鬚已經白了多
一半兒了、
尊姓大名、我賤姓張官名叫守先、尊行排幾、我居長、貴甲子、
官話指南　應對須知　一

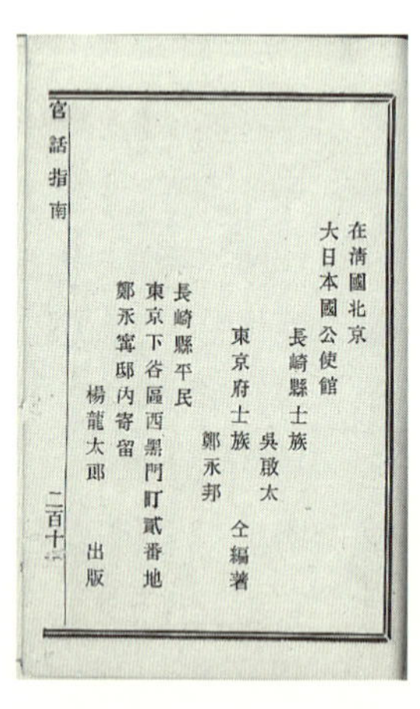
在清國北京
大日本國公使館
長崎縣士族
吳啟太
東京府士族
鄭永邦
仝編著
長崎縣平民
東京下谷區西黑門町貳番地
鄭永寗邸内寄留
楊龍太郎
出版
官話指南　二百十

※書影は尾崎文庫所蔵本

編著者：呉啓太・鄭永邦
発行者：楊龍太郎
刊　年：1900（光緒 26）年
印刷地：上海美華書院（American Presbyterian Mission Press）
形　態：洋装本，212 頁，外形 12.5×18.6cm，半葉版匡 94.0×15.1cm，11 行 27 字
封　面：西歴一千九百年
官話指南

光緒二十六年歳次庚子
封面裏：上海美華書館重印
奥　付：在清國北京大日本国公使館
長崎縣士族
呉啓太
東京府士族
鄭永邦　仝編著
東京下谷區西黒門町貳番地鄭永甯邸内寄留
長崎縣平民
楊龍太郎　出版
所　蔵：尾崎文庫[17]（資料 ID：OZ-827-009）
関西大学アジア文化研究センター・鱒澤彰夫氏寄贈図書
備　考：鱒澤本では最初の数ページに声調を記した句点が文字の四隅に朱筆で書き込まれている。この版本は流通量が多く，特に海外の図書館を中心に所蔵している機関が多い。『書誌』No.21。

［1］-4 『官話指南』（重印本）

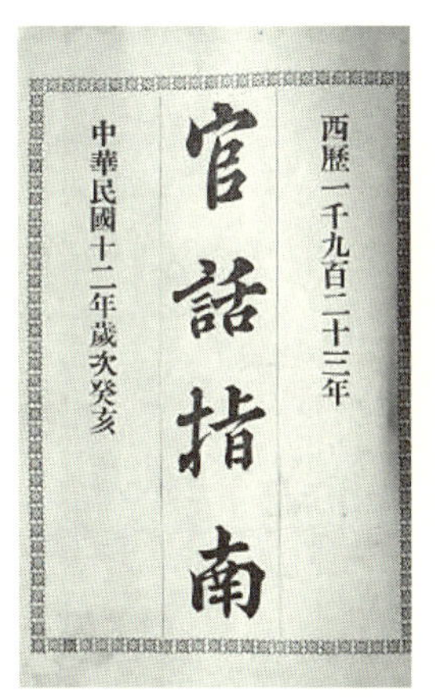

編著者：呉啓太・鄭永邦
発行者：楊龍太郎
刊　年：1903 年（1923 年）
印刷地：Kelly&Walsh Limited

17）正式な名称ではないが，関西大学アジア文化研究センターに所蔵されている尾崎實氏の旧蔵書。まとまって所蔵されているので便宜的にこのように称している。

形　態：洋装本，212 頁，外形 19.0cm，半葉 11 行 27 字
封　面：①『書誌』
西歴一千九百零三年
官話指南
光緒二十九年歳次癸卯
②浙江本
西歴一千九百二十三年
官話指南
中華民国十二年歳次癸亥
奥　付：在清國北京大日本国公使館
長崎縣士族
呉啓太
東京府士族
鄭永邦　仝編著
東京下谷區西黒門町貳番地鄭永甯邸内寄留
長崎縣平民
楊龍太郎　出版
所　蔵：浙江図書館古籍館蔵（1923 年版）（資料 ID：418.1 / 2634）
北京大学図書館（資料 ID：5182/2334）
備　考：『書誌』No.21 に Kelly&Walsh 版の封面の書影が掲載されているが，この 1903 年に刊行された同書の所在は現在不明であり，またいずれの機関にも 1903 年版の所蔵を確認することができない。そのため封面①と刊年以外は 1923年版（浙江図書館古籍館所蔵本）の情報に依る。『書誌』によると No.21 の 2 冊（[1]-3 と［1]-4）は「刊年・発行所は異なっているが，序文・奥付を含めて初版全部を四六判に収めて装丁も背文字も同じ，内容の版式も活字も同じである」とある。この点について 1923 年版で確認したところ同じであった。1923 年版は Kelly&Walsh から出版された英訳版と同じ赤ぶちの装丁で，表紙に赤字で『官話指南』と記されている。日本で刊行された改訂版の変更は反映されておらず，このことからも海外では引き続き 1900 年の美華書院版を重印して利用していたことが分かる。北京大学本は装丁から 1903 年に刊行された Kelly&Walsh 版であると考えられるが [18]，封面が欠落しており印刷時期は断定はできない。

18）2014 年の調査時点では北京大学図書館蔵の同書籍の書誌情報では刊行年が 1811 年となっているがこれは誤りである。

［1］-5 『官話指南』重印本

官話指南第一卷
應對須知
您納貴姓、賤姓吳、請教台甫、草字資靜、貴昆仲幾位、我們弟兄三個、貴
處是那一省、敝處河南省城、府上在城裏住麽、是在城裏住、久仰得很、沒會
過、失敬得很、
先生今年高壽、我虛度六十歲了、好福氣、很康健、鬚髮並不很白、托福、我鬚
髮已經也半白了、我今年纔五十歲、鬚已經白了多一半兒了、
尊姓大名、我賤姓張、官名叫守先、尊行排幾、我居長、貴甲子、我還小哪、今
年二十四歲、恭喜在哪兒、我在通州做買賣、我和你令叔相好、故此特來請安、
不敢當、請問寶號、小號信昌、
久違久違、實在渴想得很、今兒早起聽見老兄到了、特過來拜訪、不敢當、勞駕、我
官話指南 應對須知 七

※書影は関西大学図書館泊園文庫所蔵本

編著者：呉啓太・鄭永邦

発行者：楊龍太郎

刊　年：1900（光緒 26）年

印刷地：福州美華書局

形　態：線装本，93 葉（本文），外形 13.5×21.0cm，半葉版匡 11.5×16.4cm，11 行 35 字

封　面：主降生一千九百年
官話指南
光緒二十六年　福州美華書局活板

奥　付：在清國北京大日本国公使館
長崎縣士族
呉啓太
東京府士族
鄭永邦　仝編著
東京下谷區西黒門町貳番地鄭永甯邸内寄留
長崎縣平民
楊龍太郎　出版

所　蔵：関西大学図書館泊園文庫（請求記号：LH2*1.10**61）
北九州市立図書館（請求記号：N827-8* ゴ）

備　考：［1］-3 と［1］-4 と同系統のものであると考えられる。泊園本には「明治辛丑

六月於清國上海獲之」という記載があることから，同書は藤澤黄鵠[19]が 1901（明治 34）年に上海で購入したものであり，藤澤黄鵠旧蔵の書で学習時の書き入れがある。この書き入れについて日下恒夫氏は 1974 年に調査を行い南京官話の資料としての有用性を証明した[20]。

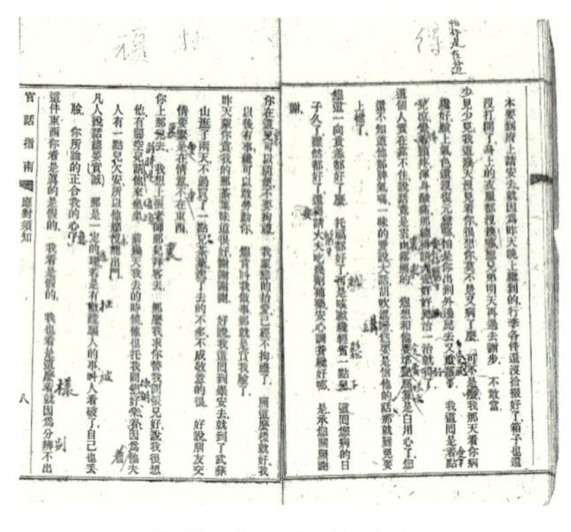

学習時の書き入れ

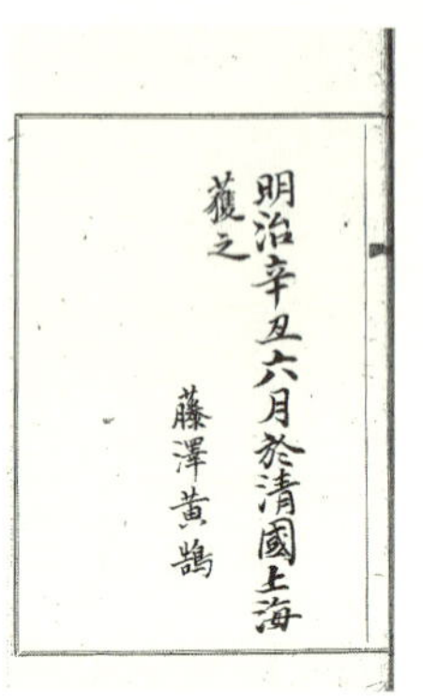

藤澤黄鵠による署名

［1］-6 『官話指南』

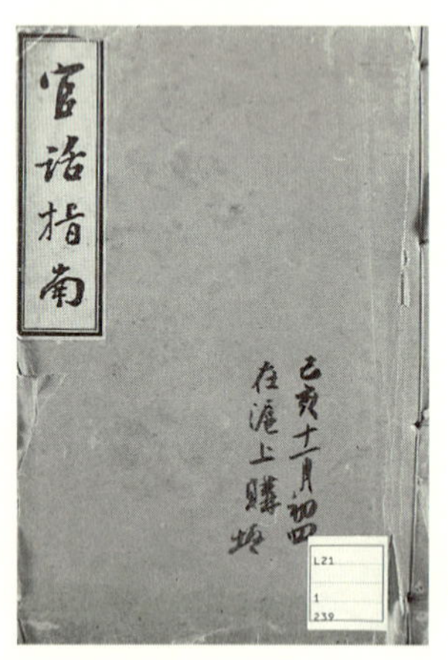

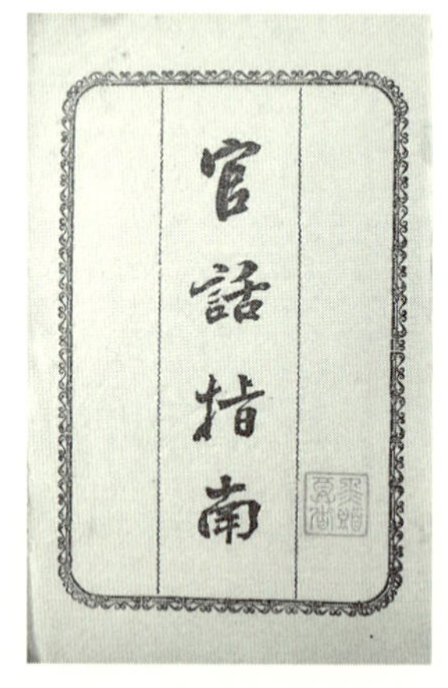

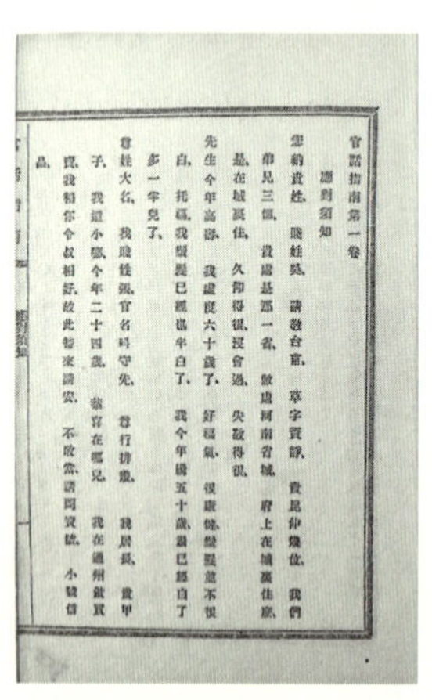

書影は関西大学図書館内藤文庫所蔵本

編著者：呉啓太・鄭永邦

発行者：楊龍太郎

19）藤澤黄鵠（1874-1924），藤澤南岳の長男で 1989（明治 31）年に中国に留学，一旦帰国し 1901 年（明治 34）年再び中国に赴き帰国後泊園書院で教鞭をとる。

20）日下恒夫 1974「清代南京官話方言の一斑 ── 泊園文庫蔵《官話指南》の書き入れ」『関西大学中国文学会紀要』pp.20-47

刊　年：記載無

印刷地：記載無

形　態：線装本，4 巻 1 冊，99 葉（本文），外形 14.7×21.5cm，半葉版匡 10.8×15.8cm
12 行 27 字

封　面：（空白）
官話指南
（空白）

奥　付：在清國北京大日本國公使館
長崎縣士族
呉啓太
東京府士族
鄭永邦　仝編著
東京下谷區西黒門町貳番地鄭永甯邸内寄留
長縣崎平民
楊龍太郎　出版

所　蔵：関西大学図書館内藤文庫（L21**1*239）
関西大学アジア文化研究センター・鱒澤彰夫氏寄贈図書
『中国語教本類集成』第 1 集第 2 巻

備　考：序文に「明治 14 年 12 月自序」の記載はあるが刊行年の記載はない。表紙は厚手のレンガ色紙。内藤本の表紙には内藤湖南による「己亥十一月初四 在滬上購」という書き入れがある。『書誌』No.15。

[1]-7 『官話指南』

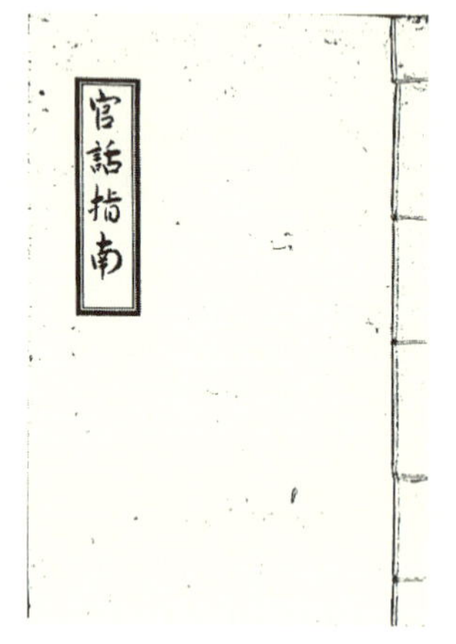

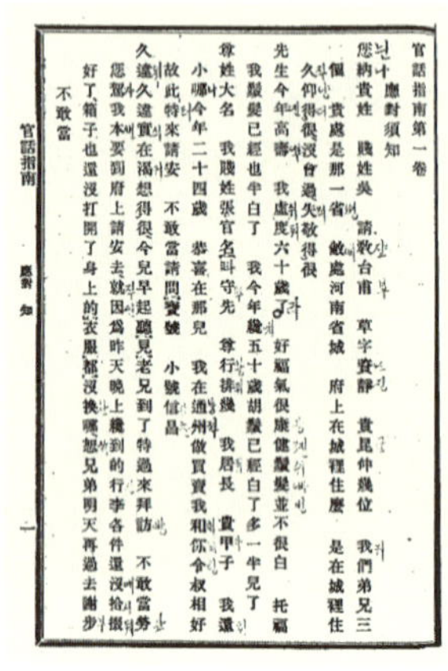

官話指南第一卷
應對須知
您納貴姓　賤姓吳　請教台甫　草字資靜　貴昆仲幾位　我們弟兄三
個　貴處是那一省　敝處河南省城　府上在城裡住麼　是在城裡住
久仰得很　沒會過失敬得很
先生今年高壽　我虛度六十歲了　好福氣很康健鬚髮並不很白　托福
我鬚髮已經也半白了　我今年纔五十歲胡鬚已經白了多一半兒了
尊姓大名　我賤姓張官名守先　尊行排幾　我居長　貴甲子　我還
小哪今年二十四歲　恭喜在那兒　我在通州做買賣我和你令叔相好
故此特來請安　不敢當請問寶號　小號信昌
久違久違實在渴想得很今兒早起聽見老兄到了特過來拜訪　不敢當勞
您駕我本要到府上請安去就因爲昨天晚上纔到的行李各件還沒拾掇
好了箱子也還沒打開了身上的衣服都沒換哪想兄弟明天再過去謝步
不敢當

官話指南　應對須知　一

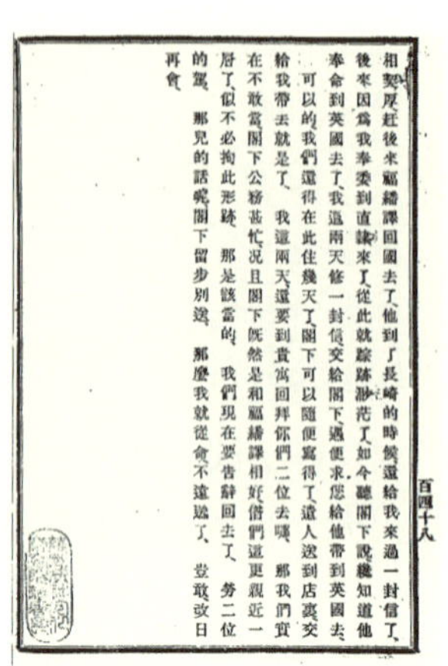

相契厚、赶後來福繙譯回國去了、他到了長崎的時候、還給我來過一封信了、
後來因爲我奉委到直隷來了、從此就踪跡渺茫了、如今聽閣下說纔知道他
奉命到英國去了、我過兩天修一封信、交給閣下、遇便求您給他帶到英國去、
可以的、我們還得在此住幾天了、閣下可以隨便寫得了、遣人送到店裏交
給我帶去就是了、　我這兩天還要到貴寓回拜你們二位去哪、　那我們實
在不敢當、閣下公務甚忙、況且閣下既然是和福繙譯相好、倡們這更親近一
層了、似不必拘此形跡、　那是該當的、　我們現在要告辭回去了、　勞二位
的駕、　那兒的話哪、閣下留步別送、　那麼我就從命不遠送了、　豈敢改日
再會

百四十八

書影は韓国學中央研究院所蔵本

編著者：記載無
発行者：記載無
刊　年：記載無
印刷地：記載無
形　態：線装本，148 頁，サイズ不明，半葉 14 行 30 字。
封　面：記載無
奥　付：記載無
所　蔵：韓国學中央研究院
備　考：同書は韓国學中央研究院[21]で電子データが公開されている。この電子データには封面と奥付がなく，具体的にどの版本の系統に属すものか正確に判断することができないが，半葉が 14 行 30 字であることから［1]-1 ～［1]-6 のいずれの形式的にも一致しない。またこの『官話指南』には全ページにわたりハングルによる音注が書き入れられている。たとえば下の画像では“您納”の横には“닌나”（ninna）と書かれている。また“省”や“敝”の横に書かれているハングルは現在使われているものではないことから当時の学習者による書き入れと考えられる。

21）韓国學中央研究院 http://www.aks.ac.kr/aks/default.aspx

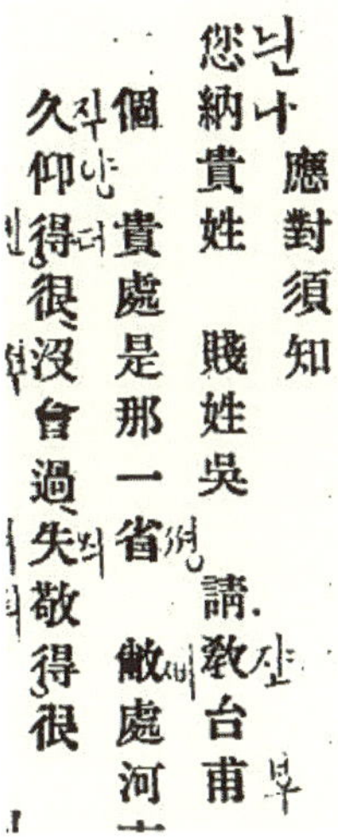
應對須知
您納貴姓 賤姓吳 請教台甫
個 貴處是那一省 敝處河
久仰得很沒會過失敬得很

ハングルによる書き入れ

3-3. 『官話指南』の初版に関する考察

オリジナルの『官話指南』に近い関係がある書籍として重印本も含め9冊提示した。この9冊のうち，刊行年が記載されているもので最も古いのは［1］-1である。ただ［1］-6や［1］-7のように刊行年が記載されていないものもあり，それぞれの関係は必ずしも明確ではない。たとえば，［1］-6は六角恒廣編『中国語教本類集成』第1集第2巻に収録されており，解題では初版本として紹介されている。また鱒澤1997では，6冊の『官話指南』の書誌情報を提示し，活字や奥付の相違から［1］-1，［1］-3，［1］-4の系統と［1］-2，［1］-6の二系統に分け，刊行年の記載がなされている［1］-1が『官話指南』の初版であるとしている。

これらの各種版本がどういった関係にあるのか，本論では鱒澤1997の方法を以って今一度整理してみる。3-2に掲載した『官話指南』の書誌を項目ごとに表にする。

（［1］-1～［1］-2）

	［1］-1	［1］-1'	［1］-2
刊　年	1882	1882	1886
出　版	上海美華書館	上海美華書館	上海脩文活版館
形　態	線装本	線装本	線装本
冊　数	4巻1冊	4巻1冊	4巻1冊

本　　文	135 葉	135 葉	99 葉
サイズ	12.0×18.0cm	12.0×18.0cm	14.9×21.3cm
行　　数	10 行 23 字	10 行 23 字	12 行 26 字
封面 1	明治壬午歳夏月鐫 官話指南 鶴江延陵氏蔵板	明治壬午歳夏月鐫 官話指南 鶴江延陵氏蔵板	明治壬午歳夏月鐫 官話指南 鶴江延陵氏蔵板
封面 2	光緒壬午孟夏月上海美華書館印	光緒壬午孟夏月上海美華書館印	明治十七年上海脩文活版館再印
本　　文	A（那）	A（那）	A（那）
奥　　付	在清國北京大日本國公使館	在清國北京大日本國公使館	在清國北京大日本國公使館
	長崎縣士族　呉啓太	長崎縣士族　呉啓太	長崎縣士族　呉啓太
		長寄縣下長寄區爐粕町十九番戸	
	東京府士族　鄭永邦　仝編著	東京府士族　鄭永邦　仝編著	東京府士族　鄭永邦　仝編著
		東京下谷區西黑門町貳番地	
	東京下谷區西黑門町貳番地鄭永甯邸内寄留	東京下谷區西黑門町貳番地鄭永甯邸内寄留	東京下谷區西黑門町貳番地鄭永甯邸内寄留
	長崎縣平民　楊龍太郎出版	長崎縣平民　楊龍太郎出版	長縣崎平民　楊龍太郎出版
		明治 15 年 11 月 6 日出版御届 仝年仝月出版	
奥付類型	C	B（住所）	B（住所） A（長縣崎）

（[1]-2'～[1]-4）

	[1]-2'	[1]-3	[1]-4
刊　　年	1886	1900	1903
出　　版	上海脩文活版館	上海美華書院（American Presbyterian Mission Press）	Kelly&Walsh
形　　態	線装本	線装本	洋装本
冊　　数	4 巻 1 冊	4 巻 1 冊	4 巻 1 冊

本　　文	99葉	212頁	211頁
サイズ	21.3×14.9cm	18.6×12.5cm	—
行　　数	12行26字	11行27字	11行27字
封 面 1	明治壬午歳夏月鐫 官話指南 鶴江延陵氏蔵板	西歴一千九百年 官話指南 光緒二十六年歳次庚子	西歴一千九百零三年 官話指南 光緒二十九年歳次癸卯
封 面 2	明治十七年上海脩文活版館再印	上海美華書館重印	—
本　　文	A（那）	A（那）	—
奥　　付	在清國北京大日本國公使館	在清國北京大日本國公使館	在清國北京大日本國公使館
	長崎縣士族　呉啓太	長崎縣士族　呉啓太	長崎縣士族　呉啓太
	長嵜縣下長嵜區爐粕町十四番戸		
	東京府士族　鄭永邦　仝編著	東京府士族　鄭永邦　仝編著	東京府士族　鄭永邦　仝編著
	東京下谷區西黑門町二番地　仝編著		
	東京下谷區西黑門町貳番地鄭永甯邸内寄留	東京下谷區西黑門町貳番地鄭永甯邸内寄留	東京下谷區西黑門町貳番地鄭永甯邸内寄留
	長縣崎平民　楊龍太郎出版	長崎縣平民　楊龍太郎出版	長崎縣平民　楊龍太郎出版
	明治15年11月6日出版御届 仝年仝月出版 明治19年1月7日再版御届 仝年2月再版		
奥　　付 類　　型	B（住所） A（長縣崎）	C	C

（[1]-5～[1]-6）

	[1]-5	[1]-6	[1]-7
刊　　年	1900	—	—
出　　版	福州美華書院	—	—
形　　態	線装本	線装本	線装本
冊　　数	4巻1冊	4巻1冊	—

本　　文	93 葉	99 葉	—
サイズ	13.5×21.0cm	21.5×14.7cm	—
行　　数	11 行 35 字	12 行 27 字	14 行 30 字
封 面 1	主降生一千九百年 官話指南 光緒二十六年　福州美華書局活板	（空白） 官話指南 （空白）	—
封 面 2	—	—	—
本　　文	B（哪）	B（哪）	A（那）
奥　　付	在清國北京大日本國公使館	在清國北京大日本國公使館	—
	長崎縣士族　呉啓太	長崎縣士族　呉啓太	—
			—
	東京府士族　鄭永邦　仝編著	東京府士族　鄭永邦　仝編著	—
			—

一覧を確認していくと，各版それぞれ微妙に異なることが分かる。特徴的な違いとしては［1］-2 と［1］-2'，［1］-6 の奥付で「長崎縣」とするべきところを「長縣崎」としている点である。［1］-1 と［1］-1' は朱筆による別の字体で住所と出版日が追記されている以外は同じである。追記された住所では「長崎縣」とするべきとところを「長嵜縣」としており，「嵜」という異体字が用いられている。この字は中国では使わないため，日本国内に流通させる際に［1］-1' に追記したという考えを裏付ける。上海脩文活版館で印刷された［1］-2 と［1］-2' の違いは［1］-2' には朱印で定價八十銭と追記されていること，住所と出版日が記載されていることである。この点は［1］-1 と［1］-1' の関係と同じである。そして先にも述べたが［1］-1 の内田本には英語の書き入れがある。その書体から西洋人が利用したものと推測できる。この版本はヨーロッパの古書店で内田氏が購入したものであることから，おそらく日本国内ではなく，中国で西洋人が購入し，利用したものがヨーロッパの古書店に流れたものであると思われる。そして［1］-2 の早稲田大学本は浙江秀水出身の張熊（1803-1886）が所有していたものであることから，中国で流通していたものである。そして［1］-1，［1］-1' と［1］-2，［1］-2' の扉には「明治壬午歳夏月鐫」と日本の元号が記載がなされている。さらに［1］-1' と［1］-2' ではそれぞれ「明治 15 年 11 月 6 日出版御届 仝年仝月出版，明治 19 年 1 月 7 日再

版御届 全年２月再版」とされている。一方［1］-3,［1］-4,［1］-5の３冊の扉では「西歴一千九百年／光緒二十六年歳次庚子」「西歴一千九百零三年／光緒二十九年歳次癸卯」「主降生一千九百年／光緒二十六年」のように中国の元号か西暦で刊行年が記載されていることから，そもそも日本での販売を想定していないと考えることができる。そして［1］-6については，明確な刊行年の記載はなく，刊行年を特定する直接的な情報はない。そこで現在確認できる３冊の版本を確認すると，鱒澤本には特に注目すべき書き入れは無いが『中国語教本類集成』に収録されている画像をよく見ると，所々に日本語による書き入れがあることが見て取れる。たとえば巻一「應對須知」の最初のページの右端には「明治三十七（1904）年七月初旬開ム」，奥付にも同じ筆跡で，「清国天津駐屯軍陸軍歩兵中尉岡頃人，1明治三十八（1905）年十二月十六日讀了，2明治三十九（1906）年五月十一日読了…」といった書き入れがなされている。これは当時の学習者の学習の記録である。

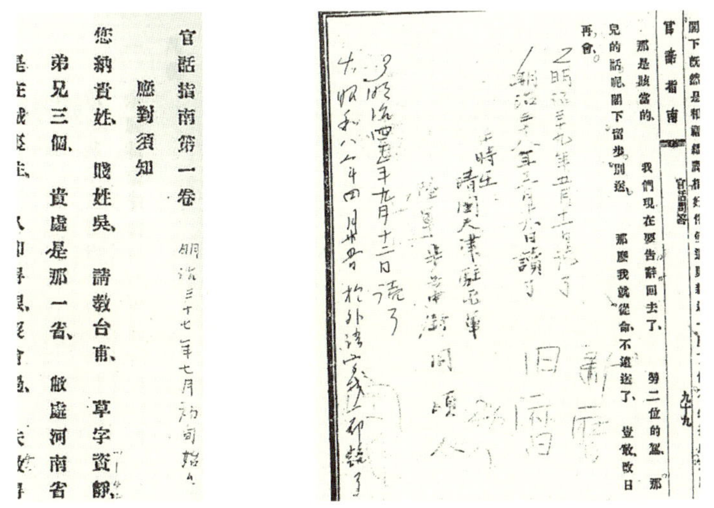

『中国語教本類集成』に収録されている『官話指南』の書き入れ

さらに内藤文庫本には内藤湖南による「己亥十一月初四（1899）在滬上購」という書き入れがあることは先にも述べたが，こういった書き入れから［1］-5,［1］-6は共に1899～1904年頃に中国で流通していた版本であることは間違いない。さらにそのことを裏付けるために文字の異同に注目したい。細かい点ではあるが，巻一“應對須知”の第３章を比較すると［1］-5と［1］-6では“我還小哪，今年二十四岁，恭喜再哪儿”となっているのに対して，［1］-1では“我還小哪，今年二十四，恭喜在那儿”となっており，“哪”と“那”の違いがあることが分かる。同じ箇所を他の版本についても確認すると以下のようになる。

［1］-1　我還小哪，今年二十四歳，恭喜在那儿
［1］-1'　我還小哪，今年二十四歳，恭喜在那儿
［1］-2　我還小哪，今年二十四歳，恭喜在那儿
［1］-2'　我還小哪，今年二十四歳，恭喜在那儿
［1］-3　我還小哪，今年二十四歳，恭喜在那儿
［1］-4　該当箇所未見
［1］-5　我還小哪，今年二十四歳，恭喜再哪儿
［1］-6　我還小哪，今年二十四歳，恭喜再哪儿
［1］-7　我還小哪，今年二十四歳，恭喜再那儿

同じ美華書院からでた2冊の間で，“哪儿”と“那儿”の違いがある点については疑問が残るが，“哪儿”と“那儿”を書き分ける場合，“哪儿”のほうが比較的新しい時期とされることと，［1］-1と［1］-6を比較した際，［1］-6を利用していた人物の学習開始時期の記載，或は購入時期から考えて，［1］-6は［1］-1よりも遅い時期に印刷され，刊行されたのではないかと結論づけられることができる。

以上の考察から1903年に『改訂官話指南』が日本の文求堂から出版されるまでに刊行されたと考えられる［1］-1～［1］-7については，中国でまず［1］-1の形で印刷され，中国で流通し，一部が日本国内に入り住所や出版日が追記され［1］-1'として流通したと考えられる。その後［1］-2と［1］-2'の再印本も同様の経過をたどり流通し，1900年前後に［1］-3～［1］-5が美華書院で相次いで重印され，前後して［1］-6が印刷されたと考えるのが妥当ではないだろうか。最後の［1］-7については情報がほとんどないことと韓国以外には見当たらない点，「那儿」を使っていることから［1］-3をベースにして後日作られたものであると考えられる。このことから初期の『官話指南』の関係は以下の図のとおりである。

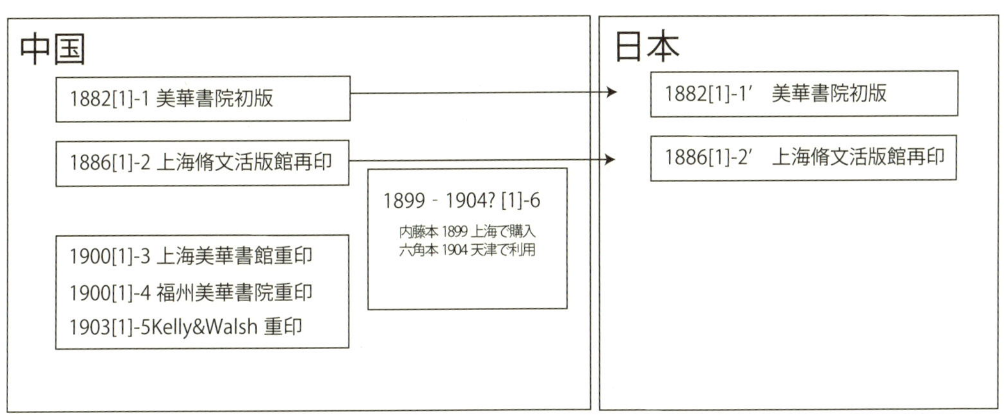

『官話指南』の各版本の相関図

3-4.『官話指南』から派生した会話書

本節では『官話指南』の改訂版，翻訳版，注釈などを施したものを中心に整理する。

［2］-1　官話指南（九江書會本）

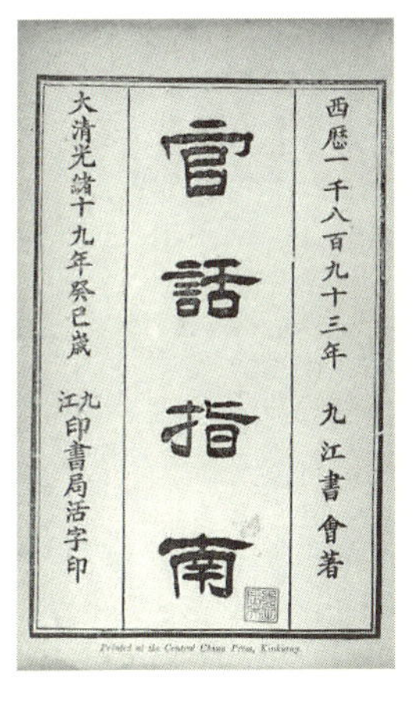

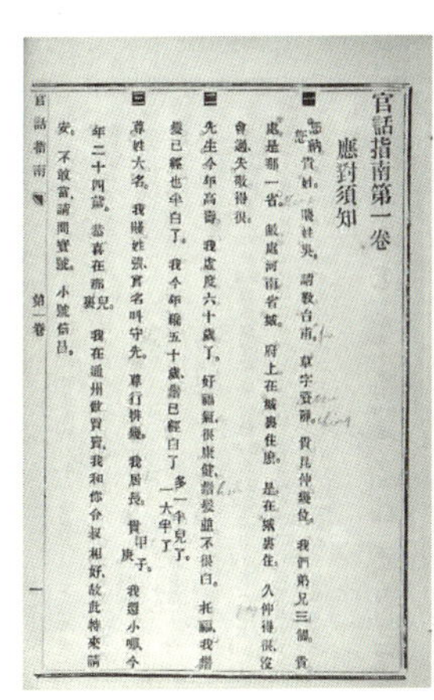

官話指南第一卷
應對須知

書影は神戸市外国語大学図書館所蔵本

編著者：九江書會

発行者：九江書局活字印（Central china press,kiukiang）

刊　年：1893 年

印刷地：九江

形　態：洋装本，4 巻 1 冊，190 頁，外形 16.0×23.0cm，半葉版匡 12.4×19.3cm

封　面：西歴一千八百九十三年　九江書會著

官話指南
大清光緒十九年癸巳歳　九江書局活字印板

所　蔵：神戸市外国語大学図書館（太田辰夫氏旧蔵書）
関西大学アジア文化研究センター・鱒澤彰夫氏寄贈図書

備　考：序文，凡例，奥付はない。誤字，脱字も散見され，一行まるごと抜けている箇所も見られる。一部の単語やフレーズを双行注という形で並列表記をしているのが同書の最大の特徴である。この双行注は基本的には北京官話と南京官話の区別を示したものであると考えられるが，“您納”と“您”といった同義語や，“路東那個海味店的纔好哪”と“路東那個南京店的纔好”，“拿茶掃一回”と“拿条葉掃一回”のような場面の違いによる使い分けといった例も見られるなど，必ずしも南北差とは断定できないものも含まれる。同書については資料的価値が高いと判断し，影印し索引を付した。神戸外大本と鱒澤本の２冊以外に所蔵している機関は確認できない。

［2］-2　官話指南 *Koan-Hoa Tche-Nan Boussole du Language Mandarin*（フランス語対訳版）

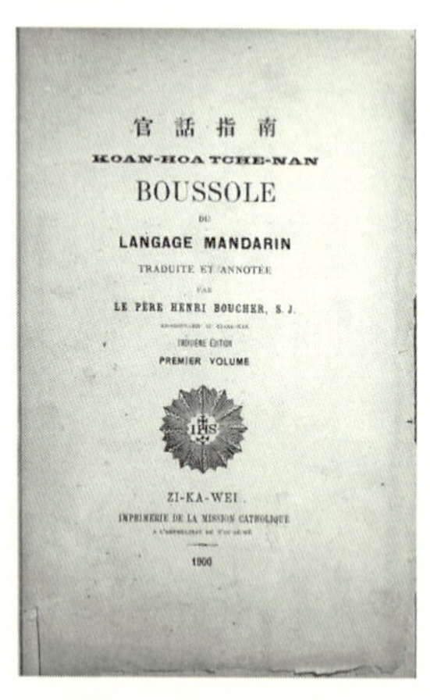
官話指南
KOAN-HOA TCHE-NAN
BOUSSOLE
DU
LANGAGE MANDARIN
TRADUITE ET ANNOTÉE
PAR
LE PÈRE HENRI BOUCHER, S.J.
PREMIER VOLUME
ZI-KA-WEI
IMPRIMERIE DE LA MISSION CATHOLIQUE
1900

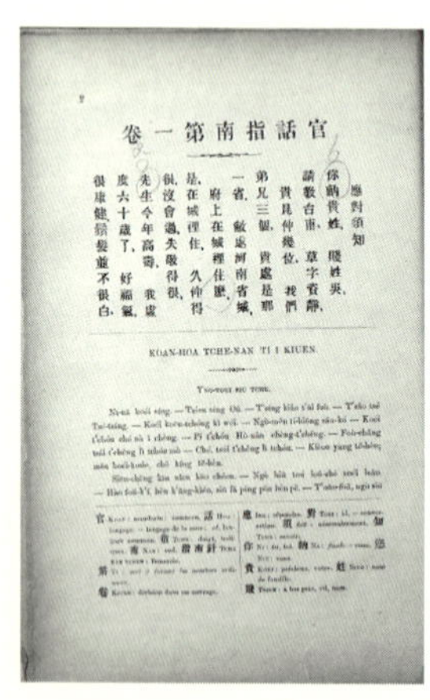
官話指南第一卷
KOAN-HOA TCHE-NAN TI I KIUEN.

※書影は尾崎文庫本（第３版）

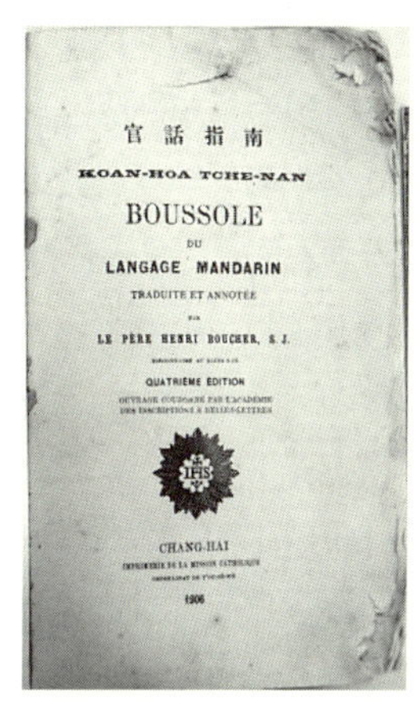

官話指南
KOAN-HOA TCHE-NAN
BOUSSOLE
DU
LANGAGE MANDARIN
TRADUITE ET ANNOTÉE
PAR
LE PÈRE HENRI BOUCHER, S. J.
QUATRIÈME ÉDITION
CHANG-HAI
1906

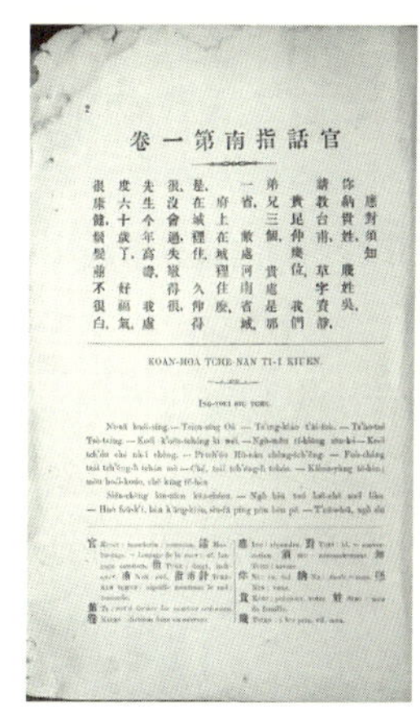

※書影は内田慶市架蔵本（第 4 版）

編著者：Le Pere Nenri Boucher S. J

発行者：Impromerie de la Mission Catholique

刊　年：初版 1887 年，2 版 1893 年，3 版 1900 年，1901 年，4 版 1906 年

印刷地：初版から 3 版までは ZI-KA-WEI（徐家匯）4 版以降は Chang-hai（上海）

形　態：いずれも洋装本，初版は 2 巻 2 冊（Vol. 1 は 217 頁，Vol. 2 は 234 頁），2 版は 2 巻 2 冊，3 版は 2 巻 2 冊（Vol.1 は 247 頁，Vol.2 は 236 頁，尾崎文庫本は合本で分冊版の vol.1 の 241～246 頁までがなく，vol.2 の前に中扉と目次が追加されている。），15.5×24.7cm，4 版は 1 巻 1 冊 482 頁，15.0×24.0cm

所　蔵：ハーバード大学（初版：HOLLIS Number：002901112）
天理大学図書館（2 版：請求記号：827‖20‖1，827‖20‖2）
関西大学アジア文化研究センター・鱒澤彰夫氏寄贈図書（3 版）
尾崎文庫（3 版：合本：資料 ID：OZ-827-007）
国会図書館（3 版：合本：請求記号：71-102）[22]
北京大学図書館（4 版：請求記号：495.17156/B66）
内田慶市架蔵（4 版：資料 ID：UC-827-003）

備　考：フランス語対訳版，『官話指南』が国際的知名度を持つ要因となった版本の一つ。本書では Avertissment に続き本文が掲載され，巻末に付録として Vocabulalire と，時間の表現をまとめた Heures chinoises，中国式の暦をまとめた Cycle de soixanteans がオリジナルの官話指南に加え掲載されている。北京大学が所蔵してい

22）『書誌』No.19 には「フランス人のカトリック神父 H.Boucher による『官話指南』の仏訳本で 1900 年上海の Impromerie de la Mission Catholique から刊行された。国会図書館に所蔵されているが，家蔵ではないので書名をあげるにとどめる。」とあるが，これは第 3 版である。

る版本ではフランス語訳の横に中国人学習者による中国語の書き入れがある。書き入れの内容から同書は1913年に福州の馬尾にあった船政前学堂から改名された福州海軍製造学校で使われていたものであることが分かった。この福州海軍製造学校では英語とフランス語による教育が行われており[23]，このことから，当時フランス語を勉強する中国人がフランス語を学習するために『官話指南』を利用していたことが明らかになった。

［2］-3 官話指南 *Koan-Hoa Tche-Nan Boussole du Language Mandarin*（フランス語注釈版）

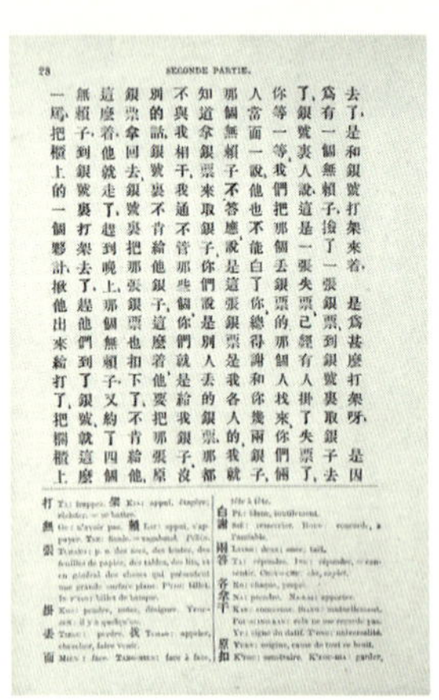

※書影は鱒澤本

編著者：Le Pere Nenri Boucher S. J

発行者：Impromerie de la Mission Catholique

刊　年：1905年

印刷地：Chang-hai（上海）

形　態：洋装本，1冊，221頁，15.0×22.0cm

所　蔵：関西大学アジア文化研究センター・鱒澤彰夫氏寄贈図書
　　　　麗澤大学図書館（請求記号：827/ B67）

備　考：［2］-2と同じ執筆者によるフランス語注釈本。漢文の原文を上段に，下段に漢字，単語の発音と意味を解説している。麗澤大学図書館が所蔵する第5版は1919年に印刷されていることが書誌情報から確認できる。『書誌』No.20。

23）高时良《中国近代教育史资料汇编－洋务运 动时期教育》，上海教育出版社 1992年版によると福州海軍製造学校では，英語あるいはフランスで授業をすることと定められていた。

[2]-4 官話指南 *The guide to Kuan hua : a translation of the "Kuan hua chih nan" : with an essay on tone and accent in Pekinese and a glossary of phrases*（英訳版）

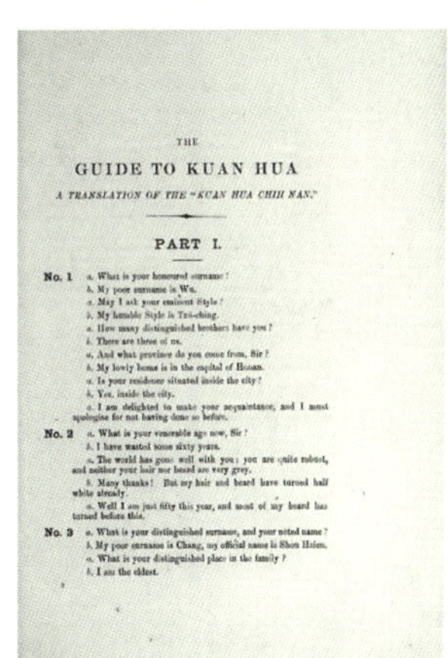

編著者：L. C. Hopkins

発行者：Kelly & Walsh, LTD（Shanghai）

刊　年：1895 年

印刷地：Shanghai

形　態：洋装本，194 頁，17.5×25.0cm

所　蔵：所蔵箇所多数

備　考：英語訳と語彙索引のみで中国語の本文はない。実物が確認できた書籍の版とその印刷年を確認していくと初版（1895 年），3 版（1900 年），4 版（1906 年），5 版（1921 年）となっている。この英訳版には中国語の本文は掲載されておらず，訳文のみが記載されているがこれは，Hopkins の序文によると転載の許可が得られなかったためである。オリジナルの『官話指南』と異なる点としては，話者が ab 形式で明示されているほか，巻末に tone and accent in Pekinese と a glossary of phrases が掲載されている。

［2］-5　官話指南 *The Guide to Kuan Hua with English Translations*（英語対訳版）

官話指南

THE

GUIDE TO KUAN HUA,

WITH

ENGLISH TRANSLATIONS.

SHANGHAI:
Printed at the Commercial Press.
1902.

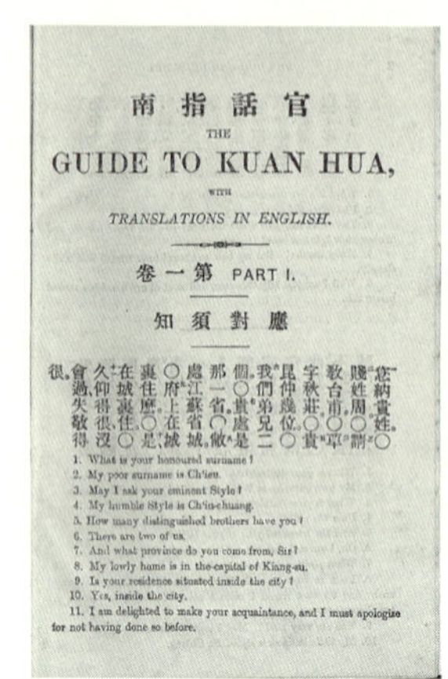

官話指南

THE

GUIDE TO KUAN HUA,

WITH

TRANSLATIONS IN ENGLISH.

第一卷 PART I.

應對須知

您納貴姓。○賤姓周。○請教台甫。○草字秋莊。○貴昆仲幾位。○我們弟兄二個。○貴處是那一省。○敝處江蘇省城。○府上在城裏住麼。○是、在城裏住。○久仰得很、沒會過、失敬得很。

1. What is your honoured surname?
2. My poor surname is Ch'ieu.
3. May I ask your eminent Style?
4. My humble Style is Ch'iu-chuang.
5. How many distinguished brothers have you?
6. There are two of us.
7. And what province do you come from, Sir?
8. My lowly home is in the capital of Kiang-su.
9. Is your residence situated inside the city?
10. Yes, inside the city.
11. I am delighted to make your acquaintance, and I must apologize for not having done so before.

※書影は内田慶市架蔵本

編著者：記載無

発行者：Commercial Press（Shanghai）

刊　年：1902 年

印刷地：Commercial Press（Shanghai）

形　態：洋装本，4 巻 1 冊，260 頁，13.0×19.0cm

所　蔵：内田慶市架蔵
関西大学アジア文化研究センター・鱒澤彰夫氏寄贈図書
東洋文庫（請求記号：貴重書 III-12-F-a-15）

備　考：翻訳者名の記載はないが固有名詞などを除き［2］-4 の英訳と一致する。凡例・序文はなく，レイアウトはフランス語訳版の［2］-2 に近いが，単語の注釈はない。会話の区切りで○を入れることで会話の切れ目が分かりやすくするなどの工夫がなされている。一方［2］-4 では ab 形式だった英訳は通し番号になっている。本書は後述の飯河道雄が執筆した『訳註声音重念附 官話指南自習書』が参考にしている本である。

［2］-6 改訂 官話指南

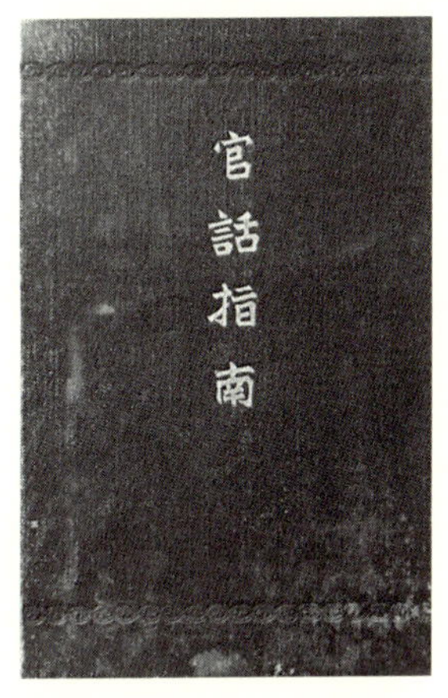

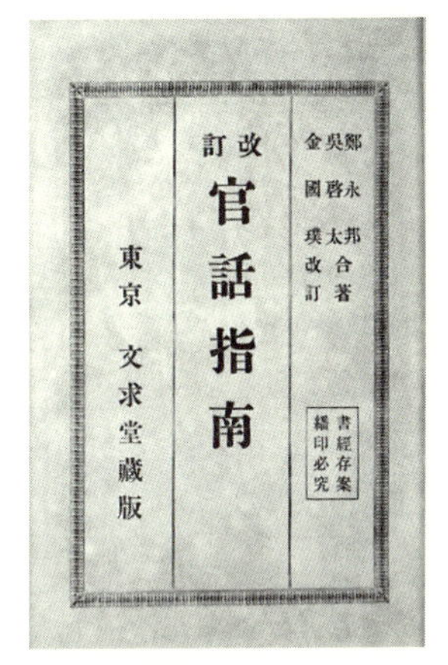
吳啓太　鄭永邦　合著
金國璞　改訂

改訂
官話指南

書經存案
翻印必究

東京　文求堂藏版

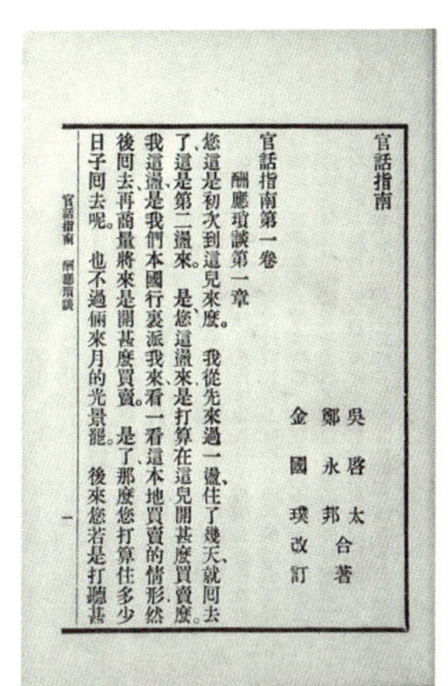
官話指南

吳啓太　鄭永邦　合著
金國璞　改訂

官話指南第一卷
酬應瑣談第一章

您這是初次到這兒來麼。　我從先來過一盪、住了幾天、就回去了、這是第二盪來。　是、您這盪來是打算在這兒開甚麼買賣麼。
我這盪是我們本國行裏派我來看一看這本地買賣的情形、然後回去再商量將來是開甚麼買賣。　是了、那麼您打算住多少日子回去呢。　也不過倆來月的光景罷。　後來您若是打聽甚

官話指南　酬應瑣談　一

編著者：呉啓太・鄭永邦　改訂者：金国璞

発行者：文求堂

刊　年：1903（明治 36）年 5 月

印刷地：東京

形　態：洋装本，4 巻 1 冊，230 頁（本文），外形 13.0×18.0cm，半葉版匡 10.0×14.3cm，11 行 25 字

所　蔵：所蔵機関多数
『国語学資料叢刊』燕語社会風俗官話翻訳古典小説・精選課本篇第 2 巻所収

備　考：初版で序文を書いた金国璞により改訂されている。巻之一「應對須知」が削除され，「酬應瑣談」が新しく加えられ。印刷地を上海から日本に移したため 1903 年以降は日本ではこの版が数多く流通したが，国外ではあまり流通していない。

［2］-7　改訂 官話指南

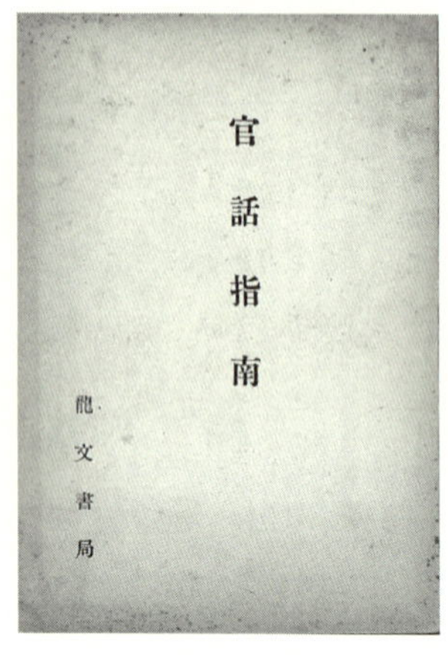
官話指南

龍文書局

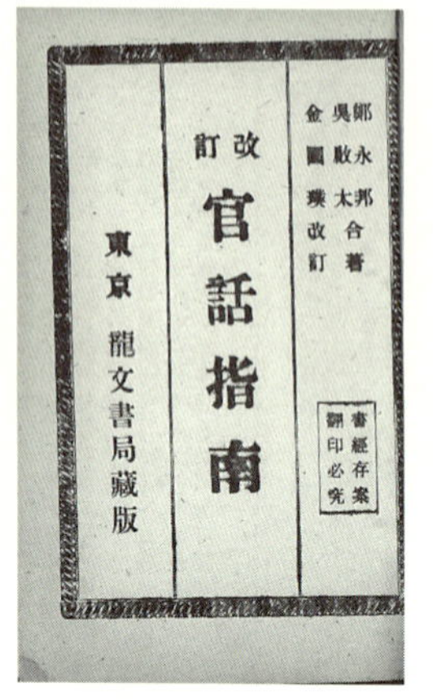
鄭永邦
吳啟太 合著
金國璞 改訂

改訂 官話指南

書經存案
翻印必究

東京 龍文書局藏版

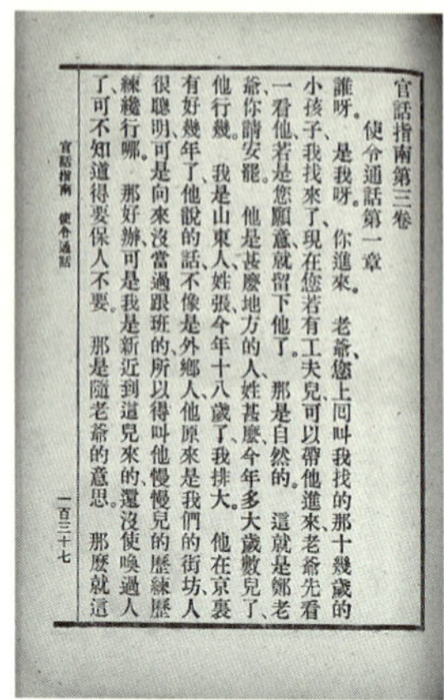
官話指南第三卷

使令通話第一章

誰呀。 是我呀。 你進來。 老爺、您上回叫我找的那十幾歲的小孩子、我找來了、現在您若有工夫兒、可以帶他進來、老爺先看一看他、若是您願意、就留下他了。 那是自然的。 這就是鄒老爺、你請安罷。 他是甚麼地方的人、姓甚麼、今年多大歲數兒了、他行幾。 我是山東人、姓張、今年十八歲了、我排大。 他在京裏有好幾年了、他說的話、不像是外鄉人、他原來是我們的街坊、人很聰明、可是向來沒當過跟班的、所以得叫他慢慢兒的歷練歷練纔行哪。 那好辦、可是我是新近到這兒來的、還沒使喚過人了、可不知道得要保人不要。 那是隨老爺的意思。 那麼就這

官話指南　使令通話　　一百三十七

編著者：呉啓太・鄭永邦　改訂者：金国璞

発行者：龍文書局

刊　年：1903（明治36）年5月，（奥付にはこのように記載されているが文求堂版の情報であり実際には1945年に印刷されたものである。）

印刷地：東京

形　態：平装本，4巻1冊，本文230頁，外形13.5×19.0cm
　　　　半葉版匡97.0×14.2cm，11行25字

所　蔵：所蔵機関多数

備　考：昭和20年以降に流通した［2］-6のリプリント版。

［2］-8　官話指南総訳

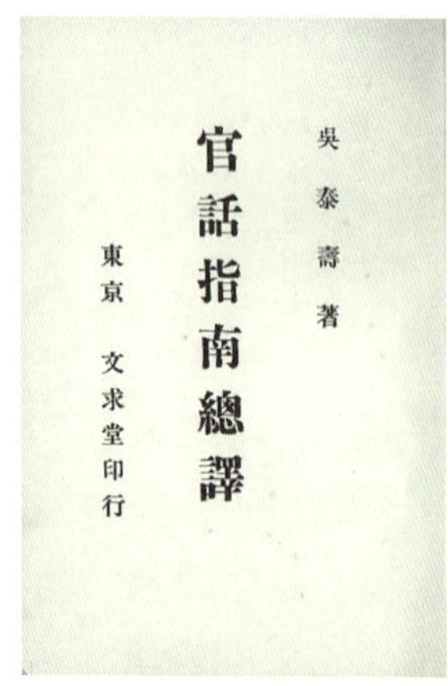
吳泰壽 著

官話指南總譯

東京 文求堂印行

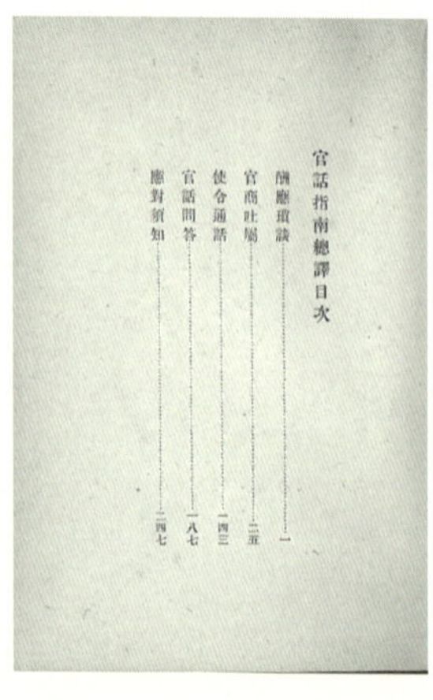
官話指南總譯目次

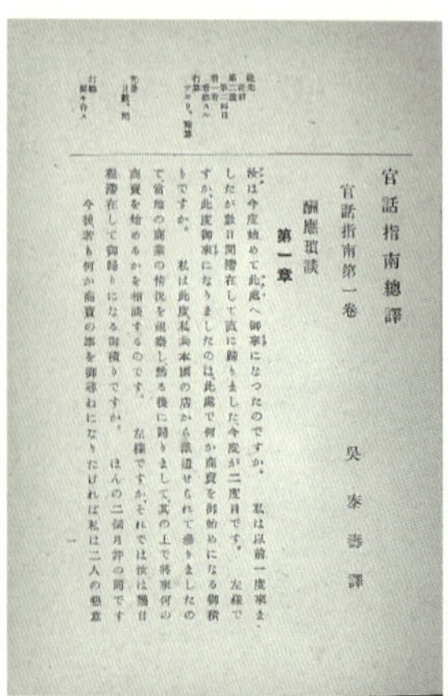
官話指南總譯

官話指南第一卷　　吳泰壽譯

酬應瑣談

第一章

[illegible]は今度始めて此處へ御來になつたのですか。 私は以前一度來ましたが數日間滯在して直に歸りました今度が二度目です。 左樣ですか此度御來になりましたのは、此處で何か商賣を御始めになる御積りですか。 私は此度私共本國の店から派遣せられて參りましたので當地の商業の情況を視察し然る後に歸りまして其の上で將來何の商賣を始めるかを相談するのです。 左樣ですかそれでは貴方は幾日程滯在して御歸りになる御積りですか。 ほんの二個月許の間です

今後貴方も何か商賣の事を御尋ねになりたければ私は二人の懇意

一

編著者：呉泰寿

発行者：文求堂
刊　年：1903（明治38）年1月
印刷地：東京
形　態：洋装本，264頁，外形 14.8×22.1cm
所　蔵：所蔵機関多数
『中国教本類集成』第1集第2巻所収
『中国文学語学資料集成』第4集第4巻所収
備　考：改訂版に対応する日本語訳版だが，改訂の際に削除された「應對須知」の訳もついている。編著者の呉泰寿は『官話指南』編著者の呉啓太と鄭永邦のいとこにあたる。

［2］-9　官話指南精解

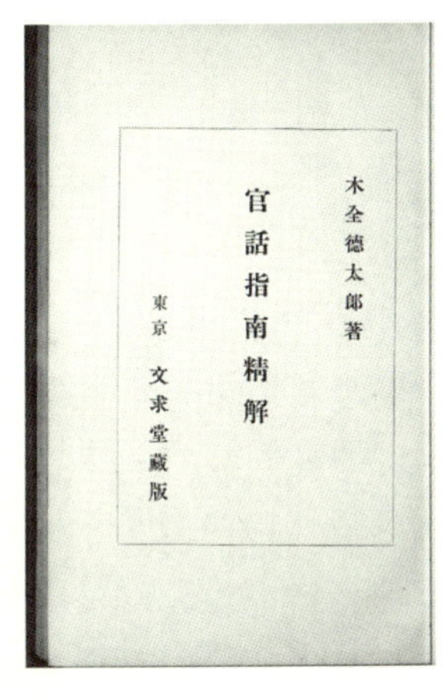

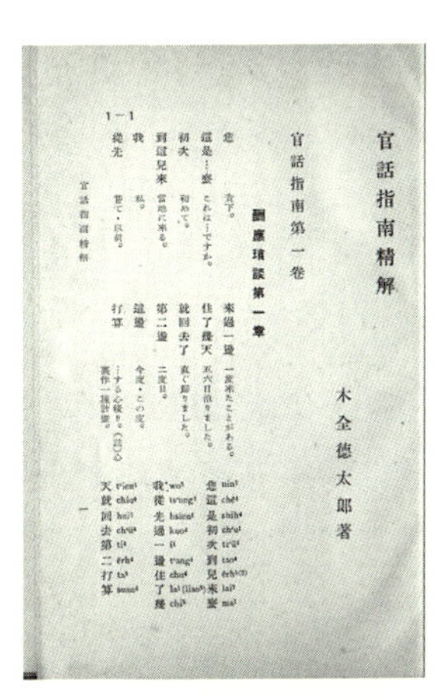
官話指南精解
木全德太郎著
官話指南第一卷
酬應瑣談第一章
您　貴下。
這是…麼　これは…ですか。
初次　初めて。
到這兒來　當地に來る。
我　私。
從先　嘗て・以前。
來過一盪　一度來たことがある。
住了幾天　五六日泊りました。
就回去了　直ぐ歸りました。
第二盪　二度目。
這盪　今度・この度。
打算　…する心積り。（計）心裏作一擬計畫。
官話指南精解
1－1
一

編著者：木全徳太郎
発行者：文求堂・田中慶太郎
刊　年：1939（昭和14）年
印刷地：東京
形　態：洋装本，384頁，13.0×19.0cm
所　蔵：所蔵先多数
備　考：『改訂版官話指南』に対して詳細な解説や練習をつけている。また各巻の各章ごとに新出単語を提示し，wade式の発音で付し，主要な語句に対して解説を加えている。

［2］-10 譯註 聲音重念附 官話指南自修書 官商吐属篇

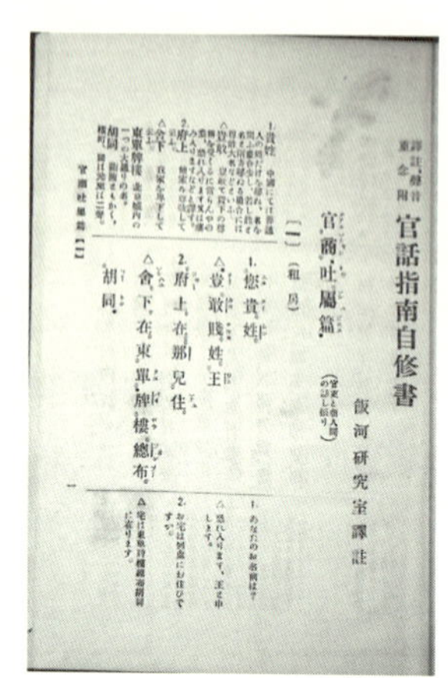

編著者：飯河道雄

発行者：大阪屋號書店

刊　年：1925年（大正14）年2月15日

印刷地：大連

形　態：洋装本，4, 2, 359頁，13.0×20.0cm

所　蔵：関西大学東西学術研究所（請求記号：820/A7/10-2-1）
関西大学アジア文化研究センター・鱒澤彰夫氏寄贈図書
龍谷大学（資料ID：30000086741）
『中国文学語学資料集成』第2集第1巻所収

備　考：本書は1903年の改訂版刊行以降に執筆刊行されたものであるが，改訂版をベースとしたものではなく，改定前のものをベースに注をつけたものである。執筆にあたっては［2］-4英語対訳版を参考にしていると序文に記載がある。［2］-11と［2］-12も同様である。

［2］-11 譯註 聲音重念附 官話指南自習書 應對須知篇 使令通話篇

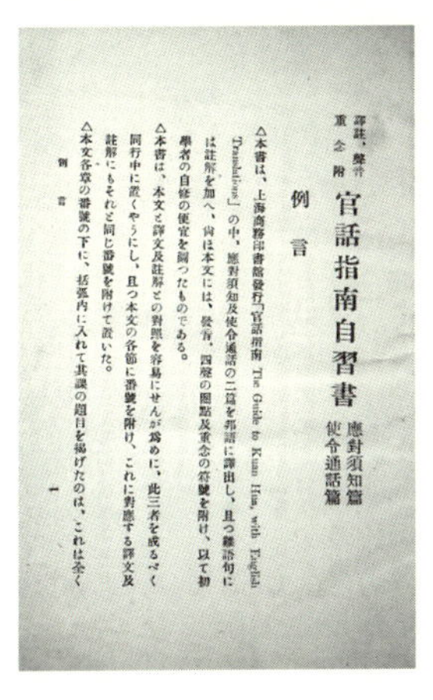
譯註、聲音重念附 官話指南自習書 應對須知篇 使令通話篇

例 言

△本書は、上海商務印書館發行「官話指南 The Guide to Kuan Hua, with English Translations」の中、應對須知及使令通話の二篇を邦語に譯出し、且つ難語句には註解を加へ、尚は本文には、發音、四聲の圏點及重念の符號を附け、以て初學者の自修の便宜を圖つたものである。

△本書は、本文と譯文及註解との對照を容易にせんが爲めに、此三者を成るべく同行中に置くやうにし、且つ本文の各節に番號を附け、これに對應する譯文及註解にもそれと同じ番號を附けて置いた。

△本文各章の番號の下に、括弧内に入れて其課の題目を揭げたのは、これは全く

例 言 一

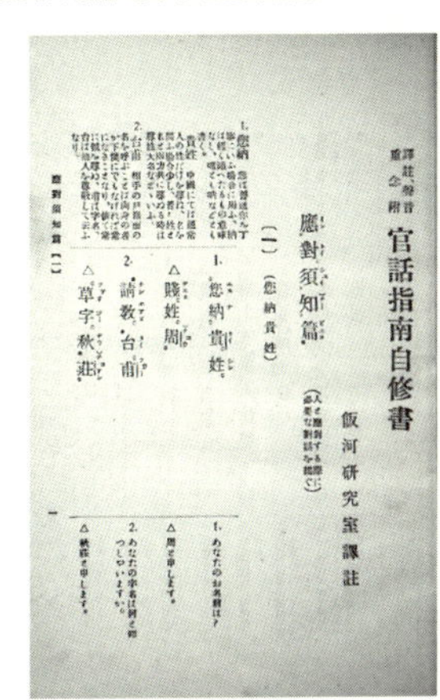
譯註、聲音重念附 官話指南自修書 飯河研究室譯註

應對須知篇（人と應對する際必要な對話を錄す）

〔一〕（您納貴姓）

1. 您納貴姓。

△賤姓周。

2. 請教台甫。

△草字秋田。

1. あなたのお名前は？

△周と申します。

2. あなたの字名は何と仰つしやいますか。

△秋田と申します。

應對須知篇〔一〕 一

編著者：飯河道雄

発行者：大阪屋號書店

刊　年：1924（大正 13）年 5 月 25 日

印刷地：大連

形　態：洋装本，4, 2, 359 頁，13.0×20.0cm

所　蔵：関西大学東西学術研究所（請求記号：820/A7/10-2-3【8458, D】）

滋賀大学（請求記号：791‖I3-1‖4087190749）

福井大学（請求記号：827‖KAN‖オウタイ・シレイヘン 100015067）

［2］-12 譯註 聲音重念附 官話指南自修書 官話問答篇

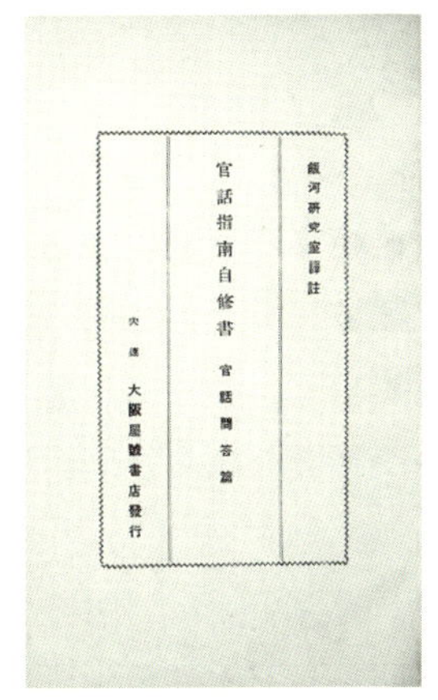
飯河研究室譯註

官話指南自修書 官話問答篇

大連 大阪屋號書店發行

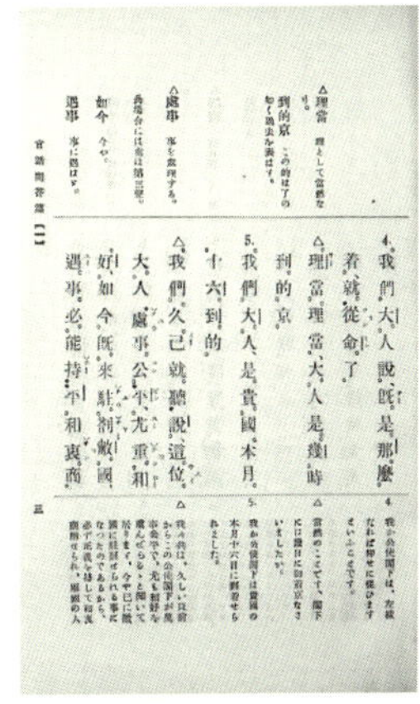
4. 我們大人說、既是那麼着、就從命了。

△理當理當、大人是幾時到的京。

5. 我們大人、是貴國本月十六到的。

△我們久已就聽說、這位大人處事公平、尤重和好、如今既來駐紮敝國、遇事必能持平和衷商

官話問答篇〔一〕 三

編著者：飯河道雄

発行者：大阪屋號書店

刊　年：1926（大正 15）年 2 月 10 日
印刷地：大連
形　態：洋装本，4, 2, 170 頁，外形 13.0×20.0cm
所　蔵：関西大学東西学術研究所（請求記号：A7/10-2-2）

[2]-13　飯河道雄先生講述 官話指南 酬應瑣談篇講話（續支那語速成講座合本）

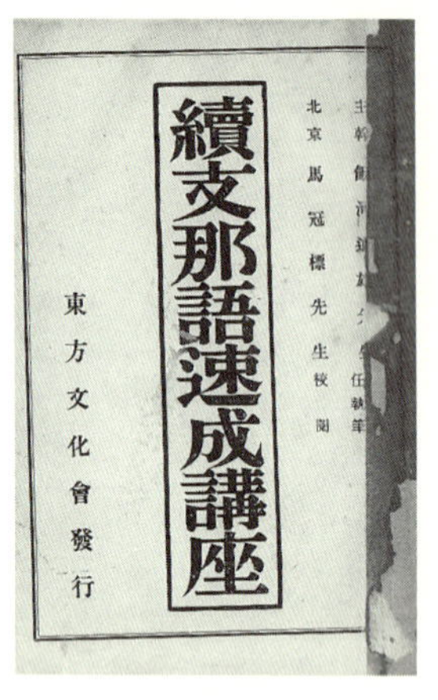

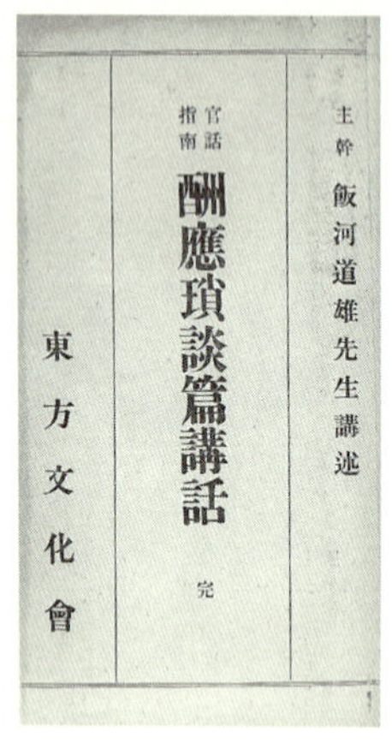

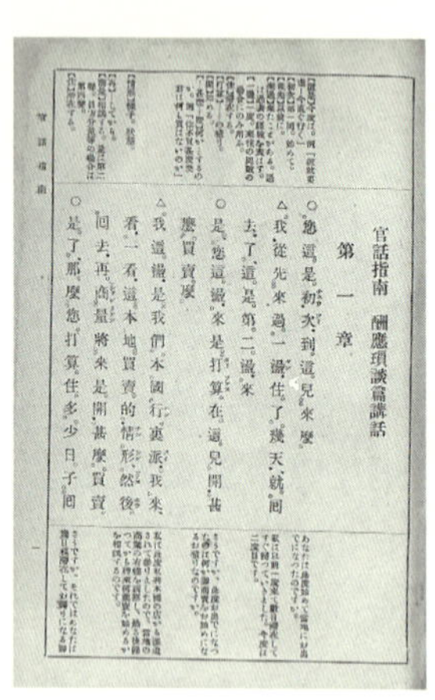

編著者：飯河道雄
発行者：東方文化會，大阪屋號書店
刊　年：1930（昭和 5）年 10 月 21 日
印刷地：大連
形　態：55 頁（官話指南の部分のみ記載），14.0×20.4cm
所　蔵：アジア文化研究センター・鱒澤彰夫氏寄贈図書
氷野善寛架蔵
備　考：『支那語速成講座合本』と『續支那語速成講座合本』という 2 冊の合本からなる支那語講座に収録されている。序文によると同講座は「解釈説明を徹底し親切第一をモットー」に執筆されたものである。特に四声の圏点と発音記号と重念を付して初学者が学習しやすいように配慮されており，全文の対訳に加え練習問題が付されているのが特徴である。同講座では『官話指南』以外にも『官話談論新篇』『北京官話伊蘇普喩言』など当時よく使われていた北京官話の教材も収録している。著者の飯河道雄は 1911（明治 44）年に満鉄入社し，中国人に対する日本語教育に携わり，南満中学堂長，旅順第二中学校長を歴任した人物で，中国語に関する著書も多い。特にこの『支那語速成講座』ではグァンやベルリッツの言語学習理論を説いている[24]。

［2］-14　官話指南談論新編應用問題並解答

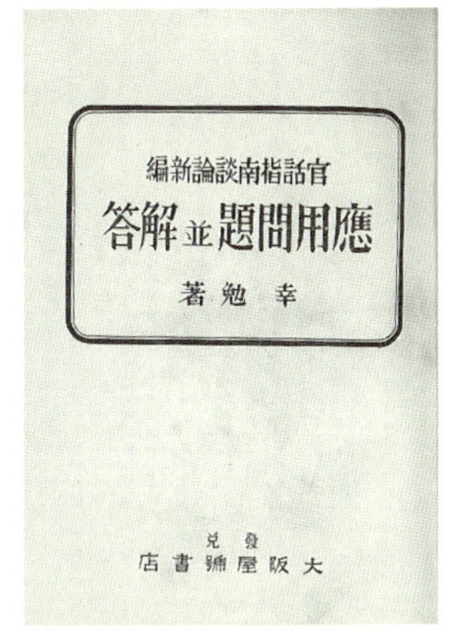

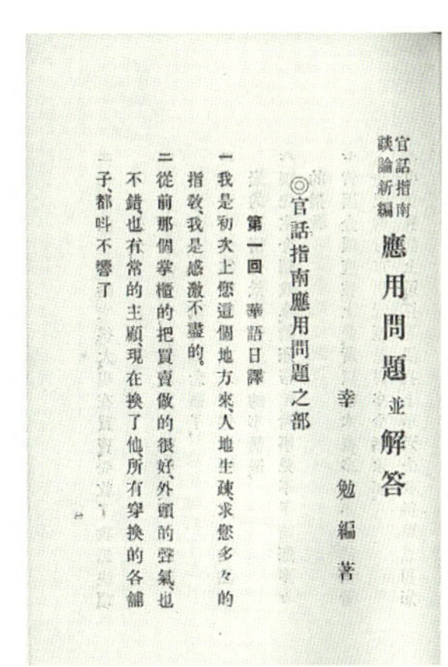
官話指南 談論新編 應用問題並解答
幸勉編著
◎官話指南應用問題之部
第一回 華語日譯
一 我是初次上您這個地方來人地生疏求您多々的指教我是感激不盡的
二 從前那個掌櫃的把買賣做的很好外頭的聲氣也不錯也有常的主顧現在換了他所有穿換的各舖子都叫不響了

編著者：幸勉
発行者：大阪屋號書店
刊　年：1931 年（昭和 6）年 12 月 8 日
印刷地：大連
形　態：洋装本，95, 121 頁，13.3×19.0cm
所　蔵：大阪大学外国学図書館（請求記号：C380/319）
　　　　アジア文化研究センター・鱒澤彰夫氏寄贈図書
備　考：満鉄の中国語検定の対策本である。中国語から日本語への翻訳と日本語から中国語への翻訳を中心とした教材である。序文には「凡そ語學の學習に應用の必要なることは言ふまでもなし予が官話指南，談論新編を教授するに當りて常に意を用ひたるところ亦之れに外ならず」とあり，『官話指南』を中国語学習の応用編として位置付けて利用していることが分かる。なお大阪大学外国語図書館本には学習者の書き入れがある。

3-5. 方言学習としての『官話指南』

次に中国語の方言に「翻訳」された『官話指南』を整理する。管見の限り上海語版として土山湾慈母堂，上海美華書館から出版されたものがあり，さらに広東語版が文裕堂，Wing Fat & Company から出版されている。

24）那須清（1992）『旧外地における中国語教育』「満州地域のおける中国語教育」不二出版

［3］-1　土話指南 *T'ou-Wo Tse-Ne Bussole Du Language Mandarin Traduite et Romanaisee en Dialecte du Chang-Hai*（上海語訳版）

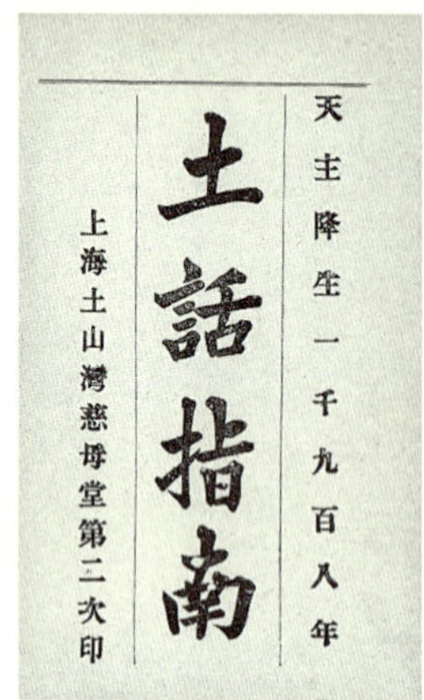

天主降生一千九百八年

土話指南

上海土山灣慈母堂第二次印

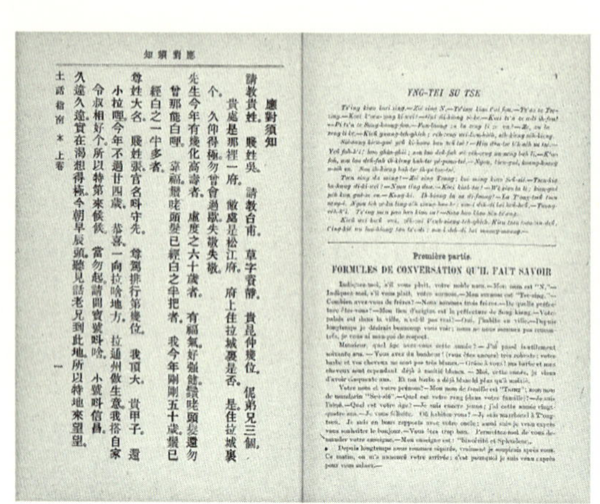

應對須知

應對須知

請教貴姓。賤姓吳。請教台甫。草字賣靜。貴昆仲幾位。伲弟兄三個。

貴處是那裡一府。敝處是松江府。府上住拉城裏是否。是住拉城裏个。

久仰得極。勿曾會過歇。失敬失敬。

先生今年有幾化高壽者。虛度之六十歲者。有福氣。好強健。鬚咾頭髮還勿曾那能白哩。靠福。鬚咾頭髮已經白之半把者。我今年剛剛五十歲。鬚已經白之一半多者。

尊姓大名。賤姓張。官名叫守先。尊駕排行第幾位。我頂大。貴甲子。還小拉哩。今年不過廿四歲。恭喜。一向拉啥地方。拉通州做生意。我搭自家令叔相好个。所以特第來候候。當勿起。請問寶號叫啥。小號叫信昌。

久違久違。實在渴想得極。今朝早晨頭聽見話老兄到此地。所以特地來望望。

土話指南　*　上卷　一

YNG-TEI SU TSE

Première partie.

FORMULES DE CONVERSATION QU'IL FAUT SAVOIR

※書影は神戸市外国語大学所蔵本

編著者：師中董訳注

発行者：土山湾慈母堂

刊　年：1908年

形　態：洋装本，136頁，外形12.5×18.7cm

所　蔵：神戸市外国語大学図書館（太田辰夫氏旧蔵書）

　　　　天理大学（請求記号：082‖237‖943）

　　　　『中国文学語学資料集成』第2篇 第4巻所収

備　考：上海語に翻訳された『官話指南』の本文に音注とフランス語の訳が付されている。巻之四「官話問答」は訳さず。

[3]-2 滬語指南（上海語訳版）

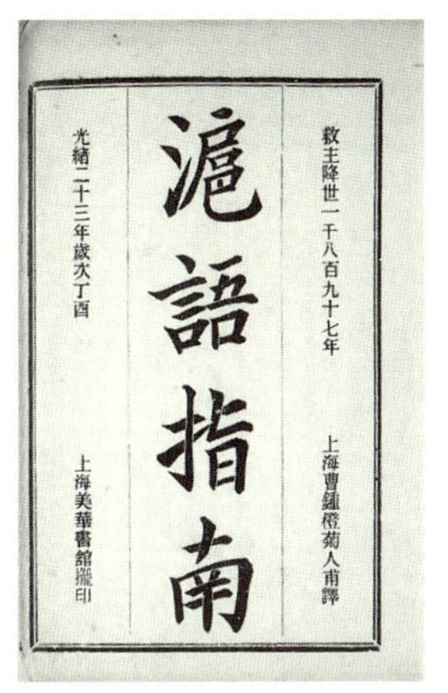
救主降世一千八百九十七年
上海曹鍾橙菊人甫譯
滬語指南
光緒二十三年歲次丁酉
上海美華書館擺印

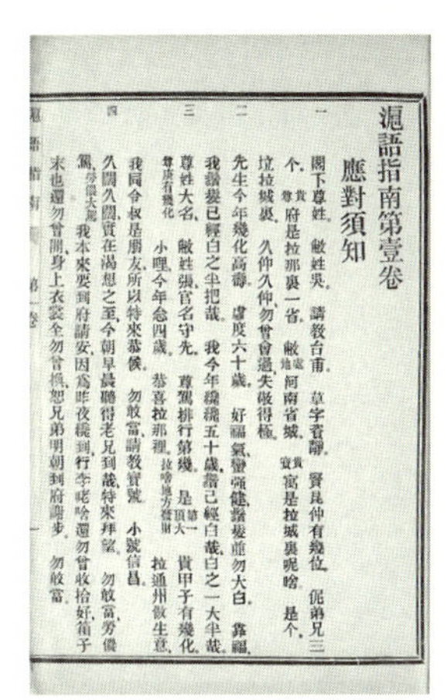
滬語指南第壹卷
應對須知

※書影は神戸市外国語大学図書館所蔵本

編著者：曹鐘橙菊人

発行者：上海美華書館

刊　年：1897（光緒 23）年

形　態：線装本，2 巻 1 冊，本文 38 葉，外形 12.6×16.8cm，半葉版匡 13.6×19.8cm，14 行 33 字

所　蔵：神戸市外国語大学図書館（太田辰夫氏旧蔵書）
『中国文学語学資料集成』第 3 篇 第 3 巻所収
上海図書館（1908 年版）

備　考：著者の曹鐘橙菊人については不詳であるが，序にはドイツ人保羅安が曹鐘橙菊人に『官話指南』を上海語に翻訳するよう勧めたというくだりがある。この保羅安は「廣學會年報」にしばしば登場する安保羅（P.Kranz）牧師であろうと内田 1992[25]では指摘している。この Kranz は『士民通用語録』（1898，上海美華書館）という『官話指南』から用例を多く収めているテキストの出版もしている。神戸市外大本の背面には上海在住の渡邉六蔵が 1899（光緒 25）年夏に購入したものであるという記載がある。

25）内田慶市 1992「『滬語指南』的‘拉’‘哉’‘之’以及‘咾’」『関西大学中国文学会紀要』第 13 号

［3］-3　粵音指南（広東語訳版）

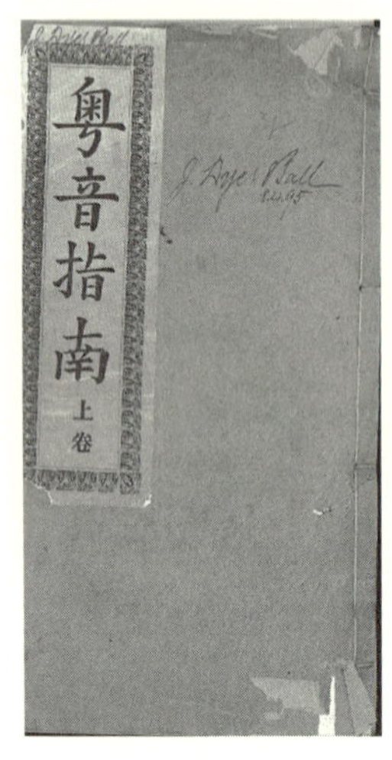

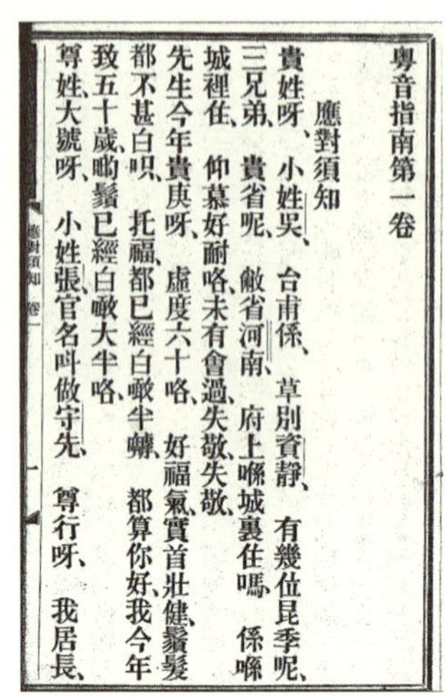

粵音指南第一卷

應對須知

貴姓呀、小姓吳、台甫係、草別資靜、有幾位昆季呢、
三兄弟、貴省呢、敝省河南、府上喺城裏住嗎、係喺
城裡住、仰慕好耐咯、未有會過、失敬失敬、
先生今年貴庚呀、虛度六十咯、好福氣、實首壯健、鬚髮
都不甚白唄、托福、都已經白噉半嚇、都算你好、我今年
致五十歲、啲鬚已經白噉大半咯、
尊姓、大號呀、小姓張、官名叫做守先、尊行呀、我居長、

應對須知　卷一　一

※書影はオーストラリア国立図書館所蔵本

編著者：不明

発行者：文裕堂

刊　年：1895 年

印刷地：Hong Kong

形　態：線装本，4 巻 2 冊，上巻 70 葉，下巻 47 葉，29.0cm

所　蔵：オーストラリア国立図書館（請求記号：v. 1.OC 5157 2054, v. 2. OC 5157 2054）
京都大学文学研究科図書館（請求記号：巻 1-2 民研本‖828‖2830375,
巻 3-4 民研本‖828‖2830375A）

備　考：Worldcat では同名の書籍として『粵音指南』（聚珍書樓，1903）『粵音指南』（別發印字館，1910）という書名が確認できるがいずれも現物を確認できず。

[3]-4　*Guide to Cantonese*　訂正粵音指南（広東語版）

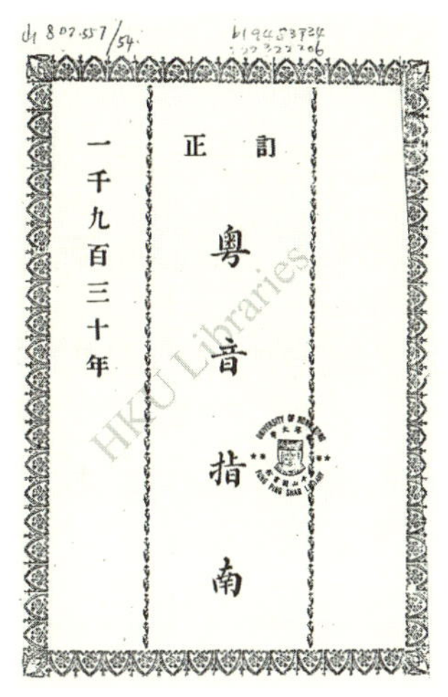

訂正

粵音指南

一千九百三十年

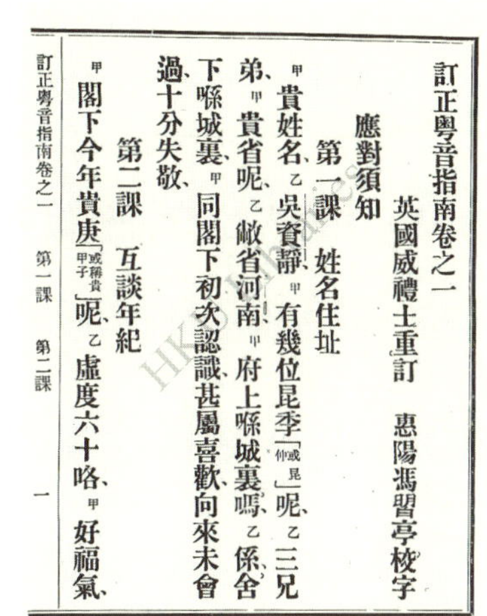

訂正粵音指南卷之一

英國威禮士重訂　惠陽馮習亭校字

應對須知

第一課　姓名住址

甲貴姓名、乙吳賫靜、甲有幾位昆季「或昆仲」呢、乙三兄弟、甲貴省呢、乙敝省河南、甲府上喺城裏嗎、乙係、舍下喺城裏、甲同閣下初次認識、甚屬喜歡、向來未會過、十分失敬、

第二課　互談年紀

甲閣下今年貴庚「或稱貴甲子」呢、乙虛度六十咯、甲好福氣、

訂正粵音指南卷之一　第一課　第二課　一

※書影は香港大学図書館所蔵本

編著者：Herbert Richmond Wells 重訂，馮習亭校字

発行者：Wing Fat & Company

刊　年：1930 年

印刷地：香港

形　態：3 巻 1 冊　212 頁，22.0cm

所　蔵：香港大学図書館（請求記号：HKC 495.1727 W454 d）

麗澤大学図書館（複製：請求記号：828.4 Te27）

『中国語文資料彙刊』第 1 篇 3 巻所収

備　考：巻之一應對須知，巻之二使令通話，巻之三官商吐屬のみ。巻之四の官話問答は収録されていない。著者の Herbert Richmond Wells は民国の初年，香港政廳の教育局員で，香港大学の方言學館や太古船塢で英語教育に当たっていた人物である[26)]。形式や本文も 1895 年の『粵音指南』と異なり関連性はないように思われる。タイトルの訂正が『粵音指南』を訂正したものなのか，後述の『訂正官話指南』を翻訳したものであるのかは定かではない。本文は，会話の変換点で甲・乙を記入し見やすくしているほか，また京[改平]，省長[今稱省主席]のように単語に割注を入れているなどの工夫がなされている。『中国語学新事典』には 1929 年に『粵音官話指南』が刊行されたとあるが，英語で書かれた序文の年月日が 1929 年となっており，おそらくこれを記載したのであろう。

26）『訂正粵音指南』の跋文と波多野太郎編・解題『中国語文資料彙刊』第 1 篇 1 巻　10 訂正粵音指南

第二章 「国語」学習に利用された『官話指南』

1. 中国人が“国語”教育に利用した『官話指南』

『官話指南』は外国人が北京官話を学ぶために執筆された教材であり，さらに別の側面として方言の学習に用いられたことがあるというのはこれまで述べたとおりである。しかし実際にはそれだけの利用にとどまらず『官話指南』にはこれまで考えられていたものと全く別の利用法がある。そのヒントは実は尾崎実氏が執筆した「『官話指南』をめぐって――明治期日中文化交渉史の一側面――」[27]に記載されている次の一文である。

> 本書（『官話指南』）は、日本人と西洋人に対してだけでなく、中国人にとてっても北京語学習の教材であった。1918（中華民国7）年2月、廣州福芸樓書局から、《教科適用訂正官話指南》が出版されている。

しかしながら，この1918年に刊行されたとされる「北京語学習の教材」としての『官話指南』については，当の尾崎文庫にこの書籍はなく，日本と中国のいずれの図書館でも発見できず，当初その素生はよく分からなかった。

次にヒントとなったのが李熙泰氏が厦門において『官話指南』が中国人によって利用されていたと指摘するくだりである。

> 扉页上署中华民国六年（公元1917年）丁巳孟夏再版。厦门倍文斋印书馆发行，没署编著者，线装本。全书75印页（150面），分四卷，第一卷为“应对须知”，第二卷为“官话吐属”，分40章，第三卷为“使令通话”，分20章，第四卷为“官话问答”，分20章。全书皆为对话，没注音释义，也没其他分析。对话京腔京调，是地道的北京话，句子短，口语化，生动活泼，读来满有意思的[28]

これによると『官話指南』が1917（民国6）年に厦門倍文齋印書館から再版されたとして紹介されている。ただ鄭永邦と呉啓太が自身の手により『官話指南』がこの出版社か

27）尾崎實 2007『尾崎實中国語学論集』好文出版，p.347。同書には漢口語訳された『官話指南』についても指摘がある。
28）李熙泰 1993「早期学习“官话”活动在厦门」《厦门文化丛书 厦门话文》p.126

ら刊行されたという事実はない。李氏はこの論文の中で，この『官話指南』と題された北京語で書かれた教材が誰によって執筆されたものか不明であるとしており，李氏が見た『官話指南』には編著者名が記載されていなったと考えられる。それではこの『官話指南』はいったい何であるのか，また尾崎氏が先に述べている《教科適用訂正官話指南》との関係はどうなのか，疑問は尽きない。

その後，氷野による調査の結果，この「中国人にとてっても北京語学習の教材としての性格を持つ『官話指南』」や「編著者名が記載されていない『官話指南』」と思われる版本を数種類発見することができた。そしてこれらの版本はいずれも中国人が北京官話を学習するために印刷されたものであった。そのため同書を指し示す方法として北京官話学習，北京語学習などいくつか言い方が考えられるが，北京語が当時の共通語としての位置づけになりつつあったことや，今回発見した版本の中には明確に「国語」の学習と記しているものあったことから，この『官話指南』を当時の中国人のための国語学習書と位置づけその版本を整理し紹介することにする。公的機関での所蔵は決して多くはないが，この『官話指南』はフランス語訳版や英語訳版と同じく『官話指南』という会話書の広がりを考える上である程度の役割を担ったものであると考えられる。

［4］-1　官話指南

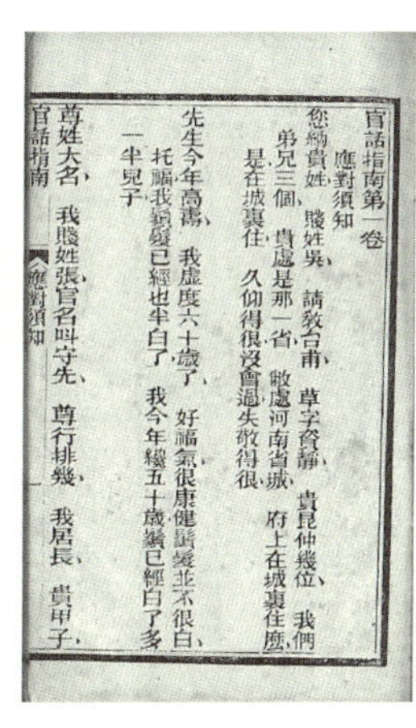
官話指南第一卷
應對須知
您納貴姓、賤姓吳、請教台甫、草字資靜、貴昆仲幾位、我們
弟兄三個、貴處是那一省、敝處河南省城、府上在城裏住麼、
是在城裏住、久仰得很、沒會過失敬得很、
先生今年高壽、我虛度六十歲了、好福氣很康健鬚髮並不很白、
托福我鬚髮已經也半白了、我今年纔五十歲鬚已經白了多
一半兒了
尊姓大名、我賤姓張、官名叫守先、尊行排幾、我居長、貴甲子、
官話指南　應對須知

編著者：記載無

発行者：記載無

刊　年：1907（光緒 32）年

印刷地：記載無

形　態：線装本，4 巻 1 冊，105 葉（本文），外形 13.4×20.0cm，半葉版匡 10.0×15.8cm，半葉 11 行×27 字

所　蔵：氷野善寛架蔵

備　考：序文や凡例など全て揃っており，背面に「教科必用」の記載がある以外は全てオリジナルの『官話指南』と同じ構成である。また扉は［1］-3の美華書院と同じ形式である。

［4］-2　教科適用 訂正官話指南

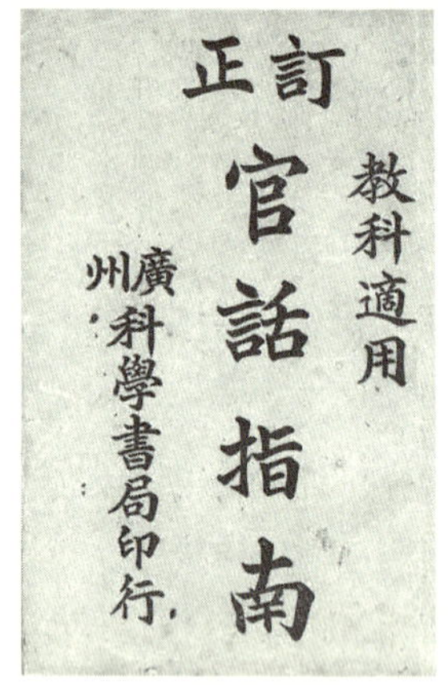

訂正
官話指南
教科適用
廣州科學書局印行

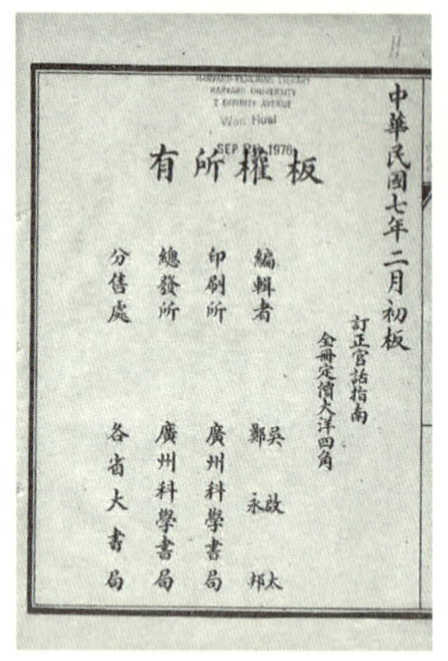

中華民国七年二月初板
訂正官話指南
全冊定價大洋四角
版權所有
編輯者　吳啓太　鄭永邦
印刷所　廣州科學書局
總發所　廣州科學書局
分售處　各省大書局

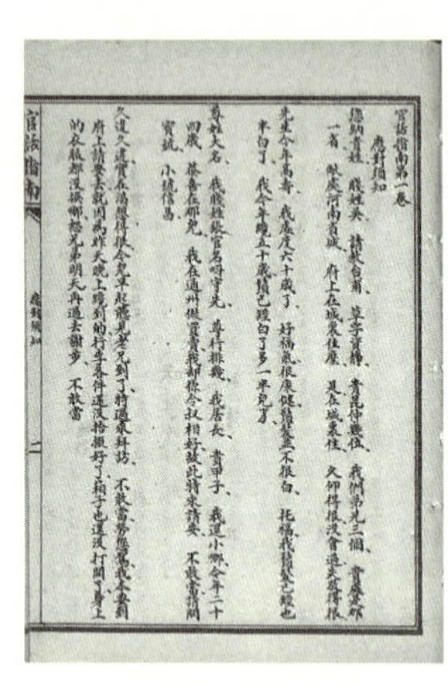

※書影はハーバード大学図書館所蔵本

編著者：呉啓太・鄭永邦

発行者：廣州科學書局

刊　年：1918（民国7）年2月

印刷地：廣州

形　態：洋装本，4巻1冊，2, 56葉，20.0cm，半葉16行36字

所　蔵：ハーバード大学（資料ID：007795348）
　　　　プリンストン大学（資料ID：1822537）

備　考：出版社名が異なるものに香港中文大学蔵（2,56葉，20.0cm，1918年，廣州書局，請求記号PL1121.C5K8）のものがあるがおそらく同じ版であると考えられる。序文や凡例など全て揃っており，表紙に「教科適用」の記載がある以外はオリジナルの『官話指南』と同じ構成である。

[4]-3 訂正官話指南

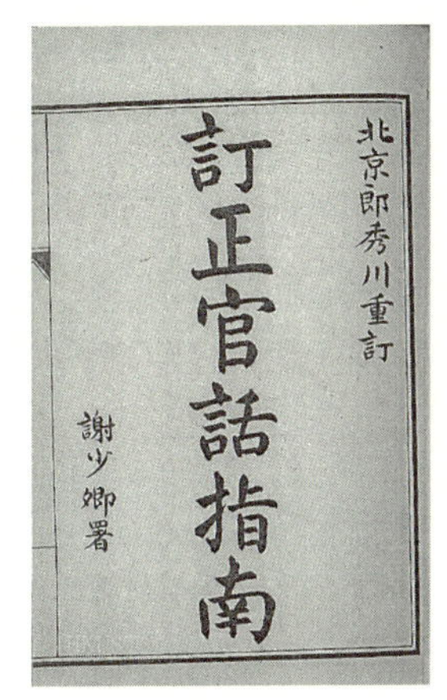

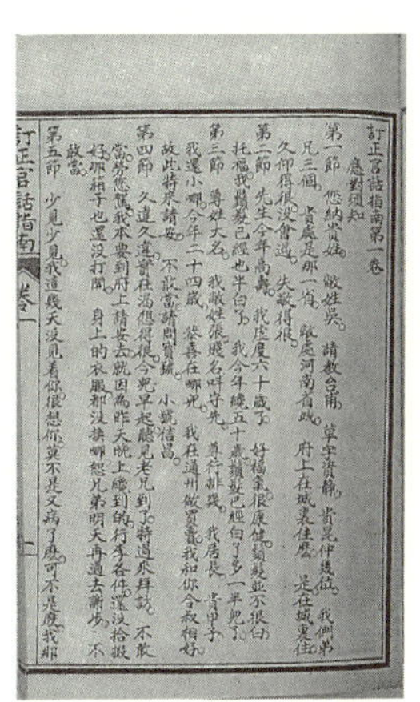

訂正官話指南第一卷
應對須知
第一節 您納貴姓。 敝姓吳。 請教台甫。 草字資靜。 貴昆仲幾位。 我們弟兄三個。 貴處是那一省。 敝處河南省城。 府上在城裏住麼。 是在城裏住。 久仰得很沒會過。 失敬得很。
第二節 先生今年高壽。 我虛度六十歲了。 好福氣很康健。 鬍鬚並不很白。 托福我鬍鬚已經也半白了。 我今年纔五十歲鬍鬚已經白了多一半兒了。
第三節 尊姓大名。 我賤姓張賤名叫守先。 尊行排幾。 我居長。 貴甲子。 我還小哪今年二十四歲。 恭喜在哪兒。 我在通州做買賣。 我和你令叔相好。 故此特來請安。 不敢當請問寶號。 小號信昌。
第四節 久違久違實在渴想得很今兒早起聽見老兄到了特過來拜訪。 不敢當勞您駕我本要到府上請安去就因為昨天晚上纔到的行李各件還沒拾掇好那箱子也還沒打開。 身上的衣服都沒換哪總兄弟明天再過去謝步。 不敢當。
第五節 少見少見我這幾天沒見着你很想你莫不是又病了麼。 可不是麼我那
訂正官話指南 卷一

※書影は香港科技大学所蔵本

編著者：郎秀川重訂

発行者：不明

刊　年：不明

形　態：線装本，4巻2冊，上巻一は「前後音讀法」8葉，「巻一」5葉，「巻二」30葉，下巻の「巻三」と「巻四」は不明，20.0cm，半葉15行×32字

所　蔵：香港科技大学（請求記号：P44D561910）

備　考：扉には謝少卿による題字で『訂正官話指南』と書かれている。謝少卿については早稲田大学図書館が所蔵している『絵図懊悩祖師歓喜宝巻』（上海：文益書局，民国6年）に校正者として名前が掲載されていた。印刷された時期がほぼ同じであることや，石印でほぼ同じ字体が使われていることから，上海で印刷されたと考えて間違いないだろう。同書の名前で所蔵確認ができたのは香港科技大学の所蔵本のみで，巻三と巻四が欠落しておりまだ現物を発見できていない。

［4］-3′　訂正再板民國適用官話指南

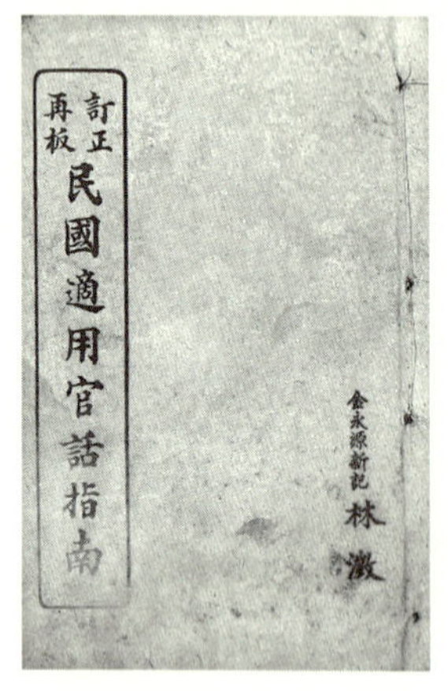

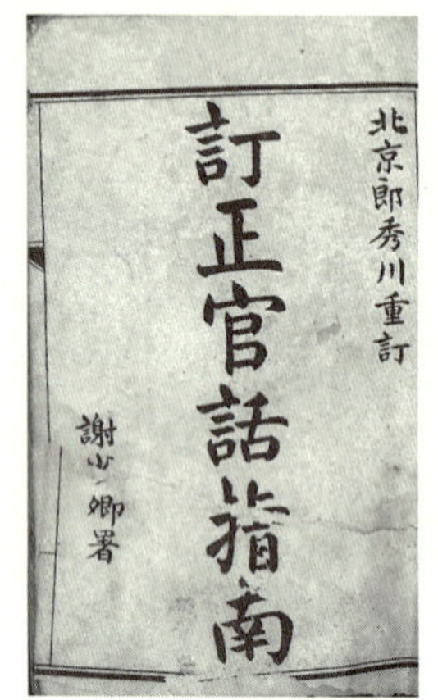

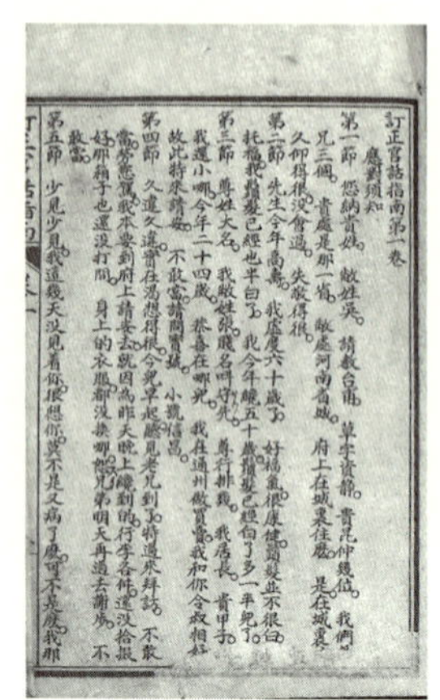

訂正官話指南第一卷
應對須知
第一節　您納貴姓。　敝姓吳。　請教台甫。　草字資靜。　貴昆仲幾位。　我們弟
兄三個。　貴處是那一省。　敝處河南省城。　府上在城裏住麼。　是在城裏。
久仰得很。沒會過。　失敬得很。
第二節　先生今年高壽。　我虛度六十歲了。　好福氣。很康健。鬍鬚並不很白。
托福。我鬍鬚已經也半白了。　我今年纔五十歲。鬍鬚已經白了多一半兒了。
第三節　尊姓大名。　我敝姓張。賤名叫守先。　尊行排幾。　我居長。　貴甲子。
我還小哪。今年二十四歲。　恭喜在哪兒。　我在通州做買賣。　我和你令叔相好。
故此特來請安。　不敢當。請問貴號。　小號信昌。
第四節　久違久違。實在渴想得很。今兒早起聽見老兄到了。特過來拜訪。　不敢
當。勞您駕。我本要到府上請安去。就因為昨天晚上纔到的。行李各件還沒拾掇
好。那箱子也還沒打開。身上的衣服都沒換哪。所以兄弟明天再過去謝步。　不
敢當。
第五節　少見少見。我這幾天沒見着你。很想你。莫不是又病了麼。可不是麼。我那

編著者：郎秀川重訂

発行者：不明

刊　年：不明

形　態：線装本，4巻2冊，上巻は「前後音讀法」8葉，「巻一」5葉，「巻二」30葉，下巻は「巻三」13葉，「巻四」16葉，外形12.8×20.0cm，半葉版11.5×16.5cm，半葉15行×32字

所　蔵：氷野善寛架蔵

備　考：謝少卿による題字は［4］-3と同じ。また表紙には「金永源新記 林澂」という名前が書き入れられているほか，本文にはカタカナで発音を書き入れたものがみられる。このことから本書には過去に日本人を含む複数の使用者がいたと考えられる。その内容から［4］-3の再版本と考えられることから［4］-3′とした。

［4］-4 改良民國官話指南

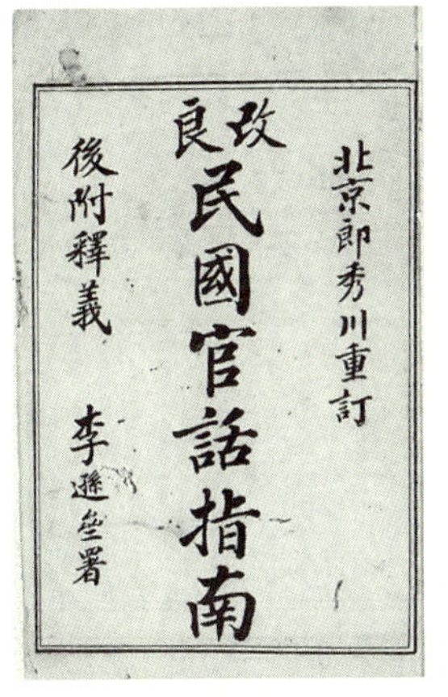

北京郎秀川重訂
改良民國官話指南
後附釋義
李遜堂署

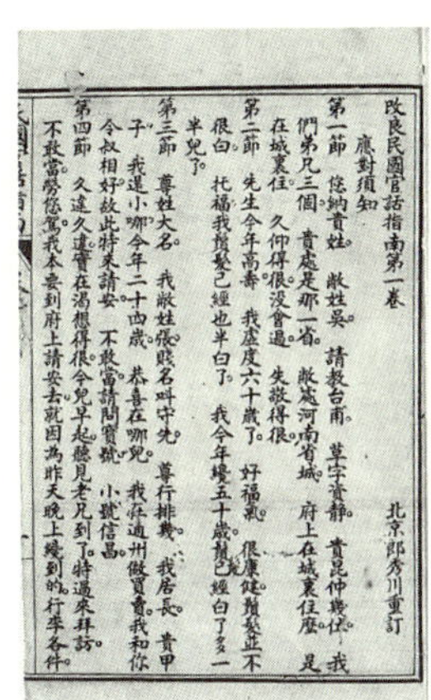

改良民國官話指南第一卷　　北京郎秀川重訂
應對須知
第一節　您納貴姓。　敝姓吳。　請教台甫。　草字資靜。　貴昆仲幾位。　我
們弟兄三個。　貴處是那一省。　敝處河南省城。　府上在城裏住麼。　是
在城裏住。　久仰得很。　失敬得很。
第二節　先生今年高壽。　我虛度六十歲了。　好福氣。　很康健。　鬍鬚並不
很白。　托福我鬍鬚已經也半白了。　我今年纔五十歲。鬍已經白了多一
半兒了。
第三節　尊姓大名。　我敝姓張。賤名叫守先。　尊行排幾。　我居長。　貴甲
子。　我是小哪今年二十四歲。　恭喜在哪兒。　我在通州做買賣。我和你
令叔相好。故此特來請安。　不敢當。請問寶號。　小號信昌。
第四節　久違久違。實在渴想得很。今兒早起聽見老兄到了。特過來拜訪。
不敢當。勞您駕。我本要到府上請安去。就因為昨天晚上纔到的。行李各件。

上 巻

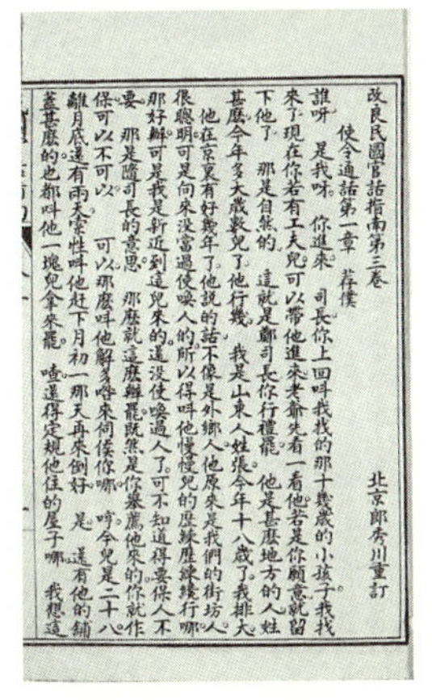

改良民國官話指南第三卷　　北京郎秀川重訂
使令通話第一章　薦僕
誰呀。　是我呀。　你進來。　司長你上回叫我找的那十幾歲的小孩子。我找
來了。現在你若有工夫兒可以帶他進來。老爺先看一看。他若是你願意。就留
下他了。　那是自然的。　這就是鄭司長你行禮罷。　他是甚麼地方的人。姓
甚麼。今年多大歲數兒了。他行幾。　我是山東人。姓張。今年十八歲了。我排大。
他在京裏有好幾年了。他說的話不像是外鄉人。他原來是我們的街坊人。
很聰明。可是向來沒當過使喚人的。所以得叫他慢慢兒的歷練歷練纔行哪。
那好辦。可是我是新近到這兒來的。還沒使喚過人了。可不知道得要保人不
要。　那是隨司長的意思。　那麼就這麼辦罷。既然是你舉薦他來的。你就作
保。可以不可以。　可以。那麼叫他解多咱來伺候你哪。　叫今兒是二十八。
離月底還有兩天。索性叫他赶下月初一那天再來倒好。　是。　還有他的舖
蓋甚麼的。也都叫他一塊兒拿來罷。　嗻。還得定規他住的屋子哪。　我想這

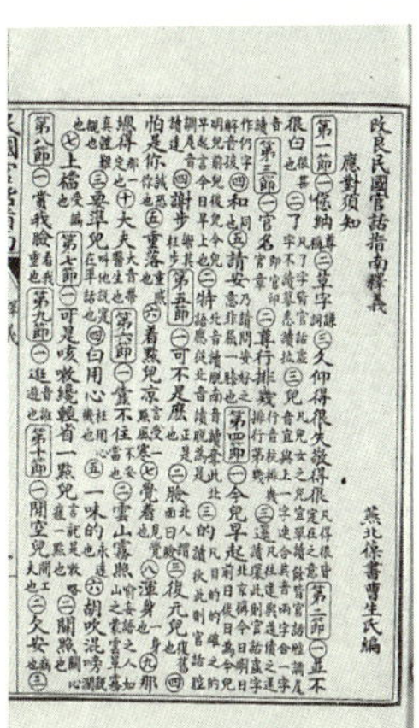

改良民國官話指南釋義
應對須知

下 巻

編著者：郎秀川重訂

発行者：開民書局

刊　年：不明[29]

印刷地：不明

形　態：線装本，4巻2冊，上巻は「應對須知」6葉，「官商吐屬」39葉，下巻は「指令通話」15葉，「官話問答」19葉，「釋義」8葉，外形13.4×20.4cm，半葉版

29）下巻の表紙に「1958年」と“存”という文字が書き入れられているが，これは購入時点にはすでに書かれていたもので，古書店で販売する時に書き入れられたものと考えられ，この1958年という年代には何ら根拠はない。刊行年は後述するが，民国初期であると考えるのが妥当である。また上巻と下巻はそれぞれ取得した時期も経路も異なる。まず下巻を手に入れ，その後，上巻を手に入れた。そのため下巻には“存”と記載されている。

匡 11.7×20.4cm，半葉 30 行×13 字。

所　蔵：内田慶市架蔵（資料 ID：UC-827-009-1，UC-827-009-2）

備　考：目次のみで序や凡例はない。奥付には著者として郎秀川という名前が見られることや後述の修正の内容から［4］-3 と［4］-3' の後に出版されたものである。そして下巻には販売元として上海各書坊と記載されていることから上海で流通した書籍であると考えられる。

［4］-5　官話指南

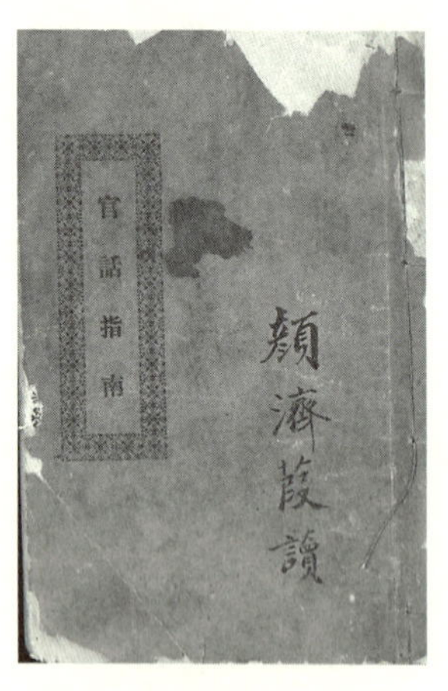

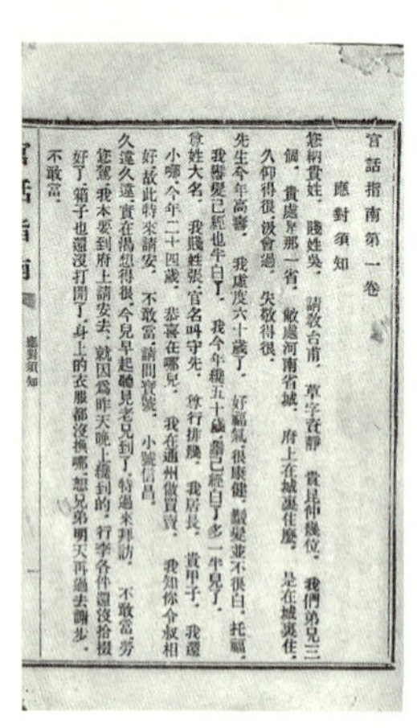

官話指南第一卷

應對須知

您納貴姓。賤姓吳。請教台甫。草字資靜　貴昆仲幾位。我們弟兄三
個。貴處是那一省。敝處河南省城。府上在城裏住麼。是在城裏住。
久仰得很。沒會過。失敬得很。
先生今年高壽。我虛度六十歲了。好福氣。很康健。鬚髮並不很白。托福。
我鬚髮已經也半白了。我今年纔五十歲。鬚已經白了多一半兒了。
貴姓大名。我賤姓張。官名叫守先。尊行排幾。我居長。貴甲子。我還
小哪。今年二十四歲。恭喜在哪兒。我在通州做買賣。我知你令叔相
好。故此特來請安。不敢當。請問寶號。小號信昌。
久違久違。實在渴想得很。今兒早起聽見老兄到了。特過來拜訪。不敢當。勞
您駕。我本要到府上請安去。就因爲昨天晚上纔到的。行李各件還沒拾掇
好了。箱子也還沒打開了。身上的衣服都沒換哪。想兄弟明天再過去請步。
不敢當。

編著者：記載無

発行者：厦門萃經堂印務公司

刊　年：1916（中華民国 5）年

印刷地：記載無

形　態：線装本，3 巻 1 冊，53 葉（本文），外形 13.4×20.0cm，半葉版匡 11.2×15.8cm，半葉 15 行×30 字

所　蔵：氷野善寛架蔵

備　考：黄裕壽と金國璞の序のみがあり，田邉太一の序や呉啓太と鄭永邦の凡例は収録されていない。また巻四の官話問答が収録されていない。ここで半葉の文字数や字体，表紙や本文レイアウト配置などを確認すると驚くほど［1］-7 と似ていることに気が付く。［1］-7 は本文以外の情報が欠落しているためどの系統の版本か明確にすることはできないが，可能性の一つとして国語学習用に編まれた『官話指南』が韓国に持ち帰られたと考えることもできるが，明確な証拠はないのでその可能性を指摘するにとどめる。この本の表紙には顔濟葭という名前が記載れているがどういった人物かは不明である。

［4］-6 官話指南

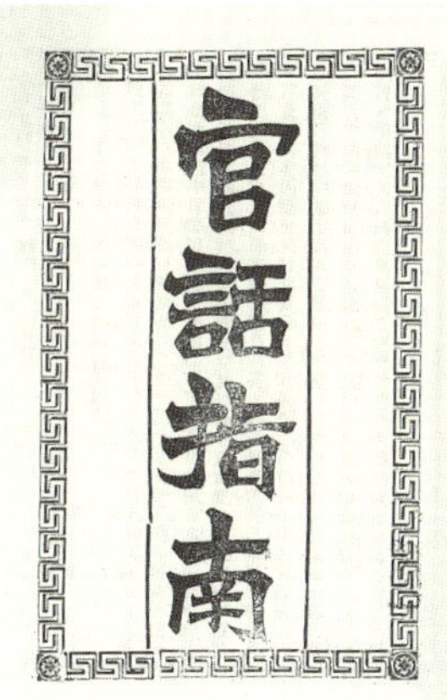

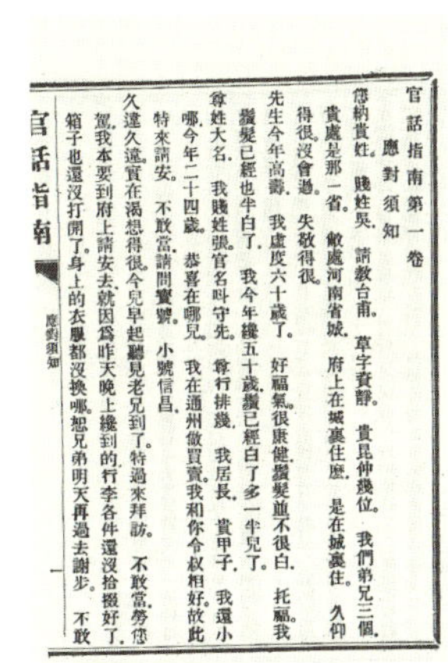

官話指南第一卷
應對須知
您納貴姓。賤姓吳、請教台甫。草字資靜。貴昆仲幾位。我們弟兄三個、
貴處是那一省。敝處河南省城、府上在城裏住麼。是在城裏住。久仰
得很。沒會過。失敬得很。
先生今年高壽、我虛度六十歲了。好福氣。很康健、鬚髮並不很白、托福。我
鬚髮已經也半白了、我今年纔五十歲、鬚已經白了多一半兒了。
尊姓大名、我賤姓張。官名叫守先。尊行排幾、我居長、貴甲子、我還小
哪。今年二十四歲。恭喜在哪兒。我在通州做買賣。我和你令叔相好。故此
特來請安。不敢當、請問寶號。小號信昌。
久違久違。實在渴想得很。今兒早起聽見老兄到了。特過來拜訪。不敢當、勞您
駕、我本要到府上請安去、就因爲昨天晚上纔到的、行李各件還沒拾掇好了、
箱子也還沒打開了。身上的衣服都沒換哪。想兄弟明天再過去謝步。不敢

官話指南
應對須知

※画像は『一百年前的國語 官話指南』より転載

編著者：記載無
発行者：記載無
刊　年：記載無
印刷地：記載無
形　態：線装本，4巻1冊，76葉（本文），半葉13行×31字
備　考：1989年に台湾益知文具圖書公司より刊行された『一百年前的國語 官話指南』（周長星釋）の中に掲載されている『官話指南』の影印である。同書の書誌的な情報は一切掲載されていないので，その所蔵先など一切の情報は不明であるが，封面などの題字，田邉による序文と凡例が掲載されていない点などから国語学習用に用いられてたものであると考え，ここに掲載する。文字の異同などは特になく，現物の確認もできていないので，同書については詳述はせずここで紹介するに留める。

2. 検　　証

2-1. 全体の俯瞰

今回の調査では6種類8冊の国語学習用として出版された『官話指南』を確認することができたが，尾崎氏が指摘する廣州福芸樓書局から出版された『教科適用訂正官話指南』は発見することができなかった。ただし［4］-2『教科適用訂正官話指南』とよく似た書名であること，また同じ廣州で印刷をされていることから，2つは同じものと考えて良いだろう。また李氏が指摘した厦門で刊行された『官話指南』についても全く同

じ出版社から刊行されているものは発見できなかったが，［4］-5の厦門萃經堂印務公司から出版されたものが，書名が単に『官話指南』であるということ，厦門で1916年に刊行されているということから極めて近い関係にある版本と考えることができる。

これまでに発見した『官話指南』を重複分や未確認のものも含め一覧にすると次のようになる。

番号	書名	編著者	刊年	出版社	形　状	所蔵先
［4］-1	官話指南	呉啓太 鄭永邦	1907	—	線装、4巻1冊、 105葉	氷野
［4］-2	教科適用訂正官話指南	呉啓太 鄭永邦	1918	廣州科学書局	洋装、4巻1冊、 2,56葉	ハーバード大学
	教科適用訂正官話指南	呉啓太 鄭永邦	1918	廣州科学書局	洋装、4巻1冊、 2,56葉	プリンストン大学
	教科適用訂正官話指南	未確認	1918	廣州書局	2,56葉	香港中文大学
［4］-2'	教科適用官話指南	不明	1918	廣州福芸楼書局	不明	尾崎氏論文
［4］-3	訂正官話指南	郎秀川 重訂	不明	—	線装、4巻2冊 上巻8,5,30葉	香港科技大学
［4］-3'	訂正再板民國適用官話指南	郎秀川 重訂	不明	—	線装、4巻2冊 上巻8,5,30葉、 下巻13,16葉	氷野
［4］-4	改良民國官話指南	郎秀川 重訂	不明	開明書局 （発売：上海）	線装、4巻2冊、 上巻6,39葉、 下巻15,19,8葉	内田
［4］-5	官話指南	—	1916	厦門萃経堂印務公司	線装、4巻1冊、 2,53葉	氷野
［4］-5'	官话指南	—	1917 再版	厦門倍文齋印書館	線装、75葉	李氏論文
［4］-6	官话指南	—	不明	—	線装、76葉	周氏影印

また各版本の構成は次の通り。

	序1[30]	序2	凡例	巻一	巻二	巻三	巻四	その他
［4］-1	○	○	○	○	○	○	○	教科必要シリーズ
［4］-2	○	○	○	○	○	○	○	教科適用シリーズ
［4］-3	×	×	×	○	○	不明	不明	前後音讀法

30）“序1”は田邉，“序2”は黄と金國璞の序。

[4]-3'	×	×	×	○	○	○	○	前後音讀法
[4]-4	×	×	×	○	○	○	○	釈義
[4]-5	×	○	×	○	○	○	×	
[4]-6	×	○	×	○	○	○	○	

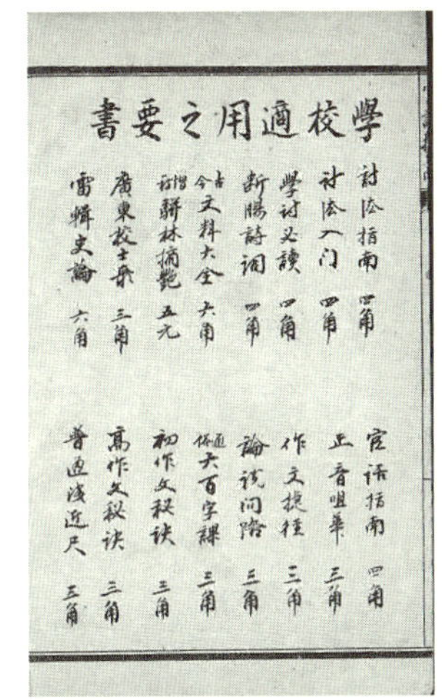
學校適用之要書

以上から，国語学習版の『官話指南』については，刊行年が分かるものについては，[4]-1 以外は 1916 ～ 1918 年に集中している。[4]-1 と [4]-2 は呉啓太と鄭永邦の名前が記載されており，序文や凡例もそのまま残るなどオリジナルの『官話指南』とほぼ同じ形態である。印刷地域では [4]-1 は不明ではあるが，[4]-2 が広東，[4]-3 は後述するが広東もしくは福州で出版され，[4]-4『改良民国官話指南』が上海の書店で販売されていたこと，[4]-5『官話指南』が厦門の会社から出版されていることから，いずれも非官話地域における「北京語」あるいは「国語」の習得が目的で使用されていたということが確認できる。

著者名の記載の有無では [4]-1 と [4]-2 では呉啓太と鄭永邦の名前は記載されているが，[4]-3 と [4]-4 はいずれも郎秀川が重訂者として名前が掲げられており，オリジナルの凡例や序文を掲載されず，語彙の釈義や音韻の解説をつけるなど，新しい著作物として作成を試みている。[4]-5 は，呉啓太，鄭永邦，田邉太一など日本人によるものと分かる凡例と序文だけが掲載されておらず，金國璞の序文は残る。また外交の場面での問答を集めた「官話問答」を収録しないなど明らかに国語学習にとって不必要な部分が掲載されていない。

このように国語学習に利用された『官話指南』と一言で言っても，教科用に作られた [4]-1 と [4]-2 の系統，郎秀川が執筆に関わる [4]-3 と [4]-4 の系統，厦門で利用された [4]-5 の 3 系統あることが分かる。

2-2. 教科必用・適用シリーズ

[4]-1 は 1907 年，[4]-2 は 1918 年と両者は刊行された時期は異なる。また内容や装丁からは両者には関係性は認められない。共通するのは呉啓太と鄭永邦が著者として記載され，訂正者の名前があがっていない点である。国語学習用の『官話指南』としては最も原形をとどめていると言える。

［4］-1は裏表紙に「教科必要」と記されている以外は，内容的には［1］-1と特に変更点はない。文字の移動も見当たらない。一方［4］-2の「教科適用」は「學校適用之要書」シリーズの一冊として出版されたものである。巻末に掲げられるシリーズに一覧には「討法指南」「討法入門」「學討必讀」「古今文料大全」「増訂駢林摘艶」「雷輯史論」「官話指南」「正音咀華」「作文捷径」「通俗六百字課」「初作文秘訣」「高作文秘訣」などの書名があがっている。「正音咀華」のような音声を学習するものや「通俗六百字課」のように識字学習用教材と思われるもの，「初作文秘訣」のように作文に関する書籍もある。ただこれらの「學校適用之要書」シリーズについては『官話指南』以外は発見できていないため詳細は不明である。それでは中身はどうかというと「訂正」と銘打たれているだけのことはあり，オリジナル『官話指南』からいくつか文字の訂正が行われている。以下に巻一の訂正点を掲げる。

巻一の訂正箇所，［1］-1と比較
［1］-1→［4］-2『教科適用訂正官話指南』
　我在通州做買賣我和你令叔相好→我在通州做買賣我却你令叔相好
　您要是信他的話那就難免要上檔了→檔要是信他的話那就難免要上您了
　凡人說話總要實誠→凡人說話總要誠實
　你喜歡那季兒→你歡喜那季兒
（下線は筆者による）

分量的にはそれほど多くなく，"喜歡"を"歡喜"，"實誠"を"誠實"にするなど語彙レベルでの変更のみである。

2-3. 郎秀川の手による3冊の訂正本

まず［4］-3『訂正官話指南』と［4］-3'『訂正再板民國適用官話指南』はいずれも刊年の記載がないが，清末民初期に刊行されたと考えられる[31)]。重訂者として郎秀川の名前があがっており，さらに謝少卿による題字があるほか，扉も構成もほぼ同じであることから，［4］-3'は［4］-3の再版本と考えて間違いないであろう。［4］-3は巻三と巻四が欠落しているが，目次では巻一から巻四まであり，4巻2冊の構成である。再版本である［4］-3'『訂正再板民國適用官話指南』の構成も全く同じである。

オリジナルの『官話指南』と異なるのは，序文が無く，最初に「前後音讀法」という

31）『訂正官話指南』は後述の『最新官話捷中捷』と音韻の説明が全く同じ形式で作成されている。

発音に関する解説が新たに付け加えられている点である。この解説では反切法を使って中国語の音を解説している。また声調については文字の四隅に圏点を打つ方法が紹介されている。

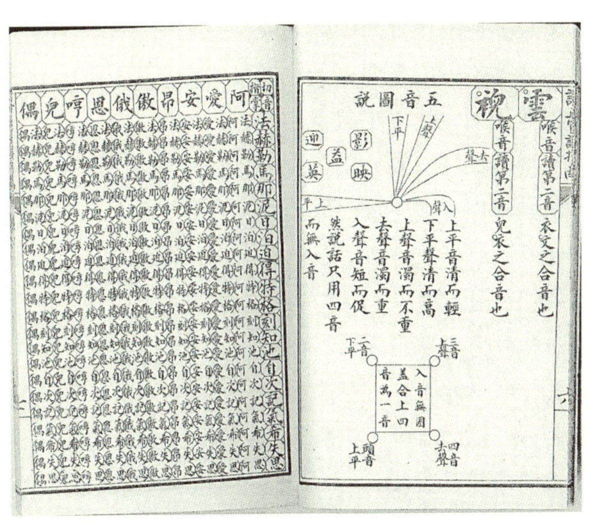

雲 喉音讀第二音 衣文之合音也

襯 喉音讀第二音 兒衣之合音也

五音圖説

上平音清而輕
下平聲清而高
上聲音濁而不重
去聲音濁而重
入聲音短而促
然説話只用四音
而無入音

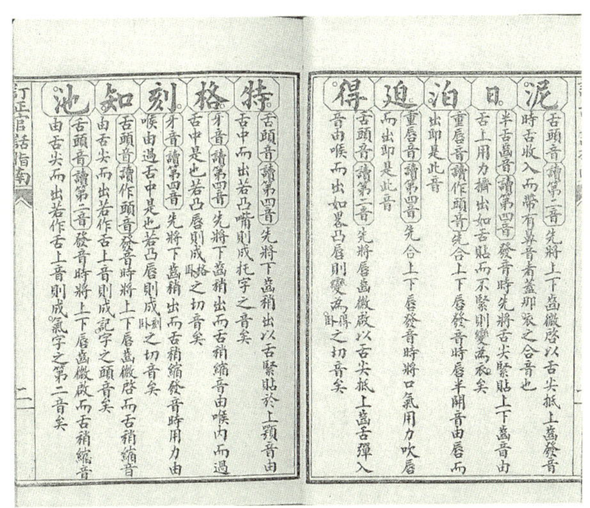

泥 舌頭音讀第二音 先將上下齒微啓以舌尖抵上齒發音時舌收入而帶有鼻音者蓋卯衣之合音也

日 半舌齒音讀第四音 發音時先將舌尖緊貼上下齒音由舌上用力擠出如舌貼而不緊則變為衣矣

泊 重唇音讀作頭音 先合上下唇發音時唇半開音由唇而出即是此音

追 重唇音讀第四音 先合上下唇發音時將口氣用力吹唇而出即是此音

得 舌頭音讀第二音 先將唇齒微啓以舌尖抵上齒舌彈入音由喉而出如略凸唇則變為卧得之切音矣

特 舌頭音讀第四音 先將下齒稍出以舌緊貼於上顎音由舌中而出若凸嘴則成托字之音矣

格 牙音讀第四音 先將下齒稍出而舌稍縮音由喉內而過舌中是也若凸唇則成卧格之切音矣

刻 牙音讀第四音 先將下齒稍出而舌稍縮發音時用力由喉由過舌中是也若凸唇則成卧刻之切音矣

知 舌頭音讀作頭音 發音時將上下唇齒微啓而舌稍縮音由舌尖而出若作舌上音則成記字之頭音矣

池 舌頭音讀第二音 發音時將上下唇齒微啓而舌稍縮音由舌尖而出若作舌上音則成氣字之第二音矣

訂正官話指南 二

『訂正官話指南』の「前後音讀法」

次に巻一の訂正箇所を列挙する。

巻一の訂正箇所，［1］-1 と比較

［1］-1 → ［4］-3

賤姓吳→敝姓吳（1-1）

還沒掇好了→還沒掇好（1-4）
那箱子也還沒打開了→那箱子也還沒打開（1-4）
您要是信他話→您要信他話（1-6）
好說我這回道崇安去→豈敢我這回道崇安去（1-9）
他也托我問您好來着→他也托我問你好來着（1-10）
因為他夫人有一點兒欠安→因為他夫人有點兒欠安（1-10）
凡人說話總要實誠→凡人說話總要誠實（1-11）
照你這麼說→照他這麼說（1-13）
您納一塊兒搭伴兒去→您一塊兒搭伴兒去（1-14）
這時正晌午→這時候正晌午（1-24）
看見瓦上的霜厚的很→看見瓦上的霜厚得很（1-25）
我喜歡春秋兩季→我歡喜春秋兩季（1-27）
聽說你上學房在那兒啊→聽說你上學堂念書（1-28）
那門口有報子掛着→那門口有牌子掛着（1-29）
講書極細心→講書很細心（1-30）
改詩文很用心→改策論很用心（1-30）
種甚麼都不長→種甚麼都不長了（1-31）
我特意來拜壽→我特意來拜壽呢（1-32）
千萬別推辭→千萬勿推辭（1-32）
我不能像人家竟要馬前刀兒，溜溝子、棒臭脚、幹那些下賤營生、我是來不及的→我不能像別人、有縫兒就鑽、一味兒卑鄙無恥、我是來不及的（1-34）
做好官的皇上一定喜歡→做好官的百姓一定喜歡（1-35）
如今的作京官大人們都好→如今作老前輩們都好（1-36）
他是個期軟怕硬的草雞毛→他這人本來沒眼神兒說話又不知輕重（1-37）
你老別理他→你老不理他（1-37）

（下線は筆者による。）

訂正箇所は［4］-3に比べて大幅に増えており，“皇上”を“百姓”，“京官大人們”を“老前輩們”に変更するなど，民国期の世相を表している箇所が目につく一方，“別”を“不”，“學房”を“學堂”，“喜歡”を“歡喜”とするなど一部［4］-2の修正と重なる個所がある。［4］-3'も基本的に同じでなので訂正箇所は掲載しない。

ここで郎秀川のもう１冊の著作として『最新官話捷中捷』（香港科技大学図書館蔵）

という書籍を紹介する。本書は国語学習を目的として『訂正官話指南』の重訂者である郎秀川が編纂したものであることが序文に明記されている。入手したのは民国十年仲冬月（1921年）に上海書局から出版された石印本である。序文には榕南漢英書院の教員で1910年（宣統2）年に執筆したこと，郎秀川は北平出身で，北京景山官学，榕南聖會書院で国語教員をしていた人物であることが書かれている。また本文には

咱們福建人一百人中間纔有兩三個人會說官話一千人中間纔有幾十個會說官話有時候幾百人也沒有一個人會說官話（巻1-7a）

といった福建の官話の状況を述べた会話文もある。榕南漢英書院の「榕南」が福州の地名であることから福建の福州で使用されていた教材であると推察することができる。さらにこの書籍の最初に掲載されている発音に関する解説部分は『訂正官話指南』の「前後音讀法」と同じであることから，この二つの教材が同じ時期に刊行されたものではないかと考えている。序文にはさらに当時（1910年）の国語教材には『官話指南』か『官話捷訣』の2冊しかなかったと記されいる。こういったことから［4］-3が1910～1921年頃に出版されたものであることや，少なくともこの教材が使われていた地域では『官話指南』が国語学習用として用いられていたこと間違いないと思われる。

本書の構成は4巻1冊，線装，20cmで，巻一の4葉表の版心には「宏文閣校印」とある。『官話指南』とは異なり話の内容を以下のように分類し掲載している。

話套　数目　天文　時令　地理　宮室　器用　衣服　飲食
身體　花木　果品　禽獸　鱗介　昆蟲　農田　百工　人倫
婚姻　人品　文具　武備　首飾　戲玩　疾病　官場口氣
文人吐屬　買賣問答　賓客套語　閨閣常談

注目したいのはこの教材に掲載されているテキストの中には，『官話指南』と内容が類似する箇所が散見され，両者に関係があることが分かる。

你看一年四季那一季兒好（『最新官話捷中捷』巻1-13a 時令）
你看四季的時候、那一季兒好（『官話指南』巻一第27章）

我還沒洗臉把我的臉盆打了臉水拿我的臉布和漱口走盂兒牙刷子來（『最新官話捷中捷』巻2-5b 器用）

誰呌門了。老爺天不早了、你快起來罷。哼、你打洗臉水來罷。洗臉水打來了、漱口水也倒來了、胰子盒兒在臉盆架子上擱着哪。刷牙散在那兒了。是在那張桌子的抽屜裏、和刷牙子在一塊兒了。把擦臉手巾拿來。是。(『官話指南』巻三第 3 章)

また，本書の最大の特徴としてあげられるのは，全ての漢字に対して反切による注音がなされている点である。以下に参考まで画像を掲載する。

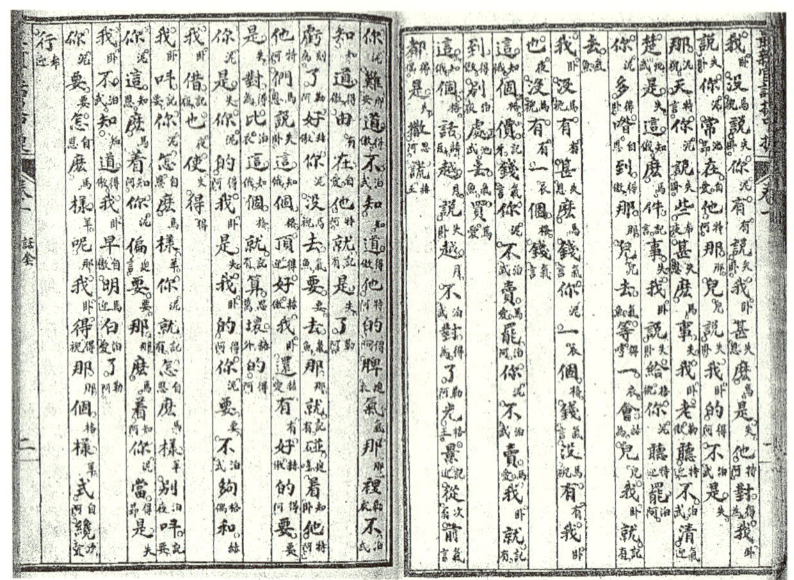
我沒說你有說我甚麼是他對我
說你常在他那兒說我的不是
那天你說些甚麼事我老聽不清
楚是這麼件事我說給你聽罷
你多咱到那兒去等一會兒我就
去
我沒有甚麼錢你一個錢沒有我
也沒有一個錢
這個價錢你不賣罷你不賣我就
到別處去買
這個話越說越不對了光景從前
都是撒謊
你難道不知道他的脾氣那裡不
知道由在他就是了
虧了好你沒去要去那就碰着他
他們說這個頂好我還有好的要
是對比這個就算壞的
你是你的我是我的你要不夠和
我借也使得
我叫你怎麼樣你就怎麼樣別叫
你這麼着你偏要那麼着你當是
我不知道我早明白了
你要怎麼樣呢我得那個樣式纔
行

『最新官話捷中捷』の音註

次に［4］-4 の『改良民國官話指南』でも著者としても郎秀川の名前が掲載されている。奥付には上海の各書房にて販売と掲記されていることから，上海で使用されていたと考えられる。また本文のとは別に，巻四の後ろに曹生氏による語釈が付けられている。さらに各章ごとに題名が追記されているという点が他のものと異なる。次に巻一の修正箇所を列挙する。

巻一の訂正箇所，［1］-1 と比較

［1］-1 → ［4］-4

賤姓吳→敝姓吳（1-1）

還沒掇好了→還沒掇好（1-4）

那箱子也還沒打開了→那箱子也還沒打開（1-4）

好說我這回道崇安去→豈敢我這回道崇安去（1-9）
他也托我問您好來着→他也托我問你好來着（1-10）
凡人說話總要實誠→凡人說話總要誠實（1-11）
您納一塊兒搭伴兒去→您肯一塊兒搭伴兒去（1-14）
這時正晌午→這時候正晌午（1-24）
聽說你上學房在那兒啊→聽說你上學堂念書（1-28）
那門口有報子掛着→那門口有牌子掛着（1-28）
改詩文很用心→改策論很用心（1-30）
我不能像人家竟要馬前刀兒溜溝子棒臭脚幹那些下賤營生我是來不及的→我不能像別人有縫兒就鑽一味兒卑鄙無恥我是來不及的（1-34）
做好官的皇上一定喜歡→做好官的百姓一定喜歡（1-35）
如今的作京官大人們都好→如今作京官的老前輩們都好（1-36）
他是個期軟怕硬的草雞毛→他這人本來沒眼神兒。說話又不知輕重（1-37）
你老別理他→你老不理他（1-37）
（下線は筆者による。）

巻三の導入部分も比較する。

［1］-1→［4］-3『改良民國官話指南』
老爺您上回叫我找的那十幾歲的小孩子→司長你上回叫我找的那十幾歲的小孩子
若是您願意就留下→若是你願意就留下
可是向來沒當過跟班的→可是向來沒當過使喚人的
老爺是要沏甚麼茶→你老是要沏甚麼茶
你沒瞧見昨兒個吳少爺喝茶→你沒瞧見昨兒個吳先生喝茶
（下線は筆者による。）

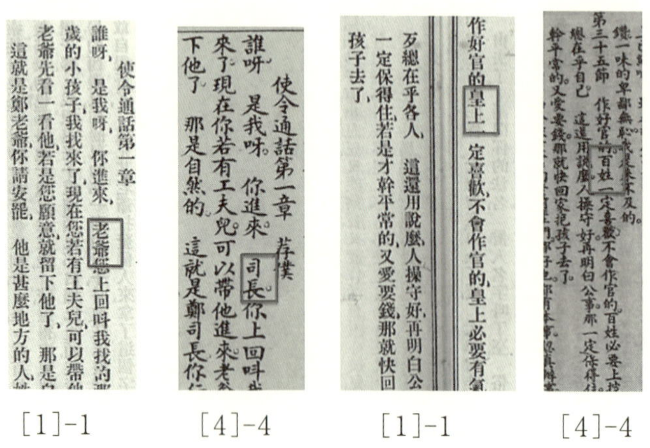
使令通話第一章
誰呀，是我呀，你進來，老爺您上回叫我找的
歲的小孩子我找來了，現在您若有工夫兒可以帶他
老爺先看一看他，若是您願意，就留下他了，那是自
這就是鄭老爺，你請安罷，他是甚麼地方的人

使令通話第一章　荐僕
誰呀　是我呀　你進來　司長你上回叫我
來了現在你若有工夫兒可以帶他進來老爺
下他了　那是自然的　這就是鄭司長你

作好官的皇上　定喜歡，不會作官的皇上必要有氣
歹總在乎各人　這還用說麼人操守好，再明白公
一定保得住，若是才幹平常的，又要要錢，那就快回
孩子去了，

［1］-1　［4］-4　［1］-1　［4］-4

［1］-1『官話指南』（初版）と［4］-4『改良民國官話指南』との比較

刊行年は記載されていないが，［4］-3 より修正箇所が増えていることから［4］-3 より後に出版されたと考えるのが妥当であろう。さらに巻末の「改良民國官話指南釋義」では，この注釈では当時この書籍を利用した人にとって分かりにくいと思われる表現に対して個別に発音や単語の説明を加えており，資料的価値が高い。詳細については第四章「改良民國官話指南　後附釋義」を参照。

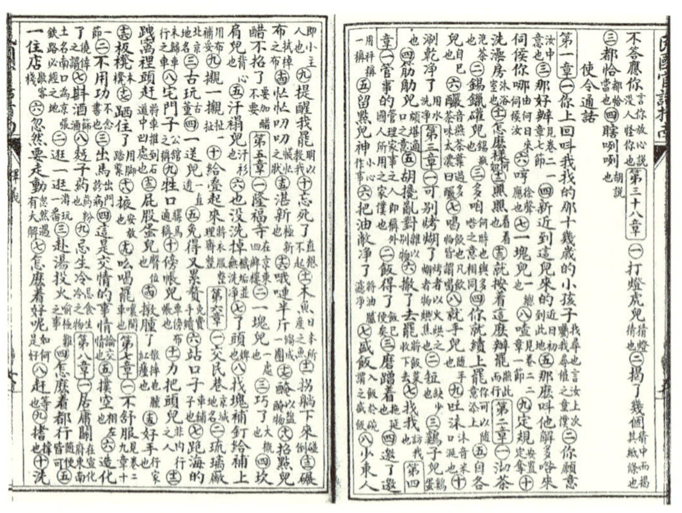

改良民國官話指南釋義

2-4. 廈門の『官話指南』

［4］-1 同様［4］-5 は『官話指南』というそのままの書名で出版されている。［4］-5 は一見するとオリジナルの『官話指南』と同じだが，巻末に掲載されている広告欄を見ると国語学習を目的として刊行された書籍シリーズの一冊であることが分かる。題字は初版と同じ字体によく似ているが，呉啓太と鄭永邦の名前はどこにも記載されておらず，田邊による序及び編著者の凡例もない。一方黄裕壽と金国璞の序は掲載されている。また，巻四は掲載されていない。封面の裏に廈門萃經堂印務公司から出版されている他の書籍が掲載されているが，そこには『官話指南』と並んで『国語捷徑』『官話散語（註官音）』『官話字彙（註官音）』『官話問答（註官音）』『四書（註羅馬字音解説）』『錦江林畫午隠語（燈謎）上巻文言 下巻圖畫』『啓悟初津（問答）初等小學適用』といった書名が掲載されている。ここで記載されている内容から当時この出版社は国語学習あるいは小学校用の教科書を出版していたものということが想像できる。また表紙に「顔濟葭」という名前が書き入れられているが，人物については一切不明である。変更箇所は特に見当たらない。

2-6. 消えた 4 つのエピソード

オリジナルの『官話指南』は巻一 45 章，巻二 40 章，巻三 20 章，巻四 20 章からなるが，実はいくつかの関連本の中には収録されていないエピソードがあることが分かっている。巻一の第 44 章と第 45 章，巻二の第 4 章と第 5 章である。この消えた 4 つのエピソードの収録状況について，［2］-1 九江書會本とフランス語訳，英語訳，方言版，国語版の各版を確認し一覧すると次のようになる。

	[1]-1	[2]-1	[2]-2	[2]-3	[2]-4	[2]-5	[2]-10, 11, 12	[3]-1	[3]-2	[3]-3	[3]-4	[4]-1	[4]-2	[4]-3	[4]-3'	[4]-4	[4]-5	[4]-6
	初版	九江	仏訳	仏注	英訳	英訳	自修	土語	滬語	粤	訂粤	必用	適用	訂正	訂正	改良	廈門	影印
1-44	○	×	×	×	○	○	×	×	×	×	×	○	○	×	×	×	×	○
1-45	○	○	○	○	○	○	×	○	○	○	○	○	○	×	×	×	○	○
2-4	○	○	○	○	○	○	○	○	○	○	○	○	○	×	×	×	○	○
2-5	○	○	○	○	○	○	○	○	○	○	○	○	○	×	×	×	○	○

並べると巻一の第 44 章を収録していない本が多いことに気づかされる。そして［2］-1 の九江書會本や，［3］-1 の土語指南などいずれもカトリック教会と関係の深い印刷所で印刷されているものであるということが分かる。この巻一の第 44 章の内容がどうい

ったものであるかというと次のようなものである。

> 有兩個狗在那兒搭配、一個姑娘握着眼睛不肯瞧、雖然是那麽様、可又從手縫兒裏偷着看、你說可笑不可笑、人到了歲數兒了、春心是要動的、外面兒雖是害羞、難道他心裏就不動情嗎、這也怪不得他、

説明するまでもなく会話書として適切でない表現が含まれていることが分かる。おそらくこういった点から収録されなかったのであろう。ここで今一度［4］系統，すなわち国語学習用の『官話指南』の状況を見てみると［4］-3，［4］-3'，［4］-4，［4］-5の4種類の版本でも収録していない。［4］-3，［4］-3'，［4］-4は郎秀川の重訂本であり，彼自身は榕南聖會書院というところで務めていたことは述べたとおりである。この書院については詳細は不明であるが，その名称から教会関係であると考えられる。そして［4］-5は廈門萃經堂から出版されている。この廈門萃經堂から出版されている書籍としては *Ē-mn̂g-im ê Jī-tián*（廈門音的字典）1894，K.R. Green 1920 *Sian-ti ê kà-sī*（先知ê教示）m-chai 1917*Gióng-bōng tōe*（仰望地）などがあり，萃經堂が廈門語の音韻関係や宗教関係の本を印刷している出版社であることを示している。このことから［4］-3，［4］-4，［4］-5はいずれも教会と関係があり第44章が掲載されなかったのはこのためではないだろうか。いずれにせよ今後はカトリック教会の印刷所と国語学習，方言学習といったキーワードでも調査を進めていく必要がある。

なお，巻一の第45章が収録されていない書籍が4冊あるが，なぜ収録されていないか，その理由については不明である。

> 我在台階兒上站着、他抽冷子把我望後一推、幾乎沒裁了個大觔斗、那兒有這麽促狹的呢、他再不敢和我這麽頑兒、他要招着我、我就攢足了勁兒、給他一個冷不防、叫他吃不了得兜着走

同様に郎秀川による3冊で巻二の第4章と第5章が掲載されいない点についても特に理由は見当たらない。

3. 小　結

本論は個別の資料を整理し紹介することに主眼を置いているため，掘り下げた検討は行っていないが，以下の点について言及することができるのではないだろうか。まず『官

話指南』の版本はこれまで考えられていた以上に多様であり，日本国内で『改訂官話指南』が多く使われていた以上に，オリジナルの『官話指南』をベースに中国で独自に印刷され利用されていた。さらに外国人にとっての中国語学習書として刊行されてから30年以上たった後に，当時の中国人が「国語」学習あるいは「北京官話」学習用として『官話指南』を独自に印刷し利用していた。しかしここで一つ疑問が生まれる。なぜ日本人が著した『官話指南』が当時の中国人を対象とした教育に用いられたのか，1882年に刊行された『官話指南』が当時の「北京官話」を忠実に表現した会話書であったためであると考えることができるが，果たしてそれだけの理由なのか。この点について次章で検証したい。

第三章 『官話指南』の来歴と派生

1.『官話指南』の来歴と『正音撮要』

ここまで『官話指南』の各種版本や関連本，執筆者である呉啓太，鄭永邦，また改訂版を執筆した金國璞のついて整理したことで，『官話指南』に関する基本的情報はおおよそ整理できたのではないだろうか。

1882 年に刊行された『官話指南』は，上海美華書院，上海脩文活版館，Kelly & Walsh，福州美華書院といった複数の印刷所で印刷され，フランス語対訳版が，Impromerie de la Mission Catholique から，英訳版が Kelly & Walsh から，英語対訳版が Commercial Press（商務印書館）からそれぞれ刊行されている。そして清末民初期には国語学習用として印刷された『官話指南』が上海・福州・広州といった南方の諸地域で使われた。一方日本では 1903 年日本では金國璞により文求堂から改訂『官話指南』が刊行されることになる。この際，巻一の「應對須知」が削除され，「酬應瑣談」が追加された。なぜこのタイミングで改訂版が日本から出版され，このような修正が行われたかについて，鱒沢 1997 では商務印書館，上海美華書館，修文印刷局における『官話指南』の版権問題が絡んだ出版活動との関連について考察が加えられている。しかし巻二から巻四については，それほど大した変更点もないのに，巻一の「應對須知」が削除され，全く別の文に書き換えられたかについては，著作権問題だけでは説明が付かない。そこで本章では削除された「應對須知」を検証することでその意味するところについて考えてみたい。

まず『官話指南』の成書過程は，それほど詳しくは明らかにはなっていない。序文と歴史の事実から分かることは，呉啓太が 1878（明治 11）年に北京公使館に通弁見習としてやってきた後の 3 年間の中国語学習の経験を，1880 年（明治 13）4 月から同じく通弁見習として勤務する鄭永邦と共にまとめあげたものであるという点のみである。当時の北京官話のテキストとしては各国で重宝されていたトーマス・ウェード著の『語言自邇集』があるが，『官話指南』が同書以上に内外で好評を博したのは，1895 年，ホプキンズが *The guide to Kuan hua : a translation of the "Kuan hua chih nan"* の序文で述べているように，「当時最新の北京語であらわされていた」という質的充実が挙げられる。このような質の高い「北京語」の会話を有する会話書を日本人のみで執筆することが可能なのだろうか，もちろん，執筆者の二人の中国語能力は唐通事の末裔にしてその後の経歴からも明らかなとおり疑いようない。しかし同時に 3 年間の中国語学習期間には中国人教師の助けもあったはずであり，執筆に関して中国人教員の力は大きかったと考えられる。特に『官話指南』の巻二から巻四までは，年始の挨拶や物売りの話，使用人に用事を言いつける話や外交官として必要な場面の話など，呉や鄭が北京で生活し，仕事をする上で必要となる実用的な会話が多分に盛り込まれており，これらを作り上げるにはネイティブの中国人教員の力が必要不可欠であろう。一方，改訂の際に削除された巻一は二人の簡単な問答形式からなるが，「牙沒了甚麼都嚼不動了」（歯が無くなった話）や「這個孩子有出息兒」（子供の善し悪しに関する話）など，脈略の無いとりとめもないものがあったりと，決して実用的とは言えない会話も多く『官話指南』の中にあって異質的な存在であると言える。そのことが改訂版で削除されたと考えられる大きな要因の一つであると考えられるが，なぜ巻一は他の巻とこれほどまでに内容が異なるのか，収録されている全文について調査した。その結果，一部の会話文が清代に刊行された『正音撮要』第一巻の「問答」と類似しているところがあることが明らかになった。この『正音撮要』とは，

> 漢語の標準音については、官吏が皇帝に拝謁する場合、広東福建あたりの出身者にはことばが通じないため、1728（雍正6）年には正音を用いるように勅命が出された。そのため『官音彙解』『正音撮要』『正音咀華』のような標準語学習書が刊行され……（中略）……また南方各地に正音書院という学校も設けられたという。（『中国語学新辞典』p.187）

とあるように，北方の官話音を南方の出身者に教えるために作られた当時の標準語学習教材である。著者は高静亭[32]，全四巻からなる。第一巻は正音読本としての教科書風，第二巻と第三巻は語彙集で，第四巻は千字切字という構成になっている。版本としては1834（道光14）年，1846（道光26）年，1852（咸豐2）年，1857（咸豐7）年，1858（咸豐8）年，1860（咸豐10）年，1865（同治6）年，1905（光緒31）年，1906（光緒32）年，1907（光緒33）年，1920（民國9）年と数多くあるが，細部には違いがあるものの，版本間に大きな違いは無く，基本的な構成は変わらない[33]。また1865年のものはCanton Customs Pressから出版され，英訳もされており，西洋人の官話学習教材としても用いられていた。

『官話指南』巻一「應對須知」の原文があったのは『正音撮要』の第一巻「問答」で

32）『正音撮要』の序文によると著者の高静亭は南方出身で，元は北方の言葉が分からなかったが，13歳で北方に行き学んで習得したという経歴を持っている。

33）高岸晃夫 2009「『正音撮要』札記」『千里山文学論集』

ある。この『正音撮要』第一巻は，「正音集句序」からはじまり，「論官話氣概」，「論官話先要正口音」…と続き，最後に「見面常談」「問答」といった会話文がある。さらにこの「問答」には日常・衣服・擇交・雜話・廳堂・女子看狗といった様々な内容の会話が二人の問答で行われるという形式をとっている。版によっても若干収録数が変わるが約 83 個の問答が収録されている。この 83 個の問答の一部と『官話指南』「應對須知」の内容が一致したのである。つまり「應對須知」の一部は呉啓太と鄭永邦が書き下ろした会話ではなく，正音教材の会話を導入部分に使っていたことになる。ただしそのまま引用しているわけではなく，基本的なコンセプトのみ踏襲して内容や語彙などは大幅に改められている。たとえば「應對須知」の第 6 章の会話文は次のようなものである。

這個人實在靠不住、說話竟是雲山霧照的、您想和他要準兒、那算是白用心了
您還不知道他那脾氣嗎、一味的愛說大話胡吹混嗙、您要是信他的話、那就難免要上檔了

この一節と似た内容として『正音撮要』「問答」の「嫌人講大話」には以下のようなくだりがある。

這个人沒牢靠 全說活絡話總不給个准信 竟是老謠我瀨得替他走攏
你還不知道他的脾氣嗎 混謗糊 混煄說話 沒譜兒我總沒理他（嫌人講大話）

“實在靠不住”が“沒牢靠”，“說話竟是雲山霧照的”が“全說活絡話總不給个准信”といったように大幅に書き換えられているのが見て取ることができる。そこで「應對須知」に実際どれくらいの割合で『正音撮要』の「問答」との間に一致があるか，その一覧の対照を掲載する。引用元が確認できなかった箇所については空白にしている。

章番号	『官話指南』「應對須知」	『正音撮要』「問答」
1	您納貴姓、賤姓吳、請教台甫、草字資靜、貴昆仲幾位、我們弟兄三個、貴處是那一省、敝處河南省城、府上在城裏住麼、是在城裏住、久仰得很沒會過失敬得很	

章番号	『官話指南』「應對須知」	『正音撮要』「問答」
2	先生今年高壽、我虛度六十歲了、好福氣、很康健、鬚髮並不很白、托福、我鬚髮已經也半白了、我今年纔五十歲鬚已經白了多一半兒了、	
3	尊姓大名、我賤姓張、官名叫守先、尊行排幾、我居長、貴甲子、我還小哪、今年二十四歲、恭喜在那兒、我在通州做買賣、我和你令叔相好、故此特來請安、不敢當、請問寶號、小號信昌、	
4	久違久違、實在渴想得很、今兒早起聽見老兄到了、特過來拜訪、不敢當、勞您駕、我本要到府上請安去、就因爲昨天晚上纔到的、行李各件還沒拾掇好了、箱子也還沒打開了、身上的衣服都沒換哪、恕兄弟明天再過去謝步、不敢當、	
5	少見少見、我這幾天沒見着你、很想你、莫不是又病了麽、可不是麽、我那天看你病纔好、臉上氣色還沒復元兒哪、怕是你出到外邊兒去又重落了、我這回是着點兒凉、覺着頭疼、渾身酸痛、那總得請大夫好好兒治一治就得了、	
6	這個人實在靠不住、說話竟是雲山霧照的、您想和他要準兒、那算是白用心了、您還不知道他那脾氣嗎、一味的愛說大話胡吹混嗙、您要是信他的話、那就難免要上檔了、	這个人沒牢靠 全說活絡話總不給个准信 竟是老謠我瀨得替他走攏 你還不知道他的脾氣嗎 混謗糊嘍混熥說話 沒譜兒我總沒理他（嫌人講大話）
7	您這一向貴恙都好了麽、托福都好了、可是咳嗽纔輕省一點兒、這回您病的日子久了、雖然都好了、還得請大夫吃幾劑補藥、安心調養纔好哪、是、承您關照謝謝	
8	你在這兒可以隨便、不要拘禮、我蒙您的抬愛、已經不拘禮了、照這麽様就好、我以後有事纔可以敢勞動你、您肯叫我做事、那就是賞我臉了、	

章番号	『官話指南』「應對須知」	『正音撮要』「問答」
9	昨天蒙你賞我的那茶葉、味道很好、謝謝謝謝、好說、我這回到崇安去、就到了武彝山逛了兩天、不過買了一點兒茶葉、送了去的不多不成敬意的很、好說、朋友交情要緊是在情意、不在東西、	
10	你上那兒去、我想上張老師那兒拜客去、那麼我求你替我問張兄好、說我很想他、有閒空兒請他來坐坐、前幾天我去的時候、他也托我問您好來着、因爲他夫人有一點兒欠安、所以他總沒能出門、	
11	凡人說話總要實誠、那是一定的理、若是有撒謊騙人的事、叫人看破了、自己也丢臉、你所論的正合我的心了、	
12	這件東西你看是眞的是假的、我看是假的、我也看是這麼着就因爲分辨不出來不敢說、是你沒細看這刻的也粗、顏色也不光潤、	
13	我們倆如今都閒着、可作甚麼好呢、你看有甚麼可做的、我看實在難的很、若說做生意、你我又沒有本錢、若說做夥計又沒手藝、照你這麼說、偺們倆豈不餓死了麼、究竟上天不生無祿的人、等慢慢再打算就是了、	
14	我想到那兒逛逛就是我一個人又懶怠去、我也想去逛逛因爲沒有伴兒不高興、旣是這麼着偺們倆一同去好不好、您納可以一塊兒搭伴兒去、與我也很方便了、	
15	您納說話聲音太小、人好些個聽不淸楚、我的聲音生來不能大、對人說話又不敢大聲嚷、所以顯着聲兒小、凡人說話嗓子要緊、若嗓子好、自然響亮字音淸楚、自然沒含糊、	
16	我剛纔隔着槅扇和他說話、你聽見了麼、我沒聽見、近來我的耳朶有點兒聾不管怎麼樣、我求你千萬別把這個事給洩漏了、這是一件機密的事情、旣是這麼着、我不說總不至於壞事了罷、	

章番号	『官話指南』「應對須知」	『正音撮要』「問答」
17	你懂得中國話麼、略會一點兒、那厦門的話別處不甚懂、中國話本難懂、各處有各處的鄕談、就是官話通行、我聽見人說官話還分南北音哪、官話南北腔調兒不同、字音也差不多	
18	老沒見了、您納還認得我麼、瞧着好面善、不記得在那兒會過、失敬得很不敢冒昧稱呼、偺們倆前年在張二家一個桌子上喝酒您怎麼忘了麼、提起來我認得了、您是何二爺麼、	
19	您納這一向好、我有件事託你辦辦、甚麼事請說罷、我記得前天新聞紙上記載、有一位會寫字畫的姓祝、實在羨慕得很聽說你認得他、所以懇求閣下代爲介紹、那容易我總要給您効勞的、您放心罷、交給我了、	
20	所有偺們逛過的這些個名勝地方、就是我們今兒晌午到的那座山上景致好的很、是我最喜歡那半山亭外兩三里的竹徑、頂好是打那竹徑轉過灣兒去、在那塊大石頭上坐着、聽那水聲兒眞叫人萬慮皆空、	
21	你昨兒去遊湖回來早啊是晚哪、回來有四更天了、想昨兒晚上月亮很好、湖上風景一定是更好看了、夜景比白天還好、足有加倍的好看、	
22	這個廟很大、大的很、在這兒算是第一個大廟、後頭還有一座寶塔高的很、好上去麼、有一層的塔梯、如今拿開了、不好上去了、那梯子爲甚麼拿開了、因爲人多上去竟混蹧蹋、	
23	昨兒前半夜月亮很好、我躺在炕上看窻戶上的月光、捨不得睡了、可是赶到了夜深了、忽然颳起一陣風來、黑雲彩在滿天上直飛、打的霹雷很利害、那巧了是在我睡着了之後罷、我可知道昨兒晚上下雨來着、	

章番号	『官話指南』「應對須知」	『正音撮要』「問答」
24	這時正晌午太陽很毒、暑氣很利害、怎麼好出門呢、但是我有要緊的事、沒法子得出門、就是有要緊的事也要待一會兒、等太陽斜過去凉快些兒、再出門去罷、也好、	
25	早起天纔亮我起來出去走動、看見瓦上的霜厚的很、原來昨兒夜裏有大霜、怪不得我睡到五更天醒了覺着冷的很、可就嫌棉被窩太薄了、	
26	夜深了、想這時候有三點鐘了、我剛纔聽見自鳴鐘噹噹的打了兩下兒似的、那架鐘怕不準罷、看看我那個表、這個表走到三點鐘了、到底鐘還是慢點兒、	
27	你看四季的時候、那一季兒好、四季兒各有好處、你喜歡那季兒、這個不用問、誰不是頂喜歡的春暖花香、誰不怕夏熱秋凉、最怕的是冬天太冷、我喜歡春秋兩季、	
28	聽說你上學房在那兒啊、學房就在這拐彎兒、那門口有報子、師傅是那一位、師傅是姓金的、同窻朋友有多少、不多、	
29	你看過史記麼、沒看過、讀書人不可不看史記、看過史記、纔知道歷代的興敗、人物的好歹哪、學的是甚麼字、學的是王右軍的字帖、那好極了、	
30	你的師傅教法好不好、很好講書極細心、寫字的筆畫很講究、改詩文很用心、不埋沒我們的一點兒好處、品行端正、規矩嚴緊、這樣的好師傅、你肯用心、還怕學問有不進益的麼、	
31	和尙、阿彌陀佛、大和尙在山上了麼、大和尙昨兒下山去了、請問你的法名、僧人名字叫了空、俗家怎麼稱呼、俗家姓顧、你這一塊地很大、並沒人作田園豈不可惜麼、這一塊地不中用了、土是鹹的、種甚麼都不長、	

章番号	『官話指南』「應對須知」	『正音撮要』「問答」
32	今兒個是令尊大人的千秋、我特意來拜壽、預備一點兒薄禮、請您賞收、千萬別推辭、還請您帶我去見一見令尊大人致賀、不敢當、實在勞駕費心了、	
33	嗐、這孩子實在沒出息、整天家遊手好閒、不做點兒正經事、他老子娘也不管他麼、這麼由着他的性兒鬧、多偺是個了手啊、依我說、不如把他活口兒的埋了就完了、	嗐 這小子不堪你 瞧他幌頭幌腦的 兩个眼睛放在腦梢子後頭好 沒出息他老子娘不管他嗎 由他的性兒嗎 沒家教的活活的葬了他就完了（笑人輕狂）
34	無論作甚麼事情、都要努力向前、不可自己哄自己、纔能勾往上巴結哪、雖是那麼說、我的差使不悞就是了、我不能像人家竟會要馬前刀兒、溜溝子捧臭脚、幹那些下賤營生、我是來不及的、	幹事要認眞 我瞧你都是胡弄局 又不上前又不漏臉怎麼巴結得上呢 不悞就是了 我不像人家要馬前刀的搶差事的挪松香的溜溝子的咱門不幹（偪人做事）
35	作好官的皇上一定喜歡、不會作官的、皇上必要有氣的、好歹總在乎各人、這還用說麼、人操守好、再明白公事、那一定保得住、若是才幹平常的、又愛要錢、那就快回家抱孩子去了、	會做官的 皇上大喜 不會做官的 皇上大怒 有臉沒臉總在乎各人阿 這何用說呢有熙操守明白熙兒就保得住又傀頭又死要錢那總是紮定了的（論做官）
36	如今的京官大人們都好、也都有本事、認眞辦事、所以這些外官、也都學得好了、甚麼事都得有個榜樣兒、上行下効、在上的不要錢、在下的還敢貪賍嗎、	如今的中堂們 尙書侍郎 都好 都有本事認眞做官 所以這些外官都跟着好了 總有今搒㨾兒的上頭要錢胡鬧底下 就胡潤上頭不要錢底下敢嗎 這是一定的道理（誇好官）
37	他來過幾回、我總沒大理他、他還涎皮賴臉的儘自來、實在是不知好歹的一塊死肉、他是個欺軟怕硬的草雞毛、那兒算是人呢、你老別理他、他自然的就不來了、	我饒他幾磨子 他死皮賴臉還要來眞眞不知死活的怎麼了呢 他欺軟怕硬 是个草母雞毛罷哩 一合子就不來了這雜種是个人嗎（說人疲纏）
38	那個姑娘剛纔起這兒過、也不知是誰家的、長得很標緻、又穩重、明兒給我們舍親作個媒、這個姑娘眞不錯、我認得是那邊兒張老二跟前的、若給你們令親說、倒也配得過、	有个姑娘不知誰家的在衚衕口兒走過又標緻又稳重 我明兒給我們老表做个媒 這个姑娘倒不錯 我認得他是那家子的女孩對你們老表眞配的了（老媒）

章番号	『官話指南』「應對須知」	『正音撮要』「問答」
39	這個孩子有出息兒、又能熬夜、又能作活、有耐心煩兒、靠得住、怎麼不叫人疼呢、你是那麼說、我瞧他很懶、一黑就睡、俗語兒說的、馬尾兒穿豆腐、提不起來了、實在叫人生氣、	這小子有出息 熬得夜 做得活耐得煩韋得住狠叫人疼 那小子沒出息 死懶不堪一黑就睡提不起的實在掏氣叫人生氣（評論好歹）
40	素日受您的裁培、我本就感激不盡、現在爲這件事、又承您抬愛、像這麼疼我、怎麼補報您的情呢、那兒的話呢、我這不過効點兒勞、你倒不必這麼多心、	你儜這麼疼我 這麼抬愛我這麼栽培我我還沒補你的情呢 我少張羅 少照應 少效勞 少親教少請安你儜恕我呢（謙話）
41	牙沒了、甚麼都嚼不動了、燉的爛爛兒的纔好哪、別弄的那麼挺梆硬的不能吃、我的牙比你的強、不論甚麼硬的脆的都能吃、連瓜子兒還能磕哪、	沒牙齒嚼不動了 燉得爛爛兒的 別弄得挺㨖㨖子硬曰可惜了我的牙齒 比你強什麼骨頭 一嚼就炌碎一點兒硌磴都沒有（老人怕吃硬）
42	我請教你這件事應當怎麼辦、我心裡想着他若是一定不依、我就給他實端出來怎麼様、我告訴你、你的性子太耿直、也得隨和些兒纔好、凡事也不可太刻薄、人家旣肯認不是也就罷了、何苦老沒完呢、	我請教你這件事怎麼辦法兒好呢 我心想這麼辦他不依 我直端了他是不是呢我告訴你 別太板也要隨和些兒叫人家過得去 他肯認鐠就撒朤了何苦認眞（誡刻簿）
43	這個猫怎麼總不管閒事、滿地的耗子他也不拿、明兒個不用餧他就好了、這耗子眞鬧的兇、吵的睡不着覺、東西也咬了個稀爛、這可怎麼好、	這个貓兒總不管閒事了 滿到處的耗子他總不拏明兒摔死了 他耗子果然來得兇 吵得睡不着什麼東西咬个稀爛（說貓懶）
44	有兩個狗在那兒搭配、一個姑娘握着眼睛不肯瞧、雖然是那麼様、可又從手縫兒裏偷着看、你說可笑不可笑、人到了歲數兒了、春心是要動的、外面兒雖是害羞、難道他心裏就不動情嗎、這也怪不得他、	有个姑娘看見兩个狗兒跴種 他拏手塢着眼睛歸跟悄悄放開手了 縫來看你說好笑不好笑呢 春心總是有的阿 他外面害羞心裡頭難道不熱嗎 這也怪不得他（女子看狗）
45	我在台階兒上站着、他抽冷子把我望後一推、幾乎沒裁了個大觔斗、那兒有這麼促狹的呢、他再不敢和我這麼頑兒、他要招着我、我就攢足了勁兒、給他一個冷不防、叫他吃不了得兜着走、	我在台階兒上站着 他望我後頭一推差一點兒栽个大跟斗這宗頑法 他總不敢害伐頑他若招我我攢着勁兒給他一糙包管他要栽一個仰搬䘿（嫌人掏氣）

以上のように，14 か所の一致箇所を確認することができた。『正音撮要』「問答」の全てを引用しているわけではなく，「應對須知」の後半部分に引用して作成した会話文が

集中している。そして引用が確認された箇所は，先ほど例で示した通り一字一句全く同じというわけではない。

いずれにせよこのことから調査で巻一という『官話指南』の導入部分で，1800年代の清朝において南方の非官話地域で用いられた官話教育のための教材が利用されていたこと明らかになった。このことが他の巻と異なり，「應對須知」の中に異質な内容が混じっている理由の一つとして考えられる。導入部分にこのような教材が入り込んでいる理由としては，日本人編纂者である呉啓太と鄭永邦が唐通事の流れを組むことから，唐通事の中国語教育の中で『正音撮要』のような「正音」教育系のテキストを使っており，その教育から受け継がれたと仮定する考え方と，二人の中国人教師と目される金國璞が中国における正音教育の伝統に従い『正音撮要』をテキストとして用いて当時の最新の北京語に修正し教えたと考えることができる。いずれにせよ明確な証拠が無く現段階ではただの想像にすぎないが，後者の場合，後に『官話指南』が南方の非官話地域で国語教科書として用いられたことを考えると，清末民初期の中国人に受け入れやすかったことは想像できる。また『改訂 官話指南』を出版する際に，金國璞があえてこの箇所を削除して全面的に書き直したのは，この部分が『官話指南』の中で唯一古いものを残した箇所であったためであり，あえて書き直したと考えることができる。

いずれにせよ1800年代に南方の非官話地域における正音教育を実施するためにテキストとして作られた『正音撮要』が外国人の中国語学習の導入部分で利用されていることは非常に興味深い。またその『官話指南』が清末民初の南方の非官話地域における国語教育に用いられているという歴史があったという点も当時最新の北京語で編まれたテキストであるとうだけではなく，こういった素地があったためであると考えることもできる。

同時期によく使われた北京語教科書である『語言自邇集』も方向性は異なるものの，清代に満州人が北漢語を学習するために用いられた会話文を原文に持つ。すなわち『語言自邇集』の中核をなす「談論編」は旗人が漢語あるいは満州語を勉強するために編まれた「清文指要」系テキストの流れをくみ，『官話指南』についてはその導入部分である「應對須知」は正音教育に利用された「正音教育」系テキストの流れをくむことになる。奇しくも西洋人と日本人という中国人にとって他者である外国人が，旗人の漢語学習教材，南方非官話地域における正音学習教材を，『語言自邇集』と『官話指南』という19世紀後半から20世紀初頭にかけて世界的ベストセラーになった2つの教材で，当時の新しい表現に書き直していたのである。それが共に中国国内だけではなく海外においても広く使われたことは注目に値する。

2.『官話指南』と『京話指南』との関係

2-1.『京話指南』との関わり

ここで『京話指南』という『官話指南』によく似た名前をもつ教科書に視点を移したい。『京話指南』は『官話指南』刊行から5年後に上海で刊行されている。両者は清末の教材，あるいは当時の言語の様相の一端を明らかにする上で重要な資料である。同時代，同地域の教材として，名称が近似しているだけでなく，使用する語彙やフレーズにも一部共通点があることが先行研究[34]で指摘されている。

『京話指南』は中国語の概説と「話章」「官音叢語」「都門筆談」からなる大著である。『官話指南』との類似性についてはこれまでにも指摘はされているが，具体的にどの部分が一致し，両者はどのように関係があるのか，そもそも『京話指南』とはいかなる教材なのか，いずれも詳細は明らかではない。また『京話指南』が出版される前後に，同じ著者により *Manuel de la langue chinoise parlée à l'usage des français*.（1885）と *Manuel pratique de la langue chinoise parlée à l'usage des français*.（1892）という会話書が刊行されているが，この両者は『京話指南』「官話叢語」との関連を指摘することができる。そしてこの「官話叢語」こそが『官話指南』との共通性が認められる部分である。

2-2. 著者について

京話指南 *Cours éclectique, graduel et pratique de langue chinoise parlée.* は1887-1889年にC.Imbault-Huartによって刊行された4冊からなる会話教材である。1巻～3巻は中国語の概説と会話文とフランス語による解説，4巻は中国語文が掲載されている。著者のC.Imbault-Huartについては『近代来華外国人名辞典』に以下の記載がある。

> Imbault-Huart, Camille Clement（1857-1897）于雅乐
> 法国领事官。毕业于法国国立现代东方语学校。1880-1882年驻华使馆翻译学生。尝署理和正任驻上海总领事馆翻译。1886-1887年代理使馆翻译，后来任驻汉口副领事，驻广州、台湾等地领事。…（中略）…著有《汉语会话教科书》（*Manuel de la langue chinoise parlee a l'usage des Francais*）（1885），《汉 语 会 话 读 本》（*Course eclectique graduel et pratique de langue chinoise parlee*）（四卷，1887-1889）…等书。
> （『近代来華外国人名辞典』p.227）

34）地蔵堂貞二（1988）「清代北京語攷（I）:『京話指南』のことば」『北陸大学紀要』12，pp.119-130

（フランスの領事。国立現代東方学校を卒業。1880年～1882年駐華領事館の翻訳学生。臨時、正式に上海総領事館の通訳を務め、1886年～1887年に大使館の通訳を代行する。後に駐漢口副領事、広州、台湾などの領事を歴任し、香港にて逝去。数多くの中国近代社会に関する著作があり、『漢語会話教科書』（*Manuel de la langue chinoise parlee a l'usage des Francais*）（1885）、『漢語会話読本』（*Course eclectique graduel et pratique de langue chinoise parlee*）（四巻，1887-1889）、『福摩薩的歴史和概況』（*Lile Formose:histoire et description*）（1893）などがある。）

この『漢語会話読本』（*Course eclectique graduel et pratique de langue chinoise parlee*）（4巻，1887-1889）とされているのが，刊行時期とフランス語の書名から『京話指南』と判断できる。またそれ以前に『漢語会話教科書』（*Manuel de la langue chinoise parlee a l'usage des Francais*）（1885）という会話書を執筆している。この中国語名についてはいずれも正式名称ではなく，『近代来華外国人名辞典』の執筆者がフランス語を訳したものと思われる。実際にC.Imbault-Huartの中国語関連書籍の原書を確認すると，

Manuel de la langue chinoise parlée à l'usage des français.
　1885 Peking: Typographie de Pé-T'ang（以下 Manuel_1885）
京話指南 *Cours éclectique, graduel et pratique de langue chinoise parlée.*
　1887-1889 *Peking & Paris*
Manuel pratique de la langue chinoise parlée à l'usage des français.
　1892 2ème éd. Hongkong: Noronha/Paris:E.Leroux（以下 Manuel_1892）

の3冊が確認できた。この3冊のうち，*Manuel pratique de la langue chinoise parlée à l'usage des français.* は *Manuel de la langue chinoise parlée à l'usage des français.*
の第2版という位置づけである。

2-3.『京話指南』の構成

『京話指南』は，次の4巻から構成されている。4巻のみパリで刊行され，それ以外についてはパリと北京でそれぞれ刊行されている。構成は以下の通りである。

Tome Premier（1巻）（1887）
1. une introduction a l'étude de la langue chinoise（中国語学習の導入）
2. les principes généraux de la langue chinoise parlée（中国語会話のルール）

3. six appendices se rapportant a ces deux parties de l'ouvrage（付録）

Tome Ⅱ（2巻）（1888）
Phrases Faciles et dialogues mélangés（簡単な会話文）

Tome Ⅲ（3巻）（1889）
Conversations（Traduction et notes）（会話（翻訳と注釈）

Tome Ⅳ（4巻）（1888）
Textes Chinois（中国語テキスト）

1巻の序文には，『官話指南』について記載されている箇所がある。

> *L'Introduction,* qui a pour titre chinois 漢語初階 '**Hann-yu tch'ou-tçié**, *premieres degrés de la langue Chinoise*, est un exposé aussi concis et aussi clair que possible des principes fondamentaux de la langue écrite et parlée. Elle est principalement basée sur un choix fait dans les idées déjà exprimées sur la langue chinoise, et dans les sysèmes auxquels celle-ci a donné lieu. C'est l'éclectisme — la méthode obligée de notre siécle et de la France en parttic-ulier, suivant le mot de Renan, — appliquée à l'étude des langues.(2)
>
> (2) Ce principe nous a toujours guidé dans la rédaction de notre Cours: il explique le titre que nous lui avons donné. On ne devra donc pas s'étonner si l'on retrouve, dans les diverses parties de cet ouvrage, des passages,des phrases et des exemples tirés d'ouvrages déjà publiés（tels que 官話指南 **kouann-houa-tche-nann** de M.Gô, les dialogues de M.Balfour, etc.）. Le fond de notre travail est entiérement neuf,mais peut-ètre n'eùt-il pas été assez étendu si nous n'y avions incor-poré quelques fragmens de cette nature.Avel-Rémusat, le fondateur de la signologie en Europe, a du reste excellemment dit que «l'invention en ce genre n'était pas un mérite à réclamer»（*Gram-marire chinoise*, Préface, p.XIX）.

要約すると，「漢語初階」と題された中国語の生の会話について，文は簡潔に示されており，これを理解することで話し言葉の基本が身につくこと，中国語で表現やフランスにおける中国語研究の成果が散りばめられており，その成果について，この本を執筆するにあたり，呉氏の『官話指南』や M.Balfour の会話書などからフレーズを引用していることや，Avel-Rémusat などの成果を利用していることを記している。

このように『京話指南』の序文において，『官話指南』を利用していることを明確に述べている。以下本書の詳しい構成を見ていく。

1巻である Tome Premier（1887）は，Maniere de se servir du cours（このコースの利用方法）と序文にその名前があった漢語初階 Introduction a l'étude de la langue chinoise（中国語学習の導入），そして話章から構成される。

漢語初階 Introduction a l'étude de la langue chinoise は，

I. Prolégomènes（漢字の解説）

II. etude des caractères chinois-traits qui forment les caractères-maniere de les trager-elements dont les garacteres sont composes:element figuratif,element phonetique（漢字の学習、漢字の特徴、要素など）
Liste des 214 Radicaux（214 個の部首の解説）

III. De la pronunciation（発音）

IV. Des tons, de l'accent（トーン・四声）

の4つの部分と Synthese について解説した部分から構成されている。さらに etude des caractères chinois-traits qui forment les caractères- maniere de les trager-elements dont les garacteres sont composes:element figuratif,element phonetique の中には，Liste alphabetique des sons de la langue chinoise（中国語音のローマ字順の漢字一覧）があり，一種の語彙表的な形で単語がローマ字順に提示されている。この部分は『官話指南』のフランス語対訳版や，英語訳版に付された単語表と類似する。

1. A 阿，particule interjective,interrogative,etc
好啊 'haô-â?' Vous potez-vous bien?
2. ai 愛，aimer.
愛惜 aī-si,aimer,dans le sens de *ménager*（employer avec mesure）.
3. ang 昂，haut, élevé
昂貴 ang-kouèï, cher（en parlant du prix d'une chose）.
4. ann 安，paix,tranquillité.
平安 p'ing-ann,tranquille.
…
414. yunn 雲，nuage
運気 yunn-tç'i, chance, bonne éfoile

「阿－好啊」「愛－愛惜」のように一つの漢字に対して，その漢字を含んだ単語も並べて掲載している。「雲－運気」のように発音が同じだけという組み合わせもある。ここでは計 414 の漢字とそれに付随する単語が，発音と意味と一緒に掲載されている。

発音の解説では，単語レベルのアクセントについても触れられ，具体的な例を示して解説している。

place de l'accent dans les trissyllabes（3 音節単語のストレスの置き方）

Dans les trisyllabes composés de deux substantifs dont le premier détermine le second, l' accent est sur la dernière syllabe（最後の音節強く読む）

天主堂

Dans ceux formés d'un dissyllabe et d'un participe adjectif ou adverbe,l'accent est sur la pénultième（最後から二番目を強く読む）

大房子

Dans les verbes trissyllabiques, c'est-à-dire ceux formés d'un verbe principal et de deux verbes auxiliaires, l'accent est sur le verbe principal（動詞の部分にアクセント）…

拿出来

次に，単語の構造については，名詞，形容詞，代名詞，動詞，副詞，前置詞，接続詞という項目をそれぞれ立て，具体例を挙げながら解説をしている。

synthése ou formation des mots composés（複合語の構成）

§I. du nom（名詞）

天津 上海

A. du nom propre（固有名詞）司馬，法國，泰山

B. du nom commun（一般名詞）

中国語の単語を造語法により 13 のクラスに分割して提示，§ii 以降も同様

1. 刀子，鼻子，木頭
2. 主人，先生，馬夫
3. 松樹，銀魚，金剛石
4. 百姓
5. 父親，母親，買賣，來往
6. 書房，算法，口音
7. 老虎，青草，笑話
8. 中國人，天主堂，近視眼
10. 趕車的，算命的，念書的人

11. 哥哥．太太
12. 知縣，將軍
13. 苦力，鴉片烟

§II. de l'adjectif（形容詞）
§III. du pronom（代名詞）
§IV. des verbes（動詞）
§V. de l'adverbe（副詞）
§IV. des prépositions, des postpositions et des conjonctions（前置詞，接続詞）

この漢語初階に続いて，「話章」と題された全20課からなる中国語文がある。全て「題名，本文，解説」という構成で，本文については，§1で一字一字の解説，§2で文単位の解説が加えられ，中国語のローマ字発音を見て漢字を書くTranscription du texteという練習からなる。

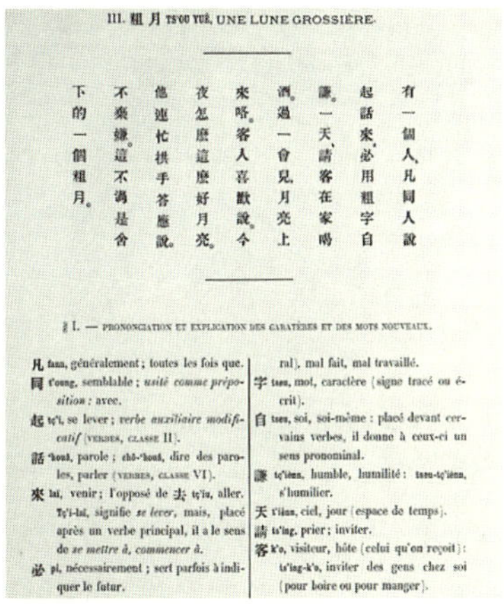
III. 粗月 TS'OU YUĔ, UNE LUNE GROSSIÈRE.

有一個人，凡同人說起話來，必用粗字自謙。一天，請客在家喝酒。過一會兒，月亮上來咯。客人喜歡說。今夜怎麼這麼好月亮。他連忙拱手答應說。不棄嫌，這不過是舍下的一個粗月。

§I. — PRONONCIATION ET EXPLICATION DES CARATÈRES ET DES MOTS NOUVEAUX.

凡 fann, généralement ; toutes les fois que.
同 t'oung, semblable ; *usité comme préposition :* avec.
起 tç'i, se lever ; *verbe auxiliaire modificatif* (VERBES, CLASSE II).
話 'houá, parole ; chŏ-'houá, dire des paroles, parler (VERBES, CLASSE VI).
來 lai, venir ; l'opposé de 去 tç'iu, aller. Tç'i-lai, signifie *se lever*, mais, placé après un verbe principal, il a le sens de *se mettre à, commencer à.*
必 pi, nécessairement ; sert parfois à indiquer le futur.
... ral), mal fait, mal travaillé.
字 tseu, mot, caractère (signe tracé ou écrit).
自 tseu, soi, soi-même : placé devant certains verbes, il donne à ceux-ci un sens pronominal.
謙 tç'ienn, humble, humilité : tseu-tç'ienn, s'humilier.
天 t'ienn, ciel, jour (espace de temps).
請 ts'ing, prier ; inviter.
客 k'o, visiteur, hôte (celui qu'on reçoit) : ts'ing-k'o, inviter des gens chez soi (pour boire ou pour manger).

1. 有一個人，凡同人說起話來，必用粗字自謙 yéou y-kŏ jènn, fann t'oung jènn chŏ-tç'i-'houá-lai, pi young ts'ou tseu tseu-tç'ienn. Il y avait un homme qui, chaque fois qu'il commençait à parler avec autrui, ne manquait jamais de se servir, par modestie, du mot ts'ou, grossier.

有一個人 yéou y-kŏ jènn, *il y avait un homme* QUI,

凡 fann, *toutes les fois* QUE

同人 t'oung jènn, *avec* DES *gens (autrui)*

話章20課タイトル一覧

鋸酒杯	問路	粗月	搬老君佛像
報應	醋招牌	三仙	三仙（続）
三仙（続）	三仙（続）	落水	賭符
賭符（続）	賭符（続）	賭符（続）	賭符（続）
賭錢	賭錢（続）	賭錢（続）	賭錢（続）

話章の後ろには，Résuméと題されたまとめの部分が続く。ここでは，I.Parties Du

discours（品詞）II.Syntaxe（構文）に関する概説が付け加えられ，「漢語初階」で解説した内容を簡潔にまとめている。

I. Parties Du discours（品詞）
  A. Du Substantif（名詞）
  B. De L'adjectif（形容詞）
  C. Adjectifs Numéraux ou noms de nombre（数詞、量詞）
  D. Du Pronom（代名詞）
  E. Des Verbes（動詞）
  F. Des Adverbes（副詞）
  G. Des prépositions et postpositions（前置詞と後置詞）
  H. des conjonctions.interjections, etc
II. Syntaxe（構文）
  A. Syntaxe du nom（名詞の構文）
  B. Syntaxe de l'adjectif（形容詞の構文）
  C. Syntaxe du pronom（代名詞の構文）
  D. Syntaxe de s noms de nombre（数字に関する構文）
  E. Syntaxe du verbe（動詞の構文）
  F. Des verbes auxiliaires et modificatifs（動詞の補語）
  G. Syntaxe des adverbes（副詞の構文）
  H. Syntaxe des prépositions,postpositions,conjonction et interjections.
  （前置詞、接続詞、間投詞等に関する構文）
  I. De la régle de position（位置に関するルール）
  J. De la construction chinoise（中国語の構成）
  K. De quelques figures de syntaxe

最後に，Appendices（付録）として，漢字の合成，部首，漢字の部首による発音のグループ分け，量詞，部首の構成パーツに関する解説が続く。ここでは特に量詞の解説に紙面を割いており，65 個の量詞とその量詞がどういった名詞と組み合わさって使われるのかといったことを具体的な例を挙げて説明している。

2 巻の Tome II（1888）は，官音叢語，Deuxième partie. phrases faciles et dialogues mélangés という中国語会話を中心に構成されている。

官音叢語には，簡単なフレーズと対話という意味のフランス語 phrases faciles et

dialogues mélangés がサブタイトルとして付けられており，テーマごとに複数の問答からなる本文で構成されている。官音叢語では１巻の話章とは異なり，中国語の発音｜中国語（漢字）｜フランス語訳という順番で問答が掲載されている。たとえば１つめの「問答」では計 87 個の文からなる中国語文が掲載されており。フレーズだけのもの，あるいは会話として成り立っているものが入り乱れている。この対訳会話文の後に Note として漢字や単語の解説が付されている。例として１つめの「問答」を以下に抜粋する。

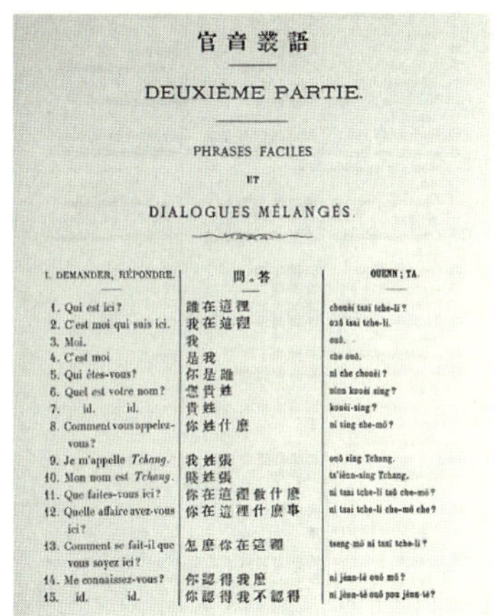

官音叢語

DEUXIÈME PARTIE.

PHRASES FACILES

ET

DIALOGUES MÉLANGÉS.

I. DEMANDER, RÉPONDRE.	問。答	OUENN ; TA.
1. Qui est ici?	誰在這裡	chouéi tsai tche-li?
2. C'est moi qui suis ici.	我在這裡	ouò tsai tche-li.
3. Moi.	我	ouò.
4. C'est moi	是我	che ouò.
5. Qui êtes-vous?	你是誰	ni che chouéi?
6. Quel est votre nom?	您貴姓	ninn kouéi sing?
7. id. id.	貴姓	kouéi-sing?
8. Comment vous appelez-vous?	你姓什麼	ni sing che-mō?
9. Je m'appelle *Tchang*.	我姓張	ouò sing Tchang.
10. Mon nom est *Tchang*.	賤姓張	ts'iénn-sing Tchang.
11. Que faites-vous ici?	你在這裡做什麼	ni tsai tche-li tsō che-mō?
12. Quelle affaire avez-vous ici?	你在這裡什麼事	ni tsai tche-li che-mō che?
13. Comment se fait-il que vous soyez ici?	怎麼你在這裡	tseng-mō ni tsai tche-li?
14. Me connaissez-vous?	你認得我麼	ni jénn-tě ouò mō?
15. id. id.	你認得我不認得	ni jénn-tě ouò pou jénn-tě?

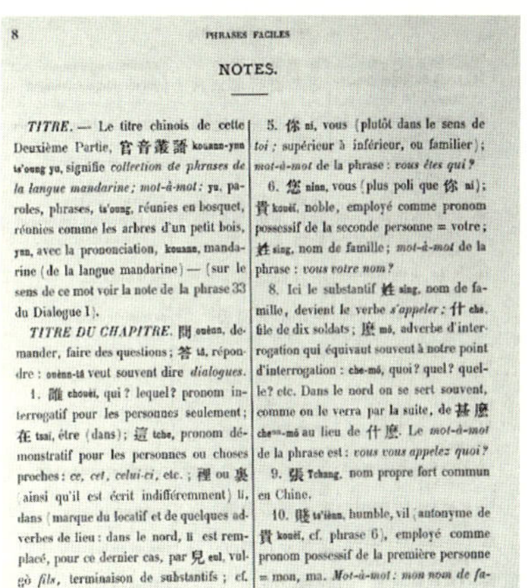

8 PHRASES FACILES

NOTES.

TITRE. — Le titre chinois de cette Deuxième Partie, 官音叢語 kouann-ynn ts'oung yu, signifie *collection de phrases de la langue mandarine; mot-à-mot:* yu, paroles, phrases, ts'oung, réunies en bosquet, réunies comme les arbres d'un petit bois, ynn, avec la prononciation, kouann, mandarine (de la langue mandarine) — (sur le sens de ce mot voir la note de la phrase 33 du Dialogue I).

TITRE DU CHAPITRE. 問 ouénn, demander, faire des questions; 答 tă, répondre : ouénn-tă veut souvent dire *dialogues*.

1. 誰 chouéi, qui? lequel? pronom interrogatif pour les personnes seulement; 在 tsai, être (dans); 這 tche, pronom démonstratif pour les personnes ou choses proches: *ce, cet, celui-ci*, etc.; 裡 ou 裏 (ainsi qu'il est écrit indifféremment) li, dans (marque du locatif et de quelques adverbes de lieu : dans le nord, li est remplacé, pour ce dernier cas, par 兒 eul, vulgò *fils*, terminaison de substantifs ; cf.

5. 你 ni, vous (plutôt dans le sens de *toi ;* supérieur à inférieur, ou familier); *mot-à-mot* de la phrase : *vous êtes qui?*

6. 您 ninn, vous (plus poli que 你 ni); 貴 kouéi, noble, employé comme pronom possessif de la seconde personne = votre; 姓 sing, nom de famille; *mot-à-mot* de la phrase : *vous votre nom?*

8. Ici le substantif 姓 sing, nom de famille, devient le verbe *s'appeler ;* 什 che, file de dix soldats; 麼 mō, adverbe d'interrogation qui équivaut souvent à notre point d'interrogation : che-mō, quoi? quel? quelle? etc. Dans le nord on se sert souvent, comme on le verra par la suite, de 甚麼 chenn-mō au lieu de 什麼. Le *mot-à-mot* de la phrase est : *vous vous appelez quoi?*

9. 張 Tchang, nom propre fort commun en Chine.

10. 賤 ts'iénn, humble, vil (antonyme de 貴 kouéi, cf. phrase 6), employé comme pronom possessif de la première personne = mon, ma. *Mot-à-mot: mon nom de fa-*

問　答

1 誰在這裡 2 我在這裡 3 我 4 是我 5 你是誰 6 您貴姓 7 貴姓 8 你姓什麽 9 我姓張 10 賤姓張 11 你在這裡做什麽 12 你在這裡什麽事 13 怎麽你在這裡 14 你認得我麽 15 你認得我不認得 16 不認得 17 不認識 18 從前沒見過 19 總沒會過 20 我不認得他是誰 21 今天是初次見 22 我的話你懂得麽 23 我說話你懂不懂 24 你懂不懂 25 我不懂 26 我懂得一點 27 中國話你懂不懂 28 不懂得 29 先前我懂得一點，因爲不常說也就忘了 30 我雖然懂得到底我不會說 31 就是懂得的也不多 32 話多了我就不能懂得了 33 我會說官話 34 土話也懂得 35 中國的字音念不上來 36 中國話本難懂 37 各處有各處的鄉談 38 就是官話通行 39 請問這個字你認得不認得 40 這個字我還沒看見過呢 41 我不記得那個字 42 眞是不記得 43 還有不記得的字麽 44 那裡沒有呢 45 記得的少。不記得的多 46 你念了多少年的書 47 我念了十幾年的漢書 48 那書上的字都記得麽 49 忘了好些個 50 那一本書你看完了沒有 51 十分裡看了七八分 52 明白不明白 53 有幾分不大明白 54 你怎麽不答應 55 你爲什麽不言語 56 我因爲沒聽見 57 我沒聽明白 58 你說什麽 59 你怎麽說 60 你說什麽話 61 你的話是什麽意思 62 你有什麽話說 63 這個東西是什麽 64 這個東西叫什麽 65 這個東西什麽名字 66 作什麽用 67 作什麽用的 68 有什麽用處 69 那個東西很有用的 70 可用不可用 71 這是要緊的東西 72 那件事情你記得不記得 73 你還記得麼 74 你還記得不記得 75 我記不清是怎麼件事情了 76 不大很記得 77 那件事我記得 78 我忘了 79 想不起來 80 我不記得 81 我的記性不好 82 他的話你記得不記得 83 我不能都記得 84 怎麼不記得了 85 我想起來了 86 你提這件事情我想起來了 87 你記性還可以

たとえば最初の文 1 ～ 4 では一文一文が問答の関係になっているが，

1 誰在這裡－2 我在這裡。
3 我－4 是我。

次の 5 ～ 8 の例では「名前を聞く」という中国語を複数の表現で言い換えている。

5 你是誰。／6 您貴姓。／7 貴姓。／8 你姓什麼。

『官話指南』では各話ごとに一つのテーマを設定し，そのテーマに基づいた一つの物語構成していたのに対し，『京都指南』ではテーマ設定は行うものの，一種の例文集としての問答を収録するのみで，必ずしも各話にストーリ性はない。なお「官音叢語」は全 40 話からなり，以下のテーマに基づき問答が構成されている。

1．問答	2．說是。是不是	3．說話	4．商量
5．求	6．求去。走路	7．問	8．謝
9．姓名。年歲	10．遇見	11．遇見（續）	12．時候
13．起來	14．洗臉。穿衣	15．睡覺	16．吃飯。喝酒
17．吃飯。喝酒（續）	18．使令散語	19．使令散語（續）	20．使令散語（續）
21．作買賣	22．作買賣（續）	23．裁縫。鞋匠。洗衣服	24．病人
25．病人（續）	26．拜客	27．拜客（續）	28．天氣
29．天氣（續）	30．四時	31．四時（續）	32．逛一逛
33．逛一逛（續）	34．行路	35．行路（續）	36．行路（續）
37．坐火輪船	38．坐火輪船（續）	39．坐火輪船（續）	40．禮貌成語

また，「官音叢語」には付録がついており，中国の度量衡や暦などに解説している。

次に，3 巻の Tome III（1889）は，Conversations（Traduction et notes）都門筆談 38 章と「京城四季風俗」4 章からなり，ローマ字表記の中国語とフランス語訳で構成されている。Tome II と同じく解説が続き，漢字は解説の部分を除いて使われていない。以下はタイトルの一覧である。「官音叢語」とは異なり，より具体的な状況が設定されている。

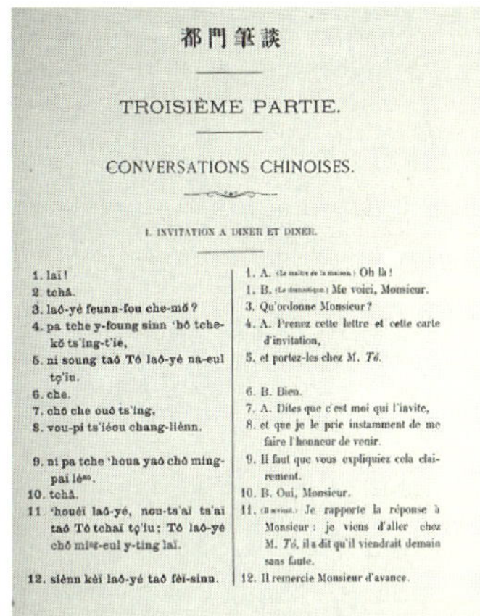

都門筆談

TROISIÈME PARTIE.

CONVERSATIONS CHINOISES.

I. INVITATION A DINER ET DINER.

1. lai!	1. A. (Le maître de la maison.) Oh là!
2. tchâ.	1. B. (Le domestique.) Me voici, Monsieur.
3. laô-yé feunn-fou che-mŏ?	3. Qu'ordonne Monsieur?
4. pa tche y-foung sinn 'hô tche-kŏ ts'ing-t'ié,	4. A. Prenez cette lettre et cette carte d'invitation,
5. ni soung taô Tô laô-yé na-eul tç'iu.	5. et portez-les chez M. *Tô*.
6. che.	6. B. Bien.
7. chô che ouô ts'ing,	7. A. Dites que c'est moi qui l'invite,
8. vou-pi ts'iéou chang-liènn.	8. et que je le prie instamment de me faire l'honneur de venir.
9. ni pa tche 'houa yaô chô ming-pai lé.	9. Il faut que vous expliquiez cela clairement.
10. tchâ.	10. B. Oui, Monsieur.
11. 'houêi laô-yé, nou-ts'aï ts'aï taô Tô tchaï tç'iu; Tô laô-yé chô ming-eul y-ting laï.	11. (Il revient.) Je rapporte la réponse à Monsieur: je viens d'aller chez M. *Tô*, il a dit qu'il viendrait demain sans faute.
12. siénn kéï laô-yé taô féi-sinn.	12. Il remercie Monsieur d'avance.

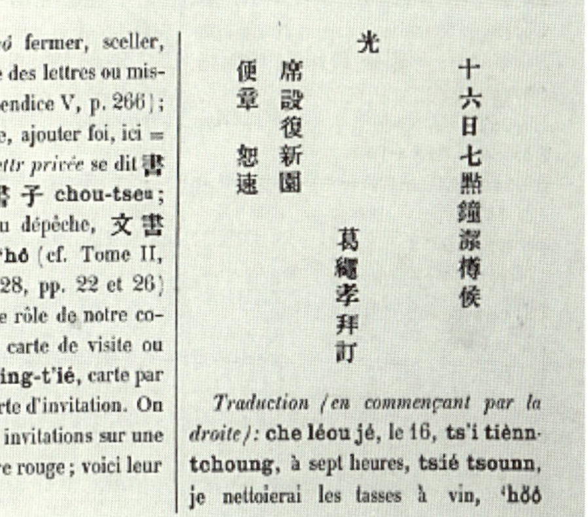

4. 封 **foung**, *vulgó* fermer, sceller, ici, particule numérale des lettres ou missives (cf. Tome I, appendice V, p. 266); 信 **sinn**, *vulgó* croire, ajouter foi, ici = lettre, missive (*une lettr privée* se dit 書信 **chou-sinn** ou 書子 **chou-tseu**; une lettre officielle ou dépêche, 文書 **ouènn-chou**); 合 **'hô** (cf. Tome II, Dialogue III, phrase 28, pp. 22 et 26) signifie *avec*, et joue le rôle de notre copulative *et*; 帖 **t'ié**, carte de visite ou d'invitation: 請帖 **ts'ing-t'ié**, carte par laquelle on invite = carte d'invitation. On écrit généralement les invitations sur une feuille de papier à lettre rouge; voici leur forme habituelle:

十六日七點鐘潔樽候
光
席設復新園
便章恕速
葛繩孝拜訂

Traduction (en commençant par la droite): **che léou jé**, le 16, **ts'i tiènn-tchoung**, à sept heures, **tsié tsounn**, je nettoierai les tasses à vin, **'hŏô**

I.	Invitation a diner et diner（食事への招待）
II.	La correspondance（対応）
III.	Engager un lettré（手紙を書く）
IV.	Arrivée d'un fonctionnaire a son poste:prise du service,visites
V.	Visites de jour de l'an
VI.	Visite au tsoung-li-yameun（総理衙門へ行く）
VII.	Délibération sans succès avec le tsoung-li-yamen
VIII.	Promenade au léou-li tch'ang pour acheter des livres（琉璃廠へ書籍を買いに行く）
IX.	Achat de bibelots a la boutique tsiu-ho-tch'eng（骨董店へ買い物に行く）
X.	Offrir des présens a l'occasion d'un anniversaire de naissance（誕生日を祝う）
XI.	Félicitations a l'occasion d'un mariage（結婚のお祝い）
XII.	Féliciter quelqu'un a l'occasion du mariage de sa fille（知人の娘の結婚式を祝う）
XIII.	Aller voir le trousseau
XIV.	Consultation avec un médecin（医者と相談）
XV.	Visite d'un médecin a un malade（医者の往診）
XVI.	Annonce d'un décès :s'enquérir au sujet d'un décès（死に関して）
XVII.	Aller voir des funérailles（葬式に行く）
XVIII.	Monter en grade:remercier l'empereur;offrir des félicitations（昇進のお祝い）
XIX.	Félicitations a un mandarin qui vient de monter en grade

XX.　Visite d'adieu a un fonctionnaire qui se rend a son poste
XXI.　Réception d'un mandarin qui arrive a son poste, a la capitale de la province
XXII.　Adieux des notables a un mandarin qui quitte son poste
XXIII.　Diner au restaurant:allier au théatre
Menu d'un repas chinois（中国語による食事のメニュー）
I　Plants disposés sur la table（植物系）
II　Plats servis suggestivement
III　Condimens et sauces（調味料とソース）
IV　Fruits variés（果実）
V　Plats qui terminent le repas（しめの料理）
Conversation complémentaire sur les restaurants et les théatres
（レストランや劇場などでの補完的な会話）
XXIV.　Commande de vétements（衣類のオーダー）
XXV.　Rencontre d'un européen et promenade a la foire de loung-fou-sseu
XXVI.　Constructions et batisses
XXVII.　Arrivée des élèves a l'école
XXVIII.　Achat d'un cheval（馬の購入）
XXIX.　Offrir des félicitations et des cadeaux un mois après la naissance d'un enfant
（出産後のお祝い）
XXX.　Halte dans une auberge et location de bateaux
XXXI.　Questions sur quelqus usages（いくつかの質問）
XXXII.　La chasse（狩り）
XXXIII.　Battue et chasse
XXXIV.　Le temps（時間）
XXXV.　Sur les examens（試験にて）
XXXVI.　Les provinces（地方）
XXXVII.　Devant le tribunal（裁判所）
XXXVIII.　Devant le tribunal（裁判）
Usage et coutumes de peking pendant les quatre saisons（四季，北京の習慣）
Appendices（付録）

最後の4巻，Tome IV（1888）は，「話章」20章，「官音叢話」40章，「都門筆談」38章，「京城四季風俗」4章の中国語テキストからなる。この巻についてはパリでのみ刊行されている。以上が『京話指南』の構成である。

2-4. C. Imbault-Huart の著作

Imbault-Huart には 1887 年～ 1889 年の『京話指南』の刊行に前後して Manuel_1885 と Manuel_1892 の著作がある。いずれも中国語の概説と会話文からなる中国語会話書である。この 2 冊は題名こそ異なるものの『京話指南』の「官音叢話」40 章と非常に類似する点が多い。ただ，Manuel_1892 は 22 章までしかなく，Manuel_1885 や『京話指南』と異なり説明が随所に加わっている点や，同じタイトルの会話文でも三者の間で漢字の入れ替え，単語の入れ替え，追加，削除が多くなされている。つまり三者は完全に一致するわけではなく，構成や中身についてはそれぞれ少しずつ異なっている。

例えば第 1 章「問答」の比較を例として掲載する。空白の箇所はそれぞれに対応する文がないことを示し，太字は掲載されている位置が異なること，下線を引いた箇所は漢字や単語が異なることを示している。

Manuel_1885	京話指南 1887-1889	Manuel_1892
誰在這裏	誰在這裡	誰在這裡
我在這裏	我在這裡	
我	我	我
是我	是我	是我
你是誰	你是誰	你是誰
	您貴姓	**您貴姓**
	貴姓	**貴姓**
	你姓什麼	**賤姓張**
	我姓張	你姓什麼
	賤姓張	我姓張
我在這裏做什麼	你在這裡做什麼	你在這裡做什麼
	我在這裡什麼事	
		不做什麼
	怎麼你在這裡	
你認得我麼	你認得我麼	你認得我麼
	我認得我不認得	
不認得	不認得	不認得你

Manuel_1885	京話指南 1887-1889	Manuel_1892
	不認識	
從前沒見過	從前沒見過	從前沒見過
	總沒會過	
	我不認得他是誰	
	今天是初次見	
	我的話你懂得麼	
我的話你懂不懂	我的話你懂不懂	他的話懂不懂
我不懂	我不懂	我不懂
	我懂得一點	
法國話你懂不懂	中國話你懂不懂	法國話你懂不懂
不懂得	不懂得	不懂得
	先前我懂得一點	
	因爲我不常說也就忘了	
你會說中國話麼		你會說中國話麼
		不會說
	我雖然懂得到底我不會說	我雖然懂得到底我不會說
	就是懂得的也不多	
	話多了我就不能懂得了	
	我會說官話	
	土話也懂得	
	中國的字音念不上來	
	中國話本難懂	
	各處有各處的鄉談	
	就是官話通行	
	請問這個字你認得不認得	
	這個字我還沒看見過呢	
	我不記得那個字	
	眞是不記得	
	還有不記得的字麼	
	那裡沒有呢	
	記得的少。不記得的多	

Manuel_1885	京話指南 1887-1889	Manuel_1892
	你念了多少年的書	
	我忘了十幾年的漢書	
	那書上的字都記得麼	
	忘了好些個	
	那一本書你看完了沒有	
	十分裡看完了七八分	
	明白不明白	
	有幾分不大明白	
你爲什麼不答應	你怎麼不答應	
	你爲什麼不言語	
	我因爲沒聽見	
	我沒聽明白	
	你說什麼	
	你怎麼說	
	你說什麼話	
	你的話是什麼意思	
	你有什麼話說	
這個東西是什麼	這個東西是什麼	這個東西是什麼
		那個東西叫…
	這個東西什麼名字	
做什麼用	作什麼用	作什麼用
	作什麼用的	
	有什麼用處	
	那個東西很有用的	那個東西很有用的
可用不可用	可用不可用	可用不可用
	這是要緊的東西	
那件事情你記得不記得	那件事情你記得不記得	
	我記不清是怎麼件事情了	
不大很記得	不大很記得	
	那件事我記得	那件事我記得
我忘了	我忘了	我忘了

Manuel_1885	京話指南 1887-1889	Manuel_1892
	想不起來	
我不記得	我不記得	我不記得
		我記不得
	我的記性不好	我的記性不好
	你的話你記得記不記得	
	我不能都記得	
	怎麼不記得了	
我想起來了	我想起來了	我的記性不好
	你提這件事情我想起來了	
你記性還可以	你記性還可以	你記性還可以

一章の分量としては『京話指南』が圧倒的に多く，Manuel_1885 と Manuel_1892 では Manuel_1892 のほうが若干多いがほぼ同じ分量である。“裏”と“裡”や“做”と“作”などの漢字が『京話指南』と Manuel_1892 で一致するものが多い。一方，単語レベルでは“法國話你懂不懂”（Manuel_1885）“中國話你懂不懂”（京話指南）“法國話你懂不懂”（Manuel_1892）のように『京話指南』のみ変更されている例も見られる。

また三者のタイトルでは Manuel_1885 と Manuel_1892 ともに 22 章，京話指南が 40 章と Manuel_1885 と Manuel_1892 が一致する。

ただし本文の構成は三者とも異なる。Manuel_1885 では本文の分量がそれほど多くないため，1 章の本文が終了した段階で解説が入るのに対して

I. DEMANDER, RÉPONDRE.	問答	OUÈN-TA.
Qui est ici ?	誰在這裏	chouei tsai tche-li ?
C'est moi qui suis ici.	我在這裏	ouò tsai tche-li.
Moi.	我	ouò.
C'est moi.	是我	che ouò.
Qui êtes-vous ?	你是誰	ni che chouei ?
Que faites-vous ici ?	你在這裏做什麼	ni tsai tche-li tsò che mô ?
Me connaissez-vous ?	你認得我麼	ni jènn-tè ouò mô ?
Je ne vous connais pas.	不認得	pou jènn-tè.

(1) Les particules et affixes n'ayant pas d'accent sont toutes brèves et ne doivent pas se prononcer comme elles le seraient si elles étaient considérés individuellement : ainsi 子 tseu, 了 léaò, se prononcent tse, le ; aussi avons-nous transcrit ces caractères en mettant en petits caractères les lettres qui disparaissent dans le discours : tse^{u}, lé^{ao}, etc.

『京話指南』では，本文の後 Note いう項目でまとめて解説をしている。

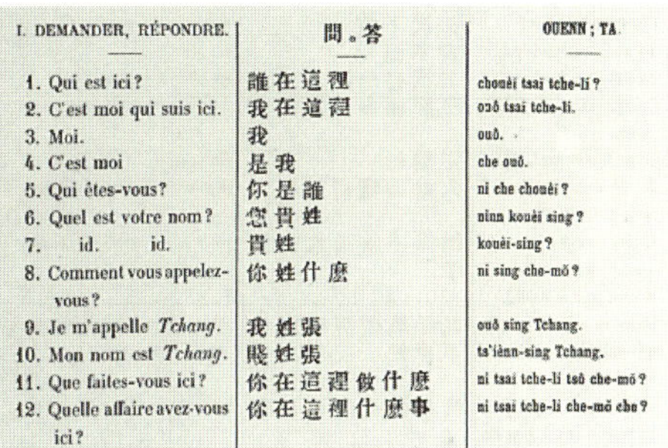

I. DEMANDER, RÉPONDRE.	問。答	OUENN ; TA.
1. Qui est ici?	誰在這裡	chouëi tsai tche-li?
2. C'est moi qui suis ici.	我在這裡	ouò tsai tche-li.
3. Moi.	我	ouò.
4. C'est moi	是我	che ouò.
5. Qui êtes-vous?	你是誰	ni che chouëi?
6. Quel est votre nom?	您貴姓	ninn kouëi sing?
7. id. id.	貴姓	kouëi-sing?
8. Comment vous appelez-vous?	你姓什麼	ni sing che-mŏ?
9. Je m'appelle *Tchang*.	我姓張	ouò sing Tchang.
10. Mon nom est *Tchang*.	賤姓張	ts'iènn-sing Tchang.
11. Que faites-vous ici?	你在這裡做什麼	ni tsai tche-li tsò che-mŏ?
12. Quelle affaire avez-vous ici?	你在這裡什麼事	ni tsai tche-li che-mŏ che?

最後の Manuel_1892 は，会話のまとまりが切れるところで逐次解説が入っている。

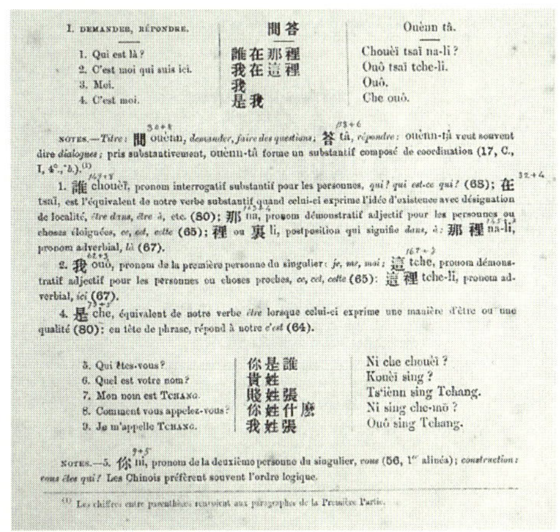

I. DEMANDER, RÉPONDRE.	問答	Ouènn tâ.
1. Qui est là?	誰在那裡	Chouèï tsaï na-li?
2. C'est moi qui suis ici.	我在這裡	Ouò tsaï tche-li.
3. Moi.	我	Ouò.
4. C'est moi.	是我	Che ouò.

NOTES.—*Titre* : 問 ouènn, *demander, faire des questions* ; 答 tâ, *répondre* : ouènn-tâ veut souvent dire *dialogues* ; pris substantivement, ouènn-tâ forme un substantif composé de coordination (17, C., I, 4°., *b.*).[1]

1. 誰 chouèï, pronom interrogatif substantif pour les personnes, *qui? qui est-ce qui?* (68); 在 tsaï, est l'équivalent de notre verbe substantif quand celui-ci exprime l'idée d'existence avec désignation de localité, *être dans, être à*, etc. (80); 那 na, pronom démonstratif adjectif pour les personnes ou choses éloignées, *ce, cet, cette* (65); 裡 ou 裏 li, postposition qui signifie *dans, à* : 那裡 na-li, pronom adverbial, *là* (67).

2. 我 ouò, pronom de la première personne du singulier : *je, me, moi* ; 這 tche, pronom démonstratif adjectif pour les personnes ou choses proches, *ce, cet, cette* (65) : 這裡 tche-li, pronom adverbial, *ici* (67).

4. 是 che, équivalent de notre verbe *être* lorsque celui-ci exprime une manière d'être ou une qualité (80) : en tête de phrase, répond à notre *c'est* (64).

5. Qui êtes-vous?	你是誰	Ni che chouèï?
6. Quel est votre nom?	貴姓	Kouèï sing?
7. Mon nom est TCHANG.	賤姓張	Ts'iènn sing Tchang.
8. Comment vous appelez-vous?	你姓什麼	Ni sing che-mŏ?
9. Je m'appelle TCHANG.	我姓張	Ouò sing Tchang.

NOTES.—5. 你 ni, pronom de la deuxième personne du singulier, *vous* (56, 1er alinéa); *construction : vous êtes qui?* Les Chinois préfèrent souvent l'ordre logique.

[1] Les chiffres entre parenthèses renvoient aux paragraphes de la Première Partie.

これが Manuel_1885，京話指南，Manuel_1892 の関係である。

2–5.『官話指南』と『京話指南』

ここまで『京話指南』の「官音叢語」を中心に見てきたが，実はこの官音叢語の部分が『官話指南』の内容と一致する。具体的にどのように引用しているのかという点を確認するために，ここでは Manuel_1885，京話指南，Manuel_1892 に共通してある「姓名年歳」という項目で『官話指南』からの引用と思われる箇所を確認することにする。下線がある箇所が『官話指南』から引用している場所である。

（Manuel_1885）
貴姓。賤姓李。你姓什么。台甫。草字頌堂。你叫什麼名字。貴庚。三十一歲。你有幾位令郎

（京話指南　第九章姓名年歲）
貴姓。您貴姓。賤姓李。豈敢、賤姓李。沒領教、貴姓。未領教您納。不敢、賤姓張。您官印。名字是友琴。您怎麼稱呼。名字叫廣德。請教台甫。大號。尊號。草字頌堂。請問你的法名。僧人名字叫了空。俗家怎麼稱呼。俗家姓顧。你姓什麼。我姓馬。貴昆仲幾位。貴昆玉幾位。我還有一個兄弟。就是我們兩個。我們弟兄三個。您尊行。尊行排幾。我居長。我排大。排五。在六。沒領教。行十。請問您貴庚。貴庚。貴甲子。尊齒。您高壽。青春。你年紀多大。你幾歲。多大了。虛度了三十五歲。三十一歲。我年紀小、今年四十歲。我今年纔五十歲。今年有六十一歲…

（Manuel_1892）
您貴姓。賤姓李。豈敢、賤姓李。沒領教、貴姓。不敢、賤姓張。您官印。名字是友琴。台甫。草字頌堂。貴庚。貴甲子。尊齒。您高壽。青春。你年紀多大。你幾歲。虛度了三十五歲。三十一歲。我今年纔五十歲。貴昆仲幾位。我還有一個兄弟　們弟兄三個。您尊行。我居長。我排大。排三。行三。在三。你有幾位令郎。你有幾個兒子。兩個小子。

全てで引用しているわけではなく，本文に織り込むように引用している。『官話指南』のどこから引用しているのかという点についても確認したところ以下の章からの引用が確認できた。

（1-1）您納貴姓、賤姓吳、請教台甫、草字資靜、貴昆仲幾位、我們弟兄三個、貴處是那一省、敝處河南省城、府上在城裏住麼、是在城裏住、久仰得很沒會過失敬得很
（1-2）先生今年高壽、我虛度六十歲了、好福氣、很康健、鬚髮並不很白、托福、我鬚髮已經也半白了、我今年纔五十歲鬚已經白了多一半兒了、
（1-3）尊姓大名、我賤姓張、官名叫守先、尊行排幾、我居長、貴甲子、我還小哪今年二十四歲、恭喜在那兒、我在通州做買賣我和你令叔相好、故此特來請安、不敢當、請問寶號、小號信昌
（2-1）您貴姓、豈敢賤姓李、未領教您納、我賤姓趙貴處是甚麼地方敝處張家口、到京來有甚麼貴幹、我是賣貨來了、您販來…

つまり「姓名年歳」という一つのテーマの問答を完成させるために，『官話指南』複数の章から関連のあるフレーズを選んでいる。この話では4つの章からフレーズを引用していることが分かる。これが『京話指南』の作者が行った『官話指南』の利用方法である。

次に『官話指南』の「應對須知」について引用している箇所についても調べた。興味深いのは全45話のうち，『京話指南』が引用している箇所は前半部分に多く，前節で述べた『正音撮要』「問答」から引用した箇所以外から意識的に選ばれているという傾向があるということである。以下引用が確認された箇所のみ掲載する。

章番号	『官話指南』「應對須知」	『京話指南』
1	您納貴姓、賤姓吳、請教台甫、草字資静、貴昆仲幾位、我們弟兄三個、貴處是那一省、敝處河南省城、府上在城裏住麼、是在城裏住、久仰得很沒會過失敬得很	2 您貴姓。3 賤姓李 12 請教台甫。15 草字頌堂。22 貴昆仲幾位。25 我們弟兄三個。(『京話指南』第9章)
2	先生今年高壽、我虛度六十歲了、好福氣、很康健、鬍髮並不很白、托福、我鬍髮已經也半白了、我今年纔五十歲鬍已經白了多一半兒了、	83 先生今年高壽。84 我虛度六十歲了。85 好福氣、86 鬍髮並不很白。87 託福鬍髮已經也半白了。88 我今年纔五十歲、鬍已經白了多一半兒了（『京話指南』第9章）
5	少見少見、我這幾天沒見着你、很想你、莫不是又病了麼、可不是麼、我那天看你病纔好、臉上氣色還沒復元兒哪、怕是你出到外邊兒去又重落了、我這回是着點兒凉、覺着頭疼、渾身酸痛、那總得請大夫好好兒治一治就得了、	57 少見、少見。28 我這幾天沒見著你、很想你。(『京話指南』第10章)
15	您納說話聲音太小、人好些個聽不清楚、我的聲音生來不能大、對人說話又不敢大聲嚷、所以顯着聲兒小、凡人說話嗓子要緊、若嗓子好、自然響亮字音淸楚、自然沒含糊、	1 您說話聲音太小。4 我的聲音生來不能大。5 對人說話又不敢大聲嚷。6 凡人說話嗓子要緊。7若嗓子好自然響亮。8 字音淸楚。9 自然沒含糊。（『京話指南』第3章）
16	我剛纔隔着槅扇和他說話、你聽見了麼、我沒聽見、近來我的耳朵有點兒聾不管怎麼樣、我求你千萬別把這個事給洩漏了、這是一件機密的事情、既是這麼着、我不說總不至於壞事了罷、	31 你聽見了麼。沒聽見。33 我的耳朵有點聾。63 你千萬別把這個事給洩漏了。72 這是一件機密的事情。73 這都是謠言。74 大概都是沒影兒的瞎話。(『京話指南』第3章)

章番号	『官話指南』「應對須知」	『京話指南』
17	你懂得中國話麼、略會一點兒、那厦門的話別處不甚懂、中國話本難懂、各處有各處的鄉談、就是官話通行、我聽見人說官話還分南北音哪、官話南北腔調兒不同、字音也差不多	27 中國話你懂不懂。29 先前我懂得一點、36 中國話本難懂。37 各處有各處的鄉談。38 就是官話通行。（『京話指南』第 3 章）
18	老沒見了、您納還認得我麼、瞧着好面善、不記得在那兒會過、失敬得很不敢冒昧稱呼、偺們倆前年在張二家一個桌子上喝酒您怎麼忘了麼、提起來我認得了、您是何二爺麼、	11 老沒見了。12 您不認得我麼。13 瞧著好面善。14 不記得在那兒會過。15 失敬的很。16 不敢冒昧稱呼。17 偺們倆前年在張二家一個桌子上喝酒。18 您怎麼忘了麼。19 提起來我認得了、您是李先生。（『京話指南』第 10 章）
23	昨兒前半夜月亮很好、我躺在炕上看窻戶上的月光、捨不得睡了、可是赶到了夜深了、忽然颳起一陣風來、黑雲彩在滿天上直飛、打的霹雷很利害、那巧了是在我睡着了之後罷、我可知道昨兒晚上下雨來着、	25 黑雲彩在滿天上直飛。43 打的劈雷很利害。（『京話指南』第 28-29 章天気）
24	這時正晌午太陽很毒、暑氣很利害、怎麼好出門呢、但是我有要緊的事、沒法子得出門、就是有要緊的事也要待一會兒、等太陽斜過去凉快些兒、再出門去罷、也好、	31 這時正晌午。太陽很毒。（『京話指南』第 29 章）
25	早起天纔亮我起來出去走動、看見瓦上的霜厚的很、原來昨兒夜裏有大霜、怪不得我睡到五更天醒了覺着冷的很、可就嫌棉被窩太薄了、	37 早起天纔亮、我起來出去走動、看見瓦上的霜厚的很。38 原來昨兒夜裏有大霜。39 怪不得我睡到五更天醒了覺著冷的很、可就嫌棉被窩太薄了。（『京話指南』第 29 章）
26	夜深了、想這時候有三點鐘了、我剛纔聽見自鳴鐘噹噹的打了兩下兒似的、那架鐘怕不準罷、看看我那個表、這個表走到三點鐘了、到底鐘還是慢點兒、	53 夜深了。21 想這時候有四點鐘了。（『京話指南』第 29 章）
27	你看四季的時候、那一季兒好、四季兒各有好處、你喜歡那季兒、這個不用問、誰不是頂喜歡的春暖花香、誰不怕夏熱秋凉、最怕的是冬天太冷、我喜歡春秋兩季、	3 你看四季的時候那一季兒好。4 四季兒各有好處。5 你喜歡那季兒。6 這個不用問。7 誰不是頂喜歡的春暖花。這個不用問。誰不是頂喜歡的春暖花香。8 誰不怕夏熱秋凉。9 最怕的是冬天太冷。（『京話指南』第 30 章）

章番号	『官話指南』「應對須知」	『京話指南』
31	和尙、阿彌陀佛、大和尙在山上了麽、大和尙昨兒下山去了、請問你的法名、僧人名字叫了空、俗家怎麽稱呼、俗家姓顧、你這一塊地很大、並沒人作田園豈不可惜麽、這一塊地不中用了、土是鹹的、種甚麽都不長、	16 請問你的法名。17 僧人名字叫了空。俗家怎麽稱呼。俗家姓顧。(『京話指南』第 9 章)

『京話指南』が『官話指南』巻一からフレーズを引用する際,『正音撮要』由来の問答がある場所からはを引用していないのが意図的であるかどうかは断定することができないが,少なくとも『京話指南』が目指した会話の方向性と『正音撮要』に由来する『官話指南』の問答の内容では異なっていた考えられる。

3. 小　結

一連の調査の結果,この教材は単に日本人が北京官話を学習するために利用されていたというだけではなく,様々な性格を持つことが判明した。日本人が北京官話を学ぶため,英語やフランス語などの外国語に翻訳され英語やフランス語を母語とする人が北京官話を学ぶため,逆に中国人が外国語を学ぶための教材としても用いられていた。そして中国各地の方言に翻訳されることで,方言を学ぶための教材としての性格を得て,さらに 20 世紀初頭には中国人が当時の共通語としての地位を確立し始めていた北京官話を学ぶための教材──すなわち国語教材としての性格を有すようになったのである。特にこれまで『官話指南』が国語教育に使われていたという事実は知られておらず,国語学習教材として刊行された『官話指南』の存在も歴史の中に埋もれたままになっていた。一連の調査を通じて多くのこの系統に属する『官話指南』を「発掘」することができたのは中国語教育史あるいは清末民初期の国語教育を考える上で非常に重要かつ意義のあることである。さらに日本国内だけではなく西洋,あるいは中国国内で利用された背景として,『官話指南』の導入部分である巻一が清代において非官話地域の中国人が正音を学ぶ際に利用してきた『正音撮要』の会話を底本としていることを明らかにした。この『正音撮要』を使った中国語学習は,清代の官話学習とも合致するとともに,西洋人のそれまでの中国語学習のスタイルとも合致し自然と受け入れられていったのではないかと考えるに至った。またこのことは『改訂 官話指南』が刊行された際に巻一「應對須知」がなぜ削除されたのかという問いに対する一つの答えとなりうる。つまりこの部分が清代における南方の非官話地域出身の中国人の正音学習教材である『正音撮要』の内容を継承し，当時の表現に書き直したものを利用していたということで，この部分の会話の成立時期が他の巻に比べて古く，内容が必ずしも当時の実情にあっていなかったのではないだろうか。その結果『正音撮要』に由来する巻一は改訂作業の際に削除されたのである。このことは『京話指南』が『官話指南』を引用する際に，巻一の中でも『正音撮要』に由来する箇所をあえてはずしていることからも窺い知ることができる。最後に『官話指南』の相関図を示す。

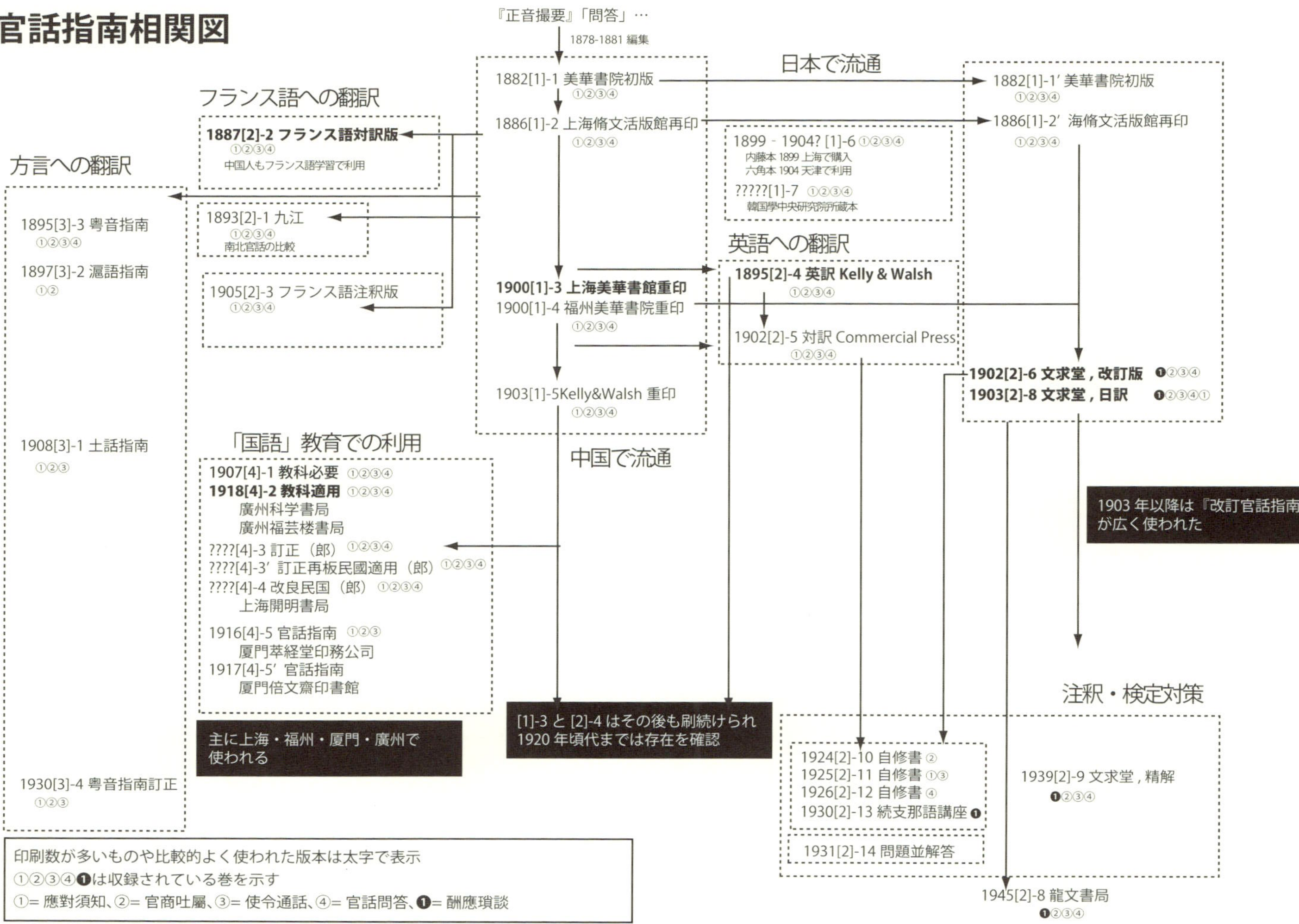

官話指南相関図
『正音撮要』「問答」…
1878-1881 編集
日本で流通
1882[1]-1 美華書院初版 ①②③④
1886[1]-2 上海脩文活版館再印 ①②③④
1900[1]-3 上海美華書館重印
1900[1]-4 福州美華書院重印 ①②③④
1903[1]-5Kelly&Walsh 重印 ①②③④
中国で流通
1882[1]-1′ 美華書院初版 ①②③④
1886[1]-2′ 海脩文活版館再印 ①②③④
1899 - 1904? [1]-6 ①②③④
内藤本 1899 上海で購入
六角本 1904 天津で利用
?????[1]-7 ①②③④
韓国學中央研究院所蔵本
英語への翻訳
1895[2]-4 英訳 Kelly & Walsh ①②③④
1902[2]-5 対訳 Commercial Press ①②③④
1902[2]-6 文求堂，改訂版 ❶②③④
1903[2]-8 文求堂，日訳 ❶②③④①
1903 年以降は『改訂官話指南』が広く使われた
フランス語への翻訳
1887[2]-2 フランス語対訳版 ①②③④
中国人もフランス語学習で利用
1893[2]-1 九江 ①②③④
南北官話の比較
1905[2]-3 フランス語注釈版 ①②③④
方言への翻訳
1895[3]-3 粵音指南 ①②③④
1897[3]-2 滬語指南 ①②
1908[3]-1 土話指南 ①②③
1930[3]-4 粵音指南訂正 ①②③
「国語」教育での利用
1907[4]-1 教科必要 ①②③④
1918[4]-2 教科適用 ①②③④
廣州科学書局
廣州福芸楼書局
????[4]-3 訂正（郎） ①②③④
????[4]-3′ 訂正再板民國適用（郎） ①②③④
????[4]-4 改良民国（郎） ①②③④
上海開明書局
1916[4]-5 官話指南 ①②③
厦門萃經堂印務公司
1917[4]-5′ 官話指南
厦門倍文齋印書館
主に上海・福州・厦門・廣州で使われる
[1]-3 と [2]-4 はその後も刷続けられ 1920 年頃代までは存在を確認
注釈・検定対策
1924[2]-10 自修書 ②
1925[2]-11 自修書 ①③
1926[2]-12 自修書 ④
1930[2]-13 続支那語講座 ❶
1931[2]-14 問題並解答
1939[2]-9 文求堂，精解 ❶②③④
1945[2]-8 龍文書局 ❶②③④
印刷数が多いものや比較的よく使われた版本は太字で表示
①②③④❶は収録されている巻を示す
①= 應對須知、②= 官商吐屬、③= 使令通話、④= 官話問答、❶= 酬應瑣談

第四章　『改良民國官話指南　後附釋義』

『官話指南』の書誌，各種版本についてはすでに第二章で詳しいので，ここでは郎秀川編『改良民國官話指南　後附釋義』に関わることについてだけ述べることとする。

本書の編者である郎秀川については第二章に述べられていること以外には分かっていないが，本書の特徴はその書名にある通り，付録として「釋義」が付されていることである。

何に対して「釋義」が付されているかということでは，ほぼ，次の４点にまとめることが可能である。

（a）　北京官話に対する南京官話あるいは南方語での注釈

（b）　難読の漢字に対する表音，あるいは南音と北音の違いの注釈

（c）　成語類への注釈

（d）　習俗に対する注釈

以下，それぞれの項目について少し詳しく見ていく（全ての注釈については，本稿の後ろに表として示してある）。

1．北京官話に対する注釈

［名詞・代名詞］

“您納”＝“尊稱”

“今兒早起”＝“今日早上”

“臉”＝“面”

“大夫”＝“醫生（江南稱郎中）”

“閒空兒”＝“閒工夫”

“偺們”＝“親暱之詞”

“嗓子”＝“喉嚨”

“耳朵”＝“耳”

“老子娘”＝“老子父，娘母”

“耗子”＝“鼠”

“他納”＝“他音攤，背後稱長輩詞”

“多咱”＝“何時也，與多喒之意相同”

“木魚”＝“日本所產之魚”（これはよく分からない＝筆者）
“汗褟兒”＝“汗衫也”

［副詞］
“得很”＝“寔在”
“很”＝“甚”
“怕是”＝“誠恐”
“得（那總得）”＝“一定”
“儘自”＝“常常”

［動詞・形容詞］
“著涼”＝“受風寒”
“上當”＝“受騙”
“逛”＝“遊”
“搭伴兒”＝“約伴同去”
“颳風”＝“起風也”
“躺”＝“臥”
“作活”＝“做工”
“撿”＝“拾”
“瞧瞧”＝“看看”
“喝”＝“飲也，凡飲物皆謂喝”
“走動”＝“火解也”

［介詞・接続詞］
“和”＝“同”
“打”＝“由”
“一來是給欽差賀喜”＝“給字作與字解”

これらの対応関係は太田辰夫の「北京語の文法特点」で示された北京語と南京官話，あるいは北方語と南方語のそれにほぼ一致している。

2. 音声に関わる注釈

“了”＝“官話虚字，不讀蓼，悉讀拉。”

“了”（“了 1”“了 2”）の読みに関しては，例えば『語言自邇集』（1867）では次のように言う。

了

liao, to end; ended; after verbs, sign of the past, but at the end of a clause very often a mere expletive, and then pronounced la, or lo.（Key, 7p）

16. 我要好的，有沒有，沒有了。

Ex. 16. Obs. Note; the liao, here pronounced la, or lo, rounds the sentence so far as sound is concerned, but adds nothing to the sense.（Key, 85p）

また，「談論篇」では文末の語気詞（つまり“了 2”）には“咯”という漢字を用いる場合が多く，この時代，特に文末語気詞は「lo（或いは／ le，／ la）」に変化しつつあることが窺える。

この“了”の音価の変遷については，すでに太田 1950 で以下のように述べられている。

liao（“了 1”）～ liao（“了 2”）＝ 18 世紀，
　　『滿漢成語對待』（1720），『清文啟蒙』（1730），『初學指南』（1794）
liao ～ liao/lo/la ＝ 1860 頃まで，清文指要（1809，正音撮要（1810），
　　『三合語錄』（1829），『正音咀華』（1836），『兒女英雄轉（1878），
　　Morrison（1815），Remusat（1882），
　　Edkins（1857，liao ＝了，la ＝拉，lo ＝咯）
liao ～ lo/la ＝ 1860 ～ 1880 頃，Wade（1867），Perny（1873）
la ～ la（lo）＝ 1880 頃より

しかし，本書ではわざわざ「官話では liao とは読まずに la と読む」と注釈しており，20 世紀に入ってもまだ「liao」が残り，「la」は完全には定着していないことが分かる。

なお，『官話指南』以降の状況についても幾つか以下に示しておく。

（1）Wieger『漢語漢文入門』（1895）

他把酒喝了。T'a pa tsiou heueleao.

他搬了那個大箱子來了。T'a panleau nake ta siangze laileao.
Wieger では「Final」（文末語気詞）として“了”“咯”“喇”“咧”を挙，それぞれに「le」，「la」，「lao」，「lie」としているが，上の例のように「liao」も残している。

（2）王照『官話字母讀物』

本書は王照の官話合声字母の普及のための識字課本であるが，その中の一篇である「對兵說話」（1904）では以下のように「la」「lou」「le」の３種の読みが与えられている。

如今商量定了，教咱們軍營的人，無論官長頭目兵丁都得學習。（1a-3）la
因為會了這個，就可以自己看書。（1a-5）lo
你要知道如今武的不比從前了。（1b-2）la
因為各國打了多少回仗，試驗出來的。（1b-3）le
將來年限滿了，可以作別處的教習，還可以作官。（3a-1）le
學會了的時候，自然就信我這話不錯了。（3a-3）lou
我們朝廷為我們百姓受的委曲多了。（5a-1）la
道光爺因此成了心病（5a-5）le
人這花錢的是無盡無休花慣了，沒有知足的時候，其實就是吃的穿的是要緊的事，下餘別的，多花錢於身子還沒益處。（23a-2）le
當兵的總要儉省，將來高陞了，一步比一步寬綽，纔有意味呢。（23a-5）le

また，次のようにも說明されている。

漢字不能與說話逼肖，故此書中，以還字註 hai，以都字註 dou，以了字註 le，或 lou 或 la，凡此之類，皆白話自然之音，漢字不能吻合

（3）『Linguaphone Oriental Language Courses-Chinese（言語聲片）』（1924）

この版のリンガフォンの吹き込み者はかの「老舎」であるが，そこでの実際の発音は次のように，「liao」「la（le）」が混在しており，この時代にあっても，実は「liao」とも発音されていたことが分かる。

聽見了（liao）麽。沒聽見。
我寫的那些字你看見了（liao）麽。看見了（le）。
來客了（liao）。來了（liao）客啦（la）。客來了（liao）。

開水快來了（le）。
涼水已經拿來了（liao）。
先生還吃不吃。還吃。不吃了（liao）。
還有開水，你要不要。還要。不要了（liao）。
有一位老太太來了（le）。
我的妹妹家去了（liao）。
你的哥哥上那兒去了（le）。
他的父母還在麽。他的父母都不在了（le）。

その他
“兒”＝“凡兒女之兒宜單讀，餘官話腔調尾音，宜與上一字連合其音，兩字合一字音讀。”
“還”＝“凡往還與還債之還讀環，此則官話虛字作仍字解，音孩。”
“特”＝“北音讀脫，南音讀奪，此北語應從北音讀脫，為是。”
“的”＝“凡目的的確之的讀狄，此則官話腔調尾音，讀達。”
“大夫”＝“大音帶，醫生也。”
“逛”＝“音誑，遊也。”
“倆”＝“凡技倆之倆讀兩，此則北京土字乃二者並稱之詞，閩音應讀作里椅切。”
“介紹”＝“介北音讀借，南音讀蓋，致意也。”
“他們三人”＝“他音薩，不讀叁也。”
“他納”＝“他音攤，背後稱長輩詞。”

“他納”については『語言自邇集』にも“他納這些年的病，誰照顧家裏呢”（「問答十章之二」）と１例使われ，その英文の注釈は以下のようにある。

his illness; t'a na, like ni na; a respectful form.（Key, 107p）
His illness; t'a na, like ni-na, a respectfulform;
pronounced t'anna.（2nd, volII, 217p, 3th, volII, 217p）

つまり，この三人称尊称の“他納”の実際の音は「tan-na」というのであるが，『釋義』もそのように説明する。なお，実は，この例文は，Matterの『官話類編』（1892）にもほぼ同じ文が現れている。

“他納他這些年有病、誰照應家裏呢”（856p）

3. 成語、習俗之類

“雲山霧照”

“胡吹混嗙”

“草字”＝謙詞

“官名”＝即官印，官章

“請安”＝乃請安好之意，非屈一膝也

“謝步”＝謝其枉歩

“炕”＝炕音抗，北人以磚土做牀曰炕，內通氣道，下生煤火，每屆隆冬之際，溫暖如春

“七十吊”＝北京舊鑄當十大錢七十吊，即南省制錢七吊

4. その他

『官話指南』の訳注としては，この『釋義』以外にも，たとえば，日本人の手になるものとして次のものがあるが，これも，官話研究，語史研究においては極めて有用なものである。

『譯註，聲音重念附　官話指南自修書』
「應對須知篇・使令通話篇」（大正 13 年初版，昭和 3 年第二版）
「官商吐屬篇」（大正 14 年初版）
「官話問答篇」（大正 15 年初版）
全三冊　飯河道雄研究室譯註，大阪屋號書店

参考までに以下に幾つかの例を示しておく。

“您納”：您は普通你を丁寧にいふ場合に用ふ，納は輕く添へたるもの意味なし，哪とも吶などとも書く。
“台甫”：相手の戸籍面の名を呼ぶことは肉身の者か下僕でもなければ常になきことなり，依て常に號を尋ぬ，甫は字名，台は他人を尊敬して云ふなり。
“草字”：自分を卑下して草の如しといふ。
“弟兄”：中國俗語にては我が兄弟といふべき所を顛倒して弟兄といふ。
“已經”：已も經も共にすでに，經は此時は第四聲に讀む，經過する意の時は第一聲。
“拾掇”：片付ける。

“都”：皆の意，此時はトゥと讀み，其他はトゥー。
“再”：再度の意にあらず，……になってからの意。
“謝歩”：他人の訪問に對し答禮するをいふ。
“復元兒”：元に戻す。
“怕是”：恐らくは，多分。
“重落”：重は重複の重，再びの意，落は病氣が重くなること。
“著涼”：風を引く。
“渾身”：全身
“和他要準兒”：彼に確實を要求する。
“白用心”：無駄に心を勞する。
“胡吹混嗙”：胡も混も無暗にの意，吹も嗙も法螺を吹くこと。
“你要是”：你若是と同じ。
“上檔”：ペテンにかかる，上當とも書く。

以上のように，この『釋義』は基本的には北京語あるいは北方語と認められる語彙についての南方語による記述であり，九江書會本『官話指南』の双行注や『官話類編』の双行，三行注と同様に，当時の南北官話を反映した資料として注目すべきものである。

資料篇

『官話指南』全語彙索引

凡 例

Ⅰ. 本索引作成に当たっては、本書に収録した『官話指南 初版（1882)』（[1]-1）を利用している。

Ⅱ. 索引の項目は、見出し語－出現回数－巻－章－ページ番号－行）である。

たとえば、他納：1（2-29- A58a -1）は、“他納”という単語が巻2の第29章、58葉（表）の1行目に使われているという意味である。

ページ番号の後ろの小文字のアルファベットはそれぞれ、a＝表、b＝裏を表す。なお使用した版本では巻1と巻2に続く巻3から葉数が再び1に戻っているため、ページ番号の前に大文字ABを加えA＝巻1～巻2、B＝巻3～巻4を示す。

Ⅲ. 見出し語の配列は、数字を基準に、ピンイン順にソートをしているが、同じピンインの親字については基本的に『新華字典』の並び順に準拠している。

Ⅳ. 当初“我”とか“的”とか“一”などは出現回数が極めて多く、煩瑣であり、語学研究上においてもさほど重要ではないと判断し、削除しようとも考えたが、一方でその語が全く「(使われ）ない」と見なされるのも問題であり、そのまま残すこととした。

Ⅴ. “上”のように動詞と方位詞といったように区別があるものについては見出し語の後ろに“上（V)”のように記号を付けることで区別している。以下は本索引で使用した記号の一覧である。

名　　詞＝N
固有名詞＝PN
量　　詞＝CL
方 位 詞＝P
動　　詞＝V
形 容 詞＝AJ
副　　詞＝AD

介　　詞＝PR
補　　語＝C

次に“着點兒凉”のような離合成分については“着（～凉）”と“凉（着～）”のような形式でそれぞれの語彙を収録している。結果補語は“到（V ～）”、経験の“過”は“過（V ～）”のような形式で示し、“～”の部分に見出し語が入ることを示す。さらに文末助詞の“哪”は指示詞の“哪”と区別するために“哪（AR）”とし、概数表現の“多”や“来”は“多（RN）”のように、固有名詞については“鄭老爺”のような場合、“鄭（PN）　老爺（鄭［PN］～）”のような形式で示している。また便宜上ピンインを付している箇所もある。

Ⅵ．語彙索引作成に使用した版本では、“成衣鋪”と“成衣舗”、“乾淨”と“乾浄”のように同じ語彙と考えられるが漢字が微妙に異なっているものや、“都是怎麼個規短”のように“規短”は“規矩”の誤字と考えられるものもあるが、原則原書の漢字表記に依拠し処理している。

Ⅶ．周知のように日本語や中国語の場合、どう区切るかというのは極めて厄介な問題であり、語彙索引を作成する場合、常にこの問題がつきまとってくる。従って、あくまである程度は作成者の立ち位置によって恣意的にならざるを得ず、その辺りを考慮してお使いいただきたい。なお、本語彙索引作成に当たっては、かつて内田慶市が弥永信美氏、齋藤希史氏と共同で作成したMac専用の索引作成ツールをヒントに、氷野善寛と北田祐平氏（関西大学大学院理工学研究科・院生）によって、ブラウザベースで利用できるようウェブプログラムとして再設計したINDEX Converterを利用した。

A

阿彌陀佛：1　1-31-A8a-1

啊：55　1-21-A5b-8，1-28-A7a-8，1-33-A8b-3，2-2-A14b-10，2-3-A15a-9，2-8-A19b-4，2-8-A19b-4，2-10-A22b-6，2-10-A22b-6，2-10-A22b-6，2-10-A22b-6，2-10-A22b-10，2-10-A23a-9，2-12-A26a-1，2-12-A26a-1，2-12-A26a-3，2-12-A26b-8，2-12-A26b-10，2-13-A27b-6，2-13-A28b-1，2-14-A29b-2，2-14-A29b-10，2-14-A30a-4，2-14-A30a-4，2-14-A30a-5，2-14-A30a-5，2-14-A30b-1，2-14-A31a-4，2-18-A38a-8，2-22-A44b-2，2-34-A67a-4，2-38-A73b-3，2-38-A74a-1，2-39-A75b-7，3-4-B4a-7，3-4-B4b-1，3-4-B4b-7，3-5-B5a-9，3-6-B6b-4，3-6-B7a-5，3-8-B9b-2，3-9-B10a-4，3-10-B12b-3，3-11-B13b-7，3-11-B14a-2，3-11-B14a-3，3-16-B19a-9，3-18-B22b-3，4-1-B27a-4，4-1-B27a-5，4-2-B29a-5，4-3-B30a-4，4-6-B35a-10，4-16-B51b-3，4-19-B55a-10

哎：1　3-18-B22a-2

哎喲：1　3-4-B4b-4

挨：1　3-15-B18b-4

挨一挨兒：1　3-20-B25b-5

挨着：3　2-21-A43a-6，2-25-A51a-2，3-1-B1b-7

噯：1　3-9-B11a-2

愛：9　1-6-A2b-1，1-35-A9a-2，2-11-A25b-6，2-17-A35b-10，3-5-B5a-10，3-11-B13a-3，3-15-B18b-5，3-16-B19b-1，3-19-B23b-3

愛民如子：1　2-5-A17a-5

礙難：1　4-9-B43a-7

礙事：1　3-13-B15b-6

碍難照辦：1　4-7-B38a-10

安：1　3-18-B22b-7

安福胡同（PN）：1　2-1-A12b-1

安家：2　3-20-B25a-3，3-20-B25a-6

安康：2　4-3-B30b-2，4-3-B30b-2

安上：2　2-14-A30b-9，3-9-B10b-8

安心：2　1-7-A2b-6，2-27-A55a-5

安置：5　2-9-A22a-8，3-9-B11a-5，3-14-B17b-2，4-13-B47b-2，4-13-B48a-6

諳：1　4-15-B50a-9

鞍鞊鋪：1　3-16-B19a-7

鞍子：1　3-16-B19a-8

按：6　3-12-B14b-6，4-6-B35b-5，4-7-B38a-5，4-9-B41b-1，4-19-B55a-10，4-19-B55b-8

按着：9　2-11-A24a-9，2-14-A31a-6，2-18-A37a-8，2-18-A37b-4，2-25-A51a-7，2-36-A70b-7，3-1-B2a-1，3-12-B14b-4，4-7-B38b-6

按照：3　4-5-B35a-1，4-6-B36a-1，4-6-B36b-7

案：17　2-22-A44a-2，2-22-A44a-2，2-22-A44a-10，4-6-B37a-1，4-6-B37a-2，4-8-B39a-9，4-9-B41a-2，4-9-B41a-2，4-9-B42b-2，4-9-B42b-8，4-9-B42b-8，4-9-B43a-7，4-10-B43b-6，4-10-B44a-1，4-10-B44a-5，4-10-B44b-6，4-15-B50b-1

案子：2　2-14-A30a-7，2-14-A30a-8

岸上：1　2-28-A56b-2

熬：1　3-7-B7b-2

熬（～夜）：1　2-27-A55b-7

熬夜：1　1-39-A9b-8

熬熬夜：1　2-27-A55b-6

B

八：5　2-18-A38b-5，2-18-A38b-6，2-32-A64a-7，3-19-B23b-1，3-20-B26a-1

八寶街路（PN）：1　2-9-A21b-2

八成：1　2-10-A22b-9

八大碗：1　3-11-B13a-3

八分：1　2-27-A56a-2

八千：1　2-10-A23a-7

八字墻門：1　2-39-A76b-7

巴結：1　1-34-A8b-6

拔：1　3-9-B11a-1

拔下來：1　3-9-B10b-10

把：263　1-16-A4b-4，1-33-A8b-3，

4-7-B38b-7, 4-7-B38b-8, 4-8-B39a-8, 4-8-B39a-8, 4-8-B39b-3, 4-8-B39b-4, 4-8-B40a-5, 4-8-B40a-5, 4-9-B41b-3, 4-10-B43b-7, 4-10-B43b-9, 4-10-B44a-1, 4-10-B44a-1, 4-10-B44a-3, 4-10-B44a-8, 4-10-B44b-8, 4-10-B44b-10, 4-13-B47b-2, 4-13-B47b-7, 4-13-B48a-4, 4-16-B51b-10

罷：201　1-16-A4b-6, 1-19-A5a-8, 1-19-A5b-1, 1-23-A6a-10, 1-24-A6b-4, 1-26-A7a-1, 1-42-A10b-4, 2-1-A13a-10, 2-3-A15b-2, 2-3-A15b-6, 2-3-A15b-9, 2-4-A16a-7, 2-4-A16a-7, 2-4-A16a-9, 2-4-A16a-10, 2-4-A16b-2, 2-7-A18b-4, 2-7-A18b-4, 2-7-A19a-6, 2-7-A19a-10, 2-8-A20a-7, 2-8-A20b-2, 2-8-A20b-5, 2-9-A22b-1, 2-9-A22b-2, 2-9-A22b-3, 2-10-A24a-1, 2-10-A24a-2, 2-11-A24a-8, 2-12-A26a-5, 2-13-A28a-9, 2-13-A29a-5, 2-13-A29a-5, 2-14-A29b-3, 2-14-A30a-2, 2-14-A30b-8, 2-14-A30b-9, 2-14-A30b-10, 2-14-A31b-2, 2-16-A34a-6, 2-18-A37a-10, 2-18-A37a-10, 2-18-A37b-1, 2-18-A37b-10, 2-18-A38a-1, 2-18-A38a-7, 2-18-A38b-2, 2-18-A38b-4, 2-18-A38b-9, 2-18-A39a-1, 2-18-A39a-2, 2-21-A43b-7, 2-24-A49a-6, 2-25-A51a-5, 2-29-A59a-1, 2-30-A59b-4, 2-30-A60b-9, 2-31-A61b-5, 2-34-A67b-2, 2-36-A70a-9, 2-36-A70b-5, 2-36-A71a-8, 2-37-A73a-9, 2-38-A74b-8, 2-39-A75a-2, 2-39-A75a-5, 2-39-A75a-8, 2-39-A75a-9, 2-39-A75a-10, 2-39-A75b-1, 2-39-A75b-2, 2-39-A75b-9, 2-40-A78a-4, 2-40-A78a-7, 3-1-B1a-6, 3-1-B1b-2, 3-1-B1b-6, 3-2-B2a-4, 3-2-B2a-6, 3-2-B2a-8, 3-2-B2a-8, 3-2-B2a-9, 3-2-B2b-8, 3-3-B3a-1, 3-3-B3a-2, 3-3-B3a-5, 3-3-B3a-7, 3-3-B3b-6, 3-4-B4a-4, 3-4-B4a-5, 3-4-B4a-8, 3-4-B4b-1, 3-4-B4b-3, 3-4-B4b-3, 3-4-B4b-5, 3-4-B4b-7, 3-4-B4b-10, 3-4-B5a-1, 3-5-B5a-6, 3-5-B5a-8, 3-5-B5a-10, 3-5-B5b-4, 3-5-B5b-7, 3-5-B6a-4, 3-6-B7a-2, 3-6-B7a-2, 3-6-B7a-3, 3-6-B7a-5, 3-6-B7a-6, 3-6-B7a-6, 3-7-B8a-3, 3-7-B8a-8, 3-7-B8a-8, 3-7-B8b-2, 3-7-B8b-4, 3-7-B8b-6, 3-9-B10b-2, 3-9-B10b-5, 3-9-B11a-3, 3-10-B11b-2, 3-10-B11b-3, 3-10-B11b-5, 3-10-B11b-8, 3-10-B12a-4, 3-10-B12a-9, 3-11-B12b-10, 3-11-B13b-3, 3-11-B14a-2, 3-11-B14a-3, 3-12-B15a-7, 3-13-B15b-10, 3-13-B16a-1, 3-13-B16a-4, 3-14-B16b-4, 3-14-B17a-4, 3-14-B17a-5, 3-14-B17a-6, 3-14-B17b-1, 3-15-B17b-7, 3-15-B17b-10, 3-15-B19a-1, 3-15-B19a-2, 3-16-B19b-4, 3-16-B20a-1, 3-16-B20a-6, 3-16-B20a-10, 3-16-B20a-10, 3-17-B20b-5, 3-17-B21a-2, 3-17-B21a-3, 3-17-B21a-8, 3-17-B21a-9, 3-17-B21b-2, 3-18-B22a-2, 3-18-B22a-6, 3-18-B22a-7, 3-18-B22a-9, 3-18-B22a-10, 3-18-B22b-3, 3-18-B23a-2, 3-19-B23a-7, 3-19-B23b-1, 3-19-B23b-2, 3-19-B23b-8, 3-20-B25b-6, 3-20-B25b-7, 3-20-B26a-1, 4-1-B27a-6, 4-1-B28a-5, 4-1-B28a-7, 4-1-B28a-8, 4-1-B28b-3, 4-1-B29a-1, 4-2-B30a-6, 4-3-B31b-5, 4-4-B33a-2, 4-6-B37a-8, 4-8-B40b-6, 4-8-B40b-8, 4-9-B43b-1, 4-9-B43b-1, 4-11-B45a-9, 4-11-B45b-1, 4-11-B45b-5, 4-11-B46a-1, 4-11-B46a-3, 4-11-B46a-4, 4-11-B46a-4, 4-12-B46b-6, 4-12-B46b-9, 4-12-B46b-9, 4-12-B47a-1, 4-12-B47a-3, 4-12-B47a-3, 4-16-B51a-7, 4-16-B52a-3, 4-17-B52a-7, 4-17-B52b-5, 4-17-B53a-8, 4-18-B54b-3, 4-18-B54b-4

罷了：1　2-24-A48b-2

白：8　1-1-A1a-9, 1-1-A1a-10, 2-6-A17b-6, 2-21-A42b-2, 2-21-A42b-3, 2-21-A43a-3, 2-21-A43b-1, 3-1-B1b-7

白（AD）：4　1-6-A2a-10, 2-7-A18b-9, 2-23-A45b-6, 2-39-A75a-2

2-8-A20b-3, 2-9-A21a-7, 2-9-A21a-9,
2-9-A22a-3, 2-9-A22a-6, 2-9-A22a-7,
2-10-A23a-4, 2-10-A23a-5, 2-10-A23a-7,
2-10-A23a-10, 2-10-A23b-6, 2-10-A23b-9,
2-11-A24b-5, 2-11-A24b-9, 2-11-A24b-10,
2-11-A25a-3, 2-11-A25a-4, 2-11-A25a-7,
2-11-A25a-8, 2-11-A25a-9, 2-11-A25a-10,
2-11-A25a-10, 2-11-A25b-7, 2-11-A25b-8,
2-12-A26a-2, 2-12-A26a-5, 2-12-A26b-1,
2-12-A26b-3, 2-12-A26b-4, 2-12-A26b-5,
2-12-A26b-9, 2-12-A27a-4, 2-12-A27a-8,
2-12-A27b-1, 2-13-A27b-5, 2-13-A28a-4,
2-13-A28b-10, 2-14-A29a-7, 2-14-A29b-4,
2-14-A29b-8, 2-14-A30a-2, 2-14-A30a-8,
2-14-A30a-9, 2-14-A30b-2, 2-14-A30b-7,
2-14-A30b-8, 2-14-A31a-2, 2-14-A31a-6,
2-15-A32a-1, 2-15-A32b-10, 2-16-A33a-10,
2-16-A33b-5, 2-16-A33b-10, 2-16-A34a-1,
2-16-A34a-3, 2-16-A34a-6, 2-16-A34a-8,
2-16-A35a-3, 2-17-A35b-4, 2-17-A35b-5,
2-17-A35b-6, 2-17-A35b-7, 2-17-A35b-8,
2-17-A35b-8, 2-17-A35b-8, 2-17-A36a-7,
2-17-A36a-10, 2-17-A36a-10,
2-17-A36a-10, 2-17-A36b-1, 2-17-A36b-9,
2-17-A36b-9, 2-17-A36b-10, 2-18-A38b-1,
2-18-A39a-2, 2-19-A39a-10, 2-19-A40a-5,
2-19-A40a-8, 2-19-A40a-8, 2-19-A40a-9,
2-19-A40a-10, 2-19-A40b-1, 2-19-A40b-2,
2-20-A41a-4, 2-20-A41a-7, 2-20-A41b-3,
2-20-A41b-5, 2-20-A41b-5, 2-20-A41b-6,
2-21-A42a-6, 2-21-A42b-2, 2-21-A42b-4,
2-21-A42b-9, 2-22-A43b-10, 2-22-A44a-1,
2-22-A44b-4, 2-22-A44b-10, 2-22-A45a-2,
2-23-A45b-3, 2-23-A45b-4, 2-23-A45b-4,
2-23-A45b-5, 2-23-A45b-6, 2-23-A45b-7,
2-23-A45b-8, 2-23-A46b-2, 2-23-A46b-4,
2-23-A47a-1, 2-23-A47a-2, 2-23-A47a-4,
2-23-A47a-7, 2-23-A47a-8, 2-24-A47b-6,
2-24-A47b-6, 2-24-A47b-10, 2-24-A48a-2,
2-24-A48a-2, 2-24-A48a-7, 2-24-A48a-8,
2-24-A48a-8, 2-24-A48b-3, 2-24-A48b-3,
2-24-A48b-6, 2-24-A48b-7, 2-24-A48b-10,
2-24-A48b-10, 2-24-A49a-5, 2-25-A50a-5,
2-25-A50a-6, 2-25-A50b-2, 2-25-A50b-7,
2-25-A50b-10, 2-25-A51a-2, 2-25-A51a-3,
2-25-A51a-4, 2-25-A51a-5, 2-25-A51a-6,
2-25-A51b-2, 2-25-A51b-3, 2-25-A51b-4,
2-25-A51b-5, 2-25-A51b-5, 2-25-A51b-7,
2-26-A52a-6, 2-26-A52a-7, 2-26-A52a-9,
2-26-A52b-3, 2-26-A52b-6, 2-26-A52b-7,
2-26-A52b-7, 2-26-A52b-7, 2-26-A52b-8,
2-26-A53a-1, 2-26-A53a-3, 2-26-A53b-9,
2-26-A54a-1, 2-26-A54a-6, 2-27-A54a-8,
2-27-A54a-9, 2-27-A54b-8, 2-27-A54b-9,
2-27-A54b-9, 2-27-A55a-7, 2-27-A55a-7,
2-27-A55a-10, 2-27-A55b-2, 2-27-A55b-4,
2-28-A5-6, 2-28-A5-8, 2-29-A57a-7,
2-29-A57b-9, 2-29-A57b-10, 2-29-A58a-9,
2-29-A58a-10, 2-29-A58b-3, 2-29-A58b-4,
2-29-A59a-1, 2-29-A59a-5, 2-30-A59a-8,
2-30-A59a-8, 2-30-A59b-4, 2-30-A59b-6,
2-30-A59b-10, 2-30-A60a-5, 2-30-A60a-10,
2-30-A60b-1, 2-30-A60b-4, 2-30-A60b-9,
2-30-A60b-9, 2-30-A60b-10, 2-31-A61a-9,
2-31-A61b-5, 2-31-A61b-5, 2-31-A62a-8,
2-31-A62a-8, 2-32-A63a-3, 2-32-A63b-6,
2-32-A63b-8, 2-32-A63b-9, 2-32-A64a-8,
2-33-A65a-6, 2-33-A65a-9, 2-33-A65b-6,
2-33-A65b-8, 2-33-A65b-8, 2-33-A65b-10,
2-33-A66a-4, 2-33-A66a-5, 2-33-A66a-5,
2-33-A66a-6, 2-33-A66b-3, 2-33-A66b-3,
2-34-A66b-8, 2-34-A66b-8, 2-34-A66b-10,
2-34-A67a-4, 2-34-A67a-5, 2-34-A67a-5,
2-34-A67a-7, 2-34-A67a-7, 2-34-A67a-8,
2-34-A67a-9, 2-34-A67a-10, 2-34-A67b-1,
2-34-A67b-4, 2-34-A67b-5, 2-35-A67b-10,
2-35-A68b-1, 2-35-A69b-2, 2-36-A70a-8,
2-36-A70a-10, 2-36-A70b-8, 2-36-A71a-2,
2-36-A71a-10, 2-36-A71b-1, 2-36-A71b-3,
2-36-A71b-7, 2-36-A71b-8, 2-37-A72b-4,

C

D

2-15-A31b-7, 2-15-A31b-7, 2-15-A31b-8,
2-15-A31b-8, 2-15-A32a-1, 2-15-A32a-2,
2-15-A32a-6, 2-15-A32a-9, 2-15-A32a-10,
2-15-A32a-10, 2-15-A32b-2, 2-15-A32b-4,
2-15-A32b-7, 2-15-A33a-1, 2-15-A33a-3,
2-15-A33a-3, 2-15-A33a-3, 2-16-A33a-9,
2-16-A33a-10, 2-16-A33a-10, 2-16-A33b-1,
2-16-A33b-1, 2-16-A33b-1, 2-16-A33b-7,
2-16-A34a-2, 2-16-A34a-3, 2-16-A34a-3,
2-16-A34a-7, 2-16-A34a-8, 2-16-A34a-9,
2-16-A34a-10, 2-16-A34b-1, 2-16-A34b-8,
2-16-A34b-9, 2-16-A34b-10, 2-16-A34b-10,
2-16-A35a-1, 2-16-A35a-1, 2-16-A35a-2,
2-16-A35a-3, 2-16-A35a-3, 2-16-A35a-5,
2-17-A35a-7, 2-17-A35a-9, 2-17-A35a-10,
2-17-A35b-2, 2-17-A35b-3, 2-17-A35b-5,
2-17-A35b-6, 2-17-A36a-5, 2-17-A36a-5,
2-17-A36a-9, 2-17-A36b-1, 2-17-A36b-3,
2-17-A36b-4, 2-17-A36b-5, 2-17-A36b-5,
2-17-A36b-10, 2-17-A37a-2, 2-18-A37a-7,
2-18-A37a-8, 2-18-A37a-9, 2-18-A37a-10,
2-18-A37a-10, 2-18-A37b-2, 2-18-A37b-5,
2-18-A37b-6, 2-18-A37b-7, 2-18-A37b-8,
2-18-A37b-9, 2-18-A38a-3, 2-18-A38a-3,
2-18-A38a-5, 2-18-A38a-5, 2-18-A38a-7,
2-18-A38a-8, 2-18-A38a-9, 2-18-A38a-10,
2-18-A38a-10, 2-18-A38b-1, 2-18-A38b-2,
2-18-A38b-4, 2-18-A38b-7, 2-18-A38b-8,
2-18-A38b-9, 2-18-A39a-1, 2-18-A39a-2,
2-19-A39a-8, 2-19-A39a-9, 2-19-A39a-10,
2-19-A39b-1, 2-19-A39b-2, 2-19-A39b-3,
2-19-A39b-5, 2-19-A39b-6, 2-19-A39b-7,
2-19-A39b-8, 2-19-A39b-9, 2-19-A39b-9,
2-19-A39b-10, 2-19-A39b-10, 2-19-A40a-1,
2-19-A40a-1, 2-19-A40a-1, 2-19-A40a-2,
2-19-A40a-2, 2-19-A40a-4, 2-19-A40a-5,
2-19-A40a-7, 2-19-A40a-8, 2-19-A40a-8,
2-19-A40a-9, 2-19-A40a-10, 2-19-A40b-2,
2-19-A40b-7, 2-19-A40b-8, 2-19-A40b-8,
2-19-A40b-9, 2-19-A41a-2, 2-20-A41a-7,
2-20-A41a-7, 2-20-A41a-9, 2-20-A41a-9,
2-20-A41a-10, 2-20-A41a-10, 2-20-A41b-2,
2-20-A41b-4, 2-20-A41b-5, 2-20-A41b-7,
2-21-A42a-5, 2-21-A42a-7, 2-21-A42b-3,
2-21-A42b-4, 2-21-A42b-6, 2-21-A42b-6,
2-21-A42b-7, 2-21-A42b-7, 2-21-A42b-8,
2-21-A42b-10, 2-21-A43a-1, 2-21-A43a-2,
2-21-A43a-3, 2-21-A43a-4, 2-21-A43a-5,
2-21-A43a-7, 2-21-A43a-7, 2-21-A43a-8,
2-21-A43a-8, 2-21-A43a-9, 2-21-A43a-9,
2-21-A43a-9, 2-21-A43b-5, 2-22-A43b-9,
2-22-A43b-10, 2-22-A43b-10, 2-22-A44a-2,
2-22-A44a-5, 2-22-A44a-5, 2-22-A44a-5,
2-22-A44a-10, 2-22-A44b-6, 2-22-A44b-8,
2-22-A44b-9, 2-22-A44b-10, 2-22-A45a-1,
2-22-A45a-3, 2-22-A45a-4, 2-22-A45a-5,
2-22-A45a-6, 2-22-A45a-7, 2-22-A45a-8,
2-23-A45b-5, 2-23-A45b-6, 2-23-A45b-8,
2-23-A4-1, 2-23-A4-4, 2-23-A4-5,
2-23-A4-7, 2-23-A4-7, 2-23-A46b-1,
2-23-A46b-3, 2-23-A46b-4, 2-23-A46b-4,
2-23-A46b-5, 2-23-A46b-5, 2-23-A46b-6,
2-23-A46b-8, 2-23-A46b-9, 2-23-A46b-10,
2-23-A47a-1, 2-23-A47a-5, 2-23-A47a-8,
2-23-A47a-8, 2-23-A47a-10, 2-23-A47b-2,
2-23-A47b-2, 2-23-A47b-3, 2-24-A47b-5,
2-24-A47b-5, 2-24-A48a-3, 2-24-A48b-2,
2-24-A48b-4, 2-24-A48b-8, 2-24-A48b-9,
2-24-A48b-9, 2-24-A48b-10, 2-24-A49a-1,
2-24-A49a-6, 2-24-A49a-8, 2-24-A49b-1,
2-24-A49b-2, 2-24-A49b-3, 2-25-A49b-7,
2-25-A49b-7, 2-25-A49b-9, 2-25-A49b-10,
2-25-A50a-1, 2-25-A50a-5, 2-25-A50a-5,
2-25-A50a-6, 2-25-A50a-6, 2-25-A50a-7,
2-25-A50a-7, 2-25-A50a-7, 2-25-A50a-8,
2-25-A50b-6, 2-25-A50b-9, 2-25-A50b-9,
2-25-A50b-10, 2-25-A51a-1, 2-25-A51a-2,
2-25-A51a-3, 2-25-A51a-3, 2-25-A51a-4,
2-25-A51a-7, 2-25-A51a-9, 2-25-A51a-10,
2-25-A51a-10, 2-25-A51b-1, 2-25-A51b-3,

2-25-A51b-3, 2-25-A51b-5, 2-25-A51b-9,
2-26-A52a-1, 2-26-A52a-1, 2-26-A52a-2,
2-26-A52a-2, 2-26-A52a-7, 2-26-A52b-1,
2-26-A52b-3, 2-26-A52b-5, 2-26-A52b-5,
2-26-A52b-6, 2-26-A52b-10, 2-26-A53a-1,
2-26-A53a-1, 2-26-A53a-3, 2-26-A53a-4,
2-26-A53a-5, 2-26-A53a-7, 2-26-A53b-2,
2-26-A53b-9, 2-26-A53b-10, 2-26-A54a-4,
2-26-A54a-6, 2-26-A54a-6, 2-27-A54a-8,
2-27-A54a-10, 2-27-A54b-1, 2-27-A54b-2,
2-27-A54b-3, 2-27-A54b-4, 2-27-A54b-6,
2-27-A55a-1, 2-27-A55a-3, 2-27-A55a-5,
2-27-A55a-7, 2-27-A55a-9, 2-27-A55a-9,
2-27-A55b-3, 2-27-A55b-4, 2-27-A55b-6,
2-27-A55b-7, 2-27-A55b-8, 2-27-A55b-10,
2-27-A56a-1, 2-27-A56a-2, 2-27-A56a-2,
2-27-A56a-3, 2-27-A56a-4, 2-28-A56b-1,
2-28-A56b-4, 2-29-A57a-7, 2-29-A57a-8,
2-29-A57b-6, 2-29-A57b-9, 2-29-A57b-9,
2-29-A58a-2, 2-29-A58a-4, 2-29-A58a-4,
2-29-A58a-5, 2-29-A58a-6, 2-29-A58a-6,
2-29-A58a-7, 2-29-A58a-7, 2-29-A58a-8,
2-29-A58a-10, 2-29-A58b-3, 2-29-A58b-5,
2-29-A58b-6, 2-29-A58b-7, 2-29-A58b-8,
2-29-A58b-10, 2-29-A59a-3, 2-30-A59a-9,
2-30-A59a-10, 2-30-A59b-2, 2-30-A59b-6,
2-30-A59b-9, 2-30-A59b-10, 2-30-A60a-5,
2-30-A60a-6, 2-30-A60a-6, 2-30-A60a-7,
2-30-A60a-8, 2-30-A60a-9, 2-30-A60b-2,
2-30-A60b-2, 2-30-A60b-9, 2-31-A61a-5,
2-31-A61a-6, 2-31-A61a-10, 2-31-A61b-2,
2-31-A61b-3, 2-31-A61b-7, 2-31-A61b-10,
2-31-A62a-5, 2-31-A62a-5, 2-31-A62a-5,
2-31-A62b-3, 2-31-A62b-6, 2-31-A62b-6,
2-32-A62b-8, 2-32-A62b-9, 2-32-A63a-3,
2-32-A63a-3, 2-32-A63a-6, 2-32-A63a-6,
2-32-A63b-2, 2-32-A63b-4, 2-32-A63b-5,
2-32-A64a-2, 2-32-A64a-2, 2-32-A64a-5,
2-32-A64a-6, 2-32-A64a-7, 2-32-A64a-7,
2-32-A64a-8, 2-32-A64a-9, 2-32-A64a-10,
2-32-A64b-1, 2-33-A64b-7, 2-33-A64b-10,
2-33-A65a-1, 2-33-A65a-3, 2-33-A65a-6,
2-33-A65a-6, 2-33-A65a-6, 2-33-A65a-10,
2-33-A65b-1, 2-33-A65b-1, 2-33-A65b-5,
2-33-A65b-5, 2-33-A65b-6, 2-33-A65b-8,
2-33-A66a-2, 2-33-A66a-4, 2-33-A66a-6,
2-33-A66a-7, 2-33-A66a-8, 2-33-A66a-8,
2-33-A66a-9, 2-33-A66b-1, 2-33-A66b-1,
2-33-A66b-3, 2-33-A66b-3, 2-33-A66b-4,
2-34-A66b-7, 2-34-A66b-8, 2-34-A66b-8,
2-34-A66b-9, 2-34-A66b-9, 2-34-A66b-10,
2-34-A67a-1, 2-34-A67a-1, 2-34-A67a-1,
2-34-A67a-2, 2-34-A67a-2, 2-34-A67a-2,
2-34-A67a-3, 2-34-A67a-3, 2-34-A67a-4,
2-34-A67a-4, 2-34-A67a-5, 2-34-A67a-6,
2-34-A67a-6, 2-34-A67a-8, 2-34-A67a-9,
2-34-A67a-10, 2-34-A67a-10, 2-34-A67b-1,
2-34-A67b-2, 2-34-A67b-3, 2-34-A67b-3,
2-34-A67b-4, 2-34-A67b-4, 2-34-A67b-4,
2-35-A68a-7, 2-35-A68b-1, 2-35-A68b-1,
2-35-A68b-4, 2-35-A68b-4, 2-35-A68b-6,
2-35-A68b-8, 2-35-A68b-9, 2-35-A69a-2,
2-35-A69a-2, 2-35-A69a-4, 2-35-A69a-10,
2-35-A69b-1, 2-35-A69b-5, 2-36-A69b-9,
2-36-A69b-9, 2-36-A70a-1, 2-36-A70a-2,
2-36-A70a-3, 2-36-A70a-5, 2-36-A70a-6,
2-36-A70a-6, 2-36-A70a-7, 2-36-A70a-7,
2-36-A70a-8, 2-36-A70b-1, 2-36-A70b-5,
2-36-A70b-8, 2-36-A70b-9, 2-36-A70b-9,
2-36-A70b-10, 2-36-A71a-1, 2-36-A71a-1,
2-36-A71a-2, 2-36-A71a-2, 2-36-A71a-3,
2-36-A71a-4, 2-36-A71a-4, 2-36-A71a-6,
2-36-A71a-7, 2-36-A71a-7, 2-36-A71a-9,
2-36-A71a-10, 2-36-A71b-1, 2-36-A71b-1,
2-36-A71b-1, 2-36-A71b-2, 2-36-A71b-2,
2-36-A71b-3, 2-36-A71b-5, 2-36-A71b-5,
2-36-A71b-6, 2-36-A71b-6, 2-36-A71b-7,
2-36-A71b-8, 2-36-A71b-8, 2-36-A71b-9,
2-36-A71b-9, 2-37-A72a-3, 2-37-A72a-4,
2-37-A72a-5, 2-37-A72a-5, 2-37-A72b-4,

2-37-A72b-4, 2-37-A72b-4, 2-37-A72b-5,
2-37-A72b-5, 2-37-A72b-6, 2-37-A72b-7,
2-37-A72b-9, 2-37-A72b-9, 2-37-A72b-10,
2-37-A73a-1, 2-37-A73a-4, 2-37-A73a-8,
2-37-A73a-9, 2-37-A73a-9, 2-37-A73a-10,
2-38-A73b-5, 2-38-A73b-8, 2-38-A73b-9,
2-38-A73b-10, 2-38-A73b-10, 2-38-A74a-2,
2-38-A74a-5, 2-38-A74b-1, 2-38-A74b-2,
2-38-A74b-2, 2-38-A74b-3, 2-38-A74b-3,
2-39-A75a-9, 2-39-A75a-10, 2-39-A75b-1,
2-39-A75b-2, 2-39-A75b-2, 2-39-A75b-7,
2-39-A76a-6, 2-39-A76a-6, 2-39-A76a-8,
2-39-A76a-10, 2-39-A76b-2, 2-39-A76b-3,
2-39-A76b-4, 2-40-A77a-4, 2-40-A77a-4,
2-40-A77a-4, 2-40-A77a-4, 2-40-A77a-5,
2-40-A77a-6, 2-40-A77a-6, 2-40-A77a-9,
2-40-A77b-1, 2-40-A77b-2, 2-40-A77b-3,
2-40-A77b-5, 2-40-A77b-10, 2-40-A77b-10,
2-40-A78a-1, 2-40-A78a-2, 2-40-A78a-3,
2-40-A78a-4, 2-40-A78a-5, 3-1-B1a-3,
3-1-B1a-4, 3-1-B1a-5, 3-1-B1a-6,
3-1-B1a-8, 3-1-B1a-9, 3-1-B1a-10,
3-1-B1a-10, 3-1-B1b-1, 3-1-B1b-2,
3-1-B1b-3, 3-1-B1b-5, 3-1-B1b-6,
3-1-B1b-6, 3-1-B1b-8, 3-1-B1b-8,
3-2-B2a-4, 3-2-B2a-5, 3-2-B2a-5,
3-2-B2a-7, 3-2-B2a-8, 3-2-B2a-9,
3-2-B2a-10, 3-2-B2a-10, 3-2-B2b-1,
3-2-B2b-2, 3-2-B2b-3, 3-2-B2b-3,
3-2-B2b-6, 3-2-B2b-7, 3-2-B2b-8,
3-3-B3a-3, 3-3-B3a-10, 3-3-B3b-1,
3-3-B3b-2, 3-3-B3b-2, 3-3-B3b-2,
3-3-B3b-3, 3-3-B3b-3, 3-3-B3b-4,
3-4-B3b-9, 3-4-B3b-9, 3-4-B4a-1,
3-4-B4a-2, 3-4-B4a-5, 3-4-B4a-6,
3-4-B4a-7, 3-4-B4a-7, 3-4-B4a-8,
3-4-B4a-9, 3-4-B4b-2, 3-4-B4b-3,
3-4-B4b-4, 3-4-B4b-6, 3-4-B4b-6,
3-4-B4b-7, 3-4-B4b-8, 3-5-B5a-6,
3-5-B5a-6, 3-5-B5a-7, 3-5-B5a-7,
3-5-B5a-8, 3-5-B5a-8, 3-5-B5a-10,
3-5-B5b-1, 3-5-B5b-1, 3-5-B5b-2,
3-5-B5b-2, 3-5-B5b-3, 3-5-B5b-4,
3-5-B6a-1, 3-6-B6a-8, 3-6-B6a-9,
3-6-B6a-10, 3-6-B6b-1, 3-6-B6b-1,
3-6-B6b-3, 3-6-B6b-4, 3-6-B6b-5,
3-6-B6b-5, 3-6-B6b-7, 3-6-B6b-7,
3-6-B6b-8, 3-6-B6b-8, 3-6-B6b-9,
3-6-B6b-10, 3-6-B6b-10, 3-6-B7a-3,
3-7-B7b-2, 3-7-B7b-3, 3-7-B7b-4,
3-7-B7b-6, 3-7-B7b-6, 3-7-B7b-6,
3-7-B7b-7, 3-7-B7b-8, 3-7-B7b-8,
3-7-B7b-9, 3-7-B7b-10, 3-7-B8a-1,
3-7-B8a-1, 3-7-B8a-2, 3-7-B8a-3,
3-7-B8a-4, 3-7-B8a-4, 3-7-B8a-5,
3-7-B8a-5, 3-7-B8b-3, 3-8-B8b-9,
3-8-B8b-10, 3-8-B9a-2, 3-8-B9a-4,
3-8-B9a-5, 3-8-B9a-7, 3-8-B9a-8,
3-8-B9a-9, 3-8-B9a-9, 3-8-B9b-1,
3-8-B9b-3, 3-8-B9b-4, 3-8-B9b-6,
3-8-B9b-7, 3-8-B9b-8, 3-8-B9b-9,
3-8-B9b-10, 3-9-B10a-7, 3-9-B10a-8,
3-9-B10a-10, 3-9-B10b-1, 3-9-B10b-1,
3-9-B10b-4, 3-9-B10b-4, 3-9-B10b-5,
3-9-B10b-5, 3-9-B10b-5, 3-9-B10b-7,
3-9-B10b-9, 3-9-B10b-10, 3-9-B11a-1,
3-9-B11a-2, 3-10-B11b-3, 3-10-B11b-6,
3-10-B11b-9, 3-10-B11b-10, 3-10-B11b-10,
3-10-B11b-10, 3-10-B12a-1, 3-10-B12a-2,
3-10-B12a-2, 3-10-B12a-5, 3-10-B12a-6,
3-10-B12a-7, 3-10-B12a-8, 3-10-B12a-10,
3-10-B12a-10, 3-10-B12b-2, 3-10-B12b-3,
3-10-B12b-4, 3-10-B12b-7, 3-11-B13a-1,
3-11-B13a-2, 3-11-B13a-2, 3-11-B13a-3,
3-11-B13a-3, 3-11-B13a-5, 3-11-B13a-6,
3-11-B13a-6, 3-11-B13a-6, 3-11-B13a-7,
3-11-B13a-8, 3-11-B13a-8, 3-11-B13a-10,
3-11-B13b-1, 3-11-B13b-2, 3-11-B13b-5,
3-11-B13b-6, 3-11-B13b-7, 3-11-B13b-7,
3-11-B13b-8, 3-11-B14a-3, 3-12-B14a-9,

4-8-B39b-6, 4-8-B39b-7, 4-8-B39b-8, 4-8-B39b-8, 4-8-B39b-10, 4-8-B40a-2, 4-8-B40a-7, 4-8-B40a-8, 4-8-B40a-9, 4-8-B40a-10, 4-8-B40b-5, 4-9-B41a-1, 4-9-B41a-1, 4-9-B41a-3, 4-9-B41a-4, 4-9-B41a-7, 4-9-B41b-1, 4-9-B41b-5, 4-9-B41b-9, 4-9-B42a-2, 4-9-B42a-4, 4-9-B42b-2, 4-9-B42b-2, 4-9-B42b-7, 4-9-B43a-2, 4-9-B43a-2, 4-9-B43a-4, 4-9-B43a-5, 4-9-B43a-5, 4-9-B43a-8, 4-10-B43b-6, 4-10-B43b-6, 4-10-B43b-7, 4-10-B43b-8, 4-10-B44a-1, 4-10-B44a-2, 4-10-B44a-3, 4-10-B44a-3, 4-10-B44a-4, 4-10-B44a-6, 4-10-B44a-8, 4-10-B44a-9, 4-10-B44a-10, 4-10-B44b-1, 4-10-B44b-1, 4-10-B44b-2, 4-10-B44b-7, 4-10-B44b-9, 4-10-B44b-9, 4-10-B44b-10, 4-11-B45a-9, 4-11-B45b-2, 4-11-B45b-6, 4-11-B45b-7, 4-11-B45b-7, 4-12-B46a-8, 4-12-B46a-9, 4-12-B46b-5, 4-12-B46b-6, 4-12-B46b-6, 4-13-B47a-6, 4-13-B47a-8, 4-13-B47b-1, 4-13-B47b-2, 4-13-B47b-3, 4-13-B47b-4, 4-13-B47b-8, 4-13-B47b-10, 4-13-B48a-3, 4-13-B48a-4, 4-13-B48a-7, 4-14-B48b-1, 4-14-B48b-2, 4-14-B49a-2, 4-14-B49a-5, 4-14-B49a-10, 4-15-B49b-7, 4-15-B49b-7, 4-15-B49b-8, 4-15-B50a-1, 4-15-B50a-8, 4-16-B50b-9, 4-16-B51a-2, 4-16-B51a-3, 4-16-B51a-4, 4-16-B51a-7, 4-16-B51a-7, 4-16-B51a-8, 4-16-B51b-3, 4-16-B51b-4, 4-16-B51b-9, 4-16-B51b-9, 4-17-B52a-7, 4-17-B52b-1, 4-17-B52b-3, 4-17-B52b-3, 4-17-B52b-4, 4-17-B52b-5, 4-17-B52b-6, 4-17-B52b-8, 4-17-B53a-4, 4-17-B53a-6, 4-18-B53a-10, 4-18-B53b-4, 4-18-B53b-5, 4-18-B53b-5, 4-18-B53b-6, 4-18-B53b-8, 4-18-B53b-8, 4-18-B53b-10, 4-18-B54a-9, 4-19-B55a-1, 4-19-B55a-4, 4-19-B55a-5, 4-19-B55b-4, 4-19-B55b-4, 4-19-B55b-10, 4-20-B56a-3, 4-20-B56a-5, 4-20-B56a-5, 4-20-B56a-8, 4-20-B56a-10, 4-20-B56b-1, 4-20-B56b-2, 4-20-B56b-7, 4-20-B56b-8, 4-20-B56b-8, 4-20-B56b-9, 4-20-B57a-2, 4-20-B57a-7, 4-20-B57a-7, 4-20-B57a-8

的（得）：11 1-23-A6a-9, 1-43-A10b-7, 1-43-A10b-7, 2-15-A31b-10, 2-31-A61a-9, 3-2-B2b-1, 3-16-B19a-8, 3-16-B20a-8, 3-18-B21b-8, 4-12-B46b-1, 4-17-B52a-9

的（地）：2 1-26-A7a-1, 2-23-A4-1

的很（得很）：11 1-9-A3a-4, 1-13-A3b-10, 1-20-A5b-4, 1-22-A6a-2, 1-22-A6a-3, 1-25-A6b-6, 1-25-A6b-8, 2-2-A14a-2, 2-14-A31b-1, 2-25-A50a-4, 4-12-B46b-4

燈光：2 2-29-A57a-10, 2-29-A57b-1

燈虎兒：1 2-40-A77b-8

燈籠：2 2-25-A49b-10, 2-25-A50a-2

燈籠衚衕（PN）：1 2-35-A68a-8

燈苗兒：1 3-15-B17b-6

燈罩兒：1 3-15-B17b-5

燈罩子：1 3-13-B16a-8

等（V）：70 1-13-A4a-2, 1-24-A6b-4, 2-2-A14b-3, 2-2-A15a-2, 2-3-A15b-5, 2-5-A16b-7, 2-5-A17a-7, 2-5-A17a-8, 2-7-A19a-4, 2-8-A19b-9, 2-8-A20a-6, 2-9-A22a-9, 2-10-A23b-3, 2-11-A24a-6, 2-11-A24a-7, 2-13-A28b-10, 2-13-A29a-4, 2-17-A35a-10, 2-17-A35b-2, 2-18-A38b-9, 2-19-A39b-7, 2-19-A40a-7, 2-19-A40a-8, 2-19-A40a-9, 2-19-A40b-9, 2-19-A41a-1, 2-21-A43a-10, 2-26-A53a-9, 2-27-A54b-8, 2-30-A59b-2, 2-31-A61b-2, 2-32-A63b-7, 2-36-A70b-3, 2-37-A72a-7, 2-37-A72b-3, 2-37-A72b-5, 2-37-A73a-6, 3-3-B3a-5, 3-5-B5b-8, 3-5-B6a-3, 3-9-B10b-8, 3-9-B11a-4, 3-9-B11a-5, 3-10-B12a-4, 3-15-B18b-4, 3-16-B20a-7, 3-17-B20b-4, 3-17-B20b-9, 4-1-B28b-4, 4-1-B28b-10, 4-4-B32a-3, 4-4-B32b-8, 4-5-B34a-5, 4-7-B38a-5, 4-7-B38a-8, 4-7-B38b-3, 4-8-B40b-7, 4-9-B41a-5, 4-9-B41b-5,

1-7-A2b-5, 1-13-A3b-9, 1-31-A8a-4, 1-34-A8b-5, 1-36-A9a-5, 1-36-A9a-5, 1-36-A9a-6, 1-36-A9a-6, 1-41-A10a-7, 1-41-A10a-9, 2-1-A12b-3, 2-1-A13b-1, 2-2-A14a-4, 2-2-A14a-4, 2-2-A14a-5, 2-2-A14a-8, 2-2-A14a-10, 2-2-A14b-5, 2-3-A15a-8, 2-3-A15a-9, 2-3-A15b-8, 2-3-A15b-9, 2-4-A16b-2, 2-5-A17a-2, 2-6-A17b-9, 2-6-A18a-6, 2-6-A18a-7, 2-7-A18b-9, 2-8-A20b-4, 2-8-A20b-4, 2-8-A20b-10, 2-9-A21b-7, 2-9-A21b-7, 2-9-A21b-8, 2-10-A23a-7, 2-10-A23a-8, 2-10-A23b-6, 2-11-A24a-8, 2-11-A24a-8, 2-11-A24b-2, 2-11-A25a-4, 2-11-A25b-3, 2-11-A25b-6, 2-12-A26b-7, 2-12-A26b-7, 2-12-A26b-8, 2-12-A26b-9, 2-12-A26b-10, 2-12-A26b-10, 2-12-A27a-2, 2-12-A27a-3, 2-12-A27a-4, 2-12-A27a-5, 2-12-A27a-5, 2-12-A27a-6, 2-12-A27a-7, 2-12-A27a-7, 2-13-A27b-8, 2-13-A27b-9, 2-13-A27b-9, 2-13-A28a-4, 2-13-A28b-7, 2-14-A29b-8, 2-14-A30a-7, 2-14-A30b-10, 2-14-A31a-1, 2-14-A31a-4, 2-14-A31a-9, 2-15-A33a-1, 2-16-A34a-3, 2-16-A34b-3, 2-16-A34b-3, 2-16-A34b-9, 2-16-A34b-10, 2-16-A35a-3, 2-16-A35a-4, 2-17-A35a-9, 2-17-A35a-9, 2-17-A35b-3, 2-17-A35b-5, 2-17-A35b-10, 2-17-A36a-7, 2-17-A36b-7, 2-18-A38a-8, 2-18-A38a-9, 2-18-A38b-7, 2-19-A39a-6, 2-19-A40b-7, 2-19-A40b-10, 2-20-A41a-8, 2-21-A42b-9, 2-21-A43a-5, 2-22-A44b-9, 2-22-A44b-10, 2-22-A45a-7, 2-23-A45b-5, 2-23-A4-8, 2-23-A46b-1, 2-23-A46b-2, 2-23-A46b-7, 2-23-A47a-8, 2-23-A47a-9, 2-23-A47a-10, 2-23-A47b-1, 2-23-A47b-3, 2-24-A48a-6, 2-24-A48a-6, 2-24-A48a-8, 2-24-A48a-9, 2-25-A50a-1, 2-26-A52a-5, 2-26-A52a-7, 2-26-A52a-7, 2-26-A53a-1, 2-26-A53a-7, 2-26-A53a-10, 2-26-A53b-6, 2-27-A54b-4, 2-27-A54b-5, 2-27-A56a-2, 2-28-A56b-2, 2-28-A56b-4, 2-28-A56b-4, 2-28-A56b-6, 2-29-A57a-7, 2-29-A57b-5, 2-29-A57b-6, 2-29-A58b-7, 2-30-A59b-2, 2-30-A60b-5, 2-30-A60b-5, 2-30-A60b-10, 2-30-A61a-1, 2-31-A61b-4, 2-31-A62b-6, 2-33-A64b-10, 2-33-A66a-1, 2-33-A66a-2, 2-33-A66a-3, 2-34-A67b-5, 2-34-A67b-5, 2-35-A68a-4, 2-35-A69b-5, 2-36-A70b-5, 2-36-A71b-8, 2-37-A72a-6, 2-37-A72b-3, 2-37-A73a-5, 2-39-A75a-1, 2-39-A75a-7, 2-39-A75b-2, 2-39-A76a-8, 2-39-A76b-8, 2-40-A77a-5, 2-40-A77b-5, 3-1-B1b-6, 3-2-B2a-4, 3-2-B2a-5, 3-2-B2b-3, 3-2-B2b-6, 3-2-B2b-8, 3-4-B4a-10, 3-4-B4b-6, 3-4-B4b-10, 3-4-B4b-10, 3-5-B6a-2, 3-5-B6a-3, 3-6-B6a-10, 3-6-B6b-4, 3-6-B6b-7, 3-7-B8a-4, 3-8-B9a-4, 3-8-B9a-5, 3-8-B9a-9, 3-8-B9b-8, 3-8-B9b-10, 3-8-B10a-1, 3-8-B10a-1, 3-9-B10b-5, 3-9-B10b-10, 3-9-B11a-3, 3-9-B11a-6, 3-10-B11a-10, 3-10-B11b-2, 3-10-B11b-4, 3-10-B11b-6, 3-10-B12a-1, 3-10-B12a-2, 3-10-B12a-3, 3-10-B12a-3, 3-10-B12a-5, 3-10-B12a-8, 3-10-B12a-10, 3-10-B12b-1, 3-11-B13a-3, 3-11-B13b-3, 3-12-B14a-6, 3-12-B14b-1, 3-12-B14b-4, 3-12-B14b-6, 3-12-B14b-8, 3-12-B15a-3, 3-12-B15a-6, 3-13-B15b-1, 3-13-B15b-2, 3-13-B16a-5, 3-13-B16a-8, 3-14-B16b-2, 3-14-B16b-3, 3-14-B16b-5, 3-14-B17a-1, 3-14-B17a-2, 3-14-B17a-3, 3-14-B17a-9, 3-14-B17a-10, 3-15-B18b-3, 3-16-B19a-8, 3-16-B19a-9, 3-16-B20a-2, 3-16-B20a-5, 3-16-B20a-8, 3-17-B20b-2, 3-17-B20b-4, 3-17-B20b-4, 3-17-B20b-6, 3-17-B20b-10, 3-17-B21a-2, 3-17-B21a-8, 3-17-B21a-9, 3-17-B21a-9, 3-18-B22a-7, 3-18-B22a-8, 3-19-B23b-3, 3-19-B23b-4, 3-20-B24b-10, 3-20-B25a-1, 3-20-B25a-8, 3-20-B25a-8, 3-20-B25a-10, 3-20-B25b-8,

E

F

G

搿着：1　2-24-A48a-9
隔着：1　1-16-A4b-3
革職：1　2-22-A44b-5
個：747　1-1-A1a-4, 1-6-A2a-9, 1-14-A4a-4, 1-15-A4a-8, 1-16-A4b-5, 1-18-A5a-5, 1-20-A5b-3, 1-22-A6a-2, 1-22-A6a-2, 1-26-A7a-1, 1-26-A7a-2, 1-27-A7a-5, 1-33-A8b-3, 1-36-A9a-6, 1-37-A9a-10, 1-38-A9b-3, 1-38-A9b-4, 1-38-A9b-4, 1-39-A9b-8, 1-43-A10b-6, 1-43-A10b-8, 1-44-A10b-10, 1-44-A10b-10, 1-45-A11a-6, 1-45-A11a-7, 2-1-A12a-8, 2-1-A12a-9, 2-1-A12a-10, 2-1-A12b-2, 2-1-A12b-10, 2-1-A13a-7, 2-1-A13a-8, 2-2-A13b-9, 2-2-A14a-3, 2-2-A14a-9, 2-2-A14a-10, 2-2-A14b-2, 2-2-A14b-7, 2-3-A15b-3, 2-3-A15b-4, 2-6-A17b-1, 2-6-A17b-1, 2-6-A17b-3, 2-6-A17b-5, 2-6-A17b-6, 2-6-A17b-7, 2-6-A17b-9, 2-6-A18a-2, 2-6-A18a-2, 2-6-A18a-4, 2-6-A18a-5, 2-6-A18a-6, 2-6-A18a-7, 2-6-A18a-7, 2-7-A18a-10, 2-7-A18a-10, 2-7-A18b-8, 2-7-A19a-2, 2-7-A19a-4, 2-8-A19b-8, 2-8-A20a-2, 2-8-A20a-5, 2-8-A20a-6, 2-8-A20a-10, 2-8-A20b-2, 2-9-A21a-10, 2-9-A21a-10, 2-9-A21b-1, 2-9-A21b-3, 2-9-A22a-1, 2-9-A22a-4, 2-9-A22a-6, 2-10-A23a-4, 2-10-A23a-5, 2-10-A23a-6, 2-10-A23a-7, 2-10-A23a-8, 2-10-A23a-9, 2-10-A23b-5, 2-10-A23b-5, 2-10-A23b-7, 2-10-A23b-7, 2-11-A25a-4, 2-11-A25a-5, 2-11-A25a-9, 2-11-A25b-2, 2-11-A25b-5, 2-12-A26a-8, 2-12-A26a-10, 2-12-A26b-1, 2-12-A26b-1, 2-12-A26b-2, 2-12-A26b-3, 2-12-A26b-5, 2-12-A26b-8, 2-12-A26b-9, 2-12-A27a-1, 2-12-A27a-1, 2-12-A27a-2, 2-12-A27b-1, 2-13-A27b-10, 2-13-A27b-10, 2-13-A28a-4, 2-13-A28a-5, 2-13-A28a-9, 2-13-A28a-10, 2-13-A28a-10, 2-13-A28b-7, 2-13-A28b-8, 2-13-A29a-2, 2-13-A29a-2, 2-14-A29b-7, 2-14-A30a-6, 2-14-A30a-7, 2-14-A30a-8, 2-14-A30a-8, 2-14-A30b-1, 2-14-A30b-5, 2-14-A30b-5, 2-14-A30b-6, 2-14-A30b-6, 2-14-A30b-7, 2-14-A31a-1, 2-14-A31a-6, 2-14-A31a-8, 2-14-A31a-9, 2-15-A31b-7, 2-15-A31b-9, 2-15-A31b-9, 2-15-A31b-9, 2-15-A32a-1, 2-15-A32a-2, 2-15-A32a-3, 2-15-A32a-3, 2-15-A32a-5, 2-15-A32a-6, 2-15-A32a-7, 2-15-A32a-7, 2-15-A32a-8, 2-15-A32a-10, 2-15-A32b-1, 2-15-A32b-2, 2-15-A32b-6, 2-15-A32b-7, 2-15-A32b-8, 2-15-A32b-9, 2-15-A33a-1, 2-16-A33a-8, 2-16-A33b-2, 2-16-A33b-3, 2-16-A33b-4, 2-16-A33b-5, 2-16-A33b-7, 2-16-A33b-8, 2-16-A33b-9, 2-16-A33b-10, 2-16-A33b-10, 2-16-A34a-3, 2-16-A34a-8, 2-16-A34a-9, 2-16-A34a-9, 2-16-A34a-10, 2-16-A34b-3, 2-16-A34b-4, 2-16-A34b-5, 2-16-A34b-8, 2-16-A34b-10, 2-17-A35a-7, 2-17-A35a-9, 2-17-A35b-8, 2-17-A36a-2, 2-17-A36a-5, 2-17-A36a-5, 2-17-A36a-7, 2-17-A36a-9, 2-17-A36a-9, 2-17-A36b-2, 2-17-A36b-4, 2-17-A36b-6, 2-17-A36b-6, 2-18-A37a-7, 2-18-A37a-7, 2-18-A37a-8, 2-18-A37b-4, 2-18-A37b-4, 2-18-A37b-5, 2-18-A37b-6, 2-18-A37b-6, 2-18-A37b-6, 2-18-A38a-3, 2-18-A38b-4, 2-18-A38b-6, 2-18-A38b-7, 2-19-A39a-9, 2-19-A39b-2, 2-19-A39b-2, 2-19-A39b-3, 2-19-A39b-9, 2-19-A39b-10, 2-19-A39b-10, 2-19-A40a-1, 2-19-A40a-6, 2-19-A40b-9, 2-19-A40b-10, 2-20-A41a-8, 2-20-A41b-4, 2-20-A41b-5, 2-20-A41b-6, 2-20-A41b-7, 2-20-A41b-7, 2-20-A41b-8, 2-20-A41b-9, 2-21-A42a-4, 2-21-A42a-7, 2-21-A42a-8, 2-21-A42a-10, 2-21-A42b-3, 2-21-A42b-6, 2-21-A42b-10, 2-21-A43a-3, 2-21-A43a-7, 2-22-A44a-3, 2-22-A44a-4, 2-22-A44a-4, 2-22-A44a-5, 2-22-A44a-6, 2-22-A44a-8, 2-22-A44a-8, 2-22-A44b-7, 2-22-A44b-8, 2-22-A44b-10,

2-22-A45a-2, 2-22-A45a-3, 2-22-A45a-6, 2-22-A45a-8, 2-23-A45b-2, 2-23-A45b-3, 2-23-A45b-4, 2-23-A45b-5, 2-23-A45b-6, 2-23-A45b-6, 2-23-A45b-7, 2-23-A45b-8, 2-23-A45b-10, 2-23-A4-1, 2-23-A4-4, 2-23-A4-6, 2-23-A4-7, 2-23-A4-8, 2-23-A4-10, 2-23-A46b-1, 2-23-A46b-6, 2-23-A46b-7, 2-23-A46b-8, 2-23-A47a-3, 2-23-A47a-8, 2-24-A48b-10, 2-24-A49a-1, 2-24-A49a-1, 2-24-A49a-5, 2-24-A49a-5, 2-24-A49a-8, 2-25-A49b-9, 2-25-A50a-1, 2-25-A50a-2, 2-25-A50a-4, 2-25-A50a-5, 2-25-A50a-5, 2-25-A50a-7, 2-25-A50a-8, 2-25-A50a-9, 2-25-A50b-3, 2-25-A50b-8, 2-25-A50b-8, 2-25-A50b-9, 2-25-A50b-10, 2-25-A51a-1, 2-25-A51a-2, 2-25-A51a-7, 2-25-A51b-2, 2-25-A51b-4, 2-25-A51b-7, 2-26-A52a-2, 2-26-A52a-3, 2-26-A52a-4, 2-26-A52a-5, 2-26-A52a-6, 2-26-A52b-2, 2-26-A52b-4, 2-26-A52b-5, 2-26-A52b-5, 2-26-A52b-6, 2-26-A52b-10, 2-26-A52b-10, 2-26-A53a-3, 2-26-A53a-5, 2-26-A53a-5, 2-26-A53a-6, 2-26-A53a-8, 2-26-A53a-9, 2-26-A53b-1, 2-26-A53b-1, 2-26-A53b-3, 2-26-A53b-3, 2-26-A53b-4, 2-26-A53b-6, 2-26-A53b-7, 2-26-A53b-8, 2-26-A54a-2, 2-26-A54a-3, 2-27-A54b-1, 2-27-A54b-2, 2-27-A54b-3, 2-27-A54b-6, 2-27-A54b-8, 2-27-A55a-1, 2-27-A55a-3, 2-27-A55a-7, 2-27-A55a-8, 2-27-A56a-3, 2-28-A5-10, 2-28-A5-10, 2-28-A56b-1, 2-28-A56b-2, 2-28-A56b-7, 2-28-A56b-8, 2-28-A56b-9, 2-28-A56b-9, 2-29-A57a-6, 2-29-A57a-7, 2-29-A57a-8, 2-29-A57b-1, 2-29-A57b-1, 2-29-A57b-2, 2-29-A57b-4, 2-29-A57b-6, 2-29-A57b-8, 2-29-A57b-8, 2-29-A58a-3, 2-29-A58a-5, 2-29-A58a-5, 2-29-A58a-6, 2-29-A58a-9, 2-29-A58b-1, 2-29-A58b-3, 2-29-A58b-5, 2-29-A58b-6, 2-29-A58b-7, 2-29-A58b-8, 2-29-A58b-10, 2-29-A59a-2, 2-29-A59a-4, 2-30-A59a-7, 2-30-A59a-8, 2-30-A59a-9, 2-30-A59a-10, 2-30-A59b-2, 2-30-A59b-5, 2-30-A59b-5, 2-30-A59b-8, 2-30-A59b-10, 2-30-A60a-1, 2-30-A60a-5, 2-30-A60a-6, 2-30-A60a-8, 2-30-A60a-8, 2-30-A60a-8, 2-30-A60a-10, 2-30-A60b-2, 2-30-A60b-2, 2-30-A60b-3, 2-30-A60b-3, 2-30-A60b-5, 2-30-A60b-6, 2-30-A60b-10, 2-30-A61a-1, 2-30-A61a-1, 2-31-A61a-5, 2-31-A61a-5, 2-31-A61a-6, 2-31-A61a-7, 2-31-A61a-8, 2-31-A61a-10, 2-31-A61a-10, 2-31-A61b-3, 2-31-A61b-5, 2-31-A61b-6, 2-31-A61b-6, 2-31-A61b-7, 2-31-A61b-8, 2-31-A61b-8, 2-31-A61b-9, 2-31-A62a-3, 2-31-A62a-4, 2-31-A62a-4, 2-31-A62a-5, 2-31-A62a-6, 2-31-A62a-7, 2-31-A62a-9, 2-31-A62a-10, 2-31-A62a-10, 2-31-A62b-1, 2-31-A62b-2, 2-31-A62b-2, 2-31-A62b-4, 2-31-A62b-4, 2-31-A62b-5, 2-31-A62b-5, 2-31-A62b-6, 2-32-A62b-9, 2-32-A63a-2, 2-32-A63a-3, 2-32-A63a-7, 2-32-A63b-1, 2-32-A63b-5, 2-32-A63b-8, 2-32-A63b-9, 2-32-A63b-10, 2-32-A64a-3, 2-32-A64a-4, 2-32-A64a-4, 2-32-A64a-5, 2-32-A64a-6, 2-32-A64a-6, 2-32-A64a-7, 2-32-A64b-1, 2-32-A64b-2, 2-33-A64b-8, 2-33-A65a-1, 2-33-A65a-3, 2-33-A65a-5, 2-33-A65a-10, 2-33-A65b-8, 2-33-A66a-1, 2-33-A66a-4, 2-33-A66b-4, 2-34-A67a-8, 2-34-A67b-1, 2-34-A67b-2, 2-34-A67b-3, 2-34-A67b-3, 2-35-A67b-8, 2-35-A67b-8, 2-35-A67b-9, 2-35-A67b-9, 2-35-A67b-10, 2-35-A68a-2, 2-35-A68a-3, 2-35-A68a-5, 2-35-A68a-6, 2-35-A68a-6, 2-35-A68a-7, 2-35-A68a-8, 2-35-A68a-8, 2-35-A68a-9, 2-35-A68a-10, 2-35-A68b-3, 2-35-A68b-4, 2-35-A68b-6, 2-35-A68b-8, 2-35-A68b-10, 2-35-A69a-1, 2-35-A69a-1, 2-35-A69a-2, 2-35-A69a-4, 2-35-A69a-6, 2-35-A69a-10, 2-36-A69b-8, 2-36-A69b-8, 2-36-A69b-9, 2-36-A69b-9,

H

K

L

2-14-A29b-5, 2-14-A29b-6, 2-14-A29b-6,
2-14-A29b-8, 2-14-A29b-8, 2-14-A29b-8,
2-14-A29b-8, 2-14-A29b-9, 2-14-A29b-9,
2-14-A29b-9, 2-14-A30a-2, 2-14-A30a-4,
2-14-A30a-5, 2-14-A30a-6, 2-14-A30a-7,
2-14-A30a-8, 2-14-A30b-2, 2-14-A30b-3,
2-14-A30b-3, 2-14-A30b-7, 2-14-A30b-7,
2-14-A30b-8, 2-14-A30b-8, 2-14-A30b-9,
2-14-A30b-9, 2-14-A31a-3, 2-14-A31a-7,
2-14-A31a-8, 2-14-A31a-9, 2-14-A31b-1,
2-14-A31b-1, 2-14-A31b-2, 2-14-A31b-2,
2-15-A31b-6, 2-15-A31b-7, 2-15-A31b-8,
2-15-A31b-9, 2-15-A31b-9, 2-15-A31b-9,
2-15-A32a-1, 2-15-A32a-1, 2-15-A32a-2,
2-15-A32a-3, 2-15-A32a-3, 2-15-A32a-4,
2-15-A32a-4, 2-15-A32a-5, 2-15-A32a-5,
2-15-A32a-5, 2-15-A32a-6, 2-15-A32a-7,
2-15-A32a-8, 2-15-A32a-10, 2-15-A32a-10,
2-15-A32b-1, 2-15-A32b-1, 2-15-A32b-2,
2-15-A32b-3, 2-15-A32b-3, 2-15-A32b-4,
2-15-A32b-5, 2-15-A32b-5, 2-15-A32b-5,
2-15-A32b-6, 2-15-A32b-6, 2-15-A32b-7,
2-15-A32b-8, 2-15-A32b-8, 2-15-A32b-9,
2-15-A32b-9, 2-15-A32b-9, 2-15-A33a-1,
2-15-A33a-1, 2-15-A33a-3, 2-15-A33a-3,
2-15-A33a-4, 2-15-A33a-4, 2-15-A33a-4,
2-15-A33a-4, 2-15-A33a-5, 2-15-A33a-5,
2-15-A33a-5, 2-15-A33a-5, 2-16-A33a-8,
2-16-A33b-2, 2-16-A33b-4, 2-16-A33b-4,
2-16-A33b-5, 2-16-A33b-6, 2-16-A33b-8,
2-16-A33b-10, 2-16-A34a-1, 2-16-A34a-1,
2-16-A34a-1, 2-16-A34a-4, 2-16-A34a-4,
2-16-A34a-7, 2-16-A34b-1, 2-16-A34b-1,
2-16-A34b-3, 2-16-A34b-4, 2-16-A34b-4,
2-16-A34b-4, 2-16-A34b-5, 2-16-A34b-6,
2-16-A34b-7, 2-16-A34b-8, 2-16-A34b-8,
2-16-A34b-9, 2-16-A34b-9, 2-16-A35a-1,
2-16-A35a-3, 2-16-A35a-5, 2-16-A35a-5,
2-16-A35a-5, 2-16-A35a-5, 2-17-A35a-9,
2-17-A35a-10, 2-17-A35b-1, 2-17-A35b-2,
2-17-A36a-1, 2-17-A36a-1, 2-17-A36a-3,
2-17-A36a-3, 2-17-A36a-3, 2-17-A36a-3,
2-17-A36a-4, 2-17-A36a-4, 2-17-A36a-6,
2-17-A36a-9, 2-17-A36a-10, 2-17-A36a-10,
2-17-A36b-1, 2-17-A36b-3, 2-17-A36b-3,
2-17-A36b-4, 2-17-A36b-5, 2-17-A36b-5,
2-17-A36b-6, 2-17-A36b-7, 2-17-A36b-7,
2-17-A36b-7, 2-17-A36b-10, 2-17-A37a-1,
2-17-A37a-1, 2-17-A37a-3, 2-17-A37a-4,
2-18-A37a-6, 2-18-A37b-1, 2-18-A37b-1,
2-18-A37b-6, 2-18-A37b-10, 2-18-A37b-10,
2-18-A38a-1, 2-18-A38a-2, 2-18-A38a-2,
2-18-A38a-2, 2-18-A38a-3, 2-18-A38a-3,
2-18-A38a-4, 2-18-A38a-6, 2-18-A38a-6,
2-18-A38a-9, 2-18-A38a-9, 2-18-A38a-10,
2-18-A38b-1, 2-18-A38b-3, 2-18-A38b-3,
2-18-A38b-5, 2-18-A38b-5, 2-18-A38b-7,
2-18-A38b-7, 2-18-A38b-8, 2-18-A38b-8,
2-18-A38b-9, 2-18-A38b-9, 2-18-A38b-9,
2-18-A39a-1, 2-18-A39a-3, 2-18-A39a-3,
2-18-A39a-4, 2-18-A39a-4, 2-19-A39a-6,
2-19-A39a-7, 2-19-A39a-9, 2-19-A39a-9,
2-19-A39b-1, 2-19-A39b-1, 2-19-A39b-4,
2-19-A39b-5, 2-19-A39b-6, 2-19-A39b-6,
2-19-A39b-6, 2-19-A39b-7, 2-19-A39b-7,
2-19-A39b-8, 2-19-A39b-9, 2-19-A39b-9,
2-19-A40a-2, 2-19-A40a-3, 2-19-A40a-5,
2-19-A40a-6, 2-19-A40a-6, 2-19-A40a-10,
2-19-A40b-2, 2-19-A40b-3, 2-19-A40b-5,
2-19-A40b-7, 2-19-A40b-7, 2-19-A40b-10,
2-19-A40b-10, 2-19-A40b-10, 2-19-A41a-1,
2-19-A41a-1, 2-19-A41a-1, 2-19-A41a-2,
2-20-A41a-5, 2-20-A41a-5, 2-20-A41a-5,
2-20-A41a-6, 2-20-A41a-7, 2-20-A41a-8,
2-20-A41a-9, 2-20-A41b-1, 2-20-A41b-1,
2-20-A41b-2, 2-20-A41b-2, 2-20-A41b-3,
2-20-A41b-3, 2-20-A41b-3, 2-20-A41b-3,
2-20-A41b-5, 2-20-A41b-6, 2-20-A41b-6,
2-20-A41b-8, 2-20-A41b-8, 2-20-A41b-9,
2-20-A41b-10, 2-20-A41b-10,

2-26-A53a-5, 2-26-A53a-6, 2-26-A53a-6,
2-26-A53a-9, 2-26-A53a-10, 2-26-A53a-10,
2-26-A53a-10, 2-26-A53a-10, 2-26-A53b-1,
2-26-A53b-1, 2-26-A53b-2, 2-26-A53b-2,
2-26-A53b-3, 2-26-A53b-3, 2-26-A53b-4,
2-26-A53b-4, 2-26-A53b-6, 2-26-A53b-6,
2-26-A53b-6, 2-26-A53b-7, 2-26-A53b-7,
2-26-A53b-8, 2-26-A53b-10, 2-26-A53b-10,
2-26-A54a-1, 2-26-A54a-2, 2-26-A54a-2,
2-26-A54a-3, 2-26-A54a-4, 2-26-A54a-4,
2-26-A54a-6, 2-26-A54a-6, 2-27-A54a-8,
2-27-A54a-8, 2-27-A54a-9, 2-27-A54a-9,
2-27-A54a-9, 2-27-A54a-10, 2-27-A54a-10,
2-27-A54a-10, 2-27-A54b-3, 2-27-A54b-3,
2-27-A54b-3, 2-27-A54b-4, 2-27-A54b-4,
2-27-A54b-5, 2-27-A54b-6, 2-27-A54b-7,
2-27-A54b-7, 2-27-A54b-7, 2-27-A54b-8,
2-27-A54b-8, 2-27-A54b-9, 2-27-A54b-9,
2-27-A54b-9, 2-27-A54b-10, 2-27-A54b-10,
2-27-A55a-2, 2-27-A55a-2, 2-27-A55a-2,
2-27-A55a-3, 2-27-A55a-7, 2-27-A55a-7,
2-27-A55a-8, 2-27-A55a-9, 2-27-A55b-2,
2-27-A55b-2, 2-27-A55b-2, 2-27-A55b-2,
2-27-A55b-3, 2-27-A55b-6, 2-27-A55b-7,
2-27-A55b-8, 2-27-A55b-9, 2-27-A56a-1,
2-27-A56a-1, 2-27-A56a-2, 2-27-A56a-2,
2-27-A56a-3, 2-28-A5-6, 2-28-A5-7,
2-28-A5-7, 2-28-A5-7, 2-28-A5-7,
2-28-A5-7, 2-28-A5-8, 2-28-A5-8,
2-28-A5-8, 2-28-A5-8, 2-28-A5-8,
2-28-A5-9, 2-28-A5-9, 2-28-A5-10,
2-28-A56b-1, 2-28-A56b-2, 2-28-A56b-3,
2-28-A56b-3, 2-28-A56b-3, 2-28-A56b-5,
2-28-A56b-5, 2-28-A56b-6, 2-28-A56b-6,
2-28-A56b-8, 2-28-A56b-8, 2-28-A56b-10,
2-28-A56b-10, 2-28-A56b-10, 2-28-A57a-1,
2-28-A57a-1, 2-28-A57a-1, 2-28-A57a-2,
2-28-A57a-2, 2-29-A57a-4, 2-29-A57a-5,
2-29-A57a-6, 2-29-A57a-6, 2-29-A57a-7,
2-29-A57a-7, 2-29-A57a-9, 2-29-A57a-9,
2-29-A57b-1, 2-29-A57b-1, 2-29-A57b-1,
2-29-A57b-2, 2-29-A57b-2, 2-29-A57b-3,
2-29-A57b-3, 2-29-A57b-3, 2-29-A57b-4,
2-29-A57b-5, 2-29-A57b-7, 2-29-A57b-7,
2-29-A57b-8, 2-29-A57b-10, 2-29-A57b-10,
2-29-A58a-1, 2-29-A58a-1, 2-29-A58a-3,
2-29-A58a-4, 2-29-A58a-4, 2-29-A58a-5,
2-29-A58a-5, 2-29-A58a-8, 2-29-A58b-2,
2-29-A58b-3, 2-29-A58b-4, 2-29-A58b-4,
2-29-A58b-6, 2-29-A58b-6, 2-29-A58b-7,
2-29-A58b-8, 2-29-A58b-9, 2-29-A58b-9,
2-29-A59a-1, 2-29-A59a-1, 2-29-A59a-4,
2-29-A59a-4, 2-29-A59a-4, 2-29-A59a-5,
2-30-A59a-9, 2-30-A59a-10, 2-30-A59b-1,
2-30-A59b-4, 2-30-A59b-4, 2-30-A59b-5,
2-30-A59b-7, 2-30-A59b-8, 2-30-A59b-8,
2-30-A59b-10, 2-30-A60a-1, 2-30-A60a-1,
2-30-A60a-2, 2-30-A60a-2, 2-30-A60a-3,
2-30-A60a-3, 2-30-A60a-6, 2-30-A60a-7,
2-30-A60a-7, 2-30-A60a-8, 2-30-A60a-10,
2-30-A60a-10, 2-30-A60b-2, 2-30-A60b-3,
2-30-A60b-3, 2-30-A60b-5, 2-30-A60b-5,
2-30-A60b-6, 2-30-A60b-6, 2-30-A60b-6,
2-30-A60b-7, 2-30-A60b-8, 2-30-A60b-10,
2-30-A60b-10, 2-31-A61a-4, 2-31-A61a-6,
2-31-A61a-7, 2-31-A61a-8, 2-31-A61a-8,
2-31-A61a-8, 2-31-A61a-10, 2-31-A61b-1,
2-31-A61b-3, 2-31-A61b-4, 2-31-A61b-4,
2-31-A61b-6, 2-31-A61b-7, 2-31-A61b-8,
2-31-A62a-1, 2-31-A62a-1, 2-31-A62a-2,
2-31-A62a-3, 2-31-A62a-9, 2-31-A62a-10,
2-31-A62a-10, 2-31-A62a-10, 2-31-A62b-1,
2-31-A62b-1, 2-31-A62b-1, 2-31-A62b-2,
2-31-A62b-2, 2-31-A62b-2, 2-31-A62b-3,
2-31-A62b-3, 2-31-A62b-5, 2-31-A62b-5,
2-31-A62b-5, 2-32-A63a-1, 2-32-A63a-2,
2-32-A63a-3, 2-32-A63a-4, 2-32-A63a-5,
2-32-A63a-5, 2-32-A63a-8, 2-32-A63a-8,
2-32-A63a-9, 2-32-A63a-10, 2-32-A63a-10,
2-32-A63b-1, 2-32-A63b-1, 2-32-A63b-1,

2-39-A76b-3, 2-39-A76b-9, 2-39-A76b-9,
2-40-A77a-1, 2-40-A77a-3, 2-40-A77a-5,
2-40-A77a-5, 2-40-A77a-8, 2-40-A77b-3,
2-40-A77b-3, 2-40-A77b-4, 2-40-A77b-6,
2-40-A77b-7, 2-40-A77b-8, 2-40-A77b-9,
2-40-A77b-10, 2-40-A78a-6, 3-1-B1a-4,
3-1-B1a-5, 3-1-B1a-7, 3-1-B1a-8,
3-1-B1a-8, 3-1-B1b-1, 3-1-B1b-9,
3-1-B1b-9, 3-1-B2a-1, 3-2-B2a-5,
3-2-B2a-7, 3-2-B2a-9, 3-2-B2a-10,
3-2-B2b-2, 3-2-B2b-4, 3-2-B2b-4,
3-2-B2b-7, 3-2-B2b-7, 3-2-B2b-8,
3-2-B2b-9, 3-3-B3a-1, 3-3-B3a-1,
3-3-B3a-2, 3-3-B3a-2, 3-3-B3a-3,
3-3-B3a-4, 3-3-B3a-5, 3-3-B3a-5,
3-3-B3a-8, 3-3-B3a-8, 3-3-B3a-9,
3-3-B3a-10, 3-3-B3b-5, 3-3-B3b-6,
3-3-B3b-6, 3-4-B3b-9, 3-4-B3b-9,
3-4-B4a-1, 3-4-B4a-2, 3-4-B4a-2,
3-4-B4a-3, 3-4-B4a-3, 3-4-B4a-3,
3-4-B4a-6, 3-4-B4a-8, 3-4-B4a-8,
3-4-B4a-10, 3-4-B4b-1, 3-4-B4b-3,
3-4-B4b-3, 3-4-B4b-3, 3-4-B4b-5,
3-4-B4b-7, 3-4-B4b-7, 3-4-B4b-9,
3-4-B4b-9, 3-4-B4b-9, 3-4-B4b-9,
3-4-B4b-10, 3-4-B4b-10, 3-5-B5a-4,
3-5-B5a-5, 3-5-B5a-5, 3-5-B5b-4,
3-5-B5b-4, 3-5-B5b-8, 3-5-B6a-2,
3-5-B6a-2, 3-5-B6a-3, 3-6-B6a-6,
3-6-B6b-5, 3-6-B6b-6, 3-6-B6b-7,
3-6-B6b-9, 3-6-B6b-10, 3-6-B7a-1,
3-6-B7a-2, 3-6-B7a-5, 3-6-B7a-5,
3-6-B7a-6, 3-7-B7a-8, 3-7-B7a-9,
3-7-B7b-1, 3-7-B7b-3, 3-7-B7b-4,
3-7-B7b-5, 3-7-B8a-6, 3-7-B8a-7,
3-7-B8a-10, 3-7-B8a-10, 3-7-B8b-1,
3-7-B8b-2, 3-7-B8b-5, 3-7-B8b-5,
3-7-B8b-6, 3-7-B8b-7, 3-8-B9a-2,
3-8-B9b-1, 3-8-B9b-5, 3-8-B9b-6,
3-8-B9b-7, 3-8-B9b-10, 3-8-B9b-10,
3-8-B10a-2, 3-9-B10a-4, 3-9-B10a-9,
3-9-B10b-6, 3-9-B11a-2, 3-9-B11a-3,
3-9-B11a-4, 3-10-B11b-1, 3-10-B11b-4,
3-10-B11b-5, 3-10-B11b-5, 3-10-B11b-7,
3-10-B11b-7, 3-10-B11b-8, 3-10-B12a-1,
3-10-B12a-3, 3-10-B12a-5, 3-10-B12a-8,
3-10-B12a-8, 3-10-B12b-1, 3-10-B12b-1,
3-10-B12b-3, 3-10-B12b-4, 3-10-B12b-5,
3-10-B12b-6, 3-11-B13a-8, 3-11-B13b-8,
3-11-B13b-10, 3-11-B14a-4, 3-12-B14a-6,
3-12-B14a-6, 3-12-B14a-6, 3-12-B14a-6,
3-12-B14a-8, 3-12-B14a-9, 3-12-B14a-9,
3-12-B14b-3, 3-12-B15a-2, 3-12-B15a-2,
3-12-B15a-3, 3-12-B15a-4, 3-12-B15a-6,
3-13-B15a-9, 3-13-B15a-10, 3-13-B15b-1,
3-13-B15b-3, 3-13-B15b-4, 3-13-B15b-7,
3-13-B15b-8, 3-13-B16a-1, 3-13-B16a-2,
3-13-B16a-4, 3-13-B16a-4, 3-14-B16b-2,
3-14-B16b-2, 3-14-B16b-3, 3-14-B16b-4,
3-14-B16b-4, 3-14-B16b-7, 3-14-B17a-1,
3-14-B17a-2, 3-14-B17a-3, 3-14-B17a-3,
3-14-B17a-3, 3-14-B17a-4, 3-14-B17a-4,
3-14-B17a-4, 3-14-B17a-5, 3-14-B17a-5,
3-14-B17a-7, 3-14-B17a-7, 3-14-B17a-8,
3-14-B17a-9, 3-14-B17a-10, 3-14-B17b-2,
3-14-B17b-2, 3-15-B17b-5, 3-15-B17b-5,
3-15-B17b-5, 3-15-B17b-7, 3-15-B17b-7,
3-15-B17b-9, 3-15-B18a-1, 3-15-B18a-1,
3-15-B18a-2, 3-15-B18a-2, 3-15-B18a-2,
3-15-B18a-2, 3-15-B18a-3, 3-15-B18a-6,
3-15-B18a-7, 3-15-B18a-8, 3-15-B18a-9,
3-15-B18a-9, 3-15-B18a-10, 3-15-B18a-10,
3-15-B18b-2, 3-15-B18b-2, 3-15-B18b-3,
3-15-B18b-3, 3-15-B18b-5, 3-15-B18b-7,
3-15-B18b-8, 3-15-B19a-1, 3-15-B19a-2,
3-15-B19a-2, 3-15-B19a-2, 3-16-B19a-6,
3-16-B19a-6, 3-16-B19a-7, 3-16-B19a-10,
3-16-B19b-3, 3-16-B19b-3, 3-16-B19b-6,
3-16-B19b-7, 3-16-B19b-8, 3-16-B20a-2,
3-16-B20a-3, 3-16-B20a-3, 3-16-B20a-5,

4-9-B41b-6, 4-9-B42a-5, 4-9-B42b-10, 4-9-B43a-1, 4-9-B43a-1, 4-9-B43a-2, 4-13-B47b-3, 4-15-B50a-6, 4-16-B51a-3, 4-17-B52b-4, 4-18-B54a-8, 4-19-B55b-7, 4-20-B57a-1, 4-20-B57a-4
兩（CL）：82 2-6-A17b-7, 2-8-A20a-4, 2-8-A20a-4, 2-8-A20a-6, 2-9-A21a-9, 2-9-A21b-9, 2-9-A21b-10, 2-9-A21b-10, 2-10-A23a-7, 2-10-A23a-7, 2-10-A23a-10, 2-16-A33b-3, 2-16-A33b-4, 2-16-A34b-2, 2-16-A34b-5, 2-16-A34b-8, 2-17-A36b-6, 2-17-A36b-7, 2-20-A41b-8, 2-20-A41b-10, 2-22-A44a-3, 2-22-A44b-6, 2-22-A45a-3, 2-22-A45a-6, 2-23-A45b-6, 2-23-A45b-7, 2-23-A45b-9, 2-23-A45b-10, 2-23-A4-1, 2-23-A46b-1, 2-23-A47a-7, 2-27-A54b-5, 2-27-A54b-10, 2-27-A55a-1, 2-27-A55a-2, 2-27-A55a-4, 2-27-A55a-5, 2-27-A55a-5, 2-27-A55a-10, 2-28-A56b-7, 2-28-A56b-7, 2-30-A59b-2, 2-30-A59b-7, 2-30-A60a-1, 2-31-A61b-2, 2-31-A61b-4, 2-31-A62a-2, 2-31-A62a-7, 2-31-A62a-9, 2-31-A62b-3, 2-31-A62b-4, 2-32-A63b-5, 2-32-A63b-5, 2-32-A64a-7, 2-32-A64a-10, 2-33-A66a-7, 2-33-A66a-7, 2-35-A69a-2, 2-36-A70b-3, 2-36-A70b-4, 2-36-A70b-6, 2-36-A70b-6, 2-36-A70b-7, 2-36-A71b-3, 2-36-A71b-4, 2-36-A71b-5, 2-36-A71b-6, 2-39-A76b-6, 4-9-B41a-6, 4-9-B41a-7, 4-9-B41a-8, 4-9-B41a-9, 4-9-B41a-9, 4-9-B42a-4, 4-9-B42a-5, 4-10-B43b-8, 4-10-B43b-10, 4-10-B43b-10, 4-10-B44a-9, 4-10-B44b-10, 4-19-B55a-3, 4-19-B55a-4
兩邊兒：1 3-10-B12b-7
兩三：3 1-20-A5b-4, 2-23-A4-9, 2-26-A52b-2
兩下：2 4-18-B53b-7, 4-19-B55b-5
兩下兒：1 1-26-A7a-1
兩下裏：1 2-27-A54b-5
兩袖清風：1 2-22-A44b-2
兩樣兒：2 3-2-B2a-4, 3-19-B23b-7
兩造：4 2-19-A40b-4, 4-6-B37a-4, 4-8-B40a-5, 4-8-B40a-8
亮：4 1-25-A6b-6, 2-25-A50b-6, 2-26-A53b-3, 2-28-A56b-8
晾：1 3-10-B11b-6
晾晾：1 3-10-B11b-4
輛：11 2-28-A56b-10, 2-29-A57a-6, 2-29-A57a-6, 2-29-A58a-9, 2-29-A58a-9, 2-29-A58b-1, 2-29-A58b-2, 2-29-A58b-9, 2-29-A58b-10, 3-8-B9b-10, 3-18-B22a-9
了不得：8 2-19-A40a-4, 2-22-A45a-4, 2-26-A53a-1, 2-26-A53a-7, 2-29-A58b-8, 2-31-A61a-9, 3-16-B19a-8, 4-15-B49b-7
了空（PN）：1 1-31-A8a-2
了手（liao）：1 1-33-A8b-3
聊盡：1 4-14-B48b-6
料：1 4-8-B39b-5
料理：1 4-1-B28b-8
咧：1 2-39-A75a-5
咧咧：1 2-40-A78a-6
列：1 4-5-B33a-4
列位：2 4-2-B29a-4, 4-2-B29a-6
攂：1 3-14-B17a-10
隣：1 2-12-A26a-8
鄰封：2 2-38-A74a-10, 2-38-A74b-2
臨江府（PN）：1 2-35-A68a-7
臨街：1 2-29-A57b-2
臨近：1 2-29-A57b-1
臨時：1 4-11-B45b-7
臨睡：1 3-7-B8b-3
臨死：1 2-16-A34b-1
零：3 3-12-B15a-1, 3-12-B15a-4, 3-12-B15a-5
零兒：1 3-12-B15a-2
零碎：4 2-4-A16a-8, 2-12-A26b-2, 2-21-A42b-5, 3-9-B10b-2
零碎兒：1 3-17-B20b-6
零要：2 3-11-B13a-2, 3-11-B13a-4
靈：1 3-7-B7b-10
領：3 2-10-A23b-4, 2-10-A23b-8, 4-5-B34a-9
領（～去）：1 2-30-A60b-8

M

N

2-21-A43a-5, 2-21-A43a-7, 2-21-A43b-3,
2-22-A43b-9, 2-22-A44a-4, 2-22-A44a-7,
2-22-A44b-8, 2-22-A45a-5, 2-22-A45a-6,
2-22-A45a-8, 2-22-A45a-10, 2-23-A45b-2,
2-23-A45b-3, 2-23-A45b-3, 2-23-A45b-5,
2-23-A45b-7, 2-23-A45b-8, 2-23-A45b-9,
2-23-A45b-10, 2-23-A45b-10, 2-23-A4-5,
2-23-A4-6, 2-23-A4-7, 2-23-A4-7,
2-23-A4-8, 2-23-A46b-1, 2-23-A46b-3,
2-23-A46b-5, 2-23-A46b-5, 2-23-A46b-7,
2-23-A47a-3, 2-23-A47a-8, 2-24-A47b-9,
2-24-A48a-1, 2-24-A48a-6, 2-24-A48a-10,
2-24-A48b-1, 2-24-A48b-2, 2-24-A49a-5,
2-24-A49a-7, 2-24-A49a-8, 2-25-A50a-1,
2-25-A50a-5, 2-25-A51a-1, 2-25-A51a-5,
2-25-A51a-7, 2-25-A51b-1, 2-25-A51b-3,
2-25-A51b-4, 2-25-A51b-7, 2-26-A52a-2,
2-26-A52a-3, 2-26-A52a-5, 2-26-A52b-5,
2-26-A52b-5, 2-26-A52b-6, 2-26-A52b-9,
2-26-A53a-5, 2-26-A53a-5, 2-26-A53a-6,
2-26-A53a-8, 2-26-A53b-1, 2-26-A53b-1,
2-26-A53b-2, 2-26-A53b-3, 2-26-A53b-4,
2-26-A53b-6, 2-26-A53b-7, 2-26-A53b-8,
2-26-A53b-9, 2-26-A54a-1, 2-26-A54a-2,
2-26-A54a-5, 2-27-A54b-1, 2-27-A54b-3,
2-27-A54b-6, 2-27-A54b-8, 2-27-A55a-1,
2-27-A55a-3, 2-27-A55a-4, 2-27-A55a-4,
2-27-A55a-8, 2-27-A55b-3, 2-27-A56a-3,
2-28-A56b-5, 2-28-A56b-9, 2-28-A56b-9,
2-29-A57a-7, 2-29-A57b-1, 2-29-A57b-6,
2-29-A57b-7, 2-29-A57b-10, 2-29-A58a-2,
2-29-A58a-4, 2-29-A58a-5, 2-29-A58a-6,
2-29-A58a-7, 2-29-A58a-7, 2-29-A58a-8,
2-29-A58a-9, 2-29-A58a-9, 2-29-A58b-3,
2-29-A58b-3, 2-29-A58b-5, 2-29-A58b-7,
2-29-A58b-7, 2-29-A59a-4, 2-30-A59a-7,
2-30-A60a-6, 2-30-A60a-7, 2-30-A60a-8,
2-30-A60a-8, 2-30-A60b-2, 2-30-A60b-3,
2-30-A60b-3, 2-30-A60b-3, 2-30-A60b-5,
2-30-A60b-8, 2-30-A61a-1, 2-30-A61a-1,
2-31-A61a-7, 2-31-A61a-8, 2-31-A61b-3,
2-31-A61b-5, 2-31-A61b-6, 2-31-A61b-7,
2-31-A61b-8, 2-31-A61b-8, 2-31-A62a-3,
2-31-A62a-4, 2-31-A62a-5, 2-31-A62a-5,
2-31-A62a-6, 2-31-A62a-9, 2-31-A62a-10,
2-31-A62a-10, 2-31-A62b-1, 2-31-A62b-2,
2-31-A62b-3, 2-31-A62b-4, 2-31-A62b-5,
2-31-A62b-5, 2-32-A62b-10, 2-32-A63a-2,
2-32-A63a-3, 2-32-A63a-5, 2-32-A63a-6,
2-32-A63b-1, 2-32-A63b-4, 2-32-A63b-6,
2-32-A63b-7, 2-32-A63b-8, 2-32-A63b-8,
2-32-A63b-9, 2-32-A63b-10, 2-32-A64a-2,
2-32-A64a-5, 2-32-A64a-6, 2-32-A64a-6,
2-32-A64a-7, 2-32-A64a-7, 2-32-A64a-8,
2-32-A64a-8, 2-32-A64b-1, 2-32-A64b-2,
2-33-A64b-6, 2-33-A65a-3, 2-33-A65a-4,
2-33-A65a-5, 2-33-A65a-6, 2-33-A66a-1,
2-33-A66a-4, 2-33-A66a-8, 2-33-A66b-4,
2-34-A67b-1, 2-35-A68a-2, 2-35-A68a-3,
2-35-A68a-5, 2-35-A68a-6, 2-35-A68b-4,
2-35-A68b-8, 2-35-A68b-10, 2-36-A69b-8,
2-36-A69b-9, 2-36-A69b-10, 2-36-A69b-10,
2-36-A70a-1, 2-36-A70a-2, 2-36-A70a-6,
2-36-A70a-6, 2-36-A70a-7, 2-36-A70a-7,
2-36-A70a-9, 2-36-A70a-10, 2-36-A70b-1,
2-36-A70b-1, 2-36-A70b-4, 2-36-A70b-5,
2-36-A70b-7, 2-36-A70b-9, 2-36-A70b-10,
2-36-A71a-1, 2-36-A71a-3, 2-36-A71a-5,
2-36-A71a-5, 2-36-A71a-7, 2-36-A71a-7,
2-36-A71a-9, 2-36-A71a-9, 2-36-A71a-10,
2-36-A71a-10, 2-36-A71b-1, 2-36-A71b-2,
2-36-A71b-3, 2-36-A71b-3, 2-36-A71b-4,
2-36-A71b-5, 2-36-A71b-5, 2-36-A71b-6,
2-36-A71b-7, 2-36-A71b-9, 2-36-A71b-9,
2-36-A71b-9, 2-37-A72a-8, 2-37-A72a-9,
2-37-A72a-10, 2-37-A72b-1, 2-37-A72b-1,
2-37-A72b-2, 2-37-A72b-3, 2-37-A72b-4,
2-37-A72b-6, 2-37-A72b-6, 2-37-A72b-7,
2-37-A72b-9, 2-37-A72b-10, 2-37-A72b-10,
2-37-A73a-3, 2-37-A73a-10, 2-38-A73b-5,

O

P

Q

R

S

1-42-A10b-4, 1-44-A10b-10, 1-44-A11a-2, 2-1-A12a-4, 2-1-A12a-5, 2-1-A12a-5, 2-1-A12a-5, 2-1-A12a-6, 2-1-A12a-6, 2-1-A12a-7, 2-1-A12a-7, 2-1-A12b-9, 2-1-A12b-10, 2-1-A13a-1, 2-1-A13a-2, 2-1-A13a-3, 2-1-A13a-4, 2-1-A13a-5, 2-1-A13a-6, 2-1-A13a-7, 2-1-A13a-7, 2-1-A13a-8, 2-1-A13a-8, 2-1-A13a-10, 2-1-A13a-10, 2-1-A13b-1, 2-1-A13b-3, 2-2-A13b-6, 2-2-A13b-7, 2-2-A13b-8, 2-2-A13b-8, 2-2-A14a-1, 2-2-A14a-3, 2-2-A14a-3, 2-2-A14a-4, 2-2-A14a-5, 2-2-A14a-5, 2-2-A14a-6, 2-2-A14a-7, 2-2-A14a-8, 2-2-A14a-10, 2-2-A14b-2, 2-2-A14b-2, 2-2-A14b-3, 2-2-A14b-5, 2-2-A14b-5, 2-2-A14b-6, 2-2-A14b-6, 2-2-A14b-8, 2-2-A14b-8, 2-2-A14b-9, 2-2-A14b-10, 2-2-A15a-1, 2-2-A15a-4, 2-3-A15a-6, 2-3-A15a-6, 2-3-A15a-7, 2-3-A15a-8, 2-3-A15a-9, 2-3-A15a-10, 2-3-A15a-10, 2-3-A15b-1, 2-3-A15b-1, 2-3-A15b-2, 2-3-A15b-3, 2-3-A15b-3, 2-3-A15b-3, 2-3-A15b-4, 2-3-A15b-4, 2-3-A15b-5, 2-3-A15b-6, 2-3-A15b-9, 2-4-A16a-4, 2-4-A16a-4, 2-4-A16a-10, 2-4-A16b-1, 2-4-A16b-2, 2-5-A16b-8, 2-5-A16b-8, 2-5-A16b-9, 2-5-A16b-10, 2-5-A16b-10, 2-5-A16b-10, 2-5-A17a-1, 2-5-A17a-1, 2-5-A17a-2, 2-5-A17a-2, 2-5-A17a-3, 2-5-A17a-6, 2-6-A17b-2, 2-6-A17b-2, 2-6-A17b-2, 2-6-A17b-3, 2-6-A17b-3, 2-6-A17b-4, 2-6-A17b-7, 2-6-A17b-7, 2-6-A17b-8, 2-6-A18a-5, 2-6-A18a-6, 2-7-A18a-10, 2-7-A18a-10, 2-7-A18b-2, 2-7-A18b-2, 2-7-A18b-5, 2-7-A18b-5, 2-7-A18b-5, 2-7-A18b-6, 2-7-A18b-8, 2-7-A18b-8, 2-7-A19a-1, 2-7-A19a-6, 2-7-A19a-10, 2-8-A19b-1, 2-8-A19b-2, 2-8-A19b-5, 2-8-A19b-5, 2-8-A19b-6, 2-8-A19b-7, 2-8-A20a-2, 2-8-A20a-3, 2-8-A20a-5, 2-8-A20a-8, 2-8-A20b-1, 2-8-A20b-4, 2-8-A20b-7, 2-8-A20b-9, 2-9-A21a-3, 2-9-A21a-4, 2-9-A21a-5, 2-9-A21a-6, 2-9-A21a-8, 2-9-A21a-8, 2-9-A21a-8, 2-9-A21a-9, 2-9-A21a-10, 2-9-A21a-10, 2-9-A21b-1, 2-9-A21b-2, 2-9-A21b-3, 2-9-A21b-3, 2-9-A21b-4, 2-9-A21b-4, 2-9-A21b-6, 2-9-A21b-7, 2-9-A21b-8, 2-9-A21b-10, 2-9-A22a-1, 2-9-A22a-3, 2-9-A22a-4, 2-9-A22a-4, 2-9-A22a-5, 2-9-A22a-7, 2-10-A22b-7, 2-10-A23a-2, 2-10-A23a-4, 2-10-A23a-9, 2-10-A23b-4, 2-10-A23b-4, 2-10-A23b-9, 2-10-A24a-2, 2-11-A24a-4, 2-11-A24a-4, 2-11-A24a-7, 2-11-A24a-7, 2-11-A24a-8, 2-11-A24b-1, 2-11-A24b-5, 2-11-A24b-5, 2-11-A24b-5, 2-11-A24b-6, 2-11-A24b-7, 2-11-A24b-7, 2-11-A24b-8, 2-11-A24b-8, 2-11-A24b-8, 2-11-A24b-9, 2-11-A24b-10, 2-11-A25a-1, 2-11-A25a-4, 2-11-A25a-4, 2-11-A25a-5, 2-11-A25a-5, 2-11-A25b-2, 2-11-A25b-2, 2-11-A25b-7, 2-12-A26a-4, 2-12-A26a-7, 2-12-A26a-8, 2-12-A26a-8, 2-12-A26a-9, 2-12-A26a-9, 2-12-A26b-1, 2-12-A26b-4, 2-12-A26b-7, 2-12-A26b-8, 2-12-A26b-9, 2-12-A26b-10, 2-12-A27a-2, 2-12-A27a-3, 2-12-A27a-3, 2-12-A27a-4, 2-12-A27a-4, 2-12-A27a-4, 2-12-A27a-5, 2-12-A27a-5, 2-12-A27a-6, 2-12-A27a-7, 2-12-A27a-7, 2-12-A27a-7, 2-12-A27a-8, 2-12-A27a-9, 2-12-A27a-9, 2-12-A27a-9, 2-12-A27b-1, 2-12-A27b-1, 2-12-A27b-2, 2-13-A27b-4, 2-13-A27b-4, 2-13-A27b-5, 2-13-A27b-5, 2-13-A27b-6, 2-13-A27b-7, 2-13-A27b-8, 2-13-A27b-9, 2-13-A27b-9, 2-13-A27b-10, 2-13-A28a-4, 2-13-A28a-5, 2-13-A28a-5, 2-13-A28a-6, 2-13-A28a-8, 2-13-A28a-9, 2-13-A28b-1, 2-13-A28b-1, 2-13-A28b-3, 2-13-A28b-6, 2-13-A28b-7, 2-13-A28b-8, 2-13-A29a-3,

2-30-A59b-5, 2-30-A59b-8, 2-30-A60a-2,
2-30-A60a-8, 2-30-A60a-9, 2-30-A60b-7,
2-30-A60b-7, 2-30-A60b-9, 2-30-A61a-2,
2-31-A61a-6, 2-31-A61b-9, 2-31-A61b-10,
2-31-A62a-1, 2-31-A62a-5, 2-31-A62a-5,
2-31-A62a-8, 2-31-A62b-4, 2-32-A62b-8,
2-32-A62b-8, 2-32-A62b-9, 2-32-A62b-9,
2-32-A62b-10, 2-32-A63a-5, 2-32-A63a-5,
2-32-A63a-6, 2-32-A63a-6, 2-32-A63b-4,
2-32-A63b-6, 2-32-A63b-8, 2-32-A64a-7,
2-32-A64a-8, 2-32-A64b-3, 2-33-A64b-7,
2-33-A64b-7, 2-33-A64b-8, 2-33-A65a-3,
2-33-A65a-4, 2-33-A65a-8, 2-33-A65a-9,
2-33-A65a-9, 2-33-A65a-10, 2-33-A65b-1,
2-33-A65b-5, 2-33-A65b-6, 2-33-A66a-2,
2-33-A66a-8, 2-33-A66b-1, 2-33-A66b-3,
2-33-A66b-3, 2-33-A66b-3, 2-34-A66b-8,
2-34-A66b-8, 2-34-A66b-9, 2-34-A66b-10,
2-34-A67a-2, 2-34-A67a-3, 2-34-A67a-4,
2-34-A67a-5, 2-34-A67a-6, 2-34-A67a-9,
2-34-A67a-10, 2-34-A67b-1, 2-34-A67b-2,
2-35-A67b-10, 2-35-A68a-1, 2-35-A68a-5,
2-35-A68a-5, 2-35-A68a-7, 2-35-A68b-1,
2-35-A68b-4, 2-35-A68b-5, 2-35-A68b-8,
2-35-A68b-9, 2-35-A68b-9, 2-35-A69a-1,
2-35-A69a-7, 2-35-A69a-9, 2-35-A69b-5,
2-36-A70a-5, 2-36-A70a-8, 2-36-A70a-10,
2-36-A70b-2, 2-36-A70b-6, 2-36-A70b-9,
2-36-A70b-10, 2-36-A71a-2, 2-36-A71a-10,
2-36-A71b-1, 2-36-A71b-1, 2-36-A71b-1,
2-36-A71b-3, 2-36-A71b-3, 2-36-A71b-4,
2-36-A71b-5, 2-36-A71b-6, 2-36-A71b-6,
2-36-A71b-6, 2-37-A72a-4, 2-37-A72a-5,
2-37-A72a-6, 2-37-A72a-8, 2-37-A72a-10,
2-37-A72a-10, 2-37-A72b-1, 2-37-A72b-3,
2-37-A72b-4, 2-37-A72b-4, 2-37-A72b-6,
2-37-A72b-7, 2-37-A72b-8, 2-37-A72b-9,
2-37-A72b-10, 2-37-A73a-1, 2-37-A73a-1,
2-37-A73a-4, 2-37-A73a-4, 2-37-A73a-5,
2-37-A73a-6, 2-37-A73a-7, 2-37-A73a-7,
2-37-A73a-8, 2-37-A73a-8, 2-37-A73a-8,
2-37-A73a-10, 2-38-A73b-3, 2-38-A73b-9,
2-38-A73b-10, 2-38-A74a-5, 2-38-A74a-6,
2-38-A74b-1, 2-38-A74b-4, 2-38-A74b-6,
2-38-A74b-6, 2-39-A75a-2, 2-39-A75a-4,
2-39-A75a-8, 2-39-A75b-1, 2-39-A75b-7,
2-39-A76a-9, 2-39-A76a-10, 2-39-A76b-1,
2-39-A76b-4, 2-40-A77a-2, 2-40-A77a-3,
2-40-A77a-4, 2-40-A77a-5, 2-40-A77a-6,
2-40-A77a-7, 2-40-A77a-7, 2-40-A77a-7,
2-40-A77a-8, 2-40-A77a-9, 2-40-A77a-9,
2-40-A77a-10, 2-40-A77b-1, 2-40-A77b-1,
2-40-A77b-2, 2-40-A77b-4, 2-40-A77b-4,
2-40-A77b-5, 2-40-A77b-5, 2-40-A77b-6,
2-40-A77b-7, 2-40-A77b-8, 2-40-A77b-9,
2-40-A77b-9, 2-40-A78a-1, 2-40-A78a-2,
2-40-A78a-2, 2-40-A78a-5, 2-40-A78a-6,
3-1-B1a-3, 3-1-B1a-5, 3-1-B1a-6,
3-1-B1a-7, 3-1-B1a-8, 3-1-B1a-9,
3-1-B1a-9, 3-1-B1b-1, 3-1-B1b-2,
3-1-B1b-3, 3-1-B1b-4, 3-1-B1b-5,
3-2-B2a-3, 3-2-B2a-3, 3-2-B2a-3,
3-2-B2a-6, 3-2-B2a-8, 3-2-B2b-1,
3-2-B2b-6, 3-2-B2b-7, 3-2-B2b-9,
3-3-B3a-3, 3-3-B3a-4, 3-3-B3a-8,
3-3-B3a-8, 3-3-B3a-9, 3-3-B3a-9,
3-3-B3a-10, 3-3-B3b-2, 3-3-B3b-4,
3-3-B3b-4, 3-3-B3b-7, 3-4-B3b-10,
3-4-B4a-2, 3-4-B4a-4, 3-4-B4a-5,
3-4-B4a-7, 3-4-B4a-7, 3-4-B4a-7,
3-4-B4a-7, 3-4-B4a-9, 3-4-B4a-9,
3-4-B4a-10, 3-4-B4b-1, 3-4-B4b-2,
3-4-B4b-2, 3-4-B4b-2, 3-4-B4b-3,
3-4-B4b-3, 3-4-B4b-4, 3-4-B4b-5,
3-4-B4b-6, 3-5-B5a-3, 3-5-B5a-5,
3-5-B5a-6, 3-5-B5a-7, 3-5-B5a-7,
3-5-B5a-8, 3-5-B5a-9, 3-5-B5a-9,
3-5-B5b-1, 3-5-B5b-4, 3-5-B5b-4,
3-5-B5b-5, 3-5-B5b-7, 3-5-B5b-8,
3-5-B6a-1, 3-5-B6a-4, 3-6-B6a-7,

2-33-A65a-6, 2-33-A65a-8, 2-33-A65b-1, 2-33-A65b-2, 2-33-A65b-3, 2-33-A65b-4, 2-33-A65b-5, 2-33-A65b-6, 2-33-A65b-9, 2-33-A66a-2, 2-33-A66a-3, 2-33-A66a-3, 2-33-A66a-4, 2-33-A66a-5, 2-33-A66a-8, 2-33-A66a-9, 2-33-A66b-1, 2-33-A66b-2, 2-34-A66b-10, 2-34-A67a-3, 2-34-A67a-9, 2-34-A67b-1, 2-34-A67b-2, 2-35-A68a-2, 2-35-A68a-6, 2-35-A68a-10, 2-35-A68b-4, 2-35-A68b-5, 2-35-A68b-10, 2-35-A69a-8, 2-35-A69a-9, 2-35-A69b-1, 2-35-A69b-2, 2-36-A69b-9, 2-36-A70a-2, 2-36-A70a-3, 2-36-A70a-4, 2-36-A70a-5, 2-36-A70a-8, 2-36-A70b-2, 2-36-A70b-2, 2-36-A70b-4, 2-36-A70b-9, 2-36-A71a-3, 2-36-A71a-7, 2-36-A71a-9, 2-36-A71a-10, 2-36-A71b-4, 2-36-A71b-5, 2-36-A71b-7, 2-37-A72a-6, 2-37-A72a-8, 2-37-A72a-10, 2-37-A72a-10, 2-37-A72b-4, 2-37-A72b-7, 2-37-A72b-8, 2-37-A72b-9, 2-37-A72b-10, 2-37-A73a-1, 2-37-A73a-1, 2-37-A73a-3, 2-37-A73a-5, 2-37-A73a-8, 2-37-A73a-8, 2-38-A73b-9, 2-38-A74a-2, 2-38-A74a-2, 2-38-A74a-5, 2-38-A74a-7, 2-39-A75a-10, 2-39-A75a-10, 2-39-A75b-1, 2-39-A75b-2, 2-39-A75b-5, 2-39-A75b-7, 2-39-A75b-8, 2-39-A75b-9, 2-39-A75b-9, 2-39-A76a-1, 2-39-A76a-2, 2-39-A76a-2, 2-39-A76a-3, 2-39-A76a-4, 2-39-A76a-5, 2-39-A76a-5, 2-39-A76a-5, 2-39-A76a-7, 2-39-A76b-1, 2-39-A76b-3, 2-40-A77a-6, 2-40-A77a-7, 2-40-A77a-9, 2-40-A78a-4, 3-1-B1a-8, 3-2-B2a-7, 3-3-B3b-1, 3-4-B3b-9, 3-5-B5b-2, 3-6-B6a-6, 3-7-B7a-8, 3-7-B7b-10, 3-7-B8b-2, 3-7-B8b-3, 3-7-B8b-4, 3-8-B9a-5, 3-8-B9b-3, 3-8-B9b-3, 3-9-B11a-2, 3-10-B11b-6, 3-10-B12a-2, 3-11-B12b-10, 3-12-B14b-6, 3-13-B15a-10, 3-13-B15a-10, 3-13-B15b-2, 3-14-B17a-10, 3-14-B17a-10, 3-15-B17b-6, 3-15-B17b-10, 3-15-B18a-5, 3-15-B18b-4, 3-15-B18b-8, 3-16-B19b-7, 3-18-B22b-1, 3-18-B22b-6, 3-18-B22b-10, 3-20-B24b-1, 3-20-B24b-10, 3-20-B25a-10, 3-20-B25b-6, 4-1-B27a-6, 4-1-B27a-7, 4-1-B27b-2, 4-1-B27b-4, 4-1-B27b-7, 4-1-B27b-8, 4-1-B28a-1, 4-1-B28a-3, 4-1-B28a-4, 4-1-B28a-9, 4-1-B28b-1, 4-3-B30a-5, 4-3-B30b-1, 4-3-B30b-4, 4-3-B30b-6, 4-3-B30b-10, 4-3-B31a-6, 4-3-B31a-7, 4-3-B31a-9, 4-3-B31b-5, 4-5-B33b-6, 4-5-B33b-10, 4-5-B33b-10, 4-5-B34a-1, 4-5-B34b-7, 4-5-B35a-6, 4-6-B35a-10, 4-6-B35b-4, 4-6-B35b-6, 4-6-B35b-10, 4-6-B36a-7, 4-6-B36a-8, 4-6-B36b-1, 4-6-B36b-6, 4-7-B37b-8, 4-7-B38a-1, 4-7-B38a-9, 4-8-B39a-4, 4-8-B39a-5, 4-8-B39a-8, 4-8-B39a-9, 4-8-B39b-8, 4-8-B39b-10, 4-9-B41a-7, 4-9-B41b-1, 4-9-B41b-4, 4-9-B42a-2, 4-9-B42a-7, 4-9-B42b-2, 4-9-B42b-5, 4-9-B43a-4, 4-9-B43a-5, 4-9-B43a-5, 4-10-B43b-7, 4-10-B44a-5, 4-10-B44a-8, 4-10-B44b-7, 4-13-B47b-7, 4-13-B47b-10, 4-14-B48b-10, 4-16-B51a-3, 4-17-B52b-1, 4-17-B53a-4, 4-18-B53b-2, 4-18-B53b-4, 4-18-B54a-6, 4-19-B54b-9, 4-19-B55a-6, 4-19-B55a-7, 4-19-B55a-9, 4-19-B55b-2, 4-19-B55b-9, 4-20-B57a-1

說（～話）：1　2-9-A21a-6

說（聽～）：2　2-11-A24a-5, 2-16-A34b-9

說合：13　2-19-A39a-7, 2-19-A39a-7, 2-19-A40b-4, 2-19-A40b-6, 2-19-A40b-7, 2-19-A40b-7, 2-19-A40b-8, 2-27-A54b-4, 4-19-B55a-1, 4-19-B55a-1, 4-19-B55b-5, 4-19-B55b-5, 4-19-B55b-6

說合不了：1　2-19-A40b-5

說合說合：1　2-19-A39a-10

說話：7　1-6-A2a-9, 1-11-A3b-2, 1-15-A4a-8, 1-15-A4a-9, 1-15-A4a-10, 1-16-A4b-3, 4-5-B33b-7

T

2-16-A33b-7, 2-16-A33b-7, 2-16-A33b-8,
2-16-A34a-3, 2-16-A34a-4, 2-16-A34a-5,
2-16-A34a-7, 2-16-A34a-7, 2-16-A34a-8,
2-16-A34a-9, 2-16-A34a-9, 2-16-A34a-10,
2-16-A34a-10, 2-16-A34b-1, 2-16-A34b-3,
2-16-A34b-4, 2-16-A34b-4, 2-16-A34b-5,
2-16-A34b-6, 2-16-A34b-6, 2-16-A34b-7,
2-16-A34b-7, 2-16-A34b-8, 2-16-A34b-8,
2-16-A34b-9, 2-16-A34b-10, 2-16-A35a-1,
2-16-A35a-5, 2-17-A35a-7, 2-17-A35a-8,
2-17-A35a-8, 2-17-A35a-8, 2-17-A35a-9,
2-17-A35a-10, 2-17-A35b-3, 2-17-A35b-3,
2-17-A35b-4, 2-17-A35b-4, 2-17-A35b-4,
2-17-A35b-5, 2-17-A35b-6, 2-17-A35b-7,
2-17-A35b-7, 2-17-A35b-8, 2-17-A35b-8,
2-17-A35b-9, 2-17-A35b-9, 2-17-A35b-10,
2-17-A35b-10, 2-17-A35b-10, 2-17-A36a-1,
2-17-A36a-1, 2-17-A36a-2, 2-17-A36a-2,
2-17-A36a-3, 2-17-A36a-3, 2-17-A36a-4,
2-17-A36a-4, 2-17-A36a-7, 2-17-A36a-7,
2-17-A36a-8, 2-17-A36a-8, 2-17-A36a-8,
2-17-A36a-9, 2-17-A36a-10, 2-17-A36a-10,
2-17-A36a-10, 2-17-A36b-1, 2-17-A36b-1,
2-17-A36b-2, 2-17-A36b-3, 2-17-A36b-4,
2-17-A36b-5, 2-17-A36b-5, 2-17-A36b-6,
2-17-A36b-6, 2-17-A36b-8, 2-17-A36b-8,
2-17-A36b-9, 2-17-A36b-9, 2-17-A36b-9,
2-17-A36b-9, 2-17-A36b-10, 2-17-A36b-10,
2-17-A37a-1, 2-17-A37a-1, 2-17-A37a-1,
2-17-A37a-1, 2-17-A37a-2, 2-17-A37a-2,
2-17-A37a-3, 2-17-A37a-4, 2-17-A37a-4,
2-18-A37a-7, 2-18-A37a-8, 2-18-A37a-8,
2-18-A38a-3, 2-18-A38a-6, 2-18-A38a-6,
2-19-A39b-2, 2-19-A39b-3, 2-19-A40a-2,
2-19-A40a-4, 2-19-A40b-6, 2-20-A41a-10,
2-20-A41b-1, 2-20-A41b-1, 2-20-A41b-1,
2-20-A41b-2, 2-20-A41b-3, 2-20-A41b-8,
2-20-A41b-8, 2-20-A41b-8, 2-20-A41b-9,
2-20-A41b-9, 2-21-A42a-8, 2-21-A42a-9,
2-21-A42a-10, 2-21-A42a-10,
2-21-A42a-10, 2-21-A42b-2, 2-21-A42b-2,
2-21-A42b-3, 2-21-A42b-3, 2-21-A42b-3,
2-21-A42b-8, 2-21-A43a-2, 2-21-A43a-3,
2-21-A43a-8, 2-21-A43a-8, 2-21-A43a-9,
2-21-A43a-9, 2-21-A43a-10, 2-21-A43b-2,
2-22-A44a-1, 2-22-A44a-2, 2-22-A44a-2,
2-22-A44a-4, 2-22-A44a-5, 2-22-A44a-5,
2-22-A44a-5, 2-22-A44a-6, 2-22-A44a-10,
2-22-A44a-10, 2-22-A44b-1, 2-22-A44b-2,
2-22-A44b-2, 2-22-A44b-2, 2-22-A44b-3,
2-22-A44b-5, 2-22-A44b-5, 2-22-A44b-6,
2-22-A44b-6, 2-22-A44b-7, 2-22-A44b-7,
2-22-A44b-8, 2-22-A44b-9, 2-22-A44b-9,
2-22-A45a-1, 2-22-A45a-1, 2-22-A45a-2,
2-22-A45a-2, 2-22-A45a-2, 2-22-A45a-3,
2-22-A45a-3, 2-22-A45a-4, 2-22-A45a-4,
2-22-A45a-5, 2-22-A45a-5, 2-22-A45a-6,
2-22-A45a-7, 2-22-A45a-7, 2-22-A45a-8,
2-22-A45a-8, 2-22-A45a-9, 2-22-A45a-10,
2-22-A45a-10, 2-23-A45b-5, 2-23-A45b-5,
2-23-A45b-5, 2-23-A45b-6, 2-23-A45b-7,
2-23-A45b-8, 2-23-A45b-10, 2-23-A4-1,
2-23-A4-4, 2-23-A4-5, 2-23-A4-5,
2-23-A4-6, 2-23-A4-8, 2-23-A4-10,
2-23-A46b-2, 2-23-A47a-5, 2-23-A47a-5,
2-23-A47a-6, 2-23-A47a-7, 2-23-A47a-9,
2-23-A47a-10, 2-24-A48a-2, 2-24-A48a-3,
2-24-A48a-3, 2-24-A48a-3, 2-24-A48a-4,
2-24-A48b-2, 2-24-A48b-4, 2-24-A49a-1,
2-24-A49a-2, 2-24-A49a-4, 2-24-A49a-5,
2-24-A49a-8, 2-24-A49a-9, 2-25-A50a-6,
2-25-A50a-6, 2-25-A50a-8, 2-25-A50a-8,
2-25-A50a-10, 2-25-A50b-1, 2-25-A50b-1,
2-25-A50b-2, 2-25-A50b-2, 2-25-A50b-2,
2-25-A50b-4, 2-25-A50b-4, 2-25-A50b-5,
2-25-A50b-5, 2-25-A50b-6, 2-25-A50b-6,
2-25-A50b-7, 2-25-A50b-7, 2-25-A50b-8,
2-25-A50b-9, 2-25-A50b-9, 2-25-A50b-9,
2-25-A51a-1, 2-25-A51a-1, 2-25-A51a-1,
2-25-A51a-2, 2-25-A51a-2, 2-25-A51a-4,

2-35-A69b-4, 2-35-A69b-4, 2-36-A70b-1, 2-36-A70b-2, 2-36-A70b-6, 2-36-A70b-7, 2-36-A70b-10, 2-36-A70b-10, 2-36-A71a-4, 2-36-A71a-5, 2-36-A71a-8, 2-37-A72a-3, 2-37-A72b-6, 2-37-A72b-8, 2-37-A72b-8, 2-37-A72b-9, 2-37-A72b-9, 2-37-A72b-9, 2-37-A73a-1, 2-37-A73a-1, 2-37-A73a-1, 2-37-A73a-3, 2-37-A73a-4, 2-37-A73a-4, 2-37-A73a-5, 2-37-A73a-6, 2-37-A73a-9, 2-37-A73a-10, 2-38-A73b-5, 2-38-A74a-8, 2-38-A74a-8, 2-39-A75a-7, 2-39-A75b-4, 2-39-A75b-7, 2-39-A75b-7, 2-39-A75b-9, 2-39-A75b-10, 2-39-A75b-10, 2-39-A75b-10, 2-39-A75b-10, 2-39-A76a-2, 2-39-A76a-3, 2-39-A76a-5, 2-39-A76a-9, 2-39-A76a-10, 2-39-A76a-10, 2-39-A76b-1, 2-40-A78a-1, 2-40-A78a-1, 2-40-A78a-2, 2-40-A78a-3, 2-40-A78a-4, 2-40-A78a-4, 3-1-B1a-4, 3-1-B1a-5, 3-1-B1a-5, 3-1-B1a-6, 3-1-B1a-7, 3-1-B1a-8, 3-1-B1a-8, 3-1-B1a-9, 3-1-B1a-10, 3-1-B1b-3, 3-1-B1b-3, 3-1-B1b-5, 3-1-B1b-5, 3-1-B1b-6, 3-1-B1b-6, 3-1-B1b-8, 3-4-B4a-2, 3-4-B4a-2, 3-4-B4a-5, 3-4-B4a-6, 3-5-B5a-5, 3-5-B5b-2, 3-5-B5b-3, 3-6-B6a-6, 3-6-B6b-9, 3-6-B6b-10, 3-7-B7a-8, 3-7-B7a-9, 3-7-B7b-8, 3-7-B8a-1, 3-7-B8a-1, 3-7-B8a-3, 3-7-B8b-4, 3-10-B12a-2, 3-10-B12a-3, 3-11-B13a-5, 3-12-B15a-4, 3-12-B15a-5, 3-13-B15a-10, 3-13-B15b-8, 3-13-B15b-9, 3-13-B15b-9, 3-13-B16a-8, 3-13-B16a-9, 3-13-B16a-9, 3-14-B16b-8, 3-14-B17a-10, 3-14-B17b-1, 3-15-B18a-6, 3-15-B18a-6, 3-16-B19b-8, 3-16-B19b-10, 3-16-B19b-10, 3-16-B20a-1, 3-17-B20b-4, 3-17-B20b-8, 3-17-B21b-4, 3-17-B21b-4, 3-20-B24b-3, 3-20-B24b-5, 3-20-B24b-5, 3-20-B24b-7, 3-20-B24b-8, 3-20-B24b-8, 3-20-B24b-9, 3-20-B25a-1, 3-20-B25b-4, 3-20-B25b-5, 4-4-B32b-6, 4-5-B33a-10, 4-5-B33b-3, 4-5-B33b-4, 4-5-B33b-5, 4-5-B33b-8, 4-5-B33b-9, 4-5-B33b-9, 4-5-B33b-9, 4-5-B34a-3, 4-5-B34a-4, 4-5-B34a-6, 4-5-B34a-7, 4-5-B34a-9, 4-6-B36a-5, 4-6-B36a-7, 4-6-B36b-2, 4-7-B38a-1, 4-7-B38a-1, 4-7-B38a-3, 4-7-B38a-3, 4-7-B38a-3, 4-7-B38a-4, 4-7-B38a-5, 4-7-B38a-8, 4-7-B38b-2, 4-7-B38b-3, 4-7-B38b-7, 4-8-B39a-9, 4-8-B39a-9, 4-8-B39a-10, 4-8-B39b-2, 4-8-B39b-2, 4-8-B39b-3, 4-8-B39b-6, 4-8-B39b-6, 4-8-B39b-10, 4-8-B40a-1, 4-8-B40a-1, 4-8-B40a-2, 4-9-B41b-8, 4-9-B42a-2, 4-9-B42a-10, 4-10-B43b-7, 4-10-B43b-8, 4-10-B43b-10, 4-10-B44a-1, 4-10-B44a-3, 4-10-B44a-8, 4-10-B44a-9, 4-10-B44a-9, 4-13-B47a-8, 4-13-B47b-1, 4-13-B47b-2, 4-13-B47b-3, 4-13-B48a-2, 4-13-B48a-3, 4-13-B48a-5, 4-13-B48a-5, 4-13-B48a-6, 4-14-B49a-6, 4-15-B50a-7, 4-15-B50a-7, 4-15-B50a-8, 4-15-B50b-3, 4-16-B51b-9, 4-16-B51b-9, 4-16-B51b-10, 4-19-B55a-6, 4-19-B55a-6, 4-19-B55b-4, 4-19-B55b-7, 4-19-B55b-7, 4-19-B55b-8, 4-19-B55b-9, 4-20-B56a-4, 4-20-B56a-7, 4-20-B56a-8, 4-20-B56b-1, 4-20-B56b-2, 4-20-B56b-2, 4-20-B56b-3, 4-20-B56b-4, 4-20-B56b-5, 4-20-B56b-7, 4-20-B56b-9, 4-20-B57a-1, 4-20-B57a-2

他們：119 2-6-A18a-3, 2-6-A18a-6, 2-6-A18a-6, 2-6-A18a-7, 2-6-A18a-8, 2-11-A24a-5, 2-11-A24a-10, 2-11-A24b-1, 2-11-A24b-1, 2-11-A25a-4, 2-12-A27a-5, 2-18-A38a-4, 2-19-A39a-9, 2-19-A39b-7, 2-19-A40b-4, 2-19-A40b-4, 2-19-A40b-6, 2-19-A40b-6, 2-19-A40b-7, 2-19-A40b-8, 2-19-A40b-9, 2-21-A42b-4, 2-21-A42b-5, 2-21-A43a-6, 2-21-A43b-4, 2-23-A47b-1, 2-24-A48a-7, 2-24-A48a-8, 2-24-A48a-8,

W

2-13-A28a-1, 2-13-A28a-2, 2-13-A28a-3, 2-13-A28a-4, 2-13-A28a-7, 2-13-A28b-4, 2-13-A28b-4, 2-13-A28b-5, 2-13-A29a-3, 2-13-A29a-4, 2-13-A29a-4, 2-14-A29a-9, 2-14-A29a-10, 2-14-A29b-1, 2-14-A29b-2, 2-14-A30a-1, 2-14-A30a-3, 2-14-A30a-9, 2-14-A30b-6, 2-14-A30b-7, 2-14-A30b-8, 2-14-A30b-10, 2-14-A31a-8, 2-14-A31a-8, 2-14-A31a-10, 2-14-A31b-2, 2-15-A31b-5, 2-15-A31b-6, 2-15-A32b-3, 2-15-A33a-2, 2-16-A33a-8, 2-16-A33a-10, 2-16-A33b-2, 2-16-A33b-7, 2-16-A33b-8, 2-16-A33b-10, 2-16-A34a-4, 2-16-A34a-5, 2-16-A34b-1, 2-16-A34b-2, 2-16-A34b-2, 2-16-A34b-3, 2-16-A34b-9, 2-17-A35a-8, 2-17-A35a-8, 2-17-A35a-9, 2-17-A35a-10, 2-17-A35a-10, 2-17-A35a-10, 2-17-A35a-10, 2-17-A35b-2, 2-17-A35b-3, 2-17-A35b-5, 2-17-A35b-5, 2-17-A35b-6, 2-17-A35b-7, 2-17-A36b-8, 2-17-A37a-1, 2-17-A37a-2, 2-17-A37a-2, 2-17-A37a-4, 2-18-A37a-9, 2-18-A37a-9, 2-18-A37a-10, 2-18-A37b-3, 2-18-A37b-5, 2-18-A37b-7, 2-18-A37b-8, 2-18-A37b-9, 2-18-A37b-10, 2-18-A37b-10, 2-18-A38a-1, 2-18-A38a-2, 2-18-A38a-3, 2-18-A38a-4, 2-18-A38a-9, 2-18-A38b-2, 2-18-A38b-5, 2-18-A38b-8, 2-18-A38b-9, 2-18-A38b-10, 2-18-A38b-10, 2-18-A39a-1, 2-18-A39a-2, 2-18-A39a-3, 2-18-A39a-4, 2-19-A39a-6, 2-19-A39a-7, 2-19-A39a-8, 2-19-A39a-9, 2-19-A40b-6, 2-20-A41a-4, 2-20-A41a-5, 2-20-A41a-6, 2-20-A41a-6, 2-20-A41a-6, 2-20-A41a-9, 2-20-A41a-9, 2-20-A41b-6, 2-21-A42a-2, 2-21-A42a-3, 2-21-A42a-6, 2-21-A42a-7, 2-21-A42a-7, 2-21-A42b-10, 2-21-A43a-1, 2-21-A43a-2, 2-21-A43a-4, 2-21-A43a-6, 2-21-A43a-7, 2-21-A43a-8, 2-21-A43a-9, 2-21-A43a-10, 2-21-A43b-1, 2-21-A43b-2, 2-21-A43b-2, 2-21-A43b-2, 2-21-A43b-4, 2-21-A43b-5, 2-21-A43b-6, 2-22-A43b-9, 2-22-A43b-10, 2-22-A44a-1, 2-22-A44a-2, 2-22-A45a-4, 2-22-A45a-4, 2-22-A45a-5, 2-23-A45b-2, 2-23-A47a-1, 2-23-A47a-1, 2-24-A47b-5, 2-24-A47b-6, 2-24-A47b-7, 2-24-A48a-1, 2-24-A48a-1, 2-24-A48a-2, 2-24-A48a-2, 2-24-A48a-3, 2-24-A48a-4, 2-24-A48a-5, 2-24-A48a-5, 2-24-A48a-6, 2-24-A48a-6, 2-24-A48a-7, 2-24-A48a-8, 2-24-A48a-8, 2-24-A48a-9, 2-24-A48a-9, 2-24-A48a-9, 2-24-A48a-10, 2-24-A48b-1, 2-24-A48b-2, 2-24-A48b-2, 2-24-A48b-3, 2-24-A48b-3, 2-24-A48b-3, 2-24-A48b-3, 2-24-A48b-4, 2-24-A48b-4, 2-24-A48b-5, 2-24-A48b-6, 2-24-A48b-7, 2-24-A48b-7, 2-24-A48b-8, 2-24-A48b-9, 2-24-A48b-9, 2-24-A49a-1, 2-24-A49a-2, 2-24-A49a-3, 2-24-A49a-4, 2-24-A49a-6, 2-24-A49a-8, 2-24-A49a-9, 2-24-A49b-1, 2-25-A49b-7, 2-25-A49b-8, 2-25-A49b-9, 2-25-A49b-9, 2-25-A50a-2, 2-25-A50a-3, 2-25-A50a-5, 2-25-A50a-5, 2-25-A50a-6, 2-25-A50a-6, 2-25-A50a-6, 2-25-A50a-7, 2-25-A50a-7, 2-25-A50a-10, 2-25-A50b-1, 2-25-A50b-1, 2-25-A50b-2, 2-25-A50b-5, 2-25-A50b-6, 2-25-A50b-7, 2-25-A50b-9, 2-25-A50b-9, 2-25-A50b-10, 2-25-A50b-10, 2-25-A51a-5, 2-25-A51a-5, 2-25-A51a-5, 2-25-A51a-6, 2-25-A51a-8, 2-25-A51a-8, 2-25-A51a-10, 2-25-A51a-10, 2-25-A51b-2, 2-25-A51b-2, 2-25-A51b-3, 2-25-A51b-8, 2-25-A51b-8, 2-25-A51b-8, 2-26-A52a-1, 2-26-A52a-1, 2-26-A52a-2, 2-26-A52a-4, 2-26-A52a-4, 2-26-A52a-5, 2-26-A52a-6, 2-26-A52a-7, 2-26-A52a-7, 2-26-A52a-7, 2-26-A52a-8, 2-26-A52a-9, 2-26-A52a-9, 2-26-A52a-10, 2-26-A52b-1, 2-26-A52b-2, 2-26-A52b-3, 2-26-A52b-3, 2-26-A52b-3, 2-26-A52b-5, 2-26-A52b-5, 2-26-A52b-8, 2-26-A52b-8, 2-26-A52b-9, 2-26-A53b-5, 2-26-A53b-6, 2-26-A53b-9, 2-26-A54a-3,

3-7-B8b-1, 3-7-B8b-2, 3-7-B8b-4,
3-7-B8b-5, 3-8-B8b-9, 3-8-B9a-1,
3-8-B9a-1, 3-8-B9a-4, 3-8-B9a-5,
3-8-B9b-3, 3-9-B10a-4, 3-9-B10a-6,
3-9-B10a-8, 3-9-B10a-9, 3-9-B10a-10,
3-9-B10b-6, 3-9-B11a-3, 3-9-B11a-5,
3-10-B11b-4, 3-10-B11b-5, 3-10-B11b-5,
3-10-B12a-1, 3-10-B12b-3, 3-10-B12b-4,
3-11-B12b-9, 3-11-B12b-10, 3-11-B13a-7,
3-11-B13a-10, 3-11-B13b-4, 3-11-B13b-7,
3-11-B14a-2, 3-12-B14b-9, 3-12-B15a-2,
3-13-B15b-2, 3-13-B15b-4, 3-13-B15b-5,
3-13-B15b-6, 3-13-B15b-10, 3-13-B16a-2,
3-13-B16a-5, 3-13-B16a-6, 3-14-B17a-8,
3-15-B17b-5, 3-15-B17b-8, 3-15-B18a-4,
3-15-B18a-5, 3-15-B18a-6, 3-15-B18a-7,
3-15-B18a-7, 3-15-B18a-7, 3-15-B18a-8,
3-15-B18a-8, 3-15-B18a-10, 3-15-B18b-1,
3-15-B18b-1, 3-15-B18b-6, 3-15-B18b-6,
3-15-B18b-7, 3-15-B18b-7, 3-15-B18b-8,
3-15-B18b-8, 3-15-B18b-10, 3-15-B19a-1,
3-15-B19a-2, 3-16-B19b-1, 3-16-B19b-2,
3-16-B19b-3, 3-16-B19b-3, 3-16-B19b-6,
3-16-B19b-6, 3-16-B19b-7, 3-16-B19b-8,
3-16-B19b-9, 3-16-B20a-1, 3-16-B20a-1,
3-16-B20a-4, 3-16-B20a-6, 3-16-B20a-7,
3-16-B20a-9, 3-16-B20a-10, 3-17-B20b-2,
3-17-B20b-4, 3-17-B20b-5, 3-17-B20b-6,
3-17-B21a-3, 3-18-B21b-7, 3-18-B21b-9,
3-18-B21b-10, 3-18-B22a-8, 3-18-B22b-7,
3-18-B22b-7, 3-18-B23a-1, 3-19-B23a-4,
3-19-B23a-5, 3-19-B23a-7, 3-19-B23a-9,
3-19-B24a-5, 3-19-B24a-6, 3-19-B24a-6,
3-19-B24a-8, 3-20-B24b-1, 3-20-B24b-3,
3-20-B25a-5, 3-20-B25a-10, 3-20-B25b-1,
3-20-B25b-6, 3-20-B25b-8, 4-1-B28a-4,
4-1-B28a-6, 4-1-B28a-6, 4-1-B28a-8,
4-2-B29a-10, 4-2-B29b-2, 4-2-B29b-3,
4-2-B29b-5, 4-2-B29b-9, 4-2-B30a-1,
4-2-B30a-4, 4-3-B31a-6, 4-3-B31a-8,
4-3-B31a-9, 4-3-B31b-4, 4-4-B31b-8,
4-4-B32a-2, 4-4-B32a-3, 4-4-B32a-4,
4-4-B32a-7, 4-4-B32a-7, 4-4-B32b-1,
4-4-B32b-3, 4-4-B32b-3, 4-4-B32b-5,
4-4-B32b-5, 4-4-B32b-7, 4-4-B32b-10,
4-5-B33a-7, 4-5-B34a-2, 4-5-B34a-3,
4-5-B35a-4, 4-6-B35a-9, 4-6-B37a-1,
4-6-B37a-7, 4-6-B37a-9, 4-7-B38b-2,
4-7-B38b-6, 4-7-B38b-6, 4-7-B38b-8,
4-7-B38b-8, 4-7-B38b-10, 4-7-B39a-1,
4-8-B39a-3, 4-8-B40a-3, 4-8-B40a-7,
4-8-B40a-9, 4-8-B40a-10, 4-8-B40b-3,
4-8-B40b-5, 4-9-B40b-10, 4-9-B41a-2,
4-9-B41a-10, 4-9-B41b-2, 4-9-B41b-3,
4-9-B42a-1, 4-9-B42a-3, 4-9-B42a-6,
4-9-B42a-7, 4-9-B42a-8, 4-9-B42b-1,
4-9-B43a-4, 4-9-B43a-8, 4-9-B43a-10,
4-9-B43b-1, 4-10-B43b-4, 4-10-B43b-7,
4-10-B43b-10, 4-10-B44a-2, 4-10-B44a-7,
4-10-B44a-7, 4-10-B44a-10, 4-10-B44b-2,
4-10-B44b-7, 4-10-B45a-1, 4-10-B45a-2,
4-11-B45a-5, 4-11-B45b-3, 4-11-B45b-7,
4-11-B45b-8, 4-11-B45b-9, 4-11-B45b-9,
4-11-B46a-1, 4-11-B46a-2, 4-11-B46a-2,
4-12-B46a-7, 4-12-B46b-7, 4-12-B47a-1,
4-12-B47a-2, 4-12-B47a-3, 4-13-B47a-6,
4-13-B47a-8, 4-13-B47a-8, 4-13-B47b-2,
4-13-B47b-6, 4-13-B47b-6, 4-13-B47b-7,
4-13-B47b-7, 4-13-B48a-1, 4-13-B48a-1,
4-13-B48a-6, 4-13-B48a-7, 4-14-B48b-8,
4-14-B48b-9, 4-14-B48b-10, 4-14-B49a-1,
4-14-B49a-2, 4-14-B49a-3, 4-14-B49a-3,
4-14-B49a-4, 4-14-B49a-5, 4-14-B49a-10,
4-15-B49b-4, 4-15-B50a-6, 4-15-B50b-4,
4-15-B50b-5, 4-16-B50b-8, 4-16-B50b-10,
4-16-B51a-1, 4-16-B51a-3, 4-16-B51a-3,
4-16-B51a-4, 4-16-B51a-7, 4-16-B51a-8,
4-16-B51b-2, 4-16-B51b-4, 4-16-B51b-6,
4-16-B51b-7, 4-16-B51b-7, 4-16-B51b-9,
4-16-B51b-10, 4-16-B52a-2, 4-16-B52a-2,

X

Y

2-23-A47a-6, 2-23-A47a-7, 2-24-A48a-3,
2-24-A48a-6, 2-24-A48b-4, 2-24-A48b-8,
2-24-A48b-9, 2-24-A48b-10, 2-24-A49a-1,
2-25-A49b-8, 2-25-A49b-8, 2-25-A49b-9,
2-25-A50a-1, 2-25-A50b-3, 2-25-A50b-8,
2-25-A50b-9, 2-25-A51b-4, 2-25-A51b-9,
2-26-A52a-5, 2-26-A52b-2, 2-26-A52b-4,
2-26-A52b-10, 2-26-A52b-10, 2-26-A53a-3,
2-26-A53b-4, 2-27-A54b-1, 2-27-A54b-2,
2-27-A54b-10, 2-27-A55a-1, 2-27-A55b-3,
2-27-A55b-9, 2-27-A55b-10, 2-27-A56a-2,
2-28-A56b-4, 2-28-A56b-7, 2-28-A56b-7,
2-28-A56b-7, 2-29-A57a-5, 2-29-A57a-6,
2-29-A58a-2, 2-29-A58a-9, 2-30-A59a-7,
2-30-A59a-9, 2-30-A59b-5, 2-30-A59b-6,
2-30-A59b-7, 2-30-A60b-4, 2-31-A61a-5,
2-31-A61a-9, 2-31-A61b-7, 2-32-A63a-2,
2-32-A64a-4, 2-32-A64a-4, 2-32-A64b-2,
2-33-A65a-6, 2-33-A65a-10, 2-33-A65b-4,
2-33-A66a-5, 2-33-A66a-6, 2-34-A66b-7,
2-34-A67a-1, 2-34-A67a-4, 2-34-A67a-5,
2-34-A67a-8, 2-36-A69b-8, 2-36-A69b-9,
2-36-A70a-9, 2-36-A70b-3, 2-36-A71b-8,
2-37-A72a-3, 2-37-A72a-3, 2-37-A72a-4,
2-37-A72a-4, 2-38-A73b-7, 2-38-A73b-8,
2-38-A73b-9, 2-38-A74a-3, 2-38-A74a-9,
2-39-A75b-3, 2-39-A76a-3, 2-39-A76a-10,
2-39-A76b-9, 2-40-A77b-1, 2-40-A77b-6,
2-40-A77b-9, 2-40-A77b-9, 2-40-A78a-1,
2-40-A78a-3, 3-1-B1a-4, 3-1-B1a-8,
3-1-B1b-4, 3-1-B1b-5, 3-2-B2a-6,
3-2-B2a-10, 3-2-B2b-4, 3-3-B3b-2,
3-3-B3b-6, 3-4-B4a-10, 3-5-B6a-2,
3-6-B6a-7, 3-6-B6b-4, 3-6-B6b-5,
3-6-B7a-3, 3-7-B7a-8, 3-7-B7b-10,
3-7-B8a-1, 3-7-B8a-8, 3-7-B8a-9,
3-8-B8b-10, 3-8-B9a-6, 3-8-B9b-3,
3-8-B9b-9, 3-9-B10a-5, 3-9-B10a-7,
3-9-B10a-7, 3-9-B10a-8, 3-9-B10b-4,
3-11-B12b-10, 3-11-B13a-1, 3-11-B13a-2,
3-11-B13b-3, 3-11-B13b-3, 3-11-B13b-4,
3-11-B13b-5, 3-11-B13b-8, 3-11-B14a-3,
3-12-B14a-10, 3-13-B15a-9, 3-13-B15b-3,
3-13-B15b-5, 3-13-B15b-7, 3-13-B15b-8,
3-13-B15b-8, 3-13-B16a-4, 3-14-B16b-1,
3-14-B16b-2, 3-14-B16b-4, 3-14-B16b-8,
3-14-B16b-9, 3-14-B17a-1, 3-14-B17a-10,
3-15-B18a-3, 3-15-B18a-10, 3-15-B18b-3,
3-15-B18b-4, 3-15-B18b-5, 3-15-B18b-10,
3-15-B19a-3, 3-16-B19a-7, 3-16-B19b-2,
3-16-B19b-4, 3-17-B20b-8, 3-17-B21a-8,
3-18-B22a-7, 3-18-B22a-7, 3-18-B22a-9,
3-18-B22b-3, 3-19-B23a-7, 3-19-B23a-9,
3-19-B23b-1, 3-19-B23b-1, 3-19-B23b-7,
3-19-B24a-2, 3-19-B24a-7, 3-20-B24b-1,
3-20-B24b-1, 3-20-B24b-2, 3-20-B24b-6,
3-20-B24b-10, 3-20-B25a-2, 3-20-B25a-4,
3-20-B25b-2, 3-20-B25b-3, 3-20-B25b-6,
3-20-B26a-1, 4-1-B27b-1, 4-1-B27b-8,
4-1-B28a-3, 4-1-B28b-7, 4-2-B30a-2,
4-3-B30b-9, 4-3-B31b-1, 4-3-B31b-3,
4-4-B32a-3, 4-4-B32a-8, 4-4-B32a-9,
4-4-B32a-10, 4-4-B32b-1, 4-4-B32b-5,
4-4-B32b-7, 4-4-B32b-9, 4-5-B33a-7,
4-5-B33a-8, 4-5-B33a-9, 4-5-B33b-1,
4-5-B33b-8, 4-5-B34a-1, 4-5-B34a-9,
4-5-B34b-5, 4-5-B34b-9, 4-5-B35a-1,
4-5-B35a-2, 4-6-B35b-1, 4-6-B37a-5,
4-7-B37b-3, 4-7-B37b-5, 4-8-B39a-6,
4-8-B39b-3, 4-8-B39b-6, 4-8-B40b-6,
4-9-B41a-4, 4-9-B41a-5, 4-9-B41a-10,
4-9-B41b-3, 4-9-B41b-5, 4-9-B41b-7,
4-9-B42a-2, 4-9-B42a-2, 4-9-B42a-6,
4-9-B42a-8, 4-9-B42a-9, 4-9-B42b-5,
4-9-B42b-10, 4-9-B43a-4, 4-9-B43a-6,
4-9-B43b-1, 4-10-B43b-8, 4-10-B44b-7,
4-10-B44b-7, 4-11-B45b-3, 4-11-B45b-6,
4-11-B46a-2, 4-11-B46a-4, 4-12-B46b-1,
4-12-B46b-7, 4-13-B47a-6, 4-13-B47a-6,
4-13-B47a-7, 4-13-B47a-7, 4-13-B48a-6,

Z

2-7-A19a-9, 2-7-A19a-9, 2-8-A19b-4,
2-8-A19b-5, 2-8-A19b-9, 2-8-A20a-2,
2-8-A20a-7, 2-8-A20a-9, 2-8-A20a-10,
2-8-A20b-6, 2-8-A20b-6, 2-8-A20b-8,
2-8-A20b-9, 2-9-A21a-6, 2-9-A21a-7,
2-9-A21b-2, 2-9-A22a-1, 2-9-A22a-2,
2-9-A22a-6, 2-9-A22a-6, 2-9-A22a-8,
2-10-A22b-7, 2-10-A23a-1, 2-10-A23b-8,
2-11-A24a-5, 2-11-A24b-3, 2-11-A24b-6,
2-11-A25a-2, 2-11-A25a-3, 2-11-A25a-6,
2-11-A25b-4, 2-11-A25b-5, 2-11-A25b-5,
2-12-A25b-10, 2-12-A26a-6, 2-12-A26a-10,
2-12-A26b-1, 2-12-A26b-3, 2-12-A26b-3,
2-12-A26b-5, 2-12-A26b-8, 2-12-A27a-9,
2-12-A27a-10, 2-12-A27b-1, 2-13-A27b-8,
2-13-A28a-1, 2-13-A28a-4, 2-13-A28a-5,
2-13-A28a-6, 2-13-A28a-6, 2-13-A28a-8,
2-13-A28a-10, 2-13-A28b-7, 2-13-A28b-8,
2-13-A29a-4, 2-14-A30a-2, 2-14-A30a-4,
2-14-A30b-6, 2-14-A30b-7, 2-14-A30b-8,
2-14-A30b-10, 2-14-A31a-2, 2-14-A31a-8,
2-15-A31b-5, 2-15-A31b-10, 2-15-A32a-10,
2-15-A32b-7, 2-15-A32b-8, 2-15-A33a-2,
2-15-A33a-2, 2-15-A33a-6, 2-16-A33b-8,
2-16-A33b-10, 2-16-A34a-3, 2-16-A34a-4,
2-16-A34a-5, 2-16-A34a-6, 2-16-A34b-9,
2-16-A34b-10, 2-16-A35a-3, 2-16-A35a-5,
2-17-A35a-9, 2-17-A35b-2, 2-17-A35b-3,
2-17-A35b-6, 2-17-A35b-8, 2-17-A36a-7,
2-17-A36b-6, 2-17-A37a-4, 2-18-A37a-6,
2-18-A37a-7, 2-18-A37a-8, 2-18-A37a-10,
2-18-A37b-3, 2-18-A37b-4, 2-18-A37b-6,
2-18-A37b-6, 2-18-A37b-7, 2-18-A37b-8,
2-18-A38a-1, 2-18-A38a-6, 2-18-A38a-8,
2-18-A38a-9, 2-18-A38b-2, 2-18-A38b-4,
2-18-A38b-6, 2-18-A38b-7, 2-18-A38b-7,
2-19-A39b-2, 2-19-A39b-2, 2-19-A39b-4,
2-19-A39b-4, 2-19-A40a-2, 2-19-A40a-4,
2-19-A40a-4, 2-19-A40a-8, 2-19-A40b-8,
2-20-A41a-4, 2-20-A41b-4, 2-20-A41b-4,
2-20-A41b-7, 2-20-A41b-10, 2-21-A42a-7,
2-21-A42b-2, 2-21-A43b-2, 2-21-A43b-3,
2-22-A44b-10, 2-22-A45a-3, 2-22-A45a-4,
2-22-A45a-8, 2-23-A45b-8, 2-23-A4-10,
2-23-A46b-2, 2-23-A46b-4, 2-23-A46b-9,
2-23-A47a-2, 2-23-A47b-2, 2-24-A47b-5,
2-24-A47b-8, 2-24-A48b-2, 2-24-A48b-5,
2-24-A48b-6, 2-24-A49a-7, 2-25-A50a-2,
2-25-A50b-5, 2-25-A50b-8, 2-25-A50b-8,
2-25-A50b-10, 2-25-A51a-8, 2-25-A51b-2,
2-25-A51b-5, 2-25-A51b-5, 2-25-A51b-6,
2-26-A52b-7, 2-26-A52b-9, 2-26-A53a-4,
2-26-A53a-8, 2-26-A53b-2, 2-26-A54a-2,
2-26-A54a-5, 2-27-A54b-8, 2-27-A55a-1,
2-27-A55a-7, 2-27-A55a-10, 2-27-A55b-2,
2-27-A56a-4, 2-28-A56b-1, 2-28-A56b-4,
2-29-A57a-10, 2-29-A57b-8, 2-29-A57b-9,
2-29-A58a-3, 2-29-A58a-5, 2-29-A58b-1,
2-29-A58b-7, 2-29-A58b-8, 2-29-A59a-1,
2-29-A59a-4, 2-30-A59b-2, 2-30-A59b-2,
2-30-A59b-8, 2-30-A59b-10, 2-30-A60a-5,
2-30-A60a-10, 2-30-A60a-10, 2-30-A60b-1,
2-30-A60b-10, 2-30-A60b-10, 2-30-A61a-1,
2-31-A61a-4, 2-31-A61a-6, 2-31-A61a-10,
2-31-A61b-3, 2-31-A61b-6, 2-31-A61b-9,
2-31-A62a-1, 2-31-A62a-3, 2-31-A62a-4,
2-31-A62b-4, 2-32-A62b-9, 2-32-A62b-10,
2-32-A63a-7, 2-32-A63a-9, 2-32-A64a-2,
2-32-A64a-4, 2-33-A64b-8, 2-33-A64b-10,
2-33-A65a-4, 2-33-A65a-9, 2-33-A65a-10,
2-33-A65b-7, 2-33-A65b-8, 2-33-A65b-9,
2-33-A66b-1, 2-33-A66b-2, 2-34-A66b-7,
2-34-A66b-8, 2-34-A67a-1, 2-34-A67a-3,
2-34-A67a-7, 2-34-A67a-8, 2-34-A67a-9,
2-34-A67a-9, 2-34-A67b-1, 2-34-A67b-2,
2-34-A67b-5, 2-35-A68a-7, 2-35-A68a-8,
2-35-A68b-1, 2-35-A68b-3, 2-35-A68b-5,
2-35-A68b-10, 2-35-A69a-1, 2-35-A69a-2,
2-35-A69a-4, 2-35-A69a-6, 2-35-A69a-9,
2-36-A69b-9, 2-36-A70a-1, 2-36-A70a-4,

九江書會版『官話指南』
双行注対照表

本資料は［2］-1 九江書會編『官話指南』(1893 年）の双行注の対照表である。本書は清末期における南北官話の語彙の特徴を明らかにするための資料として利用され，幾度となく官話研究を進める研究者に使われているが，神戸市外国語大学図書館（太田辰夫氏旧蔵書）と関西大学アジア文化研究センター（鱒澤彰夫氏寄贈図書）が所蔵する2冊しか現物がなく，いずれも一般公開されていないため，これまで非常に入手が難しい資料であった。そこで同書を影印すると共に，資料の特徴をいかした対照表を作成した。

九江書會編『官話指南』はオリジナルの『官話指南』とは異なり，双行注が附されている。編著者である呉啓太と鄭永邦はこの九江書會本の執筆には関与していておらず，おそらく九江書會が独自に編纂し刊行したものと思われる。これまでの研究からこの種の双行注の場合，一般的に右が北方官話，左が南方官話を表すとされている。

この種の注を施したものはこの九江書會編『官話指南』以外にも 1890 年代以降に執筆された教材にいくつか見られる。有名なものとしては Mateer の『官話類編』(1892) である。同書に対する研究としては尾崎實氏の遺稿「『官話類編』所収方言詞対照表」(『或問』第 6 号）がある。また 1897 に刊行された『無師初學英文字』ではローマ字表記の中国語を並列表記しており，この時期に出てきたスタイルの教材のスタイルの一つと考えられる。さらに『華語拼字妙法 *Study of Two Years' Course of Study in the Chinese Language*』(1913) の序文にも

> When Northern and Southern mandarin use different characters, the author at first thought of putting the two readings side by side, but on further consideration decided that this would not be an improvement.

という記載があり，これらのことから 1890 年頃から 1910 年代頃まで，この種の方法が利用されていたことが分かっている。

また双行注ではないが，関大大学泊園文庫が所蔵する『官話指南』にも本文の横に附す形で手書きの書き入れがなされており，九江書會版『官話指南』と同じく「南京官話」を表した資料とされる。今後はこういった資料の比較検討することで当時の南京官話について研究を進める必要があるが，ここでは資料提示をするにとどめる。

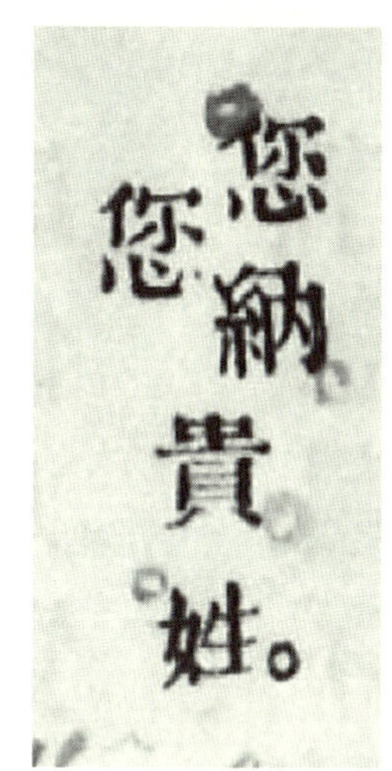

九江書會本の双行注は右図のような形式になっており，右の“您納”がオリジナルの『官話指南』の表現，左の“您”が九江書會本が注として付け加えられたものである。以下に掲載する対照表では，一列目に左に位置する注を，二列目にオリジナルの『官話指南』の表現を掲載することで原書通りの位置関係を維持した。掲載順は二列目に配したオリジナルの『官話指南』の表現を概ね一文字目の漢字を取り出しピンイン順にしその中で掲載頁順に配列している。三列目の「巻－章」は単語・フレーズが掲載されている巻と章番号を，四列目の「頁数」では九江書會本における掲載頁数を示す。「巻－章」が「1-28」，頁数が「9」であれば，巻之一「應對須知」の28章（9頁）に掲載されていることを示す。五列目の「例文」はその双行注が含まれる前後のフレーズや文を掲載した。上がオリジナル，下が注の内容に置換したものである。

	注（左）	原文（右）	卷－章	頁数	例文（上：右／下：左）
A	呢	啊	1－28	9	學房在那兒啊 學堂在那裏呢
	靠	挨	2－12	34	我那個地緊挨着一個姓于的地畝 我那個地緊靠着一個姓于的地畝
	等一等	挨一挨	3－20	146	那件事挨一挨兒再說罷 那件事等一等兒再說罷
	相與	挨着	2－25	70	後來是因爲他挨着一個吃烟的朋友 後來是因爲他相與一個吃烟的朋友
	用心	安心	1－7	3	安心調養纔好哪 用心調養纔好哪
	照	按	2－18	50	叫他按着這個單子上所開的書 叫他照着這個單子上所開的書
	照	按	2－18	51	叫你按着這個單子上所開的書 叫你照着這個單子上所開的書
	照	按	3－12	130	通行都是按七錢銀子一塊 通行都是照七錢銀子一塊
	照	按	4－7	162	船主就遣人按他所開的住址 船主就叫人照他所開的住址
	照	按	4－9	167	因何不按保單上所說的 因何不照保單上所說的
	據着	按着	2－11	31	按着脚下看 據着目下看
	照着	按着	2－14	41	按着夥計一個樣 照着夥計一個樣
	照着	按着	2－25	71	見天你就按着那個方子吃葯 每天你就照着那個方子吃葯
	照着	按着	2－36	99	就按着十兩銀子合好了現錢給他了 就照着十兩銀子合算正了現錢把他了
	照着	按着	3－1	112	那麼這事就按着那麼辦就是了 那麼這事就照着那麼辦就是了
	看着	按着	4－7	163	我不過按着私交情 我不過看着私交情
B	造就	巴結	1－34	10	纔能瞉往上巴結哪 纔能瞉往上造就哪
	拿	把	2－18	50	你把這套書給琉璃廠寳文堂書鋪裏送了去 你拿這套書把琉璃廠寳文堂書鋪裏送了去
	着	罷	2－8	25	那層您等我回去和他商量去罷 那麼您等我回去和他商量去着
	撇	掰	2－24	66	他們倆都掰着我 他們兩都撇着我
	不過	白	2－7	23	我白問一問 我不過問一問
	白的	白給	2－39	105	你那拳不是白給麼 你那拳不是白的麼
	放着	擺着	2－28	79	我們東西都在這艙裏擺着了 我們東西都在這艙裏放着的
	去拜客	拜客去	1－10	3	我想上張老師那兒拜客去 我想到張老師那裏去拜客

注（左）	原文（右）	巻－章	頁数	例文（上：右／下：左）
去拜客	拜客去	4－12	176	我是今兒個還要拜客去哪 我是今天還要去拜客哪
辦了	辦結	4－11	173	秋審也快辦結罷 秋審也快辦了罷
辦了	辦結	4－11	173	也就在這個月底就可以辦結了 也就在這個月底就可以辦了了
去辦	辦去	3－14	133	可小心着別拿墩布髒了牆、你就辦去罷 可小心的莫拿抹布髒了牆、你就去辦罷
辦不及	辦不了	2－30	83	辦不了 辦不及
半會	半天	2－25	70	這麽着我勸了他半天 這麽的我勸了他半會
傍邊	傍邊兒	2－33	91	就見傍邊兒站着有一個夥計答應説是他接的籌 就見傍邊站着有一個夥計答應説是他收的籌
並	包	2－9	28	連傢俱一包在內 連傢俱一並在內
包	保	2－11	33	我也不敢保他準聽我的話 我也不敢包他準聽我的話
寶廠裏	寶局上	2－17	48	他整天家竟在寶局上 他整天的竟在寶廠裏
是甚麽寶字號	寶字號是甚麽	2－2	17	令友那個棧房、寶字號是甚麽 令友那個店是、甚麽寶字號
完工	報結	3－14	133	那麽一天可以報結麽 那麽一天可以完工麽
扦棍兒	抱沙鍋	2－17	50	他一定抱沙鍋 他一定扦棍兒
到京	北上	4－3	153	就提欽差大人是後日由水路北上就是了 就提欽差大人是後日由水路到京就是了
閉	背	2－15	44	有多麽背呀 有多麽閉呀
閉	背	2－20	56	若是走背運的人 若是走閉運的人
如	比	2－24	67	原打算是要考供事着、比若是考上了 原打算是要考供事的、如若是考得了
比如	比	2－31	87	比我現在給你一佰兩銀子 比如我現在把你一佰兩銀子
莫	別	1－16	5	我求你千萬別把這個事給洩漏了 我求你千萬莫把這個事弄洩漏了
莫	別	1－32	10	千萬別推辭 千萬莫推辭
莫	別	1－41	12	別弄的那麽挺梆硬的不能喫 莫弄的那麽挺梆硬的不能喫
莫	別	2－17	48	您都別給他管 您都莫和他管
莫	別	2－17	48	別説幾十吊錢 莫説幾十吊錢
莫	別	2－17	49	您也別給他借錢 您也莫替他借錢

注（左）	原文（右）	巻－章	頁数	例文（上：右／下：左）
莫	別	2－17	49	也別給他找事 也莫替他找事
莫	別	2－25	69	你們別拉我 你們莫拉我
莫	別	2－25	70	別耍錢了 莫賭錢了
莫	別	2－27	76	他那麼財主別說是五十兩 他那個財主莫說是五十兩
莫	別	2－29	81	再別作那害人的事情了 再莫作那害人的事情了
莫	別	2－39	105	你先別誇口、不定誰輸贏哪 你先莫誇口、不定那個輸贏哪
莫	別	2－39	106	你別混挑字眼兒 你莫混挑字眼兒
莫	別	2－39	107	你別胡說 你莫胡說
莫	別	2－40	110	你別瞎咧咧了快穿衣裳 你莫多談了快穿衣裳
莫	別	3－3	114	可別烤煳了 却莫烤煳了
莫	別	3－5	117	你先別走 你先莫走
莫	別	3－8	122	別說是舖蓋傢伙得帶上 莫說是舖蓋傢伙要帶上
莫	別	3－13	132	你就別挨着了快歸着東西罷 你就莫挨着了快撿着東西罷
莫	別	3－14	133	可小心着別拿墩布髒了牆、你就辦去罷 可小心的莫拿抹布髒了牆、你就去辦罷
莫	別	3－15	135	你別滿嘴裏胡說 你莫滿嘴裏胡說
莫	別	3－15	135	你別混遮掩、你向來是嘴硬 你莫混遮掩、你向來是嘴硬
莫	別	3－15	136	你別不認帳昨兒個你拿我的茶葉 你莫不認帳昨天你拿我的茶葉
莫	別	3－15	136	老爺別生氣 老爺莫生氣
莫	別	3－16	137	老爺、別這麼說 老爺、莫這麼說
莫	別	3－16	138	別弄的那麼溜滑的 莫弄得那麼溜滑的
莫	別	3－17	139	別叫他在裏頭搖挩纔行哪 莫叫他在裏頭搖動纔行哪
莫	別	3－18	140	你別竟先剃頭還得打辮子哪 你莫竟先剃頭只須打辮子哪
莫	別	3－18	141	別磨稜子了 莫竟挨了
莫	別	3－19	142	別買四牌樓的 莫買四牌樓的

注（左）	原文（右）	巻－章	頁数	例文（上：右／下：左）
莫	别	3－19	143	你也别竟聽他們要、總要還個價兒 你也莫竟聽他們要、總要還個價錢
莫	别	4－1	148	請大人别見怪 請大人莫見怪
莫	别	4－1	148	請王爺中堂大人們别周旋了 請王爺中堂大人們莫周旋了
莫	别	4－9	169	求大人可别見怪 求大人却莫見怪
莫	别	4－10	172	先别叫信成領去 先莫叫信成領去
莫	别	4－14	178	求老兄千萬賞臉别推辭 求老兄千萬賞臉莫推辭
莫	别	4－15	181	别送 莫送
莫	别	4－20	190	閣下留步别送 閣下留步莫送
别人家裏	别的宅裏	3－18	140	到别的宅裏去 到别人家裏去
别家	别人	2－10	30	自然總比别人便宜點兒啊 自然總比别家便宜點兒啊
别家	别人	2－10	30	不但比别人便宜幾百兩銀子 不但比别家便宜幾百兩銀子
古怪	别致	2－25	70	也眞别致 也眞古怪
布將他	補釘給	3－5	117	叫丫頭找一塊補釘給補上 叫丫頭找一塊布將他補上
動手	佈	4－1	148	我們就不佈了 我們就不動手了
不一會兒	不大的工夫兒	2－36	99	趕待不大的工夫兒又進來一個人 等待不一會兒又進來一個人
不過	不多	2－16	45	不多幾天、就吊死了 不過幾天、就吊死了
不用	不使	2－34	94	我們這鋪子向來不使母錢鋪的票子 我們這鋪子向來不用母錢鋪的票子
不舒服	不舒坦	2－9	27	因爲我這幾天有點兒不舒坦 因爲我這幾天有點兒不舒服
没對你	不告訴你	3－2	112	就是我不告訴你說 就是我没對你說
下不去	不得勁	2－25	70	臉上很不得勁 臉上很下不去
下不去	不得勁	2－33	92	臉上很不得勁 臉上很下不去
不在理	不對	2－25	71	你說的這話不對 你說的這話不在理
就是	不是	2－36	99	可不是假的 却就是假的
不中用的	不中用了	1－31	10	這一塊地不中用了 這一塊地不中用的

C

注（左）	原文（右）	巻－章	頁数	例文（上：右／下：左）
剛	纔	2－12	34	是、去年纔打了六十担糧食 是、去年剛打了六十担糧食
躲	藏	2－26	73	他藏起來不見我了 他躲起來不見我了
遲滞	蹭蹬	4－12	175	這也是一時的科名蹭蹬 這也是一時的科名遲滞
条葉	茶箒	3－9	124	茶箒掃一回 条葉掃一回
錯	岔	2－29	79	可就走岔了道了 却就走錯了路了
多	長	4－1	147	爲得是彼此可以長談 爲的是彼此可以多談
吵得困不着醒	吵的睡不着覺	1－43	13	吵的睡不着覺 吵得困不着醒
車上	車	3－17	139	然後拿繩子綑上、可就省得車磨了 然後拿繩子綑倒、却就省得車上磨了
沉重	沉	3－7	120	現在我的腦袋還是覺着沉、又有點兒惡心 現在我的腦袋還是覺着沉重、又有點兒惡心
很	趁	2－30	84	又不趁願 又不很願
拉	襯	3－5	117	把褲脚兒給往下襯一襯 把褲脚兒彳往下拉一拉
拉	襯	3－5	117	把褲脚兒給往下襯一襯 把褲脚兒彳往下拉一拉
趁意	趁願	2－31	87	都很趁願的 都很趁意的
蒙	承	1－40	12	又承您抬愛 又蒙您抬愛
呈子	呈詞	2－19	56	在縣裏遞一張和息呈詞就結了 在縣裏遞一張和息呈子就結了
裁縫	成衣	2－35	96	在這本地開着個成衣鋪 在這本地開着個裁縫鋪
裁缝店	成衣舖	2－35	97	你後來每月就到他成衣舖裏取印子錢去就是了 你後來每月就到他裁缝店裏收錢去就是了
靠	吃	3－11	128	可總找那不吃柱子的地方纔好 却總找那不靠柱子的地方纔好
挑子	匙子	3－3	114	這兒還短把匙子和鹽盒兒哪 這裏還少把挑子和鹽盒兒哪
挑子	匙子	3－4	115	匙子 挑子
翻了	重落了	1－5	2	又重落了 又翻了
冷不防	抽冷子	1－45	13	他抽冷子把我望後一推 他冷不防把我望後一推
不防备	抽冷子	2－26	74	等着抽冷子一天 等着不防备一天
嫁出去了	出了門子	2－30	82	前幾天他有一個出了門子的妹子 前幾天他有一個嫁出去了的妹子

注（左）	原文（右）	巻－章	頁数	例文（上：右／下：左）
出外	出馬	2－2	17	還是出馬呢 還是出外呢
出外	出馬	2－2	17	晌午出馬 下午出外
出街	出馬	3－7	120	那位用吉大夫是出馬麼 那位用吉醫生也出街麼
出街	出馬	3－7	120	不出馬 不出街
出去	出門	2－9	27	您這幾天沒出門麼 您這幾天沒出去麼
出息的	出息兒	1－39	12	這個孩子有出息兒 這個孩子有出息的
窗子	窗戶	1－23	7	看窗戶上的月光、捨不得睡了 看窗子上的月光、捨不得睡了
窗子	窗戶	2－29	80	臨街是個窗戶裏頭可點着燈了 對街是個窗子裏頭可點着燈了
窗子	窗戶	3－14	133	把窗戶上的玻璃也擦一擦 把窗子上的玻璃也擦一擦
差	次	3－19	142	賤的東西總次罷 便宜的東西總差罷
解	從	2－30	84	我剛纔從衙門出來 我剛纔解衙門出來
D 拿	搭	3－10	125	那麼那皮箱和箱子都得搭出院子裏去罷 那麼那皮箱和箱子都要拿出院子裏去罷
吽	搭	3－13	131	他把小的搭出去 他把小的吽出去
從	打	1－20	6	頂好是打那竹徑轉過灣兒去 頂好是從那竹徑轉過灣兒去
*	打	2－20	56	他一封貨就打眼 他一估貨就眼
*	打	2－20	56	當鋪本就當打了眼了 當鋪本就當了眼了
*	打	2－20	56	他又封打了眼了 他又了眼了
把	打	2－29	81	明兒個早起偺們打買賣 明天早晨我們把買賣
退	打	2－34	94	我們也是給人家往回頭打 我們也是人家往回頭退
歇	打	2－38	104	那個打脚的客人說他們那本鄉地 那個歇脚的客人說他們那本鄉地方
攪	打	3－14	133	就是還得買打糡子的麵、和竹籤子 就是還要買攪糡子的灰麵、和竹籤子
從	打	3－18	141	就說我是我們老爺新進打歪頭回來 就說我是我們老爺今日從歪頭回來
從	打	3－19	143	另外你打城外頭再給帶些個鮮菓子來 另外你從城外頭再帶幾個鮮菓子來
從	打	3－19	143	老爺打那麼沒別的事了麼 老爺從那麼沒別的事了麼

注（左）	原文（右）	巻－章	頁数	例文（上：右／下：左）
從	打	3－20	145	就省得小的打外頭往京裏帶錢囉瑣了 就省得小的從外頭往京裏帶錢囉瑣了
打燈謎兒	打燈虎兒	2－40	108	晚上到存古齋古玩舖門口兒打燈虎兒去了 晚上到存古齋古玩舖門口兒打燈謎兒去呢
打燈謎兒	打燈虎兒	2－40	109	我打了一個燈虎兒 我打了一個燈謎兒
吃早飯	打早尖	2－38	104	就是偺那天在三和鎭店裏打早尖的時候 就是我那天在三和鎭店裏吃早飯的時候
打的	打着	2－12	34	今年比去年多打着有四十多担糧食了 今年比去年多打的有四十多担糧食了
從今後	打這兒	2－39	107	打這兒我也算是老手了 從今後我也算是老手了
打算	打點	3－17	138	再打點罷 再打算罷
辦正	打點	3－18	141	您都打點出來了麼 您都辦正出來了麼
打獵	打圍	2－15	42	我是出外打圍去了 我是出外打獵去了
打獵	打圍	2－15	42	是上那兒打圍去了 是到那裏打獵去了
打獵	打圍	2－15	42	上東山打圍去了 往東山打獵去了
打獵	打圍	2－15	43	前幾天打圍去了 前幾天打獵去了
打獵	打圍	2－15	43	怎麼打圍去 怎麼打獵去
打獵	打圍	2－15	43	上北山打圍去了 上北山打獵去了
多	大	3－9	123	錢也不大 錢也不多
許	大	3－18	141	說是老爺起外頭大遠的帶了點兒東西來 說是老爺從外頭許遠的帶了點兒東西來
得	大的	2－2	16	前幾年皮貨的行市大的很了 前幾年皮貨的行市大得很呢
隨便	大概	2－32	89	竟你那麼大概找了一找沒有 竟你那麼隨便找了一找沒有
全安	大好	2－9	27	現在倒大好了 現在可全安了
全安	大好	2－9	27	大好了 全好了
是大是小	大小	3－6	118	車箱兒大小騾子好不好 車箱兒是大是小騾子好不好
醫生	大夫	1－5	2	那總得請大夫好好兒治一治就得了 那總要請醫生好好的治一治就是了
醫生	大夫	1－7	3	還得請大夫吃幾劑補藥 還要請醫生吃幾劑補藥
郎中	大夫	2－28	79	請大夫來瞧 請郎中來看

注（左）	原文（右）	巻－章	頁数	例文（上：右／下：左）
郎中	大夫	2－37	101	有一個出名的大夫姓方 有一個出名的郎中姓方
郎中	大夫	2－37	101	見了方大夫就說我是在某宅裏 見了方郎中就說我是在某公舘裏
郎中	大夫	2－37	101	方大夫說是了 方郎中說是了
郎中	大夫	2－37	101	那個底下人進來就問方大夫說 那個底下人進來就問方郎中說
郎中	大夫	2－37	102	方大夫說、那自然是太太先瞧 方郎中說、那自然是太太先看
郎中	大夫	2－37	102	方大夫就問那個人 方郎中就問那個人
郎中	大夫	2－37	102	方大夫聽這話很詫異 方郎中聽這話很詫異
郎中	大夫	2－37	102	方大夫又問他那個人 方郎中又問他那個人
郎中	大夫	2－37	102	方大夫說、我告訴你 方郎中說、我告訴你
醫生	大夫	3－7	120	快請用吉大夫去 快請用吉醫生來
醫生	大夫	3－7	120	那位用吉大夫是出馬麼 那位用吉醫生也出街麼
醫生	大夫	3－7	120	用吉大夫醫葯靈極了 用吉醫生醫葯靈極了
醫生	大夫	3－7	120	就請別的大夫來瞧瞧罷 就請別的醫生來看看罷
醫生	大夫	3－7	120	你請個中國大夫來也使得 你請個中國醫生來也可以
醫生	大夫	3－7	120	我們的大夫都是行本地的醫道 我們的醫生都是行本地的醫道
醫生	大夫	3－7	120	您請施醫院的德大夫來治 您請施醫院的德醫生來治
醫生	大夫	3－7	121	用吉大夫望着您來了 用吉醫生看看您來了
醫生	大夫	3－7	121	是大夫走了 是醫生走了
醫生	大夫	3－7	121	怕大夫是纔想起來罷 怕醫生是纔想起來罷
醫生	大夫	3－7	121	大夫不是吅忌生冷了麼 醫生不是吅忌生冷了麼
躭悞的	躭悞兒	3－6	118	老爺若是在那兒有躭悞兒 老爺若是在那裏有躭悞的
大的胆	胆	3－13	131	小的天胆 小的天大的胆
晌午	當午	1－24	7	這時正當午、太陽很毒 這時正晌午、太陽很毒
回	盪	2－11	31	我先來過一盪了 我先來過一回了

注（左）	原文（右）	巻－章	頁数	例文（上：右／下：左）
回	盪	2－12	34	怎麼您這盪回家 怎麼您這回回家
回	盪	2－12	35	趕我這盪回去 等我這回回去
回	盪	2－15	42	那麼你們這盪圍打的不錯呀 那麼你們這回獵打的不錯呀
回	盪	2－24	67	得回去一盪 要回去一回
回	盪	2－24	67	就麼你這盪回來 就麼你這回回來
回	盪	2－24	67	我這盪回來 我這回回來
回	盪	2－26	72	我沒法子又去了一盪 我沒法子又去了一回
回	盪	2－26	72	又跟他去了五六盪 又跟他去了五六回
回	盪	2－26	74	又去了兩盪又贏了 又去了兩回又贏了
回	盪	2－38	103	就是偺們這盪出外 就是我們這回出外
回	盪	3－8	122	是去年跟着別位老爺去過一盪 是去年跟着別位老爺去過一回
回	盪	3－8	122	這盪打算要帶太太逛去 這回打算要帶太太玩去
回	盪	3－8	122	所以這盪也得帶着那樣兒東西 所以這回也要帶着那様兒東西
*	倒	2－8	25	這一向倒好啊 這一向好啊
*	倒	2－8	25	您倒好啊 您好啊
可	倒	2－9	27	現在倒大好了 現在可全安了
頂	倒	2－9	27	是因爲我倒過一個鋪子來呢 是因爲我頂過一個鋪子來呢
頂	倒	2－9	27	倒過一個甚麼鋪子來呀 頂過一個甚麼鋪子來呀
頂	倒	2－9	27	倒過一個錢鋪來 頂過一個錢鋪呢
頂	倒	2－9	27	怎麼是關了之後 怎麼是關了之後
頂	倒	2－9	27	所以得倒出去 所以要頂出去
頂	倒	2－9	27	您是多少銀子倒過來的 您是多少銀子頂過來的
頂	倒	2－9	27	一千銀子的倒價 一千銀子的頂價
頂	倒	2－9	28	倒價都給完了麼 頂價都把完了麼

注（左）	原文（右）	巻－章	頁数	例文（上：右／下：左）
頂	倒	2－9	28	您倒過來還改字號麼 您頂過來還改字號麼
想必	倒還	4－15	180	身體倒還康健 身體想必康健
路	道	2－29	79	可就走岔了道了 却就走錯了路了
路	道	3－6	118	走到石頭道上可就把車竟往踐窩裏赶 走到石頭路上却就把車竟往裏赶
路	道兒	2－28	78	在道兒上受了熱了麼 在路上受了熱了麼
道謝	道費心	4－1	149	還給王爺中堂大人們道費心 還和王爺中堂大人們道謝
道謝	道乏	2－27	77	他並沒到人家裏給人道乏去 他並沒到人家裏和人道謝去
謝勞	道丟	4－19	188	我再帶舍親給老弟道丟來 我再帶舍親和老弟謝勞來
贼	盜	2－30	84	他所以他沒敢到衙門去報他家裏失盜 他所以他沒敢到衙門去報他家裏失贼
到敝處的	到的敝處	4－16	181	請問老兄是幾時到的敝處 請問老兄是幾時到敝處的
到京的	到的京	4－13	176	他是昨兒晚上到的京 他是昨日晚上到京的
到了京	到京了	4－13	176	現在到京了麼 現在到了京麼
是	得	1－5	2	那總得請大夫好好兒治一治就得了 那總要請醫生好好的治一治就是了
是	得	2－2	17	我提您就得了 我提起您來就是了
是	得	2－8	26	就寫錢到回贖就得了 就寫錢到回贖就是了
要	得	2－8	26	我若是放下外任來我就得用這個銀子 我若是放了外任來我就要用這個銀子
要	得	2－8	26	我約摸着還得過個五六年罷。 我想着還要過個五六年罷
要	得	2－9	27	總得五百兩銀子 總要五百兩銀子
是	得	2－12	36	他們都得有官給的牙帖纔能當經紀了 他們都是有官把的牙帖纔能當經紀呢
好	得	2－14	41	再拿回來安上就得了 再拿回來安上就好了
是	得	2－17	50	就得了嗎 就是了嗎
要	得	2－18	51	我還得上別處去找去 我還要到別處去找去
却	得	2－24	67	得就是這回辭舘的時候 却就是這回辭舘的時候
好	得	3－4	114	您的跟班的來說飯得了 您的跟班的來說飯好了

注（左）	原文（右）	巻－章	頁数	例文（上：右／下：左）
好	得	3－7	119	遞給您、您就掖在氈子底下就得了 遞把您、您就放在氈子底下就好了
好	得	3－7	121	得了就拿來罷 好了就拿來罷
要	得	3－8	122	有一件老爺想不到得用的東西 有一件老爺想不到要用的東西
是	得	3－10	127	然後再一合就得了 然後再一合就是了
是	得	3－11	128	你總要挑那不油膩的斟酌着定就得了 你總要挑那不油膩的斟酌着定就是了
來	得	3－13	131	沒得稟知老爺 沒來稟知老爺
好	得	3－16	138	你燒得了洗澡水了麼 你燒好了洗澡水了麼
是	得	3－18	141	就得了麼 就是了麼
是	得	3－19	143	每樣兒買十個就得了 每樣兒買十個就是了
有	得	3－19	143	我定做的那件衣服得了沒有 我定做的那件衣服有沒有
是	得	4－14	178	不過請告訴我時辰就得了 不過請告訴我時辰就是了
先	得	4－16	181	還沒得過去拜訪 還沒先過去拜訪
得	的	1－9	3	不成敬意的很 不成敬意得很
得	的	1－13	4	我看實在難的很 我看實在難得很
得	的	1－20	6	就是我們今兒晌午到的那座山上景致好的很 就是我們今天中午到的那座山上景致好得很
得	的	1－22	7	大的很 大得很
得	的	1－22	7	後頭還有一座寶塔、高的很 後頭還有一座寶塔、高得很
得	的	1－25	8	看見瓦上的霜厚的很 看見瓦上的霜厚得很
得	的	1－25	8	覺着冷的很 覺得冷也很
得	的	1－43	13	耗子眞鬧的兇 老鼠眞鬧得兇
點	的	2－7	23	我們局子裏有一對比這個小的 我們局子裏有一對比這個小點
得	的	2－10	30	你可以先墊辦的起麼 你可以先墊辦得起麼
得	的	2－15	43	趕到了家 等到了家
得	的	2－15	44	終久總找的着 終久總找得着

注（左）	原文（右）	巻－章	頁数	例文（上：右／下：左）
得	的	2－22	62	着急的了不得 着急得了不得
得	的	2－25	69	身上可穿的很體面 身上却穿得很體面
得	的	2－25	69	長的很體面的個年輕的人 長得很體面的個年輕的人
得	的	2－31	85	苦的了不得 苦得了不得
裏	的	2－36	99	那錢鋪的聽這話 那錢鋪裏聽這話
了	的	2－38	104	帶累的那廟裏的和尙 帶累了那廟裏的和尙
得	的	3－2	112	你沒瞧昨兒個吳少爺喝茶的時候苦的直皺眉麼 你沒看昨日吳少爺喝茶的時候苦得直皺眉麼
得	的	3－7	118	把人碰的頭暈眼花 把人碰得頭暈眼花
得	的	3－16	138	別弄的那麼溜滑的 莫弄得那麼溜滑的
得	的得	3－5	117	這個領子漿的得這麼軟 這個領漿得這麼軟
在	得	2－9	28	總得下月初間 總在下月初間
是	得	2－21	59	就交給他們帶回去就得了 就交給他們帶回去就是了
好	得	2－38	105	趕我修飾得了 等我修飾好了
的	得	3－2	112	苦得簡直的喝不得了 苦的簡直的喝不得了
要	得	3－5	117	你告訴他說得留點兒神洗 你告訴他說要留點兒神洗
的	得	3－8	123	爲得是帶着方便 爲的是帶着方便
的	得	3－9	124	爲得是到那兒給房錢的時候、解月頭兒起好算 爲的是到那裏把房錢的時候、從月頭兒起好算
好	得	4－20	190	閣下可以隨便寫得了 閣下可以隨便寫好了
彀了	得了	3－3	114	得了、撤了去罷 彀了、撤了去罷
必要	得有	2－1	15	舖保自然是得有的 保人自然是必要的
要	得	1－7	3	還得請大夫吃幾劑補藥 還要請醫生吃幾劑補藥
要	得	1－24	8	法子得出門 法子要出門
要	得	1－45	13	給他一個冷不防叫他吃不了得兜着走 給他一個不防備叫他吃不了要兜着走
要	得	2－1	14	我每月得如數給房東房錢 我每月要如數把房東租錢

注（左）	原文（右）	巻－章	頁数	例文（上：右／下：左）
要	得	2－1	15	還得給茶錢呢 還要把茶錢呢
要	得	2－1	15	您也是得給我告訴明白您納 您也是要把我告訴明白您納
要	得	2－1	15	那麼我還得有舖保罷 那麼我還要有保人罷
要	得	2－4	19	得拜幾天哪 要拜幾天哪
要	得	2－4	19	得多喒回來 要多早回來
要	得	2－5	20	老兄大概得多喒上新任去呀 老兄大概要多早上新任去呀
要	得	2－5	20	總得等上司派委員來接署 總要等上司派委員來接署
要	得	2－5	20	還是得先進省裏去呢 還是要先進省裏去呢
要	得	2－5	20	是先得到省裏去 是先要到省裏去
要	得	2－7	23	這對瓶得多少塊錢 這對瓶要多少塊錢
要	得	2－7	23	這對瓶得一百多塊錢 這對瓶要一百多塊錢
要	得	2－8	26	您約摸您大概還得幾年 您相着您大概還要幾年
要	得	2－8	26	趕這事定妥的時候、您還得先照回地去哪 等這事定妥的時候、您還要先點看地去哪
是	得	2－8	26	就得了 就是了
要	得	2－9	27	得出去作官去 要出去做官去
要	得	2－9	27	所以得倒出去 所以要頂出去
得要	得	2－9	28	還得有五百兩銀子 還要有五百兩銀子
要	得	2－10	30	下剩那一半兒銀子總得等完了活 下剩那一半兒銀子總要等完了工
要	得	2－13	37	趕包妥之後、還得有個看果子的了罷 等包妥之後、還要有個看果子的人罷
要	得	2－13	37	總得找一個人黑下白日在園子裏看着纔行哪 總要找一個人黑夜白日在園子裏看着纔行哪
要	得	2－13	38	那自然我得保下 那自然我要保下
要	得	2－14	41	那麼得換一根新繚子罷 那麼要換一根新練子罷
要	得	2－14	41	是還得寫個字據麼 是還要寫個字據麼
要	得	2－14	41	是得寫一張字據 是要寫一張字據

注（左）	原文（右）	巻－章	頁数	例文（上：右／下：左）
要	得	2－14	41	先得瞧一年 先要看一年
要	得	2－18	51	兪掌櫃的得上別處找找去 兪老板要到別處找找去
要	得	2－18	52	得去多少日子 要去多少日子
要	得	2－18	52	總得十天罷 總要十天罷
是	得	2－18	53	我可以順便到這兒來打聽打聽就得了 我可以順便到這裏來打聽打聽就是了
的	得	2－19	55	還得包陪賺利纔行哪 還的包陪賺利纔行哪
要	得	2－20	56	倒還得賠出好些個錢去 倒還要賠出好些的錢去
要	得	2－24	67	得回去一盪 要回去一回
要	得	2－26	73	就得把房產地產折給他們 就要把房產地產折把他們
要	得	2－30	85	倒還得給那個人道謝 倒還要與那個人道謝
想	得	2－38	103	我作的那本日記得把他修飾好了 我做的那本日記想把他修飾好了
要	得	3－1	111	所以得叫他慢慢兒歷練歷練纔行哪 所以要叫他慢慢兒歷練歷練纔行哪
要	得	3－1	111	還得定規他住的屋子哪 還要定規他住的房子哪
要	得	3－3	113	今兒還得換換枕頭籠布、和被單子哪 今日還要換換枕頭籠布、和被單子哪
要	得	3－5	117	還得多用點兒粉子漿 還要多用點兒粉子漿
要	得	3－5	117	得拉一拉 要拉一拉
要	得	3－8	122	那實在得多帶些個東西、怎麼呢 那實在要多帶些個東西、怎麼呢
要	得	3－8	122	所以這盪也得帶着那樣兒東西 所以這回也要帶着那樣兒東西
要	得	3－8	122	別說是舖蓋傢伙得帶上 莫說是舖蓋傢伙要帶上
要	得	3－8	123	就連太太喫的東西也得多帶些個去 就連太太喫的東西也要多帶些的去
要	得	3－8	123	那就得多躭悞幾天工夫了 那就要多躭悞幾天工夫了
要	得	3－8	123	自然是更得多了 自然是更要多了
要	得	3－8	123	得帶甚麼吃的 要帶甚麼吃的
必	得	3－9	124	我得找個地方蓋一間 我必找個地方蓋一間

注（左）	原文（右）	巻－章	頁数	例文（上：右／下：左）
要	得	3－9	124	可得好好兒的拿紙包上 却要好好兒的拿紙包正
要	得	3－9	124	是都得拔下來麼 是都要拔下來麼
要	得	3－10	125	那麼那皮箱和箱子都得搭出院子裏去罷 那麼那皮箱和箱子都要拿出院子裏去罷
要	得	3－10	125	是得在背陰兒地方晾晾 是要在背陰兒地方晾晾
要	得	3－10	126	我不是說過那皮衣裳是得晾麼 我不是說過那皮衣裳是要晾麼
要	得	3－10	126	回頭你還得好好兒的抖晾抖晾 回頭你還要好好兒的抖晾抖晾
要	得	3－10	126	那些個衣服、也得分出夾的和棉的來 那些的衣服、也要分出夾的和棉的來
可	得	3－10	126	老爺想晒到甚麼時候、就得收起來呢 老爺想晒到甚麼時候、就可收起來呢
要	得	3－10	126	就都得收起來了 就都要收起來了
要	得	3－10	126	可是你還得把那根繩子 却是你還要把那根繩子
要	得	3－13	131	那就怕是得多躭悞幾天呢 那就怕是要多躭悞幾天呢
可	得	3－14	133	那麼得叫裱糊匠來糊糊罷 那麼可叫裱糊匠來糊糊罷
可	得	3－14	133	底半截兒牆得糊外國紙 底半截兒牆可糊外國紙
要	得	3－14	133	喳、還得買十幾根秫稭、紮架子哪 哦、還要買十幾根竹棍、紮架子哪
要	得	3－14	133	還有甚得買的 還有甚要買的
要	得	3－14	133	就是還得買打輭子的麵、和竹篾子 就是還要買攪輭子的灰麵、和竹篾子
要	得	3－14	133	可得掃乾净了 却要掃乾净了
要	得	3－16	137	那麼你得把那溝眼開通纔好哪 那麼你要把那溝眼開通纔好哪
要	得	3－17	140	那器得拿紙蘸上水糊上、再裝纔妥當 那器要拿紙蘸上水糊上、再裝纔妥當
要	得	3－18	140	你還得換上　淨點兒的衣裳 你還要換上　淨點兒的衣裳
可	得	3－18	141	那麼小的得雇一輛車去罷 那麼小的可雇一乘車去罷
要	得	3－20	144	可不知道得去幾年 却不曉得要去幾年
要	得	3－20	144	那位老爺大概得在廣東三年 那位老爺大概要在廣東三年
要	得	3－20	145	每月小的工錢得起京裏兌給小的家裏五六塊錢 每月小的工錢要從京裏兌把小的家裏五六塊錢

注（左）	原文（右）	巻－章	頁数	例文（上：右／下：左）
要	得	3－20	145	老爺不得另找個跟班的麼 老爺不要另找個跟班的麼
要	得	4－1	149	得趕緊回去料理 要趕緊回去料理
要	得	4－3	153	得趕緊回去辦理 要趕緊回去辦理
要	得	4－11	174	那麼老兄行期大約得幾時呢 那麼老兄行期大約要幾時呢
要	得	4－12	175	大概總得明年罷 大概總要明年罷
要	得	4－13	177	不過得給底下當差的些個飯錢就是了 不過要把底下當差的些微飯錢就是了
要	得	4－16	182	補缺大概還得過三年罷 補缺大概還要過三年罷
要	得	4－17	184	得在那裏下榻罷 要在那兒下榻罷
要	得	4－19	188	總得再緩幾個月、纔能如數歸還啊 總要再緩幾個月、纔能如數歸還啊
要	得	4－20	190	我們還得在此住幾天了 我們還要在此住幾天的
燭台	燈	2－7	23	小爉燈 小爉燭台
燈心兒	燈苗兒	3－15	134	我燈苗兒要小 燈心兒要小
待	等	1－24	8	也要等一會兒 也要待一會兒
路	地	2－12	35	離我們住的那個地方有幾里地 離我們住的那個地方有幾里路
路	地	2－15	43	趕到了離東山還有幾里地 等到了離東山還有幾里路
地方呀	地方兒	2－9	27	在甚麼地方兒 在甚麼地方呀
點着	點上	3－15	134	剛點上的時候 剛點着的時候
市	店	2－32	88	是和偺們這本鎭店上一個無賴子 是和我們這本鎭市上一個無賴子
市	店	2－32	88	是因爲那天我們舍弟在這鎭店外頭北邊兒一座樹林子裏頭 是因爲那天我們舍弟在這鎭市外頭北邊兒一座樹林子裏頭
市	店	2－32	88	我現在同你到鎭店上對給你一個鋪保 我現在同你到鎭市上對把你一個鋪保
市	店	2－32	88	這麼着我們舍弟就同他到了鎭店上 這麼的我們舍弟就同他到了鎭市上
市	店	2－32	89	偺們這鎭店西北地方有一個村莊兒 我們這鎭市西北地方有一個村莊兒
罣	惦	3－18	141	又何必費心惦記着我呢 又何必費心罣記着我呢
跌	掉	2－23	64	就直往下這麼一掉 就直往下這麼一跌

注（左）	原文（右）	巻−章	頁数	例文（上：右／下：左）
鎖起來	釘死了	3−17	139	可以就先釘死了罷 可以就先鎖起來罷
冒	頂	2−15	44	他就頂着雪 他就冒着雪
冒	頂	2−30	83	所以頂着雨來 所以冒着雨來
去定地方	定地方去	3−11	127	你出城定地方去 你出城去定地方
去定	定去	3−11	129	那麼我這就定去罷 那麼我這就去定罷
掉	丢	2−6	22	我們把那個丢銀票的 我們把那個掉銀票的
掉	丢	2−6	22	你們說是別人丢的銀票 你們說是別人掉的銀票
掉	丢	2−15	43	倒把他的一匹馬丢了 倒把他的一匹馬掉了
掉	丢	2−15	43	會把馬丢了呢 會把馬掉了呢
掉	丢	2−15	44	把他丢馬的緣故都問明白了 把他掉馬的緣故都問明白了
偷	丢	2−30	83	趕到第二天早起、他知道鬧賊丢了東西了 等到第二天早晨、他曉得被賊偷了東西了
失	丢	2−30	84	外頭不用告訴人說他家裏鬧賊丢東西的事情 外頭不要告訴人說他家裏被賊失東西的事情
掉	丢	2−32	88	眞丢了 眞掉了
掉	丢	2−32	89	他說他的馬丢了 他說他的馬掉了
掉	丢	2−32	89	那便是眞丢了 那便是眞掉了
掉	丢	2−32	89	那便是眞丢了 那便是眞掉了
掉	丢	2−32	90	他回來可告訴舍弟說他的馬丢了 他回來却告訴舍弟說他的馬掉了
這冬	冬子	4−11	174	大約也就在冬子月初間罷 大約也就在這冬月初間罷
冬月底	冬子月底	4−4	154	大概今年冬子月底、可以到京去 大概今年冬月底、可以到京去
總	都	2−19	53	您都沒在家 您總不在家
*	都是	2−5	21	請問老兄都是榮任過甚麼地方 請問老兄榮任過甚麼地方
賭廠	賭局	2−26	73	開了一個賭局 開了一個賭廠
賭廠	賭局	2−26	73	到那個賭局去了 到那個賭廠去了
賭廠	賭局	2−26	73	趕他進了那個賭局 等他進了那個賭廠

注（左）	原文（右）	巻－章	頁数	例文（上：右／下：左）
賭廠	賭局	2－26	74	我們是在某處開賭局的 我們是在某處開賭廠的
少	短	2－2	16	總是因爲貨短的緣故 總是因爲貨少的緣故
少	短	2－21	58	他短了兩隻紅皮箱 他少了兩隻紅皮箱
少	短	2－21	59	我這兒短了两隻白皮箱 我這裏少了两隻白皮箱
少	短	2－27	77	他總短分給我 他總少分把我
少	短	2－27	77	我這回短您是兩吊是三吊 我這回少您是兩吊是三吊
少	短	2－31	87	短了一百兩銀子 少了一百兩銀子
少	短	2－33	90	說是短了一包棉花 說是少了一包棉花
少	短	2－33	90	是怎麼短的 是怎麼少的
少	短	2－33	91	短一包棉花 少一包棉花
少	短	2－33	92	看短不短 看少不少
少	短	2－33	92	看短不短 看少不少
少	短	3－3	114	這兒還短把匙子和鹽盒兒哪 這裏還少把挑子和鹽盒兒哪
少	短	3－4	115	你瞧這兒還短一件要緊的東西 你看這裏還少一件要緊的東西
少	短	3－4	115	我直想不出是還短甚麽東西來 我直想不出是還少甚麽東西呢
少	短	3－4	115	還短酒盃哪 還少酒盃哪
少	短	3－19	142	他們不敢短分兩的 他們不敢少分兩的
算	斷	2－17	50	我早給他斷就了 我早和他算就了
關	對	2－35	96	街門對着了 街門關着了
是	對	3－10	126	那就對了 那就是了
錯不錯	對不對	3－12	130	您點了對不對 您點了錯不錯
對不過	對不住	2－27	76	鬧得我好對不過那姓孫的 鬧得我好對不住那姓孫的
合式	對勁	2－11	33	素日和您對勁 平素和您合式
合式	對勁	2－11	33	我們倆平常雖然對勁 我們兩個平常雖然合式

注（左）	原文（右）	巻－章	頁数	例文（上：右／下：左）
不錯	對了	3－14	134	客人說都對了 客人說都不錯
對面那	對面兒	3－11	128	瞧見對面兒官座兒裏有一個人吃東西 看見對面那官座兒裏有一個人吃東西
抹	墩	3－14	133	然後拿墩布蘸上水擰乾了 然後拿抹布蘸上水擰乾了
抹	墩	3－14	133	可小心着別拿墩布膹了牆、你就辦去罷 可小心的莫拿抹布膹了牆、你就去辦罷
麽	多	2－13	37	那包果子也沒有多規矩 那包果子也沒有麽規矩
要	多	2－23	64	不多幾年、自然的就敗了 不要幾年、自然的就敗了
幾	多	3－20	145	你這個親戚多大了 你這個親戚幾大了
幾多	多兒	3－19	142	可是那口蘑多兒錢一斤 却是那口蘑幾多錢一斤
多少	多大	3－13	131	無論出去多大工夫兒 無論出去多少工夫兒
這樣	多麽	2－27	77	有多麽可惡 有這樣可惡
這樣	多麽	2－40	110	你有多麽可惡 你有這樣可惡
幾多	多少	3－2	112	可是你昨兒個迷迷糊糊的擱了有多少茶葉 却是你昨日磨磨曶曶的擱了有幾多茶葉
幾多	多少	3－19	142	你是要買多少呢 你是要買幾多呢
幾多	多少	3－19	143	一樣兒買多少呢 一樣兒買幾多呢
多少的	多一半兒	3－3	114	攙多一半兒水 攙多少的水
一大半了	多一半儿了	1－2	1	我今年纔五十歲、鬚已經白了多一半兒了 我今年纔五十歲、鬚已經白了一大半了
麽早	多偺	1－33	10	鬧到多偺是個了手啊 鬧到麽早是個了手啊
多時	多咱	2－24	65	老弟、你是多咱回來的 老弟、你是多時回來的
多早	多咱	2－39	106	你多咱喝了 你多早喝了
多早	多咱	3－1	111	那麽叫他解多咱來伺候您哪 那麽叫他從多早來伺候您哪
麽早	多咱	3－2	112	往後你瞧着多咱這罐子裏頭的茶葉完上來了 往後你看着麽早這罐子裏頭的茶葉完了
多早	多咱	3－9	124	那麽老爺打算多咱搬呢 那麽老爺打算多早搬呢
多早	多咱	3－13	132	你打算多咱走呢 你打算多早走呢
多早	多咱	3－15	136	我多咱拿你的東西了 我多早拿你的東西呢

	注（左）	原文（右）	巻－章	頁数	例文（上：右／下：左）
	幾年	多咱	4－12	175	可是覆試是多咱哪 却是覆試是幾年哪
	麼早	多喒	2－1	16	你打算多喒瞧那房子去 你打算麼早看那房子去
	多早	多喒	2－4	19	打算多喒到省裏去呀 打算多早到省裏去呀
	多早	多喒	2－4	19	得過了節、回來罷 要過了節、回來罷
	多早	多喒	2－5	20	老兄大概得多喒上新任去呀 老兄大概要多早上新任去呀
	多早	多喒	2－7	24	那麼要多喒就燒得了 那麼要多早纔燒好了
	幾早	多喒	2－9	28	打算多喒開市呀 打算幾早開張呀
	幾早	多喒	2－10	31	我多喒來聽老爺的信哪 我幾早來聽老爺的信哪
	幾早	多喒	2－13	38	等包果子的多喒去了、告訴他就是了 等包果子的幾早去了、告訴他就是了
	多早	多喒	2－15	42	多喒回來的 多早回來的
	多早	多喒	2－16	44	他是多喒死的 他是多早死的
	多早	多喒	2－18	52	多喒走的 多早走的
	多早	多喒	2－18	52	您想可以多喒來好呢 您想可以多早來好呢
	多早	多喒	3－20	146	小的可以多喒上工呢 小的可以多早上工呢
E	呢	兒	1－45	13	那兒有這麼促狹的呢 那裏有這麼促狹的呢
	來	兒	3－10	126	把那背陰兒的都叫向陽兒、您說好不好 把那背陰的都把向陽來您、說好不好
F	罰	發	4－13	177	因此發了若許銀兩 因此罰了若干銀兩
	*	乏	2－38	103	我倒不覺很乏 我倒不覺很
	上下	法名	1－31	9	請問你的法名 請問你的上下
	發	犯	2－24	68	到如今舊病還是時常的犯怎麼能當差呢 到如今舊病還是時常的發怎麼能當差呢
	有潮	犯潮	3－14	132	墻上的紙因爲犯潮、都搭拉下來了 墻上的紙因爲有潮、都搭拉下來了
	帶疑	犯疑	2－29	80	心裏可就有點兒犯疑 心裏却就有點兒帶疑
	起疑	犯疑	2－35	96	小的聽這話很犯疑 小的聽這話很起疑
	包席舘	飯莊子	3－11	127	這麼說飯莊子比飯舘子好 這麼說包席舘比飯舘子好

注（左）	原文（右）	巻－章	頁数	例文（上：右／下：左）
包席舘	飯莊子	3－11	127	飯莊子是成棹的 包席舘是成棹的
包席舘	飯莊子	3－11	127	倒是飯莊子好 倒是包席舘好
房子	房	2－1	14	您這西院裏那處房要出租 您這西院裏那處房子要出租
房子	房	2－1	15	可以替您找住房的 可以替您找住房子的
房租	房	2－1	15	您聽着這房錢彷彿是太多 您聽着這房租錢彷彿是太多
房子	房	2－1	15	怎麼我起您手裡租房 怎麼我在您手裡租房子
房子	房	2－1	15	雖然您是起我手裡租房 雖然您是在我手裡租房子
屋	房	2－25	70	他說他是在我們房後頭寶局裏要錢來着忽然有一個官 他說他是在我們屋後頭寶局裏賭錢來着忽然有一個官
租錢	房錢	2－1	14	我每月得如數給房東房錢 我每月要如數把房東租錢
租錢	房錢	2－1	15	可是您知道一月是多少房錢 就是您曉得一月是多少租錢
租錢	房錢	2－1	15	每月是七十吊錢的房錢 每月是七十吊錢的租錢
房租錢	房錢	2－1	15	七十吊錢的房錢太多 七十吊錢的房租錢太多
放了	放下	2－8	26	我若是放下外任來我就得用這個銀子 我若是放了外任來我就要用這個銀子
放出	放下	2－8	26	可以放下外任呀 可以放出外任呀
放了	放下	2－24	67	他新近放下山西太原府遺缺 他近日放了山西太原府遺缺
謝	費心	3－18	141	給老爺道費心 和老爺道謝
様	分	2－29	80	我們先伯看他這分光景、更疑惑了 我們先伯看他這様光景、更疑惑了
估	封	2－20	56	封貨去了纔回來 估貨去了纔回來
估	封	2－20	56	您都封了些個甚麼貨 您都估了些的甚麼貨
估	封	2－20	56	我就封了倆表、沒封別的 我就估了兩個表、沒估別的
估	封	2－20	56	我就封了倆表、沒封別的 我就估了兩個表、沒估別的
估	封	2－20	56	我看封貨得便宜少 我看估貨得便宜少
估	封	2－20	56	他去封貨 他去估貨
估	封	2－20	56	趕他封了 等他估了

注（左）	原文（右）	巻-章	頁数	例文（上：右／下：左）
估	封	2-20	56	他一封貨就打眼 他一估貨就眼
＊	封	2-20	56	他又封打了眼了 他又了眼了
估	封	2-20	56	前幾年封了好幾回貨 前幾年估了好幾回貨
估	封	2-20	57	請我們决不去封貨了 請我們决不去估貨了
封	封	2-20	57	去年有一個封貨得了宜便的 去年有一個估貨得了宜便的
封	封	2-20	57	西城恒順當鋪請他去封貨 西城恒順當鋪請他去估貨
封	封	2-20	57	他封了一個銅表 他估了一個銅表
照應	服侍	3-5	117	在這兒服侍我穿上衣裳 在這裏照應我穿了衣裳
照應	服侍	3-7	121	那麼趕晚上你服侍我吃就是了 那麼等晚上你照應我吃就是了
多餘	富餘	4-10	171	還富餘五千多兩銀子哪 還多餘五千多兩銀子哪
G 要	該	2-4	20	我該走了 我要走了
蓋子	蓋兒	3-10	127	再蓋上蓋兒、不然、潮腦就走了 再蓋上蓋子、不然、潮腦就走了
想	敢	2-23	64	纔知道、敢情是這幾年的買賣發了財了 纔曉得想情是這幾年的買賣發了財了
想	敢	3-6	118	那敢情是很好的了 那想情是很好的了
等	趕	2-1	15	趕您租妥之後、您可以告訴我說 等您租妥之後、您可以告訴我說
到	趕	2-4	20	趕開了印之後、就該忙了罷 到開了印之後、就該忙了罷
到	趕	2-4	20	趕開了印之後 到開了印之後
＊	趕	2-6	22	趕他們到了銀號 他們到了銀號
等	趕	2-8	26	趕這事定妥的時候、您還得先照回地去哪 等這事定妥的時候、您還要先點看地去哪
等	趕	2-8	26	趕偺們把事情辦完了之後、我再同他到地裏看一看去 等我們把事情辦完了之後、我再同他到地裏看一看去
等	趕	2-10	30	趕完了活、再給錢很可以行 等完了工、再把錢很可以行
等	趕	2-10	31	趕明天我就見江老爺去 等明天我就見江老爺去
到	趕	2-11	32	趕晌午的時候、他們就都回去吃晌飯去了 到中時的時候、他們就都回去吃午飯去了
等	趕	2-11	32	趕涼决轂了 等涼决轂了

注（左）	原文（右）	巻－章	頁数	例文（上：右／下：左）
等	趕	2－12	35	趕我這盪回去 等我這回回去
等	趕	2－12	35	趕知縣查明白了 等知縣查明白了
等	趕	2－13	37	商量包價是多少、趕說妥了 商量包價是多少、等說妥了
等	趕	2－13	37	趕包妥之後、還得有個看果子的了罷 等包妥之後、還要有個看果子的人罷
等	趕	2－13	38	趕後來拆窩棚的時候 等後來拆歇棚的時候
到	趕	2－14	41	那麼趕他學滿了之後 那麼到他學滿了之後
等	趕	2－15	43	趕到了離東山還有幾里地 等到了離東山還有幾里路
到	趕	2－15	43	趕第二天、我們就在店裏吃完了飯 到第二天、我們就在店裏吃完了飯
等	趕	2－15	43	趕到了山上 等到了山上
等	趕	2－15	43	趕天有平西的時候 等天有平西的時候
等	趕	2－15	43	趕回來的時候 等回來的時候
等	趕	2－15	43	趕到了家 等到了家
等	趕	2－15	44	趕到了山底下一瞧、他的那匹馬 等到了山底下一看、他的那匹馬
等	趕	2－15	44	趕到第二天早起 等到第二天早起
等	趕	2－16	45	趕到今年、那個人又上京來了 等到今年、那個人又到京來了
等	趕	2－16	45	趕官把子園傳到衙門去一問 等官把子園傳到衙門去一問
等	趕	2－16	45	趕知縣去驗屍的時候 等知縣去驗屍的時候
等	趕	2－16	46	趕那個人死之後、他就變了心了 等那個人死之後、他就變了心了
等	趕	2－16	46	趕後來他忽得了一場 等後來他忽得了一場
*	趕	2－16	47	趕他病好了 他病好了
等	趕	2－18	51	趕幾天、若是我找着了 等幾天、若是我找着了
等	趕	2－18	51	趕過幾天、他若是找着了 等過幾天、他若是找着了
等	趕	2－19	54	趕到上月就到了日子了 等到上月就到了日子了
等	趕	2－19	54	趕到前幾天 等到前幾天

注（左）	原文（右）	巻－章	頁数	例文（上：右／下：左）
等	趕	2－20	56	趕他封了 等他估了
等	趕	2－20	57	趕他拿回家去一細瞧敢情是個金表 等他拿回家去一細瞧那曉得是個金表
等	趕	2－21	58	趕把行李運到棧裏來了 等把行李運到棧裏來了
及	趕	2－21	59	趕問到永利棧了 及問到永利棧了
等	趕	2－21	59	趕他一查可就說是錯了兩隻箱子 等他一查却就說是錯了兩隻箱子
等	趕	2－22	60	趕到滿了限了 等到滿了限了
等	趕	2－22	62	趕他把這銀子交還之後 等他把這銀子交還之後
等	趕	2－23	63	趕到前年 等到前年
等	趕	2－23	63	趕到了去年 等到了去年
等	趕	2－23	63	趕他買妥了 等他買妥了
等	趕	2－23	64	趕到去年會一敗塗地了 等到去年會一敗塗地了
到	趕	2－23	64	趕後來我細一打聽 到後來我細一打聽
等	趕	2－23	65	趕到去年還是那姓郝的 等到去年還是那姓郝的
等	趕	2－24	66	趕我到了蘇州 等我到了蘇州
等	趕	2－24	67	趕我到京裏 等我到京裏
及	趕	2－25	69	趕我到了後頭院子裏 及我到了後頭院子裏
及	趕	2－25	69	趕到了書房 及到了書房
等	趕	2－25	70	趕到天亮回去的 等到天亮回去的
等	趕	2－25	71	趕又過了些日子 等又過了些日子
及	趕	2－25	71	趕到今年年下 及到今年年下
及	趕	2－26	72	趕到了他家兒一瞧 及到了他家裏一看
到	趕	2－26	72	趕下回我本打算不去耍了 到下回我本打算不去賭了
等	趕	2－26	73	趕他進了那個賭局 等他進了那個賭廠
等	趕	2－26	74	趕都商量好了 等都商量好了

注（左）	原文（右）	巻－章	頁数	例文（上：右／下：左）
等	趕	2－26	74	趕到天晚上 等到天晚上
等	趕	2－26	74	趕到大天大亮了 等到大天大亮了
等	趕	2－26	74	趕到晌午 等到中時
等	趕	2－26	74	趕到晌午 等到中時
等	趕	2－27	76	趕大前天 等大前天
及	趕	2－27	76	趕到了他家裏 及到了他家裏
及	趕	2－27	76	趕他見了我們 及他見了我們
及	趕	2－27	76	趕我那天回到家裏去 及我那天回到家裏去
等	趕	2－27	77	趕擱得日子多了 等擱得日子多了
等	趕	2－27	77	趕辦完了事之後 等辦完了事之後
等	趕	2－28	78	趕到夜靜的時候 等到夜靜的時候
等	趕	2－28	79	趕到天亮了 等到天亮了
及	趕	2－29	80	趕走到快定更了 及走到快定更了
及	趕	2－29	80	趕臨近了一瞧 等臨近了一看
及	趕	2－29	80	趕到了裏頭一瞧 及到了裏頭一看
等	趕	2－29	80	趕吃完了飯了 等吃完了飯了
等	趕	2－29	80	趕喝完了茶 等喝完了茶
等	趕	2－29	80	趕他納到來後頭院裏一瞧 等他到來後頭院裏一看
等	趕	2－29	81	那兩間是堆草料的屋子 那兩間是堆草料的房子
等	趕	2－29	81	趕到夜靜的時候、偺們倆人去殺那倆趕車的 等到夜靜的時候、我們兩人去殺那兩趕的
等	趕	2－29	82	趕店門開開了、就見趕進六輛鏢車來 等店門開開了、就見趕進六乘鏢車來
及	趕	2－30	83	趕他見他妹妹哭了 及他見他妹妹哭了
等	趕	2－30	83	趕這個人回來了 等這個人回來了
等	趕	2－30	83	趕到第二天早起、他知道鬧賊丟了東西了 等到第二天早晨、他曉得被賊偷了東西了

注（左）	原文（右）	巻-章	頁数	例文（上：右／下：左）
等	趕	2-30	84	趕起在衙門把銀子和衣服都領出來了 等從在衙門把銀子和衣服都領出來了
等	趕	2-30	84	趕回到家裏來 等回到家裏來
等	趕	2-31	85	趕見了那個買賣客人 等見了那個買賣客人
等	趕	2-31	87	趕過了兩天 等過了兩天
剛	趕	2-32	88	趕他放了一槍 剛他放了一槍
等	趕	2-32	89	趕他見了我們舍弟、就說我去找了半天 等他見了我們舍弟、就說我去找了半天
正	趕	2-32	90	趕那天那匹馬聽見槍響不是驚了麼 正那天那匹馬聽見槍響不是驚走了麼
及	趕	2-32	90	趕那個人見有了見證了 及那個人見有了見證了
等	趕	2-33	91	趕後來發一包棉花 等後來發一包棉花
等	趕	2-33	91	趕這一百包棉花都發完了 等這一百包棉花都發完了
等	趕	2-33	91	趕王掌櫃的見了我有氣的樣子 等王管事的見了我有氣的樣子
等	趕	2-33	92	趕我同他到了茅房裏一瞧 等我同他到了茅厠裏一看
等	趕	2-36	100	趕他們走到了一個點心鋪的門口兒 等他們走到了一個點心鋪的門口兒
*	趕	2-36	100	趕那個掌櫃的把銀子接過去 那個掌櫃的把銀子接過去
等	趕	2-37	101	趕到第二天早起 等到第二天早晨
等	趕	2-37	102	趕大家都瞧完了病走了 等大家都看完了病走了
等	趕	2-38	104	趕到天亮、和尚就報了官了 等到天亮、和尚就報了官了
等	趕	2-38	105	趕我修飾得了 等我修飾好了
從	趕	3-1	111	索性叫他趕下月初一那天再來倒好 索性叫他從下月初一那天再來倒好
趕	趕	3-7	119	趕老爺坐回的時候 等老爺坐回的時候
等	趕	3-7	121	那麼趕晚上你服侍我吃就是了 那麼等晚上你照應我吃就是了
等	趕	3-8	122	趕到店裏住下之後 等到店裏住下之後
等	趕	3-8	123	趕都歸着好了 等都歸着好了
等	趕	3-10	125	趕拴好了、把衣裳搭在繩子上晒一晒 等拴好了、把衣裳搭在繩子上晒一晒

注（左）	原文（右）	巻－章	頁数	例文（上：右／下：左）
等	趕	3－12	130	趕他們買賣定規了 等他們買賣定規了
等	趕	3－15	134	趕慢慢兒再往大裏捻 等慢慢兒再往大裏捻
等	趕	3－15	134	趕今年撒了火了 等今年撒了火了
等	趕	3－15	135	趕後來日子多了 等後來日子多了
等	趕	3－17	138	趕插在裏頭之後、可得拿滑藉或是棉花揎磁實了 等插在裏頭之後、却得拿東西或是棉花築結實了
若	趕	3－18	141	趕你到那兒、就留下、然後你就回來 若你到那裏、就留下、然後你就回來
等	趕	3－20	145	那都好說的、趕定規之後、我可以寫個取錢的執照給你 那都好說的、等定規之後、我可以寫個取錢的執照把你
等	趕	4－4	155	是趕大人到京之後、還要求賞給一信、以慰遠念 是等大人到京之後、還要求賞發一信、以慰遠念
等	趕	4－5	155	趕他到了那個地方、就住在一個店裏頭了 等他到了那個地方、就住在一個店裏頭了
等	趕	4－5	156	趕他到了知縣衙門 等他到了知縣衙門
候	趕	4－6	159	趕到風順輪船到天津之後、船主業將此事禀報敝國領事官了 候到風順輪船到天津之後、船主業將此事禀報敝國領事官了
等	趕	4－6	160	趕他們一看、不過將船舵撞折了 等他們一看、不過將船舵撞折了
至	趕	4－7	162	趕前四天船到了此處 至前四天船到了此處
等	趕	4－7	162	趕到那天晚上雲發並未回船 等到那天晚上雲發並未回船
等	趕	4－7	163	趕到他交清水脚銀兩 等到他交清水脚銀兩
等	趕	4－8	164	趕到上月貨到了 等到上月貨到了
等	趕	4－8	164	趕到本年三月初間貨到了 等到本年三月初間貨到了
等	趕	4－11	174	趕明年春天、再遣家人來接家眷去 等明年春天、再打發家人來接家眷去
等	趕	4－13	177	趕查驗之後、就可以先打印子放行 等查驗之後、就可以先打印子放行
等	趕	4－13	177	趕到了彰儀門的時候、城關了 等到了彰儀門的時候、城關了
等	趕	4－15	181	趕到今年夏間 等到今年夏間
等	趕	4－17	184	趕過了作會就回來 等過了做會就回來
等	趕	4－20	190	趕後來福繙譯回國去了 等後來福繙譯回國去了
等過	趕待	2－32	88	趕待了一會子 等過了一會兒

注（左）	原文（右）	巻－章	頁数	例文（上：右／下：左）
竟是	敢自	3－1	111	那敢自很好了 那竟是很好了
趕急	趕緊	2－35	96	就趕緊的到家裏瞧去了 就趕急的到家裏看去的
趕急	趕緊	2－36	99	就趕緊的拿夾剪把銀子夾開了一瞧 就趕急的拿夾剪把銀子夾開了一看
趕急	趕緊	2－36	101	就趕緊的拿着那包假銀子跑回去了 就趕急的拿着那包假銀子跑回去了
當眞	敢情	2－14	41	敢情先頭裏、每月做這麼個手工啊 當眞先頭裏、每月做這些手工啊
那曉得	敢情	2－20	57	趕他拿回家去一細瞧敢情是個金表 等他拿回家去一細瞧那曉得是個金表
想情	敢情	2－29	81	敢情眞是個黑店 想情眞是個黑店
那曉	敢情	2－32	90	敢情那個人前些個日子、就把他那匹馬賣給那個姓趙的了 那曉那個人前好幾天子、就把他那匹馬賣得那個姓趙的了
原來	敢情	3－8	122	敢情還有這麼件不方便的事情哪 原來還有這麼件不方便的事情哪
做	幹	2－7	23	是幹甚麼的 是做甚麼的
做	幹	2－14	39	甚麼都不能幹了 甚麼都不能做了
做	幹	2－15	42	是幹甚麼來着 是做甚麼來着
做	幹	2－17	48	是拿去幹甚麼呢 是拿去做甚麼呢
做	幹	2－17	49	他這個人會幹甚麼呀 他這個人會做甚麼呢
做	幹	2－17	49	他任甚麼都不會幹 他任甚麼都不會做
做	幹	2－35	96	求老爺問他到底到小弟家裏是幹甚麼去了 求老爺問他到底到小弟家裏是做甚麼去的
做	幹	3－4	116	你幹事老是這麼忙忙叨叨的 你做事總是這麼忙忙碌碌的
做	幹	3－4	116	往後我幹事一定要留神的 以後我做事一定要留神的
做	幹	3－15	135	竟等着挨說纔幹 竟等着挨說纔做
弄	幹	3－16	137	那是管洗澡房的他幹的 那是管洗澡房的他弄的
做	幹	3－18	140	你幹甚麼來着 你做甚麼來的
爲甚麼	幹甚麼	2－10	29	幹甚麼回家去了 爲甚麼回家去的
做甚麼	幹甚麼	4－17	183	幹甚麼來着 做甚麼來的
爲甚麼事	幹甚麼的	2－35	96	你是幹甚麼的到僉配家裏 你是爲甚麼事到僉配家裏

注（左）	原文（右）	巻－章	頁数	例文（上：右／下：左）
方纔	剛纔	1－16	5	我剛纔隔着槅扇和他說話 我方纔隔着槅子和他說話
槅子	槅扇	1－16	5	我剛纔隔着槅扇和他說話 我方纔隔着槅子和他說話
槅板	槅子	3－17	139	那書槅子上的書和字帖條幅都拿紙裹上就行了 那書槅板上的書和字帖條幅都拿紙包倒就行了
槅板	槅子	3－2	112	那麼裏間屋裏的那櫃子上的第二層槅子上 那麼裏間房裏的那櫃子上的第二層槅板上
各樣	各樣兒	2－17	49	那個官見天就叫他出去給買古玩玉器各樣兒的東西 那個官每天就叫他出去替買古玩玉器各樣的東西
自己	各人	2－6	22	說是這張銀票是我各人的 說是這張銀票是我自己的
自己	各人	3－15	136	那是我各人買的 那是我自己買的
的	個	2－2	16	是怎麼個緣故呢 是怎麼的緣故呢
*	個	2－15	42	打了些個甚麼野牲口來 打了些甚麼野牲口來
*	個	2－15	42	打了些個野雞、野猫、還打了一個野猪 打了些野雞、兎子還打了一個野猪
的	個	2－20	56	您都封了些個甚麼貨 您都估了些的甚麼貨
的	個	2－20	56	倒還得賠出好些個錢去 倒還要賠出好些的錢去
了	個	2－33	92	不過你未免的太冒失些個 不過你未免的太冒失些了
張	個	2－34	94	五個一吊 五張一吊
張	個	2－34	94	一個五吊 一張五吊
的	個	3－8	123	就連太太喫的東西也得多帶些個去 就連太太喫的東西也要多帶些的去
的	個	3－9	124	還有其餘的那些個粗重的東西 還有其餘的那些的粗重的東西
的	個	3－9	124	老爺外頭的那些個小物件 老爺外頭的那些的小物件
的	個	3－9	124	可是那些個磁器 却是那些的磁器
的	個	3－10	125	那衣架子上掛着的那些個皮襖皮褂子斗蓬 那衣架子上掛着的那些個皮襖皮褂子斗蓬
的	個	3－10	126	那些個衣服、也得分出夾的和棉的來 那些的衣服、也要分出夾的和棉的來
的	個	3－15	135	招了好些個蒼蠅 引了好些的蒼蠅
的	個	3－18	140	怎麼你這手上這麼些個泥 怎麼你這手上這麼些的泥
樣	個	3－19	143	下剩那些個果子 下剩那些樣果子

注（左）	原文（右）	巻－章	頁数	例文（上：右／下：左）
様	個	3－19	143	除了買這些個東西剩下錢 除了買這些的東西剩下的錢
弄	給	1－16	5	我求你千萬別把這個事給洩漏了 我求你千萬莫把這個事弄洩漏了
替	給	1－19	6	我總要給您効勞的 我總要替您効勞的
替	給	1－38	11	明兒給我們舍親作個媒 明天替我們舍親作個媒
和	給	1－38	11	若給你們令親說倒也配得過 若和你們令親說倒也配得過
把	給	1－42	12	就給他實端出來 就把他實端出來
與	給	2－1	14	您租給誰了 您租與那個了
與	給	2－1	14	我租給我們一個親戚了 我租與我們一個親戚了
與	給	2－1	14	您可轉租給別人住 您可轉租與別人住
把	給	2－1	14	我每月得如數給房東房錢 我每月要如數把房東租錢
把	給	2－1	15	還得給茶錢呢 還要把茶錢呢
把	給	2－1	15	您也是得給我告訴明白您納 您也是要把我告訴明白您納
把	給	2－1	15	是給我的那個朋友的底下人們 是把我的那個朋友的底下人們
和	給	2－4	19	李老爺給您拜年來了 李老爺和您拜年來了
同	給	2－4	19	我給您拜年 我同您拜年
和	給	2－5	20	所以我今兒個特意給您道喜來了 所以我今天特意和您道喜來的
把	給	2－6	22	你們就是給我銀子 你們只要把我銀子
把	給	2－6	22	銀號裡不肯給他銀子 銀號裡不肯把他銀子
把	給	2－6	22	不肯給他 不肯把他
被	給	2－6	22	他揪出來給他打了 他揪出來被他打了
被	給	2－6	22	也給摔了 也被摔了
和	給	2－7	24	給您拿來罷 和您拿來罷
替	給	2－8	25	託我把他這地畝園子給他典出去 託我把他這地畝私園替他典出去
替	給	2－8	25	我可以給您辦辦 我可以替您辦辦

注（左）	原文（右）	巻－章	頁数	例文（上：右／下：左）
把	給	2－9	28	倒價都給完了麼 頂價都把完了麼
把	給	2－9	28	是都給完了 是都把完了
把	給	2－9	28	我可以借給您五百兩銀子 我可以借把您五百兩銀子
把	給	2－9	28	您若是給利錢、我就不借了 您若是把利錢、我就不借了
和	給	2－9	28	等開市我過去給您道喜去 等開張我過去和您道喜去
與	給	2－9	29	那項銀子明天晚上我給您送到鋪子裏去罷 那項銀子明天晚上我與您送到鋪子裏去罷
替	給	2－10	29	我打算求您給我舉薦舉薦 我打算求您替我舉薦舉薦
替	給	2－10	30	我給你說說那到容易 我替你說說那到容易
把	給	2－10	30	先給一半兒銀子 先把一半兒銀子
把	給	2－10	30	纔能給呢 纔能把呢
拿	給	2－10	30	不用給現錢 不用拿現錢
把	給	2－10	30	趕完了活、再給錢很可以行 等完了工、再把錢很可以行
把	給	2－10	30	我可以隨便用、也不先給錢 我可以隨便用、也不先把錢
替	給	2－10	31	給你說說 替你說說
把	給	2－11	33	我可以分給他這兩處房產 我可以分把他這兩處房產
和	給	2－12	35	就叫他把佔去我的地、都給我退出來了 就叫他把佔去我的地、都和我退出來了
把	給	2－12	35	到了鎮店上、是賣給糧食店哪 到了鎮店上、是賣把糧食店哪
把	給	2－12	35	還是賣給客人呢 還是賣把客人呢
把	給	2－12	35	都是賣給客人的時候多 都是賣把客人的時候多
把	給	2－12	35	是您自己賣給客人麼 是您自己賣把客人麼
替	給	2－12	36	都是經紀給賣的 都是經紀替賣的
把	給	2－12	36	他們都得有官給的牙帖纔能當經紀了 他們都是有官把的牙帖纔能當經紀呢
與	給	2－13	36	還是把樹包給別人呢 還是把樹包與別人呢
與	給	2－13	37	這幾年、我可是把樹包給別人 這幾年、我却是把樹包與別人

注（左）	原文（右）	巻－章	頁数	例文（上：右／下：左）
與	給	2－13	37	你都是包給誰呢 你都是包與那個呢
與	給	2－13	37	我都是包給海淀順義、雜貨鋪 我都是包與海淀順義、雜貨鋪
替	給	2－13	37	他再三的求我給他辦這包果子事情 他再三的求我替他辦這包果子事情
與	給	2－13	37	若是你願意過年把樹包給他 若是你願意過年把樹包與他
替	給	2－13	37	我可以給你們拉這縴 我可以替你們拉這縴
兌	給	2－13	37	把銀子給了 把銀子兌了
替	給	2－13	37	是偺們給他找啊 是我們替他找啊
替	給	2－13	38	若是他託偺們給他找 若是他託我們替他找
替	給	2－13	38	偺們就給他找 我們就替他找
替	給	2－13	38	若我給他找的人 若我替他找的人
把	給	2－13	38	每月就是給他工錢 每月就是把他工錢
把	給	2－13	38	就是給他工錢 就是把他工錢
替	給	2－13	38	都是包果子的給他買 都是包果子的替他買
和我	給	2－14	39	給收拾收拾 和我收拾收拾
要	給	2－14	39	有一架坐鐘、給收拾收拾 有一架坐鐘、要收拾收拾
替	給	2－14	41	也是給他開出工錢來 也是替他開發工錢來
替	給	2－14	42	還有上回我託您給買一個醒鐘 還有上回我託您替買一個鬧鐘
替	給	2－14	42	都給您找了 都替您找了
替	給	2－14	42	給您找一找 替您找一找
替	給	2－14	42	他回來的時候、就給您帶來了 他回來的時候、就替您帶來了
和	給	2－15	44	我這就派差到各處給你找馬去 我這就派差到各處和你找馬去
把	給	2－16	45	交給他收着 交把他收着
和	給	2－16	45	我不能給你辦這個事 我不能和你辦這個事
替	給	2－16	46	都求你給我有一千多兩銀子 都求你替我有一千多兩銀子

注（左）	原文（右）	巻－章	頁数	例文（上：右／下：左）
替	給	2－16	46	他竟把東西給那個人寄回家去了 他竟把東西替那個人寄回家去了
把	給	2－16	46	後來那個人家裡給他來信忽然得了一場病 後來那個人家裡把他來信忽然得了一場病
替	給	2－17	47	托我給他借幾拾吊錢 托我替他借幾拾吊錢
替	給	2－17	47	另外還託我給他找個跟官的事情 另外還託我替他找個跟官的事情
替	給	2－17	47	等我上別處給你借去 等我到別處替你借去
替	給	2－17	48	我就必給你舉薦 我就必替你舉薦
和	給	2－17	48	您都別給他管 您都莫和他管
替	給	2－17	48	您若是給他借錢 您若是替他借錢
替	給	2－17	49	那個官見天就叫他出去給買古玩玉器各樣兒的東西 那個官每天就叫他出去替買古玩玉器各樣的東西
替	給	2－17	49	所以纔來找您給借錢 所以纔來找您替借錢
替	給	2－17	49	您也別給他借錢 您也莫替他借錢
替	給	2－17	49	也別給他找事 也莫替他找事
替	給	2－17	49	您若是給他借錢他必不還您 您若是替他借錢他必不還您
替	給	2－17	50	若是給他找事 若是替他找事
替	給	2－17	50	他必不能給您作臉 他必不能替您顧
和	給	2－17	50	我早給他斷就了 我早和他算就了
把	給	2－18	50	你把這套書給琉璃廠寶文堂書鋪裏送了去 你拿這套書把琉璃廠寶文堂書鋪裏送了去
和我	給	2－18	50	叫他給配一個書套 叫他和我配一個書套
把	給	2－18	50	還有這個單子也交給他 還有這個單子也交把他
把	給	2－18	50	交給你帶回來我看看 交把你帶回來我看看
和他	給	2－18	51	叫您給配個 叫您和他配個
把	給	2－18	51	每一部交給我拿回一套去先看看 每一部交把我拿回一部去先看看
和他	給	2－18	51	我們給配一個就是了 我們和他配一個就是了
把	給	2－18	51	交給我帶回去 交把我帶回去

注（左）	原文（右）	巻－章	頁数	例文（上：右／下：左）
去	給	2－18	51	您上別處給找找去 您在別處去找找去
替	給	2－18	51	我就親自給送到宅裏去罷 我就親自替送到公舘去罷
和	給	2－18	51	這兩套書給您包好了 這兩部書和您包好了
把	給	2－18	51	我交給俞掌櫃的了 我交把俞老板了
要	給	2－18	51	告訴他給配個套子 告訴他要配個套子
把	給	2－18	51	拿了兩套來給您看看 拿了兩部來把您看看
和	給	2－18	51	他親身給您送來 他親自和您送來
把	給	2－18	52	您交給老爺 您交把老爺
已	給	2－18	52	您給配得了沒有 您已配好了沒有
再	給	2－18	52	等底下我再來的時候、給帶來罷 等底下我再來的時候、再帶來罷
和	給	2－19	53	我是給人說合事情了 我是和人說合事情呢
和	給	2－19	53	您是給人說甚麼事情來着 您是和人說甚麼事情來呢
和	給	2－19	53	給他們說合說合 和他們說合說合
與	給	2－19	54	又轉賣給別人了 又轉賣與別人了
把	給	2－19	55	泰和棧不肯給 泰和棧不肯把
交	給	2－19	55	只可把原給的定銀退回去 只可把原交的定銀退回去
替	給	2－19	55	出去給他們說合 出去替他們說和
替	給	2－19	55	昨天晚上算是纔給他們都說合完了 昨天晚上算是纔替他們都說熨貼了
和	給	2－19	55	您怎麼給他們說合完了的呢 您怎麼和他們說熨貼了的呢
和	給	2－19	55	我們給他們這麼說合的 我們和他們這麼說和的
付	給	2－19	55	給沈掌櫃的 付沈管事的
把	給	2－19	55	再給那個客人就是了 再把那個客人就是了
和	給	2－20	56	給您快預備飯 和您快預備飯
把	給	2－20	56	當鋪就賣漏給他了 當鋪就賣漏把他了

注（左）	原文（右）	巻－章	頁数	例文（上：右／下：左）
把	給	2－20	57	當鋪就賣給他了 當鋪就賣把他了
和	給	2－21	57	給一個客人雇小車子 和一個客人雇小車子
把	給	2－21	59	就交給他們帶回去就得了 就交給他們帶回去就是了
和	給	2－21	57	給客人運錯了兩隻箱子 和客人運錯了兩隻箱子
和	給	2－21	58	他就叫我們夥計給他雇了倆小車子 他就叫我們夥計和他雇了倆小車子
*	給	2－21	58	快去把他那倆紅皮箱給找回來 快去把他那倆紅皮箱找回來
和	給	2－21	58	您給那個客人找回那兩隻箱子來了麼 您和那個客人找回那兩隻箱子來了麼
和	給	2－21	59	把姓徐的那两白皮箱給他推了去 把姓徐的那两白皮箱和他推了去
把	給	2－21	60	找您摘給我們幾百塊錢用 找您掇把我們幾百塊錢用
把	給	2－22	61	給他兩月的限 把他兩月的限
替	給	2－22	62	趕緊的給他凑五千兩銀子 趕緊的替他凑五千兩銀子
把	給	2－22	62	交給這個家人 交把這個家人
把	給	2－22	62	給他帶回去 把他帶回去
和	給	2－22	62	給他賣了 和他賣了
替	給	2－22	62	這麼着我就趕緊的一給他賣還 這麼的我就趕緊的一替他賣還
把	給	2－22	62	前兒個他哥哥交給來的那個家人 前幾天他哥哥交把來的那個家人
替	給	2－22	62	給他帶了去了 替他帶了去了
把	給	2－22	62	就把東西照舊還給他了 就把東西照舊還把他了
把	給	2－23	63	白借給他使喚 白借把他使用
代	給	2－24	67	前兩天他託我給請一位書啟師爺 前兩天他託我代請一位書啟師爺
替	給	2－24	67	可以給你舉薦舉薦 可以替你舉薦舉薦
替	給	2－24	68	旣是這麼着、您就給我說說罷 旣是這麼樣、您就替我說說罷
就	給	2－24	68	您給作項就是了 您就作主就是了
替	給	2－24	68	給你說去 替你說去

注（左）	原文（右）	巻－章	頁数	例文（上：右／下：左）
和	給	2－25	70	昨天他給我道謝來了 昨天他和我道謝來了
替	給	2－25	71	我可以起上海給你買忌烟葯來 我可以由上海替你買戒烟葯來
和	給	2－25	71	給他送了去了 和他送了去了
和	給	2－25	71	我給他送去的那忌烟葯 我和他送去的那戒烟葯
和	給	2－25	71	他也沒給我拜年來 他也沒和我拜年來
和	給	2－26	72	他這麼一給我引薦 他這麼一和我引薦
了	給	2－26	73	誰若是輸給他們錢 那個若是輸了他們錢
把	給	2－26	73	就得把房產地產折給他們 就要把房產地產折把他們
交	給	2－26	74	他們當時就把錢給了 他們當時就把錢交了
把	給	2－26	74	又給的是現錢 又把的是現錢
和	給	2－26	74	把錢給你們預備出來 把錢和你們預備出來
替	給	2－27	75	我是給人管了件閒事 我是替人管了件閒事
替	給	2－27	75	給誰管閒事來着受了甚麼氣了 替那個管閒事來的受了甚麼氣了
和	給	2－27	75	託我給他買地 託我和他買地
和	給	2－27	76	就請我作中人給他說合 就請我作中人和他說合
把	給	2－27	77	他總短分給我 他總少分把我
和	給	2－27	77	過兩天我給您找補 過兩天我和您找補
和他	給	2－27	77	給約兩位朋友 和他約兩位朋友
替	給	2－27	77	給他照應 替他照應
和	給	2－27	77	他並沒到人家裏給人道乏去 他並沒到人家裏和人道謝去
*	給	2－28	79	就是把鋪蓋給留下了 就是把鋪蓋留下了
把	給	2－29	81	就把那兩輛車分給偺們 就把那兩乘車分把我們
把	給	2－30	83	借給他一石米 借把他一石米
替	給	2－30	83	給他雇了一匹驢 替他雇了一匹驢

注（左）	原文（右）	巻－章	頁数	例文（上：右／下：左）
把	給	2－30	83	是他街坊借給他妹妹錢米回去的 是他鄰舍借把他妹妹錢米回去的
把	給	2－30	84	給他妹妹送了去了 把他妹妹送了去了
交	給	2－30	85	他就叫我把那銀子和衣服給他罷 他就叫我把那銀子和衣服交他罷
把	給	2－30	85	不好推辭不給他 不好推辭不把他
把	給	2－30	85	這麼着我就都給了他了 這麼的我就都把了他了
與	給	2－30	85	倒還得給那個人道謝 倒還要與那個人道謝
把	給	2－31	86	借給我一百兩銀子 借把我一百兩銀子
把	給	2－31	86	後來我又借給他銀子做買賣 後來我又借把他銀子做買賣
把	給	2－31	86	找他來借給我一百兩銀子回家去 找他來借把我一百兩銀子回家去
把	給	2－31	87	無奈我現在錢沒借給他 無奈我現在錢沒借把他
把	給	2－31	87	比我現在給你一佰兩銀子 比如我現在把你一佰兩銀子
把	給	2－31	87	你給他作盤費回去 你把他做盤費回去
把	給	2－31	87	那個四川人就起自己屋裏拿了一百兩銀子來借給他 那個四川人就往自己房裏拿了一百兩銀子來借把他
把	給	2－31	87	叫他給了那個窮人拿了走了 叫他把了那個窮人拿了走了
把	給	2－31	87	給了那個窮人拿了走了 把了那個窮人拿了走了
把	給	2－32	88	我現在同你到鎭店上對給你一個鋪保 我現在同你到鎭市上對把你一個鋪保
把	給	2－32	88	對給他全順糧食店了 對把他全順糧食店了
和	給	2－32	89	你等我再各處給你找一找去 你等我再各處和你找一找去
就	給	2－32	89	大家給勸開了 大家就勸開了
把	給	2－32	89	巡撿給了舍弟五天的限 巡撿把了舍弟五天的限
替	給	2－32	89	叫他給那個人找馬去 叫他替那個人找馬去
得	給	2－32	90	敢情那個人前些個日子、就把他那匹馬賣給那個姓趙的了 那曉那個人前好幾天子、就把他那匹馬賣得那個姓趙的了
和	給	2－32	90	就定規是那天他給姓趙的送馬去取銀子 就定規是那天他和姓趙的送馬去取銀子
和	給	2－32	90	給姓趙的送了去了 和姓趙的送了去了

注（左）	原文（右）	巻－章	頁数	例文（上：右／下：左）
替	給	2－33	90	聽見說棧您那裏給他們發了一百包棉花去 聽見說棧您那裏替他們發了一百包棉花去
和	給	2－33	90	昨天我們給他們發棉花之先、就預備出一百根籌來 昨天我們和他們發棉花之先、就預備出一百根籌來
把	給	2－33	91	我們就交給抬棉花的帶根籌去 我們就交把抬棉花的帶根籌去
和	給	2－33	91	問我們爲甚麼少給他們發了一包棉花去 問我們爲甚麼少和他們發了一包棉花去
和	給	2－33	91	怎麼會給我們少發了一包棉花來呢 怎麼會和我們少發了一包棉花來呢
把	給	2－33	92	你可說是我們少給你們發了一包棉花來 你却說是我們少把你們發了一包棉花來
替	給	2－33	92	就說您少給他們發了一包貨去的理呢 就說您少替他們發了一包貨去的理呢
把	給	2－33	93	給了他們一百兩一張的銀票 把了他們一百兩一張的銀票
和	給	2－34	93	掌櫃的、這兒有一張退票、給打回來拿 管事的、這裏有一張退票、和打回來拿
把	給	2－34	93	這張票不是我們給的 這張票不是我們把的
把	給	2－34	93	怎麼不是您們給的呢 怎麼不是您們把的呢
把	給	2－34	94	我記得可實在是你們給的 我記得却實在是你們把的
把	給	2－34	94	怎麼如今你們說不是你們給的呢 怎麼如今你們說不是你們把的呢
把	給	2－34	94	若是我們給的票子 若是我們把的票子
把	給	2－34	94	怎麼是我們給的呢 怎麼是我們把的呢
把	給	2－34	94	若是我們給的 若是我們把的
*	給	2－34	94	我們也是給人家往回頭打 我們也是人家往回頭退
把	給	2－34	94	所以更知道不是我們給的了 所以更曉得不是我們把的了
把	給	2－34	94	你們若一定說不是你們給的 你們若一定說不是你們把的
把	給	2－34	94	再想想是誰給的罷 再想想是那個把的罷
分	給	2－34	94	你把這個十吊錢的票子給破 你把這個十吊錢的票子分破
和	給	2－34	95	給你磨別處的行不行 和你磨別處的行不行
把	給	2－35	97	他把印子錢給了小的了 他把錢把了小的了
和	給	2－35	97	然後又給小的沏了一壺茶 然後又和小的沏了一壺茶

注（左）	原文（右）	卷－章	頁数	例文（上：右／下：左）
把	給	2－35	97	就把取印子錢的摺字拿出來給官瞧了 就把收錢的摺字拿出來把官看了
和	給	2－36	98	給您送銀信去了 和您送銀信去的
把	給	2－36	98	給了那個送信的人一百個錢 把了那個送信的人一百個錢
替	給	2－36	99	現在是我兄弟起浙江給我帶了銀子來了 現在是我兄弟從浙江替我帶了銀子來了
把	給	2－36	99	我可以把這銀子賣給你們罷 我可以把這銀子換把你們罷
把	給	2－36	99	念給我聽聽 念把我聽聽
把	給	2－36	99	把那隻鐲子又給了他了 把那隻鐲子又把了他了
可	給	2－36	99	都給換了現錢罷 都可換了現錢罷
把	給	2－36	99	就按着十兩銀子合好了現錢給他了 就照着十兩銀子合算正了現錢把他了
把	給	2－36	99	他賣給你們的那是假銀子 他換把你們的那是假銀子
把	給	2－36	100	你們若是肯給我錢 你們若是肯把我錢
把	給	2－36	100	就給了這個人一吊錢 就把了這個人一吊錢
把	給	2－36	100	就說你賣給我們的這包是假銀子 就說你換把我們的這包是假銀子
替	給	2－36	100	這麼着那個人求點心鋪裏的掌櫃的給我平平那包銀子 這麼的那個人求點心鋪裏的管帳的替我平平那包銀子
把	給	2－36	100	我纔賣給你們的那是十兩銀子 我纔換把你們的那是十兩銀子
替	給	2－37	102	給我拿出衣裳來哪 替我拿出衣裳來哪
替	給	2－38	103	求先生給我想想 求先生替我想想
與	給	2－38	104	那麼您再說給我聽聽 那麼您再說與我聽聽
*	給	2－38	105	雇人謄寫、怕是給抄錯了 請人謄寫、怕是抄錯了
和	給	2－40	110	託我給他寫春聯 託我和他寫春聯
和	給	2－40	110	我給他寫的上聯是等因前來辭舊歲 我和他寫的上聯是等因前來辭舊歲
把	給	3－1	111	這兒某老爺打發個人來拿了個字兒來給您瞧瞧 這裏某老爺打發個人來拿了個字兒來把您看看
替	給	3－2	112	給先生沏茶 替先生泡茶
和	給	3－3	114	你給我送信去 你和我送信去

注（左）	原文（右）	巻－章	頁数	例文（上：右／下：左）
把	給	3－4	115	遞給我芥末和白鹽 遞把我芥末和白鹽
把	給	3－4	116	老爺給您牙籤兒 老爺把您牙籤兒
和	給	3－5	117	給老爺雇車去 和老爺去雇車
彳	給	3－5	117	把褲脚兒給往下襯一襯 把褲脚兒彳往下拉一拉
把	給	3－7	119	再賞給他幾個酒錢也可以的 再賞把他幾個酒錢也可以的
把	給	3－7	119	你可以給趕車的一頂戴罷 你可以把趕車的一頂戴罷
把	給	3－7	119	遞給您、您就掖在氈子底下就得了 遞把您、您就放在氈子底下就好了
和	給	3－7	119	不必給我預偹飯 不必和我預偹飯
和	給	3－7	119	就給我熬一點兒粳米粥 就和我熬一點兒粘米粥
替	給	3－7	120	你給我把被窩再往上蓋一蓋 你替我把被窩再往上蓋一蓋
把	給	3－8	122	你先都說給我聽聽 你先都說把我聽聽
把	給	3－9	124	爲得是到那兒給房錢的時候、解月頭兒起好算 爲的是到那裏把房錢的時候、從月頭兒起好算
把	給	3－10	125	給你鑰匙 把你鑰匙
把	給	3－11	129	明兒個就起你手裏給他們就是了 明天就由你手裏把他們就是了
把	給	3－12	130	那麼給您這票子這都是和豐本出的 那麼把您這票子這都是和豐本出的
把	給	3－13	132	求老爺把下月的工錢支給小的 求老爺把下月的工錢支把小的
把	給	3－13	132	不能都支給你 不能都支把你
把	給	3－13	132	先給你三塊 先把你三塊
把	給	3－13	132	另外我賞給你一塊錢 另外我賞把你一塊錢
把	給	3－13	132	再把昨兒個破的那個燈罩子找出來 再把昨天破的那個燈罩子找出來
把	給	3－13	132	交給他 交把他
和	給	3－14	133	那搭交手、還得以偺們給他預偹秒槁麼 那搭交手、還是要我們和他預偹秒槁麼
和	給	3－14	134	把這兩塊錢給他拿出去罷 把這兩塊錢和他拿出去罷
該	給	3－15	135	把衣服給叠好了 把衣服該叠好了

注（左）	原文（右）	巻－章	頁数	例文（上：右／下：左）
給和	給	3－15	136	給老爺請安 和老爺請安
和	給	3－16	138	你給我搓搓澡 你和我搓搓背
和	給	3－16	138	那麼你給我擦乾淨了罷 那麼你和我擦乾淨了罷
把	給	3－17	139	遞給我寫個籤子、貼在箱子上 遞把我寫個籤子、貼在箱子上
和	給	3－17	140	某老爺打發人給您送了送行的李物來了 某老爺打發人和您送了送行的李物來了
把	給	3－17	140	給他拿出個片子去 把他拿出個片子去
和	給	3－18	140	是給那宅裏送禮去 是和那一家送禮去
送	給	3－18	140	是給後門徐老爺送禮去 是送後門徐老爺送禮去
和	給	3－18	141	你到花園裏去掐朶花兒、拿着順便到吳宅給那老爺送了去 你到花園裏去摘朶花兒、拿着順便到吳家和那老爺送了去
把	給	3－18	141	這麼着就給了得一個回片子 這麼的就把了得一個回片子
和	給	3－18	141	給老爺道費心 和老爺道謝
把	給	3－18	142	這是那兒的老爺給小的一個賞封兒 這是那裏的老爺把小的一個賞封兒
和	給	3－19	143	你給珠市口兒那個萬順皮貨舖裏帶了去 你和珠市口兒那個萬順皮貨舖裏帶了去
把	給	3－19	143	叫他們立刻給換上、交給你帶回來 叫他們立刻掉換、交把你帶回來
把	給	3－19	143	他們找給我的 他們找把我的
與	給	3－20	144	我打算把你薦給他 我打算把你薦與他
把	給	3－20	144	他可給你船價 他可把你船價
把	給	3－20	144	也是他給你船價 也是他把你船價
把	給	3－20	144	每月給你十塊錢的工錢 每月把你十塊錢的工錢
個	給	3－20	145	一層是先求那位老爺支給小的十塊錢安家 一層是先求那位老爺支個小的十塊錢安家
把	給	3－20	145	每月小的工錢得起京裏兌給小的家裏五六塊錢 每月小的工錢要從京裏兌把小的家裏五六塊錢
和	給	3－20	145	那我給你說一說也倒可以行 那我和你說一說也倒可以行
把	給	3－20	145	可是先支給你這十塊安家的錢 却是先支把你這十塊安家的錢
把	給	3－20	145	小的願意每月起老爺手裏兌給小的家裏錢纔妥當哪 小的願意每月從老爺手裏兌把小的家裏錢纔妥當哪

注（左）	原文（右）	巻－章	頁数	例文（上：右／下：左）
把	給	3－20	145	那都好說的、趕定規之後、我可以寫個取錢的執照給你 那都好說的、等定規之後、我可以寫個取錢的執照把你
替	給	3－20	146	因爲現在有一位老爺給我薦了一個人 因爲現在有一位老爺替我薦了一個人
與	給	3－20	146	先把我的東西都歸着齊截了好交代給新手兒 先把我的東西都歸着齊全了好交代與新手兒
和	給	4－1	149	還給王爺中堂大人們道費心 還和王爺中堂大人們道謝
和	給	4－2	149	一來是給大人賀喜 一來是和大人賀喜
和	給	4－4	153	二來是給大人謝步 二來是和大人謝步
發	給	4－4	155	是趕大人到京之後、還要求賞給一信、以慰遠念 是等大人到京之後、還要求賞發一信、以慰遠念
和	給	4－6	161	我們就給道台行文去就是了 我們就和道台行文去就是了
把	給	4－7	162	交給船主收着 交把船主收着
替	給	4－7	163	給辦一辦 替辦一辦
和	給	4－7	164	這回頭我就給稅務司發信 這回頭我就和稅務司發信
和	給	4－8	164	遣人去給他送信 遣人去和他送信
交	給	4－8	165	要把原給的定銀退回 要把原交的定銀退回
和	給	4－8	166	等底下再給大人來請安 等底下再和大人來請安
和	給	4－11	173	所以今日特來給老兄賀喜 所以今日特來和老兄賀喜
和	給	4－13	176	托我給他辦這上稅的事情 托我和他辦這上稅的事情
把	給	4－13	177	交給我 交把我
和	給	4－13	177	我再和貴鄉親要出來給稅務司送去 我再和貴鄉親要出來和稅務司送去
把	給	4－13	177	不過得給底下當差的些個飯錢就是了 不過要把底下當差的些微飯錢就是了
替	給	4－14	179	求給我找一位互結官纔好 求替我找一位互結官纔好
和	給	4－15	181	先替我給老伯母大人請安 先替我和老伯母大人請安
替	給	4－17	184	不過去給衆位研墨就是了 不過去替衆位磨墨就是了
替	給	4－19	187	給他們說合說合 替他們說合說合
把	給	4－19	188	現在還是照舊按月給利錢就是了 現在還是照舊按月把利錢就是了

注（左）	原文（右）	巻－章	頁数	例文（上：右／下：左）
和	給	4－19	188	給他們出來說合說合 和他們出來說合說合
和	給	4－19	188	過兩個月一準給他歸本就是了 過兩個月一準和他歸本就是了
把	給	4－19	188	現在還是按月給說去就是了 現在還是按月把說去就是了
和	給	4－19	188	我再帶舍親給老弟道丢來 我再帶舍親和老弟謝勞來
和	給	4－20	190	還給我來過一封信了 還和我來過一封信的
把	給	4－20	190	我這兩天修一封信交給閣下 我這兩天修一封信交把閣下
把	給	4－20	190	交給我帶去就是了 交把我帶去就是了
帶幾	給帶些	3－19	143	另外你打城外頭再給帶些個鮮菓子來 另外你從城外頭再帶幾個鮮菓子來
掉換	給換上	3－19	143	叫他們立刻給換上、交給你帶回來 叫他們立刻掉換、交把你帶回來
去送老弟的行	給老弟送行去	2－3	19	我這兩天還要到府上給老弟送行去哪 我這兩天還要到府上去送老弟的行哪
捉倒了	給拿住	2－30	84	叫下夜的兵給拿住 等査夜的兵捉倒了
和我看看	給瞧瞧	2－14	41	今兒個我請您來給瞧瞧這架坐鐘 今天我請您來和我看看這架坐鐘
和我	給他	4－20	190	遇便求您給他帶到英國去 遇便求您和我帶到英國去
更好	更好了	2－2	17	那更好了 那更好
時候	工夫	2－35	97	這個工夫兒、俞配家去了 這個時候兒、俞配就回了
時候	工夫	2－36	98	這個工夫兒、又進來一個人 這個時候兒、又進來一個人
時候	工夫	2－36	101	這個工夫兒有幾個別的吃點心的人 這個時候兒有幾個別的吃點心的人
時候	工夫	3－18	140	那麼小的這個工夫兒、先剃頭去罷 那麼小的這個時候兒、先剃頭去罷
工夫	工夫兒	3－1	110	現在您若有工夫兒 現在您若有工夫
引得	勾起	2－27	76	就因爲這個勾起我的舊病來了 就因爲這個引得我的舊病來了
有八成	彀八成	2－10	29	彀八成年歲呀 有八成年歲呀
個那	彀多	3－2	112	那個茶沏的彀多麼釅 那個茶泡的個那麼釅
去雇	雇去	3－5	117	再雇去還不晚哪 再去雇還不晏哪
雇送去的	雇一送兒	3－6	118	我想莫若就雇一送兒倒好 我想莫若就雇送去的倒好

	注（左）	原文（右）	巻－章	頁数	例文（上：右／下：左）
	去雇車	雇車去	3－5	117	給老爺雇車去 和老爺去雇車
	去雇車	雇車去	3－5	117	不用雇車去 不用去雇車
	請人	雇人	2－38	105	我打算雇人抄寫 我打算請人抄寫
	請人	雇人	2－38	105	雇人謄寫、怕是給抄錯了 請人謄寫、怕是抄錯了
	瓜子	瓜子兒	1－41	12	連瓜子兒還能磕哪 連瓜子還能磕哪
	罣心	掛心	4－2	149	喳、承諸位掛心 是、承諸位罣心
	*	拐躺下	3－4	115	你瞧瞧你的袖子把這個碗給拐躺下了 你看看你的袖子把這個碗給了
	轉彎兒	拐彎兒	1－28	9	學房就在這拐彎兒 學堂就在這轉彎兒
	官帽子	官帽兒	3－7	119	你不是有兩頂官帽兒麼 你不是有兩頂官帽子麼
	包管	管保	2－24	68	我管保你們倆人準可以對勁 我包管你們兩人準可以對勁
	保管	管保	4－13	177	我管保萬無一失 我保管萬無一失
	玩	逛	1－9	3	武彝山逛了兩天 武彝山玩了兩天
	遊	逛	1－20	6	偺們逛過的這些名勝地方 所有我們遊過的這些名勝地方
	蕩	逛	3－5	116	老爺不上隆福寺逛廟去麼 老爺不往隆福寺蕩廟去麼
	蕩	逛	3－5	116	我已經約會了吳老爺一塊兒逛去 我已經約會了吳老爺一路兒蕩去
	玩	逛	3－8	122	這盪打算要帶太太逛去 這回打算要帶太太玩去
	玩一玩	逛一逛	3－8	121	就順便遶到西山去逛一逛 就順便遶到西山去玩一玩
	玩玩	逛逛	1－14	4	我想到那兒逛逛 我想到那裏玩玩
	玩玩	逛逛	1－14	4	我也想去逛逛 我也想去玩玩
	蕩蕩	逛逛	2－24	66	我就連出去走走逛逛 我就連出去走走蕩蕩
	撿	歸	3－13	132	你就別挨着了快歸着東西罷 你就莫挨着了快撿着東西罷
	歸齊	歸着	3－17	138	你把東西都歸着起來 你把東西都歸齊起來
	下	過	3－18	142	小的這纔免强接過來了 小的這纔免强接下來了
H	還是要	還得以	3－14	133	那搭交手、還得以偺們給他預偹杪稿麼 那搭交手、還是要我們和他預偹杪稿麼

注（左）	原文（右）	巻－章	頁数	例文（上：右／下：左）
只須	還得	3－18	140	你別竟先剃頭還得打辮子哪 你莫竟先剃頭只須打辮子哪
南京店	海味店	3－19	142	路東那個海味店的纔好哪 路東那個南京店的纔好哪
磨畄	含糊	2－10	30	一點兒也不能含糊 一點兒也不能畄
布	旱	3－17	139	還有那旱傘 還有那布傘
行市	行情	2－2	16	今年皮貨的行情、怎麼樣 今年皮貨的行市、怎麼樣
行市	行情	2－2	16	今年皮貨的行情、還算是平和 今年皮貨的行市、還算是公道
行市	行情	2－2	16	我聽見說前幾年皮貨的行情很大 我聽見說前幾年皮貨的行市很大
好啊	好	1－19	6	您納這一向好 您駕這一向好啊
好好的	好好兒	1－5	2	那總得請大夫好好兒治一治就得了 那總要請醫生好好的治一治就是了
好些	好些個	1－15	5	人好些個聽不淸楚 人好些聽不淸楚
許多的	好些個	2－35	95	後頭跟着好些個人 後頭跟着許多的人
好多的	好些個	3－16	137	我今兒早起瞧見馬棚外頭地下汪着好些個水 我今天早晨看見馬棚外頭地下汪着好多的水
別號	號	2－21	59	一問他的號 一問他的別號
口	號	2－23	64	百多號人 百多口人
老鼠	耗子	1－43	13	滿地的耗子 滿地的老鼠
老鼠	耗子	1－43	13	耗子眞鬧的兇 老鼠眞鬧得兇
老鼠	耗子	2－39	105	你這贏也不過是瞎貓碰着死耗子罷咧 你這贏也不過是瞎貓碰着死老鼠罷咧
和	合	2－19	55	先說合若是合不了 先說和若是和不了
和	合	2－19	55	先說合若是合不了 先說和若是和不了
和	合	2－19	55	出去給他們說合 出去替他們說和
和	合	2－19	55	我們給他們這麼說合的 我們和他們這麼說和的
與	和	2－6	22	總得謝和你幾兩銀子 總要謝與你幾兩銀子
合算正了	合好了	2－36	99	就按着十兩銀子合好了現錢給他了 就照着十兩銀子合算正了現錢把他了
合式	合宜	2－24	67	若是有合宜的事 若是有合式的事

注（左）	原文（右）	巻－章	頁数	例文（上：右／下：左）
黑	黑上來	2－15	44	天就黑上來了 天就黑了
黑夜	黑下	2－13	37	總得找一個人黑下白日在園子裏看着纔行哪 總要找一個人黑夜白日在園子裏看着纔行哪
晚上	黑下	2－23	65	見天黑下 見天晚上
嗐嗐	嘿嘿	3－9	124	哼、嘿嘿你留神 哼、嗐嗐你留神
＊	吰喝	3－7	119	吰喝罷 罷
後天	後兒	2－10	31	你後兒來聽信罷 你後天來聽信罷
隨後	後來	2－32	90	後來他追上了 隨後他追上了
巷	衚衕	2－2	18	舍下是在東四牌樓報房衚衕住 舍下是在東四牌樓報房巷住
弄了	胡拉	3－14	133	把牆上的土都胡拉下來 把牆上的土都弄了下來
巷子	衚衕	2－1	13	舍下在東單牌樓總布衚衕 舍下在東單牌樓總布巷子
巷子	衚衕	2－1	14	在這北邊兒安福衚衕 在這北邊兒安福巷子
巷	衚衕	2－14	39	是棉花衚衕富宅麼 是棉花巷富家麼
巷	衚衕	2－14	39	是棉花衚衕富宅 是棉花巷富家
驚天動地	胡吹混嗙	1－6	2	一味的愛說大話、胡吹混嗙 一味的愛說大話、驚天動地
花	花兒	3－18	140	那花兒開的怎麼樣 那花開的怎麼樣
花園裏	花園子	3－18	140	我在花園子澆花兒來着 我在花園裏澆花水來的
花園	花園子	3－18	140	我是在花園子弄土來着 我是在花園弄土來呀
東西	滑藉	3－17	138	趕插在裏頭之後、可得拿滑藉或是棉花揎磁實了 等插在裏頭之後、却得拿東西或是棉花築結實了
划拳	滑拳	2－39	105	滑幾拳罷 划幾拳罷
划拳	滑拳	2－39	105	偺們倆先滑一拳 我們兩個先划一拳
完	化	2－27	77	就算化了 就算完了
壞了事	壞事了	1－16	5	總不至於壞事了罷 總不至於壞了事罷
回	還	2－33	92	一句話也還不出來 一句話也回不出來
虛頭	謊價	3－19	142	都愛說謊價 都愛說虛頭

注（左）	原文（右）	巻－章	頁数	例文（上：右／下：左）
招牌	幌子	2－29	80	掛着倆麫幌子 掛着兩個麫招牌
＊	攪蕩開	3－17	139	看上車之後攪蕩開你快打發苦力去買兩張油紙來包那綢子 看上車之後你快打發小工去買兩張油紙來包那綢子
去回拜大人	回拜大人去	4－3	153	我明日再回拜大人去就是了 我明日再去回拜大人就是了
難回來	回不來	2－22	61	就是一時回不來 就是一時難回來
難回來	回不來	2－22	61	怎麼回不來呢 怎麼難回來呢
一會	回頭	3－14	133	客人回頭就到了 客人一會就到了
等下兒	回頭	3－6	118	老爺不信回頭瞧 老爺不信等下兒看
會兒	會子	2－15	44	各處找了會子 各處找了會兒
會兒	會子	2－40	110	偺們出去溜打會子去罷 我們出去蕩蕩會兒去罷
會兒	會子	3－13	131	說了會子話 說了會兒話
工	活	2－10	29	應着甚麼活了沒有 做倒甚麼工了沒有
事	活	2－10	29	今兒來見您是因爲有一處活我要應 今天來見您是因爲有一處事我要做
事	活	2－10	29	你要應那兒的活呀 你要做那裏的事呀
工	活	2－10	30	若是你包那個活 若是你包那個工
工	活	2－10	30	我若是包那個活 我若是包那個工
工	活	2－10	30	下剩那一半兒銀子總得等完了活 下剩那一半兒銀子總要等完了工
工	活	2－10	30	趕完了活、再給錢很可以行 等完了工、再把錢很可以行
事	活	3－18	140	平常在家裏做粗活 平常在家裏做粗事
在	活着了	2－17	48	現在就是他父親還活着了在 現在就是他父親還在
雞蛋	雞子兒	3－3	113	雞子兒不要像昨兒個那麼老、越嫩越好 雞蛋不要像昨天的那麼老、越嫩越好
雞蛋	雞子兒	3－3	114	這個雞子兒煮的是筋觔兒 這個雞蛋煮的是
戒	忌	2－25	71	依我勸你把烟忌了罷 依我勸你把烟戒了罷
戒	忌	2－25	71	忌了烟了沒有 戒了烟了沒有
戒烟	忌烟	2－25	70	因爲我勸他忌烟 因爲我勸他戒烟

注（左）	原文（右）	巻－章	頁数	例文（上：右／下：左）
戒烟	忌烟	2－25	70	怎麼你勸他忌烟 怎麼你勸他戒烟
戒烟	忌烟	2－25	71	我可以起上海給你買忌烟葯來 我可以由上海替你買戒烟葯來
戒烟	忌烟	2－25	71	起上海買了好幾塊錢的忌烟葯來 在上海買了好幾塊錢的戒烟葯來
戒烟	忌烟	2－25	71	他並沒吃那忌烟葯 他並沒吃那戒烟葯
戒烟	忌烟	2－25	71	無故的勸他忌烟 無故的勸他戒烟
戒烟	忌烟	2－25	71	人家勸你忌烟 人家勸你戒烟
戒烟葯	忌烟葯	2－25	71	我給他送去的那忌烟葯 我和他送去的那戒烟葯
記倒	記下	2－39	107	他聽這話記下了 他聽這話記倒了
家屋	家兒	2－22	61	半夜裏進了一個人家兒裏去 半夜裏進了一個人家屋裏去
家裏	家兒	2－26	72	趕到了他家兒一瞧 及到了他家裏一看
家	家兒	3－3	114	平常住家兒的買的牛奶 平常住家的買的牛奶
傢業	傢具	2－11	33	我們家裡的傢具東西 我們家裡的傢業東西
好	假	2－39	107	假比大內裏的花園子叫御花園 好比大內裏的花園子叫御花園
庚	甲子	1－3	1	貴甲子 貴庚
價錢	價兒	3－19	143	你也別竟聽他們要、總要還個價兒 你也莫竟聽他們要、總要還個價錢
價值	價值	2－2	17	價值比別的棧裏全便宜 價錢比別的店裏都便宜
價錢	價值	2－18	52	所有這幾部書的價值都在這個單子上寫着了 所有這幾部書的價錢都在這個單子上寫着了
價錢	價值	2－19	54	聽那個客人買的那個價值 聽那個客人買的那個價錢
價錢	價值	2－19	54	比沈掌櫃的原定的價值貴 比沈管事的原定的價錢貴
價錢	價值	2－27	76	價值說妥了的是一千兩銀子 價錢說妥了的是一千兩銀子
做	見	2－32	89	如今我見個情 如今我做個情
便宜	賤	3－19	142	賤的東西總次罷 便宜的東西總差罷
每天	見天	2－14	40	您見天也在舖子裏做活麽 您每天也在舖子裏做事麽
每天	見天	2－17	49	那個官見天就叫他出去給買古玩玉器各様兒的東西 那個官每天就叫他出去替買古玩玉器各様的東西

注（左）	原文（右）	巻－章	頁数	例文（上：右／下：左）
每天	見天	2－25	71	見天你就按着那個方子吃葯 每天你就照着那個方子吃葯
每天	見天	2－26	72	見天總有兩三個人 每天總有兩三個人
每天	見天	2－37	101	見天早起瞧門脈的 每天早晨上門看脈的
天天	見天	2－40	108	我見天晚上出來 我天天晚上出來
告把	教給	3－10	127	我那麼用心的教給你 我那麼用心的告把你
我當代	交給我	1－19	6	您放心罷、交給我了 您放心罷、我當代了
澆花水	澆花兒	3－18	140	我在花園子澆花兒來着 我在花園裏澆花水來的
嘴硬	狡情	3－15	136	你還狡情麼 你還嘴硬麼
眼前	脚下	2－1	14	脚下房子往外租着很容易 眼前房子往外租着很容易
目下	脚下	2－11	31	按着脚下看 據着目下看
目下	脚下	2－14	40	脚下是四個夥計 目下是四個夥計
目下	脚下	2－14	40	脚下您那鋪子裏、每月做多少錢的手工啊 目下您那鋪子裏、每月做多少錢的手工啊
目下	脚下	2－23	65	脚下是吃一頓挨一頓 目下是吃一頓挨一頓
現今	脚下	2－26	72	脚下在家裏弄局 現今在家裏開賭
目下	脚下	3－20	146	脚下離月頭兒還有八天 目下離月頭還有八天
被	叫	2－12	35	可不是叫他佔了我的地去了麼 果然是被他佔了我的地去了麼
要	叫	2－24	66	他勸我不叫我回來 他勸我不要我回來
等	叫	2－36	99	你們怎麼會叫他賺了呢 你們怎麼會等他忽了呢
把	叫	3－10	126	把那背陰兒的都叫向陽兒、您說好不好 把那背陰的都把向陽來、您說好不好
等	叫	4－7	162	可就答應叫他去了 却就答應等他去了
等查	叫下	2－30	84	叫下夜的兵給拿住 等查夜的兵捉倒了
看	瞧	1－39	12	我瞧他很懶 我看他很懶
學規	教法	1－30	9	你的師傅教法好不好 你的先生學規好不好
收	接	2－33	91	剛纔你們這棧裏是誰接的籌 剛纔你們這棧裏是那個收的籌

注（左）	原文（右）	巻－章	頁数	例文（上：右／下：左）
收	接	2－33	91	就見傍邊兒站着有一個夥計答應說是他接的籌 就見傍邊站着有一個夥計答應說是他收的籌
收	接	2－33	91	你方纔接籌的時候、沒上別處去麼 你方纔收籌的時候、沒往別處去麼
鄰舍	街坊	2－15	42	是同着我們一個街坊去的 是同着我們一個鄰舍去的
鄰舍	街坊	2－30	83	他同院子住着有一個街坊 他同院子住的有一個鄰舍
鄰舍	街坊	2－30	83	是他街坊借給他妹妹錢米回去的 是他鄰舍借把他妹妹錢米回去的
鄰舍	街坊	2－30	84	他還囑咐他同院住着的這個街坊 他還囑咐他同院住着的這個鄰舍
鄰舍	街坊	2－30	84	託他同院住的那個街坊 託他同院住的那個鄰舍
鄰舍	街坊	2－31	86	原先在本鄉和我是緊街坊 原先在本鄉和我是緊鄰舍
鄰舍	街坊	3－1	111	他原是我們的街坊人 他原是我們的鄰舍人
算	結	3－18	141	留着自己用就結了 留着自己用就算了
從	解	2－15	42	是解家裏來麼 是從家裏來麼
從	解	2－15	42	喳、是解家裏來 是從家裏來
由	解	2－20	56	您這是解鋪子來麼 您這是由鋪子來麼
由	解	2－24	65	你這是解江西回來麼 你這是由江西回來麼
由	解	2－24	66	怎麼如今是解江蘇回來呢 怎麼如今是由江蘇回來呢
從	解	2－36	100	那本是我兄弟解外頭帶來的 那本是我兄弟從外頭帶來的
從	解	2－39	107	這麼着這一天他解御花園門口兒過 這麼的這一天他從御花園門口兒過
從	解	3－1	111	那麼叫他解多咱來伺候您哪 那麼叫他從多早來伺候您哪
從	解	3－9	124	爲得是到那兒給房錢的時候、解月頭兒起好算 爲的是到那裏把房錢的時候、從月頭兒起好算
到	屆	4－19	188	倘屆期舍親不能歸本 倘到期舍親不能歸本
那時	屆時	4－14	178	我屆時必要早到的 我那時必要早到的
引進	介紹	1－19	6	所以懇求閣下代爲介紹 所以懇求閣下代爲引進
＊	筋舶兒	3－3	114	這個雞子兒煮的是筋舶兒 這個雞蛋煮的是
今天	今兒	1－4	2	今兒早起聽見老兄到了 今兒早晨天早晨聽見老兄到了

注（左）	原文（右）	巻－章	頁数	例文（上：右／下：左）
今天	今兒	2－10	29	今兒來見您是因爲有一處活我要應 今天來見您是因爲有一處事我要做
今天	今兒	2－11	32	老弟今兒到舍下來 老弟今天到舍下來
今天	今兒	2－21	57	今兒早起火輪船到了 今天早晨火輪船到了
今天	今兒	2－21	58	今兒早起火輪船到了 今天早晨火輪船到了
今天	今兒	2－37	102	那個人今兒早起、他到了我們鋪子裏 那個人今天早晨、他到了我們鋪子裏
今天	今兒	2－37	103	叫我今兒早起在家裏等着 叫我今天早晨在家裏等着
今天	今兒	2－39	105	偺們今兒這麼空喝酒也無味 我們今天這麼空喝酒也無味
今日	今兒	3－3	113	今兒還得換換枕頭籠布、和被單子哪 今日還要換換枕頭籠布、和被單子哪
今天	今兒	3－4	116	今兒沒有醃白菜 今天沒有醃白菜
今天	今兒	3－5	116	今兒是初九 今天是初九
今日	今兒	3－5	116	今兒天氣凉一點兒 今日天氣凉一點兒
今天	今兒	3－6	118	今兒雇的不是那站口子的車 今天雇的不是那站口子的車
今天	今兒	3－7	119	告訴他說我今兒不用功 告訴他說我今天不用功
今天	今兒	3－7	119	今兒早起我不吃點心 今天早晨我不吃點心
今天	今兒	3－9	123	好容易我今兒攙租妥一所兒房子 好容易我今天攙租妥一處所房子
今天	今兒	3－10	125	今兒天氣好也沒風、把衣裳可曬晒 今天天氣好也沒風、把衣裳得曬晒
今天	今兒	3－10	126	所以今兒晚上就這麼先擱着罷 所以今天晚上就這麼先擱着罷
今天	今兒	3－12	130	這兒就算今兒的行市 這兒就算今兒天的行市
今天	今兒	3－13	132	我就今兒晚上趕出城去 我就今天晚上趕出城去
今	今兒	3－15	135	我不管那些個、起今兒往後 我不管那許多、從今以後
今天	今兒	3－16	137	我今兒早起瞧見馬棚外頭地下汪着好些個水 我今天早晨看見馬棚外頭地下汪着好多的水
今日	今兒	3－16	138	可是、今兒不是您洗澡日的子麼 却是、今日不是您洗澡日的子麼
今天	今兒	3－17	138	等我今兒晚上連夜把拍賣的 等我今天晚上連夜把拍賣的
今天	今兒	4－13	176	我今兒可以出城 我今天可以出城

注（左）	原文（右）	巻－章	頁数	例文（上：右／下：左）
今天中午	今兒晌午	1－20	6	就是我們今兒晌午到的那座山上景致好的很 就是我們今天中午到的那座山上景致好得很
今天	今兒個	1－32	10	今兒個是令尊大人的千秋 天是令尊大人的千秋
今天	今兒個	2－3	18	今兒個是特意來見兄台辭行 今天是特爲來見兄台辭行
今天	今兒個	2－4	19	老弟今兒個是頭一天出來麼 老弟今天是出方麼
今天	今兒個	2－5	20	所以我今兒個特意給您道喜來了 所以我今天特意和您道喜來的
今天	今兒個	2－8	25	大哥我今兒個特意來和您商量一件事 大哥我今天特爲來和您商量一件事
今天	今兒個	2－13	37	我今兒個來見你 我今天來見你
今天	今兒個	2－14	41	今兒個我請您來給瞧瞧這架坐鐘 今天我請您來和我看看這架坐鐘
今天	今兒個	2－18	52	我今兒個每一部又拿了一套來 我今天每一部又拿了一部來
今天	今兒個	2－18	52	我今兒個忘了帶來了 我今天忘記了帶來了
今天	今兒個	2－20	56	今兒個天盛當鋪貨多不多 今天天盛當鋪貨多不多
今天	今兒個	2－21	60	因爲我們今兒個有點兒要緊用項 因爲我們今天有點兒要緊用項
今天	今兒個	2－35	97	今兒個又到了日子了 今天又到了日期了
今天	今兒個	2－38	103	我今兒個打算和先生斟酌一件事情 我今天打算和先生斟酌一件事情
今天	今兒個	2－39	107	今兒個幸虧沒御史在坐 今天幸虧沒御史在坐
今天	今兒個	2－39	108	今兒個若是有典史聽見 今天若是有典史聽見
今天的	今兒個	3－3	113	今兒個丐包是抹上黃油烤麼 今天的丐包是抹上黃油烤麼
今日的	今兒個	3－12	129	今兒個銀盤兒長了 今日的銀價兒長了
今天	今兒個	3－13	132	你旣打算今兒個趕出城去 你旣打算今天趕出城去
今天	今兒個	3－16	137	那麼我今兒個拉到獸醫椿子上去再從新釘一回罷 那麼我今天拉到獸醫椿子上去再從新釘一回罷
今天	今兒個	4－2	150	今兒個我預備一點兒菓酒 今天我預備一點兒菓酒
今天	今兒個	4－12	175	我是今兒個還要拜客去哪 我是今天還要去拜客哪
今兒	今天	2－16	45	今兒早起有人說、他是昨兒晚上死的 今天早晨有人說、他是昨天晚上死的
此職	今職	2－5	21	蒙前任撫台保陞今職 蒙前任撫台保陞此職

注（左）	原文（右）	巻－章	頁数	例文（上：右／下：左）
直是	儘自	1－37	11	還涎皮賴臉的儘自來 還涎皮賴臉的直是來
近日	近起	2－27	77	近起來我聽見說更好了 近日來我聽見說更好了
近日	近起	3－15	135	近起來又添了一樣兒毛病 近日來又添了一樣兒毛病
近日里	近起來	3－16	136	還有近起來所有鞍子、馬鐙、帶肚、這些傢伙、都臢的了不得 還有近日里所有鞍子、馬鐙、帶肚、這些傢伙、都臢腌臢的了不得
向來	近來	1－16	5	近來我的耳朶有點兒聾 向來我的耳朶有點兒聾
驚走了	驚了	2－32	90	趕那天那匹馬聽見槍響不是驚了麼 正那天那匹馬聽見槍響不是驚走了麼
粘米粥	粳米粥	3－7	120	就給我熬一點兒粳米粥 就和我熬一點兒粘米粥
光是	竟	2－34	94	竟你收的是我們不行啊 光是你收的是我們不行啊
只	就	2－6	22	我就知道拿銀票來取銀子 我只曉得拿銀票來發銀子
纔	就	2－7	24	那麼要多喒就燒得了 那麼要多早纔燒好了
只	就	2－17	48	就有一個姐姐 只有一個姐姐
只	就	2－17	49	就會花錢 只會花錢
說	就	2－19	54	就是下月還有六十包洋布來哪 說是下月還有六十包洋布來哪
就是了	就得了	2－32	89	你賠我五十兩銀子就得了 你賠我五十兩銀子就是了
就是了	就得了	3－7	119	竟拿嘎啡來就得了 竟拿嘎啡來就是了
那就	就所	2－4	20	就所沒有甚麼閒工夫了 那就沒有甚麼閒工夫了
先這麼	就這麼	2－6	22	就這麼一罵 先這麼一罵
只要	就是	2－6	22	你們就是給我銀子 你們只要把我銀子
東家	居停	4－15	180	去年冬間舊居停因案去任兄弟脫館就回家去了 去年冬間舊東家因案去任兄弟脫館就回家去了
賭	局	2－25	70	帶着兵去抓局去了 帶着兵去抓賭去了
賭廠	局	2－26	72	他們把局也收了 他們把賭廠也收了
錢	局子	2－23	64	我們本鄉有一個恒原土局子 我們本鄉有一個恒原土錢
金	捐	4－16	182	我到省裏稟見撫台之後奉委幫辦本處釐捐事務 我到省裏稟見撫台之後奉委幫辦本處釐金事務
覺得	覺着	1－5	2	覺着頭疼 覺得頭疼

	注（左）	原文（右）	巻－章	頁数	例文（上：右／下：左）
	覺得	覺着	1－25	8	覺着冷的很 覺得冷也很
	覺得	覺着	3－16	137	我也覺着是有那麼點兒毛病 我也覺得是有那麼點兒毛病
K	坐	咖	2－9	29	不咖了 不坐了
	好	開	2－29	81	我已經和掌櫃的說開了 我已經和管事的說好了
	開發	開出	2－14	41	也是給他開出工錢來 也是替他開發工錢來
	開張	開市	2－9	28	打算多喒開市呀 打算幾早開張呀
	開張	開市	2－9	28	纔能開市哪 纔能開張哪
	開張	開市	2－9	28	等開市我過去給您道喜去 等開張我過去和您道喜去
	看了一看	看了看	2－11	31	到莊稼地裏看了看 到莊稼地裏看了一看
	鋪	炕	2－29	80	那位朋友在炕上拾掇行李 那位朋友在鋪上收拾行李
	鋪	炕	2－29	80	我們先伯就見他不住的拿眼瞧炕上的行李 我們先伯就見他不住的拿眼看鋪上的行李
	考過完	考過去	2－24	67	已經考過去了 已經考過完了
	祇	可	1－23	7	我可知道昨兒晚上下了雨來着 我祇曉得昨天晚上下了雨呢
	也	可	1－25	8	可就嫌棉被窩太薄了 也就嫌棉被窩太薄了
	要	可	1－43	13	這可怎麼好 這要怎麼好
	就	可	2－1	15	可是您知道一月是多少房錢 就是您曉得一月是多少租錢
	却	可	2－10	30	可不知道有人應妥了沒有 却不曉得有人應妥了沒
	却	可	2－10	30	可有一層、我聽見說江老爺的意思 却有一層、我聽見說江老爺的意思
	却	可	2－12	35	可就叫那個姓于的 却就叫那個姓于的
	却	可	2－12	35	我可就到衙門去把他告下來了 我却就到衙門去把他告下來了
	却	可	2－13	37	這幾年、我可是把樹包給別人 這幾年、我却是把樹包與別人
	那	可	2－13	38	可也是那包果子的 那也是那包果子的
	却	可	2－14	39	可就得了病了 却就得了病了
	却	可	2－14	40	可沒提還收拾表 却沒提還收拾表

注（左）	原文（右）	巻－章	頁数	例文（上：右／下：左）
却	可	2－15	43	我們可就在那個鎭店上找了個店住下了 我們却就在那個鎭店上找了個店住下了
却	可	2－15	43	可就打死了 却就打死了
却	可	2－15	44	可就和他說 却就和他說
却	可	2－15	44	那可就難找了 那却就難找了
却	可	2－16	45	可就和他要那幾千兩銀子 却就和他要那幾千兩銀子
却	可	2－16	45	可就回家去了 却就回家去了
却	可	2－16	46	臨死的時候、可就和他說 臨死的時候、却就和他說
却	可	2－16	46	可就把那一千兩銀子 却就把那一千兩銀子
却	可	2－17	49	可就把他辭了 却就把他辭了
却	可	2－17	50	他可就要遭了 他却就要遭了
却	可	2－19	54	銀子可還沒兌了 銀子却還沒兌了
却	可	2－19	54	心裏可就氣的了不得 心裏却就氣的了不得
却	可	2－19	54	可就認了 却就認了
恰	可	2－21	57	可巧就遇見了 恰巧就遇見了
却	可	2－21	59	趕他一查可就說是錯了兩隻箱子 等他一查却就說是錯了兩隻箱子
却	可	2－23	63	可就把那一萬多兩銀子 却就把那一萬多兩銀子
却	可	2－23	63	膽子可就壯了 膽子却就壯了
却	可	2－23	64	可就把那個當鋪、也拉淌下了 却就把那個當鋪、也拉淌下了
却	可	2－23	65	可就叫他上鋪子算帳盤貨去 却就叫他到鋪子算帳盤貨去
却	可	2－24	67	現在可有個出外的事 現在却有個出外的事
却	可	2－24	68	可是你現在沒當甚麼差使麼 却是你現在沒當甚麼差使麼
却	可	2－25	69	身上可穿的很體面 身上却穿得很體面
却	可	2－25	69	我可就往前去一看 我却就往前去一看
却	可	2－25	69	可就好了 却就好了

注（左）	原文（右）	巻－章	頁数	例文（上：右／下：左）
却	可	2－25	70	慢慢的兒的可就吃上穩了 慢慢的兒的却就吃上穩了
却	可	2－25	71	可就怕不好了 却就怕不好了
却	可	2－26	72	這麼着我就坐下一耍可贏了幾十吊錢 這麼的我就坐下一賭却贏了幾十吊錢
却	可	2－26	72	可就輸了好幾百吊 却就輸了好幾百吊
却	可	2－26	73	可也不少了 却也不少了
却	可	2－26	74	可就歡喜的了不得 却就歡喜的了不得
却	可	2－26	74	偺們可就發了財了 我們却就發了財了
却	可	2－26	75	你們可是瞎了眼了 你們却是瞎了眼了
却	可	2－27	76	我可恨他 我却恨他
却	可	2－27	77	他嘴裏可老說 他嘴裏却又說
却	可	2－27	77	起那麼可就永遠不提了 從那麼却就永遠不提了
却	可	2－28	79	可就病了 却就病了
却	可	2－29	79	可就走岔了道了 却就走錯了路了
也	可	2－29	80	臨街是個窗戶裏頭可點着燈了 對街是個窗子裏頭可點着燈了
却	可	2－29	80	心裏可就有點兒犯疑 心裏却就有點兒帶疑
却	可	2－29	80	可不敢說 却不敢說
却	可	2－29	82	這麼着可就出了茅房 這麼的却就出了茅房
却	可	2－29	82	我們先伯就說這可不怕了 我們先伯就說這却不怕了
却	可	2－30	83	他妹妹聽他不管、可就哭了 他妹妹聽他不管、却就哭了
却	可	2－30	83	可就把他送回去了 却就把他送回去了
也	可	2－31	85	店家可就把他帶進來 店家也就把他帶進來
却	可	2－31	86	可就掉下眼淚來了 却就掉下眼淚來了
却	可	2－31	86	可就問他是爲甚麼事傷心 却就問他是爲甚麼事傷心
却	可	2－32	88	嚇的可就一個驚 嚇的却就一個驚

注（左）	原文（右）	巻－章	頁数	例文（上：右／下：左）
却	可	2－32	90	他回來可告訴舍弟說他的馬丢了 他回來却告訴舍弟說他的馬掉了
却	可	2－33	92	你可說是我們少給你們發了一包棉花來 你却說是我們少把你們發了一包棉花來
却	可	2－34	93	我記得可實在是你們給的 我記得却實在是你們把的
是	可	2－34	94	只可我認這個苦子就是了 只是我吃這個虧就是了
却	可	2－35	97	可也就上了氣了 却也就起了氣了
却	可	2－35	97	我可是必要治你的罪的 我却是必要治你的罪的
却	可	2－36	99	可就打算昧起他一兩來 却就打算瞞起他一兩來
却	可	2－36	99	可就和錢鋪的說、你們上了檔了 却就和錢鋪的說、你們上了檔了
却	可	2－36	99	可不是假的 却就是假的
却	可	2－39	107	老太監聽見了可就喝呼他說 老太監聽見了却就喝呼他說
却	可	2－39	107	老太監可就又說他 老太監却就又說他
却	可	2－39	107	我如今可明白了 我如今却明白了
却	可	2－40	110	我可要收着 我却要收着
却	可	3－1	111	很聰明、可是向來沒當過跟班的 很聰明、却是向來沒當過跟班的
却	可	3－1	111	可是我是新近到這兒來的 却是我是初次到這裏來的
却	可	3－1	111	可不知道要保人不要 却不曉得要保人不要
却	可	3－2	112	可是你昨兒個迷迷糊糊的擱了有多少茶葉 却是你昨日磨磨曶曶的擱了有幾多茶葉
却	可	3－3	114	可別烤煳了 却莫烤煳了
却	可	3－3	114	他們可不敢那麼胡亂攙對的 他們却不敢那麼胡亂攙對的
却	可	3－4	115	就爲這個可就躭悮了擺台了 就爲這個却就躭悮了擺台了
却	可	3－6	118	走到石頭道上可就把車竟往跐窩裏赶 走到石頭路上却就把車竟往裏赶
却	可	3－7	120	在這京裏可是很出名的 在這京裏却是很出名的
却	可	3－7	120	可有一層 却有一層
却	可	3－8	122	爲太太可是很要緊 爲太太却是很要緊

注（左）	原文（右）	巻－章	頁数	例文（上：右／下：左）
却	可	3－9	123	那個屋子可很乾净 那個屋裏却很乾净
却	可	3－9	123	我可不知道那個地方的地名兒叫甚麼 我却不曉得那個地方的地名兒叫甚麼
却	可	3－9	124	可是那些個磁器 却是那些的磁器
却	可	3－9	124	可得好好兒的拿紙包上 却要好好兒的拿紙包正
得	可	3－10	125	今兒天氣好也沒風、把衣裳可曬晒 今天天氣好也沒風、把衣裳得曬晒
却	可	3－10	126	可是你還得把那根繩子 却是你還要把那根繩子
却	可	3－10	126	那可就好糟了 那却就好糟了
却	可	3－11	128	可是定的菜要清淡的不要油膩的 却是定的菜要清淡的不要油膩的
却	可	3－11	128	那些個菜名兒、我可叫不上來 那些麼菜名兒、我却叫不出來
却	可	3－11	128	可總找那不吃柱子的地方纔好 却總找那不靠柱子的地方纔好
却	可	3－12	130	合說的可是那貿易的洋錢和鷹洋是一個様 合說的却是那生易的洋錢和鷹洋是一個様
却	可	3－12	130	可也沒甚麼分別 却也沒甚麼分別
却	可	3－12	130	可是這個五十吊一張的不好使喚 却是這個五十吊一張的不好使用
却	可	3－12	130	都磨四恒家的、可就妥當了 都磨四恒家的、却就妥當了
却	可	3－14	133	可得掃乾净了 却要掃乾净了
是	可	3－14	133	可怎麼好呢 是怎麼好呢
却	可	3－14	134	回老爺知道可不是客人來了麼 回老爺知道却不是客人來了麼
却	可	3－15	134	可不是麼 却不是麼
却	可	3－16	137	我可就不叫你包餱了 我却就不叫你包餱了
却	可	3－16	138	可是、今兒不是您洗澡日的子麼 却是、今日不是您洗澡日的子麼
却	可	3－16	138	你可要把澡房的地板、都刷乾淨了 你却要把澡房的地板、都刷乾淨了
却	可	3－17	138	趕插在裏頭之後、可得拿滑藉或是棉花揎磁實了 等插在裏頭之後、却得拿東西或是棉花築結實了
却	可	3－17	139	可怎麼様呢 却怎麼様呢
却	可	3－17	139	然後拿繩子綑上、可就省得車磨了 然後拿繩子綑倒、却就省得車上磨了

注（左）	原文（右）	巻－章	頁数	例文（上：右／下：左）
却	可	3－18	140	靴子帽子小的可沒有 靴子帽子小的却沒有
却	可	3－19	142	不錯、那兒的東西可好 不錯、那裏的東西却好
却	可	3－19	142	可是那口蘑多兒錢一斤 却是那口蘑幾多錢一斤
却	可	3－19	142	分兩可叫他們邀足了 分兩却叫他們稱足了
却	可	3－20	144	可不知道得去幾年 却不曉得要去幾年
却	可	3－20	144	可有一層 却有一層
却	可	3－20	144	那可是你自備盤費 那却是你自備盤費
却	可	3－20	145	可是先支給你這十塊安家的錢 却是先支把你這十塊安家的錢
是	可	4－1	148	那我可眞當不起 那我是眞當不起
啊	可	4－2	149	可、是我們倒忘了 啊、是我們倒忘記了
却	可	4－3	152	可不知道有甚麼新聞沒有 却不曉得有甚麼新聞沒有
却	可	4－5	157	可不知道到府裏去辦理如何 却不曉得到府裏去辦理如何
却	可	4－7	162	可就答應叫他去了 却就答應等他去了
却	可	4－7	163	可就無着落了 却就無着落了
却	可	4－12	175	可是覆試是多咱哪 却是覆試是幾年哪
却	可	4－17	185	可是誰是會首呢 却是那個是會首呢
別莫	可別	3－5	117	可別拿刷子刷 別莫拿刷子刷
却莫	可別	3－7	120	可別把米粒兒弄碎了 却莫把米粒兒弄碎了
果然是	可不是	2－12	35	可不是叫他佔了我的地去了麼 果然是被他佔了我的地去了麼
不錯是病了	可不是麼	1－5	2	可不是麼 不錯是病了
不錯	可不是麼	2－3	18	可不是麼 不錯
那是的	可不是麼	2－4	20	可不是麼 那是的
那倒是啊	可不是麼	2－8	25	可不是麼 那倒是啊
那待是啊	可不是麼	2－12	34	可不是麼 那待是啊

注（左）	原文（右）	卷－章	頁数	例文（上：右／下：左）
不錯	可不是麼	2－13	37	可不是麼、他本是外行 不錯他本是外行
不錯	可不是麼	2－14	39	可不是麼 不錯
是有事	可不是麼	2－18	51	可不是麼 是有事
不錯的	可不是麼	2－18	52	可不是麼 不錯的
都沒有	可沒了	3－19	143	那兩樣兒果子、現在可沒了 那兩樣的果子、現在都沒有
可以做	可作	1－13	4	可作甚麼好呢 可以做甚麼好呢
恰巧	可巧	2－30	83	可巧這天夜裏來了一個賊 恰巧這天夜裏來了一個賊
恰巧	可巧	2－31	86	可巧有同店裏住着的一個四川人 恰巧有同店裏住着的一個四川人
恰巧	可巧	2－36	98	可巧瞧見您進這個鋪子來了 恰巧看見您進這個鋪子來了
就是	可是	1－7	2	可是咳嗽纔輕省一點兒 就是咳嗽纔輕鬆一點兒
實在	可是	2－1	15	您不知道那房子可是頂 您不曉得那房子實在頂好
實在	可是	2－8	25	可是他打算典多少年呢 實在他打算典多少年呢
都是	可是	2－14	40	可是您知道是竟收拾鐘呵 都是您曉得是竟收拾鐘呵
到是	可是	2－15	42	不錯可是不錯 不錯到是不錯
正是	可是	3－18	141	可是小的還要稟老爺哪 正是小的還要稟老爺哪
被他	可以給	3－7	118	都可以給撴腫了 都被他撴腫了
氣	口氣	2－23	65	他起那麼一口氣得了一場病 從那麼一氣得了一場病
挑夫	苦力	3－9	124	叫苦力挑了去倒妥當 叫挑夫挑了去倒妥當
挑夫	苦力	3－9	124	你和苦力說 你和挑夫說
小工	苦力	3－14	132	你帶着苦力把上屋裏拾掇出來 你帶着小工把上房裏收拾出來
小工	苦力	3－14	134	我先迎出去你就叫苦力快打掃屋子 我先迎接去你就叫小工快打掃房子
小工	苦力	3－15	135	那是苦力的事情 那是小工的事情
小工	苦力	3－15	135	你不會叫苦力收起來麼 你不會叫小工收起來麼
小工	苦力	3－17	139	看上車之後撓蕩開你快打發苦力去買兩張油紙來包那綢子 看上車之後你快打發小工去買兩張油紙來包那綢子

	注（左）	原文（右）	巻－章	頁数	例文（上：右／下：左）
	挑子	苦力	3－18	141	若不然就叫苦力挑着跟了你去罷 若不然就叫挑子挑着跟了你去罷
	路	塊	2－32	90	同他一塊兒到衙門作見證去了 同他一路兒到衙門作見證去了
	個	塊	3－5	117	拿一塊手帕子和那個金表來 拿一個手帕兒和那個金表來
	快點	快些	1－24	8	凉快些兒再出門去罷 凉快點兒再出門去罷
	虧空	虧短	2－22	61	查出他虧短有四千多兩銀子的錢粮 查出他虧空有四千多兩銀子的錢粮
	虧空	虧短	2－22	61	委員問他怎麼會虧短這麼個錢粮呢 委員問他怎麼會虧空這麼些的錢粮呢
	虧空	虧短	2－22	61	叫他把虧短國家的這個錢粮 叫他把虧空國家的這個錢粮
	虧空	虧短	2－22	62	那麼他若是把虧短的錢粮 那麼他若是把虧空的錢粮
L	呢	來	2－9	27	倒過一個錢鋪來 頂過一個錢鋪呢
	呢	來	3－4	115	我直想不出是還短甚麼東西來 我直想不出是還少甚麼東西呢
	呢	來	4－1	147	實在是養法好來 實在是養法好呢
	來是早	來早啊	1－21	7	你昨兒去遊湖回來早啊、是晚哪 你昨天去遊湖回來是早、是晚啊
	*	來着	1－10	3	前幾天我去的時候、他也托我問您好來着 前幾天我去的時候、他也托我問您好
	呢	來着	1－23	7	我可知道昨兒晚上下了雨來着 我祇曉得昨天晚上下了雨呢
	來呢	來着	2－12	34	您是和誰打官司來着 您是和那個打官司來呢
	來的	來着	2－6	21	是和銀號打架來着 是和銀號打架來的
	來的	來着	2－7	23	我剛纔問他來着 我剛纔問他來的
	來呢	來着	2－12	34	是和我一個地鄰打官司來着 是和我一個地鄰打官司來呢
	來的	來着	2－16	46	他和人打官司來着 他和人打官司來的
	來的	來着	2－17	47	是說甚麼話來着 是說甚麼話來的
	來的	來着	2－27	75	給誰管閒事來着受了甚麼氣了 替那個管閒事來的受了甚麼氣了
	來的	來着	2－32	88	我聽見說令弟和人打官司來着 我聽見說令弟和人打官司來的
	來的	來着	2－32	88	拿鎗打鴿子來着 拿鎗打鴿子來的
	來的	來着	3－4	114	怎麼還磨蹭着不擺台、是幹甚麼來着 怎麼還不擺台、是幹甚麼來的

注（左）	原文（右）	巻－章	頁数	例文（上：右／下：左）
來的	來着	3－18	140	你幹甚麼來着 你做甚麼來的
來的	來着	3－18	140	我在花園子澆花兒來着 我在花園裏澆花水來的
來的	來着	4－17	183	幹甚麼來着 做甚麼來的
懶去得	懶怠去	1－14	4	就是我一個人又懶怠去 就是我一個人又懶去得
稀爛的	爛爛兒的	1－41	12	燉的爛爛兒的纔好哪 燉的稀爛的纔好哪
總	老	1－18	6	老沒見了您納還認得我麼 總沒見了您納還認得我麼
總	老	1－42	13	何苦老沒完呢 何苦總不了呢
又	老	2－27	77	他嘴裏可老說 他嘴裏却又說
總	老	2－40	108	老沒出來麼 總沒出來麼
總	老	3－4	116	你幹事老是這麼忙忙叨叨的 你做事總是這麼忙忙碌碌的
總	老	3－15	134	你老聽不進去 你總聽不清楚
總	老	3－15	134	老改不了 總改不來
總	老	3－15	135	他老不聽 他總不聽
總	老	3－16	137	還有一件馬怎麼老不上膘呢 還有一件馬怎麼總不上膘呢
切莫	老別	1－37	11	你老別理他 你切莫理他
總不	老沒	2－23	64	也老沒算大帳 也總不算大帳
太監	老公	2－39	106	心裏盤算打算要上京當老公去 心裏盤算打算要進京當太監去
的	了	2－2	16	我是賣貨來了 我是賣貨來的
呢	了	2－2	16	在那個店裏住着了 在那個店裏住着呢
呢	了	2－2	16	在西河沿大成店裏住着了 在西河沿大成店裏住着呢
呢	了	2－2	16	前幾年皮貨的行市大的很了 前幾年皮貨的行市大得很呢
咯	了	2－2	16	還沒都賣完了 還沒都賣完咯
的	了	2－2	17	現在那個藥棧還開着了麼 現在那個藥棧還開着的麼
呢	了	2－4	20	忙甚麼了 忙甚麼呢

注（左）	原文（右）	巻－章	頁数	例文（上：右／下：左）
的	了	2－5	20	所以我今兒個特意給您道喜來了 所以我今天特意和您道喜來的
呢	了	2－7	23	有比這對小一點兒沒有了 有比這對小一點兒沒有了
＊	了	2－8	24	在家裏了 在家裏
的	了	2－8	25	上甚麼地方去了 到甚麼地方去的
的	了	2－8	25	出口收租子去了 出口收租谷去的
的	了	2－8	25	是了 是的
的	了	2－8	25	是他自己種着了 是他自己種着的
呢	了	2－8	26	那我就不必先照地去了 那我就不必先看地去呢
呢	了	2－9	28	您忙甚麼了 您忙甚麼呢
的	了	2－10	29	幹甚麼回家去了 爲甚麼回家去的
呢	了	2－10	29	回家收莊稼去了 回家收莊稼去呢
呢	了	2－10	29	還沒應着活了 還沒做倒事呢
呀	了	2－10	30	所以都還沒定規了 所以都還沒定規呀
呢	了	2－11	31	聽他們說您還沒回來了 聽他們說您還沒回來呢
的	了	2－12	34	您去了日子不少了罷 您去的日子不少了罷
呢	了	2－12	36	他們都得有官給的牙帖纔能當經紀了 他們都是有官把的牙帖纔能當經紀呢
人	了	2－13	37	趕包妥之後、還得有個看果子的了罷 等包妥之後、還要有個看果子的人罷
呢	了	2－15	44	到如今還沒好了 到如今還沒好呢
＊	了	2－17	48	他還沒成家了麼 他還沒成家麼
＊	了	2－17	48	他沒成家了 他沒成家
＊	了	2－17	48	多大年紀了 多大年紀
的	了	2－17	49	那一年有一個外任的官進京引見來了 那一年有一個外任的官進京引見來的
＊	了	2－17	49	住在城外頭會舖裏了 住在城外頭會舖裏
＊	了	2－18	50	愈掌櫃的在舖子裏了麼 愈老板在舖子裏麼

注（左）	原文（右）	巻－章	頁数	例文（上：右／下：左）
來	了	2－18	52	我們老爺留下話了 我們老爺留下話來
事	了	2－19	53	您是忙甚麼了 您是忙甚麼事
呢	了	2－19	53	我是給人說合事情了 我是和人說合事情呢
呢	了	2－19	54	他們說還沒到了 他們說還沒到呢
的	了	2－19	54	有別的事情去了 有別的事情去的
呢	了	2－28	78	是怎麼遇見賊了 是怎麼遇見賊呢
的	了	2－28	79	我們東西都在這艙裏擺着了 我們東西都在這艙裏放着的
的	了	2－28	79	現在吃着葯了 現在吃着葯的
呀	了	2－28	79	還沒好了 還沒好呀
的	了	2－30	85	我說是到衙門替你領銀子衣服去了 我說是到衙門替你領銀子衣服去的
的	了	2－31	85	住在這個店裏了 住在這個店裏的
的	了	2－31	86	到那屋裏找那個買賣客人閒談去了 到那房裏找那個買賣客人閒談去的
在	了	2－33	92	你們的夥計掉了茅房裏一根簪 你們的夥計掉在茅厠裏一根簪
咧	了	2－33	92	你還不知道了 你還不曉得咧
的	了	2－35	96	打發一個徒弟到家裏取東西去了 打發一個徒弟到家裏拿東西去的
的	了	2－35	96	就趕緊的到家裏瞧去了 就趕急的到家裏看去的
呢	了	2－35	96	他是到小的家裏打茶圍去了 他是到小的家裏打茶圍的呢
的	了	2－35	96	求老爺問他到底到小弟家裏是幹甚麼去了 求老爺問他到底到小弟家裏是做甚麼去的
的	了	2－35	96	是作甚麼去了 是作甚麼去的
的	了	2－35	97	小的拿摺子到他家裏去了 小的拿摺子到他家裏去的
呢	了	2－35	97	就說是到他家打茶圍去了 就說是到他家打茶圍去呢
的	了	2－36	98	給您送銀信去了 和您送銀信去的
呢	了	2－36	98	這麼着我就到街上找您來了 這麼的我就到街上找您來呢
的	了	2－36	101	你們這是拿別的假銀子來訛我來了 你們這是拿別的假銀子來訛我來的

注（左）	原文（右）	巻－章	頁数	例文（上：右／下：左）
呢	了	2－38	104	您還記得不記得了 您還記得不記得呢
呢	了	2－40	108	晚上到存古齋古玩舖門口兒打燈虎兒去了 晚上到存古齋古玩舖門口兒打燈謎兒去呢
的	了	3－1	111	還沒使喚過人了 還沒使喚過人的
呢	了	3－3	113	刷牙散在那兒了 刷牙散在那裏呢
的	了	3－3	113	和刷牙子在一塊兒了 和牙刷子在一塊兒的
呢	了	3－3	114	老爺還要嘎啡不要了 老爺還要嘎啡不要呢
呢	了	3－4	116	還招點兒醋不招了 還加點兒醋不加呢
的	了	3－5	117	那纔能周正了 那纔能周正的
呢	了	3－7	119	也不用讓他進來坐着了 也不用請他進來坐着呢
的	了	3－7	121	和趕錐在一塊兒了 和趕錐在一塊兒的
的	了	3－10	125	這是怎麼了 這是怎麼的
罷	了	3－14	133	現在天長、一天總可以完了 現在天長、一天總可以完罷
呢	了	3－15	135	我怎麼嘴硬了 我怎麼嘴硬呢
呢	了	3－15	135	那是怎麼了 那是怎麼呢
呢	了	3－15	136	我多咱拿你的東西了 我多早拿你的東西呢
＊	了	3－18	141	徐老爺在了家麼 徐老爺在家麼
裏	了	3－18	141	在家了 在家裏
呢	了	3－19	143	杏兒和李子還有沒有了 杏子和李子還有沒有呢
的	了	3－19	143	我收着他們了 我收着他們的
喇	了	3－19	144	包上帶回來了 包倒帶回來喇
的	了	4－1	146	大人們來了 大人們來的
呢	了	4－3	151	今日特來拜望大人來了 今日特來拜望大人來呢
上	了	4－12	175	看見題名錄了知道老弟高中了 看見題名錄上曉得老弟高中了
的	了	4－12	175	我是解銅來了 我是解銅來的

注（左）	原文（右）	巻－章	頁数	例文（上：右／下：左）
哪	了	4－15	180	老伯大人今年高壽了 老伯大人今年高壽哪
哪	了	4－15	180	伯母大人今年高壽了 伯母大人今年高壽哪
的	了	4－15	180	今年春間丁憂回籍守制來了 今年春間丁憂回籍守制來的
的	了	4－18	185	實在是罕見了 實在是罕見的
的	了	4－20	189	住在那兒了 住在那裏的
的	了	4－20	189	你二位是到此處游歷來了 你二位是到此處游歷來的
的	了	4－20	190	還給我來過一封信了 還和我來過一封信的
的	了	4－20	190	我們還得在此住幾天了 我們還要在此住幾天的
剔緊	勒死	3－17	139	務必要勒死了 務必要剔緊了
累煩	累肯	2－14	42	累肯您納 累煩您納
操心	累心	2－2	18	不過是不像做買賣那麼累心 不過是不像做買賣那麼操心
忽然	冷孤丁	2－32	88	那匹馬冷孤丁的聽見一聲槍響 那匹馬忽然的聽見一聲槍響
不防俻	冷不防	1－45	13	給他一個冷不防叫他吃不了得兜着走 給他一個不防俻叫他吃不了要兜着走
裏	裏頭	2－2	17	是在城裏頭麽 是在城裏麽
裏	裏頭	2－2	17	是在城裏頭麽 是在城裏麽
＊	力把兒頭	3－6	118	那趕車的若是個力把兒頭 那趕車的若是個
兩個	倆	1－13	4	我們倆如今都閒着 我們兩個如今都閒着
兩個	倆	1－14	4	偺們倆一同去好不好 我們兩個一同去好不好
兩個	倆	1－18	6	偺們倆前年在張二家一個桌子上喝酒 我們兩個前年在張二家一個桌子上喝酒
兩	倆	2－6	22	你們倆人當面一說 你們兩人當面一說
兩個	倆	2－10	30	倆要了八千兩銀子 兩個要他八千兩銀子
兩個	倆	2－11	33	我們倆平常雖然對勁 我們兩個平常雖然合式
兩個	倆	2－12	34	我去了有倆多月了 我去了有兩個多月了
兩人	倆	2－15	43	我們倆就掮着鎗 我們兩人就掮着鎗

注（左）	原文（右）	巻－章	頁数	例文（上：右／下：左）
兩	倆	2－15	43	我們倆就拿鎗一打 我們兩個就拿鎗一打
兩	倆	2－15	43	這麼着我們倆人 這麼的我們兩人
兩	倆	2－15	43	我們倆人替換騎着那一匹馬 我們兩人替換騎着那一匹馬
兩	倆	2－16	46	僭們倆相好一場 我們兩相好一場
兩個	倆	2－20	56	我就封了倆表、沒封別的 我就估了兩個表、沒估別的
兩	倆	2－22	61	殺死了倆人 殺死了兩人
兩	倆	2－23	63	倆月之後付銀子 兩月之後付銀子
兩	倆	2－23	65	有倆朋友、知道他鋪子有了毛病了 有兩朋友、曉得他鋪子有了毛病了
兩	倆	2－24	66	那倆人都是浙江人 那兩人都是浙江人
兩	倆	2－24	66	他們倆人若是打起鄉談來 他們兩人若是打起鄉談來
兩	倆	2－24	66	他們倆都掰着我 他們兩都撇着我
兩	倆	2－24	68	我管保你們倆人準可以對勁 我包管你們兩人準可以對勁
兩	倆	2－25	69	我們倆在城外頭一個古玩鋪裏遇見過兩回 我們兩在城外頭一個古玩鋪裏遇見過兩回
兩	倆	2－25	69	這麼着我就叫倆底下人 這麼的我就叫兩底下人
兩	倆	2－26	74	他們就去了倆人 他們就去了兩人
兩	倆	2－26	74	就問他們倆你們是來幹甚麼的 就問他們兩你們是來幹甚麼的
兩	倆	2－26	74	那倆人說您怎麼不認得我們了 那兩人說您怎麼不認得我們了
兩	倆	2－26	75	說你們倆別胡說 說你們兩人別胡說
兩	倆	2－26	75	你們倆快走 你們兩人快走
兩	倆	2－26	75	我把你們倆送衙門 我把你們兩人送衙門
兩	倆	2－26	75	那倆人聽這話 那兩人聽這話
兩人	倆	2－27	76	然後他們倆倆到了京東 然後他們兩人兩人到了京東
兩人	倆	2－27	76	我們倆就在他書房裏 我們兩人就在他書房裏
兩個	倆	2－29	79	帶着倆跟人 帶着兩個跟人

注（左）	原文（右）	巻－章	頁数	例文（上：右／下：左）
兩個	倆	2－29	79	那倆趕車的路都不熟 那两個趕車的路都不熟
两	倆	2－29	80	這麼着他們這倆車就奔了那個燈光去了 這麼的他們這两車就奔了那個燈光去了
兩個	倆	2－29	80	掛着倆麩幌子 掛着兩個麩招牌
兩	倆	2－29	81	就聽見起前頭院裏來了倆人 就聽見起前頭院裏來了兩人
兩	倆	2－29	81	趕到夜静的時候、偺們倆人去殺那倆趕車的 等到夜静的時候、我們兩人去殺那兩趕的
兩	倆	2－29	81	趕到夜靜的時候、偺們倆人去殺那倆趕車的 等到夜靜的時候、我們兩人去殺那兩趕的
兩	倆	2－29	81	倆人一個人一輛 兩人一個人一乘
兩	倆	2－29	81	不論那倆客人、有多少銀子 不論那兩客人、有多少銀子
兩	倆	2－29	81	偺們倆人全不管 我們兩人全不管
兩	倆	2－29	81	偺們倆人把這两輛車分到手 我們兩人把這两乘車分到手
兩	倆	2－29	81	偺們倆人改邪歸正 我們兩人改邪歸正
兩個	倆	2－29	82	是倆客人 是兩個客人
兩個	倆	2－33	93	就說偺們倆拿着這張銀票到銀號裏取銀子去看 就說偺們兩個拿着這張銀票到銀號裏發銀子去看
兩個	倆	2－33	93	這麼着我們倆到了銀號 這麼的我們兩個到了銀號
兩	倆	2－35	97	瞪着倆眼睛問小的你是誰 瞪着兩眼睛問小的你是那個
兩個	俩	2－36	100	就和那俩錢舖的人說 就和那兩個錢舖的人說
兩個	倆	2－36	101	全要打那倆錢鋪的人 都要打那兩個錢鋪的人
兩	倆	3－10	127	倆袖子往兩邊兒外頭一拆 兩袖子往兩邊兒外頭一拆
兩個	倆	4－20	190	我們倆認識的 我們兩個認識的
兩個	倆人	2－29	81	說完就聽他們倆人上前頭去了 說完就聽他們兩個往前頭去了
兩個	倆人	2－35	95	就見他們倆人到了衙門 就見他們兩個到了衙門
兩個	倆人	2－35	95	他們倆人要打官司 他們兩個要打官司
兩個	倆人	2－35	95	那個衙役就把他們倆人帶進去了 那個衙役就把他們兩個帶進去了
兩個	倆人	2－35	95	他們倆人到了堂上、就都跪下了 他們兩個到了堂上、就都跪下了

注（左）	原文（右）	巻－章	頁数	例文（上：右／下：左）
兩個	倆人	2－35	98	這麼着就叫他們倆人都回去了 這麼樣就叫他們兩個都回去了
兩個	倆人	2－36	101	那倆人沒法子 那兩個沒法子
兩個	倆人	2－36	101	錢鋪的那倆人聽這麼說 錢鋪的那兩個聽這麼說
兩人	倆人	4－8	165	這麼着倆人也沒說開就散了 這麼的兩人也沒說開就散了
兩個	倆人	4－10	172	並非是他們倆人商量的辦法 並非是他們兩個商量的辦法
兩個	倆人	4－13	176	然後叫那倆人押着貨車到務 然後叫那兩個押着貨車到務
乘了半天凉	凉决了半天	2－11	32	在樹底下凉决了半天 在樹底下乘了半天凉
倆個	兩人	2－36	100	這個人就和錢鋪的那兩人說 這個人就和錢鋪的那倆個說
兩個	兩人	4－19	187	兩人言語不合 兩個言語不合
兩個	兩人	4－19	188	因此兩人言語不合 因此兩個言語不合
兩個	兩人	4－20	189	今日我們兩人是專誠來拜望閣下 今日我們兩個是專誠來拜望閣下
兩個	兩人	4－20	190	我們兩人至好 我們兩個至好
兩樣的	兩樣兒	3－2	112	兩樣兒都不用 兩樣的都不用
兩樣的	兩樣兒	3－19	143	那兩樣兒果子、現在可沒了 那兩樣的果子、現在都沒有
乘	輛	2－29	81	就把那兩輛車分給偺們 就把那兩乘車分把我們
乘	輛	2－29	81	倆人一個人一輛 兩人一個人一乘
乘	輛	2－29	81	偺們倆人把這两輛車分到手 我們兩人把這两乘車分到手
乘	輛	2－29	81	一個人趕着一輛車回家去了 一個人趕着一乘車回家去了
乘	輛	2－29	82	忽然聽見來了好幾輛車 忽然聽見來了好幾乘車
乘	輛	2－29	82	趕店門開開了、就見趕進六輛鑣車來 等店門開開了、就見趕進六乘鑣車來
乘	輛	3－18	141	那麼小的得雇一輛車去罷 那麼小的可雇一乘車去罷
來	了	3－15	134	老改不了 總改不來
找	攏	3－14	134	還有趕車的說還攏他兩塊錢的車錢哪 還有趕車的說還找他兩塊錢的車錢哪
對	臨	2－29	80	臨街是個窗戶裏頭可點着燈了 對街是個窗子裏頭可點着燈了

注（左）	原文（右）	巻－章	頁数	例文（上：右／下：左）
鄰縣	鄰封	2－38	104	撫台就派鄰封帶着幹練的仵作 撫台就派鄰縣帶着幹練的仵作
鄰縣	鄰封	2－38	105	那個鄰封、就據實的稟報撫台了 那個鄰縣、就據實的稟報撫台了
零頭	零	3－12	130	這是那四百四十錢的零 這是那四百四十錢的零頭
領	領子	3－5	117	這個領子漿的得這麼軟 這個領漿得這麼軟
灣	溜	3－1	111	我想院子儘溜頭兒 我想院子儘灣頭兒
遊蕩	溜打	2－11	32	我這纔溜打着回來了 我這纔遊蕩着回來了
蕩蕩	溜打	2－40	110	偺們出去溜打會子去罷 我們出去蕩蕩會兒去罷
遊蕩遊蕩	溜打溜打	2－11	32	莫若出去溜打溜打 莫若出去遊蕩遊蕩
遊蕩	溜打着	2－15	43	溜打着、上山去了 遊蕩、上山去了
上	落	2－1	15	並不是我落腰 並不是我上腰
做	落	2－8	26	那我可以落切實的保 那我可以做切實的保
跌	落	2－12	36	自然行市往下落 自然行市往下跌
叠	落	3－12	130	若是這天市上的銀子多、行市就落 若是這天市上的銀子多、行市就叠
着落	落子	2－39	106	有一個鄉下人很窮沒落子 有一個鄉下人很窮沒着落
M 馬尾	馬尾兒	1－39	12	俗語兒說的、馬尾兒穿豆腐 俗語說的、馬尾穿豆腐
去買點兒古玩	買點兒古玩去	3－6	118	我要買點兒古玩去 我要去買點兒古玩
去買貨	買貨去	2－2	17	那麼我底下到那棧裏買貨去 那麼的我底下到那店裏去買貨
去買	買去	2－2	17	可以到他那棧裏買去 可以到他那店裏去買
去買	買去	3－19	142	那麼我出城買去罷 那麼我出城去買罷
去買甚麼東西	買甚麼東西去	3－19	142	買甚麼東西去 去買甚麼東西
去買東西	買東西去	3－19	142	我要叫你買東西去 我要叫你去買東西
買東西時候	買東西去了	3－19	143	並且這是前幾天到他們那兒買東西去了 並且這是前幾天到他們那裏買東西時候
換	賣	2－36	98	到那錢鋪裏賣了去 到那錢鋪裏換了去
換	賣	2－36	98	就和那個賣鐲子的人說 就和那個換鐲子的人說

注（左）	原文（右）	巻－章	頁数	例文（上：右／下：左）
換	賣	2－36	98	那個賣鐲子的人 那個換鐲子的人
換	賣	2－36	98	然後那個賣鐲子的人 然後那個☒鐲子的人
換	賣	2－36	99	我不賣那隻鐲子了 我不換那隻鐲子了
換	賣	2－36	99	我可以把這銀子賣給你們罷 我可以把這銀子換把你們罷
換	賣	2－36	99	剛纔那個賣銀子的人 剛纔那個換銀子的人
換	賣	2－36	99	他賣給你們的那是假銀子 他換把你們的那是假銀子
換	賣	2－36	100	就說你賣給我們的這包是假銀子 就說你換把我們的這包是假銀子
換	賣	2－36	100	我纔賣給你們的那是十兩銀子 我纔換把你們的那是十兩銀子
忙忙碌碌	忙忙叨叨	3－4	116	你幹事老是這麼忙忙叨叨的 你做事總是這麼忙忙碌碌的
茅厠	茅房	2－33	92	到茅房去出了一回恭 到茅厠去出了一回恭
茅厠	茅房	2－33	92	偺們倆先到茅房裏找一找去再說 我們兩人先到茅厠裏找一找去再說
茅厠	茅房	2－33	92	趕我同他到了茅房裏一瞧 等我同他到了茅厠裏一看
茅厠	茅房	2－33	92	你們的夥計掉了茅房裏一根籌 你們的夥計掉在茅厠裏一根籌
生易	貿易	3－12	130	合說的可是那貿易的洋錢和鷹洋是一個樣 合說的却是那生易的洋錢和鷹洋是一個樣
不	沒	1－15	5	自然沒含糊 自然沒含糊
的	沒	1－45	13	幾乎沒栽了個大觔斗 幾乎的栽了個大觔斗
不見	沒	2－15	44	沒了 不見了
不	沒	2－19	53	您是忙甚麼了 您是忙甚麼事
沒有	沒	3－2	112	這錫鑞罐兒裏的茶葉都沒了 這錫鑞罐兒裏的茶葉都沒有了
沒有房子	沒房了	2－1	14	我別處沒房了 我別處沒有房子
沒有復元	沒復元兒	1－5	2	臉上氣色還沒復元兒哪 臉上氣色還沒有復元哪
沒看見	沒見着	1－5	2	我這幾天沒見着你 我這幾天沒看見你
沒有了	沒了	1－41	12	牙沒了 牙齒沒有了
沒拿着	沒拿到	2－22	60	他連一個賊也沒拿到 他連一個賊也沒拿着

注（左）	原文（右）	巻－章	頁数	例文（上：右／下：左）
不能出來	沒能出門	1－10	3	所以他總沒能出門 所以他總不能出來
沒有取拾	沒拾掇好了	1－4	2	行李各件還沒拾掇好了 行李各件還沒有取拾
不在家	沒在家	2－11	31	聽說是您沒在家 聽說是您不在家
煤兒	煤球兒	3－4	114	因爲剛纔送煤的送煤球兒來了 因爲剛纔送煤的送煤兒來了
煤＊	煤球兒	3－4	115	煤球兒原來是多少錢一百斤 煤原來是多少錢一百斤
不了	沒完	1－42	13	何苦老沒完呢 何苦總不了呢
瞞	昧	2－16	46	昧起來了 瞞起來了
瞞	昧	2－36	99	可就打算昧起他一兩來 却就打算瞞起他一兩來
悶得很	悶得慌	2－11	32	也是悶得慌 也是悶得很
磨磨曶曶	迷迷糊糊	3－2	112	可是你昨兒個迷迷糊糊的擱了有多少茶葉 却是你昨日磨磨曶曶的擱了有幾多茶葉
灰麵	麵	3－14	133	就是還得買打𥺳子的麵、和竹籤子、還有蔴繩兒、這三樣兒東西 就是還要買攪𥺳子的灰麵、和竹籤子、還有蔴繩兒、這三樣兒東西
面	面房	2－11	33	兩處鋪面房西城那處住房 兩處鋪面西城那處住房
面	面房	2－11	33	和城外頭那處鋪面房 和城外頭那處鋪面
瓦灰	麵子	3－16	137	那是沒有磚麵子擦的緣故 那是沒有磚瓦灰擦的緣故
息	滅	3－2	113	喳、火快滅了 火快息了
明天	明兒	1－38	11	明兒給我們舍親作個媒 明天替我們舍親作個媒
明天	明兒	2－29	82	是明兒早起五更天起身 是明天早起五更天起身
明日	明兒	2－37	101	請您明兒早起在家裏等着 請您明日早晨在家裏等着
明日	明兒	3－4	115	明兒再做湯的時候 明日再做湯的時候
明天	明兒	3－10	126	到明兒早起再照舊的擱在箱子裏 到明天早晨再照舊的擱在箱子裏
明天	明兒個	1－43	13	明兒個不用餧他就好了 明天不用餧他就好了
明天	明兒個	2－19	55	就等明兒個沈掌櫃的 就等明天沈管事的
明天	明兒個	2－24	68	那麼明兒個我就見他 那麼明天我就見他
明天	明兒個	2－29	81	明兒個早起偺們打買賣 明天早晨我們把買賣

	注（左）	原文（右）	卷－章	頁数	例文（上：右／下：左）
	明天	明兒個	3－8	123	那麼明兒個你先雇停當了一頂轎子和一頭騾子 那麼明天你先雇停當了一頂轎子和一匹騾子
	明天	明兒個	3－11	127	明兒個我要請客 明天我要請客
	明天	明兒個	3－11	129	明兒個就起你手裹給他們就是了 明天就由你手裹把他們就是了
	明日是	明兒個	3－17	139	那褥子明兒個還要鋪在車上哪 那褥子明日是還要鋪在車上哪
	明日	明兒個	3－17	139	明兒個把那個馬連包的箱子 明日把那個馬連包的箱子
	*	磨蹭着	3－4	114	怎麼還磨蹭着不擺台、是幹甚麼來着 怎麼還不擺台、是幹甚麼來的
	竟挨	磨稜子	3－18	141	別磨稜子了 莫竟挨了
	莫碰	磨傷	3－9	125	小心出大門的時候磨傷了桌子 小心出大門的時候莫碰了桌子
N	捉	拿	1－43	13	他也不拿 他也不捉
	拿過去	拿下去	2－36	99	那個錢鋪的人就拿下去一平 那個錢鋪的人就拿過去一平
	呢	哪	2－2	18	還要到店裹望看您去哪 還要到店裹去奉看您呢
	的	哪	3－3	113	胰子盒兒在臉盆架子上擱着哪 胰子盒兒在臉盆架子上擱着的
	那一季好呢	那一季兒好	1－27	8	你看四季的時候那一季兒好 你看一年四季那一季好呢
	那一天不收拾	那天都拾掇	3－16	136	那天都拾掇 那一天不收拾
	那裏	那兒	1－3	1	恭喜在那兒 恭喜在那裏
	那裏	那兒	1－10	3	我想上張老師那兒拜客去 我想到張老師那裏去拜客
	那裏	那兒	1－14	4	我想到那兒逛逛 我想到那裏玩玩
	那裏	那兒	1－18	6	不記得在那兒會過 不記得在那裏會過
	那裏	那兒	1－28	9	學房在那兒啊 學堂在那裏呢
	那裏	那兒	1－37	11	那兒算是人呢 那裏算是人呢
	那裏	那兒	1－40	12	那兒的話呢 那裏的話呢
	那裏	那兒	1－45	13	那兒有這麼促狹的呢 那裏有這麼促狹的呢
	那裏	那兒	2－1	13	府上在那兒住 府上在那裏住
	那裏	那兒	2－2	16	您在那兒住着了 您在那裏住着了

注（左）	原文（右）	巻－章	頁数	例文（上：右／下：左）
那裏	那兒	2－2	18	您府上在那兒住 您府上在那裏住
那裏	那兒	2－5	21	那兒的話呢 那裏的話呢
那裏	那兒	2－10	29	今年你們那兒年頭兒怎麼樣 今年你們那裏年歲怎麼樣
那裏	那兒	2－10	29	你要應那兒的話呀 你要做那裏的事呀
那裏	那兒	2－10	29	西城江老爺那兒不是要蓋房子麼 西城江老爺那裏不是要蓋房子麼
那裏	那兒	2－11	31	您是上那兒去了一盪 您是到那裏去了一回
那裏	那兒	2－15	42	是上那兒打圍去了 是到那裏打獵去了
那裏	那兒	2－21	59	姓陳的那兩隻紅皮箱是在他那兒了 姓陳的那兩隻紅皮箱是在他那裏了
那裏	那兒	2－24	66	到那兒去辦書啓 到那裏去辦書啓
那裏	那兒	2－24	66	纔知道和公那兒還有兩位師爺 纔曉得和公那裏還有兩位師爺
那裏	那兒	2－26	72	都坐在那兒耍哪 都坐在那裏賭哪
那裏	那兒	2－30	85	我是上那兒去了 我是到那裏去了
那兒裏	那兒	2－33	91	他說我並沒上那兒去 他說我並沒往那裏去
那裏	那兒	2－33	92	那兒有他竟掐籌不盤貨的 那裏有他竟掐籌不盤貨的
那裏	那兒	2－35	96	在那兒住家 在那裏住家
那裏	那兒	2－38	105	那兒的話呢 那裏的話呢
那裏	那兒	3－3	113	刷牙散在那兒了 刷牙散在那裏呢
那裏	那兒	3－5	117	你現在要上那兒去 你現在要往那裏去
那裏	那兒	3－6	118	起那兒再上玻璃廠 從那裏再往玻璃廠
那裏	那兒	3－6	118	老爺若是在那兒有躭悞兒 老爺若是在那裏有躭悞的
那裏	那兒	3－8	122	你從前上那兒去過沒有 你從前到那裏去過沒有
那裏	那兒	3－8	123	在那兒住着用的東西 在那裏住着用的東西
那裏	那兒	3－9	124	爲得是到那兒給房錢的時候、解月頭兒起好算 爲的是到那裏把房錢的時候、從月頭兒起好算
那裏	那兒	3－9	124	等拿過去到那兒再安上 等拿過去到那裏再安上

注（左）	原文（右）	巻－章	頁数	例文（上：右／下：左）
那裏	那兒	3－9	125	等那兒掃得了之後 等那裏掃過了之後
那裏	那兒	3－15	135	我任那兒沒去呀 我是那裏沒去呀
那裏	那兒	3－15	135	我任那兒沒去呀 我是那裏沒去呀
那裏	那兒	3－16	136	是嚼子那兒壞了 是嚼子那裏壞了
那裏	那兒	3－18	141	趕你到那兒、就留下、然後你就回來 若你到那裏、就留下、然後你就回來
那裏	那兒	3－18	142	這是那兒的老爺給小的一個賞封兒 這是那裏的老爺把小的一個賞封兒
那裏	那兒	3－19	142	不錯、那兒的東西可好 不錯、那裏的東西却好
那裏	那兒	3－19	143	並且這是前幾天到他們那兒買東西去了 並且這是前幾天到他們那裏買東西時候
那裏	那兒	3－20	144	在那兒三年 在那裏三年
那裏	那兒	4－1	147	那兒有就叨擾的理呢 那裏有就叨擾的理呢
那裏	那兒	4－5	155	誰知那兒的百姓 誰知那裏的百姓
那裏	那兒	4－5	157	這件事我們明日就行文到那兒去 這件事我們明日就行文到那裏去
那裏	那兒	4－11	174	那兒有不送之理呢 那裏有不送之理呢
那裏	那兒	4－17	183	在那兒竟住了幾天 在那裏竟住了幾天
那裏	那兒	4－17	183	在那兒住着 在那裏住着
那裏	那兒	4－17	184	在山裏頭是住在那兒呢 在山裏頭是住在那裏呢
那裏	那兒	4－18	185	那兒就能說到會呢 那裏就能說到會呢
那裏	那兒	4－20	189	住在那兒了 住在那裏的
那裏	那兒	4－20	190	閣下和他是在那兒認識的呢 閣下和他是在那裏認識的呢
那裏去拜客	那兒拜客去	1－10	3	我想上張老師那兒拜客去 我想到張老師那裏去拜客
那裏的話	那兒的話	2－11	32	那兒的話呢 那裏的話呢
那裏的話	那兒的話	2－14	42	那兒的話呢 那裏的話呢
那裏的話	那兒的話	4－1	148	那兒的話呢 那裏的話呢
那裏的話	那兒的話	4－1	149	那兒的話呢 那裏的話呢

注（左）	原文（右）	巻－章	頁数	例文（上：右／下：左）
那裏的話	那兒的話	4－2	151	那兒的話呢 那裏的話呢
那裏的話	那兒的話	4－4	153	那兒的話呢 那裏的話呢
那裏的話	那兒的話	4－5	158	那兒的話呢 那裏的話呢
那裏的話	那兒的話	4－7	164	那兒的話呢 那裏的話呢
那裏的話	那兒的話	4－12	175	那兒的話呢 那裏的話呢
那裏的話	那兒的話	4－12	175	那兒的話呢 那裏的話呢
那裏的話	那兒的話	4－14	178	那兒的話呢 那裏的話呢
那裏的話	那兒的話	4－16	182	那兒的話呢 那裏的話呢
那裏的話	那兒的話	4－18	185	那兒的話呢 那裏的話呢
那裏的話	那兒的話	4－18	186	那兒的話呢 那裏的話呢
那裏的話	那兒的話	4－20	190	那兒的話呢 那裏的話呢
那麼	那層	2－8	25	那層您等我回去和他商量去罷 那麼您等我回去和他商量去着
那幾樣的	那幾樣兒	3－11	128	老爺想是那幾樣兒菜合衆位的口味呢 老爺想是那幾樣的菜合衆位的口味呢
那一季	那季兒	1－27	8	你喜歡那季兒 你喜歡那一季
那一家	那宅裏	3－18	140	是給那宅裏送禮去 是和那一家送禮去
那邊	那邊兒	1－38	11	我認得是那邊兒張老二跟前的 我認得是那邊張老二跟前的
那兒	那裏	4－17	184	得在那裏下榻罷 要在那兒下榻罷
那様	那麼	1－39	12	你是那麼說 你是那様說
那麼的	那麼	2－2	17	那麼我底下到那棧裏買貨去 那麼的我底下到那店裏去買貨
那	那麼	2－2	17	那麼您現在有甚麼貴幹呢 那您現在有甚麼貴幹呢
那個	那麼	2－27	76	他那麼財主別說是五十兩 他那個財主莫說是五十兩
那裏	那麼	2－32	88	那匹馬是往那麼跑下去了 那匹馬是往那裏跑下去了
那麼多	那麼些	2－1	14	您若是住不了那麼些間 您若是住不了那麼多間
那麼許多	那麼些個	2－1	14	我住不了那麼些個 我住不了那麼許多

注（左）	原文（右）	巻－章	頁数	例文（上：右／下：左）
那麼些的	那麼些個	3－13	132	我沒那麼些個錢 我沒那麼些的錢
那麼的	那麼着	2－1	15	那麼着很好了 那麼的很好了
那麼的	那麼着	3－10	126	喳、那麼着小的找根棍兒穿上掛在那釘子上罷 是、那麼的小的找根棍兒穿上掛在那釘子上罷
那麼的	那麼着	3－10	126	是那麼着 是那麼的
那麼的	那麼着	4－1	147	旣是那麼着就從命了 旣是那麼的就從命了
那些事	那些個	2－6	22	我通不管那些個 我通不管那些事
那些麼	那些個	3－11	128	那些個菜名兒、我可叫不上來 那些麼菜名兒、我却叫不出來
那些的	那些個	4－5	156	聞那些個百姓有意滋事 聞那些的百姓有意滋事
頭子	腦門子	2－35	97	見了小的就一腦門子的氣 見了小的就一頭子的氣
被	鬧	2－30	83	趕到第二天早起、他知道鬧賊丢了東西了 等到第二天早晨、他曉得被賊偷了東西了
被	鬧	2－30	84	外頭不用告訴人說他家裏鬧賊丢東西的事情 外頭不要告訴人說他家裏被賊失東西的事情
您	你	1－17	5	你懂得中國話麼 您懂得中國話麼
包管你	你管保	2－16	46	你管保不知道 包管你不曉得
年紀	年歲	4－2	150	大人年歲未及五旬 大人年紀未及五旬
年歲	年頭兒	2－10	29	今年你們那兒年頭兒怎麼様 今年你們那裏年歲怎麼様
婦女	娘兒	3－8	122	我們這兒的娘兒們走路 我們這裏的婦女們走路
您	您都是	2－2	17	您都是做過甚麼買賣 您做過甚麼買賣
您的大駕	您駕	1－4	2	勞您駕 您的大駕
您	您納	1－1	1	您納貴姓 您貴姓
您	您納	1－14	4	您納可以一塊兒搭伴兒去 您可以一路做個伴兒去
您	您納	1－15	5	您納說話聲音太小 您說話聲音太小
您駕	您納	1－19	6	您納這一向好 您駕這一向好啊
您	您納	2－2	17	我請問您納 我請問您
打腫	擰腫	2－39	107	叫人擰腫了 叫人打腫了

	注（左）	原文（右）	巻－章	頁数	例文（上：右／下：左）
	扣子	鈕子	3－5	117	這副鈕子我很不愛 這副扣子我很不愛
	弄壞	弄成	3－4	116	你瞧把湛新的台布都弄成了 你看把湛新的台布都弄壞了
	開賭	弄局	2－26	72	脚下在家裏弄局 現今在家裏開賭
	賺錢	弄錢	2－39	106	又尊貴、又弄錢 又尊貴、又賺錢
	搬	挪	3－14	134	挪到那屋裏去安置好了 搬到那房裏去安置好了
	搬	挪	3－9	125	挪過去纔好哪 搬過去纔好哪
O	*	哦嚏半片	3－4	116	這麼哦嚏半片的了 這麼的了
P	是怕	怕是	4－16	183	我怕是他在家裏荒疎學業 我是怕他在家裏荒疎學業
	行一	排大	3－1	111	我排大 我行一
	價	盤	3－12	129	今兒個銀盤兒長了 今日的銀價兒長了
	*	跑海	3－6	118	那麼是跑海的車麼 那麼是的車麼
	配好了	配得了	2－18	52	您給配得了沒有 您已配好了沒有
	配好了	配得了	2－18	52	配得了 配好了
	配就回	配家去	2－35	97	這個工夫兒、俞配家去了 這個時候兒、俞配就回了
	學友	朋友	1－28	9	同窗朋友有多少 同窗學友有多少
	說	批評	2－39	106	你先喝酒回頭再批評 你先喝酒回頭再說
	公道	平和	2－2	16	今年皮貨的行情、還算是平和 今年皮貨的行市、還算是公道
	拆	破	3－12	130	下剩的破了零的來 下剩的拆了零的來
	跑	撲	3－7	120	就怕你這個時候去撲空 就怕你這個時候去跑空
	保人	舖保	2－1	15	那麼我還得有舖保罷 那麼我還要有保人罷
	保人	舖保	2－1	15	舖保自然是得有的 保人自然是必要的
	保人	舖保	2－1	15	您找得出舖保來麼 您找得出保人來麼
	保人	舖保	2－1	15	我找得出舖保來 我找得出保人來
	保人	舖保	2－1	15	您都是有甚麼舖保 您都是有甚麼保人

注（左）	原文（右）	巻－章	頁数	例文（上：右／下：左）
保人	舖保	2－1	15	要甚麼舖保有甚麼舖保 要甚麼保人有甚麼保人
保人	舖保	2－1	16	要甚麼舖保有甚麼舖保 要甚麼保人有甚麼保人
Q 泡	沏	3－2	112	老爺是要沏甚麼茶 老爺是要泡甚麼茶
泡	沏	3－2	112	沏日本茶罷 泡日本茶罷
泡	沏	3－2	112	我自各兒沏上罷 我自已泡上罷
泡	沏	3－2	112	那個茶沏的彀多麼釅 那個茶泡的個那麼釅
泡	沏	3－2	112	往後小的沏茶的時候、留點兒神就是了 已後小的泡茶的時候、留點兒神就是了
泡	沏	3－14	134	再來沏茶 再來泡茶
泡茶	沏茶	3－2	112	給先生沏茶 替先生泡茶
*	沏上	3－2	113	喳、是老爺開水來了 是老爺開水來了
齊全	齊截	3－20	146	先把我的東西都歸着齊截了好交代給新手兒 先把我的東西都歸着齊全了好交代與新手兒
從	起	1－38	11	那個姑娘剛纔起這兒過 那個姑娘剛纔從這裏過
在	起	2－1	15	怎麼我起您手裡租房 怎麼我在您手裡租房子
在	起	2－1	15	雖然您是起我手裡租房 雖然您是在我手裡租房子
從	起	2－2	17	已起廣東置來的貨 已從廣東置來的貨
從	起	2－3	18	老弟是起家裏來的麼 老弟是從家裏來的麼
從	起	2－3	18	是起家裏來 是從家裏來
從	起	2－16	45	那個人起那麼一氣 那個人從那麼一氣
從	起	2－16	45	起死鬼套褲裏頭 從死鬼套褲裏頭
從	起	2－18	50	你起宅裏來的 你從公舘裏來的
在	起	2－19	54	是起一個姓王的經紀手裏買的 是在一個姓王的經紀手裏買的
從	起	2－22	60	我起去年就聽見說他要被叅 我從去年就聽見說他要被叅
在	起	2－23	64	就是有起這上頭發了財的 就是有在這上頭發了財的
從	起	2－23	64	起洋行裏買貨 從洋行裏買貨

注（左）	原文（右）	巻－章	頁数	例文（上：右／下：左）
從	起	2－23	65	他起那麼一口氣得了一場病 從那麼一氣得了一場病
從	起	2－24	66	我是起江蘇回來的 我是從江蘇回來的
從	起	2－24	66	就起到了蘇州之後、事情就所不順了 就從到了蘇州之後、事情就是不順了
從	起	2－24	68	我就起那年告病回來 我就從那年告病回來
發	起	2－25	70	說他現在已經起下了誓 說他現在已經發下了誓
由	起	2－25	71	我可以起上海給你買忌烟葯來 我可以由上海替你買戒烟葯來
在	起	2－25	71	起上海買了好幾塊錢的忌烟葯來 在上海買了好幾塊錢的戒烟葯來
從	起	2－25	71	起那麼連那個朋友也惱了 從那麼連那個朋友也惱了
從	起	2－26	74	就起定更天耍起 就從定更天賭起
從	起	2－27	77	起那麼可就永遠不提了 從那麼却就永遠不提了
從	起	2－28	78	忽然起岸上來了十幾個賊 忽然從岸上來了十幾個賊
從	起	2－30	83	起他後墻上挖了一個窟窿 從他後墻上挖了一個窟窿
在	起	2－30	84	那個銀子和衣裳是起誰家偷出來的 那個銀子和衣裳是在那家偷出來的
在	起	2－30	84	說是起某村莊兒裏某家偷出去的 說是在某村莊兒裏某家偷出來的
從	起	2－30	84	趕起在衙門把銀子和衣服都領出來了 等從在衙門把銀子和衣服都領出來了
往	起	2－31	87	那個四川人就起自己屋裏拿了一百兩銀子來借給他 那個四川人就往自己房裏拿了一百兩銀子來借把他
從	起	2－33	92	把棉花包起棧房裏又都盤到院子來 把棉花包從棧房裏又都盤到院子來
在	起	2－36	98	新近我起外頭回來 近日我在外頭回來
從	起	2－36	98	就起懷裡拿出一封信 就從懷裡拿出一封信
從	起	2－36	98	这是起浙江来的銀信。 这是從浙江来的银信
從	起	2－36	99	現在是我兄弟起浙江給我帶了銀子來了 現在是我兄弟從浙江替我帶了銀子來了
從	起	2－37	102	這麼着、這個底下人、就起那個人手裏把那個包袱要過來 這麼的、這個底下人、就從那個人手裏把那個包袱要過來
從	起	3－6	118	起那兒再上玻璃廠 從那裏再往玻璃廠
從	起	3－10	125	起這根柱子拴在那棵樹上去 從這根柱子拴在那棵樹上去

注（左）	原文（右）	巻－章	頁数	例文（上：右／下：左）
由	起	3－11	129	明兒個就起你手裏給他們就是了 明天就由你手裏把他們就是了
從	起	3－15	135	我不管那些個、起今兒往後 我不管那許多、從今以後
從	起	3－18	141	說是老爺起外頭大遠的帶了點兒東西來 說是老爺從外頭許遠的帶了點兒東西來
從	起	3－20	145	每月小的工錢得起京裏兌給小的家裏五六塊錢 每月小的工錢要從京裏兌把小的家裏五六塊錢
從	起	3－20	145	小的願意每月起老爺手裏兌給小的家裏錢纔妥當哪 小的願意每月從老爺手裏兌把小的家裏錢纔妥當哪
從	起	4－13	177	趕車的起車上把烟土卸下來了 趕車的從車上把烟土卸下來了
動的身	起的	2－18	52	昨兒早起起的 昨天早晨動的身
動身	起身	2－3	18	老弟還沒定規日子起身哪 老弟還沒定規日子動身哪
動身	起身	2－3	18	也就是這三五天就起身了 也就是這三五天就動身了
動身	起身	3－17	138	老爺打算多早晚兒起身呢 老爺打算多早晚兒動身呢
從舊	起頭	2－4	19	老弟起頭年封了印 老弟從舊年封了印
氣的	氣子	2－30	83	他就賭氣子出去躲開了 他就賭氣的出去躲開了
價	錢	2－27	76	過了錢了 過了價了
前幾大	前兒個	2－19	55	前兒個知縣過堂 前幾大知縣過堂
前幾天	前兒個	2－22	62	前兒個他哥哥交給來的那個家人 前幾天他哥哥交把來的那個家人
前天	前兒個	2－27	76	是大前兒個立字據 是大前天立字據
前好幾天子	前些個日子	2－32	90	敢情那個人前些個日子、就把他那匹馬賣給那個姓趙的了 那曉那個人前好幾天子、就把他那匹馬賣得那個姓趙的了
前幾年	前些年	2－13	36	前些年、我都是自己收果子賣 前幾年、我都是自己收果子賣
前幾年	前些年	2－37	101	前些年我們本鄉地方、有一個出名的大夫姓方 前幾年我們本鄉地方、有一個出名的郎中姓方
吽	遣	4－8	165	遣我來和大人商量 吽我來和大人商量
打發	遣	4－11	174	趕明年春天、再遣家人來接家眷去 等明年春天、再打發家人來接家眷去
吽人	遣人	4－7	162	船主就遣人按他所開的住址 船主就吽人照他所開的住址
好	强	2－2	17	你行醫總比做買賣强啊 你行醫總比做買賣好啊
好處	强的	2－2	17	也到沒有什麼別的强的 也到沒有什麼別的好處

注（左）	原文（右）	巻－章	頁数	例文（上：右／下：左）
看	瞧	2－1	16	你打算多咱瞧那房子去 你打算麼早看那房子去
看	瞧	2－11	32	瞧了一會子放羊的 瞧了一會兒放羊的
看	瞧	2－14	41	先得瞧一年 先要看一年
看	瞧	2－15	44	趕到了山底下一瞧、他的那匹馬 等到了山底下一看、他的那匹馬
看	瞧	2－15	44	你瞧他這運氣 你看他這運氣
看	瞧	2－21	58	他一瞧 他一看
看	瞧	2－23	65	你瞧、這就是賣洋藥的收場 你看、這就是賣洋藥的收場
看	瞧	2－25	69	就往後頭院子裏瞧去了 就往後頭院子裏看去了
看	瞧	2－25	69	我又一細瞧 我又一細看
看	瞧	2－25	69	他一瞧是我 他一看是我
看	瞧	2－26	72	趕到了他家兒一瞧 及到了他家裏一看
看	瞧	2－27	76	把地都瞧了回來 把地都看了回來
看	瞧	2－27	77	你瞧他這宗人性 你看他這宗人性
看	瞧	2－28	79	請大夫來瞧 請郎中來看
看	瞧	2－29	80	趕臨近了一瞧 等臨近了一看
看	瞧	2－29	80	趕到了裏頭一瞧 及到了裏頭一看
看	瞧	2－29	80	我們先伯就見他不住的拿眼瞧炕上的行李 我們先伯就見他不住的拿眼看鋪上的行李
看	瞧	2－29	80	趕他納到來後頭院裏一瞧 等他到來後頭院裏一看
看	瞧	2－30	84	很瞧不起他 很看不起他
看	瞧	2－31	87	那個買賣客人打開箱子一瞧 那個買賣客人打開箱子一看
看	瞧	2－33	92	趕我同他到了茅房裏一瞧 等我同他到了茅厠裏一看
看	瞧	2－35	95	瞧他們到底是爲甚事情 看他們到底是爲麼事情
看	瞧	2－35	96	就趕緊的到家裏瞧去了 就趕急的到家裏看去的
看	瞧	2－35	96	小的到了家一瞧 小的到了家一看

注（左）	原文（右）	巻－章	頁数	例文（上：右／下：左）
看	瞧	2－35	96	進到屋裏去一瞧 進到屋裏去一看
看	瞧	2－35	97	就把取印子錢的摺字拿出來給官瞧了 就把收錢的摺字拿出來把官看了
看	瞧	2－36	98	可巧瞧見您進這個鋪子來了 恰巧看見您進這個鋪子來了
看	瞧	2－36	99	就趕緊的拿夾剪把銀子夾開了一瞧 就趕急的拿夾剪把銀子夾開了一看
看	瞧	2－36	100	你們瞧那個騙子手 你們看那個騙子手
看	瞧	2－37	101	打算上您這兒瞧病來 打算到您這裏看病來
看	瞧	2－37	102	請問您納是老爺先瞧 請問您納是老爺先看
看	瞧	2－37	102	是太太先瞧 是太太先看
看	瞧	2－37	102	方大夫說、那自然是太太先瞧 方郎中說、那自然是太太先看
看	瞧	2－37	102	趕大家都瞧完了病走了 等大家都看完了病走了
看	瞧	2－37	102	您也是瞧病的麼 您也是看病的麼
看	瞧	2－37	102	那個人就說我不是瞧病的 那個人就說我不是看病的
看	瞧	2－37	102	您不是告訴他說是太太先瞧麼 您不是告訴他說是太太先看麼
看	瞧	2－37	103	要上這兒瞧病來 要往這裏看病來
看	瞧	2－37	103	剛纔他進來問我是老爺先瞧 剛纔他進來問我是老爺先看
看	瞧	2－37	103	我說的是先瞧病 我說的是先看病
看	瞧	2－37	103	所以我說是自然太太先瞧 所以我說是自然太太先看
看	瞧	2－37	103	我說的是先瞧病 我說的是先看病
看	瞧	3－2	112	往後你瞧着多咱這罐子裏頭的茶葉完上來了 往後你看着麼早這罐子裏頭的茶葉完了
看	瞧	3－2	112	請先生瞧那盃茶好就喝那盃罷 請先生看那盃茶好就喝那盃罷
看	瞧	3－2	112	你沒瞧昨兒個吳少爺喝茶的時候苦的直皺眉麼 你沒看昨日吳少爺喝茶的時候苦得直皺眉麼
看	瞧	3－4	115	你瞧這兒還短一件要緊的東西 你看這裏還少一件要緊的東西
看	瞧	3－4	116	你瞧把湛新的台布都弄成了 你看把湛新的台布都弄壞了
看	瞧	3－5	116	我剛纔瞧見他出門去了 我剛纔看見他出門去了

注（左）	原文（右）	巻－章	頁数	例文（上：右／下：左）
看	瞧	3－6	118	老爺不信回頭瞧 老爺不信等下兒看
看	瞧	3－7	120	常請他出去瞧病 常請他出去看病
看	瞧	3－7	121	心和菓子瞧有甚麽就可以拿甚麽來 心和菓子看有甚麽就可以拿甚麽來
看	瞧	3－10	127	你瞧是這麽壘 你看是這麽壘
看	瞧	3－11	128	瞧見對面兒官座兒裏有一個人吃東西 看見對面那官座兒裏有一個人吃東西
看	瞧	3－11	128	您沒瞧見常在戯台傍邊兒站着的小戯子 您沒瞧見常在戯台傍邊兒站着的小戯子
看	瞧	3－13	131	回家瞧我母親的病去 回家看我母親的病去
看	瞧	3－15	135	瞧有甚麽使不得的東西 看有甚麽用不得的東西
看	瞧	3－15	136	我悄悄的進來瞧見了 我悄悄的進來看見了
看	瞧	3－16	137	老爺瞧不出來就是了 老爺看不出來就是了
看	瞧	3－16	137	我很瞧得出來 我很看得出來
看	瞧	3－16	137	我今兒早起瞧見馬棚外頭地下汪着好些個水 我今天早晨看見馬棚外頭地下汪着好多的水
看	瞧	3－18	141	你瞧這是四匣子東西 你看這是四匣子東西
在家看下	瞧門脈	2－2	17	早起瞧門脈 早晨在家看
上門看脈	瞧門脈	2－37	101	見天早起瞧門脈的 每天早晨上門看脈的
在家裏看	瞧門脈呀	2－2	17	您行醫是瞧門脈呀 您行醫是在家裏看
看了	瞧着	2－33	93	他說他們管帳的瞧着像假銀票 他說他們管帳的看了像假銀票
您駕我	瞧着好	1－18	6	瞧着好面善 您駕我面善
看看	瞧瞧	2－7	24	你們局子裏那對瓶樣子拿來我瞧瞧 你們局子裏那對瓶樣子拿來我看看
看看	瞧瞧	2－14	41	我瞧瞧這個鐘、是絃子折了 我看看這個鐘、是練子斷了
看看	瞧瞧	2－18	51	你瞧瞧 你看看
看看	瞧瞧	2－34	93	來我瞧瞧 來我看看
看看	瞧瞧	2－37	102	拿來先瞧瞧 拿來先看看
看看	瞧瞧	3－1	111	這兒某老爺打發個人來拿了個字兒來給您瞧瞧 這裏某老爺打發個人來拿了個字兒來把您看看

注（左）	原文（右）	巻－章	頁数	例文（上：右／下：左）
看看	瞧瞧	3－2	112	你再瞧瞧這火盆裏有火沒有了 你再看看這火盆裏有火沒有了
看看	瞧瞧	3－4	115	瞧瞧他是送了多少回了 看看他是送了多少回了
看看	瞧瞧	3－4	115	你瞧瞧你的袖子把這個碗給拐躺下了 你看看你的袖子把這個碗給了
看看	瞧瞧	3－7	120	就請別的大夫來瞧瞧罷 就請別的醫生來看看罷
看看	瞧瞧	3－10	125	那麼我去瞧瞧罷 那麼我去看看罷
看看	瞧瞧	3－14	134	你去瞧瞧 你去看看
看看	瞧瞧	3－15	136	你瞧瞧這是甚麼 你看看這是甚麼
奇了	巧了	1－23	7	那巧了 那奇了
恰巧	巧了	2－16	46	巧了就是爲這件事 恰巧就是爲這件事
*	巧了	2－17	49	現在那幾百兩銀子巧了是都花完了 現在那幾百兩銀子是都花完了
奇了	巧了	3－4	115	巧了、是廚子擱了木魚了罷 奇了、是廚子擱了木魚了罷
奇了	巧了	3－5	116	巧了、是沒在屋裏 奇了、是沒在屋裏
佩服	欽佩	4－18	186	實在令人欽佩 實在令人佩服
親自	親身	2－18	51	他親身給您送來 他親自和您送來
輕鬆	輕省	1－7	2	可是咳嗽纔輕省一點兒 就是咳嗽纔輕鬆一點兒
百畝	頃	2－8	25	他有幾頃地 他有幾百畝地
百	頃	2－10	29	我種着有一頃多地 我種的有一百多地
百畝	頃	2－12	34	我的地不多、纔一頃多地 我的地不多、纔一百畝多地
百	頃	2－27	75	他有一頃多畝地要賣 他有一百多畝地要賣
去請安	請安去	1－4	2	我本要到府上請安去 我本要到府上去請安
走動一會	趟了半天	2－25	69	攙着他趟了半天 攙着他走動一會
虧心	屈心	2－16	46	他已經就作過一件屈心的事 他已經就作過一件虧心的事
虧心	屈心	2－16	46	作過一件甚麼屈心的事 作過一件甚麼虧心的事
虧心	屈心	2－16	47	怎麼後來又做這麼件屈心事呢 怎麼後來又做這件虧心事呢

注（左）	原文（右）	巻－章	頁数	例文（上：右／下：左）
發	取	2－6	21	到銀號裏取銀子去了 到銀號裏發銀子去的
發	取	2－6	22	我就知道拿銀票來取銀子 我只曉得拿銀票來發銀子
拿	取	2－21	60	你跟我到棧裏取去罷 你跟我到棧裏拿去罷
器	取	2－27	77	他就這麼小取 他就這麼小器
發	取	2－33	93	就說偺們倆拿着這張銀票到銀號裏取銀子去看 就說偺們兩個拿着這張銀票到銀號裏發銀子去看
發	取	2－33	93	把銀子取回來了 把銀子發回來了
拿	取	2－35	96	打發一個徒弟到家裏取東西去了 打發一個徒弟到家裏拿東西去的
收	取	2－35	97	就把取印子錢的摺字拿出來給官瞧了 就把收錢的摺字拿出來把官看了
收	取	2－35	97	你後來每月就到他成衣舖裏取印子錢去就是了 你後來每月就到他裁縫店裏收錢去就是了
拿	取	3－7	119	你快把棍子取來 你快把棍子拿來
發	取	3－12	130	你拿去取五吊錢的現錢 你拿去發五吊錢的現錢
收	取	2－35	97	每月小的到他家裏取印子去 每月小的到他家裏收去
發錢	取錢	2－36	99	拿票子取錢 拿票子發錢
來	去	2－33	91	到我們棧裏去了 到我們棧裏來了
的	去	2－35	96	他是到小的家裏打茶圍去了 他是到小的家裏打茶圍的呢
來	去	3－7	120	快請用吉大夫去 快請用吉醫生來
拜客去	去拜客	4－18	186	我今還要到別處去拜客 我今還要到別處拜客去
了	去了	2－6	21	到東街上一個銀號裏搶去了 到東街上一個銀號裏搶了
去的	去了	2－6	21	不是搶銀號去了 不是搶銀號去的
去的	去了	2－6	21	到銀號裏取銀子去了 到銀號裏發銀子去的
來了	去了	2－6	22	到銀號裏打架去了 到銀號裏打架來了
都	全	2－2	17	價值比別的棧裏全便宜 價錢比別的店裏都便宜
都	全	2－36	101	全要打那倆錢鋪的人 都要打那兩個錢鋪的人
都	全都	2－11	33	全都外頭押着了 都外頭押着了

	注（左）	原文（右）	巻－章	頁数	例文（上：右／下：左）
	都丢	全都忘	2－16	47	全都忘在九霄雲外了 都丢在九霄雲外了
R	叫	嚷	1－15	5	又不敢大聲嚷 又不敢大聲叫
	引	讓	2－4	19	讓到書房裏坐 引到書房裏坐
	引	讓	2－9	27	讓在客廳裏坐 引在客廳裏坐
	請	讓	2－25	69	然後我就把他讓到書房裏去了 然後我就把他請到書房裏去了
	叫	讓	2－35	97	這個讓小的進裏頭喝茶去 這個叫小的進裏頭喝茶去
	請	讓	3－7	119	也不用讓他進來坐着了 也不用請他進來坐着呢
	請	讓	3－14	133	這麽着罷、你就趕緊的先拾掇出來就讓客人先將就着住罷 這麽的罷、你就趕緊的先收拾出來就請客人先將就的住罷
	請	讓	4－5	156	把他讓到科房裏去了 把他請到科房裏去了
	饒得着	饒得了	2－39	108	只要饒得了你 只要饒得着你
	挽	繞	3－10	127	把那繩子還照着舊的繞起來 把那繩子還照着舊的挽起來
	滾	熱	3－16	138	熱不熱 滾不滾
	滾	熱	3－16	138	熱不熱 滾不滾
	滾了	熱一	3－16	138	熱一那兒 滾了那兒
	是	任	3－15	135	我任那兒沒去呀 我是那裏沒去呀
	吃虧	認苦子	2－34	94	只可我認這個苦子就是了 只是我吃這個虧就是了
	認識	認得	1－19	6	聽說你認得他 聽說你認識他
	丢	扔	3－15	135	就扔在那堆房裏了 就丢在那堆房裏了
	丢	扔	3－15	135	該倒的該扔的就都倒了扔了 該倒的該丢的就都倒了丢了
	丢	扔	3－15	135	該倒的該扔的就都倒了扔了 該倒的該丢的就都倒了丢了
	日期	日子	2－35	97	今兒個又到了日子了 今天又到了日期了
	窰花	汝窰花	3－7	120	插在那個汝窰花瓶裏好不好 插在那個窰花瓶裏好不好
S	拆下來	撤出來	3－17	139	那匾額竟把字撤出來 那匾額竟把字拆下來
	撒胆	撒開	2－17	49	他就撒開了一賺錢 他就撒胆了一賺錢

注（左）	原文（右）	巻－章	頁数	例文（上：右／下：左）
掉謊	撒謊	1－11	4	若是有撒謊騙人的事 若是有掉謊騙人的事
撒白話	撒謊	2－30	84	見了他就撒了一個謊說 見了他就撒了一個白話說
走	散	2－14	39	散了 走了
走	散	2－14	39	是爲甚麼散的 是爲甚麼走的
走	散	2－14	39	是因爲病散的 是因爲病走的
掃過	掃得	3－9	125	等那兒掃得了之後 等那裏掃過了之後
放	煞	3－17	139	煞在後車尾兒上、您想怎麼樣 放在後車尾兒上、您想怎麼樣
＊	唼	2－39	106	就憑這麼個唼鄉下老兒到京裏 就憑這麼個鄉下老兒到京裏
山	山兒	3－10	126	等太陽壓山兒的時候 等太陽壓山的時候
山上麼	山上了麼	1－31	9	大和尙在山上了麼 大和尙在山上麼
送	賞	1－9	3	昨天蒙你賞我的那茶葉 昨天蒙你送我的那茶葉
午飯	晌飯	2－11	32	趕晌午的時候、他們就都回去吃晌飯去了 到中時的時候、他們就都回去吃午飯去了
下午	晌午	2－2	17	晌午出馬 下午出外
中時	晌午	2－11	32	趕晌午的時候、他們就都回去吃晌飯去了 到中時的時候、他們就都回去吃午飯去了
中時	晌午	2－26	74	趕到晌午 等到中時
中時	晌午	2－26	74	趕到晌午 等到中時
中時	晌午	3－4	115	昨日晌午他做的那雞湯不好吃 昨日中時他做的那雞湯不好吃
倒	晒上	3－10	125	老爺我已經把衣裳都抖摟好了、晒上了 老爺我已經把衣裳都抖摟好了、晒倒了
到	上	1－10	3	我想上張老師那兒拜客去 我想到張老師那裏去拜客
到	上	2－8	25	是上甚麼地方去了麼 是到甚麼地方去了麼
到	上	2－8	25	上甚麼地方去了 到甚麼地方去的
往	上	2－11	31	這麼着我又上別處去了 這麼的我又往別處去了
到	上	2－11	31	您是上那兒去了一盪 您是到那裏去了一回
去	上	2－14	40	您把收拾表的傢伙帶上 您把收拾表的傢伙帶去

注（左）	原文（右）	巻－章	頁数	例文（上：右／下：左）
到	上	2－14	41	是就上別處要手藝去呢 是就到別處做手藝去呢
到	上	2－14	41	願意上別處當夥計去 願意到別處當夥計去
到	上	2－15	42	是上那兒打圍去了 是到那裏打獵去了
往	上	2－15	42	上東山打圍去了 往東山打獵去了
到	上	2－16	45	趕到今年、那個人又上京來了 等到今年、那個人又到京來了
到	上	2－17	47	等我上別處給你借去 等我到別處替你借去
到	上	2－18	51	我還得上別處去找去 我還要到別處去找去
在	上	2－18	51	您上別處給找找去 您在別處去找找去
到	上	2－18	51	過幾天我再上您這兒取來罷 過幾天我再到您這裏取來罷
到	上	2－18	51	我想您不用上這兒取來了 我想您不用到這裏取來了
到	上	2－18	51	俞掌櫃的得上別處找找去 俞老板要到別處找找去
往	上	2－21	57	夥計們說您上西街去了 夥計們說您往西街去了
往	上	2－21	57	這麽上西街去了 這麽往西街去了
進	上	2－21	58	如今是要上京去 如今是要進京去
出	上	2－22	61	都交還上 都交還出
了	上	2－22	62	如數都交還上 如數都交還了
到	上	2－23	64	東家所不上鋪子了 東家就不到鋪子了
到	上	2－23	65	可就叫他上鋪子算帳盤貨去 却就叫他到鋪子算帳盤貨去
還	上	2－23	65	算是把該洋行的銀子都歸上了 算是把該洋行的銀子都歸還了
往	上	2－24	66	你當初不是上江西去了麽 你當初不是往江西去了麽
往	上	2－24	66	我是原本上江西去了 我是本來往江西去了
得	上	2－24	67	原打算是要考供事着、比若是考上了 原打算是要考供事的、如若是考得了
着	上	2－25	69	上了燈籠 着了燈籠
着	上	2－25	69	拏上了棍子 拏着了棍子

注（左）	原文（右）	巻－章	頁数	例文（上：右／下：左）
往	上	2－29	81	說完就聽他們倆人上前頭去了 說完就聽他們兩個往前頭去了
到	上	2－30	83	叫他妹妹另上別處借去罷 叫他妹妹另到別處借去罷
到	上	2－30	85	我是上那兒去了 我是到那裏去了
往	上	2－31	86	那個買賣客人就上裏間屋裏坐着去了 那個買賣客人就往裏間房裏坐着去了
往	上	2－33	91	你方纔接籌的時候、沒上別處去麼 你方纔收籌的時候、沒往別處去麼
往	上	2－33	91	他說我並沒上那兒去 他說我並沒往那裏去
到	上	2－35	95	揪着一個本地人上巡檢衙門打官司去 揪着一個本地人到巡檢衙門打官司去
起	上	2－35	97	可也就上了氣了 却也就起了氣了
到	上	2－37	101	打算上您這兒瞧病來 打算到您這裏看病來
往	上	2－37	103	要上這兒瞧病來 要往這裏看病來
到	上	2－40	108	那麼你怎麼不上我這兒來呢 那麼你怎麼不到我這裏來呢
往	上	3－3	114	我現在要上某老爺屋裏去 我現在要往某老爺屋裏去
往	上	3－5	116	老爺不上隆福寺逛廟去麼 老爺不往隆福寺蕩廟去麼
了	上	3－5	117	在這兒服侍我穿上衣裳 在這裏照應我穿了衣裳
往	上	3－5	117	你現在要上那兒去 你現在要往那裏去
往	上	3－6	118	起那兒再上玻璃廠 從那裏再往玻璃廠
往	上	3－8	121	過兩天我要上居庸關去 過兩天我要往居庸關去
到	上	3－8	122	你從前上那兒去過沒有 你從前到那裏去過沒有
往	上	3－8	123	倘或老爺要上湯山洗澡去 倘或老爺要往湯山洗澡去
好	上	3－9	124	拿繩子綑上 拿繩子綑好
正	上	3－9	124	可得好好兒的拿紙包上 却要好好兒的拿紙包正
出	上	3－11	128	那些個菜名兒、我可叫不上來 那些麼菜名兒、我却叫不出來
到	上	3－13	131	你上那兒去了 你到那兒去了
往	上	3－15	135	我任那兒沒去呀 我是那裏沒去呀

注（左）	原文（右）	巻－章	頁数	例文（上：右／下：左）
往	上	3－17	138	我現在要上上海去 我現在要往上海去
好	上	3－17	139	拿馬連包包上 拿馬連包包好
倒	上	3－17	139	然後拿繩子綑上、可就省得車磨了 然後拿繩子綑倒、却就省得車上磨了
倒	上	3－17	139	捲上不好麼 捲倒不好麼
倒	上	3－19	144	包上帶回來了 包倒帶回來喇
坐棹子	上案子	2－14	40	都可以上案子做活了麼 都可以坐棹子做工夫麼
坐棹子	上案子	2－14	40	有一個可以上案子做活了 有一個可以坐棹子做工夫
進京	上京	2－39	106	心裏盤算打算要上京當老公去 心裏盤算打算要進京當太監去
上床	上炕	2－27	77	他就是上炕認得女人 他就是上床認得女人
往那裏去	上那兒去	1－10	3	你上那兒去 你往那裏去
皇天	上天	1－13	4	究竟上天不生無祿的人 究竟皇天不生無祿的人
上去	上去了	1－22	7	不好上去了 不好上去
上司	上游	2－5	21	無怪上游器重 無怪上司器重
前月	上月	4－5	155	因為上月有敝國一個繙譯官
燒成功	燒得了	2－7	24	現在做着了還沒燒得了 現在做好了還沒燒成功
燒好了	燒得了	2－7	24	那麼要多喒就燒得了 那麼要多早纔燒好了
燒好了	燒得了	2－7	24	就可以燒得了 就可以燒好了
燒好了	燒得了	2－7	24	等這小物件燒得了 等這小物件燒好了
多少	少擔	2－12	34	今年你打了有少擔糧食啊 今年你打了有多少糧食啊
那個	誰	1－27	8	誰不是頂喜歡的春暖花香 那個不是頂喜歡的春暖花香
那個	誰	1－27	8	誰不怕夏 那個不怕夏
那個	誰	2－1	14	您租給誰了 您租與那個了
那個	誰	2－12	34	您是和誰打官司來着 您是和那個打官司來呢
那個	誰	2－12	36	是誰定呢 是那個定呢

注（左）	原文（右）	巻－章	頁数	例文（上：右／下：左）
那個	誰	2－13	37	你都是包給誰呢 你都是包與那個呢
那個	誰	2－15	42	是同誰去的 是同那個去的
那個	誰	2－16	47	您這都是聽誰說的 您這都是聽那個說的
那個	誰	2－26	73	誰若是輸給他們錢 那個若是輸了他們錢
那個	誰	2－27	75	給誰管閒事來着受了甚麽氣了 替那個管閒事來的受了甚麽氣了
那個	誰	2－27	78	誰借他的錢使喚 那個借他的錢使用
那	誰	2－30	84	那個銀子和衣裳是起誰家偷出來的 那個銀子和衣裳是在那家偷出來的
那個	誰	2－32	88	是和誰呀 是和那個呀
那	誰	2－32	89	誰知道那個人就到巡撿衙門去把舍弟告下來了 那曉得那個人就到巡撿衙門去把舍弟告下來了
那個	誰	2－33	91	剛纔你們這棧裏是誰接的籌 剛纔你們這棧裏是那個收的籌
那個	誰	2－33	92	我說到底是誰的夥計不留心哪 我說到底是那個的夥計不留心哪
那個	誰	2－34	94	再想想是誰給的罷 再想想是那個把的罷
那個	誰	2－35	96	他不認得是誰 他不認得是那個
那個	誰	2－35	96	你是誰 你是那個
那個	誰	2－35	97	瞪着倆眼睛問小的你是誰 瞪着兩眼睛問小的你是那個
那個	誰	2－37	103	我也不認得他是誰 我也不認得他是那個
那個	誰	2－38	105	是叫誰謄呢 是叫那個謄呢
那個	誰	2－39	105	你先別誇口、不定誰輸贏哪 你先莫誇口、不定那個輸贏哪
那個	誰	2－40	108	是誰出的 是那個出的
那個	誰	3－1	110	誰呀 那個呀
那個	誰	3－3	113	誰叫門了 那個叫門了
那個	誰	4－17	185	那麽二十一早我就來約上兄台 那麽二十一早我就來約定兄台
那個	誰給	4－13	176	兄台可以托誰給辦呢 兄台可以托那個辦呢
有那個	誰還能	2－11	32	誰還能離間你們弟兄麽 有那個離間你們弟兄麽

注（左）	原文（右）	卷－章	頁数	例文（上：右／下：左）
斷乎	誰也	2－11	32	自然誰也不能挑唆他分家呀 自然斷乎不能挑唆他分家呀
那家	誰家	1－38	11	也不知是誰家的 也不知是那家的
那家	誰家	2－2	17	都是買誰家的貨呀 都是買那家的貨呀
那家	誰家	2－2	17	誰家的貨合式 那家的貨合式
那家	誰家	2－2	17	我就買誰家的 我就買那家的
頭上	身上	2－37	101	他身上也有功名 他頭上也有功名
麼	甚	2－35	95	瞧他們到底是爲甚事情 看他們到底是爲麼事情
幾多	甚麼	3－10	126	不差甚麼 不差幾多
甚麼用的	甚麼的	3－1	111	還有他的舖蓋甚麼的 還有他的舖蓋甚麼用的
*	生分了	2－24	67	我們若是再往下混可就要生分了 我們若是再同他過却就要
氣壞	生氣	1－39	12	實在叫人生氣 實在叫人氣壞
聲音	聲兒	1－15	5	所以顯著聲兒小 所以見得聲音小
剩下的錢	剩下錢	3－19	143	除了買這些個東西剩下錢 除了買這些的東西剩下的錢
少	失	2－18	51	那麼我失陪了 那麼我少陪了
少	失	2－18	53	那麼我失陪了 那麼我少賠了
先生	師傅	1－28	9	師傅是那一位 先生是那一位
先生	師傅	1－28	9	師傅是姓金的 先生是姓金的
先生	師傅	1－30	9	你的師傅教法好不好 你的先生學規好不好
先生	師傅	1－30	9	這樣的好師傅你肯用心 這樣的好先生你肯用心
司務	師傅	2－10	29	劉師傅、我們老爺叫您進去哪 劉司務、我們老爺叫您進去哪
少陪了	失陪了	2－7	24	我失陪了您納 我少陪了您納
担	石	2－10	29	今年打了有多少石粮食啊 今年打了有多少担粮食啊
担	石	2－10	29	今年打了有一百石粮食 今年打了有一百担粮食
老實	實	4－1	148	若是大人肯依實 若是大人肯依老實

注（左）	原文（右）	巻－章	頁数	例文（上：右／下：左）
誠實	實誠	1－11	4	凡人說話總要實誠 凡人說話總要誠實
時症	時令	2－28	79	夾着點兒時令 夾着點兒時症
收拾	拾掇	2－20	57	後來拾掇好了 後來收拾好了
收拾	拾掇	2－29	80	那位朋友在炕上拾掇行李 那位朋友在鋪上收拾行李
收拾	拾掇	3－14	132	你帶着苦力把上屋裏拾掇出來 你帶着小工把上房裏收拾出來
收拾	拾掇	3－14	133	這麽着罷、你就趕緊的先拾掇出來就讓客人先將就着住罷 這麽的罷、你就趕緊的先收拾出來就請客人先將就的住罷
收拾	拾掇	3－14	134	若是屋子拾掇出 若是房子收拾出
收拾	拾掇	3－15	135	沒能拾掇 沒能收拾
收拾	拾掇	3－16	136	怎麽你也不拾掇啊 怎麽你也不收拾啊
收拾	拾掇	3－18	141	老爺小的拾掇完了 老爺小的收拾完了
收拾乾浄	拾掇俐儸	3－15	135	你總要把屋子拾掇俐儸了 你總要把房子收拾乾净了
去收拾	拾掇去	3－18	141	你就快拾掇去罷 你就快去收拾罷
用	使	3－15	135	瞧有甚麽使不得的東西 看有甚麽用不得的東西
可	使	3－17	140	使得罷 可得罷
可以	使得	2－13	38	若是願意他自己找、也使得 若是願意他自己找、也可以
可以	使得	2－14	41	也使得 也可以
可以	使得	2－34	95	磨別處的也使得 磨別處的也可以
可以	使得	3－7	120	你請個中國大夫來也使得 你請個中國醫生來也可以
做得	使得	3－8	122	當茅厠也使得 當茅厠也做得
可得	使得	3－9	125	找個夥伴兒幫着也使得 找個夥伴兒幫着也可得
可得	使得	3－11	128	那也使得 那也可得
可以	使得	3－12	130	磨別處的也使得 磨別處的也可以
可以	使得	3－20	145	每月扣一塊兩塊、都使得。 每月扣一塊兩塊、都可以
可得	使得	4－1	146	那如何使得呢 那如何可得呢

注（左）	原文（右）	巻－章	頁数	例文（上：右／下：左）
使用	使喚	2－17	48	若是借着了、你就使喚 若是借着了、你就使用
使用	使喚	2－23	63	白借給他使喚 白借把他使用
使用	使喚	2－27	78	誰借他的錢使喚 那個借他的錢使用
使用	使喚	3－12	130	可是這個五十吊一張的不好使喚 却是這個五十吊一張的不好使用
喜事	事	2－27	77	去年他家裏辦白事 去年他家裏辦白喜事
失	事	2－30	84	這麽着官就打發衙役來叫事主領贓去 這麽的官就打發衙役來叫失主領贓去
也	是	3－7	120	那位用吉大夫是出馬麽 那位用吉醫生也出街麽
成	是	3－18	140	總得要撤俐纔是様子哪 總得要撤俐纔成様子哪
是昨天出方的	是起昨天出來的	2－4	19	我是起昨天出來的 我是昨天出方的
他是	是他	3－20	146	是他原先在俄國當過跟班的 他是原先在俄國當過跟班的
是晩啊	是晩哪	1－21	7	你昨兒去遊湖回來早啊、是晩哪 你昨天去遊湖回來是早、是晩啊
撿	收	3－14	133	是老爺您收着銀花紙了不是 是老爺您撿着銀花紙了不是
收了號了	收着了	2－34	95	這票子上你們都收着了 這票子上你們都收了號了
收了號了	收着了	2－34	95	都收着了 都收了號了
手帕兒	手帕子	3－5	117	拿一塊手帕子和那個金表來 拿一個手帕兒和那個金表來
蒙	受	1－40	12	素日受您的栽培 素日蒙您的栽培
熨貼的	舒展開	3－5	117	都舒展開了麽 都熨貼的了麽
書架子	書槅子	2－18	52	把這兩套書、擱在書槅子上去罷 把這兩部書、擱在書架子上去罷
舒服	舒坦	2－27	75	我是不舒坦了幾天 我是不舒服了幾天
舒服	舒坦	2－27	75	是怎不舒坦了 是怎不舒服了
舒服	舒坦	2－27	76	就不舒坦了 就不舒服了
熨貼	舒坦	3－5	117	都舒坦了 都熨貼了
熟識	熟諳	4－18	186	我本不甚熟諳洋情 我本不甚熟識洋務
取當	贖當	2－17	47	他說他現在要贖當 他說他現在要取當

注（左）	原文（右）	巻－章	頁数	例文（上：右／下：左）
取當	贖當	2－17	48	況且他借這個錢、也不是眞拿去贖當 況且他借這個錢、也不是眞拿去取當
取當	贖當	2－17	48	他不是拿去贖當 他不是拿去取當
竹棍	秫稭	3－14	133	喳、還得買十幾根秫稭、紥架子哪 哦、還要買十幾根竹棍、紥架子哪
牙刷	刷牙	3－3	113	和刷牙子在一塊兒了 和牙刷子在一塊兒的
做	耍	2－14	41	是還在本鋪子裏耍手藝啊 是還在本鋪子裏做手藝啊
做	耍	2－14	41	是就上別處耍手藝去呢 是就到別處做手藝去呢
做	耍	2－14	41	若是他還願意在本鋪子裏耍手藝 若是他還願意在本鋪子裏做手藝
做	耍	2－14	41	若是他不願意在本鋪子裏耍手藝 若是他不願意在本鋪子裏做手藝
賭	耍	2－17	48	他是拿去耍去 他是拿去賭去
賭	耍	2－17	48	怎麼他還耍錢麼 怎麼他還賭錢麼
賭	耍	2－17	48	他最愛耍錢 他最愛賭錢
賭	耍	2－25	70	別耍錢了 莫賭錢了
賭	耍	2－25	70	從此决不耍錢了 從此决不賭錢了
玩	耍	2－26	72	約我去耍去 約我去玩去
賭	耍	2－26	72	都坐在那兒耍哪 都坐在那裏賭哪
賭	耍	2－26	72	這麼着我就坐下一耍可贏了幾十吊錢 這麼的我就坐下一賭却贏了幾十吊錢
賭	耍	2－26	72	趕下回我本打算不去耍了 到下回我本打算不去賭了
賭	耍	2－26	73	你若不跟他耍錢去 你若不跟他賭錢去
賭	耍	2－26	73	特意到這兒耍錢來了 特意到這裏賭錢來的
賭	耍	2－26	74	就坐下了一耍 就坐下了一賭
賭	耍	2－26	74	直耍到天快亮了 直賭到天快亮了
賭	耍	2－26	74	直耍到天快亮了 直賭到天快亮了
賭	耍	2－26	75	不是在我們那塊兒耍錢 不是在我們那塊兒賭錢
賭	耍	2－26	75	我一個財主和你們無賴子耍錢 我一個財主和你們無賴子賭錢

注（左）	原文（右）	巻－章	頁数	例文（上：右／下：左）
洗	涮	3－2	113	你拿出去涮乾净了 你拿出去洗乾净了
相合	水乳	4－18	186	均甚水乳 均甚相合
困	睡	1－39	12	一黑就睡 一黑就困
睡中醒	睡晌覺	2－11	32	睡晌覺起來 睡中醒起來
纔睡	睡着	2－25	69	我剛睡着 我剛纔睡
曉得	說	3－13	131	你都應告訴我說 你都應告訴我曉得
說熨貼	說合完	2－19	55	昨天晚上算是纔給他們都說合完了 昨天晚上算是纔替他們都說熨貼了
說熨貼	說合完	2－19	55	您怎麽給他們說合完了的呢 您怎麽和他們說熨貼了的呢
打了兩下兒似的	似乎打了兩下	1－26	8	我剛纔聽見自鳴鐘噹噹的打了兩下兒似的 我剛纔聽見自鳴鐘噹噹的似乎打了兩下
一年四季	四季的時候	1－27	8	你看四季的時候那一季兒好 你看一年四季那一季好呢
四季	四季兒	1－27	8	四季兒各有好處 四季各有好處
送與你的	送了去的	1－9	3	送了去的不多 送與你的不多
送到衙門去	送了衙門了	2－30	84	送了衙門了 送到衙門去
去搜一搜	搜一搜去	3－15	136	我現在到你屋裏搜一搜去 我現在到你房裏去搜一搜
俗語說的	俗語兒說的	1－39	12	俗語兒說的、馬尾兒穿豆腐 俗語說的、馬尾穿豆腐
平素	素日	2－11	33	素日和您對勁 平素和您合式
年幾	數兒	3－1	111	今年多大歲數兒了 今年多大年幾了
都	所	2－15	44	所沒有 都沒有
定	所	2－21	58	客人是所不答應 客人是定不答應
數	所	2－23	64	這些年所發了財了 這些年數發了財了
就	所	2－23	64	東家所不上鋪子了 東家就不到鋪子了
是	所	2－24	66	就起到了蘇州之後、事情就所不順了 就從到了蘇州之後、事情就是不順了
已	所	2－25	70	他臉上所帶了烟氣了 他臉上已帶了烟氣了
總	所	2－32	89	我的馬所沒找着 我的馬總沒找着

	注（左）	原文（右）	巻－章	頁数	例文（上：右／下：左）
	實	所	2－32	89	那匹馬所沒下落 那匹馬實沒着落
	處所	所兒	3－9	123	好容易我今兒攙租妥一所兒房子 好容易我今天攙租妥一處所房子
	練子	繚子	2－14	41	我瞧瞧這個鐘、是繚子折了 我看看這個鐘、是練子斷了
	練子	繚子	2－14	41	那麼得換一根新繚子罷 那麼要換一根新練子罷
	練子	繚子	2－14	41	我把這根繚子、拿到鋪子去釘上 我把這根練子、拿到鋪子去釘上
T	的	他	2－22	60	前幾天我見了子泉他哥哥 前幾天我見了子泉的哥哥
	他	他們	3－10	126	叫他們透透風、是要緊的 叫他透透風、是要緊的
	他	他納	2－29	80	趕他納到來後頭院裏一瞧 等他到來後頭院裏一看
	想是	他許	2－34	94	他許這張票子你們忘了收了 想是這張票子你們忘記收了
	摘	掐	3－18	141	你到花園裏去掐朶花兒、拿着順便到吳宅給那老爺送了去 你到花園裏去摘朶花兒、拿着順便到吳家和那老爺送了去
	叨	討	4－2	150	我們理當討擾的 我們理當叨擾的
	部	套	2－18	51	打發我拿這套書來 打發我拿這部書來
	部	套	2－18	51	每一部交給我拿回一套去先看看 每一部交把我拿回一部去先看看
	部	套	2－18	51	這兩套書給您包好了 這兩部書和您包好了
	部	套	2－18	51	我交給俞掌櫃的了 我交把俞老板了
	部	套	2－18	51	拿了兩套來給您看看 拿了兩部來把您看看
	部	套	2－18	52	把這兩套書、擱在書槅子上去罷 把這兩部書、擱在書架子上去罷
	部	套	2－18	52	上回您拿了兩套來 上回您拿了兩部來
	部	套	2－18	52	我今兒個每一部又拿了一套來 我今天每一部又拿了一部來
	部	套	2－18	52	前後共總拿了八套書來 前後共總拿了八部書來
	部	套	2－18	52	還有配套的那套書 還有配套的那部書
	特爲	特意	2－3	18	今兒個是特意來見兄台辭行 今天是特爲來見兄台辭行
	特爲	特意	2－8	25	大哥我今兒個特意來和您商量一件事 大哥我今天特爲來和您商量一件事
	爱	疼	1－39	12	怎麼不叫人疼呢 怎麼不叫人爱呢

注（左）	原文（右）	巻－章	頁数	例文（上：右／下：左）
待	疼	1－40	12	像這麼疼我 像這麼待我
說	提	2－8	24	就提我在後門住 就說我在後門住
提起您來	提您	2－2	17	我提您就得了 我提起您來就是了
揀	挑	2－29	80	這麼着他們就挑了三間屋子 這麼的他們就揀了三間房子
揀	挑	3－9	124	你挑那皮刺的 你揀那皮刺的
鐵圈	鐵活	3－16	136	那麼那上頭的鐵活、怎麼會上了銹呢 那麼那上頭的鐵圈、怎麼會上了銹呢
聽不清楚	聽不進去	3－15	134	你老聽不進去 你總聽不清楚
去通	通去	3－16	138	是我回頭就通去 是我回頭就去通
偷出來	偷出去	2－30	84	說是起某村莊兒裏某家偷出去的 說是在某村莊兒裏某家偷出來的
匹	頭	3－8	123	那麼明兒個你先雇停當了一頂轎子和一頭騾子 那麼明天你先雇停當了一頂轎子和一匹騾子
出方	頭一天出來	2－4	19	老弟今兒個是頭一天出來麼 老弟今天是出方麼
痰	吐沫	3－2	113	現在這痰盒兒裏的吐沫都滿了 現在這痰盒兒裏的痰都滿了
W 門	外	2－8	25	我是出了一盪外 我是出了一盪門
別處	外鄉	3－1	111	他說話不像是外鄉人 他說話不像是別處人
外邊	外邊兒	1－5	2	怕是你出到外邊兒去 怕是你出到外邊去
外省去候補	外頭候補去	2－3	18	到外頭候補去 到外省去候補
完了	完上來了	3－2	112	往後你瞧着多咱這罐子裏頭的茶葉完上來了 往後你看着麼早這罐子裏頭的茶葉完了
晏	晚	3－5	117	再雇去還不晚哪 再去雇還不晏哪
晚下	晚上	2－6	22	趕到晚上 趕到晚下
回轉去	往回裏	2－2	17	您向來往回裏 您向來回轉去
朝	往	2－25	71	再要往下吃 再要朝下吃
玩	往	4－17	183	住了十天、可往足了罷 住了十天、可玩足了罷
同他過却	往下混可	2－24	67	我們若是再往下混可就要生分了 我們若是再同他過却就要
已後	往後	3－2	112	往後小的沏茶的時候、留點兒神就是了 已後小的泡茶的時候、留點兒神就是了

注（左）	原文（右）	巻－章	頁数	例文（上：右／下：左）
以後	往後	3－4	116	往後我幹事一定要留神的 以後我做事一定要留神的
以後	往後	3－15	135	我不管那些個、起今兒往後 我不管那許多、從今以後
忘記	忘	2－18	52	等底下我再來的時候、給帶來罷 等底下我再來的時候、再帶來罷
忘計	忘	2－38	103	這裏頭我還有件事忘了 這裏頭我還有件事忘計了
忘記	忘	3－10	127	怎麼又忘了 怎麼又忘記了
忘記	忘	4－2	150	可、是我們倒忘了 啊、是我們倒忘記了
忘記了	忘了	1－18	6	您怎麼忘了麼 您怎麼忘記了麼
忘記	忘了	2－34	94	他許這張票子你們忘了收了 想是這張票子你們忘記收了
忘記	忘死	3－4	115	小的是眞忘死了 小的是眞忘記了
去奉看您	望看您去	2－2	18	等改天我到府上望看您去 等改天我到府上去奉看您
去奉看您	望看您去	2－2	18	還要到店裏望看您去哪 還要到店裏去奉看您呢
看看	望着	3－7	121	用吉大夫望着您來了 用吉醫生看看您來了
獵	圍	2－15	42	那麼你們這盪圍打的不錯呀 那麼你們這回獵打的不錯呀
爲的是	爲得是	4－1	147	爲得是彼此可以長談 爲的是彼此可以多談
爲的是	爲得是	4－10	171	爲得是好歸還恒裕洋行的欠欵 爲的是好歸還恒裕洋行的欠欵
不得空	未得暇	4－11	173	這一程子公事很忙、總未得暇 這些時的公事很忙、總不得空
洗臉	擦臉	3－3	113	把擦臉手巾拿來 把洗臉手巾拿來
歇	窩	2－13	38	不過還有搭窩棚用的席木板繩子桿子 不過還有搭歇棚用的席木板繩子桿子
歇	窩	2－13	38	趕後來拆窩棚的時候 等後來拆歇棚的時候
兩	倆	2－15	42	我們倆人是一個人騎着一匹馬去的 我們兩人是一個人騎着一匹馬去的
房	屋	2－31	86	就進裏間屋裏去 就進裏間房裏去
房	屋	2－31	87	那個四川人就起自己屋裏拿了一百兩銀子來借給他 那個四川人就往自己房裏拿了一百兩銀子來借把他
房裏	屋裏	2－21	59	這麼着我就進那個客人的屋裏去了 這麼樣我就進那個客人的房裏去了
房裏	屋裏	2－29	82	到了自己的屋裏 到了自己的房裏

注（左）	原文（右）	巻－章	頁数	例文（上：右／下：左）
房裏	屋裏	2－29	82	大家正在屋裏爲難 大家正在房裏爲難
房裏	屋裏	2－31	86	那個買賣客人就上裏間屋裏坐着去了 那個買賣客人就往裏間房裏坐着去了
房裏	屋裏	2－31	86	到那屋裏找那個買賣客人閒談去了 到那房裏找那個買賣客人閒談去的
房裏	屋裏	2－38	103	先生來了、在外間屋裏坐着哪 先生來了、在外間房裏坐着哪
房裏	屋裏	3－2	112	那麼裏間屋裏的那櫃子上的第二層槅子上 那麼裏間房裏的那櫃子上的第二層槅板上
房裏	屋裏	3－14	132	你帶着苦力把上屋裏拾掇出來 你帶着小工把上房裏收拾出來
房裏	屋裏	3－14	134	挪到那屋裏去安置好了 搬到那房裏去安置好了
房裏	屋裏	3－15	136	我現在到你屋裏搜一搜去 我現在到你房裏去搜一搜
房門	屋門	2－25	69	開開了屋門 開開了房門
房子	屋子	2－29	80	這麼着他們就挑了三間屋子 這麼的他們就揀了三間房子
房子	屋子	2－29	81	有三間屋子 有三間房子
房子	屋子	2－29	81	那兩間是堆草料的屋子 那兩間是堆草料的房子
房子	屋子	3－1	111	還得定規他住的屋子哪 還要定規他住的房子哪
房子	屋子	3－1	111	向陽的那一間閒屋子 向陽的那一間閒房子
屋裏	屋子	3－9	123	那個屋子可很乾净 那個屋裏却很乾净
房子	屋子	3－9	123	有幾間屋子 有幾間房子
房子	屋子	3－14	134	我先迎出去你就叫苦力快打掃屋子 我先迎接去你就叫小工快打掃房子
房子	屋子	3－14	134	若是屋子拾掇出 若是房子收拾出
房子	屋子	3－15	135	你總要把屋子拾掇俐儸了 你總要把房子收拾乾净了
X 脾氣	習氣	3－19	142	那些買賣人的習氣 那些買賣人的脾氣
多談了	瞎咧咧了	2－40	110	你別瞎咧咧了快穿衣裳 你莫多談了快穿衣裳
空	暇	4－18	186	倘閣下得暇的時、請到敝舘談一談去 倘閣下得空的時、請到敝舘談一談去
下來	下	2－1	14	您可以都租下 您可以都租下來
住	下	2－6	22	銀號裡把那張銀票也扣住了 銀號裡把那張銀票也扣下了

注（左）	原文（右）	巻－章	頁数	例文（上：右／下：左）
往	下	2－18	52	我們老爺下天津去了 我們老爺往天津去了
走	下	2－32	88	下去了 走去了
加	下	3－10	127	下上潮腦、拿包袱蓋 加上潮腦、拿包袱蓋
下床	下炕	2－27	77	下炕認得錢 下床認得錢
叠下來了	下來的大	3－12	129	是因爲行市下來的大 是因爲行市叠下來了
着落	下落	2－32	89	那匹馬所沒下落 那匹馬實沒着落
且慢點	先等等	2－39	106	你先等等說 你且慢點說
致意	先容	4－16	181	託孔兄代爲先容、今日特意到府上來請安 託孔兄代爲致意、今日特意到府上來請安
見得	顯著	1－15	5	所以顯著聲兒小 所以見得聲音小
現今	現時	2－13	37	他現時在西城開了一個來問問你 他現今在西城開了一個來問問你
現在	現時	4－20	189	他現時沒在敝國 他現在沒在敝國
想想	想着	3－19	143	想着再買氷糖和藕粉來 想想再買氷糖和藕粉來
個	項	2－9	28	您可以作項甚麼個利息 您可以作個甚麼個利息
小＊	小孩子	3－1	110	您上回叫我找的那十幾歲的小孩子 您上回叫我找的那十幾歲的小
許多	些個	2－8	25	我怕是湊不出那麼些個來 我怕是湊不出那麼許多來
些	些個	2－15	43	我們先是竟打了些個野雞、野貓 我們先是竟打了些野雞、兎子
些	些個	2－15	43	你們雖然受了些個累 你們雖然受了些累
好些	些個	2－31	87	又過了些個日子 又過了好些日子
許多	些個	3－15	135	我不管那些個、起今兒往後 我不管那許多、從今以後
些兒	些個	4－4	154	求大人擔待些個纔好 求大人擔待些兒纔好
好多	些個	4－11	174	倒方便些個 倒方便好多
些微	些個	4－13	177	不過得給底下當差的些個飯錢就是了 不過要把底下當差的些微飯錢就是了
＊	歇過乏來	2－38	103	啊、先生歇過乏來了 啊、先生了
＊	歇過乏來	2－38	103	是、閣下也歇過乏來了 是、閣下也了

注（左）	原文（右）	卷－章	頁数	例文（上：右／下：左）
寫一張借貼把我	寫給我一張借約	2－31	87	寫給我一張借約 寫一張借貼把我
心煩呢	心煩兒	1－39	12	有耐心煩兒 有耐心煩呢
現在	新近	2－14	42	新近有我們一個同行的人 現在有我們一個同行的人
近日	新近	2－19	54	新近有一個客人 近日有一個客人
剛纔	新近	2－24	65	我是新近回來的 我是剛纔回來的
近日	新近	2－24	67	他新近放下山西太原府遺缺 他近日放了山西太原府遺缺
近日	新近	2－36	98	新近我起外頭回來 近日我在外頭回來
初次	新近	3－1	111	可是我是新近到這兒來的 却是我是初次到這裏來的
今日	新近	3－18	141	就說我是我們老爺新進打歪頭回來 就說我是我們老爺今日從歪頭回來
近來	新近	4－19	187	新近秦寶臣索取此欵 近來秦寶臣索取此欵
近來	新近	4－19	188	新近秦寶臣又到舍親家裏去 近日秦寶臣又到舍親家裏去
恭喜恭喜	新喜了	2－4	19	兄台新喜了 兄台恭喜恭喜
恭喜您	新喜了	2－4	19	老弟新喜了 老弟恭喜您
書	信	2－24	66	這麼着他就寫了一封薦信 這麼樣他就寫了一封薦書
鬧鐘	醒鐘	2－14	42	還有上回我託您給買一個醒鐘 還有上回我託您替買一個鬧鐘
杏子	杏兒	3－19	143	杏兒和李子還有沒有了 杏子和李子還有沒有呢
性子	性兒	1－33	10	這麼由着他的性兒 這樣由着他的性子
干	許	4－13	177	因此發了若許銀兩 因此罰了若干銀兩
裝些	續上	3－2	112	你就續上罷 你就裝些罷
築結	揎磁	3－17	139	趕插在裏頭之後、可得拿滑藉或是棉花揎磁實了 等插在裏頭之後、却得拿東西或是棉花築結實了
學堂	學房	1－28	9	學房在那兒啊 學堂在那裏呢
學堂	學房	1－28	9	學房就在這拐彎兒 學堂就在這轉彎兒
Y 呢	呀	2－17	49	他這個人會幹甚麼呀 他這個人會做甚麼呢
牙齒	牙	1－41	12	牙沒了 牙齒沒有了

注（左）	原文（右）	巻－章	頁数	例文（上：右／下：左）
雅得狠	雅的狠	4－17	183	這雅的狠哪 這雅得狠哪
磨墨	研墨	4－17	184	不過去給衆位研墨就是了 不過去替衆位磨墨就是了
＊	眼裏見兒	3－15	135	那纔是有眼裏見兒哪 那纔是有哪
洋務	洋情	4－18	186	我本不甚熟諳洋情 我本不甚熟識洋務
平	邀	2－36	98	剛拿過一個☒子來邀那隻鐲子 剛拿過一個☒子來平那隻鐲子
稱	邀	3－19	142	分兩可叫他們邀足了 分兩却叫他們稱足了
稱了稱	邀了邀	3－4	115	我邀了邀、又因爲他開來的帳錯了 我稱了稱、又因爲他開來的帳錯了
搖動	搖挸	3－17	139	別叫他在裏頭搖挸纔行哪 莫叫他在裏頭搖動纔行哪
欺生	咬羣	2－24	66	是過於咬羣 是過於欺生
賭	耍	2－25	70	他說他是在我們房後頭寶局裏耍錢來着忽然有一個官 他說他是在我們屋後頭寶局裏賭錢來着忽然有一個官
要他	要了	2－10	30	倆要了八千兩銀子 兩個要他八千兩銀子
要他	要了	2－10	30	有一個要了七千五百両銀子 有一個要他七千五百両銀子
說定準	要準兒	1－6	2	您想和他要準兒 您想和他說定準
說假	要謊	3－19	143	不敢要謊的 不敢說假的
放	掖	3－7	119	遞給您、您就掖在氈子底下就得了 遞把您、您就放在氈子底下就好了
兎子	野貓	2－15	42	打了些個野雞、野貓、還打了一個野猪 打了些野雞、兎子還打了一個野猪
兎子	野貓	2－15	43	我們先是竟打了些個野雞、野貓 我們先是竟打了些野雞、兎子
或許	也許	3－3	114	也許有這個事 或許有這個事
就	一	2－16	46	他一害怕、就呑烟死了 他就害怕、就呑烟死了
一茶一租	一茶一房	2－1	15	就是一茶一房 就是一茶一租
一回	一盪	2－11	31	您是上那兒去了一盪 您是到那裏去了一回
一堆	一塊	3－17	139	那等着歸在那皮箱兒裏軟片一塊兒打包 那等着歸在那皮箱兒裏軟片一堆兒打包
一路兒	一塊兒	2－37	102	剛纔和我一塊兒進來的那個底下人 剛纔和我一路兒進來的那個底下人
說了是一様	一說就是了	2－4	19	一說就是了 說了是一様

注（左）	原文（右）	巻－章	頁数	例文（上：右／下：左）
一會兒	一會子	2－11	32	瞧了一會子放羊的 瞧了一會兒放羊的
一會兒	一會子	2－32	88	趕待了一會子 等過了一會兒
一起的	一塊兒	3－1	111	也都叫一塊兒拿來罷 也都叫一起的拿來罷
一路兒	一塊兒	3－5	116	我已經約會了吳老爺一塊兒逛去 我已經約會了吳老爺一路兒蕩去
一起的	一塊兒	3－10	125	老爺連那被窩一塊兒都曬麼 老爺連那被窩一起的都曬麼
一路做個伴兒	一塊兒搭伴兒	1－14	4	您納可以一塊兒搭伴兒去 您可以一路做個伴兒去
陰的	陰兒的	3－10	126	把那背陰兒的都叫向陽兒、您說好不好 把那背陰的都把向陽來您、說好不好
*	印子	2－35	96	平常是放印子爲生 平常是放爲生
*	印子	2－35	97	借了小的十兩銀子的印子 借了小的十兩銀子的
*	印子	2－35	97	每月小的到他家裏取印子去 每月小的到他家裏收去
*	印子	2－35	97	他把印子錢給了小的了 他把錢把了小的了
*	印子	2－35	97	就把取印子錢的摺字拿出來給官瞧了 就把收錢的摺字拿出來把官看了
*	印子	2－35	97	你後來每月就到他成衣舖裏取印子錢去就是了 你後來每月就到他裁縫店裏收錢去就是了
做	應	2－10	29	你要應那兒的活呀 你要做那裏的事呀
做倒事	應着活	2－10	29	還沒應着活了 還沒做倒事呢
應該	應當	1－42	12	這件事應當怎麼辦 這件事應該怎麼辦
做倒	應着	2－10	29	應着甚麼活了沒有 做倒甚麼工了沒有
迎接去	迎出去	3－14	134	我先迎出去你就叫苦力快打掃屋子 我先迎接去你就叫小工快打掃房子
引貨	迎貨	4－13	176	一同出城迎貨 一同出城引貨
引貨來	迎貨去	4－13	176	他再出城迎貨去 他再出城引貨來
蹴轉身碰	迎著頭找	2－21	57	所以我迎著頭找您來了 所以我蹴轉身碰您來了
做	應	2－10	29	今兒來見您是因爲有一處活我要應 今天來見您是因爲有一處事我要做
做那個活	應那個活	2－10	29	我打算要應那個活 我打算要做那個工
向來	永遠	3－15	134	永遠沒小心過 向來沒小心過

注（左）	原文（右）	巻－章	頁数	例文（上：右／下：左）
向來	永遠	3－15	134	爐子永遠沒乾净過 爐子向來沒乾净過
用要	用	2－9	27	是用多少呢 是要多少呢
要	用	2－9	28	那麼您現在就是用銀子作買賣了 那麼您現在就是要銀子作買賣了
要	用	2－30	84	外頭不用告訴人說他家裏鬧賊丟東西的事情 外頭不要告訴人說他家裏被賊失東西的事情
去游歷	游歷去	4－5	158	日後若有洋人到各地方游歷去 日後若有洋人到各地方去游歷
可以	有	4－4	153	今日偺們一見、就都有了 今日我們一見、就都可以了
要發氣	有了氣	3－18	142	我就有了氣了 我就要發氣了
話	語	2－40	109	打兩句小孩子的語是這邊兒有水 打兩句小孩子的話是這邊兒有水
起頭	原本	2－25	70	他原本不吃烟 他起頭不吃烟
本來	原本	2－24	66	我是原本上江西去了 我是本來往江西去了
園	園子	2－8	25	有一處果木園子 有一處果木園
園	園子	2－8	25	一處菜園子 一處菜園
私園	園子	2－8	25	託我把他這地畝園子給他典出去 託我把他這地畝私園替他典出去
約定	約上	4－17	185	那麼二十一早我就來約上兄台 那麼二十一早我就來約定兄台
相着	約摸	2－8	26	您約摸您大概還得幾年 您相着您大概還要幾年
大約	約摸	4－4	154	大人約摸可以幾時到京去呢 大人大約可以幾時到京去呢
想着	約摸着	2－8	26	我約摸着還得過個五六年罷。 我想着還要過個五六年罷
這個月	月裏頭	2－25	68	月裏頭有一天月裏頭 這個月有一天月下裏
這下裏	月裏頭	2－25	68	月裏頭有一天月裏頭 這個月有一天月下裏
月頭	月頭兒	3－20	146	脚下離月頭兒還有八天 目下離月頭還有八天
匀匀	匀溜	3－7	120	匀溜的纔好 匀匀的纔好
海闊天空	雲山霧照	1－6	2	說話竟是雲山霧照的 說話竟是海闊天空的
Z 喫	砸	3－15	135	還有你常愛砸東西 還有你常愛喫東西
我	偺	2－38	104	就是偺那天在三和鎮店裏打早尖的時候 就是我那天在三和鎮店裏吃早飯的時候

注（左）	原文（右）	巻－章	頁数	例文（上：右／下：左）
我們	偺們	1－18	6	偺們倆前年在張二家一個桌子上喝酒 我們兩個前年在張二家一個桌子上喝酒
我們	偺們	1－20	6	偺們逛過的這些名勝地方 所有我們遊過的這些名勝地方
我們	偺們	2－1	16	那麼偺們一兩天準見 那麼我們一兩天相會
我們	偺們	2－2	18	偺們談一談 我們談一談
我們	偺們	2－2	18	那麼偺們改天見 那麼我們改天見
我們	偺們	2－8	25	老弟偺們這一向沒見 老弟我們這一向沒見
我們	偺們	2－8	26	偺們就辦 我們就辦
我們	偺們	2－8	26	趕偺們把事情辦完了之後、我再同他到地裏看一看去 等我們把事情辦完了之後、我再同他到地裏看一看去
我們	偺們	2－9	27	在偺們這城外頭 在我們這城外頭
我們	偺們	2－9	28	偺們這樣兒的交情、您用這點兒銀子 我們這樣兒的交情、您用這點兒銀子
我們	偺們	2－11	32	莫非偺們這些親友裏頭 莫非我們這些親友裏頭
我們	偺們	2－11	32	偺們這些親友裏頭 我們這些親友裏頭
我們	偺們	2－13	37	是偺們給他找啊 是我們替他找啊
我們	偺們	2－13	38	若是他託偺們給他找 若是他託我們替他找
我們	偺們	2－13	38	偺們就給他找 我們就替他找
我們	偺們	2－14	42	偺們改天見罷 我們改天見罷
我們	偺們	2－16	44	偺們那個朋友、馮子園、死了麼 我們那個朋友、馮子園、死了麼
我們	偺們	2－16	46	在偺們沒認得之先 在我們沒認得之先
我們	偺們	2－19	54	在偺們這大東街 在我們這大東街
我們	偺們	2－21	59	我先在偺們那條街上各棧都問了 我先在我們那條街上各棧都問了
我們	偺們	2－26	74	偺們先叫他贏幾回錢去 我們先叫他贏幾回錢去
我們	偺們	2－26	74	偺們可就發了財了 我們却就發了財了
我們	偺們	2－27	75	上月偺們那個相好的温子山 上月我們那個相好的温子山
我們	偺們	2－29	81	趕到夜靜的時候、偺們倆人去殺那倆趕車的 等到夜靜的時候、我們兩人去殺那兩趕的

注（左）	原文（右）	巻－章	頁数	例文（上：右／下：左）
我們	偺們	2－29	81	就把那兩輛車分給偺們 就把那兩乘車分把我們
我們	偺們	2－29	81	偺們倆人全不管 我們兩人全不管
我們	偺們	2－29	81	偺們倆人把這两輛車分到手 我們兩人把這两乘車分到手
我們	偺們	2－29	81	明兒個早起偺們打買賣 明天早晨我們把買賣
我們	偺們	2－29	81	偺們倆人改邪歸正 我們兩人改邪歸正
我們	偺們	2－29	82	偺們回頭可以放心睡覺罷 我們回頭可以放心睡覺罷
我們	偺們	2－31	85	昨兒個有偺們一個同鄉的朋友 昨天有我們一個同鄉的朋友
我們	偺們	2－32	88	是和偺們這本鎮店上一個無賴子 是和我們這本鎮市上一個無賴子
我們	偺們	2－32	89	偺們這鎮店西北地方有一個村莊兒 我們這鎮市西北地方有一個村莊兒
我們	偺們	2－33	92	到底偺們再把貨盤一盤看 到底我們再把貨盤一盤看
我們	偺們	2－38	103	就是偺們這盪出外 就是我們這回出外
我們	偺們	2－39	105	偺們今兒這麼空喝酒也無味 我們今天這麼空喝酒也無味
我們	偺們	2－39	105	莫若偺們都斟滿了 莫若我們都斟滿了
我們	偺們	2－39	106	好在偺們在坐沒有當都老爺的 好在我們在坐沒有當都老爺的
我們	偺們	2－40	110	偺們出去溜打會子去罷 我們出去蕩蕩會兒去罷
我們	偺們	3－14	133	那搭交手、還得以偺們給他預備杪槁麼 那搭交手、還是要我們和他預備杪槁麼
我們	偺們	4－4	153	今日偺們一見、就都有了 今日我們一見、就都可以了
我們	偺們	4－4	154	偺們可以再多盤桓幾日 我們可以再多盤桓幾日
我們	偺們	4－4	155	那麼偺們就等在京裏相會了 那麼我們就等在京裏相會了
我們	偺們	4－9	170	然後偺們再從長計議 然後我們再從長計議
我們	偺們	4－9	170	旣是如此、偺們再議就是了 旣是如此、我們再議就是了
我們	偺們	4－9	170	偺們再談一會兒罷 我們再談一會兒罷
我們	偺們	4－9	170	偺們改天再會罷 我們改天再會罷
我們	偺們	4－10	173	那麼偺們改日再見 那麼我們改日再見

注（左）	原文（右）	巻－章	頁数	例文（上：右／下：左）
我們	偺們	4－12	175	偺們再談罷 我們再談罷
我們	偺們	4－12	176	偺們改日再會 我們改日再會
我們	偺們	4－14	178	偺們一見如故 偺們一見如故
我們	偺們	4－14	178	都是偺們道義中人、又是和兄第至好 都是我們道義中人、又是和兄第至好
我們	偺們	4－14	178	偺們今日旣當面說明白了 我們今日旣當面說明白了
我們	偺們	4－14	178	偺們初五午初、在同慶堂會面就是了 我們初五午初、在同慶堂會面就是了
我們	偺們	4－14	179	偺們初五這約、就有此公在座 我們初五這約、就有此公在座
我們	偺們	4－14	179	偺們初五見就是了 我們初五見就是了
我們	偺們	4－17	184	偺們京裏的連我是五個人 我們京裏的連我是五個人
我們	偺們	4－17	184	偺們就同席吃飯、各自會錢就是了 我們就同席吃飯、各自會錢就是了
我們	偺們	4－17	185	偺們一齊動身就是了 我們一齊動身就是了
我們	偺們	4－18	185	偺們這兩下裏時常有會辨的事件 我們這兩下裏時常有會辨的事件
我們	偺們	4－18	186	偺們倒是常常的互相討論 我們倒是常常的互相討論
我們	偺們	4－20	190	偺們這更親近一層了 我們這更親近一層了
我們	咱們	2－18	53	咱們過幾天見 我們過幾天見
我們	咱們	3－3	114	咱們這公館裏用的 我們這公館裏用的
我們兩個	偺們倆	1－14	4	偺們倆一同去好不好 我們兩個一同去好不好
我兩個	偺們倆	2－31	86	求你念其偺們倆舊日的交情 求你念其我兩個舊日的交情
我們兩人	偺們倆	2－33	92	偺們倆先到茅房裏找一找去再說 我們兩人先到茅厠裏找一找去再說
我們兩個	偺們倆	2－39	105	偺們倆先滑一拳 我們兩個先划一拳
我們兩個豈不要餓死	偺們倆豈不餓死了	1－13	4	偺們倆豈不餓死了麼 我們兩個豈不要餓死麼
腌臢	臢	3－16	136	還有近起來所有鞍子、馬鐙、帶肚、這些傢伙、都臢的了不得 還有近日里所有鞍子、馬鐙、帶肚、這些傢伙、都臢腌臢的了不得
報應了	遭了報了	2－16	47	就是遭了報了 就是報應了
背	澡	3－16	138	你給我搓搓澡 你和我搓搓背

注（左）	原文（右）	巻－章	頁数	例文（上：右／下：左）
嫁出去了	出了門子了	2－17	48	早就出了門子了 早嫁出去了
早	早就	2－17	48	早就出了門子了 早嫁出去了
早晨	早起	1－4	2	今兒早起聽見老兄到了 今兒早晨天早晨聽見老兄到了
早晨	早起	1－25	8	早起天纔亮 早晨天纔亮
早晨	早起	2－2	17	早起瞧門脈 早晨在家看
早晨	早起	2－16	45	今兒早起有人說、他是昨兒晚上死的 今天早晨有人說、他是昨天晚上死的
早晨	早起	2－18	52	昨兒早起起的 昨天早晨動的身
早晨	早起	2－21	57	今兒早起火輪船到了 今天早晨火輪船到了
早晨	早起	2－21	58	今兒早起火輪船到了 今天早晨火輪船到了
早晨	早起	2－29	81	明兒個早起偺們打買賣 明天早晨我們把買賣
早晨	早起	2－30	83	趕到第二天早起、他知道鬧賊丢了東西了 等到第二天早晨、他曉得被賊偷了東西了
早晨	早起	2－37	101	見天早起瞧門脈的 每天早晨上門看脈的
早晨	早起	2－37	101	有一天早起來了一個人 有一天早晨來了一個人
早晨	早起	2－37	101	請您明兒早起在家裏等着 請您明日早晨在家裏等着
早晨	早起	2－37	101	趕到第二天早起 等到第二天早晨
早晨	早起	2－37	102	那個人今兒早起、他到了我們鋪子裏 那個人今天早晨、他到了我們鋪子裏
早晨	早起	2－37	103	叫我今兒早起在家裏等着 叫我今天早晨在家裏等着
早晨	早起	3－7	119	今兒早起我不吃點心 今天早晨我不吃點心
早晨	早起	3－10	126	到明兒早起再照舊的擱在箱子裏 到明天早晨再照舊的擱在箱子裏
早晨	早起	3－16	137	我今兒早起瞧見馬棚外頭地下汪着好些個水 我今天早晨看見馬棚外頭地下汪着好多的水
澡盆裏的水	澡盆的髒水	3－16	137	你怎麼把澡盆的髒水 你怎麼把澡盆裏的水
甚麼	怎麼	2－24	67	是怎麼個事情呢 是甚麼個事情呢
姓甚麼	怎麼稱呼	1－31	9	俗家怎麼稱呼 俗家姓甚麼
怎麼樣	怎麼個	2－11	33	您打算是怎麼個的分法呢 您打算是怎麼樣的分法呢

注（左）	原文（右）	巻－章	頁数	例文（上：右／下：左）
甚麼	怎麼個	2－14	41	是怎麼個緣故不走了 是甚麼緣故不走了
麼的	怎麼着	3－8	122	我是怎麼着都行 我是麼的都行
怎麼的	怎麼着	3－8	122	那個怎麼着好呢 那個怎麼的好呢
是	喳	2－3	18	喳 是
唯	喳	2－14	39	喳 唯
*	喳	2－15	42	喳 是
唯	喳	2－18	50	喳 唯
唯	喳	2－38	103	喳 唯
是	喳	3－1	111	喳 是
*	喳	3－2	112	喳
*	喳	3－2	113	喳、火快滅了 火快息了
*	喳	3－2	113	喳、是老爺開水來了 是老爺開水來了
*	喳	3－4	114	喳
*	喳	3－7	119	喳
*	喳	3－7	121	 喳
是	喳	3－10	126	喳 是
唯	喳	3－11	127	喳 唯
哦	喳	3－14	133	喳 哦
*	喳	3－17	139	喳、那軟帘子摘下來 那軟帘子取下來
*	喳	3－18	141	喳、那也好 那也好
唯	喳	3－20	144	喳 唯
來	喳	4－1	147	喳 來
是	喳	4－2	149	喳 是
免强的	扎掙着	2－15	44	就扎掙着、到衙門裏去 就免强的、到衙門裏去

注（左）	原文（右）	巻－章	頁数	例文（上：右／下：左）
初	乍	2－26	74	說他這乍來 說他這初來
掇	摘	2－21	60	找您摘給我們幾百塊錢用 找您掇把我們幾百塊錢用
取	摘	3－17	139	噎那軟帘子摘下來 那軟帘子取下來
屋	宅	2－14	39	是棉花衚衕富宅麼 是棉花巷富家麼
屋	宅	2－14	39	是棉花衚衕富宅 是棉花巷富家
屋	宅	2－14	39	你那宅裏還是那位姓朱的管事麼 你那屋裏還是那位姓朱的管事麼
公舘	宅	2－18	50	你起宅裏來的 你從公舘裏來的
公舘	宅	2－18	50	起宅裏來 從公舘裏來
公舘	宅	2－37	101	見了方大夫就說我是在某宅裏 見了方郎中就說我是在某公舘裏
公舘	宅	2－37	103	他是在某宅裏 他是在某公舘裏
家	宅	3－18	141	拿着順便到吳宅給那老爺送了去 拿着順便到吳家和那老爺送了去
公舘	宅裏	2－18	51	我就親自給送到宅裏去罷 我就親自替送到公舘去罷
公舘	宅裏	2－14	39	到宅裏 到公舘
公舘裏	宅門兒	3－6	118	是宅門兒的車 是公舘裏的車
公舘裏	宅門兒	3－6	118	公舘裏的車、怎麼能拉買賣呢 公舘裏的車、怎麼能拉買賣呢
公舘	宅門子	2－37	101	打扮的是宅門子裏跟班的樣子 打扮的是公舘裏跟班的樣子
店	棧	2－2	17	新開了個洋廣雜貨棧 新開了個洋廣雜貨店
店	棧	2－2	17	價值比別的棧裏全便宜 價錢比別的店裏都便宜
店	棧	2－2	17	可以到他那棧裏買去 可以到他那店裏去買
店	棧	2－2	17	那麼我底下到那棧裏買貨去 那麼的我底下到那店裏去買貨
店	棧房	2－2	17	令友那個棧房、寶字號是甚麼 令友那個店是、甚麼寶字號
點	掌	2－29	79	直走到掌燈的時候 直走到點燈的時候
老板	掌櫃	2－14	39	把許掌櫃請來 把許老板請來
管事	掌櫃	2－19	54	沈掌櫃的就到泰和棧去問貨到了沒有 沈管事的就到泰和棧去問貨到了沒有

注（左）	原文（右）	巻－章	頁数	例文（上：右／下：左）
管事	掌櫃	2－19	54	這麽着沈掌櫃的又等了些日子 這麽樣沈管事的又等了些日子
管事	掌櫃	2－19	54	沈掌櫃的到西街棧房裏 沈管事的到西街棧房裏
管事	掌櫃	2－19	54	比沈掌櫃的原定的價值貴 比沈管事的原定的價錢貴
管事	掌櫃	2－19	54	沈掌櫃的一想 沈管事的一想
管事	掌櫃	2－19	54	後來沈掌櫃的、指出那個王經紀來了 後來沈管事的、指出那個王經紀來了
管事	掌櫃	2－19	54	呌沈掌櫃的等那六十包洋布來 呌沈管事的等那六十包洋布來
管事	掌櫃	2－19	54	沈掌櫃的不等 沈管事的不等
管事	掌櫃	2－19	55	就算沒這麽件事了沈掌櫃的不答應 就算沒這件事了沈管事的不答應
管事	掌櫃	2－19	55	這麽着沈掌櫃的就寫了一張呈詞 這麽的沈管事的就寫了一張呈詞
管事	掌櫃	2－19	55	給沈掌櫃的 付沈管事的
管事	掌櫃	2－19	55	就等明兒個沈掌櫃的 就等明天沈管事的
管事	掌櫃	2－23	63	和那個廣棧的掌櫃的一商量 和那個廣棧的管事的一商量
管事	掌櫃	2－29	81	剛纔掌櫃的把你呌了去 剛纔管事的把你呌了去
管事	掌櫃	2－29	81	我已經和掌櫃的說開了 我已經和管事的說好了
管事	掌櫃	2－33	91	榮發棧王掌櫃的 榮發棧王管事的
管事	掌櫃	2－33	91	趕王掌櫃的見了我有氣的樣子 等王管事的見了我有氣的樣子
管事	掌櫃	2－33	92	我就撿起來拿着見王掌櫃的去了 我就撿起來拿着見王管事的去了
管事	掌櫃	2－33	92	那個王掌櫃的人糊塗 那個王管事的人糊塗
管事	掌櫃	2－34	93	掌櫃的、這兒有一張退票、給打回來拿 管事的、這裏有一張退票、和打回來拿
管帳	掌櫃	2－36	98	聽見那個店裏掌櫃的說前些個日子 聽見那個店裏管帳的說前些個日子
管帳	掌櫃	2－36	100	這麽着錢舖的掌櫃的 這麽的錢舖的管帳的
管帳	掌櫃	2－36	100	這麽着那個人求點心舖裏的掌櫃的給我平平那包銀子 這麽的那個人求點心舖裏的管帳的替我平平那包銀子
管帳	掌櫃	2－36	100	趕那個掌櫃的把銀子接過去 那個掌櫃的把銀子接過去
管事	掌櫃	4－9	167	就是敝國寶昌行掌櫃的朱曉山、虧空銀兩的那一案 就是敝國寶昌行管事的朱曉山、虧空銀兩的那一案

注（左）	原文（右）	卷－章	頁数	例文（上：右／下：左）
管事	掌櫃	4－9	168	雖然言明將來朱掌櫃的如有虧空的等事 雖然言明將來朱管事的如有虧空的等事
老板	掌櫃的	2－7	23	掌櫃的你進來罷 老板你進來罷
老板	掌櫃的	2－9	27	掌櫃的來了 大恒布鋪的徐老板來了
老板	掌櫃的	2－9	27	徐掌櫃的 徐老板
司務	掌櫃的	2－14	39	我們老爺打發我來請許掌櫃的 我們老爺打發我來請許司務
老板	掌櫃的	2－14	39	您就是掌櫃的 您就是老板
老板	掌櫃的	2－14	40	掌櫃的、您先請在書房裏坐一坐 老板您先請在書房裏坐一坐
老板	掌櫃的	2－14	40	許掌櫃的、這一向好啊 許老板、這一向好啊
老板	掌櫃的	2－17	49	掌櫃的就不要他了 老板就不要他了
老板	掌櫃的	2－18	50	告訴兪掌櫃的說 告訴兪老板說
老板	掌櫃的	2－18	50	兪掌櫃的在舖子裏了麼 兪老板在舖子裏麼
老板	掌櫃的	2－18	50	辛苦俞掌櫃的 辛苦俞老板
老板	掌櫃的	2－18	51	那套書、我交給俞掌櫃的了 那部書、我交把俞老板了
老板	掌櫃的	2－18	51	兪掌櫃的得上別處找找去 兪老板要到別處找找去
老板	掌櫃的	2－18	52	兪掌櫃的 兪老板
加	招	3－4	116	還招點兒醋不招了 還加點兒醋不加呢
加	招	3－4	116	還招點兒醋不招了 還加點兒醋不加呢
引	招	3－15	135	招了好些個蒼蠅 引了好些的蒼蠅
看	着	2－21	58	夥計們也都着了忙了 夥計們也都看了忙了
了	着	2－22	62	他哥哥見着這封信 他哥哥見了這封信
受了點兒寒	着點兒凉	1－5	2	我這回是着點兒凉 我這回是受了點兒寒
會	找	2－24	68	可以找朋友談一談 可以會朋友談一談
看	照	2－8	26	那我就不必先照地去了 那我就不必先看地去呢
點看	照回	2－8	26	趕這事定妥的時候、您還得先照回地去哪 等這事定妥的時候、您還要先點看地去哪

注（左）	原文（右）	巻－章	頁数	例文（上：右／下：左）
照様的	照様兒	2－7	24	我可以照様兒定燒一對 我可以照様的定燒一對
斷	折	2－14	41	我瞧瞧這個鐘、是緣子折了 我看看這個鐘、是練子斷了
將	這	2－14	40	那麼我們這就走罷 那麼我們將就走罷
將	這	2－18	50	你這就去罷 你將就去罷
這裏	這本地	2－31	86	我是在這本地做買賣了虧空了 我是在這裏做買賣了虧空了
這些時	這程子	2－10	29	怎麼這程子我總沒見您呀 怎麼這些時我總沒見您呀
這些時	這程子	2－12	34	老兄怎麼這程子我總沒見您哪 老兄怎麼這些時我總沒見您哪
這個話	這話了	2－25	71	聽不過他這話了 聽不過他這個話
這幾様的	這幾様兒	2－7	24	您說的這幾様兒小物件 您說的這幾様的小物件
将就	這就	3－18	141	那麼小的這就去罷 那麼小的将就去罷
這麼様	這麼着	2－21	59	這麼着我就回來了 這麼様我就回來了
這些時的	這一程子	4－11	173	這一程子公事很忙、總未得暇 這些時的公事很忙、總不得空
這一會兒	這個工夫兒	2－15	44	這個工夫兒、天忽然下起雪來了 這一會兒、天忽然下起雪來了
這様	這麼	1－33	10	這麼由着他的性兒 這様由着他的性子
這様	這麼	2－33	93	去年有這麼件事 去年有這様件事
這裏	這麼	4－3	152	就往這麼來了 就往這裏來了
這裏	這麼	4－3	152	往這麼來也很遠哪 往這裏來也很遠哪
這件	這麼件	2－19	55	就算沒這麼件事了沈掌櫃的不答應 就算沒這件事了沈管事的不答應
這些	這麼個	2－14	41	每月做這麼個手工哪 每月做這些手工哪
這麼些的	這麼個	2－22	61	委員問他怎麼會虧短這麼個錢粮呢 委員問他怎麼會虧空這麼些的錢粮呢
這件	這麼件	2－16	47	怎麼後來又做這麼件屈心事呢 怎麼後來又做這件虧心事呢
這一件事	這麼件事	2－16	45	這麼件事 這一件事
這些	這麼些個	2－14	41	是那個時候、每月總有這麼些個 是那個時候、每月總有這些
這麼的	這麼着	1－12	4	我也看是這麼着 我也看是這麼的

注（左）	原文（右）	巻－章	頁数	例文（上：右／下：左）
這麼樣	這麼着	1－16	5	既是這麼着 既是這麼樣
這麼的	這麼着	2－2	17	既是這麼着 既是這麼的
這麼樣	這麼着	2－6	22	這麼着他要把那張原銀票拿回去 這麼樣他要把那張原銀票拿回去
這麼樣	這麼着	2－6	22	這麼着他就走了 這麼樣他就走了
這麼樣	這麼着	2－8	26	那層是這麼着、您若肯出切實的保 那層是這麼樣、您若肯出切實的保
這麼的	這麼着	2－8	26	既是這麼着、那我就憑您一句話了 既是這麼的、那我就憑您一句話了
這麼的	這麼着	2－11	31	這麼着我又上別處去了 這麼的我又往別處去了
這麼的	這麼着	2－11	32	這麼着 這麼的
這麼的	這麼着	2－12	35	這麼着、我就找那個姓于的去問他這件事 這麼的、我就找那個姓于的去問他這件事
這麼的	這麼着	2－12	35	這麼着、我就都把他賣出去了 這麼的、我就都把他賣出去了
這麼的	這麼着	2－12	36	大概是這麼着 大概是這麼的
這麼的	這麼着	2－13	38	那是這麼着 那是這麼的
這麼的	這麼着	2－14	39	這麼着他就把事情辭了 這麼的他就把事情辭了
這麼的	這麼着	2－15	43	這麼着我們倆人 這麼的我們兩人
這麼的	這麼着	2－15	44	這麼着、他就下山來了 這麼的、他就下山來了
這麼的	這麼着	2－15	44	這麼着、他就雇了一匹驢回來了 這麼的、他就雇了一匹驢回來了
這麼的	這麼着	2－16	45	這麼着、那個人到衙門去 這麼的、那個人到衙門去
這麼的	這麼着	2－16	45	這麼着、官就問那個人有甚麼憑據沒有 這麼的、官就問那個人有甚麼憑據沒有
這麼的	這麼着	2－16	45	這麼着就散了 這麼的就散了
這麼的	這麼着	2－16	46	這麼着、他聽見這個風聲不好 這麼的、他聽見這個風聲不好
這麼樣	這麼着	2－16	47	大概都是這麼着 大概都是這麼樣
這麼樣	這麼着	2－17	50	這麼着我就照您這話告訴他 這麼樣我就照您這話告訴他
這麼的	這麼着	2－18	53	這麼着罷、趕我們老爺回來的時候、我出城請您去罷 這麼的罷、趕我們老爺回來的時候、我出城請您去罷
這麼樣	這麼着	2－19	54	這麼着沈掌櫃的又等了些日子 這麼樣沈管事的又等了些日子

注（左）	原文（右）	卷－章	頁数	例文（上：右／下：左）
這麼的	這麼着	2－19	54	這麼着他這天晚上 這麼的他這天晚上
這麼的	這麼着	2－19	55	這麼着沈掌櫃的就寫了一張呈詞 這麼的沈管事的就寫了一張呈詞
這麼的	這麼着	2－19	55	這麼着我們親戚找我幫着他 這麼的我們親戚找我幫着他
這麼的	這麼着	2－19	55	這麼着大家都答應了 這麼的大家都答應了
這麼的	這麼着	2－21	58	這麼着那個客人 這麼的那個客人
這麼樣	這麼着	2－21	59	這麼着我就進那個客人的屋裏去了 這麼樣我就進那個客人的房裏去了
這麼樣	這麼着	2－21	59	這麼着我就和他說回頭 這麼樣我就和他說回頭
這麼的	這麼着	2－22	60	這麼着他又展了好幾限 這麼的他又展了好幾限
這麼樣	這麼着	2－22	61	這麼着撫台就把他叅革了 這麼樣撫台就把他叅革了
這麼樣	這麼着	2－22	61	這麼着那個委員 這麼樣那個委員
這麼樣	這麼着	2－22	61	這麼着他急了 這麼樣他急了
這麼的	這麼着	2－22	62	這麼着我就趕緊的一給他賣還 這麼的我就趕緊的一替他賣還
這麼的	這麼着	2－23	63	這麼着又買了七八箱子洋葯賣了 這麼的又買了七八箱子洋葯賣了
這麼的	這麼着	2－23	63	這麼着他就到了那個廣棧裏 這麼樣他就到了那個廣棧裏
這麼的	這麼着	2－23	65	這麼着他纔到了鋪子裏一算帳 這麼的他纔到了鋪子裏一算帳
這麼樣	這麼着	2－23	65	那些夥計們都說不知道這麼着他沒法子了 那些夥計們都說不曉得這麼樣他沒法子了
這麼樣	這麼着	2－24	66	這麼着他就寫了一封薦信 這麼樣他就寫了一封薦書
這麼樣	這麼着	2－24	68	既是這麼着、您就給我說說罷 既是這麼樣、您就替我說說罷
這麼的	這麼着	2－25	69	這麼着那幾個底下人們個底下人們 這麼的那幾個底下人們個底下人們
這麼的	這麼着	2－25	69	這麼着我就叫倆底下人 這麼的我就叫兩底下人
這麼的	這麼着	2－25	70	這麼着我勸了他半天 這麼的我勸了他半會
這麼的	這麼着	2－25	71	這麼着我就托朋友 這麼的我就托朋友
這麼的	這麼着	2－25	71	這麼着那個朋友 這麼的那個朋友
這麼的	這麼着	2－26	72	這麼着我就坐下一耍可赢了幾十吊錢 這麼的我就坐下一賭却赢了幾十吊錢

注（左）	原文（右）	巻－章	頁数	例文（上：右／下：左）
這麽樣	這麽着	2－26	73	這麽着我當了兩箱子衣服 這麽樣我當了兩箱子衣服
這麽樣	這麽着	2－26	73	這麽着這天晚上 這麽樣這天晚上
這麽的	這麽着	2－27	75	這麽着我就把那個姓孫的帶了去 這麽的我就把那個姓孫的帶了去
這麽的	這麽着	2－27	76	這麽着就立了字據 這麽的就立了字據
這麽的	這麽着	2－28	79	這麽着那羣賊 這麽的那羣賊
這麽的	這麽着	2－28	79	這麽着他們就把舖蓋搬下來了 這麽的他們就把舖蓋搬下來了
這麽的	這麽着	2－29	80	這麽着他們這倆車就奔了那個燈光去了 這麽的他們這两車就奔了那個燈光去了
這麽樣	這麽着	2－29	80	這麽着他們就叫開店門了 這麽樣他們就叫開店門了
這麽樣	這麽着	2－29	80	這麽着他們就挑了三間屋子 這麽的他們就揀了三間房子
這麽的	這麽着	2－29	81	我的意思是這麽着 我的意思是這麽的
這麽的	這麽着	2－29	82	這麽着可就出了茅房 這麽的却就出了茅房
這麽的	這麽着	2－29	82	這麽着又打發一個跟人過去問了 這麽的又打發一個跟人過去問了
這麽的	這麽着	2－29	82	這麽着我們先伯他們也睡到五更天起來 這麽樣我們先伯他們也睡到五更天起來
這麽樣	這麽着	2－30	83	這麽着 這麽樣就把他妹妹請過來
這麽的	這麽着	2－30	84	這麽着官就打發衙役來叫事主領贜去 這麽的官就打發衙役來叫失主領贜去
這麽的	這麽着	2－30	84	這麽着他就想了個主意 這麽的他就想了個主意
這麽的	這麽着	2－30	85	這麽着 這麽的
這麽的	這麽着	2－30	85	這麽着我就都給了他了 這麽的我就都把了他了
這麽的	這麽着	2－32	88	這麽着我們舍弟就同他到了鎮店上 這麽的我們舍弟就同他到了鎮市上
這麽的	這麽着	2－32	89	這麽着糧食店就打發徒弟到家來 這麽的糧食店就打發徒弟到家來
這麽的	這麽着	2－32	89	這麽着我們舍弟就到各村莊一打聽 這麽的我們舍弟就到各村莊一打聽
這麽的	這麽着	2－32	89	這麽着舍弟就找那個姓趙的去了一問 這麽的舍弟就找那個姓趙的去了一問
這麽的	這麽着	2－32	90	這麽着舍弟就約了那個姓趙的拉着馬 這麽的舍弟就約了那個姓趙的拉着馬
這麽的	這麽着	2－33	91	這麽着我就同着那個人到他們棧裏去了 這麽着的我就同着那個人到他們棧裏去了

注（左）	原文（右）	巻－章	頁数	例文（上：右／下：左）
這麽的	這麽着	2－33	92	這麽着我就和他說 這麽的我就和他說
這麽的	這麽着	2－33	92	這麽着、我就叫他們那幾個夥計 這麽的、我就叫他們那幾個夥計
這麽的	這麽着	2－33	92	這麽着我就回來了 這麽的我就回來了
這麽的	這麽着	2－33	93	這麽着我們倆到了銀號 這麽的我們兩個到了銀號
這麽的	這麽着	2－35	95	這麽着我就跟着他們到衙門去 這麽的我就跟着他們到衙門去
這麽的	這麽着	2－35	96	這麽着小的就把他揪來打官司 這麽的小的就把他揪來打官司
這麽的	這麽着	2－35	96	這麽着巡檢就問那個 這麽的巡檢就問那個
這麽様	這麽着	2－35	98	這麽着就叫他們倆人都回去了 這麽様就叫他們兩個都回去了
這麽的	這麽着	2－36	98	這麽着我就到街上找您來了 這麽的我就到街上找您來呢
這麽的	這麽着	2－36	99	這麽着那個錢鋪的人 這麽的那個錢鋪的人
這麽的	這麽着	2－36	99	這麽着那個人就說你們把這個十兩銀子拿下去平一平 這麽的那個人就說你們把這個十兩銀子拿下去平一平
這麽的	這麽着	2－36	100	這麽着錢鋪的就問這個人你認得那個騙子手的家麽 這麽的錢鋪的就問這個人你認得那個騙子手的家麽
這麽的	這麽着	2－36	100	這麽着錢鋪的掌櫃的 這麽的錢鋪的管帳的
這麽的	這麽着	2－36	100	這麽着那個人求點心鋪裏的掌櫃的給我平平那包銀子 這麽的那個人求點心鋪裏的管帳的替我平平那包銀子
這麽的	這麽着	2－37	102	這麽着、這個底下人、就起那個人手裏把那個包袱要過來 這麽的、這個底下人、就從那個人手裏把那個包袱要過來
這麽的	這麽着	2－37	102	這麽着我就跟他來了 這麽的我就跟他來了
這麽的	這麽着	2－38	104	這麽着那個知縣 這麽的那個知縣
這麽的	這麽着	2－38	104	這麽着知縣究把和尚押起來了 這麽的知縣究把和尚押起來了
這麽様	這麽着	2－39	106	這麽着罷、我的酒眞不行了 這麽様罷、我的酒眞不行了
這麽的	這麽着	2－39	106	這麽着他就到了京裏 這麽的他就到了京裏
這麽的	這麽着	2－39	107	這麽着這一天他解御花園門口兒過 這麽的這一天他從御花園門口兒過
這麽的	這麽着	2－39	107	這麽着他就拿手指着那灘屎說 這麽的他就拿手指着那灘屎說
這麽的	這麽着	3－14	133	這麽着罷、你就趕緊的先拾掇出來就讓客人先將就着住罷 這麽的罷、你就趕緊的先收拾出來就請客人先將就的住罷
這麽的	這麽着	3－18	141	這麽着就給了得一個回片子 這麽的就把了得一個回片子

注（左）	原文（右）	巻－章	頁数	例文（上：右／下：左）
這麽的	這麽着	4－5	156	這麽着敝國繙譯官就回店裏來了 這麽的敝國繙譯官就回店裏來了
這麽的	這麽着	4－6	159	這麽着道台就派了一位委員會同敝國繙譯官 這麽的道台就派了一位委員會同敝國繙譯官
這麽的	這麽着	4－8	165	這麽着倆人也沒說開就散了 這麽的兩人也沒說開就散了
這麽的	這麽着	4－9	167	我們領事官的意思是這麽着 我們領事官的意思是這麽的
這麽樣	這麽着	4－9	168	這麽着我又問晋昌東家 這麽樣我又問晋昌東家
這麽的	這麽着	4－10	172	這麽着、我又把恒裕行的東家叫了去 這麽的、我又把恒裕行的東家叫了去
這裏	這兒	1－8	3	你在這兒可以隨便不要拘禮 你在這裏可以隨便不要拘禮
這裏	這兒	1－22	7	在這兒算是第一個大廟 在這裏算是第一個大廟
這裏	這兒	1－38	11	那個姑娘剛纔起這兒過 那個姑娘剛纔從這裏過
這裏	這兒	2－11	31	所以我在這兒竟等着您回來哪 所以我在這裏竟等着您回來哪
這裏	這兒	2－18	51	這兒還有一個單子 這裏還有一個單子
這裏	這兒	2－18	51	過幾天我再上您這兒取來罷 過幾天我再到您這裏取來罷
這裏	這兒	2－18	51	我想您不用上這兒取來了 我想您不用到這裏取來了
這裏	這兒	2－18	53	我可以順便到這兒來打聽打聽就得了 我可以順便到這裏來打聽打聽就是了
這裏	這兒	2－19	53	他今年夏天到這兒來的 他今年夏天到這裏來的
這裏	這兒	2－21	59	我這兒短了兩隻白皮箱 我這裏少了兩隻白皮箱
這裏	這兒	2－26	73	特意到這兒要錢來了 特意到這裏賭錢來的
這裏	這兒	2－26	74	到我這兒來作甚麽 到我這裏來做甚麽
這裏	這兒	2－31	85	就說如今我流落這兒了 就說如今我流落這裏了
這裏	這兒	2－31	85	告訴我說您到這兒辦貨來了 告訴我說您到這裏辦貨來了
這裏	這兒	2－34	93	掌櫃的、這兒有一張退票、給打回來拿 管事的、這裏有一張退票、和打回來拿
這裏	這兒	2－35	96	因爲小的去年在這兒買了一個妾 因爲小的去年在這裏買了一個妾
這裏	這兒	2－37	101	打算上您這兒瞧病來 打算到您這裏看病來
這裏	這兒	2－37	102	在這兒竟等着您的跟班的 在這裏竟等着您的跟班的

注（左）	原文（右）	巻－章	頁数	例文（上：右／下：左）
這裏	這兒	2－37	103	要上這兒瞧病來 要往這裏看病來
這裏	這兒	2－40	108	那麼你怎麼不上我這兒來呢 那麼你怎麼不到我這裏來呢
這裏	這兒	3－1	111	可是我是新近到這兒來的 却是我是初次到這裏來的
這裏	這兒	3－1	111	這兒某老爺打發個人來拿了個字兒來給您瞧瞧 這裏某老爺打發個人來拿了個字兒來把您看看
這裏	這兒	3－3	114	這兒還短把匙子和鹽盒兒哪 這裏還少把挑子和鹽盒兒哪
這裏	這兒	3－4	115	你瞧這兒還短一件要緊的東西 你看這裏還少一件要緊的東西
這裏	這兒	3－4	115	這兒刀子 這裏刀子
這裏	這兒	3－4	116	這兒拿了醬豆腐和醃黄瓜來 這裏拿了醬豆腐和醃黄瓜來
這裏	這兒	3－5	117	襪子這兒破了一點兒 襪子這裏破了一點兒
這裏	這兒	3－5	117	在這兒服侍我穿上衣裳 在這裏照應我穿了衣裳
這裏	這兒	3－5	117	離這兒不遠 離這裏不遠
這裏	這兒	3－5	117	這兒有一塊縱着了 這裏有一塊縐倒了
這裏	這兒	3－7	120	到這兒日子雖不多 到這裏日子雖不多
這裏	這兒	3－8	122	從這兒起身 從這裏起身
這裏	這兒	3－8	122	我們這兒的娘兒們走路 我們這裏的婦女們走路
這裏	這兒	3－15	136	這兒有眞贓實犯 這裏有眞贓實犯
這裡	這兒	3－18	141	奉送這兒的老爺用 奉送這裡的老爺用
這裏	這兒	3－19	143	這兒還有十吊一張的退票 這裏還有十吊一張的退票
這裏	這兒	3－20	145	到我這兒來取就是了 到我這裏來取就是了
這裏	這兒	4－2	149	今日我們到這兒來 今日我們到這裏來
這裏	這兒	4－8	164	到這兒來 到這裏來
這些樣	這些個	2－7	23	這些個小物件 這些樣小物件
這許多	這些個	2－26	72	他怎麼會哄騙你這些個錢去呢 他怎麼會哄騙你這許多錢去呢
的	着	2－12	34	你種着有多少地呀 你種的有多少地呀

注（左）	原文（右）	巻－章	頁数	例文（上：右／下：左）
呢	着	2－19	53	您是給人說甚麼事情來着 您是和人說甚麼事情來呢
的	着	2－24	67	原打算是要考供事着、比若是考上了 原打算是要考供事的、如若是考得了
的	着	2－24	67	現在我的意思是這麼着 現在我的意思是這麼的
的	着	2－30	83	他同院子住着有一個街坊 他同院子住的有一個鄰舍
的	着	3－14	133	可小心着別拿墩布髒了牆、你就辦去罷 可小心的莫拿抹布髒了牆、你就去辦罷
呀	着	3－18	140	我是在花園子弄土來着 我是在花園弄土來呀
的	着	3－14	133	你就趕緊的先拾掇出來就讓客人先將就着住罷 你就趕緊的先收拾出來就請客人先將就的住罷
鎭市	鎭店	2－35	95	我剛纔在鎭店上看了一個熱鬧 我剛纔在鎭市上看了一個熱鬧
鎭市	鎭店	2－35	96	就在這個鎭店上燈籠衚衕租了兩間房住家 就在這個鎭市上燈籠衚衕租了兩間房住家
鎭市	鎭店	2－35	96	在這鎭店上紅竹衚衕住家 在這鎭市上紅竹衚衕住家
鎭市	鎭店	2－36	98	有一天我住在一個大鎭店上客店裏了 有一天我住在一個大鎭市上客店裏了
鎭市	鎭店	2－36	98	那個鎭店上有一個德成錢舖 那個鎭市上有一個德成錢舖
鎭市	鎭店	4－17	184	酒和肉彼處有一個小鎭店、還可以買 酒和肉彼處有一個小鎭市、還可以買
六十歲整	整六十	4－15	180	家母今年整六十 家母今年六十歲整
整天的	整天家	1－33	10	整天家遊手好閒 整天的遊手好閒
整天的	整天家	2－17	48	他整天家竟在寶局上 他整天的竟在寶廠裏
賺	掙	2－12	36	那經紀掙的 那經紀賺的
掛起	搘上	3－9	124	然後再把帳子照舊搘上 然後再把帳子照舊掛起
那	誰	2－30	84	誰知道那個賊 那曉得那個賊
曉得	知道	1－6	2	您還不知道他那脾氣嗎 您還不曉得他那脾氣嗎
曉得	知道	1－23	7	我可知道昨兒晚上下了雨來着 我祇曉得昨天晚上下了雨呢
曉得	知道	2－1	15	可是您知道一月是多少房錢 就是您曉得一月是多少租錢
曉得	知道	2－1	15	您不知道那房子可是頂 您不曉得那房子實在頂好
曉得	知道	2－6	22	我就知道拿銀票來取銀子 我只曉得拿銀票來發銀子

注（左）	原文（右）	巻－章	頁数	例文（上：右／下：左）
曉得	知道	2－7	23	怎麼知道他是賣琺藍的呢 怎麼曉得他是賣琺藍的呢
曉得	知道	2－10	30	可不知道有人應妥了沒有 却不曉得有人應妥了沒
曉得	知道	2－10	30	我也知道是先領一半兒銀子 我也曉得是先領一半兒銀子
曉得	知道	2－11	32	我也不知道是甚麼緣故 我也不曉得是甚麼緣故
曉得	知道	2－11	32	我知道他近來交了幾個新朋友 我曉得他近來交了幾個新朋友
曉得	知道	2－12	35	所以也不知道這個事 所以也不曉得這個事
曉得	知道	2－13	37	我知道你有果木園子 我曉得你有果木園子
曉得	知道	2－14	40	可是您知道是竟收拾鐘呵 都是您曉得是竟收拾鐘呵
曉得	知道	2－16	45	你知道他是甚麼病死的麼 你曉得他是甚麼病死的麼
曉得	知道	2－16	46	你管保不知道 包管你不曉得
曉得	知道	2－16	47	你不知道凡這宗沒良心的人 你不曉得凡這宗沒良心的人
曉得	知道	2－17	48	您怎麼知道他一定不還我呢 您怎麼曉得他一定不還我呢
曉得	知道	2－17	48	所以我知道他如今借您的錢 所以我曉得他如今借您的錢
曉得	知道	2－17	49	後來那個官知道他這個毛病了 後來那個官曉得他這個毛病了
曉得	知道	2－22	60	你知道是爲甚麼事被的參 你曉得是爲甚麼事被的叅
曉得	知道	2－23	64	我先還不知道 我先還不曉得
曉得	知道	2－23	64	纔知道、敢情是這幾年的買賣發了財了 纔曉得想情是這幾年的買賣發了財了
曉得	知道	2－23	65	東家是一概不知道 東家是一概不曉得
曉得	知道	2－23	65	有倆朋友、知道他鋪子有了毛病了 有兩朋友、曉得他鋪子有了毛病了
曉得	知道	2－23	65	那些夥計們都說不知道這麼着他沒法子了 那些夥計們都說不曉得這麼樣他沒法子了
曉得	知道	2－24	66	纔知道和公那兒還有兩位師爺 纔曉得和公那裏還有兩位師爺
曉得	知道	2－24	66	他們都和我粧不知道不肯告訴 他們都和我粧不曉得不肯告訴
曉得	知道	2－24	67	不知道你願意就不願意就 不曉得你願意就不願意就
曉得	知道	2－25	71	我知道他是和我絶了交了 我曉得他是和我絶了交了

注（左）	原文（右）	巻－章	頁数	例文（上：右／下：左）
曉得	知道	2－26	73	都知道他是本地財主 都曉得他是本地財主
曉得	知道	2－27	77	你不知道温子山 你不曉得温子山
曉得	知道	2－27	77	也知道我也不好意思和他要 也曉得我也不好意思和他要
曉得	知道	2－29	80	恐怕那位朋友知道害怕 恐怕那位朋友曉得害怕
曉得	知道	2－30	83	粧作不知道的樣子 粧做不曉得的樣子
曉得	知道	2－30	83	趕到第二天早起、他知道鬧賊丢了東西了 等到第二天早晨、他曉得被賊偷了東西了
曉得	知道	2－30	84	誰知道那個賊 那曉得那個賊
曉得	知道	2－30	84	又怕他妹妹知道這件事 又怕他妹妹曉得這件事
曉得	知道	2－32	89	誰知道那個人就到巡撿衙門去把舍弟告下來了 那曉得那個人就到巡撿衙門去把舍弟告下來了
曉得	知道	2－33	91	我就問他你怎麼知道是少發了一包棉花來呢 我就問他你怎麼曉得是少發了一包棉花來呢
曉得	知道	2－33	92	你還不知道了 你還不曉得咧
曉得	知道	2－33	93	怎麼知道是假的呢 怎麼曉得是假的呢
曉得	知道	2－34	94	所以更知道不是我們給的了 所以更曉得不是我們把的了
曉得	知道	2－35	95	我也不知道是爲甚麼 我也不曉得是爲甚麼
曉得	知道	2－36	100	我也不知道那銀子是假的不是 我也不曉得那銀子是假的不是
曉得	知道	2－37	103	我並不知道甚麼衣裳的事情 我並不曉得甚麼衣裳的事情
曉得	知道	3－1	111	可不知道要保人不要 却不曉得要保人不要
曉得	知道	3－10	126	難道你不知道皮東西一晒毛稍兒就焦了麼 難道你不曉得皮東西一晒毛稍兒就焦了麼
曉得	知道	3－12	129	老爺您不知道 老爺您不曉得
曉得	知道	3－15	135	那是我不知道 那是我不曉得
曉得	知道	3－16	137	我知道你是夜裏不餧的緣故 我曉得你是夜裏不餧的緣故
曉得	知道	3－19	143	老爺怎麼知道是他們的退票呢 老爺怎麼曉得是他們的退票呢
曉得	知道	3－2	113	連熟炭都不知道 連熟炭都不曉得
曉得	知道	3－4	114	知道了、就去 曉得了、就去

注（左）	原文（右）	巻－章	頁数	例文（上：右／下：左）
曉得	知道	3－9	123	我可不知道那個地方的地名兒叫甚麼 我却不曉得那個地方的地名兒叫甚麼
曉得	知道	3－20	144	可不知道得去幾年 却不曉得要去幾年
曉得	知道	4－3	152	可不知道有甚麼新聞沒有 却不曉得有甚麼新聞沒有
曉得	知道	4－5	157	可不知道到府裏去辦理如何 却不曉得到府裏去辦理如何
曉得	知道	4－8	166	不知道大人的尊意以爲何如 不曉得大人的尊意以爲何如
曉得	知道	4－9	167	不知道領事官以爲如何 不曉得領事官以爲如何
曉得	知道	4－11	173	知道老兄選上了 曉得老兄選上了
曉得	知道	4－12	175	看見題名錄了知道老弟高中了 看見題名錄上曉得老弟高中了
曉得	知道	4－13	177	您不知道 您不曉得
曉得	知道	4－18	185	若是有我不知道的 若是有我不曉得的
曉得	知道	4－19	187	我因爲知道老弟和秦寶臣是莫逆之交 我因爲曉得老弟和秦寶臣是莫逆之交
曉得	知道	4－19	187	兄台知道當初令親借銀子的時候、有中人沒有 兄台曉得當初令親借銀子的時候、有中人沒有
曉得	知道	4－19	187	我知道有一個中人 我曉得有一個中人
曉得	知道	4－20	190	纔知道他奉命到英國去了 纔曉得他奉命到英國去了
那曉得	知道誰	2－32	88	知道誰樹林子外頭 那曉得樹林子外頭
片子	職名	3－18	141	這是我的職名 這是我的片子
片子	職名給	3－18	141	務必把職名給留下 務必把片子留下
紙包倒	紙裹上	3－17	139	那書槅子上的書和字帖條幅都拿紙裹上就行了 那書槅板上的書和字帖條幅都拿紙包倒就行了
指名	指明	4－5	158	一定要指明奏奏的 一定要指名奏奏的
差使	指使	4－4	155	到此聽候大人指使、就是了 到此聽候大人差使、就是了
種的	種着	2－10	29	你種着有多少畝地呀 你種的有多少畝地呀
種的	種着	2－10	29	我種着有一頃多地 我種的有一百多地
*	跩窩	3－7	118	走到石頭道上可就把車竟往跩窩裏赶 走到石頭路上却就把車竟往裏赶
忽	賺	2－36	99	你們怎麼會叫他賺了呢 你們怎麼會等他忽了呢

注（左）	原文（右）	巻－章	頁数	例文（上：右／下：左）
作禮	粧假	4－1	148	决不會粧假的 决不會作禮的
定	準	2－10	30	工程準還要堅固 工程定還要堅固
相會	準見	2－1	16	那麽偺們一兩天準見 那麽我們一兩天相會
相會	準見	2－1	16	一兩天準見 一兩天相會
的	着	2－15	44	將就着住了一夜 將就的住了一夜
下象棋	着象棋	2－40	109	是圍棋盤内着象棋 是圍棋盤内下象棋
自已	自各兒	3－2	112	我自各兒沏上罷 我自已泡上罷
自己去	自各兒	3－10	125	你自各兒開罷 你自己去開罷
總要	總得	1－5	2	那總得請大夫好好兒治一治就得了 那總要請醫生好好的治一治就是了
總要	總得	2－18	52	我算計着我們老爺總得月底纔能回來了 我算計着我們老爺總要月底纔能回來了
總要	總得	2－34	94	總得有我們收的人家纔行了 總要有我們收的人家纔行了
總要	總得	2－6	22	總得謝和你幾兩銀子 總要謝與你幾兩銀子
緫倒	縱着	3－5	117	這兒有一塊縱着了 這裏有一塊緫倒了
趕	走	3－15	136	一定立刻就走出去 一定立刻就趕出去
走得去	走着去	3－5	117	我可以走着去罷 我可以走得去罷
租谷	租子	2－8	25	出口收租子去了 出口收租谷去的
昨天	昨兒	1－21	7	你昨兒去遊湖回來早啊、是晚哪 你昨天去遊湖回來是早、是晚啊
昨天	昨兒	1－21	7	想昨兒晚上月亮很好 想昨天晚上月亮很好
昨天	昨兒	1－23	7	昨兒前半夜月亮很好 昨兒天前半夜月亮很好
昨天	昨兒	1－23	7	我可知道昨兒晚上下了雨來着 我祇曉得昨天晚上下了雨呢
昨日	昨兒	1－25	8	原來昨兒夜裏有大霜 原來昨日夜裏有大霜
昨日	昨兒	1－31	9	大和尙昨兒下山去了 大和尙昨日下山去了
昨日	昨兒	2－15	42	昨兒晚上回來的 昨日晚上回來的
昨天	昨兒	2－16	45	今兒早起有人說、他是昨兒晚上死的 今天早晨有人說、他是昨天晚上死的

注（左）	原文（右）	巻－章	頁数	例文（上：右／下：左）
昨天	昨兒	2－18	52	昨兒早起起的 昨天早晨動的身
昨天	昨兒	2－26	74	您忘了您昨兒夜裏 您忘了您昨天夜裏
昨兒天	昨兒	2－37	103	他昨兒來告訴我說 他昨天來告訴我說
昨日	昨兒	4－13	176	他是昨兒晚上到的京 他是昨日晚上到京的
昨天	昨兒個	2－5	20	我昨兒個聽見說 我昨天聽見說
昨天的	昨兒個	2－19	55	昨兒個晚上 昨天的晚上
昨天	昨兒個	2－31	85	昨兒個有偺們一個同鄉的朋友 昨天有我們一個同鄉的朋友
昨天	昨兒個	2－33	90	昨兒個我到榮發棧裏去 昨天我到榮發棧裏去
昨天	昨兒個	2－40	109	我昨兒個晚上又猜了兩個 我昨天晚上又猜了兩個
昨日	昨兒個	3－2	112	可是你昨兒個迷迷糊糊的擱了有多少茶葉 却是你昨日磨磨曶曶的擱了有幾多茶葉
昨日	昨兒個	3－2	112	你沒瞧昨兒個吳少爺喝茶的時候苦的直皺眉麼 你沒看昨日吳少爺喝茶的時候苦得直皺眉麼
昨天的	昨兒個	3－3	113	雞子兒不要像昨兒個那麼老、越嫩越好 雞蛋不要像昨天的那麼老、越嫩越好
昨日的	昨兒個	3－12	129	怎麼比昨兒個倒換多了 怎麼比昨日的倒換多了
昨天	昨兒個	3－13	132	再把昨兒個破的那個燈罩子找出來 再把昨天破的那個燈罩子找出來
昨天	昨兒個	3－15	135	我昨兒個回來你上那兒去了 我昨天回來你往那裏去了
昨天	昨兒個	3－15	136	你別不認帳昨兒個你拿我的茶葉 你莫不認帳昨天你拿我的茶葉
怪皮氣	左皮氣	2－11	33	無奈令弟的那個左皮氣 無奈令弟的那個怪皮氣
做	作	2－23	63	是個作官的 是個做官的
做	作	2－25	69	又不像個作賊的 又不像個做賊的
做	作	2－25	69	我不是作賊的 我不是做賊的
做	作	2－25	71	作甚麼拿毒藥害你呢 做甚麼拿毒藥害你呢
做	作	2－26	74	到我這兒來作甚麼 到我這裏來做甚麼
做	作	2－30	82	不作好事 不做好事
做	作	2－30	83	粧作不知道的樣子 粧做不曉得的樣子

注（左）	原文（右）	巻－章	頁数	例文（上：右／下：左）
做	作	2－31	86	我作盤費回家去 我做盤費回家去
做	作	2－31	87	你給他作盤費回去 你把他做盤費回去
做	作	2－34	94	作甚麼不認呢 做甚麼不認呢
做	作	2－35	96	到我家來作甚麼 到我家來做甚麼
做	作	2－35	97	到我家裏來作甚麼 到我家裏來做甚麼
做	作	2－38	103	我作的那本日記得把他修飾好了 我做的那本日記想把他修飾好了
做	作	3－1	111	你就作保可以不可以 你就做保可以不可以
做	作	3－20	144	陞到廣東作領事官去 陞到廣東做領事官去
做	作	4－2	150	我沒作過外任 我沒做過外任
做	作	4－17	184	這每月作會的日子狠多呀 這每月做會的日子狠多呀
做	作	4－17	184	我們每逢作會的日子 我們每逢做會的日子
做	作	4－17	184	趕過了作會就回來 等過了做會就回來
弄	做	3－11	128	隨便叫現做 隨便叫現弄
作	做	4－17	183	這都是做會的日子 這都是作會的日子
坐了車	坐車	3－8	123	又坐車 又坐了車
做官	作官	2－3	18	也是作官的麼 也是做官的麼
做官	作官	2－3	18	是作官的 是做官的
做官	作官	2－9	27	得出去作官去 要出去做官去
作事	作活	1－39	12	又能熬夜、又能作活 又能熬夜、又能作事
顧	作臉	2－17	50	他必不能給您作臉 他必不能替您顧
作主	作項	2－24	68	您給作項就是了 您就作主就是了
做好了	做着了	2－7	24	現在做着了還沒燒得了 現在做好了還沒燒成功
做工	做活	2－11	31	看見他們種地的做活了麼 看見他們種地的做工了麼
做事	做活	2－14	40	您見天也在舖子裏做活麼 您每天也在舖子裏做事麼

注（左）	原文（右）	巻－章	頁数	例文（上：右／下：左）
做事	做活	2－14	40	我是不能整工夫在舗子裏做活 我是不能整工夫在舗子裏做事
做生活	做活	2－17	49	今是竟仗着給人家做活掙錢來過日子 今是竟仗着給人家做生活掙錢來過日子
做工夫	做活了	2－14	40	都可以上案子做活了麼 都可以坐棹子做工夫麼
做工夫	做活了	2－14	40	有一個可以上案子做活了 有一個可以坐棹子做工夫
做生活	做活了	2－35	96	剛纔小的在鋪子裏做活了 剛纔小的在鋪子裏做生活
哪	*	3－17	138	不 不哪

『改良民國官話指南　後附釋義』釋義語彙リスト

この資料は『改良民国官話指南』の巻末につけられている「釈義」の一覧をテキスト化したものである。漢字は可能な限り原書に依拠している。

原文の注釈対象語	注　　釈	掲載箇所
您納	尊稱	(1-1)
草字	謙詞	(1-1)
久仰得很失敬得很	凡得很皆寔在之一	(1-1)
並不很白	很甚也	(1-2)
了	凡了字皆官話虛字不讀蓼悉讀拉	(1-2)
兒	凡兒女之兒宜單讀餘皆官話腔調尾音宜與上一字連合其音兩字合一字音讀	(1-2)
官名	即官印官章	(1-3)
尊行排幾	行音杭排幾排行第幾	(1-3)
還	凡往還與還債之還讀環此則官話虛字作仍字解音孩	(1-3)
和	同也	(1-3)
請安	乃請問安好之意非屈一膝也	(1-3)
今兒早起	北京稱今日明日前日後日為今兒明兒前兒後兒今兒早起言今日早上也	(1-4)
特	北音讀脱南音奪此北語應從北音讀脱為是	(1-4)
的	凡目的的確之的讀秋此則官話腔調尾音讀達	(1-4)
謝步	謝其枉步	(1-4)
可不是麽	正是也	(1-5)
臉	北人謂面曰臉	(1-5)
復元兒	復舊也	(1-5)
怕是你	誠恐你也	(1-5)
重落	重感也	(1-5)
着點兒凉	言受一點風寒	(1-5)
覺着	見覺也	(1-5)
渾身	一身也	(1-5)
那總得	那一定也	(1-5)
大夫	大音帶醫生也	(1-5)
靠不住	不妥當也	(1-6)
雲山霧照	喻妄語之人如山之蒙雲罩霧真體難覩也	(1-6)

原文の注釈対象語	注　　釈	掲載箇所
要準兒	吗他說寔在準話也	(1-6)
白用心	枉用心機也	(1-6)
一味的	永遠也	(1-6)
胡吹混嗙	說濶也	(1-6)
上檔	受謳也	(1-6)
可是咳嗽纔輕省一點兒	言就是嗽略瘥一點也	(1-7)
關照	關心也	(1-7)
賞我臉	看我重也	(1-8)
逛	音誑遊也	(1-9)
閒空兒	閒工夫也	(1-10)
欠安	病也	(1-10)
總	都也	(1-10)
撒謊	說謊也	(1-11)
丟臉	無面見人也	(1-11)
刻	雕也	(1-12)
倆	凡技倆之倆讀兩此則北京土字乃二者並稱之詞閩音應讀作里椅切	(1-13)
逛逛	玩耍玩耍也	(1-14)
偺們	親暱之詞	(1-14)
搭伴兒	約伴同去也	(1-14)
嗓子	音顙喉嚨也	(1-15)
槅扇	木壁也	(1-16)
耳朶	北人稱耳為耳朶	(1-16)
老没見了	言許久未見也	(1-18)
面善	面熟也	(1-18)
提	說也	(1-18)
介紹	介北音讀借南音讀蓋致意也	(1-19)
晌午	下午也	(1-20)
打	由也	(1-20)
躺	卧也	(1-23)
炕	炕音炕北人以磚土做牀曰炕内通氣道下生煤火每屆隆冬之際温煖如春	(1-23)

原文の注釈対象語	注　釈	掲載箇所
颳風	起風也	(1-23)
直飛	行甚速也	(1-23)
巧了	將好也	(1-23)
走動	大解也	(1-25)
被窩	被也	(1-25)
好歹	歹達矮切好壞也	(1-29)
不埋沒我們一點兒好處	即有善必褒之意	(1-30)
了空	了仍讀蓼	(1-31)
土是鹹的	北方之田如久經大水即變為斥鹵雨後生堿如霜寸草不生	(1-31)
嗐	恨聲	(1-33)
整天家	日日也	(1-33)
老子娘	老子父娘母	(1-33)
多偺是個了手	了仍讀蓼言何時為止	(1-33)
依我說	據我意見也	(1-33)
哄	謳也	(1-34)
往上巴結	言有出頭之日	(1-34)
有縫兒就鑽	無孔不入也	(1-34)
來不及	做不來也	(1-34)
保得住	言保全名譽得以長久也	(1-35)
總沒大理他	言只略荅一半句餘則不與交談也總沒大理他者言他每次來我皆如此看待也	(1-37)
涎皮賴臉	面皮厚不知羞恥也	(1-37)
儘自來	常常來	(1-37)
沒眼神兒	言人之悦與不悦皆未之見也	(1-37)
老別理他	永不與交談	(1-37)
穩重	莊重也	(1-38)
跟前	北人謂親生之子曰跟前	(1-38)
熬夜	作夜工也竟夜不睡亦曰熬夜	(1-39)
作活	北人謂作工曰做活	(1-39)
有耐心煩兒	言有堅忍之性質也	(1-39)
馬尾兒	尾此處音以係專指尾上毛線而言者他處仍音委	(1-39)

原文の注釈対象語	注　　釈	掲載箇所
嚼	咀嚼也	(1-41)
燉	煨也	(1-41)
弄	做也	(1-41)
强	好也	(1-41)
磕	音克以牙開瓜子皮	(1-41)
給他實端出來	言將伊弊病和盤托出也	(1-42)
耗子	鼠也	(1-43)
餧	音位飼也	(1-43)
兇	利害也	(1-43)
東單牌樓	地名	(2-1)
胡同	北京巷衕之通稱	(2-1)
行走	自由當差之意問人之詞也	(2-1)
住不了	了仍讀蓼	(2-1)
那層	這事也	(2-1)
脚下	現時也	(2-1)
那好辦	那容易	(2-1)
赶	到也	(2-1)
匀	分也	(2-1)
七十吊	北京舊鑄當十大錢七十吊即南省制錢七吊	(2-1)
鬧賊	失盜也	(2-1)
茶錢	北京租房最難門外不貼租榜皆房牙或友人代租其租房之法頭一個月則雙倍價稱為單茶錢房好頭一個月則三倍價稱為雙茶錢後則逐月納租	(2-1)
落	得也收也	(2-1)
幾分兒茶錢	即是問單茶錢雙茶錢之意	(2-1)
一茶一房	七十吊房租七十吊茶錢乃單茶錢	(2-1)
行了	使得也	(2-1)
準見	一準相見也	(2-1)
行情	行音杭行價也	(2-2)
行市	亦云價也	(2-2)
舖子	店舖也	(2-2)
合式	中意也	(2-2)

原文の注釈対象語	注　　釈	掲載箇所
哈達門	彰儀門也	(2-2)
置	辦也	(2-2)
底下	後來也	(2-2)
提	説也	(2-2)
一盪	一回也	(2-2)
門脈出馬	上午在家看症曰門脈下午在外看症曰出馬	(2-2)
喳	恭敬應聲	(2-3)
煩缺簡缺	凡縣缺之難易分四等曰衝曰繁曰疲曰難曰四者之中有三即為煩缺有一或皆無為簡缺煩則難做簡易做也	(2-3)
打架	尋鬧相打也	(2-4)
無賴子	光棍土痞也	(2-4)
撿	拴也	(2-4)
掛失票	聲明遺失也	(2-4)
他也不能白了你	言伊斷不能白白收去定當酬謝也	(2-4)
不答應	不肯也	(2-4)
通不管那些個	通讀去聲乃作色詞	(2-4)
扣	留也	(2-4)
擱	放也	(2-4)
摔	擯也	(2-4)
琺藍	銅器上以銅線圈出花文内染以五色黝燒成後磨之即成景泰藍在外國極有名譽	(2-5)
作	作讀平聲北京製器之所曰作	(2-5)
掌櫃的	老板也	(2-5)
局子	店也	(2-5)
白問一問	問價不買曰白問	(2-5)
公舘	公使舘也	(2-5)
倒好	可好也	(2-6)
收租子	收田租	(2-6)
幾頃地	百畝為頃	(2-6)
凑	零聚也	(2-6)
還可以行	還可以辦得到也	(2-6)
約摸	約畧也	(2-6)

原文の注釈対象語	注　釈	掲載箇所
紅契白契	凡契紙經地方官税過蓋印為紅契最值錢未經税過即無地方官印信為白契不甚值錢恐有轇轕也	(2-6)
閒在	安閒自在也	(2-7)
不舒担	不爽快	(2-7)
俏貨	價廉物美	(2-7)
幾間門面	北京店舖之大小以店門之多寡為率	(2-7)
纔行哪	謂纔使得	(2-7)
作頃	請人定奪曰作頃	(2-7)
了事	辦事也	(2-7)
不咖了	不必也	(2-7)
師傅	北方工師通稱	(2-8)
這程子	這一向也	(2-8)
石	石傍加一點音但與擔儋通乃北省米商通俗兩用字也又作又石又作擔如讀失字音非	(2-8)
活	工也	(2-8)
墊辦的起麼	謂汝有此力量先墊錢開工嗎	(2-8)
墊辦的了	了仍讀蓼	(2-8)
木廠子	禾行也	(2-8)
受等	謂屈尊在此久俟也	(2-9)
好説	豈敢也	(2-9)
莊稼地	農田也	(2-9)
所都長起來了罷	言所有青苗都長成乎	(2-9)
晌飯	午飯也	(2-9)
一棵	一株也	(2-9)
凉快	乘凉也	(2-9)
瞧了會子	看了半日也	(2-9)
遛達	緩步遊行也	(2-9)
會高樂	能尋樂也	(2-9)
悶得慌	無事悶人難過也	(2-9)
睡晌覺	午後畧眠也	(2-9)
不舒服	不爽快也	(2-9)
對勁	氣味相投彼此和睦	(2-9)

原文の注釈対象語	注 釈	掲載箇所
左皮氣	皮應作癖性性情頑固也	(2-9)
押	質也	(2-9)
窪地	最低之田	(2-10)
緊挨着	緊接也	(2-10)
鎮店	鎮市也	(2-10)
集	南人曰墟北人曰集離城鎮遠者方有或逢一逢五或逢二逢八或一四七或二五八或三六九百貨聚賣之期鄉人趋赴馬	(2-10)
牲口	牛馬騾驢通稱	(2-10)
駝上	負也	(2-10)
經紀	牙人也	(2-10)
挣	賺也	(2-10)
用錢	百中抽五抽十之類	(2-10)
海淀	地名近頤和園	(2-11)
乾果子	乾音干	(2-11)
過年	明年也	(2-11)
拉縴	介紹也	(2-11)
外行	行音杭于此道未諳也	(2-11)
規矩	規音龜章程也	(2-11)
黑下白日	晝夜也	(2-11)
搭窩棚	以草蓆支一架守望所也	(2-11)
掉	落也	(2-11)
辛苦	慰人勞苦之意	(2-12)
宅	住宅也官家之通稱	(2-12)
照應點兒	恭維之詞	(2-12)
擱下了	辭工不做也	(2-12)
散了	散伙回家也	(2-12)
忌烟	戒烟也	(2-12)
簡直的	竟成也	(2-12)
可是	承上起下之詞	(2-12)
打夜作	冬日作夜工也	(2-12)
見天	日日也	(2-12)

原文の注釈対象語	注　　釈	掲載箇所
不過算可以的	言将就過得去也	(2-12)
敢情	錯愕之意	(2-12)
錶子	銅練也係中國蘇廣自造之鐘	(2-12)
要手藝	作工藝之通稱	(2-12)
醒鐘	鬧鐘也	(2-12)
累肯	勞駕也	(2-12)
好説好説	當不起當不起	(2-12)
解	由也	(2-13)
打圍	打臘也	(2-13)
街坊	鄰居也	(2-13)
野牲口	野畜也	(2-13)
不錯呀	很好也	(2-13)
平西	日欲落時	(2-13)
馱着	與駝同負也	(2-13)
頂着雪	雪落滿頭也	(2-13)
扎浄	勉强而行也	(2-13)
背	晦氣也	(2-13)
呑烟	食生鴉片膏也	(2-14)
外鄉人	外疆人也	(2-14)
死鬼	死人也	(2-14)
套褲	褲褪也	(2-14)
巧了	或者也	(2-14)
你管保不知道	包你一定不知也	(2-14)
屈心	昧心也	(2-14)
昧起來了	瞞昧收藏也	(2-14)
死鬼	死人也	(2-14)
命要了	命害了	(2-14)
這宗	這樣也	(2-14)
簡直的	一定也	(2-14)
别説	無論也	(2-15)
要	賭也	(2-15)

原文の注釈対象語	注　　釈	掲載箇所
寶局	係設么二三四四門令人猜壓一門者乃子弟傾家敗産之處	(2-15)
出門子	出嫁也	(2-15)
木作	木匠店也	(2-15)
竟仗着	竟憑也	(2-15)
撒開了一賺錢	任意浮冒也	(2-15)
巧了	大概也	(2-15)
作臉	不受累不聽話荐主面有光彩也	(2-15)
要遭了	言定不得了	(2-15)
我早給他斷就了	言預决伊將來也	(2-15)
沙鍋	瓦釜也抱沙鍋言手抱瓦噐討飯也	(2-15)
這套書	這部書也	(2-16)
書套	以藍布裱成護書也	(2-16)
書槅子	書架也	(2-16)
連來帶去	來回共算	(2-16)
月底	月尾也	(2-16)
説和	講和也	(2-17)
批	定也	(2-17)
説和不了	了仍讀蓼不能説和也	(2-17)
就結了	就完了	(2-17)
封貨	選買當店期滿脏物曰封貨	(2-18)
賣漏給他了	看末真而誤賤賣也	(2-18)
賺了好錢了	賺俗音篆言得利甚大也	(2-18)
打眼	以偽為真以賤為貴	(2-18)
敢情	驚喜之詞	(2-18)
迎着頭找	知彼必由此路回迎面而尋也	(2-19)
雇	倩也	(2-19)
不答應了	即大鬧之意	(2-19)
所不答應	大鬧不休	(2-19)
着了忙了	着寔心荒也	(2-19)
挨着各棧一問	逐棧查問也	(2-19)
緊用項	立等使用錢欵也	(2-19)

原文の注釈対象語	注　　釈	掲載箇所
摘	暫借即還曰摘摘音齋	(2-19)
羞澁	澁音色如洗也	(2-20)
挪用	挪移也借也	(2-20)
交還	還仍讀環	(2-20)
不行了	生意不佳	(2-21)
封河	北省至十月河口被層冰所封舟不能行曰封河	(2-21)
廣棧	廣東人所開之棧也	(2-21)
必賺好錢	必獲大利也	(2-21)
掉	音調落也	(2-21)
拉躺下了	影響受害也	(2-21)
眼前歡	暫時發財不能長久	(2-21)
土局子	土行也	(2-21)
所不上舗子了	永未至店也	(2-21)
納福	受用也	(2-21)
算大帳	通盤清算一回也	(2-21)
見天黒下	日日晩上也	(2-21)
該	欠也	(2-21)
吃一頓挨一頓	言無隔宿之糧飽一回飢一回也	(2-21)
居停	東家也	(2-22)
欺生	不容也	(2-22)
打起鄉談	説家鄉話也	(2-22)
掰	音擺平聲遠也離也	(2-22)
咬羣	咬要上聲黨同伐異	(2-22)
再往下混	仍在彼處也	(2-22)
生分了	彼此生隙了	(2-22)
着比	假如也	(2-22)
你給作頊	請你作主也	(2-22)
咕咚	咕音哭咚音通重物墜地聲	(2-23)
嚇	驚也	(2-23)
打燈籠	打提也	(2-23)
踒	外上聲挫也	(2-23)
攙	産平聲扶待也	(2-23)

原文の注釈対象語	注　　釈	掲載箇所
趨	柳去聲運動也	(2-23)
臉上很不得勁	面有忸怩之容也	(2-23)
抓局	拿睹也	(2-23)
大烟	鴉片也	(2-23)
別致	奇特也	(2-23)
答應了一聲	不願戒勉强應詞	(2-23)
夥同一氣	連成一黨	(2-24)
弄局	設牌局也	(2-24)
太不是人行了	言非人類所做者	(2-24)
抽冷子一天	忽然一日	(2-24)
天快亮了	微明時	(2-24)
大天大亮了	天已大明也	(2-24)
刷白的	面青白無血色也	(2-25)
不舒坦	病也	(2-25)
勾起來了	勾引也	(2-25)
說妥了的	約明也	(2-25)
大前兒個	前兩天也	(2-25)
湊	次豆切見上六章注	(2-25)
鬧得我好對不過那個姓孫的	言臨時抑勒失信我無以對彼也	(2-25)
安心	存意也	(2-25)
三千兩吊	三塊兩塊也	(2-25)
老說	常如此說也	(2-25)
找補	補還也	(2-25)
化了	化為無有也	(2-25)
小取	愛小便宜也	(2-25)
上炕	上牀也	(2-25)
女人	老婆也	(2-25)
就這麼道人	言就如此為人	(2-25)
白事	喪事也	(2-25)
熬夜	照應火燭賊盜竟夜不睡也	(2-25)
道乏	道勞駕也	(2-25)
簡直的沒理人家	乃竟不與交談也	(2-25)

原文の注釈対象語	注　　釈	掲載箇所
這宗人性	這様做人也	(2-25)
近起來	近來也	(2-25)
更好了	反言之詞	(2-25)
道兒上	半路上也	(2-26)
灣	傍岸曰灣	(2-26)
銀兒子	銀袋也	(2-26)
兩輛	兩乘也	(2-26)
趕車的	御車人	(2-27)
走岔了道	路走錯也	(2-27)
掌燈的時候	點燈時也	(2-27)
瞎走	漫行不熟之路曰瞎走	(2-27)
定更	初更也	(2-27)
麪幌子	客廣招牌也	(2-27)
把車趕進去了	赶趋也	(2-27)
挑	揀也	(2-27)
賊眉鼠眼	言目動而神異非善類也	(2-27)
犯疑	可疑也	(2-27)
出恭	大便也	(2-27)
他納	他音攤背後稱長輩詞	(2-27)
茅屋	厠所也	(2-27)
他們三人	三音薩不讀叁	(2-27)
説開了	説明也	(2-27)
黒店	賊店也	(2-27)
直叫門	打門之聲甚急也	(2-27)
鏢車保鏢的	鏢音標北方路上盜賊甚多往往刼奪客商行李貨物故北京立有保險行曰鏢店立約派人保護曰保鏢的如有失事照約賠償	(2-27)
套上了車	將車駕在騾上曰套	(2-27)
嗇刻	慳吝也	(2-28)
不幫人	不周恤人也	(2-28)
頂着雨	情急冒雨而行也	(2-28)
辦不了	了仍讀蓼做不到也	(2-28)

原文の注釈対象語	注 釈	掲載箇所
賭氣子出去	怫然而去也	(2-28)
躲開了	避不與見也	(2-28)
同院子住着有一個街坊	言在一天井中同居的一個鄰人	(2-28)
不説長道短	不置可否也	(2-28)
趁願	稱快也	(2-28)
招了	寔供也	(2-28)
事主	被盜之家也	(2-28)
不行	不敢不去也	(2-28)
頂他的名	頂替也	(2-28)
瞧不起他	頗看輕他	(2-28)
收拾他	玩弄他	(2-28)
撒了一個慌	編一個假話	(2-28)
掉眼淚	落淚也	(2-29)
緊街坊	隔壁鄰居也	(2-29)
冷孤丁	抖然間也	(2-30)
驚下去了	驚而跑走了	(2-30)
待了會子	沒多久也	(2-30)
見個情	表明伊重義輕財減價以售也	(2-30)
吵翻起來	吵鬧起來	(2-30)
敢情	原來也	(2-30)
一掐籌	掐氣呀切以手攢聚也	(2-31)
一句話也還不出來	還仍讀做環	(2-31)
竟自不是	果然不是也	(2-31)
臉上磨不開	面有慚色也	(2-31)
打回來了	退回也	(2-32)
收號	北方店舖凡經手之票紙皆寫明係某人所換之票何日收到注於票後曰收號	(2-32)
戳子	戳音綽啚章也	(2-32)
竟你收的是我們不行啊	言只是你自己隨意寫是我們的難以相認也	(2-32)
總得有我們收的人家兒纔行了	須有我店中收號係何人之票方有憑據相認也	(2-32)
往回裏打	看票背後收號退還原主	(2-32)

原文の注釈対象語	注　釈	掲載箇所
母錢舖	資本不多未經公議通用小錢店也	(2-32)
認這個苦子	認吃此虧也	(2-32)
磨別處的行不行	改換別家票使得使不得	(2-32)
都收着了	言票後都有你店收號乎	(2-32)
街門對着	虛掩也	(2-33)
打茶圍	凡去妓女家吃茶曰打茶圍	(2-33)
放卯子	放債也	(2-33)
一腦門子氣	滿面怒容也	(2-33)
鐲子	銀鐲也	(2-34)
戥子	厘戥也稱輕物者	(2-34)
邀	亦稱也	(2-34)
懷裏	懷中也	(2-34)
昧起來了	見上十四章注	(2-34)
夾剪	剪銀之器	(2-34)
大夫	醫生江南稱郎中	(2-35)
瞧門脈	見一卷第五節注	(2-35)
宅門子	官家也	(2-35)
估衣舖	賣新舊衣店也	(2-35)
歇乏	將息勞頓曰歇乏	(2-36)
打早尖	行遠路人上午進站吃飯食畢即行曰打早尖故行路人有尖站晚站之別站即鎮市中客寓也	(2-36)
叫他招定了	言定要伊承認也	(2-36)
白說不招	言任汝推問至死不承也	(2-36)
鄰封	鄰縣也	(2-36)
謄	抄寫也	(2-36)
斟	斟酒也	(2-37)
滑拳	猜拳也	(2-37)
白給	言有本領人與沒本領人較量定輸無贏曰白給	(2-37)
瞎貓碰死耗子	言瞎貓遇死鼠非其本領所獲者不過偶然巧遇耳	(2-37)
罷咧	輕之之意也	(2-37)
混酒	賴酒也	(2-37)
你竟管說沒人不答應你	言你放心說沒人怪你也	(2-37)

原文の注釈対象語	注　釈	掲載箇所
打燈虎兒	猜燈猜也	(2-38)
揭了幾個	猜中而揭其紙條也	(2-38)
都恰	都恰當也	(2-38)
瞎咧咧	胡說也	(2-38)
你上回叫我找的那十幾歲的小孩子	找尋也言汝上次囑我尋僱之童僕	(3-1)
你願意	汝中意也	(3-1)
那好辦	見卷二一章七節	(3-1)
新近到這兒來的	近日初到此地	(3-1)
那麼叫他解多喒喒來伺候你哪	由何日來伺候汝	(3-1)
哼	徐聲應也	(3-1)
一塊兒	一總也	(3-1)
喳	見卷二二章一節	(3-1)
定規	安置定奪	(3-1)
洗澡房	沐浴室也	(3-1)
怎麼樣	何如	(3-1)
瞧瞧	看看也	(3-1)
就按着這麼辦罷	照此而行	(3-1)
沏茶	泡茶也	(3-2)
錫鑞礶兒	錫瓶也	(3-2)
多咱	何時也與多喒之意相同	(3-2)
你就續上罷	你可以隨意添上	(3-2)
自各兒	自己也	(3-2)
釅	音燕茶葉過多茶味太濃曰釅	(3-2)
喝	飲也凡飲物皆謂喝	(3-2)
就手兒	隨手也	(3-2)
吐沫	沫音米口涎也	(3-2)
刷乾净了	用水洗净	(3-2)
可別烤煳了	烤者以火烘之煳者物烘焦也	(3-3)
短	缺少也	(3-3)
雞子兒	雞蛋也	(3-3)

原文の注釈対象語	注　　釈	掲載箇所
筋觔兒	頗堪適口之意	(3-3)
胡攙亂對	雜以別物	(3-3)
撤了去罷	将飯菜收下去	(3-3)
找我	訪我也	(3-3)
管事的	管理家事之人即稱外國人所用之家僕也	(3-4)
飯得了	飯已便矣	(3-4)
磨蹭着	拖延也	(3-4)
邀了邀	用秤稱一稱	(3-4)
留點兒神	小心作事	(3-4)
把油潡净了	将油膩濾净	(3-4)
盛飯	入飯於碗謂之盛飯	(3-4)
少東人	即小主人也	(3-4)
提醒我罷	明以教我	(3-4)
忘死了	直想不起	(3-4)
木魚	日本所産之魚	(3-4)
拐趟下來	碰倒	(3-4)
碾布	拭棹之布	(3-4)
忙忙叨叨	慌忙之狀	(3-4)
湛新	極新也	(3-4)
哦嗹半斤	綹成一團	(3-4)
醃	以塩醃物	(3-4)
招點兒醋不招了	要加醋不要	(3-4)
隆福寺	在京東四牌樓	(3-5)
一塊兒	一處也	(3-5)
巧了	大概也	(3-5)
坎肩兒	背心也	(3-5)
汗褟兒	汗衫也	(3-5)
也没洗掉	穢垢並無洗净	(3-5)
了頭	婢也	(3-5)
找塊補釘給補上	用布補妥	(3-5)
櫬一櫬	扯一扯	(3-5)
給疊起來	将衣服整理齊整	(3-5)

原文の注釈対象語	注　釈	掲載箇所
交民巷	京城地名	(3-6)
琉璃廠	北京地名	(3-6)
古玩	古董	(3-6)
一送兒	一直透	(3-6)
免得又累贅	免費手續	(3-6)
站口子	車舖子也	(3-6)
跑海的	未歸車行之車	(3-6)
宅門子	公舘之稱	(3-6)
牲口	騾馬通稱	(3-6)
傍帳兒	車傍布帳也	(3-6)
力把頭兒	非内行之人	(3-6)
跩窩裡頭赶	将車推到石道中凹處也	(3-6)
屁股蛋兒	臀位也	(3-6)
撴腫了	撴摔也腫紅瘇也	(3-6)
好手	行家也	(3-6)
板櫈	木櫈	(3-6)
跴住了	用脚踏緊	(3-6)
掖	安放也	(3-6)
吆喝罷	讓開車也	(3-6)
不舒服	見巻二九章十一節	(3-7)
不用功	不念書也	(3-7)
出馬	出門診病	(3-7)
這是交情的事情	論交情也	(3-7)
撲空	相左也	(3-7)
造化了	僥倖之謂	(3-7)
斟酒	篩酒	(3-7)
麨子葯	葯粉也	(3-7)
忌生冷	忌食生冷之物	(3-7)
居庸關	在宣化府東南土名南口為京張鉄路必經之地	(3-8)
逛一逛	游玩一番	(3-8)
赴湯投火	喻極難之事	(3-8)
怎麼着都行	隨便皆可	(3-8)

原文の注釈対象語	注　　釈	掲載箇所
一住店	歇客棧	(3-8)
忽然要走動	忽然遇有大解	(3-8)
怎麼着好呢	如何是好	(3-8)
赶	等也	(3-8)
揢	撑也	(3-8)
洗澡	浴身也	(3-8)
明兒個	明天也	(3-8)
赶都歸着好了	俟收拾齊妥	(3-8)
好容易	言甚不易也	(3-9)
倒座兒	謂屋之後進回照處也	(3-9)
東嘎拉兒	屋之東隅	(3-9)
解	由也	(3-9)
皮刺的	皮音披刺音拉言粗笨之物也	(3-9)
掉	見卷二十一章九節	(3-9)
鉗子	鉄鉗也	(3-9)
鎚子	鉄鎚也	(3-9)
曬曬	向日而曝	(3-10)
斗篷	衣披也	(3-10)
背陰兒	背日處	(3-10)
晾晾	迎風而吹	(3-10)
抖摟好了		(3-10)
毛稍兒就焦了麼	皮之毛頭被曬焦也	(3-10)
那就對了	那就不錯	(3-10)
囬頭	等一刻也	(3-10)
倒一倒	換一方向	(3-10)
向陽	向日光處	(3-10)
磕打磕打	除箱内污穢	(3-10)
太陽落山兒	日將沉西	(3-10)
不差甚麼	差不多也	(3-10)
透透風	通一通風	(3-10)
都糟了	全毀壞也	(3-10)
下上潮腦	將樟腦放入箱内	(3-10)

原文の注釈対象語	注　　釈	掲載箇所
四周圍都掖嚴了	將四面塞緊也	(3-10)
廢物	無用之稱	(3-10)
摩挱平了	按摩平正	(3-10)
你出城定地方去	定者預先商定也京城請客館子坐位必須預先定妥也	(3-11)
成棹	全席之菜	(3-11)
零要	隨意點菜	(3-11)
倒是	還是也	(3-11)
官座兒	頭等坐位	(3-11)
棹子	平常坐位	(3-11)
不吃柱子的地方	面前不為庭柱所遮	(3-11)
標緻	美麗貌	(3-11)
梆子	曲調名	(3-11)
二簧	亦曲調名	(3-11)
三慶	戲班名	(3-11)
四喜	亦戲班名	(3-11)
銀盤兒	銀價也	(3-12)
行市下來的大	行情漲大	(3-12)
本出的	本舖所出之票	(3-12)
下剩的破了零的來	餘者都換零碎票条	(3-12)
磨別處的也使得	換別家票子也可以	(3-12)
四恆	四恆乃錢舖字號在京頗稱殷寔者	(3-12)
搭出去	喚出去也	(3-13)
說了會子話	談話多時	(3-13)
你這都不像話	謂出言無理也	(3-13)
無論出去多大工夫兒	不論出去若干時刻	(3-13)
大意	粗心也	(3-13)
回家瞧我母親的病去	回省母病	(3-13)
告謊假	說謊告假	(3-13)
咒	詛罵也藉	(3-13)
不礙事	無妨於事	(3-13)
有個好歹	如有不測	(3-13)
當過使喚的	當過跟班之人	(3-13)

原文の注釈対象語	注　釈	掲載箇所
放	縱也言准予告假意	(3-13)
你別愣着了	汝毋呆立在此	(3-13)
苦力	傭工也	(3-14)
拾掇	收拾打掃	(3-14)
犯潮	犯潮濕氣	(3-14)
搭拉	物下垂之謂	(3-14)
先生你收着銀花紙了不是	言銀花紙是否在汝處	(3-14)
底半截兒牆	牆之下半段也	(3-14)
秫稭	稭草管也北方常用秫管搭棚	(3-14)
報結	完工也	(3-14)
交手	十字木架也糊棚時用以升高	(3-14)
杪稿	小衫木也	(3-14)
糨子	煮麪為糊可以粘物曰糨子	(3-14)
胡拉下來	掃之使下	(3-14)
都撢浄了	全拂乾浄	(3-14)
然後拿墩布蘸上水	墩布棹布也蘸上水濕上水也	(3-14)
搕乾了	將水絞乾	(3-14)
髒了牆	髒汚也	(3-14)
可不是客人來了麼	果然容人至矣	(3-14)
還攦他	攦讀拉去聲言尚短少他	(3-14)
炸了	被火炸裂	(3-15)
再往大裡捻	再將火光俾大	(3-15)
老改不了	竟不改變	(3-15)
這是怎麼個理呢	似此成何道理	(3-15)
扔	擲也	(3-15)
鏽	鉄器生鏽	(3-15)
不定那一天就許着了	不定何日準能應我這話	(3-15)
嘴硬	强辯	(3-15)
瓢朝天碗朝地	諸物狼藉之狀	(3-15)
拾掇俐儸	收拾潔浄	(3-15)
拿灰培上	用灰遮蓋	(3-15)
那纔是有眼裏見兒哪	如此纔算有機變的	(3-15)

原文の注釈対象語	注　釈	掲載箇所
竟等着挨説纔幹哪	豈必事事要人指揮乎	(3-15)
砸東西	碰壞物件	(3-15)
這還像事麼	似此成何事體	(3-15)
多咱	何時也	(3-15)
你別不認帳	謂汝毋不承認	(3-15)
我悄悄兒的進來瞧見了	我暗中随汝仝往已見汝所行之事	(3-15)
馬籠頭	即馬首之籠頭也	(3-16)
嚼子	馬口内之嚼環也	(3-16)
鐵活	馬身之鉄飾也	(3-16)
磚麪子	磚灰也	(3-16)
打前失	馬失前蹄	(3-16)
獸醫樁子	樁音莊醫獸之架	(3-16)
老不上膘	竟部肥壯	(3-16)
解完了手	小解完了	(3-16)
溜滑的	地板極滑	(3-16)
搓搓澡	洗澡時令人代搓由垢曰搓澡	(3-16)
油泥多罷	積垢多乎	(3-16)
多宗晩上	何夕	(3-17)
不咖	不必也	(3-17)
我先把這箱子騰空了	先將箱子檢空	(3-17)
零碎兒	零碎物件	(3-17)
都插在裡頭	插安放也	(3-17)
滑藉	即華稭也乃麥稭之上段	(3-17)
或是棉花楦磁實了	或用棉花填塞寔在	(3-17)
搖晃	搖動也	(3-17)
軟片	細軟包裹	(3-17)
撤出來	扯下也	(3-17)
釘死了罷	用釘釘牢	(3-17)
馬蓮包	麻布袋也	(3-17)
繩子扣兒	繩結也	(3-17)
勒死	結死扣也	(3-17)
軟帘子	帘音簾即軟簾也	(3-17)

原文の注釈対象語	注　釈	掲載箇所
旱傘	遮日所用即布傘也	(3-17)
白拜匣	即白色拜帖匣也	(3-17)
煞在在車尾兒上	煞即塞也車尾車後也	(3-17)
使得罷	可以的	(3-17)
片子	職名片也	(3-17)
澆花	以水灌花	(3-18)
弄土	弄土泥也	(3-18)
那宅裡	北京問人那家皆說那宅裡	(3-18)
平日在家裡做粗活	即謂平日在家作粗工也	(3-18)
總得要撒利	總要適體	(3-18)
纔是樣子	始不失夫觀瞻	(3-18)
別磨稜子了	幸毋躭擱之意	(3-18)
職名	名刺也	(3-18)
嬌嫩東西	謂容易碎破之物如磁料等噐是	(3-18)
怕車撴	恐為車撴壞也	(3-18)
掐	採也	(3-18)
惦念	縣念之意	(3-18)
我就有了氣了	言我必生氣	(3-18)
掛麪	即閩之梭麪也	(3-19)
賤的東西總次罷	價賤貨必劣	(3-19)
謊價	虛價	(3-19)
退票	假票也	(3-19)
和你說	對你講也	(3-20)
大概	大約也	(3-20)
可有一層	尚有一事	(3-20)
把你打發回來	遣汝歸來	(3-20)
他不要你了	彼若不用汝	(3-20)
倘或没滿三年	若未及三年	(3-20)
你自己不幹	汝不願在彼就事	(3-20)
就省得張福打外頭往京裡帶錢囉瑣了	免我在外寄錢回家諸覺費事	(3-20)
你這個親戚多了	汝之親戚何如此之多葢薄斥之也	(3-20)

原文の注釈対象語	注　釈	掲載箇所
先挨一挨兒再説罷	且看將來再説	(3-20)
都歸齊截了	全收拾齊備矣	(3-20)
新手兒	新來接手之人	(3-20)
外頭首尾的事情也都要算清了	外面所有人欠欠人皆要清理	(3-20)
上工	開始工作	(3-20)
脚下	刻下也	(3-20)
太盛設了	謂酒席過於豐厚也	(4-1)
這寔在不成格局的很了	謂酒席過於草草也	(4-1)
我們也就不布了	我亦不必過讓也	(4-1)
寔在是彀了	酒已醉飯已飽	(4-1)
一來是給欽差賀喜	給字作與字解	(4-2)
我們還没會過面了	謂彼此尚來會過	(4-2)
沿途	一路之上	(4-3)
定規那一天	定期何日	(4-3)
葛沽	地名	(4-6)
水脚	僦貨船費曰水脚	(4-7)
哈喇	外國呢名	(4-8)
等底下再給貴領事來請安	俟另日再趋候	(4-8)
我斗胆一句話	我大胆説一句	(4-9)
所以掉了	因此落弟	(4-11)
多偺	何時也	(4-11)
打印子放行	蓋印放行	(4-13)
驚弓之鳥	言已受過驚赫	(4-13)
這幾日稍微的漸消停一點兒	言近日公務署消閑也	(4-14)
他是由舊資格新考出來的	由舊時資格考充新知事也	(4-15)
先容	先為介紹	(4-16)
比較	比較征收税額多寡	(4-16)
均甚水乳	謂如水乳之融洽也	(4-18)
搆訟	告狀也	(4-19)
説合	調和兩家意見	(4-19)
從此就踪跡渺茫了	此後並未通信竟不知其下落	(4-20)

影印本文

土話指南
（1908年、神戸市外国語大学図書館蔵）

天主降生一千九百八年

土話指南

上海土山灣慈母堂第二次印

序

官話指南。本爲東洋吳君所撰。分有應對須知。官商吐屬。使令通語等門。洵足爲有志官話者。初學之助。司鐸師中董君見而愛之。譯以法語。并音以西音。於難辨處。加以註釋。是以西士來華。莫不先行誦習。奉爲指南。然於松屬傳教士。不克其用。未免有恨。概欲譯以松屬土音爲快。余姑就衆情。勉按原本。譯以方言。惟其中有幾處省郡等名。不便譯出。故將原本地名。少爲權易。且末卷官話問答。

上海土山灣慈母堂第二次印

土話指南

天主降生一千九百八年

土話指南

T'OU-WO TSE-NÉ

BOUSSOLE DU LANGAGE MANDARIN

TRADUITE ET ROMANISÉE

EN

DIALECTE DE CHANG-HAI

倘譯以土音。更不合宜。故特舍而不譯。顏曰土話指南者。蓋就官話指南之顏而顏之也。

應對須知

請教貴姓。　賤姓吳。　請教台甫。　草字資靜。　貴昆仲幾位。　伲弟兄三個。

　貴處是那裡一府。　敝處是松江府。　府上住拉城裏是否。　是。住拉城裏个。　久仰得極。勿曾會過歇。失敬失敬。

先生今年有幾化高壽者。　虛度之六十歲者。　有福氣。好强健。鬚咾頭髮還勿曾那能白哩。　靠福。鬚咾頭髮已經白之半把者。　我今年剛剛五十歲。鬚已經白之一半多者。

尊姓大名。　賤姓張。官名叫守先。　尊駕排行第幾位。　我頂大。　貴甲子。　還小拉哩。今年不過廿四歲。　恭喜。一向拉啥地方。　拉通州做生意。我搭自家令叔相好个。所以特第來候候。　當勿起。請問寶號叫啥。　小號叫信昌。

久違久違。實在渴想得極。今朝早辰頭。聽見話老兄到此地。所以特地來望望。

YNG-TEI SU TSE

Ts'ing kiao koei sing.—Zié sing N.—Ts'ing kiao t'ai fou.—Ts'ao ze Tse-zing.—Koei k'oen-zong ki-wei?—Gni di-hiong sè-ke.—Koei ts'u ze a-li ih-fou?—Pi ts'u ze Song-kaong-fou.—Fou-laong zu la zeng li ze va?—Ze, zu la zeng li ke.—Kieû gnang-teh-ghieh; véh-zeng wei-kou-hiéh, séh-kieng séh-kieng.

Sié-sang kien-gné yeû ki-houo kao zeû tsé?—Hiu dou-tse l'h-séh su tsé.—Yeû foh-k'i! hao ghia-ghié; sou lao deû-fah wè véh-zeng na-neng bah li.—K'ao foh, sou lao deû-fah ih-kieng bah-tse pé-pouo-tsé.—Ngou, kien-gné, koang-koang n-séh su. Sou ih-kieng bah-tse ih-pé tou-tsé.

Tsen sing da ming?—Zié sing Tsang; koé ming kiao Seû-sié.—Tsen-kia ba-hang di-ki-wei?—Ngou ting dou.—Koei kiah-tse?—Wè siao la li; kien-gné péh kou gnè-se su.—Kong-hi. Ih-hiang la sa di-faong?—La T'ong-tseû tsou sang-i. Ngou tèh ze-ka ling-séh siang-hao-ke; sou-i deh-di lai heû-heû.—Taong-véh-k'i. Ts'ing men pao hao kiao sa?—Siao hao kiao Sin-ts'ang.

Kieû wei kieû wei, zéh-zai k'euh-siang-teh-ghieh. Kien-tsao tsao-zen-deû, t'ing-kié wo lao-hiong tao ts'e-di; sou-i deh-di lai maong-maong.—

Première partie.

FORMULES DE CONVERSATION QU'IL FAUT SAVOIR

Indiquez-moi, s'il vous plait, votre noble nom.—Mon nom est "N."—Indiquez-moi, s'il vous plaît, votre surnom.—Mon surnom est "Tse-zing."—Combien avez-vous de frères?—Nous sommes trois frères.—De quelle préfecture êtes-vous?—Mon lieu d'origine est la préfecture de Song-kiang.—Votre palais est dans la ville, n'est-il pas vrai?—Oui, j'habite en ville.—Depuis longtemps je désirais beaucoup vous voir; nous ne nous sommes pas rencontrés, je vous ai manqué de respect.

Monsieur, quel âge avez-vous cette année?—J'ai passé inutilement soixante ans.—Vous avez du bonheur! (vous êtes encore) très robuste; votre barbe et vos cheveux ne sont pas très blancs.—Grâce à vous! ma barbe et mes cheveux sont cependant déjà à moitié blancs.—Moi, cette année, je viens d'avoir cinquante ans. Et ma barbe a déjà blanchi plus qu'à moitié.

Votre nom et votre prénom?—Mon nom de famille est "Tsang"; mon nom de mandarin "Seû-sié".—Quel est votre rang (dans votre famille)?—Je suis l'aîné.—Quel est votre âge?—Je suis encore jeune; j'ai cette année vingt-quatre ans.—Je vous félicite. Où habitez-vous?—Je suis marchand à T'ong-tseû. Je suis en bons rapports avec votre oncle; aussi suis-je venu exprès vous souhaiter le bonjour.—Vous êtes trop bon. Permettez-moi de vous demander votre enseigne.—Mon enseigne est: "Sincérité et Splendeur".

Depuis longtemps nous sommes séparés, vraiment je soupirais après vous. Ce matin, on m'a annoncé votre arrivée; c'est pourquoi je suis venu exprès pour vous saluer.—

當勿起。煩勞尊駕。我本來要到府上來。瞻仰瞻仰。因爲昨日夜快到拉个。行李咾啥。勿曾安放好。箱子勿曾開。衣裳勿曾換。讓我明朝來還拜罷。

常遠勿會者。第个幾日裡向。一路勿看見。心裡常常想着閣下。還是有啥貴恙呢啥。　是。勿錯。　前日我看見。像煞好點。不過面色勿曾復元。勿要只怕外勢去之咾。又發作者。　是。箇回少些着之點冷。覺着頭痛。渾身酸疼。　什介能總要教郎中來。看个看咾好拉嚱。

箇个人。實在信托勿住。說話儕是活頭活腦。勿着實个。　自家要想做伊志着。白白哩勿成功。閣下勿認得伊个脾氣麼。一味話大話。剷茫。相信伊。貼正上伊當。

近來自家个貴恙。好點否。　靠福。總算好拉。咳嗽亦輕點。　箇回自家勿適意之常遠者。就是現在好點。終要請郎中來。吃帖把補藥。安心調養調養味。好拉嚱。　承閣下指點。謝謝。

Taong véh k'i, vè-lao tsen-kia. Ngou pen-lai yao tao fou-laong lai, tsé-gnang tsé-gnang; in-wei zòh-gnéh ya-k'oa tao-la-ke, hang-li lao sa véh-zeng eu-faong-hao, siang-tse véh-zeng k'ai, i-zaong véh-zeng wé: gnang ngou ming-tsao lai wè-pa ba.

Zang-yeû véh wéi tsé. Di-ke ki-gnéh li-hiang, ih-lou véh k'eu-kié. Sin-li zang-zang siang-zah koh ya. Wè-ze yeû sa koei yang gni sa?—Ze, véh ts'ouo.—Zié-gnéh ngou k'eu-kié, ziang-sah hao tié. Péh kou mié-séh véh-zeng woh-gneu. Véh yao tseh p'ouo nga-se k'i-tse-lao, i fah-tsoh tsé,—Ze, kou-wei sao-su zah-tse tié lang, koh-za deû-t'ong, wen-sen seu-doug.—Zéh-ka-neng tsong yao kiao laong-tsong lai k'eu-ke-k'eu lao hao-la gnè.

Kou-ke gnen zéh-zai sin-t'oh-véh-zu: seh-wo zé ze wéh-deû wéh-nao, véh zah-zéh-ke.—Ze ka yao siang tsou i tse-zah, bah-bah-li véh zeng kong. Koh-ya véh gnen-teh i-ke bi-k'i mô? Ih-wei wo dou-wo, ts'è-maong. Siang-sin i, t'ih-tseng zaong i taong.

Ghien-lai ze-ka-ke koei yang hao tié va?—K'ao-foh, tsong seu hao-la; k'eh-seû a k'ieng tié.—Kou-wei ze-ka véh seh-i-tse zang-yeu tsé. Zieû-ze yé-zai hao tié, tsong yao ts'ing laong-tsong lai, k'ieh t'ih-pouo pou-yah, eu-sin diao-yang diao-yang méh, hao-la gnè.—Zeng koh-ya tse-tié, zia-zia.

Je suis confus, je vous ai causé de l'embarras. Je voulais aller chez vous, vous rendre mes devoirs; mais je ne suis arrivé hier qu'à la tombée de la nuit, mes bagages n'étaient pas encore complètement en ordre, mes caisses pas encore ouvertes, je n'avais pas changé d'habits: permettez-moi d'aller à mon tour vous rendre votre visite demain.

Il y a longtemps que nous ne nous sommes rencontrés. Tous ces jours derniers, je ne vous ai pas vu. Dans mon cœur, j'ai sans cesse pensé à vous. Ne serait-ce pas que vous avez été malade?—Mais oui, c'est vrai.—L'autre jour, je vous vis, vous paraissiez aller un peu mieux. Seulement votre visage n'avait pas encore recouvré ses couleurs. Peut-être, pour être allé au dehors avez-vous eu une rechute.—Oui, cette fois-ci j'ai pris un peu froid, je souffre du mal de tête, et j'ai tout le corps courbaturé.—Alors il faut absolument appeler un médecin pour vous soigner, ce sera pour le mieux.

On ne peut vraiment pas se fier à cet homme: ses paroles sont toutes sans consistance ni sincérité.—Si vous pensiez pouvoir compter sur lui, c'est bien peine perdue. Ne connaissiez-vous pas son caractère? Il n'aime qu'à dire de grands mots, et à répandre de faux bruits. Si vous le croyez, vous tomberez précisément dans ses pièges.

Eh bien! ces temps-ci, êtes-vous un peu remis de votre maladie?—Merci, cela va assez bien; ma toux a un peu diminué.—Cette fois, vous avez été longtemps indisposé. Quoique actuellement vous vous trouviez mieux, il faut absolument appeler un médecin, prendre quelques doses de médecine (tonique), vous soigner doucement, et tout ira bien.—J'accepte vos conseils, merci, merci.

此地可以寫意點味者。不必客氣。　承閣下多情。我已經寫意得極者。　什介頂好。後來我有啥事體。可以煩勞閣下者。　承閣下勿棄。是我箇是大有榮施者。

前日閣下。送撥我个茶葉。旮味極好。多謝多謝。　啥話。箇回我到之崇安。就到武彝山上去白相二日。茶葉買得勿多點。送得一眼眼。勿出客得極。　啥話。朋友相交。要緊情重。物事倒勿在乎此。

閣下到那裡去。　我想到張老師蕩拜客去。　格味。替我代候一候。對伊話。我常常想念伊。有空。請伊出來談談。　前幾日我去。望伊个時候。伊亦教我候候閣下。因爲伊个夫人。有點勿遂意咾。所以伊終勿出門。

人話說話。總要牢實。　固是一定个道理。　若使虛話咾謳人。撥人看穿破之。自家坍坑。　閣下所話个。貼對我个心。

第个物事。閣下看起來是眞呢是假个。　我看起來是假个。　我也想是假个。因

Ts'e-di, k'o-i sia-i tiè méh-tsé, pêh pih k'ah-k'i.—Zeng koh-ya tou zing: ngou i-kieng sia-i-teh-ghieh tsé.—Zéh-ka ting-hao. Heû-lai ngou yeû sa ze-t'i, k'o-i vè-lao koh-ya tsé.—Zeng koh-ya véh k'i, ze-ngou kou ze da yeû yong-se tsé.

Ziè gnéh koh-ya song-pêh ngou ke zouo-yéh tse-mi ghieh-hao, tou-zia, tou-zia.—Sa wo? Kou-wei, ngou tao-tse Zong-eu, zieû tao Ou-i sé-laong k'i beh-siang liang gnéh; zouo-yéh ma-teh véh tou-tié. Song-teh ih-ngè-ngè, véh ts'éh-k'ah-teh-ghieh. — Sa wo? Bang-yeû siang-kiao, yao-kien zing zong; méh-ze tao véh zai wou ts'e.

Koh-ya tao a-li k'i?—Ngou siang tao Tsang lao-se daong pa-k'ah k'i.—Keh-méh t'i ngou dai heû-ih-heû; tei i wo ngou zang-zang siang-gnè i, yeû k'ong, ts'ing i ts'eh-lai dè-dè.— Ziè ki gnéh, ngou k'i maong i ke ze-heû, i a kiao ngou heû-heû koh-ya. Yen-wei i-ke fou-gnen yeû tié véh zu-i-lao, sou-i i tsong véh ts'éh men.

Gnen wo seh-wo tsong yao lao-zéh.— Kou ze ih-ding-ke dao-li.— Zah-se hiu-wo lao p'iè gnen, pêh gnen k'en-ts'é-pou-tse,ze-ka t'è-ts'ong.—Koh-ya sou wo-ke t'ih-tei ngou-ke sin.

Di-ke méh-ze koh-ya k'eu-k'i-lai ze tsen gni ze ka-ke? — Ngou k'eu-k'i-lai ze ka-ke. — Ngou a siang ze ka-ke, yen-

---

Ici, vous pouvez vous mettre à l'aise, inutile de vous préoccuper de l'étiquette.—Vous me comblez d'une excessive bienveillance: j'étais déjà très libre.—Ainsi, c'est parfait. Si par la suite j'ai quelque affaire, je ne craindrai pas de vous importuner.—Si vous daignez user de moi, j'en serai très honoré.

Le thé que vous m'avez donné l'autre jour a un excellent goût; merci, merci.—Que dites-vous là? Cette fois, étant allé à Song-eu, je me rendis au mont Ou-i et m'y promenai deux jours; je n'ai acheté qu'un peu de thé. Ce que je vous ai envoyé est peu de chose, c'est vulgaire au possible. — Que dites-vous là? Dans les rapports d'amitié, l'important c'est la bonne intention; les choses (offertes) ne méritent pas qu'on s'y arrête.

Où allez-vous?—J'ai l'intention d'aller chez le professeur Tsang lui rendre visite.—Dans ce cas, je vous prie de le saluer de ma part: dites-lui que je pense toujours à lui, et que, s'il en a le loisir, je l'invite à venir causer.—Il y a quelques jours, dans une visite que je lui fis, il m'a aussi chargé de vous saluer. Sa femme a une petite indisposition; voilà pourquoi il ne peut en aucune façon sortir de chez lui.

Tout homme dans ses paroles doit être sincère. — Cela est un principe certain. — S'il arrive qu'on mente pour tromper les autres, et que la chose soit découverte, soi-même on perd la face.— Ce que vous dites là est conforme à ma manière de voir.

Cet objet, à votre avis, est-il vrai ou faux?—Je crois qu'il est faux.—Je

爲分別勿出咾勿敢話。　是。閣下勿曾仔細留心咾。刻來粗。顏色亦勿鮮明。

伲兩家頭。現在大家儕無啥做。可以做做啥味好呢。　要想可以做啥呢。　我看實在難極。若使話做生意。我搭儂無得本錢。若使話做夥計。又無得本事。　什介話起來。伲兩家頭。只得餓煞个者。　固是上天勿生無飯吃个人个。等拉慢慢教。再打算罷。

我想到過面去。遊玩遊玩。到底一干子。懶咾勿高興。　我亦想去白相。旣然閣下無淘咾勿高興。格味伲兩家頭。一淘去。好否。　閣下肯伴我一淘去。貼對我心意者。

閣下白話聲音太小。別人家聽起來。勿清爽个。　我个聲音。本來勿那能大个。併且搭人白話。勿敢響喊。所以聲氣小來野。　人家白話。喉嚨要緊。若使喉嚨好。生氣清爽。自然字眼。着實咾勿含糊者。

wei fen-piéh-véh-ts'éh-lao véh ké wo. — Ze, koh-ya véh-zeng tse-si lieû-sin-lao; k'eh lai ts'ou, ngè-seh a véh sié-ming.

Gni liang-ka-deû yé-zai da-ka zé m-sa tsou: k'o-i tsou-tsou sa méh hao gni?— Yao siang k'o-i tsou sa gni?—Ngou k'eu zéh-zai nè-ghieh. Zah-se wo tsou sang-i, ngou tèh nong m-teh pen-dié; zah-se wo tsou fou-ki, i m-teh pen-ze.—Zéh-ka wo-k'i-lai, gni liang-ka-deû tseh-teh ngou-sah-ke tsé.—Kou ze zaong t'iè véh sang m vè k'ieh-ke gnen-ke. Teng la mè-mè-kiao tsai tang-seu ba.

Ngou siang tao kou-mié k'i yeû-wé yeû-wé; tao-ti ih-keu-tse lè lao véh kao-hieng. — Ngou a siang k'i béh-siang. Ki-zé koh-ya m-dao lao véh kao-hieng, keh-méh gni liang-ka-deû ih-dao k'i hao-va? — Koh-ya k'eng bè ngou ih-dao k'i, t'ih-tei ngou ke sin-i tsé.

Koh-ya bah-wo sang-yen t'éh siao: biéh gnen-ka t'ing-k'i-lai véh ts'ing-saong-ke. — Ngou-ke sang-yen pen-lai véh na-neng dou-ke; ping-ts'iè tèh gnen bah-wo, véh ké hiang-hè; sou-i sang-k'i siao-lai ya. — Gnen-ka bah-wo hoû-long yao-kien. Zah-se hoû-long hao, sang-k'i ts'ing-saong, ze-zé ze-ngè zah-zéh lao véh hé-wou tsé.

---

le croyais aussi, mais incapable de discerner, je n'osais pas le dire.—Ah oui, vous n'avez pas regardé de près ; ces ciselures sont grossières et la couleur n'est pas éclatante.

(Nous voici) tous deux pour le moment complètement libres : que pourrions-nous bien faire ? — Voyez vous-même ce que nous pourrions faire. — Moi, je crois que c'est vraiment très difficile. Si vous parlez de faire le commerce, ni vous ni moi n'avons de capital ; s'il s'agit d'être employés, nous n'y avons aucune aptitude. — À vous entendre, tous les deux nous n'avons qu'à mourir de faim?—Après tout, le ciel ne crée pas d'homme sans moyens de subsistance. Attendons et petit à petit nous aviserons.

Je pensais aller me promener là-bas ; mais seul, je m'y sens peu d'ardeur.—J'avais aussi l'intention d'aller m'amuser. Puisque le défaut de compagnie vous enlève votre entrain, allons-y tous les deux ensemble, qu'en dites-vous?—Si vous voulez m'accompagner, ce sera tout à fait à mon goût.

Vous parlez trop bas; on ne vous entend pas distinctement.—Ma voix a naturellement peu de force, et quand je parle à quelqu'un, je n'ose pas crier fort ; c'est ce qui rend ma voix si faible. — En général, pour la parole, l'important c'est le gosier. Si le gosier est bon, le son sera clair, les mots naturellement distincts, et par là même sans embarras.

我刻刻隔之一層屏風㖸搭伊白話。自家聽見否。 勿聽見。近來我个耳朵。有點聾者。 勿要管伊那能。我千萬求閣下。總勿要担第个事體。話出去。箇件是機密事體。 正介味者。一定勿話。我勿弄壞佛个事體味者。

中國說話閣下懂否。 畧些懂一點點厦門話。別个地方說話勿懂。 中國話本來難懂。各處有各處个土白。不過官話。大概通行个。 我聽見話官話。亦分南北口音个。 是。官話南北腔調勿同个。到底字音味。差得勿多。

常遠勿看見者。閣下還認得我否。 看來有點面熟陌生。記勿得。拉啥地方碰着過。失敬得極。勿敢冒昧稱呼。 伲兩家頭。前頭拉張老二屋裏。一只檯子上吃酒个。忘記者麼。 話起之記得者。認得个。閣下就是何二老爺是否。

自家一向好拉否。我有一樣事體。托閣下辦一辦。 啥事體話話看。 我記得前幾日。新聞紙上。記載拉有一位姓祝个。會得寫字㖸畫畫。實在羡慕得極。聽見

Ngou k'ah-k'ah kah-tse ih-zeng bing-fong lao tèh i bah-wo, ze-ka t'ing-kié va? — Véh t'ing-kié. Ghien-lai ngou-ke gni-tou yeû tié long tsé. — Véh yao koè i na-neng, ngou ts'ié-vè ghieû koh-ya tsong véh yao tè di-ke ze-t'i wo-ts'éh-k'i : kou-ghié ze ki-mih ze-t'i.— Tseng-ka méh tsé, ih-ding véh wo; ngou véh long-wa na-ke ze-t'i méh tsé.

Tsong-kôh seh-wo koh-ya tong -va? — Liah-su tong ih-tié-tié Hao-men wo; biéh-ke di-faong seh-wo véh tong. — Tsong-kôh wo pen-lai nè tong; koh ts'u yeû koh ts'u ke t'ou-bah; péh-kou koé-wo da-kai t'ong-hang-ke. —Ngou t'ing-kié wo koé-wo a fen nè pôh k'eû-yen-ke. — Ze, koé-wo nè pôh k'iang-diao véh dong-ke, tao-ti ze-yen méh ts'ouo-teh véh tou.

Zang-you véh k'eu-kié tsé; koh-ya wè gnen-teh ngou va? — K'eu-lai yeû tié mié-zôh mah-sang, ki-véh-teh la sa di-faong bang-zah-kou; séh-kieng-teh-ghieh, véh ké mao-mei ts'eng-hou. — Gni liang-ka-deû zié-deû la Tsang lao-gni ôh-li, ih-tsah dai-tse laong k'ich-tsieû-ke, maong-ki tsé mô? — Wo-k'i-tse ki-teh tsé; gnen-teh-ke; koh-ya zieû-ze Wou-gni lao-ya, ze va?

Ze-ka ih-hiang hao-la va? Ngou yeû ih-yang ze-t'i t'oh koh-ya bè-ih-bè. — Sa ze-t'i! Wo-wo k'eu. — Ngou ki-teh zié ki gnéh sin-wen-tse laong ki-tsai-la, yeû ih-wei sing Tsôh ke wei-teh sia-ze lao wo-wo, cèh-zai zié-mou-teh-ghieh. T'ing-kié

Tout à l'heure, quand j'ai parlé à cet homme derrière le paravent, m'avez-vous entendu?—Je n'ai rien entendu. Depuis quelque temps, j'ai l'oreille un peu dure. — Quoi qu'il en soit, je vous supplie mille fois de ne laisser absolument rien transpirer de cette affaire: c'est une chose secrète. — Fort bien, soyez sûr que je n'en parlerai pas, et que je ne compromettrai en rien vos intérêts.

Comprenez-vous le chinois ? —Je comprends un peu le dialecte de Haomen (Amoy); quant aux autres dialectes, je ne les comprends pas.— Le chinois est naturellement difficile à comprendre; chaque pays a son patois; seul le mandarin a cours partout. — J'ai entendu dire que la prononciation du mandarin n'est pas la même au nord et au sud.—L'accent du mandarin diffère du sud au nord, mais le son des caractères est à peu près le même.

Il y a longtemps que nous ne nous sommes vus; me reconnaissez-vous?—Il me semble que vos traits ne me sont pas totalement inconnus, mais je ne me rappelle pas en quel endroit nous nous sommes rencontrés; je suis très impoli, c'est que je n'ose pas dire un nom à l'aventure. —Tous les deux, jadis, chez le second fils de la famille Tsang, nous avons bu le vin à la même table; l'avez-vous oublié?—Vos paroles me le remettent en mémoire; je vous reconnais; vous êtes Monsieur Wou-gni, n'est-il pas vrai ?

Vous allez bien ces jours-ci ? J'ai une affaire que je veux vous prier de traiter. — Quelle affaire? Parlez. — Je me rappelle qu'il y a quelques jours, dans le journal, on parlait d'un nommé Tsôh, qui sait écrire et peindre d'une manière vraiment ravissante. J'ai entendu dire

自家認得伊。所以想請閣下。轉致一聲。 箇是容易个。我總替閣下辦到。把放心交代我味者。

伲白相過拉有名聲个地方當中。今朝日中性裏。到過拉箇座山上个景緻。頂好者。 是。我最相信。半山亭外勢。二三里路个竹徑。 頂好是竹徑轉灣過去。坐拉一塊大石頭上。聽聽個个水聲氣。直頭使得人。樣樣事體儕想勿着个者。

閣下昨日遊之湖景。轉來啥模樣者。早呢晚。 轉來已經四更頭者。 我想昨夜。月十分亮。湖裏个景緻。一定更加有看頭。 夜景比日裏來得好。加倍有看頭。

個只廟十分大。 大極。拉箇搭个廟當中第只算頂大。後頭還有一座寶塔。亦高得非凡。 好上去否。 有一層塔梯。弄脫之㖸。勿好上去者。 箇層梯。那能弄脫个呢。 上去个人多㖸。踏壞脫拉个。

昨日前半夜。月亮極其好。我仰拉床上。看窻口裡个月光。睏亦睏勿起。 是。到底

ze-ka gnen-teh i; sou-i siang ts'ing koh-ya tsé-tse ih- sang.— Kou ze yong-i-ke; ngou tsong t'i koh-ya bè tao pouo; faong-sin, kao-dai ngou méh tsé.

Gni béh-siang-kou la yeû ming-sang-ke di-faong taong-tsong, kien-tsao gnéh-tsong-sing-li tao-kou-la kou-zou sè laong ke kieng-tse ting hao tsé.—Ze, ngou tsu siang-sìn, pé-sè ding nga-se gni sè li-lou ke tsôh-kieng. — Ting hao ze tzôh-kieng tsé-wè-kou-k'i, zou la ih-k'oei dou zah-deû laong, t'ing-t'ing kou-ke se sang-k'i : zeh-deû se-teh gnen yang-yang ze-t'i zé siang-véh-zah-ke tsé.

Koh-ya zôh-gnéh yeû-tse wou kieng, tsé-lai sa mô-yang tsé, tsao gni è ? — Tsé-lai ih-kieng se kang-deû tsé. — Ngou siang zôh-ya, gneuh zéh-fen liang, wou li ke kieng-tse ih-ding keng-ka yeû k'eu-deu. —Ya kieng.pi gnéh li lai-teh hao, ka-bei yeû k'eu-deû.

Kou-tsah miao zéh-fen dou.—Dou-ghieh; la kou-tèh-ke miao taong-tsong di-tsah seu ting dou; heû-deû wè yeû ih-zou pao-t'ah, a kao-teh fi-vè.—Hao zaong-k'i va?— Yeu ih-zeng t'ah-t'i long-téh-tse lao véh hao zaong-k'i tsé.— Kou-zeng t'i na-neng long-t'éh-ke gni? — Zaong-k'i-ke gnen tou lao dèh-wa-t'éh-la-ke.

Zôh-gnéh zié pé-ya, gneuh-liang ghieh-ghi hao. Ngou gnang la zaong laong, k'eu ts'aong-k'eû li ke gneuh koang, k'oen a k'oan-véh-k'i.—Ze, tao-ti

---

que vous le connaissiez; c'est pourquoi je vous supplie de me servir d'intermédiaire (auprès de lui). — C'est facile; je me charge de tout; soyez tranquille; laissez-moi le soin de cette affaire.

Parmi les lieux célèbres où nous sommes passés, c'est la montagne où nous sommes arrivés aujourd'hui à midi, qui a le plus bel aspect.—Oui, j'aime par dessus tout cette allée de bambous de deux ou trois lys qui passe près du pavillon à mi-côte. — Le plus délicieux. c'est de se promener dans cette allée en en suivant tous les détours, de s'asseoir sur la grosse pierre et d'écouter le murmure du ruisseau ; vrai, cela fait oublier toutes préoccupations.

Hier vous êtes allé vous promener sur le lac; quand êtes-vous revenu? —Je suis revenu à la quatrième veille (de 1 à 3 h. du matin).—Je crois qu'hier soir il y avait un très beau clair de lune; sur le lac le spectacle devait être encore plus ravissant. — La nuit, la vue est plus belle que le jour; c'était bien deux fois plus beau.

Cette pagode est très grande. — Très grande; elle passe pour la plus grande pagode du pays; par derrière, il y a aussi une tour très élevée. — Peut-on y monter? — Il y a maintenant un étage de la tour où l'escalier est hors d'usage; aussi n'est-il pas possible d'y monter. — Et pourquoi cet escalier est-il hors d'usage? — C'est qu'il montait beaucoup de monde, et qu'en marchant, on l'a abimé.

Hier, dans la première moitié de la nuit, il y avait un beau clair de lune. Étendu sur mon lit, je le contemplais par la fenêtre, sans pouvoir me réduire à dormir. — Ah oui; mais

夜深之後來。忽然吹起一陣風來。滿天儕是黑雲。兩个霹靂。利害得極。 貼正我拉睏覺之後來者。我曉得昨夜頭要落雨个。

日中性裏辰光。日頭最旺。暑氣最利害。那能好出門呢。 到底我有要緊事體。無法子。總要出去。 就是有要緊事體。總等一歇味好。讓日頭歪西之。陰涼點咾出門罷。 固亦無啥。

早辰頭天亮之。我𨅬起來。外勢去看看。瓦上霜厚來交關。 果然昨夜霜勿小。怪勿得。我睏到五更頭。醒轉來。覺着冷來。被頭嫌伊太薄者。

夜深者。我想箇時候。三點鐘有來者。 我刻刻聽見自鳴鐘。噹噹響。恰像敲得兩記味。 勿要第只鐘勿準个。看看我个表。亦走到三點鐘者味。 格味鐘走來慢之點者咾。

閣下想四時當中。那裡一季最好。 四季當中。儕有點好个。 閣下信那裡一季。

ya sen-tse heû-lai fêh-zé ts'e-k'i ih-zeng fong lai, mé-t'ié zé ze heh yun, liang-ke p'ih-lih li-hai-teh-ghieh. —T'ih-tseng ngou la k'oen-koh-tse heû-lai, ngou hiao-teh zôh-ya-deû yao loh-yu-ke.

Gnéh-tsong-sing-li zen-koang, gnéh-deû tsu yaong, su-k'i tsu li-hai, na-neng hao ts'éh-men gni? — Tao-ti ngou yeû yao-kien ze-t'i ; m fah-tse tsong yao ts'éh-k'i. — Zieû-ze yeû yao-kien ze-t'i tsong teng ih-hiéh méh hao; gnang gnéh-deû hoa-si-tse, yen-liang tié lao ts'éh-men ba. — Kou a m sa.

Tsao-zen-deû t'ié liang-tse, ngou lôh-k'i-lai nga-se k'i k'eu-k'eu : ngao laong saong heû-lai kiao-koè. — Kou-zé zôh-ya saong véh siao. Koa-véh-teh ngou k'oen tao n kang-deû, sing-tsé-lai koh-zah lang-lai, bi-deû yé i t'éh bôh tsé.

Ya sen tsé; ngou siang kou ze-heû sè tié-tsong yeû lai tsé. — Ngou k'ah-k'ah t'ing-kié ze-ming-tsong taong-taong-hiang; hah-ziang k'ao-teh liang ki méh. — Véh yao di-tsah tsong véh tsen-ke, k'eu-k'eu ngou-ke piao, a tseû tao sè tié-tsong tsé méh. — Keh-méh tsong tseû-lai mê-tse tié tsé lao.

Koh-ya, siang se ze taong-tsong a-li ih-ki tsu hao? — Se ki taong-tsong zé yeû tié hao-ke. — Koh-ya sin a-li ih-ki? —

---

plus avant dans la nuit, il vint soudain un coup de vent ; et le ciel était rempli de nuages noirs, et les coups de tonnerre étaient effrayants. — Cela est (arrivé) précisément après que je me fus endormi ; mais je savais bien qu'il pleuvrait pendant la nuit.

En cette saison, en plein midi, le soleil est très ardent, et la chaleur très forte ; c'est mauvais de sortir. — Seulement, c'est que j'ai une affaire importante. Il n'y a pas moyen, je dois à toute force sortir. — Quoique vous ayez des affaires pressées, il faut cependant différer un peu; attendez que le soleil soit descendu et (qu'il fasse) un peu plus frais, pour sortir. — C'est vrai.

Ce matin, quand le jour a commencé à luire, je me suis levé et je suis sorti pour me promener ; sur les tuiles, la gelée blanche était très abondante. —De fait, la nuit dernière, il y a eu beaucoup de rosée. Je ne m'étonne pas qu'ayant dormi jusqu'à la 5e veille, quand je m'éveillai, je sentis vivement le froid, et trouvai ma couverture ouatée trop légère.

La nuit est avancée; je crois qu'il est maintenant trois heures.— Tout à l'heure j'ai entendu le bruit de l'horloge; elle a sonné deux heures, je crois. — Je crains que cette horloge ne soit pas juste ; je vais regarder à ma montre; la voilà déjà à trois heures. —Alors l'horloge retarde encore un peu.

Parmi les quatre saisons, quelle est à votre avis la meilleure ? — Des quatre saisons chacune a ses avantages. — Quelle saison préférez-vous ?

箇是亦勿必問者。啥人勿歡喜春天呢。春裏味天氣暖。花味香。啥人勿怕夏天咾秋天呢。夏裏熱。秋裏涼。最怕个味冬天。嫌伊太冷。 我歡喜春咾秋兩季。

聽見世兄上學去。學堂拉那裡。 學堂就拉過面曲灣裏。門口頭。貼一條紙條拉个。 那裡一位先生拉教書。 教書先生姓金。 同窗朋友有幾位。 勿多。

世兄。史記讀過歇否。 勿曾讀過歇。 讀書人。罷勿得要讀史記。讀之史記味。乃味曉得歷代个興旺咾衰敗。人咾物事个恘好者。 世兄拉臨啥个字。 王右軍个帖。 箇是好極。

令業先生个教法。好勿好。 十分好。講書極其細心。寫字个筆畫。極其考究。改詩咾文章。用心非凡。勿埋沒伲一點好處个。品行端正。規矩嚴緊。 有什介能好先生。自家肯用心。學問還怕有啥勿進境个麼。

和尚。 阿彌陀佛。 大和尚拉山上否。 大和尚昨日下山去者。 請問儂个法

Kou ze a véh pih men tsé. Sa gnen véh hoé-hi ts'en-t'ié gni? Ts'en li méh t'ié-k'i neu, houo méh hiang. Sa gnen véh p'ouo hao-t'ié lao ts'ieû-t'ié gni? Hao li gnéh, ts'ieû li liang. Tsu p'ouo-ke méh tong-t'ié, yé i t'éh lang. — Ngou hoé-hi ts'en lao ts'ieû liang ki.

T'ing-kié se-hiong zaong-koh-k'i : hoh-daong la a-li? — Hoh-daong zieû la kou-mié k'ióh-wè li, men-k'eû-deû t'ih ih-diao tse-diao la ke. — A-li ih-wei sié-sang la kao-su? — Kao-su sié-sang sing Kien. — Dong-ts'aong bang-yeû yeû ki-wei? — Véh tou.

Se-hiong, Se-ki dôh-kou-hiéh va? — Véh-zeng dôh-kou-hiéh. — Dôh-su gnen ba-véh-teh yao dôh Se-ki. Dôh-tse Se-ki méh, nai-méh hiao-teh li-dai ke hieng-waong lao sè-ba, gnen lao méh-ze ke k'ieû hao tsé. — Se-hiong la lin sa-ke ze? — Waong-yeû-kiun ke t'ih. — Kou ze hao-ghieh.

Ling-gnéh sié-sang ke kao-fah hao véh hao? — Zéh-fen hao. Kaong-su ghieh-ghi si-sin; sia-ze ke pih-wo ghieh-ghi k'ao-kieû; kai se lao wen-tsang yong-sin fi-vè; véh ma-méh gni ih-tié hao-ts'u ke; p'in-yeng teu-tseng, koei-kiu gné-kien. — Yeû zéh-ka-neng hao sié-sang, ze-ka k'eng yong-sin, hoh-ven wè p'ouo yeû sa véh tsin-kieng ke mô?

Wou-zaong! — Ou-mi-dou-véh. — Dou wou-zaong la sè laong va? — Dou wou-zaong zôh-gnéh hao sè k'i tsé. — Ts'ing-men nong-ke fah-

---

— Inutile de le demander. Qui ne préfère le printemps, avec sa température tiède et le parfum des fleurs ? Qui ne redoute les chaleurs de l'été et les vents frais de l'automne? Ce que l'on craint surtout, c'est l'hiver, avec ses froids excessifs.—Moi, j'aime les deux saisons de printemps et d'automne.

J'ai entendu dire que vous allez en classe : où est votre école? — Notre école est là-bas au coin, à cette porte où il y a une affiche. — Et le maître, qui est-il?—C'est un nommé "Kien". —Combien avez-vous de condisciples? — Pas beaucoup.

Avez-vous étudié le Se-ki(Histoire)?— Je ne l'ai pas encore étudié.—Un étudiant ne peut se dispenser de lire le Se-ki. La lecture du Se-ki montre les dynasties successives dans leur splendeur et leur décadence, les qualités et les défauts des hommes et des choses.—Quels caractères étudiez-vous? — J'étudie les modèles d'écriture de Waong-yeû-kiun.— Ils sont très bons.

La méthode d'enseignement de votre professeur est-elle bonne? — Très bonne. Il explique les livres avec un soin scrupuleux ; les traits de son écriture sont très élégants; il corrige nos vers et notre prose avec beaucoup d'attention, et il ne dissimule pas un iota de notre mérite; la tenue est excellente et la règle sévère. — Avec un si bon maître, si vous voulez vous appliquer, comment craindriez-vous encore de ne pas faire de progrès.

Eh ! Wou-zaong. — Ou-mi-dou-véh. —Le supérieur des bonzes est-il au haut de la montagne? — Le supérieur est descendu hier de la montagne. — Puis-je vous demander votre

名。 吾个名頭呌了空。 俗家姓啥。 俗家姓顧。

箇塊地皮大來野。無啥人担伊來種種園地。可惜否。 箇塊地皮。無用頭个。坭是鹹个。隨便種啥物事。勿出个。

今朝是令尊大人个壽誕。我特地來拜壽。預備一點薄禮。請閣下領受。千萬勿要推辭。還要請閣下領去。見見令尊大人。慶賀慶賀。 當勿起。煩勞尊駕。太客氣者。

啊。箇个小囝。正眞無志氣。一日到夜。閒遊浪蕩。勿做一眼正經事體。 伊个爺娘。勿管个呢啥。 既然脾氣出性怖極。將來啥着落呢。 照我話起來。倒勿如活葬脫之伊。歇作。

勿論啥事體。儕要發奮朝前。勿可以自家哄騙自家。乃味能穀成功者。 雖然什介話。我自家个本分。勿撻漿之味。就是者。要像一等人能。等拉別人家馬面前。

ming. — Ngou- ke ming-deû kiao Leao-k'ong. — Zôh-ka sing sa? — Zôh-ka sing Kou.

Kou-k'oei di-bi dou-lai ya, m sa gnen tè i lai tsong-tsong yeu-di, k'o-sih va ! — Kou-k'oei di-bi m yong-deû ke; gni ze hè-ke; zu-bié tsong sa méh-ze véh ts'éh-ke.

Kien-tsao ze ling-tsen ta zen ke zeû-tè, ngou deh-di lai pa-zeû, yu-bei ih-tié bôh li, ts'ing koh-ya ling zeû, ts'ié vè véh yao t'ei-ze. Wè yao ts'ing koh-ya ling-k'i kié-kié ling-tsen ta zen k'ieng-wou k'ieng-wou. — Taong-véh-k'i; vé-lao tsen-kia, t'éh k'ah-k'i tsé.

Ah! Kou-ke siao-neu tseng-tsen m tse-k'i. Ih-gnéh-tao-ya hè-yeû laong-daong, véh tsou ih-ngé tseng-kieng ze-t'i. — I-ke ya-gnang véh koè-ke gni sa? — Ki-zé bi-k'i ts'éh-sing k'ieû ghieh, tsiang-lai sa zah-loh gni? — Tsao ngou wo-k'i-lai, tao-véh-zu wéh-tsaong-t'éh-tse i, hiéh-tsoh.

Véh len sa ze-t'i, zé yao fah-fen zao-zié, véh k'o-i ze-ka hong-p'ié ze-ka, nai-méh neng-ke zeng-kong tsé. — Su-zé zéh-ká wo, ngou ze-ka-ke pen-ven véh t'ah-tsiang-tse méh, zieû ze tsé. Yao ziang ih-teng gnen neng, teng la biéh gnen-ka mô mié-zié,

---

nom de bonze? — En religion je m'appelle"Leao-k'ong". — Dans le monde quel est votre nom?—Dans le monde j'avais nom "Kou".

Votre propriété ici est très grande, et il n'y a personne qui cultive les champs ou les jardins! N'est-ce pas dommage?— Ce terrain n'est bon à rien; le sol est imprégné de sel; semez-y n'importe quoi, rien ne vient.

C'est aujourd'hui l'anniversaire de la naissance de Monsieur votre père; je suis venu exprès pour lui souhaiter de longues années; j'ai préparé quelques petits présents; faites-moi, je vous prie, l'honneur de les recevoir; vous ne pouvez d'aucune façon refuser. Je vous demande aussi de m'introduire pour que je voie Monsieur votre père et que je lui présente mes félicitations.— Je suis trop honoré; nous vous donnons beaucoup de peine; vous êtes trop poli.

Eh! cet enfant n'a vraiment pas d'énergie. Tout le jour, paresseux et vagabond, il ne fait rien qui vaille.—Son père et sa mère ne s'occupent donc pas de lui ? — Puisqu'il est doué d'un si mauvais naturel, où aboutira-t-il ? — A mon avis, le mieux serait de l'enterrer vif, et d'en finir ainsi.

Quelque chose que l'on fasse, toujours il faut s'efforcer d'aller de l'avant Il ne faut pas se faire illusion à soi-même; alors seulement on pourra réussir. — Quoi qu'il en soit, pourvu que ma charge ne soit pas négligée, cela me suffit. Mais, imiter cette catégorie d'hommes, qui devant le cheval des autres

舞刀咾啥。做箇種卑賤个生活。我終勿造至於个。

做好官府。皇帝一定喜歡。官府做來勿得法。皇帝必定勿快活。怖怖好好。關係各人自家。 還要話啥。人守本分好。外場事體明白。箇種人。一定保得住个。若使才幹平常。加之貪銅錢。什介就要歸去抱小囝者。

現在京裏个官府。大人們儕好。儕有本事。辦事體認眞。所以多化外任官府。亦儕學好者。 不拘啥事體當中。罷勿得有好表樣。上頭人做之。下頭人效法。上頭人勿想銅錢咾。下頭人還要貪財个味。看來還有个否。

自伊來之多回。我終勿那能理着伊。伊倒老點面皮。原舊自家跑進來。正眞勿曉得怖好个。一塊死肉。 伊是欺軟怕硬个東西。那能好算人耶。一眼勿理伊之味。伊自然會得勿來者。

箇个小姑娘。刻刻走過个。勿曉得是啥人家个。生得極其縹緻。而且厚重。明朝替

vou tao lao sa, tsou kou-tsong pi-zié ke sang-wéh, ngou tsong véh ts'ao-tse-yu-ke.

Tsou hao koé-fou, waong-ti ih-ding hi-hoé. Koé-fou tsou-lai véh teh-fah, waong-ti pih-ding véh k'a-wéh. K'ieû-k'ieû hao-hao koè-i koh gnen ze-ka. —Wè yao wo sa? Gnen seû pen-ven hao, nga-zang ze-t'i ming-bah; kou-tsong gnen ih-ding pao-teh-zu-ke. Zah-se zai-keu bing-zang, ka-tse t'é dong-dié, zéh-ka zieû yao kiu-k'i bao siao-neu tsé.

Yé-zai kieng li ke koé-fou ta zen-men zé-hao, zé yeû pen-ze bè ze-t'i gnen-tsen; sou-i tou-houo nga-zen koé-fou a zé hoh-hao tsé. — Pèh kiu sa ze-t'i taong-tsong ba-véh-tèh yeû hao piao-yang. Zaong-deû gnen tsou-tse, hao-deû gnen yao-fah ; zaong-deû gnen véh siang dong-dié lao, hao-deû gnen wè yao t'é zai ke méh, k'eu-lai wè yeû-ke va?

Ze-i lai-tse tou-wei, ngou tsong véh na-neng li-zah i; i tao lao tié mié-bi, gneu-ghieû ze-ka bao-tsin-lai. Tseng-tsen véh hiao-teh k'ieû hao ke ih-k'oei si-gnôh. — I ze k'i gneu p'ouo ngang ke tong-si, na-neng hao seu gnen ya? Ih-ngè véh li i tse méh, i ze-zé wei-teh véh lai tsé.

Kou-ke siao kou-gnang k'ah-k'ah tseû-kou-ke, véh hiao-teh ze sa gnen-ka-ke. Sang-teh ghieh-ghi piao-tse, eul-ts'ié heû-zong; ming-tsao, t'i

---

jouent de sabre, et le reste, exercer ce genre de vil métier, moi, je ne m'y résoudrai jamais.

Si vous êtes bon mandarin, sûrement l'Empereur s'en réjouira. Si vous ne savez pas exercer votre charge, pour sûr l'Empereur sera mécontent. La bonne et la mauvais fortune dépendent de chaque homme. — Cela va sans dire. Si un homme est exact à remplir son devoir,habile à manier les affaires publiques, un tel homme à coup sûr se maintiendra. Mais si à des talents vulgaires, il joint la soif du gain, qu'il retourne vite chez lui garder ses enfants.

Actuellement tous les grands mandarins de la capitale sont bons, tous sont intelligents et s'occupent avec soin de l'administration; aussi les mandarins de province s'étudient à bien faire.—En toute espèce de choses, il faut un bon exemple. Le supérieur agit, l'inférieur imite; si les supérieurs sont désintéressés, des inférieurs cupides, dites, en trouverez-vous encore ?

Il est venu plusieurs fois, et jamais je ne me suis beaucoup occupé de lui; mais lui, avec son effronterie, s'insinue comme devant. Vrai, c'est une charogne qui ne sait pas distinguer le bien du mal (sans bon sens). — C'est un être maltraitant les faibles et craignant les forts; comment peut-on appeler cela un homme? Ne vous occupez pas du tout de lui, et alors tout naturellement il ne reviendra plus.

Je ne sais de quelle famille est cette jeune demoiselle qui vient de passer par ici. Elle est très jolie et bien modeste ; demain, (si vous) serviez

伲舍親做个媒人。箇位小姐。眞个勿遠許个。 我認得个。是住拉箇搭。張老二拉蕩个。若使搭那令親。話起來配倒亦配得過。

箇个小囝。有出頭年个。肯做夜作巴結。耐得起囉嗦。靠得住。那得教人勿寶貝伊呢。 話得來。我看起伊來。懶惰得極。一暗味胭个者。俗語上話。馬鬃穿荳腐。提勿起个。

一向受閣下照應。我本來意勿過得極。現在爲箇件事體。又要承閣下費心者。像什介能。搭我要好。教我那能報答呢。 啥話頭。我單單稍些相帮一點。閣下勿要太啥意勿過。

牙齒落完。物事儕嚼勿動个者。燒來爛點味還可以。硬物事嚼勿動个者。 我个牙齒。比閣下个好。隨便啥硬物事。儕吃得動个。就是瓜子也咬得開。

請教閣下。箇樁事體。那能辦法。我心裡想。若使勿照味。話點眞理拉撥伊聽。看來

gni sô-ts'in tsou-ke mei-gnen, kou-wei siao tsia tsen-ke vèh yeu-hiu-ke. — Ngou gnen-teh-ke, ze zu la kou-tèh Tsang lao-gni la-daong ke. Zah-se tèh na ling-ts'in wo-k'i-lai, p'ei tao a p'ei-teh-kou.

Kou-ke siao-neu yeû ts'eh-deû gné ke; k'eng tsou ya-tsoh, pouo-kiéh, nai-teh-k'i lou-sou, k'ao-teh-zu; na-teh kiao gnen vèh pao-pei i gni? — Wo-teh-lai, ngou k'eu-k'i i lai, lè-dou-teh-ghieh, ih-è mèh k'oen-ke tsé. Zôh-gnu laong wo : mô-tsong ts'ê deû-wou, di-vèh-k'i-ke.

Ih-hiang zeû koh-ya tsao-yeng, ngou pen-lai i-vèh-kou-teh-ghieh. Yé-zai wei kou-ghié ze-t'i i yao zeng koh-ya fi-sin tsé ; ziang zéh-ka-neng tèh ngou yao hao, kiao ngou na-neng pao-teh gni ? — Sa wo-deû ! Ngou tè-tè sao-su siang-paong ih-tié, koh-ya vèh yao t'éh-sa i-vèh-kou.

Nga-ts'e loh-wé, mèh-ze zé ziah-vèh-dong ke-tsé ; sao-lai sou tié mèh, wè k'o-i ; ngang mèh-ze ziah-vèh-dong ke tsé. — Ngou-ke nga-ts'e pi kòh-ya ke hao ; zu-bié sa ngang mèh-ze, zé k'ieh-teh-dong-ke ; zieû-ze kouo-tse a ngao-teh-k'ai.

Ts'ing kiao koh-ya kou-tsaong ze-t'i na-neng bè-fah. Ngou sin li siang, zah-se vèh tsao mèh, wo tié tsen li la pèh i t'ing ; k'eu-lai

---

d'entremetteur à mon parent, cette demoiselle ne lui conviendrait vraiment pas mal.—Je la connais, elle habite là-bas dans la famille (du cadet) Tsang. Si je parle pour votre parent, de fait l'union sera bien assortie.

Cet enfant sait se rendre utile ; il peut veiller la nuit, il sait travailler, il supporte bien la fatigue, on peut se fier à lui ; comment ne se ferait-il pas chérir? —C'est bon à dire ; moi, je le trouve très paresseux. Dès qu'il fait nuit, il se met à dormir ; et comme dit le proverbe : " une queue de cheval passée dans un fromage de haricots ne saurait le soulever".

Jusqu'à présent, j'ai joui de votre protection, et je ne puis vous en être assez reconnaissant. Mais dans cette occasion, j'ai été de nouveau l'objet de vos soins. Les preuves d'une telle bienveillance pour moi me laissent-elles encore le moyen de vous payer de retour ?— Que dites-vous là ? Je ne fais que vous aider un peu, point n'est besoin de tant de gratitude.

Mes dents sont tombées, je ne puis plus rien mâcher ; pour les choses bien cuites et comme réduites en bouillie, passe encore. Quant aux aliments durs, je ne puis les mâcher. — Mes dents sont meilleures que les vôtres ; je puis tout manger, quelque dur que ce soit ; je puis même croquer les pépins des melons d'eau.

Je vous prie de me dire comment traiter cette affaire . Voici ce que je pense à part moi : s'il ne veut pas céder, je lui ferai entendre un peu raison qu'en

那能。 我話起來。閣下个性子太直爽。稍些圓容點味好者。隨便啥事體。勿要太刻薄。人家既經肯招勿是之味。就罷者。何苦之得。弄得來無收場呢。

箇隻猫。啥咾總勿肯管事个。屋裏老鼠多來死。終勿肯捉个。明朝勿要撥伊吃。只怕好點。 箇隻老鼠。鬧來交關。吵來夜裡睏勿起。物事咬來壞完。難味那能呢。

我立拉㑚搭階簷上。伊冷陌生頭裡。後面担我一推。我幾幾乎跌下去。打一个觔斗。 那能伊什介能蹧蹋閣下个。自我伊就勿敢碰个。若使碰起我來味。一把揪牢之。撥伊一个勿殼漲。讓伊吃得苦頭來。响亦响勿出。

官商吐屬第一章

請教貴姓。 豈敢。賤姓王。 府上住拉啥地方。 舍下住拉東單牌樓。總布街上。 閣下拉那裡一个衙門裡行走。 我拉兵部衙門裡當差。 閣下到敝處來。有啥貴幹。 要想打聽一件事體。因爲我聽見話。天井西面箇座房子要出租。

na-neng?—Ngou wo-k'i-lai koh-ya ke sing-tse t'éh zeh-saong ; sao-su yeu-yong tié mèh hao tsé. Zu-bié sa ze-t'i, vèh yao t'éh k'eh-bôh ; gnen-ka ki-kieng k'eng tsao vèh-ze tse mèh, zieû ba tsé ; wou k'ou-tse-teh long-teh-lai m seû-zaong gni?

Kou-tsah mao, sa lao tsong vèh k'eng koé ze ke ! Oh li lao-se tou-lai-si, tsong vèh k'eng tsôh-ke ! Ming-tsao vèh yao pèh i k'ieh, tseh-p'ouo hao tié.— Kou-tsah lao-se nao-lai kiao-koe ; t'sao-lai ya li k'oen-vèh-k'i. Mèh-ze ngao-lai wa-wé ; nai-mèh na-nèng gni !

Ngou lih la na-tèh ka-yé laong, i lang-mah-sang-deû-li, heû-mié tè ngou ih-t'ei, ngou ki-ki-wou tih-hao-k'i, tang ih-ke k'eng-teû.— Na-neng i zéh-ka-neng tso-t'ah koh-ya ke ! Ze-ngou i zieû vèh kè bang-ke. Zah-se bang-k'i ngou lai mèh, ih pouo tsieû-lao-tse, pèh i ih-ke vèh k'oh-tsang, gnang i k'ieh-teh k'ou deû lai : hiang a hiang-vèh-ts'éh.

KOÉ SAONG T'OU ZÔH DI-IH TSANG

Ts'ing kiao koei sing? —K'i kè, zié sing Waong.—Fou-laong zu la sa di-faong? —Sô-hao zu la long-tè ba-leû, Tsong-pou ka laong.—Koh-ya, la a-li ih-ke nga-men li hang-tseû ?—Ngou la Ping-pou nga-men li taong ts'a. —Koh-ya tao pi ts'u lai, yeû sa koei keu?—Yao siang tang-t'ing ih-ghié ze-t'i. Yen-wei ngou t'ing-kié wo, t'ié-tsing si mié kou-zou waong-tse yao ts'éh-tsou.

---

pensez-vous? — Je vous assure que votre caractère est d'une franchise trop rigide ; ayez un peu plus de condescendance, et tout s'arrangera ; en toutes choses, évitez d'être trop exigeant ; dès lors qu'un homme consent à reconnaître ses torts, cela suffit ; à quoi bon faire en sorte de ne jamais conclure. ?

Pourquoi ce chat ne fait-il pas son devoir? Il y a partout des rats, et il ne les prend pas ! Demain ne lui donnez pas à manger, cela sera peut-être mieux.— Ces rats font un tapage épouvantable ; c'est au point que la nuit, il est impossible de dormir. Ils rongent les objets et les détériorent complètement ; comment y remédier?

Je me tenais debout au haut de votre escalier, quand soudain il me poussa en arrière ; il s'en est peu fallu que je ne tombasse en exécutant un saut périlleux.—Comment peut-il vous traiter ainsi avec mépris? Il n'osera pas me provoquer. S'il me provoque, je le saisirai d'une main ferme et je lui donnerai quelque chose à quoi il ne s'attend pas. Je ferai en sorte qu'il en ait son content, et qu'il n'ose même pas crier.

Deuxième partie

Mandarins et Marchands parlant de leurs affaires.

CHAPITRE PREMIER

UNE LOCATION DE MAISON

Quel est votre nom ? — Je m'appelle "Waong". — Où habitez-vous? — Ma maison est située près de l'arc de triomphe oriental, dans la rue Tsong-pou (tous les tissus). — A quel tribunal êtes-vous employé ? — Je suis employé au ministère de la guerre. — Quel motif vous amène chez moi ? — Je viens me renseigner auprès de vous sur une certaine affaire. J'ai entendu dire que vous vouliez louer votre maison située dans la cour de l'ouest,

有介事否。　勿差。有介事个。阿是閣下要想租呢啥。　是。我打算要租。　可惜。來得太晚者。我已經租脫个者。　格味。租拉啥人。　我租拉伲个親眷。　固是亦無啥。別搭還有啥房子否。　別搭房子無味者。我有个朋友。伊有一座房子。要出租。　拉啥地方。　拉北邊安福街上。　幾化間數。　有三十多間。　三十多間。太多。我登勿完箇多化个。　登勿完箇多化房子味。閣下可以自家登之幾間。多下來味。担來再租拉別人个宛。　什介是。自我是包租者。　不錯。閣下是包租者。　包租味。我常怕一時上頭。租勿出。每月倒要出完全房錢拉房東。

箇個我想勿要憂得个。第个房子。容易有人租个。　什介格味。我租之後來。除出之。我登拉幾間以外。剩拉个多化。求閣下替我。招租好否。　固是便當个。閣下只管租之後來。告訴我一聲。還有幾間要出租个。我就可以去尋房客來。

什介是最好者。格味閣下曉得。一个月幾化房錢。　我个朋友對我話歇。每

Yeû ka ze va?—Vèh-ts'ouo, yeû ka ze ke. Ah-ze koh-ya yao siang tsou gni sa¿ —Ze, ngou tang-seu yao tsou. —K'o-sih! lai-teh t'èh è tsé; ngou ih-kieng tsou-t'èh-ke tsé.—Keh-méh, tsou la sa gnen?—Ngou tsou la gni-ke ts'in-kieu — Kou ze a m sa! Biéh-têh wè yeû sa waong-tse va? — Biéh-tèh waong-tse m-méh-tsé. Ngou yeû ke bang-yeû, i yeû ih-zou waong-tse, yao ts'éh-tsou. — La sa di-faong? — La pôh-pié Eu-foh ka laong. — Ki-houo kè sou? — Yeû sè-seh tou kè.— Sè-seh tou kè t'éh-tou; ngou teng-véh-wé kou tou-houo-ke. — Teng-véh-wé kou tou-houo waong-tse méh, koh-ya k'o-i ze-ka teng-tse ki kè, tou-hao-lai méh, tè-lai tsai tsou la biéh gnen ke wé. — Zéh-ka ze; ze-ngou ze pao-tsou tsé. — Vèh ts'ouo, koh-ya ze pao-tsou tsé. — Pao-tsou méh, ngou zang-p'ouo ih-ze zaong-deû, tsou-véh-ts'éh, mei gneuh tao yao ts'éh wé-zié waong-dié la waong-tong. — Kou-ke ngou siang véh yao yeû-teh-ke. Di-ke waong-tse, yong-i yeû gnen tsou-ke. — Zéh-ka, keh-méh ngou tsou-tse heû-lai, zu-ts'éh-tse, ngou teng la ki kè i-nga, zeng-la-ke tou-houo, ghieû koh-ya t'i ngou tsao tsou, hao va? — Kou ze biéh-taong-ke. Koh-ya, tseh-koé tsou-tse heû-lai, kao-sou ngou ih sang, wè yeû ki kè yao ts'éh-tsou-ke; ngou zieû k'o-i k'i zin waong-k'ah lai. — Zéh-ka ze tsu hao tsè. Keh-méh koh-ya hiao-teh, ih-ke gneuh ki-houo waong-dié. — Ngou-ke bang-yeû tei ngou wo hièh, mei

---

est-ce vrai?—Vous ne vous trompez pas, c'est bien vrai. Auriez-vous l'intention de la louer? — Oui, je compterais la louer. — Hélas! vous venez trop tard; je l'ai déjà louée.—A qui l'avez-vous louée?—Je l'ai louée à un de mes parents.—Ah bien! Mais avez-vous des maisons ailleurs? — Non, je n'en ai pas ailleurs. J'ai un ami qui a une maison à louer.—En quel endroit? — Au nord, dans la rue du Tranquille Bonheur.—Combien y a-t-il de chambres? — Il y a plus de trente chambres. — Plus de trente chambres, c'est trop; je ne puis en occuper tant que cela.— Si vous ne pouvez pas occuper tant de chambres, celles qui vous resteront en plus de ce que vous occuperez, vous pouvez les sous-louer à d'autres. —Mais alors je serai responsable du loyer. —Oh! oui, vous serez responsable du loyer. — Si je suis responsable du loyer, je crains de ne pouvoir pas sous-louer de sitôt; chaque mois il me faudra cependant payer le même loyer au propriétaire. —A mon avis, cela ne vaut vraiment pas la peine de vous en inquiéter. La maison dont il s'agit est très facile à sous-louer.— Eh bien! après que j'aurai conclu définitivement le contrat de location, pour les chambres qui resteront en plus de celles que j'habiterai, je vous prierai de me procurer un locataire?—Oh! c'est facile à arranger; quand vous aurez loué définitivement, vous pouvez m'avertir et me dire combien de chambres vous réservez pour être sous-louées, et je pourrai vous procurer un locataire. — Comme cela c'est très bien. Mais savez-vous quel est le loyer d'un mois? — Mon ami m'a dit

月房錢七千。　七千房錢是太多。　聽見之箇个房錢。像煞嫌伊太多。阿曉得。箇座房子。是頂好个。園地味大。地勢味好。離開大街味勿遠。買長買短。極其便當。

格味我租之個坟房子。還要啥小租个否。　小租自然總要个。　那能閣下經手租房子。還要小租个呢。　哈。雖然我經手租房子。無啥別个中人。茶錢到底亦要出點个。我對閣下話呢。出个茶錢。並勿是我落个。亦勿是我个朋友得个。是撥拉我朋友个底下頭人。大家分分个。　格味幾分小租呢。　一間房子一分。　固就介味者。還要有啥店家做保人个否。　保人是總要个。自家尋得着否咾。　尋是尋得着个。　閣下有啥店家。可以做保人否。　隨便自家要那裡一个。就那裡一个。　儕是者。閣下想幾時去看房子呢。　我想過个一二日。同閣下一淘去看个看。　格味正介。隔一二日伲再會。　正介。隔一二日再會味者。

gneuh waong-dié, ts'ih-ts'ié.—Ts'ih-ts'ié waong-dié ze t'éh tou.—T'ing-kié tse kou-ke waong-dié, ziang-sah yé i t'éh tou. Ah hiao-teh, kou-zou waong-tse ze ting hao-ke; yeû-di méh dou; di-se méh hao; li-k'ai dou ka méh véh yeû, ma zang ma teu ghieh-ghi biéh-taong. — Keh-méh ngou tsou-tse kou da waong-tse, wè yao sa siao tsou ke va? — Siao tsou ze-zé tsong yao-ke. — Na-neng koh-ya kieng seû tsou waong-tze, wè yao siao tsou ke gni?—Hèh! Su-zé ngou kieng seû tsou waong-tse, m sa biéh-ke tsong-gnen, zouo-dié tao-ti a yao ts'éh tié ke. Ngou tei koh-ya wo gni: ts'éh-ke zouo-dié, ping véh ze ngou loh-ke; a véh ze ngou-ke bang-yeû teh-ke; ze péh la ngou bang-yeû ke ti-hao-deû gnen, da-ka fen-fen-ke.—Keh-méh ki fen siao tsou gni?—Ih-kè waong-tse ih fen.— Kou zieû ka méh tsé. Wè yao yeû sa tié-ka tsou pao-gnen ke va?— Pao-gnen ze tsong yao ke: ze-ka zin-teh-zah va lao?—Zin ze zin-teh-zah-ke.—Koh-ya yeû sa tié-ka, k'o-i tsou pao-gnen va?—Zu bié ze-ka yao a-li ih-ke, zieû a-li ih-ke.— Zé ze tsé; koh-ya siang ki-ze k'i k'eu waong-tse gni? — Ngou siang kou-ke ih eul gnéh, dong koh-ya ih-dao k'i k'eu-ke-k'eu.—Keh-méh tseng ka, kah ih eul gnéh gni tsai wei.—Tseng-ka. Kah ih eul gnéh tsai wei méh tsé.

---

que le loyer est de 7000 sapèques par mois.—7000 sapèques le loyer, c'est trop — En entendant ce prix, il vous semble que c'est trop; mais vous ne savez pas que cette maison est excellente, l'enclos est considérable, la situation avantageuse; elle est tout près de la grande rue, et on a toute commodité pour acheter (toute espèce de) choses.—Mais si je loue cette maison, y a-t-il en plus un pourboire?— Un pourboire, naturellement il y en a un. — Comment! je prends la maison à loyer de votre main, et il me faut encore donner un pourboire! — Quoique vous preniez la maison à loyer de ma main, et qu'il n'y ait pas d'autre entremetteur, cependant, ce pourboire il vous faut le donner. Je vous le dis; le pourboire que vous donnerez, ne me reviendra en aucune façon; ce n'est pas non plus mon ami qui l'aura; on le donnera aux domestiques de mon ami pour qu'il soit divisé entre eux tous.—Alors combien de pourboires dois-je donner? — C'est un pourboire par chambre. — C'est bien. Mais ne faut-il pas que j'aie une caution?— Nécessairement il faut que vous ayez une caution; en avez-vous trouvé une?—Oui, j'en ai trouvé une.—Quelle caution avez-vous?—Celle que vous désirerez, je l'aurai.— Cela va bien; quand comptez vous aller voir cette maison? —Je compte aller la voir avec vous dans un ou deux jours. — Alors, c'est décidé dans un ou deux jours nous nous reverrons. — Oui, c'est décidé; dans un ou deux jours.

第二章

請教貴姓。　豈敢。賤姓李。勿曾領教。自家貴姓。　豈敢。賤姓趙。　貴處是啥地方。　敝處張家口。　到京裏來。有啥貴幹。　我賣脫點貨色咾來个。　販啥个貨色。　我販來个是皮貨。　住拉啥地方。　我住拉城外店裡。　住拉啥人家店裡。　住拉河西灘大成店裡。　今年皮貨行情那能。　今年皮貨行情。還算平常。　我聽見話。前幾年。皮貨行情十分大。　不錯。前幾年皮貨行情大得極。啥講究呢。　總是因爲貨色少之咾。　自家帶來个皮貨。現在賣完味。　勿曾完全賣脫哩。　皮貨賣完之後來。帶銀子轉去呢。還是販貨色轉去。　販貨色轉去。　販啥个貨色轉去。　洋廣雜貨。　拉張家口。有啥店否。　店有个。　寶號叫啥。　小號益泰。　自家一向來去帶貨色。儕是買啥人家个。　倒亦勿定。啥人家个物事對味。就買啥人家个。　既然什介。我有个朋友。伊拉哈達門外

DI-GNI TSANG

Ts'ing kiao koei sing? — K'i kè, ziè sing Li. Vèh-zeng ling kiao, ze-ka koei sing. —K'i kè, ziè sing Zao. —Koei ts'u ze sa di-faong?—Pi ts'u Tsang-ka-k'eû. —Tao kieng li lai, yeû sa koei keu? — Ngou ma-t'éh tiè fou-seh lao lai-ke. — Fè sa ke fou-seh? — Ngou fè-lai-ke ze bi-fou. —Zu la sa di-faong? —Ngou zu la zeng-nga tiè li. — Zu la sa gnen-ka tiè li? — Zu la wou si t'è Da-zeng tiè li. — Kien gné bi-fou haong-zing na-neng? — Kien gné bi-fou haong-zing wè seu bing-zang. — Ngou t'ing-kiè wo, ziè ki gné bi-fou haong-zing zèh-fen dou. —Vèh ts'ouo, ziè ki gné bi-fou haong-zing dou-teh-ghieh.— Sa kaong-kieû gni? —Tsong ze yen-wei fou-seh sao-tse lao. —Ze-ka ta-lai-ke bi-fou, yé-zai ma-wé méh? —Vèh-zeng wé-ziè ma-t'èh li. —Bi-fou ma-wé-tse heû-lai, ta gnen-tse tsè-k'i gni, wè ze fè fou-seh tsè-k'i? —Fè fou-seh tsè-k'i. —Fè sa ke fou-seh tsè-k'i?—Yang koang zèh-fou.—La Tsang-ka-k'eû, yeû sa tié va? — Tié yeû-ke. — Pao hao kiao sa? — Siao hao Yeh-t'a. — Ze-ka ih-hiang lai k'i, ta fou-seh, zè ze ma sa gnen-ka ke? — Tao a vèh ding. Sa gnen-ka ke méh-ze tei méh, zieû ma sa gnen-ka ke. — Ki-zé zéh-ka, ngou yeû-ke bang-yeû, i la Hah-dah men nga-

CHAPITRE SECOND

FOURRURES, MÉDECINE ETC.

Quel est votre nom? — Je m'appelle "Li". Je n'ai pas encore reçu vos instructions; quel est votre nom? — Je m'appelle "Zaç". — De quel pays êtes-vous? —Je suis de Tsang-ka-k'eû.—Qu'êtes-vous venu faire à Pé-king? —Je suis venu vendre des marchandises. — Quelles marchandises êtes-vous venu vendre? — Je suis venu vendre des pelleteries. — Où logez-vous? — Je loge hors de la ville dans une hôtellerie. — Dans quelle hôtellerie? — Près du canal occidental, à l'hôtel de la Grand perfection. — Cette année, quel est le prix des fourrures? — Cette année, le prix des fourrures est assez ordinaire. — J'ai entendu dire que, il y a quelques années, le prix des fourrures était très élevé. — Mais oui, il y a quelques années, le prix des fourrures était très élevé. — Quelle en était la cause? — C'est uniquement parce que la marchandise était rare. — Actuellement, avez-vous fini de vendre toutes les marchandises que vous avez apportées? — Non, je n'ai pas encore fini de tout vendre. —Quand vous aurez vendu toutes vos fourrures, remporterez-vous de l'argent, ou bien des marchandises? — Je remporterai des marchandises. — Quelles marchandises remporterez-vous? —Rien que des marchandises étrangères de différentes espèces. —A Tsang-ka-k'eû avez-vous un magasin? — Oui, j'en ai un. —Votre enseigne? —Mon enseigne est "Utile tranquillité". — D'ordinaire, les marchandises que vous emportez en vous en retournant, chez qui les achetez-vous?— Oh! cela n'est pas fixé. La maison dont les marchandises me conviennent est celle où j'achète. — Puisqu'il en est ainsi, j'ai présentement un ami qui a ouvert dernièrement un magasin de diverses espèces de marchandises étrangères hors de la porte Ha-dah;

頭。新開一爿洋廣雜貨棧。貨色儕是自家到廣東去運來个。價錢傍之別人家亦公道。若使後來自家要買啥味。可以到伊棧裡去。作承作承。　令友寶棧房號叫啥。　字號叫德發。　什介下回我到箇爿棧裡去買貨色。提起閣下个名頭。就好者。　是。下回我亦可以同自家。一淘去一輪。　固是再好無沒者。請教前頭去。自家亦做生意个呢啥。　是。亦做生意个。　做過歇啥生意。　我開過歇藥棧。　拉城外个是否。　勿錯。拉城外个。　現在自家藥材。還開拉否。　勿開。關之七八年者。　格味現在自家有啥貴幹。　我現在拉行醫。　行醫味。還是人家上門个呢。還是自家出去个。　早辰人家上門个。日裏出去个。　行醫總比做生意好點否。　倒亦勿好幾化。不過勿是像做生意能担心味者。　府上住拉啥地方。　舍下住拉東牌樓。報房街上。　隔日我要到府來候候閣下哩。　豈敢。等兩日我還要到寶號裡來。候候哩。　勿敢當。倘使自家有空味。可

deû, sin k'ai ih-bè yang koang zèh-fou zè; fou-seh zé ze ze-ka tao Koang-tong k'i yun-lai-ke; ka-dié baong-tse biéh gnen-ka a kong-dao. Zah-se heû-lai ze-ka yao ma sa méh, k'o-i tao i zè li k'i, tsoh-zeng tsoh-zeng. — Ling yeû pao zè-waong hao kiao sa? — Ze-hao kiao Teh-fah. —Zéh-ka hao-wei ngou tao kou-bè zè li k'i ma fou-seh, di-k'i koh-yah ke ming-deû, zieû hao tsé. — Ze, hao-wei ngou a k'o-i dong ze-ka ih-dao k'i ih t'aong. — Kou ze tsai hao m-méh tsé. Ts'ing kiao zié-deû-k'i ze-ka a tsou sang-i ke gni sa? — Ze, a tsou sang-i ke. — Tsou-kou-hiéh sa sang-i? —Ngou k'ai-kou-hiéh yah-zè.— La zeng nga ke, ze va?—Vèh ts'ouo, la zeng nga ke.—Yé-zai ze-ka yah-zè wè k'ai-la va? — Vèh k'ai; koè-tse ts'ih pèh gné tsé. — Keh-méh yé-zai ze-ka yeû sa koei keu. —Ngou yé-zai la hang-i.—Hang-i méh wè ze gnen-ka zaong men ke gni, wè ze ze-ka ts'éh-k'i-ke?—Tsao-zen, gnen-ka zaong men ke; gnéh-li ts'éh-k'i-ke. — Hang-i tsong pi tsou sang-i hao tiè va? — Tao a vèh hao ki-houo; péh kou vèh ze ziang tsou sang-i neng tè sin méh tsé. — Fou-laong zu la sa di-faong? — Sô-hao zu la tong ba-leû, Pao-waong ka laong.—Kah gnéh, ngou yao tao fou lai heû-heû koh-ya li.—K'i kè, teng liang gnéh, ngou wè yao tao pao hao li lai heû-heû li. — Vèh kè taong; t'aong-se ze-ka yeû k'ong méh, k'o-

toutes ses marchandises, il les fait venir lui-même de Canton; le prix comparé à celui des autres magasins est tout à fait abordable. Dans la suite, quand vous achèterez quelque chose, vous pouvez aller le prendre à son magasin. — Quelle est l'enseigne du magasin de votre ami? — Son enseigne est "Vertu éclatante". — Alors à l'avenir, si je vais acheter mes marchandises dans ce magasin, je dirai votre nom, et cela suffira. — Oui, et puis je pourrai y aller une fois avec vous.—Cela vaut mieux. Permettez-moi de vous demander : par le passé avez-vous fait le commerce?—Oui, je l'ai fait.—Quelle espèce de commerce?—J'avais une pharmacie.—En dehors de la ville?—Oui, hors de la ville. —Actuellement, cette pharmacie est-elle encore ouverte?—Non, elle a été fermée il y a sept ou huit ans.—Mais maintenant, quelle est votre profession? —Actuellement, j'exerce la médecine.—Donnez-vous des consultations (chez vous), ou bien allez-vous à domicile? —Le matin, je donne des consultations (chez moi), et, à midi, je fais les visites (à domicile). — La médecine vaut-elle mieux que le commerce?—Au fond, elle ne lui est pas de beaucoup préférable; le seul avantage est qu'elle est moins ennuyeuse que le commerce, voilà tout. — Où habitez-vous? —Je demeure près de l'arc de triomphe de l'est, dans la rue Pao-waong (Messageries). — Quelque autre jour, j'irai vous visiter chez vous.—Et moi, dans deux jours, j'irai vous voir à votre hôtel.— Quand vous n'aurez rien à faire, vous pouvez

以到小店裡來。大家談談味者。 嘞。隔日會。

第三章

老弟從屋裡來是否。 哈。從屋裡來。 老弟動身个日子。定當拉味。 三五日後來。就要動身者。所以今朝特地來見見老兄咾。辭別聲。 固是太客氣者。老弟箇回。同之家眷一淘去呢啥。 打算領之家眷一淘去。 同別人搭伴之咾去呢。還是一干子去。 同別人搭伴之咾去。 伴閣下一淘去个人。亦是做官个呢啥。 是做官个。伊新捐一个通判。到外頭去候補去。 格味自家到省之後來。就可以上任否。 恐怕到省之後來。就可以上任个。 閣下補拉个缺。是煩缺否。 勿是煩缺。是箇缺。 現在署理缺个一位姓啥。 是一位姓周个。 阿曾補過歇實缺个。 亦是新近補拉个缺。等我到任之後來味。伊交卸之咾。就要上新任者。 格味第个幾日裡。老弟常莊拉屋裡否。 哈。第个兩日裡。常莊

i tao siao tiè li lai ; da-ka dè-dè mèh tsé. — O ! Kah gnèh wei.

DI-SÈ TSANG

Lao di zong ôh-li lai ze va ? — Hèh ! Zong ôh-li lai. — Lao di, dong-sen ke gnèh-tse ding-taong-la mèh ? — Sè n gnèh heû-lai, zieû yao dong-sen tsé. Sou-i kien-tsao dèh-di lai kié-kié lao hiong lao, ze-bièh-sang. — Kou ze t'èh k'ah-k'i tsé. Lao di kou-wei, dong-tse ka-kieu ih-dao k'i gni sa ? — Tang-seu ling-tse ka-kieu ih-dao k'i. — Dong bièh gnen tèh-bé-tse lao k'i gni, wè ze ih-keu-tse k'i ? — Dong bièh gnen tèh-bé-tse lao k'i. — Bé koh-ya ih-dao k'i ke gnen, a ze tsou koé ke gni sa ? — Ze tsou koé ke. I sin kieu ih-ke t'ong-p'é, tao nga-deû k'i heû-pou k'i. — Keh-mèh, ze-ka tao sang tse heû-lai, zieû k'o-i zaong zen va ? — K'ong-p'ouo tao sang tse heû-lai, zieû k'o-i zaong zen ke. —Koh-ya pou-la-ke k'ieuh, ze vè k'ieuh va? – Vèh ze vè k'ieuh, ze kié k'ieuh. —Yé-zai zu li k'ieuh-ke ih-wei sing sa ? —Ze ih-wei sing Tseû ke. —Ah-zeng pou-kou-hièh zèh k'ieuh ke ? — A ze sin-ghien pou-la-ke k'ieuh ; teng ngou tao zen tse heû-lai mèh, i kao-sia-tse lao, zieû yao zaong sin zen tsé. — Keh-mèh, di-ke ki gnèh li, lao di zang-tsaong la ôh-li va ? — Hèh ! Di-ke liang gnèh li, zang-tsaong

---

venir à mon hôtel; nous causerons tous deux. — C'est cela; alors nous nous reverrons un autre jour.

CHAPITRE TROISIÈME

VISITE D'ADIEU

Vous venez de la maison ? — Oui, je viens de chez moi. — Est-ce que vous n'avez pas encore fixé le jour de votre départ ?— Je partirai dans trois ou cinq jours. Aujourd'hui je suis venu exprès pour vous voir et prendre congé de vous. — C'est vraiment trop de politesse. Cette fois, votre famille ira-t-elle avec vous ?— Mais oui ; je compte que ma famille viendra avec moi. — Voyagerez-vous en compagnie de quelques personnes, ou irez-vous tout seul ? — J'aurai un compagnon de voyage. — Le monsieur qui vous accompagne est-il un mandarin ? — C'est un mandarin. Il vient d'acheter le grade de juge assistant, et s'en va à la capitale de la province attendre (une vacance) à remplir. — Mais quand vous serez arrivé à la capitale de la province, pourrez-vous tout de suite entrer en charge ? — Oui, quand je serai arrivé dans la capitale de la province, probablement, je pourrai tout de suite entrer en charge.— L'office que vous remplissez est-il difficile ?— Non, il est facile. —Comment s'appelle celui qui vous supplée maintenant dans votre charge? — C'est un Monsieur Tseû. — A-t-il rempli de vraies charges ? — Déjà, ces derniers temps, il a occupé des charges ; et quand je serai arrivé à son poste, il me remettra son office et s'en ira prendre possession de sa nouvelle place. — Ces jours-ci, serez-vous toujours chez vous ? — Oui, ces deux jours-ci, je serai toujours

拉屋裡。 我拉第个幾日裏向。還要到府上來。替老弟送行哩。 勿敢當。現在我要轉去者。 要轉去者。格味到屋裏去。替我一概望望。 是。我轉去一概望望味者。

第四章

告訴老爺。李老爺要來拜年者。 請進。讓伊書房裏請坐。 兄台新喜。 老弟新喜。 兄台請上坐。我要拜一个年哩。 弗敢當。話之一聲有者。老弟請坐。用茶罷。 兄台請坐。 老弟今朝是頭一日出來是否。 我昨日出來个。 要拜幾日耶。 亦不過五六日。就拜完者。 閣下幾時想進省。 打算初八進省。 幾時轉來。 過點月半。 老弟封印之後來。總理衙門裡去歇否。 去歇二回。辦點零碎事體。 開之印是就要忙者。 是麼。開之印是。無得閒工夫者。 老弟請再用茶罷。 弗者。我就要走者。 慢點去。天早拉哩。 因為該當拜个人家

la ôh-li. — Ngou la di-ke ki gnèh li-hiang, wè yao tao fou-laong lai, t'i lao-di song-hang li. — Vèh kè taong. Yé-zai ngou yao tsé-k'i tsé. — Yao tsé-k'i-tsé, keh-mèh tao ôh-li k'i t'i ngou ih-kai maong-maong. — Ze, ngou tsé-k'i ih-kai maong-maong mèh tsé.

DI-SE TSANG

Kao-sou lao-ya, Li lao-ya lai pa gné tsé. — Ts'ing tsin ; gnang i su-waong li ts'ing zou. — Hiong-dai sin hi. —Lao di sin hi. —Hiong-dai ts'ing zaong zou, ngou yao pa ih-ke gné li.—Vèh kè taong : wo-tse ih sang, yeû tsé. Lao di, ts'ing zou, yong zouo ba. —Hiong-dai ts'ing zou.—Lao di, kien-tsao ze deû-ih gnèh ts'èh-lai ze va?—Ngou zôh-gnèh ts'èh-lai-ke.—Yao pa ki gnèh ya ? —A pèh kou n lôh gnèh, zieû pa-wè tsé.— Koh-ya ki-ze siang tsin sang? — Tang-seu ts'ou-pèh tsin sang.— Ki-ze tsé-lai ? — Kou tiè gneuh pé. — Lao di, fong yen tse heû-lai, tsong-li nga-men li k'i-hièh va ? — K'i-hièh liang wei bè tié ling-sé ze-t'i. — K'ai-tse yen ze zieû yao maong tsé. — Ze mô, k'ai-tse yen ze m teh hè kong-fou tsé. — Lao di ts'ing tsai yong zouo ba. — Vèh tsé, ngou zieû yao tseû tsé. — Mè tié k'i, t'ié tsao la li. — Yen-wei kai-taong pa ke gnen-ka

---

chez moi. — Un de ces jours, il faudra que j'aille à votre palais, pour vous faire ma visite d'adieu. — C'est trop d'honneur! Mais il faut que je m'en retourne. — Vous vous en allez ! Arrivé chez vous, souhaitez le bonjour pour moi. — Oui, à mon retour, je ferai cela pour vous.

CHAPITRE QUATRIÈME

VISITE DE BONNE ANNÉE

J'avertis Monsieur que Monsieur Li est venu lui souhaiter la bonne année. — Prie-le d'entrer, et fais-le asseoir dans la bibliothèque. — Monsieur, une bonne année (nouvelle joie) ! — Bonne année, cher ami. — Monsieur, allez, s'il vous plaît, au haut de la salle, que je vous fasse les salutations de la nouvelle année. — Comment donc ! Vous l'avez dit, cela suffit; cher ami, asseyez-vous, je vous prie, pour boire le thé. — Asseyez-vous, Monsieur, je vous prie. — Cher ami, vous sortez aujourd'hui pour la première fois ? — Non, j'ai commencé à sortir hier. — Combien de jours vous prendront vos visites ?— Seulement cinq ou six jours, et j'aurai fini.— Quand pensez-vous aller à la capitale de la province? — Je compte y être le huit. — Et quand reviendrez-vous ? — Un peu après le quinze. — Cher ami, depuis que les sceaux sont sous les scellés, êtes-vous allé au tribunal des affaires étrangères? — J'y suis allé deux fois, pour traiter quelques petites affaires. — Après la levée des scellés, vous serez très occupé ? — Évidemment, après la levée des scellés, je n'aurai plus aucun temps libre. — Cher ami, buvez encore une tasse de thé. — Non, il faut que m'en aille. — Attendez encore ; l'heure n'est pas avancée.—C'est que ceux que je dois saluer

多。晚之去。弗像樣个。　格味煩閣下到之屋裏味。先替我請个安。道道新喜。
正介味者。

第五章

昨日我聽見話。老兄升任之太守者。所以今朝特地來道喜。　勿敢當。煩勞尊駕。　老兄約規啥模樣。要上新任者。　還勿能定當拉哩。總要等上司。派委員來接之印。然後能彀交卸。　交卸之後來。就上新任呢。還是先要到省裏去。　先到省裏去。　請問老兄啥科高發个。　我辛酉科舉人。　會試那裡一科。　會試是壬戌科。　原來老兄是連捷。才幹高得極。　承閣下讚來過分者。不過一時个徼幸而已。　老兄太謙虛者。請問老兄。榮任過那裡幾化地方。　我做過一任上元縣知縣。後來俸滿之味。蒙前任撫台。保舉現在个職司。幾年來功勞一眼勿曾立。實在羞愧得極。　那能話呢。老兄什介大才情。怪勿得上司自然

tou, è-tse k'i vêh ziang-yang-ke. — Keh-mêh vè koh-ya tao-tse ôh-li mêh, sié t'i ngou ts'ing ke eu, dao-dao sin hi. — Tseng-ka mêh tsé.

DI-N TSANG

Zôh-gnéh, ngou t'ing-kié wo, lao hiong seng-zen-tse t'a-seû tsé; sou-i kien tsao dèh-di lai dao-hi. — Véh kè taong, vè-lao tsen-kia. — Lao hiong yah-koei sa mô-yang yao zaong sin zen tsé? — Wè véh neng ding-taong la li, tsong yao teng zaong-se p'a wei-yeu lai tsih-tse yen; zè-heû neng-ke kao-sia. — Kao-sia-tse heû-lai zieû zaong sin zen gni, wè ze sié yao tao sàng li k'i? — Sié tao sang li k'i. — Ts'ing-men lao hiong sa k'ou kao-fah-ke? — Ngou Sin-yeû k'ou kiu-gnen. — Wei-se a-li ih-k'ou? — Wei-se ze Gnen-sih k'ou. — Gneu-lai lao hiong ze lié-ziéh; zai-keu kao-teh-ghieh. — Zeng koh-ya tsè lai kou-ven tsé; péh kou ih-ze ke kiao-yeng eul i. — Lao hiong t'éh k'ié-hiu tsé, ts'ing-men lao hiong yong-zen-kou a-li ki-houo di-faong? — Ngou tsou-kou ih-zen Zaong-gneu yeu tse-yeu. Heû-lai fong mé-tse méh, mong zié zen fou-dai, pao-kiu yé-zai ke tseh-se. Ki gné lai, kong-lao ih-ngè véh-zeng lih; zéh-zai sieû-koei-teh-ghieh. — Na-neng wo gni? Lao hiong zéh-ka dou zai-zing, koa-véh-teh zaong-se ze-zé

---

sont nombreux; si j'arrivais trop tard, ce ne serait pas convenable. — Alors, veuillez bien, rendu chez vous, présenter avant tout mes hommages et mes compliments pour la nouvelle année. — Parfaitement!

CHAPITRE CINQUIÈME

CONGRATULATIONS, CHARGES

Hier, j'ai appris que vous avez été promu au grade de préfet; aussi je viens aujourd'hui tout exprès pour vous féliciter. — Je suis confus; je vous donne beaucoup d'embarras.— Quand pourrez-vous selon toute probabilité vous rendre à votre nouveau poste? — Je ne puis encore rien fixer; il faut absolument attendre que mon supérieur envoie un délégué qui vienne faire l'intérim, et alors je pourrai lui remettre ma charge.— Quand vous lui aurez remis votre charge, irez-vous droit à votre nouveau poste, ou devrez-vous d'abord aller à la capitale de la province? — Il faudra d'abord que j'aille à la capitale de la province. — Permettez-moi, de vous demander de quelle promotion vous êtes, et de quel degré ? — Je suis licencié de la promotion *Sin-yeû* (1861). — Et à quelle promotion avez-vous passé le doctorat?— J'ai passé mon doctorat à l'examen de *Gnen-sih*(1862).— Dans le fait, Monsieur, vous avez gagné vos grades sans intervalle; vraiment votre talent est éminent. — Vous me faites des compliments exagérés; ce n'est que la chance d'un moment, et voilà tout.—Vous êtes trop humble; permettez-moi de vous demander en quels lieux vous avez exercé vos glorieuses fonctions? — J'ai exercé la charge de sous-préfet dans la sous-préfecture de Zaong-gneu. Puis quand j'eus rempli (le temps ordinaire de) cette charge, grâce à la faveur du précédent gouverneur, je montai à ma position présente. Depuis tant d'années, je n'ai pas encore acquis le moindre mérite, c'est vraiment honteux.— Que dites-vous là, Monsieur? Avec un pareil talent, il n'est pas étonnant que vos supérieurs

重托。況且又是愛民如子。現在升做太守。實在是箇邊百姓个福氣。　不敢當。不敢當。　等老兄有之動身个日脚咾。我再來送行。　箇是實在當勿起。眞正勞駕得極者。隔一日我到衙門裏來謝步。　豈敢。豈敢。

第六章

老弟聽見話。前幾日夜裏。有幾个人。到東街上去搶一爿錢莊。有介事否。　勿是搶錢莊。是同莊上人相打。　爲啥咾相打呢。　因爲有个撻皮。拾着之一張銀票。到莊上去領銀子。莊上人話。箇張是失票。已經有掛出失票來拉者。儂等一等。我去叫落脫票子个人來。大家當面白話。伊總勿是白白裡。一眼勿謝儂个。總送幾兩銀子儂个。第个撻皮勿肯。伊話票子是我个。我只管要領銀子。㑚話第个票子。別人落脫拉个。我勿關。勿要多話。就付銀子拉我儕是者。莊上人勿肯撥伊。伊要担原票子拿去。莊上人担票子扣住。勿肯還伊。乃味伊去者。到夜

zong t'oh. Hoang-ts'ia i ze ai min zu tse. Yé-zai seng tsou t'a-seû, zéh-zai ze kou pié pah-sing ke foh-k'i. — Péh kè taong, péh kè taong. — Teng lao hiong yeû-tse dong-sen ke gnéh kiah lao, ngou tsai lai song-hang. — Kou ze zéh-zai taong-véh-k'i; tsen-tseng lao kia teh-ghieh tsé. Kah ih gnéh, ngou tao koei nga-men li lai zia-pou. — K'i kè, k'i kè!

DI-LÔH TSANG

Lao di t'ing-kié wo, zié ki gnéh, ya-li, yeû ki-ke gnen tao tong ka laong k'i ts'iang ih-bè zié-tsaong; yeû ka ze va? — Véh ze ts'iang zié-tsaong, ze dong tsaong laong gnen siang-tang. — Wei sa lao siang-tang gni? — Yen-wei yeû ke t'ah-bi, ngé-zah-tse ih-tsang gnen-p'iao, tao tsaong laong k'i ling gnen-tse. Tsaong laong gnen wo: kou tsang ze séh p'iao, i-kieng yeû kouo-ts'éh séh p'iao lai-la tsé. Nong teng-ih-teng, ngou k'i kiao loh-t'éh p'iao-tse ke gnen lai, da-ka taong-mié bah-wo; i tsong véh ze bah-bah-li, ih-ngè véh zia nong ke: tsong song ki liang gnen-tse nong ke. Di-ke t'ah-bi véh k'eng; i wo: p'iao-tse ze ngou ke; ngou tseh-koé yao ling gnen-tse; na wo di-ke p'iao-tse biéh gnen loh-t'éh-la-ke, ngou véh koè. Véh yao tou wo, zieû fou gnen-tse la ngou, zè ze tsé. Tsaong laong gnen véh k'eng péh i. I yao tè gneu p'iao-tse nao-ki; tsaong laong gnen tè p'iao-tse k'eû-zu, véh k'eng wé i. Nai-méh, i k'i tsé. Tao ya

---

fassent grand cas de vous. D'autant plus que vous aimez le peuple comme vos enfants. Présentement votre élévation au grade de préfet est un vrai bonheur pour le peuple de ce pays-là. — Je suis confus, je suis confus. — Quand vous aurez fixé le jour de votre départ, je reviendrai vous dire adieu. — Ah! Pour cela, je ne puis vraiment pas le supporter; ce serait vous être trop à charge; mais, d'ici à quelques jours, j'irai à votre tribunal pour vous rendre votre visite. — C'est trop d'honneur!

CHAPITRE SIXIÈME

RIXE A PROPOS D'UN BILLET DE BANQUE

Cher ami, j'ai entendu dire qu'il y a quelques jours, vers le soir, quelques personnes sont allées piller une banque de la rue de l'est; est-ce exact? — Il n'y a pas eu pillage de banque, mais bataille avec (les gens de) la banque. — Pourquoi y a-t-il eu bataille?— Voici: un vaurien ayant trouvé un billet, se rendit à la banque pour en toucher le montant. Les gens de la banque dirent: ce billet est un billet perdu et déjà signalé comme tel; attendez un peu, nous allons faire venir l'homme qui l'a perdu, et vous vous arrangerez ensemble; il ne vous laissera pas partir sans vous remercier, ni sans vous offrir quelques taëls. Le vaurien refusa en disant: le billet est bien à moi; je ne veux qu'en toucher le montant; vous prétendez que ce billet a été perdu par quelqu'un, cela ne me regarde pas. Il est inutile d'en dire davantage; remettez-moi l'argent et que tout soit fini. Les gens de la banque refusèrent. Il voulut s'en aller avec le billet en question; les gens de la banque se saisirent du billet, et le gardèrent, sans vouloir le lui rendre. Sur ce, il s'en alla. Mais le soir,

快。箇个撻皮。又合之四个撻皮。到莊上去相打。一到之莊上。開口就罵。挪櫃上一个夥計。楸出去就打。担櫃上个算盤。甩拉地上。箇辰光。汎地官聽見者。話咾搶錢莊。就帶之兵咾。担伊拉四五个人。一齊捉之去。送到縣裡。後來查明白之。是搭莊上人相打个。就拿伊拉一淌枷拉東街上。過之半个月。乃味放脫个。

第七章

廳堂上一个人。手裡担之一个包裹咾坐拉。做啥个。　賣碗料个。　儂認得伊否。　我勿認得伊。　儂勿認得味。那曉得賣碗料个呢。　我刻刻問伊。伊話是做碗料个人。　格味伊包裹个。勿要就是碗料傢生。　只怕是。　儂去教伊進來看。　噯。先生教儂進來。　嗰。　儂包裹个。是碗料傢生否。　是一對碗沙瓶。解開來讓我看个看。　看起來。箇對瓶好勿好。　箇對瓶太大點。比伊小點个還有否。　伲作裏有一對。比伊小點。是做樣子咾勿賣个。儂要買幾化尺寸个

k'oa, kou-ke t'ah-bi, i hèh-tse se-ke t'ah-bi, tao tsaong laong k'i siang-tang. Ih tao-tse tsaong laong, k'ai k'eû zieû mô; nao ghiu laong ih-ke fou-ki, tsieû-ts'éh-k'i zieû-tang; tè ghiu laong ke seu-bé goè la di laong. Kou zen-koang, sin-di koé t'ing-kié tsé wo lao ts'iang zié-tsaong, zieû ta-tse ping lao, tè i-la se n ke gnen, ih-zi tsôh-tse k'i song tao yeu li. Heû-lai zouo ming-bah-tse, ze tèh tsaong laong gnen siang-tang ke. Zieû nao i-la ih-dao ka la tong ka laong, kou-tse pé-ke gneuh, nai-méh faong-t'éh-ke.

DI-TS'IH TSANG

T'ing-daong laong ih-ke gnen, seû li tè-tse ih-ke pao-kou lao zou la, tsou sa ke? — Ma wé-liao ke. — Nong gnen-teh i va? — Ngou véh gnen-teh i. — Nong véh gnen-teh méh, na hiao-teh ma wé-liao ke gni? — Ngou k'ah-k'ah men i, i wo ze tsou wé-liao ke gnen. — Keh-méh, i pao li ke, véh yao zieû ze wé-liao ka-sang. — Tseh-p'ouo ze. — Nong k'i kiao i tsin-lai k'eu. — Ai! Sié-sang kiao nong tsin-lai. — O! — Nong pao li ke, ze wé-liao ka-sang va? — Ze, ih-tei wé-souo bing. — Ka-k'ai-lai, gnang ngou k'eu-ke-k'eu. — K'eu-ki-lai, kou-tei bing hao véh hao? — Kou-tei bing t'èh dou tié; pi i siao tié ke wè yeû va? — Gni tsoh li, yeû ih-tei, pi i siao tié; ze tsou yang-tse lao véh ma-ke; nong yao ma ki-houo ts'ah-ts'en ke

---

ce vagabond, ayant ramassé quatre de ses pareils, retourna à la banque pour s'y battre. Quand ils furent arrivés, tout en débitant leurs malédictions, ils se saisirent d'un employé au comptoir, et l'entraînèrent au dehors pour le frapper ; ils prirent aussi les abaques sur le comptoir, et les jetèrent à terre. Sur ces entrefaites, le chef de police ayant entendu dire qu'on était en train de piller la banque, amena des soldats ; il prit ces quatre ou cinq vauriens et les amena à la sous-préfecture. Depuis lors, on a tiré l'affaire au clair, (et on a constaté) qu'ils s'étaient battus avec les gens de la banque ; Aussi (doivent-ils) ensemble porter la cangue dans la rue de l'est, et après une quinzaine, on pourra les relâcher.

CHAPITRE SEPTIÈME

PORCELAINE

Cet homme qui est assis dans la cour, et qui tient un paquet, qu'est-ce qu'il fait ? — C'est un marchand de porcelaine. — Le connaissez-vous ? — Je ne le connais pas. — Si vous ne le connaissez pas, comment savez-vous qu'il vend de la porcelaine ? — Je l'ai interrogé tout à l'heure, et il m'a dit qu'il est fabricant de porcelaine. — Serait-ce donc des vases en porcelaine qu'il tient enveloppés dans son paquet ? — Oui, probablement. — Alors, allez lui dire d'entrer. — Eh ! Monsieur vous prie d'entrer. — Oui. — Dans ce paquet, vous avez des vases en porcelaine ? — Oui, une paire de potiches. — Défaites votre paquet pour que je les voie. — Voyez cette paire de potiches, est-elle jolie ? — Elles sont un peu trop grandes ; en avez-vous de plus petites ? — A l'atelier nous en avons une paire plus petite que celle-ci ; elle sert de modèle et n'est pas à vendre ; mais quelles que soient les dimensions que vous désirez,

咾。可以定燒个耶。　我問問儂看。像箇對瓶。値啥價錢。　箇對瓶。要賣一百朝外拉。　別樣小點个物事有否。　啥等樣个小物事呢。　噝。比方小筆桶。小印色匣子。小臘台咾啥。　儂話拉幾樣小物事。現在做味做拉者。還勿曾燒。　幾時模樣燒好者。　過四五日。燒得好者。　箇兩樣小物事燒好之。儂可以担幾樣來。還有作裏。箇對做樣子个瓶。担來讓我看看。若中意个味。我要照樣定燒一對。　嗰。隔兩日。我担來味者。　㑚个作場。拉啥地方。　伲个作場。拉後門大街上。　寶號叫啥。　小號叫廣成。　蕩搭公館裏。㑚前頭貨色來賣歇否。　第个公館裏。前頭勿曾賣過歇个。　箇對瓶。我嫌伊太大。儂担之轉去罷。　嗰。格味失陪者。　儂去者否。

第八章

㑚老爺拉屋裏否。　拉屋裏。　儂進去對㑚老爺話。我就是後門頭姓徐个。搭㑚

lao, k'o-i ding-sao ke ya. — Ngou men-men nong k'eu, ziang kou-tei bing, zéh sa ka-dié? — Kou-tei bing, yao ma ih pah zao nga la. — Bièh yang siao tié ke méh-ze, yeû va? — Sa teng-yang ke siao méh-ze gni? — Nao! Pi-faong, siao pieh-dong, siao yen seh hèh-tse, siao lah-dai lao sa. — Nong wo-la ki yang siao méh-ze, yé-zai tsou méh tsou-la tsé; wè véh-zeng sao. — Ki-ze mô-yang sao-hao tse? — Kou se n gnéh, sao-teh-hao tsé. — Kou liang yang siao méh-ze sao-hao-tse, nong k'o-i tei ki yang lai. Wè yeû tsoh li kou-tei tsou yang-tse ke bing, tè-lai gnang ngou k'eu-k'eu; zah tsong-i ke méh, ngou yao tsao yang ding-sao ih-tei. — O! Kah liang gnéh, ngou tè-lai méh tsé. — Na-ke tsoh-zang la sa di-faong? — Gni-ke tsoh-zang la heû men, dou ka laong. — Pao hao kiao sa? — Siao hao kiao Koang-zeng. — Daong-tèh kong-koé li, na zié-deû fou-seh lai ma-hièh va? — Di-ke kong-koé li, zié-deû véh-zeng ma-kou-hièh ke. — Kou tei bing, ngou yè i t'éh dou; nong tè-tse tsé-k'i ba. — O! Keh-méh séh bé tsé. — Nong k'i tsé va?

DI-PÈH TSANG

Na lao-ya la ôh-li va? — La ôh-li. — Nong tsin-k'i tei na lao-ya wo, ngou zieû ze heû men-deû sing Zi ke, tèh na

---

on peut en cuire suivant la commande. — Je vous le demande, par exemple, cette paire de potiches, quel en est le prix ? — Cette paire de potiches vaut plus de cent maces. — Avez-vous d'autres objets plus petits ? — De quels petits objets voulez-vous parler ? — Oh ! Par exemple, de petits tubes pour pinceaux, de petites boîtes pour l'encre du sceau, de petits chandeliers et autres objets de ce genre. — Ces différents objets dont vous parlez, sont déjà façonnés, mais pas encore cuits. — Dans combien de temps le seront-ils ? — Dans quatre ou cinq jours, ce sera fait. — Quand ces petits objets seront cuits, vous pourrez m'en apporter de plusieurs sortes. Prenez aussi à l'atelier cette paire de potiches (qui sert de) modèle ; apportez-la et montrez-la moi ; si elle me convient, je vous en ferai cuire une paire d'après le même modèle. — Bien, dans quelques jours, je vous les apporterai. — Où se trouve votre atelier ? — Notre atelier est dans la grande rue, (près) de la porte du nord. — Votre enseigne ? — Notre enseigne est "Grande perfection". — Êtes-vous déjà venu dans cette maison, pour y vendre quelque chose ? — Non, je n'ai jamais rien vendu dans cette maison. — Quant à cette paire de potiches, je la trouve trop grande ; remportez-la. — Bien, je perds (l'honneur de) votre compagnie. — Vous partez ?

CHAPITRE HUITIÈME

HYPOTHÈQUE OU VENTE À RÉMÉRÉ

Votre maître est-il chez lui? — Oui, il est chez lui. — Rentrez pour l'avertir; dites-lui que je suis un nommé "Zi" habitant à la porte du nord, et que

老爺要白話。 嗰。 老爺話。請進。書房裏請坐。 老弟久違。 彼此彼此。一向好拉。 好拉。自家那能。 托福托福。 老弟我一向勿看見儂。到啥地方出去之呢啥。 一眼勿錯。外勢出去之一時。 拉啥地方。 外勢收租米。 嗰。 大哥。今朝我特地來。要商量一件事體。 啥事體。 我有个朋友。住拉城西面个。伊味有幾頃田。有一个菓子樹園。還有一个菜園。因爲現在伊應用銅錢。托我担田咾園地。典出去。所以我來問聲。若使自家要个味。我想商量商量看。 箇塊田。現在伊自家種拉呢。還是佃戶種拉。 伊自家種拉个。 伊打算典幾化銀子。 伊打算典千把兩銀子。 伊打算要典千把兩銀子。我怕湊勿出箇個數目。 格味可以湊得出个幾化呢。 湊个六七百兩銀子。還可以。 格味等我去。搭伊商量起來看。 嗰。格味伊想典个幾年呢。 箇倒我問過伊拉者。伊話勿要寫幾年。不過有錢就贖。 勿寫典幾年。總勿大妥當。因爲拉箇個幾年

lao-yâ yao bah-wo. — O! — Lao-ya wo ts'ing tsin su-waong li ts'ing zou. — Lao di! Kieû wei. — Pei-ts'e pei-ts'e. — Ih-hiang hao la? — Hao la; ze-ka nà-neng? — T'oh foh, t'oh foh. — Lao di, ngou ih-hiang vĕh k'eu-kié nong; tao sa di-faong ts'ĕh-k'i-tse gni sa? — Ih-ngè vĕh ts'ouo, nga-se ts'ĕh-k'i-tse ih-ze. — La sa di-faong? — Nga-se seû tsou-mi. — O! — Dou kou, kien-tsao ngou deh-di lai yao saong-liang ih-ghièh ze-t'i. — Sa ze-t'i? — Ngou yeû-ke bang-yeû zu la zeng si mié ke; i mĕh yeû ki k'ieng dié, yeû ih-ke kou-tse-zu yeu; wè yeû ih-ke ts'ai yeu; yen wei yé-zai i yng yong dong-dié, t'oh ngou tè dié lao yeu-di, tié-ts'ĕh-k'i; sou-i ngou lai men sang. Zah-se ze-ka yao-ke mĕh, ngou siang saong-liang saong-liang k'eu. — Kou-k'oei dié, yé-zai i ze-ka tsong-la gni, wè ze dié-wou tsong-la? — I ze-ka tsong-la ke. — I tang-seu tié ki-houo gnen-tse? — I tang-seu tié ts'ié pouo liang gnen-tse. — I tang-seu yao tié ts'ié pouo liang gnen-tse, ngou p'ouo ts'eû-vĕh-ts'ĕh kou-ke sou-moh. — Keh-mĕh k'o-i ts'eû-teh-ts'ĕh ke ki-houo gni? — Ts'êu ke lôh ts'ih pah liang gnen-tse wè k'o-i. — Keh-mĕh teng ngou k'i, tèh-i saong-liang-k'i-lai k'eu. — O! Keh-mĕh i siang tié-ke ki gné gni! — Kou tao ngou men-kou i la tsé. I wo vĕh yao sia ki gné; pĕh kou yeû dié zieû zôh. — Vĕh sia tié ki gné, tsong vĕh da t'ou-taong. Yen-wei la kou-ke ki gné

---

j'ai à lui parler. — Oui. — Mon maître vous prie d'entrer et de vous asseoir dans la bibliothèque. — Oh! Cher monsieur! J'ai été longtemps éloigné (de vous). — C'est réciproque. — Allez-vous bien ces temps-ci? — Bien, merci; et vous, comment allez-vous? — Grâce à vous, merci.— Cher ami, voilà quelque temps que nous ne nous sommes pas vus; est-ce que vous avez été en voyage?— Vous ne vous trompez pas, j'ai été faire un tour au dehors. — Où êtes-vous allé?—Je suis sorti pour recueillir mes loyers. — Ah! C'est cela. — Monsieur, je suis venu aujourd'hui tout exprès pour traiter une affaire avec vous. — Quelle affaire? — J'ai un ami qui habite à l'ouest de la ville et qui possède quelques centaines d'arpents de terre; il a un verger et un potager; et comme il a actuellement besoin d'argent, il m'a chargé d'hypothéquer pour lui sa terre et ses jardins; voilà pourquoi je suis venu vous parler. Si vous êtes disposé à prêter sur ces terres, je puis traiter pour vous cette affaire.—Ces propriétés, est-ce lui qui les fait valoir, ou bien a-t-il des fermiers?—C'est lui qui les fait valoir.—Et quelle somme compte-t-il emprunter? — Il compte emprunter un millier de taëls. — S'il compte emprunter un millier de taëls, je crains de ne pas pouvoir réunir cette somme. — Combien pouvez-vous réunir? — Réunir six ou sept cents taëls, c'est possible. — Eh bien! attendez que je retourne pour m'entendre avec lui. — Oui! Mais pour combien d'années compte-t-il emprunter? — Oh! cela, je le lui ai demandé. Il dit inutile d'écrire (dans l'acte) pour combien d'années se fait l'emprunt; l'hypothèque sera purgée par le fait même du remboursement. — Ne pas écrire pour combien d'années se fait l'emprunt, cela ne (me parait) pas très sûr. Parce que pendant les années

當中。我若使放之外任官者。就要用箇票銀子。所以話明白典幾年个好。 嗰。我去搭伊商量味者。自家大約光景。再是幾年味。要放外任官者。 我想再是五六年味者。 我想起來。寫个五六年味者。伊亦無啥。箇倒願意个。 田上契張。自家儕看見過否。 看見過个。 格味幾張紅契。幾張白契。 兩張紅契。兩張白契。 正介。閣下回轉去。對伊商量起來看。若使照箇個銀子數目。五六年工夫。伊肯个味。辦味者。 事體辦定當个前頭。地皮咾啥。先要去看一看否。哈。箇個事體。自家肯着實保个。包得定勿錯个。亦勿必得預先去看者。 固是一定勿錯个。我肯着實保个。 旣然什介。我相信箇句說話。事體辦舒徐之後來。我同伊一淘到地上去看一看。就是者。

第九章

對老爺話。大恒布莊上个徐先生。要來見見老爺。白話聲。 儂去請伊進來。客廳

taong-tsong, ngou zah-se faong-tse nga-zen koé tsé, zieû yao yong kou-p'iao gnen-tse. Sou-i wo ming-bah tié ki gné ke hao. — O! Ngou k'i tèh i saong-liang mĕh tsé. Ze-ka da-yah koang-kieng, tsai ze ki gné mĕh yao faong nga-zen koé tsé? — Ngou siang tsai ze n lôh gné mĕh tsé. — Ngou siang-k'i-lai, sia ke n lôh gné mĕh tsé, i a m sa, kou tao gneu-i ke. — Dié laong k'i-tsang, ze-ka zé k'eu-kié-kou va? — K'eu-kié-kou-ke. — Keh-mĕh, ki tsang hong k'i, ki tsang bah k'i? — Liang tsang hong k'i, liang tsang bah k'i. — Tseng-ka, koh-ya wei-tsé-k'i, tei i saong-liang-k'i-lai k'eu: zah-se tsao kou-ke gnen-tse sou-moh, n lôh gné kong-fou, i k'eng ke mĕh, bè mĕh tsé. — Ze-t'i bè ding-taong ke zié-deû, di-bi lao sa, sié yao k'i k'eu-ih-k'eu va? — Hèh! Kou-ke ze-t'i ze-ka k'eng zah-zĕh pao-ke, pao-teh-ding vĕh ts'ouo ke, a vĕh pih-teh yu-sié k'i k'eu tsé. — Kou ze ih-ding vĕh ts'ouo ke; ngou k'eng zah-zĕh pao-ke. — Ki-zé zĕh-ka, ngou siang-sin kou-kiu seh-wo. Ze-t'i bè su-zi tse heû-lai, ngou dong i ih-dao tao di laong k'i k'eu-ih-k'eu, zieû ze tsé.

DI-KIEÛ TSANG

Tei lao-ya wo, Da-heng pou-tsaong laong ke Zi sié-sang yao lai kiè-kiè lao-ya, bah-wo sang. — Nong k'i ts'ing i tsin-lai, k'ah-t'ing

---

qui vont suivre, si je suis nommé à une charge hors de la capitale, j'aurai besoin de cet argent. C'est pourquoi, somme toute, il faut (spécifier) clairement pour combien d'années se fait l'emprunt; cela vaut mieux. — Bien, je puis en parler avec lui. Selon toute probabilité, dans combien d'années croyez-vous pouvoir être employé en charge hors (de la ville)? — Je crois que cela pourrait bien être dans cinq ou six ans. — Je crois que si je lui propose de faire le contrat pour cinq ou six ans, il n'y a là rien qui lui soit désagréable, — Les titres (de possession), les avez-vous vus? — Oui, je les ai vus. — Combien y a-t-il de titres rouges, combien de blancs? — Il y en a deux rouges et deux blancs. — Alors, retournez et traitez cela avec lui: s'il veut bien faire le marché pour cette somme d'argent et fixer (le terme) de cinq ou six ans, alors nous arrangerons l'affaire. — Avant de conclure définitivement l'affaire, faudra-t-il encore que vous alliez examiner la terre? — Ah! Pour cela, voici; si vous voulez me donner une garantie absolue et me répondre qu'il n'y a en tout cela absolument rien d'inexact, alors il ne sera pas nécessaire que j'aille voir la terre. — Oh! Il n'y a certainement en cela absolument aucune (cause d') erreur; je puis vous en donner une garantie absolue. — Puisqu'il en est ainsi, je me fie à votre seule parole. Quand nous aurons achevé de traiter cette affaire, alors je me rendrai avec lui à sa terre pour l'examiner, et tout sera dit.

CHAPITRE NEUVIÈME

EMPRUNT

Je fais savoir à Monsieur que Maître Zi, (directeur) du magasin de toiles "Grande constance", désire le voir et lui dire un mot.— Va, prie-le d'entrer et fais-le

裏坐。　嗰。老爺請先生進來。客廳裏請坐。　徐先生。那能今朝倒有空拉。　我來要搭老爺白話一句說話。　嗰。請坐。　自家請坐。第个幾日倒勿出門。　勿出門。因爲箇兩日。身向裏有點勿爽。所以不出去。　現在完全好沒。　完全好者。　我今朝來見老爺。要想借一票銀子。　幾化呢。　總要五百兩戶蕩。　還是儂要買啥巧貨呢啥。　勿是。因爲我買之一爿店咾。　買之一爿啥个店。買之一爿錢莊。　幾間門面个。　兩間門面。　拉啥地方。　拉城外八寶街西首。　本來啥人開拉个。　本來是一个南頭人開拉个。　阿是關之後來買个呢啥。　勿曾關个。因爲店裡个東家。是候選知縣。近來候着者。要出去做官。伊無得弟兄。又無得自族裏个人。可以照應箇个生意。所以賣脫拉个。　幾化銀子買拉个。　一千兩銀子。　傢生咾啥。儕拉拉化否。　傢生咾啥。儕拉化个。賬還淸拉沒。　還淸拉者。　格味現在要銀子來。做生意呢啥。　勿錯。我手裏

li zou. — O ! Lao-ya ts'ing sié-sang tsin-lai, k'ah-t'ing li ts'ing zou. — Zi sié-sang, na-neng kien-tsao tao yeû k'ong la? —Ngou lai yao tèh lao-ya bah-wo ih-kiu seh-wo. — O! Ts'ing zou. — Ze-ka ts'ing zou. Di-ke ki gnéh, tao véh ts'éh men? — Véh ts'éh men, yen-wei kou liang gnéh sen-hiang li yeû tié véh saong; sou-i péh ts'éh-k'i. — Yé-zai wè-zié hao méh ? — Wè-zié hao tsé. Ngou kien-tsao lai kié lao-ya, yao siang tsia ih-p'iao gnen-tse. — Ki-houo gni ? — Tsong yao n-pah liang wou-daong. — Wè-ze nong yao ma sa k'iao fou gni sa ? — Véh ze, yen-wei ngou ma-tse ih-bè tié lao. — Ma-tse ih-bè sa ke tié ?— Ma-tse ih-bè zié-tsaong.—Ki kè men-mié ke ?— Liang kè men-mié. — La sa di-faong ? — La zeng nga, Pèh-pao ka, si seû. — Pen-lai sa ngen k'ai-la-ke ? — Pen-lai ze ih-ke né-deû ngen k'ai-la-ke. — Ah-ze koè-tse heû-lai ma-ke gni sa ? — Véh zeng koè-ke. Yen-wei tié li ke tong-ka ze heû sié tse-yeu ; ghien-lai heû-zah tsé, yao ts'éh-k'i tsou koé. I m teh di-hiong, i m teh ze-zôh li ke gnen, k'o-i tsao-yng kou-ke sang-i, sou-i ma-t'éh-la-ke. — Ki-houo gnen-tse ma-la-ke ? — Ih ts'ié liang gnen-tse. — Ka-sang lao sa zé lèh-la houo va ? — Ka-sang lao sa zé la houo ke. — Tsang wè-ts'ing la méh ? — Wè-ts'ing la tsé. — Keh-méh, yé-zai yao gnen-tse lai tsou sang-i gni sa ? — Véh ts'ouo, ngou seû-li

---

asseoir au salon. — Bien! Mon maître vous prie de vous asseoir au salon.— Maître Zi, comment vous trouvez-vous libre aujourd'hui ?— Je suis venu pour vous dire un mot.— Bien ! asseyez-vous, je vous prie. — Asseyez-vous. Ces jours-ci, vous n'êtes pas sorti ?—Non, c'est que ces jours-ci, j'ai eu une petite indisposition ; voilà pourquoi je ne suis pas sorti. — Et maintenent êtes-vous complètement remis ? — Oui, complètement. Je suis venu vous trouver dans le dessein de vous emprunter une somme d'argent. — Combien ? — Il me faut environ 500 taëls. — Serait-ce que vous comptez acheter de belles marchandises ?— Non,c'est que j'ai acheté un fonds de boutique. — Quelle espèce de boutique avez-vous prise ? — Une banque. — Combien de chambres sur la rue ?— Deux. — En quel endroit ? — Hors de notre ville, rue des "Huit choses précieuses", vers l'ouest. — Auparavant à qui était ce magasin ? — Auparavant, il appartenait à un homme du Midi. — Est-ce qu'il vous l'a vendu après avoir fermé ?—Il n'a pas fermé. Mais, le propriétaire de ce magasin attendait sa nomination de sous-préfet ; dernièrement il l'a reçue ; et il s'en va exercer sa charge. N'ayant ni frère cadet, ni personne de sa famille qui puisse diriger le commerce, il en est réduit à vendre son fonds. — Combien de taëls l'avez-vous acheté ? — Je l'ai acheté au prix de 1000 taëls. — Tout le mobilier compris ?— Oui, tout le mobilier compris. — Le prix d'achat est-il payé en entier ?— Oui, complètement.—Mais maintenant, vous avez besoin d'argent pour faire le commerce ? — C'est vrai. Actuellement, j'ai encore en main

還有五百兩銀子。少咾勃勿轉。再有子五百兩味。可以者。　固是無啥。借五百兩銀子去味者。　多謝多謝。借撥我味幾分利呢。　箇味話伊啥耶。大家老朋友者。借點銀子。有啥利咾勿利。若使要撥利錢我。我勿借者。　正介。我就從命味者。　豈敢。箇爿莊上。老底子店號叫啥。　老底子店號。叫德合。　自家盤買之味。店號改否。　要改个。　打算改啥字號。　打算改裕成。看來好勿好。　箇个字號。極好。錢莊生意。自家精工个否。　錢莊生意。我勿大精工个。伲个舍姪。伊味學錢莊生意个。我想教伊等拉箇爿店裏。　箇倒勿悚。打算幾時開市。下一个月。初頭上開市。　等開市起來。我來恭喜嗰。　勿敢當。乃我要歸去者。啥多化忙耶。坐个坐咾味者。　勿者。我店裏還有小事體拉哩。　箇票銀子。明早下晝。我送到店裏來。　正介味者正介味者。　去者否。　去者。請進去。

第十章

wè yeû n-pah liang gnen-tse: sao lao bèh-véh-tsé; tsai yeû-tse n-pah liang méh, k'o-i tsé. — Kou ze m sa ; tsia n-pah liang gnen-tse k'i méh tsé. — Tou zia, tou zia. Tsia péh ngou méh ki fen li gni?— Kou méh wo i sa ya? Da-ka lao bang-yeû tsé, tsia tié gnen-tse yeû sa li lao véh li ? Zah-se yao péh li-dié ngou, ngou véh tsia tsé. — Tseng-ka, ngou zieû zong ming méh tsé. — K'i kè ? Kou-bè tsaong laong, lao-ti-tse tié hao kiao sa ? — Lao-ti-tse tié hao kiao Teh-héh. — Ze-ka bê-ma-tse méh, tié hao kai va ? — Yao kai-ke. — Tang-seu kai sa ze-hao ? — Tang-seu kai Yu-zeng : k'eu-lai hao véh hao ? — Kou-ke ze-hao ghieh-hao. Zié-tsaong sang-i ze-ka tsing-kong-ke va ? — Zié-tsaong sang-i, ngou véh da tsing-kong-ke ; gni-ke sô-zéh, i méh hoh zié-tsaong sang-i ke ; ngou siang kiao i teng la kou-bè tié li. — Kou tao véh k'ieû. Tang-seu ki-ze k'ai ze ? — Hao ih-ke gneuh ts'ou-deû laong k'ai ze.— Teng k'ai ze k'i-lai, ngou lai kong-hi, o! — Véh ké taong; nai ngou yao kin-k'i tsé. — Sa tou-houo maong ya? Zou-ke-zou lao méh tsé! — Véh tsé, ngou tié li wè yeû siao ze-t'i la li. — Kou-p'iao gnen-tse, ming-tsao hao-tseû ngou song tao tié li lai. — Tseng-ka méh tsé, tseng-ka méh tsé. — K'i tsé va ? — K'i tsé, ts'ing tsin-k'i.

DI-ZÉH TSANG

---

500 taëls : cela ne me suffit pas pour les affaires courantes. Il faut encore 500 taëls, et l'on pourra marcher. — Bien, je puis vous prêter 500 taëls. — Je vous remercie beaucoup ; à quel taux pouvez-vous me prêter ? — Qu'est-ce que cela veut dire ? (Quand) nous sommes en de telles relations d'amitié, (et que) je vous prête un peu d'argent, de quel intérêt parlez-vous ? S'il est question d'intérêt, je ne vous prête pas. — Bien, alors, je me soumets à vos ordres. — Quelle était autrefois l'enseigne de cette banque ? —Son enseigne primitive était "Vertu et union".—La vente faite, allez-vous changer l'enseigne ? — Oui, je vais la changer. — Pour quelle autre pensez-vous la changer ? — Je pense la changer pour cette autre : "Grande richesse" ; trouvez-vous que ce soit bien ? — Oui, cette enseigne est très bonne. Mais vous entendez-vous bien aux affaires de banque? — Non, je ne m'y entends guère ; mais mon neveu en a fait son étude ; j'ai dessein de le mettre à la tête de la banque.—Ce n'est pas mal arrangé. Quand comptez-vous ouvrir boutique ? — La première décade du mois prochain. — Quand vous aurez ouvert, j'irai vous présenter mes félicitations. — Vous êtes trop aimable : mais il faut que je m'en retourne. —Qu'est-ce qui vous presse ? Asseyez-vous encore un peu, allons !— Non, non, j'ai encore affaire au magasin. — Cet argent, demain soir je le ferai porter à votre magasin, — C'est cela, c'est cela. — Vous partez ? — Je pars! Rentrez, je vous prie.

CHAPITRE DIXIÈME

ENTREPRISE DE MENUISERIE

告訴老爺。木匠劉司務。要見見老爺。　教伊進來。　劉司務。老爺教咾進去。　老爺一向好拉。　好拉。儂一向好。　好拉。謝謝。　那能箇一時。常遠勿看見者。我一向歸拉屋裏咾。　歸拉屋裏。有啥事幹。　田裏收成。　今年年成好否。年成八成光張。　種幾畝田。　我種一頃多點。　今年打之幾化石數米。　今年打之一百石米。　箇回轉來。有生活拉做否。　無啥生活。今朝來。因爲有一樣生活。我想尋來做。倒底無得薦主。想求老爺舉薦舉薦。　啥生活耶。　城西面。江老爺。阿是伊要造房子。我想求老爺話話看。　我聽見江老爺。教多化人看過者。勿曉得講定當拉味。　勿錯。我聽見話。有三个人看過者。有兩个味要八千兩銀子。一个味要七千五百兩銀子。江老爺禿勿要。所以勿曾定當哩。箇裝生活。包撥自儂。生拉比別人。便宜點。　固是自然。若使包撥我做味。勿但比別人。便宜百幾兩銀子。就是生活。亦堅固新拉。一些無啥撻漿个。　我替儂

Kao-sou lao-ya, moh-ziang Lieû se-wou yao kié-kié lao-ya.—Kiao i tsin-lai. — Lieû se-wou, lao-ya kiao lao tsin-k'i. — Lao-ya, ih-hiang hao la ? — Hao la ; nong ih-hiang hao ? — Hao la, zia-zia. — Na-neng kou ih-ze zang-yeu vèh k'eu-kié tsé ? — Ngou ih-hiang kiu la ôh-li lao. — Kiu la ôh-li, yeû sa ze-keu ? — Dié li seû zeng. — Kien-gné gné-zeng hao va ? — Gné-zeng pèh zeng koang-tsang. — Tsong ki m dié? — Ngou tsong ih k'ing tou tié. — Kien-gné tang-tse hi-houo zah-sou mi ? — Kien-gné tang-tse ih pah zah mi. — Kou-wei tsé-lai, yeû sang-wéh la tsou va ? — M sa sang-wéh ; kien-tsao lai, yen-wei yeû ih yang sang-wéh ngou siang zin lai tsou. Tao-ti m teh tsié-tsu; siang ghieû lao-ya kiu-tsié kiu-tsié. — Sa sang-wéh ya ! — Zeng si mié, Kiang lao-ya ah-ze i yao zao waong-tse ? Ngou siang ghieû lao-ya wo-wo k'eu. — Ngou t'ing-kié Kiang lao-ya kiao tou-houo gnen k'eu-kou tsé ; vèh hiao-teh kaong ding-taong la méh. — Vèh ts'ouo ; ngou t'ing-kié wo yeû sè-ke gnen k'eu-kou tsé ; yeû liang-ke méh yao pèh ts'ié liang gnen-tse ; ih-ke méh yao ts'ih ts'ié n pah liang gnen-tse. Kiang lao-ya t'ôh vèh yao ; sou-i vèh-zeng ding-taong li. — Kou-tsaong sang-wéh pao-péh ze-nong, sang-la pi biéh gnen bié-gni tié. — Kou ze ze-zé ! Zah-se pao-péh ngou tsou méh, vèh tè pi biéh gnen bié-gni ki pah liang gnen-tse, zieû-ze sang-wéh a kié-kou-sin-la, ih-sié m sa tah-tsiang ke. — Ngou t'i nong

---

Monsieur, je vous avertis que le menuisier Lieû désire vous voir. — Fais-le entrer. — Maître Lieû, Monsieur vous prie d'entrer. — Monsieur, vous allez bien ? — Oui, bien ; et vous ? — Bien, merci. — Comment ces temps-ci, ne vous ai-je pas vu du tout ? — C'est que je suis retourné chez moi. — Qu'êtes-vous allé faire chez vous ? — Je suis allé faire (recueillir) la moisson. — Quelle récolte avez-vous eue là-bas cette année ? — C'est une bonne année. — Combien d'arpents cultivez-vous ? — Je cultive plus de 100 arpents. — Combien de piculs de grain avez-vous eus (battus) cette année ? — Cette année, j'ai eu 100 piculs. — Maintenant que vous êtes revenu, avez-vous quelque travail à conduire ? — Non, je n'ai encore rien à faire ; et je viens aujourd'hui vous voir, parce que il y a (quelque part) un travail que je voudrais entreprendre. Mais je n'ai personne pour me recommander ; j'ai l'intention de vous prier de m'appuyer.— Quel serait ce travail? — Dans la ville occidentale, Monsieur Kiang ne veut-il pas bâtir une maison ? Je vous prie de lui parler pour moi. — J'ai entendu dire que Monsieur Kiang avait cherché plusieurs personnes et les avait déjà vues ; mais j'ignore si le contrat est arrêté. — C'est vrai ; j'ai entendu dire qu'il y a trois personnes qui l'ont vu ; deux (d'entre elles) veulent 8000 taëls ; l'autre en veut 7500 ; mais Monsieur Kiang n'accepte pas ces prix ; aussi n'y a-t-il encore rien de réglé. — Si ce travail vous est adjugé, il va sans dire que ce sera (à un prix) un peu plus modéré que les autres. — Naturellement ! Si l'on m'adjuge ce travail, non seulement ce sera une économie de quelques centaines de taëls, mais encore l'ouvrage sera plus solide et fait sans aucune négligence. — Parler pour vous,

話是。倒亦容易个。到底有一樣。我聽見話。江老爺个意思。打算講定之後來。約好之時候。銀子先付一半。還有一半味。等生活滿工之。然後交清。儂先墊得起否耶。　是。我亦曉得。先領一半銀子。仔細想想。我墊得起个。因爲我有个朋友。開磚瓦窰个。應用幾化磚瓦。儕肯賒拉我个。不必得現錢。儘可以生活滿工之咾。交銅錢。我還有个小娘舅。開木行个。伊蕩木料十分多。我隨便可以用。勿必預先交銅錢。我先領一半銀子。担伊來買點石頭石灰。開銷開銷。大家人工錢。實在勿遠許彀者。　既然什介。最好者。明朝我就對江老爺。替儂話話看。　什介費老爺个心。格味幾時可以等回信者。　後日。我撥回信儂。　正介。格味我去者。　呬。去味者。

第十一章

老弟啥時候來个。　我來過歇者。聽見話自家勿拉屋裏咾。我到之別搭去。刻刻

wo ze tao a yong-i ke ; tao-ti yeû ih yang, ngou t'ing-kié wo, Kiang lao-ya ke i-se tang-seu, kaong-ding-tse heû-lai, yah-hao-tse ze-heû, gnen-tse sié fou ih pé; wè yeû ih pé méh teng sang-wéh mé-kong-tse, zé-heû kiao-ts'ing; nong sié tié-teh-k'i va ya ? — Ze, ngou a hiao-teh, sié ling ih pé gnen-tse ; tse-si siang-siang ngou tié-teh-k'i-ke. Yen-wei ngou yeû-ke bang-yeû k'ai tsé-ngao yao ke; yng-yong ki-houo tsé-ngao, zé k'eng souo la ngou-ke, péh pih-teh yé-dié; tsin k'o-i sang-wéh mé-kong-tse lao kiao dong-dié. Ngou wè yeû-ke siao gnang-ghieû, k'ai moh-hang-ke ; i daong moh-leao zéh-fen tou, ngou zu-bié k'o-i yong, vèh pih yu-sié kiao dong-dié. Ngou sié ling ih pé gnen-tse, tè i lai ma tié zah-deû, zah-foei, k'ai-siao k'ai-siao, da-ka gnen-kong-dié, zéh-zai vèh yeu hiu keû tsé. — Ki-zé zéh-ka, tsu hao tsé. Ming-tsao ngou zieû tei Kiang lao-ya t'i nong wo wo k'eu. — Zéh-ka fi lao-ya ke sin. Keh-méh ki-ze k'o-i teng wei-sin tsé ? — Heû-gnéh, ngou péh wei-sin nong. — Tseng-ka, keh-méh ngou k'i tsé. — O ! k'i méh tsé.

DI-ZÉH-IH TSANG

Lao di, sa ze-heû lai-ke ? — Ngou lai-kou-hiéh tsé ; t'ing-kié wo ze-ka vèh la ôh-li lao, ngou tao-tse biéh-tèh k'i. K'ah-k'ah

---

c'est chose facile ; mais il y a encore un point : j'ai entendu dire que Monsieur Kiang a l'intention, quand tout sera bien réglé, au temps fixé, d'avancer la moitié de l'argent ; quant à l'autre moitié, il attendra pour la payer que le travail soit achevé ; pouvez-vous fournir le reste ? — Oui, je sais qu'on (doit) recevoir à l'avance la moitié de l'argent ; et en y réfléchissant bien, il me semble que je puis fournir le reste. Car j'ai un ami qui a un four à briques ; toutes les briques dont j'aurai besoin, il consent à me les livrer, sans m'obliger à payer comptant ; l'ouvrage une fois achevé, alors je le rembourserai. De plus, j'ai un oncle maternel qui tient actuellement un dépôt de bois ; la quantité de bois qu'il y garde est très considérable, et je puis en user à mon gré, sans être obligé de payer à l'avance. Si donc je reçois la moitié de l'argent, je l'emploierai à acheter la pierre et la chaux, à subvenir aux autres dépenses et à solder les ouvriers ; je crois que ce ne sera pas loin de suffire. — S'il en est de la sorte, c'est très bien. Demain j'en parlerai pour vous à Monsieur Kiang. — Oh ! vous vous donnez beaucoup de peine. Quand puis-je espérer une réponse ? — Après-demain je vous rendrai réponse. — Bien, alors je m'en vais. — Oui, allez.

CHAPITRE ONZIÈME

UNE SÉPARATION DE BIENS ENTRE FRÈRES

Quand est-ce que vous êtes venu, cher ami? — Je suis d'abord venu une fois ; j'ai appris que vous n'étiez pas chez vous ; alors j'ai été ailleurs. Je viens

又來。聽見伊拉話。閣下還勿曾轉來哩。所以我拉搭等自家轉來。 哈。弄神老弟等拉。 啥話頭。閣下走拉啥地方。 拉城外勢。望望田頭。 現在田裡物事。長來那能者。 長來長者。 什介是。今年秋裏收成有望頭者。 照目下看起來。今年定見好收成。 刻刻到田裏去。看見種田个。生活做否。 我去个時候。伊㑚貼正拉坌田。日頭直模樣。儕轉去吃飯。恰好尋着一顆大樹。大樹底下乘之半日風凉。看放牛羊个人。後來凉之點。乃味動身跑轉來。 儂倒相信好白相个。 啥叫相信好白相耶。不過等拉屋裏。坐拉昏悶咾。日裏睏拉味勿自然。倒勿如出去泛泛。 箇倒亦是一个養身之法。 去話啥呢。老弟今朝舍下來味。對我有啥話頭否。 大哥哥。我來有一件難事體。請教替我辦一辦。 啥事體呢。 因爲我兄弟。現在忽然間要分家者。 㑚弟兄淘裏。平素日脚。和睦个宛。那能伊忽然間。要分起家來呢。 我亦勿懂啥緣故。想起來。總是別人攛掇

i lai ; t'ing-kié i-la wo koh-ya wè véh-zeng tsé-lai li ; sou-i ngou la tèh, teng-ze-ka tsé-lai.— Héh ! long-zeng lao di teng la! — Sa wo-deû ! Koh-ya tseû la sa di-faong ?— La zeng nga-se maong-maong dié-deû.— Yé-zai dié li méh-ze tsang lai na-neng tsé !— Tsang-lai zang tsé. — Zéh-ka-ze, kien-gné ts'ieû li seû-zeng, yeû maong-deû tsé. —Tsao moh-ya k'eu-k'i-lai, kien-gné ding-kié hao seû-zeng.— K'ah-k'ah tao dié li k'i k'eu-kié tsong-dié ke, sang-wéh tsou-va ?— Ngou k'i ke ze-heû i-la t'ih-tseng la ben dié. Gnéh-deû zeh moh-yang, zé tsé-k'i k'ieh vé. Hah-hao zin-zah ih-kou dou zu. Dou zu ti-hao zeng-tse pé gnéh fong liang ; k'eu faong gneû yang-ke gnen. Heû-lai liang tse tié, nai-méh dong-sen bao-tsé-lai. — Nong tao siang-sin hao béh-siang ke. — Sa kiao siang-sin hao béh-siang ya ? Péh-kou teng la ôh-li zou la, foen-men-lao. Gnéh-li k'oen-la méh véh ze-zé ; tao véh zu ts'éh-ki fè-fè, — Kou tao a ze ih-ke yang seng tse fah — K'i woh sa gni ? Lao di kien-tsao sô-hao lai méh, tei ngou yeû sa wo-deû va ?—Dou kou-kou, ngou lai yeû ih-ghié nè ze-t'i, ts'ing-kiao t'i ngou bè-ih-bè. — Sa ze-t'i gni ?— Yen-wei ngou hiong-di, yé-zai féh-zé-kè yao fen ka tsé. — Na di-hiong dao-li bing-sou gnéh-kiah wou-moh ke wé, na-neng i féh-zé-kè yao fen-k'i ka lai gni ? — Ngou a véh tong sa yeu-kou. Siang-k'i-lai, tsong ze biéh gnen ts'eu-seh

---

d'arriver, et l'on m'a dit que vous n'étiez pas encore revenu; c'est pourquoi j'attendais ici votre retour. — Ah ! cher ami, je vous ai fait attendre ? — Que dites-vous ? Où êtes-vous donc allé ? — Je suis allé hors de la ville voir l'état de la campagne. — Actuellement, dans les champs, est-ce que les semences viennent bien? — Tout est déjà haut. — Alors, cette année, la récolte d'automne donne des espérances? — A en juger maintenant, cette année nous pouvons certainement avoir une bonne récolte. — Quand vous étiez dans la campagne, avez-vous vu travailler les laboureurs ? — Oui, quand j'y suis allé, ils étaient précisément à biner la terre. A midi, ils s'en allèrent tous prendre leur repas. Par bonheur, je trouvai un grand arbre au pied duquel je me reposai un bon bout de temps; je contemplai un peu les gardeurs de bœufs et de moutons; puis, quand j'eus assez pris le frais, je revins en me promenant. — Oh; vous aimez vraiment à vous amuser! — Comment est-ce que j'aime à m'amuser? Simplement rester assis à la maison est on ne peut plus ennuyeux; dormir au milieu de la journée indipose; il n'y a rien de tel que de sortir et de se promener.— C'est là un bon moyen de conserver la santé!— Que dites-vous là ! Mais, vous êtes venu aujourd'hui à mon humble demeure, auriez-vous quelque chose à me dire ?—Cher Monsieur, je suis venu parce que j'ai une affaire difficile que je veux vous prier de traiter pour moi. — Quelle affaire ? — C'est que maintenant mon frère cadet exige subitement que nous fassions le partage des biens. — Ordinairement vous et votre frère n'étiez-vous pas en parfaite harmonie ? Comment s'est-il mis tout à coup en tête de vouloir ce partage ? — Je ne sais pas quelle en est la cause. Je crois que probablement il a écouté les excitations de quelqu'un,

之咾。要搭我分家拉个。 自家親眷朋友當中。有啥人要離間自㑚弟兄个否咾。 拉伲親眷朋友當中。實在勿像有啥人。攛掇伊要分个。我想起來。近來伊攀幾個新朋友。人眞正是勿局个。要味總歸伊拉。攛掇拉个。 閣下來尋我。打算要我那能辦法呢。 我看起來。因爲我兄弟。平素搭自家蠻好个。箇兩日裏費心叫伊到閣下屋裏來。勸勸伊。總是勿分家味最好。 我叫伊來勸勸伊。固是無啥勿可以。但是有一樣。平素日脚。雖然伲兩家頭相好个。到底閣下个令弟有个脾氣。保勿定是肯聽我勸个。倘使勿聽。格味那能做法呢。 伊若使眞正勿肯聽。固是亦無法子。只好搭伊分家个者。 若是伊一定要分家。閣下想那能分頭呢。 伲个房子。兩處住房。兩處店房。城西面个住房。搭之城外頭个店房。箇兩處个契張。儕押拉外勢。不過伲現在登拉个房子。還有開店拉个。第个房契。勿曾押脫个。分起來。箇兩處房子味。讓伊担去味者。別樣屋裏个傢生

tse lao, yao tèh ngou fen ka la ke. — Ze-ka ts'in-kieu bang-yeû taong-tsong yeû sa gnen yao li-kié ze-na di-hiong ke va lao ? — La gni ts'in-kieu bang-yeû taong-tsong, zéh-zai véh ziang yeû sa gnen ts'eu-teh i yao fen-ka. Ngou siang-k'i-lai, ghien-lai i p'è ki-ke sin bang-yeû, gnen tsen-tseng ze véh ghiôh-ke ; yao méh tsong koei i-la ts'eu-teh-la-ke. — Koh-ya lai zin ngou, tang-seu yao ngou na-neng bè-fah gni ? — Ngou k'eu-k'i-lai, yen-wei ngou hiong-di bing-sou tèh ze-ka mè hao-ke ; kou liang gnéh li fi-sin, kiao i tao koh-ya ôh-li lai, k'ieu-k'ieu i ; tsong ze véh fen ka méh, tsu hao. — Ngou kiao i lai k'ieu-k'ieu i ; kou ze m sa véh k'o-i ; tè-ze yeû ih yang. Bing-sou gnéh-kiah su-zé gni liang-ka-deû siang-hao-ke, tao ti koh-ya ke ling di yeû-ke bi-k'i, pao-véh-ding ze k'eng t'ing ngou k'ieu-ke. T'aong-se véh t'ing, keh-méh na-neng tsou-fah gni ? — I zah-se tsen-tseng véh k'eng t'ing, kou ze a m fah-tse : tseh-hao tèh i fen ka ke tsé.— Zah-se i ih-ding yao fen ka, koh-ya siang na-neng fen-deû-gni ? — Gni-ke waong-tse, liang ts'u zu-waong, liang ts'u tié-waong, Zeng si mié ke zu-waong tèh-tse zeng nga-deû ke tié-waong, kou liang ts'u ke k'i-tsang zé èh la nga-se ; péh-kou gni yé-zai teng-la ke waong-tse, wè yeû k'ai tié la ke, di-ke waong-k'i véh-zeng èh-t'éh-ke. Fen-k'i-lai, kou liang ts'u waong-tse méh gnang i tè-ki méh tsé; biéh yang ôh-li ke ka-sang

---

et que, à cause de cela, il veut se séparer de moi. — N'y aurait-il pas parmi vos parents et amis quelqu'un qui voulût vous séparer l'un de l'autre? — Parmi nos parents et amis, je ne vois vraiment personne qui puisse le pousser à ce partage; mais je sais: depuis quelque temps il s'est lié avec de nouveaux amis, qui ne sont pas de fameuses gens; et je crois que, pour sûr, ce sont eux qui l'excitent au partage. — Vous venez me trouver; mais quel moyen voyez-vous d'arranger cela ? — Je suis venu parce que, en temps ordinaire, mon frère s'entend bien avec vous. Je compte vous demander de le faire venir chez vous ces jours-ci pour l'exhorter; en un mot, si vous pouvez l'amener à ne pas (vouloir) le partage, ce sera bien. — Le faire venir et l'exhorter, il n'y a là rien qui ne se puisse faire; seulement il y a une difficulté. Quoique en temps ordinaire nous soyons bons amis tous deux, cependant votre frère a son caractère, je n'ose pas répondre qu'il écoutera mes conseils. S'il ne voulait pas m'entendre, alors que faire?— Si vraiment il n'écoute pas vos conseils, il n'y a plus qu'à faire le partage.—Mais s'il veut absolument partager, à quel mode de partage penseriez-vous ?— Nos propriétés immobilières consistent en deux maisons d'habitation et deux magasins (donnant sur la terre). La maison située dans la ville occidentale et le magasin qui est hors de la ville ont tous deux leurs titres engagés hors de mes mains. Actuellement il ne reste que la maison que nous habitons et celle de notre magasin qui n'aient pas leurs titres engagés; je puis lui donner pour sa part la possession de ces deux maisons. De plus, parmi les meubles et autres objets qui sont à la maison,

咾啥。伊相信啥。隨便伊担啥。我無得勿肯个。　什介辦法。公道得極者。親眷朋
友。總勿能殼再有啥說話个者。

第十二章

老兄那得箇一時。常遠勿看見者。　我等拉屋裏。收成咾。　今年收成那能。　今
年收成還算好。　種幾化田。　種得勿多。不過一頃多點。　今年打之幾化石
數米。　打之一百多石米。　今年打拉个米。阿是比舊年多點。　哈。舊年打六
十石。今年比舊年多打三四十石。　箇回日脚。倒去得勿少。　倒勿是咾啥。去
之兩个多月。　那能箇回轉去。登之兩个多月个呢。　搭別人打之一場官司。
又賣脫之一塊田咾。　同啥人打官司耶。　同伲一个隔壁隣舍。　爲啥事體
咾。　我有十幾畝一塊蕩田。年常夏天落之大雨。就沒脫。所以我多年勿種咾
荒脫个者。箇塊田。搭之姓于个田味連拉个。我幾年勿種之箇塊田否咾。姓于

lao sa, i siang-sin sa, zu-biĕh i tè sa : ngou m teh véh k'eng ke. — Zéh-ka bè-fah kong-dao teh-ghieh tsé : ts'in-kieu, bang-yeû tsong véh neng-keû tsai yeû sa seh-wo ke tsé.

DI-ZÉH-GNI TSANG

Lao hiong na-teh kou-ih-ze zang-yeu véh k'eu-kiè tsè ? — Ngou teng la ôh-li, seû-zeng lao. — Kien-ngé seû-zeng na-neng ? — Kien-gné seû-zeng wè seu hao. — Tsong ki-houo diè ? — Tsong-teh véh tou, péh kou ih k'ing tou tiè. — Kien-gné tang-tse ki-houo zah-sou mi. — Tang-tse ih-pah tou zah mi. — Kien-gné tang-la-ke mi a ze pi ghieû-gné tou tiè. — Hèh, ghieû-gné tang lôh-séh zah, kien-gné pi ghieû-gné tou tang sè se séh zah.— Kou-wei gnéh-kiah tao k'i-teh véh sao.— Tao véh ze lao sa: k'i-tse liang-ke tou gneuh.— Na-neng kou-wei tsé-k'i, teng-tse liang-ke tou gneuh ke gni? — Tèh biéh gnen tang-tse ih-zaong koé-se ; i ma-t'éh-tse ih-k'oei diè lao. — Dong sa gnen tang koé-se ya ? — Dong gni ih-ke kah-pieh ling-sô. — Wei sa ze-t'i lao ? — Ngou yeû zèh-k'i m ih-k'oei daong-diè ; gné-zang hao-t'iè loh-tse dou yu, zieû méh-t'éh; sou-i ngou ta-gné véh tsong lao foang-t'éh ke tsé. Kou-k'oei diè tèh-tse sing Yu ke diè méh liè-la-ke. Ngou ki gnè véh tsong-tse kou-k'oei diè va lao, sing Yu

---

qu'il prenne tout ce qui lui fera plaisir; il n'y a absolument rien que je lui refuse. — Cette manière d'agir est extrêmement équitable. Vos parents et vos amis ne peuvent avoir absolument rien à vous reprocher.

CHAPITRE DOUZIÈME

PROCÈS AVEC UN VOISIN. VENTE DE GRAINS

Comment, cher Monsieur, ces jours-ci je ne vous ai pas même vu! — Je suis resté chez moi pour faire la moisson.— Comment est la moisson cette année? — Cette année la moisson peut encore passer pour bonne. — Combien de terre cultivez-vous? — Pas beaucoup; un peu plus de cent arpents. — Combien avez-vous eu de piculs de grain cette année? — Plus de cent piculs. — Mais votre récolte est meilleure cette année que l'an dernier? — Oui, l'année dernière j'avais eu soixante piculs; cette année j'ai eu trente ou quarante piculs de plus que l'an dernier.— Cette fois votre absence n'a pas été de courte durée! — Je crois bien! J'ai été absent plus de deux mois. — Pourquoi, à ce voyage-ci, avez-vous été si longtemps chez vous? — C'est que j'ai eu un procès avec quelqu'un; j'ai vendu aussi une terre. — Avec qui avez-vous eu un procès? — Avec un propriétaire voisin. — Pour quelle affaire? — Voici: j'ai dix et quelques arpents de terre basse, qui, chaque année, aux grandes pluies d'été est inondée; c'est pourquoi depuis quelques années je ne la cultivais point, et elle était complètement abondonnée. Cette terre touchait celle d'un nommé Yu. Ces années-ci je n'avais donc pas cultivé cette terre (n'avais-je pas été sans la cultiver ?). Cela a été cause que ce nommé Yu

个逐眼逐眼。佔之幾畝去。我常常拉拉外頭咾。所以勿曉得箇件事體。箇回我
轉去。聽見伲个長工話起。我親自到田裡去一查。果然伊佔之我田去者。我就
尋姓于个來。問伊箇件事體。伊到一口勿認。我就到衙門去。告之伊一狀。縣裡
查清爽之。就教伊佔我拉个田。退還拉我。我乃味一齊担來賣脫之。　嗰。格味
年常打出來个米。留拉自家吃呢。還是糶脫个。　勿是完全留拉自家吃个。伲
屋裡留个三四十石。多下來糶脫个。　糶拉啥地方。　遠開伲屋裡幾里路。有
个大鎭。每五日一聚會。伲个米。讓牲口馱出去咾。到箇个鎭上去糶个。　到之
鎭上。賣拉米行裡个呢。還是賣拉客人个。　勿个。總經主人家手咾賣个。　主
人家味。官府搭領帖个否。　哈。總要奉之官命。領之帖。乃味能殼做主人家。
糴米用个斗咾斛子。亦官府定當个否。　儕是官府定當个。　主人家味。出產
啥个銅錢呢。　主人家味得用錢。　米價阿是主人家定个。　勿是主人家定

ke zôh-ngè zôh-ngè tsé tse ki m k'i. Ngou zang-zang léh-la nga-deû lao, sou-i véh hiao-teh kou-ghié ze-t'i. Kou-wei ngou tsé-k'i, t'ing-kiè gni-ke zang kong wo-k'i ; ngou ts'in-ze tao diè li k'i i zouo ; kou-zé i tsé-tse ngou diè k'i tsé. Ngou zieû zin sing Yu ke lai, men i kou-ghié ze-t'i ; i tao ih-k'eû véh gnen. Ngou zieû tao nga-men k'i kao-tse i ih-zaong. Yeu li zouo ts'ing-saong tse, zieû kiao i tsé ngou la-ke dié t'ei-wè la ngou. Ngou nai-méh ih-zi tè-lai ma-t'éh-tse. — O ; kou-méh gné-zang tang-ts'éh-lai-ke mi, lieû la ze-ka k'iéh gni, wè ze t'iao-t'éh-ke?— Véh ze wé-zié lieû la ze-ka k'ieh-ke. Gni ôh-li lieû-ke sè se séh zah : tou-hao-lai t'iao-t'éh-ke.— T'iao la sa di-faong?— Yeu-k'ai gni ôh-li, ki li tou, yeû-ke dou tsen : mei n gnéh ih zu-wei. Gni-ke mi gnang sang-k'eû dou-ts'éh-k'i lao tao kou-ke tsen laong k'i t'iao ke. — Tao-tse tsen laong ma la mi-hang li ke gni, wè ze ma la k'ah gnen ke? — Véh ke, tsong kieng tsu-gnen-ka seû lao ma-ke. — Tsu-gnen-ka méh, koé-fou tèh ling t'ih ke va? — Héh, tsong yao fong-tse koé ming, ling-tse t'ih, nai-méh neng-keû tsou tsu-gnen-ka. — T'iao mi yong-ke teû lao woh-tse, a koé-fou ding-taong ke va?— Zé ze koé-fou ding-taong ke.—Tsu-gnen-ka méh ts'éh ts'è sa-ke dong-dié gni?—Tsu-gnen-ka méh teh yong-dié.—Mi ka ah-ze tsu-gnen-ka ding ke? — Véh ze tsu-gnen-ka ding

---

a petit à petit empiété de quelques arpents. J'étais toujours absent, et par suite, je ne savais rien de cette affaire. Mais cette fois, à mon retour, j'en entendis parler à mes ouvriers; je me rendis immédiatement et en personne sur les lieux pour examiner (la chose). De fait, n'avait-il pas empiété sur ma propriété? J'allai donc trouver ce nommé Yu pour lui parler de cette affaire; il refusa obstinément d'avouer. Alors je me rendis au tribunal pour l'y accuser. Quand le sous-préfet eut tiré la chose au clair, il lui ordonna de me restituer tout ce qu'il m'avait enlevé; après quoi, je vendis le tout. — C'est cela, mais le grain que vous récoltez chaque année, le gardez-vous pour votre propre consommation ou bien le vendez-vous? — Je ne garde pas tout pour mon usage personnel; je garde chez moi trente ou quarante piculs: le surplus, je le vends.— En quel endroit le vendez-vous? — A quelques *li* de l'endroit que j'habite, il y a un gros bourg, avec un marché tous les cinq jours; nous chargeons notre grain sur nos bêtes de somme et nous allons le vendre à ce gros bourg. — Mais quand vous êtes arrivé là, vendez-vous aux marchands de grains (du pays) ou aux étrangers? — Nullement, tout se vend par l'entremise des commissionnaires.— Ces commissionnaires reçoivent-ils une patente du mandarin? — Oui, il faut qu'ils soient autorisés par le mandarin et qu'ils reçoivent une patente; alors ils peuvent faire la commission. — Les mesures qui servent à la vente des grains sont-elles aussi déterminées par le mandarin? — Oui, tout est réglé par le mandarin. — Et que gagnent ces commissionnaires? — Ils ont (le prix de) la commission. — Le prix du grain est-il fixé par les commissionnaires? — Non. —

个。無啥人定个。大概看光景。若使日上米多。行情小點。日上米少。行情大點。固是一定个道理。並勿有啥人預先定價个。是者。什介一話味。我懂者。

第十三章

老弟我來請教儂一樣事體。要問啥事體。西山裡。自家阿是有个菓子樹園是否。勿錯。有介事个。有幾畝園地。五十多畝園地。年常園裡收拉个菓子。自家賣个呢。阿是担樹包拉別人个。前幾年味。收來自家賣个。近來幾年。担樹包拉別人。包拉啥人。包拉海定順義雜貨行裡。今朝我來。因爲我有个相好个朋友。現在拉西城。開之一爿乾菓子行。伊再三托我。替伊辦包菓子个事體。我曉得自家有个菓子園。所以我來問問看。若使肯年底裡。包撥拉伊个味。我可以替儂話成功攏來。伊要个。是我亦無啥勿可以。伊亦教我問問看。包菓子有啥个章程。閣下个令友。難道是外行麼。一眼勿錯。伊

ke. — Sa gnen ding ke ! — M sa gnen ding ke ; da-kai k'eu koang-kieng : zah-se gnéh-laong mi tou, haong-zing siao tié ; gnéh-laong mi sao, haong-zing dou tié : kou ze ih-ding-ke dao-li ; ping véh yeû sa gnen yu-sié ding ka ke. — Ze tsé, zéh-ka ih wo méh ngou tong tsé. —

DI-ZÈH-SÈ TSANG

Lao di ngou lai ts'ing-kiao nong ih-yang ze-t'i. — Yao men sa ze-t'i ? — Si sè li, ze-ka ah-ze yeû-ke kou-tse-zu-yeu, ze va ! — Véh ts'ouo, yeû ka-ze ke. — Yeû ki m yeu-di ? — N-séh tou m yeu-di. — Gné-zang yeu li seû-la-ke kou-tse, ze-ka ma-ke gni, ah-ze tè zu pao la biéh gnen ke. — Zié ki gné méh, seû lai ze-ka ma-ke. Ghien-lai ki gné, tè zu pao la biéh gnen. — Pao la sa gnen ? — Pao la Hai-ding Zen-gni zéh-fou hang li. — Kien-tsao ngou lai, yen-wei ngou yéû-ke siang-hao ke bang-yeû, yé-zai la si zong k'ai-tse ih-bè keu kou-tse hang. I tsai sè t'oh ngou t'i i bè pao kou-tse ke ze-t'i. Ngou hiao-teh ze-ka yeû ke kou-tse-yeu, sou-i ngou lai men-men-k'eu. Zah-se k'eng gné-ti-li pao-péh la i ke méh, ngou k'o-i t'i na wo-zeng kong-long-lai. — I yao ke, ze ngou a m sa véh k'o i. — I a kiao ngou men-men k'eu, pao kou-tse yeû sa-ke tsang-zeng. — Koh-ya ke ling yeû, nè-dao ze nga-hang mô ? — Ih-ngè véh ts'ouo, i

---

Qui est-ce qui le fixe? — Personne; mais habituellement cela dépend des circonstances. Si tel jour le grain vient en abondance, naturellement le prix baisse; si tel autre jour il vient peu de grain, de même le prix monte; c'est une règle certaine; mais il n'y a personne qui fixe un prix à l'avance. — Très bien, vos explications me sont parfaitement claires.

CHAPITRE TREIZIÈME

LOCATION D'ARBRES A FRUITS.

Cher ami, je suis venu vous consulter sur une affaire. — Quelle affaire? — A la montagne de l'Ouest, n'avez-vous pas un verger ? — Mais oui, j'en ai un. — Combien d'arpents a ce verger ? — Plus de cinquante arpents. — Chaque année, est-ce que vous en recueillez les fruits vous-même pour les vendre ; ou bien louez-vous vos arbres à quelqu'un ? — Il y a quelques années, je recueillais les fruits moi-même pour les vendre ; mais ces dernières années, j'ai loué mes arbres à quelqu'un. — A qui les louez-vous? — Je loue tout au magasin d'objets variés "Facilité et Justice" de Hai-ding. — Je viens vous voir aujourd'hui parce que j'ai un ami qui a ouvert un magasin de fruits secs dans l'ouest de la ville ; à différentes reprises, il m'a prié de m'occuper de lui louer des (arbres à) fruits. Je savais que vous aviez un verger ; c'est pourquoi je suis venu vous en parler. Si, à la fin de l'année, vous désirez lui louer vos arbres, je puis pour vous conclure l'affaire. — S'il le désire, moi, je ne m'y oppose en rien. — Il m'a dit aussi de vous demander quelles sont les conditions pour cette location de (d'arbres à) fruits. - Est-ce que votre ami est étranger à ce commerce? — Vous dites parfaitement vrai, il y est

本來外行。箇回頭一回開菓子行哩。包菓子無啥多化章程个。就是交付菓子个時候。我搭伊到園裡去。看个看。乃味商量價錢那能。話定當之。交付銀子。箇一年个菓子。是伊个者。包定當之後來。阿要教人來看拉个否。固是自然。總要教人來日白夜裡。等園裡看拉个。箇个看園个人。伲要替伊去尋个呢。阿是伊各人自家去尋个。箇亦隨伊便。伊咾要伲尋。伲去替伊尋一个。伊相信自家去尋。固是亦可以个。看園个人。阿要偷菓子出去賣个否。固是。儂勿要管得个。比方人咾我尋拉个。我該當要保。若使偷出去賣之。有我拉經管个。看園个人。每月出之工錢。無啥別樣者否。哈。撥伊工錢。不過還要撥拉伊。搭棚个蘆蓆。木板。繩。柱頭。箇个物事味。儕包菓子个。替伊買个。後來棚拆脫者。包菓子个味。一齊可以拿去。比方樹上。落下來菓子味那能呢。若使平常落脫下來。菓子咾勿多。讓伊落拉地上歇。等包菓子人來者。回頭聲好者。

pen-lai nga-hang ; kou-wei deû-ih-wei k'ai kou-tse hang li. — Pao kou-tse m sa tou-houo tsang-zeng ke : zieû-ze kiao-fou kou-tse ke ze-heû, ngou tèh i tao yeu li k'i, k'eu-ke-k'eu, nai-méh saong-liang ka-dié na-neng. Wo ding-taong-tse, kiao-fou gnen-tse ; kou ih-gné ke kou-tse ze i-ke tsé. — Pao ding-taong-tse heû-lai, ah yao kiao gnen lai k'eu la ke va ! — Kou ze ze-zé ; tsong yao kiao gnen lai gnéh-bah ya-li teng yeu li k'eu la ke. — Kou-ke k'eu yeu ke gnen, gni yao t'i i k'i zin ke gni, ah-ze i koh gnen ze-ka k'i zin-ke ! — Kou a zu i bié. I lao yao gni zin, gni k'i t'i i zin ih-ke. I siang-sin ze-ka k'i zin, kou ze a k'o-i ke. — K'eu yeu ke gnen ah yao t'eû kou-tse ts'éh-k'i ma ke va ! — Kou ze nong véh yao koé-teh-ke. Pi-faong gnen lao ngou zin-la-ke, ngou kai-taong yao pao ; zah-se t'eû-ts'éh-k'i ma-tse, yeû ngou la kieng-koé ke. — K'eu yeu ke gnen mei gneuh ts'éh-tse kong-dié m sa biéh yang tsé va ? — Hèh, péh i kong-dié, péh-kou wè yao péh la i tèh-bang ke lou-zieh, móh-pè, zeng, zu-deû, kou-ke méh-ze méh zé pao kou-tse ke t'i i ma-ke ; heû-lai bang ts'ah-t'éh-tsé, pao kou-tse ke méh ih-zi k'o-i nao-k'i. — Pi-faong zu laong loh-hao-lai kou-tse méh na-neng gni ? — Zah-se bing-zang loh-t'éh-hao-lai kou-tse lao véh tou, gnang i loh la di laong hiéh, teng pao kou-tse gnen lai tsé wei-deû sang, hao tsé.

---

complétement étranger; c'est la première fois qu'il fait ce commerce de fruits. — Eh ! pour cette location d'arbres à fruits, il n'y a pas beaucoup de conditions : au moment de livrer les fruits, j'irai avec lui examiner le verger, et ensuite nous débattrons le prix de la location. Quand cela sera convenu, il donnera l'argent, et alors les fruits de l'année seront à lui. — Après que la location sera réglée, faudra-t-il encore engager un gardien ? — Bien entendu. Il faut absolument engager quelqu'un, qui, jour et nuit, soit dans le verger pour veiller sur les fruits. — Ce gardien du verger, est-ce nous qui le lui procurerons, ou en cherchera-t-il un lui-même ? — A son gré. S'il nous charge de lui en procurer un, nous lui en procurerons ; s'il préfère en chercher un lui-même, cela peut aussi se faire. — Ce gardien des fruits n'ira-t-il pas jusqu'à voler des fruits pour les vendre? — A cet égard, n'ayez aucun souci ; s'il (s'agit) d'un homme que je lui aurai procuré, naturellement j'en répondrai; et s'il arrive qu'il vole des fruits pour les vendre, c'est à moi seul de m'en occuper. — Ce gardien du verger, chaque mois, on lui donne son salaire ; n'y a-t-il rien autre chose ? — Oui, on lui donne son salaire; seulement, en plus, il y a les nattes qui servent à bâtir sa cabane, les planches, les cordes, les poteaux ; tout cela est acheté pour lui par celui qui loue le verger. Mais, dans la suite, quand on démolit la cabane, alors le locataire peut remporter tout. — Mais s'il tombe des fruits (du haut des arbres), comment est-ce qu'il faut faire ? — Si les fruits qui tombent (habituellement) sont en petite quantité, alors on les laisse par terre, on attend la venue du locataire pour l'avertir, et cela suffit.

若使碰着大風。或者落氷塊。打下來菓子多者。看園个。該當就要去。告訴包菓子个。教伊担落下來个菓子。來收之去。 是者。照閣下話拉个。我去告訴我个朋友。等伊那能話頭。我再來㩦信罷。 好个。正介味者。

第十四章

劉才。 啊。 書房裏。箇只鐘勿走者。儂到祥盛鐘表店裏去。叫許司務來。收作收作。 嘔。 開翁好拉否。 好拉。那得來。請坐歇。 伲老爺教我來。請許司務到宅裏去。收作一只鐘。 㑚拉那裡一个宅裏。 富宅裏。 是棉花街上。富宅裏是否。 勿錯。是棉花街上。富宅裏。 請教貴姓。 賤姓劉。 請教自家。 賤姓許。 噢。就是許司務麼。請費心費心。 豈敢豈敢。 㑚宅裏。原是箇位姓朱个。拉當賬呢啥。 勿是。換之人者。 換之那裡一位。 換之一位姓范个。 那得咾箇位姓朱个。停之个呢。 想起來回脫拉个。 那能咾回脫个呢。 因爲有

Zah-se bang-zah dou fong, woh-tsé loh ping-k'oei, tang-hao-lai kou-tse tou tsé, k'eu yeu ke kai-taong zieû yao k'i kao-sou pao kou-tse ke, kiao i tè loh-hao-lai-ke kou-tse, lai seû-tse k'i. — Ze tsé, tsao koh-ya wo-la-ke, ngou k'i kao-sou ngou-ke bang-yeû ; teng i na-neng wo-deû, ngou tsai lai pêh sin ba. — Hao-ke, tseng-ka méh tsé.

DI-ZÉH-SE TSANG

Lieû-zai. — A. — Su-waong li kou-tsah tsong véh tseû tsé ; nong tao Ziang-zeng tsong-piao tié li k'i, kao Hiu se-wou lai seû-tsoh seû-tsoh. — O. — K'ai-wong hao la va ? — Hao la ; na-'eh lai ? ts'ing zou hiéh.— Gni lao-ya kiao ngou lai ts'ing Hiu se-wou tao zah li k'i seû-tsoh ih-tsah tsong. — Na la a-li ih-ke zah li ? — Fou zah li. — Ze Mié-houo ka laong Fou zah li, ze va ? — Véh ts'ouo, ze Mié-houo ka laong Fou zah li. — Ts'ing-kiao koei sing ? — Zié sing Lieû. Ts'ing kiao ze-ka ? — Zié sing Hiu. — Ao, zieû-ze Hiu se-wou mô ; ts'ing fi sin fi sin. — K'i ké k'i ké. — Na zah li gneu zè kou-wei sing Tsu ke la taong tsang gni sa ? — Véh ze, wé-tse gnen tsé. — Wé-tse a-li ih-wei ? — Wé-tse ih-wei sing Vè ke. — Na-teh lao kou-wei sing Tsu ke ding-tse ke gni ? — Siang-k'i-lai wei-t'éh-la-ke. — Na-neng lao wei-t'éh-ke gni ? — Yen-wei yeû

Mais si par hasard il arrive un grand vent ou de la grêle, et qu'il tombe par trop de fruits, alors le gardien du verger doit aller avertir le locataire, et lui dire de venir ramasser les fruits tombés. — C'est bien, je m'en retourne rapporter à mon ami tout ce que vous m'avez dit; quand il aura parlé, je reviendrai vous donner réponse. — Très bien. C'est cela même.

CHAPITRE QUATORZIÈME

HORLOGERIE

Lieû-zai. — Voilà ! — La pendule de la bibliothèque est arrêtée : va au magasin d'horlogerie "Grande prospérité", et prie Maître Hiu de venir l'arranger. — Bien. — Monsieur, comment allez-vous ? — Je vais bien. Pourquoi êtes-vous venu ? veuillez vous asseoir. — Mon Maître m'envoie prier Maître Hiu de se rendre à sa demeure, pour raccommoder une pendule. — Dans quelle maison êtes-vous ? — Je suis dans la maison Fou. — Est-ce la maison Fou de la rue du Coton? — C'est cela, c'est la maison Fou de la rue du Coton. — Comment vous appelle-t-on ? — Mon nom est "Lieû." Et le vôtre ? — Mon nom est "Hiu." — Ah ! c'est vous qui êtes Maître Hiu; rendez-nous, je vous prie, ce service. — Comment donc? — Dans votre maison, est-ce encore ce Monsieur Tsu qui tient les comptes ? — Non, on l'a changé. — Pour qui l'a-t-on changé ? — On l'a changé pour un Monsieur Vè. — Comment ce Monsieur Tsu a-t-il cessé ? — Je crois qu'il a été congédié. — Pourquoi a-t-il été congédié ? — Il a été congédié

病咾回拉个。 生之啥个病耶。 伊个體氣本來勿强。又吃之烟。今年忽然間。一戒烟。烟癮勿曾戒斷。得之病者。一日重一日。後來成功之癆病咾。一眼勿能个管啥者。因而退脫之本分。轉去養病个。 嘔。儂曉得否。不過要修只鐘呢。還是表亦要修个。 伲老爺單單話修只鐘。勿提起啥表。到底我想起來。修表个傢伙。亦帶拉味者。一脫手要修表。亦勿希奇个。 格味伲就去罷。 老司務請書房裏。先坐一坐。我來進去告訴老爺。 是者。 許司務一向好。 好。富老爺倒好。 好拉。生意那能。 靠福。還算好。 現在夜作做否。 夜作做个。 現在店裡有幾个夥計。 現在四个夥計。 徒弟幾个。 徒弟兩个。 儕可以上場做生活沒。 一个可以上場做生活个者。還有一个新來咾。勿局拉哩。 自家日都。亦拉店裏。做生活个呢啥。 我勿能彀完全登拉店裏。做生活个。總拉外勢做个時候多。 現在店裡。每月做得幾化手工錢。 現在每月做得个四十

bing lao wei-la-ke. — Sang-tse sa-ke bing ya ? — I ke t'i-k'i pen-lai véh ghia, i k'ieh-tse yé. Kien-gné féh-zé-kè, ih ka yé, yé-gné véh-zeng ka-deu, teh-tse bing tsé ; ih gnéh zong ih gnéh ; heû-lai zeng kong-tse lao-bing lao, ih-ngè véh neng-ke koé sa tsé. Yen-eul t'ei-t'éh-tse pen-ven, tsé-k'i yang-bing ke. — O, nong hiao-teh va, pêh-kou yao sieû tsah tsong gni, wè ze piao a yao sieû ke ? — Gni lao-ya tè-tè wo sieû tsah tsong, véh di-k'i sa piao ; tao-ti ngou siang-k'i-lai, sieû piao ke ka-hou a tai-la méh tsé ; ih-t'éh-seû yao sieû piao, a véh ki-ghi-ke. — Keh-méh gni zieû k'i ba. — Lao se-wou, ts'ing su-waong li sié zou-ih-zou, ngou lai tsin-k'i kao-sou lao-ya. — Ze tsé. — Hiu se-wou ih-hiang hao ? — Hao, Fou lao-ya tao hao ? — Hao la. Sang-i na-neng ? — K'ao-foh, wè seu hao. — Yé-zai ya-tsoh tsou va ? — Ya-tsoh tsou-ke. — Yé-zai tié li yeû ki-ke fou-ki ? — Yé-zai se-ke fou-ki. — Dou-di ki-ke ? — Dou-di liang-ke. — Zè k'o-i zaong-zang tsou sang-wéh méh? — Ih-ke k'o-i zaong-zang tsou sang-wéh ke tsé ; wè yeû ih-ke sin lai lao, véh ghiôh la li. — Ze-ka gnéh-tou a la tié li tsou sang-wéh ke gni sa ? — Ngou véh neng-keu wé-zié teng la tié li, tsou sang-wéh ke ; tsong la nga-se tsou ke ze-heû tou. — Yé-zai tié li mei gneuh tsou-teh ki-houo seû-kong-dié ? — Yé-zai mei gneuh tsou-teh-ke se-zéh

---

pour cause de maladie. — Quelle maladie avait-il contractée? — Il avait naturellement une santé délicate, et de plus il fumait l'opium. Cette année il renonça tout à coup a l'opium ; mais le besoin d'opium le tourmentant toujours, il contracta une maladie qui s'aggrava de jour en jour. Bref, par la suite, cela finit en une maladie de consomption; il ne pouvait plus s'occuper de quoi que ce fût; il renonça donc à son emploi et s'en alla chez lui se soigner. — C'est cela ; mais savez-vous s'il n'y a que la pendule à arranger, ou s'il y a aussi des montres à réparer? — Mon Maître a parlé de réparer la pendule, sans aucune mention de montres à arranger. Mais, si vous m'en croyez, apportez les outils à réparer les montres ; peut-être y a-t-il aussi des montres à réparer, je n'en serais pas étonné. — Alors nous y allons de ce pas ! — Maître Hiu, asseyez-vous d'abord dans la bibliothèque, je vous prie; j'entre pour avertir Monsieur. — C'est cela. — Maître Hiu, vous allez bien ces temps-ci ? — Bien; Monsieur Fou, vous allez bien? — Bien merci; comment va le commerce ? — Merci, assez bien ! — Actuellement travaillez-vous la nuit ? — Oui, nous travaillons à la veillée. — Combien avez-vous maintenant d'employés dans votre magasin? — Présentement il y a quatre commis. — Combien d'apprentis ? — Deux apprentis. — Tous peuvent travailler à l'établi ? — Il y en a un qui peut travailler à l'établi ; l'autre est nouveau venu, ça ne va pas encore. — Travaillez-vous tous les jours dans votre atelier? — Je ne puis pas travailler tout le temps à l'atelier; j'ai souvent à faire au dehors. — Combien faites-vous maintenant de travail par mois à l'atelier? — Actuellement, je fais pour 40.000

千工錢模樣。 四十千工錢。總算勿少者。 不過算可以就是者。到底傍之前頭時候。差得多者。 前頭起。每月做得幾化工錢。 前頭起。每月要做到七十千工錢。 嗰。前頭起。每月工錢。到什介數目拉。 哈。那个時候。是有什介拉。 今朝我煩勞司務。看个看。箇只鐘那得哰勿走者。 讓我看。斷之弦哰。 箇是要換一根新个弦拉裡宛。 勿要換得新个。讓我担到店裡去。釘之攏來。再担來安上之味。好者。 什介頂好者。請用茶。 自家用罷。 我要請教。像倗个貴行業。要學个幾年味有者。 敝業。要學六年。 阿要寫啥紙張个。 紙張要寫个。 箇張紙。阿是徒弟上之店。就寫个呢啥。 勿是。先要學一年看。若是徒弟好。乃味寫投師紙。 格味。滿師之後。原拉箇爿店裡。做生活个呢。還是到別人家店裡去。做生活个。 固是隨便伊个。若使伊要等拉老店裡。做生活。出還伊工錢。搭夥計一樣。若使伊勿高興。等拉老店裡。做生活。願意別爿店裡去。做夥

ts'iè kong-dié mô-yang. — Se-séh ts'iè kong-dié tsong seu véh sao tsé. — Péh-kou seu k'o-i zieû ze tsé ; tao-ti baong-tse zié deû ze-heû, ts'ouo-teh tou tsé. — Zié-deû-k'i-mei gneuh tsou-teh ki-houo kong-dié? — Zié-deû-k'i mei gneuh yao tsou tao ts'ih-séh ts'iè kong-dié. — O, zié-deû-k'i mei gneuh kong-dié tao zéh-ka sou-moh la. — Hèh, na-ke ze-heû ze yeû zéh-ka la. — Kien-tsao ngou vè-lao se-wou k'eu-ke-k'eu, kou-tsah tsong na-teh lao véh tseû tsé. — Gnang ngou k'eu : deu-tse yé lao. — Kou ze yao wé ih-keng sin-ke yé la-li va? — Véh yao wé-teh sin-ke; gnang ngou tê tao tié li k'i ting-tse-long-lai, tsai tê-lai eu-laong-tse méh hao tsé. — Zéh-ka ting hao tsé. Ts'ing yong zouo. — Ze ka yong ba. — Ngou yao ts'ing-kiao ; ziang na-ke koei hang-gnéh, yao hoh-ke ki gné méh yeû tsé ! — Pi gnéh, yao hoh lôh gné. — Ah yao sia sa tse-tsang ke ? — Tse-tsang yao sia-ke. — Kou-tsang-tse a ze dou-di zaong-tse tié zieû sia-ke gni sa ? — Véh ze, sié yao hoh ih gné k'eu ; zah-se dou-di hao, nai-méh sia deû-se tse. — Keh-méh mé-se-tse heû, gneu la kou-bè tié li tsou sang-wéh ke gni, wè ze tao biéh gnen-ka tié li k'i tsou sang-wéh ke ? — Kou ze zu-bié i ke. Zah-se i yao teng la lao tié li tsou sang-wéh, ts'éh-wè i kong-dié, tèh fou-ki ih-yang. Zah-se i véh kao-hieng teng la lao tié li tsou sang-wéh, gneu-i biéh-bè tié li k'i tsou fou-

---

sapèques de travail par mois. — 40,000 sapèques de travail! Ce n'est pas peu de chose! — C'est seulement passable; au fond, il y a beaucoup de différence avec autrefois. — Jadis combien faisiez-vous de travail par mois? — Autrefois je faisais chaque mois (du travail) pour 70,000 sapèques. — Vraiment, vous faisiez chaque mois du travail pour une telle somme! — Oui, dans ce temps-là, il en était ainsi. — Aujourd'hui je vous ai prié de venir voir pour quelle cause cette pendule ne va plus. — Laissez-moi regarder ; c'est que la chaine est cassée. — Alors, il faut la changer pour une neuve. — Non, il n'est pas nécessaire d'en mettre une neuve à la place ; je vais l'emporter à l'atelier et la river; puis je la rapporterai, je la remettrai en place et cela suffira. — Oh ! comme cela, c'est parfait ; mais prenez un peu de thé, je vous prie. — Buvez vous-même. — Je désire vous poser une question; par exemple, dans votre métier, combien d'années est-on apprenti? — Dans notre métier, le temps de l'apprentissage est de six ans. — Faut-il aussi prendre un engagement par écrit ? — Oui, il faut s'engager par écrit. —Cet engagement se prend-il dès la première entrée de l'apprenti à l'atelier? —Non, il faut d'abord qu'on le voie (à l'œuvre) pendant un an; si l'apprenti est bon, alors on conclut l'engagement. — Mais quand son apprentissage est achevé, exerce-t-il encore le métier dans le même atelier, ou va-t-il l'exercer ailleurs? —Cela dépend complétement de son bon plaisir; s'il désire exercer son métier dans le même atelier, on lui donne son salaire comme aux autres employés; s'il ne désire pas l'exercer dans le même atelier, mais qu'il préfère être employé ailleurs,

計。亦可以个。 嗰。是者。還有上回。托辦拉箇只醒鐘。買着否。 城裡向各店家。我儕問到个。無味。新近伲有个同行个人。到天津去買貨色。我已經托伊。替老爺到洋行裡去尋尋看。若使有味。等伊轉來之。我就担來。 呵唷。固是十分費心者。 啥話頭。我要轉去者。明朝會罷。 要轉去者。費心費心。 話得好。

第十五章

老弟從屋裡來呢啥。 哈。從屋裡來。 那得箇兩日裡。勿看見拉做啥。 到外勢打獵去之哰。 同啥人去个。 同一个隣舍。一淘去个。 到之那裡去打獵。 到東山去打獵。 幾時轉來个。 昨日下晝。 打着之啥个野獸。 打着之點野雞。野猫。還有野猪玀。 那得到箇回打獵。勿是白去个。 哈。去是勿是白去个。到底受累亦勿輕。 受啥累耶。 伲兩家頭。各人騎之馬哰去个。到東山。還有勿多幾里路。有个鎮。拉箇个鎮上。(續見下張)

ki, a k'o-i ke. — O, ze-tsé. Wè yeû zaong-wei t'oh-bè-la kou-tsah sing-tsong ma-zah va? — Zeng li-hiang koh tié-ka ngou zé men-tao-ke, m-méh. Sin-ghien gni yeû ke dong-hang-ke gnen tao T'iè-tsin k'i ma fou-seh ; ngou i-kien t'oh i t'i lao-ya tao yang hang li ki zin-zin-k'eu: zah-se yeu méh, teng i tsé-lai-tse, ngou zieû tè-lai. — O-yoh, kou ze zéh-fen fi sin tsé. — Sa wo-deû! Ngou yao tsé-k'i tsé. Ming-tsao wei ba. — Yao tsé-k'i tsé; fi sin fi sin.—Wo-teh hao.

DI-SONG-N TSANG

Lao di, zong ôh-li lai gni sa ? — Hè, zong ôh-li lai. — Na-teh kou liang gnéh li véh k'eu-kié ; la tsou sa ? — Tao nga-se tang-lih k'i-tse lao. — Dong sa gnen k'i ke? — Dong ih-ke ling-sô ih-dao k'i ke.— Tao-tse a-li k'i tang-lih? — Tao tong sè k'i tang-lih. — Ki-ze tsé-lai ke ? — Zôh-gnéh hao-tseû. — Tang-zah-tse sa-ke ya seû ? — Tang-zah-tse tiè ya ki, ya mao, wè yeû ya tse-lou. — Na-teh tao kou-wei tang-lih, véh ze bah k'i ke ? — Hè, k'i ze véh ze bah k'i-ke ; tao-ti zeû lei a véh k'ieng. — Zeû sa lei ya ? — Gni liang-ka-deû koh gnen ghi-tse mô lao k'i ke. Tao tong-sè wè yeû véh tou ki li lou, yeû ke tsen ; la kou-ke tsen laong,

---

cela peut aussi se faire. — C'est bien ; mais la dernière fois, je vous avais chargé de m'acheter un réveille-matin ; me l'avez-vous acheté ? — Je l'ai cherché dans tous les magasins de la ville ; il n'y en a pas; dernièrement un homme de notre métier est allé à T'ien-tsin pour acheter des marchandises; je l'ai déjà chargé d'aller aux magasins européens en chercher un pour vous; s'il y en a, à son retour, je vous l'apporterai. — Oh ! vraiment, vous vous donnez beaucoup de peine. — Que dites-vous là ! mais il faut que je m'en retourne. Nous nous reverrons demain. — Vous vous en allez ! Je vous ai donné bien de l'embarras. — Vous êtes trop bon.

CHAPITRE QUINZIÈME

A LA CHASSE

Cher ami, vous venez de chez vous? — Eh ! oui, je viens de chez moi.— Comment ! ces jours-ci je ne vous ai pas vu ! que faisiez-vous donc ? — Je suis sorti pour chasser. — Avec qui êtes-vous allé ? — Je suis allé avec un de nos voisins.—Où êtes-vous allé à la chasse ?— A la montagne de l'Est. — Quand êtes-vous revenu ? — Hier soir. — Quelle espèce de gibier avez-vous pris ? — Nous avons tué quelques faisans, quelques chats sauvages et aussi un sanglier. — Oh ! mais cette fois (à cette chasse), vous n'êtes pas allé en vain. — C'est vrai, pas en vain ; mais les ennuis supportés n'ont pas été minces. — Quels ennuis ? — Nous allions tous deux, chacun montant son cheval ; mais, quelques *li* avant d'arriver à la montagne de l'Est, il y a un bourg; dans ce bourg,

客寓裏。耽擱之一夜。到之第二日。伲拉店裏吃之飯。担兩匹馬咊。寄拉店裏之。
伲兩家頭。揵之鎗咾。爬到北山去。到之山頂上。伲不過打着之野雞野猫咾啥。
日頭歪西之後來。忽然有只野猪𤢾跑來。伲就担鎗來一打。倒打殺者。箇搭地
方。尋勿着啥人。來扛箇只猪𤢾。只得伲兩家頭。自家担之咾。回到店裏去。就担
箇只猪𤢾。放拉一只馬上之。伲兩个人。替換騎之一只馬。回到屋裡。衰瘏來。動
勿動个者。阿是受累勿輕否。　㑚雖然受累。到底還打着之點野獸个裏。伲有
个親眷。前幾日。伊去打獵去。勿單單一眼打勿着。連搭自家只馬落脫之。　那
能打獵咊馬會得落脫个呢。　伊對我話。伊咊騎之馬咾。到北山上。打獵去。担
箇只馬咊。纜拉山脚上。一棵樹上之。揵之鎗咾上山去。尋野獸。尋之半日。一眼
亦尋勿着。只得下山。下山一看。伊只馬無得者。箇辰光。天咊忽然落起雪來者。
冒之雪咾。各處去尋箇只馬。尋勿着。併且箇辰光。天咊暗者。（續見下張）

k'ah-gnu li tè-koh-tse ih ya. Tao-tse di-gni gnéh, gni la tié li k'ieh-tse vè, tè liang-p'ieh mô méh ghi la tié-li tse, gni liang-ka-deû ghié-tse ts'iang lao, bouo tao pôh sè k'i. Tao-tse sè-ting laong gni péh-kou tang-zah-tse ya ki, ya mao lao-sa. Gnéh-deû hao-si-tse heû-lai, féh-zé yeû tsah ya tse-lou bao-lai. Gni zieû tè ts'iang lai ih-tang tao tang-sèh-tsé. Kou-tèh di-faong zin-véh-zah sa gnen lai kaong kou-tsah tse-lou; tseh-teh gni liang-ka-deû ze-ka tè-tse lao, wei tao tié li k'i. Zieû tè kou-tsah tse-lou faong la ih-tsah mô laong tse, gni liang-ke gnen, t'i-wé ghi-tse ih-tsah mô. Wei tao ôh-li, sa-dou lai, dong véh dong-ke tsé : ah-ze zeû lei véh k'ieng va ? — Na su-zé zeû lei, tao-ti wè tang-zah-tse tié ya seû ke li. Gni yeû ke ts'in-kieu, zié ki gnéh, i k'i tang-lih k'i ; véh tè-tè ih-gnè tang-véh-zah, lié-tèh ze-ka tsah mô loh-t'éh-tse. — Na-neng tang-lih méh, mô wei-teh loh-t'éh-ke gni ! — I tei ngou wo : i méh ghi-tse mô lao tao pôh sè laong tang-lih k'i. Tè kou-tsah mô méh lè la sè kiah laong, ih-k'ou zu laong tse : ghié-tse ts'iang lao, zaong sè k'i zin ya seû. Zin-tse pé-gnéh, ih-ngè a zin-véh-zah ; tseh-teh hao sè. Hao sè, ih-k'eu, ih-tsah mô m teh tsé. Kou-zen-koang, t'ié méh féh-zé loh-k'i sih lai tsé. Mao-tse sih lao koh ts'u k'i zin kou-tsah mô ; zin-véh-zah. Ping-ts'ié kou-zen-koang t'ié méh é tsé.

---

nous passâmes une nuit à l'auberge. Le jour suivant, ayant fini notre repas à l'auberge, et y ayant laissé nos chevaux, tous deux, le fusil sur l'épaule, nous gravissons la montagne du nord. Arrivés au sommet, nous ne tirons d'abord que quelques faisans et quelques chats sauvages. Puis à l'heure où le soleil incline vers le couchant, soudain un sanglier arrive en courant. Nous prenons tous deux notre fusil, et du premier coup il est abattu. En cet endroit nous ne pouvions louer personne pour le porter, de sorte que, à nous deux, nous dûmes le traîner jusqu'à l'auberge. Là, nous déposâmes ce sanglier sur un des chevaux et nous montâmes l'autre à tour de rôle. Quand nous arrivâmes à la maison, nous étions si fatigués que nous ne pouvions plus remuer. Sont-ce là de légers ennuis? — Quoique vous ayez subi quelques ennuis, au moins, vous avez encore abattu quelque gibier: un de nos parents, il y a quelques jours, s'en alla à la chasse: non seulement il n'a rien tué, mais encore il a perdu son cheval.— Comment, en chassant, a-t-il pu perdre son cheval? — Voici ce qu'il m'a raconté. Il s'en alla, à cheval, chasser à la montagne du nord. Il attacha son cheval à un arbre au bas de la montagne: puis, le fusil sur l'épaule, il s'en alla sur la montagne à la recherche du gibier. Il chercha longtemps sans en trouver une seule pièce. Il n'eut donc plus qu'à descendre de la montagne; mais arrivé au bas, il regarde: plus de cheval. A ce moment, il commença tout à coup à neiger, il chercha son cheval de tous côtés pendant quelque temps, mais il ne le trouva nulle part. Le ciel commençait alors à s'obscurcir.

乃咊碰着一只破廟。進去過之一夜。明朝早辰起來。覺着周身勿舒徐。無法子。
勉强撐到衙門去報官。官府担伊落脫馬个緣故。問淸爽之。對伊話。我就差人
到各處去。替儂尋箇只馬。若使是本地人偷拉个。總尋得着个。若使路過人偷
之去。難尋得着个者。儂現在先轉去咾。乃咊伊叫之一只驢子咾轉來。到之屋
裡。病更加利害。到如今還勿曾好。看伊个運氣。比㑚推扳幾化。

第十六章

老兄聽見否。伲个朋友。馮子園死者。　我勿曾聽見。伊幾時死个耶。　今朝早辰。
有人話。是昨日夜裡死个。　格咊曉得伊。啥病死个耶。　我聽見話。伊勿是好
死个。　那能死个呢。　話咾吃之生鴉片烟咾死个。　爲啥咾。吃之生鴉片烟
咾。死个呢。　聽見話。爲第个緣故。伊有个朋友。客邊人。舊年到京裡去。有幾千
兩銀子。教伊收管拉。（續見下張）

Nai-méh, bang-zah ih-tsah p'ou miao ; tsin-k'i kou-tse ih ya. Ming-tsao tsao-zen k'i-lai, koh-zah tseû-sen véh su-zi. M fah-tse, mié-k'iang tseng tao nga-men k'i, pao koé. Koé-fou tè i loh-t'éh mô ke yeu-kou, men ts'ing-saong tse, tei i wo : ngou zieû ts'a gnen tao koh ts'u k'i, t'i nong zin kou-tsah mô. Zah-se ze pen-di gnen t'eû-la-ke, tsong zin-teh-zah-ke. Zah-se lou-kou gnen t'eû-tse-k'i, nè zin-teh-zah-ke tsé. Nong yé-zai sié tsé-k'i lao. Nai-méh i kiao-tse ih-tsah li-tse lao tsé-lai. Tao-tse ôh-li, bing keng-ka li-hai, tao zu-kien wè véh-zeng hao. K'eu i-ke yun-k'i pi na t'ei-pè ki-houo.

DI-ZÉH-LÔH TSANG

Lao hiong, t'ing-kié va, gni-ke bang-yeû Vong-tse-yeu si tsé ? — Ngou véh-zeng t'ing-kié ; i ki-ze si-ke ya ! — Kien-tsao tsao-zen yeû gnen wo, ze zôh-gnéh ya-li si-ke. — Kéh méh hiao-teh i sa bing si-ke ya ? — Ngou t'ing-kié wo, i véh ze hao si ke. — Na-neng si ke gni ? — Wo lao k'iéh-tse sang a-pié-yé lao si ke. — Wei sa lao k'ieh-tse sang a-pié-yé lao si ke gni ? — T'ing-kié wo wei di-ke yeu-kou. I yeû-ke bang-yeû, k'ah-pié gnen, ghieû gné tao kieng li k'i ; yeû ki ts'ié liang gnen-tse, kiao i seû-koé la ;

Sur ces entrefaites, il recontra une pagode en ruines; il y entra et y passa la nuit. Le lendemain matin, en se levant, il sentit tout le corps mal à l'aise. Mais que faire ? Il se traîna avec beaucoup de peine au tribunal pour prévenir le mandarin. Celui-ci lui fit expliquer clairement comment il avait perdu son cheval, puis il lui dit ; je vais maintenant envoyer chercher partout votre cheval. Si c'est un homme du pays qui l'a volé, on finira certainement par le trouver: si c'est un passant, ce sera difficile (de le trouver) . Pour vous, retournez en attendant chez vous. Il loua donc un âne et revint chez lui. Après son retour, la maladie s'aggrava, et il n'est pas encore remis. Voyez un peu, comme sa chance est loin d'égaler la vôtre !

CHAPIRTRE SEIZIÈME

ABUS DE CONFIANCE

Cher Monsieur, n'avez-vous pas entendu dire que notre ami Vong-tse-yeu est mort? — Non, je n'ai rien appris; quand est-il mort? — Quelqu'un m'a dit ce matin qu'il était mort hier soir. — Savez-vous de quelle maladie il est mort? — J'ai entendu dire qu'il n'était pas mort de sa belle mort. — Comment donc serait-il mort ? — On dit qu'il s'est tué en avalant de l'opium cru.— Pourquoi s'est-il tué ainsi ?— Voici la cause que j'ai entendu donner. Il avait pour ami un homme d'un autre pays qui vint l'année dernière à la capitale. Cet homme avait quelques milliers de taëls, qu'il lui donna à garder;

後來咊。箇个人轉去者。到今年。箇个人又從京裡來。就替伊討箇幾千兩銀子。子園倒勿認者。箇个人咊。就到衙門去。告之伊一狀。官府提子園到衙門裡去。一問。子園話。並勿有箇件事體。若使伊是存銀子拉我搭咊。總有憑據个。現在無憑無據。不過伊要詐我。　官府乃咊就問箇个人話。憑據有否。　伊話因爲相好咾。當初憑據咊是勿曾寫个。　官府話。既然無咊憑據。單單嘴裡空話。箇个事體。我勿能个替儂辦个。格咾儕放伊拉去者。箇个人。氣昏之咾。歸到屋裡。勿多幾日。一根繩吊殺者。知縣就去驗屍。拉死人套褲裡向。尋着一張告陰狀个紙。禿是告子園个說話。伊聽見風聲勿好者。怕之咾。吞生鴉片烟死个。　閣下話起之箇件事體。乃我想着者。今年春上。好像有人話伊。同別人打官司。要咊就是箇件事體者。　看光景。是箇件事體。　還有一樣事體。亦是着實个。曉得否。我搭閣下勿曾認得伊个前頭。伊已經做過歇一件虛心事體个者。〇

heû-lai méh kou-ke gnen tsé-k'i tsé. Tao kien-gné kou-ke gnen i zong kieng li lai, zieû t'i i t'ao kou ki ts'ié liang gnen-tse. Tse-yeu tao vèh gnen tsé. Kou-ke gnen méh zieû tao nga-men k'i kao-tse i ih-zaong. Koé-fou di Tse-yeu tao nga-men li k'i ih men. Tse-yeu wo : ping vèh yeû kou-ghié ze-t'i : zah-se i ze zen gnen-tse la ngou-tèh méh, tsong yeû bing-kiu ke. Yé-zai ou bing ou kiu, pèh-kou i yao tsouo ngou. — Koé-fou nai-méh zieû men kou-ke gnen wo : bing-kiu yeû va ? I wo : yen-wei siang-hao lao, taong-ts'ou bing-kiu méh ze vèh-zeng sia-ke. Koé-fou wo : ki-zé m méh bing-kiu, tè-tè tse li k'ong wo, kou-ke ze-t'i ngou vèh neng-ke t'i nong bè-ke. Keh-lao zé faong i-la k'i tsé. Kou-ke gnen k'i hoen-tse lao kiu tao ôh-li k'i. Vèh tou ki gnèh, ih-keng zeng tiao-sah tsé. Tse-yeu zieû k'i gné se. La si gnen t'ao-k'ou li-hiang zin-zah ih-tsang kao yen-zaong ke tse : t'ôh ze kao Tse-yeu ke seh-wo. I t'ing-kié fong-seng vèh hao tsé, p'ouo-tse lao t'en sang a-pié-yé si-ke. — Koh-ya, wo-k'i-tse kou-ghié ze-t'i, nai ngou siang-zah tsé, kien-gné ts'en laong, hao-ziang yeû gnen wo i dong biéh gnen tang koé-se. Yao méh zieû-ze kou-ghié ze-t'i tsé. — K'eu koang-kieng ze kou-ghié ze-t'i. — Wè yeû ih-yang ze-t'i, a ze zah-zéh ke, hiao-teh va ? Ngou tèh koh-ya vèh-zeng gnen-teh i ke zié-deû, i ih-kieng tsou-kou-hiéh ih-ghié hiu-sin ze-t'i ke tsé. —

---

puis il retourna chez lui. Cette année, il vint de nouveau à la capitale et demanda son argent. Tse-yeu ne reconnut pas (le dépôt). Alors cet homme se rendit au tribunal pour l'y causer. Le juge cita Tse-yeu à son tribunal pour l'interroger. Tse-yeu dit : Il n'y a absolument aucune affaire de cette espèce ; s'il m'avait confié son argent, il y aurait une reconnaissance ; or il n'y en a pas la moindre trace: ce n'est donc qu'un moyen pour m'extorquer de l'argent. Sur ce, le juge demanda à cet homme s'il avait une preuve. Il répondit que, comme ils étaient amis, à l'origine, on n'avait point dressé d'acte. Le juge lui dit: Puisques vous n'avez point d'acte, et que vous n'apportez d'autre preuve que votre parole, je ne puis pas arranger pour vous cette affaire. Et, là-dessus, il les renvoya. Cet homme en conçut de la tristesse, et s'en alla chez lui. Peu de jours après son retour, il se pendit. Quand le sous-préfet alla examiner le cadavre, dans les jambières du mort, on trouva une accusation posthume ; c'était une accusation contre Tse-yeu. Là-dessus, entendant dire qu'il courait de mauvais bruits (sur son compte), il prit peur et se tua en avalant de l'opium. — Pendant votre récit, je me suis rappelé que, cette année au printemps, j'avais entendu dire d'une manière vague qu'il avait un procès avec quelqu'un. C'est précisément cette affaire-ci. — D'après les circonstances, c'est bien cela.—Il y en a encore une autre, bien authentique, la savez-vous? Avant que nous eussions fait sa connaissance, il avait déjà commis un acte déloyal. —

做過歇啥个虛心事體呢。　伊前頭起。阿是開過歇錢莊个。　勿錯。開過歇一爿錢莊个。　伊開錢莊个時候。有一个客省裡个人。同伊相好个。就借住拉伊莊上。後來箇个人。生之重病者。臨死个時候。對伊話。拉我箱子裡。有一千多兩銀子。我搭閣下。既然什介相好咊。我死之後來。所有拉个銀子咾。搭之別樣東西。求閣下一齊寄之我屋裡去。伊當時應承之。勿拷恠箇个人死之後來。伊个心就變者。担伊个東西。教人寄之歸去。担伊一千多兩銀子咊。瞞起之。後來箇个人家屋裡。寄信來問伊。死人留下來銀子有否。自伊寫之一封回信。告訴伊屋裡人話。勿曾留啥銀子。到之後來。忽然生一場病。拉屋裡養病个時候。店裡有一个夥計。偷之伊幾百兩銀子。逃走脫者。後來病好之。生意就勿做个。　箇多化事體。啥人話撥閣下聽个。　箇多化事體。拉伊店裡有个學生意个徒弟。話拉我聽个。　伊前頭起。既然做過歇虛心事體。該當改過咊好耶。那能後來。

Tsou-kou-hiéh sa-ke hiu-sin ze-t'i gni ? — I zié-deû-k'i ah-ze k'ai kou-hiéh zié-tsaong ke ? — Vèh ts'ouo, k'ai-kou-hiéh ih-bè zié-tsaong ke. — I k'ai zié-tsaong ke ze-heû, yeû ih-ke k'ah-sang-li ke gnen, dong i siang-hao ke, zieû tsia-zu la i tsaong laong. Heû-lai kou-ke gnen, sang-tse zong bing tsé, lin-si ke ze-heû, tei i wo : la ngou siang-tse li, yeû ih-ts'ié tou liang gnen-tse ; ngou tèh koh-ya ki-zé zéh-ka siang-hao méh, ngou si-tse heû-lai, sou yeû la ke gnen-tse lao tèh-tse biéh yang tong-si, ghieû koh-ya ih-zi ki-tse ngou ôh-li k'i. I taong-ze yng-zeng-tse. Vèh-k'ao-lao kou-ke gnen si-tse heû-lai, i ke sin zieû pié tsé. Tè i ke tong-si kiao gnen ki-tse kiu-k'i ; tè i ih-ts'ié tou liang gnen-tse méh, mé-k'i-tse. Heû-lai kou-ke gnen-ka ôh-li, ki sin lai men i : si gnen lieû-hao-lai gnen-tse yeû va? Ze-i sia-tse ih-fong wei-sin, kao-sou i ôh-li gnen wo : vèh-zeng lieû sa gnen-tse. Tao-tse heû-lai, féh-zé sang ih-zang bing. La ôh-li yang bing ke ze-heû, tié li yeû ih-ke fou-ki t'eû-tse i ki pah liang gnen-tse, dao-tseû-t'éh tsé. Heû-lai bing hao-tse, sang-i zieû vèh tsou ke. — Kou tou-houo ze-t'i sa gnen wo-pèh koh-ya t'ing ke ? — Kou tou-houo ze-t'i la i tié li yeû ke hoh sang-i ke dou-di wo la ngou t'ing ke. — I zié-deû-k'i, ki-zé tsou-kou-hiéh hiu-sin ze-t'i, kai-taong kai-kou méh, hao ya. Na-neng heû-lai

---

Quelle chose déloyale avait-il donc faite? — Autrefois n'avait-il pas ouvert une banque? — Mais oui, il en avait ouvert une. — Pendant qu'il tenait cette banque, il y avait un homme d'une autre province, son ami, qui logeait chez lui. Par la suite, cet homme contracta une maladie grave. Quand il fut près de mourir, il lui dit : Dans ma caisse, j'ai plus de 1000 taëls; au nom de notre amitié, après ma mort, cet argent et les objets que m'appartiennent, je vous prie de tout renvoyer chez moi. A ce moment-là, il se chargea de tout; mais voilà que, quand son ami fut mort, il changea d'avis. Toutes les autres choses, il les renvoya à la famille; quant aux 1000 taëls, il les garda secrètement. Plus tard la famille de cet homme lui envoya une lettre, demandant si le mort avait laissé de l'argent. Il répondit faisant savoir à la famille qu'il n'avait pas laissé d'argent. Dans la suite il tomba subitement malade. Pendant qu'il se soignait chez lui, un employé lui vola quelques centaines de taëls dans son magasin et s'enfuit. Quand il fut remis de sa maladie, il liquida son commerce. — A qui avez-vous entendu dire tout cela?—A un apprenti qui a appris le commerce dans son magasin. — Pour lui, après avoir fait autrefois une action déloyale, il n'avait qu'à se corriger, et voilà tout. Pourquoi par la suite

從新又做什介虛心事體个呢。到如今大家儕拉討命。閣下勿曉得。箇種無良心个人味。大概是什介个。一看見之銅錢味。担天道賞善罰惡个道理。儕甩拉霄雲外勢。現在吞烟咾死。定見是作惡个惡報。

第十七章

老兄刻刻有个姓馬个。進來尋閣下。白話啥事體。　伊話要去贖當頭。教我替伊借一千銅錢。又教我。去尋一个跟官府个差使。　伊托拉箇兩件事體。自家儕應承否。　儕應承个。不過我告訴伊話。我手裡現在銅錢無味。等我別搭去借借看。借着之。担去用味者。借勿着味。再打譜。論到跟官个差使。後來有機會。我替儂薦味者。　我勸閣下。伊托拉兩件事體。儕勿要去替伊管。　啥咾。　若使借銅錢拉伊。後來一定勿還。　那曉得一定勿還我呢。（續見下張）

zong-sin i tsou zéh-ka hiu-sin ze-t'i ke gni ; tao zu-kien da-ka zé la t'ao ming ? — Koh-ya véh hiao-teh, kou tsong m liang-sin ke gnen méh da-kai ze zéh-ka ke : ih k'eu-kié-tse dong-dié méh, tè t'ié-dao saong zé vah oh ke dao-li, zé goè la kieû siao-yun nga-se. Yé-zai t'en yé lao si, ding-kié ze tsoh oh ke oh pao.

DI-ZÈH-TS'IH TSANG

Lao hiong, k'ah-k'ah yeû-ke sing Mô ke tsin-lai zin koh-ya, bah-wo sa ze-t'i ? — I wo yao k'i zôh taong-deû ; kiao ngou t'i i tsia ih-ts'ié dong-dié ; i kiao ngou k'i zin ih-ke ken koé-fou ke ts'a-se. — I t'oh la kou liang ghié ze-t'i, ze-ka zé yeng-zeng va ? — Zé yeng-zeng ke. Péh-kou ngou kao-sou i wo : ngou seû li yé-zai dong-dié m méh ; teng ngou biéh tèh k'i tsia-tsia-k'eu. Tsia-zah-tse, tè-k'i yong méh-tsé ; tsia-véh-zah méh tsai tang-p'ou. Len-tao ken koé ke ts'a-se, heû-lai yeû ki-wei, ngou t'i nong tsié méh tsé. — Ngou k'ieu koh-ya, i t'oh-la liang ghié ze-t'i zé véh yao k'i t'i i koé. — Sa lao ? — Zah-se tsia dong-dié la i, heû-lai ih-ding véh wè. — Na hiao-teh ih-ding véh wè ngou gni ? —

---

a-t-il encore agi d'une manière honteuse; si bien qu'à présent tous demandent sa vie ? — Ne savez-vous pas qu'avec cette espèce de gens sans conscience, il en est presque toujours de la sorte. Si une fois ils aperçoivent l'argent, aussitôt la doctrine d'un ciel rémunérateur et vengeur est reléguée au delà de la neuvième région des nuages. Maintenant il s'est empoisonné en prenant de l'opium ; assurément c'est la digne récompense de ses méfaits.

CHAPITRE DIX-SEPTIÈME

UN HOMME PEU SCRUPULEUX

Cher Monsieur, ce nommé Mô qui est entré tout à l'heure pour vous chercher, de quelle affaire vous a-t-il entretenu? — Il m'a dit qu'il voudrait retirer un objet du mont-de-piété, et il m'a prié de lui prêter un millier de sapèques; de plus, il m'a demandé de lui chercher une place de domestique de mandarin. — Ah! il vous a demandé ces deux choses! lui avez-vous promis ? — Oui, je lui ai tout promis. Seulement je lui ai dit : pour le moment je n'ai pas d'argent sous la main ; attendez ; j'irai en emprunter pour vous autre part. Si je réussis à en emprunter, vous pourrez vous en servir ; si je ne puis pas en emprunter, vous aviserez autrement. Pour ce qui est de vous chercher une place de domestique, à l'occasion je vous recommanderai. — Je vous conseille de ne pas traiter pour lui les deux affaires qu'il vous a confiées. — Pourquoi ? — Si vous lui prêtez de l'argent, il est sûr qu'il ne vous le rendra pas. — Comment savez-vous qu'il ne me le rendra certainement pas ? —

伊向來借之人家銅錢。總勿曾還歇个。格咾我曉得。伊借之閣下个銅錢味。亦一定勿還个。　我想一千銅錢。勿至於賴脫个。　勿要話一千。就是幾百味。伊亦勿肯還个。况且伊借箇个銅錢。並勿是眞个擔去贖當。　勿是贖當頭味。借去做啥呢。　借去白相。　那能担銅錢來白相呢。　伊頂喜歡擔銅錢來白相。圖日等拉賭場裡个。　伊屋裡還有啥人否。　娘味老早死拉者。爺味還拉拉裡。　伊兄弟姊妹有个否。　阿哥兄弟無味个。阿姐味出嫁拉者。　伊成家拉味。　勿曾成家个裡。　伊个爺親有幾化年紀者。　伊个爺親。今年七十多歲者。　拉做啥个。　木作手藝。前起頭。開過歇一爿小木作店个。後來味關脫之。現在味拉別人家蕩。做做生活。尋兩個銅錢來。過日脚个。　伊个人。阿有啥本事。　一眼無啥本事。不過精工賭銅錢。　生意學歇否　拉爿藥店裡。學歇生意个。去之後來一個月。管賬先生就勿要伊者。　啥咾勿要伊个呢。〇

I hiang-lai tsia-tse gnen-ka dong-dié, tsong véh-zeng wè-hiéh ke. Kéh-lao ngou hiao-teh i tsia-tse koh-ya ke dong-dié méh a ih-ding véh wè ke.— Ngou siang ih-ts'ié dong-dié véh tse-yu la-t'éh ke. — Véh yao wo ih-ts'ié, zieû-ze ki pah méh, i a véh k'eng wè ke. Hoang-tsia i tsia kou-ke dong-dié, ping véh ze tsen-ke tè-k'i zôh taong.—Véh ze zôh taong-deû méh, tsia-k'i tsou sa gni ? — Tsia-k'i béh-siang. — Na-neng tè dong-dié lai béh-siang gni ? — I ting hi-hoé tè dong-dié lai béh-siang ; len-gnéh teng la tou-zang li ke. — I ôh-li wè yeû sa gnen va ? — Gnang méh lao-tsao si la tsé, ya méh wè léh-la li. — I hiong-di tsi-mei yeû-ke va ? — Ah-kou hiong-di m méh ke, ah-tsi méh ts'éh-ka la tsé. — I zeng-ka la méh ? — Véh-zeng zeng-ka ke li. — I-ke vou-ts'in yeû ki-houo gné-ki tsé ? — I-ke vou-ts'in kien-gné ts'ih-séh tou su tsé. — La tsou sa ke ? — Moh-tsoh seû-gni. Zié-deû-k'i k'ai-kou-hiéh ih-bè siao moh-tsoh tié ke. Heû-lai méh koè-t'éh-tse ; yé-zai méh la biéh gnen-ka daong, tsou-tsou sang-wéh, zin liang-ke dong-dié lai kou gnéh-kiah ke. — I ke gnen ah yeû sa pen-ze ? — Ih-ngè m sa pen-ze, péh-kou tsing-kong tou dong-dié. — Sang-i hoh-hiéh va ? — La bè yah-tié li hoh-hiéh sang-i ke. K'i-tse heû-lai ih-ke gneuh, koé-tsang sié-sang zieû véh yao i tsé. — Sa lao véh yao i ke gni ? —

Jusqu'à présent, l'argent qu'il a emprunté, il ne l'a jamais rendu; voilà comment je sais que s'il emprunte aujourd'hui votre argent, il ne vous le rendra certainement pas davantage. — Il me semble qu'il n'ira pas jusqu'à ne pas me rendre un millier de sapèques. — Ne dites pas un millier, même quelques centaines, il ne vous les rendrait point. D'autant plus que cet argent qu'il vous emprunte, il ne s'en servira au fond nullement pour racheter un gage. — S'il ne l'emploie pas à racheter un gage, à quelle fin l'emprunte-t-il ? — Pour aller jouer. — Comment ! il joue de l'argent ! — Il aime par-dessus tout à jouer de l'argent. Il est toute la journée dans les maisons de jeu. — Chez lui a-t-il encore quelqu'un ? — Sa mère est morte depuis longtemps ; mais son père vit encore. — Il n'a ni frères ni sœurs ? — Il n'a ni frère aîné ni frère cadet; mais il y a une sœur plus âgée que lui qui s'est mariée. — Et lui n'est pas encore marié?—Non, pas encore.— Quel âge a son père? — Son père a bien maintenant soixante-dix ans et plus. — Que fait-il?— C'est un ouvrier charpentier. Autrefois il avait ouvert une petite boutique de menuisier, mais (depuis) il l'a fermée; et maintenant il travaille chez les autres et gagne ainsi de quoi vivre. — Et lui, que sait-il faire ? — Oh ! lui, il ne sait rien faire ; il n'est habile qu'à jouer de l'argent. — A-t-il appris le commerce ? — Il a appris le commerce dans une pharmacie. Mais au bout d'un mois, le patron n'en a plus voulu.— Pourquoi n'en a-t-il plus voulu ? —

因爲貪吃懶做。勿守店規。所以就勿要拉个。　後來伊去做啥。　後來跟過歇一个官。　跟過那裡一个官。　箇年有一个外任官府。到京裡引見去。住拉城外頭會館裡。有人替伊薦上去。當跟班。箇个官府。足慣教伊去。買古玩玉器。各樣物事。伊倒用法子來賺銅錢。兩个月工夫。賺之好幾百兩銀子。後來第个官府。曉得之伊个毛病者。就擔伊來停脫之。現在箇幾百兩銀子。儕用完者。所以來借銅錢耶。我勸閣下勿要去借撥伊。亦勿要去替伊尋差使。借銅錢拉伊。一定勿還。替伊尋差使。伊板要坍挠个。索性勿要去管。倒好得多。　什介話起來。隔日伊个父親一死之。只好做爛料个者。　我老早替伊算到拉者。父親死之後來味。一定煨沙鍋。　格味托我拉个事體。那能回答伊呢。　對伊話。銅錢味借勿出。差使尋勿着。就好者宛。　遵依什介。照閣下个高見。我去回答伊。省是伊再來者。

Yen-wei t'è-k'ieh lai-tsou vèh seû tié koei ; sou-i zieû vèh yao la-ke. — Heû-lai i k'i tsou sa ? — Heû-lai ken-kou-hièh ih-ke koé. — Ken-kou a-li ih-ke koé ? — Kou-gné yeû ih-ke nga-zen koé-fou tao k'ieng li yen-kié k'i ; zu la zeng nga-deû wei-koé-li. Yeû gnen t'i i tsié-zaong-k'i, taong ken-pè ; kou-ke koé-fou tsôh-koé kiao i k'i ma kou-wè gnôh-k'i, koh yang méh-ze. I tao yong fah-tse lai zè dong-dié. Liang-ke gneuh kong-fou, zè-tse hao ki pah liang gnen-tse. Heû-lai di-ke koé-fou hiao-teh-tse i-ke mao-bing tsé, zieû tè i lai ding-t'éh-tse. Yé-zai kou ki pah liang gnen-tse zé yong wé tsé. Sou-i lai tsia dong-dié ya. Ngou k'ieu koh-ya vèh yao k'i tsia-péh i, a vèh yao k'i t'i i zin ts'a-se. Tsia dong-dié la i, ih-ding vèh wè ; t'i i zin ts'a-se, i pè yao t'è-ts'ong ke. Soh-sing vèh yao k'i koé, tao hao-teh tou. — Zéh-ka wo-k'i lai, kah gnéh i-ke vou-ts'in ih si-tse, tseh-hao tsou lè-leao ke tsé. — Ngou lao-tsao t'i i seu-tao la tsé : vou-ts'in si-tse heû-lai méh, ih-ding wei souo-kou. — Keh-méh t'oh ngou la ke ze-t'i na-neng wei-tèh i gni ? — Tei i wo : dong-dié méh tsia-vèh-ts'éh, ts'a-se zin-vèh-zah, zieû hao tsé wé. — Tsen-i zéh-ka, tsao koh-ya ke kao-kié ngou k'i wei-tèh i, sang ze i tsai lai tsé.

C'est qu'il est gourmand et paresseux et qu'il n'observait pas le règlement du magasin ; voilà pourquoi on ne veut plus de lui. — Mais depuis, qu'a-t-il fait ? — Depuis il a été domestique d'un mandarin. — De quel mandarin ? — Cette année-là, il y avait un mandarin de province venu à la capitale pour une audience de l'Empreur ; il logeait hors de la ville dans un hôtel. Quelqu'un lui recommanda notre homme comme domestique ; ce mandarin l'envoyait souvent lui acheter des curiosités, des objets en jade et toute sorte de choses. Il s'arrangea de manière à gagner (là-dessus) quelque argent; en deux mois il gagna bien plusieurs centaines de taëls. Par la suite, ce mandarin eut connaissance de son défaut et le congédia. Actuellement ces quelques centaines de taëls sont dépensées en entier ; voilà pourquoi il vient vous emprunter de l'argent. Je vous conseille de ne pas lui prêter d'argent, et de ne pas lui procurer de place. Si vous lui prêtez, vous êtes sûr qu'il ne vous remboursera pas; si vous lui procurez une place, il ne vous fera pas honneur. Le plus simple, c'est de ne pas vous occuper de ses affaires, cela vaut beaucoup mieux. — Mais, d'après ce que vous dites, plus tard, dès que son père sera mort, il faudra qu'il devienne un vagabond. — Moi, voilà longtemps que je l'ai jugé; après la mort de son père, il ne peut manquer de chauffer son pot (se faire mendiant).— Alors, pour ces deux affaires qu'il m'a demandées, comment lui répondrai-je ? — Dites-lui que, pour de l'argent, vous ne pouvez pas lui en prêter, et que, quant à une place, impossible d'en trouver, et que ce soit fini. — Bien ! je vais le faire avertir conformément à vos avis, et ainsi j'éviterai son retour.

第十八章

李起。　哈。　儂担箇部書。送到琉璃廠。寶文堂書房去。告訴俞先生。配一个書套。還有箇章單子。亦撥拉伊。教伊照單子上。所開拉个書。每一部担一套。教儂帶轉來。讓我看个看。　嗰。老爺無得啥別樣事體味。我就去者。　無啥別樣。就去味者。　衆位費心。俞先生拉店裡否。　垃拉。裡向坐。　俞先生好拉否。　嗰。李先生屋裡來是否。　是。屋裡來。　今朝來有啥貴幹。　嗻。伲老爺。教我担箇部書來。請先生配个書套。還有一張單子。請先生看。老爺話教咾照單子上開拉个書。每部教我帶一套去。先讓伊看个看。　第个書套。伲替伊配一个味者。單子上開拉个書。現在店裡單有兩部。還有幾部。我到別搭去尋起來。　格味擔店裡有拉个兩部。先交代我帶轉去。還有幾部。等到別搭去尋着之。隔幾日。我再來擔罷。　我想勿必得再來擔者。隔兩日。讓我尋着之。（續見下張）

DI-ZÉH-PÈH TSANG

Li-k'i ! — Hè. — Nong tè kou-bou su, song tao Lieû-li-ts'aong Pao-wen-daong su-waong k'i, kao-sou Yu sié-sang p'ei ih-ke su-t'ao. Wè yeû kou-tsang tè-tse a péh la i, kiao i tsao tè-tse laong sou k'ai la ke su, mei ih-bou tè ih-t'ao kiao nong ta-tsé-lai gnang ngou k'eu-ke-k'eu. — O ! Lao-ya m teh sa biéh yang ze-t'i méh, ngou zieû k'i tsé. — M sa biéh yang, zieû k'i méh tsé. — Tsong wei fi sin, Yu sié-sang la tié li va ! — Léh-la. Li-hiang zou. — Yu sié-sang hao la va ? — O ! Li sié-sang, ôh-li lai ze va ? — Ze, ôh-li lai. — Kien-tsao lai yeû sa koei keu ? — No, gni lao-ya kiao ngou tè kou-bou su lai, ts'ing sié-sang p'ei ke su-t'ao. Wè yeû ih-tsang tè-tse, ts'ing sié-sang k'eu. Lao-ya wo, kiao lao tsao tè-tse laong k'ai la ke su, mei bou kiao ngou tè ih-t'ao k'i, sié gnang i k'eu-ke-k'eu. — Di-ke su-t'ao gni t'i i p'ei ih-ke méh tsé; tè-tse laong k'ai la ke su, yé-zai tié li tè yeû liang bou; wè yeû ki bou, ngou tao biéh-tèh k'i zin-k'i-lai.— Keh-méh tè tié li yeû-la-ke liang bou, sié kao-dai ngou ta-tsé-k'i; wè yeû ki bou, teng tao biéh-tèh k'i zin-zah-tse, kah ki gnéh, ngou tsai lai tè ba. — Ngou siang vèh pih-teh tsai lai tè tsé : kah liang gnéh gnang ngou zin-zah-tse,

---

CHAPITRE DIX-HUITIÈME

ACHAT DE LIVRES

Li-ki ! — Voilà ! — Prends ce paquet de livres, va le porter à la librairie "Temple de la précieuse littérature" près de la verrerie, et dis à maître Yu de lui adapter un étui. De plus, il y a ce billet ; donne-le lui, et dis-lui ceci : qu'il prenne un paquet de chacun des ouvrages désignés sur ce billet et qu'il te le remette : tu me les apporteras pour que je les voie. — Bien ! si Monsieur n'a pas autre chose, j'y vais tout de suite. — Non, je n'ai pas autre chose ; va maintenant. — Pardon, messieurs ; Maître Yu est-il à la maison ? — Oui, entrez, et asseyez-vous. — Maître Yu! comment allez-vous? — Ah ! Monsieur Li, vous venez de la maison ? — Oui, je viens de la maison. — Quelle affaire vous amène aujourd'hui ? — Voici ; mon Maître m'envoie vous porter ce paquet de livres, et vous prier de lui adapter un étui. De plus, il y a là un billet : voyez-le. Mon Maître m'a dit de me faire donner un paquet de chacun des ouvrages inscrits sur ce billet; je les emporterai pour qu'il les voie.— L'étui, nous le mettrons ; quant aux ouvrages désignés sur ce billet, nous en avons deux en magasin ; les autres, nous devrons aller les chercher ailleurs. — Alors, donnez-moi d'abord à emporter les deux ouvrages que vous avez ici; quant aux autres, j'attendrai que vous les ayez trouvés ailleurs, et dans quelques jours, je reviendrai les prendre. — Je crois qu'il n'est pas nécessaire que vous reveniez les prendre : dans quelques jours, si je les trouve,

我親自送到宅裡來罷。 固是頂好者。 箇兩套書。担好之。嗰。 我失陪者。就去者唉。 稟明老爺。箇部書味。我交代俞先生拉者。教伊配書套。要个幾部書味。伊拉店裏。只有兩部。教我箇兩部書上。先拿兩套來。請老爺看看。還有幾部。俞先生到別搭去尋起來。隔兩日伊尋着之。親自送來。 是者。儂先擔箇兩套書。擱拉書架裡。 李先生好拉否。 俞先生。刻進城呢啥。 是。刻進城。 拿來个啥書。 就是上回老爺。教我去尋个幾部書。尋着之咾。擔來拉者。 伲老爺到之天津去者。 幾時動身个。 昨日早辰動身个。 爲官差咾去个呢啥。 勿是官差。自家个事體。 去个幾化日脚。 來去總要十數日。 我拿來箇種書味那能呢。 老爺交代拉。話咾若使拿來味。放拉味者。 格味拿箇裡六套書。照伊單子上開拉个味八部。上回拿來兩套。今朝每部。又拿一套來。兩回共總八套書。還有箇張單子。拜托費心。交代老爺。所有幾部書價錢。單子上寫

ngou ts'in-ze song tao zah-li lai ba. — Kou ze ting hao tsé. — Kou liang t'ao su tè-hao-tse, o. — Ngou sèh-bei tsé. — Zieû k'i tsé, ai. — P'ing-ming lao-ya kou-bou su méh ngou kao-dai Yu sié-sang la tsé, kiao i p'ei su-t'ao; yao-ke ki bou su méh, i la tié li tseh yeû liang bou; kiao ngou kou liang bou su laong, sié nao liang t'ao lai, ts'ing lao-ya k'eu-k'eu. Wè yeû ki-bou, Yu sié-sang tao biéh-têh k'i zin-k'i-lai. Kah liang gnéh i zin zah-tse, ts'in-ze song-lai. — Ze tsé, nong sié tè kou liang t'ao-su, koh la su-ka li. — Li sié-sang hao la va? — Yu sié-sang, k'eh tsin zeng gni sa? — Ze, k'eh tsin zeng. — Nao-lai ke sa su? — Zieû-ze zaong-wei lao-ya kiao ngou k'i zin ke ki bou su. Zin-zah-tse lao tè-lai la tsé. — Gni lao-ya tao-tse T'ié-tsin k'i tsé. — Ki-ze dong-sen ke? — Zôh-gnéh tsao-zen dong-sen ke. — Wei koé-ts'a lao k'i ke gni sa? — Véh ze koé-ts'a; ze-ka-ke ze-t'i. — K'i ke ki-houo gnéh-kiah? — Lai k'i tsong yao zéh-sou gnéh. — Ngou nao-lai kou tsong su méh na-neng gni? — Lao-ya kao-dai la wo lao, zah-se nao-lai méh, faong la méh tsé.—Keh-méh nao kou li lôh t'ao-su; tsao i tè-tse laong k'ai la ke méh pèh bou. Zaong-wei nao-lai liang t'ao; kien-tsao mei bou i nao ih t'ao lai. Liang wei kong-tsong pèh t'ao su. Wè yeû kou-tsang tè-tse, pa-t'oh fi sin kao-dai lao-ya: sou yeû ki bou su ka-dié, tè-tse laong sia

---

je les porterai moi-même à votre demeure.—C'est parfait!—Voilà ces deux ouvrages, prenez-les. — Alors, je perds (l'honneur de) votre compagnie!— Vous vous en allez? — Je fais savoir à Monsieur que j'ai donné le paquet de livres à Maître Yu, et que je lui ai dit de lui adapter un étui. Des ouvrages que vous désiriez, ils en avaient deux en magasin. Il m'a dit d'apporter d'abord ces deux paquets, (un de chaque ouvrage), pour que vous les voyiez. Les autres ouvrages, Maître Yu devra aller les chercher ailleurs. Dans quelques jours, s'il les trouve, il vous les apportera lui-même.—Bien! prends en attendant ces deux paquets et va les mettre dans les rayons de la bibliothèque. — Comment vous portez-vous, Maître Li? — Ah! Maître Yu, vous venez en ville? — Mais oui! — Quels livres apportez-vous donc là? — Ce sont les ouvrages que votre Maître m'a chargé l'autre jour de lui procurer. Je les ai tous trouvés, et je les apporte.—Mais, mon Maître est allé à T'ien-tsin. — Quand est-il parti? — Il est parti hier matin. — Y est-il allé pour une commission officielle? — Non, il est allé y traiter ses affaires particulières. — Combien de temps doit-il être absent? — Aller et retour, en tout il lui faut dix jours. — Mais, les livres que j'ai apportés, qu'en ferai-je?—Mon Maître a donné des ordres; il a dit que si vous apportiez des livres, il fallait les laisser provisoirement. — Alors, voyez! Voici six paquets. Sur le billet original étaient désignés huit ouvrages. L'autre jour, vous avez emporté deux paquets; aujourd'hui j'apporte aussi un paquet de chaque ouvrage. Soit en deux fois, au total, huit paquets. De plus, voici un billet; je vous charge de le remettre à votre Maître: le prix de tous les ouvrages reçus est

清爽拉者。 是者。還有配套子箇部書。配好沒。 配好者。 今朝忘記之咾。勿曾帶來。下回來起來咾。擔來味者。 嗰。是者。 想起來。啥模樣我好來者。 我算起來。伲老爺月底裡味。轉來个者。什介罷。等伲老爺來之。我出城來撥信味者。 箇亦不必煩勞者。月底裡。或是月頭上。我還有別樣事體進城。順便來打聽打聽看味者。 箇亦好个。 格味失陪者。 去者。 隔兩日會。

第十九章

老兄我來尋多回者。常莊勿拉屋裡。忙來那能。 我拉替別人家。話攏一莊事體。 替啥人。話一莊啥事體耶。告訴我看。話得呢話勿得个。 無啥話勿得。是自伲舍親。認得个朋友。搭別人打官司。舍親教我出去。替伊拉話攏之罷。 還是爲銅錢賬目个事體呢啥。 勿是銅錢賬目。是爲買貨色个事體。 買啥貨色。那能咾打起官司來个呢。（續見下張）

ts'ing-saong la tsé. — Ze tsé. Wè yeû p'ei t'ao-tse kou bou-su, p'ei-hao méh? — P'ei-hao tsé. Kien-tsao maong-ki-tse lao véh-zeng ta-lai. Hao-wei lai-ki-lai lao tè-lai méh tsé. — O, ze tsé. — Siang-k'i-lai sa mô-yang ngou hao lai tsé? — Ngou seu-k'i-lai, gni lao-ya gneuh-ti-li méh, tsé-lai ke tsé. Zéh-ka ba, teng gni lao-ya lai-tse, ngou ts'éh zeng lai péh sin méh tsé. — Kou a péh-pih vè-lao tsé. Gneuh-ti-li, woh-ze gneuh-deû laong, ngou wè yeû biéh yang ze-t'i tsin-zeng, zen-bié lai tang-t'ing tang-t'ing k'eu méh tsé. — Kou a hao-ke. — Keh-méh sèh-bei tsé, — K'i tsé? — Kah liang gnéh wei.

DI-ZÉH-KIEÛ TSANG

Lao hiong, ngou lai zin-tse ta-wei tsé, zang-tsaong véh la ôh-li: maong-lai na-neng? — Ngou la t'i biéh gnen-ka wo-long ih-tsaong ze-t'i. — T'i sa gnen wo ih-tsaong sa ze-t'i ya, kao sou ngou k'eu: wo-teh gni wo-véh-teh-ke? — M sa wo-véh-teh. Ze ze-gni sô-ts'in gnen-teh-ke bang-yeû tèh-biéh gnen tang koé-se. Sô-ts'in kiao ngou ts'éh-k'i t'i i-la wo-long-tse ba. — Wè ze wei dong-dié tsang-moh ke ze-t'i gni sa? — Véh ze dong-dié tsang-moh; ze wei ma fou-seh ke ze-t'i. — Ma sa fou-seh, na-neng lao tang-k'i koé-se lai ke gni? —

---

inscrit dessus. — Bien! Mais vous deviez trouver un étui pour un paquet de livres; l'avez-vous trouvé? — Oui, oui. Aujourd'hui, par oubli, je ne l'ai pas apporté; la prochaine fois, quand je reviendrai, je vous l'apporterai. — C'est bien. — Quand croyez-vous que je puisse bien revenir? — Je compte que mon Maître sera de retour vers la fin du mois; mais voici; quand mon Maître sera de retour, j'irai hors de la ville vous avertir. — Oh! il n'est pas nécessaire de vous déranger. Soit à la fin, soit au commencement du mois, j'ai d'autres affaires qui m'obligeront à venir en ville; à l'occasion, je passerai ici pour prendre des nouvelles. — Comme cela, c'est très bien. — Alors, je vais perdre (l'honneur de) votre compagnie. — Vous vous en allez! — Nous nous reverrons dans quelques jours.

CHAPITRE DIX-NEUVIÈME

UN ARBITRAGE

Comment, cher Monsieur, je suis venu vous chercher plusieurs fois, et vous n'étiez jamais chez vous! Qu'est-ce qui vous occupait ainsi? — Je servais d'arbitre à quelqu'un dans une affaire.—Racontez-moi, en quelle affaire et à qui vous serviez d'arbitre? Pouvez-vous me le dire? — Il n'y a rien que je ne puisse vous dire. Voici: un ami connu d'un de mes parents a un procès avec quelqu'un, et mon parent m'a prié d'aller leur servir d'arbitre. — Est-ce pour une affaire d'argent, pour (un règlement) de comptes? — Non, ce n'est pas un règlement de comptes (d'argent); c'est pour un achat de marchandises. — Pour l'achat de quelles marchandises? comment ont-ils pu en venir à un procès? —

是爲箇件事體。舍親認得个朋友味。姓沈。伊拉保定府。開大洋貨店个。店號叫信義。今年夏裡到蕩搭。住拉東關外頭。福盛店裡。拉箇搭大東街上。泰和洋貨棧裡。批之六十包洋布。批單上寫明白拉。兩个月。交付貨色。下月。日子滿者。沈先生味。到泰和棧裡去。問貨色到沒。伊拉話咾。還勿曾到裡。因此沈先生味。等之幾日。又去打聽。貨色原舊勿曾到。勿多幾日前頭。沈先生到西街上棧房去。爲別樣事體。聽見新近有个客人。買着泰和棧裡。六十包洋布。是一个姓王个當賬。經手咾買拉个。聽見箇个客人。買个價錢。比之沈先生。講定拉个價錢大點。銀子味。勿曾付。貨色味。亦勿曾担。沈先生一想。一定是自伊个六十包洋布。現在泰和棧裡。想多出產兩錢咾。又轉賣拉別人个者。心裡氣來非凡。當夜就到泰和棧裏去。問箇件事體。泰和棧裏勿認。話咾並勿有介事个。後來沈先生味。指出姓王个當賬來。泰和棧無法子者。只得承認咾話。下一个月。還有六十

Ze wei kou-ghié ze-t'i : sô-ts'in gnen-teh ke bang-yeû méh sing Sen, i la Pao-ding fou k'ai dou yang-fou tié ke, tié-hao kiao Sin-gni. Kien-gné hao-li tao daong-tèh, zu la tong koè nga-deû, Foh-zeng tié li. La kou-tèh dou tong ka laong T'a-wou yang-fou zè li p'i-tse lôh-séh pao yang pou. P'i-tè laong sia ming-bah la, liang-ke gneuh kao-fou fou-seh. Hao-gneuh, gnéh-tse mé tsé, Sen sié-sang méh tao T'a-wou zè li k'i men fou-seh tao méh. I-la wo lao, wè véh-zeng tao li. Yen ts'e Sen sié-sang méh teng-tse ki gnéh, i k'i tang-t'ing : fou-sèh gneu-ghieû véh-zeng tao. Véh tou ki gnéh zié-deû, Sen sié-sang tao si ka laong zè-waong k'i wei biéh yang ze-t'i, t'ing-kié sing-ghien yeû ke k'ah-gnen ma-zah T'a-wou zè li lôh-séh pao yang-pou ; ze ih ke sing Waong ke taong-tsang kieng seû lao ma-la-ke. T'ing-kié kou-ke k'ah-gnen ma ke ka-dié pi-tse Sen sié-sang kaong-ding-la-ke ka-dié dou tié. Gnen-tse méh véh-zeng fou, fou-seh méh a véh-zeng tè. Sen sié-sang ih-siang, ih-ding ze ze-i ke lôh-séh pao yang pou. Yé-zai T'a-wou zè li siang tou ts'éh-ts'è liang dié lao, i tsé ma la biéh gnen ke tsé. Sin li k'i-lai fi-vè. Taong-ya zieû tao T'a-wou zè li k'i men kou ghié ze-t'i. T'a-wou ze li véh gnen, wo lao bing véh yeû ka-ze ke. Heû-lai Sen sié-sang méh tse-ts'éh sing Waong ke taong-tsang lai. T'a-wou zè m fah-tse tsé. Tseh-teh zeng-gnen lao wo : hao ih-ke gneuh wè yeû lôh-séh

---

Voici l'affaire: l'ami que connaît ce mien parent a nom "Sen" et habite Pao-ding-fou, où il a un grand magasin de marchandises étrangères dont l'enseigne est "Confiance et Justice". Cet été il est venu ici et a pris son logement hors du faubourg de l'Est, dans l'auberge "Bonheur et Opulence". Dans notre grande rue de l'Est, et dans le magasin d'articles européens "Grande Concorde", il retint soixante balles de toile européenne. Dans le contrat il a été dit (écrit) bien clairement que la marchandise serait livrée au bout de deux mois. Le mois dernier, le temps étant venu, Maître Sen alla au magasin de la Grande Concorde pour demander si sa marchandise était arrivée ; on lui répondit qu'elle n'était pas encore arrivée. Là-dessus Maître Sen attendit quelques jours, et alla de nouveau s'informer ; rien n'était encore venu. Enfin, il y a quelques jours, il alla dans un magasin de la rue de l'Ouest pour une autre affaire, et il y apprit que dernièrement un marchand étranger avait conclu avec la Grande Concorde l'achat de soixante balles de toile européenne ; que l'achat s'était fait pas l'entremise d'un commissionnaire nommé "Waong". Il apprit aussi que le prix d'achat de cet étranger était plus élevé que le prix originairement fixé par lui Maître Sen, et que l'argent n'était pas encore versé, ni la marchandise livrée. Maître Sen pensa que c'étaient sûrement les soixante balles qu'il avait retenues ; et que la Grande Concorde, avide d'un profit un peu plus considérable, les avait vendues à un autre. Il entra alors dans une grande colère ; le soir même il alla à la Grande Concorde parler de cette affaire. On n'avoua rien et l'on dit qu'il n'y avait rien de fondé. Alors Maître Sen produisit le commissionnaire Waong ; la Grande Concorde n'avait plus d'échappatoire. Elle reconnut son tort et dit : "le mois prochain, il doit arriver encore soixante

包洋布拉來裏。教沈先生担之箇个六十包味者。沈先生等勿得。話咾要現在有拉个六十包洋布。泰和棧裡勿肯撥。對伊話。若使實在勿能个等箇六十包洋布味。只好担定頭銀子味退還。批單味燒脫。只算勿曾有箇件事體。沈先生勿肯應承咾話。如果是要退還定頭銀子味。還要賠還伊个賺頭。泰和棧裡勿肯賠伊个賺頭。沈先生乃味就寫之一張狀紙。一張批單味。亦貼來連拉上之。到縣裡。担泰和棧來告之一狀。過日子。知縣過堂。擔伊拉兩面大家問之一問。就教伊拉下去。教人話攏來。話勿攏味。再寫狀紙來咾。再審。什介之咾。伲舍親味教我相帮伊拉去。替伊拉話攏來。昨日夜快。總算大家話之攏來者。　閣下那能替伊拉話攏來个呢。　伲替伊拉話攏來味。教泰和棧。先擔現在有拉个六十包洋布味。付撥沈先生。下一个月。來个六十包洋布味。付撥拉別个客人。就是者。什介大家應承之。昨日夜快。擔貨色起之起來。銀子交代清爽。到之明

pao yang-pou la li, kiao Sen sié-sang tè-tse kou-ke lôh-séh pao méh tsé. Sen sié-sang teng-véh teh, wo lao yao yé-zai yeû-la-ke lôh-séh pao yang-pou. T'a-wou zè li véh k'eng péh. Tei i wo : zah-se zéh-zai véh neng-ke teng kou lôh-séh pao yang-pou méh, tseh-hao tè ding-deû gnen-tse méh t'ei-wè, p'i-tè méh sao-t'éh, tseh seu véh-zeng yeû kou-ghié ze-t'i. Sen sié-sang véh k'eng yeng-zeng lao wo : zu-kou-ze yao t'ei-wè ding-deû gnen-tse méh, wè yao bei-wè i-ke zè-deû. T'a-wou zè li véh k'eng bei i-ke zè-deû, Sen sié-sang nai-méh zieû sia-tse ih-tsang zaong-tse, ih-tsang p'i-tè méh a t'ih-lai lié-la laong tse, tao yeu li, tè T'a-wou zè lai kao-tse ih-zaong. Kou-gnéh-tse tse-yeu kou daong, tè i-la liang mié da-ka men-tse ih-men, zieû kiao i-la hao-k'i, kiao gnen wo-long-lai. Wo-véh-long méh tsai sia zaong-tse lai lao tsai sen. Zéh-ka-tse lao gni sô-ts'in méh kiao ngou siang-paong i-la k'i, t'i i-la wo-long-lai. Zôh-gnéh ya-k'oa, tsong-seu da-ka wo-tse-long-lai tsé. — Koh-ya na-neng t'i i-la wo-long-lai ke gni ? — Gni t'i i-la wo-long-lai méh, kiao T'a-wou zè sié tè yé-zai yeû-la-ke lôh-séh pao yang-pou méh, fou péh Sen sié-sang ; hao ih-ke gneuh, lai-ke lôh-séh pao yang-pou méh, fou-péh la biéh-ke k'ah-gnen : zieû ze tsé. Zéh-ka da-ka yeng-zeng-tse, zôh-gnéh ya-k'oa, tè fou-séh k'i-tse k'i-lai, gnen-tse kao-dai ts'ing-saong. Tao-tse ming-

---

balles de toile européenne. Nous prions Maître Sen d'attendre l'arrivée de ces (soixante) autres balles." Maître Sen ne pouvant pas attendre, dit qu'il voulait les soixante balles actuellement présentes; la Grande Concorde ne voulait pas les donner, disant que, si vraiment il ne pouvait pas attendre les soixante autres balles de toile européenne, il n'avait qu'à reprendre les arrhes, et à brûler l'acte de vente; et alors on regarderait cette affaire comme non avenue. Maître Sen n'y consentit pas, disant, que si l'on voulait à tout prix lui rendre les arrhes, il fallait en plus l'indemniser pour le profit (qu'il aurait fait). La Grande Concorde ne voulant pas l'indemniser, Maître Sen dressa aussitôt un exposé des faits; puis, y joignant l'acte de vente, il alla à la sous-préfecture et y accusa la Grande Concorde. Avant-hier le sous-préfet se rendit à son tribunal, et interrogea les deux parties ; puis il leur recommanda de s'en aller et de chercher quelqu'un qui les mît d'accord ; que si l'on ne pouvait y réussir, alors, ils feraient un autre rapport, et l'on jugerait de nouveau. Là-dessus mon parent vint me chercher pour aller leur rendre ce service et les mettre d'accord. Hier soir, je puis dire que j'ai fini d'arranger l'affaire. — Et comment les avez-vous mis d'accord ? — Pour les mettre d'accord, nous avons forcé la Grande Concorde à donner d'abord à Maître Sen les soixante balles de toile européenne actuellement présentes. Le mois prochain, quand arriveront les soixante autres balles, on les donnera au marchand étranger, et voilà tout. A ces conditions, tout le monde a consenti. Hier soir la marchandise a été envoyée et l'argent payé, et demain

朝。沈先生味寫之一張講和个紙頭。送拉縣裡之咾。算完結。

第二十章

老兄從店來呢啥。 勿是。我拉天盛典當裡。估之貨色咾轉來。 飯用沒。 吃者。若使勿曾用味。我就教廚司去。預備飯去。 眞个吃拉者。同我一个朋友。外頭吃拉个。 儕是者。今朝天盛典當裡。貨色多呢勿多。 古董玉器少。衣裳咾銅錫傢生味多。 自家估之啥个貨色。 估兩只表。別樣勿曾估啥。 我看起來。估便宜个少。上當个多。 倒亦碰運氣看个。運氣好个人。估起來味。碰着好東西。估之後來。典當裡賣拉伊。伊就可以賺好價錢。人咾運氣勿好。估个物事推扳。典當裡本來當伊推扳个物事个。伊去估之箇種怵物事味。勿單單賺勿着。連本錢倒要折脫點。 閣下話來眞个勿錯。伲店裡前幾年。好多回估貨。無得一回。勿折本个。（續見下張）

tsao Sen sié-sang méh sia-tse ih-tsang kaong-wou ke tse-deû song la yeu li tse lao, seu wé-kiéh.

DI-GNÈ TSANG

Lao hiong, zong tié lai gni sa ? — Véh ze, ngou la T'ié-zeng tié-taong li kou-tse fou-seh lao tsé-lai. — Vè yong méh ? — K'ieh tsé. — Zah-se véh-zeng yong méh, ngou zieû kiao zu-se k'i, yu-bei vè k'i. — Tsen-ke k'iéh la tsé, dong ngou ih-ke bang-yeû, nga-deû k'iéh la ke. — Zé ze tsé. Kien-tsao T'ié-zeng tié-taong li, fou-seh tou gni véh tou ? — Kou-tong gnôh-k'i sao, i-zaong lao dong sih ka-sang méh tou. — Ze-ka kou-tse sa-ke fou-seh ? — Kou liang-tsah piao, biéh yang véh-zeng kou sa. — Ngou k'eu-k'i-lai, kou bié-gni ke sao, zaong-taong ke tou. — Tao a bang yun-k'i k'eu ke. Yun-k'i hao ke gnen kou-k'i lai méh, bang-zah hao tong-si ; kou-tse heû-lai, tié-taong li ma la i, i zieû k'o-i zè hao ka-dié. Gnen lao yun-k'i véh hao, kou-tse méh-ze t'ei-pè ; tié-taong li pen-lai taong i t'ei-pè ke méh-ze ke ; i k'i kou-tse kou tsong k'ieû méh-ze méh, véh tè-tè zè-véh-zah, lié pen-dié tao yao zéh-t'éh tié. — Koh-ya wo-lai tsen-ke véh ts'ouo. Gni tié li zié ki gné hao tou wei kou fou, m teh ih-wei véh zéh pen ke.

Maître Sen déposera à la sous-préfecture une attestation de leur accord, et tout sera arrangé.

CHAPITRE VINGTIÈME

ACHATS AU MONT-DE-PIÉTÉ

Cher Monsieur, vous venez maintenant de votre magasin ? — Non, je suis allé au mont-de-piété "Opulence céleste" pour y estimer des marchandises, et me voici de retour. — Avez-vous dîné ? — Oui, j'ai dîné. — Si vous n'aviez pas dîné, je pourrais dire au cuisinier de vous préparer vite quelque chose. — Non, vraiment, j'ai dîné dehors avec un ami. — C'est bien ! Aujourd'hui, au mont-de-piété "Opulence céleste", y a-t-il beaucoup de marchandises ? — Pas beaucoup d'antiquités ni d'objets en jade ; beaucoup de vêtements et d'objets en cuivre et en étain. — Quelles marchandises avez-vous estimées ? — Deux montres, et rien autre chose.— A mon sens, peu de personnes trouvent avantage à acheter ainsi ; beaucoup y sont pris. — Cela dépend de la chance. Si c'est un homme favorisé de la fortune, son choix tombe sur d'excellente marchandise, et, quand il l'a choisie, le mont-de-piété la lui vend ; il peut ainsi gagner une bonne somme. Si c'est un homme qui a la chance contre lui, il estime de mauvaise marchandise, que le mont-de-piété sait être sans valeur. Cet homme achetant de pareils objets, non seulement ne peut rien y gagner, mais encore il y perd de l'argent. — Ce que vous dites là est bien vrai. Notre magasin, il y a quelques années, a ainsi estimé des marchandises nombre de fois, il n'est pas une seule fois où nous n'ayons perdu.

所以現在。隨便那裡刋典當裡。教去估味。總勿去估个者。 我對閣下話。舊年有个估貨个便宜。箇个人味。是伲个遠親。舊年十月裏。西城恒順典當裏。教伊估貨色去。伊估之一只銅表。四兩銀子。典當裏就賣拉伊。担到屋裏。仔細一看。實在是只金表。後來收作好之。賣之四十多兩銀子。賺之十倍利息。箇就叫碰着之好物事味。便宜者。

第二十一章

大哥。刻刻我到棧裏去。尋閣下。夥計拉話。到之西街去者。所以朝西尋上來。恰好碰着者。老早到西街上去。有啥正經。 今朝早辰。到之火輪船。伲棧裡叫小車子。替客人拉搬行李。推車子个。搬錯之客人拉兩隻箱子。客人勿快活。夥計拉無主意个者。教人到屋裡來尋我。我刻刻𨂿起來。聽見之第个事體。就忙煞能揩之一把面。到棧裏去問。客人話。伊姓陳。福建人。拉江蘇做官个。現在要到京

Sou-i yé-zai zu-bié a-li bè tié-taong li kiao k'i kou méh, tsong véh k'i kou ke tsé. — Ngou tei koh-ya wo, ghieû-gné yeû ke kou fou ke bié-gni : kou-ke gnen méh ze gni-ke yeu ts'in. Ghieû-gné zéh gneuh li, si zeng Heng-zen tié-taong li kiao i kou fou-seh k'i. I kou-tse ih-tsah dong piao, se liang gnen-tse ; tié-taong li zieû ma la i. Tè tao ôh-li tse-si ih-k'eu, zéh-zai ze tsah kien piao. Heû-lai seû-tsoh hao tse, ma-tse se-séh tou liang gnen-tse, zè-tse zéh bei li-sih. Kou zieu kiao bang-zah-tse hao méh-ze méh bié-gni tsé.

DI-GNÊ-IH TSANG

Dou kou, k'ah-k'ah ngou tao zè li k'i zin koh-ya ; fou-ki la wo tao-tse si ka k'i tsé : sou-i zao si zin-zaong-lai, hah-hao bang-zah tsé. Lao-tsao tao si ka laong k'i yeû sa tseng-kieng ? — Kien-tsao tsao-zen tao-tse hou-len-zé, gni zè li kiao siao ts'ouo-tse t'i k'ah-gnen la pé hang-li. T'ei ts'ouo-tse ke pé-ts'ouo-tse k'ah-gnen la liang-tsah siang-tse. K'ah-gnen véh k'a-wéh. Fou-ki la m tsu-i ke tsé, kiao gnen tao ôh-li lai zin ngou. Ngou k'ah-k'ah loh-k'i-lai. T'ing-kié-tse di-ke ze-t'i, zieû maong-sah-neng k'a-tse ih-pouo mié, tao zè li k'i men. K'ah-gnen wo : i sing Zeng, Foh-kié gnen, la Kang-sou tsou koé ke, yé-zai yao tao kieng

---

Aussi, actuellement, quel que soit le mont-de-piété qui nous invite, nous n'allons jamais rien acheter. — Je vais vous dire : l'an dernier, il y a quelqu'un qui a ainsi acheté à bon marché. C'est un de nos parents éloignés. L'an dernier, à la dixième lune, le mont-de-piété "Faveur constante," situé à l'Ouest de la ville, l'invita à aller acheter quelque chose; il estima une montre en cuivre quatre taëls, et le mont-de-piété la lui vendit. Il l'emporte chez lui et la regarde de près: c'était de fait une montre en or. Depuis il la remit en bon état et la vendit plus de quarante taëls, gagnant ainsi dix fois ce qu'il avait dépensé. Voilà qui s'appelle trouver de bonne marchandise à bon marché.

CHAPITRE VINGT-ET-UNIÈME

UNE ERREUR AU DÉBARCADÈRE

Cher Monsieur, je viens d'aller vous chercher à votre magasin ; les employés m'ont dit que vous étiez allé à la rue occidentale; c'est pourquoi je suis venu à votre recherche (en venant au-devant de vous), et j'ai eu la chance de vous rencontrer; qu'êtes-vous allé faire si matin à la rue occidentale ? — Ce matin le bateau à vapeur est arrivé ; notre hôtel a loué des brouettes pour transporter les bagages d'un voyageur, et les brouettiers, en les lui apportant, ont fait erreur pour deux caisses. Le voyageur était mécontent; les employés, ne sachant que faire, envoyèrent quelqu'un me chercher chez moi ; je venais de me lever; apprenant l'affaire, je me lave vite la figure; je cours à l'hôtel prendre des informations. Le voyageur dit qu'il a nom Zeng; il est du Foh-kien, mandarin au Kiang-sou, et il veut maintenant aller à la capitale ;

裡去。今朝早辰。火輪船到之。伊就上岸。住拉伲棧裏。叫伲个夥計。替伊叫兩部小車子。教自家兩个跟班。一淘到船上去。擔行李搬到棧裏來。伊一看。少兩隻紅皮箱者。箇搭有拉兩隻白皮箱。勿是伊个。白皮箱上。寫徐子芹三个字。就問兩个跟班哰話。那能弄錯之。兩隻箱子个呢。伊拉兩家頭話。勿是伊拉弄錯个。伊拉拉船上。收作零散物事。是箇兩个推車子个。自家上船。擔箱子搬起來哰。搬錯拉个。客人乃味。對棧裏夥計話。教推車子个。快點去。擔兩隻紅箱子尋轉來。推車子个去尋之半日。尋勿着。客人乃味。勿快活哰話。定見要兩隻箱子个。夥計拉着急之哰。就打發人來尋我。　閣下格味替客人。箇兩隻箱子尋着否。

　我已經尋着箇位。姓徐个客人拉者。姓陳个兩隻紅皮箱。是拉伊搭。我現在回到棧裡去。叫部小車子。担姓徐个兩隻白皮箱。替伊車之去。然後担兩隻紅皮箱味。車轉來。　那能倒尋着箇位。姓徐个客人个呢。　我起頭拉伲箇條街

li k'i. Kien-tsao tsao-zen, hou-len-zé tao-tse, i zieû zang ngeu, zu la gni zè li; kiao gni-ke fou-ki t'i i kiao liang bou siao ts'ouo-tse : kiao zo-ka liang-ke ken-pè ih-dao tao zé laong k'i, tè hang-li pé tao zè li lai. I ih-k'eu, sao liang-tsah hong bi siang tsé; kou-tèh yeû-ta liang-tsah bah bi siang véh ze i-ke. Bah bi siang laong sia Zi-tse-kien sè-ke ze. Zieû men liang-ke ken-pè lao wo: na-neng long-ts'ouo-tse liang-tsah siang-tse ke gni ? I-la liang-ka-deû wo: véh ze i-la long-ts'ouo ke; i-la la zé-laong seû-tsoh ling-sè méh-ze : ze kou liang-ke t'ei ts'ouo-tse ke, ze-ka zaong zé tè siang-tse pé-k'i-lai lao pé-ts'ouo-la ke. K'ah-gnen nai-méh tei zè li fou-ki wo, kiao t'ei ts'ouo-tse ke, k'oa-tié k'i tè liang-tsah hong siang-tse zin-tsé-lai. T'ei ts'ouo-tse ke k'i zin-tse pé gnéh, zin-véh-zah. K'ah-gnen nai-méh véh k'a-wéh lao wo, ding-kié yao liang-tsah siang-tse-ke. Fou-ki la zah-kié-tse lao, zieu tang-fah gnen lai zin ngou. — Koh-ya keh-méh t'i k'ah-gnen kou liang-tsah siang-tse zin-zah-va ? — Ngou i-kieng zin-zah kou-wei sing Zi ke k'ah-gnen la-tsé. Sing Zeng ke liang-tsah hong bi siang ze la i tèh. Ngou yé-zai wei tao zè li k'i, kiao bou siao ts'ouo-tse tè sing Zi ke liang-tsah bah bi siang, t'i i ts'ouo-tse k'i ; zé-heû tè liang-tsah hong bi siang méh ts'ouo-tsé-lai. — Na-neng tao zin-zah kou-wei sing Zi ke k'ah-gnen ke gni ? — Ngou k'i-deû la gni kou-diao ka

---

ce matin, dès l'arrivée du bateau à vapeur, il est aussitôt descendu à terre, et a pris logement à notre hôtel ; il a dit à nos employés de lui louer deux brouettes, et a ordonné à ses deux domestiques d'accompagner les brouettiers au bateau, de descendre ses bagages, et de les transporter à l'hôtel. Là il les inspecta : il manquait deux caisses en cuir rouge ; mais aussi il y avait deux caisses en cuir blanc qui n'étaient pas à lui. Sur ces caisses en cuir blanc étaient écrits ces trois caractères : "Zi-tse-kien". Il demande à ses deux domestiques comment ils ont pu faire l'erreur d'apporter ces deux caisses ; les domestiques lui dirent que l'erreur ne venait pas d'eux : ils étaient montés à bord pour prendre les petits objets ; les deux brouettiers y étaient montés eux-mêmes ; et en transportant les caisses, ils s'étaient trompés. Le voyageur alors avertit les employés de l'hôtel d'envoyer vite les deux brouettiers à la recherche de ces deux caisses en cuir rouge et de les rapporter ; les deux brouettiers y allèrent et cherchèrent longtemps, sans rien trouver, ce dont le voyageur ne fut pas content ; il voulait absolument ses caisses. Les employés ainsi pressés envoyèrent quelqu'un me chercher.— Et avez-vous retrouvé les caisses de ce voyageur? — Oui, j'ai déjà trouvé ce Monsieur étranger appelé Zi. Les deux caisses rouges de Monsieur Zeng sont là-bas chez lui. Je retourne maintenant à l'hôtel pour louer une brouette, prendre les deux caisses blanches de Monsieur Zi, les lui faire porter et rapporter en échange les deux caisses rouges de Monsieur Zeng. — Comment avez-vous trouvé ce voyageur du nom de Zi ? — J'ai d'abord été dans notre rue,

上。客棧裡問過。並勿有姓徐个客人。乃味我就到西街去。逐一家客棧去問問。到永利棧裏。伊拉話哰。姓徐个客人有个。刻刻到。乃味我就走到。一个客人个屋裏去。問伊个號叫啥。伊話叫子芹。我就担搬錯箱子个。箇件事體。話撥伊聽。伊話我个行李。刻刻搬起來。並勿曾檢點過。讓我查起來。就曉得者。果然一查。就話。錯之兩隻箱子者。少之兩隻白皮箱。多之兩隻紅皮箱。我一聽伊个說話。對者。乃味我就對伊話。讓我轉去。打發小車子。担脅駕兩隻皮箱送來。箇兩隻紅皮箱味。費心教伊帶之轉來味。就是者。格哰我就回轉來。閣下老早來尋我。有啥要緊事體呢啥。　因爲我今朝有樣要緊个用頭。請閣下借幾百塊洋錢拉我。有否。　有个。跟我到棧裡去担。

laong, k'ah-zè li men-kou : ping véh yeû sing Zi ke k'ah-gnen. Nai-méh ngou zieû tao si ka k'i, zöh-i ka k'ah-zè k'i men-men. Tao Yong-li zè li, i-la wo lao, sing Zi ke k'ah-gnen yeû ke, k'ah-k'ah tao. Nai-méh ngou zieû tseû tao kou-ke k'ah-gnen ke ôh-li k'i, men i-ke hao kiao sa. I wo kiao Tse-kien. Ngou zieû tè pé-ts'ouo siang-tse ke kou-ghié ze-t'i wo péh i t'ing. I wo, ngou-ke hang-li k'ah-k'ah pé-k'i-lai, ping véh-zeng kié-tié-kou, gnang ngou zouo-k'i-lai zieû hiao-teh tsé. Kou-zé ih-zouo zieû wo : ts'ouo-tse liang-tsah siang-tse tsé : sao-tse liang-tsah bah bi siang, tou-tse liang-tsah hong bi siang. Ngou ih-t'ing i-ke seh-wo tei tsé, nai-méh ngou zieû tei i wo, gnang ngou tsé-k'i, tang-fah siao ts'ouo-tse, tè tsen-kia liang-tsah bi siang song lai. Kou liang-tsah hong bi siang méh fi sin kiao i ta-tse-tsé-lai méh, zieû ze tsé. Keh-lao ngou zieû wei-tsé-lai. Koh-ya lao-tsao lai zin ngou, yeû sa yao-kien ze-t'i gni sa?—Yen-wei ngou kien-tsao yeû yang yao-kien-ke yong deû, ts'ing koh-ya tsia ki pah k'oei yang-dié la ngou, yeû va !— Yeû-ke, ken ngou tao zè li k'i tè.

---

je me suis informé dans chaque hôtel ; il n'y avait aucun voyageur du nom de Zi. Alors j'ai été aux informations dans la rue de l'Ouest, d'hôtel en hôtel. Quand je fis ma demande à l'hôtel du Profit éternel, on me dit qu'il y avait en effet un voyageur du nom de Zi qui venait d'arriver. Là-dessus, j'entre dans la chambre de ce voyageur, et je lui demande son petit nom. Il me dit s'appeler "Tse-kien". Alors je lui raconte l'erreur commise dans le transport des caisses; il me répondit : mes bagages viennent d'être apportés; je n'ai pas encore fait la vérification : attendez : je vais les examiner, et alors je saurai (ce qui en est). Dès qu'il les eut regardés: on a fait erreur pour deux caisses, me dit-il; il me manque deux caisses en cuir blanc, et l'on m'a apporté en plus deux caisses en cuir rouge. Quand j'entendis ces mots si bien d'accord avec les faits, je lui dis: de retour chez moi, je vais envoyer une brouette vous apporter vos deux caisses; et vous, donnez ces deux caisses rouges au brouettier qui les remportera, et tout sera dit. Me voici donc de retour. Mais, pour être venu me chercher si matin auriez-vous quelque affaire urgente? — C'est que, aujourd'hui, nous avons un besoin pressant. Je voulais vous demander de nous prêter quelques centaines de piastres ; les avez-vous?— Je les ai ; venez avec moi jusqu'à l'hôtel, vous les emporterez.

第二十二章

老弟。我聽見話。令親王子泉。官壞者。有介事否。　勿錯。有介事个。　曉得爲啥咾壞个呢。　舊年我聽見話。伊个官要壞快者。我勿那能相信。現在倒眞个壞者。前幾日。我看見子泉个哥哥。據伊話。是爲兩莊案件咾壞个。一件味。舊年秋天。城裏有爿錢莊。被刧。搶脫之幾百兩銀子。伊一个强盜也勿曾捉着。那个時候。撫台就話要革。摘脫伊个頂戴者。撥伊幾个月限。還留拉任上。教伊趕緊去捉第个强盜。限滿者。仍舊一个亦勿曾捉着。乃味又寬之好幾个限。直到舊年冬天。終究一个也捉勿着。勿悖恅。今年春上。縣城裡向。又有个人。半夜把。到人家屋裏去。殺脫之兩个人。兇手跑脫者。又加之一件跑脫兇手个案。乃味撫台擔伊來革脫个。　格味現在已經離任拉沒。　已經離任拉者。住拉省裏。　箇味俸（續見下章）

DI-GNÈ-GNI TSANG

Lao di, ngou t'ing-kié wo, ling ts'in Waong-tse-zié koé wa tsé ; yeû ka-ze va ? — Véh ts'ouo, yeû ka-ze ke. — Hiao-teh wei sa lao wa-keh gni ? — Ghieû-gné ngou t'ing-kié wo, i-ke koé yao wa k'oa tsé ; ngou véh na-neng siang-sin ; yé-zai tao tsen-ke wa tsé. Zié ki gnéh, ngou k'eu-kié Tse-zié-ke kou-kou; kiu i wo. ze wei liang-tsang eu-ghié lao wa-ke. Ih-ghié méh, ghieû-gné ts'ieû-t'ié, zeng li yeû bè zié-tsaong pei-kiéh : ts'iang-t'éh-tse ki pah liang gnen-tse. I ih-ke ghiang-dao a véh-zeng tsoh-zah. Na-ke ze-heû, fou-dai zieu wo yao kah ; tsah-t'éh i-ke ting-ta tsé, péh i ki-ke gneuh yè, wè lieû la zen laong, kiao i keu-kien k'i tsoh di-ke ghiang-dao. Yè méh-tse, zen-ghieû ih-ke a véh-zeng tsoh-zah. Nai-méh i k'oé-tse hao ki-ke yè, zeh-tao ghieû-gné tong-t'ié : tsong kieû ih-ke a tsoh-véh-zah. Véh k'ao-lao kien-gné ts'en laong yeu-zeng li-hiang, i yeû-ke gnen, pé-ya pouo, tao gnen-ka ôh-li k'i, sah-t'éh-tse liang-ke gnen : kiong-seû bao-t'éh tsé. I ka-tse ih-ghié bao-t'éh kiong-seû ke eu. Nai-méh fou-dai tè i lai k'ah-t'éh-ke. — Ke-méh yé-zai i-kieng li zen la méh ! — I-kieng li zen la tsé ; zu la sang li. — Ke-méh fong

---

CHAPITRE VINGT-DEUXIÈME

UN MANDARIN PRIVÉ DE SON EMPLOI

Cher ami, j'ai entendu dire que votre parent Waong-tse-zié a été cassé ; est-ce vrai ? — Mais oui, c'est vrai. — Savez-vous pourquoi il a été cassé ? — L'an dernier, j'avais entendu dire qu'il devait être cassé sous peu ; je n'y croyais pas encore beaucoup; mais présentement il est vraiment cassé. Il y a quelques jours, j'ai vu le frère aîné de Tse-zié ; d'après ce qu'il m'a dit, il aurait perdu sa place pour deux affaires judiciaires. Voici la première : l'an dernier, à l'automne, dans la ville même il y eut une banque qui fut dévalisée; on y déroba des valeurs pour quelques centaines de taëls, et il ne prit pas même un seul voleur. Dans ce temps-là, le gouverneur publia sa déposition et lui enleva le droit de porter son bouton, mais il lui accorda plusieurs mois de répit et le laissa en charge, lui ordonnant de se hâter d'arrêter les voleurs. A l'expiration du délai, il n'y avait pas un seul voleur arrêté ; il eut de la sorte plusieurs prorogations, jusqu'à l'hiver de l'année dernière. Enfin il ne prit personne. Mais voilà qu'au printemps de cette année, dans (la capitale de la) sous-préfecture, un homme entra au milieu de la nuit dans une maison et y tua deux personnes ; le meurtrier prit la fuite ; ce qui ajouta (au reste) la faute d'avoir laissé échapper un meurtrier. Pour lors, le gouverneur le dégrada définitivement. — Présentement, a-t-il déjà quitté son poste ? — Oui, il l'a déjà quitté ; il habite à la capitale de la province. — Et son traitement ? —

味那能。　有啥俸耶。兩手精空。　既然俸罰脫拉者。還去等拉省裏做啥呢。　勿是。倒要歸來拉个。一時勿能歸來咾。　那能咾勿得歸來呢。還是無得盤費呢啥。　倒勿是無得盤費。因爲革職之後來。撫台派委員。到伊衙門裏查庫銀。一查味欠之四千多兩銀子錢糧。委員問伊那能欠之什介多化錢糧个呢。伊承認自家用空拉个。乃味委員稟報撫台。撫台就派委員。担伊寓裏个物事。封起來。担王子泉味提到省裏去。限伊兩个月。空拉國家个錢糧味。儕要還出來。期滿之咾。勿交還味。就請旨咾。抄伊京裏个家者。乃味伊着急之咾。連忙寫一封信。打發一个相帮人。到京裏。尋伊个哥哥。教伊隨便那能。總要想法子。趕緊湊滿五千兩銀子來。撥拉伊。教箇个相帮人帶轉來。伊个哥哥。看見之箇封信。着急來非凡。叫我去。托我担伊城外頭个店面房子。替伊賣脫。我味趕緊得極。替伊一賣。還算造化。賣之五千兩銀子。過日子。伊个哥哥。交代拉差來个相帮

méh na-neng ? — Yeû sa fongya? liang seû tsing-k'ong. — Ki-zé fong vah-t'éh la tsé, wè k'i teng la sang li tsou sa gni?— Véh ze, tao yao kiu-lai la ke; ih-ze véh neng kiu-lai lao. — Na-neng lao véh teh kiu-lai gni ? Wè ze m teh bé-fi gni sa ! — Tao véh ze m teh bé-fi. Yen-wei kah-tseh-tse heû-lai, fou-dai p'a wei-yeu tao i nga-men li zouo k'ou-gnen. Ih-zouo méh k'ié-tse se ts'ié tou liang gnen-tse zié-liang. Wei-yeu men i, na-neng k'ié-tse zéh-ka tou-houo zié-liang ke gni ? I zeng-gnen ze-ka yong-k'ong la ke. Nai-méh wei-yeu pin-pao fou-dai ; fou-dai zieû p'a wei-yeu tè i gnu li ke méh-ze fong-k'i-lai, tè Waong-tse-zié méh di tao sang li k'i ; yè i liang ke gneuh k'ong la kôh-kia ke zié-liang méh zè yao wè-ts'éh-lai. K'i méh-tse lao véh kao-wè méh, zieû ts'ing tse lao ts'ao i kieng li ke ka tsé. Nai-méh i zah-kiéh-tse lao lié-maong sia ih-fong sin, tang-fah ih-ke siang-paong-gnen tao kieng li zin i-ke kou-kou, kiao-i, zu-bié na-neng, tsong yao siang fah-tse keu-kien ts'eû mé n ts'ié liang gnen-tse lai, péh la i, kiao kou-ke siang-paong-gnen ta-tsé-lai. I-ke kou-kou, k'eu-kié-tse kou-fong sin, zah-kiéh-lai fi-vè, kiao ngou k'i, t'oh ngou tè i zeng nga-deû ke tié-mié waong-tse t'i i ma-t'éh. Ngou méh keu-kien-teh-ghieh t'i i ih ma, wè seu zao-houo, ma-tse n ts'ié liang gnen-tse. Kou-gnéh-tse i-ke kou-kou kao-dai la ts'a-lai-ke siang-paong-

---

Quel traitement peut-il avoir ? Il a les deux mains vides.—Puisque son traitement lui est enlevé, pourquoi reste-t-il encore à la capitale de la province? —Mais non ; au contraire, il désire bien revenir : mais dans ce moment il ne le peut pas.—Comment! il ne peut pas revenir! est-ce qu'il n'a pas d'argent pour le voyage?—Ce n'est pas qu'il n'ait pas d'argent pour le voyage, mais voici : quand il eut été privé de sa charge, le gouverneur envoya un délégué à son tribunal pour visiter sa caisse; à la visite, on trouve qu'il manquait plus de 4000 taëls de l'argent des taxes ; le délégué lui demanda comment il avait un tel déficit dans cet argent ; il avoua qu'il l'avait dépensé. Là-dessus, le délégué fit son rapport au gouverneur, qui aussitôt envoya un officier mettre les scellés sur les objets qu'il avait dans sa maison ; il cita Woang-tse-zié à la capitale de la province, lui fixa un terme de deux mois, pour rembourser ce qui manquait des impôts ; s'il ne remboursait pas dans le terme fixé, on consulterait la volonté de l'Empereur sur la confiscation de sa maison de la capitale. Cela l'a pressé d'agir : il écrivit en toute hâte une lettre et il envoya un de ses domestiques à la capitale trouver son frère aîné. Il prie son frère aîné de lui ramasser bien vite, et par tous les moyens imaginables, 5000 taëls, et de les donner à ce domestique pour qu'il les lui rapporte. Son frère, en voyant cette lettre, sans perdre un instant, me pria de vendre pour lui ce magasin sur la rue qu'il possède hors de la ville. J'opérai pour lui cette vente en toute hâte, et, heureux hasard ! je le vendis 5000 taëls; avant-hier son frère aîné donna l'argent au domestique envoyé,

人。帶去檢伊者。　格味。若使担欠拉个錢糧。照數還淸之。伊寓裏封拉个東西味。那能呢。　等伊担箇票銀子。交淸之後來。上司自然派委員。到伊寓裏去開封。担東西照舊還之伊。乃味伊可以歸來者。

第二十三章

大哥我要請教一樣事體。令友錢輔臣。有爿典當。現在停之當咾。等贖者。啥緣故耶。　生意勿局。收快者咾。　異。聽見話生意好个味。那能啥勿局呢。　閣下單不過曉得外面。勿曉得裡向。起頭伊開店个辰光。勿儕是自家个銀子。伊有个親眷。做个官。有一萬多銀子。白借伊開銷。勿要利錢个。伊自家不過有幾千兩銀子。開之箇爿典當。箇幾年裡向味。生意倒怪好。銅錢賺得勿少。前年之。伊个親眷。放之知府。替伊要箇一萬多銀子者。雖然抽脫之箇一萬多銀子。伊个生

gnen ta-k'i pèh i tsé. — Keh-méh zah-se tè k'ié-la-ke zié-liang tsao sou wè-ts'ing-tse, i gnu li fong-la-ke tong-si méh na-neng gni ? — Teng i tè kou p'iao gnen-tse kao-ts'ing-tse heû-lai, zaong-se ze-zé p'a wei-yeu tao i gnu li k'i k'ai-fong, tè tong-si tsao ghieû wè-tse i ; nai-méh i k'o-i kiu-lai tsé.

DI-GNÈ-SÈ TSANG

Dou kou ngou yao ts'ing-kiao ih-yang ze-t'i: ling yeû Zié-wou-zeng yeû bè tié-taong yé-zai ding-tse taong lao teng zôh tsé, sa yeu-kou ya ? — Sang-i véh ghiôh, seû k'oa tsé lao. — I ! t'ing-kié wo sang-i hao-ke méh, na-neng sa véh ghiôh gni ?— Koh-ya tè pèh-kou hiao-teh nga-mié, véh hiao-teh li-hiang. K'i-deû i k'ai tié ke zen-koang, véh zé so ze-ka-ke gnen-tse. I yeû-ke ts'ing-kieu tsou ke koé, yeû ih mè tou gnen-tse, bah-tsia i k'ai-siao , véh yao li-dié ke. I ze-ka pèh-kou yeû ki ts'ié liang gnen-tse. K'ai-tse kou-bè tié-taong, kou ki gné li-hiang méh sang-i tao koa hao, dong-dié zè-teh véh sao. Zié-gné-tse i-ke ts'ing-kieu faong-tse tse-fou, t'i i yao kou ih mè tou gnen-tse tsé. Su-zé ts'eû-t'éh-tse kou ih-mè tou gnen-tse, i-ke sang-

---

qui est reparti le lui porter. — Mais s'il rembourse exactement l'argent des taxes qui manquait, qu'adviendra-t-il de ses effets sous les scellés dans son domicile ? — Quand il aura remboursé cet argent, alors naturellement son supérieur enverra un officier à son domicile, qui lèvera les scellés et lui rendra son mobilier comme il était auparavant ; alors il pourra revenir ici.

CHAPITRE VINGT-TROISIÈME

COMMERCE DE L'OPIUM

Cher Monsieur, j'ai une question à vous faire : le mont-de-piété de votre ami Zié-wou-zen n'accepte plus de gages pour le moment, et attend qu'on rachète, quelle en est la raison? — Ce commerce ne va plus, il se hâte de liquider. — Eh quoi ! J'entends dire que le commerce est bon. Comment dites-vous qu'il ne va plus ? — Vous ne voyez que les dehors ; vous ne connaissez pas le dessous (des cartes). Autrefois, quand il ouvrit ce mont-de-piété, ce ne fut pas seulement avec son argent ; il avait un parent mandarin, qui, ayant plus de 10000 taëls, lui en concéda gratuitement la jouissance, sans vouloir d'intérêts. Il n'avait lui-même que quelques milliers de taëls. Il ouvrit donc ce mont-de-piété ; pendant quelques années, le commerce alla très bien, les bénéfices n'étaient pas minces ; mais, il y a deux ans, son parent fut nommé préfet, et voulut reprendre ses 10000 taëls. Même après qu'on lui eut repris ces 10000 taëls, son commerce

意。還可以撑得住个裏。忽然間。無緣無故、伊想販土者。起頭个時候、還不過買一二箱土。造化賺點銅錢个。後來膽大起來者。買之七八箱土來賣。又倒賺點銅錢个。所以膽越弄越大者。到舊年。封河快个時候。有一爿廣東棧裏。來一百箱个土。伊聽見話。無啥別只火輪船來者。心裏一想、若使担箇一百箱來買之。留到冬天咾賣味。必定要賺好價錢。乃味就到箇爿廣東棧裡去。同棧裡管賬先生。一商量。要担箇一百箱土留拉。兩个月後來。付銀子。廣東人味。倒肯个。就買成功者。過之二三日。忽然又到一隻火輪船。裝之五六百箱个土。行情頃刻大跌。乃味無啥法子。只得忙煞能。賣出去。折脫之好幾千銀子。爲此咾。典當亦倒下來者。箇禿是伊穩當个生意味勿做。瞎想發財。所以事體壞个。　大哥請看。販土个生意。富貴終勿常久个。就是拉箇上發之財。亦不過眼前个喜歡。勿多幾年。自然亦就要敗个。　固是一定个道理。本來是利己害人个生意。那得

i wè k'o-i ts'ang-teh-zu-ke li. Fé-zé-kè m yeu m kou i siang fè t'ou tsé. K'i-deû ke ze-heû wè pèh-kou ma ih eul siang t'ou : zao-houo zè tié dong-dié ke. Heû-lai tè dou-k'i-lai tsé, ma-tse ts'ih pèh siang t'ou lai ma : i tao zè tié dong-dié ke. Sou-i tè yeuh long yeuh dou tsé. Tao ghieû-gné fong-wou k'oa ke ze-heû, yeû ih-bè koang-tong zè li lai ih pah siang ke t'ou. I t'ing-kié wo, m sa biéh tsah hou-len-zé lai tsé, sin li ih-siang : zah-se tè kou ih pah siang lai ma-tse, lieû tao tong-t'ié lao ma méh, pih-ding yao zè hao ka-dié. Nai-méh zieû tao kou-bè koang-tong zè li k'i, dong zè li koé-tsang sié-sang, ih saong-liang yao tè kou i pah siang t'ou lieû la, liang-ke gneuh heû-lai fou gnen-tse. Koang-tong gnen méh tao k'eng ke: zieû ma-zeng-kong tsé. Kou-tse liang sè gnéh, féh-zé i tao ih-tsah hou-len-zé tsaong tse n lôh pah siang ke t'ou : haong-zing k'ieng-k'eh dou tih. Nai-méh m sa fah-tse ; tseh-teh maong-sah-neng ma-ts'éh-k'i : zèh-t'éh-tse hao ki ts'ié gnen-tse. Wei-ts'e lao tié-taong a tao-hao-lai tsé. Kou t'oh ze i wen-taong ke sang-i méh véh tsou, hèh-siang fah-zai : sou-i ze-t'i wa ke. — Dou kou ts'ing-k'eu. Fè t'ou ke sang-i, fou-koei tsong véh zang-kieû ke ; zieû-ze la kou laong fah-tse zai a pèh-kou ngè-zié ke hi-hoè : véh tou ki gné ze-zé a zieû yao ba ke. — Kou ze ih-ding-ke dao-li. Pen-lai ze li ki hai gnen ke sang-i, na-teh

---

pouvait encore se soutenir; tout à coup et sans aucune raison, il se mit en tête de faire le commerce de l'opium. Pour commencer, il n'acheta pas plus d'une ou deux caisses d'opium et il eut la chance d'y gagner quelque argent; son audace s'en augmenta, et il acheta six ou sept caisses qu'il revendit encore avec profit; aussi bien son audace grandit encore. Mais l'année dernière, au moment où la rivière allait se prendre, une maison cantonaise reçut plus de cent caisses d'opium. Ayant entendu dire qu'il n'y avait pas d'autre navire à venir, il se prit à penser que s'il achetait ces cent caisses d'opium, et s'il les gardait pour les vendre en hiver, il réaliserait sûrement de grands bénéfices. Il alla donc à cette maison cantonaise et entra en marché avec le directeur, disant qu'il désirait retenir les cent caisses d'opium et qu'il paierait au bout de deux mois. Ce Cantonais y consentit, et le marché fut conclu. Mais deux ou trois jours après, voilà tout à coup qu'il arriva un bateau à vapeur, apportant cinq ou six cents caisses d'opium. Le cours baissa à l'instant de beaucoup. Il n'eut plus autre chose à faire que de revendre bien vite, en y perdant quelques milliers de taëls, ce qui fit tomber son mont-de-piété. Tout cela, parce qu'il cessa un genre de commerce très sûr, et voulut follement devenir riche ; c'est ainsi qu'il a gâté ses affaires. — Voyez-vous, cher Monsieur, ceux qui font ce commerce de l'opium ne peuvent pas être riches pour longtemps; et, bien qu'il y en ait qui y gagnent de l'argent, toutefois ce n'est qu'un bonheur d'un moment, et en peu d'années, ils en viennent naturellement à la ruine. — C'est là une vérité certaine. Au fond, dans ce négoce, on nuit aux autres pour s'enrichir soi-même, comment

能彀。常莊享富貴呢。　伲本地方有一爿恒原土行。生意十分大。各處有名。箇个東家姓郝。總是自家到天津洋行裡去。買貨色个。一回要買幾百箱貨色。店裡夥計。總有幾十个。多年工夫發財。屋裡造之多化房子。上下三班。人有百外。騾子咾馬。成淘拔隊。什介財主。到舊年。弄來一敗塗地。我起頭還勿懂。那能敗來什介快。後來仔細一打聽。曉得着實。幾年工夫。生意發財。東家店裡勿到个者。不過等拉屋裏作樂。從勿曾結歇總賬。店裏夥計。天夜之味。偷土出去賣。東家一眼勿曉得。到舊年有一个姓郝个朋友。曉得店裏出之毛病者。打合伊到店去。算算賬目。盤盤貨色。乃味伊到店裡去。賬一算。欠之好幾萬銀子。一盤剩下來个貨色。不過有幾箱土者。就問夥計。賬那能空个。貨色那能缺个。夥計拉話。勿曉得。乃伊無啥法子。就担房子牲口。儕賣脫。一齊担去。還欠拉洋行裏个銀子。乃味店關脫。後來氣昏之。得之一場病咾死脫个。屋裏用拉个人味。儕回

neng-keû zang-tsaong hiang fou-koei gni ? — Gni pen di-faong yeû ih-bè Heng-gneu t'ou-hang: sang-i zéh fen dou, koh ts'u yeû ming. Kou-ke tong-ka sing Hoh, tsong ze ze-ka tao T'ié-tsin yang-hang li k'i ma fou-seh ke. Ih-wei yao ma ki pah siang fou-seh ; tié li fou-ki tsong yeû ki zéh-ke. Tou gné kong-fou fah-zai ; ôh-li zao-tse tou-houo waong-tse ; zaong hao sè pè gnen yeû pah nga ; lou-tse lao mô, zeng-dao pah-dei. Zéh-ka zai-tsu ! Tao ghieû-gné long-lai ih-ba dou-di. Ngou k'i-deû wè véh-tong na-neng ba-lai zéh-ka k'oa ; heû-lai tse-si ih tang-t'ing hiao-teh zah-zéh. Ki gné kong-fou sang-i fah-zai, tong-ka tié li véh tao ke tsé, péh-kou teng la ôh-li tsoh-loh, t'song véh-zeng kiéh-kiéh tsong-tsang. Tié li fou-ki t'ié ya-tse méh, t'eû t'ou ts'éh-k'i ma, tong-ka ih-ngè véh hiao-teh. Tao ghieû gné yeû ih-ke sing Hoh ke bang-yeû, hiao-teh tié li ts'éh-tse mao-bing tsé, tang-k'eh i tao tié k'i seu-seu tsang-moh, bé-bé fou-seh. Nai-méh i tao tié li k'i; tsang ih-seu, k'ié-tse hao ki mè gnen-tse; ih-bé zeng-hao-lai ke fou-seh; péh-kou yeû ki siang t'ou tsé. Zieû men fou-ki, tsang na-neng k'ong ke, fou-seh na-neng k'ieuh ke. Fou-ki la wo, véh hiao-teh. Nai i m sa fah-tse, zieû tè waong-tse, sang-k'eû, zé ma-t'éh, ih-zi tè-k'i wè k'ié la yang-hang li ke gnen-tse. Nai-méh tié koè-t'éh. Heû-lai k'i hoen-tse, teh-tse ih-zaong bing lao si-t'éh ke. Oh-li yong-la-ke gnen méh zé wei-

---

pourrait-on jouir longtemps de ces richesses-là ? — Dans mon propre pays, il y avait un magasin d'opium appelé "Heng-gneu" dont le commerce était très considérable et la renommée répandue au loin. Le propriétaire, appelé Hoh, allait toujours faire ses emplettes lui-même à T'ien-tsin dans une maison européenne; il achetait en une seule fois des centaines de caisses de marchandises ; dans son magasin il y avait des employés par dizaines. Pendant quelques années il continua à s'enrichir ; le nombre de maisons qu'il construisit chez lui est très considérable. Il occupait plus de cent personnes de divers degrés; ses mulets et ses chevaux (formaient un vrai) troupeau, tant il était riche ! Mais voilà que l'année dernière il réussit à se ruiner complétement. D'abord, je ne sus pas pourquoi sa ruine avait été si rapide ; plus tard, je pris des informations très minutieuses, et je connus la vérité ; pendant ces quelques années, s'étant enrichi dans le commerce, le propriétaire n'allait plus du tout au magasin, mais jouissait de sa fortune à la maison; jamais il ne vérifiait les comptes généraux. Au magasin, chaque jour, à la tombée de la nuit, les employés volaient et vendaient l'opium au dehors; le maître n'en savait pas la moindre chose. L'année dernière, un ami de ce Hoh connaissant le désordre qui régnait dans le magasin, lui conseilla d'y aller, de vérifier les comptes et d'examiner la marchandise. Il s'y rendit donc, et vérifia les comptes : il manquait plusieurs dizaines de milliers de taëls; il fait l'inventaire des marchandises : il ne reste plus que quelques caisses d'opium. Il demanda aux employés d'où venait un tel déficit dans les comptes et dans les marchandises. Tous dirent qu'ils n'en savaient rien; de sorte qu'il se trouva sans expédients ; il vendit ses maisons et ses animaux, pour rembourser tout l'argent qu'il devait à la maison européenne. Après quoi, il ferma son magasin ; mais le chagrin qu'il en ressentit lui causa une maladie dont il mourut. Tous les domestiques qu'il avait chez lui s'en allèrent ;

脫。就剩兩个屋裏个人。現在一日一日。啍過去，什介苦法。請看。箇味是賣鴉片个收場。

第二十四章

老弟自家幾時轉來个。　我轉來得勿多幾日裡。　從江西轉來是否。　勿是。我從江蘇轉來。　異。起頭。阿是到江西去个。那能從江蘇轉來个呢。　我本來是到江西去。後來又到蘇州个。　幾年拉外勢。事體那能。　拉江西箇幾年事體倒怪好。到之蘇州後來味。事體勿順者。　既然拉江西。事體蠻好味。做啥咾又到蘇州去个呢。　因爲我个老東家。舊年調任到雲南。打算要我一淘去。我嫌路遠咾勿高興。要想回到京裏來。伊勸我勿要回到京裏去。話咾伊有个同年。姓和。拉蘇州候補道。要薦我到伊搭去。做書辨。我倒亦肯个。伊味寫之一封薦

t'éh ; zieû zeng liang-ke ôh-li ke gnen, yé-zai ih-gnéh ih-gnéh h'eng-koû-k'i. Zéh-ka k'ou fah ! ts'ing-k'eu, kou méh ze ma a-p'ié ke seû-zaong.

DI-GNÉ-SE TSANG

Lao di, ze-ka ki-ze tsé-lai ke ? — Ngou tsé-lai-teh véh tou ki gnéh li. — Zong Kaong-si tsé-lai, ze va ? — Véh ze, ngou zong Kaong-sou tsé-lai. — I ! k'i-deû ah ze tao Kaong-si k'i ke, na-neng zong Kaong-sou tsé-lai ke gni? — Ngou pen-lai ze tao Kaong-si k'i, heû-lai i tao Sou-tseû ke. — Ki gné la nga-se, ze-t'i na-neng? — La Kaong-si kou ki gné, ze-t'i tao koa hao. Tao-tse Sou-tseû heû-lai méh, ze-t'i véh zen tsé. — Ki-zè la Kaong-si ze-t'i mè-hao méh, tsou sa lao i tao Sou-tseû k'i ke gni ? — Yen-wei ngou-ke lao tong-ka, ghieû-gné diao-zen tao Yun-né ; tang-seu yao ngou ih-dao k'i ; ngou yé lou yeu lao véh kao-hieng, yao siang wei tao kieng-li lai. I k'ieu ngou véh yao wei tao kieng-li k'i, wo lao : i yeû ke dong-gné, sing Wou, la Sou-tseû heû-pou dao ; yao tsié ngou tao i tèh k'i, tsou su-bè. Ngou tao a k'eng-ke. I méh sia-tse ih-fong tsié-

---

les membres de sa famille qui lui survécurent, vivent maintenant au jour le jour. Quelle misère! Voyez ; c'est là que mène le commerce de l'opium !

CHAPITRE VINGT-QUATRIÈME

UN SECRÉTAIRE

Eh ! cher ami, quand êtes-vous revenu ? — Je suis revenu, il y a peu de jours. — Vous revenez du Kiang-si ? — Non, je reviens du Kiang-sou. — Autrefois, n'êtes-vous pas allé au Kiang-si ? Comment revenez-vous maintenant du Kiang-sou ? — De fait, je suis allé au Kiang-si ; mais depuis j'ai été à Sou-tcheou. — Durant ces années passées en province, comment (ont été) vos affaires ? — Au Kiang-si, ces quelques années, tout a très bien été ; mais depuis que je suis allé à Sou-tcheou, les choses ne m'ont pas été favorables. — Puisque tout allait bien au Kiang-si, pourquoi êtes-vous allé à Sou-tcheou ? — C'est que mon ancien patron fut nommé l'an dernier à un poste au Yun-nan; il comptait m'emmener avec lui. Redoutant la longueur de la route, je n'y tenais guère, et voulais reprendre le chemin de la capitale. Mais il m'exhorta à ne pas retourner à la capitale: il avait à Sou-tcheou, me disait-il, un ami de la même promotion que lui, appelé "Wou", qui attendait (dans cette ville) une place d'intendant ; il me recommanderait à lui pour secrétaire. J'y consentis. Il écrivit donc une lettre de recommandation,

書。打發我到蘇州去。我到之蘇州。那曉得箇位和公。還有兩个師爺拉裏。禿是
浙江人。看見我去之。欺我陌生。格咾樣樣事體。無景緻。伊拉兩个。若使打起本
地反來味。自我連搭一句亦勿懂。有常時。偶然問伊拉啥事體。伊拉假粧勿懂。
勿肯告訴我。或者出去。走走白相。伊拉總避脫我。我看伊拉神氣。是容我勿起。我
想再等下去。要弄出勿平靜來者。格咾就辭之舘轉來个。　箇位和公。待閣下
那能。　箇位和公。待我倒亦無啥。就是箇回我辭舘个辰光。伊還問我啥咾辭。
我亦不提起。話搭別人勿對咾。單不過話。我京裏有件要緊事體。總要轉去一
輴。伊還話。京裏事體舒徐之味。教我再去。　什介。自家箇回轉來之味。還想出
去呢。勿出去个者。　箇回轉來。本來想考供事。比方考着之。想等拉京裡當差
咾。勿高興出去者。到之京裡。一打聽。話咾已經考過个者。現在我个主見。若使
湊巧味出去。勿巧味。且到等拉京裡再話。　現在外勢有个缺拉。勿曉得閣下

su, tang-fah ngou tao Sou-tseû k'i. Ngou tao-tse Sou-tseû, na hiao-teh kou-wei Wou kong wè yeû liang-ke se-ya la li, t'ôh ze Tsé-kaong gnen. K'eu-kié ngou k'i-tse, k'i ngou mah-sang; keh-lao yang-yang ze-t'i m kieng-tse. I-la liang-ke zah-se tang-k'i pen-di fè lai méh, ze-ngou lié-tèh ih-kiu i vèh tong, Yeû zang-ze ngeû-zé men i-la sa ze-t'i, i-la ka-tsaong vèh tong, vèh k'eng kao-sou ngou. Wo-tsé ts'èh-k'i tseû-tseû béh-siang, i la tsong bi-t'èh ngou. K'eu i-la zen-k'i ze yong ngou vèh-k'i, ngou siang tsai teng-hao-k'i, yao long-ts'èh vèh bing-zing lai tsé, keh-lao zieû ze-tse koé tsé-lai-ke. — Kou-wei Wou kong dai koh-ya na-neng? — Kou-wei Wou kong dai ngou tao a m sa. Zieû-ze kou wei ngou ze-koé ke zen-koang, i wè men ngou sa lao ze. Ngou a vèh di-k'i wo tèh bièh gnen vèh tei lao; tè pèh-kou wo, ngou kieng-li yeû ghié yao-kien ze-t'i: tsong yao tsé-k'i ih-t'aong. I wè wo, kieng-li ze-t'i su-zi-tse méh, kiao ngou tsai k'i. — Zéh-ka ze-ka kou-wei tsé-lai tse méh, wè siang ts'èh-k'i gni vèh ts'èh-k'i ke tsé? — Kou-wei tsé-lai pen-lai siang k'ao kong-ze. P'i-faong k'ao-zah-tse, siang teng la kieng-li taong-ts'a lao vèh kao-hieng ts'èh-k'i tsé. Tao-tse kieng-li, ih-tang-t'ing, wo lao ih-kieng k'ao-kou-ke tsé. Yé-zai ngou-ke tsu-kié, zah-se ts'eû-k'iao méh, ts'èh-ki: vèh k'iao méh, ts'ia-tao teng la kieng-li tsai wo. — Yé-zai nga-se yeû-ke k'ieuh la, vèh hiao-teh koh-ya

---

et m'envoya à Sou-tcheou. Quand j'y arrivai, j'appris qu'il y avait déjà là chez Monsieur Wou deux secrétaires: tous deux étaient du Tché-kiang. Quand ils me virent arriver, ils se moquèrent beaucoup de mon inexpérience; aussi je ne trouvais de goût à rien. Quand tous les deux se mettaient à parler leur patois, je ne comprenais pas un seul mot; si par hasard je leur demandais quelque chose, ils feignaient de ne pas m'entendre, et refusaient de me renseigner; si nous allions ensemble faire un tour de promenade, ils s'éloignaient de moi. M'apercevant à ces manières que je leur étais insupportable, je pensai que si je continuais à rester avec eux, il en résulterait des troubles; laissant donc le bureau, je m'en revins. — Mais ce Monsieur Wou, comment vous traitait-il? — Il me traitait encore d'une manière passable. Ainsi, ce jour où je quittai le bureau, il me demanda pourquoi je partais. Je passai sous silence ce défaut d'entente avec mes compagnons; je prétextai seulement une affaire pressée à Pé-king, et la nécessité d'y aller faire un tour. Il me répondit en m'invitant à revenir quand j'aurais terminé mon affaire à la capitale. — Eh bien! maintenant que vous voici de retour, comptez-vous aller de nouveau en province? — Cette fois, en revenant, je comptais d'abord me présenter à l'examen des délégués, et, si j'avais réussi, prendre un emploi à la capitale; je ne désirais pas retourner en province. Mais à peine arrivé, je courus aux informations; les examens étaient déjà passés. Maintenant, voici quel est mon dessein: si par hasard je trouve une bonne occasion, j'irai en province; sinon, pour l'instant je reste à la capitale, quitte à voir ensuite. — Oh! il y a bien actuellement une place en province, mais je ne sais pas si vous

肯去呢勿肯去。　啥个缺呢。　我有个好朋友。新近放之山西太原府知府。前
兩日。托我請一位書啟師爺。現在自我尋勿着啥人薦拉伊。閣下既然轉來拉。
若使肯去个味。我想薦薦看。　箇一位姓啥叫啥。　姓常。號叫春圃。　是旗下
人是否。　勿錯。旗下人。　伊做人那能个。　十分忠厚。十分和平个人。　既然
如此。替我話話看。　束脩。打算那能。　箇層到好弄个。隨意商量味者。只要對
路。銅錢多少無啥要緊。　箇个人。我可以保得定。閣下搭伊對个。明朝我見伊。
搭伊話話看。　費心費心。　啥話啥話。　自家現在。無啥差使拉當。是否。　無
得。我還是箇年。告病咾轉來到現在。老病不常發作。那能當得動差使耶。　格
味日逐拉屋裡做啥。　天好味尋朋友來。白話白話。天勿好味。等拉屋裡看看
書。　什介倒清爽个。　啥清爽耶。不過叫空過日脚味者。

k'eng k'i gni vèh k'eng k'i. — Sa-ke k'ieuh gni? — Ngou yeû-ke hao bang-yeû, sin-ghien faong-tse Sè-si T'a-gneu-fou tse-fou. Zié liang gnéh, t'oh ngou ts'ing ih-wei su-k'i se-ya. Yé-zai ze-ngou zin-vèh-zah sa gnen tsié la i. Koh-ya ki-zé tsé-lai la, zah-se k'eng k'i méh, ngou siang tsié-tsié-k'eu. — Kou ih-wei sing sa, kiao sa? — Sing Zang, hao kiao T'sen-pou. — Ze ghi-hao gnen ze va? — Vèh ts'ouo, ghi-hao gnen. — I tsou gnen na-neng ke? — Zéh-fen tsong-heû, zéh-fen wou-bing ke gnen. — Ki-zé zu-t'se, t'i ngou wo-wo k'eu. — Sôh-sieû, tang-seu na-neng? — Kou zeng tao hao long ke, zu-i saong-liang méh tsé. Tseh-yao tei-lou: dong-dié tou sao m sa yao-kien. — Kou-ke gnen, ngou k'o-i pao-teh-ding, koh-ya tèh i tei-ke. Ming-tsao ngou kié i, tèh i wo-wo k'eu. — Fi-sin, fi-sin. — Sa wo, sa wo. — Ze-ka yé-zai, m sa ts'a-se la taong, ze va? — M teh, ngou wè ze kou gné, kao-bing lao tsé-lai tao yé-zai, lao-bing pèh zang fah-tsoh, na-neng taong-teh-dong ts'a-se ya? — Keh-méh gnéh-zôh la ôh-li tsou sa? — T'ié hao méh, zing bang-yeû lai, bah-wo bah-wo; t'ié vèh hao méh, teng la ôh-li k'eu-k'eu su. — Zéh-ka tao ts'ing-saong ke. — Sa ts'ing-saong ya? pèh-kou kiao k'ong kou gnéh-kia méh tsé.

---

désirez y aller. — Quelle place? — J'ai un de mes meilleurs amis qui vient d'être nommé au Chan-si, préfet de T'ai-yuen-fou. Avant-hier, il m'a chargé de lui engager un secrétaire; actuellement, je n'ai encore trouvé personne à lui recommander; vous voici de retour; si vous désirez y aller, je puis vous donner une recommandation. — Ce Monsieur comment s'appelle-t-il? — Son nom est Zang, son petit nom T'sen-pou. — Il est dans les bannières? — Oui, c'est un homme des bannières (Tartare). — Quelle espèce d'homme est-ce? — C'est un homme très loyal et d'humeur très égale. — S'il en est ainsi, parlez-lui pour moi. — Quelles sont vos intentions au sujet du traitement? — Oh! cela est facile à arranger; fixez une somme, à votre gré. L'important est qu'on s'entende; un peu plus, un peu moins d'argent, cela ne fait rien. — Avec cet homme-là, j'en réponds, vous vous entendrez certainement. Demain j'irai le voir et lui parler pour vous. — Vous vous dépensez pour moi! — Que dites-vous? — Mais actuellement, n'avez-vous aucun emploi? — Non, aucun. Depuis l'année où j'ai demandé un congé pour cause de maladie jusqu'à ce moment, mon ancienne infirmité revient de temps à autre; comment pourrais-je remplir un emploi? — Alors, que faites-vous chez vous tous les jours? — Quand le temps est beau, je vais voir mes amis et causer avec eux; quand il est mauvais, je reste à la maison à lire. — Eh! mais alors, vous avez beaucoup de loisir? — Comment du loisir! c'est ce qui s'appelle couler inutilement ses jours.

第二十五章

老弟我講一件可笑个事體撥儂聽。　啥可笑个事體耶。　箇个月裡。有一夜工夫。三更多點。我刻刻睏去。聽見伲後面天井裏。咕咚一聲。跳進一个人來。担我嚇醒者。我度是賊來者。就忙煞个。叫相帮人起來。點之燈籠。來照照看。兩个相帮人。聽見話有人進來。就忙碌兜兜。點之燈。搶之棍子。跑到天井裡去。箇辰光我味亦起來。開之房門。到後頭天井裏去看去。剛剛走到天井裡。聽見一个相帮人話。捉着一个人。身上衣裳蠻體面。勿像是做賊个。又聽見箇个人話。儂勿要拉我。我个脚跌來痛極拉。我勿是賊。我是避難个。我聽見伊話避難个。走前去一看。生得來蠻體面个小夫子。又仔細一看。認得伊是个讀書人。姓蔣。住拉城外个。伲兩家頭。拉城外古玩店裡。碰着歇兩回者。搭伊倒蠻好个。乃味

DI-GNÈ-N TSANG

Lao di, ngou kaong ih-ghiè k'o-siao ke ze-t'i pèh nong t'ing. — Sa k'o-siao ke ze-t'i ya ! — Kou-ke gneuh li, yeû ih ya kong-fou, sè kang tou tiè, ngou k'ai-k'ai k'oen-k'i, t'ing-kiè gni heû-miè t'iè-tsing li, "kou-tong" ih-sang : t'iao-tsin ih-ke gnen lai, tè ngou hah sing tsé. Ngou dĕh ze zeh lai tsé, zieû maong-sah ke, kiao siang-paong gnen k'i-lai, tiè-tse teng-long, lai tsao-tsao k'eu. Liang-ke siang-paong gnen, t'ing-kiè wo yeû gnen tsin-lai, zieû maong-loh-teû-teû tiè-tse teng, tè-tse koen-tse, bao tao t'iè-tsing li k'i. Kou zen-koang ngou mèh a k'i-lai ; k'ai-tse waong-men, tao heû-deû t'iè-tsing li k'i k'eu k'i. Kaong-kaong tseû tao t'iè-tsing li, t'ing-kiè ih-ke siang-paong gnen wo, tsoh-zah ih-ke gnen, sen-laong i-zaong tsah lai mè t'i-miè, vèh ziang ze tsou zeh ke. I t'ing-kiè kou-ke gnen wo : Na vèh yao la ngou, ngou-ke kiah tih lai t'ong ghieh la. Ngou vèh ze zeh, ngou ze bi nè ke. Ngou t'ing-kiè i wo bi nè ke, tseû ziè k'i ; ih-k'eu : sang-teh-lai mè t'i-miè ke siao fou-tse. I tse-si ih-k'eu, gnen-teh i ze ke dôh-su gnen, sing Tsiang, zu la zeng-nga ke. Gni liang-ka-deû la zeng-nga kou-wè tiè li, bang-zah-hièh liang wei tsé, tèh i tao mè hao ke. Nai-mèh

---

CHAPITRE VINGT-CINQUIÈME

JEU ET OPIUM

Cher ami, je vais vous raconter une chose bien drôle. — Quelle affaire drôle?—Dans le courant du mois, une nuit, un peu après la troisième veille, je venais de m'endormir, quand j'entendis du bruit dans notre cour de derrière, boum (un bruit); c'était un homme qui était entré en sautant, et qui m'avait éveillé en sursaut; croyant à un voleur, je m'empressai de crier aux domestiques de se lever, d'allumer une lanterne et d'aller voir. Deux domestiques apprenant que quelqu'un était entré, en toute hâte, avaient allumé une lanterne, et, armés de bâtons, s'en étaient allés dans la cour de derrière. Sur ces entrefaites, je m'étais levé; j'ouvris la porte de ma chambre, et je m'en allai voir dans la cour. A peine y étais-je arrivé, que j'entendis un domestique dire qu'on avait pris un homme très élégamment vêtu et qui n'avait pas l'air d'un voleur. J'entendis aussi cet homme qui disait: "Ne me tirez pas ; je me suis foulé le pied, et je souffre beaucoup; je ne suis pas un voleur, mais je fuis un danger." Moi, l'entendant dire qu'il fuyait un danger, je m'avançai pour voir. De vrai, c'était un jeune homme de très bonne apparence ; je le regardai de plus près, et je le reconnus: c'était un lettré, appelé Tsiang, qui habite hors de la ville; nous nous étions rencontrés deux fois hors de la ville dans un magasin d'antiquités, et nous étions très bien ensemble. J'ordonnai

教兩个相帮人。攙伊起來。留之伊半日。倒好者。乃味我教伊到書房裡去。一進書房。伊看見之我。面孔十分勿放心。我就問伊。碰着之啥事體。伊話拉伲房子後面。賭場裏。賭銅錢。忽然間有个官。帶之兵咾來捉賭。伊先跑出來。因為無得地方避處。所以爬到牆上去。跳到伲天井裏來。乃味我勸之伊半日。教伊後來改過。勿要再賭銅錢者。留伊住之一夜。到明早天亮之咾歸去个。昨日伊來。謝謝我。對我話。乃朝後。發咒再勿高興賭銅錢个者。　像箇个人。聽見一勸咾。立刻就改過者。眞个是有志氣个。前頭去。我有个朋友。伊吃大烟个。因為我勸伊戒烟。伊倒恨我咾。搭我勿來往者。　閣下箇个朋友。眞正是戇个。那能勸伊戒烟味。倒恨个呢。　伊个人。眞个糊塗。本來勿吃烟个。後來搭着之一个吃烟朋友。慢慢之。亦吃上之癮者。起頭亦吃得勿多。後來吃來一日多一日。到舊年。面上秃是吃烟神氣。精神勿局者。我看伊个光景。實在勿好。對伊話。我勸儂烟味

kiao liang-ke siang-paong gnen, t'sai i k'i-lai. Lieû-tse i pé-gnèh, tao hao tsé. Nai-mèh ngou kiao i tao su-waong li k'i. Ih tsin su-waong, i k'eu-kiè-tse ngou, miè-k'ong laong zèh-fen vèh faong sin. Ngou zieû men i, bang-zah-tse sa ze-t'i ? I wo, la gni waong-tse heû-miè, tou-zang li, tou dong-diè. Féh-zé-kè yeû ke koé, ta-tse ping lao lai tsoh tou; i siè bao-ts'èh-lai. Yen-wei m teh di-faong bi-ts'u, sou-i bouo tao ziang laong k'i, t'iao tao gni t'iè-tsing li lai. Nai-mèh ngou k'ieu-tse i pé-gnèh, kiao i heû-lai kai-kou, vèh yao tsai tou dong-diè tsé. Lieû i zu-tse ih-ya, tao ming-tsao t'iè liang-tse lao kiu-k'i ke. Zôh-gnèh i lai, zia-zia ngou. Tei ngou wo, nai-zao-heû, fah-tseû tsai vèh kuo-hieng tou dong-diè ke tsé. — Ziang kou-ke gnen, t'ing-kiè ih-k'ieu lao, lih-k'eh zieû kai-kou tsé, tsen-ke ze yeû tse-k'i ke. Ziè-deû-k'i, ngou yeû ke bang-yeû, i k'ieh dou-yè ke ; yen-wei ngou k'ieu i ka yé, i tao hen ngou lao, tèh ngou vèh lai-wang tsé. — Koh-ya, kou-ke bang-yeû tsen-tseng ze gaong-ke. Na-neng k'ieu i ka yé mèh, tao hen ke gni ! — I-ke gnen tsen-ke wou-dou. Pen-lai vèh k'ieh yé ke ; heû-lai tèh-zah-tse ih-ke k'ieh yè bang-yeû, mè-mè-tse, a k'ieh-zaong-tse gnè tsé. K'i-deû a k'ieh-teh vèh tou, heû-lai k'ieh-lai ih gnèh tou ih gnèh. Tao ghieû-gné, miè laong t'ôh ze k'ieh yè zen-k'i, tsing-zen vèh ghiôh tsé. Ngou k'eu i-ke koang-kieng, zèh-zai vèh hao, tei i wo : Ngou k'ieu nong, yè mèh

---

à mes deux domestiques de le relever; je le gardai aussi longtemps, et il se remit; je le fis alors conduire à la bibliothèque. A peine entré, quand il me vit, son visage perdit toute son assurance. Je lui demandai ce qui lui était arrivé; il me dit qu'il était en train de jouer de l'argent dans une maison de jeu, derrière mon habitation. Tout à coup, un mandarin vint avec des soldats faire une saisie dans la maison de jeu; il s'était bien vite sauvé. Comme il n'y avait point d'endroit pour se cacher, il avait grimpé sur le mur et sauté dans notre cour. Je lui fis une longue exhortation, l'engageant à changer de conduite à l'avenir, et à ne plus jouer d'argent; je le gardai à coucher pendant la nuit: le lendemain au jour, il retourna chez lui. Hier, il est venu me remercier; il m'a dit qu'il a juré qu'à partir de ce moment il ne jouera plus jamais d'argent. — Un homme comme celui-là, qui au bout d'une exhortation aussitôt se corrige, c'est un homme de volonté! Autrefois, j'avais un ami qui fumait l'opium; et parce que je l'exhortai à ne plus fumer, il se fâcha contre moi et rompit toute relation avec moi. — Votre ami était vraiment un insensé. Comment! vous lui conseillez de ne plus fumer, et il se fâche contre vous? — Oh! cet homme est vraiment stupide. Autrefois, de lui-même il ne s'adonnait pas à l'opium; mais depuis, s'étant lié avec un ami qui fumait, petit à petit, il en prit l'habitude. Tout d'abord, il ne fumait pas beaucoup; mais dans la suite il augmenta de jour en jour. Enfin l'an dernier, son visage trahissait un fumeur; ses forces étaient ruinées. Voyant son état vraiment déplorable, je lui dis: Je vous en prie,

戒脫之罷。再吃下去。要勿好者。我可以上海去。替儂買戒烟藥。日逐照之方子咾吃藥。慢慢交。癮頭斷之味好者。伊聽見之我个說話。答應之一聲。我味就托朋友。拉上海。買幾塊洋錢戒烟藥。担去送拉伊。隔之幾日。我碰着伊个相帮人。打聽伊烟戒脫拉沒。相帮人話。伊並勿會吃歇啥戒烟藥。現在吃个烟。比前頭更加多者。倒還小事體。後來我拉伊个朋友屋裡。聽見伊講究我多化事體話我無緣無故味。勸伊戒烟。伊十分勿喜歡。我送撥伊个藥味。勿敢吃。常怕有毒物事去。害伊咾。後來伊个朋友。聽勿進第个講究。對伊話。儂箇脚攀談。勿對。人家勸儂戒烟。倒勿是好意思麼。伊又勿搭儂做啥對頭。有啥担毒藥來害儂个耶。儂箇脚話頭。實在勿循理。從此。連搭同第个朋友。亦勿快活者。今年新年裡。我搭拜年。伊亦勿來。我曉得伊同我絶交者。閣下替我話話看。像什介能个性子。天底下還有个否。

ka-t'éh-tse ba: tsai k'ieh-hao-k'i, yao véh hao tsé. Ngou k'o-i Zaong-hai k'i, t'i nong ma ka-yé-yah; gnéh-zôh tsao-tse faong-tse lao k'ieh yah, mè-mè-kiao, gné-deû deu-tse méh hao tsé. I t'ing-kié-tse ngou-ke seh-wo, tèh-yeng-tse ih-sang, ngou méh zieû t'oh bang-yeû, la Zaong-hai ma ki k'oei yang-dié ka-yé-yah; tè-k'i song la i. Kah-tse ki-gnéh, ngou bang zah i-ke siang-paong gnen, tang-t'ing i yé ka-t'éh la méh. Siang-paong gnen wo, i ping véh-zeng k'ieh-hiéh sa ka-yé-yah. Yé-zai k'ieh ke yé, pi zié-deû keng-ka tou tsé: tao wè siao ze-t'i. Heû-lai ngou la i-ke bang-yeû ôh-li, t'ing-kié i kaong-kieû ngou tou-hao ze-t'i, wo ngou m yeu m kou méh, k'ieu i ka yé, i zéh-fen véh hi-hoé. Ngou song-péh i ke yah méh, véh ké k'ieh, zang-p'ouo yeû dôh méh-ze k'i, hai i lao. Heû-lai i ke bang-yeû, t'ing-véh-tsin di-ke kaong-kieû, tei i wo: Nong kou-kiah p'é-dè, véh tei: gnen-ka k'ieu nong ka yé, tao véh ze hao i-se mô? I i véh tèh nong tsou sa tei-deû; yeû sa tè dôh-yah lai hai nong ke ya? Nong kou-kiah wo-deû, zéh-zai véh siun li. Zong ts'e, lié-tèh dong di-ke bang-yeû, a véh k'a-wéh tse. Kien-gné sin-gné li, ngou tèh pa gné, i a véh lai. Ngou hiao-teh i dong ngou ziéh kiao tsé. Koh-ya t'i ngou wo-wo k'eu, ziang zéh-ka-neng ke sing-tse, t'ié ti hao wè yeû ke va!

---

coupez court à l'opium : si vous continuez à fumer, mal vous en prendra. Je puis aller à Chang-hai et y acheter pour vous des remèdes contre l'opium ; chaque jour vous prendrez ces remèdes selon l'ordonnance, et petit à petit vous vous guérirez du besoin de fumer. Quand il m'entendit parler ainsi, il me dit un mot de consentement. Là-dessus, je chargeai un de mes amis d'acheter à Chang-hai des remèdes contre l'opium pour un certain nombre de piastres, et je les lui envoyai. Au bout de quelques jours, je rencontrai son domestique, et je lui demandai s'il avait cessé de fumer. Son valet me dit qu'il n'avait nullement pris de médecine contre l'opium. Actuellement il fume encore plus que par le passé. Mais cela est peu de chose. Depuis, j'ai appris que, chez un ami, il avait dit beaucoup de choses sur moi : que sans raison je l'avais exhorté à cesser de fumer, ce qui lui déplaisait souverainement ; quant aux remèdes que je lui avais envoyés, il n'avait pas osé en prendre, craignant qu'ils ne continssent un poison qui lui fît mal. Mais son ami ne put l'entendre parler ainsi ; il lui répondit : Ce que vous dites là n'est pas conforme (à la raison). Si quelqu'un vous conseille de cesser de fumer, n'est-ce pas dans une bonne intention ? Si l'on n'a pas d'inimitié contre vous, pourquoi recourrait-on au poison pour vous nuire? En parlant de la sorte, vraiment vous ne parlez pas comme il faut. Depuis il est aussi fâché avec cet ami. Cette année, au nouvel an, il n'est pas venu me souhaiter la bonne année, et je sais qu'il a brisé tous rapports avec moi. Dites-moi ! y a-t-il au monde un caractère semblable ?

第二十六章

老兄我有一樁氣悶事體。告訴儂聽。　啥个氣悶事體。　我認得拉个。姓江个朋友。前幾日合之別人。一淘來騙我幾十千銅錢去。　那能會得撥伊騙銅錢去个呢。　箇日到我屋裏來。對我話。伊屋裏有个人。拉弄白相。教我一淘去白相去。我就跟之伊去。到屋裏一看。有七八个人。儕拉賭銅錢。我搭伊拉。一个勿認得个。伊領我進去。對我話。無啥外勢人拉搭。儕是認得个。乃味我坐之。搭伊拉白相之勿多歇。贏之幾千銅錢。就散者。下一回。我本來打筭勿高興去白相者。伊一定要我去个。我無法子。又去之一輌。就輸之好幾十千銅錢。伊對我話。勿碍啥个。再弄兩回。就可以贏還伊拉幾十千者。我相信之伊个說話。又跟伊去之五六輌。又輸脫之四十多千銅錢。伊拉担賭場收脫者。日逐總有二三个人。

DI-GNÈ-LÔH TSANG

Lao hiong, ngou yeû ih-tsaong k'i-men ze-t'i kao-sou nong t'ing. — Sa-ke k'i-men ze-t'i? — Ngou gnen-teh-la-ke, sing Kang ke bang-yeû, zié ki gnéh keh-tse biéh gnen, ih-dao lai p'ié ngou ki zéh ts'ié dong-dié k'i. — Na-neng wei-teh péh i p'ié dong-dié k'i ke gni? — Kou gnéh tao ngou ôh-li lai, tei ngou wo, i ôh-li yeû ke gnen la long béh-siang, kiao ngou ih-dao k'i béh-siang k'i. Ngou zieû ken-tse i k'i. Tao ôh-li ih-k'eu, yeû ts'ih pèh ke gnen, zi la tou dong-dié; ngou tèh i-la, ih-ke véh gnen-teh-ke. I ling ngou tsin-k'i, tei ngou wo, m sa nga-se gnen la tèh, zi ze gnen-teh-ke. Nai-méh ngou zou-tse, tèh i-la béh-siang-tse véh tou hiéh: yeng-tse ki ts'ié dong-dié, zieû sè tsé. Hao-ih-wei, ngou pen-lei tang-seu véh kao-hieng k'i béh-siang tsé; i ih-ding yao ngou k'i ke. Ngou m fah-tse, i k'i-tse ih-t'aong. Zieû su-tse hao ki zéh-ts'ié dong-dié. I tei ngou wo: véh ngai sa ke; tsai long liang weî zieû k'o-i yeng-wè i-la ki zéh ts'ié tsé. Ngou siang-sin-tse i-ke seh-wo, i ken i k'i-tse n lôh t'aong, i su-t'éh-tse se-zéh tou ts'ié dong-dié. I-la tè tou-zang seû-t'éh tsé. Gnéh-zôh tsong yeû liang sè ke gnen

---

CHAPITRE VINGT-SIXIÈME

MAISON DE JEU

Cher Monsieur, j'ai une affaire bien ennuyeuse à vous conter ! — Quelle affaire ennuyeuse?— Il y a quelques jours, un de mes amis que je connaissais bien, un nommé Kang, s'entendit et s'associa avec d'autres personnes pour m'escroquer quelques dizaines de milliers de sapèques. — Comment a-t-il réussi à vous escamoter cet argent ? — L'autre jour, il vint chez moi, et me dit qu'il y avait actuellenent chez lui des hommes qui jouaient, et il me pressa d'aller jouer avec eux. Je le suivis. Arrivé dans cette maison, je regarde : il y avait sept ou huit personnes occupées à jouer; je n'en connaissais pas une seule. Alors il m'introduisit, et me dit qu'il n'y avait là aucun étranger, que tous lui étaient connus. Je m'assis donc et ayant joué avec eux un certain temps, je gagnai quelques milliers de sapèques, puis on se sépara. La fois suivante, je comptais bien ne pas aller jouer; mais il voulut absolument que j'y allasse ; je ne pus résister; je m'y rendis encore cette fois, et je perdis bien quelques dizaines de milliers de sapèques. Mais lui de me dire : cela ne fait rien, revenez quelquefois, et vous pourrez regagner votre argent perdu. Je crus à ses paroles; j'y retournai avec lui cinq ou six fois et je perdis plus de 40000 sapèques. C'est alors qu'ils fermèrent le tripot; chaque jour, il venait chez moi deux ou trois personnes

到我屋裡來討賭賬。我尋姓江个。伊避開之。勿撥我看見。乃味我當脫之兩箱子衣裳。刻刻還淸箇票賭賬。到昨日有个朋友對我話。箇个姓江个。搭之伊拉幾个人。合計之咾哄騙我。閣下話話看。氣呢勿氣。　箇个姓江个。實在可惡。到底怪自家亦勿好。若使閣下。勿跟伊去賭銅錢。伊亦騙勿着个。　固是話來勿錯。到底伊既然搭我相好。又帮別人賺我銅錢。太啥勿是人者。　閣下既然提起。開賭場。騙銅錢。我講一件事體。撥閣下聽。拉伲搭有一年工夫。本地幾个撻皮。開一爿賭場。要想騙別人銅錢。上伊拉當个人。直頭勿少。幷且儕兇橫來非凡。啥人輸拉伊拉之咾。還勿起味。就拿房子田地。儕拆撥伊拉。什介能勿講情理个。伲本地方有个財主人。極其聰明。待人也好。聽見之氣勿過。有一日夜快。坐拉自家車子上。到箇个賭場去。伊一進之賭場。看見之幾个撻皮。話出自家是啥人。特地要來賭銅錢。伊拉聽見之。曉得是本地方个財主人。快活來非凡。

tao ngou ôh-li lai t'ao tou-tsang. Ngou zin sing Kang ke. I bi-k'ai-tse, véh péh ngou k'eu-kié. Nai-méh ngou taong-t'éh-tse liang siang-tse i-zaong, k'ai-k'ai wè-ts'ing kou p'iao tou-tsang. Tao zôh gnéh yeû ke bang-yeû tei ngou wo, kou-ke sing Kang ke, tèh-tse i-la ki-ke gnen, keh-ki-tse lao hong-pié ngou. Koh-ya wo-wo k'eu, k'i gni véh k'i? — Kou-ke sing Kang ke zéh-zai k'o-ou; tao-ti koa ze-ka a véh hao. Zah-se koh-ya, véh ken i k'i tou dong-dié, i a p'ié-véh-zah ke. — Kou ze wo-lai véh ts'ouo; tao-ti i ki-zé tèh ngou siang-hao, i paong biéh gnen zè ngou dong-dié, t'ai sa véh ze gnen tsé. — Koh-ya ki-zé di-k'i k'ai tou-zang, p'ié dong-dié, ngou kaong ih-ghié ze-t'i, péh koh-ya t'ing. La gni tèh yeû ih gné kong-fou, pen-di ki-ke t'ah-bi k'ai ih-bè tou-zang, yao siang p'ié biéh gnen dong-dié. Zaong i-la taong ke gnen, zeh-deû véh sao. Ping-ts'ia zi hiong-wang lai fi-vè. Sa gnen su lèh i-la-tse lao, wè-véh-k'i méh, zieû nao waong-tse, dié-di, zi ts'iah-péh i-la: zéh-ka-neng véh kaong zing-li ke. Gni pen di-faong yeû-ke zai-tsu gnen, ghieh-ghi ts'ong-ming, dai gnen a hao. T'ing-kié-tse k'i véh kou. Yeû ih gnéh ya-k'oa, zou la ze-ka ts'ouo-tse laong, tao kou-ke tou-zang k'i. I ih tsin-tse tou-zang, k'eu-kié-tse ki-ke t'ah-bi, wo-ts'éh ze-ka ze sa gnen; deh-di yao lai tou dong-dié. I-la t'ing-kié-tse, hiao-teh ze pen di-faong ke zai-tsu gnen, k'a-wéh lai fi-vè.

---

pour réclamer ma dette de jeu; j'allai chercher ce nommé Kang; il se cacha pour ne pas me voir. Là-dessus, je mis au mont-de-piété deux caisses d'habits, et payai ma dette de jeu. Mais hier, un ami me dit que c'est ce nommé Kang qui s'est entendu avec ces gens-là, pour me tromper; dites-moi, n'y a-t-il pas de quoi se fâcher ?— Ce nommé Kang est vraiment digne de haine: mais je blâme aussi votre faute. Si vous n'étiez pas allé jouer avec lui, il n'aurait pas pu vous tromper. — Vous dites vrai; mais lui qui était mon ami, aider les autres à gagner mon argent, c'est par trop indigne d'un homme. — Puisque vous me parlez de maison de jeu et d'escroquerie, moi, je vais vous raconter une autre histoire. Dans mon pays, une certaine année, quelques gens sans aveu du pays (même) ouvrirent une maison de jeu pour voler le monde, et ceux qui se laissèrent prendre à leurs pièges n'étaient pas en petit nombre. En outre, ils étaient cruels à l'excès: quiconque perdait avec eux et ne pouvait payer, était obligé de leur abandonner ses propriétés en maisons et en terres: voilà avec quelle justice ils agissaient. Dans notre pays, il y avait un richard, homme très intelligent, et qui traitait bien les gens. Ayant appris tout cela, il ne put contenir sa colère. Un beau jour vers le soir, il monta sur son char, et s'en alla à cette maison de jeu. Quand il fut entré dans ce tripot et qu'il vit ces vauriens, il leur dit qui il était, et qu'il venait tout exprès pour jouer de l'argent. A cette annonce, et sachant bien que c'était le richard de l'endroit, ils se réjouirent outre mesure.

伊拉幾个撻皮。背後底一商量。話咾隨卽進來。讓伊先贏着幾回。乃味後來肯來者。隔日等伊。一个勿做志着味。弄伊輸个一萬八千。乃伲可以發財者。商量好之。就坐下來賭者。果然財主人贏个。伊拉銅錢就撥。後來箇个財主人。又去之兩趟。原贏个。又就撥伊現錢。有一日下晝。財主人再去。從黃昏頭開場。直到明朝天亮快。箇个財主人。輸脫之一百多千銅錢。天亮後來。財主人對伊拉話。讓我先轉去。預備銅錢起來。撥拉伽。日頭直快。伽到我屋裡來担味者。伊拉答應之。財主人轉去者。日頭直快。伊拉就去兩个人。到財主人搭。担銅錢去。相帮人進去告訴本家。財主人就叫伊拉到書房裡去。問伊拉兩家頭。伽做啥个。到我搭來有啥正經。伊拉兩个人話。儂勿認得伲者否。伲就是某處開賭場个。忘記者麽。昨日夜裡。阿是拉伲搭賭銅錢咾。輸脫一百多千銅錢个。現在伲來担銅錢耶。財主人聽見之。戇火咾話。伽兩家頭瞎話。我是一个財主人。搭伽箇種

I-la ki-ke t'ah-bi, pei-heû-ti ih saong-liang, wo lao: zu-tsih tsin-lai, gnang i sié yeng-zah ki wei. Nai-méh heû-lai k'eng lai tsé. Kah-gnéh, teng i ih-ke véh tsou tse-zah méh, long i su ke ih mè pèh ts'ié, nai gni k'o-i fah-zai tsé. Saong-liang hao-tse, zieû zou-hao-lai tou tsé. Kou-zé zai-tsu gnen yeng-ke. I-la dong-dié zieû péh. Heû-lai kou-ke zai-tsu gnen, i k'i-tse liang t'aong, gneu yeng-ke. I zieû péh i yé-sié. Yeû ih gnéh hao-tseû, zai-tsu gnen tsai k'i. Zong waong-foen-deû k'ai zang, zeh-tao ming-tsao t'ié-liang k'oa. Kou-ke zai-tsu gnen, su-t'éh-tse ih pah tou ts'ié dong-dié. T'ié-liang heû-lai, zai-tsu gnen tei i-la wo: gnang ngou sié tsé-k'i, yu-bei dong-dié k'i-lai, péh la na. Gnéh-deû zeh k'oa, na tao ngou ôh-li lai tè méh tsé. I-la tèh-yeng-tse, zai-tsu gnen tsé-k'i tsé. Gnéh-deû zeh k'oa, i-la zieû k'i liang-ke gnen, tao zai-tsu gnen tèh, tè dong-dié k'i. Siang-paong gnen tsin-k'i kao-sou pen-ka. Zai-tsu gnen zieû kiao i-la tao su-waong li k'i; men i-la liang-ka-deû: na tsou sa-ke, tao ngou tèh lai yeû sa tseng-kieng? I-la liang-ke gnen wo: nong véh gnen-teh gni tsé va? Gni zieû-ze meû ts'u k'ai tou-zang ke, maong-ki tsé mô? Zôh-gnéh ya-li, ah-ze la gni tèh tou dong-dié lao, su-t'éh ih pah tou ts'ié dong-dié ke? Yé-zai gni lai tè dong-dié ya! Zai-tsu gnen t'ing-kié-tse, koang-fou lao wo: na liang-ka-deû hah wo, ngou ze ih-ke zai-tsu gnen, tèh na kou tsong t'ah-

---

Ces vauriens se concertèrent en secret, disant : Il vient d'entrer; laissons-le d'abord gagner quelques fois ; il aura ainsi envie de revenir. Un autre jour, quand il n'y prendra pas garde, nous lui ferons perdre une bonne somme ; de la sorte, nous pourrons nous enrichir. Quand ils se furent bien entendus, ils s'assirent pour jouer. De fait, ce monsieur gagna, et on le paya immédiatement. Après cela, il y retourna deux fois, et il gagna encore; on le payait toujours argent comptant. Un jour, sur le soir, ce monsieur était revenu, on joua depuis la tombée de la nuit jusqu'au point du jour, et il perdit plus de 100000 sapèques. Quand le jour fut venu, il leur dit: Permettez que je retourne vous préparer l'argent: vers midi, venez le prendre chez moi. Tous y consentirent. Ce monsieur s'en étant donc retourné chez lui, vers midi, deux d'entre eux s'y rendirent pour recevoir l'argent; les domestiques prévinrent leur maitre; alors ce monsieur les introduisit dans sa bibliothèque et leur demanda à tous les deux: Qu'est-ce que vous voulez? que venez-vous faire chez moi? Eux de répondre: Comment! ne nous reconnaissez-vous plus? C'est nous qui tenons une maison de jeu en tel endroit; l'avez-vous oublié? La nuit dernière, n'avez-vous pas joué dans notre réunion, et perdu plus de 100000 sapèques, que nous venons vous prendre à cette heure? En entendant ces paroles, le richard se mit en colère, et leur dit: Tous les deux, vous m'en contez; moi, un richard, jouer de l'argent avec vous, des vauriens!

撻皮。賭銅錢个麼。㑚正眞昏者。打算詐我。眼精瞎拉个是否。㑚快點替我走。箇味㑚便宜个。勿什介味。我送㑚到衙門去。辦㑚誆詐。伊拉兩家頭。聽見之。嚇來响亦勿敢响。只得勃轉身來就跑。

第二十七章

老弟那能嘵面色白淡淡。　我勿舒徐之多日者。　爲啥嘵勿舒徐呢。　替別人管之一樁閒事。吃之點氣。肝氣發作起來嘵。　管啥人个事體。吃之啥个氣。　上一个月。伲个朋友。温子山。教我替伊買一塊地皮。我認得京城東面。有个姓孫个。伊有一頃多田。要賣脫。乃味我教姓孫个去見温子山。然後兩家頭。到京城東面。看田去。轉來味。請我做中人。替伊拉講價錢。話着實之一千兩銀子。兩面儕應承者。着過日子。要簽花字嘵交銅錢者。箇日早辰頭。同姓孫个。到温子

bi, tou dong-dié ke mô ? Na tseng-tsen foen tsé, tang-seu tsouo ngou ; ngè-tsing hah-la-ke ze va? Na k'oa-tié t'i ngou tseû, kou méh na bié-gni ke: véh zéh-ka méh, ngou song na tao nga-men k'i bè na k'oang-tsouo. I-la liang-ka-deû, t'ing-kié-tse, hah-lai, hiang a véh kè hiang : tseh-teh béh-tsé sen lai zieû bao.

DI-GNÈ-TS'IH TSANG

Lao di, na-neng lao mié-seh bah-dè-dè ? — Ngou véh su-zi-tse ta gnéh tsé. — Wei sa lao véh su-zi gni ? — T'i biéh gnen koé-tse ih-tsaong hè ze, k'ieh-tse tié k'i, keu-k'i fah-tsoh-k'i-lai lao. — Koé sa gnen ke ze-t'i, k'ieh-tse sa-ke k'i ? — Zaong ih-ke gneuh, gni-ke bang-yeû Wen-tse-sè kiao ngou t'i i ma ih-k'oei di-bi. Ngou gnen-teh kieng-zeng tong mié, yeû-ke sing Sen ke, i yeû ih-k'ing tou dié, yao ma-t'éh. Nai-méh ngou kiao sing Sen-ke k'i kié Wen-tse-sè ; zé-heû liang-ka-deû, tao kieng-zeng tong mié, k'eu dié k'i. Tsé-lai méh, ts'ing ngou tsou tsong-gnen, t'i i-la kaong ka-dié. Wo zah-zeh tse, ih ts'ié liang gnen-tse, liang mié zi yeng-zeng tsé. Zah-kou-gnéh-tse, yao ts'ié h'ouo-ze lao kao dong-dié tsé. Kou'gnéh tsao-zen-deû, dong sing Sen-ke, tao Wen-tse-

---

Vous perdez la tête vraiment ! Vous voudriez me tromper. Est-ce que vous avez la vue trouble? Déguerpissez bien vite, c'est votre intérêt : sinon, je vous conduis au tribunal, où l'on punira vos escroqueries. A ces paroles, ces deux hommes effrayés n'osèrent pas souffler mot ; ils n'eurent qu'à tourner les talons et à s'enfuir.

CHAPITRE VINGT-SEPTIÈME

MANQUE DE PAROLE

Eh! cher ami, qu'est-ce qu'il y a donc que vous avez l'air si pâle? — Je ne suis pas bien depuis plusieurs jours.— Pourquoi n'êtes-vous pas bien? — En traitant pour un autre une petite affaire, j'ai eu à dévorer quelque ennui, et ma maladie de foie a empiré. — Pour qui avez-vous donc traité une affaire, et quels ennuis avez-vous subis? — Le mois dernier, notre ami Wen-tse-sè me chargea de lui acheter une terre. Je connaissais à l'Est de la ville un nommé Sen, possédant plus de cent arpents de terre labourable qu'il désirait vendre. Je dis donc à ce nommé Sen d'aller voir Wen-tse-sè; puis tous deux se rendirent à l'Est de Pé-king et examinèrent la terre ; à leur retour, ils me prièrent de leur servir d'entremetteur et de les mettre d'accord sur le prix, qui fut en définitive de 1000 taëls; tous deux y consentirent, et il fut décidé que le contrat serait signé et l'argent versé il y a trois jours; ce jour-là, bon matin, en compagnie de ce nommé Sen, je me rendis chez Wen-tse-sè;

山屋裡去。到伊屋裡。伊勿曾起身个裡。伲兩家頭。拉書房裡。等之半日。伊刻刻起來見伲。倒話嘵。箇塊地皮。我勿能彀買。伲問伊嘵話。啥嘵勿能彀買呢。伊話合會湊勿滿一千兩銀子。我問伊湊之幾化者。伊話湊得九百五十兩銀子。姓孫个聽見之。伊話九百五十兩銀子味。就九百五十兩味者。乃味簽花字嘵交銅錢。弄得我來。對勿過姓孫个。若使伊眞个担勿出五十兩銀子。倒亦罷者。伊什介財主。勿要話五十兩。就是五萬兩。也有好拉。我恨伊埋沒良心。佔人家地皮。教我對勿住別人。箇日子回到屋裡。越想越氣。因爲什介。舊病發作起來嘵。勿舒徐者。　閣下勿曉得温子山个兄弟。比伊還要可惡哩。前頭起。伊同我合做生意。凡經伊手。賣脫拉个貨色。分賬个時候。總少撥我三頭二百銅錢。伊曉得我勿好意思替伊要。到底伊嘴裡只慣拉話。箇回我欠儂二三百銅錢拉哩。隔兩日我要補還个。什介之味。後來永遠勿提起个者。日脚隔得多之。我亦忘

sè ôh-li k'i. Tao i ôh-li, i véh-zeng k'i-sen ke li. Gni liang-ka-deû, la su-waong li, teng-tse péh-gnéh. I k'ai-k'ai k'i-lai kié gni, tao wo lao : kou-k'oei di-bi ngou véh neng-keû ma. Gni men i lao wo : sa lao véh neng-keû ma gni? I wo : kéh wei ts'eû-véh-mè ih ts'ié liang gnen-tse. Ngou men i ts'eû-tse ki-h'ouo tsé. I wo: ts'eû-teh kieû pah n séh liang gnen-tse. Sing Sen ke t'ing-kié-tse, i wo: kieû pah n séh liang gnen-tse méh, zieû kieû pah n séh liang gnen-tse méh tsé. Nai-méh ts'ié h'ouo-ze lao kao dong-dié : long-teh ngou lai tei-véh-kou sing Sen ke. Zah-se i tsen-ke tè-véh-ts'éh n séh liang gnen-tse, tao a ba tsé. I zéh-ka zai-tsu, véh yao wo n séh liang, zieû-ze n mè liang, a yeû-h'ao la. Ngou hen i ma-méh liang-sin, tsé gnen-ka di-bi, kiao ngou tei-véh-zu biéh gnen. Kou gnéh-tse wei tao ôh-li, yeuh siang yeuh k'i. Yen-wei zéh-ka, ghieû bing fah-tsoh-k'i-lai lao, véh su-zi tsé. — Koh-ya, véh hiao-teh Wen-tse-sè ke hiong-di, pi i wè yao k'o-ou li. Zié-deû-k'i, i dong ngou kéh tsou sang i. Vè kieng i seû ma-t'éh-la-ke fou-seh, fen-tsang ke ze-heû, tsong sao péh ngou sè deû gni pah dong-dié. I hiao-teh ngou véh hao i-se t'i i yao, tao-ti i tse-li, tseh-koé la wo : Kou wei ngou k'ié nong gni sè pah dong-dié la li ; kah liang gnéh ngou yao pou-wè ke. Zéh-ka-tse méh heû-lai yong-yeu véh di k'i ke tsé. Gnéh-kiah kah-teh tou-tse, ngou a maong-

---

Quand nous y arrivâmes, il n'était pas encore levé; nous attendîmes longtemps dans sa bibliothèque. A peine levé, quand il nous aperçut, il nous dit: Je ne puis acheter la terre en question. Nous lui demandâmes pourquoi il ne pouvait pas l'acheter, et il nous dit que ce qu'il avait réuni (d'argent) pour le moment ne montait pas à 1000 taëls. Je lui demandai combien il avait. Il dit qu'il avait 950 taëls. Alors ce nommé Sen l'entendant ainsi parler, dit aussitôt : Oh ! 950 taëls ! passe pour 950 taëls ! et que tout soit dit ! On signa donc le contrat, et l'argent fut versé. Il est cause que je ne puis supporter la vue de ce nommé Sen. S'il n'avait vraiment pas pu réunir ces 50 taëls, il serait encore excusable ; mais lui, un pareil richard ! je ne dis pas 50 taëls, mais c'est 50000 taëls qu'il a sous la main. Ah ! je lui en veux d'avoir étouffé sa conscience, usurpé la terre d'autrui, fait en sorte que je n'ose me montrer devant les hommes. Ce jour-là, quand je retournai chez moi, plus j'y pensais, plus ma colère s'augmentait ; cela fit empirer ma vieille maladie, et je me suis trouvé indisposé.—Mais vous ne savez pas ! Wen-tse-sè a un frère encore bien plus haïssable que lui. Autrefois, il était en société de commerce avec moi : or toutes les fois que quelque vente passait par ses mains, au moment de partager le profit, il diminuait toujours ma part de 200 ou 300 sapèques ; et sachant que j'étais gêné de les lui réclamer, il avait toujours à la bouche des paroles comme celles-ci : Cette fois, je vous ai retenu deux ou trois cents sapèques ; mais dans deux jours, je vous les rendrai ; et après cela, jamais, au grand jamais, il n'en reparlait ; au bout de quelques jours, j'oubliais la chose ;

記者。箇件事體。算完結。伊什介能貪小利。幾年裡向。吃過我幾十千銅錢。再論伊外面交朋友。搭親戚來往个道理。伊一些勿懂个。喏。就是箇个人。舊年屋裡有喪事。再三再四。來求教我。約兩个朋友去。拉屋裡相帮伊看看夜。我請兩个最好个朋友去。相帮伊看之五六夜。人家儕盡心竭力照應伊。事體舒徐之後來。伊並勿曾到人家裡去謝聲。後來有一日。路上碰着之。低之一低頭。就介過去者。正眞是勿顧別人个。箇種人个性子。實在可惡得極。近來聽見更加勿好者。等垃拉屋裡。放重利錢。啥人借伊銅錢用味。總是八分利錢。外勢已經有收重利个名聲者。我早已看穿拉箇者。凡財主人。勿久就要敗个。老話頭刻薄別人。成拉个家味。總無得常遠享受个。固是一定个道理。

ki tsé : kou-ghié ze-t'i, seu wé-kièh. I zèh-ka neng t'é siao li, ki gné li-hiang, k'ieh-kou ngou ki zèh ts'ié dong-dié. Tsai len i nga-mié kiao bang-yeû, tèh ts'in-ts'ih lai-waong ke dao-li, i ih-si véh tong ke. Nao, zieû ze kou-ke gnen, ghieû-gné ôh-li yeû saong-ze ; tsai sè tsai se lai ghieû, kiao ngou yah liang-ke bang-yeû k'i la ôh-li siang-paong i k'eu-k'eu-ya. Ngou ts'ing liang-ke tsu hao-ke bang-yeû k'i siang-paong i k'eu-tse n lôh ya. Gnen-ka zé zin-sin ghièh-lih tsao-yeng i. Ze-t'i su-zi-tse heû-lai, i ping véh-zeng tao gnen-ka li k'i zia sang. Heû-lai yeû ih gnéh, lou laong bang-zah-tse, ti-tse ih-ti-deû, zieû ka kou-k'i tsé. Tseng-tsen ze véh kou biéh gnen ke. Kou tsong gnen ke sing-tse, zéh-zai k'o-ou teh-ghieh. Ghien-lai t'ing-kié keng-ka véh hao tsé. Teng lèh-la ôh-li, faong zong li-dié: sa gnen tsia i dong-dié yong méh, tsong ze pèh fen li-dié. Nga-se i-kieng yeû seû zong li ke ming-sang tsé. Ngou tsao-i k'eu-ts'é la ke tsé : vè zai-tsu gnen, véh kieû zieû yao ba ke. Lao wo-deû : k'eh-boh biéh gnen zeng-la-ke ka méh, tsong m teh zang-yeu hiang-zeû ke. Kou ze ih-ding ke dao-li.

C'était une affaire réglée. En courant ainsi après les petits gains, en l'espace de quelques années, il m'a bien pris plusieurs dizaines de ligatures. Que si vous lui parlez des convenances de la vie publique dans les rapports avec les amis et avec les parents, il ne comprend rien à tout cela. Eh bien! cet homme-là, l'an dernier, eut chez lui un enterrement; il me demanda à plusieurs reprises de lui amener deux amis pour l'aider et passer la nuit avec lui. Je priai donc deux de mes meilleurs amis d'aller passer avec lui cinq ou six nuits; ils s'y mirent de tout cœur et se dépensèrent pour lui rendre ce service; et quand la chose fut finie, il n'alla même pas chez eux pour les remercier; et depuis, un jour qu'il les rencontra dans la rue, il baissa la tête et passa; voilà qui s'appelle ne pas s'occuper des autres. Un homme d'un pareil naturel, n'est-il pas souverainement détestable? Dernièrement, j'ai appris quelque chose de plus fort: il prête chez lui à gros intérêts; si on veut lui emprunter de l'argent (pour s'en servir), c'est à 8% d'intérêt (par mois). Au dehors, il a déjà une réputation d'usurier écorcheur. Dès maintenant, je le sais d'une manière assurée, les riches (de cette sorte) en peu de temps se ruinent. Voici un dicton des anciens : Les familles qui s'établissent en écorchant les autres, ordinairement ne jouissent pas longtemps. Cela est une vérité très certaine.

第二十八章

老弟聽見話。郍令弟轉來者。那得勿曾看見伊出來歇。伊轉來之。就生病个。那能哰。路上着之熱呢啥。勿是着熱。吃之點驚嚇哰。吃之啥个驚嚇。船上碰着之强盜。替我話話看。那能碰着之强盜呢。伊同一个朋友。一淘轉來。兩家頭帶一个相帮人。叫之一隻船。箇日夜快。船味停拉一个地方。夜裡靜个時候。忽然岸上有十幾个强盜。担之篾芻火。刀鎗。跑到船上來。担刀來撬開之棚門。跑到艙裡去。担刀來指之伲舍弟。問伊有啥東西。舍弟話。伲个東西。儕拉箇搭艙裡。別搭無沒。乃味箇多化强盜。就担之箱子包袱。銅錢咾去者。不過剩个舖蓋。造化呢舍弟。身邊肚兜裡。有十幾兩金子。還有十幾兩銀子。勿曾担去。到天亮之。伊拉到之一个碼頭上。伲舍弟味。同伊个朋友商量。打算上岸走旱路。(續見下章)

DI-GNÈ-PÈH TSANG

Lao di, t'ing-kié wo na ling di tsé-lai tsé : na-teh véh-zeng k'eu-kié i ts'èh-lai hiéh? — I tsé-lai-tse, zieû sang-bing ke. — Na-neng lao, lou laong zah-tse gnéh gni sa? — Véh ze zah gnéh; k'ieh-tse tié kieng-hah lao.— K'ieh-tse sa ke kieng-hah? — Zé laong bang-zah-tse ghiang-dao. — T'i ngou wo-wo k'eu : na-neng bang-zah-tse ghiang-dao gni? — I dong ih-ke bang-yeû ih-dao tsé-lai, liang-ka-deû ta ih-ke siang-paong gnen. Kiao-tse ih-tsah zé, kou gnéh ya-k'oa, zé méh ding la ih-ke di-faong. Ya-li zing ke ze-heû, féh-zé ngeu laong yeû zéh ki ke ghiang-dao, tè-tse miéh-dè-h'ou, tao, ts'iang, bao tao zé laong lai. Tè tao lai k'iao-k'ai-tse bang-men, bao tao ts'aong li k'i. Tè tao lai tse-tse gni sô di, men i yeû sa tong-si. Sô di wo : gni ke tong-si, zé la kou-tèh ts'aong li, biéh-tèh m méh. Nai-méh kou tou-h'ouo ghiang-dao zieû tè-tse siang-tse, pao-woh, dong-dié lao k'i tsé ; pèh-kou zeng ke p'ou-kai. Zao-h'ouo gni sô di sen-pié dou-teû li yeû zéh ki liang kien-tse, wè yeû zéh ki liang gnen-tse, véh-zeng tè-k'i. Tao t'ié liang tse, i-la tao-tse ih-ke mô-deû laong, gni sô di méh, dong i ke bang-yeû saong-liang, tang-seu zaong ngeu tseû heu lou.

CHAPITRE VINGT-HUITIÈME

UNE BARQUE DÉVALISÉE

Cher ami, j'ai entendu dire que votre frère cadet est revenu. Comment se fait-il que je ne l'ai pas encore vu sortir? — Après son retour, il est tombé malade. — Comment! Est-ce qu'il a eu de la chaleur sur la route? — Non, pas de la chaleur, mais une petite frayeur. — Quelle frayeur? — Voyageant en barque, il a rencontré des voleurs. — Racontez-moi comment il a fait cette rencontre. — Il était sur son retour, en compagnie d'un ami, chacun suivi par un domestique; la barque qu'ils avaient louée s'arrêta ce jour-là, vers le soir, en un certain endroit; dans le silence de la nuit, soudain, parurent sur le rivage une dizaine de voleurs, tous avec des torches allumées, des sabres et des lances. Ils montèrent sur la barque, forcèrent avec leurs sabres la cloison de la cabine, et y entrèrent; dirigeant alors leurs sabres vers mon frère, ils lui demandent quels objets il a : Toutes nos affaires, leur répondit-il, sont dans cette cabine; ailleurs, nous n'avons rien. Là-dessus, cette bande de voleurs de prendre les caisses, les paquets, l'argent, et de tout emporter; ils ne laissèrent que les lits. Heureusement que mon frère avait sur lui une bourse (ceinture) qui contenait une dizaine d'onces d'or, et aussi une dizaine de taëls qu'il ne perdit pas. Au point du jour, ils arrivèrent à un lieu d'arrêt; alors, mon frère et son ami se consultèrent; mon frère fut d'avis de monter sur la rive, et de prendre la route de terre;

伊个朋友。倒高興个。乃味伊拉担舖蓋搬起來。到碼頭上。叫之兩部車子打旱路轉來。到屋裏。就生病。請郎中來看。話咾吃之驚嚇。得之點時氣症。現在吃藥。病還勿曾好哩。

第二十九章

老弟提起。你令弟碰着之强盜。我亦想着之一件。碰着强盜个事體者。有一年。伲先伯爻。同之一个朋友。到甘肅去。叫之兩部車子。跟之兩个人。各人坐之車子咾動身者。有一日。到一个地方。兩个推車子个。路徑勿認得个咾。走錯者。直到點燈个辰光。亦尋勿着一个鎮。大家着急得極。無法子。只得瞎走。到起更者。走着一座大樹林。看見樹林過邊。有一眼火光。乃味伊拉兩个推車子个。望之光咾跑上去。臨近一看。是爿店。外頭掛个麵招牌。店門關拉。沿街路有扇窻。裡向味點盞燈拉。

（續見下張）

I ke bang-yeû tao kao-hieng ke. Nai-méh i-la tè p'ou-kai pé-k'i-lai. Tao mô-deû laong, kiao-tse liang bou ts'ouo-tse, tang heu lou tse-lai. Tao ôh-li, zieû sang-bing, ts'ing laong-tsong lai k'eu : wo lao k'ich-tse kieng-hah, teh-tse tié ze-k'i-tseng ; yé-zai k'ieh yah, bing wè véh-zeng hao li.

DI-GNÈ-KIEÛ TSANG

Lao di di-k'i na ling di bang-zah-tse ghiang-dao, ngou a siang-zah-tse ih-ghié bang-zah ghiang-dao ke ze-t'i tsé. Yeû ih gné, gni sié pah-vou, dong-tse ih-ke bang-yeû, tao Ké-sôh k'i; kiao-tse liang bou ts'ouo-tse, ken-tse liang-ke gnen : koh gnen zou-tse ts'ouo-tse lao dong-sen tsé. Yeû ih gnéh, tao ih-ke di-faong, liang-ke t'ei-ts'ouo-tse ke lou zé véh gnen-teh ke lao, tseû-ts'ouo tsé : zeh-tao tié teng ke zen-koang, a zin-véh-zah ih-ke tsen ; da-ka zah-kié teh-ghieh. M fah-tse, tseh-teh hah-tseû. Tao k'i-kang tsé, tseû-zah ih-zou dou zu-lin ; k'eu-kié zu-lin kou pié yeû ih-ngè hou-koang. Nai-méh i-la liang-ke t'ei-ts'ouo-tse ke maong-tse koang lao bao-zaong-k'i. Lin-ghien ih-k'eu, ze bè tié : nga-deû kouo ke mié tsao-ba. Tié men koè la ; yé ka-lou yeû sé ts'aong, li-hiang méh tié tsè teng la.

Son ami le désirait aussi ; il débarquèrent donc leur literie, et s'étant rendus au village, ils louèrent deux chars, et revinrent par terre. De retour chez lui, mon frère tomba malade; on invita un médecin à venir le voir. Celui-ci déclara que c'était la frayeur, et un peu aussi l'influence de la saison. Maintenant il prend des remèdes; sa maladie n'est pas encore guérie.

CHAPITRE VINGT-NEUVIÈME

UN GUET-APENS

Cher ami, vous m'avez dit comment votre frère a rencontré des voleurs ; cela me rappelle une histoire semblable. Une certaine année, feu mon oncle, en compagnie d'un ami, se rendait au Kan-sou. Ils avaient loué deux chars et avaient avec eux deux domestiques; montés chacun sur un char, ils se mirent en marche. Un beau jour, arrivés à un certain endroit, les deux conducteurs ignorant la route, prirent une fausse direction; on marcha jusqu'au moment d'allumer les lanternes, sans trouver de village : tous étaient très inquiets. Aucun moyen, sinon de marcher à l'aventure. Vers la première vielle (7h.), ils arrivèrent à une grande forêt. De l'autre côté de la forêt, ils virent briller une faible lueur. Les deux conducteurs apercevant la lumière, marchent dans cette direction : on arrive tout près, on regarde : c'était une auberge ; au dehors, était suspendu du vermicelle servant d'enseigne. La porte de l'auberge était fermée: mais il y avait une fenêtre sur la rue, et une lampe brûlait à l'intérieur.

乃味伊拉叫開門。担車子推進去。走到裡面一看。氷淌水冷。一个客人亦無得。伊拉味揀之三間房子。担行李搬進去。然後教店家。搬面湯水來。燒茶弄夜飯。伲先伯爻。看見店裡个人。賊形賊狀。心裡有點猜疑。吃罷之夜飯。箇个朋友味。拉床上收作行李。貼正箇个辰光。店家有个人。跑進來泡茶。伲先伯爻。看伊勿停个。着緊之眼睛。對伊床上个行李望。看見之第个光景。更加疑惑者。到底勿敢話。常怕朋友曉得之嚇咾。吃罷之茶。伲先伯爻。到後頭天井裡出恭去。到之天井裡一看。看見三間屋。一間是茅厠。還有兩間。堆柴草个。伲先伯爻。到茅厠裡。出恭个辰光。聽見天井裡。兩个人開門。到堆柴个箇間屋裏來。拿柴草去。聽見一个。垃拉對別个話。刻刻本家叫儂去。到底那能商量法則。聽見箇个答應咾話。什介商量拉个。夜裏靜之後來。伲兩家頭。去殺兩个車夫。伊拉三家頭。去殺兩个客人咾。還有兩个相帮人。我已經對本家話清爽拉者。事體完畢之。担

Nai-méh i-la kiao k'ai men, tè ts'ouo-tse t'ei-tsin-k'i. Tseû tao li-mié, ih-k'eu, ping ts'ing se lang : ih-ke k'ah-gnen a m teh. I-la méh kè-tse sè kè waong-tse, tè hang-li pé-tsin-k'i. Zé-heû kiao tié ka, pé mié t'aong se lai, sao zouo, long ya-vè. Gni sié pah-vou, k'eu-kié tié li ke gnen, zeh yeng zeh zaong, sin li yeû tié ts'ai-gni. K'ich-ba-tse ya-vè, kou ke bang-yeû méh la zaong laong seû-tsoh hang-li. T'ih-tseng kou-ke zen-koang, tié ka yeû ke gnen bao-tsin-lai p'ao zouo. Gni sié pah-vou k'eu i véh ding ke zah-kien-tse ngè-tsing, tei i zaong laong ke hang-li maong. K'eu-kié-tse di-ke koang-kieng, keng-ka gni-wôh tsé ; tao-ti véh kè wo, zang-p'ouo bang-yeû hiao-teh-tse hah lao. K'ich-ba-tse zouo, gni sié pah-vou tao heû-deû t'ié-tsing li ts'éh-kong k'i. Tao-tse t'ié-tsing li ih-k'eu, k'eu-kie sè kè ôh ; ih kè ze mao-ts'e ; wè yeû liang kè tei za-ts'ao ke. Gni sié pah vou tao mao-ts'e li, ts'éh-kong ke zen-koang, t'ing-kié t'ié-tsing li liang-ke gnen k'ai men, tao tei-za ke kou kè ôh-li lai, nao za-ts'ao k'i. T'ing-kié ih-ke lèh-la tei biéh-ke wo : k'ai-k'ai pen-ka kiao nong k'i, tao-ti na-neng saong-liang fah-tseh? T'ing-kié kou-ke tèh-yeng lao wo : zéh-ka saong-liang-la-ke : ya-li zing-tse heû-lai, gni liang-ka-deû, k'i sah liang-ke ts'ouo-fou ; i-la sè-ka-deû k'i sah liang-ke k'ah-gnen lao, wè yeû liang-ke siang-paong gnen : ngou i-kieng tei pen-ka wo ts'ing-saong la tsé : ze-t'i wé-pih-tse, tè

Ils crièrent donc d'ouvrir la porte, et firent entrer les chars. Arrivés à l'intérieur, ils regardent : solitude parfaite; pas un seul voyageur. Là-dessus, ils choisirent trois chambres, et y transportèrent leurs bagages ; puis ils dirent aux gens de l'auberge de leur apporter de l'eau pour se laver le visage, de faire le thé et de préparer le soupe. Mon oncle, voyant que les gens de l'auberge avaient tous des mines de voleurs, conçut en lui-même quelques soupçons. Quand ils eurent fini leur repas, l'ami rangea les bagages sur le lit. Précisément alors entrait un homme de la maison qui venait faire le thé; mon oncle remarqua qu'il avait sans cesse les yeux fixés sur le lit où étaient les bagages. Cette circonstance confirma ses soupçons; mais il n'osait rien dire, craignant que, si son ami apprenait quelque chose, il ne fût effrayé. Quand il eut fini de boire le thé, mon oncle s'en alla dans la cour de derrière pour se soulager; arrivé dans cette cour, il regarde: il y avait trois pièces: l'une, les lieux d'aisance; les deux autres servant de grenier pour mettre la paille. Quand mon oncle fut entré aux lieux, et pendant qu'il était occupé à se satisfaire, il entendit dans la cour deux hommes, qui ouvrirent la porte et pénétrèrent dans le grenier, pour prendre de la paille ; et il entendit l'un dire à l'autre: Tout à l'heure, le patron t'a mandé ; en fin de compte, à quoi vous êtes-vous arrêtés ? Il entendit l'autre répondre : Voici notre plan : quand il fera bien nuit, nous deux, nous irons tuer les deux conducteurs de chars, et eux trois iront tuer les deux voyageurs et leurs deux domestiques. Je l'ai déjà déclaré nettement au patron : quand l'affaire sera finie,

兩部車子。分拉伲兩个人。每人一部。不論客人拉有幾化銀子味。伲儕勿管。我个意思是什介。箇兩部車子。分拉伲手裡之味。明朝就動身。推頭之做生意咾。各人趕之車子轉去。乃朝後伲兩家頭。棄邪歸正。再勿做害人个事體者。儂想什介辦法。好勿好。一个答應咾話。勿錯。什介辦法。極好。話完之。聽見兩个人。朝前去者。伲先伯爻。心裡向暗暗裡話。怪勿得。我看箇个店家。什介能賊形賊狀。可疑得極。眞个是黑店者。乃味茅厠出去。到自家房裏。担刻刻聽見拉个說話。講撥拉朋友聽。伊个朋友聽見之。𢢔來非凡。大家正拉尷尬頭裡。無主意个辰光。忽然聽見有幾部車子來者。喊開門。開門進來。看見六部鏢車。兩个客人。四个保鏢个。伲先伯爻就話。乃味勿要怕得者。放心勃轉來胭味者。於是乎打發一个相帮人。去打聽打聽保鏢个人。伊拉話。明朝五更頭起身。因此伲先伯爻拉幾家頭。亦胭到五更頭起來。教車夫預備車子。跟之鏢車一淘動身。就此咾

土話指南＊上卷　　七十五

CHAPITRE XXIX — UN GUET-APENS　75

liang bou ts'ouo-tse, fen la gni liang-ke gnen, mei gnen ih bou ; péh len k'ah-gnen la yeû ki-h'ouo gnen-tse méh, gni zé véh koé. Ngou ke i-se ze zéh-ka : kou liang bou ts'ouo-tse fen la gni seû li tse méh, ming-tsao zieû dong-sen, t'ei-deû-tse tsou sang-i lao, koh gnen keu-tse ts'ouo-tse tsé-k'i. Nai-zao-heû gni liang-ka-deû k'i zia koei tsen, tsai véh tsou hai gnen ke ze-t'i tsé. Nong siang zéh-ka bè-fah hao véh hao? Ih-ke tèh-yeng lao wo : véh-ts'ouo, zéh-ka bè-fah, ghieh-hao, Wo-wé-tse, t'ing-kié liang-ke gnen zao-zié-k'i tsé. Gni sié pah-vou, sin-li-hiang é-é-li wo : koa-véh-teh ngou k'eu kou-ke tié-ka zéh-ka-neng zeh yeng zeh zaong k'o-gni teh-ghieh ; tsen-ke ze heh tié tsé. Nai-méh mao-ts'e ts'éh-k'i; tao ze-ka waong li, tè k'ai-k'ai t'ing-kié-la-ke seh-wo, kaong péh la bang-yeû t'ing. I-ke bang-yeû t'ing-kié-tse, hah-lai fi-vè : da-ka tseng la kai-ka-deû li, m tsu-i ke zen-koang, féh-zé t'ing-kié yeû ki bou ts'ouo-tse lai tsé, h'è k'ai men. K'ai men tsin-lai, k'eu-kié lôh bou piao-ts'ouo, liang-ke k'ah-gnen, se-ke pao-piao ke. Gni sié pah-vou zieû wo : nai-méh véh yao p'ouo-teh tsé, faong-sin béh-tsé-lai k'oen méh tsé. Yu-ze-wou tang-fah ih-ke siang-paong gnen, k'i tang-t'ing tang-t'ing pao-piao ke gnen. I-la wo : ming-tsao n kang-deû k'i-sen. Yen-ts'e gni sié pah-vou la ki ka deû, a k'oen tao n kang-deû k'i-lai. Kiao ts'ouo-fou yu-bei ts'ouo-tse, ken-tse piao-ts'ouo ih-dao dong-sen. Zieû-ts'e lao

---

ils nous donneront à tous deux, pour notre part, les deux chars, chacun un char; quelle que soit la quantité d'argent que possèdent les voyageurs, nous n'avons rien à y voir. Voici quelle est mon idée: une fois ces deux chars entre nos mains, demain de bon matin, sous prétexte d'aller faire le commerce, nous retournerons chez nous, chacun conduisant un char ; et à l'avenir, tous deux, laissant le mal pour rentrer dans le droit chemin, nous ne ferons plus de ces choses qui nuisent au prochain; eh bien! ce plan, qu'en penses-tu? L'autre de répondre : Tu as raison ; ce plan est excellent. Quand ils eurent fini de parler, il les entendit s'éloigner tous deux. Feu mon oncle se dit alors en lui-même: Je ne m'étonne plus d'avoir trouvé à ces gens de l'auberge une mine de brigands bien suspecte; évidemment, c'est un vrai coupe-gorge (auberge noire). Là-dessus, il sortit des cabinets; arrivé dans sa chambre, il rapporta à son ami tout ce qu'il venait d'apprendre. Celui-ci, à cette nouvelle, fut effrayé outre mesure. Comme ils étaient dans la chambre, très embarrassés et sans savoir quel parti prendre, soudain, ils entendent venir un bon nombre de chars : on crie d'ouvrir la porte ; et, quand elle est ouverte, ils voient entrer six chars gardés: c'étaient deux voyageurs et quatre gardiens. Alors, mon oncle de dire : Oh! maintenant, il n'y a plus à craindre : nous pouvons dormir tranquilles. Sur ce, il envoya un domestique prendre des informations auprès des gardiens ; ils dirent qu'ils partiraient le lendemain à la cinquième veille ; mon oncle et ses compagnons dormirent aussi jusqu'à la cinquième veille (3h.); il se leva alors, et ordonna aux conducteurs d'atteler ; puis ils partirent en compagnie des chars gardés. C'est ainsi

免脫箇个大難。想想看。險呢勿險。

第三十章

大哥我講一件事體拉閣下聽。伲村莊上。有个小財主人。平素日脚。小氣來勿肯相帮別人。勿肯做好事个。前幾日。伊有一个出嫁拉个姊妹。冒之雨咾。到伊屋裏來。對伊話。自家男人。現在尋着之。海船上管賬个行業者。着過日子。船已經開之咾。出海去者。現在屋裏無得飯吃。所以雨裏向跑來。要借一石米。又要借幾兩銀子。等男人轉來。必定還味者。箇个人聽見之。對自家姊妹話。米亦無得。銅錢亦無得。無啥法子。叫伊別搭去借罷。伊个姊妹。聽見伊勿管。就哭者。伊看見姊妹哭。就賭氣咾。出去避開者。同伊住拉一个天井裡。有个鄰舍。是个爽快人。聽見伊勿管姊妹个事體。氣極。就教伊妹妹走過來。借撥伊一石米。還有幾兩銀子。

mié-t'éh kou-ke dou-nè. Siang-siang-k'eu, hié gni véh hié.

DI-SÈ-SEH TSANG

Dou kou, ngou kaong ih-ghié ze-t'i la koh-ya t'ing. Gni ts'en-tsaong laong, yeû-ke siao zai-tsu gnen : bing-sou gnéh-kiah siao-k'i lai : véh k'eng siang-paong biéh gnen, véh k'eng tsou hao ze ke. Zié ki gnéh, i yeû ih-ke ts'éh-ka-la-ke tsi-mei, mao-tse yu lao, tao i ôh-li lai, tei i wo : ze-ka né-gnen yé-zai zin-zah-tse hai-zé laong koé-tsang ke hang-gnéh tsé, zah-kou-gnéh-tse, zé i-kieng k'ai-tse lao, ts'éh-hai k'i tsé. Yé-zai ôh-li, m teh vè k'ieh : sou-i yu li-hiang bao-lai, yao tsia ih zah mi, i yao tsia ki liang gnen-tse ; teng né-gnen tsé-lai, pih-ding wé méh tsé. Kou-ke gnen t'ing-kié-tse, tei ze-ka tsi-mei wo : mi a m teh, dong-dié a m teh, m sa fah-tse, kiao i biéh-tèh k'i tsia ba. I-ke tsi-mei, t'ing-kié i véh koé, zieû k'ôh tsé. I k'eu-kié tsi-mei k'ôh, zieû tou-k'i lao, ts'éh-k'i bi-k'ai tsé. Dong i zu la ih-ke t'ié-tsing li, yeû ke lin-sô, ze-ke saong-k'oa gnen. T'ing-kié i véh koé tsi-mei ke ze-t'i, k'i-ghieh ; zieû kiao i mei-mei tseû-kou-lai, tsia-péh i ih-zah mi, wè-yeû ki liang gnen-tse ;

---

qu'il échappa à ce grand péril. Était-ce dangereux ? Qu'en dites-vous ?

CHAPITRE TRENTIÈME

TOUR JOUÉ A UN AVARE

Cher Monsieur, je vais vous raconter une affaire. Dans notre village, habite un petit richard habituellement très avare: il ne veut jamais aider les autres, ni faire de bonnes œuvres. Il y a quelques jours, sa jeune sœur, qui est mariée, vint chez lui sous la pluie, disant, que son mari, ayant trouvé dernièrement une place de teneur de livres sur une jonque de mer, était parti déjà depuis trois jours pour aller en mer; qu'actuellement, elle n'avait plus chez elle rien à manger, et que, pour ces raisons, elle était venue sous la pluie pour emprunter un picul (10 boisseaux) de riz et quelques taëls; que, quand son mari serait revenu, elle rendrait certainement le tout. Quand cet homme eut entendu ce discours, il répondit à sa jeune sœur, qu'il n'avait ni riz ni argent, qu'il n'y pouvait rien, et qu'il lui conseillait d'aller emprunter ailleurs. Sa sœur, l'entendant dire qu'il ne s'occupait pas d'elle, se mit à pleurer. Voyant sa sœur pleurer, de dépit il sortit pour se débarrasser d'elle. Dans la même cour que lui, habite un voisin, homme dévoué et actif, qui, apprenant qu'il ne s'occupait pas des affaires de sa sœur, se mit dans une grande colère. Aussitôt, il invita la sœur de son voisin à entrer, lui prêta un picul de riz et quelques taëls ;

另外替伊叫只驢子。送伊轉去。箇个人歸來。聽見別人話。隔壁人家。借銅錢咾米拉伊个姊妹之咾。轉去者。伊亦勿話長。亦勿話短。只做勿曉得。恰好箇日夜裡。有个賊來。拉伊後面牆上。挖之一个洞。到伊屋裡。偷脫之十幾兩銀子。還有幾件衣裳咾啥。去者。到明朝早上起來。曉得賊偷脫之物事者。常怕姊妹聽見伊偷脫銀子咾衣裳。所以亦勿敢到衙門去。報竊案。倒還叮囑一淘等拉个鄰舍。伊屋裡賊來偷物事个事體。外頭勿要話出去。那曉得箇个賊。其日夜裡。偷之物事出去。恰好拉大街上。撥拉巡夜兵。捉來送之衙門裡去者。官問伊銀子咾衣裳。啥人家搭偷拉个。賊就招者。話咾某村莊。某人家搭偷拉个。乃味官府打發差人來。教失主領贓去。箇个人聽見之。倒尷尬者。衙門裏勿去。贓領勿着。去領起來。常怕姊妹曉得。乃味想个主意。託伊一淘等拉个鄰舍。頂伊个名頭。到衙門裏。領贓去。鄰舍味應承之。代伊去者。箇个人。因爲前日。伊勿肯相帮伊

ling-nga t'i i kiao tsah liu-tse, song i tsé-k'i. Kou-ke gnen kiu-lai, t'ing-kié biéh gnen wo: kah-pieh gnen-ka tsia dong-dié lao mi la i-ke tsi-mei tse lao, tsé-k'i tsé. I a véh wo zang, a véh wo teu, tseh tsou véh hiao-teh. Hah-h'ao kou gnéh ya-li, yeû-ke zeh lai; la i heû-mié ziang laong wah-tse ih-ke dong, tao i ôh-li, t'eû-t'éh-tse zéh ki liang gnen-tse, wè yeû ki ghié i-zaong lao sa, k'i tsé. Tao ming-tsao tsao laong k'i-lai, hiao-teh zeh t'eû-téh-tse méh-ze tsé. Zang-p'ouo tsi-mei t'ing-kié i t'eû-t'éh gnen-tse lao i-zaong, sou-i a véh kè tao nga-men k'i pao ts'ih-eu; tao wè ting-tsôh ih-dao teng-la-ke lin-sô, i ôh-li zeh lai t'eû méh-ze ke ze-t'i nga-deû véh yao wo-ts'éh-k'i. Na hiao-teh kou-ke zeh, ghi gnéh ya-li, t'eû-tse méh-ze ts'éh-k'i, hah-h'ao la dou ka laong, péh-la zin-ya ping tsoh-lai song-tse nga-men li k'i tsé. Koé men i gnen-tse lao i-zaong sa gnen-ka tèh t'eû-la-ke? Zeh zieû tsao tsé, wo lao meû ts'en-tsaong, meû gnen-ka tèh t'eû-la-ke. Nai-méh koé-fou tang-fah ts'a-gnen lai, kiao séh-tsu ling tsaong k'i. Kou-ke gnen t'ing-kié-tse, tao kai-ka tsé. Nga-men li véh k'i, tsaong ling-véh-zah, k'i ling-k'i-lai, zang-p'ouo tsi-mei hiao-teh. Nai-méh siang ke tsu-i; t'oh i ih-dao teng-la-ke lin-sô, ting i-ke ming-deû, tao nga-men li ling tsaong k'i. Lin-sô méh yeng-zeng-tse, dai i k'i tsé. Kou-ke gnen yen-wei zié gnéh i véh k'eng siang-paong i-

---

de plus, il loua pour elle un âne, et la fit reconduire chez elle. Quand l'autre revint, et qu'il apprit que le voisin avait prêté de l'argent et du riz à sa sœur, et qu'elle était partie, il n'en dit ni bien ni mal (il ne dit ni le long ni le court), il feignit de ne rien savoir. Or il arriva par hasard ce jour-là, qu'il vint un voleur pendant la nuit, qui fit un trou dans le mur de derrière, entra dans la maison, et s'en alla en emportant une dizaine de taëls, de plus, quelques vêtements et autres objets. Le lendemain matin, en se levant, l'avare s'aperçut qu'on lui avait volé ses effets; mais craignant que sa sœur ne sût qu'il avait perdu de l'argent et des habits, il n'osa pas aller déclarer au tribunal qu'il avait été volé (chez lui). De plus, il fit ses recommandations à ce voisin qui habite dans la même cour; il était inutile d'aller raconter au dehors cette affaire du vol commis chez lui. Mais, qui l'eût jamais deviné? ce voleur, en cette même nuit, s'en retournant après avoir dérobé les objets, fut justement, dans la grande rue, arrêté par les gardes de nuit, et envoyé au tribunal. Le juge lui demanda aussitôt chez qui il avait pris l'argent et les habits; le voleur avoua tout, et dit qu'il les avait volés dans tel village, telle maison. Le juge expédia donc des satellites dire au propriétaire lésé de venir recouvrer les objets. Celui-ci, à cette intimation, fut très embarrassé; en n'allant pas au tribunal, il ne recouvrait pas son bien; s'il y allait, il craignait que sa sœur ne le sût. Sur ces entrefaites, il lui vint une idée; il chargea son voisin d'aller au tribunal en son nom recouvrer les objets. Le voisin consentit et y alla pour lui. Cet homme, parce que l'autre, la veille, n'avait pas voulu aider sa

个姊妹。十分看伊勿起。有意要提醒伊。就到衙門裏去。担銀子咾衣裳。領之出來。一齊担去。送撥拉伊个姊妹之。到屋裡來。看見之伊。騙伊話。我刻刻從衙門裡出來。走到街上。貼正碰着自家个令妹。問我到那裡去。我話到衙門裡。替閣下領之銀子衣裳咾轉來。乃味伊就教我。担銀子衣裳。交代拉伊之味者。我就想伊是閣下个嫡親姊妹。勿好推辭咾。勿撥拉伊。格咾完全撥拉伊者。箇个人聽見之。什介說話。不單單勿敢動氣。併且還要謝謝伊。大概人聽見箇件事體。儕話箇个人。實在快人做快事。

第三十一章

閣下提起之。小氣人遭拉个報答。我亦想着之一樣事體者。前幾年。我拉南邊。住拉客店裡个時候。有一个做生意个。山西客人。一日忽然來一个窮人。也是山西人。身上衣裳破完者。(續見下張)

ke tsi-mei, zéh jen k'eu i véh k'i, yeû i yao di-sin i. Zieû tao nga-men li k'i, tè gnen-tse lao i-zaong. Ling-tse ts'éh-lai, ih-zi tè-k'i song-péh la i-ke tsi-mei tse, tao ôh-li lai. K'eu-kié-tse i, p'ié i wo: Ngou k'ai-k'ai zong nga-men li ts'éh-lai, tseû tao ka laong. T'ih-tseng bang-zah ze-ka-ke ling-mei, men ngou tao a-li k'i? Ngou wo tao nga-me li t'i koh-ya ling-tse gnen-tse i-zaong lao tsé-lai. Nai-méh i zieû kiao ngou tè gnen-tse i-zaong kao-dai la i tse méh tsé. Ngou zieû siang i ze koh-ya ke tieh-ts'in tsi-mei, véh h'ao t'ei-ze lao véh péh la i. Keh-lao wé-zié péh la i tsé. Kou-ke gnen t'ing-kié-tse zéh-ka seh-wo, véh tè-tè véh kè dong-k'i, ping-ts'ié wè yao zia-zia i. Da-kai gnen t'ing-kié kou ghié ze-t'i, zé wo kou-ke gnen zéh-zai k'oa gnen tsou k'oa ze.

DI-SÈ-ZÉH-IH TSANG

Koh-yu di-k'i-tse siao-k'i gnen tsao-la-ke pao-tèh, ngou a siang-zah-tse ih yang ze-t'i tsé. Zié ki gné, ngou la né-pié, zu la k'ah-tié li ke ze-heû, yeû ih-ke tsou sang-i ke Sè-si k'ah gnen. Ih gnéh féh-zé lai ih-ke ghiong gnen, a ze Sè-si gnen; sen laong i-zaong p'ouo-wé tsé,

---

sœur, ne pouvait pas le voir, et il avait le désir de lui faire la leçon. Il alla donc au tribunal. Y ayant reçu l'argent et les habits, il emporta le tout, et l'envoya à la sœur cadette. De retour à la maison, quand il aperçut son voisin, il lui débita une histoire: Tout à l'heure, dit-il, en sortant du tribunal, comme je passais par la rue, j'ai rencontré précisément votre sœur, qui m'a demandé où j'allais; je lui dis que je revenais du tribunal, où j'étais allé recevoir à votre place de l'argent et des habits: alors, elle me dit de lui donner l'argent et les habits. Comme elle est votre propre sœur, il ne m'était pas facile de refuser; je lui ai donc donné le tout. L'autre, entendant cela, non seulement n'osa pas se fâcher; mais fut même obligé de lui dire merci. Actuellement, tout le monde sait l'affaire et dit que cet homme est un habile homme qui joue bien les tours.

CHAPITRE TRENTE-ET-UNIÈME

UNE AUMÔNE EXTORQUÉE

Vous m'avez raconté comment cet avare a trouvé sa récompense; je me rappelle aussi une histoire. Il y a quelques années, j'étais dans le midi, et je logeais dans un hôtel où se trouvait aussi un marchand du Chan-si. Un beau jour, arrive tout à coup un pauvre homme également du Chan-si; les habits qu'il avait sur le corps tombaient en lambeaux;

到店裏。尋箇个做生意个人。店家領伊進去。看見之。箇个做生意个客人。就話。現在我落難之咾。無得盤費。勿能轉去。苦來非凡。昨日有个同鄉朋友。告訴我。話自家到蕩搭來。辦貨色。住拉此地店裏。我一聽見。喜歡得極。格咾現在來尋閣下。請記念老朋友个情分咾。借一百兩銀子我。轉去做盤費。到之屋裏。我設法起來。還味者。箇个客人。聽見之。就話。我个銀子。儕買之貨色个者。現在手裏。一兩銀子亦無味拉。去想想別个主意罷。我實在勿能相帮。箇个人聽見伊話。實在勿能相帮。眼淚就落之下來者。箇辰光。做生意个客人味。坐之裏面去者。貼正有个四川人。亦拉箇爿店裏。到裏面屋裡去尋箇个生意人來閒白話。看見第个窮人坐拉椅子裡。落眼淚。就問伊有啥傷心个事體。伊話。箇个客人。是自我同鄉隣舍。伊前頭窮苦个時候。我担銅錢咾米相帮伊。後來我又借撥銀子伊。做生意。現在伊味發財者。我拉第个地方做生意。折之本咾。無得盤費轉

tao tié li, zin kou-ke tsou sang-i ke gnen. Tié-ke ling i tsin-k'i. K'eu-kié-tse kou-ke tsou sang-i ke k'ah gnen zieû wo : Yé-zai ngou loh-nè-tse lao m teh bé-fi, véh neng tsé-k'i, k'ou-lai fi-vè. Zôh-gnéh, yeû-ke dong-hiang bang-yeû kao-sou ngou wo ze-ka tao daong-tèh lai, bè fou-seh, zu la ts'e-di tié li. Ngou ih-t'ing-kié hi-h'oé teh-ghièh. Keh-lao yé-zai lai zin koh-ya, ts'ing ki-gnè lao bang-yeû ke zing-ven lao tsia ih pah liang gnen-tse ngou, tsé-k'i tsou bé-fi. Tao-tse ôh-li ngou seh-fah-k'i-lai wè méh-tsé. Kou-ke k'ah gnen t'ing-kié-tse zieû wo : Ngou-ke gnen tse zé ma-tse fou-seh ke tsé ; yé-zai seû li ih liang gnen-tse a m méh la: k'i siang-siang bièh-ke tsu-i ba, ngou zéh-zai véh neng siang-paong. Kou-ke gnen t'ing-kié i wo, zéh-zai véh neng siang-paong, ngè-li zieû loh-tse-hao-lai tsé. Kou-zen-koang tsou sang-i ke k'ah gnen méh zou-tse li-mié k'i tsé. T'ih-tseng yeû-ke Se-ts'é gnen a la kou-bè tié li, tao li-mié ôh-li k'i zin kou-ke sang-i gnen lai è bah-wo. K'eu-kié di-ke ghiong gnen zou la yu-tse li, loh-gnè-li, zieû men i yeû sa saong-sin ke ze-t'i. I wo : kou-ke k'ah gnen ze ze-ngou dong-hiang lin-sô. I zié-deû ghiong-k'ou ke ze-heû ngou tè dong-dié lao mi siang-paong i ; heû-lai ngou i tsia-péh gnen-tse i tsou sang-i ; yé-zai i méh fah-zai tsé. Ngou la di-ke di-faong tsou sang-i, zéh-tse pen lao m teh bé-fi tsé-

---

il venait à l'hôtel à la recherche du marchand étranger. Les gens de l'hôtel le firent entrer; quand il vit le marchand étranger, il lui dit: Actuellement, étant tombé dans la misère, et n'ayant pas d'argent pour le voyage, je ne puis retourner chez moi, et je suis très misérable. Hier, un ami de notre pays m'a dit que vous étiez venu ici faire vos achats, et que vous logiez dans cette auberge. Quand je sus cela, je fus très content, et voilà pourquoi je suis venu présentement à votre recherche. Je vous prie de vous souvenir de notre amitié du vieux temps, et de me prêter cent taëls, pour subvenir aux frais de mon retour. Une fois arrivé, j'aviserai au moyen de vous les rendre. L'étranger, après l'avoir entendu, lui dit : Tout mon argent a été employé à acheter des marchandises; actuellement, je n'ai pas même un taël sous la main; imaginez un autre moyen: vrai, je ne puis vous aider en rien. Quand ce pauvre homme l'entendit dire qu'il ne pouvait pas l'aider, les larmes lui tombèrent des yeux; mais alors le marchand étranger alla s'asseoir dans un appartement intérieur. Précisément en ce moment, un habitant du même hôtel, un homme du Se-tch'oan, allait dans cet appartement pour chercher le marchand étranger et causer (à loisir) avec lui. Voyant ce pauvre homme assis sur une chaise et versant des larmes, il lui demanda ce qui causait sa peine. Celui-ci répondit: Cet étranger était mon proche voisin. Autrefois, quand il était pauvre, je lui ai fourni des secours en argent et en riz. Plus tard, je lui ai aussi prêté de l'argent pour faire le commerce. Maintenant, le voilà riche. Moi, faisant le commerce en ce pays, j'ai perdu mon capital, et je n'ai pas de quoi retourner chez moi.

去。尋伊借一百兩銀子拉我。做盤費咾轉去。伊勿肯。所以我十分傷心。四川人聽見之。箇幾句說話。就到裏面去。問箇个做生意个客人咾話。鄉个貴鄉親話。前頭相帮歇閣下過。眞个呢啥。客人話。眞是眞个。無奈何。我無得銅錢。借撥拉伊。四川人話。比方我現在。借一百兩銀子拉閣下。担去撥伊。做盤費咾轉去。一个月後來還我。只要寫一張借票拉我。並勿要啥利錢个。好否。肯呢勿肯。乃味伊勉勉强强話咾。肯个。四川人味。就到自家屋裡去。担一百兩銀子來。借拉伊。教伊撥拉窮人。担之咾去。後來就教伊寫之一張借票。隔之二日。四川人換之戶蕩者。又歇之幾日。做生意个客人。開開箱子來。一看。少之一百兩銀子者。寫拉一張借票味。垃拉箱子裡。懂得箇个四川人。會做戲法。能彀搬運別人物事个。搬伊一百兩銀子去。撥拉箇个窮人。後來做生意客人个相帮人。話出來个。大家聽見之。快活得極。

k'i. Zin i tsia ih pah liang gnen-tse la ngou tsou bé-fi lao tsé-k'i, i véh k'eng: sou-i ngou zéh-fen saong-sin. Se-ts'é gnen t'ing-kié-tse kou ki kiu seh-wo, zieû tao li-mié k'i, men kou-ke tsou sang-i ke k'ah gnen lao wo: na-ke koei hiang-ts'in wo zié-deû siang-paong-hièh koh-ya kou : tsen-ke gni sa ! K'ah gnen wo: Tsen ze tsen-ke ; ou-nai-wou ngou m teh dong-dié tsia-péh la i. Se-ts'é gnen wo : Pi-faong ngou yé-zai tsia ih pah liang gnen-tse la koh-ya, tè-k'i péh i tsou bé-fi lao tsé-k'i, ih-ke gneuh heû-lai wé ngou. Tseh-yao sia ih-tsang tsia-p'iao la ngou, ping véh yao sa li-dié ke : h'ao va, k'eng gni véh k'eng? Nai-méh i mié-mié-k'iang-k'iang wo lao k'eng ke. Se-ts'é gnen méh zieû tao ze-ka ôh-li k'i tè ih pah liang gnen-tse lai tsia la i, kiao i péh la ghiong gnen, tè-tse lao k'i. Heû-lai zieû kiao i sia-tse ih-tsang tsia-p'iao. Kah-tse liang gnéh, Se ts'é gnen wé-tse wou-daong tsé. I hièh-tse ki gnéh, tsou sang-i ke k'ah gnen k'ai-k'ai siang-tse lai ; ih-k'eu, sao-tse ih-pah liang gnen-tse tsé ; sia-la ih-tsang tsia-p'iao méh léh-la siang-tse li. Tong-teh kou-ke Se-ts'é gnen wei tsou hi-fah, neng-keû pé-yun bièh gnen méh-ze ke ; pé i ih pah liang gnen-tse k'i, péh la kou-ke ghiong gnen. Heû-lai tsou sang-i k'ah gnen ke siang-paong gnen wo-ts'éh-lai-ke ; da-ka t'ing-kié-tse k'a-wéh teh-ghieh.

Je viens le voir afin qu'il me prête 100 taëls pour mon retour, et il refuse; voilà pourquoi je suis dans une grande peine. L'homme du Se-tch'oan, ayant entendu ces quelques phrases, entra dans l'appartement intérieur et demanda au marchand étranger: Cet homme de votre (illustre) pays dit qu'autrefois, il vous a rendu service; est-çe vrai? Le marchand répondit: C'est vrai; mais que voulez-vous? Je n'ai pas d'argent à lui prêter. L'homme du Se-tch'oan lui repartit: Si par exemple, je vous prêtais maintenant 100 taëls: vous les lui donneriez pour payer ses frais de retour, et vous me les rendriez dans un mois. Ecrivez-moi une reconnaissance du prêt, et je ne demande pas d'intérêt; est-ce bien? voulez-vous? L'autre, bien qu'à contre-cœur, dit qu'il acceptait. L'homme du Se-tch'oan se rendit dans sa chambre, prit 100 taëls, les lui prêta, et les lui fit remettre au malheureux, qui partit en les emportant; puis il donna à signer une reconnaissance du prêt. Deux jours après, l'homme du Se-tch'oan changea de logis. Au bout de quelques jours, le marchand étranger ouvrit sa caisse; il regarde: il lui manquait 100 taëls, et la reconnaissance qu'il avait écrite, était déposée dans sa caisse. Il comprit alors que cet homme du Se-tch'oan était un prestidigitateur qui savait faire des tours de passe-passe, et qui lui avait escamoté 100 taëls pour les donner à emporter à ce pauvre homme. Depuis, un domestique de ce (commerçant) étranger laissa transpirer la chose; tout le monde le sut et en fut enchanté.

第三十二章

老兄我聽見自家令弟。搭人打官司。眞个否。　勿錯。有介事个。　同啥人耶。　同伲鎭上。店裡个撻皮。　爲啥事體。　因爲前日伲舍弟。拉外頭。鎭个北面樹林裡。担鎗來打鳥。一鎗放出去味。那曉得樹林外頭。有个人。牽之馬咾立拉。箇只馬。冷陌生頭裡。聽見一聲鎗響。怕之咾跑脫者。第个人勿快活。一把揪住之伲舍弟。教伊賠還一只馬。伲舍弟對伊話。勿要着急。馬朝那裡一面跑个。伊話朝西北上跑个。又問伊。箇匹馬。啥顏色。伊話紅顏色个。伲舍弟話。事體好辦个。現在一淘到鎭上去。教店家做之保人。閣下先去。尋起馬來。如果到底尋勿着味。我賠還一只味者。伊聽見之。倒肯个。乃味伲舍弟。同伊到鎭上去。托拉全盛糧食行裡之。伊去尋馬者。伲舍弟因此歸來之。等之勿多歇。箇个人轉來者。到全盛糧食行裡話。（續見下張）

DI-SÈ-ZÈH-GNI TSANG

Lao hiong, ngou t'ing-kié ze-ka ling di tèh gnen tang koé-se, tsen-ke va? — Vèh ts'ouo, yeû ka-ze ke. — Dong sa gnen ya? — Dong gni tsen laong tié li ke t'ah-bi. — Wei sa ze-t'i ? — Yen-wei zié gnèh gni sô-di la nga-deû, tsen ke pôh-mié zu-lin li, tè ts'iang lai tang tiao. Ih ts'iang faong-ts'èh-k'i mèh, na hiao-teh zu-lin nga-deû yeû-ke gnen, k'ié-tse mô lao lih la; kou-tsah mô, lang-mah-sang-deû-li, t'ing-kié ih-sang ts'iang-hiang, p'ouo-tse lao bao-t'èh tsé. Di-ke gnen vèh k'a-wèh; ih-pouo tsieû-zu-tse gni sô-di, kiao i bei-wè ih-tsah mô. Gni sô-di tei i wo: vèh yao zah-kièh; mô zao a-li ih-mié bao ke ! I wo : zao si-pôh laong bao ke. I men i : kou-p'ieh mô sa ngè-seh ? I wo : hong ngè-seh ke. Gni sô-di wo : ze-t'i h'ao bè ke. Yé-zai ih-dao tao tsen laong k'i, kiao tié-ka tsou-tse pao-gnen ; koh-ya sié k'i zin-k'i mô lai ; zu-kou tao-ti zin-vèh-zah mèh, ngou bei-wè ih-tsah mèh tsé. I t'ing-kié-tse tao k'eng ke. Nai-mèh gni sô-di dong i tao tsen-laong k'i, t'oh la Zié-zeng liang-zeh haong li tse, i k'i zin mô tsé. Gni sô-di yen-ts'e kiu-lai-tse. Teng-tse vèh tou-hièh, kou-ke gnen tsé-lai tsé, tao Zié-zeng liang-zeh haong li wo :

CHAPITRE TRENTE-DEUXIÈME

UN CHEVAL PEUREUX

Cher ami, j'ai entendu dire que votre frère cadet a un procès avec quelqu'un; est-ce vrai? — Mais oui, c'est bien vrai. — Avec qui? — Avec un vaurien de notre bourg.— Pour quelle affaire ?— C'est que l'autre jour, mon frère était en dehors du bourg, du côté du nord, dans une forêt; il avait son fusil, et tirait des oiseaux; il tire un coup : qui l'eût cru? Il y avait, en dehors de la forêt, un homme arrêté, tenant son cheval par la bride. Le cheval, entendant à l'improviste la détonation du fusil, prit peur, et s'enfuit. Cet homme ne fut pas content; il saisit mon frère et voulut le forcer à payer le cheval. Mon frère lui dit : Il n'y a pas de quoi être inquiet : dans quelle direction s'est sauvé votre cheval? — Vers le nord-ouest. — De quelle couleur était-il? — Il était rouge. Mon frère dit alors: L'affaire est facile à arranger; je vais me rendre avec vous tout de suite au bourg, et vous donner caution, puis, vous irez à la recherche du cheval; si, plus tard, il ne peut être retrouvé, alors, je vous en rendrai un autre. L'autre, entendant cela, accepta ces conditions : mon frère s'en alla donc avec lui au bourg, et lui donna comme caution le magasin de grains Zié-zeng; l'autre s'en alla alors à la recherche du cheval, et mon frère revint à la maison. Mais après quelque temps, cet homme s'en revint, alla au magasin de grains Zié-zeng, disant :

馬無脫个者。尋勿着。要碰着伲舍弟。糧食行裡。打發徒弟。到屋裡來。尋伲舍弟去。箇个人一看見伲舍弟。就話。我去尋之半日。我个馬尋勿着。箇只馬。當初六十兩銀子買拉个。現在讓情點。賠我五十兩銀子。就是者。伲舍弟話。閣下不過大約尋之一尋。勿好就算。馬一定無脫个者。讓我再去。各處尋尋看。過个一頭兩日。馬咾眞正無着落个。乃味是無脫者。箇辰光咾。我賠還味勿算晚。箇个人勿肯。要立刻就賠个。伲舍弟乃。味同伊爭論起來。者多化人替伊拉勸開來。那曉得。箇个人。就到巡檢衙門裡去。担伲舍弟告之一狀。衙門裏人來。教伲舍弟去。伊到之堂上。担箇件事體。牢牢實實一講。巡檢司限伲舍弟。五日裡。教伊替箇个人。尋着馬。乃味伲舍弟。到各村莊上去打聽。後來打聽着者。鎭个西北上。有一个村莊。其中有个姓趙个。前兩日買一只紅馬。乃味伲舍弟。就尋姓趙个來一問。果眞幾日前頭。箇个人。賣撥箇只馬拉姓趙个。殼話定當八兩銀子。約

mô m teh ke tsé, zin-vèh-zah ; yao bang-zah gni sô-di. Liang-zeh haong li tang-fah dou-di tao ôh-li lai zin gni sô-di k'i. Kou-ke gnen ih-k'eu-kié gni sô-di, zieû wo : ngou k'i zin-tse pé-gnèh ; ngou-ke mô zin-vèh-zah. Kou-tsah mô taong-ts'ou lôh-sèh liang gnen-tse ma-la-ke; yé-zai gnang-zing tié: bei ngou n-sèh liang gnen-tse, zieû-ze-tsé. Gni sô-di wo : koh-ya pèh-kou da-yah zin-tse ih-zin, vèh h'ao zieû seu mô ih-ding m t'èh ke tsé. Gnang ngou tsai k'i, koh ts'u zin-zin-k'eu. Kou-ke ih-deû liang-gnèh, mô lao tsen-tseng m zah-loh ke, nai-mèh ze m t'èh tsé ; kou zen-koang lao ngou bei-wè mèh vèh seu è. Kou-ke gnen vèh k'eng ; yao lih-k'eh zieû bei ke. Gni sô-di nai-mèh dong i tsen-len-k'i-lai tsé : tou h'ouo gnen t'i i-la k'ien-k'ai-lai. Na hiao-teh kou-ke gnen zieû tao zin-kié nga-men li k'i, tè gni sô-di kao-tse ih-zaong. Nga-men li gnen lai kiao gni sô-di k'i. I tao-tse daong laong, tè kou-ghié ze-t'i lao-lao-zèh-zèh ih-kaong ; zin-kié-se yè gni sô-di n gnèh li kiao i t'i kou-ke gnen zin-zah mô. Nai-mèh gni sô di tao koh ts'en-tsaong laong k'i tang-t'ing. Heû-lai tang-t'ing-zah tsé. Tsen-ke si-pôh laong yeû ih-ke ts'en-tsaong, ghi-tsong yeû-ke sing Zao ke, zié liang gnèh ma ih-tsah hong mô. Nai-mèh gni sô-di zieû zin sing Zao ke lai ; ih-men, kou-tsen ki gnèh zié-deû, kou-ke gnen ma-pèh kou-tsah mô la sing Zao ke keû. Wo ding-taong pèh liang gnen-tse, yah

---

Pas de cheval; je ne puis le retrouver. De plus, il voulait voir mon frère. Les gens du magasin envoyèrent donc chez nous un apprenti pour chercher mon frère. Quand cet homme le vit, il lui dit: J'ai été longtemps à la recherche du cheval, sans le trouver. Ce cheval, je l'ai acheté autrefois 60 taëls; mais maintenant, je fais la part de l'amitié; payez-moi 50 taëls, cela suffira. Mon frère lui répondit: Vous n'avez fait qu'une recherche sommaire; il ne faut pas en conclure que le cheval soit sûrement perdu. Laissez-moi aller vous le chercher partout; si dans un ou deux jours, je n'ai rien appris au sujet de votre cheval, c'est qu'il est vraiment perdu, et alors il sera toujours temps de vous payer l'indemnité. L'autre n'y consentit pas, et voulut être payé sur-le-champ. Mon frère commença donc à se disputer avec lui. Tout le monde les exhortait à se séparer. L'eussiez-vous cru? Cet homme s'en alla au tribunal du juge local, et y accusa mon frère. Il vint donc des gens du tribunal pour emmener mon frère, lequel, arrivé dans la salle, exposa cette affaire conformément à la vérité; le juge lui donna un délai de cinq jours, pour retrouver le cheval de cet homme. Mon frère s'en alla aux informations dans tous les villages, et, avec le temps, il apprit qu'en un endroit situé au nord-ouest de notre bourg, il y avait un hameau où habitait un nommé Zao, lequel, deux jours auparavant, avait acheté un cheval rouge. Mon frère alla donc trouver ce nommé Zao; il l'interroge; de fait, quelques jours auparavant, l'homme en question lui avait vendu son cheval. Le prix avait été fixé à huit taëls, et il avait été convenu que,

拉箇日子。伊替姓趙个。送馬去咾。收銀子。箇日馬聽見之鎗響。阿是怕者否。是自伊追上去。送撥拉姓趙个人之。收之銀子轉來。告訴伲舍弟話。馬無脫者。要賠五十兩銀子。乃味舍弟。就約姓趙个人。牽之馬。同伊一淘到衙門裡。對證去。箇个人看見。有之見證者。就一句話勿出。承認自家誆詐。巡檢看見伊過於刁皮。打之伊四十記板子。乃味放伊。

第三十三章

老兄前日我到榮法棧裡去。聽見話。閣下打發一百包棉花，到伊拉棧裡。缺之一包。那能咾缺个呢。　閣下提起箇件事體。眞正是个笑話。昨日我替伊拉。打發棉花去个前頭。預備出一百根籌來。乃味發一包棉花味。我教担棉花个。拿一根籌去。一百包棉花發完者。等之大半日。榮法棧裡王先生。差一个人。到伲棧裏來問伲。（續見下張）

la kou-gnéh-tse i t'i sing Zao ke song mô k'i lao seû gnen-tse. Kou gnéh mô t'ing-kié tse ts'iang-hiang, ah-ze p'ouo tsé va. Ze ze-i tsu-zaong-k'i song-pèh la sing Zao ke gnen tse. Seû-tse gnen-tse tsé-lai, kao-sou gni sô-di wo, mô m t'éh tsé, yao bei n-séh liang gnen-tse. Nai-méh sô-di zieû yah sing Zao ke gnen k'ié-tse mô, dong i ih-dao tao nga-men li, tei-tseng k'i. Kou-ke gnen k'eu-kié yeû-tse kié-tseng tsé, zieû ih kiu wo-véh-ts'éh, zeng-gnen ze-ka koung-tsouo. Zin-kié k'eu-kié i kou yu diao-bi, tang-tse i se-séh ki pè-tse, nai-méh faong i.

DI-SÈ-ZÉH-SÈ TSANG

Lao hiong, zié-gnéh ngou tao Yong-fah zè li k'i, t'ing-kié wo, koh-ya tang-fah ih pah pao mié-h'ouo tao i-la zè li, k'ieuh-tse ih pao, na-neng lao k'ieuh-ke gni? — Koh-ya di-k'i kou-ghié ze-t'i tsen-tseng ze ke siao-wo. Zôh-gnéh, ngou t'i i-la tang-fah mié-h'ouo k'i ke zié-deû, yu-bei-ts'éh ih pah ken zeû lai; nai-méh fah ih pao mié-h'ouo méh, ngou kiao tè mié-h'ouo ke nao ih-ken zeû k'i. Ih pah pao mié-h'ouo fah-wé tsé, teng-tse dou-pé-gnéh, Yong-fah zè-li Waong sié-sang ts'a ih-ke gnen tao gni zè-li lai, men gni

---

tel jour, il amènerait le cheval au nommé Zao et qu'il recevrait l'argent. Ce jour-là, le cheval ayant entendu le bruit d'un coup de fusil, n'avait-il pas pris peur ? Mais depuis, son maître l'avait rattrapé et conduit à ce nommé Zao. Ayant reçu son argent, à son retour, il avait prévenu mon frère que le cheval était perdu, et il voulait 50 taëls de dédommagement. Alors, mon frère convint avec le nommé Zao, que lui, Zao, conduisant le cheval, accompagnerait mon frère au tribunal pour y faire sa déposition. Quand cet homme vit qu'il y avait un témoin oculaire, il ne put articuler un seul mot, et il avoua lui-même l'escroquerie. Le juge considérant son insigne mauvaise foi, le condamna à 40 coups de bambou et le renvoya.

CHAPITRE TRENTE-TROISIÈME

UN NÉGOCIANT PEU SOIGNEUX

Cher ami, hier, je suis allé au magasin de la Gloire éclatante; j'ai entendu dire que votre magasin leur a envoyé cent balles de coton, et qu'il y avait eu une balle en moins; comment cela se fait-il? —L'affaire que vous mentionnez est vraiment une histoire ridicule. Hier, avant de leur envoyer le coton, nous avons préparé cent jetons en bois, et ensuite, chaque balle expédiée, nous donnions au porteur un jeton à emporter. Longtemps après que nous eûmes fini l'expédition des cent balles, Maître Waong, de la Gloire éclatante, dépêcha un homme à notre magasin, demander

爲啥咾少發一包棉花。伲話一百包發滿拉个。那能少之一包个呢。箇个人話。伊拉棧裡。是收得九十九包。缺一包棉花。我聽見之。詫異得極。乃味就同箇个人。到伊拉棧裡去。王先生看之我。有勿快活个神氣咾話。倗棧裡个夥計太粗心。那能少發一包棉花來个呢。我問伊那能曉得。少發一包棉花呢。伊話伲收完之棉花後來。一盤籌不過九十九根。到勿是少一包花麼。我問伊刻刻棧裡。啥人接籌个。邊頭立拉一个夥計。答應咾話。是自伊接个。我問伊接籌个時候。到別搭去歇否。伊話。並勿曾到別搭去歇个。不過肚裡痛咾。到茅厠裡出之一个恭。乃味我對伊話。我搭儂先到茅厠裏去。尋一尋咾再話。同伊到茅厠裡一看。地下有一根籌。撥我拾起來。担去撥拉王先生看。我話。到底是啥人家夥計勿留心。倗自家夥計。茅坑裡去。落脫之籌。倒怪伲少撥一包棉花。其實是亦無啥要緊。不過自家太蒼忙點。伊聽見之。面孔難爲情得極。一句亦還勿出。我又

wei sa lao sao fah ih-pao mié-h'ouo? Gni wo ih pah pao fah-mè la ke : na-neng sao-tse ih-pao ke gni? Kou-ke gnen wo : i-la zè-li ze seû-teh kieû-zéh-kieû pao, k'ieuh ih-pao mié-h'ouo. Ngou t'ing-kié-tse, ts'ouo-i teh-ghieh. Nai-méh zieû dong kou-ke gnen tao i-la zè-li k'i. Waong sié-sang k'eu-tse ngou, yeû véh k'a-wéh ke zen-k'i lao wo : na zè-li ke fou-ki t'éh ts'ou-sin; na-neng sao fah ih-pao mié-h'ouo lai ke gni? Ngou men i na-neng hiao-teh sao fah ih-pao mié-h'ouo gni ? I wo : gni seû-wè-tse mié-h'ouo heû-lai, ih-bé zeû, péh-kou kieû-zéh-kieû ken : tao véh ze sao ih-pao h'ouo mô ? Ngou men i k'ai-k'ai zè-li sa gnen tsih-zeû ke ? Pié-deû lih-la ih-ke fou-ki tèh-yeng lao wo, ze ze i tsih ke. Ngou men i tsih-zeû ke ze-heû tao biéh-tèh k'i-hiéh va ? I wo : ping véh-zeng tao biéh-tèh k'i-hiéh ke ; péh-kou dou-li t'ong lao tao mao-ts'e li ts'éh-tse ih-ke kong. Nai-méh ngou tei i wo : ngou tèh nong sié tao mao-ts'e li k'i, zin-ih-zin lao tsai wo. Dong i tao mao-ts'e li ih-k'eu, di-hao yeû ih-ken zeû, péh ngou gnéh-k'i-lai, tè-k'i péh la Waong sié-sang k'eu. Ngou wo : tao-ti ze sa gnen-ka fou-ki véh lieû-sin. Na ze-ka fou-ki mao-k'ang li k'i loh-t'éh-tse zeû, tao koa gni sao fah ih-pao mié-h'ouo ; ghi zéh ze a m sa yao-kien, péh-kou ze-ka t'éh ts'aong-maong tié. I t'ing-kié-tse, mié-k'ong nè-wei-zin teh-ghieh : ih kiu a wè-véh-ts'éh. Ngou i

---

pourquoi nous leur avions expédié une balle de coton en moins. Nous répondîmes que c'était bien cent balles que nous avions envoyées; comment y avait-il une balle en moins? Cet homme répliqua que, à leur magasin, ils avaient reçu quatre-vingt-dix-neuf balles de coton, et qu'il manquait une balle. Je trouvai ce que je venais d'entendre très étrange, et je m'en allai à leur magasin en compagnie du messager. Quand Maître Waong me vit, il me dit d'un air mécontent: Les employés de votre magasin sont par trop peu soigneux. Comment peuvent-ils nous envoyer une balle de coton en moins ? — Comment savez-vous, lui demandai-je, que nous vous avons envoyé une balle en moins? Il me répondit : Quand nous eûmes fini de recevoir le coton et que nous comptâmes les jetons, il y en avait quatre-vingt-dix-neuf. N'est-ce pas là (envoyer) une balle en moins? Alors, je leur demandai : Tout à l'heure, à votre magasin, qui est-ce qui a reçu les jetons? Un employé, que je vis debout à côté de moi, me répondit que c'était lui qui les avait reçus. Alors je lui demandai: Tout à l'heure, pendant que vous receviez ces jetons, n'êtes-vous pas allé ailleurs? — Je ne suis allé absolument nulle part, me dit-il; seulement, j'ai été pris d'un mal de ventre, et j'ai été une fois aux cabinets pour me soulager. Eh bien! lui dis-je, allons d'abord ensemble aux cabinets chercher un peu, et alors nous en reparlerons. A peine étions-nous arrivés aux cabinets, que je regarde: par terre, il y avait un jeton; je le ramasse, je l'emporte, et je le montre à Maître Waong. Eh bien! lui dis-je; qui est-ce qui a des employés peu soigneux? Votre commis laisse tomber un jeton aux cabinets, et vous nous accusez de vous envoyer une balle de coton en moins! Dans le fait, c'est une chose de peu d'importance ; seulement, vous avez agi un peu trop à l'étourdie. Quand il entendit ces paroles, son visage perdit toute son assurance et il ne put répondre un seul mot. Alors, j'ajoutai :

話。雖然籌味尋之出來者。到底盤盤貨色看。究竟缺勿缺。大家可以更加放心者。乃味我教伊拉幾个夥計。担棉花包。從棧房裏。搬到天井裡。細細能數一數。勿錯。是一百包。我話㑚儕看見沒。勿錯拉者。伊拉話。看清爽者。對个。乃味我轉去。閣下想想看。可笑呢勿可笑。　我前頭起。話過歇个。王先生个人。實在糊塗。閣下還勿大相信。那能有啥。落脫之籌。貨色勿去盤。倒話㑚少發一包貨色。有介理个。　閣下還勿曉得拉哩。舊年有歇啥事體。伲拉伊拉棧裡。買之一百兩銀子貨色。撥伊拉一百兩銀子个張銀票。過之二日。銀票送之轉來者。話咾假个。我一看。銀票並勿圈過。就問伊。是假个味。那得勿圈呢。伊話。勿曾担到莊上去。所以勿曾圈。我一問伊。既然勿曾担到莊上去。那曉得是假个呢。伊話。伊拉管賬个看出來是假銀票。我一聽伊个說話。荒唐得極。對伊話。來。担之箇張銀票咾。伲一淘到莊上領銀子去。看伊假呢勿假。乃味兩家頭。到莊上去。究竟勿

wo : su-zé zeû méh zin-tse-ts'éh-lai tsé, tao-ti bè-bè fou-seh k'eu kieû-kieng k'ieuh véh k'ieuh : da-ka k'o-i keng-ka faong-sin tsé. Nai-méh ngou kiao i-la ki-ke fou-ki tè mié-h'ouo pao zong zè-waong li pé tao t'ié-tsing li, si-si-neng sou-ih-sou. Véh ts'ouo ze ih pah pao. Ngou wo : na zé k'eu-kié méh véh ts'ouo la tsé. I-la wo : k'eu ts'ing-saong tsé, tei-ke. Nai-méh ngou tsé-k'i. Koh-ya siang-siang-k'eu, k'o-siao gni véh k'o-siao. — Ngou zié-deû-k'i wo-kou-hiéh-ke, Waong sié-sang ke gnen zéh-zai wou-dou ; koh-ya wè véh da siang-sin. Na-neng yeû sa loh-t'éh-tse zeû, fou-seh véh k'i bè, tao wo na sao fah ih pao fou-seh, yeû ka-li ke ? — Koh-ya wè véh hiao-teh la-li, ghieû-gné, yeû-hiéh sa ze-t'i. Gni la i-la zè-li ma-tse ih pah liang gnen-tse fou-seh, péh i-la ih pah liang gnen-tse ke tsang-gnen-p'iao. Kou-tse liang gnéh, gnen-p'iao song-tse-tsé-lai tsé, wo lao ka-ke. Ngou ih-k'eu, gnen-p'iao ping véh k'ieu-kou. Zieû men i : ze ka-ke méh, na-teh véh k'ieu gni ? I wo : véh-zeng tè tao tsaong laong k'i : sou-i véh-zeng k'ieu. Ngou i men i : ki-zé véh-zeng tè tao tsaong laong k'i, na hiao-teh ze ka-ke gni ? I wo, i-la koé-tsang ke k'eu-ts'éh-lai, ze ka gnen-p'iao. Ngou ih-t'ing i-ke seh-wo faong-daong teh-ghieh, tei i wo : lai, tè-tse kou-tsang gnen-p'iao lao gni ih-dao tao tsaong laong ling gnen-tse k'i, k'eu i ka gni véh ka. Nai-méh liang-ka-deû tao tsaong laong k'i : kieû-kieng véh

---

Bien que j'aie retrouvé ce jeton, comptons cependant la marchandise, et voyons enfin s'il y a vraiment un déficit; tous deux nous en aurons le cœur plus à l'aise. Je dis alors à leurs employés de prendre les balles de coton dans leur dépôt et de les apporter toutes dans la cour; nous comptâmes avec le plus grand soin; pas d'erreur: il y avait bien les cent balles. Vous voyez évidemment, leur dis-je, qu'il n'y a pas d'erreur! Oui, répondirent-ils, nous le voyons évidemment; il y a le compte exact. Là-dessus, je m'en retournai. Qu'en dites-vous? n'est-ce pas risible?— Autrefois, je vous avais dit que ce Maitre Waong était un homme stupide, mais vous ne me croyiez pas encore beaucoup; comment, ayant perdu des jetons, sans aller compter sa marchandise, venir dire que vous lui avez envoyé une balle en moins, est-ce raisonnable? —Ah! vous ne savez pas encore ce qui est arrivé l'an dernier. Nous avions acheté à leur magasin de la marchandise pour la valeur de cent taëls, et nous leur avions donné un billet de banque de cent taëls. Deux jours après, il nous rapporta ce billet, disant qu'il était contrefait. Je regarde ce billet: il n'était pas marqué d'un rond; alors, je lui demande: Puisqu'il est contrefait comment ne porte-t-il pas de rond? — C'est, dit-il, qu'il n'est pas retourné à la banque (qui l'a émis); voilà pourquoi il ne porte pas de rond.—Mais, lui demandai-je, puisqu'il n'est pas retourné à cette banque, comment savez-vous qu'il est contrefait? — C'est que, dit-il, de l'avis de notre caissier, c'est un billet contrefait. — Quand j'entendis ces paroles si peu sensées, je lui dis: Prenons ce billet, et allons tous deux en toucher le montant à la banque; nous verrons s'il est contrefait. Nous nous rendons donc à la banque; le billet n'était

是假个。銀子領出來者。箇辰光。面孔上勿好意思。坍坍𡊄𡊄。担之銀子咾轉去个。

第三十四章

先生箇張退票。要還銀子咾打印。無用个者。　担來讓我看。箇張票子。勿是伲發拉个。　那能勿是㑚發拉个呢。　因為票子上。無得伲个收號。　我記得。一定是自㑚發拉个。那能現在話。勿是㑚發个呢。　我對儂話。若使伲發个票子。總有伲个收號。伲个印个。現在票子上。又勿有啥伲个收號。又勿有啥伲个印。那能是自伲發拉个呢。　㑚話無得㑚个收號。到底票子上記拉。自我是自㑚搭收拉个味。　單不過有伲搭收拉个記號。勿殼事个。總要有伲收別人家个印味可以。　就是有㑚个收號。㑚現在咾勿認。教我有啥法子。　無得勿認个。若使是自伲撥拉个。伲亦可以回轉去。教人打無用頭个印。伲勿落脫啥。那咾勿

ze ka-ke ; gnen-tse ling-tse-lai tsé ; kou zen-koang mié-k'ong laong véh hao i-se : t'è-t'è-ts'ong-ts'ong, tè-tse gnen-tse lao tsé-k'i ke.

DI-SÈ-ZÉH-SE TSANG

Sié-sang kou-tsang t'ei-p'iao yao wè gnen-tse lao tang-yen, m yong ke tsé. — Tè-lai gnang ngou k'eu. Kou-tsang p'iao-tse véh ze gni fah-la-ke. — Na-neng véh ze na fah-la-ke gni ? — Yen-wei p'iao-tse laong m teh gni-ke seû-hao. — Ngou ki-teh ih-ding ze ze-na fah-la-ke, na-neng yé-zai wo véh ze na fah ke gni ! — Ngou tei nong wo : zah-se gni fah ke p'iao-tse, tsong yeû gni-ke seû-hao, gni-ke yen ke. Yé-zai p'iao-tse laong i véh yeû sa gni-ke seû-hao, i véh yeû sa gni-ke yen, na-neng ze ze-gni fah-la-ke gni ! — Na wo m teh na-ke seû-hao, tao-ti p'iao-tse laong ki-la ze-ngou ze ze-na-tèh seû-la-ke méh. — Tè-péh-kou yeû gni-tèh seû-la-ke ki-hao, véh keû-ze ke ; tsong yao yeû gni seû-biéh gnen-ka ke yen méh k'o-i. — Zieû-ze yeû na-ke seû-hao, na yé-zai lao véh gnen, kiao ngou yeû sa fah-tse. — M teh véh gnen ke : zah-se ze-gni fah-la-ke, gni a k'o-i wé-tsé-k'i, kiao gnen tang m yong-deû-ke yen ; gni véh loh-t'éh sa, na lao véh

---

nullement contrefait, et nous touchâmes l'argent; il fit alors une mine piteuse; couvert de honte et de confusion, il prit son argent et s'en retourna.

CHAPITRE TRENTE-QUATRIÈME

D'OU VIENT CE BILLET

Maitre, voici un billet à rembourser: mettez-y le cachet pour le rendre inutile. — Montrez-le moi que je le voie. Ce billet n'a pas été émis par nous. — Comment! n'est-ce pas vous qui l'avez émis? — Sur ce billet, il n'y a pas notre signe de réception.—Oh! je me rappelle bien! c'est vous qui me l'avez donné; comment dites-vous maintenant que ce n'est pas vous? — Je vais vous l'expliquer; si c'était un billet donné par nous, il porterait certainement notre signe de réception et notre cachet; maintenant, sur ce billet-ci, il n'y'a ni notre signe de réception ni notre cachet; comment aurait-il été donné par nous? — Vous dites qu'il n'y a pas votre signe de réception; cependant, le billet porte bien que je l'ai reçu chez vous. — La seule attestation que vous l'avez reçu chez nous ne suffit pas: il faudrait absolument qu'il y eût le cachet de la personne dont nous l'avons reçu.—Oh! puisque, bien qu'il porte votre signe de réception, vous ne le reconnaissez pas, je ne puis rien y faire. — Il ne s'agit pas de ne pas le reconnaître: si c'était nous qui l'avions donné, nous le rendrions à une autre personne pour en recevoir la valeur et nous n'y perdrions rien; pourquoi est-ce que nous ne le

認呢。　勿要箇張票子。倗忘記脫收之咾。　瞎話。伲總勿忘記个。還有个講究。我對儂話。箇張小錢莊上个票子。伲莊上向來勿用小錢莊上个票子。所以更加曉得勿是伲發个。　倗若使話。一定勿是自倗發拉个。無啥別樣法子。只好我吃箇个苦頭。　照我話起來。箇張票子。且到担轉去。仔細再想想看。啥人發个。　箇張十千銅錢个票子。替我換五張味。一千頭銅錢个。一張味五千頭个。一千一張个。伲莊上無得个。別人家店裡个。要勿要。　別人家店裡个。亦可以个。　自家點點看。對勿對。　勿錯。對个。票子上收印。打拉沒。　打拉者。

第三十五章

大哥。刻刻我拉鎮上。看見人家做鬧。　啥个做鬧。　看見一个南邊人。揪住之一个本地人。到巡檢衙門去。打官司。後頭跟之好幾个人。我勿曉得爲啥事體。就跟伊拉到衙門裡去。（續見下張）

gnen gni ? — Véh yao kou-tsang p'iao-tse na maong-ki-t'éh seû-tse lao. — Hah wo, gni tsong véh maong-ki ke. Wè yeû-ke kaong-kieû : ngou tei nong wo : kou-tsang siao zié-tsaong laong ke p'iao-tse ; gni tsaong laong hiang-lai véh yong siao zié-tsaong laong ke p'iao-tse : sou-i keng-ka hiao-teh véh ze gni fah ke.— Na zah-se wo ih-ding véh ze ze-na fah-la-ke, m sa biéh yang fah-tse, tseh h'ao ngou k'ieh kou-ke k'ou-deû. — Tsao ngou wo-k'i-lai, kou-tsang p'iao-tse ts'ia-tao tè-tsé-k'i, tse-si tsai siang-siang-k'eu sa gnen fah-ke. — Kou-tsang zéh ts'ié dong-dié ke p'iao-tse, t'i ngou wé n tsang méh ih ts'ié-deû dong-dié ke, ih tsang méh n ts'ié-deû-ke. — Ih ts'ié ih-tsang-ke, gni tsaong laong m teh ke : biéh gnen-ka tié li ke yao véh yao. — Biéh gnen-ka tié li ke a k'o-i ke. — Ze-ka tié-tié-k'eu, tei véh tei. — Véh ts'ouo, tei ke. P'iao-tse laong seû-yen tang-la méh ? — Tang-la tsé.

DI-SÈ-ZÉH-N TSANG

Da kou, k'ai-k'ai ngou la tsen laong k'eu-kié gnen-ka tsou nao.— Sa-ke tsou nao ? — K'eu-kié ih-ke né-pié gnen ts'ieû-zu-tse ih-ke pen-di gnen tao zin-kié nga-men k'i tang koé-se : heû-deû ken-tse h'ao-ki-ke gnen. Ngou véh hiao-teh wei sa ze-t'i, zieû ken i-la tao nga-men li k'i,

---

reconnaîtrions pas ? — Peut-être que, pour ce billet, vous avez oublié de mettre votre signe de réception.— Cela ne signifie rien ; nous n'avons pas pu oublier d'y apposer notre signe de réception ; de plus, il y a encore un argument que voici : ceci c'est un billet d'une petite banque ; or, dans notre maison, jusqu'ici, nous n'avons pas fait usage des billets de ces petites banques ; à cause de cela, je suis encore plus sûr que ce billet n'a pas été donné par notre maison. — Si vous vous obstinez à dire que ce n'est pas vous qui l'avez donné, il n'y a rien à faire ; je n'ai qu'à supporter ce malheur.—Si vous voulez suivre mon avis, vous remporterez ce billet, et vous réfléchirez bien pour savoir qui vous l'a donné. — Prenez ce billet de dix-mille sapèques, et changez-le moi pour cinq billets de mille et un de cinq mille.—Nous n'avons pas de billets de mille de notre propre banque ; si nous vous donnions en place des billets d'une autre banque, cela vous irait-il ? — Oui, ceux d'une autre banque peuvent aller.— Vérifiez : y a-t-il le compte ?— Oui, il y a le compte. Sur ce billet, avez-vous mis votre signe de réception ?—Oui, nous l'y avons mis.

CHAPITRE TRENTE-CINQUIÈME

UN JUGEMENT

Cher Monsieur, je viens d'assister à une scène dans le bourg.— A quelle scène ?—J'ai vu un méridional qui prenait au collet un homme de ce pays-ci, et qui le conduisait au tribunal du juge local pour plaider contre lui. Par derrière, il y avait pas mal de monde à les suivre ; ne sachant pas de quoi il s'agissait, je les suivis jusqu'au tribunal

看伊究竟啥事體。伊拉兩家頭。到之衙門裡。南邊人就告訴衙役話。伲要打官司。衙役担伊領進去。我亦跟之伊拉進去。巡檢司坐之堂。伊拉兩个人。到堂上。儕跪下來。巡檢司。問箇个南邊人。叫啥名頭。啥地方人。爲啥咾要來打官司。箇个南邊人。磕之一个頭咾話。小的名頭叫兪配。江西臨江府人。拉第搭開裁縫店个。因爲小的拉蕩搭。買之一个妾。就拉鎮上燈籠街上。租之兩間住房。貼正小的拉店裡做生活。打發一个徒弟。到屋裡去。担點東西。轉來對我話。小的屋裡。坐个年輕人拉。勿認得个。小的聽見之。疑惑得極。就跑歸去。看看看。到屋裡一看。街上門關拉。小的推門進去。到屋裏一看。就是箇个人。坐拉屋裡。小的戤之火咾。就打伊一記巴掌。伊回手拉穿我面孔。乃味小的。就揪伊來打官司。求老爺問伊。到底到小的屋裡來做啥。巡檢乃味。問箇个人。叫啥名頭。住拉啥地方。做啥个。到兪配屋裏去爲啥事體。箇个人話。小的名頭叫王安。住拉鎮上紅

k'eu i kieu-kieng sa ze-t'i. I-la liang-ka-deû tao-tse nga-meng li, né-pié gnen zieû kao-sou nga-yoh wo : gni yao tang koé-se. Nga-yoh tè i ling-tsin-k'i ; ngou a ken-tse i-la tsin-k'i. Zin-kié-se zou-tse daong, i-la liang-ke gnen tao daong laong zi ghiu-hao-lai. Zin-kié-se men kou-ke né-pié gnen kiao sa ming-deû, sa di-faong gnen, wei sa lao yao lai tang koé-se. Kou-ke né-pié gnen, k'éh-tse ih-ke deû lao wo : siao-ti ming-deû kiao Yu-p'ei, Kaong-si Lin-kaong-fou gnen, la di-tèh k'ai zai-wong tié ke. Yen-wei siao-ti la daong-tèh ma-tse ih-ke ts'ih, zieû la tsen laong teng-long ka laong tsou-tse liang-kè zu-waong. T'ih-tseng siao-ti la tié li tsou sang-wéh, tang-fah ih-ke dou-di tao ôh-li k'i, tè tié tong-si. Tsé-lai tei ngou wo siao-ti ôh-li zou-ke gné-k'ieng gnen la, véh gnen-teh ke. Siao-ti t'ing-kié-tse, gni-woh teh-ghieh ; zieû bao-kiu-k'i, k'eu-k'eu-k'eu. Tao ôh-li ih-k'eu, ka laong men koè-la ; siao-ti t'ei men tsin-k'i. Tao ôh-li ih-k'eu, zieû-ze kou-ke gnen zou-la ôh-li. Siao-ti koang-tse-h'ou lao zieû tang i ih-ki pouo-tsang ; i wei seû la ts'é ngou mié-k'ong. Nai-méh siao-ti zieû ts'ieû i lai tang koé-se. Ghieû lao-ya men i, tao-ti tao siao-ti ôh-li lai tsou sa. Zin-kié nai-méh men kou-ke gnen kiao sa ming-deû, zu-la sa di-faong, tsou sa ke, tao Yu-p'ei ôh-li k'i wei sa ze-t'i ? Kou-ke gnen wo : siao-ti ming-deû kiao Waong-eu, zu la tsen laong, hong-

---

pour voir en définitive ce qu'il en était. Quand ils furent arrivés au tribunal, le méridional prévint les satellites qu'ils voulaient tous deux plaider ; les satellites les firent donc entrer ; j'entrai aussi à leur suite ; le juge local prit place au tribunal. Quand ces deux hommes furent arrivés dans la salle, ils se mirent tous deux à genoux ; le juge interrogea le méridional : Quel est ton petit nom ? d'où es-tu ? pour quelle affaire viens-tu plaider ? Le méridional, après avoir fait une prostration, répondit : Votre serviteur s'appelle Yu-p'ei ; je suis de Lin-kiang-fou dans le Kiang-si, et j'ai dans ce pays un atelier de tailleur. Ayant acheté ici l'an dernier une concubine, j'ai loué dans le bourg, dans la ruelle des Lanternes, deux chambres. Tout à l'heure, comme je travaillais dans mon atelier, j'envoyai un apprenti prendre chez moi quelque chose. A son retour, il me dit qu'il y avait chez moi un jeune homme et qu'il ne savait pas qui c'était. En entendant ces paroles, je conçus de graves soupçons et je courus chez moi, voir (ce qui en était) ; arrivé à la maison, je regarde : la porte de la rue était fermée ; je la pousse, j'entre. A peine entré, au premier coup d'œil, j'aperçois cet homme assis dans la chambre ; à cette vue, je fus hors de moi et je lui donnai un soufflet ; il riposta, en m'égratignant le visage ; c'est alors que je l'ai amené de force pour plaider ; je prie le mandarin de lui demander en fin de compte ce qu'il est venu faire chez moi. Le juge interrogea donc cet homme : Quel est ton nom ? où habites-tu ? quelle est ta profession ? qu'es-tu allé faire chez Yu-p'ei ? Cet homme répondit : Le nom de votre serviteur est Waong-eu ; j'habite dans ce bourg

竹街上个。平素做放印子生意个。俞配个妾。起頭搭我。住拉一个牆圈裡个。二个月前頭。伊个妾。借小的十兩銀子印子。每月小的到伊屋裡担印子。今朝日子又到者。小的担之摺子。到伊屋裡。伊个妾味。担印子錢來撥拉我。小的貼正坐拉屋裡。吃茶个辰光。俞配到者。看見之小的。滿頭个火。眼精蛋出之。問小的是啥人。到我屋裡來做啥。話完之味。就打小的一記巴掌。小的亦戳火。就還手拉伊面孔。因而伊揪小的來打官司。話完之。就担印子錢个摺子出來。撥拉官府看。巡檢話。既然俞配勿要儂到伊屋裡去。後來每个月。儂到伊裁縫店去。担印子錢。不許儂到伊屋裡去。若使再到伊屋裡去。俞配告起儂來。我要辦儂。乃味教伊拉大家轉去。

tsŏh ka laong ke ; bing-sou tsou faong yen-tse sang-i ke. Yu-p'ei ke ts'ih k'i-deû tèh ngou zu la ih-ke ziang-k'ieu li ke. Liang-ke gneuh zié-deû, i-ke ts'ih tsia siao-ti zéh liang gnen-tse yen-tse ; mei gneuh siao-ti tao i ôh-li tè yen-tse. Kien-tsao gnéh-tse i tao tsé ; siao-ti tè-tse tsĕh-tse, tao i ôh-li. I-ke ts'ih méh tè yen-tse-dié lai péh la ngou. Siao-ti t'ih-tseng zou la ôh-li k'ieh zouo ke zen-koang, Yu-p'ei tao tsé. K'eu-kié-tse siao-ti, mé deû ke h'ou, ngè-tsing dai ts'éh-tse, men siao-ti ze sa gnen, tao ngou ôh-li lai tsou sa? Wo-wé-tse méh, zieû tang siao-ti ih-ki pouo-tsang. Siao-ti a koang-h'ou, zieû wê-seû la i mié-k'ong. Yen-eul i ts'ieû siao-ti lai tang koé-se. Wo-wé-tse, zieû tè yen-tse-dié ke tsĕh-tse ts'éh-lai, péh la koé-fou k'eu. Zin-kié wo: ki-zé Yu-p'ei véh yao nong tao i ôh-li k'i, heû-lai mei-ke gneuh nong tao i zai-wong-tié k'i, tè yen-tse-dié; véh hiu nong tao i ôh-li k'i. Zah-ze tsai tao i ôh-li k'i, Yu-p'ei kao-k'i nong lai, ngou yao bè nong. Nai-méh kiao i-la da-ka tsé-k'i.

---

la ruelle des Bambous rouges; habituellement, je prête à la petite semaine pour gagner ma vie. La concubine de Yu-p'ei habitait autrefois dans la même cour que moi; et comme, il y a deux mois, elle m'a fait (de cette sorte) un emprunt de dix taëls, chaque mois, je me rends chez elle pour recevoir mon argent ; aujourd'hui, le jour étant arrivé, je pris mon livret et je me rendis chez lui ; sa concubine me paya ce qu'elle me devait; mais, juste au moment où j'étais assis dans la chambre en train de boire le thé, Yu-p'ei arrive chez lui ; à ma vue, la colère sur le front, les yeux braqués sur moi, il me demande : Qui es-tu ? que viens-tu faire chez moi? et, en disant cela, il me donna un coup sur la figure ; dans ma colère, je le lui rendis : alors, il m'amena ici de force pour plaider. Quand il eut fini de parler, il sortit le livret de l'emprunt, et le montra au juge. Alors, le juge de paix annonça : Puisque Yu-p'ei n'aime pas que tu ailles chez lui, désormais, chaque mois, tu iras toucher ton argent à son atelier de tailleur : voilà ; il ne t'est plus permis d'aller de nouveau dans sa maison. Si tu y allais encore, que Yu-p'ei vienne t'accuser, et, pour sûr, je te punirai. Là-dessus, il leur dit à tous deux de s'en retourner.

第三十六章

老弟我有一件事體拉。講撥儂聽。　啥事體。　新近我從外頭轉來。有一日我住拉大鎮上。客寓裡。聽見店裡當賬个話。有一爿德成錢莊。其日來一个人。担之一只手鐲。賣拉箇爿莊上。莊上个人。剛剛担戥子來。稱箇只手鐲个辰光。又跑來一个人。對賣鐲頭个人話。刻刻我到尊府邊。帶一封銀信撥拉閣下。閣下个屋裡人話。自家到之街上來者。我乃味就到街上來尋。恰好看見閣下。到箇爿莊上來。話个時氣。身邊一頭拿出一封信。一个銀子包來。對伊話。箇个是浙江來个銀信。賣鐲頭人味。收之銀子咾信。撥之送信个人一百銅錢。送信个人味就去者。賣鐲頭个人。對錢莊上人話。現在我兄弟從浙江寄之銀子來者。鐲頭勿要賣者。箇个銀子。換撥拉郍之罷。還有一樣。我勿識字个。費神先生。箇封信拆開來。（續見下章）

DI-SÈ-ZÉH-LÔH TSANG

Lao di, ngou yeû ih-ghié ze-t'i la kaong-péh nong t'ing. — Sa ze-t'i ? — Sin-ghien ngou zong nga-deû tsé-lai, yeû ih gnéh ngou zu la dou tsen laong k'ah-gnu li, t'ing-kié tié li taong-tsang ke wo : Yeû ih-bè Teh-zeng zié tsaong, ghi gnéh lai ih-ke gnen, tè-tse ih-tsah seû-zôh, ma la kou-bè tsaong laong. Tsaong laong ke gnen kaong-kaong tè ten-tse lai ts'eng kou-tsah seû-zôh ke zen-koang, i bao-lai ih-ke gnen tei ma zôh-deû ke gnen wo : K'ai-k'ai ngou tao tsen-fou pié, ta ih-fong gnen-sin péh la koh-ya. Koh-ya ke ôh-li gnen wo : ze-ka tao-tse ka laong lai tsé. Ngou nai-méh zieû tao ka laong lai zin. Hah-h'ao k'eu-kié koh-ya tao kou-bè tsaong laong lai. Wo ke ze-k'i, sen-pié ih-deû nao-ts'éh ih-fong sin, ih-ke gnen-tse-pao lai, tei i wo: Kou-ke ze Tsĕh-kaong lai-ke gnen-sin. Ma zôh-deû gnen méh seû-tse gnen-tse lao sin, péh-tse song-sin ke gnen ih pah dong-dié. Song-sin ke gnen méh zieû k'i tsé. Ma zôh-deû ke gnen tei zié-tsaong laong gnen wo : Yé-zai ngou hiong-di zong Tsĕh-kaong ghi-tse gnen-tse lai tsé, zôh-deû véh yao ma tse. Kou-ke gnen-tse wé-péh la na tse ba. Wè yeû ih yang: ngou véh seh ze ke, fi-zen sié-sang, kou-fong sin ts'ah-k'ai-lai,

---

CHAPITRE TRENTE-SIXIÈME

ESCROQUERIE — UN TROMPEUR TROMPÉ

Cher ami, j'ai une histoire à vous raconter. — Quelle histoire ? — Tout dernièrement, je suis venu de province; un jour que j'étais à l'hôtel dans un gros bourg, j'entendis le maître de l'hôtel raconter cette histoire. Il y a une banque appelée "Perfection de la vertu." Ce jour-là, un homme portant un bracelet vint le vendre à cette banque. Au moment où les gens de la banque apportaient de petites balances, pour peser le bracelet, il entra un autre homme qui dit au vendeur du bracelet: Tout à l'heure, je suis allé vous porter chez vous une lettre chargée; mais, vos gens m'ayant dit que vous étiez sorti dans la rue, je suis venu vous y chercher et je vous ai précisément vu entrer dans ce magasin. Tout en parlant, il tira de son sein une lettre et un paquet d'argent; voici, dit-il, une lettre chargée qui vient du Tché-kiang. Le vendeur du bracelet reçut l'argent et la lettre et donna cent sapèques à celui qui l'avait apportée, lequel s'en alla immédiatement. Alors, le vendeur du bracelet dit aux gens de la banque : Maintenant, mon frère m'ayant envoyé de l'argent du Tché-kiang, je ne vends pas mon bracelet; échangez-moi cet argent. Il y a encore une chose : je ne connais pas les caractères : prenez donc la peine d'ouvrir cette lettre

替我念一念。莊上个人。担鐲頭還之伊。拆開信來念伊聽。起頭不過話。拉外勢一路平安。請放心味者。後來味又話。現在先寄十兩銀子來。請收來用。等我有便。再多寄點來。箇个人話。格味十兩銀子。倗担來稱一稱咾。一齊換之現錢味者。莊上个人。担去一稱。看見十一兩銀子。心裡喜歡得極。要想吃過伊一兩銀子。就照之十兩銀子个現錢咾。撥拉伊。箇个人。擔之咾去者。等之勿多歇。又有一个人進來。担之銀票咾領銀子。對莊上个人話。倗上之當者。刻刻換銀子个拐子耶。換拉倗个假銀子。那能放伊做什介生意个呢。莊上人。忙煞能。担夾剪。剪開銀子來一看。果眞假个。乃味就問伊。尊駕認得箇个人否。第个人話。倗肯撥銅錢我。我領倗去尋着箇个人。莊上管賬个。撥伊一百銅錢。教伊領之咾。去尋箇个拐子。箇个人担之一百銅錢。領之莊上兩个人咾去者。伊走到一爿點心店个門口頭。對莊上兩个人話。倗看箇个拐子。拉點心店裡吃點心。倗進去

t'i ngou gnè-ih-gnè. Tsaong laong ke gnen tè zôh-deû wè-tse i, ts'ah-k'ai sin lai gnè i t'ing. K'i-deû pêh-kou wo: la nga-se ih-lou bing-eu, ts'ing faong-sin mèh tsé. Heû-lai mèh i wo: yé-zai sié ghi zéh liang gnen-tse lai ts'ing seû lai yong; teng ngou yeû bié tsai tou ghi tié lai. Kou-ke gnen wo: keh-mèh zéh liang gnen-tse na tè-lai ts'eng-ih-ts'eng lao ih-zi wé-tse yé-dié mèh tsé. Tsaong laong ke gnen tè-k'i; ih-ts'eng, k'eu-kié zéh-ih liang gnen-tse, sin-li hi-hoé teh-ghieh, yao siang k'ieh-kou i ih liang gnen-tse; zieû tsao-tse zéh liang gnen-tse ke yé-dié lao pèh la i. Kou-ke gnen tè-tse lao k'i tsé. Teng-tse véh tou-hiéh, i yeû ih-ke gnen tsin-lai, tè-tse gnen-p'iao lao ling-gnen-tse. Tei tsaong laong ke gnen wo: na zaong-tse taong tsé, k'ai-k'ai wé gnen-tse ke koa-tse ya: wé la na ke ka gnen-tse. Na-neng faong i tsou zéh-ka sang-i ke gni? Tsaong laong gnen maong-sah-neng tè kah-tsié, tsié-k'ai gnen-tse lai; ih-k'eû, kou tsen ka-ke. Nai-mèh zieu men i: tsen-kia gnen-teh kou-ke gnen va? Di-ke gnen wo: na k'eng pèh dong-dié ngou, ngou ling na k'i zin-zah kou-ke gnen. Tsaong laong koé-tsang ke pèh i ih pah dong-dié, kiao i ling-tse lao k'i zin kou-ke koa-tse. Kou-ke gnen tè-tse ih pah dong-dié, ling-tse tsaong laong liang-ke gnen lao k'i tsé. I tseû tao ih-bè tié-sin tié ke men-k'eû-deû, tei tsaong laong liang-ke gnen wo: na k'eu kou-ke koa-tse la tié-sin tié li k'ieh tié-sin, na tsin-k'i,

---

et de me la lire. Les gens de la banque lui rendirent donc son bracelet; puis ils ouvrirent la lettre et la lui lurent. Au commencement, le frère de cet homme disait seulement: Au dehors, mon voyage a été heureux; ne soyez pas inquiet, je vous prie. Puis il ajoutait: Je commence par vous envoyer aujourd'hui dix onces d'argent; recevez-les pour votre usage; quand, plus tard, il se présentera une occasion, je vous en enverrai davantage. Là-dessus, cet homme ajouta: Prenez ces dix onces d'argent, pesez-les et changez-moi le tout contre de la monnaie. Les gens de la banque prirent donc l'argent. En le pesant, ils trouvèrent onze onces; ils se réjouirent fort en eux-mêmes, comptant bien lui escamoter une once. De fait, ils lui donnèrent de la monnaie pour dix onces d'argent. Cet homme la prit et sortit. Peu de temps après, quelqu'un vint, apportant un billet à toucher. Il dit aux employés de la banque: Vous avez été pris au piège; le changeur d'argent de tout à l'heure est un escroc; ce qu'il vous a donné c'est de l'argent faux; comment avez-vous pu le laisser opérer un tel profit? Les gens de la banque prirent vite des cisailles et coupèrent le lingot pour l'examiner: il était bien faux. Les gens de la banque lui demandent: Connaissez-vous cet homme? — Si vous voulez me donner de l'argent, répondit-il, je puis vous conduire à sa recherche. Le directeur de la banque lui donna cent sapèques et lui dit de les conduire à la recherche de ce filou. L'autre, ayant reçu les sapèques, s'en alla aussitôt guidant deux employés. Ils marchèrent jusqu'à la porte d'un pâtissier, et alors, cet homme dit aux gens de la banque: Regardez, votre filou est à prendre un goûter dans ce restaurant; entrez vous-mêmes,

尋伊罷。兩个莊上人。担之一包假銀子。進去。看見之拐子。對伊話。儂換拉伲个箇包銀子。是假个。第个人話。我亦勿曉得銀子。是假个呢眞个。本來是自我兄弟外勢寄來个。既然是假个。還之倗銅錢味者。箇个人就教點心店裡管賬个。担箇包銀子來稱一稱。十兩是拉个否。管賬个授去。擱拉天平上一稱。話咾十一兩銀子拉去。箇个人聽見之。對莊上人話。我刻刻換撥拉倗个。是十兩銀子。現在箇包銀子十一兩拉去。那能是我个呢。倗担假个銀子來詐我。莊上人聽見之。一聲口亦還勿出。其時別个吃點心个人。聽見之。儕勿平。要打莊上个人。伊拉無法子。就担之箇包假銀子咾。跑子轉去。

第三十七章

閣下提起之个拐子味。我亦講一个撥閣下聽。幾年前頭。伲本地方有个出名个郎中。姓方。（續見下張）

zin i ba. Liang-ke tsaong laong gnen tè-tse ih-pao ka gnen-tse tsin-k'i. K'eu-kié-tse koa-tse tei i wo: Nong wé-la gni-ke kou-pao gnen-tse ze ka-ke. Di-ke gnen wo: Ngou a véh kiao-teh gnen-tse ze ka-ke gni tsen-ke, pen-lai ze ze-ngou hiong-di nga-se ki lai ke. Ki-zé ze ka-ke, wè-tse na dong-dié mèh tsé. Kou-ke gnen zieû kiao tié-sin tié li koé-tsang ke tè kou-pao gnen-tse lai ts'eng-ih-ts'eng, zéh liang ze-la-ke va. Koé-tsang ke seû-k'i koh la t'ié-bing laong; ih-ts'eng, wo lao zéh-ih liang gnen-tse la-k'i. Kou-ke gnen t'ing-kié-tse, tei tsaong laong gnen wo: Ngou k'ai-k'ai wé-pèh la na ke ze zéh liang gnen-tse, yé-zai kou-pao gnen-tse zéh-ih liang la-k'i, na-neng ze ngou ke gni? Na tè ka-ke gnen-tse lai ts'ouo ngou. Tsaong laong gnen t'ing-kié-tse, ih-sang-k'eu a wè-véh-ts'éh. Ghi-ze biéh-ke k'ieh-tié-sin ke gnen t'ing-kié-tse zé véh bing: yao tang tsaong laong ke gnen. I-la m fah-tse, zieû tè-tse kou-pao ka gnen-tse lao bao-tse-tsé-k'i.

DI-SÈ-ZÉH-TS'IH TSANG

Koh-ya di-k'i-tse ke koa-tse mèh, ngou a kaong ih-ke pèh koh-ya t'ing. Ki gné zié-deû gni pen di-faong yeû-ke ts'éh-ming ke laong-tsong sing Faong.

---

et allez le trouver. Les deux garçons de banque entrèrent donc tenant en main le paquet d'argent faux, et apercevant le filou: Ce paquet d'argent que vous nous avez changé est de l'argent faux, lui dirent-ils. Moi! répondit-il, j'ignore s'il est faux ou s'il est vrai; il m'est envoyé de province par mon frère; puisqu'il est faux, je vais vous rendre votre monnaie. Là-dessus, il demande au directeur du restaurant de vouloir bien peser le lingot, pour voir s'il est de dix onces. Le directeur le reçoit, le dépose sur le plateau de la balance, le pèse, et dit qu'il y a onze onces. L'autre, entendant ces paroles, s'adressa aux gens de la banque: Ce que je vous ai changé tout à l'heure, c'est dix onces d'argent: maintenant, ce paquet d'argent est de onze onces, comment serait-ce le mien? C'est vous qui avez apporté d'autre argent faux pour me faire tort. Les gens de la banque l'entendant parler ainsi ne purent répondre un seul mot. Pendant ce temps-là, quelques autres personnes, qui étaient à prendre une collation, apprenant de quoi il s'agissait et ne pouvant se contenir, voulaient absolument battre les deux garçons de banque. Ceux-ci, n'ayant pas d'autre ressource, prirent vite leur faux lingot et s'en allèrent en courant.

CHAPITRE TRENTE-SEPTIÈME

QUIPROQUO — ESCROQUERIE

Vous m'avez parlé d'un escroc, je vais à mon tour vous en citer un. Il y a quelques années, dans mon pays, vivait un célèbre médecin nommé Faong;

伊有功名个。屋裡財主得極。日逐早辰頭。門上看病个。總有幾十號。有一日早起裡。來一个人。打扮之大人家。跟班个神氣。來見箇个郎中方先生咾話。我是某宅裡个。因爲現在屋裡。伲个老爺太太。儕生病拉。打算蕩搭來看病。請先生明朝早辰頭。等拉屋裡。方先生話。是者。到明朝早上。箇个相帮人又來者。還同之一个別个人。手裡担之包袱。箇个相帮人。進來問方先生咾話。老爺先看呢。還是太太先看。方先生話。生拉太太先看。乃味第个相帮人。就担箇个人手裡个包裹受過來。担之咾出去者。箇个人味。坐拉橙上等拉。後來多化人。看完之病咾走者。方先生問箇个人咾話。儂亦要看病呢啥。伊話我勿是看病个。我是衣莊上个人。拉搭等先生个相帮人。担衣裳出來。方先生聽見之。詫異得極。問咾話。等那裡一个我个相帮人耶。担啥个衣裳耶。伊話咾。就是刻刻。同我一淘進來个相帮人。先生對伊話。太太先看。伊乃味担之衣裳咾。就到裡向去个。方

I yeû kong-ming ke, ôh-li zai-tsu teh-ghich: gnéh-zôh tsao-zen-deû, men-laong k'eu-bing-ke tsong yeû ki séh hao. Yeû ih-gnéh tsao-k'i-li, lai ih-ke gnen tang-pè-tse dou gnen-ka ken-pè ke zen-k'i, lai kié kou-ke laong-tsong Faong sié-sang lao wo: Ngou ze meû zah-li ke. Yen-wei yé-zai ôh-li gni-ke lao ya, t'a-t'a zi sang-bing-la, tang-seu daong-tèh lai k'eu-bing, ts'ing sié-sang ming-tsao tsao-zen-deû teng la ôh-li. Faong sié-sang wo: ze tsé. Tao ming-tsao tsao-laong, kou-ke siang-paong gnen i lai tsé. Wè dong-tse ih-ke biéh-ke gnen seû li tè-tse pao-woh. Kou-ke siang-paong gnen tsin lai, men Faong sié-sang lao wo: Lao-ya sié k'eu gni, wè-ze t'a-t'a sié k'eu? Faong sié-sang wo: sang-la t'a-t'a sié k'eu. Nai-méh di-ke siang-paong gnen zieû tè kou-ke gnen seû li ke pao-kou zeû-kou-lai, tè-tse lao ts'éh-k'i tsé. Kou-ke gnen-méh zou-la teng laong teng-la. Heû-lai tou-h'ouo gnen k'eu-wé-tse bing lao tseû tsé, Faong sié-sang men kou-ke gnen lao wo: Nong a yao k'eu bing gni sa? I wo: ngou véh ze k'eu bing ke; ngou ze i-tsaong laong ke gnen, la-tèh teng sié-sang ke siang-paong gnen, tè i-zaong ts'éh-lai. Faong sié-sang t'ing-kié-tse ts'ouo-i teh-ghich. Men lao wo; teng a-li ih-ke ngou-ke siang-paong gnen ya tè sa ke i-zaong ya? I wo lao: zieû-ze k'ai-k'ai dong ngou ih-dao tsin-lai ke siang-paong gnen; sié-sang tei i wo: t'a-t'a sié k'eu; i nai-méh tè-tse i-zaong lao zieû tao li-hiang k'i ke. Faong

---

il avait un grade, et était très riche. Chaque matin, à venir chez lui pour des consultations, il y avait toujours plusieurs dizaines de personnes. Un beau matin, un homme qui se donnait les airs d'un domestique de bonne maison, vint voir le docteur Faong, et lui dit: Je suis dans telle maison; présentement, mon maître et ma maîtresse sont tous deux malades; ils comptent venir ici vous consulter et ils vous prient de les attendre demain matin chez vous. Très bien, dit le docteur Faong. Le lendemain matin, le valet revint, et avec lui un autre homme portant un paquet; le valet entra, et demanda au docteur Faong: Est-ce Monsieur ou Madame que vous verrez en premier lieu? Naturellement, répondit le docteur Faong, ce sera Madame. Là-dessus, le valet prit le paquet que l'autre avait dans les mains, et sortit en l'emportant; l'autre s'assit sur un banc et attendit. Bon nombre de personnes après audience s'étant déjà retirées, le docteur Faong interrogea cet homme: Vous demandez aussi une consultation? — Non, dit l'autre, je suis employé dans une boutique d'habits, et j'attends ici que votre domestique me rapporte le vêtement. Le docteur Faong, entendant cela, fut dans la stupéfaction: Mon domestique! lui demanda-t-il; quel domestique? et quel vêtement? C'est, dit l'autre, ce valet qui est entré tout à l'heure avec moi; vous lui avez dit de commencer par Madame; et alors, il a emporté le vêtement dans l'appartement intérieur. Mais, reprit le docteur Faong,

先生又問咾話。箇个人那能對儂話。伊是我个相帮人呢。担過歇啥个衣裳來耶。衣莊上个人話。箇个人。今朝早上。到伲店裡來。話自家味是先生个相帮人。話先生要買一件女皮襖。先担來看看。對个味放拉。教伲跟一个人來。格咾我跟來拉个。方先生話。箇个人。勿是伲个相帮人。我亦勿認得伊是啥人。昨日伊來對我話。伊拉宅裡。因爲老爺太太。儕生病拉。要到箇搭來看病。教我今朝早辰等拉屋裡。刻刻進來問我。老爺先看呢。太太先看。我度是伊拉老爺太太到拉者。所以我話。自然太太先看。我是話先看病。眞勿曉得衣裳咾啥个事體。儂現在快點去。尋箇个人罷。衣莊上人聽見之。曉得箇个人是拐子。担衣裳騙之去者。

第三十八章

郭福。　哈。　儂去請先生來。　先生來者。坐拉外面屋裡。　啊。先生辛苦者。歇歇

sié-sang i men lao wo: kou-ke gnen na-neng tei nong wo i ze ngou ke siang-paong gnen gni; tè-kou-hiéh sa-ke i-zaong lai ya? I-tsaong laong ke gnen wo: kou-ke gnen kien-tsao, tsao laong, tao gni tié li lai wo: ze-ka méh ze sié-sang ke siang-paong gnen. Wo sié-sang yao ma ih-ghié gnu bi-ao, sié tè-lai k'eu-k'ou-k'eu. Tei-ke méh faong-la; kiao gni ken ih-ke gnen lai: keh-lao ngou ken-lai la ke. Faong sié-sang wo: Kou-ke gnen véh ze gni-ke siang-paong gnen: ngou a véh gnen-teh i ze sa gnen. Zôh-gnéh i lai tei ngou wo: i-la zah-li, yen-wei lao-ya t'a-t'a zé sang-bing la, yao tao kou-tèh lai k'eu bing; kiao ngou kien-tsao tsao-zen teng la ôh-li. K'ai-k'ai tsin-lai men ngou: lao-ya sié k'eu gni t'a-t'a sié k'eu? Ngou dôh ze i-la lao-ya t'a-t'a tao-la tsé, sou-i ngou wo: ze-zé t'a-t'a sié k'eu. Ngou ze wo sié k'eu bing, ping véh hiao-teh i-zaong lao sa ke ze-t'i. Nong yé-zai k'oa-tié k'i zin kou-ke gnen ba. I-tsaong laong gnen t'ing-kié-tse, hiao-teh kou-ke gnen ze koa-tse, tè i-zaong p'ié-tse-k'i tsé.

DI-SÈ-ZÈH-PÈH TSANG

Kouo-foh. — Hè. — Nong k'i ts'ing sié-sang lai. — Sié-sang lai tse, zou la nga-mié ôh-li. — O. Sié-sang sin-k'ou tsé, hiéh hiéh

---

comment cet homme vous a-t-il dit qu'il est mon domestique? et enfin, quel vêtement m'avez-vous apporté? Le fripier lui répondit. Ce matin, cet homme est venu à notre boutique, se donnant comme votre domestique, disant que vous vouliez acheter une robe fourrée pour femme, que nous devions l'apporter d'abord pour vous la montrer, que si elle vous convenait, vous la garderiez; et il nous demanda d'envoyer quelqu'un à sa suite; je suis donc venu avec lui. Je vais vous dire, repartit le docteur Faong: cet homme n'est point mon valet, et je ne sais pas qui il est; hier, il est venu me dire qu'à la maison, son maître et sa maîtresse étant tous deux malades, voulaient venir ici pour une consultation, et me priaient de les attendre ce matin chez moi; tout à l'heure, il est entré et m'a demandé qui je verrais d'abord, Monsieur ou Madame; j'ai cru que son maître et sa maîtresse étaient arrivés, et je lui répondis, que naturellement je verrais d'abord Madame; voulant dire qu'elle passerait la première en consultation, sans me douter d'aucune affaire de vêtement ou chose semblable. Maintenant, allez vite à la recherche de cet homme. Le fripier, entendant ce discours, comprit que cet homme était un filou qui lui avait escamoté un vêtement.

CHAPITRE TRENTE-HUITIÈME

DOUBLE ENQUÊTE SUR UN SUICIDE

Kouo-foh! — Voilà! — Va prier le Maître de venir. — Le Maître est venu; il est assis dans l'antichambre. — Ah! Maître, vous vous êtes fatigué: reposez-vous. —

罷。　歇者。閣下衰瘏。歇歇罷。　我倒勿那能衰瘏。今朝我想請先生來斟酌一件事體。　啥事體。　就是箇回出門拉个時候。我做一本日記。修飾好之咾。尋个人抄出來。　格味第个草稿担出來。讓我看看看。　其中還有一件事體。忘記者。請先生替我想想看。　啥事體。　就是箇日拉三和鎮上。店裡吃早飯个時候。聽見有一个客人話起。有个人住拉啥地方廟裏。自家吊殺个。帶累廟裡和尚。吃官司咾啥。箇件事體。我記勿清爽者。先生還記得否。　嗰。箇件事體。我記得个。　那能个。再講我聽聽看。　吃早飯个客人話。伊拉本地方。有只水神廟。有个客人住拉起。箇日半夜把。吊殺者。天一亮。和尚就去報官。知縣帶之驗屍个人咾。去驗之一驗。驗屍个人。勿曾驗明白。話咾像是勒死拉个。乃味知縣。就担和尚帶到衙門去。問和尚爲啥咾勒殺箇个人。和尚話。伲同第个人。前日子無啥仇。近來日脚無啥寃。啥咾話要勒死伊呢。知縣勿相信。動刑罰。拷打箇

ba. — Hiêh tsé; koh-ya sa-dou, hiêh hiêh ba. — Ngou tao vêh na-neng sa-dou. Kien-tsao ngou siang ts'ing sié-sang lai tsen-tsah ih-ghié ze-t'i. — Sa ze-t'i? — Zieû-ze kou-wei ts'êh-men-la ke ze-heû, ngou tsou ih-pen gnéh-ki, sieû-seh-k'ao-tse lao zin ke gnen ts'ao-ts'êh lai. — Keh méh di-ke ts'ao-kao tè-ts'êh-lai, gnang ngou k'eu-k'eu-k'eu. — Ghi-tsong wè yeû ih-ghié ze-t'i maong-k'i tsé: ts'ing sié-sang t'i ngou siang-siang-k'eu. — Sa ze-t'i? — Zieû-ze kou-gnéh la Sè-wou tsen laong tié li k'ieh tsao-vè ke ze-heû, t'ing-kié yeû ih-ke k'ah gnen wo-k'i, yeû-ke gnen zu la sa di-faong miao li, ze-ka tiao-sah ke, ta-lei miao li wou-zaong, k'ieh koé-se lao sa. Kou-ghié ze-t'i ngou ki vêh ts'ing-saong tsé. Sié-sang wè ki-teh va? — O, kou-ghié ze-t'i ngou ki-teh ke. — Na-neng ke, tsai kaong ngou t'ing-t'ing-k'eu. — K'ieh tsao-vè ke k'ah-gnen wo: I-la pen di-faong yeû tsah se-zen miao, yeû-ke k'ah gnen zu la k'i. Kou-gnéh pé-ya-pouo tiao-sah tsé. T'ié ih-liang, wou-zaong zieû k'i pao koé. Tse-yeû ta-tse gné-se ke gnen lao, k'i gné-tse ih-gné. Gné-se ke gnen vêh-zeng gné ming-bah, wo lao ziang ze lêh-si la ke. Nai-méh tse-yeû zieû tè wou-zaong ta tao nga-men k'i, men wou-zaong wei sa lao lêh-sah kou-ke gnen? Wou-zaong wo: gni dong di-ke gnen zié gnéh-tse m sa zeû, ghien-lai gnéh-kiah m sa yeu; sa lao wo yao lêh-sah i gni? Tse-yeu vêh siang-sin, dong yeng-vah, k'ao tang kou-

---

Je me suis reposé; mais vous, vous êtes fatigué, reposez-vous. — Oh! je ne sens pas une grande fatigue. Aujourd'hui, je vous ai invité pour vous entretenir d'une affaire. — Quelle affaire? — La dernière fois que nous sommes allés en province, j'ai rédigé mon journal; il faudrait le corriger, et chercher quelqu'un pour le transcrire. — Donnez-moi d'abord votre brouillon que je l'examine. — Il y a aussi dedans une histoire que j'ai oubliée; je vous prie, Maître, de vous la rappeler pour moi. — Quelle affaire? — Voici: le jour, où nous étions dans le bourg de la Triple Concorde, pendant que nous déjeunions à l'auberge, nous entendîmes un voyageur raconter qu'un homme, qui logeait quelque part dans une pagode, s'était pendu, compromettant ainsi le bonze de la pagode, et qu'il y avait eu un procès. etc. Je ne me rappelle pas clairement la chose; vous en souvenez-vous encore? — Oh! oui, je m'en souviens. — Alors, veuillez me la répéter. — Ce voyageur, qui était à déjeuner, raconta que, dans son pays, il y a une pagode de l'esprit des eaux. Un étranger qui y logeait se pendit au milieu de la nuit; dès qu'il fit jour, le bonze avertit le mandarin; le sous-préfet, emmenant avec lui un expert, alla examiner le cadavre; et cet expert, n'ayant pas assez clairement examiné, dit que le mort semblait avoir été étranglé; là-dessus, le sous-préfet traîna le bonze au tribunal, et il lui demanda pourquoi il avait étranglé ce voyageur; le bonze répondit: Dans le passé, je n'ai jamais eu d'inimitié contre cet étranger, et dans ces derniers temps, je n'ai eu aucune raison de le haïr; pourquoi l'aurais-je étranglé? Le sous-préfet ne le crut pas; il employa la torture, le faisant frapper

个和尚。教伊招。和尚勿肯招。知縣担和尚收拉監裏。第个和尚有个徒弟。着急起來。到省城裡去。爬上司。撫台派別个。相近箇搭个知縣。領之精工驗屍个人。到箇只廟裡去。再驗一驗。死口果眞是吊殺拉个。箇个知縣。照事體个眞實。回稟撫台。現在撫台。担原審个知縣味革脫。老底子驗屍个人來治罪。和尚味放之出去。就是箇件事體。　勿錯。對个。是箇件事體。請先生担箇件事體。亦叙拉日記上。想起來好勿好。　好个。我修飾好之。啥人謄呢。　我打算教一个人來抄寫。　教一个抄寫。怕伊抄錯。　格味那能做法。　閣下若使勿要緊味。讓我有空點咾。謄出來罷。　先生若使肯代勞是。我感恩勿盡者。　啥話頭。

第三十九章

今朝伲空吃酒。無台味。大家豁兩幾拳罷。　好个。伲兩家頭。先豁一記看。　箇記拳。勿是白豁个。(續見下張)

ke wou-zaong, kiao i tsao: wou-zaong vêh k'eng tsao. Tse-yeu tè wou-zaong seû la kè li. Di-ke wou-zaong yeû ke dou-di, zah-kiêh k'i-lai tao sang-zeng li k'i bouo zaong-se. Fou-dai p'a biêh-ke siang-ghien kou-tèh ke tse-yeu, ling-tse tsing-kong gné-se ke gnen, tao kou-tsah miao li k'i tsai gné-ih-gné: si-se kou-tsen ze tiao-sah la ke. Kou-ke tse-yeu tsao ze-t'i ke tsen-zéh, wei-p'in fou-dai. Yè-zai fou-dai tè gnen sen ke tse-yeu méh kah-t'êh. Lao-ti-tse gné-se ke gnen lai ze-zu; wou-zaong méh faong-tse-ts'êh-k'i; zieû-ze kou-ghié ze-t'i. — Vêh ts'ouo, tei-ke, ze kou-ghié ze-t'i. Ts'ing sié-sang tè kou-ghié ze-t'i a zu la gnéh-ki laong: siang-k'i-lai h'ao vêh h'ao? — H'ao-ke. Ngou sieû-seh h'ao-tse, sa gnen deng gni? — Ngou tang-seu kiao ih-ke gnen lai ts'ao-sia. — Kiao ih-ke ts'ao-sia, p'ouo i ts'ao-ts'ouo. — Keh-méh na-neng tsou-fah? — Koh-ya zah-se vêh yao-kien méh, gnang ngou yeû k'ong tié lao deng-ts'êh lai ba. — Sié-sang zah-se k'eng dai-lao-ze, ngou ké-en vêh zin tsé. — Sa wo-deû?

DI-SÈ-ZÉ-KIEÛ TSANG

Kien-tsao gni k'ong k'ieh tsieû, m tse-mi: da-ka h'oah liang-ki ghieu ba. — H'ao-ke. Gni liang-ka-deû sié h'oah ih-ki k'eu. — Kou-ki ghieu vêh ze bah h'oah ke. —

---

pour le forcer à des aveux. Le bonze n'avoua pas, et le sous-préfet le mit en prison. Ce bonze avait un disciple qui, inquiet (sur le sort de son maître), se rendit à la capitale de la province, et déposa une plainte au tribunal (du gouverneur). Le gouverneur délégua le sous-préfet voisin, qui, prenant avec lui un expert très habile alla à la pagode procéder de nouveau à l'examen du cadavre: le mort s'était vraiment pendu. Alors, le sous-préfet délégué fit son rapport au gouverneur, conformément à la vérité; le gouverneur dégrada le sous-préfet qui avait porté le premier jugement; il punit aussi l'expert de la première enquête, et il relâcha le bonze: voilà la chose. — C'est bien cela, c'est exact, c'est cette affaire-là même. Maitre, je vous prie d'insérer ce récit dans mon journal: qu'en pensez-vous? — Oui, c'est bien: mais, quand j'aurai corrigé votre journal, qui est-ce qui le copiera? — Je compte prendre quelqu'un pour cela. — Oh! si vous prenez quelqu'un pour le transcrire, il est à craindre qu'il ne se trompe en copiant. — Alors, comment faire? — Si votre Seigneurie n'est pas pressée, quand j'aurai un peu de loisir, je le copierai. — Maitre, si vous consentez à vous donner cette peine pour moi, je ne pourrai pas vous être assez reconnaissant. — Que dites-vous là?

CHAPITRE TRENTE-NEUVIÈME

JEU DE SOCIÉTÉ

Aujourd'hui, nous buvons en silence, le vin n'a pas de goût; jouons quelques parties de mourre! — Bien, commençons une partie à nous deux. — Cette fois, ce ne sera pas partie nulle. —

勿要先擺架。勿一定个。啥人輸。啥人贏。 來。四季發財。 六六順。 對手。 五金奎。 儂看那能。 阿是輸者。 儂贏。亦不過瞎貓。碰着只死老鼠。 先吃酒罷。後來再講張。 我酒吃个者。 幾時吃个。我勿看見。 問聲別人看。我吃呢勿曾吃。 伽衆位看見伊酒吃个沒。 伲倒勿曾留心。 大家儕勿曾看見。足見勿曾吃个。快點吃罷。 我已經吃个者。勿能彀再吃者。 儂勿吃。伲大家動手。倒來儂吃者。 勿局个。就介罷。我酒眞个勿吃个。罰我話話笑話罷。 到亦可以。 話得勿好笑。要再罰个。 聽好拉。一定有旨味个。 快點話。 聽拉。有个十分窮个鄉下人。無着落。心裡想暢之。打算進京。到宮裏向當差去。又尊貴。有出產。就動身到京裡。拜老太監門下做徒弟。 等一等。慢咾話。儂个說話勿通。箇个蠢㑚个鄉下人。到之京裡。能彀到宮裡去。什介客易个麼。 聽我講耶。伊亦是托人領進去个。 做啥咾勿担箇層先話明白之呢。 勿要纏勿淸。讓

Véh yao sié pa-ka ; véh ih-ding-ke sa gnen su, sa gnen yeng. — Lai ! Se-ki fah-zai. — Lôh-lôh zen. — Tei seû. — Ou kien k'oei. — Nong k'eu na-neng? — Ah-ze su tsé. — Nong yeng, a pèh-kou hah mao baong-zah tsah si lao-se. — Sié k'ieh tsieû ba, heû-lai tsai kaong-tsang. — Ngou tsieû k'ieh-ke tsé. — Ki-ze k'ieh ke? ngou véh k'eu-kié. — Men-sang bièh gnen k'eu ; ngou k'ieh gni véh-zeng k'ieh? — Na tsong-wei k'eu-kié i tsieû k'ieh-ke méh? — Gni tao véh-zeng lieû-sin. — Da-ka zé véh-zeng k'eu-kié, tsôh-kié véh-zeng k'ieh-ke : k'oa-tié k'ieh ba. — Ngou i-kieng k'ieh-ke tsé, véh neng-keû tsai k'ieh tsé. — Nong véh k'ieh, gni da-ka dong-seû tao lai nong k'ieh tsé. — Véh ghiôh-ke; zieû ka ba. Ngou tsieû tsen-ke véh k'ieh-ke : vah ngou wo-wo siao-wo ba. — Tao a k'o-i. Wo-teh véh h'ao siao, yao tsai vah ke. — T'ing h'ao la : ih-ding yeû tse-mi ke. — K'oa-tié wo. — T'ing-la. Yeû-ke zéh-fen ghiong-ke hiang-hao gnen, m zah-lôh. Sin li siang-ts'ang-tse tang-seu tsin kieng, tao kong li-hiang taong-ts'a k'i, i tsen-koei, yeû ts'éh-ts'è. Zieû dong-sen tao kieng li, pa lao t'a-kè men-hao tsou dou-di. — Teng-ih-teng, mè lao wo : nong-ke seh-wo véh t'ong. Kou-ke ts'en-ben ke hiang-hao gnen tao-tse kieng li, neng-keû tao kong li k'i, zéh-ka yong-i ke mô? — T'ing ngou kaong ya: i a ze t'oh gnen ling-tsin-k'i ke. — Tsou sa lao véh tè kou-zeng sié wo ming-bah tse gni? — Véh yao zé véh ts'ing, gnang

---

Ne vous vantez pas à l'avance, on ne sait pas qui perdra et qui gagnera. — Allons! Les quatre saisons me rendront riche! — Six! Les six choses favorables. — Mains égales! — Les cinq premiers licenciés! — Eh bien! voyez ce qu'il en est.—Oh! c'est vous qui avez perdu. — Vous gagnez avec autant de mérite qu'un chat aveugle qui rencontre un rat mort. — Commencez par boire, et ensuite, vous ferez vos remarques.— J'ai déjà bu. — Quand est-ce que vous avez bu? Je ne l'ai pas vu. — Demandez à tout le monde si j'ai bu, oui ou non. — Messieurs, l'avez-vous vu boire? — Nous n'avons pas fait attention. — Personne ne vous a vu ; cela suffit pour montrer que vous n'avez pas bu; buvez vite! — J'ai déjà bu, je ne puis pas recommencer. — Vous n'avez pas bu; nous allons tous vous verser le vin dans la bouche. — Ce serait mal; allons, c'est assez! Le vin ne me va vraiment pas; donnez-moi pour pénitence de dire quelque histoire. — Soit! Mais, si elle n'est pas bonne, vous aurez une autre pénitence. — Écoutez, je suis sûr qu'elle vous plaira. — Dites vite. — Écoutez. Il y avait (une fois) un paysan très pauvre, sans feu ni lieu; après de longues réflexions, il résolut de se rendre à la capitale et d'entrer dans le service du palais, ce qui serait honorable et lucratif. Il s'en alla donc à la capitale, et se mit en apprentissage sous la direction d'un vieil eunuque. — Attendez un peu avant de continuer, car votre histoire ne se tient pas; ainsi ce paysan si niais, à peine arrivé à la capitale, réussit à pénétrer dans le palais: c'est donc bien facile! — Écoutez-moi parler; il avait prié quelqu'un de l'y introduire! — Ah! que ne le disiez-vous clairement dès le début. — N'épiloguez pas sur chacune de mes paroles; écoutez-moi; laissez-

我快點講。 格味快點講。後來那能。 伊既然拜之太監做老師。就樣樣事體。請老太監指教咾照應。老太監派伊裡向管事體。一日裡面傳旨出來。話吃飯者。鄉下人就話。萬歲爺要吃中飯者。太監聽見之。責備伊咾話。儂勿要瞎話。該當話萬歲爺。要用御膳者。伊聽見之。就記拉。隔一日又傳旨出來。大大能請請一衆官府。鄉下人話。萬歲爺。要排酒席。太監從新對伊話。儂又錯者。該當話萬歲爺。要排御宴。後來小心要記好拉。比方裡向个花園味。叫御花園。護衛个兵丁味。叫御林軍。鄉下人聽見之。大大能懂者。自家心裡想。怪勿得皇帝眼精裡个物事。儕要加一个御字。乃我如今明白者。我現在亦算得老手哩。 勿要話下去者。大家早已明白个者。我亦有个笑話拉。是挖窟典史个。 箇个好者。伲大家要聽一聽。 箇个叫典史十令。 啥叫十令。快點話話看。 聽拉。一命之榮。稱得。兩塊竹爿。拖得。三十兩俸銀。領得。四鄉地保。傳得。五記把掌。打得。六路

ngou k'oa-tié kaong. — Keh-méh k'oa-tié kaong: heû-lai na-neng? — I ki-zé pa-tse t'a-kè tsou lao-se, zieû yang-yang ze-t'i ts'ing lao t'a-kè tse-kiao lao tsao-yng. Lao t'a-kè p'a i li-hiang koé ze-t'i. I-gnéh li-mié zé tse ts'éh-lai, wo k'ieh vè tsé. Hiang-hao gnen zieû wo : Vè-su-ya yao k'ieh tsong-vè-tsé. — T'a-kè t'ing-kié-tse, tsah-bei i lao wo : nong véh yao hèh wo; kai-taong wo : Vè-su-ya yao yong gnu-zé tsé. I t'ing-kié-tse zieû ki la. Kah ih-gnéh i zé tse ts'éh-lai, dou-dou-neng ts'ing-ts'ing ih-tsong koé-fou. Hiang-hao gnen wo : Vè-su-ya yao ba tsieû-zieh. T'a-kè zong-sin tei i wo: nong i ts'ouo tsé. Kai-taong wo : Vè-su-ya yao ba gnu-yé. Heû-lai siao-sin, yao ki-h'ao la. Pi-faong li-hiang ke h'ouo-yeu méh kiao gnu h'ouo-yeu ; wou-wei ke ping-ting méh kiao gnu lin-kiun. Hiang-hao gnen t'ing-kié-tse dou-dou-neng tong tsé. Ze-ka sin li siang : koa-véh-teh waong-ti ngè-tsing li ke méh-ze zé yao ka ih-ke gnu ze : nai ngou zu-kien ming-bah tsé, ngou yé-zai a seu-teh lao-seû li. — Véh yao wo-hao-k'i tsé : da-ka tsao-i ming-bah ke tsé. Ngou a yeû-ke siao-wo la : ze wah-k'oéh tié-se ke. — Kou-ke h'ao tse, gni da-ka yao t'ing-ih-t'ing. — Kou-ke kiao tié-se zéh ling. — Sa kiao zéh ling? K'oa-tié wo-wo k'eu. — T'ing la. Ih ming tse yong ts'eng-teh ; liang k'oei tsôh-bè t'ou-teh; sè-séh liang fong-gnen ling-teh; se hiang di-pao zé-teh ; n ki pouo-tsaong tang-teh ; lôh lou

---

moi raconter. — Dites vite : qu'est-ce qui arriva ensuite? — Puis donc qu'il avait pris pour maître le vieil eunuque, il le pria de l'instruire en toutes choses, et de le diriger. L'eunuque l'employa à l'intérieur du palais. Un jour, il transmettait la volonté de l'Empereur de prendre son repas: Sa Majesté, dit notre rustre, demande son dîner. L'eunuque, l'entendant, le gourmanda en disant: Ne parlez pas si grossièrement; dites que sa Majesté désire prendre quelques friandises impériales. Le paysan reçut la leçon et s'en souvint. Un autre jour, il transmettait l'ordre de l'Empereur de préparer un grand banquet pour un bon nombre de courtisans; et notre rustre de dire: Sa Majesté veut qu'on prépare un banquet. Vous avez mal dit, s'écria le vieil eunuque; dites: Sa Majesté veut qu'on prépare un banquet impérial; rappelez-vous bien cela à l'avenir: par exemple, le jardin du palais s'appelle le jardin impérial; les soldats qui montent la garde s'appellent la garde impériale. Le paysan, entendant ce discours, eut comme un éclair de génie, et se dit en lui-même: Je ne m'étonne plus que tous les objets qui sont sous les yeux de l'Empereur aient un *impérial* ajouté (à leur nom); maintenant, je comprends, désormais je puis passer pour un vétéran. — Inutile de poursuivre, nous devinons tous. Moi, j'ai aussi une histoire sur les juges de paix. —Cela va être intéressant: il faut que nous l'entendions.—Cela s'appelle les dix articles du juge de paix. — Qu'appelle-t-on les dix articles? Dites vite. — Écoutez: 1°. Avoir le titre honorifique de la première dignité. 2°. Pouvoir faire traîner devant soi deux férules de bambou. 3°. Recevoir trente taëls d'émoluments (par an) 4°. Pouvoir donner des ordres aux maires du pays d'alentour. 5°. Pouvoir faire donner cinq soufflets. 6°.

通詳。出得。七品堂官。靠得。八字臨門。開得。九品補子。繡得。十分高興。不得。 可笑。九句儕好。末脚一句壞者。 若使有个典史拉搭。聽見之味。只好饒儂。

第四十章

閣下箇兩日。拉屋裡過年咾勿出來否。 我下晝。日都出來个。 那得勿到我搭來呢。 我箇兩日。同之幾个朋友。下晝到存古齋。古玩店裡。打燈謎去之咾。 啥人出个。 一个舉人出个。 做來好勿好。 做來還算可以。 自家猜着之幾个。 我猜着兩个。 是那能个。 我猜着拉个。一个味。是無得點个言字。打四書一句。 話話看。打四書那裡一句。 一句味。是是何言也。一句味。是吾與點也。一句味。是前言戲之耳。一句味。誠者是言也。 好个眞本事。猜得出个。 我還有一个。是三句說話。打一个字。 快點話話看。那裡三句說話。打一个字。

t'ong-ziang ts'éh-teh ; ts'ih p'in daong-koé k'ao-teh; pèh ze lin-men k'ai-teh; k'ieû p'in pou-tse sieû-teh; zéh fen kao-hieng péh teh. — K'o-siao; kieû kiu zé h'ao, méh-kiah ih-kiu wa tsé. — Zah-se yeû-ke tié-se la tèh, t'ing-kié-tse méh tseh-h'ao gnao nong.

DI-SE-ZÉH TSANG

Koh-ya kou liang gnéh la ôh-li kou-gné lao véh ts'éh-lai va ? — Ngou hao-tseû gnéh-tou ts'éh-lai ke. — Na-teh véh tao ngou tèh lai gni? — Ngou, kou liang gnéh, dong-tse ki-ke bang-yeû, hao-tseû tao Zen-kou tsa, kou-wé tié li, tang teng-mi k'i-tse lao.—Sa gnen ts'éh ke?—Ih-ke kiu-gnen ts'éh-ke.— Tsou-lai h'ao véh h'ao ? — Tsou-lai wè seu k'o-i. — Ze-ka ts'ai-zah-tse k'i-ke? — Ngou ts'ai-zah liang-ke. — Ze na-neng ke?— Ngou ts'ai-zah-la-ke, ih-ke méh ze m teh tié ke yé *ze, tang se-su ih kiu. — Wo-wo k'eû, tang se-su a-li ih kiu? — Ih kiu méh ze* ze won yé yé; *ih kiu méh ze* ngou yu tié yé; *ih kiu méh ze* zié yé hi tse eul; *ih kiu méh* zeng tsé ze yé yé. — *H'ao-ke, tsen pen-ze ts'ai-téh-ts'éh ke. — Ngou wè yeû ih-ke : ze sè kiu seh-wo tang ih-ke ze. — K'oa-tié wo-wo k'eu, a-li sè kiu seh-wo tang ih-ke ze ? —*

Pouvoir adresser des rapports à tous les mandarins supérieurs. 7°. Avoir la protection du mandarin du septième ordre. 8°. Pouvoir bâtir un mur d'honneur. 9°. Pouvoir faire broder sur ses habits les insignes du neuvième degré. 10°. Ne jamais pouvoir se réjouir à son aise. — C'est drôle. Les neuf premières phrases sont bonnes, mais la dernière gâte tout.—S'il y avait un juge de paix à vous entendre, il n'aurait qu'à vous pardonner.

CHAPITRE QUARANTIÈME

CHARADES — JEUX DE SOCIÉTÉ

Eh bien ! ces derniers jours, vous avez fêté la nouvelle année chez vous sans sortir ? — Je suis sorti tous les soirs.— Alors, comment n'êtes-vous pas venu chez moi? — Tous ces jours-ci, je suis allé chaque soir, en compagnie de quelques amis, près du magasin d'antiquités appelé "Musée d'antiquités", pour deviner des charades. — Qui est-ce qui les proposait ? — Un licencié.— Étaient-elles bonnes ? — Elles étaient passables. — Combien en avez-vous deviné ? — J'en ai deviné deux. — Quelles étaient-elles ? — Parmi celles que j'ai devinées, une consistait à trouver quatre phrases des quatre livres avec le caractère *Yé* (言 parole) sans point (言).—Quelles quatre phrases? dites-moi. — La première est : quelle parole (quel *Yé* qu'un *Yé* sans point)! La seconde : j'ajoute un point (au *Yé* sans point 言 , de manière à former 言). La troisième : le *Yé* ci-dessus est un *Yé* pour rire. La quatrième : la vraie forme est *Yé* (avec un point). — Vraiment vous avez du talent, c'est bien trouvé.—J'en ai aussi deviné une qui consistait à composer un caractère avec trois phrases.—Dites vite! Avec quelles phrases compose-t-on un caractère.—

聽拉。子路曰。是也。顏回曰。似也。孔子曰。非也。直在其中矣。打一个乜字。還有一个。是四句說話。猜一个字。是十字口中塞。莫作田字猜。無頭又無尾。悶死一秀才。我猜是个魚字。猜來貼對个。 箇兩个。做來亦十分好。 我昨日夜快。又猜着兩个。一个是累朝事跡過龍門。打四書上个人名頭。是史魚。一个是節孝祠个祭品。打四書一句。是食之者寡。 箇兩句儕完全對个。 還有一个朋友。打拉一个。是圍棋盤裡着象棋。猜四書一句。是子路不對。 箇个更好者。我對閣下話。前幾年。我打着一个燈謎。是東街淘溝。西街不乾凈。打兩句小囝說話。是這邊兒有水。那邊兒有鬼。 箇个是更加妙者。照我看起來。像箇位舉人做拉幾个。亦算好个一路裡去者。 我再替閣下講一樁事體。舊年我有个朋友。伊是當缺个。教我替伊寫一付春聯。我替伊寫。上聯味。等因前來辭舊歲。下聯味。須至沓者大有年。（續見下張）

T'ing la. Tse-lou yeuh: ze yé; Yé-wei yeuh: zu yé; K'ong-tse yeuh: fi yé; zeh zai ghi tsong i, tang ih-ke mieu *ze. Wè yeû ih-ke, ze se kiu seh-wo ts'ai ih-ke ze, ze* zéh *ze k'eû tsong seh, moh tsoh* dié *ze ts'ai, ou deû i ou vi men-se ih sieû-zai. Ngou ts'ai ze ke* yu *ze; ts'ai lai t'ih-tei ke. — Kou liang-ke tsou-lai a zéh-fen h'ao. — Ngou zôh-gnéh ya-k'oa i ts'ai-zah liang-ke. Ih-ke ze* lei-zao ze-tsih kou long-men; *tang se-su laong ke gnen ming-deû. Ze* Se-yu. *Ih-ke ze* tsiéh-hiao ze ke tsi-p'in; *tang se-su ih kiu. Ze zeh-tse-tsé, kouo.— Kou liang kiu zi wé-zié tei-ke. — Wè yeû ih-ke bang-yeû tang-la ih-ke: ze* wei-ghi bé li tsah ziang-ghi, *ts'ai se-su ih kiu. Ze* Tse-lou péh tei. — *Kou-ke keng h'ao tsé. Ngou tei koh-ya wo: zié ki gné, ngou tang-zah ih-ke teng-mi. Ze* tong ka dao keû, si ka péh keu-zing; *tang liang kiu siao-neu seh-wo. Ze* tsé pié-eul yeû se, ma pié-eul yeû koei.— *Kou-ke ze keng-ka miao tsé. Tsao ngou k'eu-k'i-lai, ziang kou-wei kiu-gnen tsou-la ki-ke, a seu h'ao-ke ih-lou-li k'i tsé. — Ngou tsai t'i koh-ya kaong ih-yang ze-t'i. Ghieû-gné ngou yeû-ke bang-yeû, i ze taong k'ieuh ke, kiao ngou t'i i sia ih-fou ts'en-lié. Ngou t'i i sia zaong lié méh :* Teng-yen zié-lai, ze ghieû su ; *hao lié méh :* Siu-tse tse-tsé, da yeû gné. —

Écoutez : Tse-lou dit : c'est *Yé* (也). Yé-wei dit : cela ressemble à *Yé*. Confucius dit : ce n'est pas *Yé* : au milieu, il y a un trait vertical. J'ai deviné que c'était le caractère *Mieu* (乜 ou 也 sans 亅). Dans une autre, il fallait, au moyen de quatre phrases, trouver un caractère *Zéh* (十) enfermé au milieu de *K'eû* (口), n'allez pas dire que cela fait *Dié* (田), la tête et la queue du caractère *Ou* (la tête de 無 *Ou* est 𠂉 , la queue est 灬) font mourir d'ennui les bacheliers. J'ai deviné que c'était le caractère *Yu* (魚), et je suis tombé juste. — Les deux dernières sont très bien faites. — Hier soir, j'en ai encore deviné deux ; voici la première : *l'histoire de plusieurs dynasties passe devant la porte du dragon;* trouver avec cela un nom d'homme des quatre livres. C'est *Se-yu.* Voici la seconde : *Les mets offerts en sacrifice dans le temple de la continence et de la foi conjugale ;* trouver une phrase des quatre livres (correspondante). La voici ; ce sont les veuves qui les mangent. — Ces deux réponses sont exactes. — Il y a aussi un de mes amis qui a trouvé celle-ci : Chercher une phrase des quatre livres en rapport avec celle-ci : *jouer les Siang-ghi sur l'échiquier des Wei-ghi.* La voici : Tse-lou ne répondit pas (car la chose est impossible). — Oh! celle-ci va encore mieux. Je vais vous dire : Il y a quelques années, j'ai trouvé une charade, la voici : *à la rue de l'Est on lave le ruisseau et la rue de l'Ouest n'est pas propre ;* trouver (à ce propos) deux phrases enfantines. Les voici : *de ce côté, il y a de l'eau ; de l'autre, des diables* (c'est sale, je ne puis pas passer). — Oh! celle-ci est bien meilleure. A mon avis, si on les compare à celles de ce licencié dont nous parlions tout à l'heure, on peut les classer toutes dans la même catégorie, celle des bonnes charades. — Je vais encore vous dire une chose. L'an dernier, un de mes amis, écrivain dans un tribunal, me pria de lui composer quelques inscriptions pour la nouvelle année ; voici celles que je lui fis. La première était : *Teng-yen zié-lai, disons adieu à l'année passée;* la seconde: *Siu-tse tse-tsé, nous sommes dans une grande année.* —

嗰。自家什介可惡个。那能担伊本行个話法。寫出來个呢。只怕伊拉。箇付春聯。勿肯貼个。固是自然。勿肯貼个。到底伊對我話得蠻好。箇付春聯。伲雖然勿貼，亦可以放拉。因爲是自伲个本色。將來算一件傳家之寶。 勿要多講究者。快點穿之衣裳哰。去跑白相罷。 閣下等一等。換之衣裳。我同閣下一淘去。

O ; ze-ka zéh-ka k'o-ou ke. Na-neng tè i pen-hong ke wo-fah, sia-ts'éh-lai ke gni? Tseh-p'ouo i-la kou-fou ts'en-lié véh k'eng t'ih ke. — Kou ze ze-zé, véh k'eng t'ih ke. Tao-ti i tei ngou wo-teh mè-h'ao : kou-fou ts'en-lié gni su-zé véh t'ih, a k'o-i faong-la; yen-wei ze ze-gni ke pen-seh; tsiang-lai seu ih-ghié zé-kia tse pao. — Véh yao tou kaong-kieû tsé ; k'oa-tié ts'é-tse i-zaong lao k'i bao bèh-siang ba. — Koh-ya teng-ih-teng, wè-tse i-zaong, ngou dong koh-ya ih-dao k'i.

Oh! que vous êtes méchant (odieux)! Comment! vous avez fait allusion à ses formules usuelles! Pour sûr, il n'aura pas voulu exposer ces inscriptions! — Oh! naturellement, il n'a pas voulu les exposer. Mais il m'a répondu d'une façon agréable : ces inscriptions du nouvel an, dit-il, bien que je ne veuille pas les afficher, cependant je veux les garder. Elles ont bien la couleur propre de notre profession, et elles seront à l'avenir un trésor de famille qui se transmettra (par héritage). — Ne bavardez pas davantage; mettez vite votre habit, sortons et allons nous promener. — Attendez un instant; je change vite d'habit et je vais avec vous.

土話指南下卷

使令通話第一章

啥人。 是我。 進來。 老爺前日教我尋一个十幾歲个小囝。今朝我尋着者。現在有工夫味。我去領伊來。讓老爺先看一看。中意否。中意个味。留伊拉搭。 固是自然。 箇位就是鄭老爺。儂替伊請安。 伊啥地方人。姓啥。今年幾歲者。弟兄當中。第幾个。 我是上海人。姓張。今年十八歲。弟兄當中。我頂大。 伊拉京裡之好幾年者。話个說話。勿像客方人。我本來同伊。是鄰舍。人十分伶俐个。不過勿曾做歇跟班。所以教伊慢慢能。操練操練味。好拉哩。 固是便當个。不過我新近到此地。勿曾用過歇人。勿曉得要用啥保人否。 固是隨便老爺味者。

T'OU-WO TSE-NÉ HAO KIEU

SE-LING T'ONG-WO DI-IH TSANG

Sa gnen? — Ze ngou. — Tsin-lai. — Lao-ya zié gnéh kiao ngou zin ih-ke zéh ki su ke siao-neu. Kien-tsao ngou zin-zah tsé. Yé-zai yeû kong-fou méh, ngou k'i ling i lai, gnang lao-ya sié k'eu-ih-k'eu, tsong-i va? Tsong-i ke méh lieû i la-tèh. — Kou ze ze-zé. — Kou wei zieû-ze Zeng lao-ya, nong t'i i ts'ing-eu. — I sa di-faong gnen? Sing sa? Kien-gné ki su tsé? Di-hiong taong-tsong di-ki-ke? — Ngou ze Zaong-hai gnen, sing Tsang, kien-gné zéh-pèh su, di-hiong taong-tsong ngou ting dou. — I la kieng li tse h'ao-ki gné tsé : wo-ke seh-wo véh ziang k'ah-faong gnen. Ngou pen-lai dong i ze lin-sô; gnen zéh-fen hia-tsa ke; pèh-kou véh-zeng tsou-hiéh ken-pè. Sou-i kiao i mè-mè-neng ts'ao-lié ts'ao-lié méh, h'ao la li. — Kou ze bièh-taong ke; pèh-kou ngou sin-ghien tao ts'e-di, véh-zeng yong-kou-hié gnen; véh hiao-teh yao yong sa pao-gnen va? — Kou-ze zu-bié lao-ya méh-tsé. —

Troisième Partie

STYLE ORDINAIRE DES COMMANDEMENTS

CHAPITRE PREMIER

ENGAGEMENT D'UN DOMESTIQUE

Qui est là? — C'est moi. — Entre. — Monsieur, vous m'avez chargé l'autre jour de chercher un petit garçon de dix et quelques années; aujourd'hui j'en ai trouvé un ; si vous avez le temps maintenant, je vais vous l'amener, afin que vous voyiez d'abord s'il vous convient; s'il vous convient, vous le garderez. — Cela va de soi. — Voici Monsieur Zeng : allons, dis-lui bonjour! — De quel pays est-il? Quel est son nom? Quel âge a-t-il, et quel rang occupe-t-il dans sa famille? — Je suis de Chang-hai, je m'appelle Tsang, j'ai maintenant dix-huit ans et je suis l'aîné. — Il a passé déjà un bon nombre d'années dans la capitale et le langage qu'il parle ne ressemble pas à celui d'un provincial. Autrefois, il était mon voisin. Il est très intelligent; seulement, jusqu'ici il n'a jamais servi ; aussi il faudra le mettre au courant petit à petit, et tout ira bien. — Oh! cela est facile; mais arrivé depuis peu en ce pays, je n'ai encore employé personne; j'ignore s'il faut avoir un répondant. — Cela dépend de Monsieur. —

什介味者。儂旣然薦伊來个。就自儂做伊保人罷。可以勿可以。 可以个。幾時起頭。教伊來相帮呢。 讓我看。今朝是廿八。到月底還有二日。索性教伊。下个月初一。來起頭罷。 是者。伊个舖蓋咾啥。教伊一齊担之來罷。 好个。還要安排伊等个房子拉哩。我想天井邊頭。白牆頭後面。淨浴間西邊。向陽有一間房子。讓伊等拉去之罷。 箇倒眞个勿惏。 某老爺打發人担箇封信來。請老爺看。 現在箇位老爺請我。我就要去。箇件事體就照什介安排味者。

第二章

來。 唖。 替先生泡茶。 老爺要泡啥个茶。加非呢。還是紅茶。 兩樣兗勿要。要泡日本茶。 老爺箇个錫鑞罐裏。茶葉無沒者。 裡面房裡廚上。第二槅。有个洋鐵匣子。去擔味者。後來儂看見罐頭裡茶葉無沒之味。就是我勿替儂話啥。亦去担味者。 是者。（續見下張）

Zéh-ka méh-tsé, nong ki-zé tsié i lai ke, zieû-ze nong tsou i pao-gnen ba, k‘o-i véh k‘o-i? — K‘o-i ke. Ki-ze k‘i-deû kiao i lai siang-paong gni? — Gnang ngou k‘eu: kien-tsao ze gnè-pèh, tao gneuh-ti wè yeû liang gnéh. Soh-sing kiao i hao-ke gneuh ts‘ou-ih lai k‘i-deû ba. — Ze tsé; i-ke p‘ou-kai lao sa kiao i ih-zi tè-tse-lai ba. — H‘ao-ke; wè yao eu-ba i teng ke waong-tse la-li. Ngou siang t‘ié-tsing pié-deû, bah ziang-deû heû-mié, zing-yôh-kè si-pié, hiang yang yeû ih-kè waong-tse, gnang i teng-la-k‘i-tse ba. — Kou tao tsen-ke véh k‘ieû. — Meû lao-ya tang-fah gnen tè kou-fong sin lai, ts‘ing lao-ya k‘eu. — Yé-zai kou-wei lao-ya ts‘ing ngou, ngou zieû yao k‘i, kou-ghié ze-t‘i zieû tsao zéh-ka eu-ba méh-tse.

DI-GNI TSANG

Lai. — O. — T‘i sié-sang p‘ao zouo. — Lao-ya yao p‘ao sa-ke zouo, ka-fei gni wè-ze hong zouo? — Liang yang t‘oh véh yao; yao p‘ao zeh-pen zouo. — Lao-ya kou-ke si-lèh koé li zouo-yéh m méh tsé. — Li mié waong li zu laong di-gni kah, yeu-ke yang-t‘ih hèh-tse. K‘i tè méh-tsé; heû-lai nong k‘eu-kié: koé-deû li zouo-yéh m méh tse méh, zieû-ze ngou véh t‘i nong wo sa, a k‘i tè méh-tsé. — Ze tsé. —

Eh bien! puisqu'il vient sur ta recommandation, sers-lui de répondant : celà se peut-il? — Cela se peut. Quand dois-je lui dire de venir vous servir? — Laisse-moi voir: c'est aujourd'hui le vingt-huit, et il y a encore deux jours jusqu'à la fin du mois. Eh bien! dis-lui de commencer le premier du mois prochain. — Bien! Il y a encore la literie et le reste: je lui dirai d'apporter le tout ensemble, n'est-ce pas? — Oui. Il faut aussi désigner la chambre où il logera. Voici ce que j'ai pensé: tout au fond de cette cour, derrière ce mur blanc, à l'ouest de la salle de bains, il y a une chambre libre exposée au sud: fais-le loger là. — C'est vraiment très bien. — Monsieur un tel vient d'envoyer un homme apporter ce billet pour vous.—Maintenant ce Monsieur me prie d'aller le voir: il faut que j'y aille tout de suite. Eh bien! arrange cette affaire comme cela, et ce sera bien.

CHAPITRE SECOND

VISITE — THÉ — DOMESTIQUE MALADROIT

Eh! — Voici! — Prépare du thé pour ce Monsieur. — Quel thé Monsieur veut-il que je prépare? Est-ce du café ou du thé rouge? — Ni l'un ni l'autre; fais du thé japonais. — Monsieur! dans la boîte en étain, il n'y a plus de thé. — Mais dans la chambre intérieure, sur le second rayon de l'armoire, il y a une boîte en fer blanc. Apporte-la; et à l'avenir, prends garde : quand le thé de la boîte touche à sa fin, vois à t'en procurer d'autre, sans que je te le dise. — Bien! —

儂快點去。担茶葉來。伲各人自家泡罷。 請先生看。箇盃茶好否。請嗑嗑看。昨日昏咚咚。放之多化茶葉。泡个茶濃來。發苦咾。吃勿進个者。儂勿曾看見麽。吳少爺嗑个時候。苦咾。正拉皺眉頭。 曉得者。乃朝後泡去茶來。留心點味者。 儂拿茶机上。盤裡向个。茶壺。茶碗。茶襯。儕担過來。再看个看。烘爐裡火。還着否。 呵呀。火隱脫者。 快點就去擔開水。隨手帶點熱炭來。 老爺啥叫熱炭耶。 儂正眞是个糊塗人。連熱炭還勿曾曉得个哩。我對儂話。勿曾燒个味。叫生炭。燒紅拉个味。叫熱炭。 唖是者。老爺開水來者。泡茶。 噯。痰盂滿拉起者。擔去倒脫之。弄弄乾淨。再放拉搭。 是者。

第三章

啥人搞門。 老爺。天勿早者。起來罷。 唖。儂去擔面湯水來。 面湯水來者。嘓口水亦倒拉者。肥皂味。放拉面盆架子上。 牙粉拉那裡。 拉賬桌抽屜裡。牙刷

Nong k‘oa-tié k‘i tè zouo-yéh lai; gni koh gnen ze-ka p‘ao ba. — Ts‘ing sié-sang k‘eu, kou pei zouo h‘ao va? Ts‘ing hèh-hèh k‘eu. — Zôh-gnéh foen-tong-tong faong-tse tou-h‘ouo zouo-yéh, p‘ao ke zouo gnong lai. Fah k‘ou lao k‘ieh-véh-tsin ke tsé. Nong véh-zeng k‘eu-kié mô? N sao-ya hèh-ke ze-heû k‘ou lao tseng la tseû-mei-deû. — Hiao-teh tsé. Nai-zao-heû p‘ao-k‘i zouo lai, lieû-sin tié méh-tsé. — Nong nao zouo-ki laong bé li-hiang ke zouo-wou, zouo-wé, zouo-ts‘en, zé tè-kou-lai. Tsaï k‘eu-ke-k‘eu h‘ong-lou li h‘ou wè zah va? — A ya! h‘ou yen-t‘éh tsé! — K‘oa-tié zieû k‘i tè k‘ai-se, zu seû ta tié gnéh t‘è lai. — Lao-ya, sa kiao gnéh t‘è ya? — Nong tseng-tsen ze ke wou-dou gnen: lié gnéh t‘è wè véh-zeng hiao-teh ke li! Ngou tei nong wo: véh-zeng sao-ke méh, kiao sang t‘è, sao-hong-la-ke méh, kiao gnéh t‘è. — O, ze tsé. Lao-ya k‘ai-se lai tsé, p‘ao zouo. — Ai! Dè-yu mé-la-k‘i tsé, tè-k‘i tao-t‘éh-tse long-long kou-zing, tsai faong-la-tèh. — Ze tsé.

DI-SÈ TSANG

Sa gnen k‘ao men? — Lao-ya t‘ié véh tsao tsé, k‘i-lai ba. — O. Nong k‘i tè mié t‘aong-se lai. — Mié t‘aong-se lai tsé, kouoh k‘eû se a tao la tsé. Bi-zao méh faong la mié-ben ka-tse laong. — Nga-fen la a-li? La tsang-tsah t‘seû-t‘i li, nga-séh

---

Va vite chercher du thé: nous le ferons nous-mêmes. — Voyez, Maître, je vous prie, si cette tasse de thé est bonne, et buvez-la.—Et toi, hier, tu es allé sottement mettre tant de thé, que l'infusion en était par trop forte. C'était amer au point d'être absolument imbuvable. N'as-tu pas vu comment le jeune Monsieur N, en le buvant, le trouva si amer qu'il en fronçait les sourcils? — Oui, à l'avenir, je serai un peu plus attentif en préparant le thé. — Prends la théière, les tasses et leurs supports qui sont disposés sur le service placé sur la table à thé, et apporte le tout; puis, regarde s'il y a encore du feu dans le réchaud. — Ah! le feu est éteint. — Eh bien! alors, va vite chercher de l'eau bouillante; par la même occasion apporte quelques charbons ardents. — Monsieur, qu'est-ce que vous appelez des charbons ardents? — Tu es vraiment stupide! Tu ne sais pas même ce que c'est que des charbons ardents! Je vais te le dire: des charbons qui ne sont pas allumés s'appellent du charbon (cru); quand ils sont allumés et devenus rouges, on dit des charbons ardents.—Voici l'eau bouillante: Monsieur, faites le thé. — Eh! ce crachoir est maintenant plein de crachats; emporte-le dehors, lave-le bien, puis replace-le là. — Bien.

CHAPITE TROISIÈME

TOILETTE — DÉJEUNER

Qui frappe à la porte? — Monsieur, il est déjà tard : levez-vous vite. — Ah! apporte de l'eau pour me laver le visage. — Je l'ai déjà apportée; j'ai aussi versé de l'eau pour vous rincer la bouche et j'ai mis le savon sur le lavabo. — Et la poudre à dents, où est-elle?—Elle est dans le tiroir de cette table avec la brosse à dents. —

亦拉去。　淨面手巾擔來。　是者。　儂忙个啥。地板現在勿要去拖。打好之舖蓋咾。再拖罷。今朝要換枕頭衣咾被單。　嘔。老爺點心。就要用末。　好个。就擔來罷。蛋勿要像昨日能。硬來野。越嫩越好。　是者。今朝个麵餅。要用奶油來熯否。　勿要緊。乾烘之味者。　是者。　缺一隻鈔。還有鹽匣子。　曉得者。我去擔來。白糖彀是末。　彀是者。箇隻雞。炙來得法个。我問儂一樣事體。聽見京裡賣牛奶。總要攙牛把水。有介事否。　平常人家買牛奶味。論勿得个。公館裡買味。勿敢瞎攙个。　箇个地方。買牛奶。講斤數个呢。論瓶頭个。　是論瓶咾論碗个。大概價錢味。總是九百錢一瓶。二百錢一碗。老爺加非還要否。　有者。擔去罷。我現在。要到某老爺屋裏去。若使有人尋味。撥信我。　是者。

第四章

老爺相帮人話。飯好者。請老爺用飯去罷。　嘔。我就來者。　走來。　嘔。　儂請我

a la k'i. — Zing miè seû-kien tè-lai. — Ze tsé. — Nong maong ke sa? Di-pè yé-zai véh yao k'i t'ou; tang-h'ao-tse p'ou-kai lao tsai t'ou ba. Kien-tsao yao wé tsen-deû-i lao bi-tè. — O. Lao-ya tiè-sin zieu yao yong méh! — H'ao ke, zieû tè-lai ba. Dè véh yao ziang zôh-gnéh neng ngang lai ya; yeuh nen yeuh h'ao. — Ze tsé, kien-tsao ke miè-ping yao yong na-yeû lai h'eu va? — Véh yao-kien; keu-h'ong-tse méh-tsé. — Ze tsé. — K'ieuh ih-tsah tsao, wè yeû yé-hèh-tse. — Hiao-teh tsé, ngou k'i tè-lai. Bah daóng keû-ze méh? — Keû-ze tsé. Kou-tsah ki tseh-lai teh-fah ke. Ngou men nong ih-yang ze-t'i; t'ing-kié kieng li 'ma gneû-na, tsong yao ts'è pé-pouo se, yeû ka-ze va? — Bing-zang gnen-ka ma gneû na méh, len-véh-teh ké. Kong-koè li ma méh, véh kè hah ts'è ke. — Kou-ke di-faong ma gneû-na kaong kien sou ke gni len bing deû ke. — Ze len bing lao len wé ke, da-kai ka-dié méh tsong ze kieû pah dié ih bing, gni pah dié ih wé. Lao-ya ka-fei wè yao va? — Yeû tsé, tè-k'i ba. Ngou yé-zai yao tao meû lao-ya ôh-li k'i. Zah-se yeû gnen zin méh, péh sin ngou. — Ze tsé.

DI-SE TSANG

Lao-ya, siang-paong gnen wo vè h'ao tsé. Ts'ing lao-ya yong vè k'i ba. — O, ngou zieû lai tsé. — Tseû lai. — O. — Nong ts'ing ngou

---

Apporte-moi la serviette de toilette. — Voici. — Pourquoi es-tu si pressé? Ne frotte pas le parquet maintenant; attends que la literie ait été rangée et alors tu frotteras; il faut aussi que tu changes aujourd'hui les taies d'oreiller et les draps de lit. — Bien, Monsieur veut-il son déjeuner maintenant? — Oui; apporte-le; que les œufs ne soient pas si durs qu'hier; plus ils sont tendres, meilleurs ils sont. — Aujourd'hui, faut-il frire le gâteau dans la graisse fondue? — Inutile; cuis-le sec. — Bien. — Il manque ici une cuillère, et aussi la salière. — Bien, je vais vous apporter cela; y a-t-il assez de sucre (blanc)? — Oui; il y en a assez. Ce poulet est cuit tout à fait à point. Je te poserai une question: j'ai entendu dire que le lait de vache qu'on achète ici à Pé-king est en général coupé d'au moins moitié d'eau: est-ce vrai? — Pour le lait acheté par les familles ordinaires, je n'ose me prononcer; quant au lait que notre cercle se procure, on n'oserait pas le falsifier ainsi. — Ici, achète-t-on le lait à la livre ou à la bouteille? — C'est à la bouteille ou à la tasse; le prix ordinaire est de 900 sapèques la bouteille, 200 sapèques la tasse. Monsieur veut-il encore du café? — Cela suffit; tu peux desservir. Il me faut maintenant aller chez Monsieur un tel; si quelqu'un vient me chercher, donne m'en avis. — Bien.

CHAPITRE QUATRIÈME

DÎNER — SERVICE DE TABLE

Monsieur, votre domestique vient vous avertir que le riz est prêt, et vous prie d'aller dîner. — Bien! j'y vais. — Approche! — Me voici. — Tu m'invites

來用飯。那能什介摸索。臺子還勿曾排好个哩。儂拉做啥耶。　因爲刻刻。賣煤个送煤炭來。我去稱之一稱。又因爲開錯之賬。我去查之摺子。看伊送來之幾回。爲此咾。排臺子。躭擱來晚之點。　箇亦罷者。煤炭幾化銅錢一擔。　四百多點。　格味現在。搬飯來罷。　好个。　儂替廚司話一聲。昨日中飯。伊燒个雞湯勿好吃。明朝燒起雞湯來。留心點。擔油撇乾淨之味好。　曉得者。　盛飯來。　嘔。箇只勿是我个飯碗。是少爺个。　呵呀。擔錯者。擔去換之伊轉來罷。　勿要去換者。儂看還少一樣要緊物事。想得着否。　是者。是者。刀叉咾鈔。油瓶。盆子。襯盆。筷。儕有拉个者宛。我想勿出。缺啥物事。請老爺話之罷。　還缺酒盃。噢。勿錯。眞个我忘記者。　箇个啥物事。　箇个是芋頭搭之雞。燒拉个湯。　什介眞个對我胃口者。阿是廚司。貼正放之雲耳拉去。是否。　只怕是。　箇个牛肉極好。撥點研細拉个芥菜子咾鹽拉我。　是者。　噢唷。看看儂个袖子看。碗

lai yong vè, na-neng zéh-ka moh-soh; dai-tse wè véh-zeng ba-h'ao ke li, nong la tsou sa ya? — Yen-wei k'ai-k'ai ma mei ke song mei-t'è lai, ngou k'i ts'eng-tse ih-ts'eng, i yen-wei k'ai-ts'ouo-tse tsang, ngou k'i zouo-tse tséh-tse k'eu i song-lai-tse ki wei: wei-ts'e lao ba dai-tse tè-koh-lai è tse tiè. — Kou a ba tsé. Mei-t'è ki-h'ouo dong-dié ih tè? — Se pah tou tiè. — Keh-méh yé-zai pé vè lai ba. — H'ao ke. — Nong t'i zu-se wo ih-sang: zôh-gnéh tsong-vè i sao ke ki-t'aong véh h'ao k'ieh. Ming-tsao sao-k'i ki-t'aong lai lieû-sin tiè: tè yeû p'ieh keu-zing tse méh h'ao. — Hiao-teh tsé. — Zeng vè lai. — O. — Kou-tsah véh ze ngou-ke vè-wé; ze sao-ya ke. — A-ya, tè ts'ouo tsé; tè-k'i wé-tse i tsé-lai ba. — Véh yao k'i wé tsé. Nong k'eu: wè sao ih-yang yao-kien méh-ze, siang-teh-zah va? — Ze tsé, ze tsé; tao, tsouo lao tsao, yeû-bing, ben-tse, ts'en-ben, k'oé, zé yeû-la-ke tsé wé. Ngou siang-véh-ts'éh k'ieuh sa méh-ze. Ts'ing lao-ya wo-tse ba. — Wè k'ieuh tsieû-pei. — O, véh ts'ouo; tsen-ke ngou maong-ki tsé. — Kou-ke sa méh-ze? — Kou-ke ze yu-deû tèh-tse ki soa-la-kè t'aong. — Zéh-ka tsen-ke tei ngou wei-k'eû tsé. Ah-ze zu-se t'ih-tseng faong-tse yun-gni la k'i ze va? — Tseh p'ouo ze. — Kou-ke gneû-gnôh ghieh-hao. Zeû tiè gni-si-la-ke k'a-ts'ai-tse lao yé la ngou. — Ze tsé. — Oh-yoh! k'eu-k'eu nong-ke zieû-tse k'eu, wé

à aller dîner, et tu es tellement lambin que la table n'est pas encore mise! Qu'est-ce que tu fais donc? — C'est que le marchand de charbon vient tout à l'heure d'apporter les agglomérés; je les ai pesés, et comme il y avait une erreur dans les comptes, j'ai examiné les factures pour voir combien de fois il avait apporté du charbon; c'est ainsi que je suis en retard pour mettre le couvert. — C'est bien. Combien se vendent ordinairement les 100 livres de charbon? — Un peu plus de 400 sapèques. — Maintenant, sers le dîner. — Oui. — Dis au cuisinier que, hier à midi, le bouillon de poulet ne valait rien; demain, quand il fera la soupe, qu'il soit un peu plus soigneux; qu'il enlève bien la graisse, et ce sera mieux. — Bien. — Mets du riz (dans mon bol). — Voilà! — Ce n'est pas mon bol; c'est celui de mon fils. — Oh! je l'ai apporté par erreur; je vais apporter le vôtre à la place. — Il n'est pas nécessaire de le changer. Regarde: il manque encore une chose importante; trouveras-tu? — Oui, oui. Voici les couteaux, les fourchettes, les cuillères, l'huilier, les assiettes, les plats, les bâtonnets: tout y est; je ne peux vraiment pas trouver ce qui manque encore; je prie Monsieur de me l'indiquer. — Il manque encore les verres. — Ah! c'est vrai; je l'ai vraiment oublié. — Qu'est-ce que c'est que cela? — C'est de la soupe faite avec du taro et du poulet. — Oh! cela va bien à mon estomac; est-ce que par hasard le cuisinier y aurait mis des champignons? — Probablement que oui. — Oh! ce bœuf est excellent. Passe-moi la moutarde et le sel (blanc). — Voici. — Holà Regarde! Ta manche

打翻者。快點擔揩臺布來。揩个揩。　嗯。　儂做事體味。總是投五投六个。乃儂看。一塊新臺布。弄齷齪之半把。　求老爺饒赦之罷。乃朝後我做生活。一定留心點味者。　拿鹹菜來。　今朝鹽白菜無得。我擔醬油拌荳腐。鹽黃瓜拉此地。黃瓜裏。醬油放拉者。醋要安否。　醋勿要。現在儕吃罷者。担去罷。　老爺出牙杖。　嗯。担茶來。儂也去吃飯罷。

第五章

今朝初九者。老爺要到隆福寺。廟裏去。白相相否。　哈。我已經約呉老爺。一淘去白相个者。儂去打聽打聽。鄭少爺拉屋裏否。　刻刻我看伊出門个。所以一定勿拉屋裏者。　我个衣裳。儂去担出來。　要啥衣裳。　要洋衣裳。　著呢个好。還是布个好。　今朝天氣陰涼。担箇件玄青个。絨馬褂子。搭之藍白線个。布袴子味者。

（續見下張）

tąng-fè tsé, k'oa-tié tè k'a-dai-pou lai k'a-ke-k'a.—O.— Nong tsou ze-t'i méh, tsong ze deû-n-deû-lôh ke. Nai nong k'eu, ih-k'oei sin dai-pou long oh-ts'oh tse pé-pouo. — Ghieû lao-ya gnao-souo tsé ba. Nai-zao-heû ngou tsou sang-wéh, ih-ding lieû-sin tié méh-tsé. — Nao hè ts'ai lai. — Kien-tsao yé bah-ts'ai m teh. Ngou tè tsiang-yeû bé deû-wou, yé vaong kouo la t'se-di, waong kouo li tsiang-yeû faong-la tsé ; ts'ou yao eu va? — Ts'ou véh yao ; yé-zai zé k'ieh ba tsé ; tè-k'i ba. — Lao-ya ts'éh nga-zang. — O, tè zouo lai : nong a k'i k'ieh vè ba.

DI-N TSANG

Kien-tsao ts'ou-kieû tsé ; lao-ya yao tao Long-fôh *ze miao li k'i béh-siang-siang va ? — É, ngou i-kieng yah N lao-ya ih-dao k'i béh-siang kè tsé ; nong k'i tang-t'ing tang-t'ing Zeng lao-ya la ôh-li va ?—K'ao-k'ai ngou k'eu i ts'éh-men ke, sou-i ih-ding véh la ôh-li tsé. — Ngou-ke i-zaong nong k'i tè-ts'éh-lai. — Yao sa i-zaong? — Yao yang i-zaong. — Tsah gni-ke h'ao wè ze pou-ke h'ao ? — Kien-tsao tié-k'i yen-liang ; tè kou-ghié yeû-ts'ing ke, gnong mô-kouô-tse, tèh-tse lè-bah sié ke pou k'ou-tse méh-tsé. —*

---

a renversé ce bol; va vite chercher un torchon pour essuyer.— Oui.—Quand tu fais quelque chose, tu es toujours (ainsi) pressé comme un ardélion. Regarde : cette nappe est toute neuve, et la voilà à moitié sale ! — Oh ! Je prie Monsieur de me pardonner; à l'avenir, dans mon office, je serai pour sûr plus attentif. — Apporte les légumes salés. — Aujourd'hui, il n'y a pas de choux salés ; j'ai apporté du fromage de haricots mariné et des concombres salés, et j'ai déjà mis de la sauce dans les concombres ; faut-il aussi un peu de vinaigre?— Je ne veux pas de vinaigre. Maintenant, voici mon dîner fini; emporte tout. — Monsieur, voici les cure-dents. — Ah! apporte le thé, et va-t-en dîner.

CHAPITRE CINQUIÈME

TOILETTE

C'est aujourd'hui le neuf ; Monsieur ira-t-il au temple du Suprême Bonheur pour visiter la pagode ? — Hum ! J'ai déjà promis à Monsieur N d'aller me promener avec lui ; va t'informer si le jeune Monsieur Zeng est à la maison. — Je viens de le voir sortir à l'instant: il est donc sûr qu'il n'est pas chez lui. — Alors, apporte-moi mes habits. — Quels habits voulez-vous ? — Je veux mes habits européens.— Prendrez-vous du drap ou de la toile? — Oh ! aujourd'hui, le temps est un peu frais ; je puis prendre un habit de velours bleu foncé et un pantalon de toile à raies bleues et blanches. —

嗯。老爺小布襖咾。布衫要否。　哈。箇副鈕子。我極勿相信。儂去換副水晶个來罷。箇个領頭。漿來軟來。而且上面个坭。還勿曾淨脫个哩。又是翻轉燙拉个。明朝淨衣裳个來。儂對伊話。淨起來小心點。還要漿來硬點。噴之水咾。担熨斗來燙一燙。挺括點。靴担箇雙短梁个來。　嗯。　襪有眼破者。教丫頭尋點布來。補个補。　是者。　儂勿要走開。等拉。相帮我着衣裳。現在儂要到那裡去咾。　替老爺叫車子去。　勿要叫者。遠得勿多路。走之味者。　坐車子去味。體面點。格味。等我著之衣裳咾去叫。來得及哩。　是者。　担鞋拔子來。褲子脚下面。攏一攏。担一條手巾咾。金表來。　老爺烟荷包要否。　要个。儂去担我脫下來个。東洋衣裳。摺起來。勿要担毛刷來刷。　是者。老爺等一等。還有一塊皺拉哩。要攏一攏。　儕挺沒。　挺括者。　我現在到某老爺搭去坐歇。等儂叫車子來。嗯。曉得者。

O. Lao-ya siao pou-ao lao pou-sè yao va ? — E. Kou fou gneû-tse ngou ghieh véh siang-sin; nong k'i wé fou se-tsing ke lai ba. Kou-ke ling-deû tsiang-lai gneu-lai ; eul-ts'ié zaong-mié ke gni wè véh-zeng zing-t'éh ke li ; i ze fè-tsé t'aong-la-ke. Ming-tsao zing i-zaong ke lai, nong tei i wo : zing-k'i-lai, siao-sin tié. Wè yao tsiang-lai ngang tié, p'en-tse se lao tè yun-teû lai t'aong-ih-t'aong t'ing-k'oèh tié ; hiou tè kou-saong teu liang ke lai. — O. — Mèh yeû ngè p'ou tsé ; kiao o-deû zin tié pou lai pou-ke-pou. — Ze tsé. — Nong véh yao tseû-k'ai, teng la siang-paong ngou tsah i-zaong; yé-zai nong yao tao a-li k'i lao ? — T'i lao-ya kiao ts'ouo-tse k'i. — Véh yao kiao tsé. Yeu teh véh tou lou, tseû-tse méh tsé.— Zou ts'ouo-tse k'i méh t'i-mié tié.—Keh-méh teng ngou tsah-h'ao-tse i-zaong lao k'i kiao, lai-teh-ghiéh li. — Ze tsé. — Tè ha-bèh-tse lai; k'ouh-tse kiah-hao-mié ts'en-ih-ts'en. Tè ih-diao seû-kien lao kien piao lai. — Lao-ya yé-wou-pao yao va ? — Yao ke ; nong k'i tè ngou t'éh-hao-lai ke; tong-yang i-zaong tséh-k'i lai, véh yao tè mao-séh lai séh. — Ze tsé, lao-ya teng-ih-teng, wè yeû ih-k'oei tseû la li, yao ts'en-ih-ts'en. — Zé t'ing méh ? — T'ing-k'oèh tsé.— Ngou yé-zai tao meû lao-ya tèh k'i zou hiéh, teng nong kiao ts'ouo-tse lai. — O. Hiao-teh tsé.

Bien : Monsieur, ce gilet et cette chemise, les voulez-vous? — Oh ! je n'aime pas du tout ces boutons-là ; mets à la place les boutons de cristal. Ce col n'est pas assez bien empesé, et de plus, on n'a pas enlevé la boue de dessus; enfin il est repassé à l'envers. Demain, quand le blanchisseur reviendra, dis-lui de laver plus soigneusement. Il faut aussi qu'il mette un peu plus d'empois, qu'il humecte (le col), puis qu'il prenne son fer et qu'il repasse avec soin, le col sera plus raide ; quant aux bottes, apporte-moi la paire à tiges courtes. — Bien. — Les bas ont une petite déchirure : dis à la domestique de chercher un morceau pour les raccommoder. — Bien. — Ne t'en va pas, reste ici pour m'aider à mettre mes habits. Où veux-tu aller maintenant ? — Louer une voiture pour Monsieur.— Ce n'est pas nécessaire; il n'y a pas loin, et je puis aller à pied. — C'est plus distingué d'aller en voiture. — Eh bien ! attends que ma toilette soit terminée ; tu iras alors, et ce ne sera pas trop tard. — Bien. — Apporte-moi le chausse-pied ; arrange les jambes de mon pantalon (tire-les en bas). Apporte-moi un mouchoir et ma montre en or. — Monsieur veut-il sa blague ?—Oui; maintenant, prends les habits japonais que je viens de quitter pour les plier, mais il ne faut pas les brosser.— Monsieur, attendez un peu; il y a là un pli; il faut que je le défasse. — L'as-tu défait? — Oui. — Eh bien ! je vais aller causer (m'asseoir) chez Monsieur un tel, en attendant la voiture. — Je comprends.

第六章

老爺車子來拉者。　儂對伊話。先到交民巷。後來到琉璃廠。我要買點古玩物事去。　是者。老爺若使箇面要躭擱个。我想單單教伊送到罷。　教伊轉回个好。省之囉蘇者。儂叫拉个車子。乾淨否。車廂大否。騾子好勿好。　儕好个。今朝叫拉个。勿是路上便車。　是野雞車呢啥。　勿是。人家宅裡个車子。　宅裡个車子味。那能亦做生意个呢。　因爲伊拉老爺。無得差使。常怕牲口出毛病。故所以放出來做一日生意。老爺勿信味。去看一看。不但騾子壯。就是車衣車褥。儕蠻時路个。而且兩邊還有撐陽。　嗰。什介是頂好者。到底還有一椿。若使車夫咾火頭火腦。到之前門。石頭路上。担車子打七高八底个戶蕩走。定見弄得人來。頭昏腦悶。連搭坐身地方。儕要脹起來个嚡。　箇个車夫。好把手者。勿造至於什介个。　叫伊幾化銅錢。（續見下張）

DI-LÓH TSANG

Lao-ya ts'ouo-tse lai la tsé. — Nong tei i wo sié tao Kiao-min *haong, heû-lai tao lieû-li ts'ang ngou yao ma tié kou-wè méh-ze k'i. — Ze tsé; lao-ya zah-se kou-mié yao tè-koh ke, ngou siang tè-tè kiao i song-tao ba. — Kiao tsé-wei ke h'ao, sang-tse lou-sou tsé. Nong kiao-la-ke ts'ouo-tse k'eu-zing va, ts'ouo-siang dou va? Lou-tse h'ao véh h'ao? — Zé h'ao-ke; kien-tsao kiao-la-ke véh ze lou laong bié-ts'ouo. — Ze ya-ki-ts'ouo gni sa? — Véh ze, gnen-ka zah-li ke ts'ouo-tse. — Zah-li ke ts'ouo-tse méh na-neng a tsou sang-i ke gni? — Yen-wei i-la lao-ya m teh ts'a-se, zaong-p'ouo sang-k'eu ts'éh mao-bing, kou-sou-i faong-ts'éh-lai tsou ih gnéh sang-i. Lao-ya véh sin méh, k'i k'eu-ih-k'eu; péh dè lou-tse tsaong, zieû-ze ts'ouo-i, ts'ouo gnôh, zé mè ze-lou ke, eul-ts'ié liang pié wè yeû ts'ang-yang. — O, zéh-ka ze ting h'ao tsé; tao-ti wè yeû ih yang: zah-se ts'ouo-fou lao h'ou-deû-h'ou-nao, tao-tse zié-men zah-deû lou laong, tè ts'ouo-tse tang ts'ih-kao-pèh-ti ke wou-daong tseû, ding-kié long-teh gnen lai deû-h'oen-nao-men; lié-tè zou sen di-faong zé yao tsong-k'i-lai ke gnè. — Kou-ke ts'ouo-fou h'ao pouo-seû tsé, véh tsao-tse-yu zéh-ka ke. — Kiao i ki-h'ouo dong-dié? —*

CHAPITRE SIXIÈME

LOCATION DE VOITURE

Monsieur, la voiture est arrivée.—Dis au cocher que je vais d'abord à la petite rue du Rendez-vous du peuple, ensuite au magasin de cristaux pour acheter quelques objets antiques. — Bien; mais si Monsieur (doit) passer là quelque temps, je crois qu'il vaut mieux prendre seulement la voiture à la course. — Mieux vaut la louer aller et retour, pour éviter des embarras. La voiture que tu as louée est-elle propre, grande? Les mules sont elles bonnes? — Tout est excellent. La voiture que j'ai louée aujourd'hui n'est pas une voiture sur la place. — Est-ce une voiture libre? — Pas davantage; c'est une voiture particulière (qui appartient à une maison, à une famille). — Une voiture particulière! Comment alors peut-elle conduire pour un salaire? — C'est que le propriétaire, n'ayant pas d'emploi, craint que ses bêtes ne deviennent malades; voilà pourquoi il les fait sortir et conduire (des voyageurs) moyennant salaire pendant une journée. Si Monsieur ne me croit pas, qu'il regarde: non seulement les mules sont grasses, la couverture et les coussins à la mode; mais de plus, il y a des rideaux des deux côtés. — Ah! vraiment, c'est très bien! Mais il y a encore une chose: si ce cocher est un braque, quand nous serons arrivés à la route pavée, hors de la porte du sud, il conduira la voiture dans les ornières, et me secouera la tête, jusqu'à ce que j'en aie le vertige, et le derrière tout enflé à force de sauter sur le siège. — Oh! Celui-ci est un habile cocher; il n'y a pas de danger qu'il en vienne là.— Combien l'as-tu loué? —

對伊話着實拉者。六百銅錢。飯錢亦拉起者。若使老爺轉來咾。太晚味。再賞伊幾个酒錢。亦可以个。我阿要緊跟老爺去否。　儂豩拉車子上。跟我一淘去罷。是者。　儂担箇塊西洋花氈單。放拉車子上。舖好之。阿是儂有兩只官帽是否。一只借拉車夫戴之。　是者。老爺上車子。踏脚櫈要否。　要个。担儂个脚。箇頭踏住拉。快點我根杖去尋來。　嗰。來者。担去放拉氈單底下罷。　哈。儂快點上車。　喊。朝前。

第七章

走來。　嗰。　今朝我有點勿舒徐。先生來之。對伊話一聲。我讀勿動。因爲勿自然咾。亦勿必得。讓伊進來坐拉者。　箇只櫈。儂担過來。拿烟盤放拉上。今朝早辰點心。我勿要吃。單單拿之加非味者。再告訴厮司。勿要緊替我預備中飯。不過燉口薄粥。米粒頭。弄弄碎。勿要太薄咾太厚。中中教頂好。　是者。　儂替我被

Tei i wo zah-zéh la tsé, lôh pah dong-dié; vè-dié a la k'i tsé, zah-se lao-ya tsé-lai lao t'eh è méh, tsai sang-i ki-ke tsieû-dié, a k'o-i ke. Ngou ah yao-kien ken lao-ya k'i va? — Nong lôh la ts'ouo-tse laong ken ngou ih-dao k'i ba. — Ze tsé. — Nong tè kou-k'oei si-yang h'ouo tsé-tè, faong la ts'ouo-tse laong p'ou-h'ao-tse. Ah ze nong yeû liang tsah koé-mao ze va? Ih-tsah tsia la ts'ouo-fou ta-tse. — Ze tsé, lao-ya zaong ts'ouo-tse, dèh-kiah-teng yao-va? — Yao ke: tè nong ke kiah kou-deû dèh-zu la, k'oa tié ngou ken-zang k'i zin-lai. — O, lai tsé; tè-k'i faong la tsé-tè ti-hao ba. — È. Nong k'oa tié zaong ts'ouo. — Hè! Zao-zié.

DI-TS'IH TSANG

Tseû-lai. — O. — Kien-tsao ngou yeû tié véh su-zi; sié-sang lai-tse, tei i wo ih sang, ngou dôh-véh-dong, yen-wei véh ze-zé lao; a véh pih-teh gnang i tsin-lai zou-la tsé. — Kou-tsah teng nong tè-kou-lai; nao yé-bé faong la laong. Kien-tsao tsao-zen tié-sin ngou véh yao k'ieh; tè-tè nao-tse ka-fei méh-tsé. Tsai kao-sou zu-se véh yao-kien t'i ngou yu-bei tsong-vè; pèh-kou t'en k'eû bôh-tsôh, mi-lieh-deû long-long-sé, véh yao t'ai bôh lao t'ai heû; tsong-tsong-kiao ting-h'ao. — Ze tsé. — Nong t'i ngou bi-

---

Je le lui ai dit expressément, ce sera 600 sapèques, y compris l'argent pour sa nourriture. Mais, quand Monsieur reviendra, si le jour est trop avancé, il sera bon de lui ajouter quelque pourboire. Dois-je accompagner Monsieur?— Hum! tu peux monter en voiture et venir avec moi. — Très bien. — Prends d'abord un tapis à fleurs européen, porte-le dans la voiture et étends-le bien. N'as-tu pas deux chapeaux de cérémonie? Tu peux en prêter un (à mettre) au cocher. — Oui; Monsieur a-t-il besoin d'un marchepied pour monter? — Oui, oui, avec ton pied tiens-le solidement, et va vite chercher ma canne. — Je l'ai apportée, la voici. Mettez-la sous le tapis. — Allons! monte vite! — En avant!

CHAPITRE SEPTIÈME

UNE INDISPOSITION

Holà! — Me voici. — Aujourd'hui, je suis un peu indisposé; quand mon professeur viendra, dis-lui que je ne puis pas étudier, parce que je ne suis pas bien; il n'est pas non plus nécessaire de le faire entrer pour s'asseoir. — Bien. — Apporte cet escabeau, et mets dessus le pot à tabac. Ce matin, je ne déjeunerai pas; sers moi du café, cela suffira. De plus, préviens le cuisinier qu'il est inutile d'apprêter mon dîner; qu'il me fasse seulement bouillir un peu de riz à l'eau; que les grains soient écrasés: qu'il ne soit ni trop clair ni trop épais, mais convenablement délayé, et ce sera bien. — Oui. — Remonte la couverture sur moi

窩上蓋蓋好。　是者。老爺現在好點否。刻刻教我買花。買之來者。插汝窰花瓶裏。好勿好。　好个。我个頭腦子。現在覺着惛惛沉沉。又有點惡心。快點担我片子。到伲公舘裏去。請用吉郎中來。　用吉郎中。出門看病个麽。　勿出門个。箇个是朋友情分。而且伊本事極好。雖然伊到此地。日脚勿多。到底京裏。伊个名聲響極者。　勿錯。我亦聽見。中國老爺們話過歇。用吉郎中个看病。實在靈驗得極。　還有一樣。中國人。搭伊相交个。常常請伊去看病。故所以拉屋裏个時候少。我怕儂箇回去。勿要白去。　造化老爺个病勿重。若使伊勿拉屋裏味。就請別个郎中來。看看罷。　什介。儂請个中國郎中。亦使得。　伲搭个郎中。儕是本地看法。外國看法。勿明白个。倒勿如。去請施醫院个郎中。德先生來看看。好否。　箇倒亦無啥。　老爺巧極。用吉郎中來。替老爺看病者。　固是實在造化。快點請伊進來。儂去預備點。酒咾點心。（續見下張）

k'ou zaong kai-kai h'ao. — Ze tsé. Lao-ya yé-zai h'ao tiè va? k'ai-k'ai kiao ngou ma h'ouo ma-tse lai tsé; ts'èh Zu-yao *k'ouo-bing li h'ao vèh h'ao? — H'ao-ke; ngou-ke deû-nao-tse yé-zai koh-zah h'oen-h'oen zen-zen, i yeû tiè oh sin; k'oa tiè tè ngou p'ié-tse tao gni kong-koé li k'i ts'ing* Yong-kieh *laong-tsong lai. —* Yong-kieh *laong-tsong ts'èh-men k'eu bing ke mô? — Vèh ts'èh-men ke: kou-ke ze bang-yeû zing-ven, eul-ts'ié i pen-ze ghieh h'ao; su-zé i tao ts'e-di gnèh-kiah vèh tou, tao-ti kieng li i-ke ming-sang hiang-ghieh tsé. —Vèh ts'ouo; ngou a t'ing-kié, tsong-kôh lao-ya-men wo-kou-hièh* Yong-kieh *laong-tsong ke k'eu bing zèh-zai ling-gné teh-ghieh.—Wè yeû ih yang; tsong-kôh gnen tèh i siang-kiao ke zang-zang ts'ing i k'i k'eu bing; kou-sou-i la ôh-li ke ze-heû sao. Ngou p'ouo nong kou-wei k'i vèh yao bah k'i. — Zao-h'ouo lao-ya ke bing vèh zong; zah-se i vèh la ôh-li mèh, zieû ts'ing bièh-ke laong-tsong lai k'eu-k'eu ba. — Zèh-ka nong ts'ing ke tsong-kôh laong-tsong a se-teh. — Gni-tèh ke laong-tsong zé ze pen-di k'eu-fah; nga-kôh k'eu-fah vèh ming-bah ke; tao-vèh-zu k'i ts'ing* Se-i *yeû ke laong-tsong,* Teh *sié-sang, lai k'eu-k'eu h'ao va? — Kou tao a m sa. — Lao-ya k'iao-ghieh,* Yong-kieh *laong-tsong lài t'i lao-ya k'eu bing tsé. — Kou ze zèh-zai zao-h'ouo; k'oa tiè ts'ing i tsin-lai, nong k'i yu-bei tiè tsieû lao tié-sin. —*

---

pour me bien couvrir. — Voilà! Monsieur est-il un peu mieux maintenant? Les fleurs que vous m'avez dit tout à l'heure d'acheter sont achetées et arrivées; si je les mettais dans un vase à fleurs en porcelaine de Zu-yao, serait-ce bien? — Bien, bien! Mais je me sens encore la tête lourde et j'ai un peu mal au cœur; prends vite ma carte et va à notre consulat chercher le docteur Yong-kieh. — Ce docteur Yong-kieh fait-il des visites à domicile? — Non; mais il viendra par amitié (c'est une affaire d'amitié). De plus, il est très habile et quoiqu'il soit arrivé ici depuis peu de temps, sa réputation est déjà considérable dans la capitale. — C'est vrai; j'ai aussi entendu dire à des messieurs chinois que la manière de traiter du docteur Yong-kieh est très efficace. — Mais il y a encore une chose; Les Chinois qui ont quelques rapports d'amitié avec lui, l'invitent souvent à aller leur donner des consultations à domicile: aussi, est-il rarement chez lui; je crains donc que cette fois-ci tu n'y ailles en pure perte. — Par bonheur, la maladie de Monsieur n'est pas grave; s'il n'est pas chez lui, j'irai prier un autre docteur de venir vous voir.— Oui, dans ce cas, tu peux encore faire venir un docteur chinois. — Oh! nos médecins ne pratiquent que la médecine de leur pays et ils n'entendent rien aux méthodes européennes: si vous laissez venir le docteur Teh de la compagnie "Propagation de la médecine" pour vous traiter, ne serait-ce pas mieux? — Cela pourrait encore aller. — Oh! Monsieur, quelle chance! Voilà le docteur Yong-kieh qui vient vous voir! — C'est vraiment un coup de bonheur! Fais-le vite entrer, puis va préparer du vin et une collation. —

老爺開瓶啥个酒。　開瓶三賓酒罷。紅酒有拉味。亦担來。點心咾菓子。看來有啥。担啥來味者。　曉得者。開酒瓶个螺螄鑽。老爺收拉是否。　是个。拉踏板上櫃裏。搭之研鑿。一淘拉。担茶來。　啯。　釃酒。　是者。　担捲紙烟來。儂替我送送箇位老爺。　啯。　郎中去者。教我對老爺話。散藥分做三回吃。睏个前頭味。頂好。又話。要忌生冷个物事。　那得刻刻。伊勿替我話呢。　勿要伊如卽想着咾。　格味夜快點吃起來。儂想帮我。　是者。老爺粥要吃否。　要个。儂担來味者。生梨亦担來。　老爺。郎中話拉忌生冷个物事耶。　格味勿要担來。　是者。

第八章

隔二日我要到居庸關上去。轉來个辰光。順便到西山去白相。箇搭一排地方。秃是好景緻。遊之一轉。然後歸來。儂肯同我一淘去否。　有啥勿肯。就是老爺教我。蹗拉湯裏。跳拉火裏。我亦要跟去个。（續見下張）

Lao-ya, k'ai bing sa ke tsieû? — K'ai bing Sè-pin *tsieû ba, hong tsieû yeû-la mèh, a tè-lai; tié-sin lao kou-tse k'eu lai yeû sa tè sa lai mèh-tsé. — Hiao-teh tsé, k'ai tsieû-bing ke lou-se-tsen lao-ya seû-la, ze va? — Ze ke, la dèh-pè laong, ghiu li, tèh-tse gné-zoh ih-dao la. Tè zouo lai. — O. — Sa tsieû. — Ze tsé. — Tè kieu-tse-yé lai. Nong t'i ngou song-song kou-wei lao-ya. — O. — Laong-tsong k'i tsé, kiao ngou tei lao-ya wo sè yah fen tsou sè wei k'ieh; k'oen-ke zié-deû mèh ting h'ao. I wo yao ghi sang-lang ke mèh-ze. — Na-teh k'ai-k'ai i vèh t'i ngou wo gni? — Vèh yao i zu-tsieh siang-zah lao. — Keh-mèh ya-k'oa-tié, k'ieh-k'i-lai, nong siang-paong ngou. — Ze tsé, lao-ya tsôh yao k'ieh va? — Yao ke, nong tè-lai mèh-tsé; sang-li a tè-lai. — Lao-ya, laong-tsong wo la ghi sang-lang ke mèh-ze ya. — Keh-mèh vèh yao tè-lai. — Ze tsé.*

DI-PÈH TSANG

Kah liang gnèh, ngou yao tao Kiu-yong koè laong k'i; tsé-lai ke zen-kaong zen bié, tao si sè k'i bèh-sang. Kou-tèh ih-ba di-faong t'ôh ze h'ao kieng-tsè; yeû-tse ih-tsé, zé-heû kiu-lai. Nong k'eng dong ngou ih-dao k'i va? — Yeû sa vèh k'eng? Zieû-ze lao-ya kiao ngou lôh la t'aong li, t'iao la h'ou li, ngou a yao keng-k'i ke. —

Monsieur, quel vin faut-il déboucher? — Du vin de Champagne; s'il y a du vin rouge, apportes-en aussi. Pour la collation et les fruits, regarde ce qu'il y a et sers en conséquence. — Bien. Monsieur, le tire-bouchon, est-ce vous qui l'avez serré? — Oui, il est dans l'armoire, sur la planche, avec le tournevis. Apporte le thé. — Voilà! — Verse le vin. — Oui. — Apporte les cigarettes. Reconduis Monsieur à ma place. — Bien. Le docteur est parti; il m'a dit de vous avertir que cette médecine en poudre doit être prise en trois fois. Le mieux, c'est de la prendre un peu avant de vous endormir; il a dit aussi qu'il faut vous abstenir des mets crus ou froids. — Comment tout à l'heure ne m'a-t-il pas dit cela? — Peut-être qu'il y a pensé plus tard. — Eh bien! ce soir, tu seras à côté de moi à mon souper. — Monsieur prendra-t-il du riz à l'eau? — Oui, tu peux en apporter; apporte aussi des poires. — Monsieur, le médecin n'a-t-il pas dit de laisser de côté les choses crues et froides? — Ah! alors, n'en apporte pas. — Bien.

CHAPITRE HUITIÈME

PRÉPARATIFS DE VOYAGE

Dans deux jours, j'irai à la douane de Kiu-yong; en revenant, je profiterai de l'occasion pour aller faire une excursion à la montagne de l'Ouest. C'est un district où il y a de beaux sites. Après m'y être promené, je reviendrai. Veux-tu m'accompagner? — Comment ne le désirerais-je pas? Quand même Monsieur m'ordonnerait de me plonger dans l'eau bouillante ou de me jeter dans le feu, je voudrais encore l'y suivre. —

儂前頭箇搭去過歇否。　前頭跟之別位老爺去歇一輪。老爺打算坐轎子去呢。還是騎牲口去。　爲我本來隨便味者。到底箇回。打算領太太一淘去。所以應用各樣个傢伙。儂先對我話話看。　既然太太亦要去。東西。自然要多帶點个。啥咾呢。比方此地動身。到之客寓裏。有樣把老爺想勿到个物事。爲太太十分要緊个。就是太太。忽然有起罷勿得个事體來者。恐怕無得便當个地方。格味那能之味好呢。　伲此地。女眷行路。馬桶儕自家帶个。所以箇回。第樣物事。我想要担个。若使勿什介。帶一塊長點咾闊點个布。再担四根竹頭。住拉寓裏之後來就拉天井裏。撐一个棚棚。來做茅厠。亦使得个。　嗰。有什介勿便當个事體麼。　我再替老爺話。勿必說起。鋪蓋咾啥要帶去。就是太太吃个東西。亦要帶去。倘使老爺要到山上去。淨淨浴。拉箇面多躭擱幾日。用个物事。生拉還要帶來多點哩。　格味明朝。儂叫一頂轎子。一只騾子。仔細再想想看。帶啥

Nong zié-deû kou-tèh k'i-kou-hiéh va ? — Zié-deû ken-tse biéh-wei lao-ya k'i-hiéh ih t'aong. Lao-ya tang-seu zou ghiao-tse k'i gni, wè-ze ghi sang-k'eû k'i ! — Wei ngou pen-lai zu-bié méh-tsé ; tao-ti kou wei tang-seu ling t'a-t'a ih-dao k'i ; sou-i yng-yong koh yang ke ka-h'ou nong sié tei ngou wo-wo k'eu. —K'i-zé t'a-t'a a yao k'i, tong-si ze-zé yao tou ta tié ke. Sa lao gni ! Pi-faong ts'e-di dong-sen tao-tse k'ah-gnu li, yeû-yang pouo lao-ya siang-véh-tao ke méh-ze wei t'a-t'a zéh fen yao-kien ke. Zieû-ze t'a-t'a féh-zé yeû-k'i ba-véh-teh ke ze-t'i lai tsé, kong-p'ouo m teh bié-taong ke di-faong. — Keh-méh na-neng-tse méh h'ao gni? — Gni ts'e-di gnu-kieu hang-lou, mô-dong zé ze-ka ta ke. Sou-i kou-wei di-yang méh-ze ngou siang yao tè ke. Zah-se véh zéh-ka, ta ih-k'oei zang tié lao k'oèh tié ke pou ; tsai tè se ken tsôh-deû ; zu la gnu-li tse heû-lai, zieû la t'ié-tsing li, ts'ang ih-ke bang-bang lai tseu mao-ts'e, a se-teh ke. — O. Yeû zéh-ka véh bié-taong ke ze-t'i mô? — Ngou tsai t'i lao-ya wo, véh pih seh-k'i p'ou-kai lao sa yao ta-k'i ; zieû-ze t'a-t'a k'ieh ke tong-si a yao ta-k'i. T'aong-se lao-ya yao tao sè laong k'i zing-zing yôh, la kou mié tou tè-koh ki gnéh, yong ke méh-ze sang la wè yao tou ta lai tié li. — Keh-méh ming-tsao nong kiao ih-ting ghiao-tse, ih-tsah lou-tse ; tse-si tsai siang-siang k'eu ta sa-

Es-tu déjà allé en cet endroit? — Oui, jadis, j'y ai accompagné une fois d'autres messieurs. Monsieur compte-t-il aller en chaise ou à cheval (sur une bête de somme) ?—Oh! pour moi, cela m'est égal, mais cette fois, je compte emmener Madame à cette excursion ; ainsi, dis-moi bien à l'avance quels sont tous les ustensiles dont on aura besoin. — Oh ! puisque Madame doit être de l'excursion, il faut évidemment emporter plus de choses. Allons, voyons ! Une fois partis d'ici, quand nous logerons dans les auberges, il y a un objet auquel Monsieur n'aura pas pensé, mais qui sera indispensable à Madame. Car il peut arriver que Madame ayant tout à coup besoin de se soulager, il n'y ait pas d'endroit commode. — Eh bien ! comment faire ? — Les dames du pays, quand elles voyagent, emportent toujours avec elles le meuble indispensable. Ainsi, cette fois il faut que nous emportions un objet de ce genre ; sinon, on peut prendre une toile assez large et assez longue avec quatre piquets en bambou ; arrivés dans une auberge, on élève dans la cour une tente qui sert de lieux d'aisance, et l'on s'en tire ainsi. — Ah ! vraiment, il y a des affaires si incommodes que cela ! — J'ai encore quelque chose à dire : sans parler de la literie et des autres choses de ménage qu'il faut emporter, il faut aussi prendre une partie de ce que Madame devra manger. Que si Monsieur veut monter à la montagne pour y prendre des bains, et demeure là quelques jours, les choses dont il aura besoin seront naturellement en plus grand nombre.— Eh bien donc ! demain commence par arrêter une chaise à porteurs et une mule ; puis, vois en détail

个吃个物事。預備起來。裝拉一只伙食籃裏。担起來便當點。　是者。帶箇个東西。老爺放心味者。有我拉个。要緊帶去个物事。還有吃个東西。儕已經歸好拉者。我去叫部車子。担物事裝拉上之。我坐之箇部車子咾。照顧物事。乃味儕安當者。

第九章

今朝我租玦房子。容易得極。本來是只小廟。箇座房子。十分乾淨。房錢亦勿大。拉啥地方。有幾間房子。　拉齊化門外頭。祭日頭个壇基西面。地方个名頭叫啥。我勿曉得。有三間正房。四間廂房。還有兩間倒座。東角裏灶間。還有哪等个房子。茅厠味。且到搬去之後來。尋个地方來。收作一間。　格味。老爺打算幾時搬呢。　我想趕緊點。今朝就搬。後來付起房錢來。拉月頭上咾好算點。　格味。我今朝忙煞能。担物事出理出理起來。　哈。儂先担零碎物事放拉天井裏。擔

ke k'ieh ke méh-ze : yu-bei-k'i-lai, tsaong la ih-tsah h'ou-zeh-lè li tè-k'i-lai bié-taong tié. — Ze tsé, ta kou-ke tong-si lao-ya faong-sin méh tsé ; yeû ngou la ke. Yao-kien ta-k'i ke méh-ze' wè yeû k'ieh-ke tong-si, zé i-kieng-koei h'ao la tsé, ngou k'i kiao bou ts'ouo-tse, tè méh-ze tsaong la laong tse, ngou zou-tse kou-bou ts'ouo-tse lao tsao-kou méh-ze : nai-méh zé t'ou-taong tsé.

DI-KIEÛ TSANG

Kien-tsao ngou tsou da waong-tse yong-i teh-ghieh. Pen-lai ze tsah siao miao ; kou-zou waong-tse zé-fen keu-zing ; waong-dié a véh dou. — La sa di-faong? yeû ki kè waong-tse? — La Zi-h'ouo men nga-deû, tsi gnéh-deû ke dè-ki si-mié. Di-faong ke ming-deû kiao sa, ngou véh hiao-teh ; yeû sè kè tseng-waong, se kè siang-waong ; wè yeû liang kè tao-zou ; tong koh li tsao-kè, wè yeû na teng ke waong-tse. Mao-ts'e méh ts'ia-tao pé-k'i-tse, heû-lai zin ke di-faong lai seû-tsoh ih-kè. — Keh-méh lao-ya tang-seû ki ze pé gni? — Ngou siang keu-kien tié, kien-tsao zieû pé, heû-lai fou-ki waong-dié lai, la gneuh-deû laong lao h'ao seu tié. — Keh-méh ngou kien-tsao maong-sah-neng tè méh-ze ts'éh-li ts'éh-li k'i-lai. — È, nong sié tè ling-sé méh-ze, faong la t'ié-tsing li ; tè

quels comestibles il faut prendre, prépare le tout, et mets-le dans un panier, afin que ce soit commode à emporter. — Oui ; pour ce qui est du transport des effets, que Monsieur ne s'inquiète pas, je suis là. Quand j'aurai bien emballé tout ce qu'il faut emporter, (sans oublier) les vivres, j'irai louer une charrette pour y charger le tout ; moi-même, monté sur la charrette, j'aurai l'œil aux bagages : de la sorte, tout sera en sûreté.

CHAPITRE NEUVIÈME

DÉMÉNAGEMENT

Je viens aujourd'hui de louer une maison, sans nulle difficulté. A vrai dire, c'est une petite pagode; cette maison est très propre et le loyer n'en est pas très fort. —En quel endroit est-ce ? Combien y a-t-il de chambres? — Hors de la porte Zi-houo, à l'ouest de l'autel du soleil, j'ignore le nom de l'endroit. Il y a trois chambres en façade, quatre sur les côtés, et deux petites chambres de derrière. A l'angle oriental, il y a la cuisine et les chambres que vous habiterez. Pour les cabinets, c'est moi qui, après le déménagement, devrai chercher un emplacement et y élever une chambre. — Et quand Monsieur compte-t-il déménager?—Je veux me hâter de le faire aujourd'hui même, afin que le loyer parte juste du premier du mois ; cela simplifie les comptes. — Alors, il faut que je me hâte d'expédier tout aujourd'hui. — Hum ! porte d'abord les petits objets dans la cour ; prends

地單。散之濕茶葉。掃之咾捲起來。用繩綑之。後來担書架子咾櫃臺。還有別樣硬頭傢生。儂担一衆碰得起个物事。裝拉劉二叫來个大車子上。 是者。老爺外頭多化小物事。我想裝拉一只大个傢生裏。教个脚班上人挑。安當點。 好个。不過碗咾啥味。担紙頭來。要好好能包个。床咾若是勿好担。可以拆脫。到之過面。再裝攏來。然後照舊張帳子味者。 老爺。掛對咾匾个釘。儕要拔下來否。哈。儂小心。牆上个坭。儕落下來者。做啥勿担鉗來拔咾。倒担榔頭來敲呢。曉得者。 曖。儂去對脚班上話一聲。小心出大門个時候。檯子勿要碰壞。 是者。格味我同之物事一淘去。先担物事。照舊擺好起來罷。 先去擺。亦勿必得者。等過面掃乾淨之。舖之地單。檯子咾椅子。先放拉一邊。讓我過來。再安排味者。若使儂一干子來勿及。吽夥計來相帮。亦可以使得。必過今朝一日。要弄好个。 是者。

di-tè sè-tse sèh zouo-yéh sao-tse lao kieu-k'i-lai, yong zeng k'oen-tse; heû-lai tè su-ka-tse lao ghiu-dai, wè yeû biéh yang ngang-deû ka-sang, nong tè ih-tsong bang-teh k'i ke méh-ze tsaong la Lieû-gni kiao-lai-ke dou ts'ouo-tse laong. — Ze tsé. Lao-ya nga-deû tou-h'ouo siao méh-ze ngou siang tsaong la ih-tsah dou ke ka-sang li, kiao ke kiah-pè laong gnen t'iao, t'ou-tang tié. — H'ao-ke; pèh-kou wé lao sa méh tè tse-deû lai yao h'ao-h'ao-neng pao ke; zaong lao zah-se véh h'ao tè, k'o-i ts'ah-t'éh; tao-tse kou-mié tsai tsaong-long-lai, zé-heû tsao-ghieû tsang tsang-tse méh-tsé.— Lao-ya, kou tei lao pié ke ting zé yao bah-hao-lai va? — È. Nong siao-sin ziang laong ke gni, zé loh-hao-lai tsé. Tsou sa véh tè ghié lai bah lao, tao tè laong-deû lai h'ao gni? — Hiao-teh tsé. — Ai! nong k'i tei kiah-pè laong wo ih-sang, siao-sin ts'éh dou men ke ze-heû, dai-tse véh yao bang-wa. — Ze tsé. Keh-méh ngou dong-tse méh-ze ih-dao k'i sié tè méh-ze tsao-ghieû pa-h'ao-k'i-lai ba. — Sié k'i pa a véh pih-teh tsé, teng kou-mié sao keu-zing tse, p'ou-tse di-tè, dai-tse lao yu-tse sié faong la ih-pié, gnang ngou kou-lai tsai eu-ba méh-tsé. Zah-se nong ih-keu-tse lai-véh-ghiéh, kiao fou-ki lai siang-paong a k'o-i se-teh. Pèh-kou kien-tsao ih-gnéh yao long-h'ao ke. — Ze tsé.

---

des feuilles de thé pour balayer le tapis, puis, roule-le et attache-le avec une corde; après cela, ce sera le tour des rayons de la bibliothèque, des armoires, et tous les autres objets lourds et embarrassants; prends tout ce qui n'est pas fragile, et charge-le sur le grand char que Lieû-gni m'a loué. — Oui. Monsieur, ces petits objets qui sont dehors, je crois qu'il faut les emballer dans un grand panier, et dire à un *coolie* de les transporter; c'est plus sûr.— Parfaitement! Pour les objets en porcelaine, ils doivent être enveloppés soigneusement dans du papier. Si le lit ne peut pas être porté commodément, on peut le démonter, le transporter ainsi et le remonter là-bas; puis, on remettra les rideaux comme auparavant.—Monsieur, les clous auxquelles étaient suspendues les inscriptions et les tablettes, faut-il les arracher? — Oui. Fais donc attention! L'enduit du mur vient de tomber. Pourquoi n'as-tu pas pris des tenailles pour arracher les clous, au lieu de frapper avec un marteau. — C'est vrai. — Holà! va dire au *coolie* de faire attention, en passant par la grande porte, de ne pas endommager la table. — Oui; du reste, je vais accompagner le mobilier, afin de remettre chaque chose en place exactement comme auparavant. — Cela n'est pas nécessaire maintenant; quand on aura balayé là-bas, que les tapis seront étendus, que tables et sièges seront disposés d'une façon provisoire, alors, je m'y rendrai pour faire mettre tout en ordre et désigner la place de chaque objet. Si tu ne veux pas tout faire à toi seul, cherche un compagnon pour t'aider. Mais il faut absolument que tout soit terminé aujourd'hui. — Très bien.

第十章

今朝天氣好。無啥風。担衣裳出來晒晒。 是者。老爺被頭亦一淘担出來晒晒罷。哈。儂先担根繩。纜拉箇根柱頭上之。牽到箇邊樹上。亦纜好之。担衣裳甩拉繩上。晒一晒。 呵。格味皮箱咾箱子。儕担到天井裏去罷。 哈。鑰匙担去。儂自家去開罷。衣架上掛个皮襖。皮馬褂子。風兜。放拉陰背後。晾晾味者。 呵。老爺我已經担衣裳抖過之咾。甩拉繩上。晒好拉者。請老爺自家去看一看罷。 呵。我來看味者。那能个。阿是我對儂話。皮衣裳晾晾味者。那能搭之別件衣裳。放拉一起个呢。難道儂勿曉得麼。皮衣裳晒之味。毛要脫个。 什介。格味。我去尋根竹頭來。穿之咾。掛拉箇只釘上罷。 哈。乃味對者。對儂話。好好能。抖个抖。晾拉。 是者。 第个衣裳。夾个搭綿个。亦要分開來。第个綿衣裳。儂從第面攤過去。攤到過面。 呵。我想到日中性裏。翻一翻。

(續見下張)

DI-ZÉH TSANG

Kien-tsao t'ié-k'i h'ao, m sa fong; tè i-zaong ts'éh-lai souo-souo. — Ze tsé. Lao-ya, bi-deû a ih-dao tè-ts'éh-lai souo-souo ba! — È, nong sié tè ken zeng lè la kou-ken zu-deû laong tse, k'ié tao kou pié zu laong a lè-h'ao-tse, tè i-zaong goè la zeng laong souo-ih-souo. — O, keh-méh bi siang lao siang-tse zé tè tao t'ié-tsing li k'i ba? — È, yah-ze tè-k'i, nong ze-ka k'i k'ai ba, i-ka laong kouo ke bi-ao, bi mô-kouô-tse, fong-teû, faong la yen-pei-heû liang-liang méh-tsé. — O, lao-ya ngou i-kieng tè i-zaong teû-kou-tse lao, goè la zeng laong souo-h'ao-la tsé; ts'ing lao-ya ze-ka k'i k'eu-ih-k'eu ba. — O, ngou lai k'eu méh tsé. Na-neng ke? Ah-ze ngou tei nong wo bi i-zaong liang-liang méh-tsé; na-neng tèh-tse biéh ghié i-zaong faong la ih-k'i ke gni? Nè-dao nong véh hiao-teh mô? Bi i-zaong souo-tse méh mao yao t'éh-ke. — Zéh-ka keh-méh ngou k'i zin ken tsôh-deû lai, ts'é-tse lao kouo la kou-tsah ting laong ba. — È, nai-méh tei tsé, tei nong wo h'ao-h'ao-neng teû-ke-teû liang la. — Ze tsé. — Di-ke i-zaong kèh ke tèh mié ke a yao fen-k'ai-lai. Di-ke mié i-zaong nong zong di-mié t'è-kou-k'i, t'è tao kou mié. — O, ngou siang tao gnéh-tsong-sing-li fè-ih-fè,

---

CHAPITRE DIXIÈME

SOINS A DONNER AUX HABITS

Aujourd'hui, le temps est beau, et il n'y a pas de vent; il faut exposer les habits au soleil. — Bien. Monsieur, les couvertures, faut-il aussi les étendre au soleil? — Oui, prends d'abord une corde, et attache-la à ce poteau, puis, à cet arbre; quand elle sera bien attachée, étends les habits dessus pour leur faire prendre l'air. — Oui. Et les caisses en peau ou autres, faut-il les mettre toutes dans la cour? — Oui, voici la clef, ouvre-les toi-même. Les robes et pardessus de peau et les grands manteaux qui sont accrochés au portemanteau, doivent être mis à l'ombre. — Bien. Monsieur, j'ai secoué et déplié tous les habits, et je les ai mis à l'air; je vous prie de venir voir. — Bien, j'y vais. Qu'est-ce que c'est que cela? Ne t'ai-je pas dit que les habits de peau doivent être exposés à l'ombre? et tu les as suspendus avec tous les autres! Ne sais-tu pas que quand les habits fourrés sont exposés au soleil, le poil tombe?—Oui; alors, je vais chercher un bambou pour les enfiler dessus, et je les suspendrai à ce clou. — Comme cela, très bien; je t'ai dit de les bien secouer pour les aérer. — Bien. — Il faudra aussi séparer les habits doublés des habits ouatés.—Commence à étendre les habits ouatés par cette extrémité-ci, et étends-les bien jusqu'à l'autre bout. — Je pense vers midi les changer tous,

担晒過拉个。倒轉來。讓陰背後个。對日頭晒一晒。看來好否。　什介頂好。現在儂担晒空拉个箱子。拍个拍。　是者。老爺想晒到啥辰光味。好收者。　等到日頭落山快。一齊儕收攏來。併且儂担根繩牽進來。纔拉屋裏。要緊風頭裏吹个吹。勿什介味。羊毛織拉个物事。暑氣悶拉去之。箱子裏一擺。顏色要退。料作容易壞个。　是者。格味綢呢緞子个味。那能弄法。　亦什介个。所以今朝夜快點。且到放起拉味者。明朝早辰頭哓。原舊放拉箱子裡。逐一層上。襯紙頭。上下底味。放樟腦。担包袱蓋拉上頭。四面挨挨緊。乃味担來蓋好之。勿什介能樟腦就要烊完个。　是者。　走來。担繩照舊繞起來。掛拉箇塊屋裡樑上。　是者。老爺我記勿得者。東洋衣裳。那能叠法个。　儂正真吃胚。我一本真經。教之儂。又忘記脫个者。眞个無記性个。儂看什介叠个。担左面个邊朝上折。再担右面个邊味。摺上去。乃味担衣裳攏一攏。領頭合攏來。担手來捕平之。兩只袖子朝外面

tè souo-kou-la-ke tao-tsé-lai, gnang yen-pei-heû ke, tei gnéh-deû souo-ih-souo; k'eu-lai h'ao va ? — Zéh-ka ting h'ao, yé-zai nong tè souo-k'ong-la-ke siang-tse, p'ah-ke-p'ah. — Ze tsé, lao-ya siang souo tao sa zen-koang méh h'ao seû tsé ? — Teng tao gnéh-deû loh-sè-k'oa, ih-zi zé seû-long-lai. Ping-ts'ié nong tè ken zeng k'ié-tsin-lai, lè la ôh-li, yao-kien fong-deû li ts'e-ke-ts'e. Véh zéh-ka méh, yang-mao tseh-la-ke méh-ze, su k'i men la k'i tse, siang-tse li ih-pa, ngè-seh yao-t'ei, leao-tsoh yong-i wa ke. — Ze tsé. Keh-méh zeû lao deu-tse ke méh na-neng long-fah ? — A zéh-ka ke. Sou-i kien-tsao, ya-k'oa tié, ts'ia-tao faong-k'i-la méh-tsé, ming-tsao, tsao-zen-deû lao gneu-ghieû faong là siang-tse li. Zôh-ih-zeng laong ts'en tse-deû, zaong hao-ti méh faong tsaong-nao; tè pao-wôh kai la zaong-deû, se mié a-a-kien, nai-méh tè-lai k'ai-h'ao-tse; véh zéh-ka-neng tsaong-nao zieû yao yang-wé ke. — Ze tsé. — Tseû-lai, tè zeng tsao-ghieû zao-k'i-lai, kouo la kou k'oei ôh-li liang laong. — Ze tsé. Lao-ya, ngou k'i-véh-teh tsé, tong-yang i-zaong na-neng déh-fah ke. — Nong tseng-tsen k'ieh-p'ei ; ngou ih-pen-tsen-kieng kiao-tse nong, i maong-ki-t'éh ke tsé, tsen-ke m ki-sing ke. Nong k'eu, zéh-ka déh ke. Tè tsi-mié ke pié, zao-zaong tséh, tsai tè yeû-mié ke pié méh, tséh-zaong-k'i ; nai-méh tè i-zaong ts'en-ih-ts'en, ling-deû héh-long-lai, tè seû lai pou-bing-tse ; liâng-tsah zieû-tse zao nga-mié

retourner le côté qui aura été au soleil, de manière que celui qui aura été à l'ombre regarde alors le soleil ; qu'en dites-vous ? — Très bien. Maintenant frappe sur le fond des caisses vides. — Bien ! Jusqu'à quelle heure Monsieur veut-il que je laisse les habits au soleil ? et quand faudra-t-il les ramasser ? — Quand le soleil sera sur le point de se coucher, alors, il faudra tout ramasser. De plus, tu attacheras cette corde dans la maison, de manière à ce que les vêtements soient très bien aérés; ceci est très important. Car autrement si les habits de laine sont serrés dans les caisses étant encore chauds, ils perdent tout leur lustre et se pourrissent. — Bien ! Et comment traiter la soie et le satin ? — De la même manière. Ainsi donc, ce soir, tu les déposeras provisoirement au premier endroit venu et, demain matin, tu les remettras comme auparavant dans les caisses. Sur chaque habit, tu mettras du papier, dessus et dessous du camphre; par-dessus, la toile qui sert à couvrir, de manière à bien tout envelopper de tous côtés, et alors, tu fermeras le couvercle; sans cela, le camphre s'évapore. — Bien. — Approche ! cette corde, enroule-la comme auparavant, et accroche-la à la poutre dans la chambre de décharge. — Oui. Monsieur ! voilà que je ne puis plus me rappeler la manière de plier les habits japonais. — Oh ! tu es vraiment un propre à rien. J'ai mis tant de soin à te l'apprendre et tu l'as oublié ? Tu as par trop peu de mémoire. Regarde, on plie comme ceci. Prends d'abord l'extrémité gauche, replie-la vers le haut; puis l'extrémité droite, et replie-la par-dessus; après cela, étends bien l'habit, arrange le col, passe la main fortement pour défaire les plis, replie les deux manches de chaque côté en dehors,

一折。乃叠攏來味。是拉者宛。　謝謝。老爺指點。

第十一章

走來。　嗰。　明朝我要請客人。儂到城外頭。去揀一个地方。　老爺打算請幾位客人。　我想請个十數位客人。　什介是。揀酒館比飯館來得好者。　箇兩个地方。有啥分別呢。　酒館味。成桌个。飯館味成桌亦有。零碎亦有。若使客人多味。酒館好。　啥叫成桌耶。　成桌个味。兗是八只大碗。四只冷盆。另外再添點小吃。要味隨便可以个。　啥叫零碎耶。　就是相信吃啥。教伊當時預備啥。格味還是成桌个好點。不過定拉个菜。要清水貨。勿要油膩膩。　老爺想那裡幾樣菜。對衆位客人个胃口个。　箇个菜名頭。我叫勿出。儂揀勿是油膩膩个。斟酌定當之味是者。總要十千銅錢模樣一桌味。還可以。酒味要黃酒。勿要燒酒。　戲打算要看否。　聽見中國人請客人。總是看戲个多。我想亦要照什介

ih tséh, nai déh-long-lai méh ze la tsé wè. — Zia-zia lao-ya tse-tié.

DI-ZÉH-IH TSANG

Tseû-lai. — O. — Ming-tsao ngou yao ts'ing k'ah gnen ; nong tao zeng nga-deû k'i kè ih-ke di-faong. — Lao-ya tang-seu ts'ing ki wei k'ah gnen ? — Ngou siang ts'ing ke zéh sou wei k'ah gnen. — Zéh-ka, ze kè tsieû-koé, pi vè-koé lai-teh-h'ao tsé. — Kou liang ke di-faong yeû sa fen-biéh gni ? — Tsieû-koé méh zeng-tsoh ke ; vè-koé méh zeng-tsoh a yeû, ling-sé a yeû ; zah-se k'ah gnen tou méh, tsieû-koé h'ao. — Sa kiao zeng-tsoh ya ? — Zeng-tsoh ke méh t'ôh ze pèh tsah dou wé, se tsah lang ben, ling-nga tsai t'iè tié siao k'ieh, yao méh, zu-bié k'o-i ke. — Sa kiao ling-sé ya ? — Zieû-ze siang-sin k'ieh sa, kiao i taong-ze yu-bei sa. — Keh-méh wè ze zeng-tsoh ke h'ao tié, péh-kou ding-la-ke ts'ai, yao ts'ing-se fou, véh yao yeû-gni-gni. — Lao-ya siang a-li ki yang ts'ai tei tsong-wei k'ah gnen ke wei-k'eû ke ? — Kou-ke ts'ai ming-deû ngou kiao-véh-ts'éh, nong kè véh ze yeû-gni-gni ke. Tsen-ts'ah ding-taong-tse méh, ze tsé, tsong yao zéh ts'iè dong-dié mô-yang ih-tsoh méh, wè k'o-i. Tsieû méh yao waong tsieû, véh yao sao tsieû. — Hi tang-seu yao k'eu va ? — T'ing-kiè tsong-kôh gnen ts'ing k'ah gnen, tsong ze k'eu-hi ke tou ; ngou siang a yao tsao zéh-ka-

plie le tout en deux bien exactement, et c'est fini. — Je remercie Monsieur de ses enseignements.

CHAPITRE ONZIÈME

REPAS AU RESTAURANT

Holà ! — Me voici. — Demain, je veux inviter du monde à dîner. Va choisir un endroit hors de la ville. — Combien comptez-vous avoir d'invités ? — Je pense inviter environ dix personnes. — Alors, un grand restaurant est préférable à un restaurant ordinaire. — Quelle différence y a-t-il entre ces deux endroits ? — Le grand restaurant prépare les repas (les tables) à prix fixe ; dans le restaurant ordinaire, on prépare aussi des repas à prix fixe, mais on peut aussi avoir des repas à la carte: si les invités sont nombreux, le grand restaurant est préférable. — Qu'est-ce qu'un repas à prix fixe ? — Le repas à prix fixe comprend huit grands bols et quatre plats de viande froide (ou poisson). On peut en outre demander à son gré les petits hors-d'œuvre que l'on désire ajouter. — Et le repas à la carte ? — Quels que soient les mets que l'on désire, on les fait préparer à son gré, au moment même. — D'après cela, le repas à prix fixe est encore préférable. Seulement, que les mets choisis ne soient pas trop forts en goût, ni trop gras. — Monsieur, quelles espèces de mets seront, croyez-vous, au goût de tous les convives ? — Oh ! je ne puis pas prononcer le nom de tous ces plats : choisis ceux qui ne sont pas trop gras. Réfléchis, fais ton choix, et que tout soit dit. Commande environ pour 10000 sapèques par table, ce sera bien. Quant au vin, je veux du vin jaune, et non pas de l'arak (eau-de-vie de riz). — Comptez-vous aller à la comédie ? — J'ai entendu dire que, quand les Chinois ont des invités, ils assistent le plus souvent à la comédie : je veux aussi

能做法。　官座現在定起來。恐怕無沒者。比方無得之味。別个座位要否。箇亦使得个。定起官座來味。要揀一个地方。勿要有柱頭攩沒拉个。　是者。上場咾下場。隨便个否。　下場好。上場有鑼鼓討厭。還有前二日。我看戲个辰光。看見對面。官座裡有人吃物事。亦可以个呢啥。　有啥勿可以。小青童陪客。坐拉个時候。吃物事个多。　啥呌小青童。　老爺勿看見否。戲台傍邊。站拉个小戲子。生來十分縹緻得極个。　呬。我想着者。勿錯。有箇等人个。伊拉做啥个耶。伊拉亦唱戲。亦陪酒。若是老爺要看味。明朝打發一條紙條去。呌兩个來陪酒。什介味。更加助助酒興者。　倒亦起敬个。　老爺若使相信武戲味。看梆子。相信文戲味。看二黃。　還是看二黃好。　還是看三慶呢。看四喜。　看四喜罷。格味我就去定者。　呬。跑堂个酒錢。搭之戲錢。明朝儂去撥之味者。　呬。是者。

neng tsou-fah.— Koé-zou yé-zai ding-k'i-lai kong-p'ouo m méh tsé ; pi-faong m teh-tse méh, biéh-ke zou-wei yao va ? — Kou a se-teh ke. Ding-k'i koé-zou lai méh, yao kè ih-ke di-faong, vèh yao yeû zu-deû taong-méh la ke. — Ze tsé, zaong zang lao hao zang zu bié ke va ? — Hao zang h'ao, zaong zang yeû lou-kou t'ao yé. Wè yeû zié liang gnéh, ngou k'eu-hi ke zen-koang, k'eu-kiè tei-mié koé-zou li, yeû gnen k'ieh méh-ze, a k'o-i ke gni-sa ? —Yeû sa vèh k'o-i. Siao ts'ing-dong bei k'ah, zou la ke ze-heû k'ieh méh-ze ke tou. — Sa kiao siao ts'ing-dong ? — Lao-ya vèh k'eu-kiè va, hi-dai baong-pié zè la ke siao hi-tse sang-lai zéh fen piao-tse teh-ghieh ke. — O, ngou siang-zah tsé. Vèh ts'ouo, yeû kou-teng gnen ke : i-la tsou sa ke ya ? — I-la a ts'aong-hi, a bei tsieû ; zah-se lao-ya yao k'eu méh, ming-tsao tang-fah ih-diao tse-diao k'i kiao liang-ke lai bei tsieû. Zéh-ka méh keng-ka zou-zou tsieû hieng tsé. — Tao a k'i-kieng ke. — Lao-ya zah-se siang-sin ou-hi méh, k'eu Pang-tse ; *siang-sin wen-hi méh, k'eu* Eul-waong. — *Wè ze k'eu* Eul-waong *h'ao. — Wè ze k'eu* Sè-k'ieng *gni k'eu* Se-hi. — *K'eu* Se-hi *ba. — Keh-méh ngou zieû k'i ding tsé. — O. Bao-daong ke tsieû-dié tèh-tse hi-dié ming-tsao nong k'i péh-tse méh-tsé. — O. Ze tsé.*

---

faire comme cela. — Pour les premières places, quand même j'irais maintenant en retenir, il est à craindre qu'il n'y en ait plus; dans ce cas, faudrait-il prendre des secondes ?—Soit ! Si tu retiens des premières, choisis un endroit où l'on ne soit pas derrière une colonne. — Vous est-il égal d'être près ou loin de la scène ? — Mieux vaut en être loin ; autrement, on a le tam-tam qui est fatigant. Ah ! mais, il y a deux jours, j'ai été à la comédie et j'ai vu, en première, en face de moi, quelqu'un qui mangeait des friandises : est-ce que cela se fait ? — Pourquoi pas ? Quand il y a des *clowns* assis avec les spectateurs pour leur tenir compagnie, alors, le plus grand nombre mangent (quelque chose).—Qu'appelle-t-on des *clowns* ! —N'avez-vous pas vu, debout à côté de l'estrade ces petits comédiens très gentils de figure ? — Ah ! je me rappelle ! c'est vrai ; il y a en effet des gens de cette espèce. Qu'est-ce qu'ils font ?—Ils (chantent) jouent la comédie et tiennent compagnie aux buveurs. Si Monsieur désire les voir, demain, au restaurant, on pourra envoyer un mot, et en faire venir un ou deux pour vous tenir compagnie pendant votre collation : cela rend le vin plus agréable. — Oui, c'est intéressant. — Monsieur, si vous aimez les comédies militaires, allez entendre *Pang-tse*. Si vous préférez les comédies de lettrés, allez entendre *Eul-waong*.—Je préfère entendre *Eul-waong*. — Alors, voulez-vous entendre les *Sè-k'ieng* ou les *Se-hi* ! — J'entendrai les *Se-hi*.— Alors, je vais retenir les places. — Oui, il y a encore le pourboire des garçons et le prix du spectacle. Demain, tu porteras l'argent, et tout sera dit. — Oui, oui.

第十二章

箇十塊銀子。換來拉沒。　換來拉者。　換之幾化銅錢。　換十一千四百四十錢。　近乎幾化銅錢一塊。　合轉來一千一百四十四錢一塊。　那能比昨日倒換來多者呢。　是。今朝銀價長之咾。　那能又長者呢。　因爲市面上。行情下來得大。　行情啥人定當个。　老爺勿曉得否。箇搭前門外頭。有个珠寶市。還有一个銀市。日都老早。京裡錢莊上个人來。買銀子咾賣銀子。若使箇日市面上銀子多。行情就跌。銀子少。行情就長。担伊拉个生意來算定規。値幾化銅錢一兩。第个數目。就是今朝行情。一衆城裡个錢莊味。儕照之第个行情。每日買銀子咾賣銀子个。無得一定个。一日有一日个行情。　格味。一塊洋錢値幾化銀子。　通行作七錢銀子一塊。就是做生意个洋錢。搭之鷹洋。亦一樣个。不過鷹洋味。換起來少些强點。平常用个時候。無啥大分別。（續見下張）

DI-ZÉH-GNI TSANG

Kou zéh k'oei gnen-tse wé-lai la méh ? — Wé-lai la tsé. — Wé-tse ki-h'ouo dong-dié ? — Wé zéh-ih ts'ié se pah se séh dié. — Ghien-wou ki-h'ouo dong-dié ih-k'oei ? — Kéh-tsé-lai ih ts'ié ih pah se zéh se dié ih-k'oei. — Na-neng pi zôh-gnéh tao wé-lai tou tsé gni ? — Ze, kien-tsao gnen-ka tsang-tse lao. — Na-neng i tsang tsé gni ?— Yen-wei ze-mié laong haong-zing hao-lai-teh dou. — Haong-zing sa gnen ding-taong ke ? — Lao-ya véh hiao-teh va ? Kou-tèh zié-men nga-deû yeû-ke tsu-pao ze ; wè yeû ih-ke gnen ze. Gnéh-tou lao-tsao kieng li zié-tsaong laong ke gnen lai ma gnen-tse lao ma gnen-tse. Zah-se kou gnéh ze-mié laong gnen-tse tou, haong-zing zieû tih ; gnen-tse sao, haong-zing zieû tsang ; tè i-la ke sang-i lai seu ding-koei zeh ki-h'ouo dong-dié ih-liang, di-ke sou-moh zieû-ze kien-tsao haong-zing. Ih-tsong zeng li ke zié-tsaong méh zè tsao-tse di-ke haong-zing, mei gnéh ma gnen-tse lao ma gnen-tse ke, m teh ih-ding ke ; ih-gnéh yeû ih-gnéh ke haong-zing.— Keh-méh ih-k'oei yang-dié zeh ki-h'ouo gnen-tse ?— T'ong-hang tsoh ts'ih zié gnen-tse ih-k'oei, zieû-ze tsou sang-i ke yang-dié tèh-tse yng-yang a ih-yang ke. Péh-kou yng-yang méh wé-k'i-lai sao su ghiang-tié ; bing-zang yong-ke ze-heû m sa dou fen-piéh.

CHAPITRE DOUZIÈME

CHANGE

Et mes dix piastres, les as-tu changées ? — Oui, j'ai tout changé. — Pour combien de sapèques les as-tu changées ? — Pour 11 440 sapèques. — Actuellement, combien la piastre vaut-elle de sapèques ? — Elle vaut 1144 sapèques. — Comment ? Le change est plus élevé qu'hier ! — Oui ; aujourd'hui, le prix de l'argent a monté. — Et pourquoi a-t-il monté ? — C'est que le dernier cours est plus élevé. — Qui est-ce qui détermine ce cours ? — Monsieur ne sait pas ? En dehors de la porte du Sud, au marché aux bijoux, il se tient un marché pour l'argent. Chaque matin, au point du jour, tout ce qu'il y a de banquiers dans la capitale s'y rend pour acheter ou vendre l'argent. Si tel jour l'argent abonde sur le marché, le prix baisse ; s'il y en a peu, il monte ; et, quand les gens de la partie ont fixé combien de sapèques vaut le taël, ce chiffre est pris pour le cours du jour, et toutes les maisons de banque de la ville s'y conforment. Ainsi, jamais le prix d'achat ou de vente ne peut être fixé d'une manière certaine ; chaque jour a son cours. — Mais combien la piastre vaut-elle (d'argent) ? — Le cours ordinaire est de sept dixièmes (d'once) d'argent pour une piastre ; je parle et de la piastre ordinaire du commerce et de la piastre à l'aigle (piastre des États-unis), qui se valent ; toutefois celle-ci perd un peu au change. Mais dans l'usage ordinaire il n'y a pas grande différence.

現在箇張票子。我交代拉老爺。是和豐莊上。下來个。 箇張票子上。寫拉價錢个格式。啥講究耶。我一眼勿識。 噯。箇張上味。五千銅錢。第張上味。一千銅錢。箇張是零頭。五百个。四百个。三百个。二百个。就是四百四十錢个零頭。 是者。我來點點票子看。 老爺點來對否。 勿錯。儕對个。不過五千銅錢个一張。換起來勿便當。儂去換五百現錢。剩下來味。換之零頭味者。 嗰。原到老底子。箇爿莊上去呢啥。 若使老底子箇爿莊上。零頭無沒味。別搭亦使得个。總要揀靠得住點个一爿莊。 固是自然。箇爿四恒莊上。換票子亦穩當个。 格味就去換罷。

第十三章

儂到之啥地方去。 刻刻我屋裡个阿哥。從鄉下來尋我咾話。我个母親。生病十分重。教我去白話之歇。所以躭擱之半日。勿曾稟明老爺个。 儂个說話。無解

Yé-zai kou-tsang p'iao-tse ngou kao-dai la lao-ya; ze wou-fong *tsaong laong hao-lai-ke. — Kou-tsang p'iao-tse laong sia la ka-dié ke kah-seh sa kaong-kieû ya ? Ngou ih-ngè véh seh. — No, kou-tsang laong méh, n ts'ié dong-dié; di-tsang laong méh, ih ts'ié dong-dié ; kou-tsang ze ling-deû, n pah ke, se pah ke, sè pah ke, gni pah ke, zieû-ze se pah se-séh dié ke ling-deû. — Ze tsé, ngou lai tié-tié p'iao-tse k'eu. — Lao-ya tié-lai tei va? — Véh ts'ouo, zé tei ke. Péh-kou n ts'ié dong-dié ke ih-tsang wé-k'i-lai véh bié-taong. Nong k'i wé n pah yé-dié, zeng-hao-lai méh wé-tse ling-deû méh-tsé. — O, gneu tao lao-ti-tse kou-bè tsaong laong k'i gni sa ? — Zah-se lao-ti-tse kou-bè tsaong laong ling-deû m meh méh, bié tèh a se-teh ke. Tsong yao kè k'ao-teh zu tié ke ih-bè-tsaong. — Kou ze ze-zé ! kou-bè* Se-heng *tsaong laong wé p'iao-tse a wen-taong ke. — Keh-méh zieû k'i wé ba.*

DI-ZÉH-SÈ TSANG

Nong tao-tse sa di-faong k'i ? — K'ai-k'ai ngou óh-li ke ah-kou zong hiang-hao lai zin ngou lao wo ngou-ke mou-ts'in sang-bing zéh-fen zong ; kiao ngou k'i bah-wo-tse hiéh, sou-i tè-koh-tse pé-gnéh, véh-zeng pin-min lao-ya ke. — Nong-ke seh-wo m ka-

---

Maintenant, je vous donne ces billets de banque: ils ont été émis par la banque "Concorde et Abondance". — Qu'est-ce que cette manière d'écrire les chiffres de la valeur sur le billet? Je ne les reconnais pas du tout. — Voici! Ceci est un billet de cinq mille sapèques ; en voici un de mille; voici les petits de 500, 400, 300 et 200 sapèques, et enfin les 440 sapèques de surplus. — Bien, je vais compter moi-même ces billets. — Vous avez vérifié! Y a-t-il le compte?—Oui, oui ; il y a le compte. Mais ce billet de 5000 sapèques n'est pas d'un usage facile: emporte-le et rapporte-moi 500 sapèques en monnaie avec le reste en petits billets. — Bien! Mais faut-il retourner à la même banque? — Si la première banque n'a plus de petits billets, tu peux aller dans une autre ; aie soin de choisir une maison digne de confiance. — Cela va de soi. La banque "quatre Constances" est aussi pour le change une maison sûre. — Eh bien ! va tout de suite me changer cela.

CHAPITRE TREIZIÈME

DOMESTIQUE DEMANDANT UN CONGÉ

Où es-tu allé? — Tout à l'heure, mon frère aîné est venu de la campagne pour me chercher et me dire que ma mère est très gravement malade; il m'a fait sortir pour causer un peu, et ainsi j'ai perdu un bon bout de temps, sans en prévenir Monsieur. — Ce que tu dis là n'a pas de sens.

說。勿論出去幾化工夫。總要告訴我。 是者。乃朝後。我勿敢再什介味者。還有一樁事體。我要告假幾日。歸去望望母親个病。 眞个母親有病呢啥。勿要。要轉去白相兩日咾騙我。 固是勿敢放肆。咒我母親有病个。 既然眞个。儂打算告假幾日。 若使母親个病咾。勿碍啥个。我兩三日就來。若使母親个病咾。有危險个。格味要多躭擱幾日拉哩。 儂去之。替工有否。 我有个朋友。拉法國公館裡。當過歇跟班个。我去尋伊來。代替幾日罷。 箇个人那能个。 伊無啥別樣勿好。不過吃點烟。 哈。吃烟个。我勿要。什介之味者。儂勿要去尋啥替工者。叫吳老爺个跟班來。代之兩日罷。 固是頂好者。 儂想幾時動身。 若使老爺肯放个味。我想今夜頭就出城者。 儂既然想今夜頭就出城。現在天勿早者。勿要再躭擱。快點就去收作東西罷。 還有一樁。求老爺。下月个工錢。撥拉我之罷。 我無沒箇个銅錢。勿能彀一齊撥拉儂。先撥儂三塊。另外賞儂

seh. Véh-len ts'éh-k'i ki h'ouo kong-fou, tsong yao kao-sou ngou. — Ze tsé : nai-zao-heû ngou véh kè tsai zéh-ka méh tsé. Wè yeû ih yang ze-t'i : ngou yao kao-kia ki gnéh kiu-k'i maong-maong mou-ts'in ke bing. — Tsen-ke mou-ts'in yeû bing gni sa ? Véh yao yao tsé-k'i béh-siang liang gnéh lao p'iè ngou. — Kou-ze véh kè faong-se tseû ngou mou-ts'in yeû bing ke. — Ki-zé tsen-ke, nong tang seu kao-kia ki gnéh ? — Zah-se mou-ts'in ke bing lao véh ngai-sa ke, ngou liang sè gnéh zieû lai ; zah-se mou-ts'in ke bing lao yeû ngoei-hié ke, keh-méh yao tou tè-koh ki gnéh la li. — Nong k'i-tse t'i-kong yeû va ? — Ngou yeû-ke bang-yeû la Fah-kôh kong-koé li, taong-kou-hiéh ken-pè ke ; ngou k'i-zin i lai dai-t'i ki gnéh ba. — Kou-ke gnen na-neng ke ? — I m sa bieh yang véh h'ao, péh-kou k'ieh tié yé — È. K'ieh yé ke ngou véh yao ; zéh-ka-tse méh-tsé, nong véh yao k'i-zin sa t'i-kong tsé ; kiao N lao-ya ke ken-pè lai dai-tse liang gnéh ba. — Kou ze ting h'ao tsé. — Nong siang ki-ze dong-sen ? — Zah-se lao-ya k'eng faong-ke méh, ngou siang kien-ya-deû zieû ts'éh zeng tsé. — Nong ki-zé siang kien-ya-deû zieû ts'éh zeng, yé-zai t'ié véh tsao tsé, véh yao tsai tè-koh; k'oa-tié zieû k'i seû-tsoh tong-si ba. — Wè yeû ih yang : ghieû lao-ya hao-gneuh ke kong-dié péh-la ngou tse ba. — Ngou m méh kou-ke dong-dié, véh neng-keû ih-zi péh-la nong; sié péh nong sè k'oei, ling-nga saong nong

---

Quelle que puisse être la durée de ton absence, tu dois toujours m'avertir.— C'est vrai : à l'avenir, je n'oserai plus agir ainsi. Mais il y a encore une chose : je voudrais demander quelques jours de congé pour aller chez moi voir ma mère malade. — Est-ce bien vrai que ta mère est malade ? Ne va pas, par désir de retourner chez toi t'amuser quelques jours, me tromper.— Je ne suis pas assez audacieux pour attirer par mes imprécations une maladie à ma mère.— Puisqu'il en est ainsi, combien de jours de congé comptes-tu prendre ?—Si la maladie de ma mère n'est pas dangereuse, je serai de retour dans deux ou trois jours; mais si la maladie de ma mère offre du danger, alors, je devrai passer quelques jours de plus. — Pour ton absence, as-tu un remplaçant? — J'ai un ami qui a été domestique au consulat de France ; je puis le faire venir pour me remplacer pendant quelques jours. — Quelle espèce d'homme est-ce ? — Il n'a pas d'autre défaut que de fumer un peu (l'opium). — Oh ! Je ne veux pas de fumeur! Tiens, voilà : il n'est pas nécessaire que tu cherches un remplaçant; dis au domestique de Monsieur N de remplir ton office pendant quelques jours. — C'est parfait comme cela.—Et quand comptes-tu partir? — Si Monsieur veut me permettre, je pense sortir de la ville dès ce soir. — Si tu comptes sortir de la ville dès aujourd'hui, il n'est pas trop tôt. Ne tarde pas davantage: cours vite mettre en ordre tes affaires. — Il y a encore une chose : je prie Monsieur de m'avancer mes gages du mois prochain. — Oh ! je n'ai pas assez d'argent pour cela et je ne puis pas t'avancer tout; je t'avance maintenant trois piastres, et de plus, j'y ajoute une piastre de gratification.

一塊。　謝老爺个恩典。　乃儂現在去尋吳老爺个跟班來。担屋裡个事體。明白交代之伊。再拿昨日碎拉个燈罩尋出來。撥拉伊。教伊明朝。照樣去配一个。　是者。

第十四章

明早有个客人要來。儂叫个小工。拿裏向屋裡出理出理。　是者。箇三間屋。有一間凉棚儕破拉者。凉棚架亦落之下來。牆上个紙頭。因爲潮濕咾。亦脫完个者。　哈。勿錯。要去叫裱匠來。糊个糊拉哩。　嗰。銀花紙。老爺收拉个還有否。　有多化拉哩。牆上。下一半糊外國紙。棚上四面。禿担藍紙條鑲拉上。　哈。還要買个十幾根高粱梗來。紮架子。　格末一日可以滿工否。　現在日長。一日可以完个者。　搭架子个木頭。預先要替伊預備否。　囿是伊拉。自家帶來个。　還要買啥否。　還要買做漿个麪。竹籤子。還有蔴繩。箇三樣物事。　現在自儂。先

ih k'oei. — Zia lao-ya ke en-tié. — Nai nong yé-zai k'i-zin N lào-ya ke ken-pè lai, tè ôh-li ke ze-t'i ming-bah kao-dai-tse i; tsai nao zôh-gnéh sé-la-ke teng-tsao zin-ts'éh-lai; pèh-la-i, kiao i ming-tsao tsao-yang k'i p'ei ih-ke. — Ze tsé.

DI-ZÉH-SE TSANG

Ming-tsao yeû-ke k'ah gnen yao lai: nong kiao ke siao-kong nao li-hiang ôh-li ts'éh-li ts'éh-li. — Ze tsé, kou sè kè-ôh yeû ih-kè liang-bang zè p'ou la tsé; liang-bang-ka a loh-tse-hao-lai, ziang laong ke tse-deû, yen-wei zao-sèh lao a t'éh-wé ke tsé. — È, véh ts'ouo, yao k'i kiao piao-ziang lai wou-ke-wou la-li. — O, gnen-h'ouo-tse lao-ya seû-la-ke wè yeu va? — Yeû tou-h'ouo la-li. Ziang laong hao-ih-pé wou nga-kôh tse, bang laong se-mié t'ô tè lè tse diao siang la laong. — È, wè yao ma-ke zéh-ki ken kao-liang kang lai tsè ka-tse. — Keh-méh ih gnéh k'o-i mé-kong va? — Yé-zai gnéh zang, ih gnéh k'o-i wé ke tsé. — Tèh ka-tse ke moh-deû yu-sié yao t'i-i yu-bei va? — Kou ze i-la ze-ka ta-lai-ke. — Wè yao ma sa va? — Wè yao ma tsou tsiang ke mié, ts'ôh-ts'ié-tse, wè yeû mé-zeng, kou sè yang méh-ze. — Yé-zai ze-nong sié

— Je remercie Monsieur de sa bonté. — Maintenant. va chercher le domestique de Monsieur N, et mets-le bien au courant de toutes les choses de la maison; puis, tu sortiras le globe de lampe que tu as cassé hier; tu le lui donneras et tu lui diras d'aller demain en faire mettre un semblable.—Bien.

CHAPITRE QUATORZIÈME

ON PRÉPARE LA CHAMBRE D'UN VISITEUR

Demain, il y a un étranger qui doit venir: prends un homme de peine pour apprêter les chambres d'honneur. — Oui. Parmi ces trois chambres, il y en a une dont le plafond est défoncé; le châssis est tombé, et le papier qui couvre les murs, ayant pris l'humidité, pend par pièces. — Ah! c'est vrai. Il faut faire venir les tapissiers pour le recoller.— Bien. Reste-t-il encore de ce papier à fleurs d'argent que Monsieur a serré? — Il y en a encore beaucoup. Le mur, depuis le bas jusqu'à mi-hauteur, sera tapissé de papier européen, puis on mettra des bandes de papier bleu tout autour du plafond. — Bien! mais il faut aussi acheter une dizaine de cannes de sorgho pour réparer le châssis. — Ah! pourra-t-on finir en une journée? — Maintenant, les jours sont longs; on pourra finir en un jour.—Et pour monter l'échafaudage, faut-il que nous préparions d'avance les poteaux pour les ouvriers? — Non, ils les apportent eux-mêmes. — Y a-t-il encore quelque chose à acheter?— Il y a encore trois choses, à savoir: de la farine pour faire la colle, des chevilles de bambou et des cordes de chanvre. — Maintenant, commence

担外面兩間。打掃打掃。棚上有蜘蛛網攏脫點。牆上个墶塵要拍脫。槅子揩揩乾淨。窻上玻璃亦揩个揩。後來担布頭濕之水。擠乾之。擔地板亦拖一拖。當心牆脚勿要礁齷齪。　是者。　走來。　嗰。　信來者。勿成功。客人立刻要到者。棚勿曾糊。格末那能呢。　什介末者。儂忙煞能預備起來。讓客人暫且等一等。是者。　聽見否。大門外頭停車子拉。看來客人到者。　對老爺語。客人到者。我先去迎接。快點教小工掃地。儂去搬行李去。　行李搬之進來者。請客人點點件數看。對勿對。　客人話。對拉者。　車夫話。還有兩塊洋錢車錢。勿曾撥。担兩塊洋錢去。撥拉伊。儂去看个看。房間收作好拉沒。若使收作好之末。拿行李搬到裡向去。放好之。再來搬面湯咾泡茶。　是者。

第十五章

那能燈罩又碎者。　倒勿是咾啥。又碎之一个者。　我常常對儂話。刻刻點末。燈

tè nga-mié liang-kè tang-sao tang-sao. Bang laong yeû tsih-tsu maong teu-t'éh tié; ziang laong ke bong-zen yao p'ah-t'éh, k'ah-tse k'a-k'a keu-zing: ts'aong laong pou-li a k'a-ke-k'a; heû-lai tè pou-deû zèh-tse se, tsi-keu-tse, tè di-pè a t'ou-ih-t'ou, taong-sin, ziang-kiah véh yao bang oh-ts'oh. — Ze tsé. — Tseû-lai. — O. — Sin lai tsé; véh zeng-kong; k'ah gnen lih-k'eh yao tao tsé. — Bang véh-zeng wou, keh-méh na-neng gni? — Zéh-ka méh-tsé. Nong maong-sèh-neng yu-bei-k'i-lai, gnang k'ah gnen zè-ts'ia teng-ih-teng.— Ze tsé. — T'ing-kié va? Dou-men nga-deû ding ts'ouo-tse la; k'eu-lai k'ah gnen lao tsé. — Tei lao-ya wo k'ah gnen tao tsé. — Ngou sié k'i gneng-tsih. k'oa-tié kiao siao-kong sao-di; nong k'i pé hang-li k'i.— Hang-li pé-tse-tsin-lai tsé. Ts'ing k'ah gnen tié-tié ghié-sou k'eu tei véh tei.— K'ah gnen wo tei-la tsé. — Ts'ouo-fou wo wè yeû liang k'oei yang-dié ts'ouo-dié véh-zeng péh. —Tè liang-k'oei yang-dié k'i pèh-la i. Nong k'i k'eu-ke-k'eu; waong-kè seû-tsoh h'ao-la méh; zah-se seû-tsoh h'ao-tse méh, nao hang-li pé tao li-hiang k'i; faong-h'ao-tse, tsai lai pé mié-t'aong lao p'ao zouo. — Ze tsé.

DI-SONG-N TSANG

Na-neng teng-tsao i sé tsé? — Tao véh ze lao sa, i sé-tse ih-ke tsé. — Ngou zang-zang tei nong wo: k'ai-k'ai tiè méh, teng-

par bien balayer les deux chambres extérieures. S'il y a des toiles d'araignée sur le plafond, il faut les enlever complètement. Ôte bien la poussière sur les murs, époussette proprement les cloisons, essuie les carreaux des fenêtres; après cela, prends un torchon, mets-le dans l'eau, tords-le pour en exprimer l'eau, et puis, tu frotteras le plancher. Mais prends garde de ne pas salir le mur. — J'y vais. — Holà! — Me voici! — Il vient d'arriver une lettre, il n'y a pas moyen; mon hôte sera ici dans un instant. — Mais le plafond n'est pas encore recollé. Comment faire? — Voici. Hâte-toi d'abord d'aller mettre tout en ordre; après cela, tu introduiras mon hôte afin qu'il s'installe provisoirement. — Bien. — Écoute! voici une voiture qui s'arrête à la grande porte; c'est sans doute mon hôte qui arrive. — Je fais savoir à Monsieur que son hôte est arrivé. — Je vais d'abord le recevoir. Dis au *coolie* de se dépêcher de balayer la chambre, et toi, va prendre le bagage. — Le bagage est tout rentré. Que votre hôte veuille bien voir si le nombre des colis est exact. — Mon hôte dit qu'il y a le compte. — Le cocher prétend qu'on a oublié de lui donner deux piastres, le prix de sa course. — Prends ces deux piastres et va les lui donner. Va voir si la chambre est prête; si elle l'est, tu y porteras le bagage. Après l'y avoir déposé; reviens apporter l'eau (pour le visage) et préparer le thé. — Bien.

CHAPITRE QUINZIÈME

REPROCHES ET QUERELLES

Comment! Ce verre de lampe est encore cassé! — Mais oui: il y en a encore un de cassé.—Je ne cesse de te le répéter: quand tu viens d'allumer, baisse d'abord la flamme;

心要低。後來慢慢之。拈上去。儂味終勿聽个。一眼無得記性。舊年有歇一回者。仍舊勿想改過。我个說話。終勿放拉心裡个。那能做法呢。　實在因爲我。一時勿小心咾。　勿罷一回勿小心者。從勿曾小心歇个。就看舊年冬裡。烘爐終勿曾揩乾淨歇个。今年火勿用者。烘爐裡剩拉个煤。亦勿弄出來。烘爐上黑顏色味勿揩脫。堆拉空屋裡。歇之常遠味。銹完。還有煤炭。堆拉天井裡。勿曉得有一日。恐怕要着起來。　固是我勿曉得。　儂眼睛瞎拉个咾。　箇个是小工个事體。勿關得我啥事个。　儂勿要瞎話。儂勿爲教小工收作个否。　我對伊話之多回拉者。伊勿聽。　儂勿要遮頭蓋脚。儂嘴本來硬个。　我那能嘴硬呢。　格味我問儂。昨日我轉來个辰光。儂拉啥地方。　我勿曾到那裡去。　格味屋裡。葫蘆瓢味朝天。碗味朝地。蒼蠅弄之交關。儂勿管味爲啥呢。　因爲我有个朋友來。躭擱之歇。無工夫收作咾。　第个事體。我勿管。乃朝後我出去之後來。屋

sin yao ti; heû-lai mè-mè-tse gnè-zaong-k'i; nong méh tsong véh t'ing ke: ih-ngè m teh ki-sing. Ghieû-gnéh yeû-hiéh ih-wei tsé; zeng-ghieû véh siang ké-kou. Ngou ke seh-wo tsong véh faong la sin li ke: na-neng tsou-fah gni? — Zeh-zai yen-wei ngou ih-ze véh siao-sin lao. — Véh ba ih-wei véh siao-sin tsé: tsong véh-zeng siao-sin-hiéh ke. Zieû k'eu ghieû-gnè tong li, h'ong-lou tsong véh-zeng k'a-keu-zing-hiéh ke; kien-gnè h'ou véh yong tsé, h'ong-lou li zeng-la-ke mei a véh long-ts'éh-lai. H'ong-lou laong heh ngè-seh méh véh k'a-t'éh; tei la k'ong ôh-li hieh tse zang-yeû méh, sieû-wé. Wè yeû mei-t'è tei-la t'ié-tsing li; véh hiao-teh yeû ih gnéh k'ong-p'ouo yao zah-k'i-lai. — Kou ze ngou véh hiao-teh.— Nong ngè-tsing hah-la ke lao!— Kou-ke ze siao-kong ke ze-t'i, véh koè-teh ngou sa ze ke. — Nong véh yao hah-wo. Nong véh wei kiao siao-kong seû-tsoh ke va? — Ngou tei i wo-tse ta wei la-tsé, i véh t'ing. — Nong véh yao tsouo deû kai kiah. Nong tse pen-lai ngang ke. — Ngou na-neng tse ngang gni? — Keh-méh ngou men nong; zôh-gnéh ngou tsé-lai-ke zeng-koang, nong la sa di-faong? — Ngou véh-zeng tao a-li k'i. — Keh-méh ôh-li wou-lou biao méh zao t'ié, wé méh zao di, ts'aong-yng long-tse kiao-koè: nong véh koé méh, wei sa gni? — Yen-wei ngou yeû-ke bang-yeû lai tè-koh-tse-hiéh m kong-fou seû-tsoh lao. — Di-ke ze-t'i ngou véh koé. Nai-zao-heû ngou ts'éh-k'i-tse heû-lai, ôh-

---

ensuite élève-la petit à petit; mais tu ne veux jamais rien entendre, et tu oublies absolument tout. L'an dernier, la même chose est arrivée une fois, et tu ne songes nullement à te corriger. Tu ne conserves pas du tout mes paroles dans ton cœur (ta mémoire): comment faire? — De vrai, j'ai eu un moment d'inattention.—Ce n'est pas une fois que tu as manqué d'attention; jamais, au grand jamais tu ne fais attention. Ainsi, prenons l'hiver dernier, et voyons: jamais le poêle n'a été nettoyé; et, cette année, quand on a cessé de faire du feu, le charbon qui restait dans le poêle n'a pas été enlevé. Le poêle n'a pas été non plus frotté de plombagine: il a été jeté au grenier, et depuis si longtemps, il est tout rouillé. Le charbon, empilé comme il est dans la cour, peut-être, quelque beau jour, prendra feu.—Oh! je ne savais pas.—Serais-tu aveugle par hasard?—C'est l'affaire du coolie, ce n'est pas de mon service. — Ne dis pas de sottises: ne pouvais-tu pas dire au coolie de le ramasser? — Je le lui ai dit souvent, il n'obéit jamais. — Ne t'excuse pas ainsi sottement. Tu as toujours eu le défaut de répliquer. — Comment est-ce que je réplique? — Eh bien! je te le demande: hier, quand je suis revenu, où étais-tu? — Je ne suis allé nulle part. — Comment! dans ma chambre, les cuillers regardaient le ciel, les bols regardaient la terre, (tout cela) attirant une grande quantité de mouches: et toi, tu ne t'occupais de rien! pourquoi? —C'est qu'un de mes amis étant venu, je m'attardai avec lui, et n'eus pas le temps de mettre tout en ordre. — Cela ne me regarde pas. A l'avenir, quand je sortirai de la maison,

裡總要出理來。乾乾淨淨。衣裳味叠叠好。小烘爐裡火味生之。培點灰上。看見有啥無用頭个物事。担來或者放拉。或者甩脫點。只銷生眼睛拉去看。等到話之咾做个。算人个否。還有儂常常相信弄壞物事。本來勿是道理。現在多之一樣毛病者。有朋友來。担我各樣物事出去用。乃像啥呢。　我幾時担老爺个物事出去用耶。　儂勿要賴。昨日担我个茶葉。我偷拌之。跑進來看見拉个。　我勿担。　儂話勿担。我到儂房裡去尋尋看。　儘管去尋味者。　儂看箇个啥物事。儂還要刁皮否。　箇个是我買拉个。　現在眞贓實犯。查着拉者。儂還勿認。替我滾罷。我勿要儂者。　老爺勿要動氣。我是拿老爺个物事个。乃求老爺寛免之味者。　儂既然認之錯。我亦就介味者。後來再有什介毛病。一定立刻趕儂出去。　是者。請老爺个安。謝老爺个恩典。

li tsong yao ts'éh-li lai keu-keu-zing-zing; i-zaong méh déh-déh h'ao; siao h'ong-lou li h'ou méh sang-tse bei tié h'oei laong. K'eu-kié yeû sa m yong-deû ke méh-ze tè-lai woh-tsé faong-la, woh-tsé goè-t'éh-tié; tseh-siao sang ngè-tsing la k'i k'eu. Teng-tao wo-tse lao tsou ke, seu gnen ke va? Wè yeû nong zang-zang siang-sin long-wa méh-ze, pen-lai véh-ze dao-li. Yé-zai tou-tse ih yang mao-bing tsé, yeû bang-yeû lai, tè ngou koh yang méh-ze ts'éh-k'i yong, nai ziang sa gni? —Ngou ki-ze tè lao-ya ke méh-ze ts'éh-k'i yong ya? —Nong véh yao la; zôh-gnéh tè ngou-ke zouo-yéh, ngou teû-bé-tse bao-tsin-lai k'eu-kié-la-ke. — Ngou véh tè. — Nong wo véh tè, ngou tao nong waong li k'i zin-zin-k'eu. —Tsin-koé k'i sin méh-tsé.— Nong k'eu, kou-ke sa méh-ze? Nong wè yao tiao-bi va? — Kou-ke ze ngou ma-la-ke. — Yé-zai tsen tsaong zéh vè zouo-zah la tsé. Nong wè véh gnen, t'i ngou koen ba, ngou véh yao nong tsé. — Lao-ya véh yao dong-k'i! Ngou ze nao lao-ya ke méh-ze ke. Nai ghieû lao-ya koé-mié-tse méh-tsé.—Nong ki-zé gnen-tse ts'ouo, ngou a zieû-ka méh-tsé. Heû-lai tsai yeû zéh-ka mao-bing, ih-ding lih-k'eh keu nong ts'éh-k'i. — Ze tsé. Ts'ing lao-la ke eu, zia lao-ya ke en-tié.

---

tu devras tenir tout dans l'ordre et dans la propreté. Tu plieras bien les habits, tu allumeras le charbon dans le petit poêle et tu mettras de la cendre par-dessus. Vois ensuite s'il y a quelque objet inutile qu'il faille retourner ou jeter, et retourne-le ou jette-le; voilà ce qui s'appelle avoir des yeux (la vue dans les yeux)! Attendre des ordres pour agir, est-ce là être un homme? Il y a encore que tu prends toujours plaisir à détériorer les objets; ce n'est pas une manière (d'agir). Mais dernièrement tu as gagné un autre défaut: quand il te vient un ami, tu prends toutes sortes d'objets à moi et tu les emportes pour ton usage; est-ce convenable? — Quand est-ce que j'ai pris vos affaires? — Ne va pas nier! Hier tu as pris de mon thé. Je suis entré à la dérobée et je t'ai vu.— Je n'en ai pas pris. — Tu dis que tu n'en as pas pris? Je vais immédiatement faire une perquisition dans ta chambre.— Oh! vous n'avez qu'à chercher. — Vois! qu'est-ce que cela? Vas-tu encore vouloir ruser? — Ce (thé), je l'ai acheté à mes frais. — Voici la pièce de conviction; découvert, tu refuses d'avouer ta faute? Sors vite d'ici, je ne veux plus de toi! — Oh! Monsieur, ne vous fâchez pas! C'est moi qui ai pris vos affaires. Je vous prie de me pardonner. — Puisque tu avoues, je veux bien encore de toi; que ce soit fini. Mais si à l'avenir tu commets encore des fautes semblables, pour sûr que je te chasse sur-le-champ. — Oui, oui: je salue respectueusement Monsieur et je le remercie de ses bontés.

第十六章

對老爺話。馬籠頭壞脫者。　壞拉啥地方。　嚼鐵跟頭。　格味儂担到修馬鞍轡个店裡去。收作收作好。　是者。　近來鞍轡咾馬踏鐙。肚帶。多化傢生。齷齪來非凡。那能儂勿出理个。　無介事个。箇日我儕出理拉个。　格味上頭个活鐵。那能銹个呢。　因爲用磚灰來擦拉个咾。　前幾日我騎馬出去。馬脚底上。像煞發軟。有點朝前衝。不曉得啥緣故。　勿錯。我亦覺着有第个毛病。　我想馬脚上个鐵。落脫之咾。或者釘錯。亦勿希奇。　格味今朝我牽伊馬郎中搭去。從新再釘一釘罷。　亦好。還有馬啥咾勿滋潤。　啥勿滋潤耶。老爺看勿出咾。看來蠻清爽拉个。我曉得。因爲夜裡勿撥伊吃个緣故。若使再勿長肉。我勿要儂管馬者。　老爺勿要什介話。麩皮。黑荳。紅高粱。乾草咾啥。無得啥吃勿飽个。今朝早辰。我看見馬棚外頭。地上有多化水。啥个水耶。　箇个水。勿是我弄

DI-ZÉH-LÔH TSANG

Tei lao-ya wo mô long-deû wa-t'éh-tsé. — Wa la sa di-faong? — Ziah-t'ih ken-deû. — Keh-méh nong tè tao sieû mô eu-p'ei ke tiè li-k'i, seû-tsoh seû-tsoh h'ao. — Ze tsé. — Kien-lai eu-p'ei lao mô-dèh-teng, dou-tu, tou-h'ouo ka-sang, oh-ts'oh lai fi-vè; na-neng nong véh ts'éh-li-ke? — M ka-ze ke; kou-gnéh ngou zé ts'éh-li la ke. — Keh-méh zaong-deû ke wéh-t'ih na-neng sieû ke gni? — Yen-wei yong tsé-h'oei lai ts'éh-la-ke lao. — Zié ki gnéh, ngou ghi mô ts'éh-k'i, mô-kiah-ti laong ziang-sah jah gneu, yeû tiè zao-zié ts'ong, péh hiao-teh sa yeu-kou? — Véh ts'ouo; ngou a koh-zah yeû di-ke mao-bing. — Ngou siang mô kiah laong ke t'ih loh-t'éh-tse lao, woh-tsé ting-ts'ouo, a véh hi-ghi. — Keh-méh kien-tsao ngou k'ié i mô laong-tsong tèh k'i zong sin tsai ting-ih-ting ba. — A h'ao. Wè yeû mô sa lao véh tse-zen. — Sa véh tse-zen ya? Lao-ya k'eu-véh-ts'éh lao — K'eu-lai mè ts'ing-saong la ke. Ngou hiao-teh: yen-wei ya-li véh péh i k'ieh-ke yeu-kou. Zah-se tsai véh zang gnôh, ngou véh yao nong koè mô tsé. — Lao-ya véh yao zéh-ka wo. Fou-bi, h'eh-deû, hong kao-liang, keu ts'ao lao sa m teh sa k'ièh-véh-pao ke.— Kien-tsao tsao-zen ngou k'eu-kiè mô-bang nga-deû di laong yeu tou-h'ouo se; sa-ke se ya? — Kou-ke se véh ze ngou long-

---

CHAPITRE SEIZIÈME

AFFAIRES DOMESTIQUES — ÉCURIE

Monsieur, je vous avertis que le licou du cheval est abîmé. — En quel endroit? — Près du mors. — Alors, porte-le chez le bourrelier pour le faire réparer. — Bien. — De plus, depuis quelque temps, tout ce qu'il y a de selles, d'étriers, de sous-ventrières et autres semblables objets, est horriblement sale; pourquoi n'y mets-tu pas ordre? — Il n'en est rien; j'ai tout nettoyé l'autre jour. — Et les garnitures de fer, comment ont-elles pu se rouiller? — C'est parce que je me suis servi de brique pillée pour les frotter. — Ces jours-ci, je suis sorti à cheval; les jambes de la bête ont l'air de s'affaiblir, elle est sujette à broncher: quelle en est la cause? — C'est vrai; je me suis aussi aperçu de ce petit défaut. — J'imagine qu'elle aura perdu un fer, ou bien qu'on l'aura blessée en la ferrant, il n'y a rien d'étonnant. — Eh bien! je vais la conduire aujourd'hui chez le vétérinaire, pour qu'on la ferre à neuf. — C'est très bien. Il y a encore une chose: pourquoi est-ce que mon cheval n'engraisse jamais? — Comment! il n'engraisse pas? Monsieur ne s'en aperçoit pas? — Je le vois très clairement. Mais je sais: la raison est que tu ne lui donnes pas à manger la nuit. Si mon cheval continue à ne pas engraisser, je ne te laisserai plus la charge de le nourrir. — Oh! Monsieur, ne parlez pas ainsi. Ce qu'il y a de son, de fèves noires, de sorgho, de maïs et de foin est certainement suffisant pour son entretien. — Ce matin, je suis allé jeter un coup d'œil. En dehors de l'écurie, il y avait par terre une grande quantité d'eau; d'où venait cette eau-là? — Ce n'est pas moi qui l'ai répandue,

拉个。是管淨浴間个弄拉个。　格味。儂去叫伊來。　是者。我去尋伊。　老爺要淨浴呢啥。　我先要問儂一樣事體。阿是浴盆个水秃倒拉馬棚外頭。　勿是倒拉个。因爲水溝塞住之咾。湓出來拉个。　格味。担水溝開通之味好者宛。是。我就去通去。今朝阿是。是淨浴个日脚。　淨浴个水。儂燒拉沒。　燒拉者。倒拉盆裡。預備拉者。　格味担之手巾。肥皂。跟我去。儂先去。我解完之溲。就來。是者。　淨浴間裡地板。揩揩乾淨。勿要弄來滑滑澾澾。　是者。老爺水熱勿熱。太熱一眼。加一點冷水去。儂替我揩个揩。　哂。　油泥多否。　勿算那能多。格味儂替我。揩乾淨之罷。　是者。

第十七章

現在我要到上海去。物事。儂去收作起來。　老爺打算幾時動身。　一二日裡。就要動身。　格味硬頭傢生。亦帶去呢啥。　勿帶。我想託朋友。拍賣脫之味者。今

la-ke, ze koé zing-yôh-kè ke long-la-ke. — Keh-méh nong k'i kiao i lai. — Ze tsé, ngou k'i zin i. — Lao-ya yao zing-yôh gni sa? — Ngou sié yao men nong ih yang ze-t'i: ah-ze yôh-ben ke se t'oh tao la mô-bang nga-deû! — Véh ze tao-la-ke. Yen-wei se-keû seh-zu-tse lao p'ou-ts'éh-lai-la-ke. — Keh-méh tè se-keû k'ai-t'ong-tse méh h'ao tsé wé. — Ze, ngou zieû k'i t'ong-k'i. Kien-tsao ah-ze ze zing-yôh ke gnéh-kiah? — Zing-yôh ke se, nong sao la méh? — Sao la tsé, tao la ben li, yu-bei la tsé. — Keh-méh tè-tse seû-kien, bi-zao, ken ngou k'i. Nong sié k'i, ngou ka-wé-tse-seû zieû-lai. — Ze tsé. — Zing-yôh-kè li di-pè k'a-k'a keu-zing, véh yao long-lai véh-véh-t'éh-t'éh. — Ze tsé. Lao-ya, se gnéh véh gnéh? — T'eh gnéh ih-ngè; ka ih-tié lang se k'i; nong t'i ngou k'a-ke-k'a. — O. — Yeû gni tou va? — Véh seu na-neng tou. — Keh-méh nong t'i ngou k'a-keu-zing-tse ba. — Ze tsé.

DI-ZÉH-TS'IH TSANG

Yé-zai ngou yao tao Zaong-hai k'i. Méh-ze nong k'i seû-tsoh-k'i-lai. — Lao-ya tang-seu k'i-ze dong-sen? — Ih liang gnéh li zieû yao dong-sen. — Keh-méh ngang-deû ka-sang a ta-k'i gni sa? — Véh ta, ngou siang t'oh bang-yeû p'ah-ma-t'éh-tse méh tsé. Kien-

---

c'est le garçon de la salle de bains qui a fait cela. — Alors, dis-lui de venir. — Oui, je vais le chercher. — Monsieur veut-il prendre un bain? — J'ai d'abord une chose à te demander. Est-ce l'eau sale de la baignoire que tu as jetée devant l'écurie? — Je ne l'ai pas jetée. Mais comme l'orifice de l'égout est bouché, l'eau a débordé. — Alors ouvre cette bouche d'égout, et tout ira bien. — Oui, je vais l'ouvrir tout de suite. Mais n'est-ce pas aujourd'hui votre jour de bain? — As-tu fait chauffer de l'eau pour mon bain? — Elle est déjà versée et toute prête dans la baignoire. — Alors, prends la serviette et le savon, et viens avec moi. Va un pas en avant; j'irai dès que j'aurai fait mes besoins. — Bien. — Il te faut frotter le plancher de la salle de bains et le bien nettoyer, qu'il ne soit pas si glissant. — Oui. Monsieur, l'eau est-elle trop chaude? — Un peu (trop); ajoute un peu d'eau froide; frotte-moi pour me bien laver. — Bien. — Y a-t-il beaucoup de crasse? — Non, pas beaucoup. — Maintenant, essuie-moi. — Parfaitement!

CHAPITRE DIX-SEPTIÈME

PRÉPARATIFS DE VOYAGE

Il faut maintenant que j'aille à Chang-hai. Commence à emballer mes effets. — Quand Monsieur compte-t-il partir? — Il faudra partir dans un ou deux jours. — Et tout ce gros mobilier, allez-vous l'emporter? — Non, je compte charger un ami de le vendre aux enchères. Ce

朝連夜。担拍賣咾留拉个物事。分出來。儂去罷好之。 我先要出空箇只箱子。担零碎小物事。儕放拉起。好勿好。 好是好个。放之後來。拿點草。或者棉花。挨挨緊。勿要讓伊動咾動。箇味好。 固是自然。還有箇主衣裳味那能呢。 放拉皮箱裡。軟个。放拉一堆之咾打一个包裹。 正介味者。 書架裡个書咾帖。對條。儕担紙來包好之。 箇只扁。字担之下來。架子勿好帶味。那能呢。 第个且到放拉咾罷。 老爺箱子儕裝好者。担蓋來蓋之咾。釘住之罷。 好个。儂担箇張紅紙。撥拉我。寫个紙條來。貼拉箱子上。 皮箱還要鎖一鎖。担草薦來包之。然後用繩來一綑。省之車子上磨壞脫。 勿錯。繩个結。要打死結。格味裝拉車子上。勿怕伊散開來者。快點教脚班上个人。去買兩張油紙來包綢緞。 是者。窻簾担下來。捲拉上。局否。 亦可以。還有傘。亦要放拉傘袋裡。併且多化寫字傢生。儕要放拉拜帖匣裡。 現在儂担舖蓋。亦捲起來罷。 担夾被綿被。疊來

tsao lié-ya tè p'ah-ma lao lieû-la-ke méh-ze fen-ts'éh-lai, nong k'i pa-h'ao-tse. —Ngou sié yao ts'éh-k'ong kou-tsah siang-tse, tè ling-sé siao méh-ze zé faong la k'i, h'ao véh h'ao? — H'ao ze h'ao ke; faong-tse heû-lai, nao tié ts'ao woh-tsé mié-h'ouo a-a-kien, véh yao gnang i dong-lao-dong, kou méh h'ao. —Kou ze ze-zé. Wè yeû kou tsu i-zaong méh na-neng gni? — Faong la bi-siang li; gneu-ke faong la ih tei tse lao tang ih-ke pao-kou. — Tseng-ka méh-tsé. — Su-ka li ke su lao t'ih, tei-diao, zé tè tse lai pao-h'ao tse. — Kou-tsah pié ze tè-tse-hao-lai, ka-tse véh h'ao ta méh, na-neng gni? — Di-ke ts'ia-tao faong la lao ba. — Lao-ya, siang-tse zé tsaong-h'ao tsé, tè kai lai kai-tse lao ting-zu-tse ba. — H'ao-ke. Nong tè kou-tsang hong tse péh la ngou sia-ke tse-diao lai t'ih la siang-tse laong. — Bi-siang wè yao sou-ih-sou, tè ts'ao-zieh lai pao-tse, zé-heû yong zeng lai ih-k'oen, sang-tse ts'ouo-tse laong mô-wa-t'éh.— Véh-ts'ouo; zeng-ke kiéh yao tang si-kiéh, keh-méh tsaong la ts'ouo-tse laong véh p'ouo i sè-k'ai-lai tsé. K'oa-tié kiao kiah-pè laong ke gnen k'i ma liang tsang yeû-tse lai pao zeû-deu. — Ze tsé. Ts'aong-lié tè-hao-lai kieu la laong, ghiöh va? — A k'o-i. Wè yeû sè a yao faong la sè-dai li. Ping-ts'ié tou-h'ouo sia ze ka-sang, zé yao faong la p'a-t'ih-hèh li. — Yé-zai nong tè p'ou-kai a kieu-k'i-lai ba. — Tè kèh-bi, mié-bi, dèh-lai

---

soir et cette nuit, je séparerai ce qui doit être vendu de ce que je veux garder, et alors, tu mettras tout en ordre. — En attendant, je vais vider cette caisse et y placer tous ces petits objets, n'est-ce pas? — Oui, c'est cela; et quand tu les y auras disposés, il faudra avec de la paille ou du coton les assujétir bien solidement én sorte qu'ils ne puissent pas bouger dans la caisse; ainsi, tout ira bien.— Cela va de soi. Il y a encore les habits; que faut-il en faire? — Mets-les tous dans les caisses en cuir; mets toutes les soieries ensemble, et fais-en un paquet. — C'est cela. — Quant aux livres de la bibliothèque, aux manuscrits et aux inscriptions, enveloppe le tout avec du papier, cela suffira. — J'ai déjà enlevé les caractères de la tablette, mais le cadre n'est pas facile à transporter. Comment faire? — Laisse-le pour le moment. — Monsieur, les caisses sont toutes emballées, peut-on y mettre les couvercles et les clouer à demeure? — Oui, oui. Passe-moi cette feuille de papier rouge que j'écrive des adresses pour coller sur les caisses. — Quant à cette malle de cuir, il faut encore la fermer à clef et l'envelopper dans une natte en jonc, puis l'attacher avec une corde, afin d'éviter tout frottement sur la voiture. — Oui; et il faut que le nœud soit très serré (à étrangler); de la sorte, une fois sur la voiture, on n'aura pas à craindre qu'elle se détache. Envoie vite le *coolie* acheter deux feuilles de papier huilé pour envelopper les étoffes de soie. — Oui. Si je descendais ce store pour le rouler, serait-ce bien? — Oui. Il y a aussi les parasols qu'il faut mettre dans leurs gaines. Puis, tu renfermeras dans ma boîte à cartes tous les objets qui servent à écrire. — Maintenant, je vais rouler votre literie. — Prends la couverture double et la couverture ouatée, plie-les et mets-les dans

放拉褥套裡。褥子味。明朝還要舖拉車上个哩。 是者。明朝我想。箱子担草薦來包之咾。放伊車子後面。看起來那能。 只怕可以个。碗料傢生味。担紙頭濕之水。挨緊之。乃味裝拉。妥當者。 箇个法子。實在好个。 對老爺話。某老爺。差人來送。送行个禮物拉。 担進來。撥个片子拉伊。教伊轉去謝謝。

第十八章

儂拉做啥。 我拉園裡澆花。 花開來那能者。 現在是開來興來。最好看个時候。 那能儂手上。儕是坭呢。 我拉花園裡。弄之一歇坭咾。 儂就去吃飯。吃罷之飯後來。我要教儂送禮物去。 送禮到那裡个宅裡。 送禮拉後面。徐老爺搭。 格味現在。讓我先去剃一个頭咾去罷。 儂勿要單單剃頭。辮亦打之罷。 哈。剃頭咾打辮連拉个耶。 儂衣裳還要換來乾淨點。拉屋裡做粗生活。本來勿要緊。到底到別人家搭去。(續見下張)

faong-la gnôh-t'ao li. Gnôh-tse méh ming-tsao wè yao p'ou la ts'ouo laong ke li. — Ze tsé: ming-tsao ngou siang siang-tse tè ts'ao-zieh lai pao-tse lao faong i ts'ouo-tse heû-mié, k'eu-k'i-lai na-neng? — Tsèh-p'ouo k'o-i ke. Wé-leao ka-sang méh tè tse-deû sèh-tse se, a-kien-tse, nai-méh tsaong la t'ou-taong tsé. — Kou-ke fah-tse zéh-zai h'ao ke.— Tei lao-ya wo meû lao-ya ts'a gnen lai song, song-hang ke li-wéh la. — Tè-tsin-lai, péh ke p'ié-tse la i, kiao i tsé-k'i zia-zia.

DI-ZÉH-PÈH TSANG

Nong la tsou sa? — Ngou la yeu li kiao h'ouo. — H'ouo k'ai-lai na-neng tsé? — Yé-zai ze k'ai-lai hieng-lai, tsu h'ao-k'eu ke ze-heû. — Na-neng nong seû laong zé ze gni gni? — Ngou la h'ouo-yeu li long-tse ih-hiéh gni lao. — Nong zieû k'i k'ich vè; k'ich-ba-tse vè heû-lai, ngou yao kiao nong song li-wéh k'i. — Song li tao na-li ke zah li? — Song li la heû-mié Zi lao-ya tèh. — Keh-méh yé-zai gnang ngou sié k'i t'i ih-ke deû lao k'i ba. — Nong véh yao tè-tè t'i deû, pié a tang-tse ba. — È, t'i deû lao tang pié lié-la-ke ya. —Nong i-zaong wè yao wé-lai keu-zing tié. La ôh-li tsou ts'ou sang-wéh pen-lai véh yao-kien: tao-ti tao biéh gnen-ka tèh k'i,

---

le sac pour le matelas. Ce matelas, il faudra demain l'étendre dans la voiture. — Bien: demain, si je mettais à l'arrière de la voiture cette caisse enveloppée de nattes? Qu'en pensez-vous? — Soit. Quant aux objets de porcelaine, il faut prendre du papier, le tremper dans l'eau, et le coller dessus, puis les emballer de nouveau, et ils seront en sûreté.—Cet expédient est excellent. — Monsieur, je vous fais savoir que Monsieur un tel envoie un homme pour vous offrir les cadeaux de départ.—Apporte-les et donne-lui ma carte à remporter. Dis-lui de remercier quand il rentrera.

CHAPITRE DIX-HUITIÈME

ENVOI DE PRÉSENTS

Que faisais-tu tout à l'heure?—J'étais dans le jardin à arroser les fleurs. — Est-ce que les fleurs sont ouvertes? — C'est précisément maintenant le temps de leur complet épanouissement; elles sont extrêmement belles. — Comment as-tu tant de boue sur les mains? — C'est que j'étais à travailler la terre dans le jardin. — Maintenant va dîner: quand tu auras fini, je t'enverrai porter des présents. — Dans quelle maison? — A Monsieur Zi, là, derrière. — Alors, de ce moment, je vais d'abord me faire raser. — Eh! non seulement fais-toi raser, mais encore fais-toi tresser la queue. — Raser et faire la queue, cela va ensemble. — Il faut aussi mettre des habits un peu plus propres. Pour être tous les jours à la maison employé à de gros ouvrages, naturellement on n'y regarde pas; mais pour aller chez quelqu'un,

總要清水點味好。　靴咾帽子。我無得个味。　儂去夥計淘裡。借之一雙靴咾。借之一只帽子味者。快點預備去罷。勿要躭擱者。　老爺我儕預備好拉者。還有啥說話。請老爺吩咐。禮物儕預備好拉沒。　儂看。箇个四匣子是物事。箇个味。是我个片子。　格味我去叫部車子罷。　勿要。裡向有碰勿起个物事去。車子上。怕伊顛壞之个。勿是味。教个脚班挑之。儂跟之伊去味者。　嗰。箇亦好个。

儂到之箇面。對伊拉話。第个是自伲老爺。新近外頭轉來。帶拉个土產。送拉老爺用个。總要担我个片子。留拉之味。然後儂轉來。　曉得者。格味我就去呢啥。　哈。還有一樣。儂到花園裡去。採一把花來。順便到吳老爺搭去咾。送拉伊。

老爺。我轉來者。　徐老爺垃拉屖裡否。　垃拉屋裡。伊叫我進去。對我話。儂老爺從外勢遠地方轉來。帶拉點東西。留拉自家用之味者。做啥咾費伊心。想着我。我心裡實在對勿過。乃味授我一个片子。送來謝謝老爺。　是者。儂手裡

tsong yao ts'ing-se tié méh h'ao. — Hiou lao mao-tse ngou m teh ke méh. — Nong k'i fou-k'i dao-li tsia-tse ih-saong hiou lao tsia-tse ih-tsah mao-tse méh-tsé. K'oa-tié yu-bei k'i ba, véh yao tè-koh tsé.— Lao-ya, ngou zé yu-bei h'ao-la tsé. Wè yeu sa seh-wo, ts'ing lao-ya fen-fou. Li-wéh zé yu-bei h'ao-la méh? — Nong k'eu, kou-ke se hèh-tse ze méh-ze; kou-ke méh ze ngou ke p'ié-tse. — Keh-méh ngou k'i kiao bou ts'ouo-tse ba. — Véh yao; li-hiang yeu bang-véh-k'i ke méh-ze k'i, ts'ouo-tse laong p'ouo i tié-wa-tse ke. Véh ze méh, kiao-ke kiah-pè t'iao-tse, nong ken-tse i k'i méh tsé. — O, kou a h'ao ke. — Nong tao-tse kou-mié tei i-la wo: di-ke ze zé-gni lao-ya sin-ghien nga-deû tsé-lai ta-la-ke t'ou-ts'è, song la lao-ya yong ke. Tsong yao tè ngou ke p'ié-tse lieû-la-tse méh, zé-heû nong tsé-lai.—Hiao-teh tsé. Keh-méh ngou zieû k'i gni sa?—È. Wè yeû ih-yang: nong tao h'ouo-yeu li k'i ts'ai ih-pouo h'ouo lai, zen-bié tao N lao-ya tèh k'i lao song la i. — Lao-ya, ngou tsé-lai tsé. — Zi lao-ya lèh-la ôh-li va? — Lèh-la ôh-li; i kiao ngou tsin-k'i, tei ngou wo: na lao-ya zong nga-se yeu di-faong tsé-lai, ta la tié tong-si lieû la ze-ka yong-tse méh-tsé; tsou sa lao fi i sin siang-zah ngou? Ngou sin li zéh-zai tei-véh-kou. Nai-méh zeû ngou ih-ke p'ié-tse song-lai zia-zia lao-ya. — Ze tsé. Nong seû li

---

il faut être bien mis. — Mais, je n'ai ni bottes ni chapeau. — Tu peux emprunter un chapeau et une paire de bottes à tes camarades, n'est-ce pas? Va vite t'apprêter et ne lambine pas. — Monsieur, je suis tout prêt. S'il y a autre chose, je vous prie de me le dire. Et les présents, les avez-vous préparés? — Regarde, voici quatre petites boîtes (d'objets), et voici ma carte. — Alors il faut que je loue une voiture? — Non, cela ne se peut pas; il y a dans ces boîtes des objets délicats qui craignent les secousses de la voiture. Bien plutôt appelle un *coolie* pour les porter; toi, tu l'accompagneras. — Oui. c'est bien comme cela.—Arrivé là-bas, tu diras: Voici quelques produits que mon maître, récemment arrivé du dehors, a apportés avec lui; il les envoie respectueusement au maître de céans (pour son usage). N'oublie pas de laisser ma carte; après cela, tu reviendras.—Bien; ainsi donc, je pars.— Eh! une autre chose: va au jardin et cueille quelques fleurs; tu profiteras de l'occasion pour aller chez Monsieur N et les lui porter. — Monsieur, me voici de retour. — Monsieur Zi était-il chez lui? — Oui, il y était. Après m'avoir fait entrer, il m'a dit: Votre Maître, en revenant de province, a rapporté quelques objets de fort loin: qu'il les garde pour son usage; pourquoi se donne-t-il la peine de penser à moi? Je suis vraiment tout à fait peiné. Après cela, il m'a donné une carte en retour, et il remercie Monsieur (de la peine qu'il a prise). — Bien. Et ce paquet rouge que tu as en main,

担一包紅个。啥物事。　貼正我要對老爺話。箇个。是伊拉老爺。撥拉我一包賞封。我本來勿敢受。徐老爺話。儂只管担。若使儂勿担。我要動氣个。乃味我勉强受拉个。　好好。儂去歇歇罷。

第十九章

儂面淨好沒。　淨好者。　我要教儂。買物事去。　買啥物事呢。　要買木耳。大蝦米。搭之扎麵。　到四牌樓去買。是否。　勿要到四牌樓去買。箇搭好物事。一眼無得个。　格味我出城去買罷。　儂出城。到前門大街上。路東面。箇爿海味店裡去買。來得好。　勿錯。物事雖然少些貴點。箇搭个來得好。　貴得有限个。要買幾化呢。　我要買一斤木耳。斤半大蝦米。十捲扎麵。木耳啥價錢一斤。有个味六百四十。有个味四百八十。　價錢强。貨色總要推扳點。　固是自然。格味買貴个一主味者。不過分兩。教伊要稱足个。（續見張下）

tè ih-pao hong-ke sa méh-ze? — T'ih-tseng ngou yao tei lao-ya wo: kou-ke ze i-la lao-ya péh la ngou ih-pao saong-fong. Ngou pen-lai véh kè zeû; Zi lao-ya wo: nong tseh-koé tè; zah-se nong véh tè, ngou yao dong k'i ke. Nai-méh ngou mié-kiang zeû-la ke. — H'ao h'ao, nong k'i hiéh-hiéh ba.

DI-ZÈH-KIEÛ TSANG

Nong mié zing-h'ao méh? — Zing-h'ao tsé. — Ngou yao kiao nong ma méh-ze k'i.— Ma sa méh-ze gni?— Yao ma moh-gni, dou heu-mi tèh-tse ts'éh-mié. — Tao se ba-leû k'i ma, ze va?— Véh yao tao se ba-leû k'i ma. Kou-tèh h'ao méh-ze ih-ngè m teh ke. — Keh-méh ngou ts'éh zeng k'i ma ba. — Nong ts'éh zeng tao zié-men dou ka laong, lou tong-mié, kou-bè hai-mié tié li k'i ma, lai-teh h'ao. — Véh ts'ouo. Méh-ze su-zé sao-si kiu-tié, kou-tèh ke lai-teh h'ao. — Kiu-teh yeû-yè ke. — Yao ma ki-h'ouo gni? — Ngou yao ma ih kien moh-gni, kien-pé dou heu-mi, zéh kieu ts'éh-mié. Moh-gni sa ka-dié ih kien? — Yeû-ke méh lôh pah se-séh, yeû-ke méh se pah pèh-séh. — Ka-dié ghiang, fou-séh tsong yao t'ei-pè tié. — Kou ze ze-zé. — Keh-méh ma kiu-ke ih-tsu méh-tsé, pé-kou fen-liang kiao i yao ts'eng-tsôh ke. —

---

qu'est-ce que c'est? — Ah oui! je voulais en avertir Monsieur: c'est un cadeau que ce Monsieur m'a fait. Tout d'abord, je ne voulais pas accepter; mais Monsieur Zi m'a dit: Tu n'as qu'à le prendre: si tu n'acceptes pas, je me fâcherai. Ce n'est qu'alors que par force j'ai accepté. — Bien, bien; va te reposer.

CHAPITRE DIX-NEUVIÈME

ACHAT DE PROVISIONS, DESSERT, ETC.

As-tu fini de te débarbouiller? — Oui. — Je veux t'envoyer acheter quelque chose. — Que faut-il aller acheter? — Des champignons de Mongolie, de grandes crevettes sèches et du vermicelle — Faut-il aller acheter aux quatre arcs de triomphe? — Non, n'y va pas; il n'y a là absolument rien qui vaille. — Alors, j'irai hors de la ville? — Va hors de la ville, dans la grande rue de la porte du Sud, côté Est, et achète à cette boutique où l'on vend des articles de choix en fait de poisson de mer, et ce sera bien. — C'est vrai. La marchandise y est bonne quoiqu'un peu chère. — Un peu chère, mais pas outre mesure. — Combien voulez-vous acheter? — Je veux acheter une livre de champignons de Mongolie, une livre et demie de crevettes sèches et dix rouleaux de vermicelle. A combien la livre de champignons? — Il y en a de 640 sapèques, il y en a de 480 sapèques. — Ce qui est à bas prix est généralement de qualité inférieure. — Naturellement. — Ainsi donc achète des plus chers, et fais-leur donner bon poids. —

分兩是伊拉勿敢缺个。做生意人个脾氣相信話虛頭。儂勿要依伊个討價。總要還價个啯。老爺勿曉得。大店家是眞不二價。無啥虛頭个。格味就介味者。儂打城外轉味。買點鮮菓子來。老爺。打算買啥个鮮菓子。杏子咾李子。還有否。箇兩樣菓子。現在只怕無得个者。格味買點生梨。桃子。蘋菓。花紅。檳榔。棗子。葡萄。箇幾樣味者。每一樣買幾化呢。買一斤葡萄。一斤棗子。多下來味。買別樣菓子。每樣買个十只。有者。是者。儂担四千銅錢个一張錢票去。買之箇个物事。多下來味。再買點氷糖咾藕粉。是者。格味我現在就去者。等一等。還有一千銅錢个一張退票。儂担去撥拉珠市口頭。箇彐萬順皮貨店裡。對伊拉話。箇張假票子。教伊拉立刻換一張。交代儂帶轉來。老爺。那能曉得是自伊拉个退票呢。我伊拉蕩収拉个。就是前幾日。我到伊拉搭去。買物事咾。找撥拉我个。老爺還有別樣啥事體否。還有一樣味。轉來个

Fen-liang ze-i-la vèh kè k'ieuh ke.—Tsou sang-i gnen ke bi-k'i, siang-sin wo hiu-deû. Nong vèh yao i i ke t'ao ka, tsong yao wè ka ke, o. — Lao-ya vèh hiao-teh, dou tié-ka ze tsen-pèh-eul-ka, m sa hiu-deû ke. — Keh-méh zieû ka méh-tsé. Nong tang zeng-nga tsé méh, ma tié sié kou-tse lai.— Lao-ya tang-seu ma sa-ke sié kou-tse? — Hang-tse lao li-tse, wè yeû va? — Kou liang yang kou-tse yé-zai tseh-p'ouo m teh ke tsé. — Keh-méh ma tié sang-li, dao-tse, bin-kou, h'ouo-hong, pin-laong, tsao-tse, peh-dao, kou ki-yang méh-tsé.— Mei ih-yang ma ki-h'ouo gni? — Ma ih kien peh-dao, ih kien tsao-tse, tou-hao-lai méh ma biéh yang kou-tse, mei yang ma ke zéh-tsah, yeû tsé. — Ze tsé. — Nong tè se ts'ié dong-dié ke ih tsang zie-p'iao k'i. Ma-tse kou-ke méh-ze, tou-hao-lai méh tsai ma tié ping-daong lao ngeû-fen. — Ze tsé; keh-méh ngou yé-zai zieû k'i tsé. – Teng-ih-teng. Wè yeû ih ts'ié dong-dié ke ih-tsang t'ei-p'iao. Nong tè-k'i péh la Tsu-ze k'eû-deû, kou-bè Vè-zen bi-fou tié-li, tei i-la wo kou-tsang ka p'iao-tse, kiao i-la lih-k'eh wè ih-tsang, kao-dai nong tè-tsé-lai. — Lao-ya, na-neng hiao-teh ze ze-i-la ke t'ei-p'iao gni? — Ngou i-la daong seû-la ke; zieû ze zié ki gnéh ngou tao i-la tèh k'i ma méh-ze lao tsao péh la ngou ke. — Lao-ya wè yeû biéh yang sa ze-t'i va? — Wè yeû ih yang méh, tsé-lai ke

---

Il n'oseraient pas tromper sur le poids.—L'habitude de tous ces marchands, c'est de vouloir toujours un prix trop élevé (faux). Ne t'en tiens pas à ce qu'ils te demandent et fais toujours ton prix. — Monsieur ne sait pas que dans ces grands magasins c'est la règle de n'avoir pas deux prix; il n'y a donc pas de prix faux.—Alors, soit. En outre, tu m'apporteras des faubourgs quelques fruits de la saison. — Quels fruits Monsieur veut-il acheter? — Y a-t-il encore des abricots et des prunes? — De ces deux espèces de fruits, peut-être n'y en a-t-il plus maintenant. — Alors, achète des poires, des pêches, des pommes de différentes espèces, des noix d'arec, des jujubes fraiches, du raisin, toutes ces espèces de fruits.— Combien de chaque sorte? — Achète une livre de raisin, une de jujubes; et, des autres fruits, dix de chaque sorte; cela suffira. — Bien. — Emporte ce billet de 4000 sapèques. Avec l'argent qui restera après avoir acheté tout cela, achète encore du sucre candi et de la farine de racines de nénuphar. — Bien; ainsi j'y vais maintenant, n'est-ce pas?—Attends un peu. Voici encore un billet de 1000 sapèques à retourner. Tu le porteras au magasin de pelleteries des Dix-mille Prospérités, à l'entrée du marché aux bijoux, et tu leur diras que c'est un billet faux et que je les prie de te le changer contre un autre que tu me rapporteras. — Comment Monsieur sait-il que ce billet à retourner vient de chez eux? — J'ai écrit que je l'ai reçu d'eux· et c'est précisément quand, il y a quelques jours, je suis allé chez eux acheter quelque chose qu'ils me l'ont donné. — Eh bien! Monsieur n'a-t-il pas autre chose? — Encore une chose. En revenant,

辰光。趁帶便。到儂認得拉个裁縫店裡。替我問聲看。定做拉个一件衣裳好沒。若使好之味。儂拿包袱來包之咾。担之轉來味者。

第二十章

張福。哈。儂來。我要對儂白話。啯。老爺有啥說話吩咐。現在有一个老爺。升到廣東做領事官。要尋一个跟班。我打算。担儂薦撥伊。儂肯去否。承老爺个抬舉。我肯去个。勿曉得去幾年。箇位老爺。大約光景。廣東等个三年。伊要儂拉箇搭三年工夫跟伊。儂想起來那能。固是可以个。還有一樣。若使三年滿之後來。箇位老爺。升到別个地方去者。伊撥船錢拉儂。打發儂轉來。若使勿曾滿三年咾。伊勿要儂者。亦是伊出船錢咾。讓儂轉來。倘使勿曾滿咾。儂自家勿高興。要轉來者。格味船錢儂要自家出。伊勿管个。是。我懂拉者。論到工錢。（續見下張）

zen-koang, ts'en ta-bié, tao nong gnen-teh-la-ke zai-wong tié li, t'i ngou men-sang k'eu, ding-tsou-la-ke ih-ghié i-zaong h'ao méh; zah-se h'ao-tse méh, nong nao pao-woh lai pao-tse lao tè-tse-tsé-lai méh-tsé.

DI-GNÈ TSANG

Tsang-foh. — È. — Nong lai; ngou yao tei nong bah-wo. — O, lao-ya yeû sa seh-wo fen-fou? — Yé-zai yeû ih-ke lao-ya seng tao Kaong-tong tsou ling-ze-koé, yao zin ih-ke ken-pè, ngou tang-seu tè nong tsié-péh i: nong k'eng k'i va? — Zeng lao-ya ke dai-kiu ngou k'eng k'i ke, vèh hiao-teh k'i ki gné. — Kou-wei lao-ya ta-yah koang-kieng Koang-tong teng-ke sè gné, i yao nong la kou-tèh sè gné kong-fou ken i: nong siang-k'i-lai na-neng? —Kou ze k'o-i ke. — Wè yeû ih-yang. Zah-se sè gné mé-tse heû-lai, kou-wei lao-ya seng tao biéh-ke di-faong k'i tsé, i péh zé-dié la nong, tang-fah nong tsé-lai. Zah-se vèh-zeng mé sè gné lao i vèh yao nong tsé, a ze-i ts'éh zé-dié lao gnang nong tsé-lai. T'aong-se vèh-zeng mé lao, nong ze-ka vèh kao-hieng yao tsé-lai tsé, keh-méh zé-dié nong yao ze-ka ts'éh, i vèh koé ke.— Ze, ngou tong la tsé. — Len tao kong-dié,

---

par la même occasion, passe chez le tailleur que tu sais, et demande si les habits que j'ai commandés sont prêts; s'il le sont, fais-en un paquet et apporte-les.

CHAPITRE VINGTIÈME

UN DOMESTIQUE CHANGE DE MAÎTRE

Tsang-foh! — Voici. — Viens; j'ai à te parler. — Quels ordres Monsieur a-t-il à me donner?—Il y a en ce moment un Monsieur qui est nommé consul à Canton: il lui faut chercher un domestique, et je compte te recommander à lui: veux-tu y aller? — Honoré de la haute recommandation de Monsieur, j'accepte d'y aller, mais je ne sais pour combien d'années ce sera.—Ce Monsieur sera probablement trois ans à Canton et il désire que tu restes là avec lui ces trois ans: quelle est ton idée? — Ça me convient. — Autre chose! Si, au bout des trois ans, ce Monsieur était promu à un autre poste, il aurait à te payer ton passage et à te renvoyer chez toi. Si, avant l'expiration des trois années, il ne voulait plus de toi, il aurait encore à te payer ton retour. Mais si c'était toi-même qui, avant trois ans, n'ayant plus de goût à rester, voulais revenir, tu aurais à supporter les frais du voyage; lui n'y entrerait pour rien. — Oui, je comprends. — Quant aux gages,

箇位老爺話。每月撥儂十塊洋錢。四季个衣裳。儕是伊管。儂想那能。　工錢十塊洋錢。倒亦無啥。不過有二樣。求老爺對伊話一聲。　二樣啥事體。　一樣味。求箇位老爺。先撥十塊洋錢。安放我个屋裡。還有一樣味。我每月个工錢。就蕩搭京裡。劃會撥五六塊洋錢拉我屋裡。省之囉蘇。從外勢寄銅錢到屋裡來。　我替儂話話看味者。可以个。不過先撥儂十塊洋錢。安放自家个屋裡。儂想每月那能樣子扣法。　箇是隨便箇位老爺味者。每月扣个一塊。两塊。亦可以个。箇味就是者。　若是箇位老爺。两樣事體。儕應承者。我願意。每月拉老爺自家手裡。劃會撥銅錢拉我屋裡。格味妥當。　樣樣話好之。定當之後來。我寫一張。領銅錢个票子。撥拉儂。每月初一。儂个屋裡。可以打發人。担之票子咾。到我搭來。領銅錢味者。　費老爺个心。我去之後來。老爺只怕還要尋一个跟班。勿希奇。我有个親眷拉。可以相帮老爺。好勿好。　儂个親眷。幾歲拉者。　伊今年

kou-wei lao-ya wo mei gneuh pèh nong zéh k'oei yang-dié, se ki ke i-zaong zé ze-i koé : nong siang na-neng ? — Kong-dié zéh k'oei yang-dié tao a m sa. Péh-kou yeû liang yang, ghieû lao-ya tei i wo ih sang. — Liang yang sa ze-t'i ? — Ih yang méh ghieû kou-wei lao-ya sié pèh zéh k'oei yang-dié, eu-faong ngou ke ôh-li. Wè yeû ih yang méh ngou mei gneuh ke kong-dié, zieû daong-tèh kieng li, wah-wei pèh n lôh k'oei yang-dié la ngou ôh-li, sang-tse lou-sou, zong nga-se ki dong-dié tao ôh-li lai. — Ngou t'i nong wo-wo-k'eu méh-tsé, k'o-i ke. Péh-kou sié pèh nong zéh k'oéi yang-dié eu-faong ze-ka ke ôh-li, nong siang mei gneuh na-neng yang-tse k'eû-fah ? — Kou ze zu-bié kou-wei lao-ya méh-tsé : mei gneuh k'eû ke ih k'oei liang k'oei a k'o-i ke. — Kou méh zieû ze tsé. — Zah-se kou-wei lao-ya liang yang ze-t'i zé yng-zeng tsé, ngou gneu-i mei gneuh la lao-ya ze-ka seû li, wah-wei pèh dong-dié la ngou ôh-li, keh-méh t'ou taong. — Yang-yang wo-h'ao tse, ding-taong-tse heû-lai, ngou sia ih tsang ling dong-dié ke p'iao-tse pèh la nong, mei gneuh ts'ou-ih, nong-ke ôh-li k'o-i tang-fah gnen tè-tse p'iao-tse lao tao ngou-tèh lai ling dong-dié méh-tsé. — Fi lao-ya ke sin. Ngou k'i-tse heû-lai, lao-ya tseh-p'ouo wè yao zin ih-ke ken-pè. Véh hi-ghi, ngou yeû-ke ts'in-kieu la, k'o-i-siang-paong lao-ya, k'ao véh h'ao? — Nong-ke ts'in-kieu ki su la tsé? — I kien-gné

---

ce Monsieur dit qu'il te donnera dix piastres par mois et qu'il se charge des habits des quatre saisons : qu'en penses-tu ?—Dix piastres de gages, cela me va. Mais il y a deux choses dont je prierai Monsieur de dire un mot. — Quelles sont ces deux choses ? — En premier lieu, je prierais ce Monsieur de m'avancer dix piastres pour mettre ma famille à l'aise. La seconde chose est que, sur mes gages de chaque mois, ici même, dans la ville, on remette à ma famille cinq ou six piastres pour m'éviter les embarras d'un envoi d'argent de la province chez moi. — Bien ! j'en parlerai pour toi; c'est facile. Mais, si l'on t'avance dix piastres pour mettre ta famille à l'aise, quelle déduction penses-tu subir sur tes gages de chaque mois ?— Ce sera comme ce Monsieur voudra : qu'il retienne chaque mois une piastre, deux piastres, c'est indifférent. — Alors, c'est bien. — Si ce Monsieur agrée ces deux conditions, je désirerais faire passer chaque mois mon argent à ma famille par votre intermédiaire ; ce moyen serait sûr. — Quand tout aura été déterminé, et que l'affaire sera conclue, je te délivrerai un mandat. Le premier de chaque mois, ta famille enverra quelqu'un le porter ici chez moi et toucher l'argent. — Je donne beaucoup de peine à Monsieur. Mais, quand je serai parti, Monsieur n'aura-t-il pas à chercher un autre domestique? Ne vous étonnez pas, j'ai un parent qui peut servir Monsieur. Cela vous va-t-il? — Quel âge a ton parent ? — Il a

十八歲。　做歇跟班否。　前頭起。拉俄國公館裡。做過歇个。　箇件事體。且到慢一慢咾話罷。因爲現在有个老爺。替我薦一个人拉者。一二日裡。要來試一試。若使勿局味。再教儂个親眷來罷。　曉得者。我等老爺个信拉味者。　箇两日。儂担我个物事。收拾起來。交代拉新經手个人。担外勢一衆个事體。從頭到底。亦儕要算算清爽。　是者。舒徐之後來。幾時味。我可以上工去者。　現在到月頭上。還有八日。只怕總是下一个月。初一上工。　嗰儕是者。

土話指南終

zéh-pèh su. — Tsou-hiéh ken-pè va? — Zié-deû-k'i la Ngou-kôh kong-koé li tsou-kou-hiéh ke. — Kou-ghié ze-t'i, ts'ia-tao mè-ih-mè lao wo ba. Yen-wei yé-zai yeû ke lao-ya t'i ngou tsié ih-ke gnen la tsé ; ih liang gnéh li yao lai se-ih-se : zah-se véh ghiôh méh, tsai kiao nong-ke ts'in-kieu lai ba. — Hiao-teh tsé. Ngou teng lao-ya ke sin la méh-tsé. — Kou liang gnéh, nong tè ngou-ke méh-ze seû-zéh-k'i-lai kao-dai la sin kieng-seû ke gnen ; tè nga-se ih-tsong ke ze-t'i zong-deû-tao-ti a zé yao seu-seu ts'ing-saong. — Ze tsé. Su-zi-tse heû-lai, ki-ze méh ngou k'o-i zaong-kong-k'i tsé ? — Yé-zai tao gneuh-deû laong wè yeû pèh gnéh. Tseh-p'ouo tsong-ze hao ih-ke gneuh ts'ou-ih zaong-kong. — O. Zé ze tsé.

---

dix-huit ans cette année. — A-t-il déjà servi? — Oui, il a déjà servi au consulat russe.—Quant à cela attends un peu, nous en reparlerons. Car pour le moment, il y a un Monsieur qui m'a recommandé quelqu'un; dans un ou deux jours, il doit venir à l'essai : s'il ne me convient pas, je ferai demander ton parent.—Bien ! Alors, j'attendrai des nouvelles de Monsieur !— Pendant ces quelques jours, mets toutes mes affaires bien en ordre pour les passer au nouveau domestique ; et pour les comptes du dehors, qu'ils soient d'un bout à l'autre parfaitement réglés. — Oui. Si l'affaire se conclut, quand devrai-je entrer en place ? —Il y a encore huit jours d'ici au commencement du mois. Ce sera très probablement le premier de la prochaine lune que tu entreras en place. — Très bien.

TABLE DES MATIÈRES

L. J. C.

編著者紹介

内田慶市（うちだ　けいいち）

1951年福井生まれ。関西大学外国語学部、東アジア文化研究科教授。博士（文学）、博士（文化交渉学）。専攻は中国語学、文化交渉学。主著に『近代における東西言語文化接触の研究』（関西大学出版部、2001）、『遐邇貫珍の研究』（沈国威、松浦章氏との共著、関西大学出版部、2004）『19世紀中国語の諸相――周縁資料（欧米・日本・琉球・朝鮮）からのアプローチ』（沈国威氏との共編、雄松堂出版、2007）、『文化交渉学と言語接触――中国言語学における周縁からのアプローチ』（関西大学出版部、2010）、『漢訳イソップ』（ユニウス、2014）、『語言自邇集の研究』（氷野歩、宋桔氏との共編、好文出版、2015）、『関西大学長澤文庫蔵琉球官話課本集』（関西大学出版部、2015）などがある。

氷野善寛（ひの　よしひろ）

1980年大阪生まれ。関西大学アジア文化研究センター・ポストドクトラル フェロー。関西大学大学院文学研究科中国文学専修（中国語特殊研究）博士後期課程満期退学。博士（文化交渉学）。『官話指南』を起点とする近代日本における中国語テキストと中国語教育史の研究を行っている。また並行して、現代の中国語教育におけるICTの利用やコンピュータを利用した中国語の解析について実践的な研究を進めている。著書に『キクタン中国語』シリーズ（内田慶市氏らとの共著、アルク、2008-2013）、『清代民國漢語文獻目録』（遠藤光暁、竹越孝氏らとの共編著、學古房、2011）などがある。

文化交渉と言語接触研究・資料叢刊 7

官話指南の書誌的研究
付影印・語彙索引

発行日	2016年3月15日
編著者	内田慶市 氷野善寛
発行所	関西大学アジア文化研究センター 〒564-8680 大阪府吹田市山手町3丁目3番35号
発売元	株式会社 好文出版 〒162-0041　東京都新宿区早稲田鶴巻町540　林ビル3F 電話：03-5273-2739　FAX：03-5273-2740
印刷所	株式会社 遊文舎

ISBN978-4-87220-194-9　Printed in JAPAN

官話指南 初版（一八八二年、架蔵）

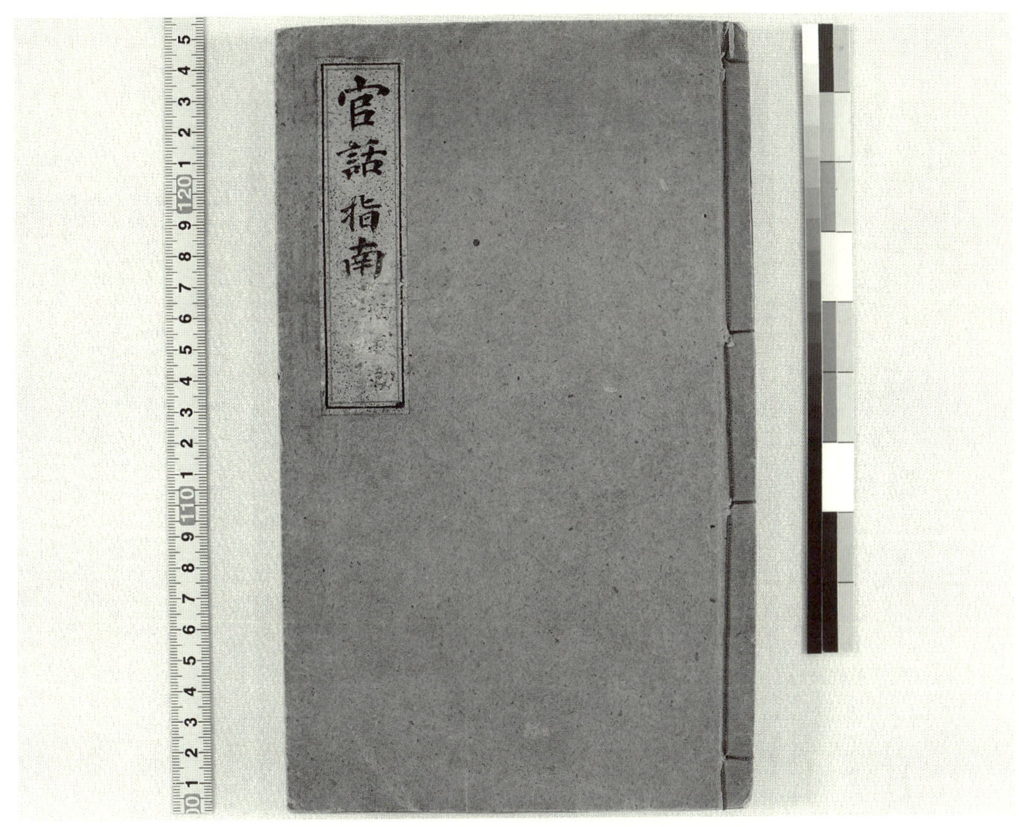
官話指南

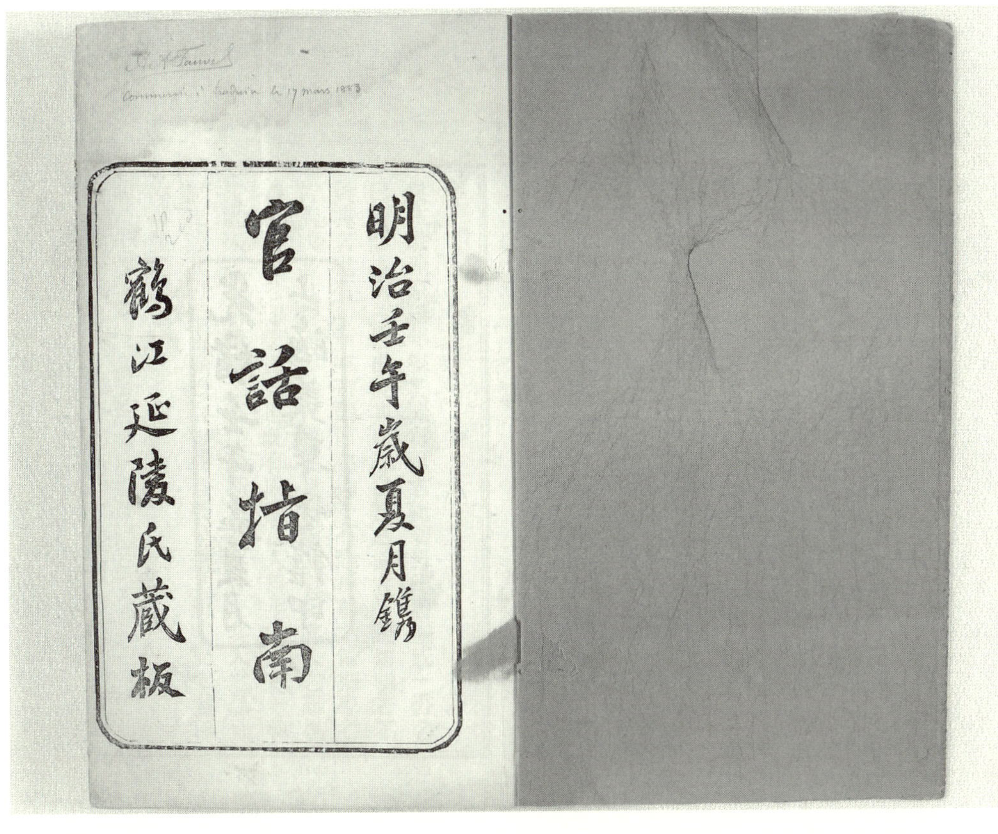
明治壬午歳夏月鐫
官話指南
鶴江延陵氏蔵板

光緒壬午孟夏月
上海美華書館印

序

吳生駐燕京三年學其語言頃者輯切日用者編成一書名曰官話指南蓋皆出於其自課自得之餘宜乎親切明著不負其名也有功斯學可謂偉矣抑予有恐焉前之脩斯學者苦無成書耳聽而手抄日累而月積漸乃有得其入之難也如是而得之却深焉今也既有成書它人數年之工可一朝了之入之太易恐得之不深讀斯書者莫狃於其入之易而思更致其力指南而到南以期有成是予之所望於學者而亦吳生之志也

明治十四年十二月田邊太一敘於燕京公署

序

語言之學雖文人之緒餘原無關乎經濟才能之大然無成書以爲嫻習之助但偶聽人之談論依稀彷彿而傚顰之不惟隨學隨忘諸多罣漏滋管窺蠡測之虞卽輕重緩急之間剛柔高下之際亦必不能一一酷肖玆有吳啟太鄭永邦者皆東洋長崎人也因隨公使駐北京公餘之暇卽潛心於語言之學天資既敏人力亦勤積數年之攻苦而憑空結篆設爲問答之詞藏諸囊篋久已累牘連篇僕等偶然過訪適其稿置案頭急索而觀之見其口吻之合神氣之眞與其發揮議論之詳切實爲動中肯綮因慫恿之俾刷印成書以公諸

世、誠善本也、苟殫心於此者、按其程式、奉爲楷模、循序漸進而學之、如行路者之有嚮導、絕不致爲迷途所惑、較之偶聽人談論、依稀彷彿而傚顰者、其相去不已天淵乎、僕等觀是書而佩服深之、爰爲之校對一番、幷爲之序、以述其顛末云、

光緒七年辛巳小陽月下浣燕京　黃裕壽　金國璞　拜序

凡例

一余駐北京學語言三年、於今時延請師儒、賴其口講指畫、漸有所領悟、然不過滄海之一粟耳、是編係平日課本、其中遺漏、指不勝屈、今刷印成書、只爲初學計、遺笑大方、自知不免、

一京話有二、一爲俗話、一爲官話、其詞氣之不容相混、猶涇渭之不容並流、是編分門別類、令學者視之井井有條、釐然不紊、庶因人因地而施之、可以知所適從、

一初學華語者、須知有四聲、有輕重音、（輕音。即窄音。重音。即寬音。）有輕重念、出入氣等項、是不俟論、此外尚有張口音、閉口音、又有

嘬口音、如巴、寒、張、大、等音、皆是張口音也、如木、爻、不、屋、等音、皆是閉口音也、如火、去、出、姑、等音、皆是嘬口音也、另有由（タチツテト）母音所出之音、如倒、將、跳、知、早、斗、頭、凳、地、釘、天、秋、等音、必須舌端用力、達至上牙床、方爲盡善、不然則往往致有謬誤、此雖屬末節、而讀者、不可不知也、

一初學四聲之法、最難解說、今舉梗概、如上平、其發聲時、係自上落下而止、聲音較短、如下平、其發聲時、係向右傍一擲而止、聲音較短、如上聲、其發聲時、係半含其音、漸漸而上、聲音較長、如去聲、其發聲時、係半含其音、向左傍漸漸垂下、聲音較長、又如上平、其發聲時、係如人點首之狀、如

下平、其發聲時、係如人將首向右傍稍轉之狀、如上聲、係如人仰首之狀、如去聲、係如人將首向左下垂之狀、

一凡言語內、如値有兩上聲字相連者、其上一字、應讀下平、其下一字、應讀上聲、所謂逢上必倒是也、（言兩上聲字相値。則必倒一字之聲也。）

一凡輕音字、則不多用喉力、如係重音字、則多用喉力、如金字、本屬牙音、係輕音、則讀時、宜多用牙力、少用喉力、如輕字、亦屬牙音、係重音、則讀時、宜多用喉力、少用牙力、又如身字、本屬齒音、係輕音、則讀時、宜多用齒力、少用喉力、如生字、亦屬齒音、係重音、則讀時、宜多用喉力、少用齒力、又

如敦字、屬舌音、而係輕音、東字、亦屬舌音、而係重音、如搬字、屬唇音、而係輕音、邦字、亦屬唇音、而係重音、皆可類推、至屬喉音之字、其間亦有輕音重音之別、譬如一字、本屬喉音、係輕音者、則宜用喉上之力而發、係重音者、則宜用喉下之力而發、如寒字、係輕音、杭字、係重音、又如安字、係輕音、昂字係重音、此類皆是也、蓋漢字音末有ン ム音、而日本原音、亦有ン ム音者、均屬輕音、如心、金等字是也、音末無ン ム音者、概係重音、如星字、經字等、是也、

一凡由齒內所出之音、多有誤由牙內而發者、致聽者渺茫誤會、茲畧舉數音、欲學者留神、譬如知音、本係由齒內所發出者、若誤由牙內而發、則成機音也、石音、亦係齒音、若誤爲牙音、則成席音也、是音、亦係齒音、若誤爲牙音、則成細音也、章音、亦係齒音、若誤爲牙音、則成江音也、水音、亦係齒音、若誤爲牙音、則成許音也、余歷年留意考察、始得其錯誤之由、乃表而出之如此、

一凡說清話字句之間、有宜重念者、最爲緊要、蓋重念之字、實與語言之意、大有關切、譬如 我可以給你錢、 唯一句言語、而有四種念法、如左、

我可以給你錢、（我字重念、其意我獨能與汝錢。而他人不能與汝錢也。）

我可以給你錢、（可字重念、其意我實能與汝錢。非不能與也。）

我可以給你錢、（你字重念、其意我止能與汝錢。而不能與他人錢也。）

我可以給你錢、（錢字重念、其意我止能與汝錢。而不能與汝他物也。）

舉此一端、他可推知、

一凡出氣之音、讀時應用力、將其音向外放出、字音由タチツテトカキクケコ、パピプペポ 各等音而出者、皆有出入氣之別、餘者無此分別也、

一標記之式、原可以獨出心裁、各人用各人之記、殊不必舍己從人、但恐學初漫無定式、無所適從、因僭擬一法、分別詳列於左、

凡字之四聲、上平、則在字之右肩加一圈、如聲字是也、其下平、在字之右脚加一圈、如讀。字是也、其上聲、在字之左肩加一圈、如請。字是也、其去聲、在字之左脚加一圈、如四。字是也、

凡字之應出氣者、在字之左肩加一竪、如茶字是也、

凡字之應重念者、在字之右邊畫一橫、如船字是也、

凡字之重音、在字之左邊加一橫、如京字是也、

明治十四年十二月 吳啓太 鄭永邦 自識

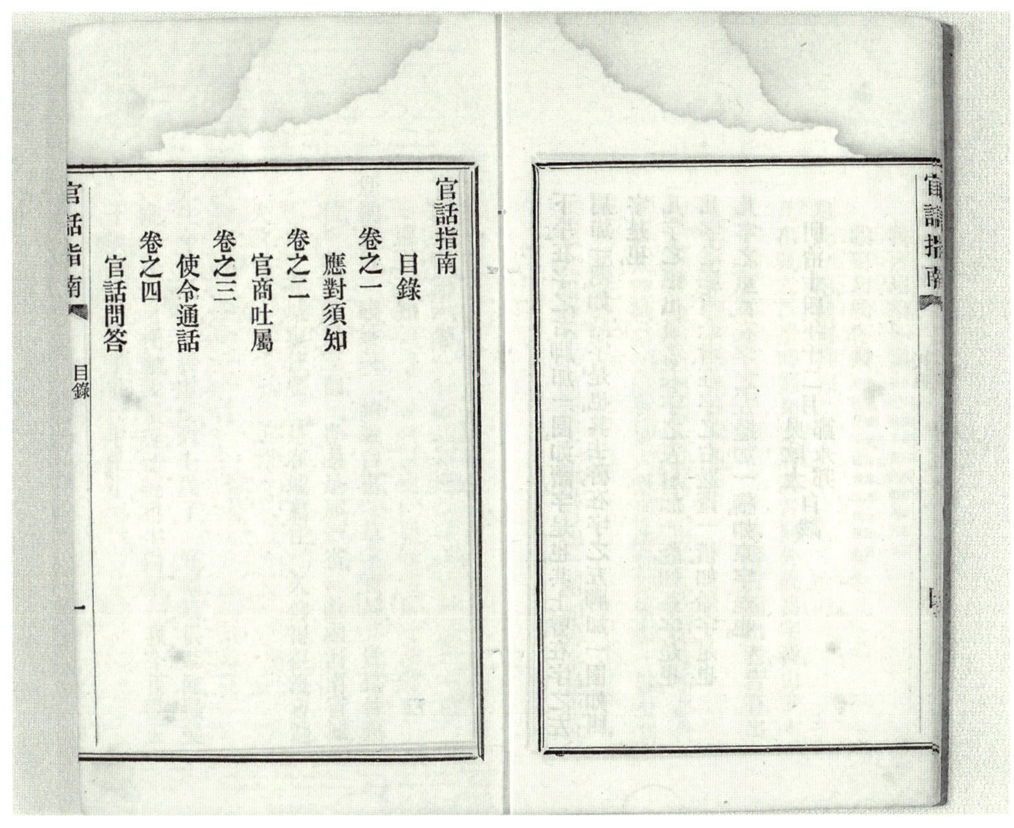

官話指南　目錄

卷之一　應對須知

卷之二　官商吐屬

卷之三　使令通話

卷之四　官話問答

官話指南　目錄　一

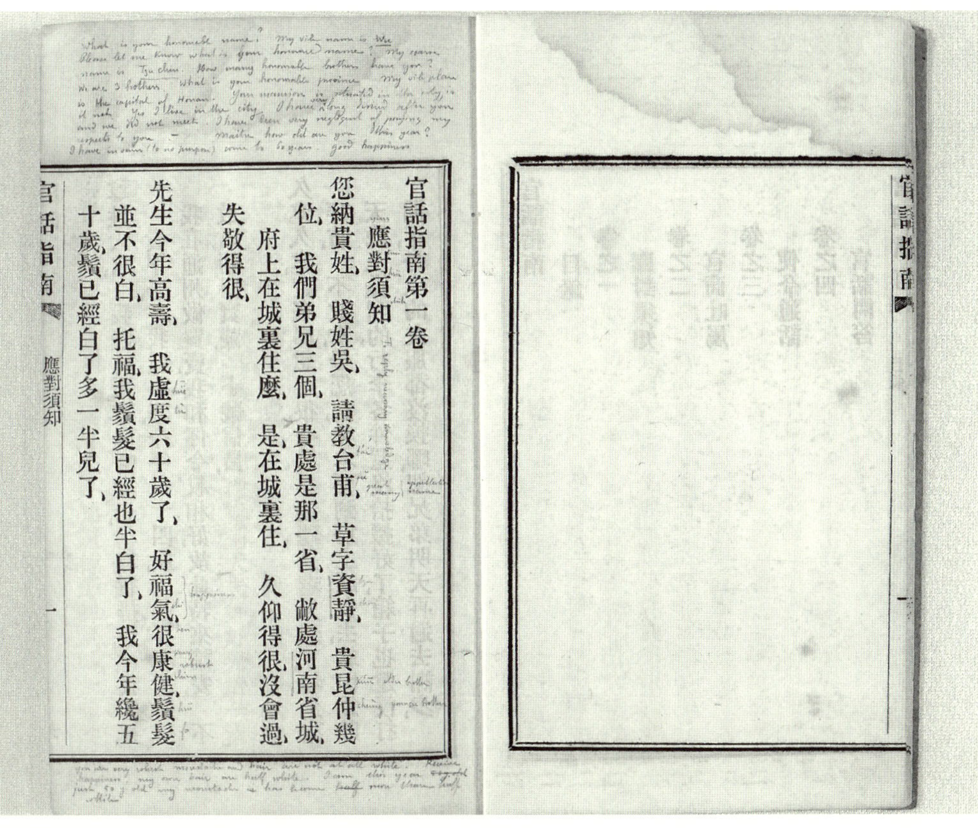

官話指南第一卷

應對須知

您納貴姓、賤姓吳、請教台甫、草字資靜、貴昆仲幾位、我們弟兄三個、貴處是那一省、敝處河南省城、府上在城裏住麼、是在城裏住、久仰得很、沒會過、失敬得很、

先生今年高壽、我虛度六十歲了、好福氣、很康健、鬚髮並不很白、托福我鬚髮已經也半白了、我今年纔五十歲、鬚已經白了多一半兒了、

官話指南　應對須知　一

尊姓大名、　我賤姓張、官名叫守先、　尊行排幾、　我居長、
貴甲子、　我還小哪、今年二十四歲、　恭喜在那兒、
我在通州做買賣、我和你令叔相好、故此特來請安、　不
敢當、請問寶號、　小號信昌、

久違久違、實在渴想得很、今兒早起聽見老兄到了、特過來
拜訪、　不敢當、勞您駕、我本要到府上請安去、就因爲昨
天晚上纔到的、行李各件還沒拾掇好了、箱子也還沒打
開了、身上的衣服都沒換哪、恕兄弟明天再過去謝步、

不敢當、

少見少見、我這幾天沒見着你、很想你、莫不是又病了麼、
可不是麼、　我那天看你病纔好、臉上氣色還沒復元兒
哪、怕是你出到外邊兒去、又重落了、　我這回是着點兒
涼、覺着頭疼、渾身酸痛、　那總得請大夫好好兒治一治
就得了、

這個人實在靠不住、說話竟是雲山霧照的、　您想和他要
準兒、那算是白用心了、您還不知道他那脾氣嗎、一味的

愛說大話、胡吹混嗙、您要是信他的話、那就難免要上檔
了、

您這一向貴恙都好了麼、　托福都好了、可是咳嗽纔輕省
一點兒、　這回您病的日子久了、雖然都好了、還得請大
夫吃幾劑補藥、安心調養纔好哪、　是、承您關照、謝謝、

你在這兒可以隨便、不要拘禮、　我蒙您的抬愛、已經不拘
禮了、　照這麼樣就好、我以後有事纔可以敢勞動你、
您肯叫我做事、那就是賞我臉了、

昨天蒙你賞我的那茶葉、味道很好、謝謝謝謝、　好說、我這
回到崇安去、就到了武彝山、逛了兩天、不過買了一點兒
茶葉、送了去的不多、不成敬意的很、　好說、朋友交情要
緊是在情意、不在東西、

你上那兒去、　我想上張老師那兒拜客去、　那麼我求你
替我問張兒好、說我很想他、有閒空兒請他來坐坐、　前
幾天我去的時候、他也托我問您好來着、因爲他夫人有
一點兒欠安、所以他總沒能出門、

凡人說話總要實誠、那是一定的理、若是有撒謊騙人的事、叫人看破了、自己也丢臉、你所論的正合我的心了、

這件東西你看是眞的是假的、我看是假的、我也看是這麼着、就因爲分辨不出來不敢說、是你沒細看這刻的也粗、顏色也不光潤、

我們倆如今都閒着、可作甚麼好呢、你看有甚麼可做的、我看實在難的很、若說做生意、你我又沒有本錢、若說做

夥計又沒手藝、照你這麼說、偺們倆豈不餓死了麼、究竟上天不生無祿的人、等慢慢再打算就是了、

我想到那兒逛逛、就是我一個人又懶怠去、我也想去逛逛、因爲沒有伴兒不高興、旣是這麼着、偺們倆一同去好不好、您納可以一塊兒搭伴兒去、與我也很方便了、

您納說話聲音太小、人好些個聽不淸楚、我的聲音生來不能大、對人說話又不敢大聲嚷、所以顯着聲兒小、凡人說話嗓子要緊、若嗓子好、自然響亮、字音淸楚、自然沒

含糊、

我剛纔隔着槅扇和他說話、你聽見了麼、我沒聽見、近來我的耳朶有點兒聾、不管怎麼樣、我求你千萬別把這個事給洩漏了、這是一件機密的事情、旣是這麼着、我不說總不至於壞事了罷、

你懂得中國話麼、略會一點兒、那厦門的話別處不甚懂、中國話本難懂、各處有各處的鄉談、就是官話通行、

我聽見人說官話還分南北音哪、官話南北腔調兒不

同、字音也差不多、

老沒見了、您納還認得我麼、瞧着好面善、不記得在那兒會過、失敬得很、不敢冒昧稱呼、偺們倆前年在張二家一個桌子上喝酒、您怎麼忘了麼、提起來我認得了、您是何二爺麼、

您納這一向好、我有件事託你辦辦、甚麼事請說罷、我記得前天新聞紙上記載有一位會寫字畫的姓祝、實在羨慕得很、聽說你認得他、所以懇求閣下代爲介紹、那

容易、我總要給您効勞的您放心罷交給我了、

所有偺們逛過的這些個名勝地方就是我們今兒晌午到的那座山上景致好的很、是我最喜歡那半山亭外兩三里的竹徑、頂好是打那竹徑轉過灣兒去在那塊大石頭上坐着聽那水聲兒眞叫人萬慮皆空、

你昨兒去遊湖回來早啊是晚哪、回來有四更天了、想昨兒晚上月亮很好湖上風景一定是更好看了、夜景比白天還好足有加倍的好看、

這個廟很大、大的很在這兒算是第一個大廟後頭還有一座寶塔高的很、好上去麼、有一層的塔梯如今拿開了不好上去了、那梯子爲甚麼拿開了、因爲人多上去竟混蹧蹋。

昨兒前半夜月亮很好我躺在炕上看窗戶上的月光捨不得睡了、可是赶到了夜深了忽然颳起一陣風來黑雲彩在滿天上直飛打的霹雷很利害、那巧了是在我睡着了之後罷我可知道昨兒晚上下雨來着、

這時正晌午太陽很毒暑氣很利害怎麼好出門呢、但是我有要緊的事沒法子得出門、就是有要緊的事也要待一會兒等太陽斜過去涼快些兒再出門去罷、也好、

早起天纔亮我起來出去走動看見瓦上的霜厚的很、原來昨兒夜裏有大霜怪不得我睡到五更天醒了覺着冷的很可就嫌棉被窩太薄了、

夜深了想這時候有三點鐘了、我剛纔聽見自鳴鐘噹噹

的打了兩下兒似的、那架鐘怕不準罷看看我那個表、這個表走到三點鐘了、到底鐘還是慢點兒、

你看四季的時候那一季兒好、四季兒各有好處、你喜歡那季兒、這個不用問誰不是頂喜歡的春暖花香誰不怕夏熱秋涼最怕的是冬天太冷、我喜歡春秋兩季、

聽說你上學房在那兒啊、學房就在這拐彎兒那門口有報子、師傅是那一位、師傅是姓金的、同窗朋友有多少、不多、

官話指南

你看過史記麽、沒看過、讀書人不可不看史記、看過史記、纔知道歷代的興敗人物的好歹哪、學的是甚麽字
學的是王右軍的字帖、那好極了、

你的師傅教法好不好、很好、講書極細心、寫字的筆畫很講究、改詩文很用心、不埋沒我們的一點兒好處、品行端正規矩嚴緊、這樣的好師傅、你肯用心還怕學問有不進益的麽、

和尚、阿彌陀佛、大和尚在山上了麽、大和尚昨兒下山去了、請問你的法名、僧人名字叫了空、俗家怎麽稱呼、俗家姓顧、你這一塊地很大並沒人作田園豈不可惜麽、這一塊地不中用了、土是鹹的、種甚麽都不長、

今兒個是令尊大人的千秋、我特意來拜壽、預備一點兒薄禮、請您賞收、千萬別推辭、還請您帶我去見一見令尊大人致賀、不敢當、實在勞駕費心了、

官話指南　應對須知　八

官話指南

阿　如

嗐、這孩子實在沒出息、整天家遊手好閒、不做點兒正經事、他老子娘也不管他麽、這麽由着他的性兒鬧、多偺是個了手啊、依我說不知把他活口兒的埋了就完了、

無論作甚麽事情、都要努力向前、不可自己哄自己、纔能勾往上巴結哪、雖是那麽說、我的差使不悞就是了、我不能像人家竟會要馬前刀兒溜溝子捧臭脚、幹那些下賤營生、我是來不及的、

作好官的皇上一定喜歡、不會作官的皇上必要有氣的、好歹總在乎各人、這還用說麽、人操守好、再明白公事、那一定保得住、若是才幹平常的、又愛要錢、那就快回家抱孩子去了、

效　賊

如今的京官大人們都好、也都有本事、認眞辦事、所以這些外官也都學得好了、甚麽事都得有個榜樣兒、上行下効、在上的不要錢、在下的還敢貪賍嗎、

他來過幾回、我總沒大理他、他還涎皮賴臉的儘自來、實在是不知好歹的一塊死肉、他是個欺軟怕硬的草雞毛、

官話指南　應對須知　九

那兒算是人呢、你老別理他、他自然的就不來了、

那個姑娘剛纔起這兒過、也不知是誰家的、長得很標緻、又穩重、明兒給我們舍親作個媒、這個姑娘眞不錯、　我認得是那邊兒張老二跟前的、若給你們令親、說倒也配得過、

這個孩子有出息兒、又能熬夜、又能作活、有耐心煩兒、靠得住、怎麼不叫人疼呢、　你是那麼說、我瞧他很懶、一黑就睡、俗語兒說的馬尾兒穿豆腐、提不起來了、實在叫人生氣、

素日受您的栽培、我本就感激不盡、現在爲這件事、又承您抬愛、像這麼疼我、怎麼補報您的情呢、　那兒的話呢、我這不過効點兒勞、你倒不必這麼多心、

牙沒了、甚麼都嚼不動了、燉的爛爛兒的纔好哪、別弄的那麼挺梆硬的不能吃、　我的牙比你的強、不論甚麼硬的脆的都能吃、連瓜子兒還能磕哪、

我請教你這件事應當怎麼辦、我心裡想着他若是一定不依、我就給他實端出來怎麼樣、　我告訴你、你的性子太耿直、也得隨和些兒纔好、凡事也不可太刻薄、人家既肯認不是、也就罷了、何若老沒完呢、

這個猫怎麼總不管閒事、滿地的耗子他也不拿、明兒個不用餧他就好了、　這耗子眞鬧的兇、吵的睡不着覺、東西也咬了個稀爛、這可怎麼好、

有兩個狗在那兒搭配、一個姑娘握着眼睛不肯瞧、雖然是那麼樣、可又從手縫兒裏偷着看、你說可笑不可笑、　人到了歲數兒了、春心是要動的、外面兒雖是害羞、難道他心裏就不動情嗎、這也怪不得他、

我在台階兒上站着、他抽冷子把我望後一推、幾乎沒栽了個大觔斗、　那兒有這麼促狹的呢、他再不敢和我這麼頑兒、他要招着我、我就攢足了勁兒給他一個冷不防、叫他吃不了得兜着走、

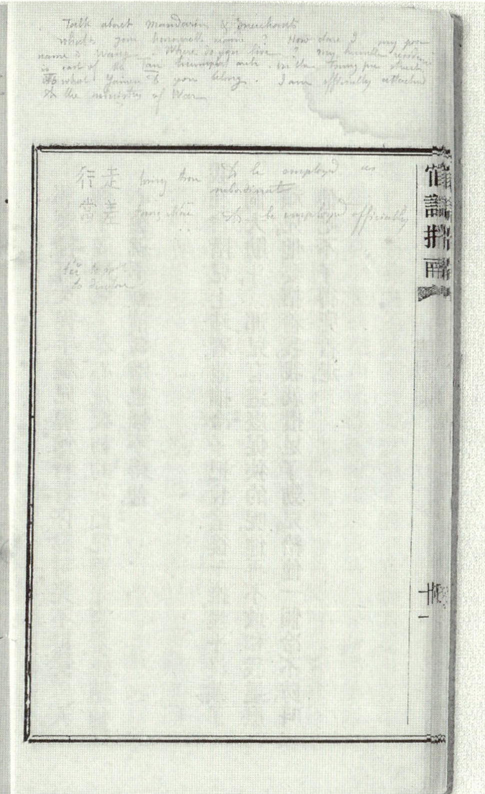

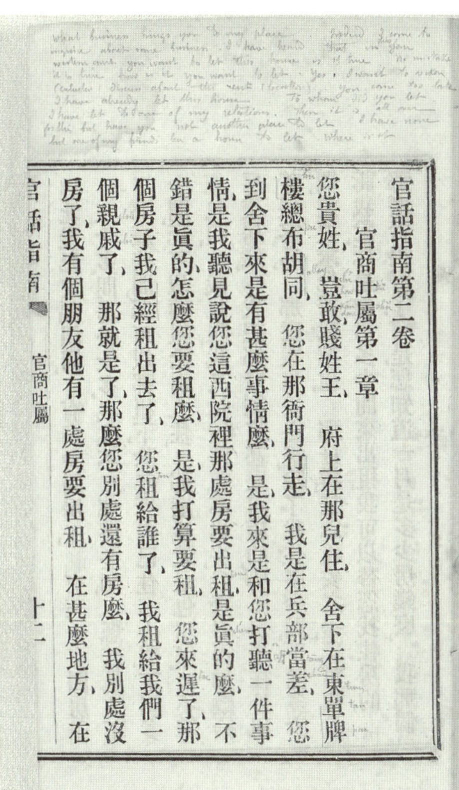

官話指南第二卷

官商吐屬第一章

您貴姓、豈敢賤姓王、府上在那兒住、舍下在東單牌樓總布胡同、您在那衙門行走、我是在兵部當差、您到舍下來是有甚麼事情麼、是我來是和您打聽一件事情、是我聽見說您這西院裡那處房要出租、是眞的麼、不錯是眞的、怎麼您要租麼、是我打算要租、您來遲了、那個房子我已經租出去了、您租給誰了、我租給我們一個親戚了、那就是了、那麼您別處還有房麼、我別處沒房了、我有個朋友他有一處房要出租、在甚麼地方、在

官話指南　官商吐屬　十二

這北邊兒安福胡同、有多少間房子、有三十多間房子、三十多間房子太多、我住不了那麼些個、您若是住不了那麼些間、您可以都租下、除了您自己住多少間、下剩多少間、您可以轉租給別人住、那麼我就是包租了、不錯您包租、我包租、我又怕一時租不出去、我每月得如數給房東房錢、我想那層倒沒甚麼可慮的、脚下房子往外租着很容易、那麼我租妥之後、除了我住多少間、下餘多少間、還要求您替我招租、那好辦、赶您租妥之後、您可以告訴我說您是勻出多少間來出租、我可以替您找住房的、那麼着很好了、可是您知道一月是多少房錢麼、我那個

官話指南　十二

朋友告訴過我、每月是七十吊錢的房錢、七十吊錢的房錢太多、您聽着這房錢彷彿是太多、您不知道那房子可是頂好、院子又大、地勢又好、離大街也近、買東西也很方便、那麼我租那房子、還有茶錢麼、那茶錢自然是有的、怎麼我起您手裡租房、還得給茶錢呢、雖然您是起我手裡租房、沒有別的中人、到底這茶錢您也是得給、我告訴明白您納、您給的這茶錢、並不是我落、也不是我那個朋友得、是給我的那個朋友的底下人們大家分的、那麼是幾分兒茶錢呢、就是一茶一房、那就是了、那麼我還得有舖保罷、舖保自然是得有的、您找得出舖保來麼、是我找

官話指南　官商吐屬　十三

得出舖保來、 您都是有甚麼舖保、 要甚麼舖保有甚麼
舖保、 那就行了、您打算多喒瞧那房子去、 我打算過一
兩天我來同您看看去、 那麼偺們一兩天準見、 是一兩
天準見

第二章

您貴姓、 豈敢賤姓李、未領教您納、 我賤姓趙、 貴處是
甚麼地方、 敝處張家口、 到京來有甚麼貴幹、 我是賣
貨來了、 您販來的是甚麼貨物、 我販來的是皮貨、 您
在那兒住着了、 我在城外頭店裡住着了、 在那個店裏
住着了、 在西河沿大成店裏住着了、 今年皮貨的行情

怎麼樣、 今年皮貨的行情還算是平和、 我聽見說、前幾
年皮貨的行情很大、 不錯、前幾年皮貨的行市大的很了、
是怎麼個緣故呢、 總是因爲貨短的緣故、 您現在帶
來的貨都賣完了麼、 還沒都賣完了、 您賣完了皮貨、是
帶回銀子去呀、還是販貨回去呢、 是販貨回去、 都是販
回甚麼貨物去呢、 竟是洋廣雜貨、 您在張家口是有舖
子麼、 是有舖子、 寶字號、 小號益泰、 您向來往回裏
帶貨、都是買誰家的貨呀、 那也倒不一定、誰家的貨合式
我就買誰家的、 既是這麼着、我現在有個朋友、他在哈達
門外頭新開了個洋廣雜貨棧、他都是自己起廣東置來的

貨、價値比別的棧裏全便宜、您後來買甚麼貨、可以到他那
棧裏買去、 令友那個棧房寶字號是甚麼、 字號是德發、
那麼底下、我到那棧裏買貨去、我提您就得了、 是等底
下我也可以同您去一盪、 那更好了、我請問您納、您當初
也做過買賣麼、 是做過買賣、 您都是做過甚麼買賣、
我開過藥棧、 是在城外頭麼、 不錯、是在城外頭、 現在
那個藥棧還開着了麼、 沒有關了有七八年了、 那麼您
現在有甚麼貴幹呢、 我現在是行醫、 您行醫是竟瞧門
脈呀、是還出馬呢、 早起瞧門脈、晌午出馬、 您行醫總比
做買賣強啊、 也倒沒甚麼別的強的、不過是不像做買賣

那麼累心就是了、 您府上在那兒住、 舍下是在東四牌
樓報房胡同住、 等改天我到府上望看您去、 豈敢、我過
兩天還要到店裏望看您去哪、 不敢當、您沒事的時候可
以到店裏去、偺們談一談、 是那麼偺們改天見

第三章

老弟是起家裏來麼、 喳、是起家裡來、 老弟還沒定規日
子起身哪、 也就是這三五天就起身了、今兒個是特意來
見兄台辭行、 這實在多禮了、老弟這盪是連家眷都去麼、
可不是麼、打算連家眷都去、 是和人搭幫走啊、還是自
已單走呢、 是和人搭幫走、 搭幫走的那位也是作官的

麼、是作官的、他是新捐的通判、到外頭候補去、像您這到省之後就可以上任去罷、是到省之後大概就可以上任去了、您補的這個缺是煩缺麼、不是煩缺是簡缺、現在署您這個缺的那位姓甚麼、是一位姓周的、是補過實缺的麼、也是新近纔補的缺、這等我到任之後他就交卸上新任去了、那麼老弟這幾天總在家罷、是這兩天總在家、我這兩天還要到府上給老弟送行去哪、不敢當、我也要回去了、您回去了、到家裏都替我請安問好罷、是回去都替您說、

第四章

回稟老爺、李老爺給您拜年來了、你去請進來、讓到書房裏坐、兄台新喜了、老弟新喜了、兄台請上、我給您拜年、不敢當、一說就是了、老弟請坐喝茶、兄台請坐、老弟今兒個是頭一天出來麼、我是起昨天出來的、得拜幾天哪、也不過五六天就拜完了、打算多喒到省裏去呀、我打算初八進省、得多喒回來、得過了節回來罷、老弟起頭年封了印總沒到衙門去罷、封了印之後還去了兩盪、辦了幾件零碎的事情、趕開了印之後就該忙了罷、可不是麼、趕開了印之後、就所沒甚麼閒工夫了、是老弟請再喝盃茶罷、不喝了、我該走了、忙甚麼了、

天還早哪、是因為該去的家數多、去晚了不像事、那麼勞老弟的駕到家裏先替我請安道新喜罷、是回去都替您說、

第五章

老兄我昨兒個聽見說您現在升任太守了、所以我今兒個特意給您道喜來了、不敢當、實在勞駕得很了、老兄大概得多喒上新任去呀、還不能預定了、總得等上司派委員來接署纔能交卸了、您交卸之後是就上新任去呀、是還得先進省裏去呢、是先得到省裏去、請問老兄貴科分、我是辛酉科的舉人、會試是那科呢、會試是壬戌科、原來老兄是連捷、實在是才高得很了、承過獎了、不過是一時的徼倖就是了、老兄太謙了、請問老兄都是榮任過甚麼地方、我是做過一任上元縣知縣、後來俸滿、蒙前任撫台保升今職、數年以來寸功未立、實在慚愧得很了、那兒的話呢、老兄如此大才、無怪上游器重、況且又愛民如子、如今升任太守、實在是彼處百姓之福也、不敢當、不敢當、那麼等老兄行期有日、我再過來送行就是了、那實在當不起、這就勞駕得很了、等改天我再到貴衙門謝步去、豈敢豈敢、

第六章

老弟我聽見說前幾天晚上有幾個人到東街上一個銀號裏搶去了是有這麼件事麼　不是搶銀號去了是和銀號打架來着　是為甚麼打架呀　是因爲有一個無賴子撿了一張銀票到銀號裏取銀子去了銀號裏人說這是一張失票已經有人掛了失票了你等一等我們把那個丟銀票的那個人找來你們倆人當面一說他也不能白了你總得謝和你幾兩銀子那個無賴子不答應說是這張銀票是我各人的我就知道拿銀票來取銀子你們說是別人丟的銀票那都不與我相干我通不管那些個你們就是給我銀子沒別的話銀號裏不肯給他銀子這麼着他要把那張原銀票拿回去銀號裏把那張銀票也扣下了不肯給他這麼着他就走了趕到晚上那個無賴子又約了四個無賴子到銀號裏打架去了趕他們到了銀號就這麼一罵把櫃上的一個夥計他揪出來給打了把攔櫃上擱着的算盤也給摔了這個工夫兒汎官聽見說了當是搶銀號的了就帶兵去把他們五個人都拿了去了送了縣了後來查明白了他們是打架的就把他們五個人都枷號在東街上了半個月之後纔能放他們了

第七章

院子裏坐着的那個拿着包袱的人是幹甚麼的　他是個

賣琺藍的　你認得他麼　我不認得他　你不認得他怎麼知道他是賣琺藍的呢　我剛纔問他來着他說他是琺藍作的人　那麼他那包袱裏包着的就是藍貨麼　大概就是罷　那麼你出去把他叫進來　掌櫃的你進來罷　你是賣琺藍的麼　是　你這包袱裏包着的是甚麼藍貨呀　這是一對琺藍瓶　你打開包袱我看看　您看這對瓶好不好　這對瓶太大有比這對小一點兒的沒有了　我們局子裏有一對比這個小的是作樣子的不是賣的您要買多大尺寸的那都可以定燒　我自問一問像這對瓶得多少塊錢　這對瓶得一百多塊錢　你們有甚麼小物件沒有　您問的是甚麼小物件哪　就像甚麼小筆桶小印色盒子小爉燈這些個小物件　您說的這幾樣兒小物件現在做着了還沒燒得了　那麼得多喒就燒得了　過個四五天就可以燒得了　等這小物件燒得了你可以拿幾樣兒來再把你們局子裏那對瓶樣子拿來我瞧瞧若是合式我可以照樣兒定燒一對　是我過幾天給您拿來罷　你們局子在甚麼地方　我們局子在後門大街　寶字號　小號廣成　你們先頭裏也來這公館裏賣過東西麼　我們先頭裏沒來這公館裏賣過東西　這對瓶我嫌他太大你可以拿回去罷　是我失陪了您納　你回去了

第八章

你們老爺在家裏了麼、是在家裏了、你進去告訴你們老爺、就提我在後門住姓徐、來見你們老爺有話說、是、我們老爺請您進來、到書房裏坐、老弟久違、彼此、彼此、這一向倒好啊、好啊您納、您倒好、托福、托福、老弟偺們這一向沒見、是上甚麼地方去了麼、可不是麼、我是出了邊外、上甚麼地方去了、出口收租子去了、是了、大哥、我今兒個特意來、和您商量一件事、是甚麼事情、我有個朋友、他在京西住家、他有幾頃地、有一處果木園子、一處菜園子、因爲他現在等錢用、託我把他這地畝、園子、給他典出去、所以我來問問您納、若是您願意典過來、我可以給您辦辦、這個地畝、現在是他自己種着哪、還是有佃戶種着呢、是他自己種着了、他打算典多少銀子呢、他打算要典一千兩銀子、他若是打算典一千兩銀子、我怕是湊不出那麼些個來、那麼您可以湊得出多少來呢、若湊個六七百兩銀子還可以行、那層您等我回去和他商量去罷、可是他打算典多少年呢、這層我也問他來着、他說是不用寫典多少年、就寫錢到回贖就得了、不寫典多少年、總不大妥當、因爲這幾年、我若是放下外任來、我就得用這個銀子、所以總還是說明白了典幾年纔好哪、

是、那我還可以和他商量、您約摸、您大概還得幾年、可以放下外任來呀、我約摸着還得過個五六年罷、我想和他商量寫五六年、他也沒甚麼不願意的、還有那地契、您都看見了麼、我都看見了、是幾張紅契、幾張白契、兩張紅契、兩張白契、那麼您就回去、和他商量去罷、他若是願意就這銀數兒辦、願意寫五六年、偺們就辦、趕這事定妥的時候、您還得先照回地去哪、那層是這麼着、您若是肯出切實的保、保這事決不錯的、那我就不必先照地去了、這事是決不錯的、那我可以落切實的保、既是這麼着、那我就憑您一句話了、趕偺們把事情都辦完了之後、我再同他到地裏看一看去就得了、

第九章

回稟老爺、大恒布舖的徐掌櫃的來了、說是要見您有話說、你出去請進來、讓在客廳裏坐、是、我們老爺請您到客廳裏坐哪、徐掌櫃的、您怎麼這麼閒在呀、我是來找您說句話、是您請坐、您坐下、您這幾天沒出門麼、沒有因爲我這幾天、有點兒不舒坦、所以沒出去、現在倒大好了、是大好了、我來找您、是和您借一項銀子、是用多少呢、總得五百兩銀子、是又買着甚麼俏貨了麼、不是、是因爲我倒過一個舖子來、倒過一個甚麼舖子來呀、

倒過一個錢舖來、是幾間門面、兩間門面、在甚麽地方兒、在偺們這城外頭八寶街路西裡、原先是誰的舖子、原先是一個南邊人的舖子、怎麽是關了之後纔倒的麽、沒關、是因爲那舖子的東家是候選知縣、新近選上了、他得出去作官去、他又沒有弟兄本家、可以照應買賣所以得倒出去、您是多少銀子倒過來的、一千銀的倒價、連傢俱都在其內麽、是連傢俱一包在内、倒價都給完了麽、是都給完了、那麽您現在就是用銀子作買賣了、不錯、我手裏現在還有五百兩銀子、不彀週轉的、還得有五百兩銀子纔行哪、是、我可以借給您五百兩銀子就是了、費心費心、您可以作項怎麽個利息、這是甚麽話呢、偺們這樣兒的交情、您用這點兒銀子、還提甚麽利錢哪、您若是給利錢、我就不借了、是了、那麽我從命了、豈敢、那個錢舖原來是甚麽字號、原字號是德合、您倒過來還改字號麽、是改字號、打算改甚麽字號呢、打算改裕成字號、您想好不好、這個字號很好、這錢行的賣買、您也通達麽、那錢行的買賣、我不通行、我們舍姪學的是錢行、我打算把他安置在那舖子裏了事、這倒很妥當、打算多喒開市呀、總得下月初間纔能開市哪、等開市、我過去給您道喜去、不敢當、我也要回去了、您忙甚麽了、

再坐一坐兒罷、不咖了、我舖子裏還有事哪、那項銀子明天晚上我給您送到舖子裏去罷、就是就是、您回去了、您請進去罷、

第十章

回禀老爺、劉木匠來了要見您、叫他進來、劉師傅我們老爺叫你進去哪、老爺您好啊、好啊你好啊、好啊您納、怎麽這程子我總沒見你呀、我是回了一盪家、幹甚麽回家去了、回家收莊稼去了、今年你們那兒年頭兒怎麽樣、彀八成年紀呀、你種着有多少畝地呀、我種着有一頃多地、今年打了有多少石粮食啊、今年打了有一百石粮食、你這回來應着甚麽活了沒有、還沒應着活了、我今兒來見您是因爲有一處活我要應、就是沒有薦主、我打算求您給我舉薦舉薦、你要應那兒的活呀、西城江老爺那兒、不是要蓋房了麽、我打算要應那個活、我聽見說江老爺找了好幾個人看過了、可不知道有人應妥了沒有、不錯、我聽見說有三個人看過了、有倆要了八千兩銀子、有一個要了七千五百兩銀子、江老爺都不願意、所以都還沒定規了、那麽若是你包那個活、自然總比別人便宜點兒啊、那是自然的、我若是包那個活、不但比別人便宜幾百兩銀子、工程準還要堅固一點兒也不能含

糊、我給你說說那倒容易、可有一層、我聽見說江老爺的意思、打算說定規了之後立合同的時候先給一半兒銀子下剩那一半兒銀子、總得等完了活纔能給呢你可以先墊辦的起麽　是我也知道是先領一半兒銀子、我也打算了打算可以墊辦的了、因爲我有個朋友開着個甎瓦窰用多少甎瓦他都可以供不用給現錢趕完了活再給錢、很可以行、還有我的個小舅子、現在開着個木廠子、他存着的木料很多我可以隨便用、也不用先給錢、我領這一半兒銀子、不過是預備着買石頭買灰、開發大家的工錢算了一算、也不差甚麽彀了、　既是這麽樣很好了、趕明天我就見江老爺去、給你說說、　那麽費老爺的心罷、我多喒來聽老爺的信哪、　你後兒來聽信罷、　是了、那麽我回去了、　你回去了、

第十一章

老弟是甚麽時候來的、　我先來過一盪了、聽說是您沒在家、這麽着我又上別處去了、這剛纔我回來、聽他們說您還沒回來了、所以我在這兒竟等着您回來哪、　那麽叫老弟受等、　好說您納您是上那兒去了一盪、　我是出城去、到莊稼地裏看了看、　現在的莊稼所都長起來了罷、　是都長起來了、　那麽今年秋收有望了、　按着脚下看今年準可以豐收的、　您到莊稼地裏看見他們種地的做活了麽

是我去的時候他們正在地裏鋤地了、趕晌午的時候他們就都回去吃晌飯去了、這麽着我就找了一棵大樹、在樹底下凉快了半天、瞧了會子放牛放羊的、趕凉快彀了、我這纔溜達着回來了、　您倒眞是會高樂的、　甚麽會高樂呀、不過是在家裏坐着也是悶得慌、睡晌覺起來、也是不舒服莫若出去遛達遛達倒好、　您這倒也是養身之法、　那兒是話呢、老弟今兒到舍下來、是有甚麽話說麽、　大哥、我來是有件爲難的事、要求您替我辦辦、　是甚麽事情、　是因爲我兄弟現在忽然要分家、　你們弟兄們素日不是很和睦麽、怎麽他忽然想起要分家來呢、　我也不知道是甚麽緣故、我想他大概是受了人的挑唆了、所以纔要和我分家　莫非偺們這些親友裏頭、誰還能離間你們弟兄麽、　偺們這些親友裏頭、自然誰也不能挑唆他分家呀、我知道、他近來交了幾個新朋友、都不是很好的人、我想必是他們挑唆的、　那麽您來找我、打算是怎麽個辦法呢、　我來是因爲我兄弟素日和您對勁、我打算求您這幾天、把他找到您家裏來、勸勸他、總是能叫他不分家纔好哪、　我把他找來勸勸他那倒沒甚麽不行的、可有一層、我們倆平常雖然對勁、無奈令弟的那個左皮氣、我也不敢保他準聽我的話、儻或他不聽勸、又該當怎麽辦呢、　他若實在不聽勸、那沒法

子只可由着他分家就是了、若是他一定要分家您打算是怎麼個分法呢、我們的房產是兩處住房兩處鋪面房西城那處住房和城外頭那處鋪面房那兩處的房契全都在外頭押着了、現在就是我們住着的這處房和我們鋪子那個房子、這兩處的房契沒押、我可以分給他這兩處房產就是了、其餘我們家裏的傢俱東西他愛甚麼都可以拿了去、我決沒甚麼不願意的、您這麼辦是公道極了、親友們決不能有甚麼議論您的了、

第十二章

老兄怎麼這程子、我總沒見您哪、我回家收莊稼去了、今年收成的怎麼樣啊、今年收成的還算好啊、您種着有多少地呀、我的地不多纔一頃多地、今年您打了有多少石糧食啊、打了有一百多石糧食、那麼今年您打的糧食比去年多、是去年纔打了六十石糧食今年比去年多打着有四十多石糧食了、您去了日子不少了罷、可不是麼、我去了有倆多月了、怎麼、您這盪回家去了這麼些日子呢、我是和人打了一場官司、又賣了一回地、您是和誰打官司來着、是和我們一個地鄰打官司來着是爲甚麼事情、是因爲我有十幾畝窪地、每年夏天一下大雨就淹了、所以這幾年我也沒種竟荒着了、我那個地

緊挨着一個姓于的地畝、這幾年我不是沒種那個地麼、可就叫那個姓于的零碎佔了有幾畝地去、我常在外頭、所以也不知道這個事、趕我這盪回去、聽見我們長工說、我就親自到地裏去一查、可不是叫他佔了我的地去了麼、這麼着我就找那個姓于的去問他這件事、他一定不認、我可就到衙門去、把他告下來了、趕知縣查明白了、就叫他把佔去我的地都給我退出來了、這麼着我就都把他賣出去了、是了、像您每年打的這個糧食、都是留着自己吃啊、還是賣呢、不是都留着自己吃、我們家裏也就是留個三四十石糧食、下賸的都就賣了、您的糧食都是賣在甚麼地方啊、離我們住的那個地方有幾里地、有個大鎮店、每五天一集、我們都是拿牲口馱上糧食、到那個鎮店上賣去、到了鎮店上、是賣給糧食店哪、還是賣給客人呢、都是賣給客人的時候多、是您自己賣給客人麼、不是都是經紀給賣、那經紀都是奉官的麼、是奉官的、他們都得有官給的牙帖、纔能當經紀了、賣糧食用的斛斗、那也都是官定的麼、是、那都是官定的、那麼那經紀掙的都是甚麼錢呢、那經紀就是得用錢、那糧食的行情、是經紀定麼、不是經紀定、是誰定呢、沒人定、大概是這麼着、若是這天糧食來的多、自然行市往下落、若是這天糧食來的少自然

行市住上長這是一定的理並不是有人先定出一個行市來、是了您這麽說我就明白了、

第十三章

老弟得來是問你一件事情、您是問甚麽事情、你西山裏不是有一處果木園子麽、不錯是有一處果木園子是多少畝地的園子啊、五十多畝地的園子、每年你那園子是自己收果子賣呀還是把樹包給別人呢、前些年我都是自己收果子賣這幾年我可是把樹包給別人、你都是包給誰呢、我都是包給海淀順義雜貨鋪、我今兒個來見你是因爲我有個相好的他現時在西城開了一個乾果子鋪他再三的求我給他辦這包果子的事情我知道你有果木園子所以我來問問你若是你願意過年把樹包給他我可以給你們拉這縴、他若是願意包那也沒甚麽不行的、他還叫我問問這包果子都是怎麽個規矩、那麽您這個相好的他是外行麽、可不是麽他本是外行他這是頭一回作這果行的買賣、那包果子也沒有多規矩就是結果子的時候我同他到園子裏看一看然後就商量包價是多少趕說妥了把銀子給了這一年的果子就是他的了、趕包妥之後還得有個看果子的了罷、那是自然的總得找一個人黑下白日在園子裏看着纔行哪、這個

看園子的是偺們給他找啊還是他各人找呢、那是隨他、若是他託偺們給他找偺們就給他找若是他願意他自己找也使得、那看園子的人不至于偷果子賣呀、那是這麽着若我給他找的人那自然我得下保若是有偷果子賣的事情有我一面承管了、那看園子的每月就是給他工錢沒別的麽、是就是給他工錢不過還有那搭窩棚用的席木板繩子杆子這些個東西都是包果子的給他買趕後來拆窩棚的時候可也是那包果子的把這些個東西拿回去、那麽若是樹上掉下果子來該當怎麽樣呢、若是平常掉下來的果子不多那就在地下擱着等包果子的多喒去了告訴他就是了若是偶然遭大風或是遭雹子掉下來的果子太多了那個看園子的應當趕緊的去告訴那個包果子的叫他好去收那掉下來的果子、是了我回去就照着你所說的這話告訴我那相好的等他有甚麽話我再來見你罷、就這麽樣罷、

第十四章

劉才、喳、書房裏那架坐鐘不走了你回頭到祥盛鐘表鋪把許掌櫃的請來給收拾收拾、是了、辛苦衆位、您來了您請坐、我們老爺打發我來請許掌櫃的到宅裏有一架坐鐘給收拾收拾、您在那宅裏、我在富宅裏、是

棉花胡同富宅麼、不錯、是棉花胡同富宅、您貴姓、我賤姓劉、未領教您納、我賤姓許、啊、您就是許掌櫃的、您照應點兒罷、彼此彼此、您那宅裏還是那位姓朱的管事麼、不是、換了人了、換了那位了、換了一位姓范的、怎樣那位姓朱的擱下了麼、可不是麼、散了、是爲甚麼散的、是因爲病散的、是得了甚麼病了、他本來是個弱身子、又吃烟、今年他忽然一忌烟、烟也沒斷成、可就得了病了、一天比一天重、後來簡直的成了癆病了、甚麼都不能幹了、這麼着他就把事情辭了、回家養病去了、是了、可是您知道、是竟收拾鐘啊、是還收拾表呢、我們老爺就說是收拾鐘、可沒提還收拾表、到底據我想、您把收拾表的傢伙帶上、萬一收拾表了也不定、那麼偺們這就走罷、掌櫃的、您先請在書房裏坐一坐、我進裏頭告訴我們老爺去、是了、許掌櫃的這一向好啊、好啊、富老爺倒好、好啊、您納買賣好啊、托您福、倒還好、現在打夜作了麼、是、打夜作了、現在舖子裏幾位夥計、脚下是四個夥計、幾個徒弟、倆徒弟、都可以上案子做活了麼、有一個可以上案子做活了、那個是新來的、還不行哪、您見天也在舖子裏做活麼、我是不能整工夫在舖子裏做活、總是在外頭辦事的時候多、脚下您那舖子裏每月做多少

錢的手工啊、現在每月也就是做個四百來吊錢的手工、四百多吊錢的手工也就算不少了、不過算可以的就是了、到底比上從先可差多了、先頭裏每月可以做多少錢的手工呢、早先每月總做七百吊錢的手工、敢情先頭裏每月做這麼些個手工哪、是那個時候每月總有這麼些個、今兒個我請您來給瞧瞧這架坐鐘、是怎麼個緣故不走了、我瞧瞧這個鐘是鍊子折了、那麼得換一根新鍊子了罷、不用換新的了、我把這根鍊子拿到舖子去釘上、再拿回來安上就得了、那麼更好了、您請喝茶罷、您喝罷、我請問您納、像您這貴行、都是學幾年哪、我們做行、都是學六年、是還得寫個字據麼、是得寫一張字據、這張字據是徒弟剛一上舖子就寫麼、不是先得瞧一年、若是徒弟好、纔寫字據哪、那麼赶他學滿了之後是還在本舖子裏耍手藝啊、是就上別處耍手藝去呢、那都是隨他的便、若是他還願意在本舖子裏耍手藝、也是給他開出工錢來、按着夥計一個樣、若是他不願意在本舖子裏耍手藝、願意上別處當夥計去也使得、那就是了、還有上回我託您給買一個醒鐘、您給買了沒有、是我在這城裏頭各舖子裏都給您找了、沒有、新近有我們一個同行的人、下天津買貨去、我已經託他到洋行裏給您找一找、若是有、

他回來的時候、就給您帶來了、 那實在費心的很了、 那兒的話呢、我也該回去了、偺們改天見罷、 您回去了、累肯您納、 好說好說、

第十五章

老弟是解家裏來麼、 喳、是解家裏來、 怎麼這幾天我沒見你呀、是幹甚麼來着、 我是出外打圍去了、 是同誰去的、 是同着我們一個街坊去的、 是上那兒打圍去了、 打上東山打圍去了、 多喒回來的、 昨兒晚上回來的、 打了些個甚麼野牲口來、 打了些個野雞野猫、還打了個野猪、 那麼你們這盪圍、打的不錯呀、 不錯可是不錯、到底受的累也不輕、 受了甚麼累了、 我們倆人、是一個人騎着一匹馬去的、趕到了離東山還有幾里地、有個鎮店、我們可就在那個鎮店上、找了個店住下了、趕第二天、我們就在店裏吃完了飯、把那兩匹馬寄放在店裏了、我們倆、就揹着搶趕達着上山去了、趕到了山上、我們先是竟打了些個野雞野猫、趕天有平西的時候、忽然跑來了個野猪、我們倆就拿槍一打、可就打死了、那個地方、又雇不出人來抬那個野猪、這麼着我們倆人、就把那個野猪、拉回店裏去了、趕回來的時候、我們就用一匹馬馱着野猪、我們倆人換替着騎那一匹馬、趕到了家、就累的動不得了、您說受的這個累還輕

麼、 你們雖然受了些個累、到底還打着野牲口了、我們有個親戚、前幾天打圍去了、不但沒打着甚麼、倒把他的一匹馬丟了、 怎麼打圍去會把馬丟了呢、 他告訴我說、他騎着一匹馬、上北山打圍去了、他把他的那匹馬、就拴在山底下一棵樹上了、他就揹着槍、上山找野牲口去了、他找了半天、連一個野牲口也沒找着、這麼着他就下山來了、趕到了山底下一瞧、他的那匹馬沒了、這個工夫兒天忽然下起雪來了、他就頂着雪各處找了會子、所沒有、這個時候、天也就黑上來了、他就找了一個破廟、將就着住了一夜、趕到第二天早起、他就覺着身上很不舒服、他沒法子、就扎掙着到衙門裏去、報了官、那個官把他丟馬的緣故、都問明白了、可就和他說、我這就派差到各處給你找馬去、若是這本地人偷了你的馬去、終久總找的着、若是過路的人、把你的馬偷了去了、那可就難找了、你先回家去就是了、這麼着他就雇了一匹驢回來了、到了家病更利害了、到如今還沒好了、你瞧他這運氣、有多麼背呀、

第十六章

兄台、您沒聽見說、偺們那個朋友馮子園死了麼、 我沒聽見說呀、他是多喒死的、 今兒早起有人說、他是昨兒晚上死的、 你知道他是甚麼病死的麼、 我聽見說、他不是好

死的、是怎麼死的、說是吞烟死的、他爲甚麼吞烟死了呢、我聽見說是這麼件事、他有一個朋友是外鄉人去年到京裏來有幾千兩銀子交給他收着、那個人可就回家去了、趕到今年、那個人又上京來了、可就和他要那幾千兩銀子、子園就不認了、這麼着那個人到衙門去、就把他告下來了、趕官把子園傳到衙門去一問、子園說、並沒這麼件事、又說若是我存着他的銀子、必有個憑據、如今他一點兒憑據沒有、這是他訛我了、這麼着官就問那個人、有甚麼憑據沒有、那個人說、因爲相好、當初並沒立憑據、官說你既沒有憑據、竟憑口說、我不能給你辦這個事、這麼着就散了、那個

人起那麼一氣、可就回家去了、到了家不多幾天就吊死了、趕知縣去驗屍的時候、趕死鬼套褲裏頭翻出一張陰狀來、上頭寫的都是告子園的話、這麼着他聽見這個風聲不好、他一害怕、就吞烟死了、你提這件事情、我想起來了、今年春天、我恍惚聽見人說他和人打官司來着、巧了就是爲這件事、光景就是這件事罷、還有一件事、你管保不知道、在偺們沒認得他之先、他已經就作過一件屈心的事了、作過一件甚麼屈心的事、他先頭裏不是開過一個錢舖麼、不錯、他是開過一個錢舖、他開錢舖的時候、有一個外省的人和他相好、就在他那舖子裏借住、後來那個人得

了重病了、臨死的時候、可就和他說、我那箱子裏有一千多兩銀子、偺們倆相好一塲、我死之後、所有我那銀子和東西、都求你給我寄回家裏去、他當時就都答應了、趕那個人死之後、他就變了心了、他竟把東西給那個人寄回家去了、可就把那一千多兩銀子、昧起來了、後來那個人家裏給他來信、問他死鬼留下銀子沒有、他就寫了一封回信、告訴人家說、沒留下銀子、趕後來他忽然得了一塲病、他在家裏養病的時候、他舖子裏有一個夥計、就偷了他幾百兩銀子跑了、趕他病好了、就把買賣也收了、您這都是聽誰說的、我這都是聽有在他舖子裏學過買賣的一個徒弟說的、像

他先頭裏既然做過一件屈心的事了、就該當悔改纔是的、怎麼後來又做這麼件屈心的事呢、到如今還是各人把各人的命要了、你不知道凡這宗沒良心的人大概都是這麼着、若是一見錢立刻就把天理報應全都忘在九霄雲外去了、他現在吞烟死了、這簡直的就是遭了報了、

第十七章

老兄剛纔那個姓馬的進來、找您是說甚麼話來着、他說他現在要贖當托我給他借幾十吊錢、另外還託我給他找個跟官的事情、他託您這兩件事、您都應了麼、是我都應了、我這麼告訴他的、我說現在我手底下沒錢、等我上別

處給你借去、若是借着了、你就使喚、若是借不着、你再另打主意就是了、至於說找事這層、等底下有跟官的事、我必給你舉薦、 依我勸您、他託的這兩件事、您都別給他管、 怎麼、 您若是給他借錢、他一定不還您、 你怎麼知道他一定不還我呢、 他向來借人家的錢、都沒還過、所以我知道他如今借您的錢、將來也是一定不還您、 我想這幾十吊錢、他不至於不還我、 別說幾十吊錢、就是幾吊錢、他也是不還、况且他借這個錢、也不是眞拿去贖當、 他不是拿去贖當、是拿去幹甚麼呢、 他是拿去耍去、 怎麼、他還要錢麼、 他最愛耍錢、他整天家竟在寶局上、 他家裏都是有

甚麼人哪、 他母親早死了、現在就是他父親還活着了、他沒有弟兄姐妹麼、 他沒有哥哥、也沒有兄弟、就有一個姐姐、早就出了門子了、 他還沒成家了麼、 他沒成家了、 他父親有多大年紀了、 他父親今年總有七十多了、是個做甚麼的、 是木作的手藝、先頭裏開過一個小木廠子、後來也關了、如今是竟仗着給人家做活、掙錢來過日子、他這個人會幹甚麼呀、 他任甚麼都不會幹、就會花錢、他沒學過買賣麼、 他學過一回買賣、 他學過甚麼買賣、 他在一個藥鋪裏學過買賣、去了有一個月、掌櫃的就不要他了、 是爲甚麼不要他了、 是因爲他又饞又懶、不

守鋪規、所以就不要他了、 那麼他後來、沒作別的事麼、他後來又跟過一回官、 跟過甚麼官、 那一年、有一個外任的官、進京引見來了、住在城外頭會館裏了、有人把他舉薦了去當跟班的、那個官、見天叫他出去給買古玩玉器各樣兒的東西、他就撒開了一賺錢、倆月的工夫、他就賺了有好幾百兩銀子、後來那個官知道他這個毛病了、可就把他辭了、現在那幾百兩銀子、巧了是都花完了、所以纔來找您給借錢、依我勸您、也別給他借錢、也別給他找事、您若是給他借錢、他必不還您、若是給他找事、他必不能給您作臉、索性不管他的事倒好、 那麼據你這麼說、將來他父親死了、

他可就要遭了、 我早給他斷就了、他父親死之後、他一定抱沙鍋、 那麼他託我的那兩件事、我怎麼回復他呢、 您就告訴他、錢是借不出來、找事是沒有、就得了嗎、 這麼着、我就照您這話告訴他、免得他望了、

第十八章

李起、 喳、 你把這套書、給琉璃廠寶文堂書鋪裏送了去、告訴俞掌櫃的說、叫他給配一個書套、還有這個單子、也交給他、叫他按着這個單子上所開的書、每一部先拿一套、交給你帶回來我看看、 是、 老爺若沒甚麼別的事、我現在就去罷、 我沒別的事、你這就去罷、 辛苦衆位、俞掌櫃的在

舖子裏了麽、是在裏頭了、您請進來坐罷、辛苦俞掌櫃的、李爺您起宅裏來麽、是起宅裏來、您來是有甚麽事麽、可不是麽、我們老爺打發我拿這套書來、叫您給配個套、這兒還有一個單子、您瞧瞧、我們老爺說、叫您按着這個單子上所開的書、每一部交給我拿回一套去、先看看、這個書套、我們給配一個就是了、這個單子上所開的書、我們這舖子裏就有兩部、下餘的那幾部、我還得上別處找去、那麽您就先把舖子所有的這兩部、交給我帶回去、下餘的那幾部、您上別處給找找去、過幾天我再上您這兒取來罷、我想您不用上這兒取來了、趕過幾天若是我找着了、

我就親自給送到宅裏去罷、那更好了、這兩套書、給您包好了、那麽我失陪了、您回去了、回老爺知道、那套書我交給俞掌櫃的了、告訴他給配個套了、您要的那幾部書、他們那舖子裏就有兩部、叫我先把那兩部拿了兩套來、給您看看、下餘的那幾部俞掌櫃的得上別處找找去、趕過幾天他若是找着了、他親身給您送來、是了、你先把這兩套書擱在書槅子上去罷、辛苦李爺、俞掌櫃的、您纔進城麽、可不是麽、纔進城、您這拿來的、都是甚麽書啊、這就是上回老爺叫找的那幾部書、我都找着了、拿來了、我們老爺下天津去了、多喒走的、昨兒早起起的身、

辦

是有官差去的麽、不是官差、是辦自己私事去了、得去多少日子、連來帶去總得十天罷、那麽我拿來的這書怎麽樣呢、我們老爺留下話了、說是若是您拿了書來就先留下罷、那麽您瞧、這是六套書、那個原單子上開的是八部、上回您拿了兩套來、我今兒個每一部又拿了一套來、前後共總拿了八套書來、還有這個單子、也託您交給老爺、所有這幾部書的價值、都在這個單子上寫着了、是了、還有配套的那套書、您給配得了沒有、配得了、我今兒個忘了帶來了、等底下我再來的時候、給帶來罷、那就是了、您想我可以多喒來好呢、我算計着、我們老爺總得月底

纔能回來了、這麽着罷、趕我們老爺回來的時候、我出城請您去罷、那倒不用勞動您納、我月底月初還有別的事進城來了、我可以順便到這兒來、打聽打聽就得了、那麽也好、那麽我失陪了、您回去了、偺們過幾天見

第十九章

老兄怎麽我來找您好幾盪、您都沒在家、您是忙甚麽了、我是給人說合事情了、您是給人說合甚麽事情來着、告訴得我告訴不得、沒甚麽告訴不得的、是我們舍親認得的一個朋友、和人打了官司了、我們親戚託我出去給他們說合說合、是爲銀錢帳目的事情麽、不是銀錢帳目、是

爲買貨的事、 爲買貨怎麽會打了官司了呢、 是這麽件事、我們這個親戚認得的這個朋友姓沈、他是在保定府開着個大洋貨鋪字號是信義、他今年夏天到這兒來的、就住在這東關外頭福盛店裏了、在偺們這大東街泰和洋貨棧裏批了六十包洋布批單上寫明白的是倆月交貨、趕到上月就到了日子了、沈掌櫃的就到泰和棧去問貨到了沒有、他們說還沒到了、這麽着沈掌櫃的又等了些日子又去打聽貨還沒來了、趕到前幾天沈掌櫃的到西街棧房裏有別的事情去了、聽見說新近有一個客人買妥了泰和棧裏的六十包洋布、是起一個姓王的經紀手裏買的、聽那個客人

買的那個價值、比沈掌櫃的原定的價值貴、銀子可還沒兌了、貨也還沒起、哪、沈掌櫃的一想這一定是他定的那六十包洋布、泰和棧如今是貪多賺錢、又轉賣給別人了、心裏可就氣的了不得、這麽着他這天晚上就到泰和棧裏問這件事情去了、泰和棧不認、說是沒這麽件事、後來沈掌櫃的指出那個王經紀來了、泰和棧沒法子、可就認了、就是下月還有六十包洋布來哪、叫沈掌櫃的等那六十包洋布來、沈掌櫃的不等、說是就要這現在有的那六十包洋布、泰和棧不肯給、說是若實在不能等那六十包洋布、只可把原給的定銀退回去、把批單一燒就算沒這麽件事了、沈掌櫃的不答

應、說是竟退定銀不行、還得包賠賺利纔行、哪、泰和棧一定不肯認包賠賺利、這麽着沈掌櫃的就寫了一張呈詞、粘連那張批單、在縣裏就把泰和棧告下來了、前兒個知縣過堂把他們兩造大概問了一問、就吩咐叫他們下去、找人先說合、若是說合不了、再補一張呈詞再問就是了、這麽着我們親戚找我幫着他出去給他們說合、昨天晚上算是纔給他們都說合完了、 您怎麽給他們說合完了的呢、 我們給他們這麽說合的、還是叫泰和棧先把這現在有的那六十包洋布、給沈掌櫃的、叫他們和那個客人說、等下月那六十包洋布到了、再給那個客人就是了、這麽着大家都答應了、

昨兒個晚上把貨也起了去了、銀子也兌了、就等明兒個沈掌櫃的在縣裏遞一張和息呈詞就結了、

第二十章

兄台、您這是解鋪子來麽、 不是、我是到天盛當鋪封貨去了纔回來、 您用過飯了麽、 我吃過了、 您若是沒吃飯、我可以叫廚子給您快預備飯、 我眞吃了、我是同着一位相好的、在外頭吃的、 那就是了、今兒個天盛當鋪貨多不多、 古玩玉器少、衣服銅錫器多、 您都是封了些個甚麽貨、 我就封了倆表、沒封別的、 我看封貨得便宜的少、總是上檔的多、 那也是碰運氣、若是走紅運的人、他去封貨

就許遇見俏貨、趕他封了、當舖就賣漏給他了、他就可以賺了好錢了、若是走背運的人、他一封貨就打眼、當舖本就當打了眼了、他又封打了眼了、不但不能賺錢、倒還得賠出好些個錢去、　您說的這話實在不錯、我們這舖子、前幾年封了好幾回貨、沒一回不賠錢的、所以現在不論那個當舖請、我們決不去封貨了、　我告訴你、去年有一個封貨得了便宜的、這個人是我們一個遠親、去年十月裏、西城恒順當舖請他去封貨、他封了一個銅表、四兩銀子、當舖就賣給他了、趕他拿回家去一細瞧、敢情是個金表、後來他拾掇好了、賣了四十多兩、賺了有十倍利、這就是遇見俏貨、得了便宜了、

第二十一章

大哥、剛纔我到棧裏找您去了、夥計們說、您上西街去了、所以我迎著頭找您來了、可巧就遇見了、您作甚麼這麼早上西街去了、　今兒早起火輪船到了、我們棧裏給一個客人雇小車子運行李來着、推小車子的、給客人運錯了兩隻箱子、客人不答應了、夥計們沒了主意了、打發人到家裏找我去了、我纔起來、聽見這個事情、我就趕緊的洗了臉、到棧裏見了客人一問、那個客人說他姓陳、是福建人、在江蘇作官、如今是要上京去、今兒早起火輪船到了、他就下船、住在我們棧裏了、他就叫我們夥計給他雇了倆小車子、叫他一個

跟人帶着到船上去、把行李起下來、趕把行李運到棧裏來了、他一瞧、他短了兩隻紅皮箱、這裏頭又有兩隻白皮箱不是他的、那白皮箱上寫着徐子芹三個字、他就問他那倆底下人怎麼會運錯了兩隻箱子呢、那倆跟人說、不是他們的錯、他們倆人在船上歸着零碎東西來着、是那倆推小車子的、自己上船、把箱子搬下來的、所以纔搬錯了、這麼着那個客人就告訴我們棧裏的夥計、叫那倆推小車子的快去把他那倆紅皮箱給找回來、那倆推小車子的去找了半天、也沒找着、客人是所不答應、要定了箱子了、夥計們也都着了忙了、就趕緊的打發人找我去了、　您給那個客人找回那

兩隻箱子來了麼、　是、我已經找着那位姓徐的客人了、姓陳的那兩隻紅皮箱、是在他那兒了、我現在回棧裏去、先雇一個小車子、把姓徐的那倆白皮箱、給他推了去、把那倆紅皮箱就換回來了、　您怎麼找着那位姓徐的客人了、　我先在偺們那條街上各棧裏都問了、並沒有姓徐的客人、這麼着我就到了西街、挨着各棧一問、趕問到永利棧了、他們說是有一位姓徐的客人、是剛纔到的、這麼着我就進那個客人的屋裏去了、一問他的號、他說是叫子芹、我就把運錯了箱子的事情、告訴他說了、他說我的行李是纔運來的、還沒查點了、等我現在一查點就知道了、趕他一查點、可就說

是錯了兩隻箱子、我這兒短了兩隻白皮箱、多出兩隻紅皮箱來、我一聽這話對了、這麼着我就和他說、回頭我就打發小車子、把您那兩隻箱子送來、您把這兩隻紅箱子、就交給他們帶回去就得了、這麼着我就回來了、你這麼早忙着找我、是有甚麼要緊的事情麼、 因爲我們今兒個有點兒緊用項、找您摘給我們幾百塊錢用、 有、你跟我到棧裏取去罷、

第二十二章

老弟、我聽見說、你們那位令親王子泉被叅了、是眞的麼、 不錯、是眞的、 你知道是爲甚麼事被的叅、 我起去年就聽見說他要被叅、我還不很信、如今果然眞被叅了、前幾天我見了子泉他哥哥、據他說是因爲兩案事壞的官、一案是前年秋天縣城裏頭有一個錢鋪被刦搶了有幾百兩銀子賊去、他連一個賊也沒拿着、那個時候撫台就出了叅了、把他的頂戴摘了、給他幾個月的限、還留在任上叫他趕緊的拿賊、趕到滿了限了、還是一個賊也沒拿着、這麼着他又展了好幾回限、直展到去年冬天、那一夥子賊始終也沒拿着、偏巧今年春天縣城裏頭有一個人、半夜裏進了一個人家兒裏去、殺死了倆人、兇手逃跑了、又添上了這麼一件棄兇逃走的案、這麼着撫台就把他叅革了、 那麼他現在已經

離了任了麼、 是已經離了任了、在省裏住着了、 他宦囊怎麼樣、 他有甚麼宦囊啊、他現在是兩袖淸風、 他既是宦囊羞澁、何必還在省裏住着呢、 他倒願意回來、哪就是一時回不來、 怎麼回不來呢、是沒有盤費麼、 倒不是沒有盤費、是因爲他革職之後、撫台派委員到他衙門盤查倉庫去了、查出他虧短有四千多兩銀子的錢糧、委員問他怎麼會虧短了這麼些個錢糧呢、他認了是他挪用了、這麼着那個委員就禀報撫台了、撫台就派員把他寓所裏的東西都封了、把王子泉調到省裏去、給他倆月的限、叫他把虧短國家的這個錢糧都交還上、若是過了限期不交還、就要請旨、抄他京裏的家了、這麼着他急了、就寫了一封信、打發了他一個家人、到京裏來見他哥哥、叫他哥哥不論怎麼想法子、趕緊的給他湊五千兩銀子、交給這個家人給他帶回去、他哥哥見着這封信着急的了不得、找我去了、託我把他城外頭那處鋪面房給他賣了、這麼着我就趕緊的一給他賣、還筭好、賣了五千兩銀子、前兒個他哥哥交給來的那個家人給他帶了去了、 那麼他若是把虧短的錢糧如數都交還上、他寓所裏封着的那個東西怎麼樣呢、 趕他把這銀子交還之後、上司自然派官、到他寓所裏去啟封、就把東西照舊還給他了、那他也就可以回來了、

第二十三章

大哥、我問您一件事、令友錢輔臣那個當舖、現在止當候贖了、是爲甚麽呀、　那個買賣不行了、快收了、　怎麽、聽說那個買賣不是很好麽、怎麽會不行了呢、　你止知其外、不知其內、當初他開那個當舖、並不是都是他自己的銀子、他有一個親戚是個作官的、有一萬多兩銀子、白借給他使喚、不要利錢、他自己不過有幾千兩銀子、就這麽把那個當舖開了、這幾年買賣倒很好、賺的錢也不少、趕到前年、他那個親戚放下知府來了、可就把那一萬多兩銀子、要回去了、雖然撤出那一萬多兩銀子去、他那個買賣還可以支持得住、忽

然他無故的想做洋藥的買賣、起初還不過買個一兩箱子洋藥、賣偏巧賺了錢了、膽子可就壯了、這麽着又買了七八箱子洋藥、賣了又賺了錢了、所以膽子更大了、趕到了去年快封河的時候、有一個廣棧裏來了一百箱子烟土、他聽見說沒有別的火輪船來了、他一想、他若是把那一百箱子烟土買下、留着冬天賣、必賺好錢、這麽着他就到了那個廣棧裏和那個廣棧的掌櫃的一商量、願意把那一百箱子烟土都留下、倆月之後付銀子、那個廣東人也答應了、趕他買妥了、過了有兩三天、忽然又來了一隻火輪船、裝了有五六百箱子烟土來、這個行市就直往下這麽一掉、他沒法子了、就

趕緊的都賣出去了、賠了有好幾千兩銀子、可就把那個當舖也拉躺下了、這都是他放着穩當買賣不做、妄想發財、所以纔壞了事了、　大哥您看、獨做那洋藥買賣的、總沒有長久富貴的、就是有起這上頭發了財的、也不過是眼前歡、不多幾年自然的就敗了、　那是一定的理、那本是損人利己的買賣、怎麽能長享富貴呢、　我們本鄉有一個恒原土局子、買賣很大、四遠馳名、那個東家姓郝、都是自己下天津起洋行裏買貨、一回總買幾百箱子的貨、舖子裏總有幾十個夥計、這些年所發了財了、家裏蓋的房子很多、上下有百數多號人、騾馬成羣、這麽樣兒的財主、趕到去年、會一敗塗地

了、我先還不知道是怎麽敗的這麽快、趕後來我細一打聽纔知道敢情是這幾年買賣發了財了、東家所不上舖子了、竟在家裏納福、也老沒算大帳、舖子裏那些個夥計們、見天黑下往外偷烟土、東家是一概不知道、趕到去年、還是姓郝的有倆朋友、知道他舖子裏有了毛病了、可就叫他上舖子算帳盤貨去、這麽着他纔到了舖子裏一算帳、虧空有好幾萬兩銀子、又一盤貨、剩了不過有幾箱子土了、他就問夥計們、帳怎麽虧空的、貨怎麽短的、那些個夥計們都說不知道、這麽着他沒法子了、就把房子牲口都賣了、算是把該洋行的銀子都歸上了、然後把舖子也關了、他起那麽一口氣得

了一場病就死了、家裏底下人們也都散了、就剩了他們本家的人了、脚下是吃一頓挨一頓、這麼樣兒的苦法、您瞧、這都是賣洋藥的收場、

第二十四章

老弟、你是多咱回來的、　我是新近回來的、　你這是解江西回來麼、　不是、我是起江蘇回來、　你當初不是上江西去了麼、怎麼如今是解江蘇回來呢、　我是原本上江西去了、後來又到蘇州去了、　你這幾年在外頭、事情怎麼樣、在江西那幾年、事情倒很好、就起到了蘇州之後、事情就所不順了、　你既在江西很好、作甚麼又到蘇州去呢、　因爲

撤

我們那位舊居停、去年調任雲南了、打算要邀我一同去、我是嫌路太遠、不願意去、打算要回京來、他勸我不叫我回來、他說他有一位同年的、在蘇州是候補道姓和、他要把我舉薦到那兒去辦書啓、我也願意去、這麼着他就寫了一封薦信、打發我到蘇州去了、趕我到了蘇州、纔知道和公那兒還有兩位師爺了、那倆人都是浙江人、見我去了、都很欺生、我是諸事掣肘、他們倆人若是打起鄉談來、我是連一句也不懂得、若是偶然我問他們一件事、他們都和我粧不知道、不肯告訴我、我就連出去走走逛逛、他們倆都掰着我、我看他們那光景、是過於咬羣、我一想、我們若是再往下混、可就要生

分了、這麼着我就辭了館回來了、　那位和公待你怎麼樣、　那位和公待我、倒還罷了得、就是這回我辭館的時候、他還問我、是爲甚麼緣故辭館、我也不便提我和同人不合、我就說、我京裏有件要緊的事、得回去一盪、他還說、若是我到京辦完了事、還請我回去哪、　那麼你這盪回來、還打算出外去不出外去呢、　我這盪回來、原打算是要考供事、着比若是考上了、我就要在京裏當差、不出外去了、趕我到京裏一打聽、已經考過去了、現在我的意思是這麼着、若是有合宜的事、我就可以出去、若沒有相當的事、我就先在京裏就是了、　現在可有個出外的事、不知道你願意就、不願意就、

是怎麼個事情呢、　我有個至好的朋友、他新近放下山西太原府遺缺知府來了、前兩天他託我給請一位書啓師爺、我現在意中也是沒人可薦、如今你回來了、若是願意就、我可以給你舉薦舉薦、　此公怎麼稱呼、　他姓常、號叫春圃、　是在旗麼、　不錯、是旗人、　他那個人怎麼樣、　是個極忠厚極和平的人、　既是這麼着、您就給我說說罷、　束脩這層、你打算怎麼樣、　那層倒好說、您給作項就是了、只要人對勁、錢多多少少的、甚麼要緊、　他那個人、我管保你們倆人準可以對勁、那麼明兒個我就見他、給你說去、　費心費心、　好說好說、　可是您現在沒當甚麼差使麼、　沒

有、我就起那年告病回來、到如今舊病還是時常的犯、怎麼能當差呢、 那麼您見天在家裏作甚麼呢、 好天的時候、可以找朋友去談一談、颳風下雨的時候、就是在家裏看書、

那麼您倒是很清閒哪、 甚麼清閒哪、不過是虛度歲月就是了、

第二十五章

老弟、我告訴你一件可笑的事、 甚麼可笑的事、 月裏頭有一天夜裏頭、有三更多天、我剛睡着、就聽見我們後頭院子裏、咕咚的一聲、跳進一個人來、把我嚇醒了、我當是有了賊裏、就趕緊的叫底下人們起來、快打着燈籠照去、這麼

遛

着那幾個底下人們、聽見說有了人了、就都趕緊的起來、點上了燈籠、拿上了棍子、就往後頭院裏去了、這個工夫兒、我也起來了、開開了屋門、就往後頭院裏瞧去了、趕我到了後頭院裏、就聽見底下人們說、拿住了一個人、身上可穿的很體面、又不像個作賊的、又聽見那個人說、你們別拉我、我的脚瘸了、很疼、我不是作賊的、我是避難的、我聽見他說他是避難的、我可就往前去一看、長得很體面的個年輕的人、我又一細瞧、認得他是個念書的人、他姓蔣、在城外頭住、我們倆在城外頭一個古玩舖裏、遇見過兩回、彼此倒還很相得、這麼着我就叫倆底下人攙着他遛了半天、可就好了、然後

我就把他讓到書房裏去了、趕到了書房、他一瞧是我、臉上很不得勁、我就問他、是遇見甚麼事了、他說他是在我們房後頭、寶局裏耍錢來着、忽然有一個官、帶着兵去抓局去了、他先跑出來了、因為沒地方藏、所以他就爬到墻上去、跳到這院裏來了、這麼着我勸了他半天、叫他後來改了、別耍錢了、留他住了一夜、趕到天亮回去的、昨天他給我道謝來了、他告訴我說、他現在已經起下誓了、從此決不耍錢了、 像這個人、能彀聽您一勸、他立刻就改過了、這就是個有志氣的、我先頭裏有一個相好的、他吃大烟、因為我勸他忌烟、他倒惱了我了、不和我來往了、 你們這個相好的、也眞別致、

怎麼你勸他忌烟、他倒惱了你了、 他那個人、實在的是糊塗、他原先本不吃烟、後來是因為他挨着一個吃烟的朋友、慢慢兒的可就吃上癮了、先吃的還不多、後來是一天比一天吃的多、到了去年、他臉上所帶了烟氣了、精神也不佳了、我看他那光景很不好、我就和他說、依我勸你、把烟忌了罷、再要往下吃、可就怕不好了、我可以起上海、給你買忌烟藥來、見天你就按着那個方子吃藥、慢慢兒的、自然就把烟斷了、他聽我這話、就答應了一聲、這麼着我就托朋友、起上海買了好幾塊錢的忌烟藥來、給他送了去了、趕又過了些日子、我遇見他的底下人了、我就打聽他忌了烟了沒有、他的

跟人說他並沒吃那忌烟藥現在他吃的比先頭裏更多了這還不要緊後來我聽見他在一個朋友家裏說我多事無故的勸他忌烟他很不喜歡我給他送去的那忌烟藥他也不敢吃說是怕是裏頭有毒藥害他這麼着那個朋友聽不過他這話了就說他你說的這話不對人家勸你忌烟不是好意麽人家和你又沒仇作甚麼拿毒藥害你呢你說這話實在是不說理起那麼他連那個朋友也惱了趕到今年年下他也没給我拜年來我知道他是和我絕了交了您說像這樣兒的人性天下還有麽

第二十六章

老兄我告訴您一件可氣的事　甚麼可氣的事　我認得那個相好的姓江的他前幾天和別人夥同一氣哄騙我好幾千吊錢去　他怎麼會哄騙你這麼些個錢去呢　那天他到我家去了他說他認得一個人脚下在家裏弄局約我去耍去我就跟他去了趕到了那家兒一瞧有七八個人都坐在那兒耍哪我連他們一個人也不認得他這麼一給我引薦他告訴我說都不是外人都是他認得的這麼着我就坐下一耍可贏了幾十吊錢然後就散了趕下回我本打算不去耍去了他一定約我去我沒法子又去了一盪可就輸了好幾百吊他就和我說不要緊再去幾回就可以贏他們幾千吊錢我就信了他的話了又跟他去了五六盪又輸了四千多吊錢他們把局也收了見天總有兩三個人到我家裏去要賭帳我找姓江的去他藏起來不見我了這麼着我當了兩箱子衣服纔把賭帳還了到了昨天有一個朋友告訴我說是那個姓江的和那幾個人商量好了的哄騙我您說可氣不可氣　那個姓江的自然是可惡到底也怨你自已不好你若不跟他耍錢去他也不能哄騙你　這話也不錯到底他既和我相好又幫着別人賺我他也太不是人行了　你提起這設局誆騙來我告訴你一件事我們那本鄉地方有一年有幾個本地的無賴子開了一個賭局竟打算哄騙人上了他們檔的人可也不少了並且都兇橫的了不得誰若是輸給他們錢還不起他們就得把房產地產折給他們就這麼樣兒的不說理我們本地有一個財主人很聰明待本地的人也很好他聽見說了很有氣這麼着這天晚上他就坐着自己的車到那個賭局去了趕他進了那個賭局見了那幾個無賴子就提他是誰特意到這兒耍錢來了大家聽說都知道他是本地財主可就喜歡的了不得他們那幾個無賴子就背地裏一商量說他這乍來偺們先叫他贏幾回錢去後來他就肯來了等着抽冷子一天叫他輸個一萬八千去偺們可就發了財了趕都商量好了就坐下了

一耍果然那個財主贏了、他們當時就把錢給了、後來那個財主又去了兩盪、又贏了、又給的是現錢、趕到這天晚上、那個財主又去了、就起定更天耍起、直耍到天快亮了、那個財主輸了有一萬多吊錢、趕到大天大亮了、那個財主就和他們說、我先回家去、把錢給你們預備出來、趕到晌午、你們到我家裏取去就是了、他們都答應了、那個財主就回去了、趕到晌午、他們就去了倆人、到那個財主家取錢去了、底下人回進去了、那個財主就把他們叫到書房裏去、就問他們倆、你們是幹甚麼的、到我這兒來作甚麼、那倆人說、您怎麼不認得我們了、我們是在某處開賭局的、您忘了、您昨兒夜裏、不是在我們那塊兒耍錢、輸了一萬多吊錢、叫我們現在取錢來麼、那個財主聽這話、立刻就生了氣了、說你們倆別胡說、我一個財主、和你們無賴子耍錢、你們眞是發昏了、你們打算訛我來、你們可是瞎了眼了、你們倆快走、是你們的便宜、不然我把你們倆送衙門、辦你們訛詐、那倆人聽這話、嚇的也不敢言語了、就趕緊的跑回去了、

第二十七章

老弟你是怎麼了、臉上這麼刷白的、　我是不舒坦了幾天、是怎麼不舒坦了、　我是給人管了件閒事、受了點兒氣把肝氣的病、勾起來了、　給誰管閒事來着、受了甚麼氣了、

上月偺們那個相好的溫子山、託我給他買地、我認得有一個京東的人姓孫、他有一頃多畝地要賣、這麼着我就把那個姓孫的、帶了去、見了溫子山、然後他們倆、到了京東、把地都瞧了、回來就請我作中人、給他們說合價值、說妥了的、是一千兩銀子、兩下裏都答應了、就定規是大前兒個立字據、過錢了、趕大前天我一早、和那個姓孫的、到溫子山家裏去了、趕到了他家裏、他還沒起來了、我們倆就在他書房裏、等了他半天、他纔起來、趕他見了我們、他說那個地、他不能買了、我們就問他、是怎麼不能買了、他說他湊了會子、不彀一千兩銀子、我們問他湊了有多少銀子呢、他說他湊了有九百五十兩銀子、那個姓孫的聽這話、就說、那麼九百五十兩銀子、就九百五十兩就是了、這麼着就立了字據、過了錢了、鬧得我好對不過那個姓孫的、他若是果然眞湊不出那五十兩銀子來、那還倒情有可原、他那麼財主、別說是五十兩、就是五萬兩、也現成、我可恨他、他安心佔人家的便宜、叫我對不住人、趕我那天回到家裏去、越想越可氣、就因爲這個勾起我的舊病來了、就不舒坦了、　你不知道、溫子山他那個兄弟、比他還可惡了、先頭裏他常和我夥辦買賣、凡經他手賣的貨、到了分賺帳的時候、他總短分給我這麼三千兩吊、他知道我也不好意思和他要、他嘴裏可老說、我這

回短您是兩吊是三吊、過兩天我給您找補起那麼可就永遠不提了、趕擱得日子多了、我也忘了、這件事就算化了、他就這麼小取那幾年我吃了總有幾百吊錢的虧、再若是論外頭交朋友走親戚的道理他是一概不懂他就是上炕認得女人下炕認得錢、就這麼道人去年他家裏辦白事、再三的求我給約兩位朋友在他家裏幫着他熬熬夜、我就請了兩位至好的朋友去、幫着他熬了五六夜、人家還是眞盡心竭力的給他照應、趕辦完了事之後、他並沒到人家裏給人道乏去、後來有一天在街上遇見人家、他一低頭就過去了、簡直的沒理人家你瞧他這宗人性有多麼可惡近起來我聽見說更好了、他在家裏放重利息錢了、誰借他的錢使喚都是八分的利錢外頭已經有了重利盤剝的名聲了、我早就看透了、他那個財主不久就敗、古人說的刻薄成家理無久享、這是一定的理、

第二十八章

老弟、我聽見說你們令弟不是回來了麼、怎麼還沒見他出來了、他回來就病了、是怎麼了、在道兒上受了熱了麼、倒不是受了熱了、是受了點兒驚恐、受了甚麼驚恐了、是在船上遇見賊了、你告訴我說是怎麼遇見賊了、他是和一個朋友、搭帮回來、倆人帶着一個底下人、雇了一隻船、這天晚上、船灣在一個地方了、趕到夜靜的時候、忽然起岸上來了十幾個賊、都拿着火把刀槍就上船上來了、拿刀把艙板砍開了、就進了艙裏頭去了、就拿着刀指着我們舍弟問、都是有甚麼東西、我們舍弟說、我們的東西、都在這艙裏頭擺着了、別處沒有了、這麼着那羣賊、就把箱子和包袱現錢、都拿了去了、就是把鋪蓋給留下了、幸虧我們舍弟身上有一個銀兜子、裏頭裝着有十幾兩金子、還有幾十兩銀子沒丟、趕到天亮了、他們到了一個馬頭上、我們舍弟就和那個朋友商量、打算下船起旱路走、那個朋友也很願意、這麼着他們就把鋪蓋搬下來了、到了馬頭上雇了兩輛車、

就起旱回來了、趕到了家、可就病了、請大夫來瞧、說他是驚嚇、夾着點兒時令、現在吃着藥了、還沒好了、

第二十九章

老弟、你提你們令弟走路遇見賊了、我也想起一件事來告訴你說、有一年我們先伯同着一位朋友上甘肅去、雇了兩輛車、帶着倆跟人、一個人坐着一輛車、就起了身了、有一天走到一個地方、那倆趕車的路都不熟、可就走岔了道了、直走到掌燈的時候、也找不着一個鎮店、大家很着急、沒法子就這麼瞎走、趕走到快定更了、就走到了一座大樹林子裏、就看見樹林子那邊兒露出一點兒燈光來、這麼着他們這

倆車、就奔了那個燈光去了、趕臨近了一瞧、是個店、外頭掛着倆麪幌子、店門關着了、臨街是個窗戶、裏頭可點着燈了、這麽着他們就叫開店門了、把車趕進去了、趕到了裏頭一瞧、冷冷清清、連一個客人也沒有、這麽着他們就挑了三間屋子、把行李都搬進去了、然後就叫店家、打洗臉水、沏茶弄飯吃、我們先伯就見那幾個店家、都那麽賊眉鼠眼的、心裏可就有點兒犯疑、趕吃完了飯了、那位朋友在炕上拾掇行李、這個工夫兒就進來了一個店家沏茶、我們先伯就見他不住的拿眼睛瞧炕上的行李、我們先伯看他這分光景、更疑惑了、可不敢說、恐怕那位朋友知道害怕、趕喝完了茶、我們先伯就到後頭院裏出恭去了、趕他納到了後頭院裏一瞧、有三間屋子、一間是茅房、那兩間是堆草料的屋子、趕我們先伯進到茅房裏去正出恭了、這個工夫兒就聽見起前頭院裏來了倆人、把堆草料的那屋裏的門推開了、進去拿草料去了、就聽見這個和那個說、剛纔掌櫃的把你叫了去、到底是怎麽商量的呢、就聽見那個說是這麽商量的、趕到夜靜的時候、偺們倆人去殺那倆趕車的、他們三人去殺那倆客人、和那倆跟人、我已經和掌櫃的說開了、事完之後、就把那兩輛車、分給偺們倆人、一個人一輛、不論那倆客人有多少銀子、偺們倆人全不管、我的意思是這麽着、趕偺們倆

人、把這兩輛車分到手、明兒個早起偺們把買賣一辭、一個人趕着一輛車就回家去了、從今以後偺們倆人改邪歸正、再別作那害人的事情了、你想這麽辦好不好、那個人就說、不錯、這麽辦很好、說完了就聽見他們倆人上前頭去了、我們先伯心裏說、怪不得我看那幾個店家那麽賊形可疑的、敢情眞是個黑店、這麽着可就出了茅房、到了自己的屋裏、就把剛纔聽的話、都告訴那個朋友說了、那位朋友聽這話、就害怕的了不得、大家正在屋裏爲難、沒有主意了、這個工夫兒忽然聽見來了好幾輛車、直叫店門、趕店門開了、就見趕進六輛鏢車來、是倆客人四個保鏢的、我們先伯就說、這可不怕了、偺們回頭可以放心睡覺罷、這麽着、又打發了一個跟人過去問了問鏢車、他們說是明兒早起五更天起身、這麽着我們先伯他們也睡到五更天起來、叫趕車的套上了車、就跟鏢車一塊兒搭幫走了、這算是纔免了那個大難了、你說險不險、

第三十章

大哥您聽我告訴您一件事、我們那個村莊兒裏住着有一個小財主、素日人很嗇刻、向來他不幫人、不作好事、前幾天他有一個出了門子的妹妹、頂着雨到他家來、說是他男人現在找了一個海船上管帳的事情、前兩天已經開船出海

去了、現在家裏沒有飯吃、所以頂着雨來要借一石米、和幾兩銀子、等着他男人回來、必都還的、這個人聽這話和他妹妹說、他米也沒有、錢也沒有、辦不了、叫他妹妹另上別處借去罷、他妹妹聽他不管、可就哭了、趕他見他妹妹哭了、他就賭氣子出去、躲開了、他同院子住着有一個街坊、是個爽快人、聽他不管他妹妹的事很有氣、這麼着、就把他妹妹請過來、借給他一石米、還有幾兩銀子、另外又給他雇了一匹驢、可就把他送回去了、趕這個人回來了、聽見他家裏人說、是他街坊借給他妹妹錢米回去的、他也不說長也不道短、粧作不知道的樣子、可巧這天夜裏來了一個賊、趔他後墻上挖了一個窟窿、進他屋裏去、偷了他幾十兩銀子和幾件衣裳去、趕到第二天早起、他知道鬧賊丟了東西了、他怕是他妹妹聽見說他丟了銀子衣服了、又必趁願、又必找他來問他、所以他也沒敢到衙門去報他家裏失盜、他還囑咐他同院子住着的這個街坊、外頭不用告訴人說、他家裏鬧賊丟東西的事情、誰知道那個賊、那天夜裏偷了他的東西去、偏巧走到大街上、叫下夜的兵給拿住送了衙門了、官就問那個賊、那個銀子和衣裳是趕誰家偷出來的、那個賊就招了、說是趕某村莊兒裏某家偷出去的、這麼着官就打發衙役來、叫事主領贓去、這個人聽這話就爲了難了、不到衙門領

贓去不行、到衙門領贓去、又怕他妹妹知道這件事、這麼着他就想了個主意、託他同院子住的那個街坊、頂他的名、到衙門替他領贓去、那個人就應了、替他去了、那個人因爲那天他不幫他妹妹、很瞧不起他、就有意要收拾他、趕起衙門把銀子和衣服都領出來了、那個人就都給他妹妹送了去了、趕回到家裏來、見了他、就撒了一個謊、說我剛纔解衙門出來、走到街上、正遇見令妹、他問我是上那兒去了、我說是到衙門替你領銀子衣服去了、這麼着、他就叫我把那銀子和衣服給他罷、我因爲他是你的親妹妹、不好推辭不給他、這麼着、我就都給了他了、這個人聽這話、不但不敢生氣、倒還得給那個人道謝、現在大家聽見這件事、都說那個人實在是快人作快事、

第三十一章

你提起這慳客人遭報來了、我也告訴你一件事、那一年我在南邊一個客店裏住着的時候、同店裏住着有一個山西買賣客人、這天忽然來了一個窮人、也是山西人、身上穿的衣服很襤褸、到店裏找那個買賣客人來了、店家可就把他帶進來了、趕見了那個買賣客人就說、如今我流落這兒了、因爲沒有盤費、不能回家去、苦的了不得、昨兒個有偺們一個同鄉的朋友、告訴我說、你到這兒辦貨來了、住在這個店

裏了、我聽見說很喜歡、所以現在我來找你、求你念其偺們倆舊日的交情、借給我一百兩銀子、我作盤費回家去、等我到了家裏、再設法還你、那個客人聽這話就說、我的銀子已經都買了貨了、現在我手底下連一兩銀子也沒有、你另打主意罷、我實在不能爲力、那個窮人聽他說不能爲力、可就掉下眼淚來了、這個工夫兒那個買賣客人就上裏間屋裏坐着去了、可巧有同店裏住着的一個四川人、到那屋裏找那個買賣客人閒談去了、見那個窮人坐在椅子上掉眼淚、可就問他是爲甚麼事傷心、他說這個買賣客人原先在本鄉和我是緊街坊、他當年窮的時候、我常幫他錢米、後來我

又借給他銀子做買賣、如今他發了財了、我是在這本地做買賣虧空了、沒盤費回家去、找他來借給我一百兩銀子回家去、他不肯借、所以我很傷心、那個四川人聽完了這話、就進裏間屋裏去問那個買賣客人、你們這個貴鄉親他說他當年幫你的話是眞的麼、那個買賣客人說、那倒是眞的、無奈我現在沒錢借給他、那個四川人就說着比我現在借給你一百兩銀子、你給他作盤費回去、你一個月之後還我、寫給我一張借約、我也不要利錢、你願意不願意、他勉強說是願意、這麼着那個四川人就起自己屋裏拿了一百兩銀子來借給他、叫他給了那個窮人拿了走了、那個四川人就叫

他寫了一張借約收起來了、赶過了兩天、那個四川人也搬了走了、又過了些個日子、那個買賣客人打開箱子一瞧、短了一百兩銀子、他原先寫的那張借約在箱子裏擱着了、他這纔明白那個四川人是個術士、會搬運法、搬出他一百兩銀子來給了那個窮人拿了走了、後來還是那個買賣客人的一個跟人洩漏的、大家聽說都很趁願、

第三十二章

老兄我聽見說令弟和人打官司來着、是眞的麼、　不錯、是眞的、　是和誰呀、　是和偺們這本鎭店上一個無賴子、　爲甚麼事情、　是因爲那天我們舍弟在這鎭店外頭北邊

兒一座樹林子裏頭拿槍打鴿子來着、赶他放了一槍、誰知道樹林子外頭有一個人拉着一匹馬站着了、那匹馬冷孤丁的聽見一聲槍響、嚇的可就驚下去了、那個人就不答應了、揪住我們舍弟叫他賠馬、我們舍弟就和他說、你不用着急、那匹馬是往那麼跑下去了、他說是往西北跑下去了、又問他那匹馬是甚麼顏色的、他說是紅顏色的、我們舍弟就說、這事好辦、我現在同你到鎭店上、對給你一個鋪保、你就先去找馬去、若是將來馬找不着眞丟了、我賠你馬就是了、他聽這話也很願意、這麼着我們舍弟就同他到了鎭店上、對給他仝順糧食店了、他就先找馬去了、我們舍弟就回家

來了、趕待了會子、那個人回來了、到了全順糧食店裏、他說他的馬丢了、沒找著、要見我們舍弟、這麼著糧食店就打發徒弟到家來、把我們舍弟找了去了、趕他見了我們舍弟就說我去找了半天我的馬所沒找着、我那匹馬當初是六十兩銀子買的、如今我見個情、你賠我五十兩銀子就得了、我們舍弟說、竟你那麼大概找了一找沒有、那還不算是準丢了、你等我再各處給你找一找去、若是過一兩天、那匹馬所沒下落、那便是眞丢了、到了那個時候我再賠你還不遲哪、那個人不答應、他叫立刻就賠他、我們舍弟就和他吵翻起來了、大家給勸開了、誰知道那個人就到巡檢衙門去、把舍

弟告下來了、衙門裏來人把舍弟傳了去了、他到了堂上就把這件事據實的說了、巡檢給了舍弟五天的限、叫他給那個人找馬去、這麼着我們舍弟就到各村莊一打聽、後來打聽着了、偺們這鎭店西北地方有一個村莊兒住着有一個姓趙的、前兩天買了一匹紅馬、這麼着舍弟就找那個姓趙的去了一問、敢情那個人前些個日子就把他那匹馬賣給那個姓趙的了、說妥了的八兩銀子、就定規是那天他給姓趙的送馬去取銀子、趕那天那匹馬聽見槍響不是驚了麼、後來他追上了、給姓趙的送了去了、把銀子也取來了、他回來可告訴舍弟說他的馬丢了、叫賠他五十兩銀子、這麼着、

舍弟就約了那個姓趙的、拉着馬同他一塊兒到衙門作見證去了、趕那個人見有了見證了、就沒話可說了、自己認了是訛詐了、巡檢因爲他過於狡詐、就打了他四十板子、把他放了、

第三十三章

老兄昨兒個我到榮發棧裏去了、聽見說您那棧裏給他們發了一百包棉花去、說是短了一包棉花、是怎麼短的、　你提起這件事來、倒是個笑話兒、昨天我們給他們發棉花之先就預備出一百根籌來、趕後來發一包棉花、我們就交給抬棉花的帶一根籌去、趕這一百包棉花都發完了、待了好

大半天、榮發棧王掌櫃的打發一個人到我們棧裏去了、問我們爲甚麼少給他們發了一包棉花去、我們就說我們發了去的是一百包棉花、怎麼說少發了一包去呢、那個人說他們那棧裏是收了九十九包棉花、短一包棉花、我聽這話很詫異、這麼着我就向着那個人到他們棧裏去了、趕王掌櫃的見了我有氣的樣子就說、你們那棧裏的夥計們、太不留心、怎麼會給我們少發了一包棉花來呢、我就問他、你怎麼知道是少發了一包棉花來呢、他說我們收完了棉花、一掐籌是九十九根籌、這不是少發了一包來麼、我就問他們、剛纔你們這棧裏是誰接的籌、就見傍邊兒站着有一個夥

計、答應說是他接的籌、我就問他、你方纔接籌的時候、沒上別處去麼、他說我並沒上那兒去、就是忽然我肚子疼、到茅房去出了一回恭、這麼着、我就和他說、偺們倆先到茅房裏找一找去、再說、趕我同他到了茅房裏一瞧、地下有一根籌、我就撿起來、拿着見王掌櫃的去了、我說、到底是誰的夥計不留心哪、你們的夥計掉了茅房裏一根籌、你可說是我們少給你們發了一包棉花來、其實這也不要緊、不過你未免的太冒失些個、他聽這話、臉上很不得勁、一句話也還不出來了、我又說、雖然把這根籌找出來了、到底偺們再把貨盤一盤、看看短不短、彼此可就更放心了、這麼着、我就叫他們

那幾個夥計、把棉花包、起棧房裏又都盤到院子來、細細兒的數了一數、不錯、是一百包棉花、我說、你們都看明白了、不錯了、他們說、都看明白了、對了、這麼着、我就回來了、你說可笑不可笑、　我先頭裏就和您說過、那個王掌櫃的、人糊塗、您還不大很信、那兒有他竟掐籌不盤貨、就說您少給他們發了一包貨去的理呢、　你還不知道了、去年有這麼件事、我們買了他們棧裏一百兩銀子的貨、給了他們一百兩一張的銀票、過了兩天他把那張銀票拿回來了、說是假的、我一看銀票、並沒圈着、我就問他、既是假的、怎麼沒圈呢、他說沒到本鋪子去、所以沒圈、我又問他、既沒到本鋪子去、怎麼

知道是假的呢、他說他們管帳的、瞧着像假銀票、我聽這話很荒唐、就說、偺們倆拿着這張銀票、到銀號裏取銀子去、看看是假的不是、這麼着、我們倆到了銀號、竟自不是假的、把銀子取出來了、那個時候他臉上很磨不開、就羞羞慚慚的、把銀子拿回去了、

第三十四章

掌櫃的這兒有一張退票、給您打回來了、　拿來我瞧瞧、這張票子不是我們給的、　怎麼不是你們給的呢、　因爲這張票子上沒有我們的收號、　我記得、可實在是你們給的、怎麼如今你們說不是你們給的呢、　我告訴你、若是我們

給的票子、必有我們的收號、我們的戳子、如今這張票子上又沒我們的收號、又沒我們的戳子、怎麼是我們給的呢、　竟你說沒有你們的收號、我這票子上可收的是你們了、　就你收的是我們不行啊、總得有我們收的人家纔行了、　沒有不是有你們的收號、你們如今不認、我也沒法子呀、　我們又認的理、若是我們給的、我們也是給人家往回裏打、我們又不賠甚麼、作甚麼不認呢、　也許這張票子、你們忘了收了、　沒有的話、我們決不能忘了收、這裏頭還有個緣故、我告訴你說、這是一張母錢鋪的票子、我們這鋪子、向來不使母錢鋪的票子、所以更知道不是我們給的了、　你們若一定

麽

說不是你們給的、那沒法子、只可我認這個苦子就是了、依我說、你拿回去再想想是誰給的罷、你把這個十吊錢的票子、給破五個一吊一個五吊、一吊一張的、沒有我們本舖子的給你、磨別處的行不行、磨別處的也使得、你點點對不對、不錯、對了、這票子上你們都收着了、都收着了、

第三十五章

大哥、我剛纔在鎭店上、看了一個熱鬧、看了一個甚麽熱鬧、看見一個南邊人、揪着一個本地人、上巡檢衙門打官司去、後頭跟着好些個人、我也不知道是爲甚麽事情、這麽着、我就跟着他們到衙門去、瞧他們到底是爲甚麽事情、就見他們倆人到了衙門、那個南邊人、就告訴衙役說、他們倆人要打官司、那個衙役就把他們倆人帶進去了、我也跟進去了、就見巡檢坐堂、他們倆人到了堂上就都跪上了、巡檢就先問那個南邊人、你叫甚麽名字、是甚麽地方人、是爲甚麽事情來打官司、就見那個南邊人、磕了一個頭說、小的名字叫俞配、是江西臨江府的人、在這本地開着個成衣舖、因爲小的去年、在這兒買了一個妾、就在這個鎭店上燈籠衚衕、租了兩間房住家、剛纔小的在舖子裏做活了、打發一個徒弟、到家裏取東西去了、他回來說、小的家裏坐着一個年

輕的人、他不認得是誰、小的聽這話很犯疑、就趕緊的到家裏瞧去了、趕小的到了家一瞧、街門對着了、小的推開了街門、進到屋裏去一看、就見這個人在屋裏坐着喝茶了、和小的的那個妾又說又笑的、小的就問他、你是誰、到我家來作甚麽、他回答說他是到小的家裏打茶圍去了、小的聽這句話氣急了、就打了他一個嘴巴、他回手就把小的的臉抓了、這麽着小的就把他揪來打官司、求老爺問他、到底他到小的家裏是幹甚麽去了、這麽着巡檢就問那個人、你叫甚麽名字、在那兒住家、你是幹甚麽的、到俞配家裏是作甚麽去了、那個人說、小的名字叫王安、在這鎭店上紅竹衚衕住家、平常是放印子爲生、俞配這個妾、當初和小的在一個院子裏住過、因爲前倆月他的這個妾借了小的十兩銀子的印子、每月小的到他家裏取印子去、今兒個又到了日子了、小的拿摺子、到他家裏去了、他的這個妾讓小的進裏頭喝茶去、小的就進去了、他把印子錢給了小的了、然後又給小的沏了一壺茶、小的正坐在屋裏喝茶了、這個工夫兒俞配家去了、見了小的就一腦門子的氣、瞪着倆眼睛問小的、你是誰、到我家裏來作甚麽、小的見他說話太沒禮貌、可也就上了氣了、就說是到他家裏打茶圍去了、他聽這話就打了小的一個嘴巴、小的急了、就回手把他的臉抓了、這麽着他就

揪着小的打官司來了、他說完了、就把取印子錢的摺子拿出來給官看了、巡檢就說既是俞配不願意你到他家裏去你後來每月就到他成衣鋪裏取印子錢去就是了、不准你再到他家裏去了、你若是再到他家裏去、俞配來告你、我可是必要治你罪的、這麼着就叫他們倆人都回去了、

第三十六章

老弟我告訴你一件事情、　甚麼事情、　新近我起外頭回來有一天我住在一個大鎮店上客店裏了、聽見那個店裏的掌櫃的說前些個日子、那個鎮店上有一個德成錢鋪、這天去了一個人拿着一隻鐲子、到那個錢鋪裏賣去了、那個

錢鋪的人剛拿過一個戥子來、邀那隻鐲子、這個工夫兒、又進來了一個人就和那個賣鐲子的人說、剛纔我到您府上給您送銀信去了、您家裏的人說您上街來了、這麼着我就到街上找您來了、可巧瞧見您進這個鋪子來了、說話之間、就起懷裏拿出一封信、一包銀子來說、這是起浙江來的銀信、那個賣鐲子的人、把銀信就接過去了、給了那個送信的一百錢、那個送信的就走了、然後那個賣鐲子的人、就和錢鋪的人說、現在是我兄弟起浙江給我帶了銀子來了、我不賣那隻鐲子了、我可以把這銀子賣給你們罷、還有一件事、我是不識字、求你們把這封信拆開念給我聽聽、這麼着那

個錢鋪的人、把那隻鐲子又給了他了、就把那封信拆開了、念給他聽、前頭不過說是在外頭很平安、請放心、後頭說現在先帶了十兩銀子來、請您先用着、等後來有順便人再多帶銀子就是了、這麼着那個人就說、你們把這十兩銀子拿下去平一平、都給換了現錢罷、那個錢鋪的人、就拿下去一平、是十一兩銀子、心裏很喜歡、可就打算昧起他一兩銀子來、就按着十兩銀子合好了現錢給他了、那個人就拿了走了、趕待了不大的工夫兒、又進來了一個人拿票子取錢、可就和錢鋪的人說、你們上了檔了、剛纔那個賣銀子的人、是個騙子手、他賣給你們的那是假銀子、你們怎麼會叫他賺

了呢、那錢鋪的人聽這話、就趕緊的拿夾剪、把銀子夾開了一瞧、可不是假的麼、這麼着錢鋪的人就問這個人、你認得那個騙子手的家麼、這個人說、你們若是肯給我錢、我就可以帶了你們找他去、這麼着錢鋪的掌櫃的就給了這個人一吊錢、叫他帶了他們找那個人去、這個人接過那一吊錢來、就帶着錢鋪的兩個人走了、趕他們走到了一個點心鋪的門口兒、這個人就和錢鋪的那倆人說、你們瞧那個騙子手在點心鋪裏吃點心哪、你們各人進去找他去罷、這倆錢鋪的人就拿着那包假銀子進去了、見了那個騙子手就說、你賣給我們的這包是假銀子、那個人說、我也不知道那銀

子是假的不是那本是我兄弟解外頭帶來的、既是假的、我還你們錢就是了、這麼着那個人就求點心鋪裏的掌櫃的、給平平那包銀子、是十兩不是、趕那個掌櫃的把銀子接過去擱在天平上一平、說這是十一兩銀子、那個人聽這話、就和那倆錢鋪的人說、我纔賣給你們的那是十兩銀子、如今這包假銀子是十一兩、那怎麼是我的呢、你們這是拿別的假銀子來訛我來了、錢鋪的那倆人聽這麼說、也還不出話來了、這個工夫兒有幾個別的吃點心的人聽這件事、都不平、全要打那倆錢鋪的人、那倆人沒法子、就趕緊的拿着那包假銀子、跑回去了、

第三十七章

提起這騙子手來了、我告訴你一件事、前些年我們本鄉地方有一個出名的大夫姓方、他身上也有個功名、家裏也算是個小財主、見天早起瞧門脈的、總有幾十號、有一天早起、來了一個人、打扮的是宅門子裏跟班的樣兒、見了方大夫就說、我是在某宅裏、因為現在我們老爺和我們太太都病了、打算上您這兒瞧病來、請您明兒個早起在家裏等着、方大夫說是了、趕到第二天早起、就見那個底下人又來了、還同着一個人、手裏拿着一個包袱、那個底下人進來、就問方大夫說、請問您納、是老爺先瞧、是太太先瞧、方大夫說、那自

然是太太先瞧、這麼着這個底下人、就起那個人手裏、把那個包袱要過來、就拿着出去了、那個人就坐在一個凳子上等着、趕大家都瞧完了病走了、方大夫就問那個人、您也是瞧病的麼、那個人說、我不是瞧病的、我是估衣鋪的人、在這兒竟等着您的跟班的給我拿出衣裳來哪、方大夫聽這話很詫異、就問他、我那個跟班的呀、是拿了甚麼衣裳來了、那個人說就是剛纔和我一塊兒進來的那個底下人、您不是告訴他說是太太先瞧麼、他就把衣裳拿到裏頭去了、方大夫又問他那個人他怎麼告訴你們說的、他是我的底下人、到底是拿了一件甚麼衣裳來、那個估衣鋪的人說、那個人

今兒早起、他到了我們鋪子裏、他說他是您的底下人、說是您要買一件女皮襖、拿來先瞧瞧合式就留下了、叫我們跟一個人來、這麼着我就跟他來了、方大夫說、我告訴你、那個人不是我的跟人、我也不認得他是誰、他昨兒個來告訴我說、他是在某宅裏、因為他們老爺和太太都病了、要上這兒瞧病來、叫我今兒早起在家裏等着、剛纔他進來問我、是老爺先瞧、是太太先瞧、我當是他們老爺和太太來到了、所以我說是自然是太太先瞧、我說的是先瞧病、我並不知道甚麼衣裳的事情、你如今快找他去罷、這個估衣鋪的人聽這話、纔明白那個人是個騙子手、把他的衣裳騙了去了、

第三十八章

郭福、 喳、 你去請先生來、 先生來了、在外間屋裏坐着
哪、 啊、先生歇過乏來了、 是、閣下也歇過乏來了、 我倒
不覺很乏、我今兒個打算和先生斟酌一件事情、 甚麼事
情、 就是偺們這盪出外、我作的那本日記、得把他修飾好
了、找人抄出來、 那麼您把那本草稿兒拿出來、我先看看、
這裏頭我還有件事忘了、求先生替我想想、 甚麼事情
就是偺們那天、在三和鎭店裏打早尖的時候、聽見有一
個客人說是有一個人、在甚麼地方的廟裏住着、自己弔死
了、帶累的那廟裏的和尚、也打了官司了、我記不淸是怎麼

件事情了、您還記得不記得了、 啊、那件事我記得、 那麼
您再說給我聽聽、 那個打尖的客人說、他們那本鄉地方、
有一個水神廟、裏頭住着一個客人、這天半夜裏弔死了、趕
到天亮、和尙就報了官了、知縣就帶着仵作去驗了一回、那
個仵作沒驗明白、說彷彿是勒死的、這麼着那個知縣、就把
和尙帶到衙門去、問那個和尙、是爲甚麼把那個客人勒死
了、那個和尙說、我和那個客人、往日無仇、近日無寃、我怎麼
能勒死他呢、知縣不信、就動刑拷打和尙、叫他招定了、和尙
白說不招、這麼着知縣就把和尙押起來了、那個和尙有個
徒弟急了、就進省裏去、在院上告了、撫台就派鄰封、帶着幹

練的仵作、到那個廟裏又驗了一回、那個死屍、果然是弔死
的、那個鄰封知縣、就據實的禀報撫台了、現在巡撫、把那個
原審的知縣叅革了、把原驗的仵作也治了罪了、把和尙也
放了、就是這麼件事、 不錯、對了、是這麼件事、請先生把這
件事、也敘在那日記裏頭、您想好不好、 那也好、趕我修飾
得了、是叫誰謄呢、 我打算雇人抄寫、 雇人謄寫、怕是給
抄錯了、 那麼怎麼辦好呢、 閣下若是不忙、我得空兒謄
出來罷、 若是先生肯代勞、那我就感情不盡了、 那兒的
話呢、

第三十九章

喒

偺們今兒個這麼空喝酒、也無味、莫若偺們都斟滿了、滑幾
拳罷、 可以、偺們倆先滑一拳、 你那拳不是白給麼、 你
先別誇口、不定誰輸誰贏哪、 來、四季發財、 六六順、 對
手、 五金奎、 你瞧如何、 還是你輸了、你這贏也不過是
瞎貓碰死耗子罷咧、 你先喝酒、回頭再批評、 我已經喝
了、 你多咱喝了、我沒瞧見、 你問大家、我喝了沒有、 衆
位瞧見他喝酒了麼、 我們沒理會、 大家都沒看見、這足
見是你混酒了、快喝罷、 我已經喝了、不能再喝了、 你不
喝、我們大家動手灌你、 眞利害、這麼着罷、我的酒眞不行
了、罰我說個笑話兒罷、 那也可以、你若說的不好、還是要

罰的、你聽著罷準好、　快說、　這個笑話兒是刻薄御史的、好在偺們在坐沒當都老爺的、　你竟管說罷沒人不答應你、　聽着有一個鄉下人很窮沒落子心裏盤算打算要上京當老公去又尊貴又弄錢這麼着他就到了京裏拜在一個老太監門下當徒弟、　你先等等說你這話就不通就憑這麼個㖫鄉下老兒到京裏就能進宮裏去麼好容易事啊、　你聽我說呀、他也是托人把他引進去的、　那麼你爲甚麼不把這層先說明白了呢、　你別混挑字眼兒了聽我快說罷、　你快說底下怎麼樣了、　他既然拜老太監爲老師了他就求老太監諸事指教他照應他老太監就派他在

大內裏管事、這一天內裏傳旨用膳、這個鄉下人就說萬歲爺要吃中飯哪、老太監聽見了、可就喝呼他說、你別胡說、你說萬歲爺要用御膳哪、他聽這話記下了、有一天又傳旨大宴羣臣、這個鄉下人又說萬歲爺要擺宴哪、老太監可就又說他你說錯了、你該當說萬歲爺要擺御宴哪、你後來切記着、假比大內裏的花園子、叫御花園、那護衛的兵丁、叫御林軍、這個鄉下人聽這話、恍然大悟、心裏說怪不得皇上眼頭裏的東西、都添上一個御字呢、我如今可明白了、打這兒我也算是老手了、這麼着這一天、他解御花園門口兒過、忽然跴了一脚屎、他很有氣、剛要罵、他一想又怕是皇上出的恭、

縩音菜　綷縩衣聲

這麼着他就拿手指着那灘屎說、我若不看你是御史、我一定罵你一頓、　今兒個幸虧沒御史在坐、若不然你的嘴早叫人搾腫了、　我的嘴沒腫、你也該說一個了、　我這個笑話兒、是挖苦典史的、　這個有趣兒、我們大家要聽聽、　這呌典史十令、　甚麼呌十令、你快說一說、　聽着一命之榮稱得兩塊竹板拖得三十兩俸銀領得四鄉地保傳得五個嘴巴打得六路通詳出得七品堂官靠得八字墻開得九品補子縩得十分高興不得、　可笑那九句都好、就是末尾這一句壞了、　今兒個若有典史聽見、只要饒得了你、

第四十章

你這兩天竟在家裏過年了、老沒出來麼、　我見天晚上出來、　那麼你怎麼不上我這兒來呢、　我這兩天是同着幾位朋友晚上到存古齋古玩鋪門口兒打燈虎兒去了、　是誰出的、　是一個舉人出的、　作的好不好、　作的還算可以的、　你猜着了幾個沒有、　我揭了幾個、　都是甚麼我猜的、一個是沒點的言字、打四書四句、　打那四句你說一說、　一句是是何言也、一句是無與點也、一句是前言戲之耳、一句是誠哉是言也、　這個好難爲你猜、　我還猜了一個是三句話打一個字的、　你快說是怎麼三句話、打一個字、　你聽着子路曰是也、顏回曰似也、孔子曰非也、直在

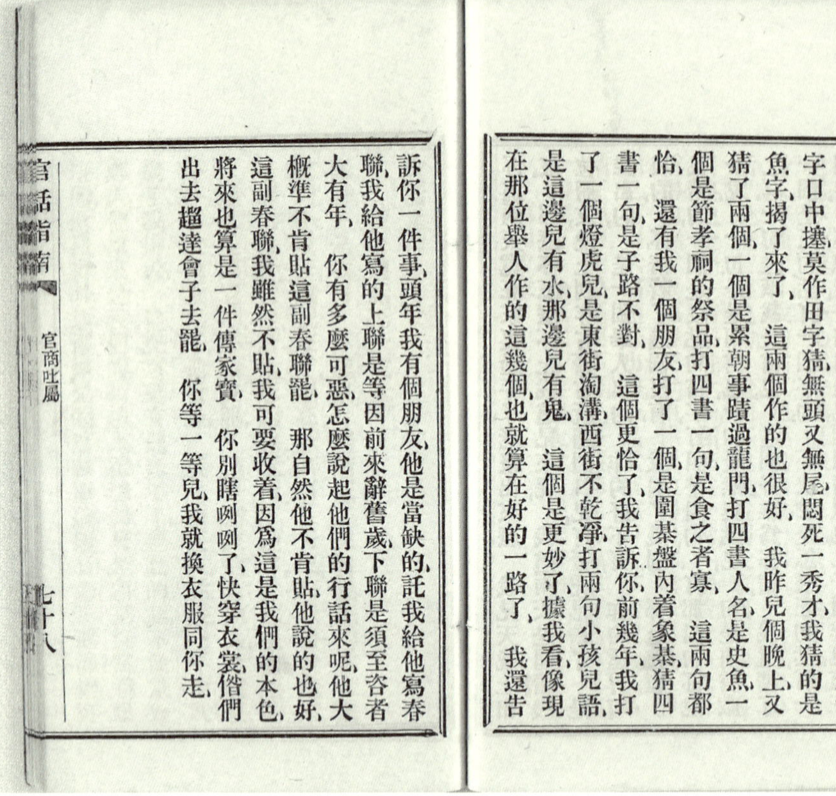

其中夾打一個乜字、還有一個是四句話猜一個字的、是十字口中擹莫作田字猜無頭又無尾悶死一秀才我猜的是魚字、揭了來了、 這兩個作的也很好、 我昨兒個晚上又猜了兩個、一個是累朝事蹟過龍門打四書人名是史魚一個是節孝祠的祭品打四書一句是食之者寡、 這兩句都恰、 還有我一個朋友打了一個、是圍棊盤內着象棊猜四書一句是子路不對、 這個更恰了、我告訴你前幾年我打了一個燈虎兒是東街淘溝西街不乾淨打兩句小孩兒語、是這邊兒有水那邊兒有鬼、 這個是更妙了、據我看像現在那位舉人作的這幾個也就算在好的一路了、 我還告訴你一件事、頭年我有個朋友、他是當缺的、託我給他寫春聯、我給他寫的上聯是等因前來辭舊歲下聯是須至咨者大有年、 你有多麼可惡、怎麼說起他們的行話來呢、他大概準不肯貼這副春聯罷、 那自然他不肯貼、他說的也好、這副春聯我雖然不貼、我可要收着、因爲這是我們的本色、將來也算是一件傳家寶、 你別瞎咧咧了、快穿衣裳、偺們出去逛逛會子去罷、 你等一等兒、我就換衣服同你走、

官話指南　官商吐屬　七十八

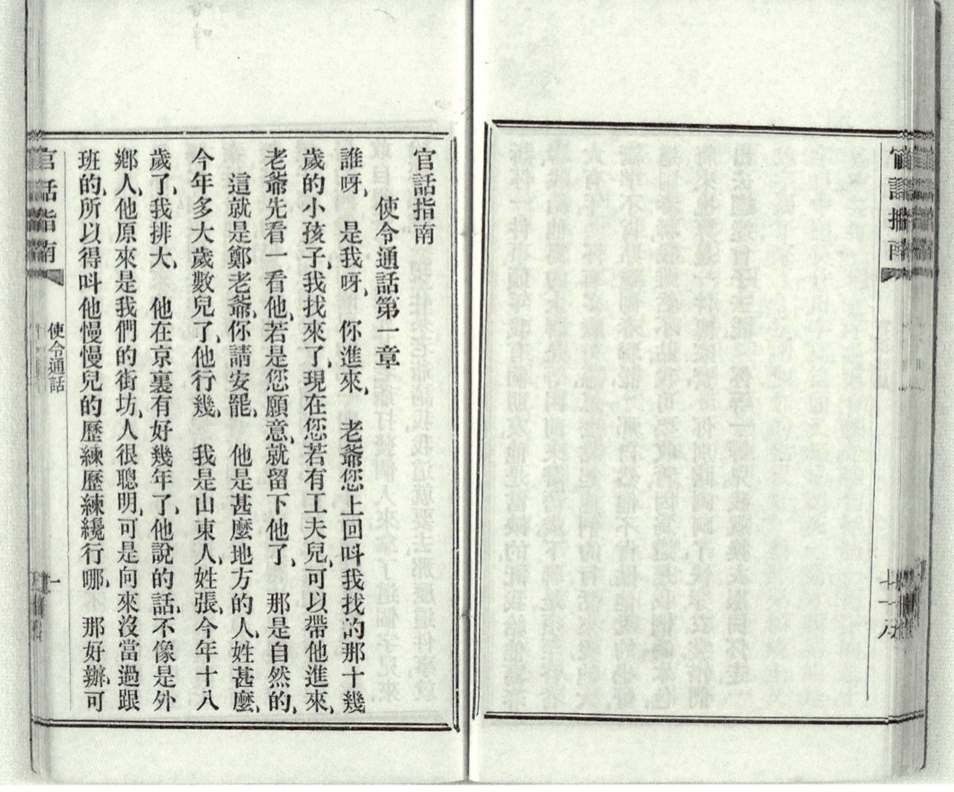

官話指南

使令通話第一章

誰呀、 是我呀、 你進來、 老爺您上回叫我找汋那十幾歲的小孩子、我找來了、現在您若有工夫兒、可以帶他進來、老爺先看一看他、若是您願意就留下他了、 那是自然的、這就是鄭老爺、你請安罷、 他是甚麼地方的人、姓甚麼、今年多大歲數兒了、他行幾、 我是山東人、姓張、今年十八歲了、我排大、 他在京裏有好幾年了、他說的話、不像是外鄉人、他原來是我們的街坊、人很聰明、可是向來沒當過跟班的、所以得叫他慢慢兒的歷練歷練纔行哪、 那好辦、可

官話指南　使令通話　一

是我是新近到這兒來的、還沒使喚過人了、可不知道得要
保人不要、　那是隨老爺的意思、　那麼就這麼辦罷、既然
是你舉薦他來的、你就作保、可以不可以、　可以、那麼叫他
解多咱來伺候您哪、　哼、今兒是二十八、離月底還有兩天、
索性叫他趕下月初一那天再來倒好、　是、　還有他的鋪
蓋甚麼的、也都叫他一塊兒拿來罷、　喳、還得定規他住的
屋子哪、　我想這院子儘溜頭兒那白墻兒後頭、挨着洗澡
房的西邊兒、向陽兒的那一間閑屋子、叫他住怎麼樣、　那
敢自很好了、　這兒某老爺打發個人來、拿了這個字兒來、
給您瞧瞧、　現在某老爺請我、我這就要去、那麼這件事、就

按着那麼辦就是了、

第二章

來、　喳、給先生沏茶、　老爺是要沏甚麼茶、是嘎啡、是紅
茶、兩樣兒都不用、沏日本茶罷、　老爺這錫鑞罐兒裏的
茶葉都沒了、　那麼裏間屋裏的那櫃子上的第二層槅子
上、不是有個洋鐵罐子麼、就拿那個罷、往後你瞧着多咱這
罐子裏頭的茶葉完上來了、就是我不告訴你說、你就續上
罷、　是、　你趕緊的拿茶葉去、我自各兒沏上罷、　請先生
瞧那盃茶好、就喝那盃罷、可是你昨兒個迷迷糊糊的擱了
有多少茶葉、那個茶沏的彀多麼釅、苦得簡直的喝不得了、

你沒瞧見昨兒個吳少爺喝茶的時候、苦的直皺眉麽、　是、
往後小的沏茶的時候、留點兒神就是了、　你把那茶机兒
上的茶盤兒裏擺着的那茶壺、茶碗、茶船兒、都拿過來、你再
瞧瞧這火盆裏有火沒有了、　喳、火快滅了、　那麼你快拿
開水去、就手兒帶點兒熟炭來、　老爺、甚麼叫熟炭哪、　你
眞是個糊塗人、連熟炭都不知道、我告訴你、沒燒過的炭叫
生炭、燒紅了的炭就叫熟炭、　喳、是、老爺開水來了、您沏上
罷、　哼、現在這痰盒兒裏的吐沫都滿了、你拿出去涮乾淨
了再拿來、　是、

第三章

誰叫門了、　老爺天不早了、您快起來罷、　哼、你打洗臉水
來罷、　臉水打來了、漱口水也倒來了、胰子盒兒在臉盆架
子上擱着哪、　刷牙散在那兒了、　是在那張桌子的抽屜
裏、和刷牙子在一塊兒了、　把擦臉手巾拿來、　是、　你忙
甚麼、你現在先不用擦地板了、等着疊好了鋪蓋再擦罷、今
兒還得換換枕頭籠布和被單子哪、　喳、老爺這就要點心
麼、　哼、就拿來罷、雞子兒不要像昨兒個那麼老、越嫩越好、
是、今兒個麵包是抹上黃油烤麼、　不用了、可別烤煳了、
是、　這兒還短把匙子、和鹽盒兒哪、　是、給您拿來了、白
糖彀不彀、　彀了、這個雞子兒煮的是筋觔兒、　我問你一

件事、我聽見說、這京裏賣的牛奶、裏頭總攙多一半兒水、這
話是眞的麼、　平常住家兒的買的牛奶也許有這個事、偺
們這公館裏用的、他們可不敢那麼胡攙亂對的、　這個地
方買牛奶、是論斤哪、還是論瓶呢、　是論瓶論碗、大概的價
錢、總在九百錢一瓶、二百錢一碗、老爺還要嘎啡不要了、
得了、撤了去罷、我現在要上某老爺屋裏去、若是有人來找
我、你給我送信去、　是、

第四章

老爺、您的跟班的來說飯得了、請老爺吃飯去、　知道了、就
去、來、　喳、　你請我來吃飯、怎麼還磨蹭着不擺台、是幹

甚麼來着、　因爲剛纔送煤的送煤球兒來了、我邀了邀、又
因爲他開來的帳錯了、小的查了一查摺子、瞧瞧他是送了
多少回來、就爲這個、可就躭悞了擺台了、　那就是了、煤球
兒原來是多少錢一百斤、　四吊多錢罷、　那麼現在你就
開飯罷、　是、　你告訴廚子、昨兒晌午他做的那雞湯不好
吃、明兒再做湯的時候、叫他留點兒神、把油撇淨了纔好、
是、　盛飯來、　喳、　這不是我的飯碗、是少爺的、　啊、這是
拿錯了、把您的換來罷、　不用換了、你瞧這兒還短一件要
緊的東西、你想一想、　是、是、這兒刀子、鍤子、匙子、七星罐兒、
碟子、盤子、筷子、都有了、我直想不出是還短甚麼東西來、求

濫　腌臜

老爺提醒我罷、　還短酒盃哪、　啊、不錯、小的是眞忘死了、
這是甚麼、　這是芋頭和雞肉做的湯、　這樣兒是眞合
我們的口味、巧了是廚子擱了木魚了罷、　大概是罷、　這
個牛肉很好、遞給我芥末和白鹽、　是、　哎喲、你瞧瞧你的
袖子、把這個碗給拐躺下了、快拿搌布來擦擦罷、　是、　你
幹事老是這麼忙忙叨叨的、你瞧把這湛新的台布、都弄成
了這麼哦嗹牛片的了、　啊、請老爺饒恕小的罷、往後我幹
事一定要留神的、　拿鹹菜來、　今兒沒有醃白菜、這兒拿
了醬荳腐和醃黃瓜來了、黃瓜裏頭已經擱了醬油了、還招
點兒醋不招了、　不要醋、現在都吃完了、你都拿下去罷、

砍

老爺、給您牙籤兒、　哼、把茶拿來、你也吃飯去罷、

第五章

今兒是初九、老爺不上隆福寺逛廟去麼、　哼、我已經約會
了吳老爺一塊兒逛去、你去打聽打聽鄭少爺在屋裏沒有、
我剛纔看見他出門去了、巧了是沒在屋裏、　那麼你拿
出我的衣服來罷、　是要甚麼衣裳、　要西國的衣裳、　您
是穿氈子的好、是穿布的好、　今兒天氣凉一點兒、可以拿
那件原靑的絨褂子、和那條藍白線兒的布褲子來罷、　是
老爺看一看坎肩兒、汗褟兒、是要這兩件不是、　啊、這副鈕
子我很不愛、你換那副水晶的來罷、這個領子漿得這麼軟、

而且這上頭的泥也沒洗掉、又是翻過來熨的、明兒洗衣服的再來的時候、你告訴他說、得留點兒神洗、還得多用點兒粉子漿、噴上水、叫他好好兒的拿熨斗熨一熨、那纔能周正了、靴子是拿那雙短靿子的來罷、　是、　襪子這兒破了一點兒、叫丫頭找一塊補釘給補上、　是、　你先別走、在這兒服侍我穿上衣裳、你現在要上那兒去、　給老爺雇車去、　不用雇車去、離這兒不遠、我可以走着去罷、　坐車去、到是體面些兒、　那麼等我穿好了衣服再雇去還不晚哪、　是、　拿鞋拔子來、把褲脚兒給往下攏一攏、拿一塊手帕子、和那個金表來、　老爺要烟荷包不要、　要、你回頭把我脫下

來的東洋衣裳、給疊起來、可別拿刷子刷、　是、老爺再畧等一等兒、這兒有一塊縱着了、得拉一拉、　都舒展開了麼、都舒坦了、　那麼我在某老爺屋裏坐着去、竟等着你雇車來罷、　是、

第六章

回老爺車來了、　你告訴他說、先到交民巷、赶那兒再上琉璃廠、我要買點兒古玩去、　是、老爺若是在那兒有躭悞兒、我想莫若就雇一趟兒倒好、　還是雇來回的好、免得又累贅、你雇的這個車、乾淨不乾淨、車箱兒大小騾子好不好、都好、今兒雇的不是那站口子的車、　那麼是跑海的車麼、

也不是、是宅門兒的車、　宅門兒的車、怎麼能拉買賣呢、　是因爲他們老爺沒差使、怕牲口閑出毛病來、所以叫趕車的套出來拉一天買賣、老爺不信回頭瞧、不但騾子肥、車圍子、車褥子、都是應時對景的、而且還有傍帳兒、　啊、那敢情是很好的了、還有一層、那趕車的、若是個力把兒、頭趕到了前門、走到石頭道上、可就把車竟往踐窩裏頭赶、把人碰的頭暈眼花、連坐車的屁股蛋兒都可以給撴腫了、　現在這個是個好手赶車的、決不至於這麼樣、　是多少錢雇的、　跟他說妥了的、是六吊錢、連飯錢也在其內、赶老爺坐回來的時候、若是天太晚了、再賞給他幾個酒錢也可以的、小

的不用跟老爺去麼、　哼、你可以跨在車沿兒上、跟了我去罷、　是、　你先把那塊花洋氊子、拿到車裏頭去、鋪好了罷、你不是有兩頂官帽兒麼、你可以借給趕車的一頂戴罷、是、老爺上車、不要板凳兒麼、　哼、要、你拿脚把板凳兒那頭兒踹住了罷、啊、你快把棍子取來、　小的拿來了、遞給您、您就掖在氊子底下就得了、　哼、你快上車罷、　吆喝罷、

第七章

來、　喳、　今天我有一點兒不舒服、先生來了、告訴他說、我今兒個不用功、因爲我不舒服、也不用讓他進來坐着了、是、　你把那凳子拿過來、把烟盤兒擱在上頭、今兒早起、我

汝州名

不吃點心竟拿嘎啡來就得了、再去吩咐厨子、不必給我預
備飯、就給我熬一點兒粳米粥、要爛爛兒的、可別把米粒兒
弄碎了、要不稀不稠、匀溜的纔好、　是、　你給我把被窩再
往上蓋一蓋、　是、老爺這陣兒好點兒了麼、剛纔您叫買的
那花兒、已經買來了、插在那個汝窰花瓶裏好不好、　可以
的、現在我的腦袋還是覺着沉、又有點兒惡心、你趕緊的拿
我的名片、到我們公館、快請用吉大夫去、　那位用吉大夫、
是出馬麼、　不出馬、這是交情的事情、而且他的醫道是最
高、到這兒日子雖不多、在這京裏、可是很出名的、　不錯、我
也聽見中國老爺們說過、用吉大夫的醫藥靈極了、　可有

一層、中國人和他有交情的、常請他出去瞧病、所以在家的
時候少、就怕你這個時候去撲空、　好在老爺的病也不重、
若是他不在家、就請個別的大夫來瞧瞧罷、　哼、那時候你
請個中國大夫來也使得、　我們的大夫、都是行本地的醫
道、不通外國的醫術、您請施醫院的德大夫來治、那不很妙
麼、　哼、那麼也好、　回老爺、巧極了、用吉大夫、望看您來了、
　這實在是造化了、快請進來、你可以預備酒和點心、　老
爺、開甚麼酒、　開三賓酒罷、紅酒若有也拿來罷、點心和菓
子、瞧有甚麼、就可以拿甚麼來、　是、老爺那把酒鑽、是老爺
收着了麼、　是在那櫃子裏頭楊板兒上了、和趕錐在一塊

兒了、拿茶來、　喳、　斟酒、　是、　拿烟捲兒來、　你替我送
送這位老爺罷、　是、大夫走了、叫我告訴您說、那麵子藥、叫
分三回吃、務必要臨睡的時候吃纔好、還說叫忌生冷、　怎
麼剛纔他沒告訴我說呀、　怕大夫是纔想起來罷、　那麼
趕晚上、你服侍我吃就是了、　是、老爺喝粥不喝呢、　得了
就拿來罷、把梨也拿來、　老爺、大夫不是叫忌生冷了麼、
哼、那麼就不要了、　是、

第八章

過兩天我要上居庸關去、回頭的時候、就順便遶到西山去、
逛一逛那一帶那有好景致的地方、然後再回來、你願意跟
我去麼、　怎麼不願意去呢、就是老爺赴湯投火去、我也要
跟了去的、　你從前上那兒去過沒有、　是、去年跟着別位
老爺去過一盪、老爺是打算坐轎子去呀、還是騎牲口去呢、
　我是怎麼着都行、這盪打算要帶太太逛去、所有應用的
各樣兒的傢伙、你先都說給我聽聽、　既然太太也要去、那
實在得多帶些個東西、怎麼呢、從這兒起身一住店、有一件
老爺想不到得用的東西、爲太太可是很要緊、就是太太忽
然若是走動的時候、怕是沒有個方便地方、　那麼怎麼着
好呢、　我們這兒的娘兒們走路的時候、都是自己帶着個
馬桶、所以這盪也得帶着那樣兒東西、若不然、就帶上一塊

很寬很長的布、再拿上四根竹杆子、趕到了店裏住下之後、可以在院子裏搘起一個帳房來當茅厠也使得、　啊、敢情還有這麼件不方便的事情哪、　我還告訴老爺說、別說是鋪蓋傢伙得帶上、就連太太吃的東西、也得多帶些個去、倘或老爺要上湯山洗澡去、那就得多躭悞幾天工夫了、在那兒住着、用的東西、自然是更得多了、　那麼明兒個你先雇停當了一頂轎子、和一頭騾子、回頭你再細細兒的想一想得帶甚麼吃的、你就都預備出來、裝在一個簍子裏、爲得是帶着方便、　是、這帶東西的那層、老爺倒不必操心、有小的了、該帶去的東西和吃食、趕都歸着好了、小的單雇一輛車、

喒

都裝在車裏頭、小的又照看着東西、又坐車、那就都很妥當了、

第九章

啊、好容易我今兒纔租妥了一所兒房子、本來是一個小廟、那個屋子可很乾淨、房錢也不大、　是在甚麼地方、有幾間屋子、　在齊化門外頭、日壇西邊兒、我可不知道那個地方的地名兒叫甚麼、那房子是三間正房、有四間廂房、還有兩間倒座兒、東嘎拉兒裏有厨房、和你們住的屋子、茅房是我搬了去之後、我得找個地方蓋一間、　那麼老爺打算多咱搬呢、　我打算今天就趕緊的挪過去、爲得是到那兒給房

錢的時候、解月頭兒起好算、　那麼小的今天得趕緊的、把東西先歸着歸着罷、　哼、你先把這零碎東西、挪到院子裏去、把地毯拿茶葉先掃一回捲起來、拿繩子綑上、後來那書槅子和櫃子、還有其餘的那些個粗重的東西、你挑那皮剌的、都裝在那個劉二雇來的大車上罷、　是、老爺外頭的那些個小物件、是我想要裝在一個大傢伙裏、叫苦力挑了去倒妥當、　很好、可是那些個磁器、可得好好兒的拿紙包上、那床若是不好搭、可以卸下來、等拿過去、到那兒再安上、然後再把帳子還照舊的搘上、　老爺從先掛那些對聯和扁幅的那個釘子、是都得拔下來麼、　哼、嘿、嘿、你留神、看墻上

的土掉下來、你怎麼不拿鉗子拔呢、倒拿鎚子打呢、　是、嗳、你和苦力說、小心出大門的時候、磨傷了桌子、　是、那麼我也跟着東西一塊兒去、先把東西都照舊擺好了罷、　那先不必、等那兒掃得了之後、鋪上地毯、那桌子、椅子、就先暫且散擱着、等我過去再調度安置、若你一個人兒弄不了、找個夥伴兒幫着也使得、務必儘這一天、都挪過去纔好哪、　是、

第十章

今兒天氣好、也沒風、把衣裳得曬曬、　是、老爺連那被窩一塊兒都曬麼、　哼、你先拿根繩子、起這根柱子、拴到那棵樹

上去，趕拴好了，把衣裳搭在繩子上曬一曬。是，那麼那皮箱和箱子，都得搭出院子裏去罷。哼，給你鑰匙，你自各兒開罷。那衣架子上掛着的那些個皮襖皮褂子斗蓬，是得在背陰兒地方晾晾。是，老爺我已經把衣裳都抖摟好了，曬上了，請您去看看。哼，那麼我去瞧瞧罷。這是怎麼了，我不是說過，那皮衣裳是得晾麼，怎麼你和別的衣裳都掛在一塊兒了，難道你不知道皮東西一曬毛稍兒就焦了麼。喳，那麼着小的找根棍兒穿上，掛在那釘子上罷。那就對了，回頭你還得好好兒的抖晾抖晾。是，那些個衣服也得分出裌的和棉的來。這是棉衣裳，你從這一頭兒搭起，

一直的搭到那一頭兒去。是，我想到了晌午，都翻一翻，把那曬過的也倒一倒，把那背陰兒的都叫他向陽兒。您說好不好。那都很好，你現在都把他弄完了，把那箱子磕打磕打罷。是，老爺想曬到甚麼時候就得收起來呢。等太陽壓山兒的時候，不差甚麼就都得收起來了，可是你還得把那根繩子拴到屋裏來，叫他們透透風是要緊的，不然那羊毛織的東西若是把暑氣藏在裏頭往箱子裏一擱，寶色就掉了，那可就都糟了。是，那麼着那綢子緞子的呢。那也是一樣，所以今兒晚上就這麼先擱着罷，趕到明兒早起再照舊的擱在箱子裏一層一層兒的都墊上紙，下上潮腦，拿

扯

抄音梭 摩抄 手按弄貌

包袱蓋上，四周圍都掖嚴了，再蓋上蓋兒，不然潮腦就走了。是。來，把那繩子還照舊的繞起來，掛在那堆房裏樑上去。是，老爺我忽然想不起來那東洋衣服的疊法了。啊，你眞是個廢物，我那麼用心的教給你，怎麼又忘了，太沒記性了，你瞧，是這麼疊，你先把左底邊疊上，再把右底邊折在上頭，然後再把衣裳一攏，把領子合上，摩抄平了，倆袖子往兩邊兒外頭一折，然後再一合就得了。承老爺的指教。

第十一章

來。喳。明兒個我要請客，你出城定地方去。您打算着請多少位客。我想有十位客罷。這麼說，飯莊子比飯館

膩音利 肥也

子好。這兩處有甚麼分別呢。飯莊子是成桌的，飯館子是成桌的也有，零要也可以，若是請的客多，倒是飯莊子好。成桌的是甚麼。成桌的都是八大碗、四冷葷，另外愛添甚麼小吃兒，那是隨便再要。那麼零要呢。那是人喜歡吃甚麼東西，隨便叫他現做。那麼還是成桌的爽快，可是定的菜要清淡的，不要油膩的。老爺想是那幾樣兒菜合衆位的口味呢。那些個菜名兒我可叫不上來，你總要挑那不膩的，斟酌着定就是了，總要一百吊一桌的纔好，酒是要黃酒，不要燒酒。打算聽戲不聽呢。聽說中國人請客，總是要聽戲的多，我也要照那麼辦。官座兒若是現在立

刻定、還怕沒有、若是沒有的時候定桌子行不行、　那也使得定官座兒、可總找那不吃柱子的地方纔好、是那麼上場下場都不論罷、　總是下場好、上場有那個鑼討厭、還有我這兩天聽戲瞧見對面兒官座兒裏有一個人吃東西、那也可以麼、　怎麼不可以呢、那總是有相公陪客坐着的時候吃東西的多、　甚麼叫相公、　您沒瞧見常在戲台上傍邊兒站着的小戲子長得那麼很標緻的麼、　啊、我想起來了、不錯、有這麼項人、那是幹甚麼的、　他們也唱戲也陪酒、若是老爺要看明天到飯館子裏可以發一個條子叫他們一兩個來陪酒、那也很助酒興了、　這也倒有趣、　老爺若是喜歡武戲、就聽梆子、喜歡文戲、就聽二黃、　還是聽二黃好、　那麼聽三慶啊、是聽四喜呢、　聽四喜罷、　那麼我這就定去罷、　啊、還有那跑堂兒的酒錢和戲價明兒個就起你手裏給他們就是了、　是、

第十二章

那十塊錢換來了麼、　是、都換來了、　換了多少錢、　換了一百一十四吊四百錢、　合多兒錢一塊、　合十一吊四百四一塊、　怎麼比昨兒個倒多換了、　是今兒個銀盤兒長了、　怎麼又長了呢、　是因爲行市下來的大、　這是誰定的行市呢、　老爺您不知道、這前門外頭珠寶市有一個銀

市、見天一清早、所有京裏錢鋪的人都到市上買銀子賣銀子去、若是這天市上的銀子多、行市就落、若是銀子少、行市就長趕他們買賣定規了、合多少錢一兩、這錢數兒就算今兒的行市、九城的錢鋪都按着這一個行市每天買銀子的賣銀子的、不能一定、一天是一個行市、　那麼一塊洋錢合多少銀子呢、　通行都是按七錢銀子一塊、合說的可是那貿易的洋錢和鷹洋、是一個樣、那一圓的少換一點兒在平常用的時候、可也沒甚麼分別、那麼給您這票子、這都是和豐本出的、　這票子上的錢數兒怎麼這麼宗寫法呢、我簡直的不認得、　是這是五拾吊一整張、這是拾吊一張的、這是零的、五吊的、四吊的、三吊的、兩吊的、這是那、四百四十錢的零兒、　是了、我各人點點這票子、　您點了對不對、　不錯、都對了、可是這個五拾吊一張的、不好使喚、你拿去取五吊錢的現錢、下剩的破了零的來、　是、還要他本鋪子的麼、若是他本鋪子沒零的、磨別處的也使得、總要那字號靠得住的要緊、　那是自然的、都磨四恒家的、可就妥當了、那麼你就辦去罷、

第十三章

你上那兒去了、　剛纔有小的一個本家的哥哥、從鄉下來、找小的說是小的的母親病得很重、他把小的搭出去說了

會子話、所以躭悞了這麼半天、沒得稟知老爺、　你這都不像話、無論出去多大工夫兒、你都應當告訴我說、　是、小的後來再不敢這麼大意了、還有一件事、小的要告幾天假、回家瞧我母親的病去、　眞是你母親病了麼、不是告謊假呀、　小的天胆、不敢咒我母親有病、　既是眞的、你打算告幾天的假呢、　若是我母親病不礙事、小的三兩天就回來、萬一小的的母親有個好歹、那就怕是得多躭悞幾天了、　你走了有替工沒有呢、　小的有個朋友、他在法國府裏當過跟班的、小的可以把他找來替幾天、　那個人怎麼樣、　他沒別的不好、就是吃幾口烟、　哼、我不要吃烟的、這麼辦罷、

嗒

你不用找替工了、可以叫吳老爺的跟班的、代管幾天罷、那更好了、　你打算多咱走呢、　若是老爺肯放小的去、我就今兒晚上趕出城去、　你既打算今兒個趕出城去、現在天不早了、你就別愣着了、快歸着東西罷、　還有一件事、求老爺把下月的工錢支給小的、　我沒那麼些個錢、不能都支給你、先給你三塊、另外我賞給你一塊錢、　謝老爺的恩典、　那麼你現在把吳老爺的跟班的找過來、把這屋裏的事、都交代明白他、再把昨兒個破的那個燈罩子找出來、交給他、叫他明天照樣兒配一個來、　是、

第十四章

秫音術稭作䅌音皆 即稲之莖俗謂稭草
杪音梭杪欏木名
毿音降

明天有一位客人要來、你帶着苦力、把上屋裏拾掇出來、是、那三間有一間棚都破了、棚架子也掉下來了、墻上的紙、因爲犯潮、都搭拉下來了、　哼、不錯、不錯、那麼得叫裱糊匠來糊糊罷、　是、老爺您收着銀花紙了不是、　有好幾刀了、底半截兒牆、得糊外國紙、棚上四面兒、都拿藍條紙鑲上、喳、還得買十幾根秫稭、紮架子哪、　哼、那麼一天可以報結麼、　現在天長、一天總可以完了、　那搭交手、還得借們給他預備杪槁麼、　那是他們各人帶來、　還有甚麼得買的、就是還得買打毿子的麵、和竹籤子、還有蔴繩兒、這三樣兒東西、　現在你先把外頭屋裏那兩間、好好兒的掃掃、棚

墱音鈍 閣道也
蘸音展 以物浮水中
攦音列 折也持也亦音拉

上若有蜘蛛網、可得掃乾淨了、把牆上的土、都胡拉下來、把槅扇都撣淨了、把窻戶上的玻璃也擦一擦、然後拿墩布蘸上水、擰乾了、把地板都擦了、可小心着、別拿墩布髒了牆、你就辦去罷、　是、　來、　喳、　現在來了信了、不行了、客人回頭就到了、　那麼棚還沒糊了、可怎麼好呢、　這麼着罷、你就趕緊的先拾掇出來、就讓客人先將就着住罷、　是、　你聽大門外頭車站住了、光景是客人來了、　回老爺知道、可不是客人來了麼、　我先迎出去、你就叫苦力快打掃屋子、你出去搬行李去、　行李都搬進來了、請客人點點件數對不對、　客人說都對了、　還有趕車的說、還攦他兩塊錢的

車錢哪、把這兩塊錢給他拿出去罷、你去瞧瞧、若是屋子拾掇出來了、你把這行李、挪到那屋裏去安置好了、再來沏茶打洗臉水、是、

第十五章

怎麼了、燈罩兒又炸了、可不是麼、又壞了一個、我常告訴你說、剛點上的時候、燈苗兒要小、趕慢慢兒的再往大裏捻、你老聽不進去、太沒記性了罷、去年就幹過這麼一回了、老改不了、總是你沒把我的話擱在心上、這是怎麼個理呢、也是小的一時沒留神的緣故、你不止一時沒留神了、永遠沒小心過、就拿去年冬天說罷、爐子永遠沒乾淨過、趕今年撤了火了、爐子裏頭的剩煤、也不弄出來、爐子也不刷上黑色、就扔在那堆房裏了、趕後來日子多了、全上了鏽了、還有那個煤就在院子裏那麼堆着、不定那一天就許着了、那是我不知道、莫非你是瞎子麼、那是苦力的事情、不是我應管的、你別滿嘴裏胡說、你不會叫苦力收起來麼、我告訴過他好幾回了、他老不聽、你別混遮掩、你向來是嘴硬、我怎麼嘴硬了、那麼我問你、昨兒個我回來、你上那兒去了、我任那兒沒去呀、那麼我這屋裏瓢朝天碗朝地的、招了好些個蒼蠅、你也不管、那是怎麼了、是因爲我有個朋友來了、就悞了一會兒的工夫、沒能拾掇、

我不管那些個、起今兒往後、我出去的時候、你總要把屋子拾掇俐儸了、把衣服給疊好了、小爐裏燒上炭、拿灰培上、瞧有甚麼使不得的東西、該倒的該扔的、就都倒了扔了、那纔是有眼裏見兒哪、竟等着挨說纔幹哪、那還算人麼、還有你常愛砸東西、也不是事、近起來又添了一樣兒毛病、你有朋友來、把我的各樣兒的東西拿出去用、這還像事麼、我多咱拿您的東西了、你別不認帳、昨兒個你拿我的茶葉、我悄悄兒的進來瞧見了、我沒拿、你說你沒拿、我現在到你屋裏搜一搜去、您竟管去搜、你瞧瞧、這是甚麼、你還狡情麼、那是我各人買的、這兒有眞贓實犯、你還不肯認帳、你滾出去罷、我不要你了、老爺別生氣、是小的拿老爺的東西了、求您寬恕罷、你既認了、我還要你就是了、後來再若有這些毛病、一定立刻得走出去、是給老爺請安、謝您的恩典、

韂

第十六章

回老爺知道、馬籠頭壞了、是那個地方壞了、是嚼子那兒壞了、那麼你拿到鞍粘鋪裏去、收拾收拾、是、還有近起來所有鞍子、馬鐙、肚帶、這些個傢伙、都髒的了不得、怎麼你也不拾掇啊、沒有的話、那天都拾掇、那麼那上頭的鐵活、怎麼會上了鏽呢、那是沒用磚麪子擦的緣故、

漾音羕水流出也

東西

早

我這幾天騎馬出去、馬的脚底下彷彿是發軟、老愛打前失、那是怎麼個緣故、不錯、我也覺着是有那麼點兒毛病、我想光景是馬掌掉了、或是釘錯了、也未可定、那麼我今兒個拉到獸醫椿子上去、再從新釘一回罷、也好、還有一件、馬怎麼老不上膘呢、怎麼不上膘、老爺瞧不出來就是了、我很瞧得出來、我知道、你是夜裏不餧的緣故、若是馬再不長肉、我可就不叫你包餧了、老爺別這麼說、所有麩子、黑荳、紅高粱、棒子、草、沒不餧足了他的、我今兒早起瞧見馬棚外頭地下、汪着好些個水、那是甚麼水、那不是我弄的水、那是管洗澡房的他幹的、那麼你把他叫來、是、

我就找他去罷、老爺現在要洗澡麼、我先問你一件事、你怎麼把澡盆的髒水都倒在馬棚外頭了呢、不是倒的、是因爲溝眼堵住了、水漾出來了、那麼你得把那溝眼通開纔好哪、是我回頭就通去、可是今兒個不是您洗澡的日子麼、你燒得了洗澡水了麼、是、都倒在洗澡盆裏預備好了、那麼你拿着手巾和胰子、跟我去罷、你先前頭走一步、等我解完了手兒就去、是、你可要把澡房的地板都刷乾淨了、別弄的那麼溜滑的、是、老爺水熱不熱、熱一點兒、再對一點兒凉水、你給我搓搓澡、是、油泥多罷、不算很多、那麼你給我擦乾淨了罷、是、

早

東西

塞緊

第十七章

我現在要上上海去、你把東西都歸着起來、老爺打算多宗晚兒起身呢、一兩天就要動身、那麼這粗重的傢伙也都帶了去麼、不咖、那我打算託朋友都把他拍賣了、等我今兒晚上連夜、把拍賣的和留着的分出來、再打點罷、我先把這箱子騰空了、把這零碎兒都揷在裏頭好不好、好是好、趕揷在裏頭之後、可得拿滑藉或是棉花揎磁實了、別叫他在裏頭搖晃纔行哪、那是自然的、還有那些衣服怎麼樣呢、那等着歸在那皮箱兒裏、軟片一塊兒打包、那就是了、那書槅子上的書和字帖條幅、都拿紙裹上就

行了、那匾額竟把字撤出來、那架子不好帶、可怎麼辦呢、那就先擱着罷、老爺箱子都裝好了、那麼把蓋兒蓋上、可以就先釘死了罷、可以可以、你把那張紅紙遞給我寫個籤子、貼在箱子上、那皮箱還得上鎖、拿馬蓮包包上、然後拿繩子綑上、可就省得車磨了、不錯、那繩子扣兒務必要勒死了、看上車之後、提蕩開、你快打發苦力去買兩張油紙來、包那綢子、喳、那軟簾子摘下來、捲上不好麼、也好、還有那把旱傘、也套上罷、再把這文具都裝在白拜匣裏、現在把您的鋪蓋、也都捲起來罷、把夾被棉被都疊起來、裝在褥套裏、那褥子明兒個還要鋪在車上哪、是、明兒個

把那個馬蓮包的箱子、煞在後車尾兒上、您想怎麼樣、使得罷、那磁器得拿紙蘸上水糊上、再裝纔妥當、這個法子更妙了、回老爺知道、某老爺打發人給您送了送行的禮物來了、拿進來、給他拿出個片子去、叫他回去道謝就是了、

第十八章

你幹甚麼來着、我在花園子澆花兒來着、那花兒開的怎麼樣、現在正是盛開的時候、開的好看極了、怎麼你這手上這麼些個泥、我是在花園子弄土來着、你回頭吃完了飯、我要打發你送禮去、是給那宅裏送禮去、是給後門徐老爺送禮去、那麼小的這個工夫兒、先剃頭去罷、哎、你別竟剃頭、還得打辮子哪、剃頭和打辮子、那是一回事、你還得換上乾淨點兒的衣裳、平常在家裏做粗活、那原不講究、到別的宅裏去、總得要撒俐纔是樣子哪、靴子、帽子、小的可沒有、你可以和夥伴兒們借一頂帽子、一雙靴子就得了麼、你就快拾掇去罷、別磨稜子了、老爺小的都拾掇完了、有甚麼話、請老爺吩咐罷、還有那禮物、您都打點出來了麼、你瞧、這是四匣子東西、這是我的職名、那麼小的得雇一輛車去罷、不行、這裏頭有嬌嫩東西怕車撴着、若不然就叫苦力挑着跟了你去罷、喳、那也好、

趕你到那兒就說、這是我們老爺新近打外頭回來、帶來的土物、奉送這兒的老爺用、務必把職名給留下、然後你就回來、是、那麼小的這就去罷、啊、還有你到花園子去掐幾朵花兒來、拿着、順便到吳宅、給那位老爺送了去、老爺、小的回來了、徐老爺在家了麼、是在家了、把小的叫進去了、說是老爺起外頭大遠的帶了點兒東西來、留着自己用就結了、又何必費心惦記着我呢、實在我心裏不安得很、這麼着給了得一個回片子、給老爺道費心、是了、你手裏拿着的那紅封兒是甚麼、可是小的還要回稟老爺哪、這是那兒的老爺給小的一個賞封兒、小的原不敢接、徐老爺說、你只管拿着、若是不接、我就有了氣了、小的這纔勉強接過來了、好、好、你歇歇兒去罷、

第十九章

你洗完了臉了麼、洗完了、我要叫你買東西去、買甚麼東西去、我要買口蘑大蝦米和掛麪、是買四牌樓的麼、別買四牌樓的、那幾個鋪子的東西、連一個好的也沒有、那麼我出城買去罷、你出城要買前門大街路東那個海味店的纔好哪、不錯、那兒的東西可好、就是貴一點兒、貴一點兒也有限的、您是要買多少呢、我要買一斤口蘑、斤半大蝦米、十子兒掛麪、可是那口蘑多兒錢一斤、

有六吊四的，有四吊八的， 賤的東西總次能， 那是自然的， 那麼買那貴的能分兩可叫他們邀足了， 他們不敢短分兩的， 那些買賣人的習氣都愛要謊價，你也別竟聽他們要，總要還個價兒， 老爺不知道，他們那大字號，都是言無二價，不敢要謊的， 那就是了，另外你打城外頭，再給帶些個鮮菓子來， 老爺打算要買甚麼鮮菓子呢， 杏兒和李子還有沒有了， 那兩樣兒菓子，現在可沒了， 那麼就買梨，桃，平菓，莎菓子，檳子，脆棗兒，葡萄，這幾樣兒罷， 一樣兒買多少呢， 買一斤葡萄，一斤棗兒，下剩那些個菓子，每樣兒買十個就得了， 是 你帶這四十吊錢的票子去，

除了買這些個東西，剩下錢，想着再買氷糖和藕粉來， 是，那麼小的現在就去麼， 等一等，這兒還有十吊一張的退票，你給珠市口兒那個萬順皮貨鋪裏帶了去，告訴他們，這是一張假票子，叫他們立刻給換上，交給你帶回來， 老爺怎麼知道是他們的退票呢， 我收着他們了，並且這是前幾天，我到他們那兒買東西去了，他們找給我的， 老爺打那麼沒別的事了麼， 還有事，趕你回頭的時候，順便到那個熟裁縫鋪裏，問一問我定做的那件衣服得了沒有，若是得了，你就拿包袱包上，帶回來了，

第二十章

張福， 喳， 你來我有話和你說， 是，老爺有甚麼話吩咐， 現在有一位老爺，陞到廣東作領事官去，要找一個跟班的，我打算把你薦給他，你願意去不願意去， 蒙老爺的抬愛，小的願意去，可不知道得去幾年， 那位老爺，大概得在廣東三年，他願意你跟他在那兒三年，你的意思怎麼樣， 那倒可以的， 可有一層，若是將來滿了三年，那位老爺陞到別處去，他可以給你船價，把你打發回來，若是不到三年，他不要你了，也是他給你船價，叫你回來，倘或沒滿三年，你自己不幹了，要回來，那可是你自備盤費，他是一概不管， 是，小的都明白了， 還有工錢那層，那位老爺說，每月給你

十塊錢的工錢，四季的衣服，都是他管，你想怎麼樣， 十塊錢的工錢，小的也倒願意，就有兩層，求老爺給說一說， 是那兩層呢， 一層是先求那位老爺，支給小的十塊錢安家，還有一層，每月小的的工錢，得趕京裏兌給小的家裏五六塊錢，就省得小的打外頭往京裏帶錢囉瑣了， 那我給你說一說，也倒可以行，可是先支給你這十塊安家的錢，你想每月是怎麼個扣法呢， 那是隨那位老爺的便，每月扣一塊兩塊都使得， 那就是了， 若是那位老爺都答應這兩層了，小的願意每月趕老爺手裏兌給小的家裏錢纔妥當哪， 那都好說的，趕定規之後，我可以寫個取錢的執照給

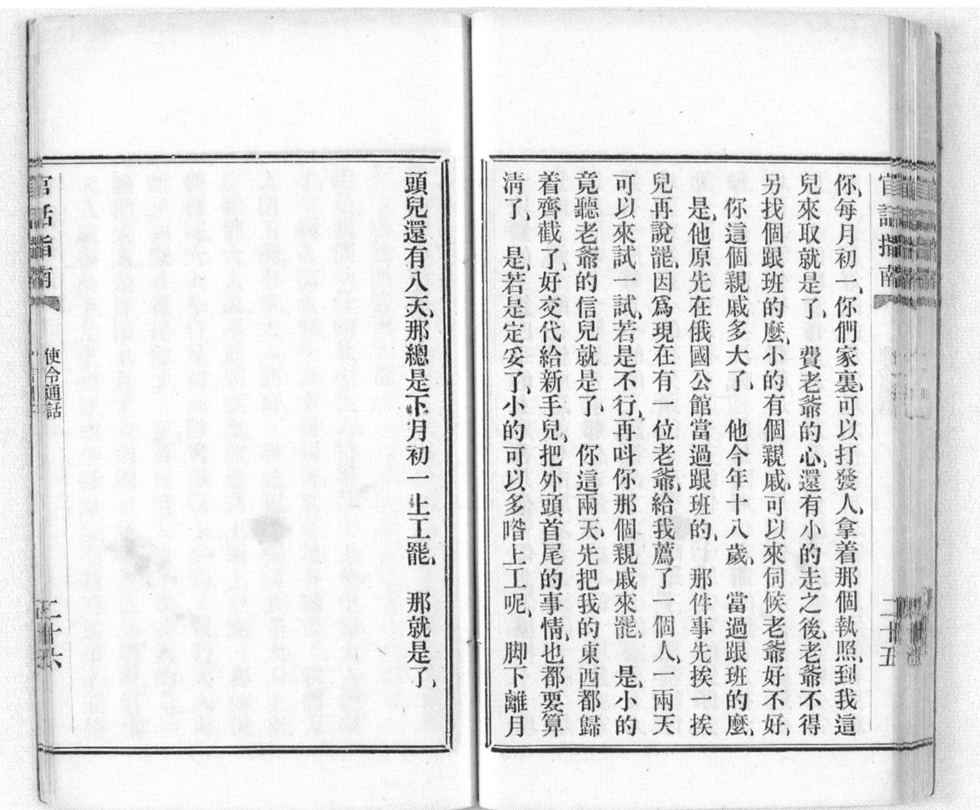

官話指南　二十五

你每月初一你們家裏可以打發人拿着那個執照到我這兒來取就是了　費老爺的心還有小的走之後老爺不得另找個跟班的麼小的有個親戚可以來伺候老爺好不好　你這個親戚多大了　他今年十八歲　當過跟班的麼　是他原先在俄國公館當過跟班的　那件事先挨一挨兒再說罷因爲現在有一位老爺給我薦了一個人一兩天可以來試一試若是不行再叫你那個親戚來罷　是小的竟聽老爺的信兒就是了　你這兩天先把我的東西都歸着齊截了好交代給新手兒把外頭首尾的事情也都要算清了　是若是定妥了小的可以多喒上工呢　脚下離月頭兒還有八天那總是下月初一上工罷　那就是了

官話指南　使令通話　二十六

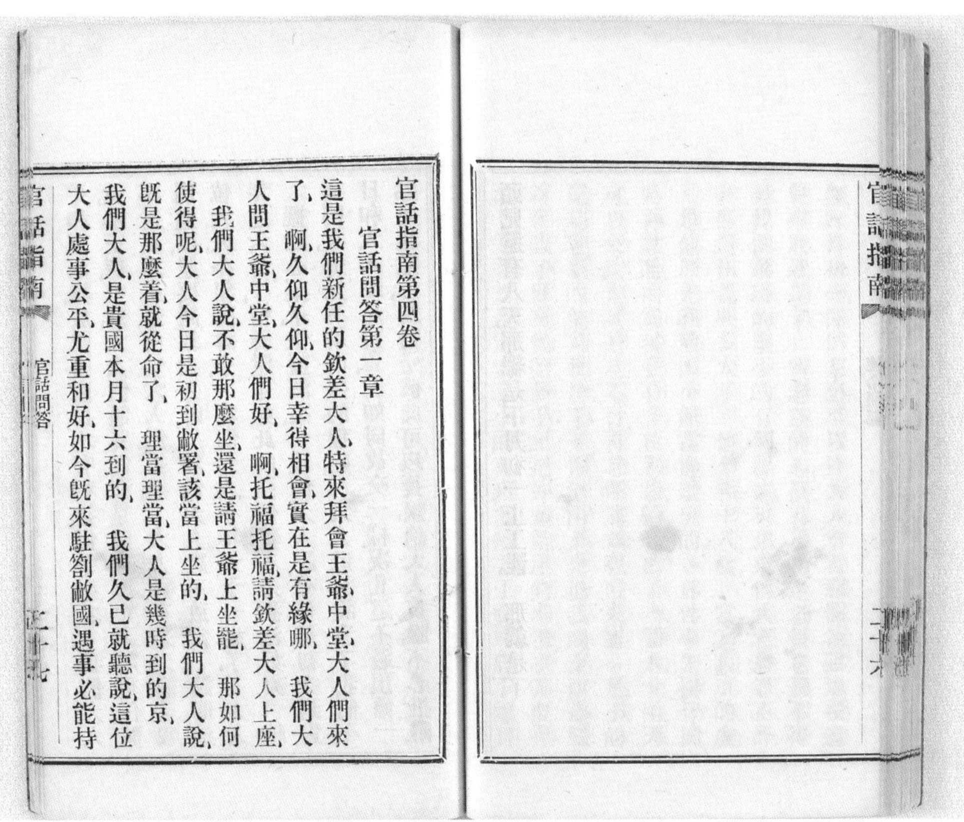

官話指南第四卷

官話問答第一章

這是我們新任的欽差大人特來拜會王爺中堂大人們來了　啊久仰久仰今日幸得相會實在是有緣哪　我們大人問王爺中堂大人們好　啊托福托福請欽差大人上座　我們大人說不敢那麼坐還是請王爺上坐罷　那如何使得呢大人今日是初到敝署該當上坐的　我們大人說既是那麼着就從命了　理當理當大人是幾時到的京　我們大人是貴國本月十六到的　我們久已就聽說這位大人處事公平尤重和好如今既來駐劄敝國遇事必能持

官話指南　官話問答　二十七

平和衷商辦、於兩國商民、均有利益、何幸如之、 我們大人說、承王爺中堂大人們過獎、實在是自愧才短、謬膺重任、諸事還要求王爺中堂大人們指教、 大人實在是太謙了、我們遇事、還要請教大人哪、 我們大人說不敢當、 請問這位大人今年高壽了、 我們大人今年六十一歲了、 大人年逾六旬了、精神還是如此的強健、實在是養法好來、 嗻、擺點心菓子、快盪酒來、 我們大人說、今日是初次到貴衙門來、那兒有就叨擾的理呢、 大人這話說遠了、我們今日和大人雖是初會、就如同故交一樣、況且這不過預備一點兒粗點心、爲得是彼此可以長談、請大人賞臉、不必推辭、

我們大人說、叫王爺中堂大人們、如此費心、實在是於心不安、 那兒的話呢、這實在是不成敬意、請大人別見怪、 豈敢豈敢、我們大人說、這太盛設了、 這有甚麼、這實在的不成格局的很了、 我先敬大人一盃、 我們大人說、那實在不敢當、 大人請坐罷、我們大人還要回敬王爺一盃、 那我可眞當不起、 那麼我替我們大人回敬王爺中堂大人們一盃罷、 閣下是客、我們如何敢當、還是我們自己斟罷、 那麼我就恭敬不如從命了、 隨便隨便、請大人嚐一嚐這個點心、 我們大人說、請王爺中堂大人們別周旋了、還是自取倒好、 若是大人肯依實、我們也就不布了、

我們大人說、決不會粧假的、 那更好極了、 請大人再用一點兒點心、 我們大人實在是彀了、 那麼請大人過那邊兒屋裏坐罷、 我們大人請問王爺中堂大人們、那國書可以幾時呈遞、 那層是等我們這一兩天之內、奏明皇上、請旨定於何日、然後再照會大人就是了、 那麼竟候王爺的信就是了、 就是、 我們大人現在要告辭回去、 何妨再多談一會兒呢、 我們大人是還有些緊要公事、得趕緊回去料理、不能在此久坐了、還給王爺中堂大人們道費心、 些須微意、何足掛齒、實在是簡慢得很、 那兒的話呢、等改天我們再到貴館去謝步、 不敢當不敢當、請王爺中堂大人們留步罷、 請了請了、 再會再會、

第二章

大人這一向好、 托王爺的福、王爺近來倒好、 托福托福、列位中堂大人們、這一向也都好、 承問承問、大人那一天回來好啊、 嗻、承諸位掛心、 今日我們到這兒來、一來是給大人賀喜、二來是謝步、 不敢當、王爺和列位中堂大人們、實在是多禮了、 大人恕我們來遲、 豈敢、這位大人怎麼稱呼、我們還沒會過面了、 可是我們倒忘了、你們二位大人見一見、這是新任的欽差某大人、這是我們劉大人、 久仰久仰、 彼此彼此、日前蒙大人光顧、我正告着假了、

故此失迎求大人原諒、豈敢豈敢、大人貴處是甚麼地方、敝處是江蘇、大人現在是那衙門行走、我現在是吏部侍郎兼管總理衙門事務、是大人貴科分、我是己卯科舉人癸未科進士、大人都是榮任過外省甚麼地方、我沒作過外任、自從癸未那年僥倖之後、就在翰林院供職、後來放過一次學差、又派過一次試差、都是放過那省的學差、放過一次四川的學差、後來試差派的是陝西、大人今年貴庚、今年虛度四十七歲、大人年歲未及五旬、已經榮膺顯秩、這足見是大人才高了、過奬過奬、我這不過是僥倖、實在是自愧無才、濫竽充數就是了、大人太謙

了、今兒個我預備一點兒菓酒、請王爺中堂、大人們在此多談一會兒、承閣下費心、我們理當討擾的、無奈今日是有奉旨特派的事件、必須趕緊回去辦理、我們心領就是了、既是如此、我也不敢強留了、那麼我們改天再來領教、就此告辭、勞王爺中堂大人們的駕、那兒的話呢、大人留步罷、候乘候乘、磕頭磕頭、

第三章

請大人見一見、這一位是我們新任的欽差大人、今日特來拜望大人來了、啊、久仰久仰、我們大人問大人好、哦、大人好、我們大人說托大人的福、貴國大皇帝一向聖

體康泰、是我們大人說、敝國大皇帝一向倒很康泰、請問貴國大皇帝一向聖躬安康、是、敝國大皇帝一向倒很安康、請大人上坐、我們大人讓大人上坐、豈敢、大人到此、理當上坐的、我們大人說、這實在是僭大了、請坐請坐、請問大人是幾時由貴國動的身、我們大人是敝國上月初十動的身、一路倒都很平安、是、我們大人說、托大人的福、沿途都很平安、大人到上海住了幾日、我們大人在上海住了不過兩天、就往這麼來了、沿路上走着、往這麼來也很遠哪、可不知道有甚麼新聞沒有、我們要請教的、我們大人說、沿路上的古蹟倒不少、但是關係現在國

政的事情、倒沒甚麼新聞、是、那麼大人上京、定規是那一天、我們大人打算後日就要北上、大人行期、何必如此緊急、是因為欽限將滿、不敢久延、是由水路走、還是由旱路走呢、我們大人是因為行李太多、打算由水路走、船隻都雇妥了麼、今日已經打發人雇去了、大約明日可就雇齊了、告訴大人說、我可以派兩個武弁、帶領二十名兵丁、護送大人到通州、我們大人說、大人如此費心、實在是感謝不盡了、豈敢、大人到此、我這是該當効勞的、我們大人說、實在領情、那麼我今晚就發文書、咨報總理衙門、就提欽差大人是後日由水路北上就是了、那好極了

我們大人今晚也有文書到京裏敝國公館去、　那更妥當了、　我們大人現在要告辭回去、　請大人再畧坐坐兒、多盤桓一會兒、　我們大人還有點兒公事、得趕緊回去辦理、

那麼勞大人的駕、我明日再回拜大人去就是了、　我們大人說、不敢勞動大人的駕、　該當的、　大人留步罷、　候乘候乘、　磕頭磕頭、

第四章

我今日來、一來是回拜大人、二來是給大人謝步、　豈敢、大人實在是多禮、　那兒的話呢、是該當的、大人榮行準在明日麼、　是、明日一準起身的、　船隻想都齊備了、　是、俱已齊備了、　那麼明早、是在何時啓節呢、　大約就在巳初罷、

那麼我明早辰正過來送行就是了、　那實在不敢勞動了、今日偺們一見、就都有了、等後來我再來之時、或是大人上京、偺們可以再多盤桓幾日、　既是如此、我就遵命不過來了、　豈敢、大人約摸可以幾時到京去呢　大概今年冬子月底、可以到京去、彼時必當到貴館拜會的、　倘或大人上京之時、請您先期賞我個信、我便當掃榻以待、　豈敢要去之先、必然要預先奉告的、　還有一件事托咐大人、　大人有甚麼事、只管吩咐、　豈敢、我們這個領事官、人甚年輕、況且又是初次當差、尙欠歷練、倘有不到之處、求大人擔待

些個纔好、並且還要求大人諸事指教、俾伊有所遵循、則我感同身受矣、　大人太謙了、這位領事官、人雖年輕、才情敏捷、數月以來、我風聞所辦的交涉事件、均甚妥善、我心中實在佩服得很、不過是在敝國年分尙淺、於敝國制度風土人情、恐還不能周知、倘有不甚明白的事情、問及於我、我必要詳細告知的、以副雅囑、　大人實在是過加獎譽了、他這不過是學習當差而已、　我現在還有公事在身、就要告辭了、

那麼偺們就等在京裏相會了、　是、趕大人到京之後、還要求賞給一信、以慰遠念、　是、到京之後、必有信奉致大人、

那麼明早我就派武弁、帶領兵丁到此、聽候大人指使就是了、　豈敢、實在承大人的盛情了、　該當的、大人請留步罷、　請了、再會再會、

第五章

中堂大人們都好、　承問承問、閣下這一向好、　托列位大人的福、這一向倒很好、　閣下請坐、　中堂大人們請坐、這一向公事忙不忙、　這一向倒不甚忙、　閣下今日到此、有何公事見諭、　今日我是奉我們欽差大人的委派、到貴衙門來、有件面談的公事、　哦、請說一說、是件甚麼事呢、因爲上月有敝國一個繙譯官、領有護照、到某處游歷去、赶他到了那個地方、就住在一個店裏頭了、誰知那兒的百姓、

少見多怪、每日三五成羣、在店門口兒擁擠觀看、其中還有口出不遜者、並且敝國繙譯官風聞那些個百姓、有意滋事、因爲那個店離汎官衙門不遠、於是他就到汎官衙門去、意在面見汎官、請他設法彈壓、免生事端、誰知那個汎官、竟自托病不見、敝國繙譯官無法、就又到知縣衙門去拜會、趕他到了知縣衙門、把名片投進去了、等候許久、門丁出來說、知縣陪客說話哪、不能接見、這麼着敝國繙譯官、就回店裏來了、次日清早他又到縣衙門去請見、有一個姓王的書辦出來、把他讓到科房裏去了、王書辦問他的來意、他就將百姓有意生事、打算請知縣設法保護的話說了一遍、王書辦說、

因爲知縣現有公事在身、不能接見敝國繙譯官、就說既是知縣公事煩冗、我也不便請見、不過求閣下將此事回明知縣、就提我請他趕緊彈壓、免生意外之事、是要緊的、王書辦滿口應允、然後敝國繙譯官、就告辭回店裏去了、誰知他在店裏又等了兩日、並沒音信、百姓越聚越多、信口胡言、勢必要鬧出事來、他看情形不妥、就一面發稟帖、稟報我們欽差大人、一面他就起身到府裏去、打算面求知府、轉飭知縣妥爲保護、可不知道到府裏去辦理如何、但是我們欽差大人接到他的稟帖、十分詫異、因想各國人民到處游歷、既領有護照、地方官就應當照章保護、纔是、此事不但載在條約、而

且屢次奉旨、飭令各省督撫、轉飭各地方官、恪遵條約、保護洋人、何以各省督撫倒能遵守條約、而地方州縣、仍是以保護之責、視爲無足輕重之事、令人實不可解、如今我們欽差大人就求王爺中堂大人們、再咨請各省督撫大人、轉飭所屬、後來若是有外國人帶着護照、到處游歷、地方官總應當加意保護、以符條約、是要緊的、　是了、閣下回去、可以告訴欽差大人說、這件事我們明日就行文到那兒去、請該省的巡撫、要查問那個知縣、和那個汎官、究竟他們是爲甚麼不肯接見、及不設法彈壓的原故、若是查出他們有辦理不善之處、必須將他們開叅的、並且我們還可以再行咨請各省

督撫、嚴飭各州縣、日後若有洋人到各地方游歷去、總要按照條約、加意保護、倘或有不肯盡力保護的、一定要指名奏叅的、　是中堂大人們、如此費心、敝國的官民、實在感謝不盡了、　那兒的話呢、這是我們該當盡力的、　那麼我回去就遵照中堂大人們的話、回明我們大人就是了、　閣下回去替我們問欽差大人好、　是、回去都替說、　請了請了、再見再見、

第六章

今日我是奉了我們大人的委派、到貴衙門來和王爺中堂、大人們說知一件公事、　啊、是甚麼公事呢、　因爲是上月、

有敝國的一隻火輪商船、船名風順、由上海往天津來、行至葛沽的上邊兒撞壞了貴國停泊的一隻商船、趕到風順輪船到天津之後、船主業將此事稟報敝國領事官了、並且稟明了、那隻中國商船停泊的地方、有礙輪船往來之路、說是既然那隻商船不按河泊章程停泊、此次被輪船碰壞、便不應認賠的、後來敝國領事官、接到貴國道台的照會、說是據中國船戶周立成稟報、該商船正在葛沽水面上行走之間、敝國風順輪船由後面來、將該商船撞壞船舵已經撞折了、船幫也撞壞了、彼時敝國領事官照復道台、就提風順船主、已經稟明了、說是中國那隻商船、是在河裏灣着了、因他停

泊處所有礙輪船往來之路、以致被碰、按照河泊章程、是不應賠的、但是現在兩國應當先彼此派員、會同到碰船之處、查看一回、然後再議應賠不應賠的事、這麼着道台就派了一位委員、會同敝國繙譯官、到碰船的地方查看了一回、那個船戶周立成原稟的、是把他的船舵撞折了、把船幫也撞壞了、趕他們一看、不過將船舵撞折了、並沒撞壞船幫、這一節就先與原報不符、又據船戶周立成說、那天他的船、實在是正走之間、被輪船碰的、然而據敝國船主說、那天周立成的船、並沒在河內行走、實在是在河裏停泊、阻礙輪船之路、以致被碰的、道台總以敝國船主之話不足信、以中國船戶

之言爲足憑、敝國領事官和道台辯論說、若是以中國船戶之話爲可信、那麼那個船戶原稟的、是輪船將他的船舵碰折了、將船幫也撞壞了、及至一查、不過將船舵撞折了、並未碰壞船幫、只舉此一端、可見那個船戶的話、不足爲憑了、道台雖然無話可答、到底還是堅請敝國領事官、飭令輪船船主賠償修費、敝國領事官、據輪船船主供說、那個中國船戶、既然不按照河泊章程停泊、致被碰壞、照例是不能賠償的、敝國領事官若強令該船主賠償修費、實不足以服其心、無奈道台總不以敝國領事官之言爲然、彼此辯論不休、敝國領事官實無法可辦、所以詳報我們欽差大人、請示辦法、我

們大人派我來、請問王爺中堂大人們、此案應如何辦理、方免彼此爭論、　雖然今日王爺不在坐、依我們之見、這案兩造各執一詞、都不可憑信、總應由貴國欽差大人札飭領事官、由我們札飭道台、叫他們飭令兩造、各尋見證、然後彼此會訊、自然就有個水落石出了、閣下回去、將此節回明欽差大人、如以爲可、就請賜一信來、我們就給道台行文去就是了、　是、那麼我回去、將中堂大人們所論的辦法、回明我們大人、斟酌可否、再寫信來就是了、　是就這麼樣罷、　那麼我暫且就要告辭了、　請了請了、

第七章

大人這一向好、　托福托福、閣下一向可好、　承問承問、
閣下請坐、　大人請坐、　閣下這一向公事忙不忙、　公事
倒不甚多、　閣下今日光臨敝署、是有甚麼公事麼、　是今
日是奉了我們領事官的委派、到貴衙門來、商量一件公事、
是甚麼公事呢、　因爲有這本地一個商人名叫劉雲發、
由福州雇定了敝國一隻夾板船、裝載雜貨、運到此處、議定
水脚是四千五百塊洋錢、在福州地方、先付過一千五百塊、
說明白的、下欠那三千塊錢、是到此處付淸船主、當時也都
答應了、這其中並沒有中人行棧經管、俱是他們彼此對講
的、趕前四天船到了此處、次日一早、劉雲發用撥船將貨物
起下來、裝上了、運到海關門口候驗、然後他和船主說、他先
到家去措辦水脚、晚上必回船上來、把下欠的銀兩、都要交
淸的、他還開了他的住址交給船主收着、船主看他那個人
是個正經商人、可就答應叫他去了、趕到那天晚上、劉雲發
並未回船、直等到昨日晚上、仍未回船、船主就遣人按他所
開的住址、到那個地方去找、並未找着、心裏就未免設疑、故
此禀報領事官、函致稅務司、若是劉雲發完淸稅項、暫且將
貨物扣留、等他交淸水脚銀兩、再爲放行、後來接得稅務司
函復、說若是劉雲發完淸稅項、海關沒有暫行扣留貨物之
例、此事碍難照辦、領事官恐怕劉雲發忽然交淸稅課、海關

官話指南　官話問答　三十八

將貨船放行、這項水脚銀兩、可就無着落了、所以領事官派
我來、請大人函致稅務司、如若劉雲發完淸稅項、暫且把他
的貨船扣留、等他還淸水脚、由我們領事官知會大人、轉致
稅務司放行、請大人千萬費心、給辦一辦、我們就感情了、
這件事若以公事而論、劉雲發完淸稅項、海關原無扣留貨
船之例、如今領事官既然託咐我、我不過按着私交情、轉託
稅務司、把劉雲發貨船、暫且扣留就是了、趕到他交淸水脚
銀兩、請領事官趕緊賜我回信、我好知會稅務司、把貨船放
行、這不過是暫時通融辦理、後來不可以此爲例、　大人如
此費心、我們實在感謝不盡了、　那兒的話呢、這回頭我就
給稅務司發信、　那麼我要告辭了、　請請、　改日再見、

第八章

今日我是奉了我們道台的委派、到這兒來、是和領事大人、
說一件公事、　是甚麼公事呢、　因爲前次大人照會我們
道台、說是這本地慶長洋貨鋪東家趙錫三、批定了貴國天
盛洋行哈喇六十包、立有批單、趕到上月貨到了、洋商催趙
錫三起貨、趙錫三藉詞挑剔、不肯將貨物起去、大人請我們
道台、飭縣把趙錫三傳案查訊、後來據知縣禀復、說把趙錫
三已經傳到案了、據他說去年封河之先、他在天盛洋行、批
定了六十包哈喇、立了一張批單、他付過定銀一百兩、言明

官話指南　官話問答　三十九

今年三月初間交貨兌銀子、兩無就悞趕到本年三月初間貨到了、天盛洋行遣人去給他送信、他就拿着原樣去到洋行、把貨包拆開、拿原樣一比、內有十包貨樣不符、所以他不肯收貨、要把原給的定銀退回、叫洋商將貨物另行出售、洋商不肯退還定銀、這麼着倆人也沒說開就散了、不料洋商竟自將他稟控、他不肯起貨、實在是因有貨樣不符的緣故、並非是藉詞推托、我們道台據知縣的稟復、已經照會大人了、後來又接到大人的回文、說是趙錫三在縣署所供的情形、是一面之詞、不足爲憑、請飭縣仍舊叫趙錫三收貨兌銀子、我們道台說、雖然趙錫三所供的是一面之詞、無奈他既

供出因貨樣不符、他不肯起貨、如今若是勒令叫他收貨付銀子、實在不足折服他的心、若是一定以趙錫三之言爲憑、洋商又未必肯服、我們道台現在想了一個善法、遣我來和大人商量、打算定規本月某日、我們道台同大人在會訊公所、把原被兩造傳來、叫洋商雇人、把那六十包哈喇抬到公所去、大人和我們道台過一回堂、公同看一回貨物、孰是孰非、自然立判、不知道大人的尊意以爲何如、　此事我原無成見、如今既然兩造各供一詞、難以定案、道台所想的辦法也很妥當、然而以我的愚見、由道台飭令趙錫三、約兩個華商、由我飭令天盛行的東家、邀兩個洋商、是日都齊集會訊

公所、叫他們四個商人看明貨物、是否與原樣相符、以他們四個人爲憑據、若果他們四個人看明貨樣相符、道台便可飭令趙錫三起貨付銀子、如果貨樣不符、彼時我訊明天盛行主、再和道台商議辦法、愚見若此、閣下以爲何如、　大人所論的辦法、更盡善盡美了、我回去將此節稟明道台、再回復大人就是了、　閣下再坐一會兒罷、　今日是有公事在身、不能久陪、等底下再給大人來請安、　豈敢豈敢、　大人留步罷、　改日再見、

第九章

今日我們領事官委派我來、和大人商量一件公事、　是甚

麼事呢、　就是敝國寶昌行掌櫃的朱曉山虧空銀兩的那一案、　那一案前日我已經照會領事官了、不知道領事官以爲何如、　我們領事官的意思是這麼着、當初寶昌行聘請朱曉山之時、有祥立仁和福順晋昌四家具的保單、言明嗣後朱曉山如有虧空等事、除將朱曉山家私變價賠還外下欠若干兩、四家保人一律攤賠、各無異議、前日我們領事官接到大人的照會、說現在除將朱曉山家私變價一千兩賠還外、下欠四千兩、應着落保家晋昌綢緞鋪賠出銀二千兩、其餘二千兩、着落祥立仁和福順三個洋貨鋪保家一律攤賠、我們領事官看大人如此辦法、實有不解、所以打發我

來、請問大人因何不按保單上所說的、叫他們四家保人均
攤、怎麼單叫晋昌號多賠、叫那三家少賠呢、　我叫晋昌號
多賠、叫那三家少賠、這其中有個緣故、因爲前次我把那四
家保人傳來審訊之時、據祥立、仁和、福順、三家鋪東說、當初
具保單時、雖然言明、將來朱掌櫃的、如有虧空等事、除將朱
曉山家私變價賠償外、下欠若干兩、四家保人一律均賠、然
而這些年、晋昌號時常有借用朱曉山銀兩買貨之事、其所
借用之銀兩、並無利息、所以他這些年、也頗沾朱曉山之光、
我們這三家保人、這些年和朱曉山、並沒有交往錢財的事
情、向來沒有沾過朱曉山之光、如今若是叫我們都一律攤
賠虧空、我們三家實在寃屈、這麼着我又問晋昌東家、他們
那三家所說的、是實有其事麼、據他供認、這些年實有借用
朱曉山銀兩買貨之事、情實沾朱曉山之光頗多、因此我纔
將朱曉山虧空的這四千兩銀子、斷令晋昌號賠出銀二千
兩、那三家保人分賠那二千兩銀子、他們四個人都情願具
輸服甘結、此事我也並未十分勉強、閣下看如此判斷、還有
甚麼不公平之處麼、　我斗胆說一句話、求大人可別見怪、
閣下有話不妨明言、　據我看、如此斷法、似乎不甚公平、
有何不公平之處呢、　大人之意、是以爲晋昌號這些年
沾過朱曉山之光、所以如今斷令他多賠、那祥立、仁和、福順、

三家、向來並沒沾過朱曉山之光、所以斷令他們少賠、依我
的愚見、斷此案、總應當據保單上所說的話爲憑、保單上既
然言明、將來賠補朱曉山虧空、應當四家保人一律均攤、如
今若單叫晋昌號多賠、不但與保單原議不符、且恐那三家
有幸免之詞、似乎不公、至於說晋昌號常借用朱曉山銀兩
買貨、並沒利錢、這些年沾朱曉山之光頗多、因此斷令晋昌
號多賠、然而晋昌號借用朱曉山銀兩、那是他們的私交情、
與此案無涉、斷無因此案而牽涉伊等私情之理、在那三家
保人、希圖少賠錢、原可以任意混供、在大人原不必據他們
之言而斷、設若這四家保人內中有兩家沾過朱曉山之光、
那兩家沒有沾過朱曉山之光、那麼就應當竟叫這兩家沾
過光的賠銀子、那兩家沒沾過光的、就可以置身事外麼、所
以大人總應當據保單斷令他們四個保人一律均賠、不可
有賠多賠少之分、方爲公允、　閣下所說的是據理而論、我
所說的、是隨勢酌情權變之法、　大人所說的、隨勢酌情權
變之法、那是據理判斷有萬難之處、方可用權變之法、如今
此案據理而斷、並無礙難之處、又何必用此權變之法呢、
閣下既然看我所斷的不甚公平、請閣下回去之時、和領事
官商量商量、然後偺們再從長計議、也未爲不可、　既是如
此、偺們再議就是了、我現在要告辭回去、　忙甚麼、偺們再

談一會兒罷　我還有公事了、偺們改天再會罷、　請了請了、　再見再見、

第十章

今日我到貴衙門來是和大人面商一件事情、　哦、請教是甚麼事呢、　就是因爲貴國信成洋貨鋪欠敝國恒裕洋行的貨銀那一案因爲上回恒裕洋行稟控信成洋貨鋪的時候、我先把信成的東家王保山傳來問了一問、據他說這本地富順雜貨棧欠他有一萬多兩銀子的貨銀屢次去催討、總也沒還若是能把那項銀子追出來除了還恒裕洋行貨銀五千兩還富餘五千多兩銀子哪、他求我照會大人飭縣先把富順棧的東家傳到案、把那項銀子追出來他就可以歸還恒裕洋行的貨銀、我是恐怕恒裕洋行貨銀無着落、所以照會大人飭縣傳訊富順棧的東家、把他該信成的貨銀追出來爲得是好歸還恒裕洋行的欠款、昨日大人遣委員楊大老爺到敝館去、說是此案恐怕是信成東家託出恒裕洋行東家揑詞代爲控追富順棧的欠欵、如果照辦怕是開洋商包攬插訟之端、請我細細的查問明白再議這麼着我又把恒裕行的東家叫了去、細問了一問、據他說信成洋貨鋪實在欠他行裏的貨銀五千兩、有帳可憑、他並不知道富順棧該信成洋貨鋪銀兩的事、至於求我照會大人飭縣傳

富順棧的東家、訊追欠欵、那實在是王保山的主意並非是他們倆人商量的辦法、如今我既然查明白了、這其中並沒有毛病、那麼就還請大人飭縣照辦就是了、　大人雖然查明白了、這其中並沒有弊病總還該當由洋商控追信成由信成控告富順、各清各帳、方爲正辦、若是隨便牽扯、雖然這案沒毛病、難保後來不滋生弊端、這也不可不預爲防範大人尊意以爲何如、　我想大人所說的也很有理不過有一層請大人吩咐知縣、將來王保山到縣控告富順、知縣把富順棧欠信成的銀兩追出來的時候、先別叫信成領去、由知縣把信成欠恒裕洋行那五千兩貨銀扣下、其餘的銀兩、再叫王保山領去、大人想這麼辦好不好、　這層我倒可以飭縣遵辦就是了、　既是如此我明日行文過來就是了、暫且失陪、　那麼偺們改日再見、　請了請了、　再會再會、

第十一章

老兄大喜了、　老弟同喜、　因爲昨日我看京報、知道老兄選上了、所以今日特來給老兄賀喜、　實在勞駕得很了、老弟請坐、　老兄請坐、　老弟這一向官差忙不忙、　這一程子公事很忙、總未得暇、　何以如此之忙呢、　是因爲這一向竟辦理秋審的事情哪、　秋審也快辦結了罷、　是也就在這個月底就可以辦結了、　是、　老兄是幾時驗放、　大

概就在本月初十驗放、缺分怎麼樣呢、算是個中缺罷、老兄如此大才、不久便要調首縣的、那如何敢指望呢、我這初次作官、但願得一簡缺免有竭蹶之虞、若遇一煩難之缺、轉恐才不勝任、必致貽笑大方、老兄太謙了、那麼老兄行期、大約得幾時呢、大約也就在冬子月初間罷、限期是多少日子呢、限期原是三個月、若是有緊急的事、也還可以再告一個月的假、在我的意思看、若到臨時沒甚麼緊要事件、也就無須告假了、老兄此次攜眷去麼、我想冬天路上太冷、若是攜眷去、諸多不便、我打算今年我先到任上去、趕明年春天、再遣家人來接家眷去、倒方便些個、

是老兄這麼辦、倒很妥當、我現在要上衙門去、改天再談罷、老弟有官差在身、我也不敢久留、等我驗放之後、再到老弟府上請安去就是了、不敢當、老兄請留步罷、老弟請走罷、那兒有不送之理呢、老兄請進去罷、候乘候乘磕頭磕頭、

第十二章

老兄久違了、彼此彼此、老弟大喜了、同喜同喜、我是前日到的、家看見題名錄了、知道老弟高中了、所以今日特來賀喜、勞老兄的駕、那兒的話呢、老兄請上坐、老弟請坐、老兄一路上倒都很好、是托福、一路都很平安、

喈

老弟此次中的很高、足見是學問有素了、承過獎了、這不過僥倖如此就是了、老弟太謙了、此次房師是那位、房師是張太史、都拜過了麼、是前日座師房師都拜過了、令弟此次抱屈的很、那兒的話呢、出了房了沒有、是薦卷了、就是因爲詩不妥批落了、這也是一時的科名蹭蹬、下次鄉試一定要取中的、借老兄的吉言罷、您此次進京來是有何公幹、我是解銅來了、都交代完了麼、昨日已經都交代清楚了、那麼您此次回省就可以補缺了罷、今年回省署事還可以、補缺大概總得明年罷、可是覆試是多咱哪、覆試是本月二十三、那麼等過了老弟覆試、偺們再談罷、我現在要告辭了、老兄何妨多坐一會兒呢、我是今兒個還要拜客去哪、那麼等過了覆試、我再到府上請安去罷、不敢當、老弟留步罷、偺們改日再會、

第十三章

今日我到府上來、是有奉懇兄台的事情、豈敢、老弟有何見教、是因爲有我們一個敝鄉親、由四川運來有十數箱川土、托我給他辦這上稅的事情、我也是一概茫然、所以特來奉懇兄台代爲辦理、大概貨物得幾時到呢、大約後日可以到京、此事容易辦、兄台可以托誰給辦呢、你

們這位貴鄉親現在到京了麼、他是昨兒晚上到的京、打算把這上稅的事情安置好了、他再出城迎貨去、是我今兒可以出城託好了稅務司的經承叫他派兩個人、後日一清早、到您的寓所去、跟着您那位貴鄉親、一同出城迎貨、然後叫那倆人押着貨車到務、囑咐貴鄉親、可以先期開一清單交給我、是日由我呈請查驗、趕查驗之後、就可以先打印子放行、等科房把稅銀算清、告訴我說、我再和貴鄉親要出來、給稅務司送去、不過得給底下當差的些個飯錢就是了、我們那個餓鄉親、倒不怕多花幾個錢、只要保其平安、就是造化、如今聽您說的這個辦法是妥當極了、請貴鄉親

竟管放心、此事既是我承辦、我管保萬無一失、您不知道、我們那個敝鄉親、現在是驚弓之鳥、怎麼、他前年運來十箱子川土、趕到了彰儀門的時候、城關了、他就住在一個店裏頭了、趕車的趕車上把烟土卸下來了、被巡役看見了、報他私卸貨物、因此罰了若許銀兩、所以此次他是膽戰心寒、故此纔託我預先安置、您告訴他萬安、決不能有差錯、那麼實在承您費心了、我明日在寓所候您的佳音就是了、就是就是、

第十四章

前次承兄台枉顧、今日特來謝步、豈敢、老兄實在多禮、

那兒的話呢、這是該當的、老兄這一向官差如何、這幾日稍微的漸漸消停一點兒、老兄是能者多勞、承過獎了、不過以勤補拙就是了、老兄太謙了、今日兄弟來、打算初五奉請兄台在同慶堂一聚會、求老兄千萬賞臉別推辭、兄台何必如此費心、偺們一見如故、似無須拘此形跡、這不過是兄弟一點兒誠心、聊盡地主之情、況且同座幾位、都是偺們道義中人、又是和兄弟至好、大家不過聚在一處談一談就是了、既蒙老兄抬愛、我就遵命了、豈敢、這是兄台賞臉賜光了、那麼明日我備帖過來就是了、偺們今日既當面說明白了、老兄就不必送帖來了、不過請告訴我

時辰就得了、那麼我就從命不送帖來了、偺們初五午初、在同慶堂會面就是了、我屆時必要早到的、那好極了、還有一件事、我要奉懇老兄替我爲力、兄台有何事吩咐、因爲我這是初次到京、舉目無親、現在要投供、無處找互結官、老兄若有素識投供的朋友、求給我找一位互結官纔好、此事甚巧、現在有一位朋友是舉人、他運今年會試、算是已過三科了、正打算要投供候選了、你們二位互具保結、倒是很好、偺們初五這約就有此公在座、那個時候便可當面商議、這實在是萬分湊巧了、此事全仗老兄爲力了、豈敢、該當効勞的、我也要告辭回去了、偺們初五見就是

了、老兄回去了、再見再見、

第十五章

你們二位見一見、這是朱筱園、這是黃毅臣、久仰久仰、
彼此彼此、老兄請坐、請坐請坐、我常聽見這位李芝
軒老兄提閣下學問淵博、實在仰慕得很、今日一見、眞是有
緣有緣、豈敢、兄弟是才疎學淺、承芝軒兄台謬奬、實在是
慚愧的了不得、老兄太謙了、請問老兄、是由幾時丁的憂、
是由今年春間、老伯大人在的時候、都是榮任過甚麼
地方、先父是由翰林轉御史、後來陞給事中、然後京察一
等、簡放廣東督糧道、去年升任河南藩司、今年春天二月初

五、在河南藩司任內出的缺、老伯大人今年高壽了、今
年六十六歲、實在可惜可惜、伯母大人今年高壽了、
家母今年整六十、身體倒還康健、是托福、倒很健壯、
閣下是在翰林院供職麼、是、兄弟是癸未科僥倖之後、入
翰林當庶常、去年散館、授職編修、今年春間丁憂、就回籍守
制來了、貴昆仲幾位、我還有一個兄弟、就是我們兩個、
令弟原先榮任過甚麼地方、他沒當差、他是壬午副榜、
先父在的時候、他隨侍任所、現在是在家裏念書、是、兄弟
這是初次到貴處、一切未諳、諸事總是求老兄指教、豈敢、
老兄從先是在何處遊幕、前年曾就易州衙門刑席、去年

冬間、舊居停因案去任、兄弟脫館、就回家去了、趕到今年夏
間、我們這位朋友、還授此缺、執意邀兄弟同來、誼不容辭、所
以就一同來了、我們這位老父台、是由甚麼出身、他是
由舉人國史館議叙、是、我現在要告辭回去、改日再來領
教、豈敢、老兄回府、先替我給伯母大人請安、兄弟改日親
身到府上請安去、不敢當、兄台留步別送、請了請了、

第十六章

前次我是聽見孔竹菴兄、提老兄大名、不敢造次晋謁、託孔
兄代爲先容、今日特意到府上來請安、豈敢、勞兄台的駕、
我也是久仰大名、只因家事煩雜、還沒得過去拜訪、今日一

見、深慰下懷、我這是初到貴處、人地生疎、諸事仰仗兄台
指教、豈敢、有甚麼事、兄弟是必當効勞的、請問老兄、是幾
時到的敝處、我到此、不過兩個月、我聽見孔兄說、老兄
現在是辦理本處釐捐局的事務、是、我到省裏、稟見撫台
之後、奉委幫辦本處釐捐事務、老兄在省裏、住了有多少
日子、住了不過一個月、老兄可以幾時補缺呢、補缺
大概還得過三年罷、貴班次的、還有幾位候補的、連我
還有五個人、老兄名次在第幾呢、我的名次、是在第四、
是了、兄台是幾時起服呢、後年正月起服、現在老
兄、是在崇正書院主講麼、是因爲是敝處紳衿公舉兄弟

在書院主講、其實自愧無才、徒負虛名而已、那兒的話呢、
前次兄弟曾託孔兄來、面求老兄一件事、今日我斗胆特
來奉懇、不是爲令弟的那件事情啊、不錯、就是那件事、
我是因爲才疎學淺、恐怕躭悞令弟的科名、不敢率允、
老兄太謙了、若是舍弟拜在老兄門下、得親大教、學業日新、
何幸如之、老兄既然願意令弟問道於盲、那麼我就勉強
從命了、兄台既然允許了、我就感激非淺了、等着擇吉、我
帶舍弟來拜師就是了、不敢當、不敢當、令弟是幾時進
的學、他是前年進的學、我怕是他在家裏荒疎學業、所以
我把他帶出來、投一位名師肄業、以圖上進、如今得蒙老兄

陶鎔、將來舍弟成名、舉家感戴、沒齒不忘也、豈敢豈敢、那
麼等老兄定妥日子、我和令弟會面就是了、等我擇定日
期、先託孔兄過來、知會老兄罷、就是就是、

第十七章

兄台這一向少見、是有甚麼貴幹去了麼、是同着幾位朋
友、到西山遊玩去了、去了有多少日子呢、在山上住了
有十天、住了十天、可逛足了罷、遊玩的地方倒不多、在
兒竟住了好幾天、在那兒住着、幹甚麼來着、我們這幾
個人、是在西山上一座關帝廟裏、立了一個詩會、這雅的
狠哪、都是每月逢幾開會呢、每月初一至初五、十一至十

五、二十一至二十五、這都是作會的日子、這麼說、一會是
五天、一個月共是十五天、不錯、每月是十五天、這每月
作會的日子狠多呀、共總有幾位朋友呢、偺們京裏的、連
我是五個人、還有那本地的兩位朋友、共總七個人、那麼
你們這五位、作會的日子、得在那兒下榻罷、是、我們每逢
作會的日子、頭一天去、趕過了作會就回來、在山裏頭、是
住在那兒呢、就住在那本廟裏、那麼飯食是怎麼辦呢、
我們是由京裏帶一個厨子去、吃的東西、也是由京裏買
了帶了去、酒和肉、彼處有一個小鎭店、還可以買、既是如
此、我也願意入這個詩會、若是得兄台去、與這個會更增

光了、承過獎了、我是不長於做詩、不過去給衆位研墨就
是了、兄台太謙了、還有飯食這一層、我也是一律均攤、
我纔肯去哪、那一層、兄台倒無須介意、都在兄弟身上就
是了、若是不說明白了、那我決不敢從命的、既然如此、
偺們就同席吃飯、各自會錢就是了、如此、我便可以去、
可是誰是會首呢、我們這麼商量的、大家輪流着當會首、
這麼辦倒是狠好、那麼二十一早、我來約上兄台、偺們
一齊動身就是了、是、就這麼辦罷、

第十八章

閣下是貴國那一縣、我是敝國長崎縣的人、那麼離敝

國甚近哪、不錯、離貴國很近、閣下到敝國來有幾年了、我到貴國有三年了、閣下在敝國三年官話能說得這麼好、實在是聰明絕頂、佩服佩服、承閣下過獎了、我這不過粗知大概、那兒就能說到會呢、閣下的口音與敝國人的口音毫無差別、不是我當面奉承、像閣下這樣聰明的人、實在是罕見的、那兒的話呢、閣下在此是當甚麼差呢、我現在是在此當繙譯官、這好極了、偺們這兩下裏時常有會辦的事件、若是有我不知道的、還要求閣下多指教、豈敢豈敢、我這是初次當差、一切未諳、諸事還要請教閣下哪、不敢當、偺們倒是常常的互相討論、彼此都可以有

進益、不錯、閣下所論甚是、請問閣下是由甚麼出身、我是由舉人揀發到此、閣下揀發到此有幾年了、我到此不過纔一年多、閣下貴處是甚麼地方、敝處是湖北江夏縣、寶眷也在此麼、我沒攜眷來、因爲家母年邁、不耐舟車之苦、故不能往來、就是我隻身在此、是我到此聽見我們領事官說、閣下在此與各國官員同來交際、均甚水乳、實在令人欽佩、那兒的話呢、我本不甚熟諳洋情、蒙上憲委派到此、幫辦交涉事件、不過以實心行實事、總望兩無猜疑、推誠相信、彼此自可融洽、這就是我的本意、閣下常存此意、自然辦理妥當、我今日還要到別處拜客去、等底下我

再到貴寓來、面領大教、倘閣下得暇時、請到敝館談一談去、是、既蒙閣下不棄嫌、過一天、必要到貴館望看去、豈敢、那麼我在敝館、恭候大駕就是了、不敢當、閣下乘上走罷、閣下留步罷、磕頭磕頭、再見再見、

第十九章

今日我到府上來、是有一件事奉懇老弟、替我爲力、兄台是有何吩咐、是因爲我們舍親顧子恒去年春天借用令友秦寶臣一項銀子、新近秦寶臣索取此欵、倆人言語不合、就吵鬧起來了、現在我聽見說、秦寶臣要和舍親搆訟、我因爲知道老弟和秦寶臣是莫逆之交、所以特來求老弟出頭、

給他們說合說合、兄台知道、當初令親借銀子的時候、有中人沒有、我知道有一個中人、名字叫高五、去年冬天已經去世了、令親借用秦寶臣是多少兩銀子、有利錢沒有呢、舍親借的是二百兩銀子、言明是分半利錢、立了一張借字兒、寫的是二年歸還、到現在纔一年半、前倆月秦寶臣告訴舍親說、他要置房子、等這項銀子用、他也不接利錢、要停利歸本、我們舍親說、一時不能歸本、秦寶臣叫我們舍親盡力湊辦就是了、然後也就散了、新近秦寶臣、又到舍親家裏去、要立刻歸本、舍親說、一時實難湊辦、總得再緩幾個月、纔能如數歸還啊、現在還是照舊按月給利錢就是了、秦寶

臣不依、定要歸本、不要利錢、因此倆人言語不合就吵鬧起來了、現在我聽見說秦賓臣要打官司、在舍親因爲沒到約期不能歸本、況且又不拖欠利錢、就是打了官司、也不算沒理的事、不過是他有官差在身、若是一打官司、便要誤差的、所以我打算奉求老弟給他們出來說合說合、叫他們兩下裏平安沒事、那不好麼、　您打算叫我出頭怎麼說合呢、求老弟見秦賓臣和他說一說、過兩個月、一準給他歸本就是了、現在還是按月給他利錢、倘屆期舍親不能歸本、都有我一面承管了、　既是如此、我明日就見賓臣和他說去就是了、　勞老弟的駕、等事完之後、我再帶舍親給老弟道乏來、　豈敢豈敢、

第二十章

今日我們倆人是專誠來拜望閣下、　勞二位的駕請坐請坐、　閣下請坐、　你們二位怎麼稱呼、　我姓島他姓井、是幾時到的此處、　我們是昨日到的、　住在那兒了、　住在這東關德元店裏頭了、　閣下在敝國有幾年了、　我在貴國有四年了、　這位在敝國有幾年了、　他來了不過纔半年、　通曉敝國的語言麼、　他不通曉還沒學話哪、　你們二位是到此處游歷來了、還是有公事呢、　沒有公事、不過到此來游歷、　閣下是貴國甚麼地方的人、　我是敝國

大坂府的人、　此公和閣下也是同鄉麼、　他和我不是同鄉、他是橫濱人、　請問閣下、貴同鄉有一位姓福的、他原先在上海當繙譯官、閣下認識不認識、　是、認識他和我們還是老世交了、　現在福公在貴國、是當甚麼差使呢、　他現時沒在敝國、他自從由貴國回去之後、就奉命到英國去了、　那就是了、　閣下和福繙譯相好麼、　是我們倆人至好、　閣下和他是在那兒認識的呢、　原先我在上海當委員的時候、我們倆認識的、結爲文字之交、最相契厚、赶後來福繙譯回國去了、他到了長崎的時候、還給我來過一封信了、後來因爲我奉委到直隸來了、從此就踪跡渺茫了、如今聽閣下說、纔知道他奉命到英國去了、我這兩天修一封信、交給閣下、遇便求您給他帶到英國去、　可以的、我們還得在此住幾天了、閣下可以隨便寫得了、遣人送到店裏交給我帶去就是了、　我這兩天還要到貴寓回拜你們二位去哪、　那我們實在不敢當、閣下公務甚忙、況且閣下既然是和福繙譯相好、偺們這更親近一層了、似不必拘此形跡、　那是該當的、　我們現在要告辭回去了、　勞二位的駕、　那兒的話呢、閣下留步別送、　那麼我就從命、不遠送了、　豈敢、改日再會、

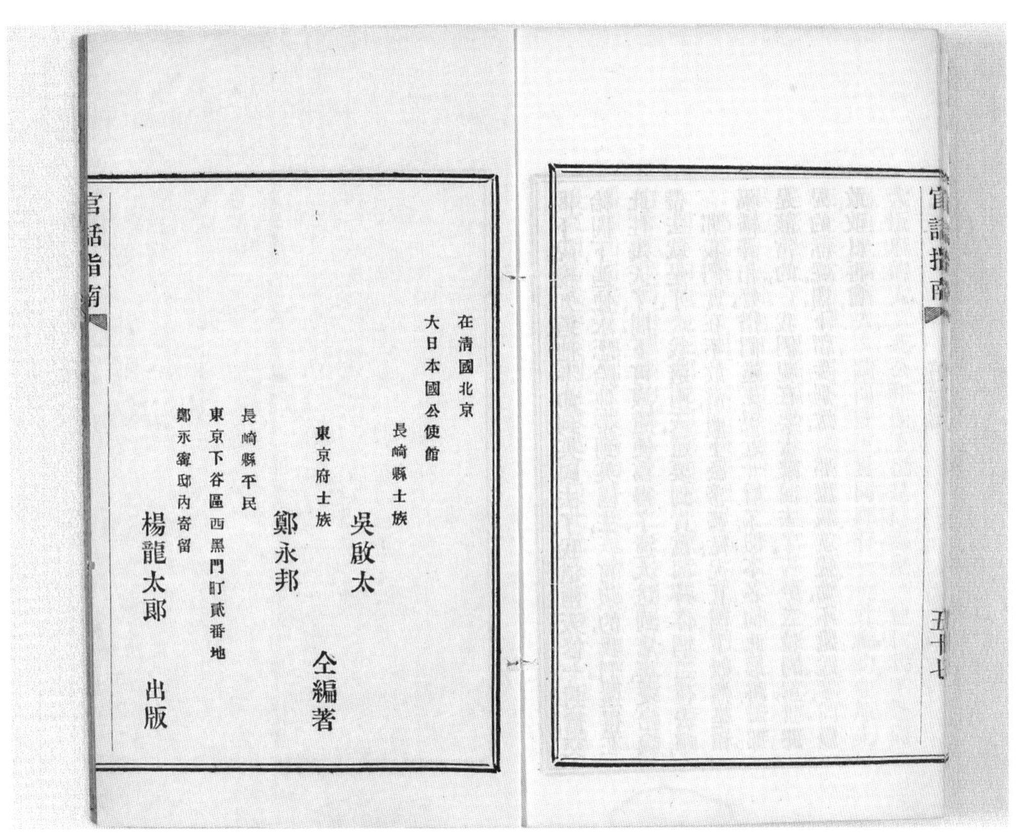

官話指南

在清國北京
大日本國公使館
長崎縣士族　吳啟太
東京府士族　鄭永邦　仝編著

長崎縣平民
東京下谷區西黑門町貳番地
鄭永寧邸內寄留
楊龍太郎　出版

官話指南　五十七

九江書會　官話指南

（一八九三年、鱒澤彰夫氏寄贈書）

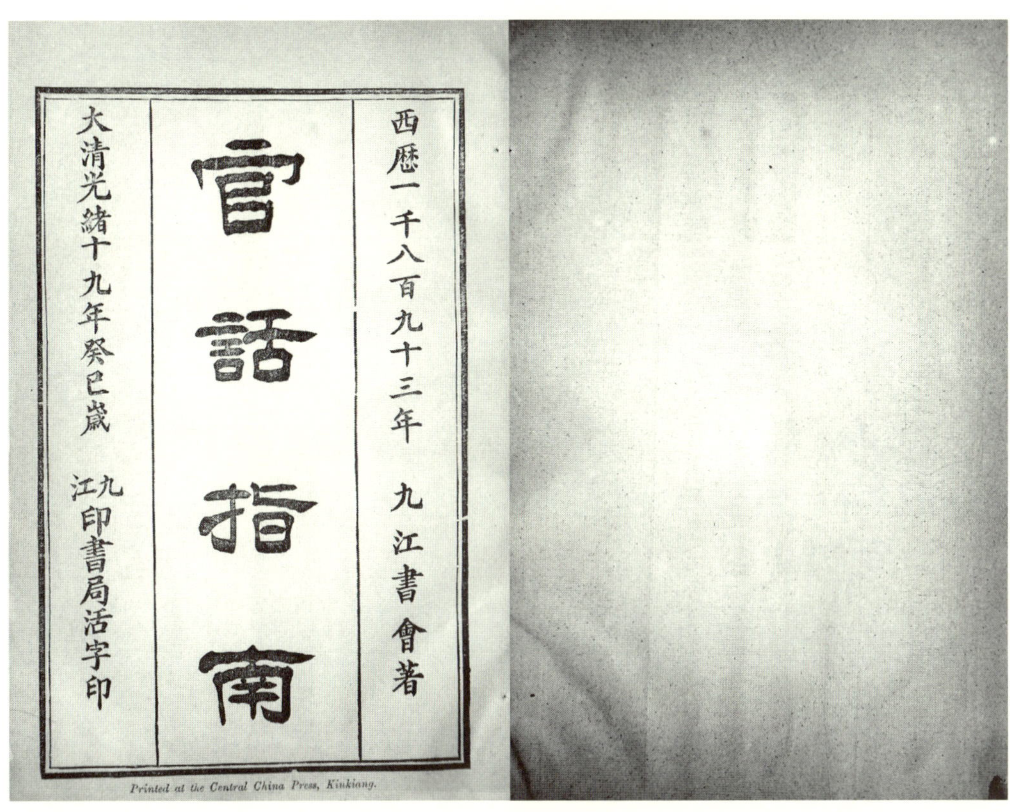

西歷一千八百九十三年 九江書會著

官話指南

大清光緒十九年癸巳歲

九江印書局活字印

Printed at the Central China Press, Kiukiang.

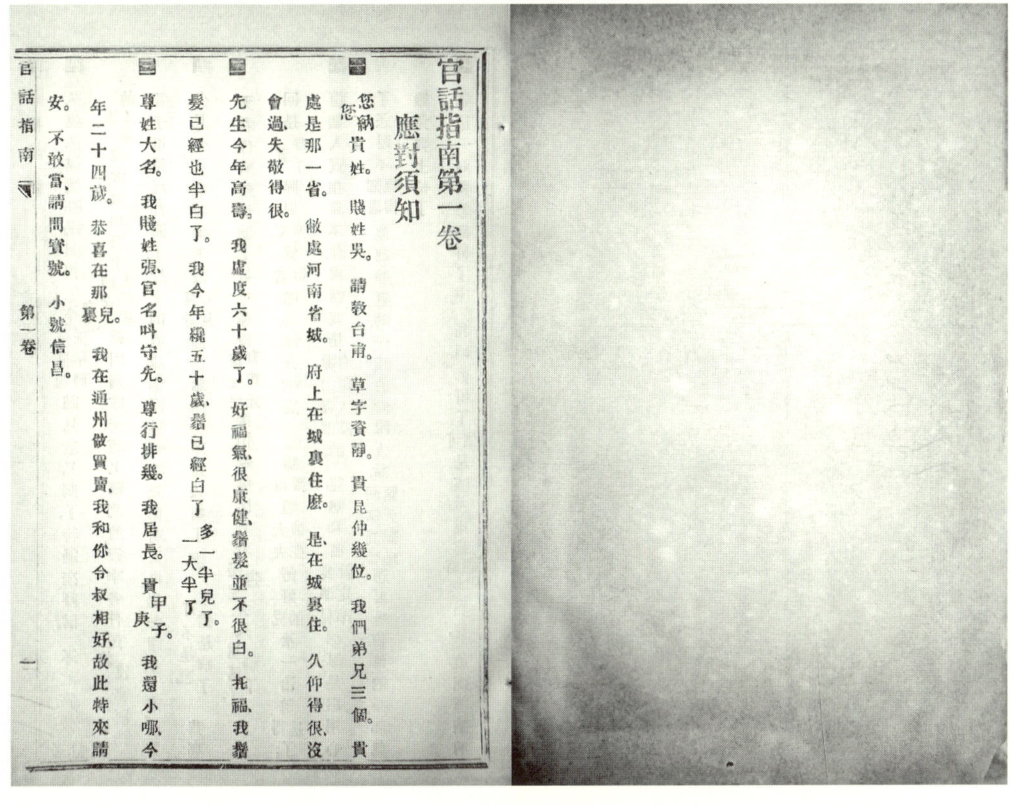

官話指南第一卷

應對須知

您納（您）貴姓。賤姓吳。請教台甫。草字資靜。貴昆仲幾位。我們弟兄三個。貴處是那一省。敝處河南省城。府上在城裏住麼。是、在城裏住。久仰得很、沒會過、失敬得很。

先生今年高壽。我虛度六十歲了。好福氣、很康健、鬚髮並不很白。托福、我鬚髮已經也半白了。我今年纔五十歲、鬚已經白了多一半兒了（一大半了）。

尊姓大名。我賤姓張、官名叫守先。尊行排幾。我居長。貴甲子（庚）。我還小哪、今年二十四歲。恭喜在那兒（裏）。我在通州做買賣、我和你令叔相好、故此特來請安。不敢當、請問寶號。小號信昌。

官話指南 第一卷 一

四 久違久違、實在渴想得很、今〔兒早起／天早晨〕聽見老兄到了、特過來拜訪。不敢當、勞〔您駕、／您的大駕〕我本要到府上〔請安去、／去請安〕就因爲昨天晚上纔到的、行李各件還〔沒拾掇好／沒有收拾〕了、箱子也還沒打開了、身上的衣服都沒換哪、恕兄弟明天再過去謝步。不敢當。

五 少見少見、我這幾天沒〔見着／看見〕你、很想你、莫不是又病了麼。〔可不是麼。／不錯是病了〕我那天看你病纔好、臉上氣色還沒〔復元兒哪、／有復元〕怕是你出到外〔邊兒去、又重落了。／邊翻了〕我這回是〔着／受了〕點兒〔涼、／寒〕覺〔着／得〕頭疼、渾身酸痛。〔那總得／總要〕請〔大夫／醫生〕好好〔兒／的〕治一治就〔得／是〕了。

六 這個人實在靠不住、說話竟是〔雲山霧照的。／海闊天空〕您想和他〔要準兒、／說定準〕那算是白用心了、您還不〔知道／曉得〕他那脾氣嗎、一味的愛說大話、〔胡吹混嗙、／驚天動地〕您要是信他的話、那就難免要上檔了。

七 您這一向貴恙都好了麼。托福、都好了、〔可／就〕是咳嗽纔〔省／輕鬆〕一點兒。這回您病的

日子久了、雖然都好了、還〔得／要〕請〔大夫／醫生〕吃幾劑補藥、〔安／用〕心調養纔好哪。是、承您關照、謝謝。

八 你在這〔兒／裏〕可以隨便不要拘禮。我蒙您的抬愛、已經不拘禮了。照這麼樣就好、我已後有事、纔可以敢勞動你。您肯叫我做事那就是賞我臉了。

九 昨天蒙你〔賞／送〕我的那茶葉、味道很好、謝謝謝謝。好說、我這回到祟安去、就到了武彝山〔逛／玩〕了兩天、不過買了一點兒茶葉、〔送了去的／送與你的〕不多、不成敬意〔的／得〕很。好說、朋友交情要緊是在情意、不在東西。

十 你〔上那兒／往那裏〕去。我想〔上／到〕張老師那〔兒拜客去。／裏去拜客〕那麼我〔求／就請〕你替我問張兄好、說我很想他、有閒空兒請他來坐坐。前幾天我去的時候、他也托我問您〔好來着、／好〕因爲他夫人有一點兒欠安、所以他總〔沒／不〕能出〔門。／來〕

十一 凡人說話總要〔實誠。／誠實〕那是一定的理、若是有〔撒／掉〕謊騙人的事、叫人看破了、自己也丟臉。你所論的正合我的心了。

十二 這件東西你看是眞的是假的。我看是假的。我也看是這麼〔着、／的〕就因爲分辨不出來不敢說。是、你沒細看、這刻的也粗、顏色也不光潤。

十三 我們〔倆／兩個〕如今都閒着、〔可作／可以做〕甚麼好呢。你看有甚麼可做的。我看實在難〔的／得〕很、若說做生意、你我又沒有本錢、若說做夥計、又沒手藝。照你這麼說、〔偺們倆豈不餓死了／我們兩個豈不要餓死麼。〕究竟〔上／皇〕天不生無祿的人、等慢慢再打算就是了。

十四 我想到那〔兒逛逛、／裏玩玩〕就是我一個人又懶〔怠去。／得去〕我也想去〔逛逛、／玩玩〕因爲沒有伴兒不高興、既是這麼的、〔偺們倆／我們兩個〕一同去好不好。〔您納／您〕可以一〔塊兒搭伴兒去、／路做個伴〕與我也很方便了。

十五 〔您納／您〕說話聲音太小、人〔好些個／好些〕聽不清楚。我的聲音生來不能大、對人說話、又不敢大聲〔嚷、／叫〕所以〔顯著／見得〕聲〔兒／音〕小。凡人說話嗓子要緊、若嗓子好、自然響亮、字音清楚、自然〔沒／不〕含糊。

十六 我〔剛／方〕纔隔着槅〔扇／子〕和他說話、你聽見了麼。我沒聽見、〔近來／向來〕我的耳朵有點兒聾。不管怎麼樣、我求你千萬〔別／莫〕把這個事〔給／弄〕洩漏了、這是一件機密的事情。既是這麼〔着、／樣〕我不說、總不至於〔壞事了罷。／壞了事〕

十七 〔你／您〕懂得中國話麼。略會一點兒、那廈門的話別處不甚懂。中國話本難懂、各處有各處的鄉談、就是官話通行。我聽見人說、官話還分南北音哪。官話南北腔調兒不同、字音也差不多。

官話指南 第一卷 六

十八 老總沒見了您納、還認得我麼。瞧着好〔您駕我〕面善、不記得在那兒〔裏〕會過、失敬得很、不敢冒昧稱呼、偺〔我們〕倆〔兩個〕前年在張二家一個卓子上喝酒、您怎麼忘了〔記了〕麼。提起來我認得了、您是何二爺麼。

十九 您納〔駕〕這一向好〔好啊〕、我有件事托你辦辦。甚麼事、請說罷。我記得前天新聞紙上記載有一位會寫字畫的、姓祝、實在羨慕得很、聽說你認得〔識〕他、所以懇求閣下代爲介紹〔引進〕。那容易、我總要給〔替〕您効勞的、您放心罷、交給我〔我當代〕了。

二十 所有偺〔我〕們逛〔遊〕過的這些名勝地方、就是我們今兒晌午〔天中時〕到的那座山上景致好得〔的〕很。是、我最喜歡那半山亭外兩三里的竹徑。頂好是打〔從〕那竹徑轉過灣兒去、在那塊大石頭上坐着、聽那水聲兒、眞叫人萬慮皆空。

二十一 你昨兒〔天〕去遊湖回來早啊、是晚哪〔是早是晚啊〕。回來有四更天了。想昨兒〔天〕晚上月亮很好、湖上風景一定是更好看了、夜景比白天還好、足有加倍的好看。

二十二 這個廟很大。大的〔得〕很、在這兒〔裏〕算是第一個大廟、後頭還有一座寶塔、高的〔得〕很。好上去麼。有一層的塔梯、如今拿開了、不好上去了〔上去〕。那梯子爲甚麼拿開了。因爲人多上去、竟混蹧蹋。

二十三 昨兒〔天〕前半夜月亮很好、我躺在炕上、看窗戶〔子〕上的月光、捨不得睡了。可是趕到了夜深了、忽然颳起一陣風來、黑雲彩在滿天上直飛、打的霹雷很利害。那巧〔奇〕了、是在我睡着了之後罷、我可知道〔祇曉得〕昨兒〔天〕晚上下了雨來着〔了雨呢〕。

二十四 這時正當〔晌〕午、太陽很毒、暑氣很利害、怎麼好出門呢。但是我有要緊的事、沒

官話指南 第一卷 七

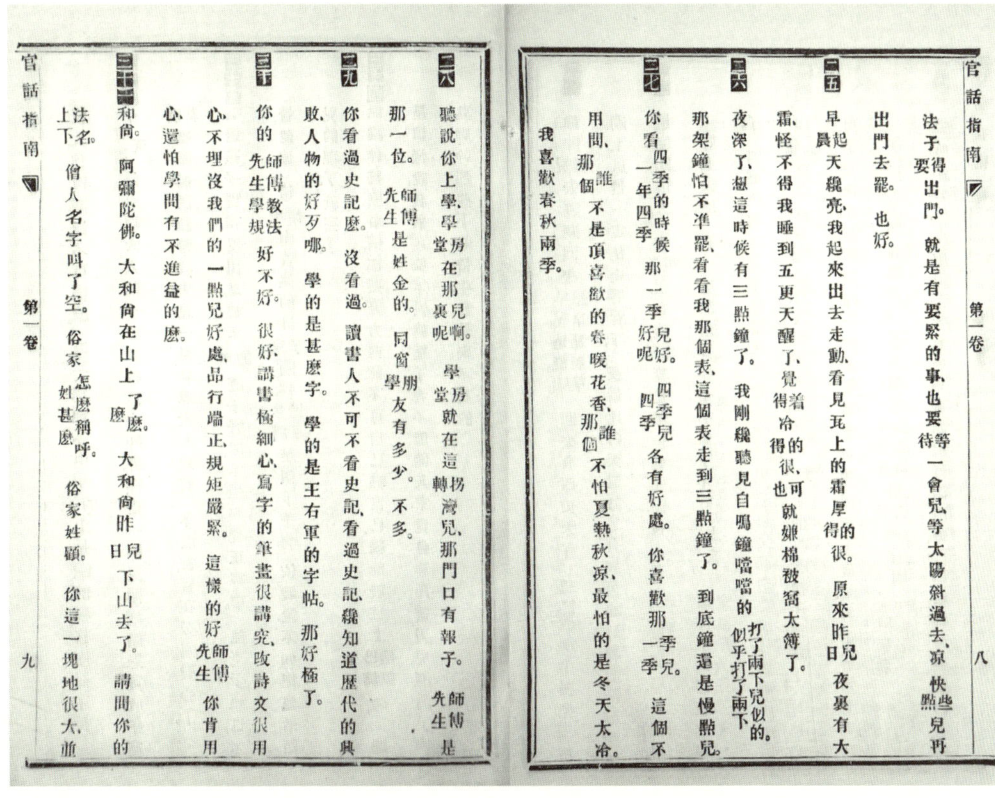

官話指南 第一卷 八

法子得〔要〕出門。就是有要緊的事、也要等〔待〕一會兒、等太陽斜過去、涼快些〔點兒〕再出門去罷。也好。

二十五 早起〔晨〕天纔亮、我起來出去走動、看見瓦上的霜厚的〔得〕很。原來昨兒〔日〕夜裏有大霜、怪不得我睡到五更天醒了、覺着〔得〕冷的〔得〕很、可〔也〕就嫌棉被窩太薄了。

二十六 夜深了、想這時候有三點鐘了。我剛纔聽見自鳴鐘噹噹的打了兩下兒似的〔似乎打了兩下〕。那架鐘怕不準罷、看看我那個表、這個表走到三點鐘了。到底鐘還是慢點兒。

二十七 你看四季的時候〔一年四季〕那一季兒好〔好呢〕。四季兒〔四季〕各有好處。你喜歡那一季兒〔一季〕。這個不用問、誰〔那個〕不是頂喜歡的春暖花香、誰〔那個〕不怕夏熱秋涼、最怕的是冬天太冷。我喜歡春秋兩季。

二十八 聽說你上學、學房〔堂〕在那兒啊〔裏呢〕。學房〔堂〕就在這拐〔轉〕灣兒、那門口有報子。師傅〔先生〕是那一位。師傅〔先生〕是姓金的。同窗〔學〕朋友有多少。不多。

二十九 你看過史記麼。沒看過。讀書人不可不看史記、看過史記纔知道歷代的典敗、人物的好歹哪。學的是甚麼字。學的是王右軍的字帖。那好極了。

三十 你的師傅〔先生〕教法〔學規〕好不好。很好、講書極細心、寫字的筆畫很講究、改詩文很用心、不埋沒我們的一點兒好處、品行端正、規矩嚴緊。這樣的好師傅〔先生〕你肯用心、還怕學問有不進益的麼。

三十一 和尙。阿彌陀佛。大和尙在山上了麼〔麼〕。大和尙昨兒〔日〕下山去了。請問你的法名〔上下〕。僧人名字叫了空。俗家怎麼稱呼〔姓甚麼〕。俗家姓顧。你這一塊地很大、離

官話指南 第一卷 九

沒人作田園、豈不可惜麼。這一塊地不中用的了、土是鹹的、種甚麼都不長。

【三十二】今兒個天是令尊大人的千秋、我特意來拜壽、預備一點兒薄禮、請您賞收、千萬別莫推辭、還請您帶我去見一見令尊大人、致賀。不敢當、實在勞駕費心了。

【三十三】嘿、這孩子實在沒出息、整天家的遊手好閒、不做點兒正經事。他老子娘也不管他麼。這麼樣由着他的性兒子鬧到多僭麼早是個了手啊。依我說、不如把他活活兒的埋了、就完了、

【三十四】無論作甚麼事情、都要努力向前、不可自己哄自己、纔能彀往上巴結造就哪。雖是這樣說、我的差使不悞就是了、我不能像人家、竟會要馬前刀兒、溜溝子、捧臭腳、幹那些下賤營生、我是來不及的。

【三十五】作好官的、皇上一定喜歡、不會作官的、皇上必要有氣的、好歹總在乎各人。這還用說麼、人操守好、再明白公事、那一定保得住、若是才幹平常的、又要愛錢、那就快回家抱孩子去了。

【三十六】如今的京官大人們都好、也都有本事、認眞辦事、所以這些外官也都學得好了。甚麼事都有個榜樣兒、上行下效、在上的不要錢、在下的還敢貪賍嗎。

【三十七】他來過幾回、我總沒大理他、還涎皮賴臉的儘自直是來、實在是不知好歹的一塊死肉。他是個欺軟怕硬的草雞毛、那兒裏算是人呢、你老別切莫理他、他自然就不來了。

【三十八】那個姑娘剛纔起從這兒裏過、也不知是誰那家的、長得很標緻、又穩重、明兒天給替我們令親作個媒、這個姑娘眞不錯。我認得是那邊兒那邊張老二跟前的、若給和你們令親

說倒也配得過。

【三十九】這個孩子有出息兒的、又能熬夜、又能作活事、有耐心煩兒呢、靠得住、怎麼不叫人疼愛呢。你是那麼樣說、我瞧看他很懶、一黑就睡困、俗語兒說說的、馬尾兒尾穿豆腐、提不起來了、實在叫人生氣氣壞。

【四十】素日受蒙您的栽培、我本就感激不盡、現在爲這件事、又承蒙您抬愛、像這麼疼待我、怎麼補報您的情呢。那兒裏的話呢、我這不過効點兒勞、你倒不必這麼多心。

【四十一】牙沒了、牙齒沒有了、甚麼都嚼不動了、爛爛兒的稀爛的纔好哪、別莫弄的那麼挺梆硬的不能喫。我的牙比你的強、不論甚麼硬的脆的都能喫、連瓜子兒瓜子還能磕哪。

【四十二】我請教你、這件事應當該怎麼辦、我心裏想着、他若是一定不依我、就給把他實端出來、怎麼樣。我告訴你、你的性子太耿直、也要隨和些纔好、凡事也不可太

刻薄、人家既肯認不是、也就罷了、何苦老沒完總不了呢。

【四十三】這個貓怎麼不管閒事、滿地的耗子老鼠、他也不拿捉、明兒個天不用餧他就好了。這耗子老鼠眞鬧的得兒、吵的得睡不着覺困不着醒、東西也咬了個稀爛、這可要怎麼好。

【四十四】○ ○ ○ ○ ○ ○ ○ ○

【四十五】我在台堦兒上站着、他抽冷子冷不防把我望後一推、幾乎沒的栽了個大觔斗。那兒裏有這樣促狹的呢、他再不敢和我這麼頑兒呢、他要招着我、我就攢足了勁兒、給他一個冷不防不防備、叫他吃不了得要兜着走。

官話指南第二卷

官商吐屬第一章

【一】您貴姓。豈敢、賤姓王。府上在那兒裏住。舍下在東單牌樓、總布衚衕巷子。您在那

衙門行走。我是在兵部當差。您到舍下來是有甚麼事情麼。是、我來是和您
打聽一件事情、是我聽見說、您這西院裏那處房房子要出租、是眞的麼。不錯、是
眞的、怎麼您要租麼。是、我打算要租。您來遲了、那個房子我已經租出去了。
您租給誰與那個了。我租給與我們一個親戚了。那就是了、那麼您別處還有房子
麼。我別處沒房了、沒有房子我有個朋友、他有一處房子、要出租。在甚麼地方。在這
北邊兒安福衚衕衖子。有多少間房子。有三十多間房子。三十多間房子太多、我
住不了那麼些個許多。您若是住不了那麼些多間、您可以都租下、下來除了您自己住
多少間數、下剩多少間、您可轉給租與別人住。那麼我就是包租了。不錯、您包
租。我包租、我又怕一時租不出去、我每月得要如數給把房東房租錢。我想那層沒
甚麼可慮的、脚下眼前房子往外租着很容易。那麼我租妥之後、除了我住多少間、

下餘多少間、還要求你替我招租。那好辦、趕等您租妥之後、您可以告訴我說、你是匀
出多少間來出租、我可以替你找住房房子的。那麼着的很好了、可是您知道曉得一月是多
少房租錢。我那個朋友告訴過我、每月是七十吊錢的房租錢。七十吊錢的房房租錢太
多。您聽着這房房租錢彷彿是太多、您不知道曉得那房子可是實在頂好、院子又大、地勢又好、
離大街也近、買東西也很方便。那麼我租那房子還有茶錢麼。那茶錢自然是有
的。怎麼我起在您手裡租房、房子還得要給把茶錢呢。雖然您是起在我手裡租房、房子沒有別
的中人、到底這茶錢、您也是得給、要把我告訴明白您納、您給的這茶錢、並不是我落上腰、
也不是我那個朋友得、是給把我的那個朋友的底下人們、大家分的。那麼是幾分而
茶錢呢。就是一茶一房。租那就是了、那麼我還得要有鋪保保人罷。鋪保保人自然是得有的、必要
您找得出鋪保保人來麼。是、我找得出鋪保保人來。您都是有甚麼鋪保保人。要甚麼鋪保保人有

甚麼鋪保保人。那就行了、你打算多喒瞧麼早看那房子去。我打算過一兩天、我來同您看看
去。那麼咱我們一兩天準見、相會是、一兩天準見。相會

第二章

您貴姓。豈敢、賤姓李、未領教您納。我敝姓趙。貴處是甚麼地方。敝處張家口。
到京來有甚麼貴幹。我是賣貨來了。的您販來的是甚麼貨物。我販的是皮貨。
您在那兒裏住着了。我在城外頭、店裡住着。在那個店裏住着了。呢在西河沿大成
店裏住着了。呢今年皮貨的行情、市怎麼樣。今年皮貨的行情、市還算是平和。公道我聽見說
前幾年皮貨的行情市很大。不錯、前幾年皮貨的行市、大的得很了。呢是怎麼個的緣故呢。
總是因爲貨短少的緣故。您現在帶來的貨都賣完了麼。還沒都賣完咯了。您賣完
了皮貨、是帶回銀子去呀、還是販貨回去呢。是販貨回去。都是販回甚麼貨物去

呢。竟是洋廣雜貨。您在張家口是有鋪子麼。是、有鋪子。寶字號。小號益泰。您
向來往回裏回轉去帶貨都是買誰那家的貨呀。那也倒不一定、誰那家的貨合式、我就買誰那家
的。既是這麼着、的我現在有個朋友、他在哈達門外頭、新開了個洋廣雜貨棧、店他都是自
己起從廣東買來的貨、價值錢比別的棧裏店全都便宜、您後來買甚麼貨、可以到他那棧裏店去買去。買
令友那個棧房、店寶字號是甚麼。是甚麼寶字號字號是德發。那麼我的底下到那棧裏店去買貨去、買貨
我提提起起您來就是得了。是、等底下我也可以同您去一邊。那更好了、更好我請問您納、您
當初、也做過買賣麼。是、做過買賣。您都是做過甚麼買賣。我開過藥棧。是在城
裏頭裏麼。不錯、是在城裏頭。裏現在那個藥棧還開着了的麼。沒有、關了有七八年了。
那那麼您現在有甚麼貴幹呢。我現在是行醫。您行醫是照門脈呀、在家裏看還是出馬出外呢。
早起照門脈、晨在家看下晌午出馬。外您行醫總比做買賣强啊。好也到沒有甚麼別的强的、好處不

過是不像做買賣那麼累操心、就是了。您府上在那兒裏住。舍下是在東四牌樓報房衚衕巷住。等改天、我到府上望看您去去奉看您。豈敢、我過兩天、還要到店裏望看您去哪去奉看您呢。不敢當、您沒事的時候、可以到店裏去、借我們談一談。是、那麼借我們改天見。

第三章

老弟是起從家裏來的麼。是喳、是起從家裏來。老弟還沒定規日子起動身哪。也就是這三五天就起動身了、今兒個天是特意為來見兄台辭行。這實在多禮了、老弟這邊是連家眷都去麼。可不是麼不錯、打算連家眷都去。是和人搭幫走啊、還是自己單走呢。是和人搭幫走。搭幫走的那位、也是作做官的麼。是作做官的、他是新捐的通判、到外頭省去候補候補去。想您這到省之後、就可以上任去罷。是、到省之後、大概就可以上任去了。您補的這個缺、是煩缺麼。不是煩缺、是簡缺。現在署您這個缺的那

位姓甚麼。是一位姓周的。是補過實缺的麼。也是新近纔補的缺、這等我到任之後、他就交卸上新任去了。那麼老弟這幾天總在家罷。是、這兩天總在家。我這兩天還要到府上給老弟送行去去送老弟的行哪。不敢當、我也要回去了。您回去了、到家裏都替我請安問好罷。是、回去都替您說。

第四章

回稟老爺、李老爺給和您拜年來了。你去請進來、讓引到書房裏坐。兄台新喜了。恭喜恭喜 老弟新喜了。恭喜您。兄台請上、我給同您拜年。不敢當、一說就是了、說了是一樣、老弟請坐喝茶。兄台請坐。老弟今兒個天是頭一天出來麼。我是起昨天出方來的。要得拜幾天哪。也不過五六天、就拜完了。打算多喒早到省裏去呀。我打算初八日進省。得多喒要早回來。得要過了節、回來罷。老弟起從頭舊年封了印、總沒到衙門去罷。封印之後、還去了兩盪、

辦了幾件零碎的事情。趕到開了印之後、就該忙了罷。可不是麼、那是的趕到開了印之後、就所那就沒有甚麼閒工夫了。是、老弟請再喝盃茶罷。不喝了、我該要走了。忙甚麼呢了、天還早哪。是、因為該去的家數多、去晚了不像事。那麼勞老弟的駕、到家裏先替我請安、道新喜罷。是、回去都替你說。

第五章

老兄、我昨兒個天聽見說、您現在陞任太守了、所以我今兒個天特意給和您道喜來的了。不敢當、實在勞駕得很了。老兄大概得要多喒早上新任去呀。還不能預定了、總得要等上司派委員來接署、纔能交卸了。您交卸之後、是就上新任去呀、還是得要先進省裏去呢。是先得要到省裏去。請問老兄貴科分。我是辛酉科的舉人。會試是那科呢、會試是壬戌科。原來老兄是連捷、實在是才高得很了。承過奬了、不過

是一時的僥倖、就是了。老兄太謙了、請問老兄都是榮任過甚麼地方。我是做過一任上元知縣、後來俸滿、蒙前任撫台保陞今此職、數年以來寸功未立實在慚愧得很了。那兒裏的話呢、老兄如此大才、無怪上游司器重、況且又愛民如子、如今陞了太守、實在是彼處百姓之福也。不敢當、不敢當。那麼等老兄行期有日、我再過來送行、就是了。那實在當不起、這就勞駕得很了、等改天我再到貴衙門謝步去。豈敢、豈敢。

第六章

老弟我聽見說、前幾天晚上、有幾個人、到東街上一個銀號裏搶去了了、是有這件事麼。不是搶銀號去了、去的是和銀號打架來着來的。是為甚麼打架呀。是因為有一個無賴子、拿了一張銀票、到銀號裏取發銀子去了去的、銀號裏人說、這是一張失票已經

有人掛了失票了、你等一等、我們把那個丟掉銀票的、那個人找來、你們倆兩人當面一說、他也不能白了你、總得要謝和與你幾兩銀子。 那個無賴子、不答應、說是這張銀票是我各人自己的、我就知道只曉得拿銀票來取發銀子、你們說是別人丟掉的銀票、那都不與我相干、我通不管那個些事、你們就是給只要把我銀子、沒別的話、銀號裡不肯給把他銀子、這這麼樣着他要把那張原銀票拿回去、銀號裡把那張銀票也扣下住了、不肯給把他、這麼着樣他就走了、趕到晚上下、那個無賴子、又約了四個無賴子、到銀號裏打架去來了、趕他們他們到了銀號、就這麼先這麼一罵、把攔櫃上的一個夥計、他揪出來給被他打了、把攔櫃上擱着的算盤、也給被摔了、這個工夫兒、汎官聽見說了、當是搶銀號的了、就帶兵去把他們五個人都拿了去了、送了縣了、後來查明白了、他們是打架的、就把他們五個人、都枷號在東街上了、半個月之後纔能放他們了。

第七章

院子裏坐着的那個拿着包袱的人、是幹做甚麼的。 他是個賣琺藍的。 你認得他麼。 我不認得他。 你不認得他、怎麼知道曉得他是賣琺藍的呢。 我剛纔問他來着、的他說是作琺藍的人。 那麼他那包袱裏包着的、就是藍貨麼。 大概是的罷。 那麼你出去、把他叫進來。 掌櫃的、老板你進來罷。 你是賣琺藍的麼。 是。 你這包袱裏包着的、是甚麼藍貨呀。 這是一對琺藍瓶。 你打開包袱我看看。 您看這對瓶好不好。 這對瓶太大、有比這對小一點兒沒有呢了。 我們局子裏有一對比這個小點的、是做樣子的、不是賣的、您要買多大尺寸的、那都可以定燒。 我白不過問一問、像這對瓶得要多少塊錢。 這對瓶得要一百多塊錢。 你們有甚麼小物件沒有。 您問的是甚麼小物件哪。 就像甚麼小筆筒、小印色盒子、小蠟燈、燭台 這些個樣小物件。

您說的這幾樣兒的小物件、現在做着好了還沒燒得成功了。 那麼要多喒早纔就燒得好了。 過個四五天、就可以燒得好了。 等這小物件燒得好了、你可以拿幾樣兒來、再把你們局子裏那對瓶樣子拿來我瞧瞧看看、若是合式、我可以照樣兒的定燒一對。 是、我過幾天、給和您拿來罷。 你們局子在甚麼地方。 我們局子在後門大街。 寶字號。 小號廣成。 你們先頭裏也來這公館裏賣過東西麼。 我們先頭裏沒來這公館裡賣過東西。 這對瓶、我嫌他太大、你可以拿回去罷。 是、我失少陪了您納。 你回去了。

第八章

你們老爺在家裏麼。 是、在家裏家裏了。 你進去告訴你們老爺、就提說我在後門住、姓徐、來見你們老爺、有話說。 是、我們老爺請您進來、到書房裏坐。 老弟久違。 彼此

彼此。 這一向倒好好啊。 好啊、您倒好好啊。 托福托福。 老弟偺我們這一向沒見、是上到甚麼地方去了麼。 可不是麼、那倒是啊、我是出了一盪外門。 上到甚麼地方去了的。 出口收租子谷去了的。 是了的。 大哥我今兒個天特意為來和您商量一件事。 是甚麼事情。 我有個朋友他在京西住家、他有幾頃百畝地、有一處果木園子園、一處菜園子園、因為他現在等錢用、託我把他這地畝園子給和園替他典出去、所以我來問問您納、若是您願意典過來、我可以給替您辦辦。 這個地畝現在是他自己種着哪、還是有佃戶種着呢。 是他自己種着的了。 他打算典多少銀子呢。 他打算要典一千兩銀子。 他若是打算典一千兩銀子、我怕是湊不出那麼些個許多來。 那麼您可以湊得出多少來呢。 若湊個六七百兩銀子還可以行。 那層麼您等我回去和他商量去着罷。 可是實在他打算典多少年呢。 這層我也問過他來着、他說是不用寫典多少年、就寫錢到回贖就

得是了。不寫典多少年、總不大妥當、因爲這幾年、我若是放下了外任來、我就得要用這個銀子、所以總還是說明白了典幾年纔好哪。是、那我還可以和他商量、您約摸想着您大概還得要幾年、可以放下出外任呀。我約摸想着還得要過個五六年罷。我想和他商量寫五六年、他也沒甚麼不願意的。還有那地契、您都看見了麼。我都看見了。是幾張紅契、幾張白契。兩張紅契、兩張白契。那麼您就回去、和他商量去罷、他若是願意、就這銀數兒辦、願意寫五六年、借我們就辦。趕等這事定妥的時候、您還得要先照回點看地去哪。那層是這麼着、您若肯出切實的保、保這事決不錯的、那我就不必先照看地去了呢。這事是決不錯的、那我可以落做切實的保。既是這麼着的、那我就煩您一句話了、趕借等我們把事情辦完了之後、我再同他到地裏看一看去、就得是了。

第九章

回稟老爺、大恒布鋪的徐掌櫃老板的來了、說是要見您有話說。您出去請進來、讓引在客廳裏坐。是、我們老爺請您到客廳裏坐罷。徐掌櫃老板的、您怎麼這麼閒在呀。我是來找您說句話。是、您請坐。您坐下、您這幾天沒出門去麼。沒有、因爲我這幾天有點兒不舒坦服、所以沒出去。現在倒大好可全安了。是、大好全好了。我來找您是和您借一項銀子。是用要多少呢。總得要五百兩銀子。是又買著甚麼俏貨了麼。不是、是因爲我倒頂過一個鋪子來呢。倒頂過一個甚麼鋪子來呀。倒頂過一個錢鋪來呢。是幾間門面。兩間門面。在甚麼地方兒呀。在借我們這城外頭、八寶街路西裏。原先是誰的鋪子。原先是一個南邊人的鋪子。怎麼是關了之後、纔倒頂的麼。沒關、是因爲那鋪子的東家、是候選知縣、新近選上了他、得要出去作做官去、他又沒有弟兄本家、可以照應買賣、所以得要倒頂出去。您是多少銀子倒頂過來的。一千銀子的倒頂價。

連傢俱都在其內麼。是、連傢俱一包並在內。倒頂價都給把完了麼。是都給把完了。那麼您現在就是用要銀子作買賣了。不錯、我手裏現在還有五百兩銀子、不彀週轉的、還得要有五百兩銀子、纔行哪。是、我可以借給把您五百兩銀子、就是了。費心費心、您可以作項個甚麼個利息。這是甚麼話呢、借我們這樣兒的交情、您用這點兒銀子、還提甚麼利錢哪、您若是給把利錢、我就不借了。是了、那麼我從命了。豈敢、那個錢鋪原來是甚麼字號。原字號是德合、您倒頂過來還改字號麼。是、改字號。打算改甚麼字號呢。打算改裕成字號、您想好不好。這個字號很好、這錢行的買賣你也通達麼。那錢行的買賣、我不通行、我們舍姪學的是錢行、我打算把他安置在那鋪子裏、了事。這倒很妥當、打算多喒幾早開市張呀。總得在下月初間、纔能開市張哪。等開市張我過去給和您道喜去。不敢當、我也要回去了。您忙甚麼了呢、再坐

一坐兒罷。不咖坐了、我鋪子裏還有事哪。那項銀子明天晚上我給與您送到鋪子裏去罷。就是、就是。您回去了。您請進去罷。

第十章

回稟老爺、劉木匠來了要見您。叫他進來。劉師傅司務、我們老爺叫您進去哪。老爺您好啊。好啊、你好啊。好啊您納。怎麼這程子些時我總沒見您呀。我是回了一盪家、幹爲甚麼回家去了的。回家收莊稼去了呢。今年你們那兒裏年頭兒怎麼樣。彀有八成年歲呀。你種着的有多少畝地呀。我種着的有一頃百多地。今年打了有多少石担糧食啊。今年打了有一百石担糧食。你這回來、應着做倒甚麼活工了沒有。還沒應着做倒活事了呢、我今兒天來見您是因爲有一處活事、我要應做、就是沒有薦主、我打算求您給替我舉薦舉薦。你要應做那兒裏的活事呀。西城江老爺那兒裏不是要蓋房子麼、我打算要應做那個活工。

我聽見說江老爺找了好幾個人看過了、〔可/却〕不〔知道/曉得〕有人應妥了沒有。不錯我聽見說、有三個人看過了、有〔倆/兩個〕〔要了/他要〕八千兩銀子、有一個〔要了/他要〕七千五百兩銀子、江老爺都不願意、所以都還沒定規〔了/呀〕。那麽、若是你包那個工活、自然總比別〔人/家〕便宜點兒啊。那是自然的、我若是包那個工活、不但比別〔人/家〕便宜幾百兩銀子、工程〔準/定〕還要堅固、一點兒也不能〔含糊/磨名〕。我〔給/替〕你說說那到容易、〔可/却〕有一層、我聽見說江老爺的意思、打算說定規了之後、立合同的時候、先〔給/把〕一半兒銀子、下剩那一半兒銀子總〔得/要〕等完了工活、纔能〔給/把〕呢、你可以先墊辦得的起麽。是、我也〔知道/曉得〕是先領一半兒銀子、我也打算了打算、可以墊辦的了、因爲我有個朋友開着個磚瓦窰、用多少磚瓦、他都可以供、不用〔給/拿〕現錢、〔趕/等〕完了工活、再〔給/把〕錢很可以行、還有我的個小舅子、現在開着個木廠子、他存着的木料很多、我可以隨便用、也不先〔給/把〕錢、我領這

一半兒銀子、不過是預備着買石頭買灰開發大家的工錢、算了一算也不差甚麽彀了。既是這麽樣很好了、〔趕/等〕明天我就見江老爺去〔給/替〕你說說。那麽費老爺的心罷、我〔多喒/幾早〕來聽老爺的信哪。你後〔兒/天〕來聽信罷。是了、那麽我就回去了。你回去了。

第十一章

老弟是甚麽時候來的。我先來過一〔盪/回〕了、聽說是您〔沒/不〕在家、這麽〔着/的〕我又〔上/往〕別處去了、這剛纔我回來、聽他們說、您還沒回來〔了/呢〕、所以我在這〔兒/裏〕竟等着您回來哪。那麽叫老弟受等。好說、您納、您是〔上/到〕那〔兒/裏〕去了一〔盪/回〕。我是出城去、到莊稼地裏看了〔了/一〕看。現在的莊稼所都長起來了罷。是、都長起來了。那麽今年秋收有望了。〔按/據〕着〔脚/目〕下看、今年準可以豐收的。您到莊稼地方、看見他們種地的做〔活/工〕了

麽。是、我去的時候、他們正在地裏鋤地了、〔趕晌午/到中時〕的時候、他們就都回去吃〔晌/午〕飯去了、這麽〔着/的〕我就找了一棵大樹、在樹底下〔凉决了半天、瞧/乘了半天凉、看〕了一〔會子/會兒〕放牛放羊的、〔趕/等〕凉决彀了、我這纔〔溜打/遊蕩〕着回來了。您倒眞是會高樂的。甚麽會高樂呀、不過是在家裏坐着、也是悶得〔慌/很〕、〔晌覺/中醒〕起來、也是不舒服、莫若出外〔溜打溜打/遊蕩遊蕩〕、倒好。你這倒也是養身之法。〔那兒/那裏〕的話呢、老弟〔今兒/今天〕到舍下來、是有甚麽話說麽。大哥、我來是有件爲難的事、要求您替我辦辦。是甚麽事情。是因爲我兄弟現在忽然要分家。你們弟兄們素日不是很和睦麽、怎麽他忽然想起要分家來呢。我也不〔知道/曉得〕是甚麽緣故、我想他大概是受了人的挑唆、所以纔要和我分家。莫非〔偺/我〕們這些親友裏頭、〔誰還能/有那個〕離間你們弟兄麽。〔偺/我〕們這些親友裏頭、自然〔誰也/斷乎〕不能挑唆他分家呀、我〔知道/曉得〕他近來交了幾個新朋友、都不是很好的人、我想

必是他們挑唆的。那麽、您來找我打算是怎麽個辦法呢。我來、是因爲我兄弟、〔素日/平素〕和您〔對勁/合式〕、我打算求您這幾天把他找到您家裏來勸勸他、總是能叫他不分家、纔好哪。我把他找來勸勸他、那到沒甚麽不行的、可有一層、我們〔倆/兩個〕平常雖然〔對勁/合式〕、無奈令弟的那個〔左/怪〕皮氣、我也不敢〔保/包〕他準聽我的話、倘或他不聽勸、又該當怎麽辦呢。他若是實在不聽勸、那沒法子、只可由着他分家、就是了。若是他一定要分家、您打算是怎麽〔個/樣〕的分法呢。我們的房產是兩處住房、兩處鋪〔面房/面〕西城那處住房、和城外頭那處鋪〔面房/面〕、那兩處的房契、〔全都/都〕外頭押着了、現在就是我們住着的這處房、和我們鋪子那個房子、這兩處的房契沒有押、我可以分〔給/把〕他這兩處房產、就是了、其餘、我們家裡的傢〔具/業〕東西、他愛甚麽、都可以拿了去、我決沒甚麽不願意的。您這麽辦、是公道極了、親友們決不能有甚麽議

論你的了。

第十二章

老兄怎麼這程子些時我總沒見您哪。 我回家收莊稼去了。 今年收成的怎麼樣啊。 今年收成的還算好啊。 你種着的有多少地呀。 我的地不多、纔一頃百畝多地。 今年你打了有少多少擔粮食啊。 打了有一百多擔粮食。 那麼今年您打的粮食、比去年多。 是、去年纔剛打了六十担粮食、今年比去年多打着的有四十多担粮食了。 您去了的日子不少了罷。 可不是麼、那待是啊我去了有倆兩個多月了。 怎麼您這盪回回家、去了這麼些日子呢。 我是和人家打了一塲官司、又賣了一回地。 您是和誰那個打官司來呢着。 是和我一個地鄰打官司來呢着。 是爲甚麼事情。 是因爲我有十幾畝窪地、每年夏天一下大雨就淹了、所以這幾年、我也沒種、竟荒着了、我那個地緊挨靠

着一個姓于的地畝、這幾年我不是沒種那個地麼、可却就叫那個姓于的、零碎佔了有幾畝地去、我常在外頭、所以也不知道曉得這個事、趕等我這盪回回去、聽見我們長工說、我就親自到地裏去一查、可不是叫果然是被他佔了我的地去了麼、這麼着的、我就找那個姓于的去問他這件事、他一定不認、我可就却到衙門去把他告下來了、趕等知縣查明白了、就叫他把佔去我的地、都給和我退出來了、這麼着的、我就都把他賣出去了。 是了、像您每年打的這個粮食、都是留着自己吃啊、還是賣呢。 不是都留着自己吃、我們家裡也就是留個三四十担糧食、下剩的都就賣了。 您的粮食都是賣在甚麼地方啊。 離我們住的那個地方有幾里地路、有個大鎭店、每五天一集、我們都是拿牲口駝上粮食、到那個鎭店上賣去。 到了鎭店上、是賣給把粮食店哪、還是賣給把客人呢。 都是賣給把客人的時候多。 是您自己賣給把客人麼。 不是、都

是經紀給替賣的。 那經紀都是奉官的麼。 是奉官的、他們都得是有官給把的牙帖纔能當經紀了呢。 賣粮食用的斛斗、那也都是官定的麼。 是、那都是官定的。 那麼、那經紀掙賺的、都是甚麼錢呢。 那經紀就是得用錢。 那粮食的行情、是經紀定的麼。 不是經紀定。 是誰那個定呢。 沒人定、大概是這麼着的、若是這天粮食來的多、自然行市往下落跌、若是這天粮食來的少、自然行市往上長、這是一定的理、並不是有人先定出一個行市來。 是了、您這麼說、我就明白了。

第十三章

老弟、我來是問你一件事情。 您是問甚麼事情。 你西山裏不是有一處果木園子麼。 不錯、是有一處果木園子。 是多少畝地的園子啊。 五十多畝地的園子。 每年你那園子是自己收果子賣呀、還是把樹包給與別人呢。 前些幾年、我都是自己收

果子賣、這幾年、我可却是把樹包給與別人。 你都是包給與誰那個呢。 我都是包給與海淀順義、雜貨鋪。 我今兒個天來見你、是因爲我有個相好的、他現時今在西城開了一個乾果子鋪。 他再三的求我給替他辦這包果子的事情、我知道曉得你有果木園子、所以我來問問你、若是你願意過年把樹包給與他、我可以給替你們拉這縴。 他若是願意包、那也沒甚麼不行的。 他還叫我問問這包果子、都是怎麼個規矩。 那麼您這個相好的他是外行麼。 可不是麼、不錯他本是外行、他這是頭一回作這果行的買賣。 那包果子也沒有多麼規矩、就是結果子的時候、我同他到園子裏看一看、然後就商量包價是多少、趕等說妥了、把銀子給兒了、這一年的果子就是他的了。 趕等包妥之後、還得要有個看果子的人了罷。 那是自然的、總得要找一個人黑下黑夜白日在園子裏看着纔行哪。 這個看園子的、是借我們給替他找啊、還是他各人找呢。 那是隨他、若是他

託借給(我們替)他找、借給(我們就替)他找、若是願意他自己找、也使得(可以)。那看園子的人不至於偷果子賣呀。那是這麼的着、若我給(替)他找的人、那自然我得(要)保下、若是有偷果子的事情、有我一面承管了。那看園子的、每月就是給(把)他工錢、沒別的麼。是、就是給(把)他工錢、不過還有搭窩(歇)棚用的席木板繩子桿子、這些個東西、都是包果子的給(替)他買、是(等)後來拆窩(歇)棚的時候、可(那)也是那包果子的、把這些個東西拿回去。那麼、若是樹上掉下果子來、該當怎麼樣呢。若是平常掉下來的果子不多、那就在地下擱着、等包果子的多嗜(幾早)去了、告訴他就是了、若是偶然遭大風、或是遭雹子掉下來的果子太多了、那個看園子的、應當趕緊的去告訴那包果子的、叫他好去收那掉下來的果子。是了、我回去就照着你所說的這話告訴我那相好的。等他有甚麼話、我再來見你罷。就這麼樣罷。

第十四章

劉才。喳(唯)。書房裏那架坐鐘、不走了、你回頭到祥盛鐘表鋪、把許掌櫃(老板)請來、給(和我)收拾收拾。是了。辛苦衆位。您來了、您請坐。我們老爺打發我來請許掌櫃的(司務)、到宅裏(公館)、有一架坐鐘、給(要)收拾收拾。您在那宅裏。我在富宅裏。是棉花衚衕(巷)富宅(家)麼。不錯、是棉花衚衕(巷)富宅(家)。您貴姓。我賤姓劉、未領教您納。我賤姓許。啊您就是掌櫃的(老板)、您照應點兒罷。彼此彼此。你那宅(屋)裏還是那位姓朱的管事麼。不是、換了人了。換了那位了。換了一位姓范的。怎麼那位姓朱的擱下了麼。可不是麼(不錯)、散(走)了。是爲甚麼散(走)的。是因爲病散(走)的。是得了甚麼病了。他本來是個弱身子、又吃烟、今年他忽然一戒烟、烟也沒斷成、可(却)就得了病了、一天比一天重、後來簡直的成了癆病了、甚麼都不能幹(做)了、這麼着(的)、他就把事情辭了、回家養病去了。是

了、可是(都是)您知道(曉得)是竟收拾鐘呵、是還收拾表呢。我們老爺就說是收拾鐘、可(却)沒提還收拾表。到底據我想、您把收拾表的傢伙帶上(去)、萬一收表了也不定。那麼我們這(將)就走罷。掌櫃的(老板)、您先請在書房裏坐一坐、我進裏頭告訴我們老爺去。是了。許掌櫃的(老板)、這一向好啊。好啊、富老爺倒好。好啊、您納買賣好啊。托您福、倒還好。現在打夜作了麼。是打夜作了。現在鋪子裏有幾位夥計。脚下(目下)是四個夥計。幾個徒弟。兩徒弟、都可以上案(坐桌)子做活(工夫)了麼。有一個可以上案(坐桌)子做活了(工夫)。那個是新來的、還不行哪。您見(每)天也在鋪子裏做活(事)麼。我是不能整工夫在鋪子裏做活(事)、總是在外頭辦事的時候多。脚下(目下)您那鋪子裏、每月做多少錢的手工啊。現在每月也就是做個四百來吊錢的手工。四百多吊錢的手工、也就算不少了。不過算可以的、就是了、到底比上從先可差多了。先頭裏每月可以做多

少錢的手工呢。早先每月總做七百吊錢的手工。敢情(當眞)先頭裏、每月做這麼個(些)手工啊。是那個時候、每月總有這麼些個(些)。今兒個(天)我請您來給(和我)照照(看看)這架坐鐘、是怎麼個(甚麼)緣故不走了。我照照(看看)這個鐘、是鍊(練)子折(斷)了。那麼得(要)換一根新鍊(練)子罷。不用換新的了、我把這根鍊(練)子、拿到鋪子去釘上、再拿回來安上就得(好)了。那麼更好了。您請喝茶罷。您喝罷。我請問您納、像您這貫行、都是學幾年哪。我們做行都是學六年。是還得(要)寫個字據麼。是得(要)寫一張字據。這張字據是徒弟剛一上鋪子就寫麼。不是、先得(要)照(看)一年、若是徒弟好、纔寫字據哪。那麼趕(到)他學滿了之後、是還在本鋪子裏要(做)手藝啊、是就上(到)別處要(做)手藝去呢。那都是隨他的便、若是他還願意在本鋪子裏要(做)手藝、也是給(替)他開出(發)工錢來、按(照)着夥計一個樣、若是他不願意在本鋪子裏要(做)手藝、願意上(到)別處當夥計去、也使得(可以)。那就是了、

還有上回我託您給替買一個鬧醒鐘、您納買了沒有。 是、我在這城裏頭各舖子裏、都給替您找了、沒有、新近現在有我們一個同行的人、下天津買貨去、我已經託他到洋行裏、給替您找一找、若是有、他回來的時候、就給替您帶來了。 那實在費心的很了。 那兒裏的話呢、我也該回去了、偺我們改天見罷。 您回去了、累肯煩您納。 好說、好說。

第十五章

老弟、是解從家裏來麼。 喳、是解從家裏來。 怎麼這幾天我沒見你呀、是幹做甚麼來着。 我是出外打圍獵去了。 是同誰那個去的。 是同着我們一個街坊鄰舍去的。 是上那兒到那裏打圍獵去了。 上往東山打圍獵去了。 多喒多早回來的。 昨兒日晚上回來的。 打了些個甚麼野牲口來。 打了些個野雞、野貓、兎子、還打了一個野猪。 那麼、你們這盪回打圍獵打的不錯呀。 不錯、可到是不錯、到底受的累也不輕。 受了甚麼累了。 我們兩倆人是一個人騎着一

匹馬去的、趕等到了離東山還有幾里地路、有個鎮店、我們可却就在那個鎮店上找了個店住下了、趕到第二天、我們就在店裏吃完了飯、把那兩匹馬寄放在店裡了、我們倆兩人就揹着鎗、溜打着遊蕩、上山去了、趕等到了山上、我們先是竟打了些個些野雞、野貓、兎子、趕等天有平西的時候、忽然跑來了個野猪、我們倆兩個就拿鎗一打、可却就打死了、那個地方又偏不出人來抬那個野猪、這麼着的、我們倆兩人就把那個野猪拉回店裡去了、趕等回來的時候、我們就用一匹馬馱着野猪、我們倆兩人替換騎着那一匹馬、趕等到了家、就累的得動不得了、您說受的這個累還輕麼。 您們雖然受了些個些累、到底還打着野牲口了、我們有個親戚前幾天打圍獵去了、不但沒打着甚麼、倒把他的一匹馬丟掉了。 怎麼打圍獵去、會把馬丟掉了呢。 他告訴我說、他騎着一匹馬、上北山打圍獵去了、他把他的那匹馬、就拴在山底下一棵樹上了、他就揹着鎗、上山找野牲口去了、他找

了半天、連一個野牲口也沒找着、這麼着的、他就下山來了、趕等到了山底下一瞧看、他的那匹馬、沒不見了、這個工夫兒、一會兒天忽然下起雪來了、他就頂冒着雪各處找了會子、會兒所都沒有、這個時候天就黑上來黑了、他就找了個破廟、將就的着住了一夜、趕等到第二天早起、他就覺着身上很不舒服、他沒法子、就扎挣着、免强的到衙門裏去、報了官、那個官、把他丟掉馬的緣故都問明白了、可却就和他說、我這就派差到各處給和你找馬去、若是這本地人偷了你的馬去、終久總找的着得、若是過路的人把你的馬偷了去了、那可却就難找了、你先回家去就是了、這麼着的、他就雇了一匹驢回來了、到了家病更利害了、到如今還沒好呢了、你瞧看他這運氣、有多麼背閒呀。

第十六章

兄台、您沒聽見說、偺我們那個朋友、馮子園、死了麼。 我沒聽見說呀、他是多喒早死的。 今

兒天早起晨有人說、他是昨兒天晚上死的。 你知道曉得他是甚麼病死的麼。 我聽見說他不是好死的。 是怎麼死的。 說是吞烟死的。 他爲甚麼吞烟死了呢。 我聽見說、是這麼件事、他有一個朋友是外鄉人、去年到京裏來、有幾千兩銀子、交給把他收着、那個人可就回家去了、趕等到今年、那個人又上到京來了、可却就和他要那幾千兩銀子、子園就不認了、這麼着的、那個人到衙門去、就把他告下來了、趕等官把子園傳到衙門去一問、子園說、並沒這一麼件事、又說若是我存着他的銀子、必有個憑據、如今他一點兒憑據沒有、這是他訛我了、這麼着的、官就問那個人有甚麼憑據沒有、那個人說、因爲相好、當初並沒立憑據、官說、你既沒有憑據、竟憑口說、我不能給和你辦這個事、這麼着的就散了、那個人起從那麼一氣、可却就回家去了、到了家、不多過幾天、就吊死了、趕等知縣去驗屍的時候、起從死鬼套褲裏頭、翻出一張陰狀來、上頭寫的、都是告子

圓的話、這麼着的、他聽見這個風聲不好、他一就害怕、就呑烟死了。 你提這件事情、我想起來了、今年春天我恍惚聽見人說、他和人打官司來着、巧了的恰巧就是爲這件事。 光景就是這件事罷。 還有一件事。 你管保不知道、包管你不曉得在咱我們沒認得之先、他已經就作個一件屈虧心的事。 作過一件甚麼屈虧心的事。 他先頭裏不是開過一個錢鋪麼。 不錯、他是開過一個錢鋪。 他開錢鋪的時候、有一個外省人、和他相好、就在他那鋪子裏借住、後來那個人得了重病了、臨死的時候、可却就和他說、我那箱子裡有一千多兩銀子、咱我們倆兩相好一場、我死之後、所有我那銀子、和東西、都求你給替我寄回家裡去、他當時就都答應了、趕等那個人死之後、他就變了心了、他竟把東西給替那個人寄回家去了、可却就把那一千兩銀子、昧瞞起來了、後來那個人家裡給把他來信問他、死鬼留下銀子沒有、他就寫了一封回信、告訴人家說、沒留下銀子、趕等後來他、

忽得了一塲病、他在家裏養病的時候、他鋪子裏有一個夥計、就偷了他幾百銀子跑了、趕他病好了、就把買賣也收了。 您這都是聽誰那個說的。 我這都是聽有在鋪子裏學過買賣的一個徒弟說的。 像他先頭裏既然做過一件屈心的事了、就該當悔改纔是的、怎麼後來又做這麼件屈件虧心事呢、到如今還是各人把各人的命要了。 你不知道、曉得凡這宗沒艮心的人、大概都是這麼着、樣若是一見錢、立刻就把天理報應、全都忘都丟在九霄雲外了、他現在呑烟死了、這簡直的、就是遭了報報應了。

第十七章

老兄、剛纔那個姓馬的進來找您、是說甚麼話來着的。 他說他現在要贖取當、托我給替他借幾拾吊錢、另外還托我給替他找個跟官的事情。 他托您這兩件事、你都應了麽。 是我都應了、我這麼告訴他的、我說現在我手底下沒錢、等我上到別處給替你借

去、若是借着了、你就使喚用、若是借不着、你再另打主意就是了、至於說找事這層、等底下有跟官的事、我就必給替你舉薦。 依我勸你、他托的這兩件事、您都別給莫和他管。 怎麼。 您若是給替他借錢、他一定不還您。 您怎麼知道曉得他一定不還我呢。 他向來借人家的錢、都沒還過、所以我知道曉得他如今借您的錢、將來也是一定不還您。 我想這幾十吊錢、他不至於不還我。 別莫說幾十吊錢、就是幾吊錢、他也是不還、况且他借這個錢、也不是眞拿去贖取當。 他不是拿去贖取當、是拿去幹做甚麼呢。 他是拿去耍賭去。 怎麼他還耍賭錢麼。 他最愛耍賭錢、他整天家、的竟在寳局上廠裏。 他家裏都是有甚麼人哪。 他母親早死了、現在就是他父親還活着了。在 他沒有弟兄姐妹麼。 他沒有哥哥、也沒有兄弟、就只有一個姐姐、早就出了門子了。嫁出去了 他還沒成家了麼。麼 他沒成家了。家 他父親有多大年紀了。年紀 他父親今年總有七十多了。 是個做

甚麼的。 是木作的手藝、先頭裏開過一個小木廠子、後來也關了、如今是竟仗着給人家做活生活、掙錢來過日子。 他這個人會幹做甚麼呢呀。 他任甚麼都不會幹、就只做會花錢。 他沒學過買賣麼。 他學過一回買賣。 他學過甚麼買賣。 他在一個藥鋪裏學過買賣、去了有一個月、掌櫃的老板就不要他了。 是爲甚麼不要他了。 是因爲他又饞又懶、不守鋪規、所以就不要他了。 那麼他後來沒作別的事麼。 他後來跟過一回官。 跟過甚麼官。 那一年有一個外任的官進京引見來了、的住在城外頭會館裏了、裏有人把他舉薦了去當跟班的、那個官見每天就叫他出去給替買古玩玉器各様兒的的東西、他就撒開胆了一賺錢、兩月的工夫他就賺了有好幾百兩銀子、後來那個官知道曉得他這個毛病了、可却就把他辭了、現在那幾百兩銀子巧了是都花完了、所以纔來找您給替借錢、依我勸您也別給莫替他借錢、也別給莫替他找事、您若是給替

他借錢、他必不還您、若是給替他找事、他必不能給替您作顧驗、索性不管他的事倒好。那麼據你這麼說、將來他父親死了、他可却就要遭了、我早給和他斷算就了、他父親死之後、他一定抱沙鍋拧棍兒。那麼他託我的那兩件事、我怎麼回復他呢。您就告訴他錢是借不出來、找事是沒有、就得是了嗎。這麼着樣我就照您這話告訴他、免得他來了。

第十八章

李起。喳唯。你把拿這套書給把琉璃廠寶文堂書鋪裏送了去、告訴俞掌櫃老板的說、叫他給和我配一個書套、還有這個單子也交給把他、叫他按照着這個單子上所開的書、每一部先拿一套、交給把你帶回來我看看。是、老爺若沒甚麼別的事、我現在就去罷。我沒別的事、你這將就去罷。辛苦衆位、俞掌櫃老板的在鋪子裏了麼麼。是、在裏頭了、您請進來坐罷。辛苦俞掌櫃老板的。李爺、你起宅從公館裏來的。是、起宅從公館裏來。您來是有甚

麼事麼。可不是麼、是有事我們老爺、打發我拿這套部書來、叫您給和他配個套、這兒裏還有一個單子、你照照看看我們老爺說、叫你按照着這個單子上所開的書、每一部交給把我拿回一套部去先看看。這個書套、我們給和他配一個就是了、這個單子上所開的書、我們這鋪子裏就有兩部、下餘的那幾部、我還得要到上別處去找去。那麼您就先把鋪子所有的這兩部、交給把我帶回去、下餘的那幾部、您上在別處給去找找去、過幾天我再上到您這兒裏取來罷。我想您不用上到這兒裏取來了、也等幾天、若是我找着了、我就親自給替送到宅公館裏去罷。那更好了。這兩套部書給和您包好了。那麼我失少陪了。您回去了。回老爺知道、那套部書、我交給把俞掌櫃老板的了、告訴他給要配個套子、您要的那幾部書、他們那鋪子裏就有兩部、叫我先把那兩部、拿了兩套部來給把您看看、下餘的那幾部、俞掌櫃老板的得上要到別處找找去、趕等過幾天、他若是找着了、他親身給自和您送來。是了、您先

把這兩套部書、擱在書槅架子上去罷。辛苦李爺。俞掌櫃老板的、你纔進城麼。可不是麼、不錯的纔進城。您這拿來的、都是甚麼書啊。這就是上回老爺叫找的那幾部書、我都找着了、拿來了。我們老爺下往天津去了。多噌早走的。昨兒天早起起的晨動的身。是有官差去的麼。不是官差、是辦自己私事去了。得要去多少日子。連來帶去、總得要十天罷。那麼、我拿來的這書怎麼樣呢。我們老爺留下話了來、說是、若是您拿了書來、就先留下罷。那麼、您瞧這是六部書、那個原單子上開的是八部、上回您拿了兩套部來、我今兒個天每一部又拿了一套部來、前後共總拿了八套部書來、還有這個單子、也託您交給把老爺、所有這幾部書的價值錢都在這個單子上寫着了。是了、還有配套的那套部書、您已給配得好了沒有。配得好了、我今兒個天忘忘記了帶來了、等底下我再來的時候、再給帶來罷。那就是了。您想可以多噌早來好呢。我算計着我們老爺總得要

月底纔能回來了、這麼着的罷、趕我們老爺回來的時候、我出城請您去罷。那倒不用勞動您納、我月底月初還有別的事進城來了、我可以順便到這兒裏來打聽打聽就得是了。那麼也好。那麼我失少陪了。您回去了。偺我們過幾天見。

第十九章

老兄、怎麼我來找您好幾盪、您都總沒不在家、您是忙甚麼事了。我是給和人說合事情了呢。您是給和人說甚麼事情來着呢、告訴得我告訴不得。沒甚麼告訴不得的、是我們舍親認得的一個朋友和人打了官事了、我們親戚託我出去、給和他們說合說合。是為銀錢賬目的事情麼。不是銀錢賬目、是為買貨的事。為買貨怎麼會打了官司了呢。是這麼件事、我們這個親戚認得的這個朋友姓沈、他是在保定府開着個大洋貨鋪、字號是信義、他今年夏天到這兒裏來的、就住在這東關外頭福盛店裏

了、在咱(我)們這大東街、泰和洋貨棧裏、批了六十包洋布、批單上寫明白的是兩月交貨、趕(等)到上月就到了日子了、沈掌櫃(管事)的就到泰和棧去問貨到了沒有、他們說還沒到呢、這麼着(樣)沈掌櫃(管事)的、又等了些日子、又去打聽、貨還沒來了、趕(等)到前幾天、沈掌櫃(管事)的到西街棧房裏、有別的事情去了(的)、聽見說、新近(近日)有一個客人、買妥了泰和棧裏的、六十包洋布、是起(在)一個姓王的經紀手裏買的、聽那個客人買的那個價錢值、比沈掌櫃(管事)的原定的價錢值貴、銀子可(却)還沒兌了、貨也還沒起哪、沈掌櫃(管事)的一想、這一定是他定的那六十包洋布、泰和棧於今是貪多賺錢、又轉賣給(與)別人了、心裏可(却)就氣的了不得、這麼着(的)他這天晚上、就到泰和棧裏、問這件事情去了、泰和棧不認、說是沒這麼件事、後來沈掌櫃(管事)的、指出那個王經紀來了、泰和棧沒法子、可(却)就認了、就(說)是下月還有六十包洋布來哪、叫沈掌櫃(管事)的等那六十包洋布來、沈掌櫃(管事)的不等、說是就

要這現在有的那六十包洋布、泰和棧不肯給(把)、說是、若實在不能等那六十包洋布、只可把原給(交)的定銀退回去、把批單一燒、就算沒這麼件(件)事了、沈掌櫃(管事)的不答應、說是竟退定銀不行、還得(要)包陪賺利纔行哪、泰和棧一定不肯認包陪賺利、這麼着(的)沈掌櫃(管事)的就寫了一張呈詞、粘連那張批單、在縣裏就把泰和棧告下來了、前兒個(幾天)知縣過堂、把他們兩造、大概問了一問、就吩咐叫他們下去找人、先說合(和)、若是合(和)不了、再補一張呈詞、再說就是了、這麼着(的)我們親戚找我幫着他、出去給(替)他們說合(和)、昨天晚上算是纔給(替)他們都說合完(熨貼)了。 您怎麼給(和)他們說合完(熨貼)了的呢。 我們給(和)他們這麼說合(和)的、還是叫泰和棧、先把這現在有的那六十包洋布、給(付)沈掌櫃(管事)的、叫他們和那個客人說、等下月那六十包洋布到了、再給(把)那個客人就是了、這麼着(的)大家都答應了、昨兒個(天的)晚上、把貨也起了去了、銀子也兌了、就等明兒個(天)沈掌櫃(管事)

的、在縣裏遞一張和息呈詞(子)就結了。

第二十章

兄台、您這是由解(由)鋪子來麼。 不是、我是到天盛當鋪、封(估)貨去了纔回來。 您用過飯了麼。 我吃過了。 您若是沒吃飯、我可以叫廚子、給(和)您快預備飯。 我眞吃了、我是同着一位相好的、在外頭吃的。 那就是了、今兒(天)過天盛當鋪貨多不多。 古玩玉器少、衣服銅錫多。 您都封(估)了些個(的)甚麼貨。 我就封(估)了兩個(倆)表、沒封(估)別的。 我看封(估)貨得便宜少、總是上檔的多。 那也是碰運氣、若是走紅運的人、他去封(估)貨、就許遇見俏貨、趕(等)他封(估)了、當鋪就賣漏給(把)他了、他就可以賺了好錢了、若是走背(閉)運的人、他一封(估)貨就打眼、當鋪本就當打了眼了、他又封打了眼了、不但不能賺錢、倒還得(要)賠出好些個(的)錢去。 您說的這話、實在不錯、我們這鋪子、前幾年封(估)了好幾回貨、沒一回

不賠錢的、所以現在不論那個當鋪裏、請我們決不去封(估)貨了。 我告訴你、去年有一個封(估)貨得了宜便的、這個人是我們一個遠親、去年十月裏、西城恒順當鋪、請他去封(估)貨、他封(估)了一個銅表、四兩銀子、當鋪就賣給(把)他了、趕(等)他拿回家去一細瞧、敢情(那曉得)是個金表、後來拾掇(收拾)好了、賣了四十多兩、賺了有十倍利、這就是遇見俏貨、得了便宜了。

第二十一章

大哥、剛纔我到棧裏找您去了、夥計們說您上(往)西街去了、所以我迎着頭找(蹭轉身碰)您來了、可(恰)巧就遇見了、您作甚麼、這麼上(往)西街去了。 今兒(天)早起(晨)火輪船到了、我們棧裏、給(和)一個客人雇小車子、運行李來着、推小車子的、給(和)客人運錯了兩隻箱子、客人不答應了、夥計們沒了主意了、打發人到我家裏找我去了、我纔起來聽見這個事情、

我就趕緊的洗了臉、到棧裏見了客人一問、那個客人說他姓陳、是福建人、在江蘇作官、如今是要上進京去、今兒天早起晨火輪船到了、他就下船住在我們棧裏了、他就叫我們夥計、給和他雇了兩小車子、叫他一個跟人、帶着到船上去、把行李起下來、趕等把行李運到棧裏來了、他一瞧看他短少了兩隻紅皮箱、這裏頭又有兩隻白皮箱、不是他的、那白皮箱上、寫着徐子芹三個字、他就問他那個底下人、怎麽會運錯了兩隻箱子呢、那兩跟人說、不是他們的錯、他們兩人在船上歸着零碎東西來着、是那兩推小車子的、自己上船、把箱子搬下來的、所以纔搬錯了、這麽着的那個客人、就告訴我們棧裏的夥計、叫那兩推小車子的、快去把他那倆紅皮箱給找回來、那兩推小車子的去找了半天、也沒找着、客人是所定不答應、要定了箱子了、夥計們也都着看了忙了、就趕緊的打發人找我去了。 您給和那個客人找回那兩隻箱

子來了麽。 是、我已經找着那位姓徐的客人了、姓陳的那兩隻紅皮箱、是在他那兒裏了、我現在回棧裏先雇一個小車子、把姓徐的那兩白皮箱、給和他推了去、把那兩紅皮箱就換回來了。 您怎麽找着那位姓徐的客人了。 我先在借我們那條街上、各棧都問了、並沒有姓徐的客人、這麽着我就到了西街、挨着各棧一問、趕及問到永利棧了、他們說是有一位姓徐的客人、是剛纔到的、這麽着樣我就進那個客人的屋房裏去了、一問他的號別號、他說是叫子芹、我就把運錯了箱子事告訴他說了、他說我的行李、是纔運來的、還沒查點了、等我現在一查就知道了、趕等他一查點、可却就說是錯了兩隻箱子、我這兒裏短少了兩隻白皮箱、多出兩隻紅皮箱來、我一聽這話對了、這麽着樣我就和他說回頭、我就打發小車子、把您那兩隻箱子送來、您把這兩隻紅箱子、就交給把他們帶回去就得是了、這麽着樣我就回來了、你這麽早忙着找我、

是有甚麽要緊的事情麽。 因爲我們今兒個天有點兒要緊用項、找您摘給挪把我們幾百塊錢用。 有、您跟我到棧裏取拿去罷。

第二十二章

老弟、我聽見說、你們那位令親王子泉被參了、是眞的麽。 不錯、是眞的。 你知道曉得是爲甚麽事被的參。 我起從去年就聽見說他要被參、我還不很信、如今果然眞被參了、前幾天我見了子泉他的哥哥、據他說是因爲兩案的事壞的官、一案是前年秋天、縣城裏頭有一個錢鋪、被刦搶了、有幾百兩銀子賊去、他連一個賊也沒拿着到、那個時候、撫台就出了參了、把他的頂戴摘了、給他幾個月的限、還留在任上、叫他趕緊的拿賊、趕等到滿了限了、還是一個賊也沒拿着、這麽着的他又展了好幾限、直展到去年冬天、那一夥子賊、始終也沒拿着、偏巧今年春天、縣城裏頭有一個人、半夜

裏進了一個人家兒屋裏去、殺死了倆兩人、兇手逃跑了、又添上了這麽一件乘兇逃走的案、這麽着樣撫台就把他參革了。 那麽他現在已經離了任了麽。 是已經離了任了、在省裏住着了。 宦囊怎麽樣。 他有甚麽宦囊啊、他現在是兩袖淸風。 他既是官囊羞澀、何必還在省裏住着呢。 他倒願意回來哪、就是一時回不難回來。 怎麽回不難回來呢、是沒有盤費麽。 倒不是沒有盤費、是因爲他革職之後、撫台派委員、到他衙門盤查倉庫去了、查出他虧短空有四千多兩銀子的錢糧、委員問他怎麽會虧短空這麽個些的錢糧呢、他認了、是他挪用了、這麽着樣那個委員、就稟報撫台了、撫台就派員、把他寓所裏的東西都封了、把王子泉調到省裏去、給把他兩月的限、叫他把虧短空國家的這個錢糧、都交上出還、若是過了限期不交還、就要請旨抄他京裏的家了、這麽着樣他急了、就寫了一封信、打發他一個家人、到京裏來見他哥哥、

叫他哥哥、不論怎麽想法子、趕緊的給替他湊五千兩銀子、交給把這個家人、給把他帶回去、他哥哥見着了這封信、着急的得了不得、找我去了、託我把他城外頭那處鋪面房、給和他賣了、這麽着的我就趕緊的給替他賣還、算好、賣了五千兩銀子、前兒個幾天他哥哥、交給把來的那個家人、給替他帶了去了。 那麽他若是把虧短空的錢糧、如數都交還上、了、他寓所裡封着的那些東西怎麽樣呢。 趕等他把這銀子交還之後、上司自然派官到他寓所裡去取封、就把東西照舊還給把他了、那他也就可以回來了。

第二十三章

大哥、我問您一件事、令友錢輔臣、那個當鋪現在止當、候贖了、是爲甚麽呀。 那個買賣不行了、快收了。 怎麽聽說那個買賣、不是很好麽、怎麽會不行了呢。 你止知其外、不知其內、當初他開那個當鋪、並不是都是他自己的銀子、他有一個親戚、

是個作做官的、有一萬多兩銀子、白借給把他使喚用、不要利錢、他自己不過有幾千兩銀子、就這麽把那個當鋪開了、這幾年買賣倒很好、賺的錢也不少、趕等到前年、他那個親戚、放下知府來了、可却就把那一萬多兩銀子、要回去了、雖然撤出那一萬多兩銀子去、他那個買賣、還可以支持得住、忽然他無故的、想做洋藥的買賣、起初還不過買個一兩箱子洋藥賣、偏巧賺了錢了、膽子可却就壯了、這麽着的又買了七八箱子洋藥賣了、又賺了錢了、所以膽子更大了、趕等到了去年、快封河的時候、有一個廣棧裏、來了一百箱子烟土、他聽見說沒有別的火輪船來了、他一想、他若是把那一百箱子烟土買下、留着冬天賣、必賺好錢、這麽着樣他就到了那個廣棧裏、和那個廣棧的掌櫃管事的一商量、願意把那一百箱子烟土都留下、倆兩月之後付銀子、那個廣東人也答應了、趕等他買妥了、過了有兩三天、忽然又來了一隻火輪船、裝了有五

六百箱子烟土來、這個行市、就直往下這麽一掉跌、他沒法子了、就趕緊的都賣出去了、賠了有好幾千兩銀子、可却就把那個當鋪、也拉淌下了、這都是他放着穩當買賣不做、妄想發財、所以纔壞了事了。 大哥您看獨做那洋藥買賣的、沒有長久富貴的、就是有起在這上頭發了財的、也不過是眼前歡、不多要幾年、自然的就敗了。 那是一定的理、那本是損人利己的買賣、怎麽能長享富貴呢。 我們本鄉有一個恒原土局子、棧買賣很大、四遠馳名、那個東家姓郝、都是自己下天津、起從洋行裏買貨、一回總買幾百箱子的貨、鋪子裏總有幾十個夥計、這些年所數發了財了、家裏蓋的房子很多、上下有數百多號口人、騾馬成羣、這麽樣兒的財主、趕等到去年會一敗塗地了、我先還不知道曉得、是怎麽敗的這麽快、趕到後來我細一打聽、知道纔曉得、敢情是這幾年的買賣發了財了、東家所就不上到鋪子了、竟在家裏納福、也老總沒不算大帳、鋪子裏那些

個夥計們、見天黑下晚上、往外偷烟土、東家是一概不知道曉得、趕等到去年還是那姓郝的、有倆兩朋友、知道曉得他鋪子有了毛病了、可却就叫他上到鋪子算帳盤貨去、這麽着的他纔到了鋪子裏一算帳、虧空有好幾萬兩銀子、又一盤貨、剩了不過有幾箱子土了、他就問夥計們、帳怎麽虧空的、貨怎麽短的、那些夥計們都說不知道曉得、這麽着樣他沒法子了、就把房子牲口都賣了、算是把該洋行的銀子都歸上還了、然後把鋪子也關了、他起從那麽一口氣氣、得了一塲病、就病死了、家裏底下人們、也都散了、就剩了他們本家的人了、腳目下是吃一頓挨一頓。 這麽樣兒的苦法、你瞧看這就是賣洋藥的收塲。

第二十四章

老弟、你是咱多時回來的。 我是新近剛纔回來的。 你這是解由江西回來麽。 不是、我是起從江蘇

回來的。你當初不是(上/往)江西去了麼、怎麼如今是(解/由)江蘇回來呢。我是(原本上/本來往)江西去了、後來又到蘇州去了。你這幾年在外頭事情怎麼樣。在江西那幾年、事情到很好、就(起/從)到了蘇州之後、事情就(所/是)不順了。你既在江西很好、作甚麼又到蘇州去呢。因爲我們那位舊居停、去年調任雲南了、打算要邀我一同去、我是嫌路太遠、不願意去、打算要回京來、他勸我不(叫/要)我回來、他說他有一位同年的在蘇州、是候補道、姓和、他要把我舉薦、到那(兒/裏)去辦書啟、我也願意去、這麼(着/樣)他就寫了一封薦書信、打發我到蘇州去了、(趕/等)我到了蘇州、(纔知道/曉得)和公那(兒/裏)還有兩位師爺、那(倆/兩)人都是浙江人、見我去了都很欺生、我是諸事掣肘、他們(倆/兩)人若是打起鄉談來、我是連一句也不懂得、若是偶然我問他們一件事、他們都和我粧不(知道/曉得)、不肯告訴、我就連出去走走(逛逛/蕩蕩)、他們(倆/兩都)(撂/撇)着我、我看他們那光景、是過於(咬羣/欺生)、

我一想、我們若是再(往下混可/同他過却)就要生分了、這麼樣我就辭了館回來了。那位和公待你怎麼樣。那位和公待我到還罷了、(得/却)就是這回辭館的時候、他還問我是爲甚麼緣故辭館、我也不便提我和同人不合、我就說我京裏有緊的事、(得/要)回去一(盪/回)、他還說若是我到京裏辦完了事、還請我回去哪。就麼你這(盪/回)回來、還打算出外去、不出外去呢。我這(盪/回)回來、原打算是要考供事的(着、比/如)若是考(上/得)了、我就要在京裏當差、不出外去了、(趕/等)我到京裏、一打聽已經考過(去/完)了、現在我的意思是這麼(着/的)、若是有合(宜/式)的事、我就可以出去、若沒有相當的事、我就先在京裏那是了。現在(可/却)有個出外的事、不(知道/曉得)你願意就不願意就。是(怎/甚)麼個事情呢。我有個至好的朋友、他(新近/近日)放(下/了)山西太原府遺缺、知府來了、前兩天他託我(給/代)請一位書啟師爺、我現在意中也是沒人可薦、如今你回來了、若是願意就、我可以(給/替)你舉

薦舉薦。此公怎麼稱呼。他姓常號叫春圃。是在旗麼。不錯、是旗人。他那個人怎麼樣。是個極忠厚、極和平的人。既是這麼(着/樣)、您就(給/替)我說說罷。東侪這層、你打算怎麼樣。那層到好說、(您給/您就)作(項/主)就是了、只要人對勁、錢多多少少的、甚麼要緊。他那個人、我(管保/包管)你們(倆/兩)人准可以對勁、那麼明(兒個/天)我就見他、(給/替)你說去。費心費心。好說好說。(可/却)是你現在沒當甚麼差使麼。沒有、我就(起/從)那年告病回來。到如今舊病還是時常的(犯/發)、怎麼能當差呢。好天的時候、可以(找/會)朋友談一談。颳風下雨的時候、就是在家裏看書。那麼您到是很清閒哪。甚麼清閒哪、不過是虛度歲月就是了。

第二十五章

老弟、我告訴你一件可笑的事。甚麼可笑的事。(月裏頭/這個月)有一天月(裏頭/下裏)、有三更多

天、我剛(睡着/纔睡)、就聽見我們後頭院子裏、咕咚的一聲、跳進一個人來、把我嚇醒了、我當是有了賊了、就趕緊的叫底下人們起來、快打着燈籠照照去、這麼(着/的)那幾個底下人們、聽見說有了人了、就都趕緊的起來、點(上/着)了燈籠、拏(上/着)了棍子、就往後頭院子裏去了、這個工夫兒我也起來了、開開了(屋/房)門、就往後頭院子裏(瞧/看)去了、(趕/及)我到了後頭院子裏、就聽見底下們人說、拏住了一個人、身上(可/却)穿(的/得)很體面、又不像個(作/做)賊的、又聽見那個人說、你們(別/莫)拉我、我的脚踝子很疼、我不是(作/做)賊的、我是避難的、我聽見他說他是避難的、我(可/却)就往前去一看、長(的/得)很體面的個年輕的人、我又一細(瞧/看)、認得他是個念書的人、他姓蔣、在城外頭住、我們(倆/兩)在城外頭、一個古玩鋪裏、遇見個兩回、彼此到還很相得、這麼(着/的)我就叫(倆/兩)底下人、攙着他(遛/走)(了半天/動一會)、(可/却)就好了、然後我就把他(讓/請)到書房裏去了、(趕/及)到了書房、他一(瞧/看)是我、臉上

很不得勁下不去、我就問他是遇見甚麼事了、他說他是在我們房屋後頭寶局裏要賭錢來着、忽然有一個官、帶着兵去抓局賭去了、他先跑出來了、因爲沒地方藏、所以他就扒到墻上去、跳到這院裏來了、這麼着的我勸了他半天會、叫他後來改了、別要莫賭錢了、留他住了一夜、起等到天亮回去的、昨天他給和我到謝來了、他告訴我、說他現在已經起發下了誓、從此決不要賭錢了。像這個人、能彀聽您一勸、他立刻就改過了、這就是個有志氣的、我先頭裏、有一個相好、他吃大烟、因爲我勸他忌戒烟、他到惱了我了、不和我來往了。你們這個相好的、也眞別致古怪、怎麼你勸他忌戒烟、他到惱了你了。他那人實在的是糊塗、他原本起頭不吃烟、後來是因爲他挨着相與一個吃烟的朋友、慢慢的兒的可却就吃上癮了、先吃的還不算多、後來是一天比一天吃的多、到了去年、他臉上所已帶了烟氣了、精神也不佳了、我看他那光景很不好、我就和他說依我勸你把烟

忌戒了罷、再要往朝下吃、可却就怕不好了、我可以起由上海給替你買忌戒烟藥來、見每天你就按照着那個方子吃藥、慢慢兒的自然就把烟癮斷了、他聽我這話、就答應了一聲、這麼着的我就托朋友、起在上海買了好幾塊錢的忌戒烟藥來、給和他送了去了、趕等又過了些日子、我遇見他的底下人了、我就打聽他忌戒了烟了沒有、他的跟人說、他並沒吃那忌戒烟藥、現在他吃的比先頭裏更多了、這還不要緊、後來我聽見他在一個朋友家裏、說我多事、無故的勸他忌戒烟、他很不喜歡、我給和他送去的那忌戒烟藥、他也不敢吃、說是怕裏頭有毒藥害他、這麼着的那個朋友、聽不過他這個話了、就說他、你說的這話不對、在理人家勸你忌戒烟、不是好意麼、人家和你又沒仇、作做甚麼拿毒藥害你呢、你說這話實在是不說理、起從那麼連那個朋友也惱了、趕及到今年年下、他也沒給和我拜年來、我知道曉得他是和我絕了交了、您說像這樣兒的人性、天下還有麼。

第二十六章

老兄、我告訴您一件可氣的事。甚麼可氣的事。我認得那個相好的、姓江的、他前幾天和別人、夥同一氣、哄騙我好幾千吊錢去。他怎麼會哄騙你這些個許多錢去呢。那天、他到我家去了、他說他認得一個人、脚下現今在家裏弄局開賭、約我去要玩去、我就跟他去了、趕及到了他家兒裏一瞧看有七八個人、都坐在那兒裏要賭哪、我連他們一個人也不認得、他這麼一給和我引薦、他告訴我說、都不是外人、都是他認得的、這麼着的我就坐下一要賭可、却贏了幾十吊錢、然後就散了、趕到下回我本打算不去要賭了、他一定約我去、我沒法子又去了一盪回、可却就輸了好幾百吊、他就和我說不要緊、再去幾回、就可以贏他們幾千吊錢、我就信了他的話了、又跟他去了五六盪回、又輸了四千多吊錢、他們把局賭廠也收了、見每天總有兩三個人、到我家裏去要賭帳、我找姓江的去、

他藏躲起來不見我了、這麼着樣我當了兩箱子衣服、纔把賭帳還了、到了昨天、有一個朋友告訴我、說是那個姓江的、和那幾個人商量好了的、哄騙我、你說可氣不可氣。那個姓江的自然是可惡到底、也怨你自己不好、你若不跟他要賭錢去、他也不能哄騙你。這話也不錯、到底他既和我相好、又幫着別人賺我、他也太不是人行了。你提起這設局誆騙來、我告訴你一件事、我們那本鄉地方、有一年有幾個本地的無賴子、開了一個賭局廠、竟打算哄騙人上了他們的檔的、可却也不少了、並且都兒橫的了不得、誰那個若是輸了給他們錢、還不起他們、就得要把房產地產折給把他們、就這麼樣兒不說理、我們本地有一個財主人、很聰明、待本地的人也很好、他聽見說了很有氣、這麼着樣這天晚上、他就坐着自己的車、到那個賭局廠去了、趕等他進了那個賭局廠、見了那幾個無賴子、就提他是誰、特意到這兒裏要賭錢來的了、大家聽說、都知道曉得

他是本地財主、可却就歡喜的了不得、他們那幾個無賴子、就背地裏一商量、說他這乍初來、偺我們先叫他贏幾回錢去、後來他就肯來了、等着抽冷子不防偹一天、叫他輸個一萬八千的、偺我們可却就發了財了、趕等都商量好了、就坐下了一耍賭、果然那個財主贏了、他們當時就把錢給交了、後來那個財主、又去了兩盪回、又贏了、又把給的是現錢、趕等到天晚上、那個財主又去了、就起從定更天耍賭起、直耍賭到天快亮了、那個財主輸了有一萬多吊錢、趕等到大天大亮了、那個財主就和他們說、我先回家去、把錢給和你們預備出來、趕等到晌午、中時你們可以到我家裏取去就是了、他們都答應了、那個財主就回去了、趕等到晌午、中時他們就去了倆兩人、到那個財主家取錢去了、底下人回進去了、那個財主就把他們叫到書房裏去、就問他們倆兩你們是來幹甚麼的、到我這兒裏來作做甚麼、那倆兩人說您怎麼不認得我們了、我們是在某處開賭局廠的、您忘了您昨兒天夜裏、不是

在我們那塊兒耍賭錢、輸了一萬多吊錢、叫我們現在取錢來麼、那個財主聽見這話、立刻就生了氣了、說你們倆兩人別胡說、我一個財主和你們無賴子耍賭錢、你們、眞是發昏了、你們打算訛我來、你們可却是瞎了眼了、你們倆兩人、快走、是你們的便宜、不然、我把你們倆兩人送衙門、辦你們訛詐、那倆兩人聽這話、嚇的也不敢言語了、就趕緊的跑回去了。

第二十七章

老弟、你是怎麼了、臉上這麼刷白的。 我是不舒坦服了幾天。 是怎不舒坦服了。 我是給替人管了件閒事、受了點兒氣、把肝氣的勾起來了。 給誰替那個管閒事來着的、受了甚麼氣了。 上月偺我們那個相好的温子山、託我給和他買地、我認得有個京東的姓孫、他有一項百多畝地要賣、這麼着的我就把那個姓孫的帶了去、見了温子山、然後他們

倆兩人到了京東、把地都瞧看了回來、就請我作中人給和他說合、價值錢說妥了的是一千兩銀子、兩下裏都答應了、定規是大前兒個天立字據、過錢了、趕等大前天、我一早和那個姓孫的、到温子山家裏去了、趕及到了他家裏、他還沒起來了、我們倆兩人就在他書房裏、等了他半天、他這纔起來、趕及他見了我們、他說那個地他不能買了、我們就問他是怎麼不能買了、他說他湊了會了、不彀一千兩銀子、我們問他湊了有多少銀子呢、他說他湊了有九百五十兩銀子、那個姓孫的聽這話、就說那麼九百五十兩銀子、就九百五十兩就是了、這麼着的就立了字據、過了錢價了、鬧得我好對不過住那姓孫的、他是果然湊不出那五十两銀子來、那還倒情有可原、他那麼個財主、別莫說是五十兩、就是五萬兩、也現成、我可却恨他、他安心佔人家便宜、叫我不對住人、趕及我那天回到家裏去、越想越可氣、就因爲這個勾引起得我的舊病來了、就不舒坦服

了。 你不知道曉得温子山、他那個兄弟比他還可惡了、先頭裏他常和我夥辦買賣、凡經他手賣的貨、到了分賬帳的時候、他總短少分給把我、這麼三千兩吊、也知道曉得我也不好意思和他要、他嘴裏可老却又說、我這回短少您是兩吊是三吊、過兩天我給和您找補、起從那麼可却就永遠不提了、趕等擱得日子多了、我也忘了這件事、就算化完了、他就這麼小取器、那幾年、我吃了總有幾百吊錢的虧、再若是論外頭交朋友、走親戚的道理、他是一概不懂、他就是上炕床認得女人、下炕床認得錢、就這麼道人、去年他家裏辦白事、喜事再三的求我、給和他約兩位朋友、在他家裏幫着他熬熬夜、我就請了兩位至好的朋友去、幫着他熬了五六夜、人家還是眞盡心竭力的、給替他照應、趕等辦完了事之後、他並沒到人家裏給和人道乏謝去、後來有一天在街上遇見人家、他一低頭就過去了、簡直的沒理人家、你瞧看他這宗人性、有多麼這樣可惡、近起日來我聽見說更好

了、他在家裏放重利息錢了、誰（那個）借他的錢使喚（使用）、都是八分的利錢、外頭已經有了重利盤剝的名聲了、我早就看透了、他那個財主不久就敗、古人說的、刻薄成家、理無久享、這是一定的理。

第二十八章

老弟、我聽見說你們令弟、不是回來了麼、怎麼還沒見他出來了。 他回來就病了。 是怎麼了、在道兒（路）上受了熱了麼。 倒不是受了熱了、是受了一點驚恐。 受了甚麼驚恐了。 是在船上遇見賊了。 你告訴我說、是怎麼遇見賊了（呢）。 他是和一個朋友搭帮回來、兩人帶着一個底下人、雇了一隻船、這天晚上船灣在一個地方了、趕（等）到夜靜的時候、忽然起（從）岸上來了十幾個賊、都拿着火把刀槍、就上船上來了、拿刀把艙板砍開了、就進了艙裏頭去了、就拿着刀、指着我們舍弟問、都是有甚麼

東西、我們舍弟說、我們東西都在這艙裏擺（放）着了（的）、別處沒有了、這麼着（的）那羣賊、就把箱子和包袱現錢都拿了去了、就是把鋪蓋給（留）下了、幸虧我們舍弟身上有一個銀兜子、裏頭裝着有幾十兩金子、還有十幾兩銀子沒丟、趕（等）到天亮了、他們到了一個馬頭上、我們舍弟就和那個朋友商量、打算下船、起旱路走、那個朋友也很願意、這麼着（的）他們就把鋪蓋搬下來了、碼頭上雇了兩輛車、就起早回來了、趕到了家、可（却）就病了、請大夫（郎中）來瞧（看）、說他是驚嚇、夾着點兒時令（症）、現在吃着藥了（的）、還沒好了（呀）。

第二十九章

老弟、你提你們令弟走路、遇見賊了、我也想起一件事、告訴您說、有一年我們先伯、同着一位朋友上甘肅去、雇了兩輛車、帶着倆（兩個）跟人、一個人坐着一輛車、就起了身了、有一天走到一個地方、那倆（兩個）趕車的路都不熟、可（却）就走岔（錯）了道（路）了、直走到掌（點）燈

的時候、也找不着一個鎮店、大家很着急、沒法子就這麼瞎走、趕（及）走到快定更了、就走到了一個大樹林子裏、就看見樹林子、那邊兒露出一點兒燈光來、這麼着（的）他們這倆（兩）車、就奔了那個燈光去了、趕（等）臨近了一瞧（看）是個店、外頭、掛着倆（兩個）麪幌子（招牌）、店門關着了、臨（對）街是個窗戶（子）裏頭、可（也）點着燈了、這麼着（樣）他們就叫開店門了、把車趕進去了、趕（及）到了裏頭一瞧（看）、冷冷清清、連一個客人也沒有、這麼着（的）他們就挑（揀）了三間屋子（房）、把行李都搬進去了、然後就叫店家打洗臉水、沏茶弄飯吃、我們先伯就見那幾個店家、都那麼賊眉鼠眼的、心裏可（却）就有點兒犯（帶）疑、趕（等）吃完了飯了、那位朋友在炕（鋪）上拾掇（收拾）行李、這個工夫兒就進來了一個店家沏茶、我們先伯就見他不住的拿眼瞧（看）炕（鋪）上的行李、我們先伯看他這分（樣）光景、更疑惑了、可（却）不敢說、恐怕那位朋友知道（曉得）害怕、趕（等）喝完了茶、我們先伯就到後頭院裏出恭去了、趕（等）他納到來後頭院裏一瞧（看）、

有三間屋子（房）、一間是茅房、那兩間是堆草料的屋子（房）、趕（等）我先伯進到茅房裏去正出恭了、這個工夫兒、就聽見起前頭院裏來了倆（兩）人、把堆草料的那屋裏的門推開了進去、拿草料去了、就聽見這個和那個說、剛纔掌櫃（管事）的把你叫了去、到底是怎麼商量的呢、就聽見那個說是這麼商量的、趕（等）到夜靜的時候、偺（我）們倆（兩）人去殺那倆（兩）趕車的、他們三人去殺那兩客人和那兩跟人、我已經和掌櫃（管事）的說開（好）了、事完之後、就把那兩輛（乘）車分給（把）偺（我）們、倆（兩）人一個人一輛（乘）、不論那倆（兩）客人、有多少銀子、偺（我）們倆（兩）人全不管、我的意思是這麼着（的）、偺（我）們倆（兩）人把這兩輛（乘）車分到手、明兒個（天）早起（晨）偺（我）們把打（買）賣一辭、一個人趕着一輛（乘）車回家去了、從今以後、偺（我）們倆（兩）人改邪歸正、再別（莫）作那害人的事情了、你想這麼辦好不好、那個人就說不錯、這麼辦很好、說完就聽他們倆（兩個）人往（上）前頭去了、我們先伯心裏說、怪不得我看那幾個店家、那麼賊形可疑的、敢情（想情眞）

是個黑店、這麼着可(的却)就出了茅房、到了自已的屋(房)裏、就把剛纔聽的話、都告訴那個朋友說了、那位朋友聽這話、就害怕的了不得、大家正在屋(房)裏爲難、沒有主意了、忽然聽見來了好幾輛(乘)車、直叫店門、趕(等)店門開開了、就見趕進六輛(乘)鏢車來、是倆(兩個)客人、四個保鏢的、我們先伯就說這可(却)不怕了、偺(我)們回頭可以放心睡覺罷、這麼着(的)又打發一個跟人過去問了、問鏢車他們說、是明兒(天)早起五更天起身、這麼着(樣)我們先伯他們也睡到五更天起來、叫趕車的套上了車、就跟鏢車一塊兒搭幫走了、這算是纔免了那個大難、你說險不險。

第三十章

大哥、您聽我告訴您一件事、我們那個村莊兒裏、住着有一個小財主、素日人很嗇刻、向來他不帮人、不作(做)好事、前幾天他有一個出了門子(嫁出去了)的妹子、頂着雨到他家來、

說是他男人現在找了一個海船上管帳的事情、前幾天已經開船出海去了、現在家裏沒有飯吃、所以頂(冒)着雨來、要借一石米、和幾兩銀子、等着他男人回來、必都還的、這個人聽這話、和他妹妹說、他米也沒有、錢也沒有、辦不了(及)、叫他妹妹另上(到)別處借去罷、他妹妹聽他不管、可(却)就哭了、趕(及)他見他妹妹哭了、他就賭氣子(的)出去躲開了、他同院子住着(的)有一個街坊(鄰舍)、是個爽快人、聽他不管他妹妹的事、很有氣、這麼着(樣)就把他妹妹請過來、借給(把)他一石米、還有幾兩銀子、另外又給(替)他雇了一匹驢、可(却)就把他送回去了、趕(等)這個人回來了、聽見他家裏人說、是他街坊(鄰舍)借給(把)他妹妹錢米回去的、他也不說長、也不道短、粧作(做)不知道(曉得)的樣子、可(恰)巧這天夜裏來了一個賊、起(從)他後墻上挖了一個窟窿、進他屋裏去、偷了他幾十兩銀子、和幾件衣裳去、趕(等)到第二天早起(晨)、他知道(曉得)鬧(被)賊丟(偷)了東西了、他怕是他妹妹聽見說他失了銀子衣服了、又不

趁(很)願、又不找他來問、他所以他沒敢到衙門去報他家裏失盜(賊)、他還囑咐他同院住着的這個街坊(鄰舍)、外頭不用(要)告訴人說他家裏鬧(被)賊丟(失)東西的事情、誰知道(那曉得)那個賊、那天夜裏偷了他的東西去、偏巧走大街上、叫下(等查)夜的兵給拿住(捉倒了)、送了(到)衙門了(去)、官就問那個賊、那個銀子和衣裳、是起誰(在那)家偷出來的、那個賊就招了、說是起(在)某村莊兒裏某家偷出去(來)的、這麼着(的)官就打發衙役來叫事(失)主領贓去、這個人聽說這話、就爲了難了、不到衙門去領贓不行、到衙門領贓去、又怕他妹妹知道(曉得)這件事、這麼着(的)他就想了個主意、託他同院住的那個街坊(鄰舍)、頂他的名到衙門替他領贓去、那個人就應了替他去了、那個人因爲那天他不幫他妹妹、很瞧(看)不起他、就有意要收拾他、趕(等)起(從)在衙門把銀子和衣服都領出來了、那個人就都給(把)他妹妹送了去了、趕(等)回到家裏來、見了他就撒(撇)了一個謊(白話)說、我剛纔從(解)衙門出來、走到街上、正遇見令妹、他間

我是上(到)那兒(裏)去了、我說是到衙門替你領銀子衣服去了、這麼着(的)他就叫我把那銀子和衣服給(交)他罷、我因爲他是你的親妹妹、不好推辭不給(把)他、這麼着(的)我就都給(把)了他了、這個人聽這話、不但不敢生氣、倒還得給(要與)那個人道謝、現在大家聽見件這事、都說那個人實在是快人作快事。

第三十一章

你提起這慳吝人遭報來了、我也告訴你一件事、那一年我在南邊一個客店裏住着的時候、同店裏住着一個山西買賣客人、這天忽然來了一個窮人、也是山西人、身上穿的衣服很襤褸、到店裏找那個買賣客人來了、店家可(也)就把他帶進來、趕(等)見了那個買賣客人、就說如今我流落這兒(裏)了、因爲沒有盤費、不能回家去、苦的(得)了不得、昨兒個(天)有偺(我)們一個同鄉的朋友、告訴我說您到這兒(裏)辦貨來了、住在這個店裏的了、

我聽見說很喜歡、所以現在我來找你、求你念其咱們倆我兩個舊日的交情、借給把我一百兩銀子、我作做盤費回家去、等我到了家裏、再設法還你、那個客人聽這話、就說我的銀子已經都買了貨了、現在我手底下連一兩銀子也沒有、你另打主意罷、我實在不能爲力、那個窮人聽他說不能爲力、可却就掉下眼淚來了、這個工夫兒、那個買賣客人就上往裏間屋房裏坐着去了、可恰巧有同店裏住着的一個四川人、到那屋房裏找那個買賣客人閒談去了、的見那個窮人坐在椅子上掉眼淚、可却就問他是爲甚麼事傷心、他說這個買賣客人、原先在本鄉和我是緊街坊、鄰舍他當年窮的時候、我常幫他錢米、後來我又借給把他銀子做買賣、如今他發了財了、我是在這本地裏做買賣了虧空了、沒盤費回家去、找他來借給把我一百两銀子回家去、他不肯借、所以我很傷心、那個四川人聽完了這話、就進裏間屋房裏去問那個買賣客人、你們這個貫鄉親、他說

他當年幫你的話是眞的麼、那個買賣客人說、那倒是眞的、無奈我現在錢沒借給把他、那個四川人就說着、比比如我現在給把你一佰兩銀子你給把他作做盤費回去、你一個月之後還我、寫給我一張借約、一張借帖把我我也不要利錢、你願意不願意、他勉强說是願意、那個四川人就起往自己屋房裏拿了一百兩銀子來借給把他、叫他給把了那個窮人拿了走了、那個四川人就叫他寫了一張借約收起來了、趕等過了兩天、那個四川人也撒了走了、又過了些個好些日子、那個買賣客人打開箱子一瞧看短少了一百兩銀子、他原先寫的那張借約在箱子裏擱着了、他這纔明白那個四川人是個術士、會搬運法、撤了他一百兩銀子來、給把了那個窮人拿了走了、後來還是那個買賣客人的一個跟人洩漏出的、大家聽見、都很趁願意的。

第三十二章

老兄、我聽見說令弟和人打官司來着、的是眞的麼。 不錯、是眞的。 是和誰那個呀。 哦、是咱和我們這本鎮店市上一個無賴子。 爲甚麼事情。 是因爲那天我們舍弟在這鎮店市外頭北邊兒一座樹林子裏頭、拿鎗打鴿子來着、的剛趕他放了一槍、知道誰那曉得樹林子外頭、有一個人拉着一匹馬站着了、那匹馬冷孤丁忽然的聽見一聲槍響、嚇的可却就一個驚、下走去了、那個人就不答應了、揪住我們舍弟叫他賠馬、我們舍弟就和他說、你不用着急、那匹馬是往那麼裏跑下去了、他說是往西北跑下去了、又問他那匹馬是甚麼顏色的、他說是紅顏色的、我們舍弟就說這事好辦、我現在同你到鎮店市上對給把你一個鋪保、你就先去找馬去、若是將馬找不着、眞丟掉了、我賠你馬就是了、他聽這話也很願意、這麼着的我們舍弟就同他到了鎮店市上、對給把他全順糧食店了、他就先找了馬去了、我們舍弟就回家來了、趕待等過了一會子、兒那個人回來了、到了全順糧

食店裏、他說他的馬丟掉了、沒找着、要見我們舍弟、這麼着的糧食店就打發徒弟到家來、把我們舍弟找了去了、趕等他見了我們舍弟、就說我去找了半天、我的馬所總沒找着、我那匹馬當初是六十兩銀子買的、如今我見做個情、你賠我五十兩銀子就得是了、我們舍弟說、竟你那麼大概隨便找了一找沒有、那還不算是準丟掉了、你等我再各處給和你找一找去、若是過一兩天、那匹馬所實沒下着落、那便是眞丟掉了、到了那個時候、我再賠你還不遲哪、那個人不答應、他叫立刻就賠他、我們舍弟就和他吵翻起來了、大家給就勸開了、誰知道那曉得那個人就到巡撿衙門去把舍弟告下來了、衙門裏來人把舍弟傳了去了、他到了堂上、就把這件事據實的說了、巡撿給把了舍弟五天的限、叫他給替那個人找馬去、這麼着的我們舍弟就到各村莊一打聽、後來打聽着了、咱我們這鎮店市西北地方有一個村莊兒、住着有一個姓趙的、前兩天買了一匹紅馬、這麼着的舍弟

就找那個姓趙的去了一間、〈敢情／那曉〉那個人前〈些個日子／好幾天〉、就把他那匹馬賣〈給／得〉那個姓趙的了、說妥了的八兩銀子、就定規是那天他〈給／和〉姓趙的送馬去取銀子、〈趕／正〉那天那匹馬聽見槍響、不是驚〈了／走了〉麽、〈後來／隨後〉他追上了、〈給／和〉姓趙的送了去了、把銀子也取來了、他回來〈可／却〉告訴舍弟說他的馬〈丢／掉〉了、叫賠他五十兩銀子、這麽〈着／的〉舍弟就約了那個姓趙的拉着馬、同他一〈塊／路〉兒到衙門作見證去了、〈趕／及〉那個人見有了見證了、就沒話可說了、自己認了是訛詐了、巡檢因爲他過於狡詐、就打了他四十板子、把他放了。

第三十三章

老兄、昨〈兒個／天〉我到榮發棧裏去、聽見說棧您那裏〈給／替〉他們發了一百包棉花去、說是〈短／少〉了一包棉花、是怎麽〈短／少〉的。你提起這件事來、倒是個笑話兒、昨天我們〈給／和〉他們發棉

花之先、就預備出一百根籌來、〈趕／等〉後來發一包棉花、我們就交〈給／把〉抬棉花的帶根籌去、〈趕／等〉這一百包棉花都發完了、待了好大半天、榮發棧王〈掌櫃／管事〉的、打發一個人到我們棧裏〈去／來〉了、問我們爲甚麽少〈給／和〉他們發了一包棉花去、我們就說我們發了去的是一百包棉花、怎麽說少發了一包去呢、那個人說他們棧裏是收了九十九包棉花、〈短／少〉一包棉花、我聽這話很詫異、這麽〈着／的〉我就同着那個人到他們棧裏去了、〈趕／等〉王〈掌櫃／管事〉的見了我有氣的樣子、就說你們棧裏的夥計們太不留心、怎麽會〈給／和〉我們少發了一包棉花來呢、我就問他你怎麽〈知道／曉得〉是少發了一包棉花來呢、他說我們收完了棉花、一掐籌是九十九根籌、這不是少發了一包來麽、我就問他們、剛纔你們這棧裏是〈誰接／那個收〉的籌、就見傍邊兒站着有一個夥計答應說是他〈接／收〉的籌、我就問他、你方纔〈接／收〉籌的時候、沒〈上／往〉別處去麽、他說我並沒〈上／往〉那〈兒／裏〉去、就是忽然我肚子

疼、到茅〈房／厠〉去出了一回恭、這麽〈着／的〉我就和他說、〈偺們／我們〉〈倆／兩人〉先到茅〈房／厠〉裏找一找去再說、〈趕／等〉我同他到了茅〈房／厠〉裏一〈瞧／看〉、地下有一根籌、我就撿起來拿着見王〈掌櫃／管事〉的去了、我說到底是〈誰／那個〉的夥計不留心哪、你們的夥計掉〈了／在〉茅〈房／厠〉裏一根籌、你〈可／却〉說是我們〈給／把〉你們發了一包棉花來、其實這也不要緊、不過你未免的太冒失〈些個／了〉、他聽這話、臉上很〈不得勁／下不去〉、一句話也〈還／回〉不出來、我又說雖然把這根籌找出來了、到底〈偺們／我們〉再把貨盤一盤看、看〈短／少〉不〈短／少〉、彼此就可更放心了、這麽〈着／的〉、我就叫他們那幾個夥計、把棉花包〈起／從〉棧房裏又都盤到院子來、細細兒的數了一數不錯、是一百包棉花、我說你們都看明白了不錯了、他們說都看明白了、對了、這麽〈着／的〉我就回來了、你說可笑不可笑。我先頭裏和您說過、那個王〈掌櫃／管事〉的人糊塗、您還不大很信、那〈兒／裏〉有他竟掐籌不盤貨的、就說您少〈給／替〉他們發了一包貨去的理呢。你還不〈知道了／曉得咧〉、去年

有這〈麽／樣〉件事、我們買了他們棧裏一百兩銀子的貨、〈給／把〉了他們一百兩一張的銀票、過了兩天、他把那張銀票拿回來了、說是假的、我一看銀票、並沒圈着、我就問他、既是假的、怎麽沒圈呢、他說沒到本舖子去、所以沒圈、我又問他既沒到本舖子去、怎麽〈知道／曉得〉是假的呢、他說他們管帳的〈瞧着／看了〉像假銀票、我聽見這話很荒唐、就說我們〈倆／兩個〉拿着這張銀票到銀號裏〈取／發〉銀子去看、看是假的不是、這麽〈着／的〉我們〈倆／兩個〉到了銀號、竟自不是假的、把銀子〈取／發〉回來了、那個時候、他臉上很磨不開、就羞羞慚慚的、把銀子拿回去了。

第三十四章

〈掌櫃／管事〉的、這〈兒／裏〉有一張退票、〈給／和〉打回來〈了／拿〉。來我〈瞧瞧／看看〉、這張票不是我們〈給／把〉的。怎麽不是您們〈給／把〉的呢。因爲這張票子上沒有我們的收號。我記得〈可／却〉實在是你們

給把的、怎麼如今你們說不是你們給把的呢。我告訴你、若是我們給把的票子、必有我們的收號、我們的戳子、如今這張票子上、又沒我們的收號、又沒我們的戳子、怎麼是我們給把的呢。你說沒有你們的收號、我這票子上可收的是你們了。竟光是你收的是我們不行啊、總得要有我們收的人家纔行了。就是有你們的收號、你們如今不認、我也沒法子呀。沒有不認的理、若是我們給把的、我們也是給人家往回頭打退、我們又不賠甚麼、作做甚麼不認呢。他許想是這張票子你們忘了記收了、沒有的話、我們決不能忘了收、這裏頭還有個緣故、我告訴你、說是一張母錢鋪的票子、我們這鋪子向來不使用母錢鋪的票子、所以更知道曉得不是我們給把的了。你們若一定說不是你們給把的、那沒法子、只可是我認吃這個苦子虧就是了。依我說、你拿回去、再想想是誰給那個把的罷。你把這個十吊錢的票子給分破、五個張一吊、一個張五吊。一吊一張的

沒有我們本鋪子的、給和你磨別處的行不行。磨別處的也使得可以。你點點對不對、不錯對了、這票子上你們都收着了號了。都收着了號了。

第三十五章

大哥、我剛纔在鎮店市上看了一個熱鬧。看了一個甚麼熱鬧。看見一個南邊人、揪着一個本地人上到巡檢衙門打官司去、後頭跟着好些許多的個人、我也不知道曉得是爲甚麼事情、這麼着的我就跟着他們到衙門去、瞧看他們到底是爲甚麼事情、就見他們倆人兩個到了衙門、那個南邊人就告訴衙役說、他們倆人兩個要打官司、那個衙役就把他們倆人兩個帶進去了、我也跟進去了、就見巡檢坐堂、他們倆人兩個到了堂上、就都跪下了、巡檢就先問那個南邊人、你叫甚麼名字、是甚麼地方人、是爲甚麼事情來打官司、就見那個南邊人磕了一個頭、說小的名字叫俞配、是江西臨江府的人、在這本地

開着個成衣裁縫鋪、因爲小的去年在這兒裏買了一個妾、就在這個鎮店市上燈籠衚衕租了兩間房住家、剛纔小的在鋪子裏做活生活了、打發一個徒弟到家裏取拿東西去了的、他回來說小的家裏坐着一個年輕的人、他不認得是誰那個、小的聽這話很犯起疑、就趕緊急的到家裏瞧看去了的、小的到了家一瞧看、街門對關着了、小的推開了街門、進到屋裏去一瞧看、就見這個人在屋裏坐着喝茶了、和小的的那個妾又說又笑的、小的就問他、你是誰那個、到我家來作做甚麼、他回答說、他是到小的家裏打茶圍去了的呢、小的聽這句話氣急了、就打了他一個嘴巴、他回手就把小的的臉抓了、這麼着的小的就把他揪來打官司、求老爺問他到底到小弟家裏是幹做甚麼去了的、這麼着的巡檢就問那個人、你叫甚麼名字、在那兒裏住家、你是幹爲甚麼的事到俞配家裏、是作甚麼去了的、那個人說、小的名字叫王安、在這鎮店市上紅竹衚衕住家、平常是放印子爲生、俞配這個妾、

當初和小的在一個院子裏住過、因爲前兩個月他的這個妾、借了小的十兩銀子的印子、每月小的到他家裏取收印子去、今兒個天又到了日子期了、小的拿摺子到他家裏去了的、這個讓叫小的進裏頭喝茶去、小的就進去了、他把印子錢給把了小的了、然後又給和小的沏了一壺茶、小的正坐在屋裏喝茶了、這個工夫兒時候、俞配家去就回了、見了小的就一腦門頭子子的氣、瞪着倆兩眼睛問小的你是誰那個、到我家裏來作做甚麼、小的見他說話太沒禮貌、可却也就上起了氣了、就說是到他家打茶圍去了呢、他聽這話、就打了小的一個嘴巴、小的急了、回手就把他的臉抓了、這麼着他就揪着小的打官司來了、他說完了、就把取收印子錢的摺字拿出來給把官瞧看了、巡檢就說既是俞配不願意你到他家裏去、你後來每月就到他成衣鋪裁縫店裏取收印子錢去就是了、不准你再他到家裏去了、你若是再到他家裏去、俞配來告你、我可却是必要治你的罪的、

這麼〔着／樣〕就叫他們〔倆人／兩個〕都回去了。

第三十六章

老弟、我告訴你一件事情。　甚麼事情。　〔新近／近日〕我〔起／在〕外頭回來、有一天我住在一個大〔鎮店／市〕上客店裏了、聽見那個店裏〔掌櫃／管帳〕的說前些個日子、那個〔鎮店／市〕上有一個德成錢鋪、這天去了一個人、拿着一隻鐲子、到那錢鋪裏〔賣／換〕了去、那個錢鋪的人、剛拿過一個戳子來〔邀／平〕那隻鐲子、這個〔工夫兒／時候〕又進來一個人、就和那個〔賣／換〕鐲子的人說、剛纔我到您府上、〔給／和〕您送銀信去〔了、／的〕您家裏人說您上街來了、這麼〔着／的〕我就到街上找您來〔了、／呢〕〔可／恰〕巧〔瞧／看〕見您進這個鋪子來了、說話之間、就〔起／從〕懷裡拿出一封信、一包銀子來說、這是〔起／從〕浙江來的銀信、那個〔賣／換〕鐲子的人、把銀信就接過去了、〔給／把〕了那個送信的人一百個錢、那個送信的就走了、然後那個〔賣／換〕鐲子的人、就和錢鋪的人說、現在

是我兄弟〔起／從〕浙江〔給／替〕我帶了銀子來了、我不〔賣／換〕那隻鐲子了、我可以把這銀子〔賣給／換把〕你們罷、還有一件事、我是不識字、求你們把這封信拆開、念〔給／把〕我聽聽、這麼〔着／的〕那個錢鋪的人、把那隻鐲子又〔給／把〕了他了、就把那封信拆開了唸把他聽、前頭不過說是在外頭很平安、請放心、後頭說現在先帶了十兩銀子來、請您先用着、等後來有順便人再多帶銀子就是了、這麼〔着／的〕那個人就說你們把這個十兩銀子拿下去平一平、都〔給／可〕換了現錢罷、那個錢鋪的人就拿〔下／過〕去一平、是十一兩銀子、心裏很喜歡、〔可／却〕就打算〔昧／瞞〕起他一兩來、就〔按／照〕着十兩銀子合〔好／算正〕了現錢〔給／把〕他了、那個人就拿了走了、〔趕／等〕待不大的〔工夫兒／一會兒〕又進來一個人、拿〔票子取／發〕錢、〔可／却〕就和錢鋪的說、你們上了檔了、剛纔那個〔賣／換〕銀子的人、是過騙子手、他〔賣給／換把〕你們的那是假銀子、你們怎麼會〔叫他瞧／等他忽〕了呢、那錢鋪〔的／裏〕聽這話、就〔趕緊／急〕的拿夾剪把銀子夾開了一〔瞧、可不／看却就〕是假的、

這麼〔着／的〕錢鋪的就問這個人、你認得那個騙子手的家麼、這個人說、你們若是肯〔給／把〕我錢、我就可以帶你們找他去、這麼〔着／的〕錢鋪的〔掌櫃／管帳〕的、就〔給／把〕了這個人一吊錢、叫他帶了他們找那個人去、這個人接過那一吊錢來、就帶着錢鋪的兩個人走了、〔趕／等〕他們走到了一個點心鋪的門口兒、這個人就和錢鋪的那〔兩人／倆個〕說、你們〔瞧／看〕那個騙子手、在點心鋪裏吃點心哪、你們各人進去找他去罷、這兩個錢鋪的人就拿着那包假銀子進去了、見了那個騙子手、就說你〔賣給／換把〕我們的這包是假銀子、那個人說、我也不〔知道／曉得〕那銀子是假的不是、那本是我兄弟〔解／從〕外頭帶來的、既是假的我還你們錢就是了、這麼〔着／的〕那個人求點心鋪裏的〔掌櫃／管帳〕的〔給／替〕我平平那包銀子是十兩不是、〔趕／等〕那個〔掌櫃／管帳〕的把銀子接過去、擱在天平上一平、說這是十一兩銀子、那個人聽這話、就和那〔倆／兩個〕錢鋪的人說、我纔〔賣給／換把〕你們的那是十兩銀子、如今這假銀

是十一兩、那怎麼是我的呢、你們這是拿別的假銀子來訛我來〔了、／的〕錢鋪的那〔倆人／兩個〕聽這麼說、也還不出話來了、這個〔工夫兒／時候〕有幾個別的吃點心的人、聽這件事都不〔平、全／都〕要打那〔倆／兩個〕錢鋪的人、那〔倆人／兩個〕沒法子、就〔趕緊／急〕的拿着那包假銀子跑回去了。

第三十七章

提起這騙子手來了、我告你一件事、前〔些／幾〕年我們本鄉地方、有一個出名的〔大夫／郞中〕姓方、他〔身／頭〕上也有功名、家裏也算是個小財主、〔見／每〕早〔起瞧門脈／晨上門看脈〕的、總有幾十號、有一天〔早起／早晨〕來了一個人、打扮的是〔宅門子／公館〕裏跟班的樣子、見了方〔大夫／郞中〕就說我是在某〔宅／公館〕裏、因爲現在我們老爺、和我們太太都病了、打算〔上／到〕您這〔兒瞧／裏看〕病來、請您明〔兒早起／日早晨〕在家裏等着、方〔大夫／郞中〕說是了、〔趕／等〕到第二天〔早起、／早晨〕就見那個底下人又來了、還同着一個人手裏那着一個包袱、那個底下人進來就問方〔大夫／郞中〕說、請問您納是

老爺先瞧/看是太太先瞧/看、方大夫/郎中說、那自然是太太先瞧/看、這麽着/的、這個底下人、就起/從那個人手裏把那個包袱要過來、就拿着出去了、那個就坐在一個凳子上等着、趕/等大家都瞧/看完了病走了、方大夫/郎中就問那個人、您也是瞧/看病的麽、那個人就說我不是瞧/看病的、我是估衣鋪的人、在這兒/裏竟等着您的跟班的、給/替我拿出衣裳來哪、方大夫/郎中聽這話很詫異、就問他我那個跟班的呀、是拿了甚麽衣裳來了、那個人說、剛纔和我一塊/路兒進來的那個底下人、您不是告訴他說是太太先瞧/看麽、他就把衣裳拿到裏頭去了、方大夫/郎中又問他那個人、他怎麽告訴你們說的他是我的底下人、到底是拿了一件甚麽衣裳來、那個估衣鋪的人說、那個人今兒/天早起/晨、他到了我們鋪子裏、他說他是您的底下人、說是您要買一件女皮襖、拿來先瞧瞧/看看、合式就留下了、叫我們跟一個人來、這麽着/的我就跟他來了、方大夫/郎中說、我告訴你、那個人不是我的跟

人、我也不認得他是誰/那個、他昨兒/天來告訴我說、他是在某宅/公館裏、因爲他們老爺和太太都病了、要上/往這兒/裏瞧/看病來、叫我今兒早起/天早晨在家裏等着、剛纔他進來問我是老爺先瞧/看、是太太先瞧/看、我當是他們老爺和太太來到了、所以我說是自然太太先瞧/看、我說的是先瞧/看病、我並不知道/曉得甚麽衣裳的事情、你如今快找他去罷、這個估衣鋪的人聽這話、纔明白那個人是個騙子手、把他的衣裳騙了去了。

第三十八章

郭福。 唯喳。 你去請先生來。 先生來了、在外間屋/房裏坐着哪。 啊、先生、歇過乏來了。 是、閣下也歇過乏來了。 我倒不覺很乏、我今兒個/天打算和先生斟酌一件事情。 甚麽事情。 就是偺/我們這盪/回出外、我作/做的那本日記得/想把他修飾好了、找人抄出來。 那麽您把那本草稿兒拿出來我先看看。 這裏頭我還有件事忘/忘計了、求先生給/替我

想想。 甚麽事情。 就是偺/我那天在三和鎮店裏打早尖/吃早飯的時候、聽見有一個客人說是有一個人在甚麽地方的廟裏住着、自己吊死了、帶累的/了那廟裏的和尙、也打了官司了、我記不清是怎麽件事情了、您還記得不記得了/呢。 啊、那件事我記得。 那麽您再說給/與我聽聽。 那個打/歇脚的客人說他們那本鄉地方、有一個水神廟、裏頭住着一個客人、這天半夜裏吊死了、趕/等到天亮、和尙就報了官了、知縣就帶着仵作去驗了一回、那個仵作、沒驗明白、說彷彿是勒死的、這麽着/的那個知縣、就把和尙帶進衙門去、問那個和尙是爲甚麽把那個客人勒死了、那個和尙說我和那個客、往日無仇、近日無寃、我怎麽能勒死他呢、知縣不信、就動刑拷打和尙、叫他招定了、和尙白說不招、這麽着/的知縣究把和尙押取來了、那個和尙有個徒弟急了、就進省裏去在院上告了、撫台就派鄰封/鄰縣帶着幹練的仵作、到那廟裏又驗了一回、那個死

屍、果然是吊死的、那個鄰封/鄰縣就據實的稟報撫台了、現在巡撫把那個原審的知縣參革了、把原驗的仵作也治了罪了、把和尙也放了、就是這麽件事。 不錯、對了、是這麽件事、請先生把這件事也叙在那日記裏頭、你想好不好。 那也好、趕/等我修飾得/好了、是叫誰/那個謄呢。 我打算雇/請人抄寫。 雇/請人謄寫、怕是給抄錯了。 那麽怎麽辦好呢。 閣下若是不忙、我得空兒謄出來罷。 若是先生肯代勞、那我感情不盡了。 那兒/裏的話呢。

第三十九章

偺/我們今兒/天這麽空喝酒也無味、莫若偺/我們都斟滿了滑/划幾拳罷。 可以、偺/我們倆/兩個先滑/划一拳。 你那拳不是白給/的麽。 你先別/莫誇口、不定誰/那個輸贏哪。 來、四季發財。 六六順。 對手。 五金奎。 你瞧如何。 還是你輸了、你這贏也不過是瞎貓碰着死耗子/老鼠罷

哪。你先喝酒回頭再[批評／說]。我已經喝了。你多[咱／早]喝了、我沒瞧見你問大家我喝了沒有。衆位瞧見他喝了酒麽、我們沒理會。大家都沒看見、這足見是你混酒了、快喝罷。我已經喝了不能再喝了。你不喝我們大家動手灌你。眞利害、這麽[着／樣]罷、我的酒眞不行了、罰我說個笑話兒罷。那也可以、你若說的不好、還是要罰的。你聽着罷準好。快說。這個笑話是刻薄御史的、好在[咱／我]們在坐沒有當都老爺的。你竟管說罷、沒人不答應你。聽着、有一個鄉下人很窮沒[落子／着落]、心裏盤算打算要[上／進]京當[老公／太監]去、又尊貴、又[弄／賺]錢、這麽[着／的]他就到了京裏、拜在一個老太監門下當徒弟。你[先等等／且慢點]說、你這話就不通、就憑這麽個[咳]鄉下老兒到京裏、就能進宮裏去麽、好容易事啊。你聽我說呀、他也是託人把他引進去的。那麽你爲甚麽不把這層先說明白了呢。你[別／莫]詫桃字眼兒、聽我快說罷。你快說、底下怎麽樣了。

他既然拜老太監爲老師了、他就求老太監諸事指教他照應他、老太監就派他在大內裏管事、這一天內裏傳旨用膳、這個鄉下人就說萬歲爺要吃中飯哪、老太監聽見了[可／却]就喝呼他說、你[別／莫]胡說、你說萬歲爺要用御膳哪、他聽這話記[下／倒]了、有一天又傳旨大宴羣臣、這個鄉下人又說萬歲爺要擺宴哪、老太監[可／却]就又說他、你說錯了、你該當說萬歲爺要擺御宴哪、你後來切記着、[假／好]比大內裏的花園子叫御花園、那護衛的兵丁叫御林軍、這個鄉下人聽這話、恍然大悟、心裏說怪不得皇上眼頭裏的東西、都添上一個御字呢、我如今[可／却]明白了、[打這兒／從今後]我也算是老手了、這麽[着／的]這一天他[解／從]御花園門口兒過、忽然蹓了一脚屎、他很有氣、剛要罵、他一想又怕是皇上出的恭、這麽[着／的]他就拿手指着那灘屎說、我若不看你是御史、我一定罵你一頓。今[兒個／天]幸虧沒御史在坐、若不然你的嘴叫人[搾／打]

腫了。我的嘴沒腫、你也該說一個了。我這個笑話兒、是挖苦典史的。這個有趣兒、我們大家要聽聽、這叫典史十个。甚麽叫十个、你快說一說。聽着一命之榮稱得、兩塊板子拖得、三十兩俸銀領得、四鄉地保傳得、五個嘴巴打得、六路通詳出得、七品堂官靠得、八字門墻開得、九品補子綵得、十分高興不得。可笑那九句都好、就是末尾這一句壞了。今[兒個／天]若是有典史聽見、只要饒得[了／着]你。

第四十章

你這兩天竟在家裏過年了、[老／總]沒出來麽。我[見／天]天晚上出來。那麽你怎麽不[上／到]我這[兒／裏]來呢。我這兩天是同着幾位朋友、晚上到存古齋古玩舖門口兒打燈[虎／謎]兒去[了／呢]。是[誰／那個]出的。是一個舉人出的。作的好不好。作的還算可以的。你猜着了幾個沒有。我揭了幾個。都是甚麽。我猜的一個沒點的言字打四書四

句。打那四句你說一說。一句是是何言也、一句是吾與點也、一句是前言戲之耳、一句是誠哉是言也。這個好難爲你猜。我還猜了一個是三句話打一個字的。你快說、是怎麽三句話打一個字。你聽着、子路曰是也、顏回曰似也、孔子曰非也、直在其中矣、打一個乜字、還有一個是四句話、猜着一個字的、是十字口中擺、莫作田字猜、無頭又無尾、悶死一秀才、我猜的是魚字揭了來了、這兩個作的也很好。我昨[兒個／天]晚上又猜了兩個、一個是累朝事蹟過龍門、打四書人名、是史魚、一個是節孝祠祭品、打四書一句、是食之者寡。這兩句都洽。還有我一個朋友打了一個、是圍棋盤內[着／下]象棋、猜四書一句、是子路不對。這個更洽了、我告訴你、前幾年我打了一個燈[虎／謎]兒是東街淘溝、西街不乾凈、打兩句小孩子的[語／話]是這邊兒有水、那邊兒有鬼。這個是更妙了、據我看、像現在那位舉人作的這幾個、也就算在

好的一路了。我還告訴你一件事、頭年我有個朋友、他是當鋪的、託(我／和)給他寫春聯、(我／和)給他寫的上聯是等因前來辭舊歲、下聯是須至咨者大有年。你有(多麼／這樣)可惡、怎麼說起他們行話來呢、他大概準不肯貼這副春聯罷。那自然他不肯貼、他說的也好、這副春聯我雖然不貼、我(可／却)要收着、因爲這是我們的本色、將來也算是一件傳家寶。你(別嘮咧咧了／莫多談了)快穿衣裳、(偺／我)們出去(溜打／蕩蕩)會(子／兒)去罷。你等一等兒、我就換衣服同你走。

官話指南第三卷

使令通話第一章

(誰／那個)呀。是我呀。你進來。老爺、您上回叫我找的那十幾歲的小孩子、我找來了、現在您若有工(夫兒／夫)、可以帶他進來老爺先看一看、他若是願意、就留下他了。那是

自然的。這就是鄭老爺、你請安罷。他是甚麼地方人、姓甚麼、今年多大(歲數兒／年幾)了、他行幾。我是山東人姓張、今年十八歲了、我(排大／行一)。他在京裡有好幾年了、他說話不像是(外鄉／別處)人。他原是我們的(街坊／鄰舍)、人很聰明、(可／却)是向來沒當過跟班的、所以(得／要)叫他慢慢兒歷練歷練纔行哪。那好辦、(可／却)是我是(新近／初次)到這(兒／裏)來的、還沒使喚過人(了／的)、(可／却)不(知道／曉得)要保人不要。那是隨老爺的意思。那麼就這麼辦罷、既然是你舉薦他來的、你就(作／做)保可以不可以。可以、那麼叫他(解多咱／從多早)來伺候您哪。哼、今年是二十八、離月底還有兩天、索性叫他(趕／從)下月初一那天再來倒好。是。還有他的鋪蓋甚麼用的、也都叫一(塊兒／起的)拿來罷。(嗻／是)、還(得／要)定規他住的(屋子／房)哪。我想院子(儘溜／灣)頭兒、那白墻兒後頭、挨着洗澡房的西邊兒、向陽的那一間(屋子／房)、叫他住怎麼樣。那(敢自／竟是)很好了、這(兒／裏)某老爺打發個人來拿了個字兒來(給／把)您(瞧瞧／看看)。

現在某老爺請我、我這就要去、那麼這事就(按／照)着那麼辦就是了。

第二章

來。嗻。(給／替)先生(沏／泡)茶。老爺是要(沏／泡)甚麼茶、是嘎啡是紅茶。兩(樣兒／的)都不用、(沏／泡)日本茶罷。老爺、這錫鑞罐兒裏的茶葉都(沒／沒有)了。那麼裏間(屋／房)裏的那櫃子上的第二層(槅子／槅板)上、不是有個洋鐵灌子麼、就拿那個罷、往後你(瞧着多咱／看着麼早)這罐子裏頭的茶葉完(上來了／了)、就是我(不告訴你／沒對你)說、你就(續上／裝些)罷。是。你趕緊的拿茶葉去、我自(各兒沏／己泡)上罷。請先生(瞧／看)那盃茶好就喝那盃罷、(可／却)是你昨(兒個迷迷糊糊／日曆曆畱留)的擱了有(多少／幾多)茶葉那個茶(沏的數多／泡的個那)麼釅、苦(的／得)簡直的喝不得了、你沒(瞧昨兒個／看昨日)吳少爺喝茶的時候苦(的／得)直皺眉麼。是、(往／己)後小的(沏／泡)茶的時候、留點兒神就是了。你把那茶机兒上的茶盤兒裏擺着的那茶壺茶婉茶船兒都拿過來、你再(瞧瞧／看看)這火盆裏有火

沒有了。嗻、火(快滅／息)了。那麼你快拿開水去、就手兒帶點兒熟炭來。老爺甚麼叫熟炭哪。你眞是糊塗人、連熟炭都不(知道／曉得)、我告訴你、沒燒過的炭、叫生炭、燒紅了的炭、就叫熟炭。嗻、是老爺開水來了、你沏上罷。哼、現在這痰盒兒裏的(吐沫／痰)都滿了、你拿出去(涮／洗)乾净了、再拿來。是。

第三章

(誰／那個)叫門了。老爺天不早了、你快起來罷。哼、你打洗臉水來罷。洗臉水打來了、漱口水也倒來了、胰子盒兒在臉盆架子上擱着(哪／的)。刷牙散在那(兒了／裏呢)。是在那張桌子的抽屜裏、和(刷牙／牙刷)子在一塊兒的了。把(擦／洗)臉手巾拿來。是。你忙甚麼、你現在先不用擦地板了、等疊好了鋪蓋再擦罷、今(兒還得／日還要)換換枕頭籠布、和被單子哪。嗻、老爺這就要點心麼。哼、就拿來罷、雞(子兒／蛋)不要像昨(兒個／天)的那麼老、越嫩越好。是、

今兒個（天的）丙包是抹上黃油烤麼、不用了、可別（却莫）烤煳了。是、這兒（裏）還短（少）把匙子（挑）和鹽盒兒哪。是和您拿來了、白糖彀不彀。彀了、這個雞子兒（蛋）煮的是筋舫兒。我問你一件事、我聽見說這京裏賣的牛奶裏頭、總攙多一半兒（少的）水、這話是眞的麼。平常住家兒的（的）買的牛奶、也許（或者）有這個事、偺們（我們）這公館裏用的、他們可（却）不敢那麼胡攙亂對的。這個地方買牛奶、是論斤哪、還是論瓶呢。是論瓶論碗、大概的價錢總在九百錢一瓶、弍百錢一碗、老爺還要嘎啡不要了（呢）。得了（彀了）、撤了去罷、我現在要上（往）某老爺屋裏去、若是有人來找我、你給（和）我送信去。是。

第四章

老爺、您的跟班的來說飯得（好）了、請老爺吃飯去。知道（曉得）了、就去。來。喳。你請我來吃飯、怎麼還磨蹭着不擺台、是幹甚麼來着（的）。因爲剛纔送煤的送煤球兒來了。我

邀了邀（稱了稱）、又因爲他開來的帳錯了、小的查了一查摺字、瞧瞧（看看）他是送了多少回了、就爲這個可（却）就就悞了擺台了。那就是了、煤球兒原來是多少錢一百斤。四吊多錢罷。那麼現在你開飯罷。是。你告訴廚子、昨日晌午（中時）他做的那雞湯不好吃、明兒（日）再做湯的時候、叫他留點兒神、把油撇淨了纔好。是。盛飯來。喳。這不是我的飯碗、是少爺的。啊、這是拿錯了、把您的換來罷。不用換了。你瞧（看）這兒（裏）還短（少）一件要緊的東西、你想一想。是是、這兒（裏）刀子、鍤子、匙子（挑）、七星罐子、碟子、盤子、筷子、都有了、我直想不出是還短（少）甚麼東西來（呢）、求老爺提醒我罷。還短（少）酒盃哪。啊、不錯、小的是眞忘死了（記）。這是甚麼。這是芋頭和雞肉做的湯。這樣兒是眞合我們的口味。巧了（奇了）、是廚子擱了木魚了罷。大概是罷。這個牛肉很好。遞給（把）我芥末和白鹽。是。哎喲、你瞧瞧（看看）你的袖子把這個碗拐躺下了、快拿搌布來擦擦罷。是。你

幹老（做事總）是這麼忙忙叨叨（碌碌）的、你瞧（看）把這新的台布都弄成（壞）了、這麼哦嗹半片的了。啊、老爺饒恕小的罷、往（以）後我幹（做）事一定要留神的。拿鹹菜來。今兒（天）沒有醃白菜、這兒（裏）拿了醬豆腐和醃黃瓜來、黃瓜裏頭已經擱了醬油了、還招（加）點兒醋不招（加）了（呢）。不要醋、現在都吃完了、你都拿下去罷。老爺給（把）您牙籤兒。哼、把茶拿來你也吃飯去罷。

第五卷

今兒（天）是初九、老爺不上（往）隆福寺逛（蕩）廟去麼。哼、我已經約會了吳老爺一塊兒（路）逛（蕩）去、你去打聽打聽鄭少爺在屋裏沒有。我剛纔瞧（看）見他出門去了、巧了（奇了）、是沒在屋裏。那麼你拿出我的衣服來罷。是要甚麼衣服。要西國的衣裳。您是穿氈子的好、是穿布的好。今兒（日）天氣凉一點兒、可以拿那件原青的絨褂子、和那條藍白線兒的布褲子來罷。是、老爺看一看、坎肩兒汗褟兒是要這兩件不是。啊、這副鈕（扣）子

我很不愛、你換那副水晶的來罷、這個領子漿的（領得）這麼軟、而且這上頭的泥也沒洗掉、又是翻過來熨的、明兒（天）洗衣服再來的時候、你告訴他說得（要）留點兒神洗、還得（要）多用點兒粉子漿、噴上水、叫他好好兒的拿熨斗熨一熨、那纔能周正了（的）、靴子是拿那雙短靿子的來罷。是。襪子這兒（裏）破了一點兒、叫丫頭找一塊補釘給（和將）他補上。是。你先別（莫）走、在這兒服侍（裏照應）我穿上（了）衣裳、你現在要上（往）那兒（裏）去。給（和）老爺去雇車去。不用雇車去（去雇車）、離這兒（裏）不遠、我可以走着（得）去罷。坐車去到是體面些兒。那麼等我穿好了衣服、再雇去（去雇）還不晚（晏）哪。是。拿鞋拔子來、把褲腳兒給（往）下撴（拉）一撴（拉）、拿一塊手帕子（兒）和那個金表來。老爺要煙荷包不要。要、你回頭把我脫下來的東洋衣裳、快疊起來、可別（却莫）拿刷子刷。是、老爺再略等一等兒、這兒（裏）有一塊縱着了（縐倒了）、得（要）拉一拉。都舒展開（熨貼的）了麼。都舒坦（熨貼）了。那麼、我在某老爺屋裏坐着去、竟等着你雇車來罷。是。

第六章

回老爺車來了。你告訴他說、先到交民巷、〔起／從〕那〔兒／裏〕再〔上／往〕玻璃廠、我要〔買點兒古玩去／去買點兒古玩〕。是、老爺若是在那〔兒／裏〕有耽悞〔兒／的〕、我想莫若就雇〔一送兒／送去〕的倒好。還是雇來回的好、都好、今〔兒／天〕雇的不是那站口子的車。那麼是跑海的車麼。也不是、是〔宅門兒／公館裏〕的車。〔宅門兒／公館裏〕的車、怎麼能拉買賣呢。是因為他們老爺沒差使、怕牲口閒出毛病來、所以叫趕車的套出來拉一天買賣、老爺不信〔回頭瞧、／等下兒看〕不但騾子肥、車圍子車褥子都是應時對景的、而且還有傍帳兒。呵〔那敢／那想〕情是很好的了、還有一層、那趕車的若是個力把兒頭、趕到了門前、走到石頭〔道上／路上〕〔可／却〕就把車竟往踐窩裏趕、把人碰〔的／得〕頭暈眼花、連坐車的屁股蛋兒、都〔可以給／被他〕撴腫了。現在這個是個好手趕車的、決不至於

免得又累贅、你雇的這個車乾淨不乾淨、車箱兒〔大小、／是大是小〕騾子好不好。

這麼樣。是多少錢雇的。跟他說妥了的、是六吊錢、連飯錢也在其內、〔趕／等〕老爺坐回的時候、若是天太晚了、再〔賞給／把〕他幾個酒錢也可以的、小的不用跟老爺去麼。哼、你可以跨在車沿兒上跟了我去罷。是、你先把那塊花洋氈子、拿到車裏頭去鋪好了罷、你不是有兩頂官帽〔兒／子〕麼、你可以〔給／把〕趕車的一頂戴罷。是。老爺上車不要板凳兒麼。哼、要你拿脚把板櫈那頭兒踹住了罷。啊、你快把棍子〔取／拿〕來。小的拿來了、遞〔給／把〕您、您就〔掖／放〕在氈子底下就〔得／好〕了。哼、你快上車罷。咳喝罷。

第七章

來。嗻。今天我有一點兒不舒服、先生來了、告訴他說我今〔兒／天〕不用功、因為我不舒服、也不用〔讓／請〕他進來坐着〔了／呢〕。是。你把那櫈子拿過來、把烟盤兒擱在上頭、今〔兒／天〕〔起／早晨〕我不吃點心、竟拿嘎啡來就〔得／是〕了、再去吩咐廚子、不必〔給／和〕我預備飯、就〔給／和〕我

熬一點兒〔粳米／粘米〕粥、要爛爛兒的、〔可別／却莫〕把米粒兒弄碎了、要不稀不稠、〔勻溜／勻勻〕的纔好。是。你〔給／替〕我把被窩再往上蓋一蓋。是。老爺這陣兒好點兒麼、剛纔您叫買的那花兒、已經買來了。插在那個汝窰花瓶裏好不好。可以的、現在我的腦袋還是覺着〔沉、／沉重〕又有點兒噁心、你趕緊的拿我的名片、到我們公館、快請用吉〔大夫去／醫生來〕。那位用吉〔大夫是出馬／醫生也出街〕麼。不〔出馬、／出街〕這是交情的事情。而且他的醫道是最高、到這〔兒／裏〕日子雖不多、在這京裏〔可／却〕是很出名的。不錯、我也聽見中國老爺們說過、用吉〔大夫／醫生〕醫藥靈極了。〔可／却〕有一層、中國人和他有交情的、常請他出去〔瞧／看〕病、所以在家的時候少、就怕你這個時候去〔撲空／跑空〕。好在老爺的病也不重、若是他不在家、就請別的〔大夫來瞧瞧罷／醫生來看看罷〕。哼、那時候、你請個中國〔大夫／醫生〕來也〔使得／可以〕。我們的〔大夫／醫生〕都是行本地的醫道、不通外國的醫術、您請施醫院的德〔大夫／醫生〕來治、那不很好麼。哼、那麼也

好。回老爺巧極了、用吉〔大夫望着／醫生看看〕您來了。這實在是造化了、快請進來、你可以預備酒和點心。老爺開甚麼酒。開三賓酒罷、紅酒若有、也拿來罷、點心和菓子〔瞧／看〕有甚麼就可以拿甚麼來。是、老爺、那把酒鑽是老爺收着了麼。是、在那櫃子裏頭槅板兒上、和趕錐在一塊兒〔了／的〕、拿茶來。嗻。斟酒。是。拿烟捲兒來。你替我送送這位老爺罷。是〔大夫／醫生〕走了、叫我告訴您說那麪子藥、叫分三回吃、務必要臨睡時候吃纔好、還說要忌生冷。怎麼剛纔他沒告訴我說呀。怕〔大夫／醫生〕是纔想起來罷。那麼〔趕／等〕晚上你〔服侍／照應〕我吃就是了。是、老爺喝粥不喝呢。〔得了／好了〕就拿來罷、把梨也拿來。老爺、〔大夫／醫生〕不是叫忌生冷了麼。哼、那麼就不要了。是。

第八章

過兩天我要〔上／往〕居庸關去、回頭的時候、就順便遶到西山去〔逛一逛／玩一玩〕、那一帶如有好景

綫的地方、然後再回來、你願意跟我去麽。 怎麽不願意去呢、就是老爺赴湯投火、我也要跟了去的。 你從前上到那兒裏去過沒有。 是去年跟着別位老爺去過一盪回、老爺是打算坐轎子去呀、還是吃牲口去呢。 我是怎麽着麽的都行、這回盪打算要帶太太逛玩去、所有應用的各樣兒的傢伙、你先都說給把我聽聽。 既然太太也要去、那實在得要多帶些個東西、怎麽呢、從這兒裏起身、一住店、有一件老爺想不到得要用的東西、爲太太可却是很要緊、就是太太忽然若是走動的時候、怕是沒有個方便地方。 那個怎麽着的好呢。 我們這兒裏的娘兒婦女們走路、都是自己帶着馬桶、所以這盪回也得要帶着那樣兒東西、若不然就帶上一塊很寬很長的布、再拿上四根竹杆子、趕等到店裏往下之後、可以在院子裏搭起一個帳房來、當茅厠也使做得。 啊、敢原情來還有這麽件不方便的事情哪。 我還告訴老爺說、別莫說是鋪蓋傢伙得要帶上、就連太太喫的東

西也得要多帶些個的去、倘或老爺要上往湯山洗澡去、那就得要多耽悞幾天工夫了、在那兒裏住着用的東西、自然是更得要多了。 那麽明兒個天你先僱停當了一頂轎子、和一頭匹騾子、回頭你再細細兒想一想、得要帶甚麽吃的、你就都預偹出來、裝在一個簍子裏爲得的是帶着方便。 是、這帶東西那層、老爺倒不必操心、有小的了、該帶去的東西和吃食、趕等都歸着好了、小的單僱一輛車、都裝在車裏頭、小的又照看着東西、又坐了車車、那就都很妥當了。

第九章

啊、好容易我今兒天纔租妥一所兒處所房子、本來是一個小廟、那個屋子裏可却很乾净、錢也不大多。 是在甚麽地方、有幾間屋子房。 在齊化門外頭、日壇西邊兒、我可却不知道曉得那個地方的地名兒叫甚麽、那房子是三間正房、有四間廂房、還有兩間倒座兒、東邊嘎

拉兒裏有廚房、和你們住的屋子茅房、是我搬了去之後、我得必找個地方蓋一間。 那麽老爺打算咱多早搬呢。 我打算今天就趕緊的挪過去、爲得的是到那兒裏給把房錢的時候、解從月頭兒起好算。 那麽小的今天趕緊的把東西先歸着歸着罷。 哼、您先把這零碎東西挪到院子裏、把地毯拿、茶箒条葉掃一回、捲起來、拿繩子綑上、好後來那書槅子、和櫃子、還有其餘的那些個的粗重的東西、你挑揀那皮刺的、都裝在那個劉二雇來的大車上罷。 是、老爺外頭的那些個的小物件、是我想要裝在一個大傢伙裏、叫苦力挑夫挑了去倒妥當。 很好可却是那些個的磁器可得却要好好兒的拿紙包上、正那床若是不好搭、可以卸下來、等拿過去到那兒裏再安上、然後再把帳子照舊搭上掛起。 老爺、從先掛那些對聯和匾幅的那個釘子、是都得要拔下來麽。 哼、嘿嘿嘻嘻你留神、看墻上的土掉下來、你怎麽不拿鉗子拔呢、倒拿鎚子打呢。 是。 嗳、你和苦力挑夫說、小心

出大門的時候磨傷莫碰了棹子。 是、那麽我也跟着東西一塊兒去、先把東西照舊擱好了罷。 那先不必、等那兒裏掃得過了之後、鋪上地毯、那棹子椅子就先暫且散擱着、等我過去再調度安置、若你一個人兒弄不了、找個夥伴兒幫着也使可得、務必儘這一天挪搬過去纔好哪。 是。

第十章

今兒天天氣好也沒風、把衣裳可得曬曬。 是、老爺連那被窩一塊兒起的都曬麽。 哼、你先拿根繩子、起從這根柱子拴在那棵樹上去、趕等拴好了、把衣裳搭在繩子上曬一曬。 是、那麽那皮箱和箱子都得搭要拿出院子裏去罷。 哼、給把你鑰匙、你自各兒自己去開開那衣架子上掛着的那些個的皮襖皮褂子斗篷、是得要在背陰兒地方晾晾。 是、老爺我已經把衣裳都抖摟好了、曬上倒了、請您去看看。 哼、那麽我去瞧瞧看看罷、這是怎麽的了、我不

是說過那皮衣裳是得要晾麼、怎麼你和別的衣裳都掛在一塊了、難道你不知道曉得皮
東西一曬毛稍兒就焦了麼。 是嗻、那麼着的小的找根棍兒穿上掛在那釘子上罷。 那
就是對了、回頭你還得要好好兒的料晾料晾。 是。 那些個的衣服、也得要分出夾的和棉
的來。 這是棉衣裳。 你從這一頭兒搭起、一直的搭到那一頭兒去。 是、我想到了
晌午中時都翻一翻、把那曬過的也倒一倒、把那背陰兒的的都叫把向陽兒來、您說好不好。 那
都很好、你現在都把他弄完了。 把那箱子磕打磕打罷。 是、老爺想曬到甚麼時
候就可得收起來呢。 等太陽壓山兒的時候、不差甚麼幾多、就都得要收起來了。 可却是你
還得要把那根繩子、拴在屋裏來、叫他們他透透風、是要緊的、不然、那羊毛織的東西、若
是把暑氣藏在裏頭、往箱子裏頭一擱、顏色就掉了、那可却就好糟了。 是那麼的着、綢
子緞子的呢。 那也是一樣、所以今兒天晚上就這麼先擱着罷、等到明兒天早起晨再照

舊的擱在箱子裏、用一層一層兒的都墊上紙、下加上潮腦、拿包袱蓋上、四周圍都掖
嚴了、再蓋上蓋子兒、不然、潮腦就走了。 是。 來把那繩子還照着舊的繞挽起來、掛在那
堆房裏樑上去。 是、老爺、我忽然想不起來、那東洋衣服的疊法了。 啊、你眞是個
廢物、我那麼用心的教給告把你、怎麼又忘記忘了、太沒記性了、你瞧看是這麼疊、你先把左
底邊疊上、再把右底邊拆在上頭、然後再把衣裳一擱把領子合上摩挲平了、倆兩袖
子往兩邊兒外頭一拆、然後再一合就得是了。 承老爺的指教。

第十一章

來。 嗻唯。 明兒個天我要請客、你出城定地方去去定地方。 您打算看請多少位客。 我想請十位客
罷。 這麼說飯莊子包席館比飯館子好。 這兩處有甚麼分別呢。 飯莊子包席館是成桌的、飯館
子是成桌的也有、零要也可以、若是請的客多、倒是飯莊子包席館好。 成桌的是甚麼。 成

桌的是八大碗、四冷葷、另外愛添甚麼小吃兒、那是隨便再要。 那麼零要呢。 那
是人喜歡吃甚麼東西、隨便叫現做弄。 那麼還是成桌的爽快、可却是定的菜要清淡
的不要油膩的。 老爺想是那幾樣的兒菜合衆位的口味呢。 那些個麼菜名兒、我可却叫
不上出來、你總要挑那不油膩的斟酌着定就得是了、總要一百吊錢一桌的纔好、酒是
要黃酒、不要燒酒。 打算聽戲不聽戲呢。 聽說中國人請客、總是要聽戲的多、我
也要照那麼辦。 官座現在立刻定還怕沒有、若是沒有的時候、定桌子行不行。
那也可使得。 定官座兒、可却總找那不吃靠柱子的地方纔好。 是、那麼上場下場都
不論罷。 總是下場好、上場那個鑼討厭、還有我這兩天聽戲、瞧看見對面兒那官座兒
裏、有一個人吃東西、那也可以麼。 怎麼不可以呢、那總是有相公陪客坐着的時
候吃東西的多。 甚麼叫相公。 您沒瞧看見常在戲台傍邊兒站着的小戲子、長得那

麼很標緻的麼。 啊、我想起來了、不錯、有這麼項人、那是幹甚麼的。 他們也唱戲、
也陪酒、若是老爺要看、明天到飯館子裏、可以發一個條子、叫他們一兩個來陪酒、
那也很助酒興了。 這也倒有趣。 老爺若是喜歡聽武戲、就聽梆子、喜歡文戲、就
聽二黃。 還是聽二黃好。 那麼聽三慶啊、是聽四喜呢。 聽四喜罷。 那麼我這就
定去去定罷。 啊、還有那跑堂兒的酒錢和戲價、明兒個天就起由你手裏給把他們就是了。 是。

第十二章

那十塊錢換來了麼。 是、都換來了。 換了多少錢。 換了一百一十四吊四百錢。 合
多少錢一塊。 合十一吊四百四一塊。 怎麼比昨兒個日的倒換多了。 是、今兒個日的銀盤價
兒長了。 怎麼又長了呢。 是因爲行市下來的大、登下來了。 這是誰定的行市呢。 老爺您
不知道曉得、這前門外頭珠寶市、有一個銀市、見天一清早、所以京裏錢鋪的、都到市上

買銀子賣銀子去、若是這天市上的銀子多、行市就落登、若是銀子少、行市就長、趕等他們買賣定規了、合多少錢一兩、這錢數兒就算今兒天的行市。 那麼一塊洋錢合多少銀子呢。 通行都是按照七錢銀子一塊、合說的可却是那貿生易的洋錢和鷹洋是一個樣、那一圓的少換一點兒、在平常用的時候、可却也沒甚麼分別、那麼給把您這票子這都是和豐本出的。 這票子上的錢數兒怎麼這麼宗寫法呢、我簡直的不認得。 是、這是五拾吊一整張、這是十吊一張的、這是零的、五吊的、四吊三吊的、兩吊的、這是那四百四十錢的零。零頭 是了、我各人點點這票子。 您點了對不對。錯不錯。 不錯、都對了、可却是這個五十吊一張的不好使換、用你拿去取發五吊錢的現錢、下剩的破拆了零的來。 是、還要他本鋪子的麼。 若是他本鋪子沒零的、磨別處的也使得、可以總要那字號靠得住的要緊。 那是自然的、都磨四恒家的、可却就妥當了。 那麼你就

辦去罷。

第十三章

你上到那裏去了。 剛纔有小的一個本家的哥哥、從鄉下來找小的、說是小的的母親病得很重、他把小的搭叫出去、說了會子兒話、所以就悞了這麼半天、沒得來稟知老爺。 你這都不像話、無論出去多大少工夫兒你都應告訴我說。曉得 是、小的後來再不敢這麼大意了、還有一件事、小的要告幾天假、回家瞧看我母親的病去。 眞是你母親病了麼。 不是告謊假呀。 小的天膽大的膽不敢兒我母親有病。 旣是眞的、你打算告幾天的假呢。 若是我母親病不得事、小的三兩天就回來。 萬一小的的母親有個好歹、那就怕是得要多耽悞幾天呢。 你走了有替工沒有呢。 小的有個朋友、他在法國府裏當過跟班的、小的可以把他找來替幾天。 那個人怎麼樣。 他

沒別的不好、就是吃幾口烟。 哼、我不要吃烟的、這麼辦罷、你不用找替工了、可以叫吳老爺的跟班的代管幾天罷。 那更好了。 你打算多咱早走呢。 若是老爺肯放小的去、我就今兒天晚上趕出城去。 你旣打算今兒個天趕出城去、現在天不早了、你就別莫挨着了快歸撿着東西罷。 還有一件事、求老爺把下月的工錢支給把小的。 我沒那麼些個的錢、不能都支給把你、先給把你三塊、另外我賞給把你一塊錢。 謝老爺的恩典。 那麼你現在把吳老爺的跟班的找過來、把這屋裏事都交代明白他、再把昨兒個天破的那個燈罩子找出來、交給把他、叫他明天照樣兒配一個來。 是。

第十四章

明天有一位客人要來、你帶着替力小工把上屋房裏拾掇收拾出來。 是、那三間有一間棚都破了、棚架子也掉下來了、墻上的紙因爲犯有潮、都搭拉下來了。 哼、不錯不錯。 那麼

得可叫裱糊匠來糊糊罷。 是、老爺您收撿着銀花紙了不是。 有好幾刀了。 底半截兒墻得可糊外國紙、棚上四面兒都拿藍條紙鑲上。 嗻、還得要買十幾根秫稭竹棍紮架子哪。 那麼一天可以報結完工麼。 現在天長、一天總可以完罷了。 那搭交手、還得是借要我們給和他預倫秒稿麼。 那是他們各人帶來。 還有甚得要買的。 就是還得要買打攪糨子的麪、灰麵和竹篾子、還有蔴繩兒、這三樣兒東西。 現在你先把外頭屋裏那兩間好好的掃掃、棚上若有蜘蛛網、可得却要掃乾淨了、把墻上的土都胡弄拉了下來、把槅扇都撣淨了、把窗戶子上的玻璃也擦一擦、然後拿撢布蘸上水擰乾了、把地板都擦了、可小心着別的莫拿撢布抹髒了墻、你就辦去去辦罷。 是。 來。 嗻。 現在來了信了、不行了、客人回頭一會就到了。 那麼棚還沒糊了、可是怎麼好呢。 這麼着的罷、你就趕緊的先拾掇收拾出來就讓請客人先將就着的住罷。 是、 你聽大門頭車站住了、光景是客人來了。 回老爺

知道可却不是客人來了麽。我先迎出接去、你就叫苦力小工快打掃屋房子、你出去搬行李
去。行李搬進來了、請客人點點件數對不對。客人說都對不錯了。還有趕車的說還
擱找他兩塊錢的車錢哪。把這兩塊錢給和他拿出去罷、你去瞧看瞧看若是屋房子拾收掇拾出
來了、你把這行李挪搬到那屋房裏去安置好了、再來沏泡茶、打洗臉水。

第十五章

怎麽了、燈罩兒又炸了。可却不是麽、又壞了一個。我常告訴你說、剛點上着的時候、燈
苗心兒要小、趕等慢慢兒再往大裏捻、你老總聽不進清去楚、太沒記心了罷、去年就幹過這
麽一回了、老總改不來了、總是你沒把我的話擱在心上、這是怎麽個理呢。也是小的
一時沒留神的緣故。你不止一時沒留神了、永遠向來沒小心過、就拿去年冬天說罷、
爐子永遠向來沒乾淨過、趕等今年撤了火了、爐子裏頭的剩煤也不弄出來、爐子也不刷

上黑色、就扔丟在那堆房裏了、趕等後來日子多了、全上了銹了、還有那個煤、就在院子
裏那麽堆着、不定那一天就許着了。那是我不知曉道得。莫非你是瞎子麽。那是苦小
力工的事情、不是我應管的。你別莫滿嘴裏胡說、你不會叫苦小力工收起來麽。我告訴
過好幾回了、他老總不聽。你別莫混遮掩、你向來是嘴硬。我怎麽嘴硬呢了。那麽我間
你、我昨兒天個回來你上往那兒裏去了。我任是那兒裏沒去呀。那麽我這屋裏瓢朝天、碗
朝地的招引了好些個的蒼蠅、你也不管、那是怎麽呢了。是因爲我有個朋友來了、就摸
了一會兒的工夫、沒能收拾拾掇。我不管那些個許多、從起今兒以往後、我出去的時候、你總要
把屋房子收拾拾掇俐儸乾淨了、把衣服給該疊好了、小爐子裏燒上炭、那灰培上、瞧看有甚麽使用不
得的東西、該倒的該扔丟的就都倒了扔丟了、那纔是有眼裏見兒哪、竟等着挨說纔幹做、
那還算人麽、還有你常愛砸喫東西、也不是事、近起日來又添了一樣兒毛病、你有朋友

來、我的各樣兒的東西拿出去用、這還像事麽。我多咱早拿你的東西了呢。你別莫不認
帳、昨兒個天你拿我的茶葉、我悄悄的進來瞧看見了。我沒拿。你說你沒拿、我現在
到你屋房裏搜一搜去去搜一搜。您竟管去搜。你瞧瞧看看這是甚麽、你還狡情嘴硬麽。那是我各人自己
買的。這兒裏有眞贓實犯、你還不肯認帳。你滾出去罷、我不要你了。老爺別莫生氣、
是小的拿老爺的東西了、求您寬恕罷。你既認了、我還要你就是了、後來再若有
這些兒毛病、一定立刻就走趕出去。是、給和老爺請安、謝老爺恩典。

第十六章

回老爺知道、馬籠頭壞了。是那個地方壞了。是嚼子那兒裏壞了。那麽你拿到鞍韂
舖裏去收拾收拾。是。還有近起來近日裏所有鞍子、馬鐙、帶肚、這些傢伙、都髒腌臢的了不
得、怎麽你也不拾掇收拾啊。沒有的話、那天都拾掇一天不收拾。那麽那上頭的鐵活圈、怎麽會

上了銹呢。那是沒有磚麵子瓦灰擦的緣故。我這幾天騎馬出去、馬的脚底下彷彿
是發軟、總愛打前失、那是怎麽個緣故。不錯、我也覺着得是有那麽點兒毛病。我
想光景是馬掌掉了、或是釘錯了也未可定。那麽我今兒個天拉到獸醫椿子上去、
再從新釘一回罷。也好、還有一件、馬怎麽老總不上膘呢。怎麽不上膘、老爺瞧看不出
來就是了。我很瞧看得出來、我知曉道得你是夜裏不餧的緣故、若是馬再不長肉、我可却
就不叫你包餧了。老爺別莫這麽說、所有麩子、黑豆、紅高粱、棒子草、沒不餧足了他
的。我今兒天早起晨瞧看見馬棚外頭地下汪着好些個多的水、那是甚麽水。那不是我弄
的水、那是管洗澡房的他幹弄的。那麽你把他叫來。是、我就找他去罷。老爺現
在要洗澡麽。我先問你一件事、你怎麽把澡盆的裏的髒水、都倒在馬棚外頭了呢。不
是倒的、是因爲溝眼堵住了水漾出來了。那麽你得要把那溝眼開通纔好哪。是

我回頭就通去、可去通却是今兒日不是您洗澡的日子麼。你燒得好了洗澡水了麼。是、都倒在洗澡盆裏預備好了。那麼、你拿着手巾和胰子跟我去罷、你先前頭走一步、等我解過完了手兒就去。是、你可却要把澡房的地板、都刷乾淨了、別莫弄得那麼溜滑的。是、老爺水熱滾不熱滾。熱一滾了點兒、再對一點兒涼水、你給和我搓搓澡背。是。油泥多罷。不算很多。那麼你給和我擦乾淨了罷。是。

第十七章

我現在要上往上海去、你把東西都歸着齊起來。老爺打算多早晚兒起動身呢。一兩天就要動身。那麼這粗重的傢伙也都帶了去麼。不哪、我打算託朋友都把他拍賣了、等我今兒天晚上連夜把拍賣的、和留着的分出來、再打點算罷。我先把這箱子騰空了、把零碎兒都插在裏頭好不好。好是好、趕等插在裏頭之後、可却要拿滑藉東西或

是棉花揎磁棐結實了、別莫叫他在裏頭搖晃動盪行哪。那是自然的、還有那些衣服怎麼樣呢。那等着歸在那皮箱兒裏軟片一塊堆兒打包。那就是了。那書槅子板上的書、和字帖條幅都拿紙裹上包倒就行了。那匾額竟把字撤出拆下來、那架子不好帶、可却怎麼樣呢。那就先擱着罷。老爺箱子都裝好了、那麼把蓋兒蓋上、可以就先釘死了鎖起來罷。可以可以、你把那張紅紙遞給把我寫個籤子、貼在箱子上。那皮箱還要上鎖、拿馬連包包好上、然後拿繩子綑上、可倒却就省得車車上磨了。不錯、那繩子扣兒務必要勒死剔緊了、看上車之後、提蕩開你快打發苦力小工去買兩張油紙來包那綢子。嗐那軟簾子摘下來、捲上取倒不好麼。也好、還有那旱布傘、也套上罷、再把這些文具、都裝在白拜匣裏。現在把您的鋪蓋、也都捲起來罷。把夾被棉被都疊起來、裝在褥套裏、那褥子明兒個日是還要鋪在車上哪。是、明兒個日把那個馬連包的箱子、擱放在後車尾兒上、

您想怎麼樣。使得可罷、那得要拿紙蘸上水糊上、再裝穩妥當。這個法子更妙了。回老爺知道、某老爺打發人給和您送了送行的李物來了。拿進來、給把他拿出個片子去、叫他回去道謝就是了。

第十八章

你幹做甚麼來着的。我在花園子裏澆花兒水來着的。那花兒開的怎麼樣。現在正是盛的時候、開的好看極了。怎麼你這手上這麼些個的呢。我是在花園子園弄土來着。你回頭吃完了飯、我要打發你送禮去。是給和那宅裏一家送禮去。是給送後門徐老爺送禮去。那麼小的這個工夫兒時候、先剃頭去罷。哎、你別莫竟先剃頭還得只須打辮子哪。剃頭和辮子那是一回事。你還得要換上淨點兒的衣裳、平常在家裏做粗活事、那原不講究、到別人的宅家裏去、總得要撒俐是成樣子哪。靴子帽子小的可却沒有。你可以

和夥伴兒們借一頂帽子、一雙靴子、就得是了麼、你就快拾掇去去收拾罷、別磨稜子莫竟挨了。老爺小的拾掇收拾完了、有甚麼話請老爺吩咐罷、還有那禮物、您都打點辦正出來了麼。你瞧看這是四匣子東西、這是我的職名片子。那麼小的得可雇一輛乘車去罷。不行、這裏頭有嬌嫩東西、怕車撳、若不然、就叫苦力挑子挑着跟了你去罷。嗐、那也好。趕若你到那兒那裏就說是我們老爺新近打近日從外頭回來、帶來的土物、奉送這兒這裡的老爺用、務必把職名片子給留下、然後你就回來。是、那麼小的這就將就去罷。啊、還有、你到花園裏去掐摘朵花兒、拿着順便到吳宅吳家給和那老爺送了去。老爺、小的回來了。徐老爺在家了家麼。是、在家了、裏把小的叫進去了、說是老爺起從外頭大遠許的帶了點兒東西來、留着自己用就結算了、又何必費心惦記罣着我呢、實在我心裏不安得很、這麼着的就給把了我一個回片子、給和老爺道費心謝。是了、你手裏拿着的那紅封兒是甚麼。可是正是小的還要稟老爺

哪、這是那兒裏的老爺給把小的一個賞封兒、小的原不敢接、徐老爺說、你只管拿着、若是不接、我就有了要發氣了、小的這纔免強接過下來了。 好好、你歇歇兒去罷。

第十九章

你洗完了臉了麼。 洗完了。 我要叫你買東西去去買東西。 買甚麼東西去去買甚麼東西。 我要買口蘑大蝦米和掛麪。 是買四牌樓的麼。 別莫買四牌樓的、那個鋪子的東西連一個好的也沒有。 那麼我出城買去去買罷。 你出城要買前門大街、路東那個海味南京店的纔好哪。 不錯、那兒裏的東西可却好、就是貴一點兒。 貴一點兒也有限的。 你是要買多少幾多呢。 我要買一斤口蘑、斤半大蝦米、十仔兒掛麪、可却是那口蘑多兒幾多錢一斤。 有六吊四的、有四吊八的。 賤便宜的東西總次差罷。 那是自然的。 那麼買那貴的罷、分兩可却叫他們邀稱足了。 他們不敢短少分兩的。 那些買賣人的習脾氣、都愛說謊虛價頭、你也別莫

竟聽他們要、總要還個價兒錢。 老爺不知道他們那大字號、都是言無二價、不敢要說謊假的。 那就是了、另外你打從城外頭再給帶些帶幾個鮮菓子來。 老爺打算要買甚麼鮮果子呢。 杏兒子和李子還有沒有了呢。 那兩樣兒的果子、現在可都沒有了。 那麼就買梨桃平果莎果檳子脆棗兒葡萄、這幾樣兒罷。 一樣兒買多少幾多呢。 買一斤葡萄、一斤棗子、下剩那些個樣果子、每樣兒買十個就得是了。 是。 你帶這四十吊錢的票子去、除了買這些個的東西剩下錢的、想着想再買冰糖和藕粉來。 是、那麼小的現在就去麼。 等一等、這兒裏還有十吊一張的退票、你給和珠市口兒那個萬順皮貨鋪裏帶了去、告訴他們、這是一張假票子、叫他們立刻給換上、掉換交把給你帶回來。 老爺怎麼知道曉得是他們的退票呢。 我收着他們的了、並且這是前幾天到他們那兒裏買東西去了、時候、他們給把我的。 老爺打從那麼沒別的事了麼。 還有事、你回頭的時候、順便

到那個熟裁縫鋪裏問一問、我定做的那件衣服得有了沒有、若是有了、你就那包袱包上倒帶回來了喇。

第二十章

張福。 喳唯。 你來、我有話和你說。 是、老爺有甚麼話吩咐。 在有一位老爺、陞到廣東作做領事官去、要找一個跟班的、我打算把你薦給與他、你願意去不願意去。 蒙老爺的擡愛、小的願意去、可却不知道曉得得要去幾年。 那位老爺大概得要在廣東三年、他願意你跟他去、在那兒裏三年、你的意思怎麼樣。 那到可以的。 可却有一層、若是將來滿了三年、那位老爺陞到別處去、他可給把你船價、把你打發回來、若是不到三年、他不要你了、也是他給把你船價、叫你回來、倘或沒滿三年、你自己不幹了、那可却就是自備盤費、他是一概不管。 是、小的都明白了。 還有工錢那層、那位老爺說、每月給把

你十塊錢的工錢、四季的衣服、都是他管、你想怎麼樣。 十塊錢的工錢、小的也倒願意、就有兩層、求老爺給說一說。 是那兩層呢。 一層是先求那位老爺支給個小的十塊錢安家、還有一層、每月小的工錢得起要從京裏兌給把小的家裏五六塊錢、就省得小的打從外頭往京裏帶錢囉瑣了。 那我給和你說一說也倒可以行、可却是先支給把你這十塊安家的錢、你想是每月是怎麼個扣法呢。 那是隨那位老爺的便、每月扣一塊兩塊、都使得可以。 那就是了。 若是那位老爺都答應這兩層了、小的願意每月起從老爺手裏兌給把小的家裏錢纔妥當哪。 那都好說的、趕等定規之後、我可以寫個取錢的執照給把你、每月初一、你們家裏可以打發人拿那個執照、到我這兒裏來取就是了。 費老爺的心、還有小的走之後、老爺不得要另找個跟班的麼、小的有個親戚、可以來伺候老爺好不好。 你這親戚多幾大了。 他今年十八歲。 當過跟

班的麼。 是他／他是原先在俄國當過跟班的。 那件事挨一挨／等一等兒再說罷、因爲現在有一位老爺給／替我薦了一個人、一兩天可以來試一試、若是不行、再叫你那個親戚來罷。 是、小的竟聽老爺的信兒就是了。 你這兩天、先把我的東西都歸着齊截／全了好交代給／與新手兒、把外頭手尾的事情、也都要算清了。 是、若是定妥了、小的可以多喒／早上工呢。 脚下／目下離月頭兒／頭還有八天、那總是下月初一上工罷。 那就是了。

官話指南第四卷

官話問答第一章

這是我們新任的欽差大人、特來拜會王爺中堂大人們來了／的。 啊、久仰久仰、今日幸得相會、實在是有緣哪。 我們大人問王爺中堂大人們好。 啊、托福托福、請欽差大人上座。 我們大人說不敢那麼坐、還是請王爺上坐罷。 那如何使／可得呢、大人是

今日初到敝署、該當上坐的。 我們大人說、既是那麼着／的就從命了。 理當理當。 大人是幾時到京的。 我們大人是貴國本月十六到的。 我們久已就聽說這位大人處事公平、尤重和好、如今既來駐劄敝國、遇事必能持平和衷商辦、於兩國商民均有利益、何幸如之。 我們大人說、承王爺中堂大人們過獎、實在是自愧才短、謬膺重任、諸事還要求王爺中堂大人們指教。 大人實在是太謙了、我們遇事還要請教大人哪。 我們大人說不敢當。 請問這位大人今年高壽了。 我們大人今年六十一歲了。 大人年逾六旬了、精神還是如此的强健、實在是養法好來／呢。 喳、來擺點心菓子快盪酒來。 我們大人說、今日是初次到貴衙門來、那兒／裏有就叨擾的理呢。 大人這話說遠了、我們今日和大人雖是初會、如同故交一樣、况且這不過預備一點兒粗點心、爲得／的是彼此可以長／多談、請大人賞臉、不必推辭。 我們大人說、

叫王爺中堂大人們如此費心、實在是於心不安。 那兒／裏的話呢、這實在不成敬意、請大人別／莫見怪。 豈敢豈敢、我們大人說太盛設了。 這有甚麼、實在的不成格局的很了。 我先敬大人一杯。 我們大人說那實在不敢當。 大人請坐罷。 我們大人還要回敬王爺一杯。 那我可／是眞當不起。 那麼我替我們大人回敬王爺中堂大人們一杯罷。 閣下是客、我們如何敢當、還是我們自己斟罷。 那麼我就恭敬不如從命了。 隨便隨便、請大人嚐一嚐這個點心。 我們大人說、請王爺中堂大人們別／莫周旋了、還是自取倒好。 若是大人肯依實／老實、我們就不佈／動手了。 我們大人說、決不會粧假／作禮的。 那更好極了。 請大人再用一點兒點心。 我們大人實在是彀了。 那麼請大人過那邊兒屋裏坐罷。 我們大人請問王爺中堂大人們、那國書可以幾時呈遞。 那層是等我們這一兩天之內奏明皇上、請旨定於何日、然後

再照會大人就是了。 那麼竟候王爺的信就是了。 就是。 我們大人現在要告辭回去。 何妨再多談一會兒呢。 我們大人是還有些緊要公事、得／要趕緊回去料理、不能再此久坐了、還給／和王爺中堂大人們道費心／謝。 些須微意、何足掛齒、實在是簡慢得很。 那兒／裏的話呢。 等改天我們再到貴公館去謝步。 不敢當、不敢當、王爺中堂大人們留步罷。 請了請了。 再會再會。

第二章

大人這一向好。 托王爺的福、王爺近來倒好。 托福托福。 列位中堂大人們、這一向也都好。 承問承問、大人那一天回來好啊。 喳、／是承諸位掛／罣心。 今日我們到這兒／裏來、一來是給／和大人賀喜、二來是謝步。 不敢當、王爺和列位中堂大人們、實在是多禮了。 大人恕我們來遲。 豈敢、這位大人怎麼稱呼、我們還沒會過面了。 可、／啊是我們倒

忘忘記了、你們二位大人見一見、這是新任的欽差某大人、這是我們劉大人。久仰久仰。彼此彼此。日前蒙大人光顧、我正告着假了、故此失迎、求大人原諒。豈敢豈敢、大人貴處是甚麼地方。敝處是江蘇。大人現在是那衙門行走。我現在是吏部侍郎、兼管總理衙門事務。是、大人科貴分。我是已卯科舉人、癸未科進士。大人都是榮任過外省甚麼地方。我沒作做過外任、自從癸未僥倖之後、就在翰林院供職、後來放過一次學差、又派過一次試差。都是放過那省的學差。放過一次四川的學差、後來試差派的是陝西。大人今年貴庚。今年虛度四十七歲。大人年歲紀未及五旬、已經榮膺顯秩、這足見是大人才高了。過獎過獎、我這不過是僥倖、實在是自愧無才、濫竽充數是了。大人太謙了、今兒個天我預備一點兒菓酒、請王爺中堂大人們在此多談一會兒。承閣下費心、我們理當討叨擾的、無

奈今日是有奉旨特派的事件、必須趕緊回去辦理、我們心領就是了。既是如此、我也不敢强留了。那麼、我們改天再來領教、就此告辭。勞王爺中堂大人們的駕。那兒裏的話呢、大人留步罷。候乘候乘。磕頭磕頭。

第三章

請大人見一見、這一位是我們新任的欽差大人、今日特來拜望大人來了呢。啊、久仰久仰。我們大人問大人好。哦、大人好。我們大人說托大人的福。貴國大皇帝一向聖體康泰。是、我們大人說敝國大皇帝一向倒很康泰、請問貴國大皇帝一向聖駕安康。是、敝國大皇帝一向倒很安康、請大人上坐。我們大人讓大人上坐。豈敢、大人到此理當上坐的。我們大人說實在是膽大了。請坐請坐、請問大人是幾時由貴國動身的。我們大人是敝國上月初十動的身。一路倒都很平安。

是、我們大人說、托大人的福庇、沿途都很平安。大人到上海住了幾日。我們大人在上海住了不過兩天、就往這麼裏來了。沿路上走着往這麼裏來也很遠哪、可知不知道曉得有甚麼新聞沒有、我們要請教的。我們大人說沿路上的古蹟倒不少、但是關係現在國政的事情、倒沒甚麼新聞。是、那麼大人上京、定規是那一天。我們大人打算後日就要北上。大人行期何必如此緊急。是、因為欽現將滿、不敢久延。是由水路走、還是由旱路走呢。我們大人是因為行李太多、打算由水路走。船隻都雇妥了麼。今日已經打發人雇去了、大約明日可就雇齊了。告訴大人說、我可以派兩個武弁、帶領二十名兵丁、護送大人到通州。我們大人說大人如此費心、實在是感謝不盡了。豈敢、大人到此、我這是該當効勞的。我們大人說實在領情。那麼我今晚就發文書咨報總理衙門、就提欽差大人是後日由

水路北上到京就是了。那好極了、我們大人今晚也有文書到京裏敝國公館去。那更妥當了。我們大人現在要告辭回去。請大人再畧坐坐兒、多盤桓一會兒。我們大人還有點兒公事、得要趕緊回去辦理。那麼勞大人的駕、我明日再回拜大人去去回拜大人。就是了。我們大人說、不敢勞動大人的駕。該當的。大人留步罷。候乘候乘。磕頭磕頭。

第四章

我今日來、一來是回拜大人、二來是給和大人謝步。豈敢、大人實在是多禮。那兒裏的話呢、是該當的、大人榮行準在明日麼。是、明日準起身的。船隻想都齊備了。是俱已齊備了。那麼明早是在何時啓節呢。大約就在巳初罷。那麼明早晨正過來送行就是了。那實在不敢勞動了、今日偺我們一見、就都有可以了、等後來我再

來之時、或是大人上京、偺（我們）可以再多盤桓幾日。既是如此、我就遵命不過來了。豈敢、大人約摸（大約）可以幾時到京去呢。大概今年冬子月（月）底、可以到京去、彼時必當到貴館拜會的。儻或大人上京之時、請您先期賞我個信、我便當掃搨以待。豈敢、要去之先、必然要預先奉告的。還有一件事託咐大人。大人有甚麼事只管吩咐。豈敢、我們這個領事官人甚年輕、況且又是初次當差、尙欠歷練、有不到之處、求大人擔待些個（兒）纔好、並且還要求大人諸事指敎、俾伊有所遵循、則我感同身受矣。大人太謙了、這位領事官、人雖年輕、才情敏捷、數月以來、我風聞所辦的交涉事件、均甚妥善、我心中實在佩服得很、不過是在敝國年分尙淺、於敝國制度風土人情恐還不能周知、倘有不甚明白的事情、問及於我、我必要詳細告知的、以副雅囑。大人實在是過加獎譽了、他不過是學習當差而已。我現

在還有公事在身、就要告辭了。那麼偺（我們）、就等在京裏相會了。是趕（等）大人到京之後、還要求賞給（發）一信、以慰遠念。是、到京之後、必有信奉致大人。那麼明早我就派武弁、帶領兵丁、到此聽候大人指（差）使、就是了。豈敢、實在承大人的盛情了。該當的、大人請留步罷。請了。再會再會。

第五章

中堂大人們都好。承問承問、閣下這一向好。托列位大人的福這一向到很好。閣下請坐。中堂大人們請坐。這一向公事忙不忙。這一向到不甚忙。閣下今日到此有何公事見諭。今日我是奉我們欽差大人的委派、到貴衙門來有件面談的公事。哦、請說一說是件甚麼事呢。因爲上（前）月有敝國一個繙譯官、領有護照、到某處游歷去、趕（等）他到了那個地方、就住在一個店裏頭了、誰知那兒（裏）的百姓、少見多

怪、每月三五成羣、在店門口兒擁擠觀看、其中還有口出不遜者、並且敝國繙譯官風、聞那些個（的）百姓有意滋事、因爲那個店離汛官衙門不遠、於是他就到汛官衙門去、意在面見汛官、請他設法彈壓、免生事端、誰知那個汛官竟自托病不見、敝國繙譯官無法、就又到知縣衙門去拜會、趕（等）他到了知縣衙門、把名片投進去了、等候許久、門丁出來說知縣陪客說話哪、不能接見、這麼着（的）敝國繙譯官就回店裏來了、次日清早他又到縣衙門去請見、有一個姓王的書辦出來、把他讓（請）到科房裏去了、王書辦問他的來意、他就將百姓有意生事、打算請知縣設法保護的話說了一遍、王書辦說、因爲知縣現有公事在身、不能接見敝國繙譯官就說、既是知縣公事煩冗、我也不便請見、不過求閣下將此事回明知縣、就提我請他趕緊彈壓、免生意外之事、是要緊的、王書辦滿口應允、然後敝國繙譯官就告辭回店裏去、

誰知他在店裏、又等了兩日、並沒音信、百姓越聚越多、信口胡言、勢必要鬧出事來、他看情形不妥、就一面發稟帖稟報我們欽差大人、一面他就起身到府裏去、打算面求知府轉飭知縣妥爲保護、可不知道（知不曉得）到府裏去辦理如何、但是我們欽差大人接到他的稟帖十分詫異、因想各國人民到處歷既、領游有護照、地方官就應當照章保護纔是、此事不但載在條約、而且屢次奉旨、飭令各省督撫各地方官恪遵條約、保護洋人、何以各省督撫倒能遵手條約、而地方州縣、仍是以保護之責視爲無足輕重之事、令人實不可解、如今我們欽差大人就求王爺中堂大人們、再咨請各省督撫大人轉飭所屬、後來若是有外國人帶着護照到處游歷、地方官總應當加意保護、以符條約、是要緊的。是了、閣下回去、可以告訴欽差大人說、這件事我們明日就行文到那兒（裏）去、請該省的巡撫要查問那個知縣、

和那個洮官、究竟他們是爲甚麼不肯接見、及不設法彈壓的原故、若是查出他有辦理不善之處、必須將他們開叅的、並且我們還可以再行咨請各省督撫嚴飭各州縣、日後若有洋人到各地方游歷去去游歷、總要按照條約加意保護、倘或有不肯盡力保護的、一定要指明名奏叅的。是、中堂大人們如此費心、敝國的官民、實在感激不盡了。那兒裏的話呢、這是我們該當盡力的。那麼我回去、就遵照中堂大人們話、回明我們大人就是了。閣下回去替我們問欽差大人好。是、回去都替說。請了請了。再見再見。

第六章

今日我是奉了我們大人委派、到貴衙門來、和王爺中堂大人們說知一件公事。啊、是甚麼公事呢。因爲是上月有敝國的一隻火輪商船、船名風順、由上海往天津來、

行至葛沽的上邊兒、撞壞了貴國停泊的一隻商船趕候到風順輪船到天津之後、船主業將此事稟報敝國領事官了、並且稟明了那隻中國商船停泊的地方、有礙輪船往來之路、說是既然那隻商船不按河泊章程停泊、此次被輪船碰壞、便不應認賠的、後來敝國領事官接到貴國道台的照會、說是據中國船戶周立成稟報該商船正在葛沽水面上行走之間、敝國風順輪船由後面來、將該商船撞壞、船桅已經撞折了、船幫也撞壞了、彼時敝國領事官照復道台、就提風順船主已經稟明了、說是中國那隻商船是在河裏灣着了、因他停泊處所、有礙輪船往來之路、以致被碰、按照河泊章程、是不應賠的、但見現在兩國應當先彼此派員會同到碰船之處、查看一回、然後再議、應賠不應賠的事、這麼着的道台就派了一位委員會同敝國繙譯官、到撞船的地方查看了一回、那個船戶周立成原稟的是、

把他的船桅碰折了、把船幫也撞壞了、趕等他們一看、不過將船桅撞折了、並沒撞壞船幫、這一節就先與原報不符、又據船戶周立成說、那天他的船實在是正走之間、被輪船碰的、然而據敝國的船主說、那天周立成的船、並沒在河內行走、實在是在河裏停泊、阻礙輪船之路、以致被碰的、道台總以敝國船主之話不足信、以中國船戶之言爲足憑、敝國領事官和道台辯論說、若是以中國船戶之話爲可信、那麼那個船戶原稟的是輪船將他的船桅撞折了、將船幫也碰壞了、及至一查、不過將船桅撞折了、並未撞壞船幫、只舉此一端、可見那個船戶的話不足爲憑了、道台雖然無話可答、到底還是堅請敝國領事官飭令輪船船主賠償修費、敝國領事官據輪船船主供說、那個中國船戶、既然不按照河泊章程停泊、致被碰壞、照例是不能賠償的、敝國領事官若強令該船主賠償修費、實不足以服其

心無奈道台總不以敝國領事官之言爲然、彼此辯論不休、敝國領事官實無法可辦、所以詳報我們欽差大人、請示辦法、我們大人派我來請問王爺中堂大人們此案應如何辦理、方免彼此爭論。雖然今日王爺不在坐、依我們之見、這案兩造各執一詞、都不可憑信、總應由貴國欽差大人、札飭領事官、由我們札飭道台、叫他們飭令兩造各尋見証、然後彼此會訊、自然就有個水落石出了、閣下回去將此節回明欽差大人、如以爲可、就請賜一信來、我們就給和道台行文去就是了。是、那麼我回去將中堂大人們所論的辦法、回明我們大人斟酌可否、再寫信來就是了。是、就是這麼樣罷。那麼我暫且就告辭了。請了請了。

第七章

大人這一向好。托福托福、閣下一向可好。承問承問。閣下請坐。大人請坐。下

一向公事忙不忙。　公事倒不甚多。　閣下今日光臨敝署、是有甚麼公事麼。　是、今日是奉了我們領事官的委派、到貴衙門來商量一件公事。　是甚麼公事呢。　因爲有這本地一個商人、名叫劉雲發、由福州雇定了敝國一隻夾板船、裝載雜貨、運到此處、議定水脚是四千五百塊洋錢、在福州地方先付過一千五百塊、說明白的下欠那三千塊錢、是到此處付淸、船主當時也都答應了、這其中並沒有中人行棧經管、俱是他們彼此對講的、趕(至)前四天船到了此處、次日一早劉雲發、用撥船將貨物起下來、裝上了運到海關門口候驗、然後他和船主說、他先到家去措辦水脚、晚上必回船上來、把下欠的銀兩都要交淸的、他還開了他的住址、交給(把)船主收着、船主看他那個人是個正經商人、可(却)就答應、叫(等)他去了、趕(等)到那天晚上、劉雲發並未回船、直等到昨日晚上仍未回船、船主就遣(叫)人按(照)他所開的住址到

那個地方去找、並未找着、心裏就未免設疑、故此稟報領事官、函致稅務司、若是劉雲發完淸稅項、暫且將貨物扣留、等他交淸水脚銀兩、再爲放行、後來接得稅務司函復說、若是劉雲發完淸稅項、海關沒有暫行扣留貨物之例、此事礙難照辦、領事恐怕劉雲發忽然交淸稅課、海關將貨船放行、這項水脚銀兩、可(却)就無着落了、所以領事官派我來請大人函致稅務司、如若劉雲發完淸稅項、暫且把他的貨船扣留、等他還淸水脚、由我們領事官知會大人、轉致稅務司放行、請大人千萬費心、給(替)辦一辦、我們就感情了。　這件事若以公事而論、劉雲發完淸稅項、海關原無扣留貨船之例、如今領事官既然託咐我、我不過按(看)着私交情、轉託稅務司把劉雲發貨船暫且扣留就是了、趕(等)到他交淸水脚銀兩、請領事官趕緊賜我回信、我好知會稅務司、把貨船放行、這不過是暫時通融辦理、後來不可以此爲

例。　大人如此費心、我們實在感謝不盡了。　那兒(裏)的話呢、這回頭我就給(和)稅務司發信。　那麼我要告辭了。　請請。　改日再見。

第八章

今日我是奉了我們道台的委派、到這兒(裏)來、是和領事大人說一件公事。　是甚麼公事呢。　因爲前次大人照會我們道台、說是這本地慶長洋貨舖東家趙錫三、批定了貴國天盛洋行哈喇六十包、立有批單、趕(等)到上月貨到了、洋商催趙錫三起貨、趙錫三藉詞挑剔、不肯將貨物起去、大人請我們道台飭縣把趙錫三傳案查訊、後來據知縣稟復說、把趙錫三已經傳到案了、據他說去年封河之先、他在天盛洋行定了六十包哈喇、立了一張批單、他付過定銀一百兩、言明今年三月初間交貨兌銀子、兩無耽悞、趕(等)到本年三月初間貨到了、天盛洋行、遣人去給(和)他送信、他就拿

着原樣去到洋行把貨包折開、拿原樣一比、內有十包貨樣不符、所以他不肯收貨、要把原給(交)的定銀退回、叫洋商將貨物另行出售、洋商不肯退還定銀、這麼着(的)倆(兩)人也沒說開就散了、不料洋商竟自將他稟控、他不肯起貨、實在是因有貨樣不符的緣故、並非是藉詞推托、我們道台據知縣的稟復、已經照會大人了、後來又接到大人的回文、說是趙錫三在縣署所供的情形是一面之詞、不足爲憑、請飭縣仍舊叫趙錫三收貨兌銀子、我們道台說、雖然趙錫三所供的是一面之詞、無奈他既供出貨樣不符、他不肯起貨、如今若是勒令叫他收貨付銀子、實在不足拆服他的心、若是一定以趙錫三之言爲憑、洋商又未必肯服、我們道台現在想了一個善法、遣(叫)我來和大人商量、打算定規本月某日、我們道台同大人在會訊公所、把原被兩造傳來、叫洋商僱人把六十包哈喇抬到公所去、大人和我們道

台過一回堂、公同看一回貨物、孰是孰非、自然立判、不〔知道/曉得〕大人的尊意以爲何
如。此事我原無成見、如今既然兩造各供一詞、難以定案、道台所想的辦法也很
妥當、然而以我的愚見、由道台飭令趙錫三約兩個華商、由我飭令天盛行的東
家、邀兩個洋商、是日都齊集會訊公所、叫他們四個商人看明貨物、是否與原樣
相符、以他們四個人爲憑據、若果他們四個人看明貨樣相符、道台便可飭令趙
錫三起貨付銀子、如果貨樣不符、彼時我訊明天盛行主、再和道台商議辦法、愚
見若此、閣下以爲如何。大人所論的辦法更盡善盡美了、我回去將此節稟明道
台、再回復大人就是了。閣下再坐一會兒罷。今日是有公事在身不能久陪、等
底下再〔給/和〕大人來請安。豈敢豈敢。大人留步罷。改日再見。

第九章

今日我們領事官委派我來、和大人商量一件公事。是甚麼事呢。就是敝國寶昌行
〔掌櫃/管事〕的朱曉山、虧空銀兩的那一案。前日我已經照會領事官了、不〔知道/曉得〕領事官
以爲如何。我們領事官的意思是這麼〔着/的〕、當初寶昌行聘請朱曉山之時、有祥立仁
和、福順、晋昌、四家具的保單、言明嗣後朱曉山如有虧空等事、除將朱曉山家私
變價賠還外、下欠若干兩、四家保人一律攤賠、各無異議、前日我們領事官、接到
大人的照會、說現在除將朱曉山家私變價一千兩賠還外、下欠四千兩、應着落保
家晋昌綢緞鋪賠出銀二千兩、其餘二千兩、着落祥立仁和、福順、三個洋貨舖保
家一律攤賠、我們領事官、看大人如此辦法、實有不解、所以打發我來請問大人、因
何不〔按/照〕保單上所說的、叫他們四家保人均攤、怎麼單叫晋昌號多賠、叫那三家
少賠呢。我叫晋昌多賠、叫那三家少陪、這其中有個緣故、因爲前次我把那四家

保人傳來審訊之時、據祥立仁和福順三家鋪東說、當初具保單時、雖然言明將
來朱〔掌櫃/管事〕的如有虧空的等事、除將朱曉山家私變價賠償外、下欠若干兩、四家
保人一律均賠、然而這些年晋昌號時常有借用朱曉山銀兩買貨之事、其所借
用之銀兩、並無利息、所以他這些年也頗沾朱曉山之光、我們這三家保人、這些
年和朱曉山並沒有交往錢財的事情、向來沒有沾過朱曉山之光、如今若是叫我
們都一律攤賠虧空、我們三家實在寃屈、這麼〔着/樣〕我又問晋昌東家、他們那三家所
說的是實有其事麼、據他供認這些年實有借用朱曉山銀兩買貨之事情、實沾
朱曉山之光頗多、因此我纔將朱曉山虧空的這四千兩銀子、斷令晋昌號賠出
銀二千兩、那三家保人分賠那二千銀子、他們四個人都情願具輸服甘結、此事
我也並未十分勉強、閣下看如此判斷、還有甚麼不公平之處麼。我斗胆說一

句話、求大人〔可別/却莫〕見怪。閣下有話不妨明言。據我看如此斷法、似乎不甚公平、
有何不公平之處呢。大人之意是以爲晋昌號這些年沾過朱曉山之光、所以
如今斷令他多賠、那祥立仁和福順三家、向來並沒沾過朱曉山之光、所以斷令
他們少賠、依我的愚見斷此案、總應當據保單上所說的話爲憑、保單上既然言
明將來賠補朱曉山虧空、應當四家保人一律均攤、如今若單叫晋昌號多賠、不
但與保單原議不符、且恐那三家有幸免之詞、似乎不公、至於說晋昌號常借用
朱曉山銀兩買貨、並沒利錢、這些年沾朱曉山之光頗多、因此斷令晋昌號多賠、
然而晋昌號借用朱曉山銀兩、那是他們的私交情、與此案無涉、斷無因此案而
牽涉伊等私情之理、在那三家保人希圖少賠錢、原可以任意混供、在大人原不
必據他們之言而斷、設若這四家保人、內中有兩家沾過朱曉山之光、那兩家沒

有沾過朱曉山之光、那麼就應當竟叫這兩家沾過光的賠銀子、那兩家沒沾過光的、就可以置身事外麼、所以大人總應當據保單斷令他們四個保人、一律均賠、不可有多賠少賠之分、方爲公允。 閣下所說的是據理而論、我所說的是隨勢酌情權變之法。 大人所說的隨勢酌情權變之法、那是據理判斷、有萬難之處、方可用權變之法、如今此案據理而斷、並無碍難之處又何必用此權變之法呢。 閣下既然看我所斷的不甚公平、請閣下回去之時、和領事官商量商量、然後偺(我)們再從長計議、也未爲不可。 既是如此、偺(我)們再議就是了、我現在要告辭回去。 忙甚麼、偺(我)們再談一會兒罷。 我還有公事了、偺(我)們改天再會罷。 請了請了。 再見再見。

第十章

今日我到貴衙門來、是和大人面商一件事情。 哦、請教是甚麼事呢。 就是因爲貴國信成洋貨鋪、欠敝國恒裕洋行的貨銀、那一案、因爲上回恒裕洋行稟控信成洋貨鋪的時候、我先把信成的東家王保山傳來問了一問、據他說、這本地富順雜貨棧、欠他有一萬多兩銀子的貨銀、屢次去催討、總也沒還、若是能把那項銀子追出來、除了還恒裕洋行貨銀五千兩、還富(多)餘五千多兩銀子哪、他求我照會大人飭縣、先把富順棧的東家傳到案、把那項銀子追出來、他就可以歸還恒裕洋行的貨銀、我是恐怕恒裕洋行貨銀無着落、所以照會大人、飭縣傳訊富順棧的東家、把他該信成的貨銀追出來、爲得(的)是好歸還恒裕洋行的欠欵、昨日大人還委員楊大老爺到敝館去、說是此案恐怕是信成東家、託出恒裕洋行東家、捏詞代爲控追富順棧的欠欵、如果照辦怕是開洋商包攬插訟之端、請我細細的查問明

白再議、這麼的着、我又把恒裕行的東家叫了去、細問了一問、據他說信成洋貨鋪實在欠他行裏的貨銀五千兩、有帳可憑、他並不知道富順棧該信成洋貨鋪銀兩的事、至於求我照會大人飭縣傳富順棧的東家訊追欠欵、那實在是王保山的主意、並非是他們倆人(兩個)商量的辦法、如今我既然查明白了、這其中並沒有毛病、那麼就還請大人飭縣照辦就是了。 大人雖然查明白了、這其中並沒有敝病、總還該當由洋商控追信成、由信成控告富順、各清各帳、方爲正辦、隨若是便牽扯、雖然這案沒毛病、難保後來不滋生弊端、這也不可不預爲防範、大人尊意以爲何如。 我想大人所說的也很有理、不過有一層、請大人吩咐知縣、將來王保山到縣控告富順、知縣把富順棧欠信成的銀兩追出來的時候、先別(莫)叫信成領去、由知縣把信成欠恒裕洋行那五千兩貨銀扣下、其餘的銀兩再叫王保山領去、大人想這麼辦法好不好。 這層我倒可以飭縣遵辦就是了。 既是如此、我明日行文過來就是了、暫且失陪。 那麼偺(我)們改日再見。 請了請了。

第十一章

老兄大喜了。 老弟同喜。 因爲昨日我看見京報、知道(曉得)老兄選上了、所以今日特來給(和)老兄賀喜。 實在勞駕得很了、老弟請坐。 老兄請坐。 老弟、這一向官差忙不忙。 這一程子(些時的)公事很忙、總未得空(不得暇)。 何以如此之忙呢。 是因爲這一向竟辦秋審的事情哪。 秋審也快辦結(了)罷。 是、也就在這個月底就可以辦結(了)了。 是、老兄是幾時驗放。 大概就在本月初十驗放。 缺分怎麼樣呢。 算是個中缺罷。 老兄如此大才、不久便要調首縣的。 那如何敢指望呢、我這初次作官、但願得一簡缺、免有竭蹶之處、若遇一煩難之缺、轉恐才不勝任、必至貽笑大方。 老兄太謙了。 那麼

老兄行期大約得要幾時呢。 大約也就在冬子這冬月初間罷。 限期是多少日子呢。 限期原是三個月、若是有緊急的事、也還可以再告一個月的假、在我的意思看、若到臨時沒有甚麼緊要事件、也就無須告假了。 老兄此次攜眷去麼。 我想冬天路上太冷、若是攜眷去、諸多不便、我打算今年我先到任上去、趕等明年春天、再還打發家人來接家眷去、倒方便些好多個。 是、老兄這麼辦倒很妥當、我現在要上衙門去、改天再談罷。 老弟有官差在身、我也不敢久留、等我驗放之後、再到老弟府上請安去就是了。 不敢當、老兄請留步罷。 老弟請走罷。 那兒裏有不送之理呢。 老兄請進去罷。 候乘候乘。 磕頭磕頭。

第十二章

老兄久違了。 彼此彼此老弟大喜了。 同喜同喜。 我是前日到的家、看見題名錄

了、上知道曉得老弟高中了、所以今日特來賀喜。 勞老兄的駕。 那兒裏的話呢。 老兄請上坐。 老弟請坐。 老兄一路上倒都很好。 是、托福、一路都很平安。 老弟此次中的很高、足見是學問有素了。 承過獎了、這不過僥倖如此就是了。 老弟太謙了、此次房師是那位。 房師是張太史。 都拜過了麼。 是、前日座師房師都拜過了。 令弟此次抱屈的很。 那兒裏的話呢。 出了房了沒有。 是薦卷了、就是因爲詩不妥、批落了。 這也是一時的科名蹭蹬運滯、下次鄉試、一定要取中的。 借老兄的吉言罷。 您此次進京來是有何公幹。 我是解銅來了的。 都交代完了麼。 昨日已經都交代清楚了。 那麼您此次回省、就可以補缺了罷。 今年回省署事、還可以補缺、大概總得要明年罷、可却是覆試是多咱幾早哪。 覆試是本月二十三。 那麼等過了老弟覆試、咱我們再談罷、我現在要告辭了。 老兄何妨多坐一會兒呢。 我是今兒個天還要

拜客去哪去拜客。 那麼等過了覆試、我再到府上請安去罷。 不敢當、老弟留步罷。 咱我們改日再會。

第十三章

今天到府上來、是有奉懇兄台的事情。 豈敢、老弟有何見教。 是因爲有我們一個敝鄉親由四川運來有十數箱川土、托我給和他辦這上稅的事情、我也是一概茫然、所以特來奉懇兄台代爲辦理。 大概貨物要幾時到呢。 大約後日可以到京。 此事容易辦。 兄台可以托誰給那個辦呢。 你們這位貴鄉親、現在到京了了京麼。 他是昨兒日晚上到的京京的、打算把這上稅的事情安置好了、他再出城迎引貨去來。 是、我今兒天可以出城、託好了稅務司的經承、叫他派兩個人後日一清早到您的寓所去、跟着您那位貴鄉親、一同出城迎引貨、然後叫那倆人兩個押着貨車到務、囑咐貴鄉親、可以先期開

一清單、交給把我、是日由我呈請查驗、趕等查驗之後、就可以先打印子放行、等科房把稅銀算清、告訴我說、我再和貴鄉親要出來給和稅務司送去、不過得要給把底下當差的些個些微飯錢就是了。 我們那個敝鄉親倒不怕多花幾個錢、只要保其平安就是造化、如今聽您說的這個辦法、是妥當極了。 請貴鄉親竟管放心、此事既是我承辦、我替保保管萬無一失。 您不知道曉得、我們那個敝鄉親、現在是驚弓之鳥。 怎麼。 他前年運來十箱子川土、趕等到了彰儀門的時候城關了、他就在一個店裏頭了、趕車的起從車上把烟土卸下來了、被巡役看見了、報他私卸貨物、因此發罰了若許干銀兩、所以此次他是膽戰心寒、故此纔託我預先安置。 您告訴他萬安、決不能有差錯。 那麼實在承您費心了、我明日在寓所候您的佳音就是了。 就是就是。

第十四章

前次承兄台枉顧、今日特來謝步。　豈敢、老兄實在多禮。　那兒（裏）的話呢、這是該當的。　老兄這一向官差何如。　這幾日稍微的漸消停一點兒。　老兄是能者多勞。　承過獎了、不過以勤補拙就是了。　老兄太謙了。　今日兄弟來打算初五奉請兄台在同慶堂一聚會、求老兄千萬賞臉別（莫）推辭。　兄台何必如此費心、偺（我）們一見如故、似無須拘此形迹。　這不過是兄弟一點兒誠心、聊盡地主之情、況且同座的幾位、都是偺（我）們道義中人、又是和兄弟至好、大家不過聚在一處、談一談就是了。　旣蒙老兄抬愛、我就遵命了。　豈敢、這是兄台賞臉賜光了、那麼明日我備帖過來就是了。　偺（我）們今日既當面說明白了、老兄就不必送帖來了、不過請告訴我時辰就得（是）了。　那麼我就從命不送帖來了、偺（我）們初五午初、在同慶堂會面就是了。　我屆（那）時必要早到的。　那好極了。　還有一件事、我要奉懇老兄替我為力。　兄台有何事吩

咐。　因為我這是初次到京、舉目無親、現在要投供、無處找互結官、老兄若有素識投供的朋友、求給（替）我找一位互結官纔好。　此事甚巧、現在有一位朋友是舉人、他連今年會試、算是已過三科了、正打算要投供候選了、你們二位互具保結、倒是很好、偺（我）們初五這約、就有此公在座、那個時候便可當面商議。　這實在是萬分湊巧了。　此事全仗老兄為力了。　豈敢、該當效勞的、我也要告辭回去了。　偺（我）們初五見就是了。　老兄回去了。　再見再見。

第十五章

你們二位見一見、這是朱小園、這是黃毅臣。　久仰久仰。　彼此彼此。　老兄請坐。　請坐請坐。　我常聽見這位李芝軒老兄提閣下學問淵博、實在仰慕得很、今日一見、眞是有緣有緣。　豈敢、兄弟才疏學淺、承芝軒兄台謬奬、實在是慚悔的了不得。

老兄太謙了。　請問老兄是由幾時丁的憂。　是由今年春間。　老伯大人在的時候、都是榮任過甚麼地方。　先父是由翰林轉御史、後來陞給事中、然後京察一等簡放廣東督糧道、去年陞運河南藩司、今年春間二月初五、在河南藩司任內出的缺。　老伯大人今年高壽哪了。　今年六十六歲。　實在可惜可惜。　伯母大人今年高壽哪了。　家母今年整六十（六十歲整）。　身體倒還（想必）康健。　是、托福倒很健壯。　閣下是在翰林院供職麼。　是、兄弟是癸未科僥倖之後、入翰林當庶常、去年散館授職編修、今年春間丁憂回籍守制來的了。　貴昆仲幾位。　我還有一個兄弟就是我們兩個。　令弟原先榮任過甚麼地方。　他沒當差、他是壬午科副榜、先父在的時候、他隨侍任所、現在是在家裏念書。　是、兄弟這是初次到貴處、一切未諳、諸事總是求老兄指教。　豈敢、老兄從先是在何處遊幕。　前年曾就易州衙門刑席、去年冬間舊居停（東家）因案去任、

兄弟脫館就回家去了趕（等）、到今年夏間、我們這位朋友選授此缺、執意邀兄弟同來、誼不容辭、所以就一同來了。　我們這位老父台、是由甚麼出身。　他是由舉人國史館議叙。　是、我現在要告辭回去、改日再來領教。　豈敢、老兄回府、先替我給（和）老伯母大人請安、兄弟、改日親身到府請安去。　不敢當、兄台留步、別（莫）送。　請了請了

第十六章

前次我是聽見孔竹庵兄、提老兄大名、不敢造次晋謁、託孔兄代為先容（致意）、今日特意到府上來請安。　豈敢、勞兄台的駕、我是久仰大名、只因家事煩雜、還沒得（先）過去拜訪、今日一見、深慰下懷。　我這是初到貴處、人地生疏、諸事仰仗仗台指教。　豈敢、有甚麼事、兄弟是必當效勞的、請問老兄是幾時到的敝處（到敝處的）。　我到此不過兩個月。　我聽見孔兄說、老兄現在是辦理本處釐捐局的事務。　是、我到省裏稟見撫

台之後奉委幫辦本處釐金捐事務。老兄在省裏住了有多少日子。住了不過一個月。老兄可以幾時補缺呢。補缺大概還要得過三年罷。貫班次的還有幾位候補的。連我還有五個人。老兄名次在第幾呢。我的名次是在第四。是了。兄台是幾時起服呢。後年正月起服。現在老兄是在崇正書院主講麼。是、因爲是敝處紳衿公舉兄弟在書院主講、其實自愧無才、徒負虛名而已。那裏兒的話呢。前次兄弟曾託孔兄來、面求老兄一件事、今日我斗膽特來奉懇。不是爲令弟那件事情啊。不錯。就是那件事。我是因爲才疎學淺。恐怕就悞令弟的科名。不敢率允。老兄太謙了。若是舍弟拜在老兄門下、得親大教、學業日新、何幸如之。老兄既然願意、令弟問道於盲、那麼我就勉强從從命了。兄台既然允許了、我就感激非淺了、等着擇吉我帶舍弟來拜師就是了。不敢當、不敢當。令

弟是幾時進的學。他是前年進的學、我怕是是怕他在家裏荒疎學業、所以我把他帶出來投一位名師肄業、以圖上進、如今得蒙老兄陶鎔、將來舍弟成名、舉家感戴沒齒不忘也。豈敢豈敢。那麼等老兄定妥日子、我和令弟會面就是了。等我擇定日期、先託孔兄過來知會老兄罷。就是就是。

第十七章

兄台這一向少見、是有甚麼貴幹去了麼。是、同着幾位朋友到西山遊玩去了。去了有多少日子呢。在山上住了有十天。住了十天、可往玩足了罷。遊玩的地方倒不多、在那裏兒竟住了幾天。在那裏兒住着、幹甚麼做甚麼來的着。我們這幾個人是在西山上一個關帝廟裏、立了個詩會。這雅的得很哪、都是每月逢幾開會呢。每月初一至初五、十一至十五、二十一至二十五、這都是做作會的日子。這麼說、一會是

五天、一個月共是十五天。不錯、每月是十五天。這每月做作會的日子很多呀、總共有幾位朋友呢。偺我們京裏的連我是五個人、還有那本地的兩位朋友、共總七個人。那麼你們這五位作會的日子、要得在那裏兒下榻罷。是、我們每逢做作會的日子、頭一天去、等趕過了做作會就回來。在山裏頭是住在那裏兒呢。就住在那本廟裏。那麼飯食是怎麼辦呢。我們是由京裏帶一個廚子去、吃的東西、也是由京裏買了帶了去、酒和肉彼處有一個小鎮店市、還可以買。既是如此、我也願意入這個詩會。若是得兄台去、與這個會更增光了。承過獎了、我是不長於做詩。不過去給替衆位磨研墨就是了。兄台太謙了。還有飯食這一層、我也是一律均攤、我纔肯去哪。那一層兄台倒無須介意、都在兄弟身上就是了。若是不說明白了、那我決不敢從命的。既然如此、偺我們就同席吃飯、各自會錢就是了。如此我便可以

去。可是誰却那個是會首呢。我們這麼量的、大家輪流着當會首。這麼辦倒是很好。那麼二十一早我就來約上定兄台、偺我們一齊動身就是了。是、就這麼辦罷。

第十八章

閣下是貴國那一縣。我是敝國長崎縣的人。那麼離敝國甚近哪。不錯、離貴國很近。閣下到敝國有幾年了。我到貴國有三年了。閣下在敝國三年、官話能說得這麼好、實在是聰明絕頂、佩服佩服。承閣下過獎了、我這不過粗知大概、那裏兒就能說到會呢。閣下的口音、與敝國人的口音毫無差別、不是我當面奉承、像閣下這樣聰明的人、實在是罕見的了。那裏兒的話呢。閣下在此是當甚麼差呢。我現在此當繙譯官。這好極了、偺我們這兩下裏時常有會辦的事件、若是有我不知道曉得的、還要求閣下多指教。豈敢豈敢、我這是初次當差、一切未諳、諸事還要請

教閣下哪。　不敢當、偕（我）們倒是常常的互相討論、彼此都可以有進益。　不錯、閣下所論甚是。請問閣下是由甚麼出身。　我是由舉人揀發到此。　閣下揀發到此有幾年了。　我到此不過一年多。　閣下貴處是甚麼地方。　敝處是湖北江夏縣。　寶眷也在此麼。　我沒攜眷來、因爲家母年邁、不耐舟車之苦、故不能同來、就是我隻身在此。　是我到此聽見我們領事官說閣下在此、與各國官員同來交際均甚水乳（相合）、實在令人欽佩（佩服）。　那兒（那裏）的話呢、我本不甚熟諳（識）洋情（務）、蒙上憲委派到此。幫辦交涉事件、不過以實心行實事、總望兩無猜疑、推誠想信、彼此自可融洽、這就是我的本意。　閣下常存此意、自然辦理妥當。我今還要到別處去拜客（拜客去）、等底下我再到貴寓來面領大教、倘閣下得暇（空）的時、請到敝館談一談去。　是、既蒙閣下不棄嫌、過一天、必要到貴館望看去。　豈敢、那麼我在敝館恭候大駕就是了。　不敢當、閣下乘

上走罷。　閣下留步罷。　磕頭磕頭。　再見再見。

第十九章

今日我到府上來、是有一件事奉懇老弟替我爲力。　兄台是有何吩咐。　是因爲我們舍親顧子極、去年春天借用令友秦寶臣一項銀子、新近（近來）秦寶臣索取此欵、兩人（兩個）言語不合、就吵鬧起來了、現在我聽見說、秦寶臣要和舍親構頌。我因爲知道（曉得）老弟和秦寶臣是莫逆之交、所以特來求老弟出頭、給（替）他們說合說合。　兄台知道（曉得）當初令親借銀子的時候、有中人沒有。　我知道（曉得）有一個中人、名字叫高五、去年冬天己今去世了。　令親借用秦寶臣是多少兩銀子、有利錢沒有呢。　舍親借的是二伯兩銀子、言明是分半利錢、立了一張借字兒、寫的是二年歸還、到現在纔一年半、前兩月秦寶臣告訴舍親、說他要置房子、等這項銀子用、他也不接利錢、要停利歸本、我

們舍親說一時不能歸本、秦寶臣叫我們盡力湊辦就是了、然後也就散了、新近（近日）秦寶臣又到舍親家裏去、要立刻歸本、舍親說一時實難湊辦、總得（要）再緩幾個月、纔能如數歸還啊、現在還是照舊按月給（把）利錢就是了、秦寶臣不依、定要歸本、不要利錢、因此兩人（兩個）言語不合、就吵鬧起來了、現在我聽見說、秦寶臣要打官司。　在舍親因爲沒到約期、不能歸本、況且又不拖欠利錢、就是打了官司、也不算沒理的事、不過是他有官差在身、若是一打官司、便要悞差的、所以我打算奉求老弟、給（和）他們出來說合說合、叫他們兩下裏平安沒事、那不好麼。　您打算叫他出頭、怎麼說合呢。　求老弟見秦寶臣和他說一說、過兩個月一準給（和）他歸本就是了、現在還是按月給（把）他利錢、倘屆（到）期舍親不能歸本、都有我一面承管了。　既是如此、我明日見寶臣和他說去就是了。　勞老弟的駕、等事完之後、我再帶舍親給（和）老弟道乏（謝勞）來。　豈敢豈敢。

第二十章

今日我們兩人（兩個）是專誠來拜望閣下。　勞二位的駕、請坐請坐。　閣下請坐。　你們二位怎麼稱呼。　我姓島、他姓井。　是幾時到的此處。　我們是昨日到的。　住在那兒（那裏）的了。　住在這東關德元店裏頭了。　閣下在敝國有幾年了。　我在貴國有四年了。　這位在敝國有幾年了。　他來了不過纔半年。　通曉敝國的言語麼。　他不通曉、還沒學話哪。　你二位是到此處游歷來了（的）、還是有公事呢。　沒有公事、不過到此來游歷。　閣下是貴國甚麼地方的人。　我是敝國大坂府的人。　此公和閣下是同鄉麼。　他和我不是同鄉、他是橫濱人。　請問閣下貴同鄉有一位姓福的、他原先在上海當繙譯官、閣下認識不認識。　是、認識他、和我們還是老世交了。　現在福公在貴國、是當甚麼差使呢。　他現時（在）沒在敝國、他自從由貴國回去之後、

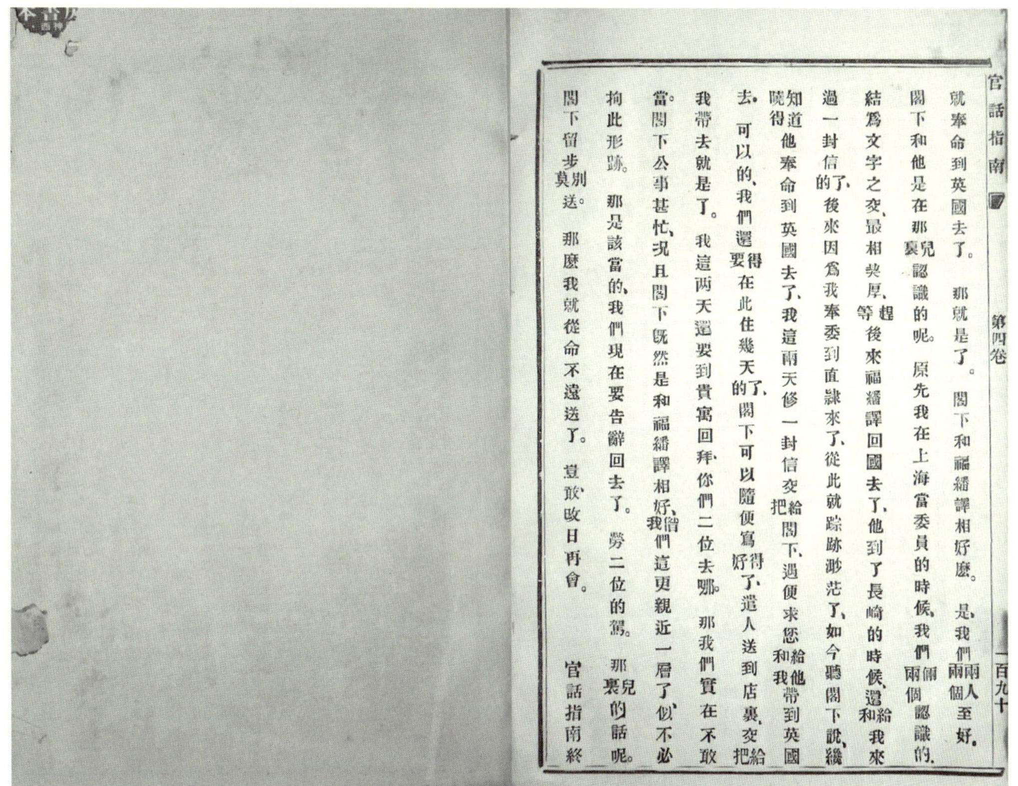

就奉命到英國去了。 那就是了。 閣下和福繙譯相好麽。 是、我們兩人兩個至好。
閣下和他是在那兒裏認識的呢。 原先我在上海當委員的時候、我們倆兩個認識的、
結爲文字之交、最相契厚、趕等後來福繙譯回國去了、他到了長崎的時候、還給和我來
過一封信了、的後來因爲我奉委到直隸來了、從此就踪跡渺茫了、如今聽閣下說、纔
知道曉得他奉命到英國去了、我這兩天修一封信交給把閣下、遇便求您給他和我帶到英國
去。 可以的、我們還得要在此住幾天了、的閣下可以隨便寫得好了、遣人送到店裏、交給把
我帶去就是了。 我這兩天還要到貴寓回拜、你們二位去哪。 那我們實在不敢
當。 閣下公事甚忙、況且閣下既然是和福繙譯相好、偺我們這更親近一層了、似不必
拘此形跡。 那是該當的、我們現在要告辭回去了。 勞二位的駕。 那兒裏的話呢。
閣下留步別莫送。 那麽我就從命不遠送了。 豈敢改日再會。

官話指南終

改良民國官話指南

（刊行年不詳、架蔵）

陳鶴鳴

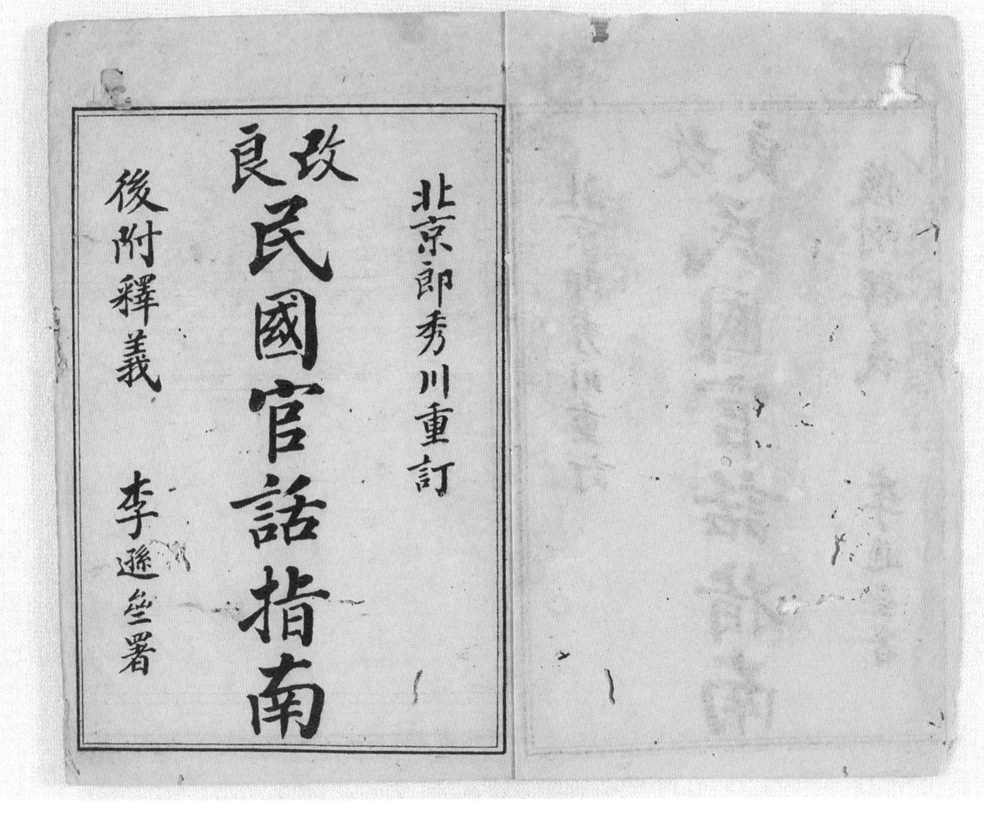
改良
民國官話指南
北京郎秀川重訂
後附釋義
李遜垒署

改良民國官話指南

目錄

改良民國官話指南第一卷

北京郎秀川重訂

應對須知

第一節　您納貴姓。　敝姓吳。　請教台甫。　草字資靜。　貴昆仲幾位。　我們弟兄三個。　貴處是那一省。　敝處河南省城。　府上在城裏住麼。　是在城裏住。　久仰得很。没會過。　失敬得很。

第二節　先生今年高壽。　我虛度六十歲了。　好福氣。　很康健。鬚髮並不很白。　托福我鬚髮已經也半白了。　我今年纔五十歲。鬚已經白了多一半兒了。

第三節　尊姓大名。　我敝姓張。賤名叫守先。　尊行排幾。　我居長。　貴甲子。　我還小哪今年二十四歲。　恭喜在哪兒。　我在通州做買賣。我和你令叔相好故此特來請安。　不敢當。請問寶號。　小號信昌。

第四節　久違久違。實在渴想得很。今兒早起。聽見老兄到了。特過來拜訪。　不敢當。勞您駕。我本要到府上請安去。就因為昨天晚上纔到的。行李各件。還没拾掇好。那箱子也還没打開。　身上的衣服都没換哪。恕兄弟明天再過去謝步。　不敢當。

第五節　少見少見。我這幾天没見着你。很想你。莫不是又病了麼。可不是麼。我那天看你病纔好。臉上氣色。還没復元兒哪。怕是你出到外邊兒去。又重落了。　我這回是着點兒凉。覺着頭疼。渾身酸痛。那總得請大夫。好好兒治一治就得了。

第六節　這個人實在靠不住。說話竟是雲山霧照的。　您想和他要準兒。那算是白用心了。您還不知道他那脾氣嗎。一味的愛說大話。胡吹混嗙。您要是信他的話。那就難免要上檔了。

第七節　您這一向貴恙都好了麼。　托福都好了。可是咳嗽。纔輕省一點兒。　這回您病的日子久了。雖然都好了。還得請大夫吃幾劑補藥。安心調養纔好哪。　是。承您關照。謝謝。

第八節　你在這兒可以隨便。不要拘禮。　我蒙您的抬愛。已經不拘禮了。照這麼樣就好。我以後有事。纔可以敢勞動你。　您肯叫我做事。那就是賞我臉了。

第九節　昨天蒙你賞我的那茶葉。味道很好。謝謝謝謝。　豈敢。我這回到崇安去。就到了武彝山。逛了兩天。不過買了一點兒茶葉。送了去的不多。不成敬意的。很言重言重。朋友交情。要緊是在情意。不在東西。

第十節　你上那兒去。　我想上張老師那兒拜客去。　那麼我求你替我問張兄好。說我很想他。有閒空兒請他來坐坐。　前幾天我去的時候。他也托我問您好來着。因為他夫人有一點兒欠安。所以他總没能出門。

第十一節　凡人說話。總要誠實。　那是一定的理。若是有撒謊騙人的事。叫人看破了。自己也丟臉。　你所論的。正合我的心了。

第十二節　這件東西。你看是真的是假的。　我看是假的。　我也看是這麼着。就因為分辨不出來。不敢說。　是你没細看。這刻的也粗。顏色也不光潤。

第十三節　我們倆如今都閒着。可作甚麼好呢。　你看有甚麼可做的。我看

實在難的很。若說做生意。你我又沒有本錢。若說做夥計。又沒手藝。照你這麼說。偺們倆豈不餓死了麼。究竟上天不生無祿的人。等慢慢再打算就是了。

第十四節　我想到那兒逛逛。就是我一個人。又懶怠去。　我也想去逛逛。因為沒有伴兒。不高興。既是這麼着。偺們倆一同去好不好。　您肯一塊兒搭伴兒去。與我也很方便了。

第十五節　您納說話。聲音太小。人好些個聽不清楚。　我的聲音。生來不能大。對人說話。又不敢大聲嚷。所以顯着聲兒小。　凡人說話。嗓子要緊。若嗓子好。自然響亮。字音清楚。自然沒含糊。

第十六節　我剛纔隔着槅扇。和他說話。你聽見了麼。　我沒聽見。近來我的耳朵有點兒聾。　不管怎麼樣。我求你千萬別把這個事。給洩漏了。這是一件機密的事情。　既是這麼着。我不說。總不至於壞事了罷。

第十七節　你懂得中國話麼。　略會一點兒。那廈門的話。別處不甚懂。　中

國話本難懂。各處有各處的鄉談。就是官話通行。　我聽見人說官話還分南北音哪。　官話南北腔調兒不同。字音也差不多。

第十八節　老沒見了。您納還認得我麼。　瞧着好面善。不記得在那兒會過。　失敬得很。不敢冒昧稱呼。　偺們倆前年在張二家一個桌子上喝酒。您怎麼忘了麼。　提起來我認得了。您是何二哥麼。

第十九節　您納這一向好。我有件事託你辦辦。　甚麼事。請說罷。　我記得前天新聞紙上記載有一位會寫字畫的姓祝。實在羨慕得很。聽說你認得他。所以懇求閣下代為介紹。　那容易。我總要給您効勞的。您放心罷。交給我了。

第二十節　所有偺們逛過的。這些個名勝地方。就是我們今兒晌午到的那座山上。景致好的很。　是我最喜歡那半山亭外兩三里的竹徑。　頂好是打那竹徑轉過灣兒去。在那塊大石頭上坐着。聽那水聲兒。真叫人萬慮皆空。

第二十一節　你昨兒去遊湖。回來早啊。是晚哪。　回來有四更天了。　想昨兒晚上。月亮很好。湖上風景。一定是更好看了。　夜景比白天還好。足有加倍的好看。

第二十二節　這個廟很大。　大的很。在這兒算是第一個大廟。後頭還有一座寶塔。高的很。　好上去麼。　有一層的塔梯。如今拿開了。不好上去了。　那梯子為甚麼拿開了。　因為人多。上去竟混蹧蹋。

第二十三節　昨兒前半夜。月亮很好。我躺在炕上。看窗戶上的月光。捨不得睡了。　可是趕到了夜深了。忽然颳起一陣風來。黑雲彩在滿天上直飛。打的霹雷很利害。　那巧了是在我睡着了之後罷。我可知道昨兒晚上下雨來着。

第廿四節　這時候正晌午。太陽很毒。暑氣很利害。怎麼好出門呢。　無奈我有要緊的事。沒法子得出門。　就是有要緊的事。也要待一會兒。等太陽斜過去。涼快些個。再出門去罷。　也好。

第廿五節　早起天纔亮。我起來出去走動。看見瓦上的霜。厚的很。　原來昨兒夜裏有大霜。怪不得我睡到五更天醒了。覺着冷的很。可就嫌棉被窩太薄了。

第廿六節　夜深了。想這時候有三點鐘了。　我剛纔聽見自鳴鐘噹噹的打了兩下兒似的。　那架鐘怕不準罷。看看我那個表。這個表走到三點鐘了。到底鐘還是慢點兒。

第廿七節　你看四季的時候。那一季兒好。　四季兒各有好處。　你喜歡那季兒。這個不用問。誰不是頂喜歡的春暖花香。誰不怕夏熱秋涼。最怕的是冬天太冷。　我喜歡春秋兩季。

第廿八節　聽說你上學堂念書。在那兒啊。　學堂就在這拐彎兒。那門口有牌子挂着。　校長是那一位。　校長是姓金的。　同窗朋友有多少。　不多。

第廿九節　你看過史記麼。　沒看過。　讀書人不可不看史記。看過史記。纔知道歷代的興敗人物的好歹哪。　學的是甚麼字。　學的是王右軍的字

帖。 那好極了。

第三十節 你的師傅教法好不好。 很好。講書極細心。寫字的筆畫很講究。改策論很用心。不理没我們的一點兒好處。品行端正。規矩嚴緊。 這樣的好師傅。你肯用心。還怕學問有不進益的麼。

第三十一節 和尚。 阿彌陀佛。 大和尚在山上了麼。 大和尚昨兒下山去了。 請問你的法名。 僧人名字叫了空。 俗家怎麼稱呼。 俗家姓顧。

第三十二節 你這一塊地很大。並没人作田園。豈不可惜麼。 這一塊地不中用了。土是鹹的。種甚麼都不長。

第三十二節 今兒個是令尊的千秋。我特意來拜壽。預備一點兒薄禮。請悠賞收。千萬别推辭。還請悠帶我去見一見令尊。當面致賀。 不敢當。實在勞駕。費心了。

第三十三節 嗐。這孩子實在没出息。整天家遊手好閒。不做點兒正經事。他老子娘也不管他麼。 這麼由着他的性兒。將來多偺是個了手啊。 依我說。不如把他活活兒的埋了。就完了。

第三十四節 無論作甚麼事情。都要努力向前。不可自己哄自己。纔能彀往上巴結哪。 雖是那麼說。我的差使不悞就是了。我不能像别人。有縫兒就鑽。一味的卑鄙無恥。我是來不及的。

第三十五節 作好官的。百姓一定喜歡。不會作官的。百姓必要上控的。好歹總在乎自己。 這還用說麼。人操守好。再明白公事。那一定保得住。若是才幹平常的。又愛要錢。那就快回家抱孩子去了。

第三十六節 如今作京官的老前輩們。都好。也都有本事。認真辦事。所以這些外官也都學得好了。 甚麼事都得有個榜樣兒。上行下效。在上的不要錢。在下的還敢貪贓嗎。

第三十七節 他來過幾回。我總没大理他。他還涎皮賴臉的儘自來。實在是不知好歹的一塊死肉。他這人本來没眼神兒。說話又不知輕重。那兒算是人呢。你老不理他。他自然的就不來了。

第三十八節 那個姑娘。剛纔起這兒過。也不知是誰家的。長得很標緻。又穩重。明兒給我們舍親作個媒。這個姑娘真不錯。 我認得。是那邊兒張老二跟前的。若給你們令親。說倒也配得過。

第三十九節 這個孩子有出息兒。又能熬夜。又能作活。有耐心煩兒。靠得住。怎麼不叫人疼呢。 你是那麼說。我瞧他很懶。一黑就睡。俗語兒說的。馬尾兒穿豆腐。提不起來了。實在叫人生氣。

第四十節 素日受悠的栽培。我本就感激不盡。現在為這件事。又承悠抬愛。像這麼疼我。怎麼補報悠的情呢。 那兒的話呢。我這不過効點兒勞。你倒不必這麼多心。

第四十一節 牙没了。甚麼都嚼不動了。燉的爛爛兒的纔好哪。别弄的那麼挺梆硬的不能吃。 我的牙比你的強。不論甚麼硬的脆的都能吃。連瓜子兒還能嗑哪。

第四十二節 我請教你這件事。應當怎麼辦。我心裡想着。他若是一定不依。我就給他實端出來。怎麼樣。 我告訴你。你的性子太耿直。也得隨些和兒纔好。凡事也不可太刻薄。人家既肯認不是。也就罷了。何苦老没完呢。

第四十三節 這個貓怎麼總不管閒事。滿地的耗子他也不拿。明兒個不用餧他就好了。 這耗子真鬧的兇。吵的睡不着覺。東西也咬了個稀爛。這可怎麼好。

改良民國官話指南第二卷　　北京郎秀川重訂

官商吐屬第一章　租房

您貴姓。　豈敢敝姓王。　府上在那兒住。　舍下在東單牌樓。總布胡同。　您
在那衙門行走。　我是在陸軍部供職。　您到舍下來是有甚麼事情麼。　是。
我來是和您打聽一件事情。是我聽見說您這西院裡。那處房要出租。是真的
麼。　不錯是真的。怎麼您要租麼。　是我打算要租。　您來遲了。那個房子我
已經租出去了。　您租給誰了。　我租給我們一個親戚了。　那就是了。那麼
您別處還有房麼。　我別處沒房了。我有個朋友。他有一處房要出租。　在甚
麼地方。　在這北邊兒安福胡同。　有多少間房子。　有三十多間房子。　三
十多間房子太多。我住不了。那麼些個。　您若是住不了那麼些間。您可以都
租下。除了您自己住多少間。下剩多少間。您可以轉租給別人住。　那麼我就
是包租了。　不錯您包租。　我包租。我又怕一時租不出去。我每月得如數給
房東房錢。　我想那層。倒沒甚麼可慮的。脚下房子往外租着很容易。　那麼

我租妥之後。除了我住多少間。下餘多少間。還要求您替我招租。　那好辦赶
您租妥之後。您可以告訴我說您是匀出多少間來出租。我可以替您找住房
的。　那麼着很好了。可是您知道一月是多少房錢麼。　我那個朋友告訴過
我。每月是七十吊錢的房錢。　七十吊錢的房錢太多。　您聽着這房錢彷彿
是太多。您不知那房子可是頂好。院子又大。地勢又好。離大街也近。買東西也
很方便。而且對面就是警察。絕沒有鬧賊的事。　那麼我租那房子還有茶錢
麼。　那茶錢自然是有的。　怎麼我起您手裡租房。還得給茶錢呢。　雖然您
是起我手裡租房。沒有別的中人。到底這茶錢您也是得給。我告訴明白您納。
您給的這茶錢。並不是我落。也不是我那個朋友得。是給我的那個朋友的使
喚人們大家分的。　那麼是幾分兒茶錢呢。　就是一茶一房。　那就是了。那
麼我還得有舖保罷。　舖保自然是得有的。您找得出舖保來麼。　是我找得
出舖保來。　您都是有甚麼舖保。　要甚麼舖保有甚麼舖保。　那就行了。您
打算多咱瞧那房子去。　我打算過一兩天。我來同您看看去。　那麼偺們一

兩天準見。　是一兩天準見。

第二章　販貨

您貴姓。　豈敢敝姓李。未領教您納。　我敝姓趙。　貴處是甚麼地方。　敝處
張家口。　到京來有甚麼貴幹。　我是賣貨來了。　您販來的是甚麼貨物。
我販來的是皮貨。　您在那兒住着那。　我在城外頭店裡住着那。　在那個
店裏住着那。　在西河沿大成店裏住着那。　今年皮貨的行情怎麼樣。　今
年皮貨的行情。還算是平和。　我聽見說前幾年皮貨的行情很大。　不錯。
前幾年皮貨的行市大的很了。　是怎麼個緣故呢。　總是因為貨短的緣故。
您現在帶來的貨。都賣完了麼。　還沒都賣完了。　您賣完了皮貨。是帶回
銀子去呀。還是販貨回去呢。　是販貨回去。　都是販回甚麼貨物去呢。　竟
是洋廣雜貨。　您在張家口是有舖子麼。　是有舖子。　寶字號。　小號益泰。
您向來往回裏帶貨。都是買誰家的貨呀。　那也倒不一定。誰家的貨合式。
我就買誰家的。　既是這麼着。我現在有個朋友。他在哈達門外頭。新開了個

洋廣雜貨棧。他都是自己起廣東置來的貨。價值比別的棧裏全便宜。您後來
買甚麼貨。可以到他那棧裏買去。　今友那個棧房寶字號是甚麼。　字號是
德發。　那麼底下我到那棧裏買貨去。我提您就得了。　是等底下我也可以
同您去一盪。　那更好了。我請問您納。您當初也做過買賣麼。　是做過買賣。
您都是做過甚麼買賣。　我開過藥棧。　是在城外頭麼。　不錯是在城外頭。　現
在那個藥棧還開着了麼。　没有。關了有七八年了。　那麼您現在有甚麼貴幹
呢。　我現在是行醫。　您行醫是竟瞧門脉呀。是還出馬呢。　早起瞧門脉。晌
午出馬。　您行醫總比做買賣强啊。　也倒没甚麼別的强的。不過是不像做
買賣那麼累心就是了。　您府上在那兒住。　舍下是在東四牌樓報房胡同
住。　等改天我到府上望看您去。　豈敢。我過兩天還要到店裏望看您去哪。
不敢當。您没事的時候可以到店裏去偺們談一談。　是那麼偺們改天見

第三章　辭行

老弟是起家裏來麼。　嗐。是起家裡來。　老弟還没定規日子起身哪。　也就
是這三五天就起身了。今兒個是特意來見兄台辭行。　這實在多禮了。老弟
這盪是連家眷都去麼。　可不是麼。打算連家眷都去。　是和人搭幫走啊還
是自己單走呢。　是和人搭幫走。　搭幫走的那位也是作官的麼。　是作官
的。他是新委的縣知事。　像您這到省之後。見過巡按使就可以上任去罷。
是到省之後大概就可以上任去了。　您委的這個缺是煩缺麼。　不是煩缺。
是簡缺。　現在署您這個缺的。那位姓甚麼。　是一位姓周的。　是法政學堂
畢業生。　也是初次纔做官。這等我到任之後。他就交卸回省。另候差委。　那
麼老弟這幾天總在家罷。　是這兩天總在家。　我這兩天還要到府上給老
弟送行去哪。　不敢當。我也要回去了。　您回去了到家裏都替我請安問好
罷。　是回去都替您説。

第四章　打架

老弟我聽見説前幾天晚上有幾個人到東街上一個銀號裏搶去了。是有這
麼件事麼。　不是搶銀號去了。是和銀號打架來着。　是為甚麼打架呀。　是

因為有一個無賴子。撿了一張銀票到銀號裏取銀子去了。銀號裏人説。這是
一張失票。已經有人掛了失票了。你等一等。我們把那個丢銀票的那個人找
來。你們兩人當面一説。他也不能白了你。總得謝和你幾兩銀子。那個無賴子
不答應。説是這張銀票是我自己的。我就知道拿銀票來取銀子。你們説是別
人丢的銀票。那都不與我相干。我通不管那些個。你們就是給我銀子没別的
話。銀號裏不肯給他銀子。這麼着。他要把那張原銀票拿回去。銀號裏把那張
銀票也扣下了。不肯給他。這麼着他就走了。赶到晚上那個無賴子又約了四
個無賴子到銀號裏打架去了。赶他們到了銀號就這麼一罵。把柜上的一個
夥計。他揪出來給打了。把欄櫃上擱着的算盤也給摔了。這個工夫兒警察聽
見説了。當是搶了銀號的了。就帶巡士去。把他們五個人都拿了去了。送了官
了。後來查明白了。他們是打架的。就把他們五個人都枷號在東街上了。半個
月之後。纔能放他們了。

第五章　賣琺藍

院子裏坐着的那個拿着包袱的人。是幹甚麼的。　他是個賣琺藍的。　你認
得他麼。　我不認得他。　你不認得他怎麼知道他是賣琺藍的呢。　我剛纔
問他來着。他説他是琺藍作的人。　那麼他那包袱裏包着的就是藍貨麼。
大概就是罷。　那麼你出去把他叫進來。　掌櫃的。你進來罷。　你是賣琺藍
的麼。　是。　你這包袱裏包着的。是甚麼藍貨呀。　這是一對琺藍瓶。　你打
開包袱我看看。　你看。這對瓶好不好。　這對瓶太大。有比這對小一點兒的
没有了。　我們局子裏有一對比這個小的。是作樣子的不是賣的。你要買多
大尺寸的。那都可以定燒。　我白問一問。像這對瓶得多少塊錢。　這對瓶得
一百多塊錢。　你們有甚麼小物件没有。　你問的是甚麼小物件哪。　就像
甚麼小筆桶。小印色盒子。小爛燈。這些個小物樣。　你説的這幾樣兒小物件。
現在做着了。還没燒得了。　那麼得多喒就燒得了。　過個四五天就可以燒
得了。　等這小物件燒得了。你可以拿幾樣兒來。再把你們局子裏那對瓶樣
子拿來。我瞧瞧。若是合式。我可以照樣兒定燒一對。　是。我過幾天給你拿來

罷。 你們局子在甚麼地方。 我們局子在後門大街。 寶字號。 小號廣成。 你們先頭裏也來這公館裏賣過東西麼。 我們先頭裏沒來這公館裏賣過東西。這對瓶我嫌他太大。你可以拿回去罷。 是我失陪了你納。 你回去了。

第六章　典田園

你們東家在家裏了麼。 是。在家裏了。 你進去告訴你們東家。就提我在後門住姓徐。來見你們東家有話說。 是。 我們東家請你進來。到書房裏坐。 老弟久違。 彼此彼此。 這一向倒好啊。 好啊你納。你倒好。 托福托福。 老弟偺們這一向沒見是上甚麼地方去了。 可不是麼。我是出了盪外。 上甚麼地方去了。 出口收租子去了。 是了。 大哥。我今兒個特意來和你商量一件事。 是甚麼事情。 我有個朋友。他在京西住家。他有幾頃地。有一處果木園子。有一處菜園子。因為他現在等錢用。托我把他這地畝園子。給他典出去。所以我來問問你納。若是你願意典過來。我可以給你辦辦。 這個地畝。現在是他自己種着哪。還是有佃戶種着呢。 是他自己種着了。 他打算典多少銀子呢。 他打算要典一千兩銀子。 他若是打算典一千兩銀子。我怕是湊不出那麼些個來。 那麼你可以湊得出多少來呢。 若湊個六七百兩銀子。還可以行。 那層你等我回去。和他商量去罷。 可是他打算典多少年呢。 這層我也問他來着。他說是不用寫典多少年。就寫錢到回贖就得了。 不寫典多少年。總不大妥當。因為這幾年有人舉我做外任官。如不能辭我就得用這個銀子。所以總還是說明白了。典幾年纔好哪。 是那我還可以和他商量。你約摸你這外任。大概得做幾年哪。 我約摸着。大概得做五六年罷。 我想和他商量寫五六年。他也沒甚麼不願意的。 還有那地契你都看見了麼。 我都看見了。 是幾張紅契。幾張白契。 兩張紅契。兩張白契。 那麼你就回去和他商量去罷。他若是願意。就這銀數兒辦。願意寫五六年。偺們就辦。 赶這事定妥的時侯。你還得先看看地去哪。 那層是這麼着。你若是肯出切寔的保。保這事決不錯的。那我就不必先看地去了。 這事是決不錯的。那我可以落切實的保。 既是這麼着。那我就憑你一句話了。赶偺們把事情都辦完了之後。我再同你到地裏看一看去就得了。

第七章　借銀

回稟你納。大恒布鋪的徐掌櫃的來了。說是要見你有話說。 你出去請進來。讓在客廳裏坐。 是。我們東家請你到客廳裏坐哪。 徐掌櫃的。你怎麼這麼閒在呀。 我是來找你說句話。 是。你請坐。 你坐下。你這幾天沒出門麼。 沒有。因為我這幾天有點兒不舒坦。所以沒出去。 現在倒大好了。 是大好了。 我來找你。是和你借一項銀子。 是用多少呢。 總得五百兩銀子。 是又買着甚麼俏貨了麼。 不是。是因為我倒過一個鋪子來。 倒過一個甚麼鋪子來呀。 倒過一個錢鋪來。 是幾間門面。 兩間門面。 在甚麼地方兒在偺們這城外頭。八寶街路西裡。 原先是誰的鋪子。 原先是一個南邊人的鋪子。 怎麼是關了之後。纔倒的麼。 沒關。是因為那鋪子的東家。如今做了官了。他又沒有弟兄本家。可以照買賣。不能兼顧。所以得倒出去。 你是多少銀子倒過來的。 一千銀子倒價。 連傢俱都在其內麼。 是。連傢俱一色在內。 倒價都給完了麼。 是都給完了。 那麼你現在就是用銀子作買賣了。 不錯。我手裏現在只有五百兩銀子。不彀週轉的。還得有五百兩銀子纔行哪。 是。我可以借給你五百兩銀子就是了。 費心費心。你可以作項怎麼個利息。 這是甚麼話呢。偺們這樣兒的交情。你用這點兒銀子。還提甚麼利錢哪。你若是給利錢。我就不借了。 是了。那麼我從命了。 豈敢。那個錢鋪原來是甚麼字號。 原字號是德合。 你倒過來還改字號麼。 是改字號打算改甚麼字號呢。 打算改裕成字號。你想好不好。 這個字號很好。這錢行的買賣。你也通達麼。 那錢行的賣買。我不通行。我們舍侄學的是錢行。我打算把他安置在那鋪子裏了事。 這倒很妥當。打算多偺開市呀。 總得下月初間。纔能開市哪。 等開市。我過去給你道喜去。 不敢當。我也要回去了。 你忙甚麼了。再坐一坐兒罷。 不咖了。我鋪子裏還有事哪。 那項銀子。明天晚上我給你送到鋪子裏去罷。 就是就是。 你回去了。 你請進去罷。

第八章　色工

回稟你納劉木匠來了要見你。 叫他進來。 劉師傅我們東家叫你進去哪。先生你好啊。 好啊你好啊。 好啊你納。 怎麼這程子我總没見你呀。我是回了一盪家。 幹甚麼回家去了。 回家收莊稼去了。今年你們那兒年成怎麼樣。 彀八成年哪。 你種着有多少畝地呀。 我種着有一頃多地。今年打了有多少石糧食啊。 今年打了有一百石糧食。 你這回來應着甚麼活了没有。 還没應着活了。 我今兒來見你是因為有一處活我要應。就是没有薦主。我打算求你給我舉薦舉薦。 你要應那兒的活呀。 西城江先生那兒不是要蓋房子麼。我打算要應那個活。 我聽見說江先生找了好幾個人看過了。可不知道有人應妥了没有。 不錯。我聽見說有三個人看過了。有倆要了八千兩銀子。有一個要了七千五百兩銀子。江先生都不願意。所以都還没定規了。 那麼若是你包那個活。自然總比別人便宜點兒啊。 那是自然的。我若是包那個活。不但比別人便宜幾百兩銀子。工程準還要堅固。一點兒也不能含糊。 我給你說說那倒容易。可有一層。我聽見說江先生的意思

打算說定規了之後。立合同的時候。先給一半兒銀子。下剩那一半兒銀子。總得等完了活纔能給呢。你可以先墊辦的起麼。 是。我也知道是先領一半兒銀子。我也打算了。打算可以墊辦的了。因為我有個朋友。開着個瓶瓦窰。用多少瓶瓦。他都可以供。不用給現錢。赶完了活。再給錢。很可以行。還有我的個小舅子。現在開着個木廠子。他存着的木料很多。我可以隨便用。也不用先給錢。我領這一半兒銀子。不過是預備着買石頭。買灰。開發大家的工錢。算了一算。也不差甚麼彀了。 既是這麼樣。很好了。赶明天我就見江先生去。給你說說。 那麼費先生的心罷。我多偺來聽先生的信哪。 你後兒來聽信罷。 是了。那麼我回去了。 你回去了。

第九章 分家

老弟是甚麼時候來的。 我先來過一盪了。聽見說你没在家。這麼着我又上別處去了。這剛纔我回來。聽他們說你還没回來了。所以我在這兒竟等着你回來哪。 那麼叫老弟受等。 好說你納。你是上那兒去了一盪。 我是出城

去。到莊稼地裏看了看。 現在的莊稼所都長起來了罷。 是都長起來了。那麼今年秋收有望了。 按着脚下看。今年準可以豐收的。 你到莊稼地裏看見他們種地的做活了麼。 是。我去的時候。他們正在地裏鋤地了。赶晌午的時候。他們就都回去吃晌飯去了。這麼着我就找了一棵大樹。在樹底下涼快了半天。瞧了會子放牛放羊的。赶涼快彀了。我這纔趟達着回來了。 你倒真是會高樂的。 甚麼會高樂呀。不過是在家裏坐着也是悶得慌。睡晌覺起來。也是不舒服。莫若出去趟達趟達倒好。 你這倒也是養身之法。 那兒的話呢。老弟今兒到舍下來。是有甚麼話說麼。 大哥。我來是有件為難的事。要求你替我辦辦。 是甚麼事情。 是因為我兄弟現在忽然要分家。 你們家兄們素日不是很和睦麼。怎麼他忽然想起要分家來呢。 我也不知道是甚麼緣故。我想他大概是受了人的挑唆了。所以纔要和我分家。 莫非偺們這些親友裏頭。誰還能離間你們弟兄麼。 偺們這些親友裏頭。自然誰也不能挑唆他分家呀。我知道他近來交了幾個新朋友。都不是很好的人。我想必是他們

挑唆的。 那麼你來找我。打算是怎麼個辦法呢。 我來是因為我兄弟。素日和你對勁。我打算求你這幾天把他找到你家裏來。勸勸他。總是能叫他不分家纔好哪。 我把他找來勸勸他。那倒没甚麼不行的。可有一層。我們倆平常雖然對勁。無奈令弟的那個左皮氣。我也不敢保他準聽我的話。倘或他不聽勸。又該當怎麼辦呢。 他若實在不聽勸。那没法子。只可由着他分家就是了。若是他一定要分家。你打算是怎麼個分法呢。 我們的房產。是兩處住房。兩處鋪面房。西城那處住房。和城外頭那處鋪面房。那兩處的房契。全都在外頭押着了。現在就是我們住着的這處房。和我們鋪子那個房子。這兩處的房契没押。我可以分給他這兩處房產就是了。其餘我們家裏的傢伙東西。他愛甚麼。都可以拿了去。我決没甚麼不願意的。 你這麼辦是公道極了。親友們決不能有甚麼議論你的了。

第十章 訟田

老兄。怎麼這程子我總没見你哪。 我回家收莊稼去了。 今年收成的怎麼

樣哪。　今年收成的。還算好哪。　你種着有多少地咊。　我的地不多。纔一頃多地。　今年你打了有多少石糧食啊。　打了有一百多石糧食。　那麽今年你打的糧食。比去年多。　是。去年纔打了六十石糧食。今年比去年多打着有四十多石糧食了。　你去了日子不少了罷。　可不是麽。我去了有倆多月了。　怎麽你這盪回家去了這麽些日子呢。　我是和人打了一塲官司。又賣了一回地。　你是和誰打官司來着。　是和們一個地隣打官司來着。　是為甚麽事情。　是因為我有十幾畝窪地。每年夏天一下大雨就淹了。所以這幾年我也没種。竟荒着了。我那個地緊挨着一個姓于的地畝。這幾年我不是没種那個地麽。可就叫那個姓于的。零碎佔了有幾畝地去。我常在外頭。所以也不知道這個事。赶我這盪回去。聽見我們長工說。我就親自到地裏去一查。可不是叫他佔了我的地去了麽。這麽着我就找那個姓于的去。問他這件事。他一定不認。我可就到衙門去。把他告下來了。　知縣查明白了。就叫他把佔去我的地。都給我退出來了。這麽着我就都把他賣出去了。　是了。像你每年打的這個糧食。都是留着自己吃啊。還是賣呢。　不是都留着自己吃。我們家裏也就是留個三四十石糧食。下賸的都就賣了。　你的糧食。都是賣在甚麽地方啊。　離我們住的那個地方有幾里地。有個大鎮店。每五天一集。我們都是拿牲口駝上糧食。到那個鎮店上賣去。　到了鎮店上。是賣給糧食店哪還是賣給客人呢。　都是賣給客人的時侯多。　是你自己賣給客人麽。　不是。都是經紀給賣。　那經紀都是奉官的麽。　是奉官的。他們都得有官給的牙帖。纔能當經紀了。　賣糧食用的斛斗。那也都是官定的麽。　是。那都是官定的。　那麽那經紀掙的。都是甚麽錢呢。　那經紀就是得用錢。　那糧食的行情。是經紀定麽。　不是經紀定。　是誰定呢。　没人定。大槪是這麽着。若是這天糧食來的多。自然行市往下落。若是這天糧食來的少。自然行市往上長。這是一定的理。並不是有人先定出一個行市來。　是了。你這麽說我就明白了。

第十一章　包果園

老弟。我來是問你一件事情。　你是問甚麽事情。　你西山裏。不是有一處果木園子麽。　不錯。是有一處果木園子。　是多少畝地的園子啊。　五十多畝地的園子。　每年你那園子是自己收果子賣呀。還是把樹包給別人呢。　前些年我都是自己收果子賣。這幾年我可是把樹包給別人。　你都是包給誰呢。　我都是包給海淀順義雜貨鋪。　我今兒個來見你。是因為我有個相好的。他現時在西城開了一個乾果子鋪。他再三的求我給他辦這包果子的事情。我知道你有果木園子。所以我來問問你。若是你願意過年把樹包給他。我可以給你們拉這縴。　他若是願意包。那也没甚麽不行的。　他還叫我問問這包果子。都是怎麽個規矩。　那麽你這個相好的。他是外行麽。　可不是麽。他本是外行。他這是頭一回作這果行的買賣。　那包果子也没有多少規矩。就是結果子的時侯。我同他到園子裏看一看。然後就商量包價是多少。赶説妥了。把銀子給了。這一年的果子就是他的了。　赶包妥之後。還得有個看果子的罷。　那是自然的。總得找一個人。黑下白日。在園子裏看着纔行哪。　這個看園子的。是偺們給他找啊。還是他自己找呢。　那是隨他。若是他託偺們給他找。偺們就給他找。若是他願意他自己找也使得。　那看園子的人。不至於偷果子賣咊。　那是這麽着。若我給他找的人。那自然我得下保。若是有偷果子賣的事情。有我一面承管了。　那看園子的。每月就是給他工錢。没別的麽。　是。就是給他工錢。不過還有那搭窩棚用的席木板繩子杆子。這些個東西。都是包果子的給他買。赶後來拆窩棚的時侯。可也是那包果子的。把這些個東西拿回去。　那麽若是樹上掉下果子來。該當怎麽樣呢。　若是平常掉下來的果子不多。那就在地下擱着。等包果子的多偺去了。告訴他就是了。若是偶然遭大風。或是遭雹子掉下來的果子太多了。那個看園子的。應當赶緊的去告訴那個包果子的。叫他好去收那掉下來的果子。　是了。我回去就照着你所說的這話。告訴我那相好的。等他有甚麽話我再來見你罷。　就這麽樣罷。

第十二章　修理鐘

劉二　嗐。書房裏那架坐鐘不走了。你回頭到祥盛鐘表鋪把許掌櫃的請
來。給收拾收拾。　是了。　辛苦衆位。　你來了。你請坐。　我們東家打發我來
請許掌櫃的到宅裏。有一架坐鐘給收拾收拾。　你在那宅裏。　我在富宅裏。
是棉花胡同富宅麽。　不錯。是棉花胡同富宅。　你貴姓。　我敝姓劉。未領
教你納。　我敝姓許。　啊。你就是許掌櫃的。你照應點兒罷。　彼此彼此。　你
那宅裏還是那位姓朱的管事麽。　不是。換了人了。　換了那位了。　換了一位
姓范的。　怎麽那位姓朱的擱下了麽。　可不是麽。散了。　是為甚麽散的。
是因為病散的。　是得了甚麽病了。　他本來是個弱身子。又吃烟。今年他忽
然一忌烟。烟也没斷成。可就得了病了。一天比一天重。後來簡直的成了癆病
了。甚麽都不能幹了。這麽着他就把事情辭了。回家養病去了。　是了。可是你
知道是竟收拾鐘啊。是還收拾表呢。　我們東家就説是收拾鐘。可没提還收
拾表。到底據我想你把收拾表的傢伙帶上。萬一收拾表了也不定。　那麽偺
們這就走罷。　掌櫃的。你先請在書房裏坐一坐。我進裏頭告訴我們東家去。

是了。　許掌櫃的。這一向好哪。　好哪。富先生倒好。　好啊。你納買賣好啊。
托你福。倒還好。　現在打夜作了麽。　是。打夜作了。　現在鋪子裏幾何夥
計。　脚下是四個顆計。　幾個徒弟。　倆徒弟。　都可以上案子做活了麽。
有一個可以上案子做活了。那個是新來的。還不行哪。　你見天也在鋪子裏
做活麽。　我是不能整工夫在鋪子裏做活。總是在外頭辦事的時候多。　脚
下你那鋪子裏每月做多少錢的手工啊。　現在每月也就是做個四百來吊
錢的手工。　四百多吊錢的手工也就算不少了。　不過算可以的就是了。到
底比上從先可差多了。　先頭裏每月可以做多少錢的手工呢。　早先每月
總做七百吊錢的手工。　敢情先頭裏每月做這麽些手工哪。　是。那個時候
每月總有這麽些個。　今兒個我請你來。給瞧瞧這架掛鐘是怎麽個緣故不
走了。　我瞧瞧這個鐘是索子折了。　那麽得換一根新索子了罷。　不用換
新的了。我把這根索子拿到鋪子去釘上。再拿回來安上就得了。　那麽更好
了。你請喝茶罷。　你喝罷。　我請問你納。像你這貴行。都是學幾年哪。　我們

敝行。都是學六年。　是還得寫個字據麽。　是得寫一張字據。　這張字據
是徒弟剛一上鋪子就寫麽。　不是。先得瞧一年。若是徒弟好。纔寫字據哪。
那麽赶他學滿了之後。是還在本鋪子裏耍手藝啊。是就上别處耍手藝去呢。
那都是隨他的便。若是他還願意在本館子裏耍手藝。也是給他開出工錢
來。按着顆計一個樣。若是他不願意在本鋪子裏耍手藝。願意上别處當顆計
去。也使得。　那就是了。還有上回我託你給買一個醒鐘。你給買了没有。　是。
我在這城裏頭各鋪子裏都給你找了。没有。新近有我們一個同行的人下天
津買貨去。我已經託他到洋行裏給你找一找。若是有。他回來的時候就給你
帶來了。　那實在費心的很了。　那兒的話呢。我也該回去了。偺們改天見罷。
你回去了。累肯你納。　好説好説。

第十三章　打獵

老弟是解家裏來麽。　嗐。是解家裏來。　怎麽這幾天我没見你呀。是幹甚麽
來着。　我是出外打圍去了。　是同誰去的。　是同着我們一個街坊去的。

是上那兒打圍去了。　上東山打圍去了。　多喒回來的。　昨兒晚上回來了。
打了些個甚麽野牲口來。　打了些個野雞野猫。還打了個野猪。　那麽你
們這盪圍打的不錯呀。　不錯可是不錯。到底受的累也不輕。　受了甚麽累
了。　我們倆人是一個人騎着一匹馬去的。赶到了離東山還有幾里地有個
鎮店。我們可就在那個鎮店上找了個店住下了。赶第二天我們就在店裏吃
完了飯。把那兩匹馬寄放在店裏了。我們倆就揹着搶。趟達着上山去了。赶到
了山上。我們先是竟打了些個野雞野猫。赶天有平西的時候。忽然跑來了個
野猪。我們倆就拿搶一打。可就打死了。那個地方。又雇不出人來抬那個野猪。
這麽着我們倆人就把那個野猪拉回店裏去了。赶回來的時候我們就用一
匹馬駄着野猪。我們倆人換替着騎那一匹馬。赶到了家就累的動不得了。你
説受的這個累還輕麽。　你們雖然受了些個累。到底還打着野牲口了。我們
有個親戚前幾天打圍去了。不但没打着甚麽。倒把他一匹馬丟了。　怎麽打
圍去會把馬丟了呢。　他告訴我説也騎着一匹馬上北山打圍去了。他把他

的那匹馬就拴在山底下一棵樹上了。他就擯着槍上山找野牲口去了。他找了半天連一個野牲口也没找着。這麼着他就下山來了。赶到了山底下一瞧。他的那匹馬没了。這個工夫兒天忽然下起雪來了。他就頂着雪。各處找了會子。所没有。這個時候天也就黑上來了。他就找了一個破廟。將就着住了一夜。赶到第二天早起。他就覺着身上很不舒服。他没法子就扎掙着到衙門裏去報了官。那個官把他去馬的緣故。都問明白了。可就和他說。我這就派人到各處給你找馬去。若是這本地人偷了你的馬去。終久總找的着。若是過路的人。把你的馬偷了去了。那可就難找了。你先回家去就是了。這麼着他就雇了一匹驢回來了。到了家病更利害了。到如今還没好了。你瞧他這運氣有多麼背呀。

第十四章　自盡

兄台你没聽見說。偺們那個朋友馮子園死了麼。　我没聽見說呀。他是多偺死的。　今兒早起有人說。他是昨兒晚上死的。　你知道他為甚麼病死的麼。

我聽見說。他不是好死的。　是怎麼死的。　說是吞烟死的。　他為甚麼吞烟死了呢。　我聽見說。是這麼件事。他有一個朋友。是外鄉人。去年到京裏來。有幾千兩銀子。交給他收着。那個人可就回家去了。赶到今年那個人又上京來了。可就和他要那幾千兩銀子。子園就不認了。這麼着那個人到衙門去就把他告下來了。赶官把子園傳到衙門去一問。子園說並没這麼件事。又說若是我存着他的銀子。必有個憑據。如今他一點兒憑據没有。這是他訛我了。這麼着官就問那個人。有甚麼憑據没有。那個人說。因為相好。當初没立憑據。官說你既没有憑據。意憑口說。我不能給你辦這個事。這麼着就散了。那個人起那麼一氣。可就回家去了。到了家不多幾天就吊死了。赶知縣去驗屍的時侯。起死鬼套褲裏頭翻出一張陰狀來。上頭寫的都是告子園的話。這麼着他聽見這個風聲不好。他一害怕就吞烟死了。　你提這件事情。我想起來了。今年春天我恍惚聽見人說他和人打官司來着。巧了就是為這件事罷。　光景就是這件事。　還有一件事。你管保不知道。在偺們没認得他之先。他已經就作過一件屈心的事了。　作過一件甚麼屈心的事。　他先頭裏不是開過一個錢鋪麼。　不錯。他是開過一個錢鋪。　他開錢鋪的時侯。有一個外省的人。和他相好。就在他那鋪子裏借住。後來那個人得了重病了。臨死的時侯。可就和他說。我那箱子裏有一千多兩銀子。偺們倆相好一場。我死之後。所有我那銀子和東西。都求你給我寄回家裏去。他當時就都答應了。赶那個人死之後。他就變了心了。他竟把東西。給那個人寄回家去了。可就把那一千多兩銀子昧起來了。後來那個人家裏。給他來信。問他死鬼留下銀子没有。他就寫了一封回信。告訴人家說。没留下銀子。赶後來他忽然得了一場病。他在家裏養病的時侯。他鋪子裏有一個夥計。就偷了他幾百兩銀子跑了。赶他病好了。就把買賣也收了。　你這都是聽誰說的。　我這都是聽有在他鋪子裏學過買賣的。一個徒弟說的。　像他先頭裏既然做過一件屈心的事。就該當悔改纔是的。怎麼後來又做這麼件屈心的事呢。到如今還是自己把自己的命要了。你不知道凡這宗没良心的人。大概都是這麼着。若是一見錢。立刻就把天理報應全都忘在九霄雲外去了。他現在吞烟死了。這簡直的他是遭了報了。

第十五章　阻薦

老兄。剛纔那個姓馬的進來。找你是說甚麼話來着。　他說他現在要贖當。托我給他借幾十吊錢。另外還托我給他薦個事情。　他託你這兩件事。你都應了麼。　是我都應了。我這麼告訴他的。我說現在我手底下没錢。等我上別處給你借去。若是借着了。你就拿去。若是借不着。你再另打主意就是了。至於說找事這層。等底下有機會了。我必給你舉薦。　依我勸你。他托的這兩件事。你都別給他管。　怎麼。　你若是給他借錢。他一定不還你。　你怎麼知道他一定不還我呢。　他向來借人家的錢。都没還過。所以我知道他。如今借你的錢。將來也是一定不還你。　我想這幾十吊錢。他不至於不還我。　別說幾十吊錢。就是幾吊錢。他也是不還。况且他借這個錢。也不是真拿去贖當。　他不是拿去贖當。是拿去幹甚麼呢。　他是拿去要去。　怎麼他還要錢麼。　他最愛要錢。他整天家竟在寶局上。　他家裏都是有甚麼人哪。　他母親早死了。現在

就是他父親還活着了。　他没有弟兄姐妹麽　他没有哥哥。也没有兄弟。就有一個姐姐。早就出了門子了。　他還没成家了麽。　他没成家了。　他父親有多大年紀了。　他父親今年總有七十多了。是個做甚麽的。　是木作的手藝。先頭裏開過一個小木廠子。後來也關了。如今是竟仗着給人家做活挣錢來過日子。他這個人會幹甚麽呀。　他任甚麽都不會幹。就會花錢。　他没學過買賣麽。　他學過一回買賣。　他學過甚麽買賣。　他在一個藥鋪裏學過買賣。去了有一個月。掌櫃的就不要他了。　是為甚麽不要他了。　是因為他又饞又懶。不守鋪規。所以就不要他了。　那麽他後來没作別的事麽。　他後來又跟過一回官。那個官。見天叫他出去給買古玩玉器各様兒的東西。他就撒開了一賺錢。兩月的工夫。他就賺了有好幾百兩銀子。後來那個官。知道他這個毛病了。可就把他辭了。現在那幾百兩銀子。巧了是都花完了。所以纔來找你給借錢。依我勸你也別給他借錢。也別給他找事。你若是給他借錢。他必不還你。若是給他找事。他必不能給你作臉。索性不管他的事倒好。　那麽據你這麽說。將來他父親死了。他可就要遭了。　我早給他斷就了。他父親死之後。他一定抱沙鍋。　那麽他託我的那兩件事。我怎麽回復他呢。　你就告訴他。錢是借不出來。找事是没有。就得了嗎。　這麽着。我就照你這話告訴他。免得他來了。

第十六章　買書

李二　喳。　你把這套書。給琉璃廠寶文堂書鋪裏送了去。告訴俞掌櫃的說。叫他給配一個書套。還有這個單子也交給他。叫他按着這個單子上所開的書。每一部先拿一套。交給你帶回來我看看。是我想若没甚麽別的事。我現在就去罷。　我没別的事。你這就去罷。　辛苦衆位。俞掌櫃的在鋪子裏了麽。　是在裏頭了。你請進來坐罷。　辛苦俞掌櫃的。　李二哥。你起宅裏來麽。　是起宅裏來。　你來是有甚麽事麽。　可不是麽。我們東家打發我拿這套書來。叫你給配個套。這兒還有一個單子。你瞧瞧。我們東家說。叫你按着這個單子上所開的書。每一部交給我拿回一套去。先看看。　這個書套。我們給配一個就是了。這個單子上所開的書。我們這鋪子裏就有兩部。下餘的那幾部。我還得上別處找去。　那麽你就先把鋪子所有的這兩部。交給我帶回去。下餘的那幾部你上別處給找找去。過幾天我再上你這兒取來罷。　我想你不用上這兒取來了。赶過幾天若是我找着了。我就親自給送到宅裏去罷。　那更好了。　這兩套書給你色好了。　那麽我失陪了。　你回去了。　回你知道。那套書。我交給俞掌櫃的了。告訴他給配個套了。你要的那幾部書。他們那鋪子裏就有兩部。叫我先把那兩部拿了兩套來。給你看看。下餘的那幾部。俞掌櫃的得上別處找找去。赶過幾天他若找着了。他親身給你送來。　是了。你先把這兩套書擱在書槅子上去罷。　辛苦李二哥。　俞掌櫃的。你纔進城麽。　可不是麽。纔進城。　你這拿來的。都是甚麽書呵。　這就是上回先生叫我找的那幾部書。我都找着了。拿來了。　我們東家下天津去了。　多喒走的。　昨兒早起起的身。　是有官差去的麽。　不是官差。是辦自己私事去了。　得去多少日子。　連來帶去總有十天罷。　那麽我拿來的這書。怎麽様呢。　我們老爺

留下話了。說是若是你拿了書來。就先留下罷。　那麽你瞧。這是六套書。那個原單子上開的是八部。上回你拿了兩套來。我今兒個每一部又拿了一套來。前後共總拿了八套書來。還有這個單子。也託你交給先生。所有這幾部書的價值。都在這個單子上寫着了。　是了。還有配套的那套書。你給配得了没有。　配得了。我今兒個忘了帶來了。等底下我再來的時侯。給帶來罷。　那就是了。　你想我可以多喒來好呢。　我算計着我們東家總得月底纔能回來了。這麽着罷。赶我們東家回來的時侯。我出城請你去罷。　那倒不用勞動你納。我月底月初。還有別的事進城來了。我可以順便到這兒來打聽打聽就得了。　那麽也好。　那麽我失陪了。　你回去了。　偺們過幾天見。

第十七章　息訟

老兄怎麽我來找你好幾盪。你都没在家。你是忙甚麽了。　我是給人說合事情了。　你是給人說合甚麽事情來着。告訴得我。告訴不得。　没甚麽告訴不得的。是我們舍親認得的一個朋友。和人打了官司了。我們親戚託我出去給

他們説合説合。　是為銀錢賬目的事情麽。　不是銀錢賬目。是為買貨的事。為買貨。怎麽會打了官司了呢。　是這麽件事。我們這個親戚認得的這個朋友姓沈。他是在保定府。開着個大洋貨鋪字號是信義他今年夏天到這兒來的。就住在這東關外頭福盛店裏了。在偺們這大東街。泰和洋貨棧裏批了六十色洋布。批單上寫明白的是倆月交貨赶到上月就到了日子了。沈掌櫃的就到泰和棧去問貨到了没有。他們説還没到了。這麽着沈掌櫃的又等了些日子又去打聽貨還没來了。赶到前幾天。沈掌櫃的到西街棧房裏有別的事情去了。聽見説新近有一個客人。買妥了泰和棧裏的六十色洋布。是起一個姓王的經紀手裏買的。聽那客人買的那個價值比沈掌櫃的原定的價值貴。銀子可還没兑了。貨也還没起。哪沈掌櫃的一想這一定是他定的那六十色洋布。泰和棧如今是貪多賺錢。又轉賣給別人了。心裏可就氣的了不得這麽着他這天晚上。就到泰和棧裏問這件事情去了。泰和棧不認説是没這麽件事。後來沈掌櫃的。指出那個王經紀來了。泰和棧没法子可就認了。説是下月還有六十色洋布來。哪叫沈掌櫃的等那六十色洋布來。沈掌櫃的不等。説是就要這現在有的那六十色洋布。泰和棧不肯給。説是若實在不能等那六十色洋布。只可把原給的定銀退回去。把批單一燒就算没這麽件事了。沈掌櫃的不答應。説是竟退定銀不行。還得包賠賺利纔行哪。泰和棧一定不肯認包賠賺利。這麽着沈掌櫃的就寫了一張呈詞。粘連那張批單在縣裏就把泰和棧告下來了。前兒個官過堂。把他們兩造大概問了一問。就吩咐叫他們下去。找人先説合。若是説合不了。再補一張呈詞再問就是了。這麽着我們親戚。找我幫着他出去給他們説合。昨天晚上算是纔給他們都説合完了。　你怎麽給他們説合完了的呢。　我們給他們這麽説合的還是叫泰和棧。先把這現在有的那六十色洋布。給沈掌櫃的。叫他們和那個客人説。等下月那六十色洋布到了。再給那個客人就是了。這麽着大家都答應了。昨兒個晚上把貨也起了去了。銀子也兑了。就等明兒個沈掌櫃的。在縣裏遞一張和息呈詞就結了。

第十八章　封貨

兄台。你這是解鋪子來麽。　不是。我是到天盛當鋪封貨去了。纔回來。　你用過飯了麽。　我吃過了。　你若是没吃飯。我可以叫廚子。給你快預備飯　我真吃了。我是同着一位相好的。在外頭吃的。　那就是了。今兒個天盛當鋪貨多不多。　古玩玉器少。衣服銅錫器多。　你都是封了些個甚麽貨。　我就封了倆表。没封別的。　我看封貨得便宜的少。總是上檔的多。　那也是碰運氣若是走紅運的人。他去封貨。就許遇見俏貨。赶他封了。當鋪就賣漏給他了。他就可以賺了好錢了。若是走背運的人。他一封貨就打眼當鋪本就當打了眼了。不但不能賺錢。倒還得賠出好些個錢去。　你説的這話實在不錯。我們這鋪子。前幾年封了好幾回貨。没一回不賠錢的。所以現在不論那個當鋪請。我們決不去封貨了。　我告訴你去年有一個封貨的。得了便宜了。這個人是我們一個遠親。去年十月裏。西城恒盛當鋪。請他去封貨。他封了一個銅表。四两銀子。當鋪就賣給他了。赶他拿回家去一細瞧。敢情是個金表。後來他拾掇好了。賣了四十多两。賺了有十倍利。這就是遇見俏貨。得了便宜了。

第十九章　運皮箱

大哥剛纔我到棧裏找你去了。夥計們説。你上西街去了。所以我迎着頭找你來了。可巧就遇見了。你作甚麽這麽早上西街去了。　今兒早起火輪船到了。我們棧裏給一個客人。雇小車子運行李來着。推小車子的。給客人運錯了兩隻箱子。客人不答應了。夥計們没了主意了。打發人到家裏找去了。我纔起來。聽見這個事情。我就赶緊的洗了臉。到棧裏見了客人一問。那個客人。説他姓陳。是福建人。在江蘇作買賣。如今是要上京去今兒早起火輪船到了。他就下船。住在我們棧裏了。他就叫我們夥計。給他雇了兩小車子。叫他一個跟人。帶着到船上去。把行李起下來赶把行李運到棧裏來了。他一瞧。他短了兩隻紅皮箱。這裏頭又有兩隻白皮箱。不是他的。那白皮箱上寫着徐子芹三個字他就問他那倆底下人。怎麽會錯運了兩隻箱子呢。那倆跟人。説不是他們的錯。他們倆人在船上歸着零碎東西來着。是那倆推小車子的。自已上船。把箱子

搬下來的。所以纔搬錯了。這麼着那個客人。就告訴我們棧裏的夥計。叫那倆推小車子的。快去把他那倆紅皮箱給找回來。那倆推小車子的。去找了半天。也沒找着。客人是所不答應。要定了箱子了。夥計們也都着了忙了。就赶緊的打發人找我去了。　你給那個客人。找回那兩隻箱子來了麼。　是我已經找着那位姓徐的客人了。姓陳的那兩隻紅皮箱。是在他那兒了。我現在回棧裏去。先雇一個小車子。把姓徐的那兩白皮箱。給他推了去。把那兩紅皮箱。就換回來了。　你怎麼找着那位姓徐的客人了。　我先在偺們那條街上。各棧裏都問了。並沒有姓徐的客人。這麼着我就到了西街。挨着各棧一問。赶問到永利棧了。他們說是有一位姓徐的客人。是剛纔到的。這麼着我就進那個客人的屋裏去了。一問他的號。他說是叫子芹。我就把運錯了箱子的事情。告訴他說了。他說我的行李是纔運來的。還沒查點了。等我現在一查點就知道了。赶他一查點。可就說是錯了兩隻箱子。我這兒短了兩隻白皮箱。多出兩隻紅皮箱來。我一聽這話對了。這麼着我就和他說。回頭我就打發小車子。把你那兩隻

箱子送來。你把這兩隻紅箱子。就交給他們帶回去就得了。這麼着我就回來了。你這麼早忙着找我。是有甚麼要緊的事情麼。　因為我們今兒個有點兒緊用項。找你摘給我們幾百塊錢用。　有。你跟我到棧裏取去罷。

第二十章　撤任

老弟。我聽見說你們那位令親。王子泉官壞了。是真的麼。　不錯。是真的。　你知道是為甚麼事壞的官。　我起去年就聽見說他要壞官。我還不很信。如今果然真壞官了。前幾天我見了子泉他哥哥。據他說是因為兩案事壞的官。一案是前年秋天。縣城裏頭有一個錢鋪。被刼搶了有幾百兩銀子贓去。他連一個賊也沒拿着。那個時候可就把他記大過一次。給他幾個月的限。還留在任上。叫他赶緊的拿賊。赶到滿了限了。還是一個賊也沒拿着。這麼着他又展了好幾回限。直展到去年冬天。那一夥子賊。始終也沒拿着。偏巧今年春天。縣城裏頭有一個人。半夜裏進了一個人家兒裏去殺死了倆人。兇手逃跑了。又添上了這麼一件棄兇逃走的案。這麼着都督就把他撤任了。　那麼他現在已經

離了任了麼。　是已經離了任了。在省裏住着了。　他宦囊怎麼樣。　他有甚麼宦囊啊。他現在是兩袖清風。　他既是宦囊盈溢。何必還在省裏住着呢。　他倒願意回來哪。就是一時回不來　怎麼回不來呢。是沒有盤費麼。　倒不是沒有盤費。是因為他撤任之後。都督派委員到他衙門盤查倉庫去了。查出他虧短有四千多兩銀子的錢糧。委員問他怎麼會虧短了這麼些個錢糧呢。他認了是他挪用了。這麼着那個委員。就稟報上官了。上官就派員把他寓所裏的東西都封了。把王子泉調到省裏去。給他兩月的限。叫他把虧短國家的這個錢糧。都交還上。若是過了限期不交還。就要抄他的家產了。這麼着他急了。就寫了一封信。打發了他一個家人。到家裏來見他哥哥。叫他哥哥不論怎麼想法子。赶緊的給他凑五千兩銀子。交給這個家人。給他帶回去。他哥哥見着這封信。着急的了不得。找我去了。託我把他城外頭那處鋪面房。給他賣了。這麼着我就赶給的一給他賣還算好。賣了五千兩銀子。前兒個他哥哥。交給來的那個家人。給他帶了去了。　那麼他若是把虧短的錢糧。如數都交還上。

他寓所裏封着的那個東西怎麼樣呢　赶他把這銀子。交還之後。官自然派人到他寓所裏去啟封。就把東西照舊還給他了。那他也就可以回來了。

第二十一章　賣洋藥

大哥。我問你一件事。令友錢輔臣那個當鋪。現在止當候贖了。是為甚麼呀。那個買賣不行了。快收了。　怎麼聽說那個買賣不是很好了。怎麼會不行了呢。　你止知其外。不知其內。當初他開那個當鋪。並不是都是他自已的銀子。他有一個親戚。是個作官的。有一萬多兩銀子白借給他使。不要利錢。他自已不過有幾千兩銀子。就這麼把那個當鋪開了。這幾年買賣倒很好。賺的錢也不少。赶到前年他那個親戚。又上別處做官去了。可就把那一萬多兩銀子要回去了。雖然撤出那一萬多兩銀子去。他那個買賣。還可以支持得住。忽然他無故的想做洋藥的買賣。起初還不過買個一兩箱子洋藥賣。偏巧賺了錢了。膽子可就壯了。這麼着又買了七八箱子洋藥賣了。又賺了錢了。所以膽子更大了。赶到了去年快封河的時候。有一個廣棧裏來了一百箱子烟土。他聽

見說没有别的火輪船來了。他一想他若是把那一百箱子烟土買下。留了冬天賣必賺好錢。這麽着他就到了那個廣棧裏。和那個廣棧的掌櫃的一商量。願意把那一百箱子烟土都留下。兩月之後付銀子。那個廣東人也答應了。赶他買妥了。過了有兩三天忽然又來了一隻火輪船。裝了有五六百箱子烟土來。這個行市就直往下這麽一掉他没法子了。就赶緊的都賣出去了。賠了有好幾千兩銀子。可就把那個當鋪也拉躺下了。這都是他放着穩當買賣不做。妄想發財。所以纔壞了事了。 大哥你看。獨做那洋藥買賣的總没有長久富貴的。就是有起這上頭發了財的。也不過是眼前歡。不多幾年自然的就敗了。那是一定的理。那本是損人利己的買賣。怎麽能長享富貴呢。 我們本鄉有一個恒原土局子。買賣很大。四遠馳名。那個東家姓郝。都是自己下天津起洋行裏買貨。一回總買幾百箱子的貨。鋪子裏總有幾十個夥計。這些年所發了財了。家裏蓋的房子很多。上下有百數多號人。騾馬成羣。這麽樣兒的財主。赶到去年。會一敗塗地了。我先還不知道是怎麽敗的這麽快。赶後來我細一打聽纔知道。敢情是這幾年買賣發了財了。東家所不上鋪子了。竟在家裏納福。也老没算大帳。鋪子裏那些個夥計們見天黑下往外偷烟土。東家是一概不知道。赶到去年。還是姓郝的有兩朋友。知道他鋪子裏有子毛病了。可就叫他上鋪子算帳盤貨去。這麽着他纔到了鋪子裏一算帳。虧空有好幾萬兩銀子。又一盤貨。剩了不過有幾箱子土了。他就問夥計們帳怎麽虧空的貨怎麽短的。那些個夥計們都說不知道。這麽着他没法子了。就把房子牲口都賣了。算是把該洋行的銀子都歸上了。然後把鋪子也關了。他起那麽一口氣得了一場病就死了。家裏使喚人們也都散了。就剩了他們本家的人了。脚下是吃一頓挨一頓。這麽樣兒的苦法。你瞧這都是賣洋藥的收場。

第二十二章　荐書記

老弟。你是多喒回來的。 我是新近回來的。 你這是解江西回來麽。 不是。我是起江蘇回來。 你當初不是上江西去了麽。怎麽如今是解江蘇回來呢。 我是原本上江西去了。後來又到蘇州去了。 你這幾年在外頭。事情怎麽樣。 在江西那幾年事情倒很好。就起到了蘇州之後事情就所不順了。 你既在江西很好。作甚麽又到蘇州去呢。 因為我們那位舊居停去年調任雲南了。打算要邀我一同去。我是嫌路太遠。不願意去。打算要回京來。他勸我不叫我回來他說他有一位至好的朋友在蘇州做民政司長姓林。他要把我舉薦到那兒去作書記。我也願意去。這麽着他就寫了一封薦信。打發我到蘇州去了。赶我到了蘇州。纔知道林公那兒還有兩位書記了。那倆人都是浙江人。見我去了。都很欺生。我是諸事掣肘。他們倆人若是打起鄉談來。我是連一句也不懂得。若是偶然我問他們一件事。他們都和我粧不知道。不肯告訴我。就連出去走走逛逛。他們倆都辦着我。我看他們那光景。是過於咬羣。我一想我們若是再往下混。可就要生分了。這麽着我就辭了館回來了。 那位林公待你怎麽樣。 那位林公待我倒還罷了。就是這回我辭館的時候。他還問我是為甚麽緣故辭館。我也不便提我和同人不合。我就說我京裏有件要緊的事得回去一盪。他還說若是我到京辦完了事。還請我回去哪。 那麽你這盪回來。還打算出外去不出外去呢。 我這盪回來。原打算要考高等警察。比若是考上了。我就要在京裏頭。不出外去了。赶我到京裏一打聽。已經考過去了。現在我的意思是這麽着。若是有合宜的事。我就可以出去。若没有相當的事。我就先在京裏就是了。 現在可有個出外的事。不知道你願意就不願意就是怎麽個事情呢。 我有個至好的朋友。他新近委了山西太原府知事來了。前兩天他托我給請一位書記。我現在意中也是没人可薦。如今你回來了。若是願意就。我可以給你舉薦舉薦。 此公怎麽稱呼。 他姓李號叫春圃。 是那兒的人那。 也是山西人。 他那個人怎麽樣。 是個極忠厚極和平的人。 既是這麽着。你就給我說說罷。 束脩這層。你打算怎麽樣。 那層倒好說。你給作項就是了。只要人對勁。錢多多少少的甚麽要緊。 他那個人我管保你們倆人凖可以對勁。那麽明兒個。我就見他給你說去。 費心費心 好說好說。 可是你現在没當甚麽差使麽。 没有。我就起那年告病回來到如今舊病還是時常的犯。怎麽能當差呢。 那麽你見天在家裏作甚麽呢。 好天

的時候。可以找朋友去談一談。颳風下雨的時候。就是在家裏看書。 那麼你倒是很清閒哪。 甚麼清閒哪。不過是虛度歲月就是了。

第二十三章　勸友改過

老弟。我告訴你一件可笑的事。 甚麼可笑的事。 前兒晚上。有三更多天。我剛睡着。就聽見我們後頭院子裏。咕咚的一聲。跳進一個人來。把我嚇醒了。我當是有了賊了。就赶緊的叫使喚人們起來。快打着燈籠照照去。這麼着那幾個使喚人們。聽見說有了人了。就都赶緊的起來。點上了燈籠。拿上了棍子。就往後頭院子去了。這個工夫兒我也起來了。開開了屋門。就往後頭院裏瞧去了。赶我到了後頭院裏。就聽見使喚人們說。拿住了一個人。身上可穿的很體面。又不像個作賊的。又聽見那個人說。你們別拉我。我的脚踒了很疼。我不是作賊的。我是避難的。我聽見他說他是避難的。我可就往前去一看。長得很體面。是個年輕的人。我又一細瞧。認得他是個念書的人。他姓蔣。在城外頭住。我們倆在城外頭一個古玩舖裏。遇見過兩回。彼此倒還很相得。這麼着我就叫倆底

下人攙着他。留了半天。可就好了。然後我就把他讓到書房裏去了。赶到了書房。他一瞧是我。臉上很不得勁。我就問他是遇見甚麼事了。他說他是在我們房後頭寳局裏耍錢來着。忽然有一個警察官。帶巡士去抓局去了。他先跑出來了。因為沒地方藏。所以他就爬到墻上去。跳到這院裏來了。這麼着我勸了他半天。叫他後來改了。別耍錢了。留他住了一夜。赶到天亮回去的。昨天他給我道謝來了。他告訴我說他現在已經起下誓了。從此决不耍錢了。 像這個人。能彀聽你一勸。他立刻就改過了。這就是個有志氣的。我先頭裏有一個相好的。他吃大烟。因為我勸他忌烟。他倒惱了我了。不和我來往了。 你們這個相好的也真別致。怎麼你勸他忌烟。他倒惱了你了。 他那個人。實在的是糊塗。他原先本不吃烟。後來是因為他挨着一個吃烟的朋友。慢慢兒的可就吃上癮了。先吃的還不多。後來是一天比一天吃的多。到了去年。他臉上所帶了烟氣了。精神也不佳了。我看他那光景很不好。我就和他說。依我勸你把烟忌了罷。再要往下吃。可就怕不好了。我可以起上海給你買忌烟藥來。見天你就

挨着那個方子吃藥。慢慢兒的。自然就把烟斷了。他聽我這話。就答應了一聲。這麼着我就托朋友起上海買了好幾塊錢的忌烟藥來。給他送了去了。赶又過了些日子。我遇見他的使喚人了。我就打聽他忌了烟了沒有。他的跟人說。他並沒吃那忌烟藥。現在他吃的。比先頭裏更多了。這還不要緊。後來我聽見他在一個朋友家裏。說我多事。無故的勸他忌烟。他很不喜歡我給他送去的那忌烟藥。他也不敢吃。說是怕是裏頭有毒藥害他。這麼着那個朋友聽不過他這話了。就說他你說的這話不對。人家勸你忌烟。不是好意麼。人家和你又沒仇。作甚麼拿毒藥害你呢。你說這話。實在是不說理。起那麼他連那個朋友也惱了。赶到今年年下。他也沒給我拜年來。我知道他是和我絕了交了。你說像這樣兒的人性。天下還有麼。

第二十四章　賭錢

老兄。我告訴你一件可氣的事。 甚麼可氣的事。 我認得那個相好的姓江的。他前幾天和別人夥同一氣。哄騙我好幾千吊錢去。 他怎麼會哄騙你這麼些個錢去呢。 那天他到我家去了。他說他認得一個人。脚下在家裏弄局。約我去耍去。我就跟他去了。赶到了那家兒。一瞧有七八個人。都坐在那兒耍哪。我連他們一個人也不認得。他這麼一給我引薦。他告訴我說。都不是外人。都是他認得的。這麼着我就坐下一耍。可贏了幾十吊錢。然後就散了。赶下回我本打算不去耍去了。他一定約我去。我沒法子。又去了一盪。可就輸了好幾百吊。他就和我說。不要緊。再去幾回。就可以贏他們幾千吊錢。我就信了他的話了。又跟他去了五六盪。又輸了四千多吊錢。他們把局也收了。見天總有兩三個人。到我家裏去要賭帳。我找姓江的去。他藏起來不見我了。這麼着我當了兩箱子衣服。纔把賭帳還了。到了昨天。有一個朋友告訴我說。是那個姓江的。和那幾個人。商量好了的哄騙我。你說可氣不可氣。 那個姓江的。自然是可惡。到底也怨你自已不好。你若不跟他耍錢去。他也不能哄騙你。 這話也不錯。到底他既和我相好。又幫着別人賺我。他也太不是人行了。 你提起這設局驅騙來。我告訴你一件事。我們那本鄉地方。有一年有幾個本地的無賴

子開了一個賭局。竟打算哄騙人上了他們檔的人可也不少了。並且都兇橫的了不得。誰若是輸給他們錢還不起他們。就得把房產地產折給他們。就這麽樣兒的不說理。我們本地有一個財主人很聰明。待本地的人也很好。他聽見說了。很有氣。這麽着這天晚上他就坐着自己的車到那個賭局去了。赶他進了那個賭局。見了那幾個無賴子。就提他是誰。特意到這兒耍錢來了。大家聽說都知道他是本地財主。可就喜歡的了不得。他們那幾個無賴子就背地裏一商量。說他這乍來。偺們先叫他贏幾回錢去。後來他就肯來了。等着抽冷子一天叫他輸個一萬八千的。偺們可就發了財了。赶都商量好了。就坐下了一耍。果然那個財主贏了。他們當時就把錢給了。後來那個財主又去了兩盪又贏了。又給的是現錢。赶到這天晚上。那個財主又去了。就起定更天耍起直耍到天快亮了。那個財主輸了有一萬多吊錢。赶到天大亮了。那個財主就和他們說。我先回家去把錢給你們預備出來。赶到晌午你們到我家裏取去就是了。他們都答應了。那個財主就回去了。赶到晌午他們就去了兩人到那個財主家取錢去了。看門的回進去了。那個財主就把他們叫到書房裏去。就問他們倆你們是幹甚麽的。到我這兒來作甚麽。那倆人說你怎麽不認得我們了。我們是在某處開賭局的。你忘了你昨兒夜裏不是在我們那塊兒耍錢輸了一萬多吊錢。叫我們現在取錢來麽。那個財主聽這話立刻就生了氣了。說你們倆別胡說。我一個財主。和你們無賴子耍錢。你們真是發昏了。你們打算訛我來。你們可是瞎了眼了。你們倆快走。是你們的便宜。不然我把你們倆送衙門辦你們訛詐。那倆人聽這話嚇的也不敢言語了。就赶緊的跑回去了。

第二十五章　買田

老弟你是怎麽了。臉上這麽刷白的。　我是不舒坦了幾天。　是怎麽不舒坦了。　我是給人管了件閒事。受了點兒氣。把肝氣的病勾起來了。　給誰管閒事來着。受了甚麽氣了。　上月偺們那個相好的溫子山託我給他買地。我認得有一個京東的人姓孫。他有一頃多畝地要賣。這麽着我就把那個姓孫的帶了去見了溫子山。然後他們倆到了京東。把地都瞧了。回來就請我作中人。給他們說合價值。說妥了的是一千兩銀子。兩下裏都答應了。就定規是大前兒個立字據過錢了。赶大前天我一早和那個姓孫的到溫子山家裏去了。赶到了他家裏。他還沒起來了。我們倆就在他書房裏等了他半天。他這纔起來。赶到見了我們。他說那個地他不能買了。我們就問他是怎麽不能買了。他說他湊了會子不彀一千兩銀子。我們問他湊了有多少銀子呢。他說他湊了有九百五十兩銀子。那個姓孫的聽這話就說。那麽九百五十兩銀子。就九百五十兩就是了。這麽着就立了字據過了錢了。鬧得我好對不過那個姓孫的。他若是果然真湊不出那五十兩銀子來。那還倒情有可原。他那麽財主。別說是五十兩。就是五萬兩也現成。我可恨他他安心佔人家的便宜。教我對不住人。赶我那天回到家裏去。越想越可氣。就因為這個。勾起我的舊病來了。就不舒坦了。　你不知道溫子山。他那個兄弟。比他還可惡了。先頭裏他常和我夥辦買賣。凡經他手賣的貨。到了分賺帳的時侯。他總短分給我這麽三千兩吊。他知道我也不好意思和他要。他嘴裏可老說。我這回短你是兩吊是三吊。過兩天我[illegible]給你找補。起那麽可永遠不提了。赶擱得日子多了。我也忘了。這件事就算化了。他就這麽小取。那幾年我吃了總有幾百吊錢的虧。再若是論外頭交朋友[illegible]走親戚的道理。他是一概不懂。他就是上炕認得女人。下炕認得錢。就這麽[illegible]人。去年他家裏辦白事。再三的求我。給約兩位朋友在他家裏幫着他熬[illegible]我就請了兩位至好的朋友去幫着他熬了五六夜。人家還是真盡心竭力的給他照應。赶辦完了事之後。他並没到人家裏給人道乏去。後來有一天在街上遇見人家。他一低頭就過去了。簡直的没理人家。你瞧他這宗人性。有多麽可惡。近起來我聽見說更好了。他在家裏放重利息錢了。誰借他的錢使。都是八分的利錢。外頭已經有了重利盤剝的名聲了。我早就看透了。他那個財主不久就敗。古人說的。刻薄成家。理無久享。這是一定的理。

第二十六章　遇盜

老弟我聽見說。你們令弟不是回來了麽。怎麽還沒見他出來了。　他回來就病了。　是怎麽了。在道兒上受了熱了麽。　倒不是受了熱了。是受了點兒驚

恐。受了甚麽驚恐了。 是在船上遇見賊了。 你告訴我說是怎麽遇見賊了。 他是和一個朋友搭帮回來倆人帶着一個使喚人雇了一隻船這天晚上船灣在一個地方了。赶到夜靜的時候忽然起岸上來了十幾個賊都拿着火把刀槍就上船上來了。拿刀把艙板砍開了。就進了艙裏頭去了。就拿着刀指着我們舍弟問都是有甚麽東西。我們舍弟說我們的東西都在這艙裏頭擺着了。別處没有了。這麽着那羣賊就把箱子和包袱現錢都拿了去了。就是把鋪蓋給留下了。幸虧我們舍弟身上有一個銀兜子裏頭裝着有幾十兩金子。還有幾十兩銀子没丢。赶到天亮了。他們到了一個馬頭上。我們舍弟就和那個朋友商量。打算下船起旱路走。那個朋友也很願意這麽着他們就把鋪蓋搬下來了。到了馬頭上雇了兩輛車就起旱回來了。赶到了家可就病了。請大夫來瞧說他是驚嚇夾着點兒時令。現在吃着藥好還没好了。

第二十七章　賊店

老弟。你提你們令弟走路遇見賊了。我也想起一件事來告訴你。說有一年我

們先伯。同着一位朋友上甘肅去。雇了兩輛車。帶着兩跟人。一個人坐着一輛車就起了身了。有一天走到一個地方。那倆赶車的。路都不熟。可就走岔了道了。直走到掌燈的時候也找不着一個鎮店。大家很着急。没法子就這麽瞎走。赶走到快定更了。就走到了一座大樹林子裏。就看見樹林子那邊兒露出一點兒燈光來。這麽着他們這倆車就奔了那個燈光去了。赶臨近了一瞧是個店。外頭掛着倆麪帨子。店門關着了。臨街是個窗戶。裏頭可點着燈了。這麽着他們就叫開店門了。把車赶進去了。赶到了裏頭一瞧。冷冷清清。連一個客人也没有。這麽着他們就挑了三間屋子。把行李都搬進去了。然後就叫店家打洗臉水沏茶弄飯吃。我們先伯就見那幾個店家都那麽賊眉鼠眼的。心裏可就有點兒犯疑。赶吃完了飯了。那位朋友在炕上拾掇行李。這個工夫兒就進來了一個店家沏茶。我們先伯就見他不住的拿眼睛瞧炕上的行李。我們先伯看他這分光景。更疑惑了。可不敢說。恐怕那位朋友知道害怕。赶喝完了茶。我們先伯就到後頭院裏出恭去了。赶他納到了後頭院裏一瞧。有三間屋子。

一間是茅屋。那兩間是堆草料的屋子。赶我們先伯進到茅房裏去正出恭了。這個工夫兒就聽見起前頭院裏來了兩人。把堆草料的那屋裏的門推開了。進去拿草料去了。就聽見這個和那個說。剛纔掌櫃的把你叫了去。到底是怎麽商量的呢。就聽見那個說。是這麽商量的。赶到夜靜的時候。偺們兩人去殺那倆赶車的。他們三人去殺那倆客人和那倆跟人。我已經和掌櫃的說開了。事完之後。就把那兩輛車分給偺們倆人。一個人一輛。不論那兩客人有多少銀子。偺們兩人全不管。我的意思是這麽着。赶偺們倆人把這兩輛車分到手。明兒個早起。偺們把買賣一辭。一個人赶着一輛車就回家去了。從今以後偺們倆人改邪歸正。再別作那害人的事情了。你想這麽辦好不好。那個人就說。不錯。這麽辦很好。說完了。就聽見他們兩人上前頭去了。我們先伯心裏說。怪不得我看那幾個店家那麽賊形可疑的。敢情真是個黑店。這麽着可就出了茅房。到了自己的屋裏。就把剛纔聽的話。都告訴那個朋友說了。那位朋友聽這話。就害怕的了不得。大家正在屋裏為難。没有主意了。這個工夫兒忽然聽見

來了好幾輛車。直叫店門。赶店門開開了。就見赶進六輛鏢車來。是倆客人。四個保鏢的。我們先伯就說。這可不怕了。偺們回頭可以放心睡覺罷。這麽着又打發了一個跟人過去問了問鏢車。他們說是明兒早起五更天起身。這麽着我們先伯他們也睡到五更天起來。叫赶車的套上了車。就跟鏢車一塊兒搭幇走了。這算是纔免了那個大難了。你說險不險。

第二十八章　借銀米

大哥。你聽我告訴你一件事。我們那個村莊兒裏。住着有一個小財主。素日人很嗇刻。向來他不帮人。不作好事。前幾天他有一個出了門子的妹妹頂着雨到他家來。說是他男人。現在找了一個海船上管帳的事情。前兩天已經開船出海去了。現在家裏没有飯吃。所以頂着雨來要借一石米和幾兩銀子。等着他男人回來必都還的。這個人聽這話。和他妹妹說他米也没有。錢也没有。辦不了。叫他妹妹另上別處借去罷。他妹妹聽他不管。可就哭了。赶他見他妹妹哭了。他就賭氣子出去躲開了。他同院子住着有一個街坊。是個爽快人。聽他

不管他妹妹的事。很有氣。這麽着。就把他妹妹請過來。借給他一石米。還有幾兩銀子。另外又給他雇了一匹驢。可就把他送回去了。赶這個人回來了。聽見他家裏人說。是他街坊借給他妹妹錢米回去的。他也不說長也不道短。粧作不知道的樣子。可巧這天夜裏。來了一個賊。起他後墻上挖了一個窟窿進他屋裏去。偷了他幾十兩銀子和幾件衣裳去。赶到第二天早起。他知道鬧賊丢了東西了。他怕是他妹妹聽見說他丢了銀子衣服了。趁願。找他來。問他。所以他也没敢到衙門去報他家裏失盜。他還囑咐他同院子住着的這個街坊。外頭不用告訴人。說他家裏鬧賊丢東西的事情。誰知道那個賊。那天夜裏偷了他的東西去。偏巧走到大街上。叫警察給拿住。送了衙門了。官就問那個賊。那個銀子和衣裳。是起誰家偷出來的。那個賊就招了。說是起某村莊兒裏某家偷出去的。這麽着。官就打發人來。叫事主領贜去。這個人聽這話。就為了難了。不到衙門領贜去不行。到衙門領贜去。又怕他妹妹知道這件事。這麽着。他就想了個主意。託他同院子住的那個街坊。頂他的名。到衙門替他領贜去。那個

人就應了。替他去了。那個人因為那天他不幫他妹妹。很瞧不起他。就有意要收拾他。赶起衙門把銀子和衣服都領出來了。那個人就都給他妹妹送了去了。赶回到家裏來。見了他。就撒了一個謊。說我剛纔解衙門出來。走到街上。正遇見令妹。他問我是上那兒去了。我說是到衙門替你領銀子衣服去了。這麽着。他就叫我把那銀子和衣服給他罷。我因為他是你的親妹妹。不好推辭。不給他。這麽着。我就都給了他了。這個人聽這話。不但不敢生氣。倒還得給那個人道謝。現在大家聽見這件事。都說那個人實在是快人作快事。

第二十九章　負義

你提起這慳吝人遭報來了。我也告訴你一件事。那一年。我在南邊一個客店裏住着的時候。同店裏住着有一個山西買賣客人。這天忽然來了一個窮人。也是山西人。身上穿的衣服很襤褸。到店裏找那個買賣客人來了。店家可就把他帶進來了。赶見了那個買賣客人。就說。如今我流落這兒了。因為没有盤費。不能回家去。苦的了不得。昨兒個有偺們一個同鄉的朋友。告訴我說。你到

這兒辦貨來了。住在這個店裏了。我聽見說很喜歡。所以現在我來找你。求你念其偺們倆舊日的交情。借給我一百兩銀子。我作盤費回家去。等我到了家裏。再設法還你。那個客人聽這話。就說我的銀子已經都買了貨了。現在我手底下連一兩銀子也没有。你另打主意罷。我實在不能為力。那個窮人聽他說不能為力。可就掉下眼淚來了。這個工夫兒。那個買賣客人。就上裏間屋裏坐着去了。可巧有同店裏住着的一個四川人。到那屋裏找那個買賣客人閒談去了。見那個窮人坐在椅子上掉眼淚。可就問他是為甚麽事傷心。他說這個買賣客人。原先在本鄉。和我是緊街坊。他當年窮的時候。我常幫他錢米。後來我又借給他銀子做買賣。如今他發了財了。我是在這本地做買賣虧空了。没盤費回家去。找他來借給我一百兩銀子回家去。他不肯借。所以我很傷心。那個四川人聽完了這話。就進裏間屋裏去。問那個買賣客人。你們這個貴鄉親他說他當年幫你的話。是真的麽。那個買賣客人說。那倒是真的。無奈我現在没錢借給他。那個四川人就說着比我現在借給你一百兩銀子。你給他作盤

費回去。你一個月之後還我。寫給我一張借約。我也不要利錢。你願意不願意。他勉强說是願意。這麽着。那個四川人就起自己屋裏拿了一百兩銀子來借給他。叫他給了那個窮人拿了走了。那個四川人就叫他寫了一張借約收起來了。赶過了兩天。那個四川人也搬了走了。又過了些個日子。那個買賣客人打開箱子一瞧。短了一百兩銀子。他原先寫的那張借約。在箱子裏擱着了。他這纔明白那個四川人是個術士。會搬運法。搬出他一百兩銀子來給了那個窮人拿了走了。後來還是那個買賣客人的一個跟人洩漏的。大家聽說。都很趁願。

第三十章　失馬

老兄。我聽見說令弟和人打官司來着。是真的麽。　不錯。是真的。　是和誰呀。
是和偺們這本鎮店上一個無賴子　為甚麽事情　是因為那天我們舍弟在這鎮店外頭北邊兒。一座樹林子裏頭。拿槍打鴿子來着。赶到放了一槍。誰知道樹林子外頭有一個人拉着一匹馬站着了。那匹馬冷孤丁的聽見一

聲槍響。嚇的可就驚下去了。那個人就不答應了。揪住我們舍弟叫他賠馬。我們舍弟就和他說你不用着急。那匹馬是往那麽跑下去了。他說是往西北跑下去了。又問他那匹馬是甚麽顏色的。他說是紅顏色的。我們舍弟就說這事好辦。我現在同你到鎮店上。對給你一個鋪保。你就先去找馬去。若是將來馬找不着真丟了。我賠你馬就是了。他聽這話也很願意。這麽着我們舍弟就同他到了鎮店上。對給他全順糧食店了。他就先找馬去了。我們舍弟就回家來了。趕待了會子。那個人回來了。到了全順糧食店裏。他說他的馬丟了。沒找着。要見我們舍弟。這麽着糧食店就打發徒弟到家來。把我們舍弟找了去了。趕他見了我們舍弟。就說我去找了半天。我的馬所沒找着。我那匹馬當初是六十兩銀子買的。如今我見個情。你賠我五十兩銀子就得了。我們舍弟說。竟你那麽大概找了一找。沒有那遂不算是準丟了。你等我再各處給你找一找去。若是過一兩天。那匹馬所沒下落。那便是真丟了。到了那個時候。我再賠你遂不遲哪。那個人不答應。他叫立刻就賠他。我們舍弟就和他吵翻起來了。大家給勸開了。誰知道那個人。就到縣衙門去。把舍弟告下來了。衙門裏來人。把舍弟傳了去了。他到了堂上。就把這件事據實的說了。官就給了舍弟五天的限。叫他給那個人找馬去。這麽着我們舍弟就到各村莊一打聽。後來打聽着了。偺們這鎮店西北地方。有一個村莊兒住着有一個姓趙的。前兩天買了一匹紅馬。這麽着舍弟就找那個姓趙的去了一問。敢情那個人前些個日子。就把他那匹馬賣給那個姓趙的了。說妥了的八兩銀子。就定規是那天他給姓趙的送馬去取銀子。趕那天那匹馬聽見槍響。不是驚了麽。後來他追上了。給姓趙的送了去了。把銀子也取來了。他回來可告訴舍弟說他的馬丟了。叫賠他五十兩銀子。這麽着舍弟就約了那個姓趙的。拉着馬同他一塊兒到衙門作見證去了。趕那個人見有了見證了。就沒話可說了。自己認了是訛詐了。官因為他過於狡詐。就打了他四十板子。把他放了。

第三十一章　失籌

老兄。昨兒個我到榮發棧裏去了。聽見說你那棧裏。給他們發了一百色棉花去。說是短了一色棉花。是怎麽短的。　你提起這件事來。倒是個笑話兒。昨天我們給他們發棉花之先。就預備出一百根籌來。趕後來發一色棉花。我們就交給抬棉花的帶一根籌去。趕這一百色棉花都發完了。待了好大半天。榮發棧王掌櫃的打發一個人到我們棧裏去了。問我們為甚麽少給他們發了一色棉花去呢。我們就說我們發了去的是一百色棉花。怎麽說少發了一色去呢。那個人說他們那棧裏。是收了九十九色棉花。短一色棉花。我聽這話很詫異。這麽着。我就同着那個人到他們棧裏去了。趕王掌櫃的見了我。有氣的樣子就說。你們那棧裏的夥計們。太不留心。怎麽會給我們少發了一色棉花來呢。我就問他。你怎麽知道是少發了一色棉花來呢。他說我們收完了棉花。一搯籌是九十九根籌。這不是少發了一色來麽。我就問他們。剛纔你們這棧裏是誰接的籌。就是傍邊兒站着有一個夥計。答應說是他接的籌。我就問他。你方纔接籌的時候。沒上別處去麽。他說我並沒上那兒去。就是我忽然肚子疼。到茅房去出了一回恭。這麽着。我就和他說。偺們倆先到茅房裏找一找去再說。趕我同他到了茅房裏一瞧。地下有一根籌。我就撿起來。拿着見王掌櫃的去了。我說到底是誰的夥計不留心哪。你們的夥計掉了茅房裏一根籌。你可說是我們少給你們發了一色棉花來。其實這也不要緊。不過你未免的太冒失些個。他聽這話。臉上很不得勁。一句話也遂不出來了。我又說。雖然把這根籌找出來了。到底偺們再把貨盤一盤。看看短不短。彼此可就更放心了。這麽着。我就叫他們那幾個夥計把棉花色起棧房裏又都盤到院子來。細細兒的數了一數。不錯。是一百色棉花。我說你們都看明白了。不錯了。他們說都看明白了。對了。這麽着我就回來了。你說可笑不可笑。　我先頭裏就和你說過。那個王掌櫃的人糊塗。你遂不大很信。那兒有他竟搯籌不盤貨。就說你少給他們發了一色貨去的理呢。　你遂不知道了。去年有這麽件事。我們買了他們棧裏一百兩銀子的貨。給了他們一百兩一張的銀票。過了兩天。他把那張銀票拿回來了。說是假的。我一看銀票。並沒圈着。我就問他。既是假的。怎麽沒圈呢。他說沒到本舖子去。所以沒圈。我又問他。既沒到本舖子去。怎麽知道是假的

呢。他說他們管帳的瞧着像假銀票。我聽這話很荒唐。就說偺們倆拿着這張銀票到銀號裏取銀子去看看是假的不是。這麽着。我們倆到了銀號竟自不是假的。把銀子取出來了。那個時候他臉上很磨不開。就羞羞慚慚的。把銀子拿回去了。

第三十二章　退票

掌櫃的這兒有一張退票給你打回來了。　拿來我瞧瞧。這張票子不是我們給的。　怎麽不是你們給的呢　因為這張票子上没有我們的收號。　我記得可實在是你們給的。怎麽如今你們說不是你們給的呢。　我告訴你若是我們給的票子必有我們的收號。我們的戳子如今這張票子上又没我們的收號又没我們的戳子怎麽是我們給的呢。　你說没有你們的收號。我這票子上可收的是你們了。　竟你收的是我們不行啊。總得有我們收的人家兒纔行了。　就是有你們的收號。你們如今不認我也没法子呀。　没有不認的理。若是我們給的。我們也是給人家往回裏打。我們又不賠甚麽。作甚麽不認呢。　也許這張票子。你們忘了收了。　没有的話。我們決不能忘了收。這裏頭還有個緣故。我告訴你說這是一張母錢鋪的票子。我們這鋪子向來不使母錢鋪的票子。所以更知道不是我們給的了。　你們若一定說不是你們給的那没法子。只可我認這個苦子就是了。　依我說你拿回去再想想是誰給的罷。　你把這個十吊錢的票子給破五個一吊一個五吊。　一吊一張的。没有我們本鋪子的。給你磨別處的行不行。　磨別處的也使得。　你點點對不對　不錯對了。這票子上你們都收着了。　都收着了。

第三十三章　打官私

大哥。我剛纔在鎮店上看了一個熱鬧。　看了一個甚麽熱鬧。　看見一個南邊人揪着一個本地人上審判廳打官私去。後頭跟着好些個人。我也不知道是為甚麽事情。這麽着我就跟着他們到衙門去瞧他們到底是為甚麽事情。就見他們兩人到了衙門。那個南邊人就告訴衙門人說他們兩人要打官私。那個衙門人就把他們兩人帶進去了。我也跟進去了。就見官坐堂。他們兩人到了堂上。說來打官私。官就先問那個南邊人。你叫甚麽名字。是甚麽地方人。是為甚麽事情來打官私。就見那個南邊人。就說民人名字叫俞配。是福建閩侯府的人。在這本地開着個成衣鋪。因為民人去年在這兒買了一個妾。就在這個鎮店上燈籠胡同租了兩間房住家。剛纔民人在鋪子裏做活了。打發一個徒弟。到家裏取東西去了。他回來說民人家裏坐着一個年輕的人。他不認得是誰。民人聽這話很犯疑。就赶緊的到家裏瞧去了。赶民人到了家一瞧。街門對着了。民人推開了街門。進到屋裏去一看。就見這個人在屋裏坐着喝茶了。和民人的那個妾又說又笑的。民人就問他你是誰。到我家來作甚麽。他回答說他是到民人家裏打茶圍去了。民人聽這句話氣急了。就打了他一個嘴巴。他回手就把民人的臉抓了。這麽着民人就把他揪來打官私。求老青天問他。到底他到民人家裏是幹甚麽去了。這麽着民人就問那個人。你叫甚麽名字。在那兒住家。你是幹甚麽的。到俞配家裏是作甚麽去了。那個人說民人名字叫王安。在這鎮店上紅竹胡同住家。平常是放印子為生。俞配這個妾。當初和民人在一個院子裏住過。因為前兩月。他的這個妾借了民人十兩銀子的印子。每月民人到他家裏取印子去。今兒個又到了日子了。民人拿摺子到他家裏去了。他的這個妾讓民人進裏頭喝茶去。民人就進去了。他把印子錢給了民人了。然後又給民人沏了一壺茶。民人正坐在屋裏喝茶了。這個工夫兒俞配家去了。見了民人就一臉門子的氣。瞪着兩眼睛問民人。你是誰到我家裏來作甚麽。民人見他說話太没禮貌。可也就上了氣了。就說是到他家裏打茶圍去了。他聽這話就打民人一個嘴巴。民人急了。就回手把他的臉抓了。這麽着他就揪着民人打官私來了。他說完了。就把取印子錢的摺子拿出來給官看了。官就說既是俞配不願意你到他家裏去。你後來每月。就到他成衣鋪裏取印子錢去就是了。不准你再到他家裏去了。你若是再到他家裏去。俞配來告你。我可是必要治你罪的。這麽着。就叫他們兩人都回去了。

第三十四章　局騙一

老弟。我告訴你一件事情。　甚麽事情。　新近我起外頭回來。有一天我住在

一個大鎮店上。客店裏了。聽見那個店裏的掌櫃的說。前些個日子。那個鎮店上有一個德成錢鋪。這天去了一個人。拿着一隻鐲子到那個錢鋪裏賣去了。那個錢鋪的人。剛拿過一個戥子來。邀那隻鐲子。這個工夫兒又進來了一個人就和那個賣鐲子的人說。剛纔我到你府上給你送銀信去了。你家裏的人說。你上街來了。這麽着我就到街上找你來了。可巧瞧見你進這個鋪子來了。說話之間。就起懷裏拿出一封信。一色銀子來。說這是起浙江來的銀信。那個賣鐲子的人把銀信就接過去了。給了那個送信的一百錢。那個送信的就走了。然後那個賣鐲子的人就和錢鋪的人說現在是我兄弟起浙江給我帶了銀子來了。我不賣那隻鐲子了。我可以把這銀子賣給你們罷。還有一件事。我是不識字。求你們把這封信拆開。念給我聽聽。這麽着。那個錢鋪的人。把那隻鐲子又給了他了。就把那封信拆開了。念給他聽。前頭不過說是在外頭很平安。請放心。後頭說現在先帶了十兩銀子來。請你先用着。等後來有順便人。再多帶銀子就是了。這麽着那個人就說。你們把這十兩銀子。拿下去平一平。都

給換了現錢罷。那個錢鋪的人。就拿　去一平。是十一兩銀子。心裏很喜歡。可就打算昧起他一兩銀子來。就按着十兩銀子合好了現錢。給他了。那個人就拿了走了。赶待了不大的工夫兒。又進來了一個人。拿票子取錢。可就和錢鋪的人說。你們上了檔了。剛纔那個賣銀子的人。是個騙子手。他賣給你們的。那是假銀子。你們怎麽會呌他騙了呢。那錢鋪的人聽這話。就赶緊的拿夾剪把銀子夾開了一瞧。可不是假的麽。這麽着錢鋪的人。就問這個人。你認得那個騙子手的家麽。這個人說。你們若是肯給我錢。我就可以帶了你們找他去。這麽着錢鋪的掌櫃的。就給了這個人一吊錢。呌他帶了他們找那個人去。這個人接過那一吊錢來。就帶着錢鋪的兩個人走了。赶他們走到了一個點心鋪的門口兒。這個人就和錢鋪的那兩人說。你們瞧。那個騙子手在點心鋪裏吃點心哪。你們自己進去找他去罷。這兩錢鋪的人。就拿着那色假銀子進去了。見了那個騙子手。就說。你賣給我們的這色是假銀子。那個人說。我也不知道那銀子是假的不是。那本是我兄弟觧外頭帶來的。既是假的。我還你們錢就

是了。這麽着那個人就求點心鋪裏的掌櫃的。給平平那色銀子。是十两不是。赶那個掌櫃的把銀子接過去。擱在天平上一平。說這是十一两銀子。那個人聽這話就和那兩錢鋪的人說。我纔賣給你們的。那是十两銀子。如今這色假銀子。是十一兩。那怎麽是我的呢。你們這是拿別的假銀子來訛我來了。錢鋪的那兩人。聽這麽說。也還不出話來了。這個工夫兒有幾個別的吃點心的人。聽這件事。都不平。全要打那兩錢鋪的人。那兩人没法子。就赶緊的拿着那色假銀子。跑回去了。

第三十五章　局騙二

提起這騙子手來了。我告訴你一件事。前些年我們本鄉地方。有一個出名的大夫姓方。他身上也有個功名。家裏也算是個小財主。見天早起瞧門脈的。總有幾十號。有一天早起來了一個人。打扮的是宅門子裏使喚人的樣兒。見了方大夫就說。我是在某宅裏。因為現在我們東家和我們東家母都病了。打算上你這兒瞧病來。請你明兒個早起。在家裏等着。方大夫說是了。赶到第二天

早起就見那個使喚人又來了。還同着一個人。手裏拿着一個包袱。那個使喚人進來。就問方大夫說。請問你納。是在裏頭瞧。是在外頭瞧。方大夫說那自然是在裏頭瞧。這麽着這個使喚人。就起那個人手裏。把那個包袱要過來。就拿着出去了。那個人就坐在一個凳子上等着。赶大家都瞧完了病走了。方大夫就問那個人。你也是瞧病的麽。那個人說。我不是瞧病的。我是估衣鋪的人。在這兒竟等着你的使喚人。給我拿出衣裳來哪。方大夫聽這話很詫異。就問他我那個使喚人。哪是拿了甚麽衣裳來了。那個人說。就是剛纔和我一塊兒進來的那個使喚人。你不是告訴他說。是在裏頭瞧麽。他就把衣裳拿到裏頭去了。方大夫又問他。那個人。他怎麽告訴你們說的。他是我的使喚人。到底是拿了一件甚麽衣裳來。那個估衣鋪的人說。那個人。今兒早起。他到了我們鋪子裏。他說他是你的使喚人。說是你要買一件女皮襖。拿來先瞧瞧。合式就留下了。呌我們跟一個人來。這麽着我就跟他來了。方大夫說。我告訴你那個人。不是我的使喚人。我也不認得他是誰。他昨兒個來告訴我說。他是在某宅裏。因為

他們東家和東家母都病了。要上這兒瞧病來。叫我今兒早起在家裏等着。剛纔他進來問我是他們東家先瞧、是東家母先瞧、我當是他們東家和東家母來到了。所以我說是自然、是在裏頭瞧。我說的是先瞧病、我並不知道甚麼衣裳的事情。你如今快找他去罷。這個估衣鋪的人聽這話、纔明白那個人是個騙子手、把他的衣裳騙了去了。

第三十六章　驗尸

郭丑　嗻　你去請先生來。　先生來了。在外間屋裏坐着哪。　啊。先生歇過乏來了。　是。閣下也歇過乏來了。　我倒不覺很乏。我今兒個打算和先生斟酌一件事情。　甚麼事情。　就是偺們這盪出外、我作的那本日記、得把他修飾好了。找人抄出來。　那麼你把那本草稿兒拿出來、我先看看。　這裏頭我還有一件事忘了。求先生替我想想。　甚麼事情。　就是偺們那天在三和鎮店裏打尖的時候、聽見有一個客人說、是有一個人在甚麼地方的廟裏住着、自已吊死了。帶累的那廟裏的和尚也打了官私了。我記不清是怎麼樣事情了。你還記得不記得了。　啊、那件事我記得。　那麼你再說給我聽聽。　那個打尖的客人說、他們那本鄉地方、有一個水神廟、裏頭住着一個客人、這天半夜裏吊死了。赶到天亮、和尚就報了官了。官就帶着撿驗去、驗了一回、那個撿驗沒驗明白、說彷彿是勒死的。這麼着、那個官、就把和尚帶到衙門去、問那個和尚是為甚麼把那個客人勒死了。那個和尚說、我和那個客人往日無仇、近日無寃、我怎麼能勒死他呢。官不信、就動刑拷打和尚、叫他招定了。和尚白說不招、這麼着、官就把和尚押起來了。那個和尚有個徒弟急了。就進省裏去在巡按使署告了。巡按使就派隣封帶着幹練的撿驗、到那個廟裏又驗了一回。那個死屍果然、是吊死的。那個隣封知事就據實的稟報巡按使了。現在巡按使把那個原審的知事撤任了。把原驗的撿驗也治了罪了。把和尚也放了。就是這麼件事。　不錯對了。是這麼件事。請先生把這件事也敘在那日記裏頭。你想好不好。　那也好。赶我修飾得了。是叫誰謄呢。　我打算雇人抄寫。　雇人謄寫。怕是給抄錯了。　那麼怎麼辦好呢。閣下若是不忙、我得空兒謄出來罷。　若是先生肯代勞、那我就感情不盡了。　那兒的話呢。

第三十七章　猜拳

偺們今兒個這麼空喝酒也無味。莫若偺們都斟滿了。滑幾拳罷。　可以。偺們兩先滑一拳。　你那拳不是白給麼。　你先別誇口、不定誰輸誰贏哪。　來、四季發財。　六六順。　對手。　五金奎。　你瞧如何。　還是你輸了。你這贏也不過是瞎貓碰死耗子罷咧。　你先喝酒、回頭再批評。　我已經喝了。　你多喒喝了、我沒瞧見。　你問大家我喝了沒有。　眾位瞧見他喝酒了麼。　我們沒理會。　大家都沒看見、這足見是你混酒了。快喝罷。　我已經喝了、不能再喝了。　你不喝、我們大家動手灌你。　真利害、這麼着罷、我的酒真不行了。罰我說個笑話兒罷。　那也可以、你若說的不好、還是要罰的。　你聽着罷、准好。　快說。　別忙啊、我這個笑話兒是刻薄怕老婆的、好在偺們在坐、沒一個懼内的。　你竟管說罷、沒人不答應你。　聽着。有一個管帶官、人又糊塗、又怕老婆、到兵丁犯法的時候、該打的時候不打。不該打的時候打。他老婆就說他、你這不是胡打人嗎。兵士怎麼會服你、那。明兒個你再坐堂的時候、你先叫人在公案棹子對面兒房梁上、挂一個大鏡子、你到審問的時候、我在身後頭遠遠兒站着、我聽着不差甚麼得打了、我在身後頭舉手、你瞧鏡子裏我手伸三個指頭、你就說打三十板子、伸五個指頭、你就說打五十棍子。他丈夫都答應了。赶後來又審兵丁、他老婆在後頭聽着是該打的時候了、就赶緊的伸五個指頭。他丈夫瞧見鏡子裏伸五個指頭、立刻就說給我重重的打他五十棍子。他老婆聽見五十下兒打完了。可就將手一翻、落下來了。他丈夫瞧見鏡子裏手翻過來了。立刻又說給我翻過來、將他肚子再重重的打五十棍子。他老婆聽見打肚子、可就急了、連忙擺手兒不教打。他丈夫瞧見鏡子裏擺手、立刻又說給我兩傍邊兒再打五十棍子。　你別瞎說了。那兒有這麼糊塗做官的。今兒幸虧沒有管帶官在坐、若不然、你的嘴早叫人撂腫了。

第三十八章　燈猜

你這兩天竟在家裏過年了。老沒出來麼。　我見天晚上出來。　那麼你怎麼

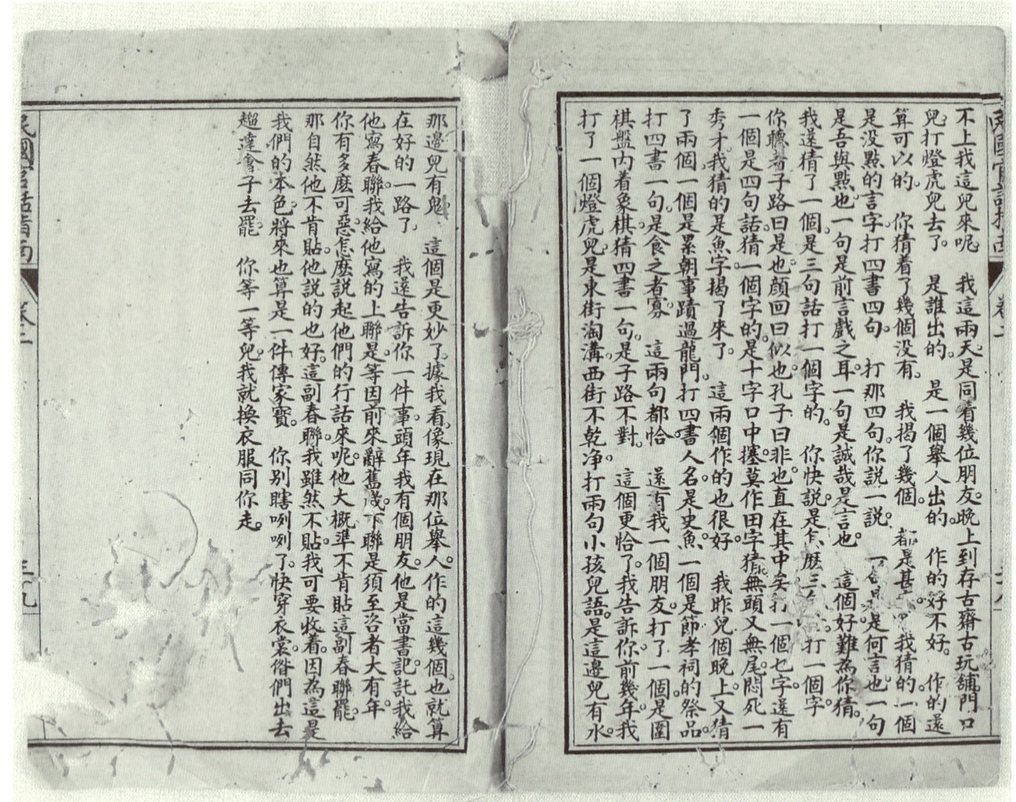

不上我這兒來呢　我這兩天是同着幾位朋友。晚上到存古齋古玩舖門口
兒打燈虎兒去了。　是誰出的。　是一個舉人出的。　作的好不好。　作的還
算可以的。　你猜着了幾個沒有。　我揭了幾個。　都是甚麼。　我猜的一個
是沒點的言字打四書四句。　打那四句。你說一說。　是何言也一句
是吾與點也一句是前言戲之耳一句是誠哉是言也。　這個好難為你猜。
我還猜了一個是三句話打一個字的。　你快說是什麼。　打一個字
你聽着子路曰是也顏回曰似也孔子曰非也直在其中矣打一個乜字還有
一個是四句話猜一個字的是十字口中攥莫作田字猜無頭又無尾悶死一
秀才我猜的是魚字揭了來了。　這兩個作的也很好。　我昨兒個晚上又猜
了兩個一個是累朝事蹟過龍門打四書人名是史魚一個是節孝祠的祭品
打四書一句是食之者寡　這兩句都恰　還有我一個朋友打了一個是圍
棋盤內着象棋猜四書一句。是子路不對。　這個更恰了。我告訴你前幾年我
打了一個燈虎兒是東街淘溝西街不乾淨打兩句小孩兒語。是這邊兒有水

那邊兒有鬼　這個是更妙了。據我看像現在那位舉人作的這幾個也就算
在好的一路了。　我還告訴你一件事頭年我有個朋友他是當書記託我給
他寫春聯。我給他寫的上聯是等因前來辭舊歲下聯是須至咨者大有年
你有多麼可惡怎麼說起他們的行話來呢他大概準不肯貼這副春聯罷
那自然他不肯貼他說的也好。這副春聯我雖然不貼我可要收着。因為這是
我們的本色將來也算是一件傳家寶。　你別瞎咧咧了。快穿衣裳偺們出去
趟達會子去罷　你等一等兒我就換衣服同你走。

改良民國官話指南第三卷　　北京郎秀川重訂

使令通話第一章　荐僕

誰呀。　是我呀。　你進來。　司長你上回叫我找的那十幾歲的小孩子我找
來了。現在你若有工夫兒可以帶他進來老爺先看一看他若是你願意就留
下他了。　那是自然的。　這就是鄭司長你行禮罷。　他是甚麼地方的人姓
甚麼今年多大歲數兒了。他行幾。　我是山東人姓張。今年十八歲了。我排大。
他在京裏有好幾年了。他說的話不像是外鄉人。他原來是我們的街坊人。
很聰明。可是向來没當過使喚人的。所以得叫他慢慢兒的歷練歷練纔行哪。
那好辦。可是我是新近到這兒來的。還没使喚過人了。可不知道得要保人不
要。　那是隨司長的意思。　那麼就這麼辦罷。既然是你舉薦他來的。你就作
保可以不可以。　可以。那麼叫他解多喒來伺候你哪。　哼。今兒是二十八。
離月底還有兩天。索性叫他赶下月初一那天再來倒好。　是。　還有他的舖
蓋甚麼的也都叫他一塊兒拿來罷。　喳。還得定規他住的屋子哪。　我想這

院子後頭新造的那幾間挨着洗澡房的西邊兒向陽兒的那一間閒屋子。叫他住怎麽樣 那敢自很好了。 這兒某先生打發苦力拿了這個字兒來。給你瞧瞧。 現在某先生請我我這就要去那麽這件事就按着那麽辦就是了。

第二章 訓僕

來 喳。 給先生沏茶。 你老是要沏甚麽茶。是嘎啡是紅茶。 兩樣兒都不用沏日本茶罷。 哎喲這錫鑞罐兒裏的茶葉都没了。 那麽裏間屋裏的那櫃子上的第二層槅子上不是有個洋鉄罐子麽就拿那個罷往後西瞧着多咱這罐子裏頭的茶葉完上來了。就是我不告訴你説你就續上罷。 是。 你赶緊的拿茶葉去。我自各兒沏上罷。 請先生瞧那盃茶好。就喝那盃罷可是你昨兒個迷迷糊糊的。擱了有多少茶葉。那個茶沏的彀多麽釅。苦得簡直的喝不得了。你没瞧見昨兒個吳先生喝茶的時候苦的直皺眉麽。 是往後小的沏茶的時候留點兒神就是了。 你把那茶杌兒上的茶盤兒裏擺着的那茶壺。茶碗。茶船兒。都拿過來。你再瞧瞧這火盆裏有火没有了。 喳火快滅了。

那麽你快拿開水去。就手兒帶點兒熟炭來。 先生甚麽叫熟炭哪。 你真是個糊塗人。連熟炭都不知道。我告訴你没燒過的炭叫生炭燒紅了的炭就叫熟炭 喳是老爺開水來了你沏上罷 哼現在這痰盒兒裏的吐沫都滿了。你拿出去涮乾淨了再拿來 是。

第三章 早膳

誰叫門了。 先生天不早了。你快起來罷。 哼。你打洗臉水來罷。 臉水打來了。漱口水也倒來了。胰子盒兒在臉盆架子上擱着哪。 刷牙散在那兒了。是在那張桌的抽屜裏和刷牙子在一塊兒了。 把擦臉手巾拿來 是。 你忙甚麽你現在先不用擦地板了。等着打好了鋪蓋再擦罷今兒還得換換枕頭籠布和被單子哪。 喳先生這就要點心麽。 哼就拿來罷雞子兒不要像昨兒個那麽老越嫩越好。 是今兒個麵包是抹上黄油烤麽。 不用了可别烤煳了。 是。 這兒還短把匙子和鹽盒兒哪。 是給你拿來了白糖彀不彀 彀了。這個雞子兒煮的是筋觔兒 我問你一件事我聽見説這京裏賣的

牛奶裏頭總攙多一半兒水。這話是真的麽。 平常住家兒所買的牛奶也許有這個事偺們這公館裏用的他們可不敢那麽胡攪亂對的。 這個地方買牛奶。是論斤哪還是論瓶呢 是論瓶論碗。大概的價錢總在九百錢一瓶二百錢一碗老爺還要嘎啡不要了 得了撤了去罷我現在要上某先生屋裏去。若是有人來找我你給我送信去。 是

第四章 午膳

先生你的管事的來説飯得了請你吃飯去。 知道了就去。 來。 喳。 你請我來吃飯怎麽還磨蹭着不擺台是幹甚麽來着。 因為剛纔送煤的送煤球兒來了。我邀了邀又因為他開來的帳錯了。又去查了一查摺子瞧瞧他是送了多少回來就為這個可就耽悮了擺台了。 那就是了。煤球兒原來是多少錢一百斤。 四吊多錢罷 那麽現在你就開飯罷 是。 你告訴廚子昨兒晌午他做的那雞湯不好吃。明兒再做湯的時候叫他留點兒神把油撇淨了纔好。 是。 盛飯來。 喳。 這不是我的飯碗。是少東人的。 啊這是拿錯了。

把你的換來罷不用換了。你瞧這兒還短一件要緊的東西。你想一想。 是是。這兒刀子鍾子匙子七星罐兒碟子盤子筷子都有了。我直想不出是還短甚麽東西來。求你提醒我罷。 還短酒盃哪 啊不錯。我是真忘死了。 這是甚麽。 這是芋頭和雞肉做的湯。 這樣兒是真合我們的口味巧了是廚子擱了木魚了罷。 大概是罷。 這個牛肉很好。遞給我芥末和白鹽。 是 哎喲你瞧瞧你的袖子把這個碗給拐躺下了。快拿搌布來擦擦罷 是。 你幹事老是這麽忙忙叨叨的。你瞧把這湛新的台布都弄成了。這麽哦嗹半斤的了。啊請先生饒恕這回罷往後我幹事。定要留神的。 拿鹹菜來。 今兒没有醃白菜這兒拿了醬荳腐和醃黄瓜來了。黄瓜裏頭已經擱了醬油了。還招點兒醋不招了。 不要醋現在都吃完了。你都拿下去罷。 先生給你牙籤兒。 哼把茶拿來你也吃飯去罷。

第五章 逛寺

今兒是初九先生不上隆福寺逛廟去麽。 哼我已經約會了吳先生一塊兒

進去。你去打聽打聽鄭大哥在屋裏没有。　我剛纔看見他出門去了。巧了是没在屋裏　那麽你拿出我的衣服來罷。　是要甚麽衣裳。　要西國的衣裳。你是穿氈子的好。是穿布的好。　今兒天氣凉一點兒可以拿那件原青的絨褂子。和那条藍白線兒的布褲子來罷。　是先生看一看。坎肩兒汗褟兒是要這兩件不是。　啊這副鈕子。我很不愛你換那副水晶的來罷。這個領子漿得這麽軟而且這上頭的泥也没洗掉又是翻過來熨的。明兒洗衣服的再來的時候。你告訴他說得留點兒神洗。還得多用點兒粉子漿。噴上水。叫他好好兒的拿熨斗熨一熨。那纔能周正了。靴子是拿那雙短鞠子的來罷。　是。　襪子這兒破了一點兒叫了頭找一塊補釘給補上。　是。　你先別走。在這兒服侍我穿上衣裳。你現在要上那兒去。　給老爺雇車去。　不用雇車去。離這兒不遠。我可以走着去罷。　坐車去到是體面些兒。　那麽等我穿好了衣服再雇去還不晚哪。　是。　拿鞋拔子來。把褲脚兒給往下攏一攏。拿一塊手帕子和那個金表來。　先生要烟荷包不要　要你回頭把我脫下來的東洋衣裳

給疊起來。可別拿刷子刷。　是先生再畧等一等兒。這兒有一塊縱着了。得拉一拉。　都舒展開了麽。　都舒坦了。　那麽我在某先生屋裏坐着去。竟等着你雇車來罷。　是。

第六章　僱車

回先生車來了。　你告訴他說先到交民巷。起那兒再上琉璃廠。我要買點兒古玩去。　是先生若是在那兒有躭悞兒。我想莫若就雇一送兒倒好。　還是雇來回的好。免得又累贅。你雇的這個車乾净不乾净。車箱兒大小。騾子好不好。　都好。今兒雇的不是那站口子的車。　那麽是跑海的車麽。　也不是。是宅門兒的車。　宅門兒的車怎麽能拉買賣呢。　是因為他們東家没差使。怕牲口閒出毛病來。所以叫赶車的套出來拉一天買賣。先生不信。回頭瞧。不但騾子肥。車圍子車褥子都是應時對景的。而且還有傍帳兒。　啊。那敢情是很好的了。還有一層。那赶車的若是個力把兒。頭赶到了前門。走到石頭道上。可就把車竟往跐窩裏頭赶。把人碰的頭暈眼花。連坐車的屁股蛋兒都可以給

墩腫了。　現在這個是個好手赶車的。決不至於這麽樣。　是多少錢雇的。跟他說妥了的。是六吊錢連飯錢也在其内。赶先生坐回來的時候若是天太晚了。再賞給他幾個酒錢也可以的。那我不用跟先生去麽。　哼。你可以胯在車沿兒上。跟了我去罷。　是。　你先把那塊花洋氈子拿到車裏頭去舖好了罷。你不是有兩頂官帽兒麽。你可以借給赶車的一頂戴罷。　是先生上車不要板凳兒麽。　哼。要你拿脚把板凳兒那頭兒踹住了罷。啊。你快把棍子取來小的拿來了。遞給你。你就掖在氈子底下就得了。　哼。你快上車罷。　呟喝罷。

第七章　延醫

來。　喳。　今天我有一點兒不舒服。先生來了告訴他說。我今兒個不用功。因為我不舒服也不用讓他進來坐着了。　是。　你把那凳子拿過來。把烟盤兒擱在上頭。今兒早起我不吃點心。竟拿唆啡來就得了。再去吩咐廚子不必給我預備飯。就給我熬一點兒粳米粥。要爛爛兒的。可別把米粒兒弄碎了。要不稀不稠匀溜的纔好。　是。　你給我把被窩再往上蓋一蓋。　是。先生這陣兒

好點兒了麽。剛纔你叫買的那花兒已經買來了。插在那個汝窑花瓶裏。好不好。　可以的。現在我的腦袋還是覺着沉。又有點兒惡心。你赶緊的拿我的名片。到我們公館。快請用吉大夫去　那位用吉大夫是出馬麽　不出馬。這是交情的事情。而且他的醫道是最高。到這兒日子雖不多。在這京裏可是很出名的。　不錯。我也聽見中國先生們說過。用吉大夫的醫藥靈極了。　可有一層。中國人和他有交情的。常請他出去瞧病。所以在家的時候少。就怕你這個時候去撲空。　好在先生的病也不重。若是他不在家。就請個別的大夫來瞧、瞧罷　哼。那時候你請個中國大夫來也使得。　我們的大夫。都是行本地的醫道。不通外國的醫術。你請施醫院的德大夫來治。那不很妙麽。　哼。那麽也好。　回先生巧極了。用吉大夫望看你來了。　這實在是造化了。快請進來。你可以預備酒和點心　先生開甚麽酒　開三賓酒罷。紅酒若有也拿來罷。點、心和菓子。瞧有甚麽就可以拿甚麽來。　是先生那把酒鑽是你收着了麽。是在那櫃子裏頭槅板兒上了。和赶錐在一塊兒了。拿茶來　喳。　斟酒　是。

拿烟捲兒來。　你替我送送這位先生罷。　是。大夫走了。吁我告訴你說。那麪子藥吁分三回吃。務必要臨睡時候吃。纔好。還說吁忌生冷。　怎麼剛纔他没告訴我說吁。　怕大夫是纔想起來罷。　那麼赶晚上你服侍我吃就是了。　是。先生喝粥不喝呢。　得了。就拿來罷。把梨也拿來。　先生。大夫不是吁忌生冷了麽。　哼。那麼就不要了。　是。

第八章　出游

過兩天。我要上居庸關去。回頭的時候。就順便遶到西山去逛一逛。那一帶那有好景的地方。然後再回來。你願意跟我去麽。　怎麼不願意去呢。就是先生赴湯投火去。我也要跟了去的。　你從前上那兒去過没有。　是。去年跟着別位東家去過一盪。先生是打算坐轎子去吁。還是騎牲口去呢。　我是怎麼着都行。這盪打算要帶女東家逛去。所有應用的各樣兒的傢伙。你先都說給我聽聽。　既然東家母也要去。那實在得多帶些個東西。怎麼呢。從這兒起身。一住店有一件先生想不到得用的東西。為太太可是很要緊。就是太太忽然走動的時候。怕是没有個方便地方。　那麼怎麼着好呢。　我們這兒的娘兒們走路的時候。都是自已帶着個馬桶。所以這盪也得帶着那樣兒東西。若不然。就帶上一塊很寬很長的布。再拿上四根竹杆子。赶到了店裏住下之後。可以在院子裏扯起一個帳房來當茅廁也使得。　啊。敢情還有這麼件不方便的事情哪。　我還告訴先生說。別說是鋪蓋傢伙得帶上。就連東家母吃的東西。也得多帶些個去。倘或先生要上湯山洗澡去。那就得多躭悮幾天工夫了。在那兒住着用的東西。自然是更得多了。　那麼明兒個你先雇停當了一頂轎子。和一頭驢子。回頭你再細細兒的想一想。得帶甚麼吃的。你就都預備出來。裝在一個簍子裏。為得是帶着方便。　是。這帶東西的那層。先生倒不必操心。我都知道。帶去的東西和吃食。赶都歸着好了。我就單雇一輛車。都裝在車裏頭。我又照看着東西。又坐車。那就都很妥當了。

第九章　移寓

啊。好容易我今兒纔租妥了一所兒房子。本來是一個小廟。那個屋子可很乾淨。房錢亦不大。　是在甚麼地方。有幾間屋子。　在齊化門外頭。日壇西邊兒。我可不知道那個地方的地名兒吁甚麼。那房子是三間正房。有四間廂房。還有兩間倒座兒。東嘎拉兒裏有廚房。和你們住的屋子。茅房是我搬了去之後。我得找個地方蓋一間。　那麼先生打算多咱搬呢。　我打算今天就赶緊的挪過去。為得是到那兒給房錢的時候。解月頭兒起好算。　那麼我今天得赶緊的把東西先歸着歸着罷。　哼。你先把這零碎東西挪到院子裏去。把地毯拿笤帚先掃一回。捲起來。拿繩子綑上。後來那書架子和櫃子。還有其餘的那些個粗重的東西。你挑那皮刺的。都裝在那個劉二雇來的大車上罷。　是。先生外頭的那些個小物件。是我想要裝在一個大傢伙裏。吁苦力挑了去。倒妥當。　很好。可是那些磁器。可得好好兒的拿紙包上。那床若是不好搭。可以卸下來。等拿過去到那兒再安上。然後再把帳子還照舊的搭上。先生從先掛那些對聯和扁幅的那個釘子。是都得拔下來麽。　哼。嘿嘿。你留神着墻上的土掉下來。你怎麼不拿鉗子拔呢。倒拿鎚子打呢。　是。　噯。你和苦力說小心出大門的時候。磨傷了桌子。　是。那麼我也跟着東西一塊兒去。先把東西都照舊擺好了罷。　那先不必等那兒掃得了之後。鋪上地毯。那桌子椅子。就先暫且散擱着。等我過去。再調度安置。若你一個人兒弄不了。找個夥伴兒幫着也使得。務必儘這一天都挪過去纔好哪。　是。

第十章　曬衣服

今兒天氣好。也没風。把衣裳得曬曬。　是。先生連那被窩一塊兒都曬麽。　哼。你先拿根繩子。起這根柱子拴到那棵樹上去。赶拴好了。把衣裳搭在繩子上曬一曬。　是。那麼那皮箱和箱子。都得搭出院子裏去罷。　哼。給你鑰匙。你自各兒開罷。那衣架子上掛着的。那些個皮襖皮褂子斗蓬。是得在背陰兒地方晾晾。　是。先生我已經把衣裳都抖摟好了。曬上了。請你去看看。　哼。那麼我去瞧瞧罷。這是怎麼了。我不是說過。那皮衣裳是得晾麼。怎麼你和別的衣裳都掛在一塊兒了。難道你不知道。皮東西一曬。毛稍兒就焦了麽。　嗐。那麼着小的找根棍兒穿上。掛在那釘子上罷。　那就對了。回頭你還得好好兒的抖

晾抖晾。是。那些個衣服也得分出裌的和棉的來。這是棉衣裳。你從這一頭兒搭起。一直的搭到那一頭兒去。是我想到了晌午都翻一翻。把那曬過的也倒一倒。把那背陰兒的。都叫他向陽兒。你說好不好。那都很好。你現在都把他弄完了。把那箱子磕打磕打罷。是先生想曬到甚麼時候就得收起來呢。等太陽壓山兒的時候。不差甚麼。就都得收起來了。可是你還得把那根繩子拴到屋裏來。叫他們透透風。是要緊的。不然。那羊毛織的東西若是暑氣藏在裏頭。往箱子裏一擱。寶色就掉了。那可就都糟了。是那麼着那綢子緞子的呢。那也是一樣。所以今兒晚上就這麼先擱着罷。赶到明兒早起。再照舊的擱在箱子裏。一層一層兒的都墊上紙。下上潮腦。拿包袱蓋上。四周圍都掖嚴了。再蓋上蓋兒。不然潮腦就走了。是。來把那繩子還照舊的繞起來。掛在那堆房裏樑上去。是先生我忽然想不起來。那東洋衣服的疊法了。啊你真是個廢物。我那麼用心的教給你。怎麼又忘了。太沒記性了。你瞧。是這麼疊。你先把左底邊疊上。再把右底邊折在上頭。然後再把衣裳一攏。把領子合上。摩抄平了。兩袖子往兩邊兒外頭一折。然後再一合就得了。承先生的指教。

第十一章　戲園請客

來　喳。明兒個我要請客。你出城定地方去。你打算着請多少位客。我想有十位客罷。這麼說飯莊子比飯館子好。這兩處有甚麼分別呢。飯莊子是成桌的。飯館子是成桌的也有。零要也可以。若是請的客多。倒是飯莊子好。成桌的是甚麼。成桌的都是八大碗四冷葷。另外愛添甚麼小吃兒。那是隨便再要。那麼零要呢。那是人喜歡吃甚麼東西。隨便叫他現做。那麼還是成桌的爽快。可是定的菜要清淡的。不要油膩的。先生想是那幾樣兒菜合衆位的口味呢。那些個菜名兒我可叫不上來。你總要挑那不膩的。斟酌着定就是了。總要一百吊一桌的纔好。酒是要黃酒。不要燒酒。打算聽戲不聽呢。聽說中國人請客。總是要聽戲的多。我也要照那麼辦。官座兒若是現在立刻定。還怕沒有。若是沒有的時候。定桌子行不行。那也使得定官座兒可總找那不吃柱子的地方纔好。是。那麼上場下場都不論罷。總是下場好。上場有那個鑼討厭。還有我這兩天聽戲。瞧見對面兒官座兒裏。有一個人吃東西。那也可以麼。怎麼不可以呢。那總是有相公陪客坐着的時候。吃東西的多。甚麼叫相公。你沒瞧見常在戲台上傍邊兒站着的小戲子。長得那麼很標緻的麼。啊我想起來了。不錯。有這麼項人。那是幹甚麼的。他們也唱戲也陪酒。若是先生要看。明天到飯館子裏可以發一個條子叫他們一兩個來陪酒。那也很助酒興了。這也倒有趣。先生若是喜歡武戲就聽梆子。喜歡文戲就聽二黃。還是聽二黃好。那麼聽三慶。啊是聽四喜呢。聽四喜罷。那麼我這就定去罷。啊還有那跑堂兒的酒錢和戲價。明兒個就起你手裏給他們就是了。是。

第十二章　換錢

那十塊錢換來了麼。是都換來了。換了多少錢。換了一百一十四吊四百錢。合多兒錢一塊。合十一吊四百四一塊。怎麼比昨兒個倒多換了。是。今兒個銀盤兒長了。怎麼又長了呢。是因為行市下來的大。這是誰定的行市呢。先生你不知道。這前門外頭珠寶市有一個銀市。見天一清早所有京裏錢鋪的人。都到市上買銀子賣銀子去。若是這天市上的銀子多行市就落。若是銀子少。行市就長。赶他們買賣定規了。合多少錢一兩。這錢數兒就算今兒的行市。九城的錢鋪。都按着這一個行市。每天買銀子的賣銀子的。不能一定一天是一個行市。那麼一塊洋錢合多少銀子呢。通行都是按七錢銀子一塊合算的。可是那貿易的洋錢。和鷹洋是一個樣。那一圓的少換一點兒。在平常用的時候。可也沒甚麼分別。那麼給你這票子。這都是和豐本出的。這票子上的錢數兒。怎麼這麼宗寫法呢。我簡直的不認得。是這是五拾吊一整張。是個拾吊一張的。這是零的。五吊的四吊的三吊的兩吊的。這是那四百四十錢的零兒。是了。我各人點點這票子。你點了對不對。不錯都對了。可是這個五拾吊一張的不好使喚。你拿去取五吊錢的現錢。下剩的破了零的來。是。還要他本鋪子的麼。若是他本鋪子沒零的。磨別處

的也使得。總要那字號靠得住的要緊。　那是自然的。都磨四恒家的可就妥當了　那麼你就辦去罷。

第十三章　告假

劉福你上那兒去了。　剛纔有劉福一個本家的哥哥。從鄉下來找我。說是我的母親病得很重。他把劉福搭出去。說了會子話。所以躭悮了這麼半天。没得稟知先生。　你這都不像話。無論出去多大工夫兒。你都應當告訴我說。　是。小的後來再不敢這麼大意了。　還有一件事。劉福要告幾天假。回家瞧我母親的病去　真是你母親病了麼。不是告謊假呀。　劉福天胆不敢咒我母親有病　既是真的。你打算告幾天的假呢。　若是我母親病不碍事。劉福三兩天就回來。萬一劉福的母親有個好歹。那就怕是得多躭悮幾天了。　你走了有替工没有呢。　劉福有個朋友。他在法國府裏。當多使喚的。小的可以把他找來替幾天。　那個人怎麼樣。　他没別的不好。就是吃幾口烟。　哼。我不要吃烟的。這麼辦罷。你不用找替工了。可以叫吳先生的使喚的。代管幾天罷。　那更好了。　你打算多咱走呢。　若是先生肯放劉福去。我就今兒晚上赶出城去。　你既打算今兒個赶出城去。現在天不早了。你就別愣着了。快歸着東西罷。　還有一件事。求老爺把下月的工錢。支給劉福　我没那麼些個錢。不能都支給你。先給你三塊。另外我賞給你一塊錢。　謝先生的恩典　那麼你現在把吳先生的使喚的找過來。把這屋裏的事。都交代明白。他再把昨兒個破的那個燈罩子找出來。交給他。叫他明天照樣兒配一個來。　是

第十四章　掃室待客

明天有一位客人要來。你帶着苦力。把上屋裏拾掇出來。　是。那三間。有一間棚都破了。棚架子也掉下來了。墻上的紙。因為犯潮。都搭拉下來了。　哼。不錯。不錯。那麼得叫裱糊匠來糊糊罷。　是。先生你收着銀花紙了不是。　有好幾刀了。底半截兒墻得糊外國紙。棚上四面兒。都拿藍條紙鑲上。　嗻。還得買十幾根秫稭紮架子哪　哼。那麼一天可以報結麼。　現在天長。一天總可以完了。　那搭交手。還得偺們給他預備秫稭麼。　那是他們各人帶來。　還有甚

麼得買的。　就是還得買打糡子的麵和竹箴子。還有蔴繩兒這三樣兒東西。　現在你先把外頭屋裏那兩間。好好兒的掃掃棚上。若有蜘蛛網。可得掃乾淨了。把牆上的土都胡拉下來。把槅扇都撣淨了。把窗戶上的玻璃也擦一擦。然後拿墩布蘸上水擰乾了。把地板都擦了。可小心着。別拿墩布髒了牆。你就辦去罷　是　來　嗻　現在來了信了。不行了。客人回頭就到了。　那麼棚邊没糊了。可怎麼好呢　這麼着罷。你就赶緊的先拾掇出來。就讓客人先將就着住了。　是。　你聽大門外頭。車站住了。光景是客人來了。　回先生知道。可不是客人來了麼。　我先迎出去。你就叫苦力快打掃屋子。你出去搬行李去。　行李都搬進來了。請客人點點件數對不對。　客人說都對了。　還有赶車的說。還攏他兩塊錢的車錢哪　把這兩塊錢給他拿出去罷。你去瞧瞧。若是屋子拾掇出來了。你把這行李挪到那屋裏去。安置好了。再來沏茶打洗臉水。　是。

第十五章　逐僕

怎麼了。燈罩兒又炸了。　可不是麼。又壞了一個。　我常告訴你說。剛點上的時候。燈苗兒要小。赶慢慢兒的。再往大裏捻。你老聽不進去。太没記性了。罷去年就幹過這麼一回了。老改不了。總是你没把我的話擱在心上。這是怎麼個理呢。　也是我一時没留神的緣故。　你不止一時没留神了。永遠没小心過。就拿去年冬天說罷。爐子永遠没乾淨過。赶今年撤了火了。爐子裏頭的剩煤也不弄出來。爐子也不刷上黑色。就扔在那堆房裏了。赶後來日子多了。全上了鏽了。還有那個煤。就在院子裏那麼堆着。不定那一天就許着了。　那是我不知道。　莫非你是瞎子麼。　那是苦力的事情。不是我應管的。　你別滿嘴裏胡說。你不會叫苦力收起來麼。　我告訴過他好幾回了。他老不聽　你別混遮掩。你向來是嘴硬。　我怎麼嘴硬了。　那麼我問你。昨兒個我回來。你上那兒去了。　我任那兒没去呀。　那麼我這屋裏。瓢朝天碗朝地的。招了好些個蒼蠅。你也不管。那是怎麼了。　是因為我有個朋友來了。躭悮了一會兒的工夫。没能拾掇　我不管那些個。起今兒往後我出去的時候。你總要把屋子

拾掇俐儸了。把衣服給疊好了。小爐裏燒上炭。拿灰焐上。瞧有甚麽使不得的東西該倒的該扔的就都倒了扔了。那纔是有眼裏見兒。哪竟等着挨說纔幹哪。那還算人麽。還有你常愛砸東西也不是事。近起來又添了一樣兒毛病。你有朋友來把我的各樣兒的東西拿出去用。這還像事麽。　我多咱拿你的東西了。　你別不認帳。昨兒個你拿我的茶葉。我悄悄兒的進來瞧見了。　我沒拿。　你說你沒拿。我現在到你屋裏搜一搜去。　你竟管去搜。　你瞧瞧。這是甚麽。你還狡情麽。　那是我各人買的。　這兒有真贜實犯。你還不肯認帳。你滾出去罷。我不要你了。　先生別生氣。是我拿老爺的東西了。求你寬恕罷你既認了。我還要你就是了。後來再若有這些毛病。一定立刻退走出去。　是。給先生陪禮謝你的恩典。

第十六章　問馬

回先生知道。馬籠頭壞了。　是那個地方壞了。　是嚼子那兒壞了。　那麽你拿到鞍鞊鋪裏去。收拾收拾。　是。　還有近起來所有鞍子馬鐙肚帶這些個傢伙。都髒的了不得。怎麽你也不拾掇啊。　沒有的話。那天都拾掇。　那麽那上頭的鐵活。怎麽會上了鏽呢。　那是沒用磚麪子擦的緣故。　我這幾天騎馬出去。馬的脚底下。彷彿是發軟老愛打前失。那是怎麽個緣故。　不錯。我也覺着是有那麽點兒毛病。　我想光景是馬掌掉了。或是釘錯了。也未可知。那麽我今兒個拉到獸醫椿子上去。再從新釘一回罷。　也好。還有一件。馬怎麽老不上膘呢。　怎麽不上膘。先生瞧不出來就是了。　我很瞧得出來。我知道你是夜裏不餧的緣故。若是馬再不長肉。我可就不叫你飷餧了。　你老別這麽說。所有麩子。黑荳。紅高粱棒子草。沒不餧足了他的。　我今兒早起瞧見馬棚外頭地下。注着好些個水。那是甚麽水。　那不是我弄的水。那是管洗澡房的他幹的。　那麽你把他叫來。　是。我就找他去罷。　先生現在要洗澡麽。　我先問你一件事。你怎麽把澡盆的髒水都倒在馬棚外頭了呢。　不是倒的。是因為溝眼堵住了。水漾出來了。　那麽你得把那溝眼通開纔好哪。　是。我回頭就通去。可是今兒個。不是你洗澡的日子麽。　你燒得了洗澡水了麽。是。都倒在洗澡盆裏。預備好了。　那麽你拿着手巾和胰子。跟我去罷。你先前頭走一步。等我解完了手兒就去。　是。　你可要把澡房的地板。都刷乾淨了。別弄的那麽溜滑的。　是。　先生水熱不熱。　熱一點兒。再對一點兒涼水。你給我搓搓澡。　是。　油泥多罷。　不算很多。　那麽你給我擦乾淨了罷。　是。

第十七章　起程

我現在要上上海去。你把東西都歸着起來。　先生打算多宗晚兒起身呢。一兩天就要動身。　那麽這粗重的傢伙也都帶了去麽。　不咖。那我打算託朋友都把他拍賣了。等我今兒晚上。連夜把拍賣的。和留着的分出來再打點罷。　我先把這箱子騰空了。把這零碎兒都捵在裏頭。好不好。　好是好。趕捵在裏頭之後。可得拿滑藉或是棉花揎磁實了。別叫他在裏頭搖挄纔行哪。那是自然的。還有那些衣服怎麽樣呢。　那等着歸在那皮箱兒裏。軟斥一塊兒打包。　那就是了。　那書槅子上的書。和字帖條幅。都拿紙裹上就行了。那匾額。竟把字撤出來。那架子不好帶。可怎麽辦呢。　那就先擱着罷。　先生箱子都裝好了。那麽把蓋兒蓋上。可以就先釘死了罷。　可以可以。你把那張紅紙遞給我。寫個籤子。貼在箱子上。　那皮箱還得上鎖。拿馬蓮包包上。然後拿繩子綑上。可就省得車磨了。　不錯。那繩子扣兒。務必要勒死了。看上車之後提蕩開。你快打發苦力去買兩張油紙來包那綢子。　嗐。那軟帘子摘下來捲上不好麽。　也好。還有那把旱傘也套上罷。再把這文具都裝在白拜匣裏。現在把你的鋪蓋也都捲起來罷。　把夾被棉被都疊起來。裝在褥套裏。那褥子。明兒個還要鋪在車上哪。　是。明兒個把那個馬蓮包的箱子。煞在後車尾兒上。你想怎麽樣。　使得罷。那磁器得拿紙蘸上水糊上。再裝纔妥當。　這個法子更妙了。　回老爺知道。某領事打發人。給你送了送行的禮物來了。拿進來。給他拿出個斤子去。叫他回去道謝就是了。

第十八章　送禮

你幹甚麽來着。　我在花園子澆花兒來着。　那花兒開的怎麽樣。　現在正是盛開的時候。開的好看極了。　怎麽你這手上這麽些個泥。　我是在花園

子弄土來着。 你回頭吃完了飯我要打發你送禮去。 是給那宅裏送禮去。 是給後門徐先生送禮去。 那麽劉二這個工夫兒先剃頭去罷。 哎你別竟剃頭還得修修臉哪 剃頭和修臉。那是一回事。 你還得換上乾淨點兒的衣裳平常在家裏做粗活哪原不講究到别的宅裏去總得要撒俐纔是樣子哪。 靴子帽子小的可没有。 你可以和夥伴兒們借一頂帽子一雙靴子就得了麽。你就快拾掇去罷別磨稜子了。 先生劉二都拾掇完了有甚麽話請先生吩咐罷。還有那禮物你都打點出來了麽。 你瞧這是四匣子東西這是我的職名 那麽劉二得雇一輛車去罷。 不行。這裏頭有嬌嫩東西怕車撴若不然就叫苦力挑着跟了你去罷。 喳那也好。 赶你到那兒就説這是我們東家新近打外頭回來帶來的土物奉送這兒的先生用務必把職名給留下。然後你就回來。 是那麽小的這就去罷。 啊還有。你到花園子去折幾朶花兒來拿着順便到吳宅給那位先生送了去。 先生劉二回來了。 徐先生在家了麽。 是在家了。把劉二叫進去了。説是貴東起外頭大遠的帶了點、

兒東西來留着自己用就給了。又何必費心惦記着我呢。實在心裏不安得很。這麽着給了我一個回片子。給你老道費心。 是了。你手裏拿着的那紅封兒是甚麽。 可是劉二還要回稟先生哪。這是那兒的先生給劉二一個賞封兒。劉二本不敢接。徐先生説你只管拿着。若是不接我就有了氣了。劉二這纔勉強接過來了。 好好你歇歇兒去罷。

第十九章　遣僕買物

你洗完了臉了麽。 洗完了。 我要叫你買東西去。 買甚麽東西去。 我要買口磨。大蝦米。和掛麪。 是買四牌樓的麽。 别買四牌樓的。那幾個舖子的東西。連一個好的也没有。 那麽我出城買去罷。 你出城要買前門大街。路東那個海味店纔好哪。 不錯那兒的東西可好。就是貴一點、兒 貴一點兒也有限的。 你是要買多少呢。 我要買一斤口磨斤半大蝦米。十子兒掛麪。可是那口磨多兒錢一斤。有六吊四的有四吊八的。 賤的東西總次罷。 那是自然的。 那麽買那貴的罷。分兩可叫他們邀足了。 他們不敢短分兩的。

那些買賣人的習氣。都愛要謊價。你也别竟聽他們要。總要還個價兒。 你老不知道他們那大字號。都是言無二價。不敢撒謊的。 那就是了。另外你打城外頭再給帶些個鮮菓子來。 先生打算要買甚麽鮮菓子呢。 杏兒和李子還有没有了。 那兩樣兒菓子現在可没了。 那麽就買梨桃。平菓。莎菓子檳子脆棗兒葡萄。這幾樣兒罷。 一樣兒買多少呢。 買一斤葡萄。一斤棗兒下剩那些個菓子每樣兒買十個就得了。 是。 你帶這四十吊錢的票子去。除子買這些個東西。剩下錢想着再買冰糖。和藕粉來。 是那麽小的現在就去麽 等一等這兒還有十吊一張的退票你給珠市口兒那個萬順皮貨舖裏帶了去告訴他們這是一張假票子叫他們立刻給換上。交給你帶回來。 先生怎麽知道是他們的退票呢。 我收着他們了。並且這是前幾天我到他們那兒買東西去了。他們找給我的。 打那麽没别的事了麽。 還有事。赶你回頭的時候。順便到那個熟裁縫舖裏。問一問。我定做的那件衣服得了没有。若是得了。你就拿包袱包上帶回來了

第二十章　己僕外薦

張福。 喳 你來我有話和你説。 是先生有甚麽話吩咐。 現在有一位領事。陞到廣東作領事官去。要找一個使喚的我打算把你薦給他。你願意去不願意去。 蒙老爺的抬愛張福願意去。可不知道得去幾年。 那位領事大概得在廣東三年。他願意你跟他在那兒三年。你的意思怎麽樣。 那倒可以的。可有一層。若是將來滿了三年。那位領事陞到别處去。他可以給你船價。把你打發回來。若是不到三年。他不要你了。也是他給你船價叫你回來。倘或没滿三年。你自己不幹了要回來。那可是你自備盤費。他是一概不管。 是張福都明白了。 還有工錢那層。那位領事説。每月給你十塊錢的工錢。四季的衣服。都是他管你想怎麽樣。 十塊錢的工錢小的也倒願意。就有兩層求老爺給説一説。 是那兩層呢。 一層是先求那位領事支給小的十塊錢安家還有一層。每月張福的工錢。得起京裏兌給小的家裏五六塊錢。就省得張福打外頭往京裏帶錢囉瑣了。 那我給你説一說。也倒可以行。可是先支給你這

十塊安家的錢。你想每月是怎麽個扣法呢　那是隨那位領事的使。每月扣一塊兩塊都使得。　那就是了。　若是那位領事都答應這兩層了。小的願意每月起你老手裏兌給張福家裏錢。纔妥當哪。　那都好説的。赶定規之後。我可以寫個取錢的執照給你。每月初一。你們家裏可以打發人拿着那個執照。到我這兒來取就是了。　貴先生的心還有張福走之後先生不得另找個使喚的麽。張福有個親戚。可以來伺候先生好不好。　你這個親戚多大了。　他今年十八歲。　當過使喚的麽。　是。他原先在俄國公館當過使喚的。　那件事。先挨一挨兒再説罷。因為現在有一位先生。給我薦了一個人。一兩天可以來試一試。若是不行。再叫你那個親戚來罷。　是。張福竟聽老爺的信兒就是了。　你這兩天先把我的東西都歸着齊截了。好交代給新手兒把外頭首尾的事情也都要算清了。　是。若是定妥了。張福可以多喒上工呢。　脚下離月頭兒還有八天那總是下月初一上工罷。　那就是了。

改良民國官話指南第四卷　　北京郎秀川重訂

官話問答第一章　遞國書

這是我們新任的欽差大員。特來拜會總長次長各位們來了。　啊。久仰久仰。今日幸得相會。實在是有緣哪。　我們欽差問總長次長們好。　啊。托福托福。請貴欽差上座。　我們欽差説不敢那麽坐。還是請總長上坐罷。　那如何使得呢。欽差今日是初到敝署。該當上坐的。　我們欽差説既是那麽着。就從命了。　理當理當。貴欽使幾時到的京。　我們欽差是貴國本月十六到的。　我們久已就聽説這位欽使處事公平。尤重和好。如今既來駐箚敝國。遇事必能持平和衷商辦。於兩國商民均有利益。何幸如之。　我們欽差説承總長各位們過奬。實在是自愧才短。謬膺重任。諸事還要求總長各位的指教。　貴欽使實在是太謙了。我們遇事還要請教欽使哪。　我們欽差説不敢當。　請問貴欽差今年高壽了。　我們欽差今年六十一歲了。　貴欽使年逾六旬了。精神還是如此的强健。實在是養法好。來　喳。　擺點心菓子。快盪酒來。　我們欽差説今日是初次到貴衙門來。那兒有就叨擾的理呢。　貴欽使這話説遠了。我們今日和欽差雖是初會。就如同故交一樣。況且這不過預備一點兒粗點心。為得是彼此可以長談。請欽差賞臉。不必推辭。　我們欽差説叫總長次長們。如此費心。實在是於心不安。　那兒的話呢。這實在是不成敬意。請欽使別見怪。　豈敢豈敢。我們欽差説這太盛設了。　這有甚麽。這實在的不成格局的很了。　我先敬欽使一盃　我們欽差説那實在不敢當。　總長請坐罷。　我們欽差還要回敬總長一盃。　那我可真當不起。　那麽我替我們欽差。回敬總長各位們一盃罷。　閣下是客。我們如何敢當。還是我們自己斟罷。　那麽我就恭敬不如從命了。　隨便隨便請欽使嚐一嚐這個點心。　我們大人説請總長各位們別周旋了。還是自取倒好。　若是欽使肯依實。我們也就不布了。　我們欽差説決不會粧假的。　那更好極了。請貴欽使再用一點兒點心。　我們欽差實在是彀了。　那麽請貴欽使過那邊兒屋裏坐罷。　我們欽差請問總長次長們。那國書可以幾時呈遞。　那層是等我們這一兩天之內回明總統。請示定於何日。然後再照會大人就是了。　那麽竟候貴處的信就是了。　就是。　我們欽差現在要告辭回去。　何妨再多談一會兒呢。　我們欽差是還有些緊要公事。得赶緊回去料理。不能在此久坐了。還給總長各位們道費心。　些須微意。何足掛齒。實在是簡慢得很。　那兒的話呢。　等改天我們再到貴館去謝步。　不敢當。不敢當。請總長次長各人們留步罷。　請了。請了。　再會再會。

第二章　回拜

貴欽使這一向好。　托總長的福。總長近來倒好。　托福托福。　列位先生們。這一向也都好。　承問承問。貴欽差那一天回來好啊。　喳。承諸位掛心。　今日我們到這兒來。一來是給欽差賀喜。二來是謝步。　不敢當。總長和列位先生們。實在是多禮了。　貴欽使恕我們來遲。　豈敢。這位先生怎麽稱呼。我們還沒會過面了。　可是我們倒忘了。你們二位請來見一見。這是新任的某欽差。這是我們劉總長。　久仰久仰。　彼此彼此。日前蒙貴欽使光顧。我正告着

假了。故此失迎求欽使原諒。　豈敢豈敢。總長貴處是甚麼地方。　敝處是江蘇。　總長現在是那衙門行走。　我現在是法部總長。兼管平政院的事務。　總長都是甚麼出身。　我是東洋法政大學畢的業。　總長都是榮任過外省甚麼地方。　我没作過外任。自從日本回國之後。就在法部供職。後來派過一次出使外洋的差。　都是派過那國的差啊。　派過一次到東洋的差。後來回京就派在司法部了。　總長今年貴庚。　今年虛度四十七歲。　總長年歲未及五旬。已經榮膺顯秩。這足見是高才極了。　過奬過奬。我這不過是僥倖。實在是自愧無才。濫竽充數就是了。　總長太謙了。今兒個我預備一點兒菓酒。請總長列位們在此多談一會兒。　承閣下費心。我們理當討擾的。無奈今日是有奉公特派的事件。必須赶緊回去辦理。我們心領就是了。　既是如此。我也不敢强留了。　那麼我們改天再來領教。就此告辭。　勞總長列位們的駕。　那兒的話呢。貴欽使留步罷。　倭乘倭乘。　不敢當不敢當。

第三章　接見公使

請司長見一見。這一位是我們新任的欽差。今日特來拜望司長來了。　啊。久仰久仰。　我們欽差問司長好。　哦。貴欽差好。　我們欽差説托司長的福。貴國大總統一向聖體康泰。　是我們欽差説。敝國大總統一向倒很康泰。請問貴國大總統一向聖駕安康。　是。敝國大總統一向倒很安康。請欽差上坐。　我們欽差讓司長上坐。　豈敢。貴欽差到此。理當上坐的。　我們欽差説這實在是膽大了。　請坐請坐。請問貴欽差是幾時由貴國動的身。　我們欽差是敝國上月初十動的身。　一路倒都很平安。　是。我們欽差説托司長的福庇。沿途都很平安。　貴欽差到上海住了幾日。　我們欽差在上海住了不過兩天。就往這麼來了。　沿路上走着。往這麼來也很遠。哪可不知道有甚麼新聞没有。我們要請教的。　我們欽差説沿路上的古蹟倒不少。但是關係現在國政的事情。倒没甚麼新聞。　是。那麼貴欽差上京定規是那一天。　我們欽差。打算後日就要北上。　貴行期何必如此緊急。　是因為欽限將滿。不敢久延。　是由水路走。還是由旱路走呢。　我們欽差。是因為行李太多。打算由水

路走。　船隻都雇妥了麼。　今日已經打發人雇去了。大約明日可就雇齊了。　告訴貴欽差説我可以派兩個武弁帶領二十名兵丁。護送大人到通州。　我們欽差説。司長如此費心。實在是感謝不盡了。　豈敢。貴欽差到此。我這是該當効勞的。　我們欽差説實在領情。　那麼我今晚就發文書。咨報外交衙門就提欽差大員。是後日由水路北上就是了。　那好極了。我們欽差今晚也有文書到京裏敝國公館去。　那更妥當了。　我們欽差現在要告辭回去。　請貴欽差再略坐坐兒。多盤桓一會兒。　我們欽差還有點兒公事。得赶緊回去辦理。　那麼勞貴欽差的駕。我明日再回拜閣下去就是了。　我們欽差説不敢勞動司長的駕。　該當的。　司長留步罷。　倭乘倭乘。　不敢當請請。

第四章　回拜公使

我今日來。一來是回拜貴欽差。二來是到貴署謝步。　豈敢。貴司長實在是多禮。　那兒的話呢。是該當的。貴欽差榮行準在明日麼。　是明日一準起身的。　船隻想都齊備了。　是俱已齊備了。　那麼明早是在何時啟節呢。　大約就在巳初罷。　那麼我明早辰正過來送行就是了。　那實在不敢勞動了。今日偺們一見。就都有了。等後來我再來之時。或是司長上京。偺們可以再多盤桓幾日。　既是如此。我就遵命不過來了。　豈敢。貴司長約摸可以幾時到京去呢。　大概今年冬至月底可以到京去。彼時必當到貴館拜會的。　倘或貴司長上京之時。請你先期賞我個信。我便當掃榻以待。　豈敢。要去之先。必然要預先奉告的。　還有一件事。托咐司長。　貴欽差有甚麼事。只管吩咐。　豈敢。我們這個領事官。人甚年輕。況且又是初次當差。尚欠歷練。倘有不到之處。求司長擔待些個。纔好。並且還要求司長諸事指教。俾伊有所遵循。則我感同身受矣。　貴欽差太謙了。這位領事官。人雖年輕。才情敏捷。數月以來。我風聞所辦的交涉事件。均甚妥善。我心中實在佩服得很。不過是在敝國年分尚淺。於敝國制度風土人情。恐還不能周知。倘有不甚明白的事情。問及於我。我必要詳細告知的。以副雅囑。　貴司長實在是過加奬譽了。他這不過是學習當差而已。　我現在還有公事在身。就要告辭了。　那麼偺們就等在京裏相會

了。 是赶大人到京之後。還要求賞給一信。以慰遠念 是到京之後。必有信奉致司長。 那麽明早我就派武弁。帶領兵丁到此。聽候貴欽差指使就是了。 豈敢實在承司長的盛情了。 該當的大人請留步罷 請了。再會再會。

第五章 交涉保護游歷人員

總長列位們都好。 承問承問閣下這一向好。 托列位總長的福。這一向到很好。 閣下請坐。 總長列位們請坐。 這一向公事忙不忙。 這一向倒不甚忙。 閣下今日到此有何公事見諭。 今日我是奉我們欽差的委派。到貴衙門來有件面談的公事。 哦請説一説。是件甚麽事呢。 因為上月有敝國一個翻譯官。領有護照。到某處游歷去。赶他到了那個地方。就住在一個店裏頭了。誰知那兒的百姓。少見多怪。每日三五成羣。在店門口兒擁擠觀看。其中還有口出不遜者。並且敝國譒譯官。風聞那些個百姓。有意滋事。因為那個店離隊官住紮處不遠。於是他就到隊官住紮處去。意在面見汛官。請他設法彈壓免生事端。誰知那個汛官竟自托病不見。敝國譒譯官無法。就又到知事衙門去拜會。赶他到了知縣衙門。把名片投進去了。等候許久。門丁出來説知縣陪客説話哪。不能接見。這麽着。敝國譒譯官。就回店裏來了。次日清早他又到縣衙門去請見。有一個姓王的書辦出來。把他讓到科房裏去了。王書辦問他的來意。他就將百姓有意生事。打算請知事設法保護的話。説了一遍。王書辦説因為知事現有公事在身。不能接見。敝國繙譯官就説。既是知事公事煩冗。我也不便請見。不過求閣下將此事回明知縣。就提我請他赶緊彈壓。免生意外之事。是要緊的。王書辦滿口應允。然後敝國繙譯官。就告辭回店裏去了。誰知他在店裏又等了兩日。並没音信。百姓越聚越多。信口胡言。勢必要鬧出事來。他看情形不妥。就一面發稟帖。稟報我們欽差知道。一面他就起身到府裏去打算面求府知事轉飭知事妥為保護。可不知道到府裏去辦理如何。但是我們欽差。昨天接到他的稟帖。十分詫異。因想各國人民到處游歷。既領有護照。地方官就應當照章保護。纔是。此事不但載在條約。而且屢次奉令飭知各省長官。轉飭各地方官。恪遵條約。保護洋人。何以各省長官。倒能遵守條約。而地方官們仍是以保護之責。視為無足輕重之事。令人實不可解。如今我們欽差説。就求總長次長們。再咨請各省長官。轉飭所屬。後來若是有外國人。帶着護照。到處游歷。地方官總應當加意保護。以符條約。是要緊的。 是了。閣下回去可以告訴欽差。就説這件事。我們明日就行文到那兒去。請該省的長官。要查問那個知事和那個隊官。究竟他們是為甚麽不肯接見。及不設法彈壓的原故。若是查出他們有辦理不善之處。必須將他們開叅的。並且我們還可以再行咨請各省長官。轉飭各州縣。日後若有洋人到各地方游歷去。總要按照條約。加意保護。倘或有不肯盡力保護的。一定要指名奏叅的。 是。勞總長們。如此費心。敝國的官民。實在感謝不盡了。 那兒的話呢。這是我們該當盡力的。 那麽我回去。就遵照總長們的話。回明我們欽差就是了。 閣下回去替我們問欽差的好。 是回去都替説。 請了請了。 再見再見。

第六章 交涉輪船碰傷案件

今日我是奉了我們欽差的委派。到貴衙門來。和總長先生們。説知一件公事。 啊。是甚麽公事呢。 因為是上月。有敝國的一隻火輪商船。船名風順。由上海往天津來。行至葛沽的上邊兒。撞壞了貴國停泊的一隻商船。赶到風順輪船到天津之後。船主業將此事稟報敝國領事官了。並且稟明了。那隻中國商船停泊的地方。有礙輪船往來之路。説是既然那隻商船不按河泊章程停泊。此次被輪船碰壞。便不應認賠的。後來敝國領事官。接到貴國外交司的照會。説是據中國船戶周立成稟報。該商船正在葛沽水面上行走之間。敝國風順輪船。由後面來。將該商船撞壞。船舵已經撞折了。船幫也撞壞了。彼時敝國領事官。照復外交。就提風順船主。已經稟明了。説是中國那隻商船。是在河裏灣着了。因他停泊處所。有礙輪船往來之路。以致被碰。按照河泊章程。是不應賠的。但是現在兩國應當彼此先派委會同到碰船之處。查看一回。然後再議應賠不應賠的事。這麽着。外交司就派了一位委員。會同敝國繙譯官。到碰船的地方。查看了一回。那個船戶周立成原稟的。是把他的船舵撞折了。把船幫也撞壞了。赶他們一看。不過將船舵撞折了。並没撞壞船幫。這一節就先與原報

不符。又據船戶周立成說那天他的船。實在是正走之間。被輪船碰的。然而據敝國船主說那天周立成的船。並沒在河內行走。實在是河裏停泊。阻碍輪船之路。以致被碰的。外交司總以敝國船主之話不足信。以中國船戶之言為足憑。敝國領事官和外交司辯論。若是以中國船戶之言為可信。那麼那個船戶。原禀的是輪船將他的船舵碰折了。將船幫也撞壞了。及至一查。不過將船舵撞折了。並未碰壞船幫。只舉此一端可見那個船戶的話不足為憑了。外交司雖然、無話可答。到底還是堅請敝國領事官。飭令輪船船主賠償修費。敝國領事官。據輪船船主供說。那個中國船戶。既然、不按照河泊章程停泊。致被碰壞。照例是不能賠償的。敝國領事官。若強令該船主賠償修費。實不足以服其心。無奈外交司、總不以敝國領事官之言為然。彼此辯論不休。敝國領事官。實無法可辦。所以詳報我們欽差大臣。請示辦法。我們欽差派我來請問總長先生們。此案應如何辦理。方免彼此爭論。　雖然、今日總長不在坐。依我們之見。這案兩造各報一詞。都不可憑信。總應由貴國欽差大臣札飭領事官。由我們札飭外交司。叫他們飭令兩造各尋見證。然、後彼此會訊。自然、就有個水落石出了。閣下回去。將此節回明欽差大臣。如以為可。就請賜一信來。我們就給外交司行文去就是了。　是。那麼我回去將次長先生們所論的辦法。回明我們欽差。斟酌可否。再寫信來就是了。　是。就這麼樣罷。　那麼我暫且就要告辭了。　請了請了。

第七章　託情

大人這一向好。　托福托福。閣下一向可好。　承問承問。　閣下請坐。　大人請坐。　閣下這一向公事忙不忙。　公事到不甚多。　閣下今日光臨敝署。是有甚麼公事麼。　是。今日是奉了我們領事官的委派。到貴衙門來。商量一件公事。　是甚麼公事呢。　因為有這本地一個商人。名叫劉雲發。由福州雇定了敝國一隻夾板船。裝載雜貨。運到此處。議定水脚是四千五百塊洋錢。在福州地方。先付過一千五百塊。說明白的下欠那三千塊錢。是到此處付清。船主當時也都答應了。這其中並沒有中人行棧經管。俱是他們彼此對講的。赶前

四天船到了此處。次日一早。劉雲發用撥船將貨物起下來裝上了。運到海關門口。候驗。然、後他和船主說。他先到家去措辦水脚。晚上必回船上來。把下欠的銀兩。都要交清的。他還開了他的住址。交給船主收着。船主看他那個人。是個正經商人。可就答應叫他去了。赶到那天晚上。劉雲發並未回船。直等到昨日晚上。仍未回船。船主就遣人接他所開的住址。到那個地方去找。並未找着。心裏就未免設疑。故此禀報領事官。函致稅務司。若是劉雲發完清稅項。暫且將貨物扣留。等他交清水脚銀兩。再為放行。後來接得稅務司函復說。若是劉雲發完清稅項。海關沒有暫行扣留貨物之例。此事碍難照辦。領事官恐怕劉雲發。忽然、交清稅課。海關將貨船放行。這項水脚銀兩。可就無着落了。所以領事官派我來。請大人函致稅務司。如若劉雲發完清稅項。暫且把他的貨船扣留。等他還清水脚。由我們領事官知會大人。轉致稅務司放行。請大人千萬費心。給辦一辦。我們就感情了。　這件事。若以公事而論。劉雲發完清稅項。海關原無扣留貨船之例。如今領事官既然、託咐我。我不過按着私交情。轉託稅務司。把劉雲發貨船。暫且扣留就是了。赶到他交清水脚銀兩。請領事官赶緊賜我回信。我好知會稅務司。把貨船放行。這不過是暫時通融辦理。後來不可以此為例。　大人如此費心。我們實在感謝不盡了。　那兒的話呢。這回頭我就給稅務司發信。　那麼我要告辭了。　請請。　改日再見。

第八章　布商交涉案件

今日我是奉了我們司長的委派到這兒來。是和貴領事官。說一件公事。　是甚麼公事呢。　因為前次貴館照會我們司長。說是這本地慶長洋貨舖東家趙錫三。批定了貴國天盛洋行哈喇六十色。立有批單。赶到上月貨到了。洋商催趙錫三起貨。趙錫三藉詞挑剔。不肯將貨物起去。領事請我們道台飭縣把趙錫三傳案查訊。後來據知事禀復說。把趙錫三已經傳到案了。據他說。去年封河之先。他在天盛洋行。批定了六十色哈喇。立了一張批單。他付過定銀一百兩。言明今年三月初間交貨兑銀子。兩無躭悞。赶到本年三月初間貨到了。天盛洋行遣人去給他送信。他就拿着原樣去到洋行。把貨包拆開。拿原樣一

比內有十色貨樣不符。所以他不肯收貨。要把原給的定銀退回。叫洋商將貨物另行出售。洋商不肯退還定銀。這麼着兩人也沒說開就散了。不料洋商竟自將他稟控他不肯起貨。實在是因有貨樣不符的緣故。並未是藉詞推托。我們司長據知事的稟復。已經照會司長了。後來又接到貴領事的回文。說是趙錫三在縣署所供的情形。是一面之詞。不足為憑。請飭縣仍舊叫趙錫三收貨兌銀子。我們司長說。雖然趙錫三所供的是一面之詞。無奈他既供出因貨樣不符。他不肯起貨。如今若是勒令叫他收貨付銀子。實在不足折服他的心。若是一定以趙錫三之言為憑。洋商又未必肯服。我們司長現在想了一個善法。遣我來和領事官商量。打算定規本月某日。我們司長同貴領事在會訊公所把原被兩造傳來。叫洋商雇人。把那六十色哈喇。抬到公所去。貴領事和我們司長過一回堂。公同看一回貨物。孰是孰非。自然立判。不知道大人的尊意以為何如。　此事我原無成見。如今既然兩造各供一詞。難以定案。司長所想的辦法也很妥當。然而以我的愚見。由司長飭令趙錫三約兩個華商。由我飭令天盛行的東家。邀兩個洋商。是日都齊集會訊公所。叫他們四個商人。看明貨物是否與原樣相符。以他們四個人為憑據。若果他們四個人看明貨樣相符。司長便可飭令趙錫三起貨付銀子。如果貨樣不符。彼時我訊明天盛行主。再和司長商議辦法。愚見若此。閣下以為何如。　貴領事所論的辦法更盡善盡美了。我回去將此節稟明司長。再回覆貴館就是了。　閣下再坐一會兒罷。　今日是有公事在身。不能久陪。等底下再給貴領事來請安。　豈敢豈敢。　貴領事留步罷。　改日再見。

第九章　買辦倒欠案件

今日我們領事官委派我來和司長商量一件公事。　是甚麼事呢。　就是敝國晉昌行掌櫃的朱曉山虧空銀兩的那一案。　那一案前日我已經照會領事官了。不知道領事官以為何如。　我們領事官的意思。是這麼着。當初寶昌行聘請朱曉山之時。有祥立仁和福順晉昌四家具的保單。言明嗣後朱曉山如有虧空等事。除將朱曉山家私變價賠還外。下欠若干兩。四家保人一律攤賠。各無異議。前日我們領事官接到司長的照會。說現在除將朱曉山家私變價一千兩賠還外。下欠四千兩。應着落保家晉昌綢緞舖賠出銀二千兩。其餘二千兩。着落祥立仁和福順三個洋貨舖保家。一律攤賠。我們領事官。看司長如此辦法實有不解。所以打發我來請問司長因何不按保單上所說的。叫他們四家保人均攤。怎麼單叫晉昌號多賠。叫那三家少賠呢。　我叫晉昌號多賠。叫那三家少賠。這其中有個緣故。因為前次我把那四家保人傳來審訊之時。據祥立仁和福順三家舖東說。當初具保單時。雖然言明將來朱掌櫃的如有虧空等事。除將朱曉山家私變價賠償外。下欠若干兩。四家保人。一律均賠。然而這些年晉昌號時常有借用朱曉山銀兩買貨之事。其所借用之銀兩。並無利息。所以他這些年也頗沾朱曉山之光。我們這三家保人。這些年和朱曉山並沒有交往錢財的事情。向來沒有沾過朱曉山之光。如今若是叫我們都一律攤賠虧空。我們三家實在寃屈。這麼着。我又問晉昌東家。他們那三家所說的。是實有其事麼。據他供認。這些年實有借用朱曉山銀兩買貨之事。情實沾朱曉山之光頗多。因此我纔將朱曉山虧空的。這四千兩銀子。斷令晉昌號賠出銀二千兩。那三家保人。分賠那二千兩銀子。他們四個人。都情願具輸服甘結。此事我出並未十分勉強。閣下看如此判斷。還有甚麼不公平之處麼。　我斗胆說一句話。求司長可別見怪。　閣下有話不妨明言。　據我看如此斷法。似乎不甚公平。　有何不公平之處呢。　大人之意。是以為晉昌號這些年沾過朱曉山之光。所以如今斷令他多賠。那祥立仁和福順三家。向來並沒沾過朱曉山之光。所以斷令他們少賠。依我的愚見。斷此案。總應當據保單上所說的話為憑。保單上既然言明。將來賠補朱曉山虧空。應當四家保人一律均攤。如今若單叫晉昌號多賠。不但與保單原議不符。且恐那三家有幸免之詞。似乎不公。至於說晉昌號常借用朱曉山銀兩買貨。並沒利錢。這些年沾朱曉山之光頗多。因此斷令晉昌號多賠。然而晉昌號借用朱曉山銀兩。那是他們的私交情。與此案無涉。斷無因此案。而牽涉伊等私情之理。在那三家保人。希圖少賠錢。原可以任意混供。在司長原不必據他們之言而斷。設若這四家保

人。內中有兩家沾過朱曉山之光那兩家沒有沾過朱曉山之光。那麽就應當竟叫這兩家沾過光的賠銀子。那兩家沒沾過光的。就可以置身事外麽。所以司長總應當據保單上令他們四個保人一律均賠。不可有賠多賠少之分方為公允。　閣下所說的是據理而論。我所說的是隨勢酌情權變之法。　司長所說的。隨勢酌情權變之法。那是據理判斷。有萬難之處。方可用權變之法。如今此案據理而斷。並無碍難之處。又何必用此權變之法呢。　閣下既然看我所斷的不甚公平請閣下回去之時。和領事官商量商量。然後偺們再從長計議也未為不可。　既是如此偺們再議就是了。我現在要告辭回去。　忙甚麽。偺們再談一會兒罷。　我還有公事了。偺們改天再會罷。　請了請了。　再見再見。

第十章　洋商被欠

今日我到貴衙門來是和司長面商一件事情。　哦。請教是甚麽事呢。　就是因為貴國信成洋貨舖。欠敝國恒裕洋行的貨銀那一案。因為上回恒裕洋行稟控信成洋貨舖的時候。我先把信成的東家王保山傳來問了一問。據他說。這本地富順雜貨棧。欠他有一萬多兩銀子的貨銀。屢　去催討。總也沒還。若是能把那項銀子追出來。除了還恒裕洋行貨銀五千兩。還富餘五千多兩銀子哪。他求我照會司長飭縣先把富順棧的東家傳到案。把那項銀子追出來。他就可以歸還恒裕洋行的貨銀。我是恐怕恒裕洋行貨銀無着落。所以照會司長飭縣傳訊富順棧的東家。把他該信成的貨銀追出來。為得是好歸還恒裕洋行的欠款。昨日司長遣委員楊先生到敝館去。說是此案恐怕是信成東家託出恒裕洋行東家揑詞代為控追富順棧的欠款。如果照辦。怕是開洋商包攬插訟之端。請我細細的查問明白再議。這麽着。我又把恒裕行的東家叫了去。細問了一問。據他說信成洋貨舖。實在欠他行裏的貨銀五千兩。有帳可憑。他並不知道富順棧該信成洋貨舖銀兩的事。至於求我照會司長飭縣傳富順棧的東家。訊追欠款。那實在是王保山的主意。並非是他們兩人商量的辦法。如今我既然查明白了。這其中並沒有毛病。那麽就還請司長飭縣照辦就是了。　貴領事雖然查明白了。這其中並沒有弊病。總還該當由洋商控追信成。由信成控告富順。各清各帳。方為正辦。若是隨便牽扯。雖然這案沒毛病。難保後來不滋生弊端。這也不可不預為防範。貴領事尊意以為何如。　我想司長所說的。也很有理。不過有一層。請司長吩咐知事。將來王保山到縣控告富順。知事把富順棧欠信成的銀兩。追出來的時候。先別叫信成領去。由知事把信成欠恒裕洋行那五千兩貨銀扣下。其餘的銀兩再叫王保山領去。司長想這麽辦好不好。　這層我倒可以飭縣遵辦就是了。　既是如此。我明日行文過來就是了。暫且失陪。　那麽偺們改日再見。　請了請了。　再會再會。

第十一章　陞任

老兄大喜了。　老弟同喜。　因為昨日我看見報。知道老兄陞上了。所以今日特來給老兄賀喜。　實在勞駕得很了。老弟請坐。　老兄請坐。　老弟這一向官差忙不忙。　這一程子公事很忙總未得暇。　何以如此之忙呢。　是因為這一向竟辦理稅契的事情哪。　稅契也快辦結了罷。　是也就在這個月底就可以辦結了。　是。　老兄是幾時驗放。　大概就在本月初十驗放。　缺分怎麽樣呢。　算是個中缺罷。　老兄如此大才。不久便要調首縣的。　那何敢指望呢。我這初次作官。但願得一簡缺免有竭蹶之虞。若遇一煩難之缺。轉恐才不勝任。必致貽笑大方。　老兄太謙了。　那麽老兄行期大約得幾時呢。　大約也就在多至月初間罷。　限期是多少日子呢。　限期原是三個月。若是有緊急的事。也還可以再告一個月的假。在我的意思看若到臨時沒甚麽緊要事件。也就無須告假了。　老兄此次攜眷去麽。　我想冬天路上太冷。若是攜眷去諸多不便。我打算今年我先到任上去。赶明年春天。再遣家人來接家眷去到方便些個。　是。老兄這麽辦倒很妥當。我現在要上衙門去。改天再談罷。　老弟有官差在身。我也不敢久留。等我赴任之日。再到老弟府上請安去就是了。　不敢當。老弟請留步罷。　老弟請走罷。那兒有不送之理呢。　老兄請進去罷。　侯乘侯乘。　不敢當。

第十二章　賀得知事

老兄久違了。 彼此彼此。老弟大喜了。 同喜同喜。 我是前日到的。家看見題名錄了。知道老弟優取了。所以今日特來賀喜。 勞老兄的駕。 那兒的話呢。 老兄請上坐。 老弟請坐。 老兄一路上倒都很好。 是托福一路都很平安。 老弟此次取的很高。足見是學問有素了。 承過獎了。這不過僥倖如此就是了。 老弟太謙了。此次考試官是那位。 房師是張老師。 都見過了麽。 是前日考試官已見過了。令弟此次抱屈的很。 那兒的話呢。 是甚麽錯了呢。 是法律兩條對不上來所以掉了。 這也是一時的。精神不及。下次考試一定要取中的。 借老兄的吉言罷。 你此次進京來是有何公幹。 我是解銅來了。 都交代完了麽。 昨日已經都交代清楚了。 那麽你此次回省就可以補缺了罷。 今年回省。署事遂可以補缺大概總得明年罷。可是覆試是多咱哪。 覆試是本月二十三。 那麽等過了老弟覆試。咱們再談了。 我現在要告辭了。 老兄何妨多坐一會兒呢。 我是今兒個還要拜客去哪。 那麽等過了覆試。我再到府上請安去罷 不敢當。老弟留步罷。 咱們改日再會。

第十三章　託代上稅

今日我到府上來。是有奉懇兄台的事情。 豈敢。老弟有何見教。 是因為有我們一個敝鄉親由四川運來有十數箱綢緞。托我給他辦這上稅的事情。我也是一概茫然。所以特來奉懇兄台。代為辦理。 大概貨物得幾時到呢。 大約後日可以到京。 此事容易辦。 兄台可以托誰給辦呢。 你們這位貴鄉親現在到京了麽。 他是昨兒晚上到的。京打算把這上稅的事情安置好了。他再出城迎貨去。 是我今兒可以出城。託好了稅務司的經承叫他派兩個人。後日一清早到你的寓所去。跟着你那位貴鄉親一同出城迎貨。然後叫那兩人押着貨車到務。囑咐貴鄉親可以先期開一清單交給我是日由我呈請查驗。赶查驗之後。就可以先打印子放行。等科房把稅銀算清。告訴我說。我再和貴鄉親要出來給稅務司送去。不過得給底下當差的些個飯錢就是了。 我們那個敝鄉親。倒不怕多花幾個錢。只要保其平安就是造化。如今聽你說的這個辦法是妥當極了。 請貴鄉親竟管放心。此事既是我承辦。我管保萬無一失。 你不知道我們那個敝鄉親現在是驚弓之鳥。 怎麽。 他前年運來十箱子綢緞。赶到了彰儀門的時候。城關了。他就住在一個店裏頭了。赶車的起車上把烟土卸下來了。被巡役看見了。報他私卸貨物。因此罰了若許銀兩。所以此次他是膽戰心寒。故此纔託我預先安置。 你告訴他萬妥。決不能有差錯。 那麽實在承你費心了。我明日在寓所你候的佳音就是了。 就是就是。

第十四章　約友赴筵

前次承兄台枉顧。今日特來謝步。 豈敢。老兄實在多禮。 那兒的話呢。這是該當的。 老兄這一向官差如何。 這幾日稍微的漸消停一點兒。 老兄是能者多勞。 承過獎了。不過以勤補拙就是了。 老兄太謙了。 今日兄弟來打算初五奉請兄台在同慶堂一聚會。求老兄千萬賞臉別推辭。 兄台何必如此費心。咱們一見如故。似無須拘此形跡。 這不過是兄弟一點兒誠心。聊盡地主之情。况且同座幾位。都是咱們道義中人。又是和兄弟至好。人家不過聚在一處談一談就是了。 既蒙老兄抬愛。我就遵命了。 豈敢。這是兄台賞臉賜光了。那麽明日我備帖過來就是了。 咱們今日既當面說明白了。老兄就不必送帖來了。不過請告訴我時辰就得了。 那麽我就從命。不送帖來了。咱們初五午刻。在同慶堂會面就是了。 我屆時必要早到的。 那好極了。還有一件事我要奉懇老兄替我為力。 兄台有何事吩咐。 因為我這是初次到京。舉目無親。打算把敝眷接出來。一則諸事便當些兒。二則免得兩處當家。現在要租一處房子。可沒找處。老兄若有相識的。求你給我找一棚。 巧了。有一位朋友他那房子要往外租。若是老兄住着。一定合式。咱們初五這約。就有此公在座。那個時候便可當面商議。這實在是萬分湊巧了。 此事全仗老兄為力了。 那兒的話呢。 我也要告辭回去了。咱們初五見。就是了。 老兄回去了。 再見再見。

第十五章　會晤

你們二位見一見。這是朱筱園。這是黃毅臣。　久仰久仰。　彼此彼此。　老兄請坐。　請坐請坐。　我常聽見這位李芝軒老兄。提閣下學問淵博。實在仰慕得很。今日一見。真是有緣有緣。　豈敢。兄弟是才疎學淺。承芝軒兄台謬奬。實在是慚愧的了不得。　老兄太謙了。請問老兄是由幾時丁的憂。　是由今年春間。　老伯在的時候。都是榮任過甚麽地方。　先父是由翰林轉御史。後來陞給事中。然後京察一等。簡放廣東督糧道。光復那年。敝省都督請他老人家出來辦鹽政。是今年二月初五在敝省鹽政出的缺。　尊老伯今年高壽了。　今年六十六歲。　實在可惜可惜。　老伯母今年高壽了。　家母今年整六十。身體倒還康健。　是托福。倒很健莊。　閣下是在司法部供職麽。　是。兄弟是庚戌那年畢業。回國考列優等。從前清到民國。可都在法部當差。現因丁憂回籍守制來了。　貴昆仲幾位。　我還有一個兄弟。就是我們兩個。　令弟原先榮任過甚麽地方。　他没當差。他是壬午副榜。先父在的時候。他隨侍任所。現在是在法政肄業。　是。兄弟這是初次到貴處。一切未諳。諸事總是求老兄指

教。　豈敢。老兄從先是在何處遊幕。　前年曾就易州衙門的文牘。去年冬間。舊居停因案去任。兄弟脫館就回家去。趕到今年夏間。我們這位朋友派授此缺。執意邀兄弟同來。誼不容辭。所以就一同來了。　我們這位老知事是由甚麽出身。　他是由舊資新考出來的。　是。我現在要告辭回去。改日再來領教。　豈敢。老兄回府先替我給伯母大人請安。兄弟改日親見到府上請安去。　不敢當。兄台留步別送。　請了請了。

第十六章　會談

前次我是聽見孔竹菴兄提老兄大名。不敢造次晉謁。託孔兄代為先容。今日特意到府上來請安。　豈敢。勞兄台的駕。我也是久仰大名。只因家事煩雜。還没得過去拜訪。今日一見。深慰下懷。　我這是初到貴處。人地生疎。請事仰仗兄台指教。　豈敢。有甚麽事。兄弟是必當効勞的。請問老兄。是幾時到的敝處。　我到此不過兩個月。　我聽見孔兄說。老兄現在是辦理本處釐捐局的事務。　是。我到省裏稟見巡按使之後。奉委幫辦本處釐捐事務。　老兄在省裏

日期。先託孔兄過來知會老兄罷。　就是就是。

第十七章　詩會

兄台這一向少見。是有甚麽貴幹去了麽。　是同着幾位朋友。到西山遊玩去了。　去了有多少日子呢。　在山上住了有十天。　住了十天。可逛足了罷。　遊玩的地方倒不多。在那兒竟住了幾天。　在那兒住着。幹甚麽來着。　我們這幾個人。是在西山上一座關帝廟裏。立了一個詩會。　這雅的很哪。都是每月逢幾開會呢。　每月初一至初五。十一至十五。二十一至二十五。這都是作會的日子。　這麽說一會是五天。一個月共是十五天。　不錯。每月是十五天。　這每月作會的日子很多呀。共總有幾位朋友呢。　偺們京裏的連我是五個人。還有那本地的兩位朋友。共總七個人。　那麽你們這五位作會的日子。得在那兒下榻罷。　是。我們每逢作會的日子頭一天去。趕過了作會就回來。　在山裏頭是住在那兒呢。　就住在那本廟裏。　那麽飯食是怎麽辦呢。　我們是由京裏帶一個厨子去。吃的東西也是由京裏買了帶了去。酒和肉彼

住了有多少日子。　住了不過一個月。　老兄可以幾時到差呢。　大概得到本月底下月初罷。　貴局每年是多少比較。　現在倒没論比較。就怕初規復不好辦。我也辭了幾回差。無奈上峯不准。我總怕辦不起色。貽笑大方。　豈敢。老兄是在崇正學校主任麽。　是因為是敝處紳士公舉兄弟在學校主任。其實自愧無才。徒負虛名而已。　那兒的話呢。　前次兄弟曾託孔兄來。面求老兄一件事。今日我斗胆特來奉懇。　不是為令弟的那件事情啊。　不錯。就是那件事。　我是因為才疎學淺。恐怕耽悞令弟的學問。不敢率允。　老兄太謙了。若是舍弟拜在老兄門下。得親大教。學業日新。何幸如之。　老兄既然願意令弟問道於盲。那麽我就勉强從命了。　兄台既然允許了。我就感激非淺了。等着幾天我帶舍弟來拜師就是了。　不敢當不敢當。　令弟是幾時畢的業。　他是前年畢業。我怕是他那漢文一定不夠用。所以我把他帶出來。投一位名師肄業。以圖上進。如今得蒙老兄陶鎔。將來舍弟學成。舉家感戴。没齒不忘也。　豈敢豈敢。那麽等老兄定妥日子。我和令弟會面就是了。　等我擇定

處有一個小鎮店。還可以買。　既是如此我也願意入這個詩會。　若是得兄台去與這個會更增光了。　承過奬了。我是不長於做詩。不過去給衆位研墨就是了。　兄台太謙了。　還有飯食這一層我也是一律均攤我纔肯去哪。　那一層兄台倒無須介意都在兄弟身上就是了。　若是不説明白了。那我決不從命的。　既然如此偺們就同席吃飯各自會錢就是了。　如此我便可以去。　可是誰是會首呢。　我們這麽商量的大家輪流着當會首。　這麽辦倒是狠好。　那麽二十一早我來約上兄台。偺們一齊動身就是了。　是就這麽辦罷。

第十八章　見繙譯官

閣下是貴國那一縣。　我是敝國長崎縣的人。　那麽離敝國甚近哪。　不錯。離貴國很近。　閣下到敝國來有幾年了。　我到貴國有三年了。　閣下在敝國三年官話能説得這麽好實在是聰明絶項佩服佩服。　承閣下過奬了。我這不過粗知大概那兒就能説到會呢。　閣下的口音與敝國人的口音。毫無

差別。不是我當面奉承。像閣下這樣聰明的人。實在是罕見的。　那兒的話呢。　閣下在此是當甚麽差呢。　我現在是在此當繙譯官。　這好極了。偺們這兩下裏時常有會辦的事件。若是有我不知道的。還要求閣下多指教。　豈敢豈敢我這是初次當差一切未諳。諸事還要請教閣下哪。　不敢當。偺們倒是常常的互相討論彼此都可以有進益。　不錯。閣下所論甚是。請問閣下是由甚麽出身。　我是由美國畢業回來分發到此。　閣下分發到地有幾年了。　我到此不過纔一年多。　閣下貴處是甚麽地方。　敝處是湖北江夏縣。　寶眷也在此麽。　我没携眷來因為家母年邁不耐舟車之苦。故不能同來。就是我隻身在此。　是我到此聽見我們領事官説。閣下在此與各國官員同來交際。均甚水乳。實在令人欽佩。　那兒的話呢。我本不甚熟諳洋情。蒙上憲委派到此幫辦交涉事件不過以實心行實事。總望兩無猜疑推誠相信彼此自可融洽。這就是我的本意。　閣下常存此意自然辦理妥當。我今日還要到别處拜客去等底下我再到貴寓來面領大教。倘閣下得暇時。請到敝館談一談去。

是。既蒙閣下不棄嫌。過一天必要到貴館望看去。　豈敢那麽我在敝館恭候大駕就是了。　不敢當閣下乘上走罷。　閣下留步罷請了請了。　再見再見。

第十九章　挽友説合

今日我到府上來是有一件事。奉懇老弟替我為力。　兄台是有何吩咐。　是因為我們舍親顧子恒去年春天借用令友秦寶臣一項銀子新近秦寶臣索取此欵。兩人言語不合就吵鬧起來了。現在我聽見説。秦寶臣要和舍親搆訟。我因為知道老弟和秦寶臣是莫逆之交。所以特來求老弟出頭給他們説合説合。　兄台知道當初令親借銀子的時候有中人没有。　我知道有一個中人名字叫高五去年冬天已經去世了。　令親借用秦寶臣是多少兩銀子有利錢没有呢。　舍親借的是二百兩銀子。言明是分半利錢。立了一張借字兒。寫的是二年歸還。到現在纔一年半前兩月秦寶臣告訴舍親説。他要置房子等這項銀子用。他也不接利錢要停利歸本。我們舍親説一時不能歸本秦寶

臣叫我們舍親盡力凑辦就是了。然後也就散了。新近秦寶臣又到舍親家裏去要立刻歸本舍親説一時實難凑辦總得再緩幾個月纔能如數歸還啊。現在還是照舊按月給利錢就是了。秦寶臣不依定要歸本不要利錢因此兩人言語不合就吵鬧起來了。現在我聽見説。秦寶臣要打官司在舍親因為没到約期。不能歸本況且又不拖欠利錢就是打了官司也不算没理的事。不過是他有官差在身。若是一打官司。便要誤差的。所以我打算奉求老弟給他們出來説合説合。叫他們兩下裏平安没事。那不好麽。　你打算叫我出頭怎麽説合呢。　求老弟見秦寶臣和他説一説過兩個月。一準給他歸本就是了。現在還是按月給他利錢。倘届期舍親不能歸本都有我一面承管了。　既是如此我明日就見寶臣和他説去就是了。　勞老弟的駕等事完之後我再帶舍親給老弟道乏來。　豈敢豈敢。

第二十章　會日員

今日我們兩人是專誠來拜望閣下。　勞二位的駕。請坐請坐。　閣下請坐。

你們二位怎麽稱呼。　我姓島他姓井。　是幾時到的此處。　我們是昨日到的。　住在那兒了。　住在這東關德元店裏頭了。　閣下在敝國有幾年了。　我在貴國有四年了。　這位在敝國有幾年了。　他來了不過纔半年。　通曉敝國的語言麽。　他不通曉還没學話哪。　你們二位是到此處游歷來了。還是有公事呢。　没有公事不過到此來游歷。　閣下是貴國甚麽地方的人。　我是敝國大坂府的人。　此公和閣下也是同鄉麽。　他和我不是同鄉他是橫濱人。　請問閣下貴同鄉有一位姓福的。他原先在上海當繙譯官。閣下認識不認識。　是認識。他和我們還是老世交了。　現在福公在貴國是當甚麽差使呢。　他現時没在敝國。他自從由貴國回去之後。就奉命到英國去了。　那就是了。　閣下和福繙譯相好麽。　是我們兩人至好。　閣下和他是在那兒認識的呢。　原先我在上海當委員的時候我們兩認識的。結為文字之交。最相契厚。趕後來福繙譯回國去了。他到了長崎的時候。還給我來過一封信了。後來因為我奉委到直隷來了。從此就踪跡渺茫了。如今聽閣下說纔知道他奉命到英國去了。我這兩天修一封信。交給閣下。遇便求你給他帶到英國去。　可以的。我們還得在此住幾天了。閣下可以隨便寫得了。遣人送到店裏。交給我帶去就是了。　我這兩天還要到貴寓回拜你們二位去哪。　那我們實在不敢當。閣下公務甚忙。況且閣下既然是和福繙譯相好。偺們這更親近一層了。似不必拘此形跡。　那是該當的。　我們現在要告辭回去了。　勞二位的駕。　那兒的話呢。閣下留步別送。　那麽我就從命不遠送了。　豈敢。改日再會。

改良民國官話指南釋義

燕北徐書曹生氏編

應對須知

第一節　①您納（尊稱）　②草字（謙詞）　③久仰得很失敬得很（凡得很皆寔在之意）

第二節　①並不很白（很甚也）　②了（凡了字皆官話虛字不讀蓼悉讀拉）　③兒（凡兒女之兒宜單讀餘皆官話腔調尾音宜與上一字連合其音兩字合一字音讀）

第三節　①官名（即官印官章）　②尊行排幾（行音杭排幾排行第幾）　③還（凡往還與還債之還讀環此則官話虛字作仍字解音孩）　④和（同也）　⑤請安（乃請問安好之意非屈一膝也）

第四節　①今兒早起（北京稱今日明日前日後日為今兒明兒前兒後兒今兒早起言今日早上也）　②特（北音讀脱南音讀奪此北語應從北音讀脱為是）　③的（凡目的的的雖之的讀狄此則官話腔調尾音讀達）　④謝步（謝其枉步）

第五節　①可不是麽（正是也）　②臉（北人謂面曰臉）　③復元兒（復舊也）　④怕是你（誠恐你也）　⑤重落（重感也）　⑥着點兒涼（言受一點風寒）　⑦覺着（見覺也）　⑧渾身（一身也）　⑨那總得（那一定也）　⑩大夫（大音帶醫生也）

第六節　①靠不住（不妥當也）　②雲山霧照（喻妄語之人如山之蒙雲罩霧真體難覯也）　③要準兒（叫他說寔在準話也）　④白用心（枉用心機也）　⑤一味的（永遠也）　⑥胡吹混嗙（說闊也）　⑦上檔（受騙也）

第七節　①可是咳嗽纔輕省一點兒（言就是嗽略瘥一點也）　②關照（關心也）

第八節　①賞我臉（看我重也）

第九節　①逛（音誑遊也）

第十節　①閒空兒（閒工夫也）　②欠安（病也）　③

總（都也）【十一節】㊀撒謊（說謊也）㊁丟臉（無面見人也）【十二節】㊀刻（雕也）【十三節】㊀倆（凡拔倆之倆讀
兩此則北京土字乃二者並稱之詞閣音應讀作里椅切）【十四節】㊀逛逛（玩耍玩耍也）㊁偺們（親暱之詞）㊂搭伴兒（約伴
同去也）【十五節】㊀嗓子（音額喉嚨也）【十六節】㊀槅扇（木壁也）㊁耳朵（北人稱耳為耳朵）【十八節】㊀
老沒見了（言許久未見也）㊁面善（面熟也）㊂提（說也）【十九節】㊀介紹（介北音讀借南音讀蓋致意也）【二十節】
㊀晌午（下午也）㊁打（由也）【二十三節】㊀躺（卧也）㊁炕（炕音抗北人以磚土做牀日炕內通氣道下生煤火每屆隆冬之際
溫暖如春）㊂颳風（起風也）㊃直飛（行甚速也）㊄巧了（將好也）【二十五節】㊀走動（大解也）㊁被窩（被也）
【二十九節】㊀好歹（歹達矮切好壞也）【三十節】㊀不理沒我們一點兒好處（即有善必褒之意）【三
十一節】㊀了空（了仍讀蓼）㊁土是鹹的（北方之田如久經大水即變為斥鹵雨後生城如霜寸草不生）【三十三節】㊀
嗐（恨聲）㊁整天家（日日也）㊂老子娘（老子父娘母）㊃多偺是個了手（了仍讀蓼言何時為止）㊄依我
說（據我意見也）【三十四節】㊀哄（騙也）㊁往上巴結（言有出頭之日）㊂有縫兒就鑽（無孔不入也）㊃來
不及（做不來也）【三十五節】㊀保得住（言保全名譽得以長久也）【三十六節】㊀總沒大理他（言只略答一半
句餘則不與交談也總沒大理他者言他每次來我皆如此看待也）㊁涎皮賴臉（面皮厚不知羞恥也）㊂儘自來（常常來）㊃沒
眼神兒（言人之悅與不悅皆未之見也）㊄老別理他（永不與交談）【三十八節】㊀穩重（莊重也）㊁跟前（北人

謂親生之子曰跟前）【三十九節】㊀熬夜（作夜工也竟夜不睡亦曰熬夜）㊁作活（北人謂做工曰做活）㊂有耐心煩兒
（言有堅忍之性質也）㊃馬尾兒（尾此處音以係專指尾上毛線而言者他處仍音委）【四十一節】㊀嚼（咀嚼也）㊁孃（娘也）㊂
弄（做也）㊃強（好也）㊄磕（音克以牙開瓜子皮）【四十二節】㊀給他實端出來（言將伊弊病和盤托出也）【四十三
節】㊀耗子（鼠也）㊁餧（音位飼也）㊂兇（利害也）

官商吐囑

【第一章】㊀東單牌樓（地名）㊁胡同（北京巷衚之通稱）㊂行走（自由當差之意問入之詞也）㊃任不了（了仍
讀蓼）㊄那層（這事也）㊅腳下（現時也）㊆那好辦（那容易也）㊇趕（到也）㊈勻（分也）㊉七十吊（北京舊鑄當十
大錢七十吊即南省制錢七吊）⑪鬧賊（失盜也）⑫茶錢（北京租房最難門外不貼租榜皆房牙或友人代租其租房之法頭一個月則雙倍
價稱為單茶錢房好頭一個月則三倍價稱為雙茶錢後則逐月納租）⑬落（得也收也）⑭幾分兒茶錢（即是問單茶錢雙茶錢之意）
⑮一茶一房（七十吊房租七十吊茶錢乃單茶錢）⑯行了（使得也）⑰準見（一準相見也）【第二章】㊀行情（行音
杭行價也）㊁行市（亦云價也）㊂鋪子（店鋪也）㊃合式（中意也）㊄哈達門（彰儀門也）㊅置（辦也）㊆底下（後來
也）㊇提（說也）㊈一盪（一回也）㊉門脈出馬（上午在家看症曰門脈下午在外看症曰出馬）【第三章】㊀喳（恭敬應聲）
㊁頗缺簡缺（凡縣缺之難易分四等曰衝曰繁曰疲曰難四者之中有三即為頗缺有一或皆無為簡缺頗則難做簡易做也）【第四章】

㊀打架（尋鬧相打也）㊁無賴子（光棍土痞也）㊂撿（拾也）㊃掛失票（聲明遺失也）㊄他也不能白了
你（言伊斷不能白白收去定當酬謝也）㊅不答應（不肯也）㊆通不管那些個（通讀去聲乃作色詞）㊇扣（留也）㊈擱
（放也）⑩摔（慣也）【第五章】㊀琺藍（銅器上以銅線圈出花文內染以五色料燒成後磨之即成景泰藍在外國極有名譽）㊁作（作讀
平聲北京製器之所曰作）㊂掌櫃的（老板也）㊃局子（店也）㊄白問一問（問價不買曰白問）㊅公館（公使館也）【第
六章】㊀倒好（可好也）㊁收租子（收田租）㊂幾頃地（百畝為頃）㊃湊（零聚也）㊄還可以行（還可以辦
得到也）㊅約摸（約畧也）㊆紅契白契（凡契紙經地方官稅過蓋印為紅契最值錢未經稅過即無地方官印信為白契不甚值錢恐
有轇轕也）【第七章】㊀閒在（安閒自在也）㊁不舒坦（不爽快）㊂俏貨（價廉物美）㊃幾間門面（北京店鋪之大
小以店門之多寡為率）㊄纔行哪（謂纔使得）㊅作頃（請人定奪曰作頃）㊆了事（辦事也）㊇不咖了（不必也）【第
八章】㊀師傅（北方工師通稱）㊁這程子（這一向也）㊂石（石傍加一點音但與搭通乃北省米商通俗兩用字也又作石又作搭如
讀失字音非也）㊃活（工也）㊄墊辦的起麼（謂汝有此力量先墊錢開工嗎）㊅墊辦的了（了仍讀蓼）㊆木廠子（木行）
【第九章】㊀受等（謂屈尊在此久候也）㊁好說（豈敢也）㊂莊稼地（農田也）㊃所都長起來了罷
（言所有青苗都長成乎）㊄晌飯（午飯也）㊅一棵（一株也）㊆涼快（乘涼也）瞧了會子（看了半日也）㊇遛達
（綫步遊行也）㊈會高樂（能尋樂也）㊉悶得慌（無事悶人難過也）睡晌覺（午後畧眠也）⑪不舒服（不爽快也）⑫

對勁（氣味相投彼此和睦）⑬左皮氣（皮應作脾性性情頑固也）⑭押（質也）【第十章】㊀窪地（最低之田）㊁緊挨着
（緊接也）㊂鎮店（鎮市也）㊃集（南人曰墟北人曰集離城鎮遠者方有或逢一逢五或逢二逢八或一四七或二五八或三六九百貨聚五之
期鄉人趨赴焉）㊄牲口（牛馬騾驢之通稱）㊅馱上（負也）㊆經紀（牙人也）㊇掙（賺也）㊈用錢（百中抽五抽十之類）【第
十一章】㊀海淀（地名近頤和園）㊁乾果子（乾音干）㊂過年（明年也）㊃拉縴（介也）㊄外行（行音杭子
此道未諳也）㊅規矩（規音龜章程也）㊆黑下白日（晝夜也）㊇搭窩棚（以草蓆支一架守望所也）㊈掉（落也）【第十
二章】㊀辛苦（慰人勞苦之意）㊁宅（住宅也官家之通稱）㊂照應點兒（恭維之詞）㊃擱下了（辭工不做也）㊄散
了（散伙回家也）㊅忌烟（戒烟也）㊆簡直的（竟成也）㊇可是（承上起下之詞）㊈打夜作（冬日作夜工也）㊉見
天（日日也）⑪不過算可以的（言將就過得去也）⑫敢情（錯悟之意）⑬鎯子（銅錸也係中國蘇廣自造之鐘）⑭耍
手藝（作工藝之通稱）⑮醒鐘（鬧鐘也）⑯累肯（勞駕也）⑰好說好說（當不起當不起）【第十三章】㊀解（由也）
㊁打圍（打臘也）㊂街坊（鄰居也）㊃野牲口（野畜也）㊄不錯呀（很好也）㊅平西（日欲落時）㊆馱着
（與駝同負也）㊇頂着雪（雪落滿頭也）㊈扎掙（勉強行也）㊉背晦（晦氣也）【第十四章】㊀吞烟（食生鴉片膏也）
㊁外鄉人（外疆人也）㊂死鬼（死人也）套褲（褲褪也）㊃巧了（或者也）㊄你管保不知道（你定已不知
也）㊅屈心（昧心也）㊆昧起來了（瞞昧收藏也）㊇死鬼（止人也）㊈命要了（命害了）㊉這宗（這一樣也）

⑪簡直的（一定也）第十五章㊀別說（無論也）㊁耍（賭也）㊂寶局（係設幺二三四四門令人猜壓一門者乃子弟
傾家敗產之處）㊃出門子（出嫁也）㊄木作（木匠店也）㊅竟仗着（竟憑也）㊆撒開了一賺錢（任意浮冒也）
㊇巧了（大概也）㊈作臉（不受累不聽話荐主面有光彩也）㊉要遭了（言定不得了）⑪我早給他斷就了
（言預決將來也）伊⑫沙鍋（瓦釜也抱沙鍋言手抱瓦器討飯也）第十六章㊀這套書（這部書也）㊁書套（以藍布裱成護
書也）㊂書槅子（書架也）㊃連來帶去（來回共算）㊄月底（月尾也）第十七章㊀說和（講和也）㊁批
定也）㊂說和不了（了仍讀蓼不能說和也）㊃就結了（就完了）第十八章㊀封貨（選買當店期滿贓物曰封貨）
㊁賣漏給他了（看未真而誤賤賣也）㊂賺了好錢了（賺俗音篆言得利甚大也）㊃打眼（以偽為真以賤為貴）㊄敢
情（驚喜之詞）第十九章㊀迎着頭找（知彼必由此路回迎面而尋也）㊁雇（倩也）㊂不答應了（即大鬧之意）㊃
所不答應（大鬧不休）㊄着了忙了（着寔心荒也）㊅挨着各棧一問（逐棧查問也）㊆緊用項（立等使用
錢款也）㊇摘（暫借即還曰摘音齋）第二十章㊀羞澁（澁音色如洗也）㊁挪用（挪移也借也）㊂交還（還仍讀環）
第二十一章㊀不行了（生意不佳）㊁封河（北省至十月河口被層冰所封舟不能行曰封河）㊂廣棧（廣東人所開之
棧也）㊃必賺好錢（必獲大利也）㊄掉（音調落也）㊅拉躺下了（影響受害也）㊆眼前歡（暫時發財不能長久）㊇
土局子（土行也）㊈所不上舖子了（永未至店也）㊉納福（受用也）⑪算大帳（通盤清算一回也）⑫見

天黑下（日日晚上也）⑬該（欠也）⑭吃一頓挨一頓（言無隔宿之糧飽一回飢一回也）第二十二章㊀居
停（東家也）㊁欺生（不容也）㊂打起鄉談（說家鄉土話也）㊃摒（音擺平聲遠也離也）㊄咬羣（咬要上聲黨同伐異）㊅
再往下混（仍在彼處也）㊆生分了（彼此生隙了）㊇着比（假如也）㊈你給作項（請你作主也）第二十
三章㊀咕咚（咕音哭咚音通重物墜地聲）㊁嚇（驚也）㊂打燈籠（打提也）㊃踒（外上聲挫也）㊄攙（產平聲扶持也）
㊅趟（柳去聲運動也）㊆臉上很不得勁（面有忸怩之容也）㊇抓局（拿賭也）㊈大烟（鴉片也）㊉別致（奇特
也）⑪答應了一聲（不願戒勉強應詞）第二十四章㊀夥同一氣（連成一黨）㊁弄局（設牌局也）㊂太
不是人行了（言非人類所做者）㊃抽冷子一天（忽然一日）㊄天快亮了（微明時）㊅大天大亮了
（天已大明也）第二十五章㊀刷白的（面青白無血色也）㊁不舒坦（病也）㊂勾起來了（勾引也）㊃說
妥了的（約明也）㊄大前兒個（前兩天也）㊅湊（次豆切見上第六章注）㊆鬧得我好對不過那個姓
孫的（言臨時抑勒失信我無以對彼也）㊇安心（存意也）㊈三千兩吊（三塊兩塊也）㊉老說（常如此說也）⑪找
補（還補也）⑫化了（化為無有也）⑬小取（愛小便宜也）⑭上炕（上牀也）⑮女人（老婆也）⑯就這麼道
人（言就如此為人）⑰白事（喪事也）⑱熬夜（照應火燭賊盜竟夜不睡也）⑲道乏（道勞駕也）⑳簡直的沒理人
家（乃竟不與交談也）㉑這宗人性（這樣人也）㉒近起來（近來也）㉓更好了（反言之詞）第二十六章

㊀道兒上（半路上也）㊁灣（傍岸曰灣）㊂銀兜子（銀袋也）㊃兩輛（兩乘也）第二十七章㊀趕車的
（御車人）㊁走岔了道（路走錯也）㊂掌燈的時候（點燈時也）㊃瞎走（漫行不熟之路曰瞎走）㊄定更（初更也）
㊅麪幌子（客店招牌也）㊆把車赶進去了（赶趨也）㊇挑（揀也）㊈賊眉鼠眼（言目動而神異非善類也）㊉
犯疑（可疑也）⑪出恭（大便也）⑫他納（他音攤背後稱長輩詞）⑬茅屋（廁所也）⑭他們三人（三音薩不讀叁）
⑮說開了（說明也）⑯黑店（賊店也）⑰直叫門（打門之聲甚急也）⑱鑣車保鑣的（鑣音標北方路上盜賊甚
多往往刼奪客商行李貨物故北京立有保險行曰鑣店立約派人保護曰保鑣的如有失事照約賠償）⑲套上了車（將車駕在騾上曰套）第
二十八章㊀嗇刻（慳吝也）㊁不幫人（不周恤人也）㊂頂着雨（情急冒雨而行也）㊃辮不了（了仍讀蓼）
（做不到也）㊄賭氣子出去（怫然而去也）躲開了（避不與見也）㊅同院子住着有一個街坊（言在一天
井中同居的一個鄰人）㊆不說長不道短（不置可否也）㊇趁願（稱快也）㊈招了（寔供也）事主（被盜之家也）
㊉不行（不敢不去也）⑪頂他的名（頂替也）⑫瞧不起他（頗看輕他）⑬收拾他（玩弄他）⑭撒了一
個謊（編一個假話）第二十九章㊀掉眼淚（落淚也）㊁緊街坊（隔壁鄰居也）第三十章㊀冷孤
丁（抖然間也）㊁驚下去了（驚而跑走了）㊂待了會子（沒多久也）㊃見個情（表明伊重義輕財減價以售也）㊄吵
翻起來（吵鬧起來）㊅敢情（原來也）第三十一章㊀一搋籌（搋氣呼切以手攢聚也）㊁一句話也還

不出來（還仍讀作環）㊂竟自不是（果然不是也）㊃臉上磨不開（面有慚色也）第三十二章㊀打
回來了（退回也）㊁收號（北方店舖凡經手之票紙皆寫明係某人所換之票何日收到注於票後曰收號）㊂戳子（戳音綽圖章也）
㊃竟你收的是我們不行啊（言只是你自己隨意寫是我們的難以相認也）總得有我們收的人家兒
纔行了（須有我店中收號係何人之票方有憑據相認也）㊄往回裏打（看票背後收號退還原主）㊅母錢舖（資本不多未經
公議通用小錢店也）㊆認這個苦子（認吃此虧也）㊇磨別處的行不行（改換別家票使得去使不得）㊈都收着
了（言票後都有你店收號乎）第三十三章㊀街門對着（虛掩也）㊁打茶圍（凡去妓女家吃茶曰打茶圍）㊂放
印子（放債也）㊃一臉門子氣（滿面怒容也）第三十四章㊀鐲子（銀鐲也）㊁戥子（厘戥也稱輕物者）
㊂遨（亦稱也）㊃懷裏（懷中也）㊄昧起來（見上十四章注）㊅夾剪（剪銀之器）第三十五章㊀大夫（醫生
江南稱郎中）㊁熈門脈（見第一卷第五節注）㊂宅門子（官家也）㊃估衣舖（賣新舊衣店也）第三十六章㊀
歇乏（將息勞頓曰歇乏）㊁打早尖（行遠路人上午進站吃飯食畢即行曰打早尖故行路人有尖站晚站之別站即鎮市中客寓也）㊂
呌他招定了（言定要伊承認也）㊃白說不招（言任汝推問至死不承也）㊄鄰封（鄰縣也）㊅謄（抄寫也）第三
十七章㊀斟（斟酒也）㊁滑拳（猜拳也）㊂白給（言有本領人與沒本領人較量定輸無贏曰白給）㊃瞎貓碰死
耗子（言瞎貓遇死鼠非其本領所獲者不過偶然巧遇耳）㊄罷咧（輕之之意也）㊅混酒（賴酒也）㊆你竟管說沒人

不答應你（言你放心說沒人怪你也）

第三十八章

①打燈虎兒（猜燈猜也）②揭了幾個（猜中而揭其紙條也）③都恰（都恰當也）④瞎咧咧（胡說也）

使令通話

第一章

①你上回叫我找的那十幾歲的小孩子（找尋也言汝上次嚮我尋僱之童僕）②你願意（汝中意也）③那好辦（見卷二一章七節）④新近到這兒來的（近日初到此地）⑤那麼叫他解多咱來伺候你哪（由何日來伺候汝）⑥哼（徐聲應也）⑦一塊兒（總一也）⑧喳（見卷二二章一節）⑨定規（安置定奪）⑩洗澡房（沐浴室也）⑪怎麼樣（如何）⑫瞧瞧（看看也）⑬就按着這麼辦罷（照此而行）

第二章

①沏茶（泡茶也）②錫鑞礶兒（錫瓶也）③多咱（何時也與何之意相同）④你就續上罷（你可以隨意添上）⑤自各兒（自己也）⑥釅（音燕茶葉過多茶味太濃曰釅）⑦喝（凡飲物皆謂喝）⑧就手兒（隨手也）⑨吐沫（沫音米口涎也）⑩涮乾淨了（用水洗淨）

第三章

①可別烤煳了（烤者以火烘之煳者物烘焦也）②短（缺少也）③雞子兒（鷄蛋）④筋餔兒（頗堪適口之意也）⑤胡攙亂對（以雜物別對）⑥撤了去罷（將飯菜收下去）⑦找我（訪我也）

第四章

①管事的（管理家事之人即外國人所稱用之家僕也）②飯得了（飯已便矣）③磨蹭着（拖延也）④邀了邀（用秤一稱）⑤留點兒神（小心作事）⑥把油潎淨了（將油膩濾淨）⑦盛飯（入飯於碗謂之盛飯）⑧少東人（即小主人也）⑨提醒我罷（以明教我）⑩忘死了（直想不起）⑪木魚（日本所産之魚）⑫拐躺下來（碰倒）⑬碾布（拭桌之布）⑭忙忙叨叨（慌忙之狀）⑮湛新（極新也）⑯哦嗹半斤（編成一團）⑰醃（以塩醃物）⑱招點兒醋不招了（不要加醋）

第五章

①隆福寺（在京東四牌樓）②一塊兒（一處也）③巧了（大概也）④坎肩兒（背心也）⑤汗褟兒（汗衫也）⑥也沒洗掉（穢垢並無洗淨）⑦了頭（婢也）⑧找塊補釘給補上（用布補安）⑨攏一攏（扯一扯）⑩給疊起來（將衣服整理齊整）

第六章

①交民巷（京城地名）②琉璃廠（北京地名）③古玩（古董）④一送兒（一直透）⑤免得又累贅（免費手續）⑥站口子（車鋪子也）⑦跑海的（未歸車行之車）⑧宅門子（公館之稱）⑨牲口（騾馬通稱）⑩傍帳兒（車傍布帳也）⑪力把頭兒（非內行之人）⑫蹚窩裡頭趕（將車推到石道中凹處也）⑬屁股蛋兒（臀位也）⑭撴腫了（撴摔也腫紅瘇也）⑮好手（行家也）⑯板櫈（木櫈）⑰晒住了（用腳踏緊）⑱扳（安放也）⑲吆喝罷（嚷鬧車也）

第七章

①不舒服（見卷二九章十一節）②不用功（不念書也）③出馬（出門診病）④這是交情的事情（論交情也）⑤撲空（相左也）⑥造化了（僥倖之謂）⑦斟酒（篩酒）⑧麪子藥（藥粉也）⑨忌生冷（忌食生冷之物）

第八章

①居庸關（在宣化府東南土名南口為京張鉄路必經之地）②逛一逛（游玩一番）③赴湯投火（喻極難之事）④怎麼着都行（隨便皆可）⑤一住店（歇客棧）⑥忽然要走動（忽然遇有大解）⑦怎麼着好呢（如何是好）⑧趕（等也）⑨揩（撑也）⑩洗澡（浴身也）⑪明兒個（明天也）⑫趕都歸着好了（傢收拾齊妥）

第九章

①好容易（言甚不易也）②倒座兒（謂屋之後進回照處也）③東嘎拉兒（屋之東隅）④解（由也）⑤皮剌的（皮音披剌音拉言粗笨之物也）⑥掉（見卷二十一章九節）⑦鉗子（鉄鉗也）⑧鍵子（鉄鍵也）

第十章

①矖矖（向日而曬）②斗篷（衣披也）③背陰兒（背日處）④晾晾（迎風而吹也）⑤抖摟好了 ⑥毛梢兒就焦了麼（皮之毛頭被日光曬焦也）⑦那就對了（那就不錯）⑧回頭（等一刻也）⑨倒一倒（換一方向）⑩向陽（向日光處）⑪磕打磕打（除箱內汚穢）⑫太陽落山兒（日將沉西）⑬不差甚麼（差不多也）⑭透透風（通一通風）⑮都糟了（全毀壞也）⑯下上潮腦（將樟腦放入箱內）⑰四周圍都掖嚴了（將四面塞緊也）⑱廢物（無用之稱）⑲摩挲平了（按摩平正）

第十一章

①你出城定地方去（定者預先商定也京城請客館子坐位必須預先定妥也）②成桌（全席之菜）③零要（隨意點菜）④倒是（遂是也）⑤官座兒（頭等坐位）⑥棹子（平常坐位）⑦不吃柱子的地方（面前不為庭柱所遮）⑧標緻（美麗貌）⑨梆子（曲調名）⑩二簧（亦曲調名）⑪三慶（戲班名）⑫四喜（亦戲班名）

第十二章

①銀盤兒（銀價也）②行市下來的大（行情漲大）③本出的（本舖所出之票）④下剩的破了零的來（餘者都換零碎票条）⑤磨到別處也使得（換別家票子也可以）⑥四恆（四恆乃錢舖字號在京頗稱殷寔者）

第十三章

①搭出去（喚出去也）②說了會子話（談話多時）③你這都不像話（謂出言無理也）④無論出去多大工夫兒（不論出去若干時刻）⑤大意（粗心也）⑥回家瞧我母親的病去（回省母病）⑦告謊假（說謊告假）⑧咒（詛罵也囍）⑨不礙事（無妨於事）⑩有個好歹（如有不測）⑪當過使喚的（當過跟班之人）⑫放（縱也言准予告假意）⑬你別愣着了（汝毋呆立在此）

第十四章

①若力（傭工也）②拾掇（收拾打掃）③犯潮（犯潮濕氣）④搭拉（物下垂之謂）⑤先生你收着銀花子了不是（言銀花紙是否在汝處）⑥底半截兒牆（牆之下半段也）⑦秫稭（稭草管也北方常用秫管以搭棚）⑧報結（完工也）⑨交手（十字木架也糊棚時用以升高）⑩杪稿（小杉木也）⑪橈子（煮麪為糊可以粘物曰糨子）⑫胡拉下來（掃之使下）⑬都撢淨了（全拂乾淨）⑭然後拿墩布蘸上水（墩布棹布也蘸上水濕上水也）⑮搕乾了（將水絞乾）⑯髒了牆（髒汚也）⑰可不是客人來了麼（果然客人至矣）⑱還攛他（攛讀拉去聲言尚短少他）

第十五章

①炸了（被火炸裂）②再往大裡捻（再將火光俾大）③老改不了（竟不改變）④這是怎麼個理呢（似此成何道理）⑤扔（擲也）⑥鏽（鉄器生鏽）⑦不定那一天就許着了（不定何日準能應我這話）⑧嘴硬（強辯）⑨甏朝天碗朝地（諸物狼藉之狀）⑩拾掇俐儸（收拾潔淨）⑪拿灰培上（用灰遮蓋）⑫那纔是有眼裏見兒哪（如此纔算有機變的）⑬竟等着挨說纔幹哪（豈必事事要人指揮乎）⑭砸東西（碰壞物件）⑮這遠像事麼（似此成何事體）⑯多咱（何時也）⑰你別不認帳（謂汝毋不承認）⑱我悄悄兒的進來瞧見了（我暗中隨汝仝往已見汝所行之事）

第十六章

①馬籠頭（即馬首之）

籠頭也 ㈡嚼子馬口內之嚼環也 ㈢鐵活馬身之鐵飾也 ㈣磚麩子磚灰也 ㈤打前失馬失前蹄 ㈥獸醫椿子椿音莊獸醫之架 ㈦老不上膘竟不肥壯 ㈧解完了手小解完了 ㈨溜滑的地板極滑 ㈩搓搓澡洗澡時令人代搓油垢曰搓澡 ⑪油泥多罷積垢多乎

第十七章 ㈠多宗晚上何夕 ㈡不咖不必也 ㈢我先把這箱子騰空了先將箱子檢空 ㈣零碎兒零碎物件 ㈤都插在裡頭插安放也 ㈥滑藉即華楷也 ㈦或是棉花檀磁實了或用棉花填塞寔在 ㈧搖提搖動也 ㈨軟片細軟色裏 ㈩撤出來乃麥稭之上下段扯也 ⑪釘死了罷用釘釘牢 ⑫馬蓮包麻布袋也 ⑬繩子扣兒繩結也 ⑭勒死結死扣也 ⑮軟帘子帘音簾軟簾也 ⑯旱傘即遮日所用布傘也 ⑰白拜匣即白色拜帖匣也 ⑱煞在車尾兒上煞即塞也車尾車後也 ⑲使得罷可以的 ⑳片子職名片也

第十八章 ㈠澆花以水灌花 ㈡弄土弄土泥也 ㈢那宅裡北京問人那家宅裡皆說那宅裡 ㈣平日在家裡做粗活即謂平日在家作粗工也 ㈤總得要撤利總要適體 ㈥纔是樣子始不失夫觀瞻 ㈦別磨稜子了幸毋耽擱之意 ㈧職名名刺也 ㈨嬌嫩東西謂容易碎破之物如磁料等器是 ㈩怕車撤恐為車撤壞也 ⑪搯採也 ⑫惦念懸念之意 ⑬我就有了氣了言我必生氣

第十九章 ㈠掛麩即閱之稜麩也 ㈡賤的東西總次罷價賤貨必劣 ㈢謊價虛價 ㈣退票假票也

第二十章 ㈠和你說對你講也 ㈡大概大約也 ㈢可有一層尚有一事 ㈣把你打發回來遣汝歸來 ㈤他不要你了彼若不用汝 ㈥倘或沒滿三年若未及三年 ㈦你自己不幹汝不願在彼就事 ㈧就省得張福打外頭往京裡帶錢囉瑣了免我在外寄錢回家諸覺費事 ㈨你這個親戚太多了汝之親戚何如此之多 ㈩先挨一挨兒再說罷且看將來再說 ⑪都歸齊截了全收拾齊備矣 ⑫新手兒新來接手之人 ⑬外頭首尾的事情也都要算清了外面所有人久欠人皆要清理 ⑭上工開始工作 ⑮腳下刻下也

官話問答

第一章 ㈠太咸設了謂酒席過於豐厚也 ㈡這寔在不成格局的很了謂酒席過於草草也 ㈢我們也就不布了我亦不必過讓也 ㈣寔在是穀了酒已醉飯已飽

第二章 ㈠一來是給欽差賀喜給字作與字解 ㈡我們還沒會過面了謂彼此尚未會過

第三章 ㈠沿途一路之上 ㈡定規那一天定期何日

第六章 ㈠葛沽地名

第七章 ㈠水腳儎貨船費日水腳

第八章 ㈠哈喇外國呢名 ㈡等底下再給貴領事來請安俟另日再趨候

第九章 ㈠我斗胆一句話我大胆說一句

第十一章 ㈠所以掉了因此落第 ㈡多偺何時也

第十三章 ㈠打印子放行蓋印放行 ㈡驚弓之鳥言已受過驚嚇

第十四章 ㈠這幾日稍微的漸消停一點兒言近日公務畧消閑也

第十五章 ㈠他是由舊資格新考出來的由舊時資格考充新知事也

第十六章 ㈠先容先為介紹 ㈡比較比較征收稅額多寡

第十八章 ㈠均甚水乳謂如水乳之融洽也

第十九章 ㈠構訟告狀也 ㈡說合調和兩家意見

第二十章 ㈠從此就踪跡渺茫了此後並未通信竟不知其下落

每部兩册 定價肆角

著作者 北京郎秀川

總發行所 開民書局

上海各書坊經售

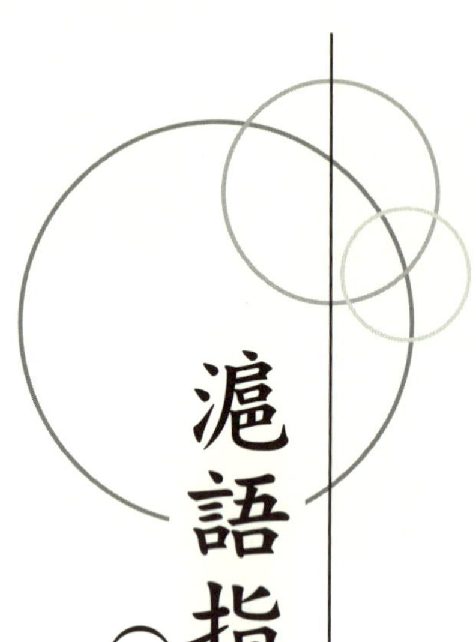

滬語指南

（一八九七年、神戸市外国語大学図書館蔵）

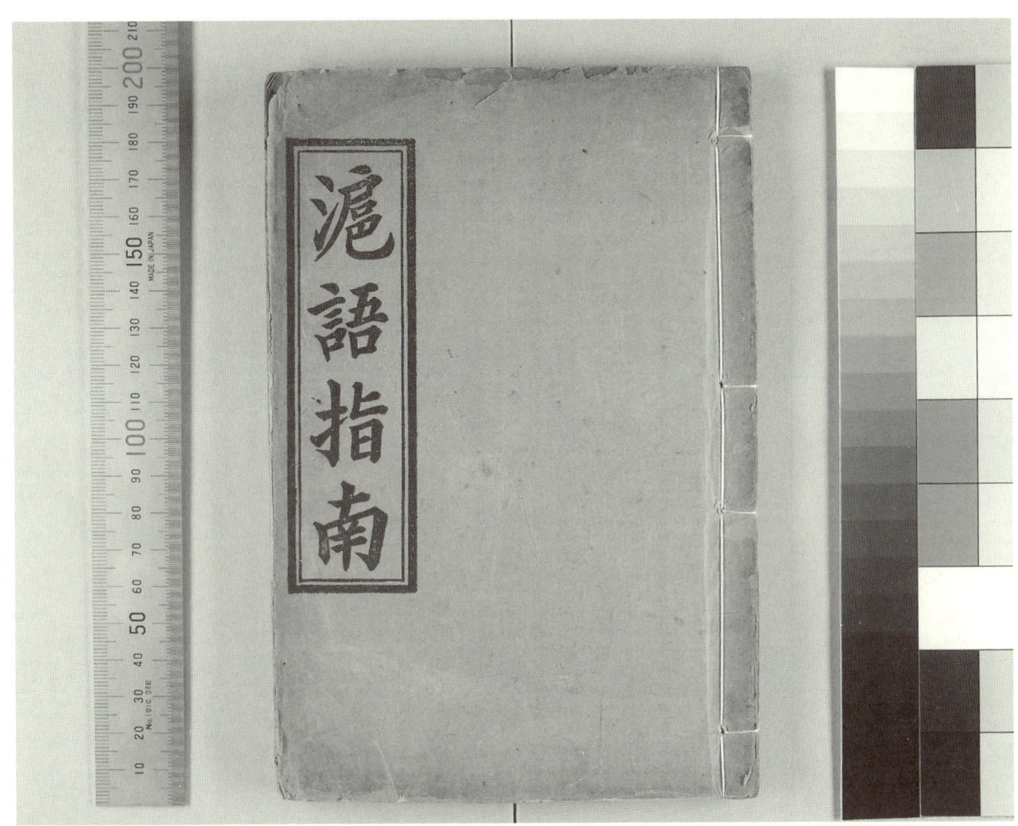
滬語指南

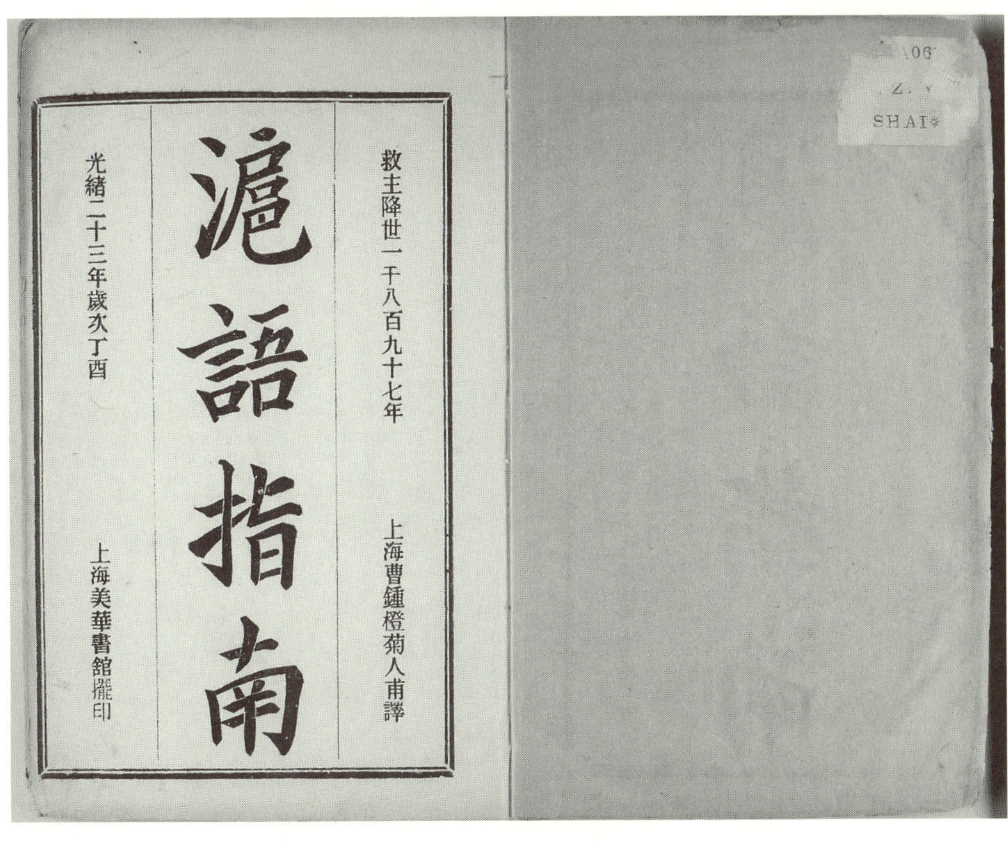
救主降世一千八百九十七年
上海曹鍾橙菊人甫譯
滬語指南
光緒二十三年歲次丁酉
上海美華書館擺印

序

余友保羅安君德之博雅士也中國語言文字無不熟習通曉丙申冬出示日人所著官話指南一册云中西之交商務爲重商務之繁滬地爲最惟官話不可施諸貿易之場若將官話譯作上海土音於商務不無裨益爰以囑余余不揣譾陋悉心翻譯雖明知俚語村言無當大雅然以泰西人士之來遊滬瀆者閱而習之可稍免重譯之煩閱三月譯始成卽以示安君安君許可因顏之曰滬語指南并囑爲之序以付梓人爰述其大略如是

光緒貳拾叁年丁酉季春上海曹鍾橙菊人甫序

滬語指南第壹卷

應對須知

一 閣下尊姓。 敝姓吳。 請教台甫。 草字賌靜。 賢昆仲有幾位。 伲弟兄三个。 （貴尊）府是拉那裏一省。 敝（處地）河南省城。 （貴寶）寓是拉城裏呢啥。 是个。拉拉城裏。 久仰久仰、勿曾會過、失敬得極。

二 先生今年幾化高壽。 虛度六十歲。 好福氣、蠻强健、鬚髮並勿大白。 靠福、我鬚髮已經白之半把哉。 我今年纔纔五十歲、鬚已經白哉、白之一大半哉。

三 尊姓大名、 敝姓張、官名守先。 尊駕排行第幾。 是（第一頂大） 貴甲子有幾化。（尊庚有幾化） 小哩、今年念四歲。 恭喜拉那裡。（拉啥地方發財） 拉通州做生意、我同令叔是朋友、所以特來恭候。 勿敢當、請教寶號。 小號信昌。

四 久闊久闊、實在渴想之至、今朝早晨聽得老兄到哉、特來拜望。 勿敢當、勞儂駕、（勞儂大駕） 我本來要到府請安、因爲昨夜纔到、行李咾啥還勿曾收拾好、箱子末也還勿曾開、身上衣裳全勿曾換、恕兄弟明朝到府謝步。 勿敢當。

五 少會少會、我第兩日勿看見儂、想念得極、豈勿是又有之病否。 勿錯是病。 我伊日看儂病纔纔好、面孔上氣色還勿曾復元、阿是儂出之門咾、又復病哉。

六 我第回（着/受）之點（冷/寒）覺着頭痛、（周/渾）身酸痛。 總要請（先生/郎中）好好能看末是好。 第个人實在（靠勿住/托勿起）說話（全/都）是無因無頭。 儂想搭伊作準、是白用心个、儂還勿曉得伊个脾氣否、一味个愛說大話、驚天動地、儂若然相信伊說話末、就要上當哉。

七 儂个貴恙全全愈拉末。 （靠/托）福、全好哉、不過咳嗽纔纔停點。 第回儂病之多日哉、雖然全全愈、還要請（郎中/先生）吃幾帖補藥、靜心調養調養。 是个、承儂關（照/切）謝謝。

八 儂拉此地、大家隨便、勿要客氣。 承儂照拂、决勿客氣。 實蓋末好、我以後有啥事體、要（費心/勞步）儂哩。 儂叫我幫忙張我个面孔哉。

九 昨日承儂送撥我个茶葉、味道極好、謝謝。 啥說話、我第回到崇安去、就到武彛山勒枏之兩日、不過買之點茶葉、送撥儂个一顏、勿成啥敬意个。 啥說話、朋友交情是要緊、勿在於物事个。

十 儂到那裡去 我想到張老師壚頭去拜伊。 儂去末替我候候話我寔在想念伊、有空末請伊來坐坐。 前幾日我到伊壚頭去个時候、伊也托我候候儂、因爲伊个夫人有點勿適意、所以伊總勿能出來。

十一 凡係人个說話總要老寔。 第个是一定个理、若是說謊咾騙人、撥別人看出來、自家也無面孔个。 儂所話个正合我意。

十二 第樣物事、儂看是眞个呢假个。 我看是假个。 我看也是實蓋、是爲之看勿準咾勿敢話。 是个、儂勿曾細看、第个刻拉个末粗、顏色也勿和潤。

十三 我伲兩家頭現在全無事體、做啥末好呢。 儂看起來有啥个可以做。 我看實在難得極、若然話到做生意、我同儂又無沒本錢、若然做夥計、又無本事。 照儂實蓋話、我伲兩家頭豈勿要餓殺否。 究竟天無餓殺个人。（究竟天無絕人之路） 慢慢能打算起來看。

十四 我想到一處去勒相相、獨是一千子咾無趣。 我也想去勒相相、因爲無淘伴咾勿高興。 既然實蓋、伲兩家頭一淘去好否。 儂同我一淘去末頂好哉。

十五 儂白話个聲音忒小、有多化聽大勿清爽。 我个聲音本來勿大、對人白話、又

勿敢鬧、所以見得聲音小哉。 凡係人白話喉嚨要緊、喉嚨好末、自然響亮咾清爽、勿糊塗哉。

十六 我纔纔隔窻對伊白話、儂聽見否。 我勿曾聽見、近來我个耳朶有點聾。 勿曾那能、我求儂切不可拿第个事體話開來、第个一樁是機密事體。 既然實蓋、我勿話、總勿至於壞事。

十七 儂中國說話懂否。 稍些懂點、伊个廈門个說話、別處勿大裡懂。 中國說話本來難懂、各處有各處个鄉談、不過官話末通行。 我聽見人話起、官話還分南北口音。 官話南北腔調雖是勿同、字音也差勿多个。

十八 常遠勿看見儂、還認得我否。 好像認得、拉啥地方會過、是記勿清爽哉、失敬得極、勿敢招呼。 伲兩家頭前年拉張二个屋裡同席過个、阿是儂忘記哉否。 話起來我認得个、儂阿是何二爺否。

十九 儂第兩日好拉否、我有一樁事體要費儂心。 啥事體、請教請教看。 我記得前日子新聞紙上上拉个有一位會畫畫个、姓祝、實在愛慕得極、聽見人話起、儂認得伊个、所以懇求閣下帶領我去。 第个是容易、我總要替儂效勞个、儂

二十 放心、交撥我末哉。 所有伲勒相過个多化有名个地方、就是伲今朝日中到个伊座山上景緻極好。 是个、我頂愛半山亭以外二三里个竹園。 頂好是（打/從）伊个竹園裡轉灣過去、到伊塊大石頭上坐坐、聽聽伊个水聲響、使人憂慮全無。

二十一 儂昨日遊湖去轉來、是早呢是晚。 轉來有四更天哉。 諒必昨夜月亮是蠻好个、湖上景緻一定是更加好看个。 夜景比日裡又好、足有加倍个好看。

二十二 第隻廟極大。 大得極、拉此地總算是頭一隻大廟、後頭還有一座寶塔、高得極个。 好上去否。 有一層个扶梯、現在拿脫哉、勿好上去。 伊層扶梯爲啥咾拿脫个。 爲之人全要上去、瞎切糟蹋。

二十三 昨日上半夜月亮怪好、我睏拉炕上、看窗口上个月光、捨勿得睏哉。 阿是直到夜深哉。 忽然吹起一陣風來、烏雲滿天、有个霹靂怪響。 倒巧極哉、貼準我拉睏着之以後否、我但曉得昨夜落雨。

二十四 第歇貼準日中日頭極凶、暑氣極利害、那能好出去呢。 但是我有一顏要緊个事體、無法則咾出去。 就是有要緊个事體、也要等个一歇、等日頭橫西

過去、陰涼點咾再出去末哉。也好。

二十五 早晨天纔亮、我去來出去走走、看見瓦上个霜厚得極。是昨日夜裏有大霜、怪勿得我睏到五更就覺哉、覺着冷來死。阿是嫌得棉被忒薄哉。

二十六 夜深哉、諒必第歇辰光有三點鐘哉。我纔纔聽見自鳴鐘噹噹像个敲之兩點。伊隻鐘恐怕勿準否。看看我一隻表看、第隻表走到之三點鐘哉。到底鐘還是慢一顏。

二十七 儂看[一年四季/四季个時候]那裏一季好。四季个時候、[各/全]有好處。儂愛那裏一季。第个勿消問得、啥人勿愛春暖花香、啥人勿怕夏熱秋涼、最怕是冬天大冷。我愛春秋兩季。

二十八 聽見儂上學、學堂拉那裏。學堂就拉此地轉灣。伊个門上有貼頭否。[老師/先生]是那裏一位。[老師/先生]是姓金个。同窗朋友有幾化。勿多。

二十九 儂史記看過否。勿曾看過。讀書人史記勿可以勿看、看過史記、纔纔曉得歷代个興敗、人品个好忺。學个是啥个字、是王右軍个碑帖、蓋是好極哉。

三十 儂个[老師教法/先生規矩]好勿好。極好、講書極細心、寫字个筆法極講究、做詩咾文章極用心、伲个一顏好處、伊勿遮沒、品行端正咾規矩嚴緊。實蓋个好[先生/老師]儂肯用心、還怕學問勿長進否。

三十一 和尚。阿彌陀佛。大和尚垃拉山上否。大和尚昨日下去哉。請教儂个法名。小僧名字叫了空。俗家姓啥。俗姓是顧。儂第个一塊地極大、無人做園地、豈勿可惜否。第塊地勿中用个、地土是鹹个、種啥物事全勿發个。

三十二 今朝是令尊大人个壽誕、我特爲來拜壽、預備一顏薄禮、請儂受之、決勿要推卻、還要請儂領我去見見令尊大人、祝祝壽。勿敢當、實在勞駕咾費心哉。

三十三 咳 第个小囝實在無志氣、終日个蕩拉外頭勃相、勿做一顏正經事體。伊个爺娘也勿管伊否。實蓋由伊个性子、鬧到啥辰光停手呢。依我話、勿如拿來活剝剝埋拉泥裏、就罷哉。

三十四 無論做啥事體、全要極力去做、勿好自家騙自家、纔纔能彀朝上做成功。雖然實蓋話、我个事體勿錯、就是哉、我勿能像別人家、能會使乖巧、拍馬屁、做小人、做伊等下流生意、我是學勿來个。

三十五 做好官个、皇上一定喜歡、勿會做官个、皇上必要動氣、好忺總在乎自家。第个勿消說得个、人操守好、又明白公事、蓋是一定保得住、若是才幹平常、又要貪銅錢、蓋末只好就轉去抱小囝。

三十六 現在京官大人咾啥全好、也全有本事、認眞辦事、所以多化外任官全學好哉。隨便啥事體全有榜樣、上行下效、拉上个勿要銅錢、拉下个還敢貪贓呢啥。

三十七 伊來過幾回、我總勿大理伊、伊還厚皮老臉个常時來、實在勿知好忺个死坯。伊是欺善怕兒个草包、那裡好算啥人呢、儂決勿要理伊、伊是然勿來哉。

三十八 伊个小姐纔纔從此地走過、勿知是啥人家个、生得怪趣、又穩重、明朝替伲舍親做个媒人、第个小姐眞勿忺。我認得是伊面張老二拉壋頭个、若是同儂令親做媒、倒也配得。

三十九 第个小囝怪好、勿怕夜深、又能彀做事體、有耐心咾靠得住、豈勿使人歡喜否。儂末實蓋話、我看伊十分懶惰、一夜末就睏、俗語話馬尾爬穿豆腐、提勿起个、實在惹人討厭。

四十 一向承儂个栽培、我本來感激勿盡、現在爲之第件事體、又蒙儂照拂、像煞蓋待我、那能補報儂个情分呢。啥說話、第个一顏不過效勞、儂倒勿必多心。

四十一 牙齒勿有哉、隨便啥全嚼勿動哉、燉來酥點个纔纔能彀吃、勿要弄來實蓋綳硬个勿能吃。我个牙齒比儂个牙齒好、勿論啥硬个脆个全能彀吃、蓮瓜子還能彀咬。

四十二 我請教儂、第件事體應該那能[做/辦]。我想起來、伊若是一定勿依我、我拿伊一起話出來那能。我告訴儂、儂个性子忒直、要和通點末好、凡係事體也勿好忒刻薄、人家既然肯認錯、也就罷哉、何苦總勿肯罷呢。

四十三 第隻貓實在勿管事、滿間屋个老鼠、伊也勿捉、明朝勿要撥飯伊吃。老鼠實

四十四 蓋能吵法、吵得夜裏睏勿着、物事也咬來壞完、第个那能做頭呢。

四十五 我拉儂堦簷石上立垃、勿防伊冷生裡拿我朝後一推、幾乎跌一个觔斗。有啥實蓋能促狹个人个、伊再勿敢替我打㨆个、伊要來惹我、我就用足之勁道、撥伊一个勿預備、使伊吃勿住咾跘圈子。

滬語指南第二卷

官商吐屬第一章

閣下尊姓。 勿敢、儆姓王。 府上拉那裏。 舍間拉東單牌樓總布衖哩。 儂拉啥个衙門哩出進。 我是拉工部衙門哩當差。 儂到舍間來是有啥事體呢啥。 是个、我是來同儂打聽一件事體、是我聽見人話、儂第个西院裏伊處房子要出租、是眞个否。 勿錯、是眞个、儂要租呢啥。 是个、我打算要租。 儂來遲哉、伊个房子我已經租脫拉哉。 儂租撥拉啥人。 我租撥伲一个親眷拉哉。 蓋也無啥、實蓋末儂別處還有房子否。 我別處無沒房子、我有一个朋友、伊有一處房子、要出租。 拉啥地方。 拉此地北面安福衖哩。 有幾間房子。 有三十幾間。 三十幾間忒多、我住勿滿實蓋許多。 儂若是住勿滿實蓋許多末、可以全租下來、除脫儂自家住个幾化間數、剩下來个幾間、可以轉租撥別人住。 實蓋我就是包房租哉。 勿錯、儂是包房租。 我包房租、我又怕一時勿能彀租脫、我每月照數要撥房租拉房東。 我想伊層儂勿消慮得个、眼前租脫房子極容易。 實蓋我租定之後、除脫自家住个幾間、餘多幾間、還要求儂替我租脫。 蓋也便當个、等儂租定之後、儂來關切我一聲、儂騰出幾間來租脫、我可以替儂尋个房客。 蓋是頂好哉、儂阿曉得一个月要幾化房租。 我有一个朋友替我話過、每月是七十千銅錢房租。 七十千銅錢房租忒大。 儂聽見第个房租似乎忒大、儂勿曉得伊處房子實在出色、天井又大、地方又好、離大街末勿遠、買物事末也極便當。 蓋末我租伊處房子、還要出啥中金否。 伊个中金是終要出个。 爲啥咾我拉儂手裡租个房子、還要出中金呢。 雖然儂拉我手裡租个房子、勿有別个中人、到底第个中金儂終要出个、我對儂話明白之、儂出第个中金、並勿是我到手个、也勿是伊个朋友得个、是撥拉我朋友个多化底下人、大家分个。 蓋末是要出幾化中金呢。 就是一租一中金。 蓋就是哉、實蓋末我還要睃啥保租否。 保租自然要个、儂尋得出保人來否。 是个、我尋得出个。 儂全是有那能个保人。 要那能个保人、就有那能个保人。 蓋就是哉、儂打算幾時去看伊處房子。 我打算歇个一兩日、我來同儂去看看。 蓋末我伲停兩日再會。 好个、一兩日再會。

第二章

閣下尊姓。 勿敢、儆姓李、勿曾請教老兄尊姓。 儆姓趙。 貴府是啥地方。 儆處張家口。 到京裏來有啥个貴幹。 我是來賣貨个。 儂販个是啥貨色。 我販个是皮貨。 儂住拉那裏。 我拉城外頭寓裡住拉。 拉啥人家寓裡住拉。 拉靠西河邊上大成寓裏。 今年皮貨个行情那能樣式。 今年皮貨个行情、還算公道。 我聽見人

話、前幾年皮貨行情極大。 勿錯、前幾年皮貨个市面、大得極。 是啥个緣故呢。 總是爲之貨色少个緣故。 儂現在帶來个貨色全賣完拉末。 還勿曾全賣完哩。 儂賣完之皮貨、是帶回銀子轉去呢、還是販貨色轉去。 是販貨色轉去。 全販多化啥个貨色轉去。 不過是洋廣雜貨。 儂拉張家口開啥店否。 是个、有一爿店。 寶號是啥。 小號是益泰。 向來轉去帶貨、全是買啥人家个貨呢。 蓋倒勿一定个、啥人家个貨色合式、我就買啥人家个。 旣然實蓋、我現在有一个朋友、伊拉哈達門外頭、新開一爿洋廣雜貨店、伊全是自家到廣東去買來个貨色、價錢比別人家店裏全公道、儂後來要買啥貨色、可以到伊伊爿店裏去買。 貴友是啥个店、是啥个店號。 店號是德發。 實蓋末我以後到伊爿裏去買貨、我話起儂末就是哉。 是个、等我以後我也可以同儂去一盪。 蓋是更加好哉、我請教儂、儂當初也做歇生意否。 是个做歇个。 儂做過啥个生意。 我開過藥店。 是拉城裏否。 勿差、是拉城裏。 現在伊个藥店還開拉否。 勿開哉、關之有七八年哉。 實蓋末儂現在有啥个貴幹呢。 我現在是行醫。 儂行醫是拉屋裡看呢、還是出門看。 早晨拉屋裡看門診、日中出門看出診。 儂行醫總比做生意好。 也到無啥別个好處、不過勿像做生意能个勞碌。

儂府上住拉那裏。 舍間是住拉東四牌樓報房衖裡。 等幾日、我到府上來恭候儂。 勿敢、我歇兩日、也要到寓裏來拜望儂哩。 勿敢當、儂有空个時候、可以到小寓裏來、大家談談。 是个、實蓋伲歇日再會。

第三章

老弟是拉屋裏來否。 是个、是拉屋裏來。 老弟還勿曾定規動身个日脚否。 是拉第个三五日裏就要動身哉、今朝是特爲到老兄墻頭來辭行。 第个實在多禮哉、老弟第回是連家眷全去否。 勿錯、打算連家眷全去。 是搭人同伴去呢、還是自家獨干子去。 是搭人同伴去。 同伴去个是那裏一位、也是做官个否。 是做官个、伊是新捐个通判、到外省去候補。 想儂第回到省之以後、就可以上任去否。 是个、到省之後、大分就可以上任去哉。 儂補个第个缺、是煩缺否、勿是煩缺、是閒缺。 現在署儂第个缺个伊位姓啥。 是一位姓周个。 是補過實缺个否。 也是新近纔補个缺、第个等我到任之以後、伊就交卸上新任去哉。 實蓋老弟第兩日總拉屋裏个哉。 是个、第兩日總拉屋裏。 我第兩日裏還要到府上來送老弟个行。 勿敢當、我也要轉去哉。 儂回府去、到府上全替我請安咾望望、 是个、轉去全替儂轉致末哉。

第四章

告稟老爺、李老爺來同儂拜年哉。 儂去請進來、領到書房裏坐。 老兄恭喜恭喜。 老弟恭喜儂。 老兄請上去、我對儂拜年。 勿敢當、話之聲末是哉、老弟請坐用茶。 老兄請坐。 老弟今朝是頭一日出來否。 我是昨日出來个。 要拜幾日。 也不過五六日、就拜完哉。 打算幾時到省裏去。 我打算初八進省。 要幾時轉來。 要過之節咾轉來拉哩。 老弟從舊年封之印、總勿曾到衙門裡去否。 封印之後、還去歇兩盪、辦歇幾件零碎事體。 到開印之後、該應忙點否. 豈勿是否、開印之後就無沒啥閒工夫哉。 是个、老弟請再用一盃茶否。 勿吃哉、我要去哉。 忙啥呢、天還早拉哩。 是个、因爲去个家數還多拉哩、晚之去末勿像个。 實蓋勞老弟个駕、回府去先替我請安咾恭喜。 是个、轉去全替儂轉致。

第五章

老兄、我昨日聽見人話、儂現在陞之知府哉、所以我今朝特爲來對儂道喜个。 勿敢當、實在勞駕得極哉。 老兄幾時上新任去。 還勿能預先定當、總要等上司派委員來接署、難末能㲃交卸。 儂交卸之後、就上新任去呢、還是要先到省裏去。 是先要到省裏去。 請教老兄是啥科分。 我是辛酉科个舉人。 會試是那裏一科。 會試是壬戌科。 原來老兄是連捷、實在才高得極。 承儂稱讚、不過是一時个徼幸罷哉。 老兄忒謙虛哉、請教老兄是榮任過啥地方。 我做過一任上元縣、後來任滿之、蒙前任撫台保陞此職、數年以來、寸工未立、實在慚愧得極。 啥說話、老兄實蓋个大才、怪勿得上司看重、況且又愛民如子、現在陞之知府、實在伊處百姓个福氣。 勿敢當、勿敢當。 蓋末等老兄有之動身个日脚、我再來送行就是哉。 蓋是實在當勿起、已經勞駕得極哉、等緩日我再到貴衙門來謝步。 勿敢勿敢。

第六章

老弟我聽見人話、前幾日夜裏、有幾个人、到東街上一爿銀號裏去搶哉、是有第件事否。 勿是搶銀號去个、是搭銀號裏相打个。 是爲啥咾相打。 是爲之一个流氓拾着之一張銀票、到銀號裏去收銀子、銀號裏人話、第張是失脫拉个票子、已經有人掛之失票拉哉、儂等一等、我伲去尋伊个失票个人來、㑚兩个人當面起話、伊也勿能白儂个、總要謝儂幾兩銀子。 伊个流氓勿答應、話第張銀票是我自家个、我但曉得拿銀票來收銀子、㑚話是別人失脫拉个銀票、第个全勿與我相干、我全勿關伊个多化事

體、㑚只要撥銀子拉我、無啥別樣說話、銀號裡勿肯撥銀子伊、實蓋末伊要拿伊張銀票扣住拉、勿肯撥伊、實蓋末伊就走哉、等到夜裏、伊个流氓又約之四个流氓、到銀號裏去打哉、伊拉到之銀號、就實蓋一鬨、拿櫃上个一个夥計、撥伊拉拖出來一頓个打、又拿櫃上擱拉个算盤、也撥伊拉摜摔、第个時候汛地官聽見人話起、只道是搶銀號个、就帶之兵拿伊拉五个人全捉之去、送之縣、後來查明白哉、伊拉是个相打、就拿伊拉五个、全架拉東街上、半个月以後纔能㲃放伊拉。

第七章

天井裏坐拉个伊个拿包袱个人、是做啥个。 伊是賣珐藍个。 儂認得伊否。 我勿認得伊。 儂勿認得伊、那能曉得伊是賣珐藍个呢。 我纔纔問歇伊个、伊話伊是做珐藍个人。 蓋末伊伊个包袱裏包拉个就是珐藍否。 大分是个。 實蓋末儂出去叫伊進來。 老板儂進去。 儂是賣珐藍个否。 是个。 儂第个包袱裡包拉个、是啥个貨色。 第个是一對珐藍瓶。 儂打開包袱來讓我看看。 儂看第對瓶好勿好。 第對瓶忒大、要比第對瓶小點个有勿有。 我伲作場裏有一對比第个小點、是做樣子个、勿是賣个、儂要買幾化尺寸个、第个全可以定燒。 我不過問一問、像第對瓶要幾化塊數洋錢。 第對瓶要一百多塊洋錢。 㑚小件頭有勿有。 儂問个是啥个小件頭呢。 就像有啥小筆筒、小印色缸、小蠟燭台、第个幾樣小件頭。 儂話个第个幾樣小件頭、現在做好拉个還勿曾燒成功。 蓋末幾時纔燒得好呢。 過个四五日、就可以燒好哉。 等第个小件頭燒好之、儂可以拿幾樣來、再拿㑚作場裏伊對瓶樣子拿來撥我看看、若是合意、我可以照樣定燒一對。 是个、我過幾日同儂拿來末哉。 㑚作場拉啥地方。 伲作場拉後門大街。 啥招牌。 小號廣成。 㑚前頭也到第个公館裏賣過物事否。 我伲前頭勿曾到第个公館裏賣過物事。 第對瓶、我嫌伊忒大、儂可以拿轉去末哉。 是个、我失少陪㑚哉。 儂轉去哉。

第八章

㑚老爺拉屋裏否。 是垃拉屋裏。 儂進去告訴㑚老爺、話我住拉後門、姓徐个、來見㑚老爺、要白話。 是个、伲老爺請儂進來、到書房裏坐。 老弟久違哉。 彼此彼此。 第个一向好拉。 好拉、儂好拉。 托福托福。 老弟第向勿看見、是到啥地方去个呢啥。 是个、我是出之一盪門。 到啥地方去个。 出門收租米去个。 老兄我今朝特爲來同儂商量一件事體。 是啥事體。 我有个朋友伊住拉京西、伊有幾百畝地、有

一處菓子園咾一處菜園、因爲伊現在等用銅錢、托我拿第處園地替伊押脫、所以我來問問儂看、若是儂願意押个末、我可以替儂去辦。 第个田地現在是伊自家種拉个呢、還是租戶種拉。 是伊自家種拉。 伊打算押幾化銀子。 伊打算要押一千兩銀子。 伊若是打算押一千兩銀子、我獨怕湊勿出實盖許多。 盖末儂可以湊得出幾化。 若是湊个六七百兩銀子還可以。 實盖末儂讓我轉去同伊商量。 實在伊打算押幾化年數。 第層我也問過伊个、伊話是勿消寫得年期个、就寫還錢回贖就是哉。 勿寫押幾化年期、總勿大妥當、因爲第个幾年、我若是放之外任末、就要用第注銀子、所以總要話明白押幾年末好。 是个、盖是我還可以同伊商量、儂約歸大分幾年可以放到外任去。 我約歸還要過个五六年。 我想同伊商量寫个五六年、伊也無啥勿情願个。 還有伊个契張、儂全看見過否。 我全看見過个。 是幾張紅契、幾張白契。 兩張紅契、兩張白契。 實盖末儂就轉去同伊商量去、伊若是情願个、照第个銀數做、情願寫五六年、我伲就做。 等第件事停當个時候、儂還要先看看地皮去否。 伊層是實盖个、儂若是肯出來做切實个担保、保第件事決勿錯个、盖末我也勿必去看啥地皮哉。 第件事體是決勿錯个、我可以做切實个担保。 既然實盖末、我就憑儂說話末哉。 等我伲拿事體辦完之以後、我再同伊到地上去看一看就是哉。

第九章

回覆老爺、大恒布莊上徐老板來哉、話是要對老爺白話。 儂出去請伊進來、領到客廳裏坐。 是个、我伲老爺請儂客廳裏坐。 徐老板、儂那能實盖閒空呀。 我是來尋儂白話一句說話。 是儂請坐。 儂坐呀、儂第个幾日勿出去否。 勿出去、因爲我第个幾日有點勿適意、所以勿出去。 現在全好末。 是全好哉。 我來尋儂要同儂借一票銀子。 是要幾化呢。 總要五百兩銀子。 是又買着啥好貨哉否。 勿是、是因爲我盤之一爿店咾。 盤之一爿啥个店。 盤之一爿錢莊。 是幾間門面。 兩間門面。 拉啥地方。 拉我伲城外頭、八寶街西面。 起初是啥人个店。 起初是一个南邊人个店。 那能是關脫之後、纔纔盤个呢。 勿關、爲之伊爿店裏个東家、是候選知縣、新近選着之伊、要出去做官去、伊又無沒弟兄咾本家可以照應生意、所以要盤出去。 儂是幾化銀子盤來个。 一千銀子个盤價。 連生財全在其內否。 是个、連生財一應在內。 盤價全付清拉末。 是全付清哉。 實盖儂現在就是要銀子來做生

意哉。 勿錯、我手裏現在還有五百兩銀子、勿彀咾掉勿轉、還要有个五百兩銀子、雖末好做。 是个、我可以借撥儂五百兩銀子、就是哉。 費心費心、儂可以作啥个利錢、第个是啥說話、我伲實盖能个交情、儂用第點銀子、還要提啥利錢呢、儂若是撥利錢、我就勿借哉。 是哉、實盖我從命哉。 勿敢、伊爿錢莊原來是啥字號。 原來是德合。 儂盤之來還改啥店號否。 是要改店號个。 打算改啥个店號。 打算改裕成字號、儂想好勿好。 第个店號極好、第个錢莊生意儂阿內行否。 伊个錢莊生意我勿內行、我伲舍姪學个是錢莊、我打算撥伊登拉伊爿店裏、管事。 第个倒極妥當、打算幾時開張。 總拉下月頭上、纔纔能彀開市。 等儂開張我過來同儂道个喜。 勿敢當、我也要轉去哉。 儂忙啥呢、再坐一歇。 勿坐哉、我店裏還有事體。 伊項銀子明朝夜裏我叫人送到儂店裏來末哉。 是哉是哉。 儂轉去哉。 儂請進去罷。

第十章

告稟老爺、劉木匠來哉、要見儂。 叫伊進來。 劉司務、我伲老爺叫儂進去。 老爺儂好拉。 好拉、儂好拉。 好个儂呢。 那能第兩日勿看見儂。 我是轉去之一盪咾。 爲啥咾轉去个。 轉去收成去。 今年鄉墟頭个年成那能。 有个八分年成。 儂種个有幾化畝數田。 我種个有一百多畝。 今年打之幾化担數糧食。 今年打之一百担糧食。 儂第回來做之啥个生活。 還勿曾做啥、我今朝來見儂因爲有一樣生活要做、我要做个雖是勿有人薦、我打算求儂替我薦一薦。 儂要做那裡一个生活。 西城江老爺墟頭阿是要造房子否、我打算要做伊个生活。 我聽見話江老爺尋之好幾个人看過哉。 勿錯、我聽見話起有三个人看過哉、有兩个人要伊八千兩銀子、有一个人要伊七千五百兩銀子、江老爺全勿願意、所以全還勿曾定規哩。 盖末若是儂包伊个生活、自然總比別人便宜點。 盖是自然哉、我若是包伊个生活、勿但比別人便宜幾百兩銀子、工程一定還要堅固、一點也勿能搭將。 我替儂去話倒還容易、惟有一層、我聽見話江老爺个意思、打算話定之以後、立合同个時候、先付一半銀子、還有一半銀子總要等完之工、纔纔能付呢、儂可以先墊得起否。 是个、我也曉得是先領一半个銀子、我也打算打算、可以墊辦个、因爲我有一个朋友開一个磚瓦窰、用幾化磚瓦、伊全可以賒、勿消撥啥現銅錢、等完之工、再撥銅錢是可以个、還有我个小阿舅、現在開一爿木行、伊存拉个木料極多、我可以隨便用、也勿要先撥啥銅錢、我領第个一半銀子、不過是預備拉買石頭咾買灰、開

發大家个工錢、算之一算也勿差啥咾𣪘个哉。既然蓋能末極好哉、等明朝我就替儂去見江老爺對儂話話看。實蓋贊老爺个心哉、我幾時來聽老爺个信。儂後日來聽信末哉。是哉、實蓋我就轉去哉。儂轉去末哉。

第十一章

老弟是啥時候來个。我先來過一盪哉、聽見話是儂勿拉屋裡、實蓋末我又到之別處去、現在我纔纔轉來、聽見伊拉話儂還勿曾轉來哩、所以我拉此地竟等儂轉來。實蓋弄成老弟等哉、啥說話、儂到那裡去之一盪。我是出城去、到田裏去看之一看。現在个稻全長去來哉否。是个、全長起來哉。實蓋今年秋收有望哉。照眼下看、今年準可以豐收哉。儂到稻田地方、看見伊拉種田个做生活否。是个、我去个時候、伊拉正拉田裏坌田、到日中个時候、伊拉就全轉去吃中飯去哉、實蓋末、我就尋之一棵大樹、拉樹底下乘之半日風凉、看之一歇放牛咾放羊个、等風凉來𣪘哉、我纔纔勒相咾轉來个。儂倒眞眞會作樂个。會作樂个啥呢、不過是拉屋裏坐拉、也是悶得極、睏中覺起來、也是勿舒服、勿如朝外遊蕩遊蕩倒好。儂第个倒也是養身之法。啥說話、老弟今朝到舍下來、是有啥說話否。老兄、我來是有件爲難个事體、要求儂替我辦一辦。是啥事體。是因爲我兄弟現在忽然要分家。伽弟兄淘裏素來豈勿是極和睦否、那能伊忽然要想起分家來呢。我也勿曉得是啥个緣故、我想伊大分是受之人个攛掇、所以就要同我分家。豈勿我伲第个幾化親友淘裏、有啥人離間伽弟兄否。我伲第个幾化親友淘裏、自然斷勿有攛掇伊分家个、我曉得伊近來𠸄个幾个新朋友、全勿是極好个人、我想必定是伊拉攛掇个、實蓋儂來尋我打算那能个辦法呢。我來、是因爲我兄弟素來同儂要好、我打算求儂第个幾日叫伊到儂屋裏來勸勸伊、總能彀叫伊勿分家末是好。我去尋伊來勸勸伊、第个倒無啥煩難个、惟有一層、我伲平常雖然要好、無奈令弟个伊个怪皮氣、我也勿敢包伊一定聽我个說話、倘若伊勿聽勸、還應該那能辦呢。伊若是實在勿聽勸、蓋也無法則个、只好由伊分家就是哉。若是伊一定要分家、儂打算那能分法。我伲个房產是兩處住房、兩處店面、西城伊處住房、同城外伊處店面、伊兩處个房契、全押脫拉外頭、現在不過是我伲住拉个第處房子、同伲店裏个伊處房子、第兩處个房契勿曾押脫、我可以分撥伊第兩處房產就是哉、其餘我伲屋裏个傢生物事、伊愛啥全可以拿去、我決無啥勿肯个。儂實蓋个辦法、是公道得極哉、親友拉決勿有啥議論儂个哉。

第十二章

老兄、那能第兩日我總勿看見儂。我轉去收成去个。今年个收成那能。今年个收成還算好。儂種个有幾化田。我个田勿多、只得一百多畝。今年儂打之有幾化粮食。打得一百多担粮食。實蓋今年儂打个粮食、比舊年多。是个、舊年貼準打得六十担粮食、今年比舊年多打个四十幾担粮食。儂去个日脚倒勿少哉。是拉个、我去之有兩个多月哉。那能儂第盪轉去、去之實蓋幾化日脚呢。我是同別人家打之一塲官司、又賣之一塊田。儂是同啥人打官司。是同我伲一个田鄰打官司。是爲啥事體。是因爲我有十幾畝低田、每年夏天一落大雨就沒哉、所以第个幾年、我也勿種、竟荒脫哉、我第个田靠着一个姓于个田、第个幾年我豈勿是勿種伊个田否、倒就撥伊个姓于个零碎佔之幾畝田去、我常拉外頭、所以也勿曉得第个事體、等我第盪轉去、聽見我伲長工話起、我就親自到田裏去一查、果然是撥伊佔之我个田去哉、實蓋末我就去尋伊个姓于个問伊第件事體、伊一定勿認、我就到衙門裏去拿伊告之一狀、等知縣查明白之、就叫伊拿佔我去个田、全讓撥拉我、實蓋末我就全拿伊來賣脫哉。是个、像儂每年打个第个粮食、全是留拉自家吃呢、還是賣个。勿是全留拉自家吃、我伲屋裏也不過留个三四十担粮食、剩下來个全賣脫。儂个粮食全賣拉啥地方。離開我伲住个地方有幾里路、有大鎭上个店、每五日一聚、我伲全拿牲口駝之粮食、到伊个大鎭上个店裏去賣。到之鎭上个店裏、粮食是賣撥拉店裏呢、還是賣撥拉客人。全賣撥客人个時候多。是儂自家賣撥客人个否。勿是、全是主人家替賣个。伊个主人家全是當官个否。是當官个、伊拉有官个牙帖末可以做主人家、賣粮食用个斛子、伊个也全是官定个否。是个、全是官定个。實蓋末伊个主人家賺个全是啥个銅錢呢。伊个主人家不過賺點用錢。伊个粮食个行情、是主人家定个否。勿是主人家定个。是啥人定个。大分是實蓋个、若是第日粮食來得多、自然行情朝下（小跌）點、若是第日粮食來得少、自然行情朝上（大長）點、第个是一定个理、並勿是有人先定啥行情个、是个、儂實蓋話、我就明白哉。

第十三章

老弟、我來問儂一件事體。儂問啥事體。儂西山裏豈勿有一處菓子園否。勿錯、是有一處菓子園。是幾化畝數田个園。五十幾畝田个園。每年儂个園裏个菓

子是自家收來賣个呢、還是拿樹包撥別人个。 前幾年、我全是自家收菓子來賣个、第个幾年、我却是拿樹包撥別人。 儂全包撥拉啥人呢。 我全包撥拉海淀順義雜貨店裏。 我今朝來見儂、因爲有一个朋友、伊現在拉西城開一爿乾菓子店、伊再三个求我替伊辦第个包菓子个事體、我曉得儂有菓子園、所以我特來問問儂看、若是儂情願過年拿樹包撥伊、我可以替伊做第个中人。 伊若是情願包、伊个也無啥勿可以个。 伊還叫我問問第个包菓子、全是那能个規矩。 實蓋儂伊个朋友伊是外行否。 勿錯、伊本來是外行、伊第个是頭一回做第个菓子个生意。 伊个包菓子也勿有啥規矩个、不過結菓子个時候、我同伊到園裏去看一看、然後末商量包價是幾化、等話定當之、拿銀子付之、第个一年个菓子就是伊个哉。 等包定之後、還要有个看菓子个人。 伊个是自然哉、總要尋一个人日夜个拉菓子園裏看拉末還好。 第个看園个、是我伲替伊尋个呢、還是伊託人去尋。 伊个是隨便伊、若是伊託我伲替伊尋、我伲就替伊尋、若是伊情願自家尋、也可以。 伊个看園个人勿至於偷菓子來賣。 伊个是實蓋个、若是我替伊尋个人、伊个自然我要保伊个、若是有偷菓子个事體、有我一人經管。 伊个看園个、每月撥伊工錢、無啥別樣否。 是个、就是撥之工錢伊、還有搭望棚用个蘆蓆木板繩咾竹頭、第个幾化个物事、全是包菓子个替伊買个、等到後來拆望棚个時候、也是伊个包菓子个拿第个幾化个物事拿轉去。 蓋末若是樹上落下來个菓子、應該那能呢。 若是平常落下來个菓子勿多、伊就拉地上放拉、等包菓子个去之幾時、難末告訴伊、就是哉、若是偶然遭大風、或是遭冰塊打下來个菓子忒多哉、伊个看菓子園个應該趕緊去告訴伊个包菓子个、叫伊好去收伊个打下來个菓子。 是哉、我就轉去照儂所話个說話告訴我伊个朋友、等伊有啥說話、我再來見儂末哉。 就實蓋末哉。

第十四章

劉才。 嗳。 書房裏伊隻擺鐘、勿走哉、儂去回頭祥盛鐘表店裏、叫許老板來、搭我收築收築。 是哉。 各位辛苦。 儂來哉、儂請坐。 我伲老爺叫我來請許老板到宅裏去、有一隻擺鐘要收築收築。 儂拉啥人家宅裏。 我拉富家宅裏。 是棉花衖富家否。 勿錯、是棉花衖富家。 儂尊姓。 敝姓劉、勿曾請教儂。 賤姓許。 呋、儂就是許老板、請儂照應照應。 彼此彼此。 儂拉宅裏還是伊位姓朱个管事否。 勿是、換之人哉、換之那裡一位。 換之一位姓范个。 伊位姓朱个那能停个。 自家辭脫个。 爲

啥辭个。 爲之病咾辭个。 是得之啥个病。 伊本來是身體輭弱、又吃之烟、今年伊忽然一戒烟、烟還勿曾戒脫、倒就得之病哉、一日重一日、後來一直个成之癆病哉、隨便啥全勿能做、實蓋末、伊就拿事體來辭之咾轉去養病去哉。 是个、阿是儂曉得是收築鐘呢、還是收築表呀。 我伲老爺不過話是收築鐘、倒勿提起收築啥表。 到底據我想來、儂拿收築表个傢生帶去、萬一收築表也勿一定个。 蓋末我伲第歇就去末哉。 老板、儂先請拉書房裏坐一坐、我到裏向告訴我伲老爺。 是哉。 許老板、一向好拉。 好拉、富老爺倒好。 好拉、儂个生意好拉。 托儂个福、倒還好。 現在做夜作否。 是做个。 現在店裏有幾位夥計。 目下是四个夥計。 幾个徒弟。 兩个徒弟。 全可以上作臺上做生活否。 有一个可以上作臺做生活、伊个新來个、還勿可以拉哩。 儂每日也拉店裏做生活否。 我是勿能全日工夫拉店裏做生活、總是拉外頭辦事个時候多。 目下儂伊爿店裏、每月做幾化手工錢。 現在每月也不過做个四百來千个手工錢。 四百來千个手工錢、也總算勿少哉。 不過算可以就是哉、到底比從前差得多拉哩。 起先每月可以做幾化手工錢。 從前每月總可以做个七百千。 眞眞起先每日做第个幾化手工呢啥。 是拉伊个時候、每月總有第个幾化。 今朝我請儂來搭我看看第隻擺鐘、是啥个緣故咾勿走。 我看看第隻鐘、是法條斷哉。 實蓋末要換一根新法條哉。 勿消換新个、我拿第根法條、拿到店裏去釘一釘、再拿轉來安上就好哉。 蓋是更好哉、儂請吃茶末哉。 儂吃。 我請問儂、像儂第个貴業、全是學幾年。 我伲敝業、全是學六年。 是還要寫一个關約否、是要寫一張關約。 第張關約是徒弟纔到店就寫否。 勿是、先要看一年、若是徒弟好、難末寫關約。 蓋末等伊學滿之以後、還是拉本店裏做生活呢、就到別處去做生活。 伊个全是隨伊个便、若是伊還情願拉本店裏做生活、也是開發工錢撥伊照夥計一樣、若是伊勿情願拉本店裏做生活、情願到別處去做夥計、也可以个。 蓋末是哉、還有上回我託儂替我買一隻鬧鐘、儂買呢勿曾買。 是个、我拉此地城裏向各爿店裏、全替儂尋過、無沒、現在我有一个同行中、到天津買貨去、我已經託伊到洋行裏、替儂尋尋看、若是有、伊轉來个時候、就替儂帶來个。 倒實在費心得極哉。 啥說話、我也要轉去哉、我伲歇日會罷。 儂轉去哉、弛搨儂。 啥說話、啥說話。

第十五章

老弟是拉屋裏來否。 嗳、是拉屋裏來。 那能第兩日勿看見儂、是拉做啥。 我是出

門打獵去个。同啥人去个。是同我伲一个鄰舍去个。是到那裏打獵去个。到東山打獵去个。幾時轉來个。昨日夜裏轉來个。打之點啥个野獸轉來。打之點野雞咾兎子、還打之一隻野猪。實蓋儂第回獵打來勿推板。錯是勿錯、到底受个苦也勿輕。受之啥个苦呢。我伲兩家頭每人騎之一匹馬咾去个、赶到離東山還有幾里路、有一个鎮、我伲就拉伊个鎮上、尋之客寓住之、到第二日我伲就拉寓裏吃完之飯、拿伊兩匹馬寄拉寓裏之、我伲兩家頭就掮之鎗、無要無緊上山去、等到到之山上、我伲先打之點野雞咾兎子、到日頭横西个時候、忽然跑之一隻野猪來、我伲兩家頭就拿鎗來一打、就打殺哉、伊个地方又喊勿着啥人來扛伊隻野猪、實蓋末我伲兩家頭就拿伊个野猪拉之到寓裏去。到轉來个時候、我伲就用一匹馬馱之野猪、我伲兩家頭替換騎伊个一匹馬、等到之屋裏、就弛猪來動勿動哉。儂話受實蓋个苦還輕拉哩、倻雖然受點苦、到底還打着之野獸、我伲有个親眷前幾日打獵去、勿但勿打着啥、倒拿伊个一匹馬甩脫。那能打獵去、會拿馬甩脫个呢。伊對我話、伊騎之一匹馬、上北山打獵去、伊拿伊个伊匹馬、就縛拉山脚下一棵樹上、伊就掮之鎗、上山尋野獸去哉、伊尋之半日、連一隻野獸也尋勿着、實蓋末、伊就下山來哉、到之山脚下一看、伊个伊匹馬勿見哉、第个辰光、天忽然落起雪來哉、伊就冒之雪、各處尋之一會、全勿有、第个時候天就夜哉。伊就尋之一隻破廟、將就个住之一夜、等到第二日早起、伊就覺着身上極勿舒服、伊無法則、就免强个到衙門裏去、報之官、伊个官拿甩脫馬个緣故全問明白之、倒搭伊話、我第歇就派差人到各處替儂尋馬去、若是本地人偷之儂个馬去、終久尋得着个、若是過路个人拿儂个馬偷之去、伊个倒難尋哉、儂先轉去就是哉、實蓋末、伊就喊之一匹驢子轉來个、到之屋裏病更加利害哉、到現在還勿曾好拉哩、儂看伊个運氣、有實蓋勿好呢。

第十六章

老兄、儂勿聽見話起、我伲伊个朋友、馮子園、死哉否。我勿曾聽見話起、伊是幾時死个。今朝早辰有人話、伊是昨日夜裏死个。儂曉得伊是啥个病死个。我聽見話伊勿是好死个。是那能死个。話是吞煙死个。伊爲啥吞煙死个呢。我聽見話、是實蓋个一件事體、伊有一个朋友、是外鄉人、舊年到京裏來、有幾千兩銀子、交撥伊收拉、伊个人倒就轉去哉、等到今年、伊个人又到京來哉、倒就搭伊要伊个幾千兩銀子、子園就勿認哉、實蓋末伊个人到衙門裏去、就拿伊告哉、等官拿子園傳到衙門裏

去一問、子園話、並無沒第件事體、又話若是我存之伊个銀子、必定有一个憑據个、現在一點憑據無沒、第个是伊詐我哉、實蓋末官就問伊个人、憑據有呢勿有、伊个人話、因爲朋友、當初並勿立啥憑據、官話儂既然無沒憑據、但憑口說、我勿能對儂斷第个事體。實蓋末就散哉、伊个人就實蓋一氣、倒就轉去哉、到之屋裏、勿多幾日、就吊殺哉、等到知縣去相屍个時候、拉死鬼个套裤裏向、翻出一張陰狀來、上頭寫个、全是告子園个說話、實蓋末、伊聽見第个風聲勿好、伊一嚇就吞煙死哉。儂提起第件事體、我想着哉、今年春天、我好像聽見人話、伊同人打官司个、恰巧就是爲之第件事體。光景就是第件事體末哉。還有一件事體、儂一定勿曉得、拉我伲勿曾認得以前、伊已經做過一件虧心个事體。做過一件啥个虧心事體。伊起初豈勿是開過一爿錢莊个否。勿錯、伊是開過一爿錢莊个。伊開錢莊个時候、有一个客省人、同伊朋友、就拉伊伊爿店裏躭擱、後來伊个人得之重病哉。臨死个時候、倒就對伊話、我伊隻箱子裏有一千多兩銀子、我伲大家好之一世、我死之後、所有我伊注銀子搭物事、全求儂替我寄到屋裏去、伊當時全答應个、等伊个人死之以後、伊就變之心哉、伊不過拿物事替伊寄到屋裏去、倒就拿一千兩銀子瞞之起來、後來伊个人个屋裏、拿伊來信問伊、死鬼存拉个銀子有勿有、伊就寫之一封回信、告訴人家話、勿曾留啥銀子、到後來伊忽然生之一場病、伊拉屋裏養病个時候、伊店裏有一个夥計、就偷之伊幾百銀子逃走哉、等到伊病好之、就拿生意收哉。儂第个全是聽見啥人話个。我第个全是聽見拉伊店裏學過生意个一个徒弟話个。像伊起初既然做過一件虧心个事體、就應該悔過末是好、那能後來又做第件虧心事呢、到現在還是各人拿各人个命來抵哉。儂勿曉得、凡係第等無良心个人、大分全是實蓋个、若是一見銅錢、立刻就拿天理報應、拉九霄雲裏全忘記哉。伊現在吞煙死之、實蓋直捷痛快、就是報應哉

第十七章

老兄、纔然伊个姓馬个進來尋儂、是來話啥个說話。伊話伊現在要贖當頭、託我替伊借幾十千銅錢、另外還託我替伊尋个跟官个事體。伊託儂第兩件事體、儂全答應否。是我全答應个、我實蓋告訴伊、我話現在我手裏無沒銅錢、等我到別處替儂去借、若是借着之儂就好用、若是借勿着、儂再另外想法則就是哉、至於話尋事體个一層、等到朝後有跟官个事體、我一定替儂薦。依我勸儂、伊託儂第兩件事體、儂勿要搭伊管。爲啥咾。儂若是替伊借銅錢、伊一定勿還儂。儂那能曉得伊一定勿

還我呢。伊向來借人家个銅錢、全勿曾還過、所以我曉得伊現在借儂个銅錢、將來也是一定勿還儂个。我想第个幾十千銅錢、伊勿至於勿還我。勿要話幾十千銅錢、就是幾千銅錢、伊也是勿還、况且伊借第个銅錢、也勿是眞拿去贖當。伊勿是拿去贖當、是拿去做啥。伊是拿去賭个。那能伊還要賭銅錢呢。伊最愛賭銅錢、伊終日个、竟拉寶臺上。伊屋裏全有啥人呢。伊个娘早已死个哉、現在是伊个爺還垃拉哩。伊阿有弟兄姊妹否。伊無沒阿哥、也無沒兄弟、只有一个阿姊、早已嫁出去个哉。伊還勿曾成家否。伊勿曾成家。伊爺有幾化年紀哉。伊爺今年總有七十多哉。是做啥个。是木作个手藝、起初開過一爿小木匠店、後來也闗哉、現在靠別人家做生活賺幾錢過日脚。伊第个人會做啥呢。伊隨便啥全勿會做个、只會用銅錢。伊勿曾學過生意否。伊學過一回生意。伊學過啥生意。伊拉一爿藥店裏學過生意、去之有一个月、開店个就勿要伊哉。是爲啥勿要伊呢。因爲伊貪吃懶做、勿守店規、所以就勿要伊哉。實蓋伊後來勿曾做啥別樣事體否。伊後來跟過一回官。跟過啥个官。伊年子有一个外任个官、進京來引見、住拉城外頭會舘裏、有人拿伊薦去做跟班、伊个官每日差伊出去買古董玉器各樣个物事、伊就放大之胆一賺銅錢、兩个月工夫就賺之好幾百兩銀子、後來伊个官曉得伊第个毛病、就拿伊停脫哉、現在伊个幾百兩銀子、是全花費完哉、所以纔來尋儂借銅錢、依我勸儂勿要替伊借啥銅錢、也勿要替伊尋啥事體、儂若是替伊借銅錢、伊一定勿還儂、若是替伊尋事體、伊一定勿能替儂留啥面孔、索性勿管伊个事體倒好。盖末據儂實蓋話、將來伊爺死之、伊要吃苦哉。我老早對伊算就哉、伊爺死之以後、伊一定討飯做叫化子。實盖伊託我个伊兩件事體、我那能回覆伊呢。儂回頭伊銅錢是借勿着、尋事體也無沒、就是哉。實盖末我就照儂第个說話回頭伊、省之伊來哉。

第十八章

李起。嗳、儂拿第套書送到琉璃廠寶文堂書坊裏、告訴俞老板、叫伊搭我配一个書壳套、還有第張單子也交代伊、叫伊照第張單子上所開个書、每一部先拿一套、交撥儂帶轉來我看看。是、老爺若然無啥別樣事體、我現在就去哉。我無沒別樣事體、儂就去末哉。各位辛苦、俞老板拉店裏否。是个、拉裏向、儂裏向請坐末哉。辛苦俞老班。李二爺。儂拉公舘裏來否。是个、從公舘裏來。儂來有啥事體否。是有事體、我伲老爺、打發我拿第部書來、叫儂搭伊配一个壳套、此地還有一張單子、

儂看看、我伲老爺話、叫儂照第个單子上所開个書、每一部交撥我拿轉去先看看。第个書壳套、我伲搭伊配一个就是哉、第个單子上所開个書、我伲第爿店裏只有兩部、再有个幾部、我還要到別處去拆去。實蓋儂就先拿店裏所有个第个兩部、交撥我帶轉去、還有伊个幾部、儂到別處去拆拆看、歇幾日我再到儂此地來拿末哉。我想儂勿消到此地來拿个、等幾日、若是我就拆着末、我親自替儂送到公舘裏來末哉。盖是更好哉。第兩部書搭儂包好哉。實蓋我少陪哉。儂轉去哉。回覆老爺、伊部書我交撥俞老班哉、告訴伊要配个壳套。儂要个幾部書、伊拉个店裏只有兩部、叫我先拿伊兩部、拿之兩部來撥儂看看、其餘个幾部、俞老班要到別處去拆、等歇幾日、伊若是拆着之、親自搭儂送來。是哉、儂先拿第兩部書、擱拉書架上。辛苦李二爺。俞老板、儂纔進城否。勿錯纔進城。儂第个拿來个、全是啥書。第个就是上回老爺叫咾拆个伊个幾部書、我全拆着拉哉、拿來哉。我伲老爺到天津去哉。幾時去个。昨日早晨動身个。是有公事去个呢啥。勿是公事、是爲自家个私事去个。要去幾化日脚。連來搭去、總要十日工夫。盖末我拿來个第个書那能呢。我伲老爺話過歇个話咾若是儂拿書來、就放拉末哉。盖末儂看第个是六部書、伊張原單子上開个是八部、上回儂拿之兩部來、我今朝每部又拿之一部來、前後共總拿之八部書來、還有第張單子、也託儂交撥拉老爺、所有第个幾部書个價錢、全拉第張單子上寫明拉哉。是哉、還有配壳套个伊部書、儂配好呢勿曾配好。配好哉、我今朝忘記帶之來哉、等以後我再來个時候、帶來末哉。盖就是哉、儂想我幾時來好呢。我算起來、我伲老爺總要月底纔轉來哩。實盖末哉、等我伲老爺轉來个時候、我出城來請儂末哉。伊个倒勿消煩勞儂、我月底月初還有別樣事體進城來哩、我可以順便到此地來打聽打聽就是哉。實盖也好。盖末我少陪哉。儂轉去哉。我伲歇日會。

第十九章

老兄、那能我來尋儂好幾盪、儂總勿拉屋裏、儂是忙个啥事體。我是搭人話件事體。儂是搭人話啥事體呢、好告訴我呢勿好告訴。無啥勿好告訴个、是我伲舍親認得个一个朋友搭人打官司、我伲親眷託我出去、同伊拉話話好。是爲之銀錢帳目个事體否。勿是銀錢帳目、是爲之買貨色个事體。爲之買貨那能會打官司呢。是實盖个一件事體、我伲第个親眷認得个第个朋友姓沈、伊是拉保定府開爿大洋

貨店、字號是信義、伊今年夏天到此地東關外頭福順寓裏、拉我伲此地大東街上、泰和洋貨棧裏、批之六十包洋布、批單上寫明白兩个月交貨色、等到上月就到期哉、姓沈个就到泰和棧裏去問貨色到呢勿曾到、伊拉話還勿曾到哩、實蓋末姓沈个、又等之幾日又去打聽貨色還勿曾到哩、等到前幾日、姓沈个到西街棧房裏、有別樣事體去、聽見話、新近有一个客人、買定當之泰和棧裏个六十包洋布、是拉一个姓王个手裏買个、聽見伊个客人買个伊个價錢、比姓沈个原定个價錢貴、銀子倒還勿曾付、貨色也還勿曾起、姓沈个一想、第个一定是伊定个伊个六十包洋布、泰和棧裏現在是貪多賺銅錢、又轉賣撥別人哉、心裏倒就氣勿過、實蓋末伊第日夜裏、就到泰和棧裏去、問第件事體、泰和棧裏勿認、話是無沒第件事體、後來姓沈个、指出伊个姓王个來、泰和棧裏無法則、倒就認哉、話下月還有六十包洋布來哩、叫姓沈个等伊个六十包洋布來、姓沈个等勿得、話就要現在有拉个伊个六十包洋布、泰和棧勿肯撥、話若是實在勿能等伊个六十包洋布、只好拿原交个定銀退轉去、拿批單一燒、就算無沒第件事體、姓沈个勿答應、話但退定銀是勿可以、還要包賠賺利纔可以、泰和棧一定勿肯認包賠賺利、實蓋末姓沈个就寫之一張狀子、連伊張批單、拉縣裏就拿泰和棧來一告、前幾日知縣過堂、拿伊拉兩造大約問之一問、就吩咐叫伊拉下去尋人、先講和、若是和勿好、再補一張狀子、再話就是哉、實蓋末我伲親眷尋我帮伊、出去替伊拉講和、昨日夜裏全替伊拉講舒齊哉。 儂那能搭伊拉講舒齊个呢。 我伲搭伊拉實蓋講和个、還是叫泰和棧裏、先拿現在有拉个伊个六十包洋布、付撥姓沈个、叫伊拉搭伊个客人話、等下月伊个六十包洋布到之、再撥伊个客人就是哉、實蓋末大家全答應哉。昨日夜裏拿貨也起之去哉、銀子也付哉、就等明朝姓沈个、拉縣裏遞一張和息狀子就結哉。

第二十章

老兄、儂第歇是拉店裏來否。 勿是、我是到天盛典當裏、劃當去纔轉來。 儂用過飯末。 我吃過哉。 儂若是勿曾吃飯末、我可以叫燒飯个搭儂端正飯。 我眞个吃哉、我是同一个朋友、拉外頭吃个。 蓋就是哉、今朝天盛典當裏貨色多勿多、古董玉器勿多、衣裳咾銅錫物事勿少。 儂全劃个幾化啥个貨色。 我不過劃之兩隻表、勿劃啥別樣。 我看劃貨得着便宜个少、總是上擋个多。 伊个也是碰運氣个、若是走好運个人、伊去劃貨色、就會碰着巧貨、等伊劃着、典當裏就賣撥伊哉、伊就可以賺多个

銅錢、若是走怵運个人、伊一劃貨色就打之眼、典當裏就算打之眼哉、伊也封之眼哉、勿但勿能賺銅錢、倒還要賠幾化銅錢出去。 儂話个第个說話實在勿錯、我伲第爿店裏、前幾年劃之好幾回貨色、無一回勿賠銅錢个、所以現在勿論那裏爿當裏、請我伲劃貨決勿去劃个哉。 我告訴儂、舊年有一个劃貨得着之便宜、第个人是我伲一个遠親、舊年十月裏、西城恒盛當裏、請伊去劃貨、伊劃之一隻銅表、四兩銀子、當裏就賣撥伊哉、等伊拿到屋裏去、細細能一看、那裏曉得是一隻金表、後來收築好之、賣之四十幾兩、賺之十賠、第个就是碰着巧貨得之便宜哉。

第二十一章

老兄、纔然我到棧裏來尋儂、夥計拉話儂到西街去哉、所以我旋轉身來尋儂、恰巧就碰着哉、儂拉做啥、實蓋到西街上來个。 今朝早晨火輪船到之、我伲棧裏、搭一个客人喊之小車子、裝之行李來、推車子个搭客人裝錯之兩隻箱子、客人勿答應哉、夥計拉無主意哉、打發人到我屋裏來尋我、我纔起來、聽見第个事體、我就赶緊个揩之面、到棧裏看見之客人一問、伊个客人話伊姓陳、是福建人、拉江蘇做官、現在是要進京去、今朝火輪船到之、伊就上岸住拉我伲棧裏、伊就叫我伲个夥計、搭伊喊之兩部小車子、叫伊一个用人、領到船上去、拿行李起下來、等到拿行李裝到棧裏之、伊一看少之兩隻紅皮箱、此地又有兩隻白皮箱、勿是伊个、伊个白皮箱上、寫着徐子芹三个字、伊就問伊个底下人、那能會弄錯之兩隻箱子呢、伊兩个用人話、勿是伊拉个錯、伊拉兩家頭拉船上收管零碎物事、是伊兩个推車子个、自家上船拿箱子搬下來个、所以搬錯哉、實蓋末伊个客人、就告訴我伲个夥計、叫伊兩个推車子个快操去拿伊兩隻紅皮箱尋轉來、伊兩个推車子个去尋之半日、也無尋處、客人末一定勿答應、一定要原箱子、夥計拉全慌忙哉、就赶緊打發人來尋我。 儂搭客人伊兩隻箱子尋轉來否。 是个、我已經尋着伊位姓徐个客人、姓陳个伊兩隻紅皮箱、是拉伊壗頭、我現在到棧裏先喊一部小車子、拿姓徐个伊兩隻白皮箱、搭伊推之去、拿伊兩隻紅皮箱就換轉來哉。 儂那能尋着伊位姓徐个客人个。 我先拉我伲伊條街上、各棧裏全問之、並勿有姓徐个客人、實蓋末我就到西街上、挨到各棧去一間間、到永利棧裏、伊拉話有一位姓徐个客人、是纔然到个、實蓋我就到伊个客人个房裏去、一問伊个別號、伊話是叫子芹、我就拿弄錯箱子个事體對伊話之、伊話我个行李、是纔裝來、還勿曾點過、等我現在一點就曉得哉、等伊一點就話弄錯兩隻箱子、我此地少之兩隻白皮箱、

多之兩隻紅皮箱、我一聽第个說話對哉、實盖末我就搭伊話轉來之、我就打發小車子、拿伊兩隻箱子送之來、拿第兩隻紅箱子、交撥伊拉帶轉去就是哉、實盖我就轉來哉、儂老早來尋我、是有啥要緊事體否。　因為我伲今朝有點要緊用頭、尋儂借幾百塊洋錢撥我用。　有个、儂跟我到棧裏去拿末哉。

第二十二章

老弟我聽見話、儂伊位令親王子泉叅脫哉、是真个否。　勿錯、是真个。　儂曉得是為啥事體叅脫个。　我從舊年就聽見話伊要叅脫、我還勿相信、現在果然叅脫哉、前幾日我看見子泉个阿哥、據伊話是為之兩件事體壞个官、一件是前年秋天、縣城裏向有一爿錢莊、撥强盜搶之幾百兩銀子去、伊連一个强盜也捉勿着、伊个時候撫台就奏叅哉、拿伊摘去頂戴、限伊幾个月、還留拉任上、叫伊赶緊个破案、等到滿之限、仍舊一个也捉勿着、實盖末伊又寬之好幾限、直寬到舊年冬天、伊等强盜到底捉勿着、恰巧今年春天、縣城裏向有一个人、半夜裏到一家人家屋裏去、殺脫之兩个人、兇手逃走之、又添之實盖一件逃兇个案件、實盖撫台就拿伊叅革哉。實盖末伊現在已經離之任哉。　是已經離之任哉、拉省裏住拉。　宦囊那能樣式。　伊有啥个宦囊呢。　伊現在是兩袖清風。　伊既然宦囊全無、何必還住拉省裏呢。　伊到情願轉來、只是一時難轉來。　那能難轉來呢、是無沒盤費否。　倒勿是無沒盤費、是為之伊革職之後、撫台派委員、到伊衙門裏去盤查倉庫、查出伊虧空有四千多兩銀子个錢粮、委員間伊那能會虧空實盖點个錢粮呢、伊認是伊用脫哉、實盖末伊个委員就稟報撫台、撫台就派委員、拿伊寓裏个物事全封之、拿王子泉調到省裏去、撥伊兩个月限、叫伊拿虧空國家个第个錢粮、全交出來、若然過限勿交、就要抄伊京裏个家、實盖伊着急哉、就寫之一封信、打發伊一个家人、到京裏來見伊个阿哥、叫伊阿哥勿論那能想个法則、赶緊个替伊湊五千兩銀子、交兌第个家人、撥伊帶轉去、伊个阿哥看見第封信、着急得了勿得、來尋我、託我拿伊城外頭伊處店面房子、搭伊賣脫、實盖我赶緊个就替伊賣、還算好、賣之五千兩銀子、前幾日伊个阿哥、交撥來伊个家人、替伊帶之去哉。　等盖是伊若然拿虧空个錢粮、照數全交還之、伊寓裏所封拉个幾化物事那能呢。　伊拿第个銀子交還之後、上司自然派官到伊寓裏來去封、就拿物事照數還撥伊、伊也就可以轉來哉。

第二十三章

老兄、我間儂一件事體、貴友錢輔臣、伊个當裏現在聽贖勿當、是為啥呢。　伊个生意勿局哉、快點收脫哉。　為啥咾、聽見話伊个生意、豈勿是極好否、那能會勿局呢。　儂但知其外、不知其內、當初伊開伊爿典當、並勿是全是伊自家个銀子、伊有一个親眷、是个做官个、有一萬多兩銀子、白借撥伊用、勿要利錢、伊自家不過有幾千兩銀子、就實盖拿伊爿當開哉、第个幾年生意倒極好、賺个銅錢也勿少、等到前年、伊伊个親眷放之知府哉、倒就拿伊个一萬多兩銀子要收回哉、雖然撤脫伊个一萬多兩銀子去、伊伊个生意、還可以支持得住、忽然伊無緣無故、想做土生意、起初不過買个一兩箱土來賣、恰巧賺之銅錢哉、胆倒就大哉、實盖又買之七八箱土來賣、又賺之銅錢哉、所以胆更加大哉、等到之舊年、封河快个時候、有一爿廣棧裏來之一百箱土、伊聽見話無沒別隻火輪船來哉、伊一想、伊若是拿伊个一百箱土買拉、留到冬天賣脫、一定好賺銅錢、實盖末伊就到之伊爿廣棧裏、搭伊个廣棧裏个當手一商量、情願拿伊个一百箱土全留拉、兩个月後付銀子、伊个廣東人也答應个、等伊買定當之、歇之有兩三日忽然又來之一隻火輪船、裝之五六百箱土來、第个行情、就實盖朝下一跌、伊無法則哉、就赶緊个全賣脫哉、折之有好幾千兩銀子、倒就拿伊爿典當、也倒下來哉、第个全是伊放之穩當生意咾勿做、要想發財、所以就壞之事哉。　老兄儂看獨是做伊个土生意、無沒長久發財个、就是拉第个前頭一回發之財、也不過眼前花、勿多幾年、自然就敗哉。　第个是一定个理、伊个本來是損人利己个生意、那能會常莊發財呢。　我伲本地有一爿恒原土棧、生意極大、四遠馳名、伊个東家姓郝、全是自家上天津、到洋行裏去買貨、一回總買个幾百箱貨色、店裏一總有幾十个夥計、第个幾年發之財、屋裏造个房子極多、上下有幾百个人、騾馬成群、實盖能个有銅錢、等到舊年為一敗塗地。　我起初還勿曉得、是那能敗得實盖个快、到後來我細細能一打聽、纔纔曉得、想情是第幾年个生意發个財、東家勿到店裏、竟拉屋裏享福、也總勿去算啥帳、店裏伊个幾化夥計、看見天夜之偷土到外頭去、東家是一概勿曉得、等到舊年還是伊个姓郝个、有兩个朋友、曉得伊店裏有之毛病哉、倒就叫伊到店裏去算帳咾盤貨、實盖末伊就到之店裏一算帳、虧空有好幾萬兩銀子、又一盤貨、剩得不過幾箱土哉、伊就問夥計拉帳那能虧空个、貨色那能少个、伊个幾化夥計拉全話勿曉得、實盖末又無法則哉、全拿房子咾牲口全賣脫哉、算拿欠洋行裏个銀子全歸還之、然後末拿店來關哉、伊就實盖一氣、得之一場病、就死哉、屋裏个底下人拉、也全散哉、全剩之伊拉自

家个人、現在是吃一頓無一頓、實蓋樣式个苦法、儂看就是賈士个收場。

第二十四章

老弟、儂是幾時轉來个。 我是纔然轉來个。 儂第回是拉江西轉來否。 勿是、我是拉江蘇轉來。 儂當初豈勿是到江西去个否、那能現在是拉江蘇來呢。 我是本來到江西去个、後來又到之蘇州去。 儂第个幾年拉外頭个事體那能。 拉江西个幾年、事體到極好、自從到蘇州以後、事體就勿順哉。 儂既然拉江西極好末、做啥又到蘇州去呢、 因爲我伲伊位舊東家、舊年調任到雲南、打算要邀我一淘去、我是嫌路忒遠、勿情願去、打算仍舊到京裏來、伊勸我勿要轉來、伊話伊有一位同年拉蘇州、是个候補道、姓和、伊要薦我到伊壗頭去辦書啟、我也情願去、實蓋末伊就寫之一封薦書、打發我到蘇州去、等我到之蘇州、纔曉得和公壗頭還有兩位師爺、伊兩个人全是浙江人、看見我去之全要欺陌生、我諸事未便、伊拉兩个人若然打起鄉談來、我是一句也勿懂、若是偶然我問伊拉一件事體、伊拉全搭我粧个勿曉得勿肯回頭、就連我出去走勃相、伊拉兩个全避脫我、我看伊拉个光景、是過於欺陌生、我一想、我若是再同伊拉纏下去、就要無趣哉、實蓋末我就辭之館咾轉來哉。 伊位和公待儂那能。

伊位和公待我到還無啥、就是第回辭个時候、伊還問我是爲啥个緣故辭館、我也勿便提起搭同事个勿合、我就話我京裏有要緊个事體、要轉去一盪、伊還話我若然到京裏辦完之事體、還請我仍舊去。 就是儂第回轉來、還打算出門去呢、勿出門去。 我第盪轉來、原打算要去考供事、如若考着哉、我就要登拉京裏當差、勿出門哉、等我到之京裏、一打聽已經考過哉、現在我个意思是實蓋个、若是有合式个事體、我就可以出去、若然無沒合式个事體、我就登拉京裏哉。 現在倒有一个出門个事體、勿曉得儂情願呢勿情願。 是那能个事體呢。 我有个極好个朋友、伊新近放之山西太原府遺缺知府哉、前兩日伊託我代請一位書啟師爺、我現在意中也無人好薦、現在儂轉來之、若是儂情願去、我可以替儂薦个。 此公啥个姓名。 伊姓常、號叫春圃。 是旗人否。 勿錯、是旗人。 伊个人那能个。 是極忠厚咾極和平个人。 既然實蓋末、儂就替我去話話看末哉。 東脩个一層、儂打算那能。 伊層到好話个、儂就作主末哉。只要人對勁、銅錢个多少、無啥要緊个。 伊伊个人、我可以包儂對勁、蓋末我明朝就去見伊、替儂去話。 費心費心。 啥話啥話。 儂現在勿當啥差使否。 無沒、我就拉伊年告病轉來、到現在舊病還是時常个復發、那能能彀當差呢、天好个時候、可以

尋朋友談談、大風咾落雨个時候、不過拉屋裏看看書。 實蓋儂到極清閒哉。 啥个清閒呢、不過虛度歲月罷哉。

第二十五章

老弟我告訴儂一件可笑个事體。 啥个可笑个事體。 第个月有一日月亮裏、有三更天、我纔纔睏、就聽見我伲後頭天井裏、咕咚个一嚮、跳進一个人來、拿我嚇醒哉、我只道是有之賊哉、就趕緊个叫底下人拉起來、立刻點之燈籠照照。 實蓋末伊个幾个底下人、聽見話有之賊哉、就全趕緊个起來、爇之燈籠、拿之棍子、就到後頭天井裏去、伊歇辰光我也起來拉哉、開開之房門、就到後頭天井裏去一看、等我到之後頭天井裏、就聽見底下人拉話、捉着之一个人、身上倒着得極體面、又勿像做賊个、又聽見伊个人話、儂勿要拉我、我个脚跟極痛、我勿是做賊个、是避難个、我聽見伊話伊是避難个、我倒就朝前去一看、生得極體面个一个小伙子、我又細細能一看、認得伊是个讀書人、伊姓蔣、住拉城外頭个、我伲拉城外頭一爿古董店裏、看見過兩回、大家到還極相熟、實蓋末我就叫底下人、攙伊走之半日、倒就好哉、然後我就請伊到書房裏去、及至到之書房裏、伊一看是我、面孔上極難爲情、我就問伊碰着之啥事體咾、伊話伊

是拉我伲屋後頭寶局裏賭銅錢、忽然來之一个官、帶之兵咾來捉賭哉、伊先跑出來、因爲無地方避、所以伊就扒到墻上、跳到伲个天井裏來哉、實蓋我勸之伊半日、叫伊後來改改、勿要賭銅錢、留伊住之一夜、等到天亮轉去个、昨日伊來謝謝我、伊告訴我、伊現在已經罰之咒哉、從此決勿賭銅錢哉。 像第个人、能彀聽儂一勸、伊立刻就改過、第个就是有志氣个、我起初有一个朋友、伊吃之鴉片煙、因爲我勸伊戒煙、伊倒恨我、勿搭我往來哉。 儂第个朋友、也實在古怪、那能儂勸伊戒煙、伊倒恨儂呢。 伊个人實在糊塗、伊本來勿吃煙个、後來爲之伊訨一个吃煙朋友、慢慢能个就上癮哉、起初吃个還勿算多、後來一日一日个吃得多、到之舊年、伊面孔上有點煙容、精神也勿好、我看伊个景况極勿好、我就搭伊話、依我勸儂拿煙戒之末哉、再要吃下去、獨怕勿好、我可以到上海替儂買戒煙藥來、每日儂照之伊張方子咾吃藥、慢慢能个自然就拿煙戒斷哉、伊聽我第个說話、就答應之一聲、實蓋我就託一个朋友、到上海買之好幾塊洋錢个戒煙藥來、搭伊送之去、又歇之幾日、我看見伊个底下人、就打聽伊煙戒勿戒、伊个用人話、伊並勿吃啥戒煙藥、現在伊吃來比前頭更加多哉、第个還勿要緊、後來我聽見伊拉一个朋友屋裏、話我多事、無故个勸伊戒煙、伊極勿快活、我搭伊送去

个戒煙藥、伊也勿敢吃、話恐怕裏向有毒藥害伊、實蓋伊个朋友、聽勿過伊第个說話、就話伊、儂話个第个說話無道理、人家勸儂戒煙、豈勿是好意否、人家搭儂又無啥仇、做啥拿毒藥來害儂呢、儂話个第个說話實在勿拉理上、實蓋連伊个朋友也恨起來哉、直到今年新年裏、伊也勿來搭我拜年、我曉得伊是搭我絶交哉。　儂想像蓋能个性格、天下還有个否。

第二十六章

老兄我告訴儂一件可氣个事體。　可氣个啥事體。　我認得个伊个朋友、姓江个、伊前幾日搭別人、通同一氣哄騙我好幾千千銅錢去。　伊那能會騙儂第个幾化銅錢去呢。　伊日、伊到我屋裏來、伊話伊認得一个人、現在拉屋裏開賭、約我去勃相、我就跟伊去、到之伊屋裏一看、有七八个人、全坐拉塊賭、我連伊拉一个人也勿認得、伊實蓋搭我引薦、對我話、全勿是外頭人、全是伊認得个、實蓋我就坐下去賭哉、贏之幾十千銅錢、然後就散哉、到下回我打算勿去賭哉、伊一定約我去、我無法則又去之一盪、倒就輸之好幾百千、伊搭我話勿要緊、再去幾回、就可以贏伊拉幾千千銅錢、我就信之伊个說話、又跟之伊去之五六盪、又輸之四千多千銅錢、伊拉拿賭場也收哉、每日總有兩三个人、到我屋裏來要賭帳、我去尋姓江个、伊避開之勿見、實蓋末我當之兩箱子衣裳、纔纔拿賭帳還之、到之昨日、有一个朋友告訴我、話伊个姓江个、搭伊个幾个人商量好之咾來哄騙我、儂想動氣呢勿動氣。伊个姓江个實在可惡得極、終要怨儂自家勿好、儂若然勿跟伊賭銅錢去、伊也勿能哄騙儂个。　第个說話也勿錯、到底伊搭我朋友、又幫之別人弄聳我、伊也勿是人个一類裏个哉。　儂提起第个設局誆騙末、我告訴儂一件事體、我伲本鄉地方、有一年有幾个本地个流氓、開之一个賭場、竟打算哄騙別人、上伊拉檔个、倒也勿少、並且全兇橫來了勿得、伊个若是輸之伊拉个銅錢、還勿起伊拉、就要拿房產田地推撥伊拉、就實蓋个勿講情理、我伲本地有一个財主人、極聰明、待本地人也極好、伊聽見之極動氣、實蓋末伊日夜裏、伊就坐之自家个車子、到伊个賭場裏去、等伊進之伊个賭場、看見伊幾个流氓、就提起伊是啥人、特爲到此地來賭銅錢个、大家聽見話起、全曉得伊是本地个財主人、倒就歡喜來了勿得、伊拉伊幾个流氓、就暗暗裏一商量、話伊是初來、我伲先撥伊贏幾回銅錢去、後來伊就肯來哉、等伊有日勿防備、叫伊輸个一萬八千、我伲就可以發財哉、等全商量好之、就坐下來一賭、果然伊个財主人贏哉、伊拉當時就拿銅錢交代之、後來伊个財

主人、又去之兩盪、又贏哉、又撥个現銅錢、等到天夜之、伊个財主人又去哉、就拉起更个辰光賭起、直賭到天亮快、伊个財主人輸之有一萬多千銅錢、等到大天白亮之、伊个財主人、就搭伊拉話、我先轉去拿銅錢搭㑚預備好之、等到日中、㑚可以到我屋裏來收就是哉、伊拉全答應哉、伊个財主人就轉去哉、等到日中、伊拉就去之兩个人、到伊个財主人屋裏去收銅錢去、底下人回進去之、伊个財主人就拿伊拉叫到書房裏去、就問伊拉兩家頭㑚是來做啥个、到我此地來做啥、伊兩个人話那能儂勿認得我伲哉、我伲是拉某處開賭場个、儂倒忘記哉、儂昨日夜裏、豈勿是拉我伲場化賭銅錢、輸之一萬多千銅錢、叫我伲現在來收銅錢个否、伊个財主人聽見第个說話、立刻就動之氣、話㑚兩家頭勿要瞎話、我是一个財主人、搭㑚流氓賭銅錢、㑚眞是發昏哉、㑚打算來詐我、㑚是瞎脫之眼睛哉、㑚兩个人快燥走、是㑚个便宜、勿然、我拿㑚兩家頭送到衙門裏去、辦㑚訛詐、伊兩个人聽見第个說話、嚇得也勿敢話啥、就赶緊个跑轉去哉。

第二十七章

老弟、儂是那能、面孔上實蓋个雪白。　我是勿適意之幾日。　是啥勿適意。　我是替人管之一件閒事、受之點氣、撥肝氣發起來哉。　替啥人管閒事、受之啥个氣呢。　上月我伲伊个朋友溫子山、託我搭伊買个地皮、我認得有一个京東姓孫个、伊有一百多畝地皮要賣脫、實蓋末我就拿伊个姓孫个帶之去、見之溫子山、然後伊拉兩个人到之京東、拿地皮全看之轉來、就請我做中人、搭伊話好之價錢、話定當是一千兩銀子、兩面全答應哉、定規是着前日寫契張、付銅錢、到着前日、我一早搭伊个姓孫个、到溫子山屋裏去、及至到之伊屋裏、伊還勿曾起來、我伲兩家頭就拉伊書房裏等之伊半日、伊纔纔起來、及至看見之我伲、伊話伊个地皮伊勿能買哉、我伲就問伊是那能勿能買呢、伊話伊湊之會哉、勿滿一千兩銀子、我伲問伊湊之有幾化銀子呢、伊話伊湊之有九百五十兩銀子、伊个姓孫个、聽見第个說話、就話實蓋九百五十兩銀子、就九百五十兩銀子就是哉、實蓋末就寫之契張、付之價、恨得來我對勿住伊个姓孫个、伊若是果然湊勿出伊个五十兩銀子、伊个倒還情有可原、伊實蓋財主个人、勿要話是五十兩、就是五萬兩、也有、我倒恨伊、伊有心佔人家个便宜、叫我對勿住人、及至我伊日回到屋裏去、越想越可氣、就爲實蓋氣得舊病復發、就勿適意哉。　儂勿曉得溫子山、伊个兄弟比伊還要可惡、起初伊常莊搭我合做生意、凡係經伊个手買个貨色、

到之分賺帳个時候、伊總少分撥我、實蓋三千二千、也曉得我勿好意思搭伊要、伊嘴裏到又話、我第回是少儂二千呢三千、歇兩日我搭儂補足、從實蓋倒永遠勿提哉、等擱來日脚多之、我也忘記哉、第件事體就算完哉、伊就實蓋个小器、伊幾年、我總吃之幾百千銅錢个虧、冉若是論外頭个交朋友、來往親眷个道理、伊是一概勿懂、是實蓋个一派人、舊年伊屋裏做喪事、再三个求我搭伊約兩位朋友、拉伊屋裏陪陪夜、我就請之兩位至好个朋友去、相帮伊陪之五六夜、人家還是盡心竭力个、替伊照應、等辦完事體之後、伊並勿到人家屋裏去搭別人謝謝、後來有一日拉街上碰見之人家、伊低倒頭就過去哉、一直个勿理人家、儂看第種人性、有實蓋个可惡、近日來我聽見人話更加好哉、伊拉屋裏放重利錢、啥人借伊个銅錢來用、全是八分个利錢、外頭已經有之重利盤剝个名聲、我早已看穿哉、伊伊个銅錢勿久就敗、古人話个、刻薄人家、利無久享、第个是一定个理。

第二十八章

老弟、我聽見話儂令弟、豈勿是轉來哉否、那能還勿看見伊出來呢。　伊轉來就病哉。　是那能咾。　拉路上着之熱呢啥。　倒勿是着之熱、是受之點驚嚇。　受之啥个驚嚇呢。　是拉船上碰着之强盜、　儂對我話話看、是那能碰着强盜个呢。　伊是搭一个朋友同帮轉來、兩家頭帶之一个底下人、喊之一隻船、當日夜裏船灣拉一个地方、等到夜靜个時候、忽然拉岸上來之十幾个强盜、全拿之火把刀鎗、就上船上來哉、拿刀來拿艙板砍開之、就進艙裏向來、拿之刀、點之我伲舍弟問、全有个多化啥个物事、我伲舍弟話、我伲第个物事、全放拉第个艙裏、別處無沒哉、實蓋末伊羣强盜、就拿箱子搭包袱現銅錢全拿之去、不過拿鋪蓋留拉、幸虧我伲舍弟身上有一个銀洋肚兠、裏向有幾十兩金子、還有十幾兩銀子勿曾拿去、等到天亮之、伊拉到之一个碼頭上、我伲舍弟就搭伊个朋友商量、打算上岸、起來走旱路、伊个朋友也極情願、實蓋末伊拉就拿鋪蓋搬下來之、碼頭上喊之兩部車子、就起旱轉來哉、赶到之屋裏、倒就病哉、請郎中來看、話伊吃之驚嚇、夾着點時症、現在吃之藥、還勿曾好哩。

第二十九章

老弟、儂提起儂令弟走路、碰着强盜、我也想起一件事體、對儂話、有一年我伲个先伯、同之一位朋友到甘肅去、喊之兩部車子、帶之兩个用人、各人坐之一部車子、就動之身、有一日走到一个地方、伊兩个推車子个路全勿熟、倒走錯之路哉、直走到爇火个

時候、也尋勿着一爿鎭店、大家極着急、無法則就實蓋瞎走、直走到起更快、就走到一个大樹林裏、看見樹林伊邊露出一顆燈光來、實蓋末伊拉第兩部車子、就跑到伊个燈光裏去哉、等到相近之一看、是爿店、外頭掛之兩个麵招牌、店門末關拉哉、靠街窗口裏向、也爇燈拉、實蓋末伊拉就叫開之店、拿車子推之進去、走到裏向一看、冷淸淸、連一个客人也無沒、實蓋末伊拉就揀之三間房子、拿行李全搬進去之、然後就叫店家舀揩面水、泡茶咾弄飯來吃、我伲先伯就看見伊幾个店家、全實蓋賊頭賊腦、心裏倒就有點疑心、等吃完之飯、伊位朋友拉鋪上收拾行李、第个辰光就進來之一个店家泡茶、我伲先伯就看見伊眼勿停个看鋪上个行李、我伲先伯看伊實蓋个光景、更加疑惑哉、倒勿敢話、恐怕伊位朋友曉得之要嚇、等吃完之茶、我伲先伯就到後頭天井裏去解溲哉、伊到後頭天井裏去一看、有三間房子、一間是坑缸、伊兩間是堆草料个、我伲先伯末到坑缸上去解溲哉、第个時候、就聽見前頭天井裏來之兩个人、拿堆草料个伊間房子个門推開之進去、拿草料去哉、就聽見第个搭伊个話、纔纔管事个喊儂進去、到底是那能商量呢、就聽見伊个話是實蓋商量个、等到夜靜个時候、我伲兩家頭末去殺伊兩个推車子个、伊拉三家頭末去殺伊兩个客人、搭伊兩个用人、我已經搭管事个話好拉哉、事完之後、就拿伊兩部車子分撥我伲、兩家頭各人一部、勿論伊兩个客人、有幾化銀子、我伲兩家頭全勿關、我个意思是實蓋个、我伲兩家頭拿第兩部車子分到手之、明朝早晨我伲拿生意來一辭、各人推之一部車子咾歸去、從今以後、我伲兩家頭去邪歸正、再勿做伊个害人个事體哉、儂想實蓋好勿好、伊个人就話勿錯、實蓋做極好、話完之就聽見伊拉兩个人到前頭去哉、我伲先伯心裏想、怪勿得我看伊个幾个店家、實蓋賊形賊狀个可疑、想情眞是爿黑店、實蓋末就出之坑缸門口、到之自家个房裏、就拿纔聽見个說話、全告訴之伊个朋友、伊位朋友聽之第个說話、就嚇來了勿得、大家正拉房裏爲難、無沒主意、忽然聽見來之好幾部車子、直叫店門、等店門開開之、就看見推進六部鑣車來、是兩个客人、四个保鑣个、我伲先伯話難末勿怕哉、我伲就可以放心睏覺末哉、實蓋末又打發一个用人過去問之間鑣車、伊拉話、是明朝早起裏五更天動身、實蓋末我伲先伯、伊拉也睏到五更天起來、叫推車子个套好之車、就跟鑣車一淘搭帮走个、難末算纔纔免之伊个大難、儂想險呢勿險。

第三十章

老兄、儂聽我告訴儂一件事體、我伲伊个村莊裏、有一个小財東、素來人極苛刻、向來伊勿照應人、勿做好事、前幾日伊有一个嫁出去个妹妹、冒之雨到伊屋裏來、話是伊个男人現在尋着一隻海船上管賬个事體、前幾日已經開船出洋去哉、現在屋裏無沒飯吃、所以冒之雨咾來、要借一石米、搭幾兩銀子、等伊男人轉來、一定全還个、第个人聽見第个說話、搭伊妹妹話、伊米也無沒、銅錢也無沒、辦勿到个、叫伊妹妹另外到別處去借末哉、伊个妹妹聽見伊勿肯、倒就哭哉、等伊見伊个妹妹哭哉、伊就動氣咾出去避開哉、伊合天井住拉一个鄰舍、是个爽快人、聽見伊勿管伊妹妹个事體、極動氣、實蓋末就拿伊个妹妹請過來、借撥伊一石米、還有幾兩銀子、另外又搭伊喊之一匹驢子、倒就拿伊送轉去之、等第个人轉來之、聽見伊屋裏人話、是伊鄰舍借撥伊妹妹銅錢咾米轉去个、伊也勿說長、也勿道短、只做勿曉得个樣式、恰巧第日夜裏來之一个賊、拉伊後墻上挖之一个洞、到之伊屋裏去偷之伊幾十兩銀子、搭幾件衣裳去、等到第二日早晨、伊曉得撥賊偷脫之物事哉、恐怕撥伊个妹妹聽見話伊無沒之銀子衣裳、所以伊勿敢到衙門裏去報伊屋裏失竊、伊還叮囑伊合天井住拉个鄰舍、外頭勿要回頭別人話伊屋裏撥賊偷脫之物事个事體、那裏曉得伊个賊、伊夜裏偷个物事去、恰巧走到大街上、撥查夜个兵捉着哉、送之到衙門裏去、官就問伊个賊、伊个銀子搭衣裳、是拉啥人家偷出來个、伊个賊就招哉、話是拉某村莊裏某人家偷出來个、實蓋末官就打發衙役來叫失主去領贓、第个人聽見第个說話、就爲難哉、勿到衙門裏去領贓末勿好、到衙門裏領贓去、又怕伊妹妹曉得第件事體、實蓋末伊想之一个主意、託伊合天井住个伊个鄰舍、頂伊个名到衙門裏替伊領贓去、伊个人答應替伊去、伊个人爲之伊日伊勿照應伊妹妹、極看勿起伊、就有心要收拾伊、等到衙門裏拿銀子搭衣裳全領出來之、伊个人就全拿來送撥伊个妹妹哉、等到轉來之、見之伊就裝一句謊話、我纔然拉衙門裏出來、走到街上、貼準碰着令妹、伊問我是到那裏去、我話是到衙門裏替儂領銀子衣裳去个、實蓋末伊就叫我拿伊个銀子搭衣裳交代伊、我因爲是儂个親妹妹、勿好推辭勿撥伊、實蓋末我就全撥伊哉、第个人聽見勿但勿敢動氣、倒還要搭伊个人道謝、現在大家聽見第件事體、全話伊个人實在是爽快个人、做爽快个事體。

第三十一章

儂提起第个小氣人報應末、我也告訴儂一件事體、伊年子我拉南邊一爿客寓裏住

拉个時候、同寓住个一个山西个生意客人、第日忽然來之一个窮人、也是山西人、身上着个衣裳極襤褸、到寓裏來尋伊个生意客人、寓裏末就拿伊領之進來、等見之伊个生意客人、就話我流落拉此地哉、因爲無沒盤費、勿能歸去、苦得了勿得、昨日有我伲一个同鄉个朋友、告訴我話儂此地來辦貨个、住拉第爿寓裏、我聽見話起極快活、所以現在我來尋儂、求儂念我伲舊日个交情、借一百兩銀子撥我、我做盤費轉去、等我到之屋裏、再設法還儂、伊个客人聽見第个說話、就話我个銀子已經買之貨色哉、現在我手裏一兩銀子也無沒、儂另想主意末哉、我實在無能爲力、伊个窮人聽見伊話無能爲力、倒就落出眼淚來哉、第个辰光、伊个生意客人就到裏向房間裏去坐哉、恰好有同寓住个一个四川客人、到伊房裏尋伊个生意客人閒談去、看見伊个窮人坐拉椅子上落眼淚、倒就問伊爲啥事體咾傷心、伊話第个生意客人、起初是拉本鄉搭我貼鄰、伊當初窮个時候、我常莊照應伊銅錢咾米、後來我又借銀子撥伊做生意、現在伊發之財哉、我拉此地做生意虧空哉、無沒盤費轉去、來尋伊借个一百兩銀子撥我轉去、伊勿肯借、所以我極傷心、伊个四川人聽完之第个說話、就到裏向房裏去問伊个生意客人、儂第个貴鄉親、伊話伊當初照應儂个說話是眞个否、伊个生意客人話、伊个倒是眞个、無奈我現在無沒銅錢借撥伊、伊个四川人話、比方我現在撥儂一百兩銀子、儂撥伊做盤費轉去、儂一个月以後還我、我寫一張借據撥我、我也勿要利錢个、儂情願呢勿情願、伊勉强話是情願个、伊个四川人就到自家房裏去拿之一百兩銀子借撥伊、叫伊撥拉伊个窮人拿之咾去、伊个四川人就叫伊寫之一張借據囥起來、等歇之兩日、伊个四川人也搬之去哉、又歇之幾化日脚、伊个生意客人打開箱子一看、少之一百兩銀子、伊起初寫个伊張借據拉箱子裏擱拉、伊難末纔明白伊个四川人是个術士、會搬運法、搬之伊一百兩銀子去、撥之伊个窮人拿之去哉、後來還是伊个生意客人个一个用人話出來个、大家聽見極快活。

第三十二章

老兄、我聽見人話令弟來搭人打官司、是眞个否。　勿錯、是眞个。　是搭啥人呢。　咳、是搭我伲本鎭上一个流氓。　爲啥事體。　是因爲伊日我伲舍弟拉此地鎭外頭北面一个樹林裏向、拿鎗來打鴿子、貼正伊放个一鎗、那裏曉得樹林外頭、有一个人拉之一匹馬立拉、伊匹馬忽然聽見一聲鎗響、嚇來一跳跑之去哉、伊个人就勿答應哉、揪住我伲舍弟叫伊賠馬、我伲舍弟就搭伊話、儂勿消着急个、伊匹馬是朝那裏跑个、

伊話是朝西北跑个、又問伊伊匹馬是啥顏色个、伊話是紅顏色个、我伲舍弟就話第个事體好辦个、我現在同儂到鎮上去對儂尋一个保人撥儂、儂就先去尋馬去、若然馬尋勿着、賔賔跑脫哉、我就賠還儂馬末哉、伊聽見第个說話也極情願、實蓋末我伲舍弟就同伊到之鎮上、對之全順粮食店撥伊、伊就先尋馬去哉、我伲舍弟末就歸來哉、等停之一歇、伊个人回轉來哉、到之全順粮食店裏、伊話伊个馬跑脫之無尋處、要見我伲舍弟、實蓋末粮食店裏就打發徒弟到屋裏來、拿我伲舍弟尋之去哉、等伊見之我伲舍弟、就話我去尋之半日、我个馬總尋勿着、我伊匹馬當初是六十兩銀子買个、現在我讓情點、儂賠我五十兩銀子末是哉、我伲舍弟話、儂不過實蓋隨意尋之一尋呢啥、伊个還勿算是个跑脫个、儂等我再到各處搭儂去尋一尋、若然歇之一兩日、伊匹馬實在無着落、難末是眞个跑脫哉、到之伊个時候、我再賠儂還勿算遲、伊个人勿答應、要立刻就賠伊、我伲舍弟就搭伊吵鬧起來哉、大家就勸開之、那裏曉得伊个人就到巡檢司衙門裏去拿舍弟來告哉、衙門裏人來拿舍弟傳之去哉、伊到堂上、就拿第件事體確實个話之、巡檢司拿舍弟限之五日、叫伊替伊个人尋馬去、實蓋末我伲舍弟就到各村莊去一打聽、後來打聽着哉、拉我伲此地鎮个西北方有一个村莊、有一个姓趙个、前兩日買之一匹紅馬、實蓋末舍弟就去尋伊个姓趙个一問、正是伊个人前幾日、就拿伊伊匹馬賣撥伊个姓趙个、話定當八兩銀子、就定規是伊日伊搭姓趙个送馬去收銀子、貼準伊日伊匹馬聽見鎗響、豈勿是嚇走个否、後來伊追上去、搭姓趙个送之去、拿銀子也收之來、伊轉來倒對舍弟話伊匹馬跑脫哉、要賠伊五十兩銀子、實蓋末舍弟就約之伊个姓趙个牽之馬、同伊一淘到衙門裏去做見證去、及至伊个人看見有之見證、就無言可答哉、自家認之訛詐、巡檢因爲伊過於刁詐、就打之伊四十板子、拿伊放哉。

第三十三章

老兄、昨日我到榮發棧裏去、聽見話儂擡頭替伊發之一百包棉花去、話是少之一包棉花、是那能少个。　儂提起第件事體、倒是个笑話、昨日我伲搭伊拉發棉花以前、就預備出一百根籌來、等後來發一包棉花、我伲就交撥杠棉花个帶根籌去、等第个一百包棉花全發完之歇之大半日、榮發棧裏个王管事、打發一个人到我伲棧裏來、問我伲爲啥搭伊拉少發一包棉花去呢、伲就話我伲發去个是一百包棉花、那能話少發一包去个呢、伊个人話伊拉棧裏是收之九十九包棉花、少一包棉花、我聽見第句

說話極詫異、實蓋末我就同伊个人到伊拉棧裏去、王管事看見我有動氣个樣式、就話㑚棧裏个夥計忒勿留心、那能會搭我伲少發一包棉花來个呢、我就問伊儂那能曉得是少發一包棉花來呢、伊話我伲收完之棉花、一點籌是九十九根、第个豈勿是少發之一包來否、我就問伊拉、纔然㑚此地棧裏是啥人收个籌、就看見傍邊立拉有一个夥計答應話是伊收个籌、我就問伊、儂纔然收籌个時候、勿到別處去否、伊話我並勿到那裏去、不過我忽然肚裏痛、到坑缸上去解之一回溲、實蓋末我就搭伊話、我伲兩家頭到坑缸上去尋一尋再話、等我同伊到之坑缸上去一看、地上有一根籌、我就拾起來拿去見王管事、我話到底是啥人个夥計勿留心、㑚个夥計拿一根籌落拉坑缸上、儂倒話我伲少發一包花、其實第个還勿要緊、不過儂末免忒个粗心哉、伊聽之第个說話、面孔上極難爲情、一句說話也回頭勿出、我又話雖然拿第根籌尋之出來、到底我伲再拿貨色來盤一盤看、少呢勿少、大家就可以放心哉、實蓋末我就叫伊拉伊幾个夥計、拿棧房裏个棉花又搬到天井裏、細細能數之一數、勿錯、是一百包棉花、我話㑚全看明白之勿錯哉、伊拉話全看明白哉、對个哉、實蓋末我就轉來哉、儂想好笑呢勿好笑、我前頭搭儂話過、伊个王管事个人糊塗、儂還勿大相信、那裏曉得伊竟點籌勿盤貨个、就話儂少替伊拉發之一包貨色去个理哉　儂還勿曉得舊年也有實蓋个一件事體、我伲買之伊拉棧房裏一百兩銀子貨色、撥伊拉一百兩一張个銀票、歇之兩日、伊拿伊張銀票拿之轉來、話是假个、我一看銀票並勿曾圈過、我就問伊、既然是假个、那能勿曾圈呢、伊話勿到本店裏去、所以勿曾圈過、我又問伊、既然勿到本店裏去、那能曉得是假个呢、伊話伊拉管帳个看之像假銀票、我一聽第个說話極荒唐、就話我伲兩家頭拿第張銀票到銀號裏收銀子去、看是假个呢勿是假个、實蓋末我伲兩家頭到之銀號、竟勿是假个、拿銀子收轉來哉、伊个時候、伊面孔上極其放勿開、就坍坍銃銃、拿銀子拿轉去哉。

第三十四章

管事个、此地有一張退票、打回轉來哉。　拿拉我看看、第張票子勿是我伲撥㑚个。　那能勿是㑚撥个呢。　因爲第張票子上無沒我伲簽拉个字。　我記得實在是㑚撥个、那能現在㑚話勿是㑚撥个呢。　我告訴儂、若然我伲个票子、必有我伲簽拉个字、我伲个圖書、現在第張票子上、又勿有我伲簽个字、又勿有我伲个圖書、那能是我伲撥个呢、　儂話無沒㑚簽个字、我第个票子上簽拉个字是㑚个。　不過是儂簽个字、

伲場化勿行个、總要有我伲簽拉个字、別人家纔可以行。 就是有儂簽拉个字、儂現在勿認、我也無法則个。 無沒勿認个理、若是我伲撥个、伲也是撥人家退轉來个、我伲又勿要賠啥、爲啥咾勿認呢、想情第張票子儂忘記簽哉。 無沒第个說話个、我伲决勿能忘記簽个、第个裏向還有一个緣故、我告訴儂、第个是一張刁猾錢莊上个票子、我伲店裏向來勿用刁猾錢莊上个票子、所以更曉得勿是我伲撥个哉、 儂若然一定話勿是儂撥个、葢是無法則、只好我吃第个虧末是哉。 據我看來、儂拿轉去、再想想看、是啥人家撥个、 儂拿第个十千銅錢个票子分開之、五張一千、一張五千、一千一張个、我伲本店無沒个、搭儂掉別場化个好勿好。 掉別場化个也好。 儂點一點、對呢勿對。 勿錯對个、第个票子上个字儂全簽拉末、全簽拉哉、

第三十五章

老兄、 我纔然拉鎭上看見一處鬧熱事體。 看見一處啥个鬧熱事體。 看見一个南邊人、拖住一个本地人、到巡檢衙裏去打官司、後頭跟之幾化人、我也勿曉得是爲啥个事體、實葢末我就跟之伊拉到衙門裏去、看伊拉到底是爲啥事體、就看見伊拉兩个人到之衙門裏、伊个南邊人就對衙役話、伲兩家頭要打官司、 伊个衙役就拿伊拉兩家頭帶進去之、我也跟之進去、就看見巡檢坐堂、伊拉兩个人到之堂上就全跪之下來、巡檢就先問伊个南邊人儂叫啥个名字、是啥地方人、是爲啥事體來打官司、就看見伊个南邊人磕之一个頭話小的名字叫兪配、是江西臨江府人、拉此地開爿裁縫店、因爲小的舊年拉此地買之一个小、就拉第个鎭上燈籠街租之兩間房子住、纔然小的拉做生活、打發一个徒弟到屋裏去拿物事、伊轉來話小的屋裏坐一个年紀輕个人拉、伊勿認得是啥人、小的聽見第个說話極疑心、就赶緊到屋裏去看、到之屋裏一看、門末關拉、小的推開之門、跑到房裏向去一看、就看見第个人拉房裏坐之吃茶、搭小的个伊个小又話又笑、小的就問伊、儂是啥人、到我房裏來做啥、伊對我話、伊是到小的屋裏來打茶圍个、小的聽見第句說話氣勿過、就打之伊一記耳光、伊還手就拿小的面孔來抓、實葢末小的就拿伊拖來打官司、求老爺問伊到底到小的屋裏來是做啥、實葢末巡檢就問伊个人、儂叫啥名字、屋裏住拉那裏、儂是爲啥事體到兪配个屋裏去、是做啥去个、伊个人話小的名字叫王安、屋裏住拉鎭上紅竹弄裏、向來是放印錢活命个、兪配第个小當初搭小的合天井住過个、因爲前兩个月伊个第个小借之小的十兩銀子个印錢、每月小的到伊屋裏收印錢去、今朝又到期哉、小

的拿摺子到伊屋裏去个、難末叫小的到裏向吃茶去、小的就進去哉、伊拿印錢撥小的哉、然後伊搭小的泡之一壺茶、小的貼準坐拉房裏吃茶、第个時候、兪配就轉來哉、看見小的就一味个鬧、定之兩隻眼睛、就問小的儂是啥人、到我屋裏來做啥、就打小的一記耳光、小的養之急就還手拿伊面孔抓哉、實葢末伊就拖小的來打官司、伊話完之、就拿收印錢个摺子拿出來撥官看、巡檢就話、既然兪配勿情願儂到伊屋裏去、儂以後每月就到伊裁縫店裏收印錢去就是哉、勿準儂再到伊屋裏去、儂若然再到伊屋裏去、兪配來告儂、我一定要治儂个罪个、實葢末就叫伊拉兩家頭全轉去哉。

第三十六章

老弟我告訴儂一件事體。 啥事體。 新近我拉外頭歸來、有一日我住拉一个大鎭上客寓裏、聽見伊爿寓裏管帳个話、前幾日、伊个鎭上有一爿德成錢莊、第日來之一个人、拿之一隻鐲頭、到伊爿錢莊上來兌、伊爿錢莊上个人、貼正拿一个戥子來平伊隻鐲頭、第个時候又進來一个人、就搭伊个兌鐲頭个人話、纔然我到儂府上、搭儂送銀信來个、儂屋裏个人話儂到街上去哉、實葢末我就到街上來尋儂个、恰巧看見儂到第爿店裏來、說話之間、就從胸膛頭拿出一封信咾一包銀子來、話第个是從浙江來个信、伊个兌鐲頭个人拿銀信接之過來、撥伊个送信个人一百个銅錢、伊个送信个就走哉、然後伊个兌鐲頭个人、就搭錢莊上个人話、現在我兄弟拉浙江替我寄之一封銀信來哉、伊隻鐲頭我勿要兌哉、我可以拿第个銀子兌撥儂末哉、還有一件事體、我是勿識字个、求儂拿第封信拆開之、念撥我聽聽看、實葢末伊爿錢莊上个人拿伊隻鐲頭又撥之伊、就拿伊封信拆開之念撥伊聽、前頭不過話是拉外頭極平安、請放心、後頭話現在先寄十兩銀子來、請儂先用、等後來有順便个人再多帶點銀子來就是哉、實葢末伊个人就話儂拿第个十兩銀子拿去平一平、全換之現銅錢末哉、伊个錢莊上个人就拿過來一平、是十一兩銀子、心裏極快活、倒就打算瞞起伊一兩來、就照十兩銀子合算好之現銅錢撥伊、伊个人就拿之走哉、等之一歇、又進來一个人、拿票子來收銅錢、倒就搭錢莊上話、儂上之檔哉、纔然伊个兌銀子个人、是个騙子、伊兌撥儂个是假銀子、儂那能會錯撥伊个呢、伊爿錢莊上聽見第个說話、就赶緊个拿夾剪拿銀子夾開來一看、倒是假个、實葢末錢莊上就問第个人、儂認得伊个騙子个屋裏否、第个人話、儂若是肯撥銅錢我、我就可以領儂去尋伊、實葢末錢莊上个管帳个、就撥第个人一千銅錢、叫伊領之伊拉尋伊个人去、第个人接之伊一千銅錢、就領

錢莊上个兩个人走、等伊拉走到一爿點心店門口頭、第个人就搭錢莊上个兩个人話、倗看伊个騙子拉點心店裏吃點心、倗各人進去尋伊末哉、第兩个錢莊上个人、就拿之伊包假銀子進去、看見之伊个騙子、就話儂兌撥我伲个第包是假銀子、伊个人話、我也勿曉得伊个銀子是假呢眞、伊个本來是我兄弟拉外頭寄來个、旣然是假个、我還倗銅錢就是哉、實蓋末伊个人求點心店裏个管帳个、替我平平伊包銀子、是十兩呢勿是十兩、伊个管帳个拿銀子接過去擱拉天平上一平、話第个是十一兩銀子、伊个人聽見第个說話、就搭伊兩个錢莊上个人話、我纔然兌撥倗个是十兩銀子、現在第个假銀子是十一兩、伊个那能是我个呢、倗是拿別樣假銀子來詐我哉、錢莊上伊兩个人、聽之實蓋个說話、也還勿出啥說話來、第个時候有幾个吃點心个人、聽見第件事體全勿平、全要打伊兩个錢莊上个人、伊兩个人無法則、就趕緊拿之伊包假銀子跑轉去哉。

第三十七章

提起第个騙子末、我告訴儂一件事體、前幾年我拉本鄉地方、有一个出名个郎中姓方、伊頭上也有功名、屋裏也算是一个小富翁、每日早晨上門看診个總有幾十號、有一日早晨來之一个人、打扮个是公館裏跟班个樣式、見之方郎中就話我是某公館裏、因爲現在我伲老爺搭我伲太太全有之病哉、打算到儂壚頭來看病、請儂明朝早晨拉屋裏等一等、方郎中話是哉、等到第二日早晨就看見伊个底下人又來哉、還同之一个人、手裏拿之一个包袱、伊个底下人進來就問方郎中話、請問儂是老爺先看、還是太太先看、方郎中話自然太太先看、實蓋末第个底下人就拉伊个人手裏拿伊个包袱担過來、就拿之出去哉、伊个人就坐拉一隻凳上等拉、等大家全看完之病走哉、方郎中就問伊个人、儂也是看病个否、伊个人就話我勿是看病个、我是衣莊上个人、拉此地等儂个跟班、同我拿衣裳來也、方郎中聽之第个說話極詫異、就問伊、我伊个跟班是拿啥个衣裳來个、伊个人話、纔然搭我一淘來个伊个底下人、儂豈勿是告訴伊話是太太先看否、伊就拿衣裳拿到裏向去个、方郎中又問伊伊个人、伊那能對倗話、伊是我个底下人、到底是拿一件啥衣裳來、伊个衣莊上个人話、伊个人今朝早晨、到我伲店裏、伊話伊是儂个底下人、話是儂要買件女皮襖、拿來先看看、合式末就留拉、叫我伲跟一个人來、實蓋末我就跟伊來哉、方郎中話、我告訴儂、伊个人勿是我个跟班、我也勿認得伊是啥人、伊昨日來對我話、我是拉某公館裏、因爲伊拉老爺搭

太太全有之病哉、要到此地來看病、叫我今朝早晨拉屋裏等拉、纔然伊進來問我是老爺先看、還是太太先看、我只道是伊拉老爺搭太太來哉、所以我話自然太太先看、我話个是先看病、我並勿曉得啥衣裳个事體、儂現在快點尋伊去末哉、第个衣莊上个人、聽見第个說話、纔明白伊个人是个騙子、拿伊个衣裳騙子去哉。

第三十八章

郭福。 噯。 儂去請先生來。 先生來哉、拉外頭坐拉。 吠。 先生弛瘏哉。 是、閣下也弛瘏哉。 我倒勿大覺著弛瘏、我今朝打算搭先生斟酌一件事體。 啥事體。 就是我伲第回出門、我做个伊本日記、想拿伊來改改好、尋个人來抄出來。 實蓋末儂伊本草稿拿出來、先撥我看一看。 第个裏向我還有一件事體忘記哉。 啥事體。 就是伊日拉三和鎭寓裏吃早飯个時候、聽見有一个客人話、有一个人拉啥地方个廟裏、就擱拉自家吊殺哉、帶累伊隻廟裏个和尙也打之官司哉、我記勿淸是那能一件事體、儂還記得勿記得。 吠、伊件事體我記得个。 實蓋儂話撥我聽聽看。 伊个歇脚个客人話、伊拉本鄉地方有一隻水神廟、廟裏向躭擱个一个客人、伊日半夜裏吊殺哉、等到天亮、和尙就去報之官、知縣就帶之仵作去相之一回屍、伊个仵作勿曾相明白、話是像个勒殺个、實蓋末伊个知縣就拿和尙帶到衙門裏去、問伊个和尙、是爲啥拿伊个客人勒殺个、伊个和尙話、我搭伊个客人向來無啥冤仇、我那能勒殺伊呢、知縣勿信、就用刑拷打伊个和尙、叫伊招定、和尙話勿招、實蓋末知縣就拿和尙押起來哉、伊个和尙有一个徒弟着急哉、就上省到撫台衙門裏去上控哉、撫台就派鄰縣帶之能幹个仵作、到伊隻廟裏又去相之一回屍、伊个死屍果然勿是吊殺个、伊个鄰縣、就據實个稟報之撫台、現在撫台拿伊个原審个知縣叅革哉、拿原驗个仵作治之罪、拿和尙也放之、就是實蓋一件事體。 勿錯對个、是實蓋一件事體、請先生拿第件事體也敘拉伊本日記上、儂想好勿好。 伊个也好个、等我改好之、是叫啥人謄呢。 我打算請人謄。 請人謄獨怕謄錯。 實蓋那能末好呢。 閣下若是勿忙、我有空來謄末哉。 若是先生肯代勞、蓋是我感激勿淺哉。 啥个說話呢。

第三十九章

我伲今朝不過吃酒也無味、勿如我伲餙滿之發幾記拳否。 好个、我伲兩家頭先發一拳儂个拳無用个。 儂勿要先誇口、啥人輸贏勿定个。 來、四季發財。 六六順。 對手。 五金奎。 儂看如何。 原是儂輸、儂第个贏也不過是瞎眼猫撞著死老鼠、儂

先吃之酒再話。我已經吃哉。儂幾時吃个、我勿看見。儂間大概、我吃呢勿吃、各位看見伊吃酒否。我伲勿看見。大家全勿看見、第个足見儂賴酒、快點吃、我已經吃之、勿能再吃个。儂勿吃末、我伲大家動手挜哉。眞利害、實蓋罷、我酒實在吃勿落哉、罰我話个笑話末哉。蓋也可以、儂若然話得勿好、還要罰哩。儂聽好拉。快點話。聽拉、有一个鄉下人、苦來無着落、心上打算要到京裏來做太監、又尊貴、又賺銅錢、實蓋末伊就到之京裏拜之一个老太監門下做徒弟。儂且慢點話、儂第个說話就叫勿通、實蓋一个鄉下老頭子、進京就容易、進宮實蓋便當。儂聽我話呀、伊也是託人領伊進去个。實蓋儂爲啥勿拿第層先話明白呢。儂勿要瞎捉別字、聽我話呢。儂快點話、以後那能樣式。伊既然拜老太監爲老師。伊就求老太監諸事指點伊、照應伊、老太監就派伊拉宮裏管事、有一日宮裏傳旨用膳、第个鄉下人、就話萬歲爺要吃中飯哉、老太監聽見之就喊伊、話儂勿要瞎話、儂要話萬歲爺要用御膳哩、伊聽見第个說話、記好之、有一日又傳旨大宴羣臣、第个鄉下人、又話萬歲爺要擺宴哉、老太監倒又話伊、儂話錯哉、儂應該話萬歲爺要擺御宴哉、儂以後切記好之、比方宮裏个花園、叫御花園、伊个護衛个兵丁、叫御林軍、第个鄉下人聽見第个說話、恍然大悟、心裏想怪勿得皇上眼精裏个物事、全要添一个御字个、我現在倒明白哉、從今以後、我也算老脚色哉。儂勿必朝下話哉大家早已明白哉、我也有个笑話、是訏講典史个。第个有趣、我伲大家要聽聽、第个叫典史十令。啥叫十令、儂快點話。聽之一命之榮稱得、兩塊板子拖得、三十兩俸銀領得、四鄉地保傳得、五个嘴巴打得、六路通詳出得、七品堂官靠得、八字墻門開得、九品補子釘得、十分高興不得。可笑伊个九句全好、不過着末一句勿好、今朝若是有典史聽見、決勿肯饒儂、

第四十章

儂第兩日眞拉屋裏過年、總勿出來否。我日日夜裏出來。蓋末儂那能勿到我墻頭來呢。我第兩日同幾位朋友、夜裏到存古齋古董店門口頭打燈謎去个。是啥人做个。是一个舉人做个。做得好勿好。做得還算可以。儂猜着之幾个。我扯之幾个。全是啥。我猜之一个無點个曾字、打四書四句。打那裏四句、儂話話看。一句是何言也、一句是前言戲之耳、一句是誠哉是言也。第个虧儂猜个、我還猜一个、是三句話、打一个字。儂快點話、是那能三句話打一个字。儂聽拉、子路曰、是也、顏淵曰、似也、孔子曰非也、直在其中矣、打一个乜字、還有一个、是四句話猜一

个字、是十字口中擡、莫作田字猜、無頭又無尾、悶死一秀才、我猜个是魚字、扯之下來、第兩个做得也極好。我昨日夜裏又猜之兩个、一个是累朝勝蹟過龍門。打四書人名、是史魚、一个是節孝祠祭品、打四書一句、是食之者寡。第兩句全切。還有个朋友打之一个、是圍棋盤裏着象棋、猜四書一句、是子路不對。第个更切哉、我告訴儂、前幾年我打着一个燈謎、是東街洞滿、西街勿乾凈、打兩句小囝个說話、是第邊有水、伊邊有鬼。第个是更妙哉、據我看來、像現在伊位舉人做个第幾个、也就算拉好个一路哉。我還告訴儂一件事體、頭一年我有一个朋友、伊是當鋪个、託我替伊寫副春聯、我搭伊寫个上聯、是等因前來辭舊歲、下聯是須至咨者大有年。儂實蓋个可惡、那能話起伊拉本行个話來呢、第副春聯大約伊終勿肯貼个哉。蓋是自然伊勿肯貼个、伊話也好、第副春聯我雖然勿貼、我倒要囥拉、因爲第个是我伲个本色、將來也算是一件傳家寶。儂勿要多話哉、快點着衣裳、我伲出去勃相去罷。儂等一等、我就換之衣裳咾同儂去。

滬語指南第二卷終

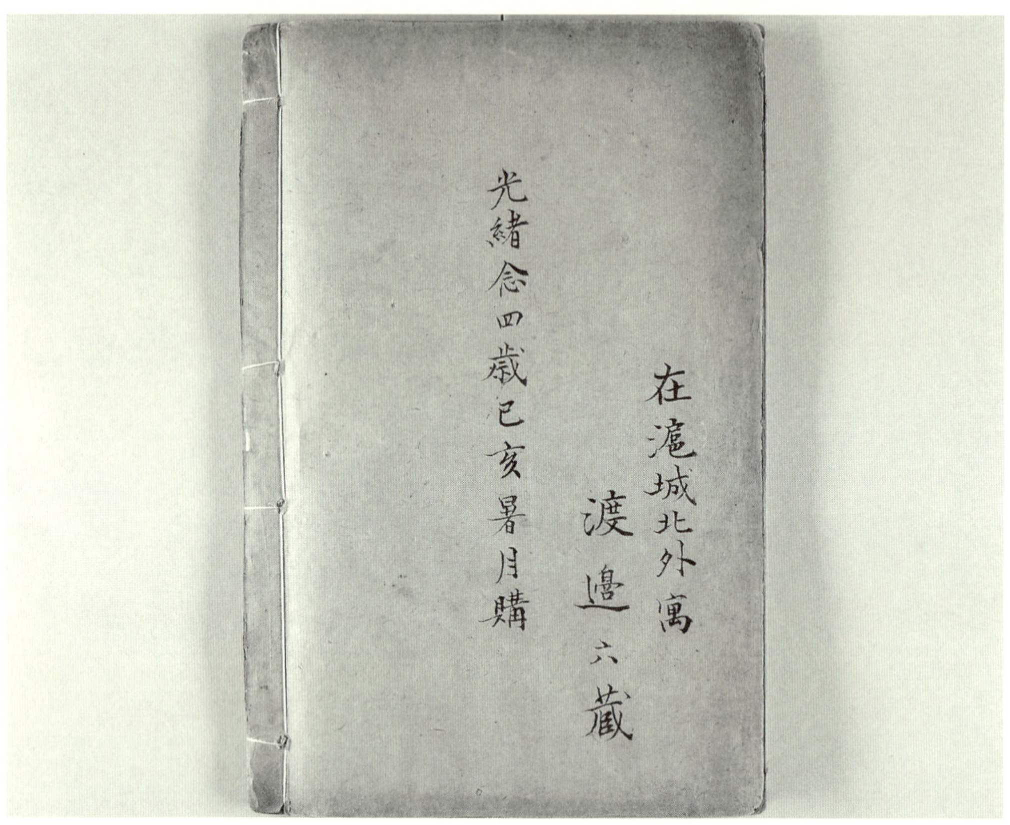
在滬城北外寓
渡邉六藏
光緒念四歳己亥暑月購